国家出版基金项目
NATIONAL PUBLICATION FOUNDATION

海上絲綢之路文獻集成

總主編　陳支平　陳春聲

歷代史籍編　40

主編　范金民

海峽出版發行集團
THE STRAITS PUBLISHING & DISTRIBUTING GROUP
福建人民出版社

「十三五」國家重點圖書出版規劃重大出版工程規劃項目
國家新聞出版改革發展項目庫入庫項目
國家出版基金資助項目

本册目次

桂海虞衡志一卷

〔宋〕范成大撰

《桂海虞衡志》一卷，宋范成大撰。成大（一一二六—一一九三）字至能，晚號石湖居士，平江府吴縣（今江蘇蘇州）人。紹興二十四年（一一五四）進士，歷官禮部員外郎、四川制置使、參知政事、資政殿大學士。淳熙二年（一一七五）自廣南西路静江知府轉任四川制置使，是書乃由廣西入蜀時追憶而作。分十三篇，志廣西之巖洞、金石、香、酒、器、禽、獸、蟲魚、花、果、草木、雜志、蠻，多方志未載之風土物産，尤可見其時與海外貿易往來情形。據中國國家圖書館藏明刻本影印。

桂海虞衡志目錄

目錄終

桂海巖洞志

宋　范成大紀　明潘之淙閱

余嘗評桂山之奇宜爲天下第一士大夫落南者少往往不知而聞者亦不能信余生東湖而北撫幽薊南宅交廣西使岷峩之下三方皆走萬里所至無不登覽太行常山衡嶽廬阜皆崇高雄厚雖有諸峯之名政爾魁然大山峯云者蓋强名之其最號奇秀莫如池之九華歙之黄山括之仙都温之鴈蕩夔之巫峽此天下同稱之者然皆數峯而

止爾又在荒絶僻遠之瀕非几杖間可得且所以能拔乎其萃者必因重岡複嶺之勢盤亘而起其發也有自來桂之千峯皆旁無延緣悉自平地崛然特立玉筍瑶篸森列無際其怪且多如此誠當爲天下第一韓退之詩云水作青羅帶山如碧玉篸柳子厚訾家洲記云桂州多靈山發地峭堅林立四野黄魯直詩云桂嶺環城如鴈蕩平地蒼玉忽嵯峩觀三子語意則桂山之奇固在目中不待余言之贅頃嘗圖其真形寄吳中故人蓋無深信

者此未易以口舌爭也山皆中空故峯下多佳
洞有名可紀者三十餘所皆去城不過七八里近
者二三里一日可以徧至今推其尤者記其畧
讀書巖在獨秀峯下直立郡治後爲桂主山傍無坡
阜突起千丈峯趾石屋有便房石榻石牖如環堵之
室顏延年守郡時讀書其中
伏波巖突然而起且千丈下有洞可容二十榻穿鑿
通透戶牖傍出有懸石如柱去地一線不合俗名馬
伏波試劍石前浸江濱波浪淘湧日夜漱齧之

疊綵巖在八桂堂後支徑登山太半有洞曲轉穿出
山背
白龍洞在南溪平地半山中龕有大石屋由屋右壁
入洞行半途有小石室
劉仙巖在白龍洞之陽仙人劉仲遠所居也石室高
寒出半山間
華景洞高廣如十間屋洞門亦然
水月洞在宜山之麓其半枕江天然刓刻作大洞門
透徹山背頂高數十丈其形正員望之端整如大月
輪江別派流貫洞中踞石弄水如坐捲蓬大橋下
龍隱洞龍隱巖皆在七星山脚沒江水中泛舟至石
壁下有大洞門高可百丈皷櫂而入仰觀洞頂有龍
跡夭矯若印泥然其長竟洞舟行僅一箭許別有洞
門可出巖在洞側山半有小寺即巖爲佛堂不復屋
雉巖亦江濱獨山有小洞洞門下臨灘江
立魚峯在西山後雄偉高峻如植立一魚餘峯甚多
皆蒼石刻峭
棲霞洞在七星山七星山者七峯位置如北斗又一

小峯在傍曰輔星石洞在山半腹入石門下行百餘
級得平地可坐數十人傍有兩路其一西行兩壁石
液凝沍玉雪晶熒頂高數十丈路闊亦三四丈如行
通衢中頓足曳杖鏗然有聲如皷鐘聲蓋洞之下又
有洞焉半里過大壑不可進一路北行俯僂而入數
步則寬廣兩傍十許丈鍾乳垂下纍纍凡乳牀必因
石脉而出不自頑石出也進里餘所見益奇又行食
頃則多岐遊者恐迷途不敢進云通九疑山也
元風洞去棲霞傍數百步風自洞中出寒如冰雪元字

胡涓切

曾公洞舊名冷水巖山根石門砑然入門石橋甚華曾丞相子宣所作有澗水莫知所從來自洞中右旋東流橋下復自右入莫知所往或謂洑流入于江也度橋有仙田數畝過田路窄且濕俯視石罅尺餘匍匐而進旋復高曠可通棲霞

屏風巖在平地斷山峭壁之下入洞門上下左右皆高廣百餘丈中有平地可宴百客仰視鍾乳森然倒垂者甚多躡石磴五十級有石穴通明透穴而出則

山川城郭恍然無際余因其處作朝天觀而命其洞曰空明

隱山六洞皆在西湖中隱山之上一曰朝陽二曰夕陽三曰南華四曰北牖五曰嘉蓮六曰白雀泛湖泊舟自西北登山先至南華出洞而西至夕陽洞窮有石門可出至北牖出洞十許步至朝陽又西至北牖穴口隘狹側身入有穴通嘉蓮西湖之外既有四山巉巖碧玉千峯倒影水面固已奇絕而湖心又浸隱山諸洞之外別有奇峯繪畫所不及荷花時有泛舟故事勝賞甲於東南

北潛洞在隱山之北中有石室石臺石果之屬石果作荔枝胡桃棗栗之形人采取玩之或以飣盤相問遺

南潛洞在西湖中羅家山上

佛子巖亦名鍾隱巖去城十里號最遠一山萃起莽蒼中山腰有上中下三洞最廣中洞明敞高百許丈上洞差窄一小寺就洞中結架因石屋爲堂室

虛秀洞去城差遠大石室面平野室左右皆有徑隧

各數十百步穿透兩傍亦臨平野以上所紀皆附郭可日涉者餘外邑巖洞尚多不可皆到興安石乳洞最勝余罷郡時過之上中下亦三洞此洞與棲霞相甲乙他洞不及也陽朔亦有繡山羅漢白鶴華蓋明珠五洞皆奇又聞容州都嶠有三洞天融州有靈巖眞仙洞世傳不下桂林但皆在瘴地士大夫尤罕到

桂海金石志

宋　范成大紀　明何士龖閲

本草有玉石部專主藥物非療病雖重不錄此篇亦主爲方藥所須者

生金出西南州峒生山谷田野沙土中不由礦出也峒民以淘沙爲生坏土出之自然融結成顆大者如麥粒小者如麩片便可鍛作服用但色差淡耳欲令精好則重鍊取足色耗去什二三旣鍊則是熟金丹竈所須生金故錄其所出

丹砂本草以辰砂爲上宜砂次之今宜山人云出砂處與湖北犬牙山北爲辰砂南爲宜砂地脉不殊無甚分別宜砂老者白色有墻壁如鏡生白石牀上可入煉勢敵辰砂本草圖經乃云宜砂出土石間非白石牀所生卽是未識宜砂也別有一種色紅質嫩者名土坑砂乃是出土石間者不甚耐火邕州亦有砂大者數十百兩作塊黑闇少墻壁嚼之紫黛不堪入藥彼人惟以燒取水銀圖經又云融州亦有砂今融州元無砂邕融聲相[redacted]蓋誤云

水銀以邕州溪洞朱砂末之入爐燒取極易成以百兩爲一銚銚之制以猪胞爲骨外糊厚紙數重貯之不漏

鍾乳桂林接宜融山中洞穴至多勝連州遠甚余遊洞親訪之仰視石脉湧起處卽有乳牀如玉雪石液融結所爲也乳牀下[redacted]如倒數峯小山峯端漸銳且長如冰柱柱端輕薄中空如鵞管乳水滴瀝未巳且滴且凝此乳之最精者以竹管仰盛折取之鍊冶家又以鵞管之端尤輕明如雲母爪甲者爲勝

銅邕州右江州峒所出掘地數尺卽有礦故蠻人好用銅器

綠銅之苗也亦出右江有銅處生石中質如石者名石綠又有一種脆爛如碎土者名泥綠品最下價亦賤

滑石桂林屬邑及猺洞中皆出有白黑二種功用相似初出如爛泥見風則堅又謂之冷石土人以石炭杇壁及未乾時以滑石末拂拭之光瑩如玉

鉛粉桂州所作最有名謂之桂粉其粉以黛鉛著糟

蘢疊化之

無名異小黑石子也桂林山中極多一包數百枚

石梅生海中一叢數枝橫斜瘦硬形色真枯梅也雖巧工造作所不能及根所附著如覆菌或云本質爲海水所化如石蟹石蝦之類

石柏生海中一幹極細上有一葉宛是側柏扶疎無小異根所附著如烏藥大抵皆化爲石矣此與石梅雖未詳可以入藥否然皆奇物不可不志

桂海香志

宋　范成大紀　明徐仁中閱

南方火行其氣炎上藥物所賦皆味辛而嗅香如沉淺之屬世專謂之香者又美之所鍾也世皆云二廣出香然廣東香乃自舶上來廣右香產海北者亦凡品惟海南最勝人士未嘗落南者未必盡知故著其說

沉水香上品出海南黎峒一名土沉香少大塊其次如繭栗角如附子如芝菌如茅竹葉者佳至輕薄如

紙者入水亦沉香之節因久蟄土中滋液下流結而爲香採時香面悉在下其背帶木性者乃出土上環島四郡界皆有之悉冠諸蕃所出又以出萬安者爲最勝說者謂萬安山在島正東鍾朝陽之氣香尤醞藉豐美大抵海南香氣皆清淑如蓮花梅英鵝梨蜜脾之類焚一博投許氣翳彌室翻之四面悉香至煤燼氣不焦此海南香之辨也北人多不甚識蓋海上亦自難得省民以牛博之於黎一牛博香一擔歸自差擇得沉水十不一二中州人士但用廣州舶上占

城眞臘等香近年又貴丁流眉來者余試之乃不及
海南中下品舶香往往腥烈不甚腥者意味又短帶
木性尾煙必焦其出海北者生交趾及交人得之海
外蕃舶而聚于欽州謂之欽香質重實多大塊氣尤
酷烈不復風味惟可入藥南人賤之
蓬萊香亦出海南即沉水香結未成者多成片如小
笠及大菌之狀有經一二尺者極堅實色狀皆似沉
香惟入水則浮刳去其背帶木處亦多沉水
鷓鴣斑香亦得之于海南沉水蓬萊及絕好箋香中

槎牙輕鬆色褐黑而有白斑點點如鷓鴣臆上毛氣
尤清婉似蓮花
箋香出海南香如蝟皮栗蓬及漁蓑狀蓋修治時雕
鏤費工去木留香刺棘森然香之精鍾於刺端芳氣
與他處箋香复別出海北者聚於欽州品極凡與廣
東舶上生熟速結等香相埒海內箋香之下又有重
漏生結等香皆下色
光香與箋香同品第出海北及交趾亦聚於欽州多
大塊如山石枯槎氣麤烈如焚松檜曾不能與海南

箋香比南人常以供日用及常程祭享
泥香出交趾以諸香草合和蜜調如薰衣香其氣溫
馨自有一種意味然微昏鈍
香珠出交趾以泥香捏成小巴豆狀琉璃珠間之綵
絲貫之作道人數珠入省地賣南中婦人好帶之
思勞香出日南如乳香瀝青黃褐色氣如楓香交趾
人用以合和諸香
排草出日南狀如白茅香芬烈如麝香亦用以合香
諸草香無及之者

檳榔苔出西南海島生檳榔木上如松身之艾蒳單
爇極臭交趾人用以合泥香則能成溫馨之氣功用
如甲香
橄欖香橄欖木脂也狀如黑膠飴江東人取黃連木
及楓木脂以爲欖香蓋其類出于橄欖故獨有清烈
出塵之意品格在黃連楓香之上桂林東江有此果
居人采香賣之不能多得以純脂不雜木皮者爲佳
零陵香宜融等州多有之土人編以爲席薦坐褥性
煖宜人零陵今永州實無此香

桂海酒志

宋　范成大紀　明潘之淙閲

余性不能酒士友之飲少者莫余若而能知酒者亦莫余若也頃數士于朝游王公貴人家未始得見名酒使虜至燕山得其宫中酒號金蘭者乃大佳燕西有金蘭山汲其泉以釀及來桂林而飲瑞露乃盡酒之妙聲震湖廣則雖金蘭之勝未必能頡頏也

瑞露帥司公廚酒也經撫所前有井清烈汲以釀遂

有名今南庫中自出一泉近年只用庫井酒仍佳

古辣泉古辣本賓横間墟名以墟中泉釀酒既熟不煑埋之地中日足取出

老酒以麥麴釀酒密封藏之可數年士人家尤貴重每歲臘中家家造鮓使可爲卒歲計有貴客則設老酒冬鮓以示勤婚娶亦以老酒爲厚禮

桂海器志

宋　范成大紀　明何士鎮閲

南州風俗猱雜蠻猺故凡什器多詭異而外蠻兵甲之製亦邊徼之所宜知者

竹弓以熏竹爲之筋膠之制一如角弓惟揭箭不甚力

黎弓海南黎人所用長弰木弓也以藤爲弦箭長三尺無羽鏃長五寸如茨菰葉以無羽故射不遠三四丈然中者必死

蠻弩諸峒猺及西南諸蕃其造作畧同以硬木爲弓椿甚短似中國猟人射生弩但差大耳

猺人弩又名編架弩無箭槽編架而射也

藥箭化外諸蠻所用弩雖小弱而以毒藥濡箭鋒中者立死藥以蛇毒草爲之

蠻甲惟大理國最工甲胄皆用象皮胸背各一大片如龜殼堅厚與鐵等又聯綴小皮片爲披膊護項之屬製如中國鐵甲葉皆朱之兜鍪及甲身内外悉朱地間黄黑漆作百花蟲獸之文如世所用犀毗器極

工妙又以小白貝纍纍駱甲縫及裝兜鍪疑猶傳古
貝冑朱綅遺製云
黎兜鍪海南黎人所用以藤織爲之
雲南刀即大理所作鐵青黑沉沉不錎南人最貴之
以象皮爲鞘朱之上亦畫犀毗花文一鞘兩室各函
一刀靶以皮條纏束貴人以金銀絲
峒刀兩江州峒及諸外蠻無不帶刀者一鞘二刀與
雲南同但以黑漆雜皮爲鞘
黎刀海南黎人所作刀長不過一二尺靶乃三四寸

織細藤纏束之靶端插白角片尺許如鴟鴞尾以爲
飾
蠻鞍西南諸蕃所作不用韉但空垂兩木鐙鐙之狀
刻如小龕藏足指其中恐入榛棘傷足也後鞦鏇木
爲大錢纍纍貫數百狀如中國騾驢鞦
蠻鞭刻木節節如竹根朱墨間漆之長纔四五寸其
首有鐵環貫二皮條以策馬
花腔腰鼓出臨桂職田鄉其土特宜鼓腔村人專作
窯燒之油畫紅花紋以爲飾

銅鼓古蠻人所用南邊土中時有掘得者相傳爲馬
伏波所遺其製如坐墩而空其下滿鼓皆細花紋極
工緻四角有小蟾蜍兩人舁行以手拊之聲全似鞞
鼓
銃鼓猺人[illegible]狀如腰鼓腔長倍之上銳下侈亦以皮
鞔植于地坐拊之
盧沙猺人樂狀類簫縱八管橫一管貫之
胡盧笙兩江峒中樂
藤合屈藤盤繞成柈合狀漆固護之出藤梧等郡

雞毛筆嶺外亦有兔然極少俗不能爲兔毫筆率用
雞毛其鋒踉蹡不聽使
練子出兩江州洞大略似苧布有花紋者謂之花練
土人亦自貴重
緂亦出兩江州洞如中國線羅上有徧地小方勝紋
蠻氈出西南諸蕃以大理者爲最蠻人晝披夜臥無
貴賤人有一番
黎幕出海南黎洞人得中國錦綵折取色絲間木綿
挑織而成每以四幅聯成一幕

黎單亦黎人所織青紅間道木綿布也桂林人多買
以為臥具

檳榔合南人既喜食檳榔其法用石灰或蜆灰并扶
留藤同咀則不澀土人家至以銀錫作小合如銀鋌
樣中為三室一貯灰一貯藤一貯檳榔

鼻飲杯南人習鼻飲有陶器如杯椀旁植一小管若
瓶嘴以鼻就管汲酒漿暑月以飲水云水自鼻入咽
快不可言邕州人已如此記之以發覽者一胡盧也

牛角杯海旁人截牛角令平以飲酒亦古兕觥遺意

蠻椀以木刻朱黑間漆之侈腹而有足如敦瓿之形

竹釜猺人所用截大竹筒以當鐺鼎食物熟而竹不
熁蓋物理自爾非異也

戲面桂林人以木刻人面窮極工巧一枚或值萬錢

桂海禽志

宋　范成大紀　明　潘之淇閱

南方多珍禽非君子所問又余以法禁采捕甚急
故不能多識偶於人家見之及有異聞者錄以備
博物

孔雀生高山喬木之上人採其雛育之喜臥沙中以
沙自浴[illegible]雄者尾長數尺生三年尾始長歲
[illegible]尾夏秋復生羽不可近目損人飼以猪腸及生
菜惟不食菸

鸚鵡近海郡尤多民或以鸚鵡為鮓又以孔雀為腊
皆以其易得故也此二事載籍所未紀自余始志之
南人養鸚鵡者云此物出炎方稍北中冷則發瘴噤
戰如人患寒熱以柑子飼之則愈不然必死

白鸚鵡大如小鵞亦能言羽毛玉雪以手撫之有粉
粘著指掌如蛺蝶翅

[illegible]鳳如喜雀色紺碧頸毛類雄雞鬃頭有冠尾垂二
[illegible]骨各長一尺四五寸其杪始有毛羽一簇冠尾絕
異大畧如鳳鳴聲清越如笙簫然度曲妙合宮商又

能爲百蟲之音生左右江溪洞中極難得然書傳未
之紀當由人罕識云
秦吉了如鸜鵒紺黑色丹咮黃距目下連頂有深黃
文頂毛有縫如人分髮能人言比鸚鵡尤慧大抵鸚
鵡如兒女吉了聲則如丈夫出邕州溪洞中唐書林
邑出結遼鳥林邑今占城去邕欽州但隔交趾疑即
吉了也
錦鷄又名金鷄形如小雉湖南北亦有之
山鳳皇狀如鷺鵰嘴如鳳巢兩江深林中伏卵時雄

者以木枝雜桃膠封其雌于巢獨留一竅雄飛求食
以飼之子成即發封不成則窒竅殺之此亦異物然
未之見也
翻毛鷄翮翎皆翻生彎彎向外尤馴狎不散逸二廣
皆有
長鳴鷄高大過常鷄鳴聲甚長終日啼號不絕生邕
州溪洞中
翡翠出海南邕賀二州亦有腊而賣之
灰鶴大如鶴通身灰慘色去頂二寸許毛始丹及頸

之半亦能鳴舞
鵁鶄大如竹鷄而差長頭如鵁身文亦然惟[illegible]前白
點正圓如珠人采食之
水雀蒼色似鶺鴒飛集戶庭翾翾然與燕雀爲伍

桂海獸志

宋　范成大紀　明　潘之淙閱

獸莫巨於象莫有用于馬皆南土所宜余治馬政頗補苴漏隙其說累牘所不能載姑著其畧及畜獸稍異者併爲一篇

象出交趾山谷惟雄者則兩牙佛書云四牙又云六牙今無有

蠻馬出西南諸蕃多自毗那自杞等國來自杞取馬於大理古南詔也地連西戎馬生尤蕃

大理馬爲西南蕃之最

果下馬土產小駟也以出德慶之瀧水者爲最高不踰三尺駿者有兩脊骨故又號雙脊馬健而喜行

猨有三種金絲者黃玉面者黑純黑者面亦黑金絲玉面皆難得或云純黑者雄金絲者雌又云雄能嘯雌不能也猨性不耐著地著地輒瀉以死煎附子汁飲之卽愈

蠻犬如獵狗警而猘

鬱林犬出鬱林州極高大垂耳拳尾與常犬異

花羊南中無白羊多黃褐白斑如黃牛又有一種深褐黑脊白斑全似鹿

乳羊本出英州其地出仙茅羊食茅舉體悉化爲肪不復有血肉食之宜人

綿羊出邕州溪洞及諸蠻國與朔方胡羊不異

麝香自邕州溪洞來者名土麝氣臊烈不及西蕃

火狸狸之類不一邕別有一種其毛色如金錢豹但其錢差大耳彼人云歲久則化爲豹其文先似之矣

風狸狀似黃猨食蜘蛛晝則拳曲如蝟遇風則飛行

空中其溺及乳汁主大風疾奇效

嬾婦如山豬而小喜食禾田夫以機軸織紝之器掛田所則不復近安平七源等州有之

山豬卽豪豬身有棘刺能振發以射人三二百爲羣以害禾稼州洞中甚苦之

石鼠專食山豆根賓州人以其腹乾之治咽喉疾効如神謂之石鼠肚

香鼠至小僅如指擘大穴于柱中行地中疾如激箭

山獺出宜州溪洞俗傳爲補助要藥洞人云獺性淫

毒山中有此物凡牝獸悉避去癩無偶抱木而枯洞
猺尤貴重云能解藥箭毒中箭者研其骨少許傅治
立消一枚直金一兩人或求買但得殺死者功力甚
劣

桂海獸志　三

桂海蟲魚志

宋　范成大紀　明潘之淇閱

蟲魚微物外薄于海者其類庸可旣哉錄偶見聞
者萬一

珠出合浦海中有珠池蜑戶投水採蚌取之歲有豐
耗多得謂之珠熟相傳海底有處所如城郭大蚌居
其中有怪物守之不可近蚌之細碎蔓延於外[redacted]始
得而采

車磲似大蚌海人磨治其殼爲諸玩物

桂海蟲魚志　一

蚺蛇大者如杜長稱之其膽入藥南人腊其皮刮去
鱗以鞔鼓蛇常出逐鹿食寨兵善捕之數輩滿頭揷
花趨赴蛇蛇喜花必駐視漸近競拊其首大呼紅娘
子蛇頭益俛不動壯士大刀斷其首衆悉奔散遠伺
之有頃蛇省覺奮迅騰擲傍小木盡拔力竭乃斃數
十人舁之一村飽其肉

蠵蝐形似龜黿輩背甲十三片黑白斑文相錯鱗差
以成一背其邊裙闌闕齧如鋸齒無足而有四鬣前
兩鬣長狀如檝後兩鬣極短其上皆有鱗甲以四鬣

櫂水而行海人養以鹽水飼以小鱓俗傳甲子庚申日輒不食謂之蟜蝐齋日其說甚俚

蜈蚣有極大者

青螺狀如田螺其大兩拳揩磨去麤皮如翡翠色雕琢爲酒杯

鸚鵡螺狀如蝸牛殼磨治出精采亦雕琢爲杯

貝子海傍皆有之大者如拳上有紫斑小者指面大白如玉

石蟹生海南形眞是蟹云是海味所化理不可詰又

有石蝦亦其類

鬼蛺蝶大如扇四翅好飛荔枝上

黑蛺蝶大如扇橘蠹所化北人云玄武蟬

嘉魚狀如小鰣魚多脂味極腴美出梧州火山人以爲鮓餉遠

蝦魚出灘水肉白而豐味似蝦而鬆美

竹魚出灘水狀似青魚味如鱖魚南中魚品如鯉鯽輩皆有之而以蝦竹二魚爲珍

天蝦狀如大飛蟻秋社後有風雨則群墮水中有小翅人候其墮掠取之爲鮓

桂海花志

宋　范成大紀　明何士錫閱

桂林具有諸草花木牡丹芍藥桃杏之屬但培漑不力存形似而已今著其土產獨宜者凡北州所有皆不錄

上元紅深紅色絕似紅木瓜花不結實以燈夕前後開故名

白鶴花如白鶴立春開

南山茶葩萼大倍中州者色微淡葉柔薄有毛別自

有一種如中州所出者

紅豆蔻花叢生葉瘦如碧蘆春末發初開花先抽一幹有大籜包之籜解花見一穗數十蕊淡紅鮮妍如桃杏花色蕊重則下垂如蒲萄又如火齊瓔珞及剪綵鸞枝之狀此花無實不與草豆蔻同種每蕊心有兩瓣相並詞人托興曰比目連理云

泡花南人或名柚花春末開蕊圓白如大珠既折則似茶花氣極清芳與茉莉素馨相逼番人采以蒸香風味超勝

紅蕉花葉瘦類蘆箬心中抽條條端發花葉數層日折一兩葉色正紅如榴花荔子其端各有一點鮮綠尤可愛春夏開至歲寒猶芳又有一種根出土處特肥飽如膽缾名膽缾蕉

枸那花葉瘦長畧似楊柳夏開淡紅花一朵數十萼至秋深猶有之

史君子花蔓生作架植之夏開一簇一二十葩輕盈似海棠

水西花葉如萱草花黃夏開

裹梅花即木槿有紅白二種葉似蜀葵采紅者連葉包裹黃梅鹽漬暴乾以薦酒故名玉修花粉紅色四季開

象蹄花如梔子而葉小夏開至秋深

素馨花比番禺所出爲少當由風土差宜故也

茉莉花亦少如番禺以淅米漿日漑之則作花不絕可耐一夏花亦大且多葉倍常花六月六日又以治魚腥水一漑益佳

石榴花南中一種四季常開夏中既實之後秋深忽

又大發花且實枝頭碩果罅裂而其旁紅英粲然併
花實折飣盤筵極可玩
添色芙蓉花晨開正白午後微紅夜深紅
側金盞花如小黃葵葉似槿歲暮開與梅同時

桂海果志

宋　范成大紀　明　孫士鏕閱

世傳南果以子名者百二十半是山野間草木實猿狙之所甘人强名以爲果故余不能盡識錄其識可食者五十五種

荔枝自湖南界入桂林纔百餘里便有之亦未甚多昭平出樵核臨賀出綠色者尤勝自此而南諸郡皆有之悉不宜乾肉薄味淺不及閩中所產

龍眼南州悉有之極大者出邕州圍如當二錢但肉

薄不能遠過常品爲可恨

饅頭柑近蒂起饅頭尖者味香勝可埒永嘉孔柑

金橘出營道者爲天下冠出江浙者皮甘肉酸不逮矣

綿李味甘美勝常品擘之兩片開如離核桃

石栗圓如彈子毎顆有梗抱附之類杓柄肉黃白甘韌似巴欖子仁附肉有白膜不可食發病北人或呼爲海胡桃

龍荔殼如小荔枝肉味如龍眼木身葉亦似二果故

名可蒸食不可生啖令人發痼或見鬼物三月開小白花與荔枝同時

木竹子皮色形狀全似大枇杷肉甘美秋冬間實

冬桃狀如棗深碧而光軟爛甘酸春夏熟

羅望子殼長數寸如肥皂又如刀豆色正丹內有二三實煨食甘美

人面子如大梅李核如人面兩目鼻口皆具肉甘酸宜蜜餞

烏欖如橄欖青黑色肉爛而甘

方欖亦橄欖類三角或四角出兩江州洞

椰子木身葉悉類檳榔桄榔之屬子生葉間一穗數枚枚大如五升器果之大者謂惟此與波羅蜜等耳皮中子殼可爲器子中瓤白如玉味美如牛乳瓤中酒新者極清芳久則渾濁不堪飲

蕉子芭蕉極大者凌冬不凋中抽幹長數尺節節有花花褪葉根有實去皮取肉軟爛如綠柿極甘冷四季實土人或以飼小兒云性涼去客熱以梅汁漬暴乾按令扁味甘酸有微霜世所謂芭蕉乾者是也又名牛子蕉

雞蕉子小如牛蕉亦四季實

芽蕉子小如雞蕉尤香嫩甘美秋初實

紅鹽草果取生草荳蔻入梅汁鹽漬令色紅暴乾以薦酒

鸚鵡舌即紅鹽草果之珍者實始結即頻取紅鹽乾之纔如小舌

八角茴香北人得之以薦酒少許咀嚼甚芳香出左右江州洞中

餘甘子多販入北州人皆識之其木可以制器

五稜子形甚詭異瓣五出如田家碌碡狀味酸久嚼微甘閩中謂之羊桃

黎朦子如大梅復似小橘味極酸

波羅蜜大如冬瓜外膚礧砢如佛髻削其皮食之味極甘子練悉如冬瓜生大木上秋熟

柚子南州名臭柚大如瓜人亦食之皮甚厚打碑者卷皮蘸墨以代氈刷宜墨而不損紙極便于用此法可傳但北州無許大柚耳

櫓罟子大如半升椀諦視之數十房攢聚成毬每房
有縫冬生青至夏紅破其瓣食之微甘
槎檫子如錐栗肉甘而微澀
地蠶生土中如小蠶又似甘露子
赤柚子如橄欖皮青肉赤以下竝春實
火炭子如烏李
山韶子色紅肉如荔枝以下八種竝夏實
山龍眼色青肉如龍眼
部諦子色黃如大石榴

木賴子如淡黃大李
粘子如指面大褐色
羅晃子如橄欖其皮七重
千歲子如青黃李味甘
赤棗子如酸棗味酸
藤韶子大如鳧卵柿以下十三種竝秋實
古米子殼黃中有肉如米粒
殼子如青梅味甘
藤核子生白藤上如小蒲桃

木連子如胡桃紫色
蘿蒙子黃如大橙柚
毛栗如橡栗
特乃子狀似榧而圓長端正
不納子似黃熟小梅絕易爛爛卽破肉附核可爲經
珠似菩提子
羊矢子色狀全似羊矢味亦不佳
日頭子狀如櫻桃色[redacted]如蒲桃穗
秋風子色狀俱似楝子

黃皮子如小棗
朱圓子正圓深紅狀如楝子以下六種皆冬實
匾桃大如桃而匾色正青
粉骨子皮黃色如粉
塔骨子匾如大橘皮裹空虛
布衲子似李而黃
黃肚子如小石榴

桂海草木志

宋　范成大紀　明曾從志閱

異草瑰木多生窮山荒野其不中醫和匠石者人亦不采故余所識者少惟竹品乃多桀異併附于錄

桂南方奇木上藥也桂林以桂名地實不產而出于賓宜州凡木葉心皆一縱理獨桂有兩紋形如圭製字者意或出此葉味辛甘與皮無別而加芳美人喜咀嚼之

榕易生之木又易高大可覆數畝者甚多根出半身附幹而下以入土故有榕木倒生根之語禽鳥銜其子寄生他木上便蔚茂根下至地得土氣久則過其所寄

沙木與杉同類尤高大葉尖成叢穗少與杉異

桄榔木身直如杉又如棕櫚有節似大竹一幹挺上高數丈開花數十穗綠色

思儡木生兩江州洞堅實漬鹽水中百年不腐

朦脂木堅緻色如朦脂可鏇作出融州及州洞桂林屬縣亦有之

雞桐葉如楝其葉煑湯療足膝疾

龍骨木色翠青狀如枯骨

風膏藥葉如冬青治太陽疼頭目昏眩

南漆如稀餳氣如松脂霑霑無力

簜竹葉大且密畧如蘆葦

澀竹膚麤澀如木工所用砂紙可以錯磨爪甲

人面竹節密而凸宛如人面入採為拄杖

釣絲竹類簜竹枝極柔弱

斑竹中有疊暈江浙間斑竹直一淚痕無暈也

貓頭竹質性類筋竹

桃枝竹多生石上葉如小棕櫚人以大者為杖

竻竹刺竹也芒棘森然

箭竹山中悉有

宿根茄茄本不凋明年結實

銅鼓草其實如瓜療瘡瘍毒

大蒿容梧道中久無霜雪處年深滋長大者可作屋

桂小亦中肩輿之扛

石髮出海上纖長如絲縷

匾菜細如荇帶匾如薤菜長一二尺

都管草一莖六葉辟蜈蚣蛇

花藤鏇以爲器用中有花紋

胡蔓藤毒草也揉其草漬之水入口卽死

桂海雜志

宋　范成大紀　明陳國俊閱

嶠南風土之異宜錄以備博聞而不可以部居謂之雜志

雪南州多無雪霜草木皆不改柯易葉獨桂林歲歲得雪或臘中三白然終不及北州之多靈川興安之間兩山蹲踞中容一馬謂之嚴關朔雪至關輒止大盛則度送至桂林城下不復南矣

風廣東南海有颶風西路稍北州縣悉無之獨桂林多風秋冬大甚拔木飛瓦晝夜不息俗傳朝作一日止暮七日夜半則彌旬去海猶千餘里非颶也土人自不知其說余試論之桂林地勢視長沙番禺在千丈之上高而多風理固然也

癸水桂林有古記父老傳誦之畧曰癸水繞東城永不見刀兵癸水灕江也

瘴二廣惟桂林無之自是而南皆瘴鄉矣瘴者山嵐水毒與草莽沴氣鬱勃蒸熏之所爲也其中人如瘧狀治法雖多常以附子爲急須不換金正氣散爲通

用邕州兩江水土尤惡一歲無時無瘴春曰青草瘴夏曰黃梅瘴六七月曰新禾瘴八九月曰黃茅瘴土人以黃茅瘴爲尤毒桂嶺舊不知的實所在城北五里有尋丈小坡立石其上刻曰桂嶺賀州自有桂嶺縣相傳始名嶺在其地今小坡非也

俗字 邊遠俗陋牒訴券約專用土俗書桂林諸邑皆然今姑記臨桂數字雖甚鄙野而偏傍亦有依附𡚦音矮不長也閅音穩坐于門中穩也𡙞亦音穩大坐亦穩也仦音嫋小兒也奀音動人瘦弱也歪音終人亡絕也𡘙音臘不能舉足也奷音大女大及姊也𡿦音勘山石之巖窟也閂音撼門橫關也他不能悉紀余閱訟牒二年習見之大理國間有文書至南邊及商人持其國佛經題識猶有用圀字者圀武后所作國字也唐書稱大禮國今其國止用理字

捲伴 南州法度踈畧婚姻多不正村落强暴竊人妻女以逃轉移他所安居自若謂之捲伴言捲以爲伴侶也已而復爲後人捲去至有歷數捲未已者其舅姑若前夫訪知所在請官自陝官爲追究往往所謂前夫亦是捲伴得之復爲後人所捲惟其親父母兄弟及初娶者所訴即歸始初被捲之家

草子 即寒熱時疫南中吏卒小民不問病源但頭痛體不佳便謂之草子不服藥使人以小錐刺唇及舌尖出血謂之挑草子實無加損于病必服藥乃愈

桂海蠻志

宋　范成大紀　明　何士鋋閱

廣西經畧使所領二十五郡其外則西南諸蠻蠻之區落不可殫記姑記其聲問相接帥司常有事于其地者數種曰羈縻州洞曰猺曰蠻曰黎曰蜑通謂之蠻

羈縻州洞隷邕州左右江者爲多舊有四道儂氏謂安平武勒忠浪七源四州皆儂姓又有四道黄氏謂安德歸樂露城田州皆黄姓又有武侯延衆石門感

德四鎮之民自唐以來内附分析其種落大者爲州小者爲縣又小者爲洞國朝開拓寖廣州縣洞五十餘所推其雄長者爲首領籍其民爲壯丁其人物獷悍風俗荒怪不可盡以中國教法繩治姑羈縻之而已有知州權州監州知縣知洞其次有同發遣權發遣之屬謂之主戶餘民皆稱提陀猶言百姓也其田計口給民不得典賣惟自開荒者由已謂之祖業口分田知州别得養印田猶圭田也權州以下無印記者得蔭免田既各服屬其民又以攻剽山獠及博買嫁娶所得生口男女相配給田使耕教以武技世世隷屬謂之家奴亦曰家丁民戶强壯可教勸者謂之田子田丁亦曰馬前牌總謂之洞丁今黄姓尚多而儂姓絶少智高亂後儂氏善良許從國姓今多姓趙氏有舉洞純一姓者婚姻不以爲嫌酋豪或娶數妻皆曰媚娘宜州管下亦有羈縻州縣十餘所其法制尤踈幾似化外其尤者曰南丹州待之又與他州洞不同特命其首領莫氏曰刺史月支鹽料及守臣供給錢其說以謂宜州徼外即唐黄家賊之地崇建南

丹使控制之莫氏家人亦有時相攻奪今刺史莫延葚逐其弟延廩而自立延廩奔朝廷謂之出宋（凡州洞歸明者皆稱出宋）

猺本五溪槃瓠之後其壤接廣右者静江之興安義寧古縣融州之融水懷遠縣界皆有之生深山重溪中椎髻跣足不供征役各以其遠近爲伍

獠在右江溪洞之外俗謂之山獠依山林而居無酋長版籍蠻之荒忽無常者也以射生食動而活蟲豸能蠕動者皆取食無年甲姓名一村中惟有事力者

曰郎火餘但稱火舊傳共類有飛頭鑿齒鼻飲白衫花面赤褌之屬二十一種今在江西南一帶甚多殆百餘種也

蠻南方曰蠻今郡縣之外羈縻州洞雖故皆蠻地猶近省民供稅役故不以蠻命之過羈縻則謂之化外真蠻矣區落連亘接于西戎種類殊詭不可勝記今志其近桂林者宜州有西南蕃大小張大小王龍石滕謝諸蕃地與牂牁接人椎髻跣足或著木履衣青花斑布以射獵讐殺為事又南連邕州南江之外者

羅殿自杞等以國名羅孔特磨白衣九道等以道名而峩州以西別有酋長無所統屬者蘇綺羅坐夜面計利流求萬壽多嶺阿悞等蠻謂之生蠻酋自謂太保大抵與山獠相似但有首領耳羅殿等處乃成聚落亦有文書公文稱守羅殿國王其外又有大蠻落西曰大理東曰交趾大理南詔國也交趾古交州治龍編又為安南都護府

黎海南四郡隝上蠻也隝直雷州由徐聞渡半日至隝之中有黎母山諸蠻環居四傍號黎人山極高常在霧靄中黎人自鮮識之久晴海氣清廓時或見翠尖浮半空云蠻皆椎髻跣足插銀銅錫釵婦人加銅環耳墜垂肩女及笄即黥頰為細花紋謂之繡面女既黥集親客相慶賀惟婢獲則不繡面四郡之人多黎姓蓋其裔族而今黎人乃多姓王

蜑海上水居蠻也以舟楫為家採海物為生且生食之入水能視合浦珠池蚌蛤惟蜑能沒水探取旁人以繩繫其腰繩動搖則引而上先煑毳衲極熱出水急覆之不然寒慄而死或遇大魚蛟鼉諸海怪為鬐

鬣所觸往往潰腹折支人見血一縷浮水面知蜑死矣

滇海虞衡志十三卷

〔清〕檀萃輯

《滇海虞衡志》十三卷，清檀萃輯。萃（一七二五—一八〇一）字豈田，號默齋，安徽望江人。乾隆二十六年（一七六一）進士，歷任貴州清溪、雲南禄勸知縣，好游歷，曾遍歷滇中。是書仿范成大《桂海虞衡志》體例，多勾稽舊籍，依次分述雲南之巖洞、金石、香、酒、器、禽、獸、蟲魚、花、果、草木、氣象、蠻等，所記諸物産，可反映與海外交通之情形。據上海圖書館藏清嘉慶間刻本影印。

滇海虞衡志序

廢翁居滇久以傲罷令且獲罪滇人士譽之者半毁之者亦半毁者之言曰恃才淩人自蕩於繩尺雖如柳子厚奚益譽者之言曰宏覽博物慷慨悲歌有公而楊用修氏可以不孤予於譽之說不敢從同於毁之說更無所附和翁蓋敦篤人也好學勵志喜急朋友之難其著錄固純駁相間要皆自出機軸不肯寄人籬下予既與翁習嘗以所纂滇南山水綱目考命校刪繁正誤爲補輯數條分編上下卷翁甚以爲然乙卯入都翁曰有以三百金購刻是書者

子其許之乎予曰果有三百金則翁可歸矣遂並副本檢授之後購書者之父陞丞粵東旋卒此事中止辛酉小除翁柩返自江寧予往致弔向令子吉夫選貢索此冊吉夫答以未知乃取滇海虞衡志相畀予携置行篋屢經繙閱筆勢鬱紆文情古厚出范志遠甚今歲夏刻入叢書中有曰其志廠也瑣屑猥雜引一老砂丁與談亦無不知者是何足刻或曰其志蠻也風俗嗜好言過其實今之滇已非古之滇是何可刻或又曰其志花也以山茶紅梅紫薇爲三鼎甲繼之云破荒洗陋大肆輕薄是何必刻夫滇之巨

政惟鹽與銅鹽銅理官民俱利鹽銅壞官民俱弊若必以瑣屑譏之是考工記可稱匠作簿水經注不敵道里表矣其以爲不足刻者淺也周之世玁狁居於焦穫山戎處於陸渾夷夏之界已混若風俗嗜好以予游歷所及蠻之不如者往往而有蓋非可以方隅存定論矣其以爲不可刻者褊也鼎甲重自明季然苟無高文偉烈足以自立未没世而已與草木同腐轉不若三花者之長耀天壤誰陋誰荒自有辨之者矣其以爲不必刻者迂也然則是志之成產於滇者當知之宦於滇者猶當知之方翁之掌教成材

書院也趨之者若鶩無不用師生禮相見予獨以世俗之呼鄉大尹者呼之竪一義雲番海立送一難猊抉驥奔翁曰吾不意滇人中竟有吾子予曰嘻十步之内必生芳草滇之人謝客閉關不求聞達有倍於予者有數倍於予者翁矜其所見而忽其所未見是以予爲遼東之豕也翁亦大笑旋投以句云同是楚人滇較遠采詩知不薄菰蘆越歲予奉檄引　見翁和蘆字韻杯餞亦以予之呼翁者見呼予曰殺之役何相報之速翁眞不長者哉翁曰安知其不選江南辛酉五月銓授望江嚴匡山考功吳曉林庶

常皆翁高足咸以翁言爲奇識抵皖復寄以句云江南山水尋常事眞與先生作長官未得報書而翁已没於旅邸嗚呼寶氣已滯元言莫賞每撫此册如與翁對坐一粒齋喫瓜子炒豆燒酒也鄙告滇人士其以予爲從同乎抑以予爲附和乎嘉慶甲子中秋前八日滇人師範書於武昌湖舟中北望翁柩尙厝淺土念之愈覺悵然

滇海虞衡志序

虞衡志者蓋合山虞澤虞林衡川衡以爲名土訓之書也范石湖帥廣右居桂林爲桂海虞衡志夫桂奚有海其去大海尙隔安南廣東而以海名者矜其陸海耳滇則內有滇池洱河皆周數百里俱稱海即三宣八慰七猛以至于緬甸前明皆入職方故一統志載雲南所轄以府名者十有二軍民府八州二禦夷府二軍民指揮司一宣慰司八宣撫司三長官司六皆領于布政司緬甸宣慰司南近海番舶集城下滇之稱海比桂尤宜老夫居滇數十年爲農部瑣錄華竹新編及騰越蒙自浪穹順寧廣南凡七志其于滇之土訓誦訓頗爲畧知屢語當事續修通志而卒不能然念居滇久不獲勒成一書以慰滇人士之情此心終有黙黙不自得者故于歸途爲此將梓行之傳于滇海以復于滇南知好及諸生俾知老夫之拳拳于滇雖去之遠終不相忘者猶石湖之志也昔崔正熊爲古今注馬縞續之張茂先爲博物志李石續之前明董斯張又廣之惟文穆公虞衡志未有續且廣者老夫以滇海配桂海標目悉仍石湖之舊亦託于續且廣之意云爾石湖與蘇黃陸爲

宋四大家桂海志亦道途間不經意之作而卒流傳過于其詩安知老夫此志他日不流傳如石湖也哉嘉慶巳未六月白石先生廢翁檀萃序于武昌黃鶴樓側年七十五

滇海虞衡志目錄

滇南山長白石先生廢翁檀萃默齋輯
大雷池長雪臺老人趙州師範荔扉校

滇海虞衡志卷之一

照范氏桂海志例共十三志志為一篇篇長短不齊各
為一卷凡十三卷

志巖洞

昔范石湖評桂山之奇宜為天下第一謂其峯無延緣
平地突起玉笋瑤簪森列無際山皆中空下多巖洞所
記三十餘所去城不過七八里遊可一日遍而于陽朔
之五洞容州之三洞融州之靈巖仙洞僅標其目不能
詳焉夫其各門體例既統廣右以畢羅而志巖洞特取

桂林之近在几席者何局促也宋自玉斧一畫遂棄滇
黔又棄安南西失甘肅東北不能收燕雲十六州其聲
教得通者不及漢唐之半南渡而後疆宇日蹙北使者
以盱眙為第一山後且以荆門州太平州為邊境石湖
雖嘗使北北符南客禮貌甚輕未能縱其遍游大有所
見聞宜其易于由言以桂山冠天下使見滇海巖洞之
奇必旋其面目矣

山之懸壁為巖幽邃為洞滇山中空巖洞則無山無之
會城東環金馬西遶碧鷄凡省東羣山雖各異名皆古

金馬未可執金馬闕地以為金馬也省西羣山雖各異
名皆古碧雞未可執碧雞闕地以為碧雞也前書志西
南夷但云滇池一二百里旁平地肥饒數千里不言金
馬碧雞惟于王襃傳見其名後書則云池周二百餘里
水源深廣末更淺狹有似倒流謂之滇池水土平敞多
出鸚鵡孔雀今近省非所出也又于邛都夷言青蛉縣
禺同山有金馬碧雞光景註謂襃州揚岐縣則今姚安
大姚間也大姚距省四五日程每程數十里計其里數
不過二三百今彼地無金碧遺跡跡俱在省城省城人

于碧雞統謂之西山則二山果在今省會也又金馬出
于天竺摩竭提國當周宣時國王阿育有神驥三子俱
欲之王縱驥使東馳謂追得者主此驥追至滇池長福
邦次宏德俱不得季至德得之王思三子使其舅神明
將兵迎之為哀牢所隔不得返俱歿于滇福邦為碧雞
山神宏德為岩頭山神至德為金馬山神今安寧有龍
馬跳澗山草溪有龍馬河蹄迹深尺許足證金馬碧雞
之不在姚安而在省會也漢武因張騫言使使入滇求
通身毒卽天竺也為嶲昆明所閉不得通與此事相類

不得盡以其傳爲荒唐省城後鎮爲陑山見于漢志俗
呼爲虵山中出爲螺峯五華會城宅焉左出爲金馬右
出爲碧雞故城東之山稱盛游者龍泉院之唐梅以臘
月太和山之銅瓦寺以正月官民士女輿騎填委迄于
歸化寺爲祖餞通衢其間林巖洞壑所在而有大者可
容數萬人皆金馬山也西則太華爲首極而高峣而寶
珠諸處次之上太華必由近華浦渡海經高峣而進林
巖洞壑尤奇美遊者彌月不能盡皆碧雞山也此二山
者金馬之神縹碧之雞漢宣帝慕之王子淵祠之左太

冲賦之豈但桂林之比哉故摘其巖洞以表之
雲津洞在省城內螺峰下有二洞左曰潮音右曰雲津
左洞古有蛟患往往洞水溢出没城建圓通寺以鎮之
患始息洞門遂塞右洞不知塞自何年壁上題有雲津
字志書不載遊人亦不知有所謂雲津洞者其來久矣
近檢滇志載李巡按本固有游雲津洞詩一章備述洞
之奇異幾不可名狀李爲固始進士萬歷間按滇得恣
其游賞則此洞尚未塞也詩云丈夫意氣凌高秋飛行
八極隘齊州匹馬西南天際頭貪奇到處爲冥搜昆明

之左巖山陬中有仙窟結蜃樓神藏鬼呵誰敢求我來
始得探其幽洞口倒涵丹水流長橋夭矯偃蒼虬振衣
前度恣夷猶森森石笋排戈矛則身一罅傴而僂手闢
洪濛觸不周別有天地非人謀列炬大詫爭先投奇奇
怪怪爛不收萬頃芙蓉翔鷺鷗百寶流蘇控玉鉤千絲
瓔珞懸燈毬琪花瑤草紛相摎石髓天漿旨且柔瓌瑋
陸離眩人眸烟花繚繞紫雲浮髣髴洪崖拍浮邱驂駕
白鹿與青牛鸞回鳳舞彈箜篌步虛歌來音韵遒恍疑
臨風到十洲俯首塵世如蜉蝣洞天深處水悠悠欲往

從之道阻修恨無太乙蓮葉舟四顧蕭然不可留卻尋
歸路吟且謳此日眞成汗漫游散髮箕踞倒玉甌劃然
長嘯山鬼愁神仙本是英雄儔蓬萊清淺不盈抔齷齪
富貴安足籌棄之于我如浮漚向平婚嫁幾時休松風
萬壑來颼飀按李詩所記此洞之勝不下于昫町三洞
故老相傳有遊蜀洞者循之而來從此洞出大吏聞之
恐藏奸宄遂塞之則洞之不幸也建寺設鐘鼓蛟不能
存必徙去而左洞亦可游其奇勝諒亦如雲津惜乎其
均塞也近在咫尺而美失其美所謂日進前而不御者

耶記之以表滇海之勝耳夫美不自美因人而彰蘭亭不遇右軍則淸流激湍終蕪沒于空山城內有此二洞游者竟不知李本固之名又不盡宣其蕪沒而不彰哉

太華峰踞太華山頂琳宮梵宇金碧輝煌擬于紫霄碧雲聞山茶高三丈萬花霞明飛丹如茜列繡如幄孫副使士性常遊之以爲入石家錦步障大吏宴賓多往其上或避生辰必留信宿始回王神仙館于西山于其地最諳悉言其下有巨洞可容數萬人于時苗方不靖人洶洶　避王來告曰吾力能致老夫子一家于其處輒

答曰能如龐公之入鹿門不返乎曰不能然則願與諸生共守耳因作守禦議上之

羅漢巖在羅漢山楊提學師孔詩所云誰鞭太古一片石縹緲下渡昆明坼巑岏突兀古宿翁袈裟淨染天雲碧是也明李元陽詩最佳首云湖上飛巖映波綠石壁插水山無足艤艇攀躋到上頭下見湖光洗寒玉後云岩際高低刻應眞游客何人是後身悵望雲軿久延佇六合有盡秋無垠讀之可以想見斯巖之勝矣

龍淙洞在玉案山發明于范制府承勲記稱昕竹寺後四山龍從中得平地如掌龍泉一泓瀉入巖洞又出奔別洞注地爲洑聲善恐人跬步間洞凡四五石樓穹窿若蜃氣吹空幽折靚峭別有天地荒蕪蔚薈鳥韻都絕洞房環珮玉聲璆然俄而琴筑五明笙鏞迭奏紆徐却導暨乎巨響忽發歌鐘噌吰鼉鼓匌訇而衆樂亂矣因雜詠十首以紀之此康熙二十四五年間事也

花紅洞在玉案山蘭谷和尙溥畹所開　御賜法界寺額及　御書墨跡甚多俱藏于寺蘭谷如皋顧氏子　國朝別裁載其詩雍正初北歸著有象外軒集

其開此洞也作歌云滿山松一林竹中有眞人字蘭谷丙子秋間至此間闢逕誅茅作茅屋栽芋子種蘆菔每日勞勞與磟碌披雲曾斸瘠山根負薪還把楞嚴讀摘薇蕨采苜蓿誰識兩餐和薄粥又有龍淙石屋一草亭顛丈卧石琴臺招隱峰三生坪小巫峽釣臺歎厂菩提泉小龍湫烟霞窟雲川石香橋環玉亭宛轉溪雲窩聽瀑樓墨雨莽洗鉢潭花紅園五律二十二首皆其所開剏締造而題目之者也殆輞川楓成之遊矣蘭谷又有七律九章皆爲此洞詠也迨其北歸後此洞遂成勝游

尹文端總制時有法界寺雅集和吳頼蓀應枚學使詩五首有云仙源流洞口石乳香山房可以想見其勝矣按自范制府開龍淙後想已荒無迨蘭谷開花紅洞遂兼而有之增十景為二十二景云此皆西山之名勝為士大夫所宴集而總統于碧雞山者也其近華浦亦勝以近太華而名洲如地肺大浸不没亦士大夫宴集地殆亦碧雞脈分絶海而浮出者耶此皆繞省環立者至郡屬各州縣多有巖洞著名者如富民之飛翠巖河上洞宜良之紅石巖仙人洞昆陽之三元峯易門之元武

洞龍口洞其奇勝亦比于省城而以數見不鮮毋概列也

蒙氏國南詔設五嶽以點蒼為中嶽十九峯排空而出以絳雲露山為東嶽十二峯亦秀參天表以高黎共為西嶽為崑崙正脉故曰崑崙岡潞冬無霜山頂霜雪極為巖沍以蒙樂山為南嶽中有石洞深不可測一峯特出狀若崆峒以玉龍山為北嶽嵩巍千峯上揷霄漢下臨麗水積雪不消元李景山詩云麗江雪山天下絶積玉堆瓊幾千疊足盤厚地背摩天衡華真成兩丘垤者是也此其為玉笋瑤篸之森列者幾不可紀極中國士大夫之來遊者見一邱一壑即驚以為內地所未有况此奇幻巨麗幾出天地之外為尋常耳目見聞所不到者哉至于各州郡巖洞之著名者于曲靖屬則有大士巖牌頭洞法吐洞宜威嶺清溪洞于臨安屬則有閻洞鏡湖洞通靈洞傳聲洞燕子洞澂江屬則有石林芝雲洞武定屬則有壽胚胎洞廣西屬則有阿盧洞廣南有科巖大理屬有花魚洞青華洞姚安屬有漁澄洞有安公治

清溪洞在平彝官道此入滇之第一洞也出城二里許即得之一名三臺洞洞口廣延袤丈有僧住持神像皆因石而成內有樂臺石乳下滴成柱石牀石几俱備入里許旁有石縫僅容一人盤曲而升堂奧天然光明開朗其人樂之顧謂從者汝可出吾不歸矣傳其仙也趙侍郎士麟微時嘗過之有詩云巨靈何年闢此宅懸崖蹴浪高百尺仰面蛇行未易探倒身猿掛不容掖以火燭之心始驚虎豹縱橫蛇龍積更有仙佛乘雲濤香幢寶蓋紛絡繹徐視方知石結成巖竇涓涓凝玉液再進

泥濘不可行惟聞足下泉聲溢清溪洞可棲眞在人境鮮囂塵但恐他日駈車過風雨迷離莫問津後趙貴顯敭歷中外數十年一日軒蓋至洞僧迓之趙幅巾道服帶二小童曰吾來尋吾舊宅耳一入不復出僧方驚疑未幾飛旋過乃信其棲神于此洞也

閻洞在建水城東十五里石巖山一名蒙山志云山麓有洞名石巖洞異龍湖瀘江象冲諸河水流入其中復流出達阿迷州界其洞有三又稱閻洞遷客閻閎所闢也一曰水雲石乳倒垂千形萬態一曰南明上有兩竅

暘光射入見石牀丹竈一曰萬象石磴懸崖隱隱爲風雷聲號爲㘅町三洞志載如此而未若郎瑛仁寶之記尤詳也郎謂吾與姚江楊提學撫論天下山水之奇語予曰吾生平奇見無出于雅州石壁臨安顏洞洞去城數十里嘉靖中蒙自縣丞顏宏所開也其地兩山夾峙水從洞入洞口白石一柱如玉垂水中闇然莫測人莫敢進顏放舟然火而入窮其至極然後知洞有三層迤邐盤旋而上入深四十餘里廣處可坐千人高不知其幾何洞水出阿彌州下洞一龍仰附于洞前二足捧頭而下鱗角眼爪纖悉具備中洞獅象相峙于口內則飛走之禽器具之物不可枚數若白鷺青鸞黃羅傘紅棹圍種種色相宛然而鐘鼓二石叩之聲切肖也入深大士半身面如傳粉唇若點硃頭總一髻左有青石淨瓶右有白石鸚鵡盡則石牀一張上下四柱菱花片壁即人間之拔步耳上洞一僧一道蹲踞相視如漁樵問答之狀極後洞門坐一老翁戴東坡巾但少生氣耳據此閻應爲顏按此洞無人敢入不能知其奇闢以遷謫胥靡不懼縱心遊之而其奇盡出至今洞以閻名所得已

多矣省郡志俱作閻閎閎臨清人嘉靖初以給事謫丞蒙自不到官流寓建水探岩穴之勝後召還楊撫字安世餘姚進士嘉靖中爲滇副使與閻同時先後間耳以閻爲顏又豈誤邪

燕子洞在阿迷西南五十里官道側志但云瀘江由此出春燕巢其中而已而發其奇者張同年綏佩宴亭于是名人爭詠之宴亭記嘗以遺予此洞因宴亭而大顯然則洞之傳在以其人哉宴亭精于易所謂看一艮卦即可了楞嚴一部此其看艮卦時歟

壽胚胎洞在武定北接羅次廣通界故金華洞也二十八宿真像藏于此感夢于唐明皇發洞而得之獨闕氐宿蓋卽明皇也于是立雕改縣曰真寧在今羅川鎮莊曰氐可老此壽胚胎之名所自來也此事見于太平廣記頗詳而續博物志亦云明皇得二十七仙玉像于寧州羅川縣金華洞奇偉異狀各各不同内有心星一座甚美手板復有明皇御名其地屬氐可思莊其人已百歲後置真寧雕改羅川爲真寧縣今有玉像圖傳于世此事滇志失載博雅之士亦無稱者

科巖在廣南故特摩道宋狄青征儂智高揚兵至此至今有人馬蹄蹟宋人已棄滇黔爲化外唯廣南尙爲宋守故狄青與蕭注輩長驅至此而楊文廣且遠至于元江大理國人無敢禦之者使果盡如狄青可以抹玉斧之畫特表此巖以彰之

靑華洞在雲南縣城八里懸岩滴乳石竅玲瓏日月光照可行十餘里志言如此亦畧矣何足發山靈之氣哉故錄名人題詠以補著之李中谿元陽詩云青華洞深且窄神工融鬼斧劈茫茫空壤間此理不可詰無乃混沌初闢時浩氣嘘泡成幻質生平好奇膽力壯一覽徑造無怵惕沿苔捫石豈容巳宛若風雨投暗室虛幽極處明自生時復有竅見天日祛昏破晦露真機萬態千形難盡述蛟龍騰鳳凰狨麒麟游虎豹逸有如神僧跏趺面雪峰牛鬼蛇神獻奇術又如指石石成羊繞劍風雷怒仍叱深幽歷險妙能窮一一收覽歸吾筆山靈合歛藏陰怪巳消黜乾坤正氣常在玆鎮靜天西自無極行行洞口更升顛笑看扶桑紅日出此其鋪叙洞中所有甚詳而山靈之面目見矣吳提學自肅亦有古風一

章

清平洞在永昌老姚關外明鄧子龍破緬兵數十萬于姚關開此勝有偃草坡及有山亭荷花池上勒清平二字于洞口題詩二章鄧號武橋郡人以武橋精風水也洞旁有樓武侯遺像卽祠其上樓前有井皆其遺蹟其别清平洞有詩云開爾淸平記六年許多盤錯破中堅梅根挂壁全無土石乳爲門别有天釋子好看池上樹莽兒休據洞前田我去莫教碁石爛有山亭上月長圓又題姚關淸平洞云洞裏神仙洞外春淸平不問舊將

軍映溪楊柳依依綠滿岸桃花灼灼春醉酌幾杯消白晝閒拖一帚掃浮雲圍棋未了千年局倦展諸夷納貢文按後章賦閑作前章乃別洞作也膚功雖奏蠻猶未定而以讒去故馬繼龍慰留之云衆口仍教讒薏苡南人只解頌銅標則著此洞即以爲武橋銅標可也

漁澄洞志云在姚州城西芰湖漁澄洞爲始篁先生隱處八代無考今按雲笈七籤所載天地宮府圖第六十三福地芰湖漁澄洞在西古姚州始篁先生嘗隱此處而非治處也

仙人安公治志云在姚州城北金沙江即古西梁州瀘水見雲笈七籤天地宮府圖今按天地宮府圖第六十五福地瀘水在西梁州是仙人安公治之則是主此福地也按洞天福地遍九州滇無洞天僅有兩福地故著之安公則六安治師得道者也

滇海虞衡志卷之二

志金石

五金八石出於滇南而銅充鼓鑄內運京局外應各省採買尤繫錢幣巨政范志金石以爲方藥所須此不然也

銅出於滇凡四十八廠最著者東則湯丹落雪西則蘆塘寧台廢舊開新繁猥難數特著攻採者之名目焉農部鎖錄云廠民多忌諱石謂之硖土謂之荒好謂之微佩金器者不入礌有職位者不入礌不鳴金不然爆不

呵殿祀西嶽金天祀礦脈龍神謂龍神故僰夷畏見冠帶吏也硐謂之礌礌石堅謂之硖硬以火燒硖謂之放爆火礦一片謂之刷礦長伏硖謂之擐大礦謂之堂硐防土崩架木搘撐謂之鑲入硐尺寸若干謂之排煎礦爲扯火配石爲底子多配謂之稀少配謂之稠木柴燒礦謂之鍛有經一二三鍛然後入爐者謂之鍛窯毋待於鍛者謂之一火成銅滿一晝夜謂之飽火晚煎曉成謂之半火銅面謂之油銅渣謂之埽一圓謂之餅餅謂之紫版再煎謂之蟹殼煎不成銅謂之和尚頭收拾渣

滓謂之淘荒洗埽凡礦錫鑞為上墨綠次之黃金箔又次之凡鍊白火者荒也青火者硤也綠火黃火各如其礦之色惟紅火為上乃銅之光火烈礦鎔其埽先出流注如金膏以水沃之成團曳而棄之埽盡而紅光發則銅存焉乃坼爐封融液如錫以瀋澆之成餅鋏而出之沉於水次第而沃之而鋏之而沉之盡鑪或得十圓或十餘圓自面起者徑尺餘以次第遞差而小入底徑數寸蓋有數存不可强也無俟煉者為自來銅銅錮於山為天生銅天生銅為銅母不能採凡礦之為物善變忽

有忽無為跳礦小積為窩為雞窠礦入不深者為草皮礦臨水外行者為趟江礦內行為進山礦進山最佳可望堂礦礦脉微露謂之苗細苗如線謂之引土石夾雜謂之鬆荒鬆荒易攻鑿其礦不長久凡攻鑿喜硤硬硬則久可獲大堂凡礦畏馬血塗之則礦走凡礦畏印封封則引苗絕凡礦最變採礦盈山未及煎煉或化為石僰人居土房旁有鑿墻其色忽青碧塌而歛之銅液飛注此神化之極也凡廠之道廠有廠主聽其治平其爭歛金而入於金府府一人掌銅之出入史一人掌官書以治凡胥二人掌胥伺之事游徼其不法者巡其漏逸者舉其貨罰其人以七長治廠事一曰客長掌賔客之事二曰課長掌稅課之事三曰爐頭掌爐火之事四曰鍋頭掌役食之事五曰鑲頭掌鑲架之事六曰硐長掌磄硐之事七曰炭長掌薪炭之事廠徒無數其渠曰鑼手其椎曰尖子負土石曰背荒其名曰砂丁皆聽治於鍋頭其督以荆曰條子其縛以藤曰揎其法嚴其體肅其入磄也曰下班晝夜分為二班其燈曰亮子直攻橫攻俯攻仰攻皆因其勢以巾束首掛燈于其上祼而入

入深苦悶鑿風硐以疏之鑿深出泉穿水洩以泄之有泉則礦盛金水相生也凡量礦以桶凡礦一石得銅八十斤為上六十斤次之四十斤又次之三十斤又次之不及十斤為下凡銅紫版為上鎔紫版百斤得蟹殼八十斤則淨銅矣以充京運次則以運省倉以供東川鑄局張君雜記云裹糧搭蓆棲其上曰火房招集工力曰小伙計或稱弟兄司飲食者為鍋頭架鑲木者為廂頭開礦曰打磄子硐有引線老於廠者皆識之依線打入一人掘土數人出之曰背荒土內有豆大硔子曰肥荒

檢之尙可煉以易油米硐之深下者曰井洞開之平者曰城門洞洞中石圍土砂者曰天生洞洞口不甚寬廣人皆傴僂入內慮陷支以木間二尺餘支木四曰一廂洞之遠近以廂計上有石則無慮廂亦不設洞內五步一火十步一燈所費油鐵約居薪米之半而編査防奸按制得宜則有司之責綦重矣硔之最佳者曰綠錫蠟煉千斤則銅居其五六次曰白錫蠟爛頭錫蠟再次曰砞硔錫蠟銅居其三四下者曰牛版筋僅可敷炭價若夾石硔稠硔晗硔則每千斤不過得銅四五十斤得不

償失遇者有憂色咸品搭於佳硔內以煉煉礦曰扯銅其法礦千斤用炭七八立斤不等爐如夾墻底作圓窠鋪以炭末始加礦炭置硔上竅其後置風箱前下開孔如半月封以泥稍上復開一孔火盛硔鎔則䃉自此出而銅沉於底䃉竭流則銅成之候矣鉤去半月封泥先掣餘炭既淨用米飲潑之設投以水則爆炸而銅不完好少間銅面凝結鉗出如蟹殼次第潑取每爐得銅可六七餅呼之曰元至土洞深開爲積霖所陷曰浮洞鑿者不得出常悶死或數人多至數百且數十爲寶氣所

養面如生有突立向人索飲食者啐之卽僵仆名曰乾蠟子毎廠衆推老成一人爲客長立規最嚴犯者受其責辱不敢怨常有東西異線打入共得一硔者必爭經客長下視定其左右兩比遵約釋競名曰爭尖子品尖子合錄與記而互明之大畧已具矣按滇南大政惟銅鹽關係最重故志之特詳

銅綠卽綠礦也以煎銅不及錫鑞琢爲器皿値兼金靡之爲顏料名之曰大綠亦貴物在得所用耳出羅次武定祿豐諸廠

鍾乳石之津液前所志諸洞之奇皆其凝結而成者色白如乳故云

石琉磺滇中各出而惟澒穹之天生黃其値比金

石中黃見於抱朴子滇山盡石其黃往往有之蒙化石母山出石黃

石燕石蟹到處有之可塗瘡馬龍州出石燕有文大曰雄小曰雌祿券部亦然土人言天將雨燕隨風起舞滿天風止落地仍爲石

滑石出巨津州

鍮石銅之精者出車里土司

圖章石出金沙江及獅山

硯材石出石屏州石屏之硯遍於滇塹（劍川岩廠石亦可爲硯勝于石屏）

楚石出大理點蒼山解之爲屏及棹面有山水物象如畫寶貴聞於內地高督爲十品層巒疊嶂積雨初霽羣山傑立雪意未晴雪峰千仞叢岫半微水石雲月雲山有逕淺絳微黃孤嶼平湖各係以詩然其景不止此或高公所得僅此耳楚石似若可喜及讀張佳印三石篇

爲禍地方曷有極耶嘗於祿勸學宮見所砌長石板旭日初照作柏葉紋使匠作油潑必大顯但其粗脆易剝不如楚石白潤堅緻故不中屏材耳間有解木中間亦作種種物象者可知天地間何所不有諸洞物象皆成自天然而窯變大士蛤藏佛象其小焉者也

飛石出永昌南園漫錄云霽虹橋廢後舟渡危險又畏巖上飛石下擊爲上有猿鹿野獸拋踏而下近有一商改道宿其上見將曉石自江中飛上於霧中甚多不由獸類據此則石自有飛而上下者凡神物所蟠處多有此異惡人來犯往往飛石擊之川江有數處舟過無聲不卽石下擊船以爲猿猴水經注亦云乃今思之皆神物之爲也

緬鈴石類也出永昌外諸土司地取之裝入小盒手握之卽咤咤作聲殆皐厭之類也一具値百金或以爲精遺於石未必然也哈芙蓉者鴉片也亦助興如緬鈴閩越受其害多成鴉片鬼矣而滇免緬鈴之禍者以其値貴不易得也又有緬茄緬蟲被以緬名者見從來之遠也緬茄可雕爲玩物緬蟲可爲婦人之飾附記以廣異

聞

銀亦上幣軍國之巨政也中國銀幣盡出於滇次則嶺粤花銀來自洋舶他無出也昔滇銀盛時內則昭通之樂馬外則永昌之募龍歲出銀不貲故南中富足且利及天下大吏不達時政禁銀廠以事銅廠自是銀耗銅充每銀二十四銖至準銅錢二千五六百遠處且準至三千四千官民交受其困銀廠之礦硐丁衆名稱大槪同銅廠至於煉銀則用推爐照子爲稍異然銀成總由底母倭鉛固其常也有此廠鉛宜而彼廠不宜降而下

之至有黠烏泥青苔而成者由此忝悟而知神仙黃白之說未嘗不可信同一石也得底母點之即成銀西番估舶市中國倭鉛歸以藥草煮之即成花銀轉販於中國此非明著大敓乎滇南銀厰十有六

鉛鐵所出地方多唯棠自之錫名於天下即唐貢所稱鑞也其厰名曰個舊個舊之錫響錫也錫不雜鉛自響也木邦土司亦出響錫滇南倭鉛厰二鐵厰二十錫厰一

金出於北金沙江所謂金生麗水也淘洗得之工費正

等惟掘於平地得金塊大小而利羸滇志所稱麗江金沙江出金姚安龍蛟江出金永寧府出金臨安安南長官司出金金於滇出爲多葉金條金咸萃於滇而累滇亦甚前明中使藉採金採寶并以虐滇往往至於兆亂亦可以鑒矣滇南金厰三一在永北之金沙江一在保山上潞江一在開化之錫板又案續博物志云生金出長傍諸山取法以冬或春先於山腹掘坑方夏水潦蕩沙泥土注之坑秋始披而揀之有得片塊大者重一斤或二斤小者不下三四兩先納官十分之八餘許歸私仍累勞効免征賦麩金出麗水河睒川有罪送淘金所最爲重役會同川銀山出銀鑛私置冶官收十之三諸睒川有錫山出錫彼時滇不入宋版圖而能詳之若此則李志勝范志矣李與范同時人俱南渡以後

玉出於南金沙江江昔爲騰越所屬距州二千餘里中多玉夷人採之搬出江岸各成堆粗礦外護大小如鵞卵石狀不知其中有玉并玉之美惡與否估客隨意貿之運至大理及滇省皆有作玉坊解之見翡翠平地暴富矣其次利雖差而亦羸最下則中外盡石本折矣氈

包蓆裹遠運而來有貴而置之窖室或賤而棄之籬落且用以拒門然珍者解開轉成白石賤者解開反出翡翠雖老於作玉者不能預定此卞和所以泣也其琢成器皿無所不備而如意爲大且以充貢往時王少公吏順寧徒於滇行醫且作玉近者孫漢輔駱思僑二老亦愛作玉每至其寓玉物盈几案閒亦足以悅目也欽其寶惜未詳詢其名見鄙人之疎且陋耳王少公姑蘇王文恪公之後今已歸漢輔補山相國弟思僑之子廷桂則從子遊者也按南金沙江即禹貢之黑水江之自出

包西藏而上通甘肅所謂雍望者應在於甘肅言雍州望以爲祭者也故雍梁二州皆以黑水爲界猶兗豫雍共界河徐揚共界淮耳後儒謂有兩黑水豈淮河亦有兩哉雍州之貢球琳琅玕梁州之貢璆鐵銀鏤砮磬周制合梁於雍滇於禹貢屬梁州於職方屬雍州想古時黑水上流必巨採玉者多於其中故球琳琅玕盡爲雍州之貢梁但貢璆磬由玉出之少耳自上流漸湮所謂黑水者其流甚細又時隱時見幾無從脈其源流而江之精珍隨水而下盡歸於梁州滇南正界大金沙江故

出玉爲盛凡滇產諸玉皆當日球琳琅玕與璆磬之遺也職方亦云其利玉石則採玉攻玉爲民利所貫同今川陝不聞有玉玉出黑水之大金沙江脉水道者得吾說而存之其亦可以談禹蹟也夫

琥珀出永昌地中有琥珀旁不生草掘深八九尺卽得之其大如斛削去外皮中卽琥珀土瑪瑙出永昌哀牢山支嶺琥珀瑪瑙字皆從玉則亦玉類也本草以琥珀入木部謂松化菟絲下有茯苓轉成琥珀也今云削皮始其然歟

白玉翠玉黑玉出蠻莫土司琥珀之屬出孟拱土司寶石寶沙碧霞璽之屬出猛密土司

寶石卽漢書哀牢傳所謂光珠出於猛密土司之寶井井有數處夷人環屋圍之取得佳者緬酋持去元時謂之凸凹石以紅剌爲上品重一兩二錢值鈔十四萬錠用嵌帽頂累朝寶重其次淡紅色嬌曰剌深紅石薄色嬌曰避者達黑紅曰苦剌泥紅帶黑黃曰古木蘭凡四品張含謂須以紅透者爲寶嘗於王太監處見之比軟紅則黑比硬紅則乾以予在滇所見皆苦剌泥也而價

且巨萬矣

碧霞璽一曰碧霞玭一曰碧洗皆寶石之類出猛密土司中五色俱有以深紅透水爲最紫黃綠間白色次之白黑二色最下

碧瑱出孟養土司

印紅亦寶石之類方徑不過數分投之大水缸中紅光卽映滿缸以嵌冠上臨陣則矢石俱不能及敵人望之如見仙佛圓光皆驚怖此其所貴也

豪豬牙亦寶石之類取形似而名也臨陣時以挂胸前

矢石不能及故蠻方貴之甚至以諸寶嵌於頭項及身以豪長於諸部在得所用之耳今羇中國而不得所用何為求之哉張君記云寶井在阿哇國界井深寒蠻服砒始敢下取石子滿囊負以上寒戰欲絕每袋謂一卝（精改切）索價甚昂江右客買之是時客猶得至也而今不能矣

軟玉出麗江摸扳山若碧玉若沉香琢為酒器及水注甚佳又出墨玉作念珠且充貢

珠出金沙江江岸有濮人塚塚不閉戶其中多珠然不可取取之不祥往嘗客粤東多見珠珠由番舶至大抵皆蚌珠也珠產不同或出於山或出於水滇中寶石右多光珠豈剖自蚌乎左思賦稱中有江珠瑕英次於金碧火井後則滇未嘗不產珠也

丹砂出於迤西左思所稱永平之西里有朱砂廠

汞即今水銀滇中亦有水銀廠

空青今名大青曾青滇中以為顏料貢大青出姚安石青石綠俱出定遠響石出楚雄白龍寨子有石綠石青課

鹽附於志金石部後者從本草例以鹽入石部也滇南大政惟銅與鹽鹽皆井鹽設提舉司三其不歸提舉者歸州縣官黑井白井井各五琅井一黑鹽歸省店行二十一州縣商販銷白琅鹽行二十六州縣官督銷統歸三提舉雲龍井八行八州縣安寧井五行三州縣歸州牧徵阿陋井十一行二府縣歸大使徵景東井四行五處歸廳徵彌沙井二行二處大使徵只舊草溪各一行二處阿陃大使兼管按版四恩耕七抱母九香鹽十一麗江七磨黑七猛野二烏得四或由州縣官與大使或聽民自銷上課此其大較也考雍正間額煎鹽二千七百二十八萬七千四百餘斤正課銀二十七萬八千餘兩盈餘銀共四萬七千七百餘兩如是而已後來公私交迫總歸鹽銅加煎加銷至餘於倍鹽政大壞民力不堪奸民乘之而起闔城細官剮眼投火總以鹽為藉口此有鹽地方所以愈不可為也竊惟滇南遼濶其幅員可以包乎江浙兩省而地丁錢糧曾不及大府之一江浙山郡甚多亦如滇南而賦役懸殊者則不均之故也地方官無漕糧出辦不得不假鹽課以轉動之大吏又

祀行鹽之區爲利藪官累日深民怨滋起職是之故夫滇之兵米僅足養兵猶且不支鹽課銀以支兵餉與官俸猶且不足歲仰於各省恊濟銀累巨萬疲內郡以濟邊方幾成爲既脫無用之地惟開滇時田賦甚輕數百年來相習以爲固然一旦清釐其勢有不能行况於鹽務畧一加煎加派羣呼而起禍幾不測方今正額且不能銷所加化爲烏有愈貪者愈貧由計之不審也惟是因仍原額與之休息尚可以支撐故詳志諸井使有所考焉

井神龍也雍正二年封靈源普澤龍王

白井鹽甚白名人頭鹽團鹽也經女手始成

安豐井黑名鍋鹽重百二十斤

黑井鹽亦黑爲鍋鹽或模成磚名磚鹽以餽送

寧洱有鹽紅而甘甜殆飴鹽也生於戎地卽戎鹽也故崖鹽生於山崖戎鹽生於土中傘子鹽生於井石鹽生於石木鹽生於樹蓬鹽生於草今出口外行數千里有古長城非秦築之長城也城壁生鹽如水晶甚甘卽水晶鹽也皆石氣之所散見古人入鹽於石部以此

滇海虞衡志卷之三

志香

范志云廣東香自舶來廣右香產海北惟海南勝滇中諸土司皆海南地故所出皆滇本境也

藏香出中甸中甸多喇嘛黃教紅教盡居於此成村落且出活佛少長藏僧來訪以厚幣迎歸主其藏甸人能作此香如線香甚纖細長二尺百莖爲束滇中貴之以爲通神明凡房幃産厄天花危篤焚此香卽平安

白檀香出八百大甸土司卽旃檀

安息香亦出八百大甸土司古八百媳婦地

木香出車里土司古產里也名早見周書王會今屬普洱別錄云木香生永昌山谷

沉香亦出車里土司

勝沉香出河西縣卽紫檀香謂比沉香爲勝故名之

乳香出老撾土司地老撾今名南掌在九龍江外

西木香亦出老撾交趾在東故以此爲西也

水乳香出鎮康州

老柏香取老柏膚內絳色者已成香矣鋸而餅之厚寸

餘再析而焚之頗似檀香省城多老柏以其葉末之爲

條香盤香

末香卽鋸柏香之末也以熳鑪亦氤氳耐焚

降香一名降眞香詳下

鬱金香一名草麝香根卽薑黄入酒爲黄流

以上諸香皆出自滇産志其實也范志諸香曰沉水香曰蓬萊香曰鷓鴣斑曰箋香曰光香曰沉香曰香珠曰思勞香曰排草曰檳榔苔曰橄欖香曰零陵香凡香之品十有二其間多一物數名下至於香珠排草與零陵

香皆婦女之所褻用者取之以與沉水並列何輕重貴賤大小之不倫也按沉水香一名沉香一名客香客香者則香所出之本樹也樹如櫸柳皮青葉似橘隆冬不凋花白而圓實似檳榔大如桑椹出六種香曰沉香曰雞骨香曰桂香曰棧香曰黄熟香曰馬蹄香六香同出一樹有精粗之異苐此樹嶺表俱有傍海尤多接榦交柯千里不絶土人恣用蓋舍架橋飯甑狗槽皆用是物木多如此有香者百無一二蓋木得水方結多在折枝枯榦中或爲沉或爲煎或爲青皮故香之等凡三

一曰沉　入水卽沉謂之沉香

二曰煎　一作棧范志作箋半浮半沉曰煎香

　又曰甲煎

三曰黄熟　香之輕虚俗名速香

入水則沉其品凡四

一曰熟結　膏脈凝結自朽出者

二曰生結　伐木仆地膏脈流結香成削去白木結成斑點名鷓鴣斑

三曰脫落　木析而結

四曰蟲漏　蟲蝕而結

故生結爲上熟結次之堅黑爲上黄色次之角沉黑潤黄沉黄潤蠟沉柔利革沉紋横皆上品也其他因形命名爲類至多皆附沉香之上品者也

煎香分五類　范志作箋香

一曰蝟刺香　如蝟皮栗蓬及蓑狀去木留香香鍾於刺

二曰雞骨香　細瘦如雞骨

三曰葉子香　狀如葉子

四曰蓬萊香　成片如小盆及大菌狀有徑二尺者極堅實

五曰光香　如山石枯槎

黃熟香分三類　俗訛爲速香

一曰生速香

二曰熟速香

三曰木盤　大而可雕刻

是則蓬萊香鷓鴣斑香箋香光香總統於沉水香范志混而載之畧無所分別又於沉水香之外添出沉香得

非枝餅未可以其書之名重不爲考實槩附諸窮寘莫原也至所志之檳榔香橄欖香滇南土司多此二物香應相同故推松香柏香例而附著之

檳榔香出西南海島生檳榔木上如松身之艾納初爇極臭以合泥香成溫馨用如甲煎范志所謂西南海島卽雲南諸土司也

橄欖香其樹脂也脂如黑飴合黃連楓脂爲欖香有清烈出塵意范志以桂江之人能之寧雲南而有不能著之以俟其能

滇人祀神用降香故降香充市卽降眞香也一名紫藤香雞骨香焚之其烟直上感引鶴降醮星辰燒此香爲第一度籙李時珍謂雲南及兩廣安南峒谿諸處有此香則降眞香固滇產也

麝香出於滇南麝別詳於志獸茲特著其香香多有假而李石以三說辨其眞謂鹿羣行山中自然有麝氣不見其形爲眞香入春以脚踢入水泥中藏之不使人見爲眞香殺之取其臍一鹿一臍爲眞香此三眞者盡之矣然前二眞得之艮難亦無所據以信於人惟取臍爲

有據然臍亦有作僞者所謂刮取血膜雜糝皮毛者是也香客收麝必於農部之鼠街余居農部久未嘗過而問之卽以于役行未嘗將一麝恐以香氣惹人尋索耳

雀頭香香附之子香附生水澤中豬喜食之俗呼爲豬荸薺滇池多有之記之以待他日之爲香者

沉水香如上所說出於密香樹而李石云太學同官有曾宦廣中者謂沉香雜木也朽蠹浸沙水歲久得之如儋崖海道居民橋梁皆香材如海桂橘柚之木沉於水多年得之卽爲沉水香本草謂爲似橘是矣然生採之

卽不香也以予客嶺表數年聞其人所說亦如是語恐此說爲然也

阿魏亦出於滇唐李珣海藥本草云阿魏是木津液如桃膠狀色黑者不堪雲南長河中亦有如舶上來者滋味相似一般只無黃色據此則滇中亦有阿魏矣曰長河中想亦從暹羅至緬甸而上金沙歟

龍腦香乃深山窮谷千年老杉土人解作板板縫有腦乃劈取之大者成片如花瓣卽今氷片也曰梅花氷片淸者名腦油今金沙江板充路而來杉板也紋作野雞

斑矣豈無藏縫之龍腦乎記之以待劈之者

滇海虞衡志卷之四

志酒

按范志謂性不能飲而知酒頃予仕于朝歷貴游家總未嘗得名酒使燕飲金蘭酒而甘之及來桂林又飲帥司公厨之瑞蘭乃盡其妙因志酒然所志者僅瑞露古辣老酒但三耳予性愛飲又謫居不復能擇佳酒有載而來問字者卽飲之然喜飲燒刀酒於黃酒雖餽送盈於階砌不復開轉以送人葢燒酒名酒露元初始入中國中國人無處不飲乎燒酒見黃酒反攢眉吳越愛黃

酒江右尚水白生酒黃酒今紹興酒也滇南之有紹興酒自孫潛村始

紹興酒古箬下酒也取若邪溪水釀之以箬封罈口而泥之慮其遠行或難久貯爛石灰半毬入之故紹酒有灰而他酒無灰今醫書古方製藥輒曰用無灰酒是知紹興已徧行天下故方書以其有灰戒之曰用無灰酒也罈面酒甚佳飲之輒破腹由灰氣浮於面耳孫潛村居五華知滇之吳井水似若邪因以紹興之釀法爲之眞紹興酒也以餉大吏及交好每售輒數十罈獲大利

餘則日與其徒樂飲酒至今六七十年雲南有紹興酒由孫先生刱之也先生居滇南開出文章理學大風氣而豪飲之風亦由以開且留酒法於滇南使小子後生時奉先生之遺甕其卽魯國夫子甕乎往時官場爲豪舉酒之自紹興來者每罈十斤值四五六金近來滇作漸佳可敵紹作故紹來漸少值亦漸低則先生之餘愛也

白酒煑雞蛋亦浙客爲之滇人士效之今遂以爲俗每歲臘中人家各釀白酒開年客至必供白酒煑雞蛋滿

盌乃爲親客此風不知可開自先生又添滇之一酒案頭檢范志則白酒煑蛋卽老酒冬鮓之遺風也

老酒滇南士大夫家亦藏之時因予病諸生出以相餉予昔在慱羅飲老酒甘之遂以病蓋李時珍云老酒臘月釀造可經數十年和血養氣暖胃辟寒嶺南人藏之以偹女昏房幃之用不輕以飲人人亦不樂飲之者較白酒力尤微而發痰動火倍盛范志云老酒以麥麴釀酒密封藏之可數年士人家尤貴重每歲臘中家家造鮓便可爲卒歲計有貴客則設老酒冬鮓以示勤婚娶亦以老酒爲厚禮滇南人不知鮓法予居滇命侍兒爲之隨作隨食以燒酒下之更爽快客來供鮓俱不敢嘗惟桐城吳四至則啗之立盡也

省城酒清冽堪飲東門酒鋪所收尤佳謂之南田酒客遊者每訾滇酒不中飲而不然也吾輩無力能飲佳酒且就燒酒飲之漸與之習亦漸佳何輕訾之

花桐酒出武定花桐村村之地勢極高張王二姓同居頗似武陵桃源村人工釀酒行於四遠曰花桐酒予嘗宿其村下則爲勒品又下爲張波羅又下爲元謀以至

金沙江計其高應數十里上

高粱酒出元謀其地旺高粱以爲酒如北方之乾燒

力石酒出定遠亦高粱燒名力石者言其酒力之大重如石也（按鶴慶亦出酒其味較汾酒尤醇厚）

桑椹酒山查酒葡萄酒滇產葡萄佳不知釀酒而中甸地接西藏藏人多居之酒蓋自彼處來也

丁香酒雲南產丁香亦以釀酒性烈興陽嶺表人嘗言舶客以重值延越姝諸姝謝不敢往一姝恃其能也往就之與歡終日稍衰卽啞丁香酒而復與姝大敗壞從

此不能侍客記之以見此酒不宜輕染唇也蠻中花椒油性烈亦同

古剌酒出緬甸古剌在緬甸外其水貯之器數十年不乾曰古剌水取此水以釀酒可以久留故曰古剌范志誤以爲古辣且以爲賓横間墟名殆非也前明外番嘗有古剌貢水古剌與暹羅皆在緬甸外而緬甸常畏之暹羅人善釀酒以燒酒再重燒入珍寶異香每罈以檀香十數斤薰黑如漆入酒封埋絶去燒氣二三年取出之能去積病且殺蟲蠱明汪穎常見二人飲此酒打下活蠱長二寸許謂之魚蠱云粤人喜食魚生當是魚膾

成蠱也

賽瑞露者所擬於滇廚而爲之也古者酒歸官釀故曰官酒阮嗣宗之就步兵廚王無功之就某監者爲其吏善釀多美酒耳范志之瑞露廚酒官酒也大酋命酒重在於水泉必香帥廚酒隹由於署內有所井庫井泉皆清洌汲釀故隹今酒不歸官釀有事用酒上官取之於下下官要之於民故曰要酒則美惡不能擇矣若使官自爲之豈不可以美見今滇城無此二井而城外吳井井泉清洌官民取之以瀹茶若以釀酒當亦與瑞露並賽爭先故懸擬其名以待滇之好事者爭爲之毋使石湖專美於粤也

洋酒開化人善爲之盛以琉璃瓶宛然洋酒也近孫苕溪輔亦作之滇邸

樹頭酒出緬甸樹類椶高五六丈結實大如掌土人以麴納罐中而以索懸其罐承於實下劃實流汁入罐成酒名樹頭酒如不用麴但取其汁熬爲白糖

蠻人嗜酒不解蒸熬江西人入其寨而蒸熬之所謂燒鍋也蠻人聚而酣之然收酒債利甚重盤剝於蠻張明

經忠蠻族之賢者也惜之控於大吏請示禁且以語予予曰酒之溺人周公作誥秦漢禁羣飲必待於賜酺飲勢若可以稍衰矣而民間之羣飲仍自如也蓋其性之所趨雖以聖人言之痛切朝廷之厲禁莫得而維挽之燒鍋之禁早矣卒不能禁徒使吏役濟其私致酒價漸增以重困於民凡爲美睹聽之言者非治道之正也不正其本而禁其末又豈能行長吏整躬率物賢士大夫相與導揚而勸諭之轉其酒性飲勢得以稍衰乃可有

濟且事有失一而得一者不可不知也昔昭烈魏武嚴禁酒不使糜費五穀以足民耳滇處萬山欵則外穀不能入豐則內穀不能出穀賤傷農農傷亦非地方之福運至本省及近廠已苦脚費之多况出滇境哉計一石之米重百二十斤熬爲美酒不過數十斤運之至輕行之又遠不致以餘粟病吾農亦軍國之大計紹興距滇萬里且以其酒來牟利於滇滇有燒鍋猶嘵嘵共思禁之穀無所轉移不過運省運廠脚費之盈絀相當不能大贏濟之以蒸熬縱不能如紹興之遠行即在滇境互

相流通終亦在於贏數此亦計之得者也張君以爲然玆因志酒而論及之

滇海虞衡志卷之五

志器

凡銅器玉器滇爲美故特先之餘以類紀硯范志差詳而漏者多矣

白銅面盆惟滇製最天下皆江寧匠造之自四牌坊以上皆其居肆夫銅出於滇滇匠不能爲大鑼小鑼必買自江蘇江寧匠自滇帶白銅下又不能爲面盆如滇之佳水土之故也白銅別器皿甚多雖佳亦不爲獨絕而獨絕者唯面盆所以爲海內貴紅銅面盆甚薄製亦粗

然熬水店以供市洗面日擦之赤如金亦可愛

鑼鍋製自各廠與省城時走私禁嚴私銅不得出廠假運鑼鍋以出之然銅不通商廠日以衰始禁鑼鍋後亦不禁也其製如小盆捲口旁有耳耳綴環上有蓋能作二三人食客旅便之窶丐亦背以行曰背鑼鍋

銅獨盛於滇南故銅器具爲多大者至於爲銅屋今太和宮銅瓦寺是也其費銅不知幾巨萬玉皇閣像皆銅鑄其費銅又不知幾巨萬推之他處銅瓦銅像又不知其幾金牛銅牛皆以銅大小神廟大鍾小磬大小香爐

無不以銅大香爐高五六尺三足如鼎花紋極細雖新製亦斑剝陸離有古色上或架香亭亭亭遑峙玲瓏通明計一香爐費且數萬斤推之通省又不知費幾巨萬製造之精而古殆難遍舉來遊者見到處皆然亦以爲數見不鮮而易之使當宣和博古時不知幾許張皇矣銅爐製各異而色俱古無論士庶家必燒銅爐燒至數年起野雞斑則夏鼎商彝比費矣此出人力而妙得天然者也

綠鑛器具尤奇有得之天然生成有出於人力因勢點

綴者嘗見一瓶高尺餘深稱之蒼鬱碧綠作翡翠鸚鵡色貯水久不壞而值不高不過一二金其供文房之設者頗多尤古雅也

客刀出於武定用祿勸鐵就郡城鑄之每刀礪一朱氏蓋朱氏鑄爲工其鞘則裝於省城可比京刀但畧寬耳

玉器物名目最多玉自南金沙江來大理玉匠治之省城玉匠治之大則玉如意或長一尺二尺次則圭璧璋琮其他仙佛古形像無不具一切盤盌盃彝文玩尤佳玉扳指玉手圈官吏無不帶之女釧同男或一手雙釧

以爲榮而玉烟袋嘴則遍街雖微賤吃烟亦口銜玉嘴至於耳墜帽花之細又不足論者其濫於用器如此嘗記吉六孔修爲余言其罷官閑居虧空大不能償因煮玉時重玉器充貢物得爾補虧空至五六千金之多而因得脫然去蓋吉君少遊京師得其法因出其書以示予欲相傳予謝今老矣不能爲也乃悟金曰雕玉曰琢良工不示人以璞聖人已言之矣吉公藉此以脫累正如唐若山在潤州爐火成補虧空上遺表泛金山寺而仙去誰能拘之哉

楚石器物惟屏與棹面及小几而製作甚精高制府十詠未能盡也間多有鳥獸人物形皆因質地墨塗火炙以油發其光郎似生成不可辨矣王守槐庭樹爲予言外邊所傳至佳非眞佳也某從家君居太和久得楚石一方眞天然絕勝舉世無雙者藏之不敢以示人恐見奪因出之示吾方六尺高三尺山水人物妙麗得未曾有予訝之曰卿覆敗之餘百物俱盡何猶保此曰擬歸獻之王氏宗祠令後世子孫知吾父子不虛在雲南走一遭耳大理攻楚石者幾百家皆資以養活未可盡以

爲累民楚石屏閩於天下而滇之玉器行於江浙嶺表
此外無聞滇中豪僧以楚石砌地拜讚王藩使以楚石
令劉瑭寫八分砌壁意雖佳而亦俗矣
緬佛石作新出於滇滇匠刻之以更緬貢蓋緬貢之有
玉佛非玉佛也固琢石爲之者也滇山亦多此石土司
進貢重在馴象玉佛金塔不過藉以陪陳故其製作頗
陋不及滇匠雕琢之工滇匠審其實石也與滇山石同
潛取滇石照其元像尺寸另雕一尊爲更易豪光煥發
驚動天人巧奪神工殆過如肪之質自是滇石又儼以

緬佛傳名矣乃嘆物本無常用之則貴刻玉徒爲虛飾
雕珉轉以騰光則神靈之所寄也緬柔而詐是時困於
暹羅欲假面內賜封以威諸蠻而憚於自發故意遣其
醜類往來炫耀於江邊順寧守全保詗得其情使耿馬
土司爲之招納爾時唯耿馬黑山厰旺貲力有餘送往
迎來差無竭蹶稟聞見恙遷延久之始爲達忱而柔遠
之恩數倍加竟至踰於格外一切因依附會莫不氣象
軒昂全守首建招徠大功獨以向隅泣死玉作彈棊局
中心最不平殆類此矣緬得入貢之利年年而來數見

不鮮且以滋內地之糜費因琢滇石代其製且定歲數
限其來云范志謂南雜蠻俗器多詭異外蠻兵甲邊鎮
所宜知故志器先軍裝
竹弓范志云以筆竹爲之筋膠一如角弓而揭箭不力
蠻弩范志云西南諸番造作畧同硬木爲弓椿甚短似
中國射獵弩差大耳按蒙細奴邏初居壠圩圖山常執
木弓藥矢遇禽獸輒射之鮮不獲者今摩察猶然蠻弩
蓋其遺製也唐書載瞑弓謂永昌之西野桑生石上其
材上屈兩向而下植取以爲弓不膠漆而自利名曰瞑

同眠弓皆此類也
蠻甲范志云大理國最工用象皮胸背各一片如龜壳
堅厚與鐵等聯綴小皮片披膊護項皆朱之間貢黑漆
作百花蟲獸紋極工妙又以小貝絡甲縫及裝兜鍪猶
貝胄朱綅遺製予嘗上幸邱山嚴其藏舊甲亦然
雲南刀范志云大理所作鐵青黑沉之不銷象皮爲鞘
鞘兩室各插一刀靶纏皮條貴人以金銀絲
峒刀范志云峒刀一鞘二刀同雲南
蠻鞍范志云鞍不用韉空垂兩木鐙刻小孔藏足指避

棘刺今猶然

銅鼓粤人以為伏波滇人以為諸葛而實蠻之自鑄也會集擊之聲聞百里以傳信

蘆笙范志謂之胡盧笙喜慶吹蘆笙唱跌脚歌迎春亦集於縣廷

口琴剖竹成篾取近青長三寸三分寬五分厚一分中開如笙之管中簧約二分簧之前筍相錯處狀三尖大牙刮尖極薄近尖處厚如紙約後三分漸凹薄至離相連處三四分復厚兩頭各鑿一孔前孔穿麻線如繯以

左手無名指小指挽之大食二指揑穿處如執柄橫側貼腮近唇以氣鼓簧牙其後孔用線長七八寸尾作結穿之線過結阻以右手之食中二指挽線頭徐牽動之鼓頓有度其簧閃顫成聲民家及夷婦女多習之且和以歌又一種寬僅半兩端瘦削作一牙簧無孔線三片并用而音各異以左手前三指平執而吹以右手前三指參差搔其末亦咿唔可聽似有宮商此惟二別邏及蘭州之女盛吹之

蠻冶挾羊皮囊與冶事數件沿寨賣冶冶時掘一小窟置炭其中上加以鐵以皮囊鼓之炭熾鐵鎔取而錘之即成什件何其簡便

蠻織隨處立樁木掛所經於木端女盤坐於地而織之如息則取樁及所經藏於室中不似漢織之大佔地也

蠻紡用一小胡盧如銲狀懸以小鉛錘且行且捘而縷就不似漢紡之繁難而漢婦亦有能之者

羊毛布祿勸亦有之不如他處

氈滇各處俱出以夷人養羊者多如陜西也

毯亦出然不甚多

藏氊氆自中甸來藏人多居其地

猾皮出祿勸武定匠製而貨之以白羊皮為之稱白猾子以黑羔皮為之稱黑猾子

猓猓錦猓猓布漢書言哀牢宜蠶桑知染采文繡罽毲帛疊蘭干細布織成文章如綾錦有梧桐木華績以為布幅廣五尺潔白不受垢今云玀玀帛與布皆其類今昔異名耳幅五尺者滇南不見止今洋上所來之嗶嘰耳

通海緞出通海縣子上滇猶得衣之今無矣不堪命故

也古稱滇善蠶出絲緜後絕跡殆卽通海緞原有忽無之故乎

宜良布出宜良縣似貝錦爲被面坐褥椅墊

洱紅出洱海布也女子小兒多服之銀紅而艷

毛褐出舊陽宗縣

麻布出廣西州

莎羅布出大姚縣與新化州李石云驃國諸蠻不蠶細織娑穀絮服之謂娑羅龍緞莎羅出武定而俗惰女不紡織故布出他郡邑

土錦出元江

縹氎卽白氎而堅厚縝密類絲緜出永昌

永昌布厚而褐色明一統志又載永昌細布桐花織爲布潔白不受垢桐同橦卽攀枝花木棉也是前明猶有織此花爲布者說詳志花

抓絨出迤西似內地織絨而成板且重不如織絨之似細毛而輕也其牛絨則似織絨但毛粗

白氎布出緬甸干崖各土司

兜羅緜出緬甸按此緜屢爲佛書所稱而未有行至內地者至今未之見也想亦木棉之類其茸輕輭故以比似佛手

紅藤篾夷姬以爲帶束腰出南甸

赤藤杖唐時貢之今不重屢問迤西諸生索之亦貽目不知有所謂赤藤杖不知昌黎當日何費許詞使今日來索於諸生不亦貽目相對耶

筇竹杖按筇竹與肉桂並稱今走奔雲南之肉桂遍天下而筇竹無聞況能傳節於大夏之邑耶喧寂懸殊則所遭有幸不幸也

桃笙可席可杖注於尙書賦於蜀都爲簟可以筒韜少陵得杖二莖且恐其爲蛟龍神爭奪其珍重至此東坡跋杜詩謂桃笙竹身欆葉密節實中尸理瘦骨天成拄杖嶺外人多種不知爲桃竹流傳四方視其爲有眼者蓋自東坡出又書柳詩云盛時一失貴反賤桃笙葵扇安可常則是宋時已不知桃笙矣物之顯晦因時能無慨然

人面竹杖嘗植竹於昆院得人面竹一叢以稗小不能爲杖

紙出大理而祿勸亦出然不及黔來之多且佳故省城用黔

貝葉出緬甸葉似㯶櫚可寫書故緬有貝葉書西番之貝葉經文皆此類也實可為酒名樹頭酒

檳榔盒見於范志想以為異而志之而今滇中常有此盒不以為異

料絲燈出永昌言取藥料煎熬抽絲織之為燈故曰料絲其藥料則紫石英鈍磁赭石之屬不一類也始出於錢能以此進上不使外人燒造能去始習為之顧更精

長大幾二三倍價甚昂燒造者死其子傳其法人競燒之江西人以販於京師料絲燈遂多價減半及官取之價益賤為之者遂不能精矣宦遊者罔不取之李東陽誤以為繚絲失其義矣今永昌尚有繚絲燈大抵穿燒珠而成者問之彼地諸生質以南園所錄則茫然不知也

氣煞風燈名俚甚滇匠善為之收之不過盈拱撐之遂成巨燈而價廉能禁大風燈燭不滅言風威不能逞對之而氣煞也名雖俚而義亦長矣

竹斗斛出永昌順寧古濮竹也但不能如古之竹節相距一丈可為船也古人長大後世降而短小惟竹亦然

竹釜見於范志截大竹為鐺鼎炊熟而不燋物理宜然海邊煎鹽織篾為鍋能久用往時征緬軍行於路掘窟折蕉葉泥之為鍋以作飯炊熟而葉不敗也

滇海虞衡志卷之六

志禽

范志謂南方多珍禽非君子所問僅志十三禽而滇禽不能以十三限也故比范爲加詳

孔雀出滇雀尾一屏值不高人家多列之几今以翎爲冠飾比於古之貂蟬而以三眼爲尊故孔雀貴爲南方諸禽首然聞其血能殺人故梁王使阿礚殺其夫以孔雀膽一具范志謂民人或以鸚鵡爲鮓以孔雀爲腊以其易得豈腊孔雀不遇毒而鮓鸚鵡陋體腥臊亦勞鼎俎耶蘇恭謂孔雀廣有劍南楚無今雲南孔雀頗多則蘇言不足信

鸚鵡多於金沙江邊五色俱備亦有白鸚鵡如畫大士相隨者養之伺以番稻及松子其與孔雀皆文禽也一被懷毒之疑一嬰見鮓之難則所置有幸不幸也夫以鸚鵡早著於禮經歷代之傳其聰慧軼事足以感人者又至多諒無有出其上者范志謂秦吉了比鸚鵡尤慧鸚鵡聲似兒女秦吉了聲似丈夫按秦吉了形狀殆即鸜鵒之產外番者惟黃嘴黃距異於中土耳烏鳳亦然皆頭有肉冠謂非鸜鵒類哉二禽固聰慧能言比於鸚鵡以言語而兼文章則不及遠甚任情軒輊未爲得其平也大爲鸚鷊小爲鸚鵡

白雉產於滇南故左賦以配孔翠導乎絕景耀儀之先亦太平獻瑞之祥禽也故越裳氏貢之以表中國之有聖人則志滇禽而配乎孔雀鸚鵡者舍白雉而誰屬今滇多箐雞尾長二三尺毛白而尾間雜細黑點或以爲白雉然白雉必全身俱白無微玷方得稱之越裳之貢白雉猶王會篇蜀人之貢文翰遠人來賓不以其物而取其誠故禮受之而不辭且越裳遠隔重洋所產白雉羽毛鮮潔必有異於中土未可執內地所有而議其貢之輕蜀都既鄭重而言白雉吳都至以白雉與黑鷴同供獠者零落之資何其褻用耶賦家之論未可執一槩以相量也夫時之獻白雉連理木者以爲祥瑞耳高歡薪連理木以烹白雉而食之何鹵莽乃爾耶此與燒琴煮鶴同一可笑者也

鳳鸞爲古滇時所自有迤西接連氐羌鳳卵是食以爲俗迄陳王會西申以鳳氏羌以鸞方揚以皇隨巴之比

翼方之孔雀而並進則亦以家畜視之耳迨其後覽輝
而去千仞高翔而遺跡猶有存者故永昌有弔烏山滇
穹有鳳羽山黑井有鳳凰臺臺者鳳卵所遺也井民往
往掘得之乾隆間有得以獻張提舉張君記云大如僧
鉢正圓色深碧外膚如鳳尾芭蕉葉交護剝盡中空綴
黄十餘枚如枇杷殼如栗肉白味如生銀杏微澁食之
固精氣據此則知鳳亦曾集於其地焉世俗莫不以鳳
之見爲瑞然瑞一而妖四瑞之少不敵妖之多一曰鷫
鸘其身義戴信嬰禮膺仁負智儼然鳳也至則疫二曰

發明其身仁戴信嬰義膺智負禮猶之鳳也至則喪三
曰焦明身義戴信嬰仁膺智負禮猶之鳳也至則水四
曰幽昌身智戴信負禮膺仁猶之鳳也至則旱此四鳳
者皆託於仁義禮智信以誘於人而濟其私者也一真
撓於四僞鳳其如之何故記之以爲他日求鳳者知所
辨也

烏鳳山鳳皇絲毛么鳳等滇南盡有之雖託鳳名而無
所假亦不愧爲南方珍禽矣

箐雞生長於箐滇南多箐故箐雞爲多卽白雉白鷴之

類也爾雅五雉豈獨江淮而南伊洛之間哉滇亦備有
之矣

玀夷雞雞身而鳧腳鳴聲無晝夜寺廟多畜之鎮沅謂
之小雞南甸謂之吽雞然雞非小也以爲吽雞又不應
司晨之節且好逐小兒而啄其眼故人家不敢畜多送
之寺院

鸕鴣亦雞類農部至以名其河則以出之之多也

迦陵鳥絳雲露山有之人但聞其鳴不能見也交響徹
於瑤空所以謂伽陵之音蓋鳥蒙氣與天遊此鳥居之

予長農部曾宿山下得聞之也

灰鶴范志云大如鶴灰慘色能鳴舞予居農部署有二
灰鶴月夜交舞小子驚之以爲見鬼而凌霄之姿乃爲
近玩且嘗見鬼之誣命長其翮而縱之

鵠卽爲鶴仙禽也白者謂鶴黄者謂鵠二者皆不見惟
灰鶴多僕居滇十餘年早見諸鶴飛出晚則歸來分棲
於寺院及文廟之大林嘲哳之聲徹曉夜本草列鵠於
鶴外謂之天鵞夫天鵞下湖渚以啄魚列陣而前捕之
者先揷留於前而從後徐驅之距留尚數丈急驚羣起

肥重不能遠翔拍水而飛已陷於留不能去故曰留天鵞若黃鵠則弋而下之故曰下高鵠彼其一舉千里能留之哉天鵞卽鵚鶖鵞郭註謂之野鵞是也

信天翁丹鉛錄云鳥名滇中有之其鳥食魚而不能捕候魚鷹所得偶墜者拾食之藺廷瑞詩云荷錢荇帶綠江空唼鯉含沙淺草中波上魚鷹貪未飽何曾餓死信天翁亦可以為諷矣廷瑞滇之楊林人信天翁卽鵞澤虞也俗名護田鳥守水圳俟魚過啄食之此語早傳於天下不知發自蘭止菴也蓋鳥之安命而知所止也品

高亦亞於鶴矣俗訾久佇不動者為青鶴音莊

吐金鳥古出昆明丹鉛錄引酉陽雜俎為魏明帝時昆明國貢辟寒鳥常吐金屑如粟昆明今無此鳥以為段成式虛言然此出王子年拾遺記成式引之耳其時所謂昆明夷者在寧遠麗江之西非今昆明縣也蓋其地接西藏已成佛國佛地何所不有鴨食沙而可糞金鳥食沙獨不可以嗽金乎今無仍不妨於古有並存之可也

滇南多山河人畜鸕鷀以捕之雖不至家家養鳥鬼亦到處有之養鷹以捕雉兎養鸕鷀以捕魚此禽之聽命於人而効所用者也一名水老鴉能合衆以擒大魚或啄其眼或啄其翅或啄其尾與鬐魚為所困而並舁以出水主人取之可謂智矣

滇人喜趕山多畜鷹臂之者盈市此皆効用於人之良禽也故連類而記之

鷲大鷹也西方人謂之鷲滇山往往見之

鵰居大澤飛則盤空如大車蓋滇人取其翎以飾箭李時珍謂鵰卽鷲也羌鵰出西南夷黃頭赤目五色皆備

雕類能搏鴻鵠獐鹿犬豕又有虎鷹翼廣丈能搏虎鷹鵰雖鷙而畏燕蓋禽之制以氣物無大小也阮丁山榮得其爪挂於前樓蓋新見獲者也為予述滇雕之狀殆卽羌鵰也

魚鷹鶚也鴡鳩也五鳩鳩民此其一也鷙鳥累百不如一鶚而被以魚鷹之名失其義矣

雁滇南始未有黃夫人詩雁飛曾不到衡陽錦字何由寄永昌卽升菴始於滇池泛舟見新雁詩云忽見行行雁來應自故鄉天涯多少路雲際幾番霜滇水饒葭菼

禺山足稻粱金河爾休戀無限塞弦張則爲雁初入滇也今則結陣聯行排空而至不知紀極矣然猶有去來也客某言於滇之西境見雁菢子將雛人過則負四雛於背而飛幾以滇爲所家矣古今地氣之異不能以常情論也鰣魚竟過小孤且至於常德雁竟過衡陽且至於滇海矣誰能格之哉又滇志云順治庚子冬鴻雁來分註謂雲南舊無鴻雁至是百十爲羣日數過皆西去自後年年皆有不見回據此則嘉靖中雁始至猶在昆池順治庚子雁大至徑往滇西而不復回則客言爲不

爽矣既以西灘爲金河將雛養子則從升菴之祝矣不如羽翼既成更隨陽向別方否予在滇久但見雁秋來而不聞春歸心竊訝之徵於此益信雁且安於滇不復回農部五六月間山箐溪河往往見雁土人呼爲雁鵞以爲另有一種今合諸志參考乃知本鴻雁也藏諸深箐人不能見夏暑仍在亦不他翔各處如農部者諒更多皆來而不回者也升菴謂由蜀至或然蓋自開闢而後南北往來徒充雁戶燕弦楚繳常涉艱難江湖之眉已多稻粱之求未足滇地廣莫相率而來更不念歸以

爲世守此又翻開闢未有之局故爲發明之

范志謂南方多珍禽非君子所問然則所問者終以閭閻所畜民生利賴者宜先雞鴨鵞鶩生民之常產番漢胥同雖大小肥瘦各處不同而亦頗爲豐裕往者所值甚賤雞蛋至八文可十枚滇黔一也自緬甸軍興鑿破渾沌無復淳古之風民畜漸衰物值大長一蛋至四五文軍營一枚且至銀三四分由凋耗之太甚也民俗利在雞鴨入街子則雞滿籠鴨滿圍以易米鹽布疋故志禽自孔翠之屬外終歸於家畜職方紀十二州必辨畜

所宜滇南多水似江湖故所畜雞及鵞鴨之利是在司牧所以教之者山居之民又畜鸕鷀捕魚以爲生理人家又多養鴿天日晴朗滇人多放鴿散於滿城鈴叫盤空笙簫響逸此皆生理所資者其他嬌民籠袖髀袋鵪鶉淚子提籠面矜黃豆雖亦俗之所尚吾無取焉爾

武定之民善射雉以媒誘野雉而射之如潘賦所云也謂之游子當雉少時大厨索之急不得已因媒進堅艮游之呪喔供湯片於爨鍋豈不可惜（游當作由呂溫有由鹿賦）

朱鳳如指頭大能作聲生於深林兒童折樹枝以錫水

引之得五六枚遶樹枝上不去猶蜜之引散蜂也挿華堂上飛鳴上下不過七八尺極可玩嘗於劉開化邸見之

蘆燕棲滇池蘆荻中池人捕之以貿於市炙而薦酒味甚美夫其畏人也不襲諸人間而避諸海上以為遠於人患矣卒相與俱糜非失其所託也哉故書之以為戒

滇海虞衡志卷之七

志獸

案范志謂獸莫巨於象莫有用於馬皆南土所宜也故志獸首之兕出自滇產因之而不後

象出雲南諸土司明統志云緬甸八百皆有象然不獨二土司也夫教象以戰為象陣駈象以耕為象耕南中用象始兼馬牛之力明萬歷中鄧子龍禦緬靴尖起處踢死一象蠻大驚以為神將軍蓋象膽隨時運於四支蹴其膽而殺之知將畧在有學問也天啟間安効良叛

攻馬龍調景東土兵統象兵逆戰一象奮勇衝陣土兵乘之大破蠻兵象歸營猶氣勃勃始斃箭鏃滿身巡撫王佐立碑建坊葬之馬龍北關外表曰忠勇義象此事著於黔書及滇志予居滇久屢見緬甸南掌貢象至養於城東報國寺後園無絕殊者而供億亦煩費矣

南中民俗以牲畜為富故馬獨多春夏則牧之於懸崖絕谷秋冬則放之於水田有草處故水田多廢不耕為秋冬養牲畜之地重牧而不重耕以牧之利息大也馬牛羊不計其數以羣為名或百為羣或數百及千為羣

論所有輙曰某有馬幾何羣牛與羊幾何羣其巨室幾於以谷量馬牛凡夷俗無處不然馬產幾遍滇而志載某郡與某某郡出馬何其褊也夷多牲畜而用之亦甚費疾病不用醫藥輙禱神貴者敲牛至於數十百賤者敲羊至於數十百究無救於疾而牛羊之用已不可紀極巨室喪事來弔但駈牛羊成羣設帳幙於各山牽牛詣靈位三匝而敲之以成禮仍歸所敲於各帳計費牛羊亦不可勝計故祿勸州雖僻處而鼠街所出之皮草幾半滇由用之多也范志蠻馬出西南諸蕃多自毗那

自杞等國來自杞取馬於大理古南詔也地連西戎馬生尤蕃大理馬爲西南蕃之最彼時所謂大理國者蓋統全滇而言之非大理一郡也桂林故靜江也宋時於靜江府設馬政以茶易西蕃之馬故范志自謂余治馬政今滇馬雖多未有鞭韁佑客駈而成羣販之以出滇境者但供脚人馱運驛號收買而已至緬甸軍興反駈天下之馬牛以入滇死者不可勝計道路臭穢幾不可行無濟於軍興徒爲靡費豈非不考之過哉傳云古者大事必乘其產安其水土而知其人心隨所向無不如

志夫以鄭駟尙敗晉戎況駈天下之馬萬里入滇道死已過其半迨抵軍前馬已盡矣不得已潛買滇馬以充之滇馬值遂高夫內地之馬撒蹄而馳於平原廣地便滇馬歛蹄於歷險登危便古稱越賧之西多莎草產善馬世謂越睒駿始生若羔歲中紐莎縻之飲以米瀋七年可御日馳數百里又夷人攻駒縻駒崖下置母岩顛久之駒戀其母縱駒衝崖奔上就母其教之下崖亦然膽力既堅則涉峻奔泉如履平地此滇馬之可用於滇而入內地技亦窮矣南渡偏安於靜江易馬終不聞賴

西蕃之馬以濟軍政想亦徒爲煩費矣

果下馬滇亦有然不多但供小兒騎戲故不畜之也果下馬即古褭驂也夫馬高八尺絕有力曰駥俗取駝運豈棄駥而畜褭驂哉

黔無驢而滇獨多馱運入市驢居十之七八騾馬供長運而已耳毎家必畜數驢亦有高大者不解騎乘但駕馱鞍以馱運蓋乘騎怕人笑猶京師以乘驢車爲恥常欲買驢騎之効孟襄陽尋梅爲此方開一風氣而病廢不能鈌此一快事滇雖南土馬之所生爾雅釋馬所謂

騊駼野馬駮馬騠蹄騠駼小領諒多有之其善陞甗者
卽騠蹄騠駼之類但蹄不岐耳他如宜乘減陽弗光閿
廣夫豈少乎惟駑耳伏車没齒耳滇騾健於馬耐馱運
故騾亦貴於滇
范志闕牛然牛亦國計民生大用不可不載也自前明
開屯設衛以來江湖之民雲集而耕作於滇卽夷人亦
漸習於牛耕故牛爲重牛分兩種水牛黃牛黃牛特多
高大幾比水牛以耕田以服車車輪皆輕卽平地任載
之車也其犁田也駕雙牛前一人引之後一人駈之駕

車亦然雙牛較少一人可護數車故牛之用大而通省
名都大鎮多教門食必以牛其宰割以膳者大都日數
十皆肥牛之腱也故皮角之外而乳扇乳餅醍餬酪酥
之具雖僧道亦資養於牛可以忽乎哉爾雅釋牛分摩
犦犤犩犣犝犑凡七種郭註舉南中牛爲證皆非耕牛
惟曰犦牛健行日三百餘里則任載之牛也滇夷有旄
牛夷因以名則犣牛也取其毛長朱湛之以爲帽纓貴
者一頭須數金皆滇產之所出夷人畜牛以爲食市於
漢人以耕田以服車故牛爲漢民一家之命如吳楚農

至於觭觢犉牰犚牧犈𤘻欣犌之狀水牛黃牛皆同不
必蠶也
野牛犀牛兕牛皆牛也滇多有之野牛能鬭虎割其肉
卽復生所謂視肉也犀牛伏於潭祿勸鐫字崖有犀牛
潭犀夜出有光見之者不利兕嗜蒺棘一曰舐鐵然舐
鐵者貘非兕第獵雲夢之兕燀赫千里射隨兕者不利
則與貘皆同類兕角爲觥視射皆用之犀角駭雞夫豈
易得晉制犀比或騷人寓言而今藥舖動以犀角爲矜
恐非眞犀也鄧經元言九龍江某土司家有犀角一具

寶之累世一方無災眚此其通天者歟李石云越睃殺
犀震雷暴雨眞靈物也
羊於滇中爲盛故太和古城曰羊苴咩城苴者幼也咩
者幼羊呼母之聲也俗雜氐羌氐者羊之多鬚也羌者
羊之引足也故滇俗以養羊爲耕作其羊脂滿腹肥者
不能行牧者破其皮捲脂而出之成筒以貨于人羊得
快利健行如故省城每日必封數百四季無間時亦有
大尾羊皆來自迤西者古云使馬如羊不以入廄使金
如粟不以入懷甚言羊之多且賤也四季之皮皆可以

為表表之值且倍於肉其長養之羊歲薙其毛以為氈罽毯毲氏之深鬚者剳而染以充帽纓故養羊出辦多利息大也范志謂南中無白羊有花羊多黃褐白斑如黃牛又有深褐黑脊白斑似鹿又乳羊食仙茅舉體化肪無血肉又諸蠻有緜羊與胡羊不異其云蠻國卽指雲南所謂緜羊卽今大尾羊也范公當南渡偏安後僅使於金南來帥廣廣滇同俗聲教不通劃滇南為西蕃為蠻國故為言依稀約畧而不能詳然馬牛羊三者為畜牧之上計而羊之孳生蕃息倍於馬此地方民俗之

賴以生育長養者不可不籌之脩也故重為志之

巖羊卽山羊也得之頗難血可入藥皮亦可揉然板厚以作坐褥可也此雖野羊而功用與畜羊等故附著之至於牂羊之牡羒牝牂夏羊之牡羭牝羖今滇羊黑白俱有種蓋兼乎牂夏而䍽䍾之異角羳羦奮之異名亦無不同矣

䍮羊獂羊滇多崖亦俱有而非常畜故畧之

狗豵與雞豚並畜為養老食肉計則食犬在所先而守犬獵犬在所後顧今周行天下未見有賣狗肉之市公然自命為屠狗之人卽有屠者皆攫人家之守犬而屠之粥之良以民間不復養食狗則生資又闕其一端矣曾見粵市有狗肉而賣之諱其名曰地羊黔省狗場有賣狗肉者但數家耳滇俗多回教以犬豕肉為忌而道家說又重戒犬牛故食犬由是遂廢然犬豕所字多爭畜之必犬蕃如豕所謂三猣二獅一玂舉其少者言之而毎字不止此數也

蠻犬范志云如獵犬警而猘

拳尾犬極高大垂耳拳尾范志以為鬱林犬滇中多有

之

長喙獫短喙猲獢獵犬也滇獵戶畜之

獟獅狗出邏西高四尺甚猛猘卽西域旅底貢之獒也滇人多畜之鎖於柱

海叭狗長毛庳脚出順寧滇人亦多畜之卽王會短狗也

倉頡制字必畜豕而成家周公著經次豕於麋鹿麕猳兕之後不以畜名之者蓋兼野豕而為言也夫執於牢豢之家矣而五豵五豝私豵獻豜非狩之於野乎蠻俗

養豕至多未有囚而豢於室者故其產益蕃豬豶幺幼奏豱無論矣巨者乃數百斤割而腊之為琵琶形曰琵琶猪蠻女爭負而貿於客此麗江之俗也而其他自夷地趕把猪以市於大城及各街子者尤不可紀極而皆出自野牧故知家豢不及野牧之蕃漢儒傳經多因牧豕以集生徒此爾雅所以列豕於釋獸之中公蓋有深意矣

野猪田豕也一名嬾婦猪如山猪而小喜食禾田夫以機軸織紝之器掛田旁則不近蜡祭迎虎為食田豕也

山猪豪猪也其豪如箭能振撥以射人二三百為羣以害禾稼山民苦之

麖麢總統於鹿滇南麞鹿能噬毒草而鹿茸鹿筋盡出於大理迤西為貴貨上品鹿皮之用尤多古者儷皮為禮即鹿皮也

麝亦鹿類而有香范志云自邕州溪洞來者名土麝氣臊烈不及西蕃謂雲南也是知滇麝甲於天下李石云天寶中漁人獻水麝詔養之滴水染衣衣敝而香不散夫有山獺即有水獺有山麝獨無水麝乎但不易得得之且不識耳

滇南兔亦多白兔且為人家所養但穿房地為厭耳穴竹林者為竹貓亦兔類也肉肥美皮可為袖以禦冬也

猿與猴為一類范志言猨不言猴滇南有玉面猨出於廣西府范志獨金絲玉面難得猨長臂善嘯而猴不能各省俱多不必滇也至博物志稱猳玃每掠人妻以生子送還其家故蜀西邊多姓楊恐謗南人之言也唐人之謗歐陽詢亦出於此

滇為禹貢梁州梁州之貢熊羆狐狸織皮此亦任土作

貢之宜志者

熊類至多有馬熊人熊猪熊狗熊滇南多有之予常至農部湯郎馬𪋔廠其地多熊仰視大栗樹其大枝墜地盈堆熊翳而墮之以食其實者此四種疑兼羆在內但人所獻熊胎熊掌餘則無所用不聞取其皮

獵戶得虎豹必獻皮以取賞故署中虎豹皮為多祠祀演劇以包柱滿臺視之不重迄離農部覓炳蔚之文欲窺一斑亦不可得矣

狸狐貒貈醜其足蹯其跡内皆為一類宜其為用相似

今之天馬千箭麻藥豹一切奇樣怪名皆出於滇由滇匠綴緝狐皮而并成之者也一領之料輒數十金且有百金故狐之爲用至大且至貴嘗閒遊滇郊見曬狐皮於地者動百千張畧無可盼而緝成之即爲席珍滇產固多亦由人工之至也昆明人有趕祿勸鼠街見羅羅囊一物就視乃元狐也以千錢購得而裁爲帽邊價百倍此見滇南何所不有哉

狐狸並稱而狸之畜於家者名猫善捕鼠且依人故蠻重猫鬼殺猫如殺人罪業報深而猫生于野爲野猫盜竊人家雞鶩鴨鵞多被吞食以肥其身比猫爲大而眼甚惡范志有火狸即紅色野猫也有豹色狸即花色野猫也緝其皮爲裘名九節狸價亦重鄉間人得黃鼠狼恨其食雞剝其皮而乾之以爲領人必笑武昌客染薰以爲帽邊曰海龍人爭購價大贏至今人曰武昌海龍皮又且緝兎皮以充狐裘雜皮至粗鄉人服之今且美之曰南狐是知物在所用貴賤亦無常也蠻俗以射獵爲生自麞麂兎鹿外所得野獸種類必多亦統付之禹不能名契不能記而已矣

山獺水獺俱可裘范志謂山獺抱樹枯解藥箭一枚一金至於水獺善捕魚畜之者且費百金其有皮者由生獺未馴習故殺而取皮粥以爲利耳禹貢梁州以皮爲貢滇於三代屬梁州其於春秋爲楚之南牓傳曰如杞梓皮革自楚往是知南中之皮革盛於北北且資用於南羽毛齒革君地生焉由來遠矣

猩猩古傳出永昌今不聞有此物

滇海虞衡志卷之八

志蟲魚

案范志蟲魚外薄於海夫海廣右不得而有之也滇南界海兹著吾海所有者錄其實焉

鱗蟲龍爲首天用莫如龍農部茅山且有九十九龍則全滇之龍幾成龍伯之國况龍池瀉瀑漏江伏流以灌稻田以興雲雨故自省州縣至土司莫不祀龍而緬甸且有養龍池大理李某吉君世琛之幕友也李曾三至於緬親見之池有三青龍無角長數十丈每日豢以牛

肉每龍二十六觔上讀如京師豢俸然嘗一龍走追而還之又其苑養一獨角獸云是角觽皆所以明其德盛致物威服夷人也後儒譏左氏御龍豢龍之言爲誣今有明徵如此古人豈誣乎

介蟲龜爲長范志不著龜而著貝滇南舊用貝謂之海肥肥者貝之薄而須也本出金江後則市於海南一貝曰莊五莊曰手四手曰苗五苗曰索以索貫之則八十貝一索之貝準錢二百四十故勝國以前文契及碑志尚稱海肥若干索南園漫錄云雲南用肥不用錢肥即古貝今士大夫以爲夷俗不亦異乎

滇南半是水國產魚處甚多亦不過數種不甚雜而已足以供食料矣兹錄滇池之所日夕而見且嘗饌而味之者以著明之而他郡邑可以類推矣

鯉最美小者不能盈掌且滿腹魚子此江鄉所不見者大或至重七八斤且十餘斤味甚佳鯉之小者與鯽似滇人多不能分又不解糟鯉正發時紹興人糟池鯉以貨於官曰江鄉糟魚上來價數倍

鯽本爲鮒滇池多草產鯽多皆白鯽頗肥美無淮揚之

草鯽烏鯽者間亦有麵腸鯽味亦頗同

鰋鰋額白魚滇亦多鰋然無江鄉重數斤且數十斤者之肥腴也此之白魚極大不過一斤而止江鄉所謂白雀子而滇人甘之

鱧鮦一名鮮大者鮦小者鯇今烏魚也滇池多烏魚大鮦絕少官厨剝其皮以爓魚片極白嫩

鮎鱯相似而異滇池俱多鮎脊青而肉嫩鱯則花斑鱯一名鮠鮠大鱯小者鮡鮎鱯大者少重一斤即爲大餘皆小鮡之類耳

鰝鰕海鰕也江鄉且無何況於滇滇池多藻出細鰕漁人乾之粥於市百錢一筐由滇人不知重也土人言亦有大鰕長數寸漁人匿之而私市恐官之誅求也

鯊鮀吹沙小魚體圓而有點文卽麗留之鯊也滇多沙河到處頗有其名不同味俱佳惟滇池海口之金線魚名特著滇人艷稱之故是鯊也多金線紋一痕耳江鄉土名鯊爲冷骨有白冷骨黑冷骨花冷骨船丁痴胖之名不一痴胖卽虎頭鯊小不過三四寸能啖魚海鯊能變虎巨細懸殊其種一也

鮰黑鰦卽白鯈魚滇池多白鯈予每以爲鮓

黃師魚卽鱨魚也字從嘗取嘗祭之義也江鄉名黃頰魚爲其頰之黃也山海經作師魚謂獺祭魚捉鱨爲巫師能作聲以祭天也又曰殺人謂其頰骨鯁人至死也

滇池多黃師魚亦鮮美俗譌師爲絲失其義矣

鰼鰌今泥鰌鰌鱔皆穴於泥爾雅釋鰌而遺鱔統鰌以爲言也滇池多鰌鱔然無巨者滇人四季皆剁鱔成條盈把而賣於市不似江鄉過六月不食鰌鱔謂鱔之生毛也但夏鱔不如春鱔之鮮美豈生毛哉宜滇南無另

不食之也

滇池附草多麥魚黑白二種極明透滇人謂之草魚食之者見笑予與王若洲謂以爲羨甚美而草魚從此貴矣

田雞蛤也滇池四時皆有官厨以㸆小碟其大而皮多痱磊者謂之石鼃磷腿壯如笋雞武定山箐多有之鳴聲如鵞鴨故一名土鴨純陽大補衰損宋君昌琤少患癆瘵日購而食之遂痊

蜆出滇池最多土人謂之歪歪江浙人取而瀹之始知食有賣於市者

滇池多巨螺池人取之遺殼名螺螄灣嘗穿成材書院地入五六尺深許卽爲螺殼出之堆山水泉迸出他穿亦然疑此地舊亦螺螄灣漸成平陸移灣於其下則滇嗜螺螄已數百年矣剔螺擠肉擔而叫賣於市以薑米秋油調爭食之立盡早晚皆然又剔其尾之黃名螺螄黃滇人尤矜以爲天下所未有有曹姓業於此者居茶海邊人謂之曹螺螄云趙州並産螺蛋

蟹亦出滇池熟賣於市一枚一文賤甚厨丁細剔以作

蟹羹陳於官筵味亦佳
通海蟹螯大似江蟹而蓬臍亦如滇池蟹酒醉之裝磁以餽送曰糟蟹
滇人言滇池產海參每年水盛時漁人於得勝橋柱下得十數枚長大白色味美亦私市不令官知恐誅求如大蝦也
駝背魚出黑龍潭脊起如蛋眼如硃砂潭魚種類多此魚亦間出人不敢犯
花魚長僅寸麵卷而炙之美而腴蓋亦吹沙之類也他

如小鰟魮小黃鯝子牛矢魚亦尚有之然不足數也
鱸魚出澂江方口而仰頭聳起有四腮鱗細而薄長二三尺重六七斤肉細如桃花鱖海黃魚無絲刺與青魚絶不相類歷來以為青魚因其身青而名實非青魚也案青魚即青鯶鯶有二種分青鯶白鯶江鄉呼青鯶為青魚口有齒能齧草草飼易長桐城東鄉圜田多兼養鯶名圜魚其人每言三條鯶子喫草敵一條牯牛蓋飼草多而易長凡三斤重鯶子飼之一年即長至數十斤臘月江涸湖乾魚漸稀圜魚始出上自九江下至蘇揚無不買圜魚其為錢糧至大然魚帶羶氣味不佳由飼草如牛羊故也湖鯶池鯶多肥美往往躍入湖田食禾一夕盡齒利如此重數斤江鯶大者且數十斤皆肥美不同圜魚故鯶爾雅謂之鯇郭註鯇今鯶魚似鱒而大又註鮅鱒似鯶子赤眼本草於鯇魚曰草魚分青鯇白鯇是矣又於下另出青魚謂其似鯇而不知青鯇統謂之青魚江鄉治青鯶必取其膽謂之青魚膽治白鯶則棄膽亦不聞於青鯶之外別有青魚此則青魚之老辨斷歸青鯶無疑也家鄉無鱸魚而鱖為多以鱖推鱸與

青魚可立判王平彝子音以一尾送予曰此澂江青魚予見之曰此非青魚也細驗四腮與肉味得非松江之鱸然思李氏綱目鱸白質黑章四五月出吳中松江尤盛長僅數寸似鱖色白有黑點巨口細鱗有四腮因引楊誠齋詩買來玉尺如何短鑄出銀梭直是圓以實其長僅數寸之言今按此魚長且數倍為不稱然其白質黑章巨口細鱗四腮無不與鱸同青魚何能有一似此也暇日以語張君補裳君往來吳淞亦食鱸魚乎曰食之多矣鱸魚亦有大者乎曰大且如巨鯶子因思鱸

為類但鱸四鰓而鱖二鰓味誠齋詩結句春風已有真風味想待秋風更爽然言秋深鱸長味更爽然不同未嘗限定數寸禁鱸之不長至於一二尺重六七斤也且誠齋買鱸正二三月間此時鱸長數寸猶桃花鱖已鮮嫩足佳夏秋間鱖長盈尺味正腴至冬時鱖且重四五斤老而味減於前想鱸亦猶是也故鱸無論大小總以四鰓為據茲魚四鰓可不定其為鱸乎世嘗謂鮐鯗及鯡上時過全歸海而不然也鮐即鯸鮐今名河豚鯗即薄刀一名楊花鱭先鯡魚而上鯡上二魚皆不見然皆

化子於江湖五六月間鯗秧出絕流漁之一網堆山謂之杉木秭白曬入捆每捆一二百斤八九月間鮐子長且二三寸其網之亦然連皮爓食謂之斑子河豚皆入捆販至四遠史所謂鮐鯗千鈞也臘中江涸漁人往往得鯡秧賣之長僅寸餘明春川江漲下西風暴起新鯗以口迎之一夜長尺餘河鮑與鯡亦然皆出長江不盡由於海也謂鯡不過小孤非也甲申夏於黃州目見網獲鯡庚寅夏過洞庭日饌鯡且至於常德李時珍言蜀人見鯡以為瘟魚不敢食則鯡之上來且遠至於蜀矣乃知古人記載之言多有不足信也嗟乎此魚自吳淞穿洞穴萬里而上滇猶王鮪自江穿洞穴千里而至於秦顧秦人猶識為鮪滇人不識直以青魚目之使張翰秋風之思不表見於茲方亦一缺事也又滇池海菜其根即蓴二物皆出於滇可見天下之大無所不有未可專怙此方而輕彼方也

麵條鯽出東川巨者重一二斤滿腹如切麵細條盤之無腸麵條即腸也治魚出其腸亦蠢蠢動如寄居蟲烹之麵條亦可食此水族從來所未見者曰麵條鯽一曰

麵腸魚按劍湖亦出此魚

康宸魚亦出澂江鹽醃之而貨於省如江鄉小鹽鯗子不中噉所見不遠所聞

工魚出大理長三四寸滿腹子可充鯗燉肉而東之祿勸易龍河亦出此魚工或作弓南園錄謂應作工工為江江魚也此亦牽強蠻名無正字工弓隨用耳

珠鱉之見於祿勸戴生言嘗有罾於河者得一物如牛肺遍體皆眼罾者不能勝物纏於罾不得脫繫罾於柳樹呼其人共脫之予曰此珠鱉也眼即珠也撿山海經

與眎後遍覓其處不復見

祿勸懸岩大蝙蝠極多皆倒挂疑千餘年物厰民每捕而烹食之卒亦無他乃知成仙泄死之說均不足信

蛤蚧守宮之巨者也統志及滇志皆云順寧亦出之統志云生枯樹中有雌雄能鳴綱目云雄蛤雌蚧自呌其名聲甚大多穴石壁榕木城樓間牝牡上下相呼累日情至乃交相抱墮地捕亦不覺以手分劈雖死不開故以爲房中之藥功比緬鈴此皆出於南中異聞綱目又於蛤蚧之後附載鹽龍言宋時蕭注破南蠻得其鹽龍

以海鹽飼之鱗中出鹽取服能興陽爲蔡京所得龍即死按蕭注隨狄青征儂智高入廣南特摩道獲其母及弟與子則鹽龍殆得自廣南固亦滇產也

鈎蛇出永昌此古所傳也言其尾長能鈎岸上人與物而食亦鱷之類也今不聞有此事其亦他徙而去與潮州無鱷魚永昌無鈎蛇見生聚之盛也又按續傳志物以爲出朱提且言水旁有鬼彈不見其形其作有聲中物則折中人則害罪人徙此不過十日死此水土惡劣陰怪得窟穴其中爲虐耳驅之之法投以燒石注以鑄鐵萬衆各鳴瓦盆瓦器以號呼其物不死即徙爲政者不可不知也

鱗蛇出臨安元江孟養等處巨蟒也長丈餘四足有黃鱗黑鱗能食鹿春冬在山夏秋在水土人殺而食之取其膽治牙疼解毒藥黃鱗爲上黑鱗次之酈經元言鱗蛇眼大如鏡初見者不利即制而牽行於市兒童爭坐其背以爲嬉范志云蚺蛇常逐鹿食寨兵揷滿頭花赴蛇蛇喜駐視競拊其首大呼紅娘子蛇俛不動大刀斷其首近聞捕蚺蛇有蚺蛇籐束而牽之按鱗蛇亦食鹿

當即一類而異名耳蚺蛇膽亦入藥天問云靈蛇吞象彼巴蛇也要皆蟒也蟒爲螣蛇爲王蛇大小隨地爲名耳

雪蛆雪蝦蟇出蒼山二物產於積雪之中不知幾何年一日西藏積雪之中尚產猪謂之雪猪性極熱蓋陽極轉陰陰極轉陽理本相因也又云雪中產物甚多不可爲名數而性皆極熱是知天地之大何所不有雖深山絕塞涸陰沍寒終古不見天日而生機未嘗中絕天隨寒熱以爲生物遊其中以自樂火鼠之入火不焦冰蠶

乘永自縷彼又奚知火與永哉按玉龍山產雪茶亦採自積雪中
穀雀之名頗佳禾間蚱蜢也收穫時多知風雨兒童收
而賣於市曰穀雀言穀中之雀也又曰山綴曰水雞諱
其名蠻字從虫故南蠻多嗜蟲也一曰麻蚻厰民食之
能解蘆烟毒
蝴蝶會每年來集圓通寺壁皆滿後不來者二十餘年
辛亥四月朔忽至予與雲谷老人九鯉仙扶杖往看之
於時士女婆娑門嗌塞路三老亦竟日始歸老人曰此
爲吾輩來者也

巖蜂在九龍江外毒螫若崑崙之欽原行者畏其螫毎
迂道而避之康熙中江西某爲武官於蠻蠻來攻劫閉
城不出載巨箱數十車當蠻來路蠻見發之皆紅綠布
片線纊諸物爲蠻婦所喜者歡呼而去蠻貪無厭居數
月偵又欲來乃裝箱加倍陳於路蠻利漢貨爭發之則
盈箱皆巖蜂迸出螫蠻蠻死且過半其王怒率傾國之
蠻盡出來報復又爲箱加倍陳於路王以爲岩蜂爭投
炬焚之萬砲齊發聲震天地王及羣蠻殲焉王妻美而
善戰帶諸蠻女來復夫仇鎧服弓刀耀日索戰甚急某
戎裝盛服登城諭其來歸妻亦念國亡王死無以爲也
且悅某美因歸於某某辭官回與之偕老焉則知善用
此蜂者能螫蠻立功但不知採之之法用何術也乾隆
間川客載十九騾貨物道經岩下蜂螫之盡死客子聞
父遘此難痛之誓傾家除其禍走告普洱官官憐其志
爲出示禁夷民毋阻俾得盡所爲乃爲厚布幄數百壯
士負幄帶火藥乘夜蜂歸穴不出扳崖而上齊投火藥
於穴烟焰蔽空但聽穴中如千萬爆竹聲壯士匿幄中
蜂奔出不得螫迫天明聲息穴蜂已盡死餘蜂散去不

復歸入穴尋之出蜜與蠟盈巨萬彼蓋擁其所有相與
屯聚爲兇耳亦諸土司之鑑也此道今成坦途客子之
功亦巨矣楚詞招魂稱赤蟻若象元蜂若壺玆其若壺
之蜂乎數十年前南中有貢巨蟻者其重九斤飼以米
花道經濬山邑人盡見之則若象之傳當亦有可信
迤南有巨蟹大盈數畝其土沮洳四時不乾流出細蟹
無數毎起瘴謂之螃蟹瘴土人聚火器攻之蟹死而地
乾瘴不起可居可種成樂土也螞蝗瘴亦然出於大樹
之葉樹成大林而螞蝗滿之入林輒中人未有能爲之

攻者也
趙樸菴言夷人豕帶蛹小蜂窩以爲珍品恐傳之中國
將來貴必如燕窩然此亦古禮上公二十四豆則范與
蜩俱列豈以爲蟲而輕之燕窩與海參見重於中國甫
百餘年前此無所著聞若使滇南蜂窩茶得行亦可以
競勝於山右天花菜彼菜猶帶蛇臊氣蜂窩則懸結淸
高燕窩險隔重洋蜂窩則穩行陸地以二窩相較則蜂
窩處其優矣
按爾雅釋蟲皆陸蟲也而於蜎蛵蚪斗蟾黽守宮之水

居者統歸之於釋魚魚兼鱗介以爲言守宮龍子故陸
居而附於水族古人分類之精至於如此其釋蟲不過
五十餘種瑣碎不足爲民生日用所取資末特著蠶蠶
有三種曰蟓曰雔由曰蚢皆能成繭蟓卽今蠶食桑雔
由食樗棘欒蚢食蕭蠶類既多食葉又兼乎桑樗欒蕭
皆葉之蠹也聖人使之各得成繭利益於民生日用夫
采蘩可以飼不齊之蠶則蚢之食蕭豈有不足信者乎
後來失其遺法僅知桑柘之能養蠶而利源不廣耳邇
來毛辣蟲之患在山則松柏葉俱盡入園林則花柳果

茶葉俱盡且有入洲渚食蘆葦葉俱盡者初生毛螫辣人
手老則刺脫如蝎脊金色或有角竄老樹杈縫間作繭
自裹入春化爲蛾蝶遺子仍爲毛辣蟲其惱人如此若
使蠶失所以畜之盡化野蛾蝶惱人更甚於毛辣蟲安
望其衣被天下乃知周禮設官分治蟲豸之細亦攻治
之法所不遺蓋爲此也昆明拓東古有蠶桑之利後來
惟通海工織緞近歲亦絕迹則蠶事無可言矣次蠶絲
以利民者爲蜂蜜蟲蠟爾雅釋蟲舉土蜂木蜂名見而
已不言釀蜜郭註江東呼大蜂地中作房爲土蜂啖其

子似土蜂而小樹上作房爲木蜂又啖其子意謂江東
人俱啖其子比供豆之蜩范耳邢疏不甚分明壹似二
蜂自啖其子者讀之令人胡盧土蜂窠於土穴木蜂窠
於樹林其窠於崖穴亦土蜂也皆能釀蜜卽李氏綱目
於二蜂外另著土蜂謂亦能釀蜜又謂江東人啖土蜂
及木蜂子則知爾雅不言作蜜蜜從蜂出總括於土木
二窠但有家畜野生形質巨細之異其實皆釀蜜之蜂
也滇南崖蜜既有志矣而以蜜糖從類故入於志果而
釀出自蜂故於蟲魚之後發明之至於白蠟生於蠟樹

利用更勝於蜜底之黃蠟故人之志草木而其發實緣於蟲則昆蟲之利於民生日用其表表者也故推原爾雅釋蟲與釋魚見古經分部列品之精意使後來覽之者知所原本焉

滇海虞衡志卷之九

志花

志花就所見而志之

滇南茶花甲於天下昔人稱其七絕而明巡按鄧渼以十德表之稱十德花此花宜為第一

紅梅莫盛於滇而龍泉之唐梅騰越之曾梅見於畫與傳者光怪離奇極人間所未有此花宜為第二

紫薇花樹既高大花又繁盛茂密多植於官署庭堂滿院絳雲不復草茅氣象此花宜為第三滇無鼎甲以三花鼎甲之足以破荒而洗陋矣此固花王得以開科花神讀之得以品第進呈者也美矣尚矣至其他之奇出者以類次之

龍女花天下止一株在大理之感通寺猶瓊花亦止一株在揚州之蕃釐觀也昔趙迦羅修道於此龍女化美人以相試趙以劍擲之美人入地生此花以供奉空王至今數百年緣分已滿樸巷子迦羅之後人也前年來言此花忽被天上收去如瓊花匿無影矣予同官多見龍女予來此已久放廢羈離不能自便而龍女亦不及

相待以獻珠何緣分之慳哉故命一清寫其像於蝴蝶陽秋志不忘也

優曇花滇中頗多花青白無俗艶誠佛家花也優鉢曇花一年一見一見之後於是我佛乃説妙法蓮華經經流傳人間花亦不復收去俾人間見花卽如見我佛是從前之千年一見者今則日日見之矣亦可以無疑於其多矣

扳枝花者木棉花也金沙江熱地方多有之元謀饒署皆扳枝花樹高大亦如粤但花色微淡且稀疎不及粤

之深紅緜寄遠望如紅錦攢於雲端爲差減耳其花可以炙食花卸結角如大肥皁裂開則柳絮輕盈飛空捲地蓋瓦縈墻其茸甚滑而病於太短不能如吉貝之易縷搴連苟設法而匠運經營未嘗不可同歸於杼軸古者布有橦華何知不織此花乎蓋橦者高也木棉高大似建橦故以橦華名西方女工巧過中土豈肯專用吉貝而舍木棉吉貝草棉對木棉以爲配木植中國最早不知用之草棉進自宋元間至今衣被天下自有棉花桑麻漸就荒廢此亦物用運會之大變局也棉花足用世爭蒔之何從復返中國雞犬桑麻之盛哉按橦華不知爲何樹考蜀都賦註引張揖云橦華者樹名橦其花柔脆可績爲布也出永昌今永昌無橦木止有扳枝木而故志附扳枝花於桑柘麻棉之後爲其可績爲布也是知攀枝木本名橦木木高大必攀枝取花實故曰扳枝木實有棉故曰木棉後漢哀牢傳以橦作桐曰梧桐木華績以爲布幅廣五尺潔白不受汚垢先以覆亡人然後服之註謂梧桐有白者剽國有桐木花有白毳取其毳淹漬緝織以爲布今廣東人見木棉之絮輕滑茸

短不可捉緝間掃地收茸以裝襪及坐褥馬屜市者謂用之則蝕血傷膚故不售若按註必淹漬而後可緝織猶蔴之必漚絲之必煮而後可治也必經覆亡人而乃服之或亦厭勝之法不生他病也第棉花之利雖倍於桑麻而種植耘鋤男女奔忙覩夏畦尤病苦今內地諸省多種棉花而兩廣滇黔究不宜於吉貝炎陬瘴澨扳枝相望如雲若使遠求夷人修治之法製而用之出布以濟蠻疆尤爲大利其樹旣易生長添種益多不勞於耕耰鋤耘坐收其利勝於棉花矣且物產廢興無常或

廢棄歷數千百年不知收用一旦發出盡識其利相與從事不倦殆五六百年幾以棉花爲中國從來自有之物豈知宋元間中國始大興哉木棉樹布於各省想其有亦自開闢而來唯夷人或得其用而漢人不知也棉花之有想亦當然不過自開自落於荒洲孤島中島人入貢不過曰卉服云爾宋元大興中國知棉花幾不知桑蔴而棉花果利於桑蔴若使解製木棉花得成爲布其便利尤出棉花之上可惜數千百萬木棉棄之於炎區瘴澨之中而無以効用於人世也悲夫○明統志載

永昌細布桐花織爲之潔白不受垢則前明固知木棉可織矣織法須從蠻姝處問之滇志姚安木羅布卽橦布也橦木皮可爲布（按緬甸亦出草棉由永昌販至彌渡分賣各府其利甚重）

刺桐花滇名鸚哥花葉如梧而蔽芾花亦巨而鮮但取其枝插之卽易生如青桐也木質輕鬆亦似青桐官府取以爲杖嘗命地方頭人取數十捆分植於農部之南郊官路旁陰濃花繁行人悅憩迨予于役三年回而已無矣所植城中桃李夾街亦皆伐去西園花木廢爲馬隊則接政之爲也敗於俗吏念之能無慨然

佛桑花亦佛國花也枝葉如桑而蕟生花輕紅婀娜可愛佛坐桑下僧曰桑門宜桑之獻花迺佛而爲供養此佛桑之義也妄者改名扶桑失其義矣永昌產吉祥草亦佛所坐之草也此皆如來遺迹滇俗所皈心儒官爲治在因俗何必執闢佛之見易其名哉

范志載花十六種除標山茶於前而凡上元紅白鶴紅荳蔻泡花紅蕉枸那史君子裹梅象蹄素馨茉莉石榴添色芙蓉側金盞共十五花粤有滇卽有今按紅蕉纖細亦不足觀裹梅卽木槿插籬落者亦奚奇榴花中土

最多金盞階砌草更不堪入目至於素馨品極賤蔓延墻壁曾不能與薔薇爭奇而滇人矜之以爲出於大理國主段素興因名所愛之花曰素興花一曰素馨花夫段素興者則野史所謂之天明皇帝也卽位於宋仁宗慶歷時四年見廢是時宋與大理不通范公作志嘗孝宗時其外斥滇南輒曰西番曰南蠻曰蠻國不應錄其花著其國主之名而志中已有此素馨花與茉莉爲儔俱出於番隅不因天明之愛而始著曰素馨者爲其白而香耳牽與爲馨於義安居今曰木香花（按木香花剔是一種木香

木本素馨藤本也

范志十六花不及蘭滇粵連界滇蘭多詭異粵豈無之其不入志或偶遺耳滇中虎頭蘭蘭中壯巨者花而不香又有風蘭畜之烟牕風架乃蕃如仙人掌李厚岡治恩樂搜哀牢山蘭甚多以木斗運省招予賞之其奇異之品皆世所未見近檢張記有神品蘭蓋硃砂蘭也葉似建蘭梢大莖高尺一莖十餘花色如渥丹香清冽過諸種開於夏秋間本出老撾孟艮土司地新興人善養之常化差劣他郡養之則不花嘗載至維揚人爭來看

門幾如市性不耐寒冬即槁故稱爲神品又有雪蘭一莖三花瓣如通草心吐微紅葉柔如線迎年而開秀美怡人滇人畜蘭多建蘭魚魫蘭皆來自粵閩非滇產產則虎頭風蘭俱粗勇惟厚岡所得與張君所記皆產自滇一洗虎頭風蘭之陋若使人爭畜之以市於中土則滇蘭未嘗不與建蘭東西競爽也蘭爲王香奈何遺之升菴謫滇乃賦伊蘭是伊蘭又出於滇也序稱江陽有花名賽蘭香不足於豔而有餘於香戴之鬓紛經旬猶馨古者紉佩類浴皆是物西域有伊蘭以爲佛供即漢書所謂伊蒲之饌滇爲佛國宜產此蘭然伊蘭即猗蘭也夫子操之如來饌之其重如此顧可畧乎猗蘭亦作花古人不取花而取葉所以爲客臭今特附於蘭花後

朱砂蘭即紅蘭江淹別賦所謂見紅蘭之受露是中國原有此蘭今獨見於滇也白蘭即粵東素心蘭純白品極貴畜此可防產阨客粵時莊生曾以一盆相貽

滇俗重木香粉團金鳳小兒女爭戴之木香論團粉團論朶金鳳作串插於髻高至盈丈如霞之建標呼於市而貨之頃刻俱盡此皆窮民賴以爲衣食之資者則花

之濟於芸芸亦大矣石虎關民爭種菊人肩車載而入於市即以爲菊莊收成可不謂花農乎亦種雞冠供中元祀祖即棄之矣菜海邊多花院子各花俱備以供衙門及公館名繁不勝計民生利用多出於花故述而載之

杜鵑花滿滇山嘗行環洲鄉穿林數十里花高幾盈丈紅雲夾輿疑入紫霄行彌日方出林因思此種花若移植維揚加以剪裁收拾蟠屈於瓊砌瑤盆萬瓣朱英疊爲錦山未始不與黃產爭勝而棄在蠻夷至爲樵子所

薪何其不幸也

馬纓花冬春遍山山垠折而盈抱入市供揷瓶深紅不下於山茶製其根以爲羹匙堅緻勝施秉又有白馬纓亦可玩而艶麗終不及紅也粵中亦有馬纓花非此花也

含笑花土名羊皮袋花如山梔子開時滿樹香滿一院耐二月之久他如牡丹芍藥桃李梨杏海棠之類不可勝紀其艶麗俱與內地同不贅陳也○按杜鵑馬纓含笑三花開時滿山秋冬則砍以爲柴餘幹再發仍滿山

惟某廳含笑一株成拱余因效之命山人移一兜植於西園不及見花而予已去矣

滇南蓮華特異古云巳開爲荷花未開爲菡萏本一花而因開與未開以異名至滇始知荷花開而結實菡萏合終不開不結實蓋兩物也其最奇者花一朵而半白半紅廣通學宮出此花予爲記之

滇海虞衡志卷之十

志果

范志取南果以子名者錄其可識皆猿狙所甘之殘餘言不當也茲所志歸于雅馴

松子爲滇果第一中國所産細不中啖必資于關東三稜而黃滇所産色黑面圓而底平其松身似青桐葉五鬣七鬣而深濃高不過一二丈此結松子之松也毬長一尺火煨而剝之兒童爭啗如包穀迄至成熟大擔而塞于街值不甚高市升僅數十錢

查巨亦甲天下樹高大如柞櫟查餞查膏尤佳

蘋婆果南中最少而滇出盈街

花紅林禽亦然

梨兩廣無而滇最多楚雄之梨黑似壞者乃其本色味佳也

梳以富民白皮爲上品榴則重乎阿迷梅杏李柿棗栗雖多不聞有所著名也著名則地方官民之累矣香櫞佛手柑之大者直如斗重三四斤皆可生片以擺盤二物經霜不落在枝頭歷四五年秋冬色黃開春回青兒

學使應枚詩碩果何曾怕雪霜樹頭數載歷青黃是也
荔支龍眼古書出于川滇左賦稱蜀之前旁挺龍目側
生荔支謂滇南也唐宋時嘉戎多有荔枝白樂天守忠
州寫圖以寄京師交好今不聞川有荔支惟滇之元江
尙不得辭其名每年以進各衙門而累不免恐後來元
江亦告無矣

龍眼絕不見

黃果出迤西橘柚之類也滇人名之爲黃果

核桃以漾濞江爲上殼薄可捏而破之

橄欖江邊瘴地俱有之葉如狗骨子如苦楝小兒喜食
之恐非眞橄欖大抵梂子榴子之類耳故其味酸

葡萄滇南最佳然不能乾而貨于遠櫻桃楊梅枇杷木
瓜榛榧銀杏亦然過時則不可得惟楊梅尙有酒浸之
者耳

檳榔有數種滇南所產惟殼檳榔穿之成串以相遺但
半殼細剝殼裏以灰食之然非樹生乃出籐本籐緣崖
行實纍纍相懸爲檳榔苐檳榔本出高樹蔞子乃出籐
蔓原各殊今殼檳榔出于籐其籐大抵扶留之別種其

實氣味頗似檳榔故以殼檳榔名之實非檳榔也按籐
生爲馬檳榔一名馬金囊馬金南紫檳榔李時珍謂生
金茵元江諸夷地蔓生結實大如葡萄紫色味甘內有
核頗似大風子而殼稍薄圓長斜扁不等核內有仁亦
甜凡嚼以冷水送下其甜如蜜亦不傷人又治產難如
神而今滇人食馬檳榔不用冷水而用蔞灰殆以馬檳
榔爲廣檳榔矣況廣檳榔亦非眞檳榔乃大腹檳榔豬
檳榔也出嶺表滇南卽檳榔中一種腹大形扁而味澁
者不似檳榔尖長而味良彼中皆呼爲檳榔并籐灰同

食則又以大腹子爲眞檳榔矣雲南記云大腹檳榔每
枝有三二百顆靑時剖之以蔞灰同食卽減澁味而非
馬金囊之殼檳榔也檳榔以出交愛爲眞從洋船至所
謂海南雞心檳榔也以供客敬而入藥則用圓扁之大
腹檳榔也滇之迤南與交愛隣諸土司之中應出眞檳
榔而皆由海船入廣其遺滇食者則馬金囊也而蔞灰
和食以矜重不亦誤乎又按明統志載永昌土產紫檳
榔馬金囊狀類白荳蔻嚼塗惡瘡甚效或食一枚飲水
卽無所傷則是猶未敢遍行食之比檳榔也滇志謂元

江出檳榔審其形似卽雲南記所謂大腹檳榔也夫古
記且于大腹辨之嚴不使統同混稱況以蔓生之馬金
囊爭目爲殼檳榔以混于木生者乎故詳考之以濺其
實焉

蔞本爲蒟蒟醬也緣樹而生子如桑椹熟時正青長二
三寸以蜜調而食之辛香溫調五臟味詿意似以蔞子
擣爛蜜調之爲蒟醬猶今之杏醬也列于醬豆以醮各
殽饌而食之不言和嚼檳榔也此蜀人之食法也至詿
㒟都之扶留曰籐也緣木而生味辛可食檳榔者斷破

之長寸許以合石賁灰與檳榔并咀之口赤如血始興
以南皆有之似當日斷椹以和食不用葉留者蔞也故
實曰蔞子葉曰蔞葉粤食今不用子而用葉斷檳榔破
爲兩片毎片裹蔞葉葉抹蠔灰謂之一口毎宴會則取
數百口列于中座佐以盒灰今滇俗猶粤大重檳榔茶
不設則生嫌悵但無蔞葉惟剪蔞子雜檳榔片和灰食
此㒟人之食法也元江又分蘆子蔞葉而二之謂蘆子
產山谷中蔓延叢生夏花秋實乾之以爲貨則是今蘆
子拌食乾檳榔且以助染鯛者也蔞葉家園遍植葉大

如掌纍籐于樹無花無實冬夏嘗青採葉合檳榔食之
味香美則猶粤人捲葉以食鮮檳榔者也然皆蒟也蒟
分兩種一結子以爲醬一發葉以食檳榔海濱多葉而
滇黔無葉以其子代之或作蘆或作蔞其義一也京師
亦然檳榔既入果部矣蔞應相隨故次檳榔而志之

波羅蜜安南名曩伽結波斯名婆那娑拂林名阿薩嚲
南方番國產也而雲南早有之考前明統志永昌土產
波羅蜜實大如瓜味甘酸想統志亦因郡邑志而載之
者必實有此果也范志桂海既有此果滇海豈其獨無

而滇志及新永昌志俱遺之何其闕也果之巨者無如
椰子波羅蜜波羅蜜梵語味甘也李時珍云今嶺表滇
南亦有之樹類冬青高五六丈葉極光淨實出枝間大
如冬瓜重五六斤剝去層皮味極甜美予客嶺表見之
多居滇竟未之見也又不花而果者不獨波羅蜜也

優曇鉢一名無花果李時珍曰出揚州及雲南折枝揷
成樹如枇杷實出枝間如木饅頭其內虛軟鹽漬壓扁
充果食又文光果天仙果古度子之屬皆不花而實者
也

棎子賦于吳都與留子並著李時珍曰棎留二果名留一作劉三月著花結實七八月熟色黃甘酢生交廣武平興古諸郡夫興古則今曲靖府也劉子出于曲靖則棎子亦同與禦霜矣

麂目鬼目也興古郡亦出之樹高大如棠梨葉似楮子大如木瓜小如梅李蜜浸食佳

都桷子生廣南山谷高丈餘子如雞卵亦似木瓜以鹽酸漚食

都念子者倒捻子也樹高丈或二三丈葉如白楊枝柯

長細子如小棗抑似軟柿頭上有四葉如柿蒂捻其蒂而食謂倒捻子訛為都念外紫內赤無核土人呼為軟棗藥之而不食省城果鋪收而以蜜漬之遂列宴盤是知美在所漬也農部署前有一株予每坐其下以為軟棗樹而已耳今乃知為都念能無念之乎

都咸子生廣南山谷間樹大如李子如指取子及皮葉乾之以作飲極香美

韶子生廣南葉子皆如栗有柿刺肉如豬肪核如荔枝范志以為山韶子其籐韶子大如梟卵則柿也軟棗之類也

枳椇子滇人呼為拐棗此皆山果之瑣碎雜橡栗而羅生者亦附著之以見山氓之所資為利養不可畧也

蕉子佳果也葉可書皮可績根即蘘荷可蔬一蕉而千實可賣千錢曾於農部廣種蕉冀與吾民開其利至僑滇院亦然四可無一可僅與諸生常得綠陰映窗之趣焉特著四可以見蕉之有資于民生固甚大地氣旺時制而用之豈招蕉萃之棄哉

大藥餅子訶子俱出土司地方明統志云鎮康州大藥

有大如斗者味極甘善餅子大如棗味酸大藥蓋謂大山藥也

落花生為南果中第一以其資于民用者最廣宋元間與棉花蕃瓜紅薯之類粵估從海上諸國得其種歸種之呼棉花曰吉貝呼紅薯曰地瓜落花生曰地豆滇曰落地松高雷廉瓊多種之大牛車運之以上海船而貨于中國以充包苴則紙裹而加紅簽以陪燕席則豆堆而砌白貝尋常盃杓必資花生故自朔市至夜市爛然星陳若乃海濱滋生以榨油為上故自閩及粵無不食

落花生油且膏之爲燈供夜作今已遍于海濱諸省利至大性宜沙地且耐水淹數日不死長江黃河沙地甚多若遍種之其生必大旺今棉花種于南北幾歷桑蔴若南北遍種落花生其利益中原尤厚故因此志而推言之

百合花滇俗以插瓶而其實則比佳果以爲饋出于曲靖南寧宣威且洗之以爲粉淸香甚美滇俗以臨安藕粉南寧百合粉宣威蕨粉充官場餽送

蓮子出于澂江比湖蓮爲巨然蓮肉不能白脆如建蓮

今餽送以桶盛題面輒曰建蓮

藕各處出惟澂江洗之爲藕粉以充苞苴乾之爲藕片以充齋供片甚乾而巨予靡而淪食之即成藕粉亦郡產之佳而可志者也

菱頗有然無巨者以滇雲絕遠而鱗被水䕶幾同江鄉亦極樂國也哉

慈姑烏芋滇皆有之同江鄉綱目以入果部慈姑一根歲生十二子如慈母之乳諸子故以名之一名白地栗謂地栗之白者別于梟茈之黑也霜後葉枯根乃練結旋掘爲果煮以灰湯他處慈姑麻澁而省上不然則治之有法也

烏芋梟茈俗呼葧薺滇產有大如盃者比栗爲大蓋滇無巨栗故地栗爲洪耳

蔗糖名目至多而合子糖尤盛元謀臨安之人多種蔗熬之爲糖糖凝堅厚成餅二餅相合名合子糖臨安人又善爲糖霜如雪之白曰白糖對合子之紅糖也其貿賣大矣

榧實一名玉山果由坡公發明之也爾雅柀煔柀轉爲

裴裴轉爲棐棐別爲榧煔省爲杉其有實也曰榧子陶公別錄曰榧實生永昌柀子生永昌山谷予于滇筵每食榧子詢之則自永昌販來者也其木栢本杉葉而松理肌細軟堪爲器用乃思古人之棐几用此木爲之也實殼薄不似松子堅硬可生啖亦可焙收一樹可收數十斛江西玉山有之能治小兒蟲疾坡公詩彼美玉山果餐爲金盤實駈出三彭蟲巳我心腹疾玉山果由此名也柀葉似杉絕難長結榧實而木理有文采爲特異杉耳金沙江峒板皆杉板也想即柀木也歟柀生于荒

谷人跡罕到鋸其板內有龍腦香則其外之發爲榧子歲收數十斛又何足奇以江鄉習見之木料絕不經意今乃于邊遠紀載而得之甚哉爲學之道不可不隨處留心也

崖蜜出於滇山民因崖累石爲窩以招蜂而蜂聚其蜜甚白眞川蜜也初涖農部時値甚賤近今客來收販漸昂矣亦地方之利也嘗得蔣先生服茯苓方茯苓三十斤白蜜三斗蒸擣三萬杵服之眼能夜視發神光農部辦二物甚便彼時樂酒肉穿腸道在心那暇及此今悔

之甚武定山民有養至百窩者家大饒俗因謂爲蜂王若和茯苓而服之豈不成蜂仙乎

滇海虞衡志卷之十一

志草木

范志桂海於草木但取中醫和匠石用餘不采唯竹品多但華實之毛九州上腴地勢坱圠卉木跃蔓皆物土所宜辨也故比范志加詳焉

桂范志取冠卷首謂南方奇木上藥苐桂林不產產於賓州宜州是其所見者賓宜之桂也今世重交桂雲南與交阯接壤常自開化本屬古交州其地舊以產桂流傳其人又往往爭入交州作桂所言必得其實其言云

行入桂山桂自爲林高四五丈更無雜樹呂覽所謂桂下無雜木爾雅云梫木桂言能侵害他木不容植信有然矣其盛如此若毎樹可以爲桂則郤車而載何足難價値當賤如糞土顧入林千萬樹不知何樹已降成桂猶採檀香者千萬檀樹不知何檀已降成香嘗有往來欹宿於樹下數十年不知其樹已成桂一旦得之集工力而作之又恐土司之駈逐趕散幸得不散採取盈堆羸細又由於出汗出之佳者固大羸出之劣者轉大細此乃存乎各人之命運求之者如牛毛得之者如麟角

所以入山老死不能得一當桂可易言乎哉俗言交阯山已採盡所以桂價高於今乃知不然桂爲奇木上藥神靈守護今以林木之盛周數百里如此入林之求靈千百又如此經年累歲不能獲誠奇木哉

桂爲奇木以上藥顯檀爲神木以妙香聞論檀則滇南各州郡俱有之而至於爲香惟永昌志載有趕檀香明一統志載八百大甸出白檀香檀爲善木故從亶亶者善也有黃白紫之異江淮河朔俱產檀然不香檀香出廣東雲南及番國三檀並堅重清香而白檀尤良釋氏

呼爲旃檀言離垢也第南徼所產亦不能盡香而其降而成香千百林中或有其一二物以少爲貴也道書謂爲浴香不可燒供上眞此故爲歧言不足辨也其材之中於物用者甚多即無香亦應志而不遺也

滇爲蜀都南境又南則界連交廣屬吳都故三都於蜀則稱其木木蘭梫桂杞櫹椅桐椶枒楔樅梗柟谷底松柏山峯雖寫北境而南境亦然於吳則稱楓柙櫲章栟櫚枸榔緜杬杶櫨文欀楨橿平仲君遷松梓古度楠榴之木相思之樹皆互文迭見者則諸木於滇無不有者也

滇南之松大利所自出其實爲松子其腴爲茯苓凡松皆有子而細不中噉惟滇南松子巨同遼海味更過之故以爲甲天下然所行不出滇境未有販而至於外省者至今內地人尚不知雲南之松子也至於茯苓天下無不推雲南曰雲苓農部舊多老松出茯苓清江客入山作之先散錢帛於山氓山氓得茯苓必歸於客曰茯苓莊先入林不知何處有茯苓也用鐵條斸之斸之而得乃掘而出往往有一枚重二三十斤者亦不之異惟

以輕重爲准已變盡者爲茯苓變而有木心之存者爲茯神非二物也客言茯苓全在出汗如肉桂其羸紬存乎時命焉茯苓無取其大惟以皮帶核桃紋者爲隹於是乃知古人之稱斸茯苓必斸之而始得也松林之大或連數山或包萬壑長數十里周百餘里斸之必於其林不能於林外斸也往時林密茯苓多常得大茯苓近來林稀茯苓少間或得大者不過重三四斤至七八斤未有重至二三十斤者客言如此然客運鼎鼎大半從農部至則地之出辦亦大矣故曰滇之茯苓甲於天下

也江浙高山亦種茶其法斷巨松以藥塗其節而埋之引其汁流而結茯苓是知茯苓由松始出故古名松腴也衢州龍遊諸山亦知種苓而惟安慶惟盛大舫大客載之曰安慶茯苓自安慶茯苓行而雲苓愈少貴不可言矣李時珍汪訒菴之書尚不言雲苓雲苓之重當在康熙時近來又有安慶茯苓出想其功用不下於雲苓故行也

杉蓋松之類故二賦言松不言杉良以杉統于松也故滇人曰杉松故其材中櫬榜南方諸省皆有杉惟滇產

爲上品滇人鋸爲板而貨之名洞板以四大方二小方爲一具板至江浙值每具數百金金沙司收其稅爲滇中大錢糧古時由金沙江水行直下瀘州叙府前明遺牒所謂安監生放板是也數百年來金江阻塞舟楫不通人負一板抵省又自省抵各路水次脚價之費何如宜其貴也

普茶名重於天下此滇之所以爲產而資利賴者也出普洱所屬六茶山一曰攸樂二曰革登三曰倚邦四曰莽技五曰蠻耑六曰慢撒周八百里入山作茶者數十萬人茶客收買運於各處每盈路可謂大錢糧矣嘗疑普茶不知顯自何時宋自南渡後於桂林之靜江軍以茶易西蕃之馬是謂滇南無茶也故范公志桂林自以司馬政而不言西蕃之有茶頃捡李石續博物志云茶出銀生諸山採無時雜椒薑烹而飲之普洱古屬銀生府則西蕃之用普茶已自唐時宋人不知猶於桂林以茶易馬宜滇馬之不出也李石於當時無所見聞而其爲志記及曾慥端伯諸人端伯當宋紹興間猶爲吾遠祖檀倬墓志則尚存也其志記滇中事頗多足補史缺

云茶山有茶王樹較五茶山獨大本武侯遺種至今夷民祀之倚邦蠻耑茶味較勝又順寧有太平茶細潤似碧螺春能經三瀹猶有味也大理有感通寺茶省城有太華寺茶然出不多不能如普洱之盛

椶櫚栟櫚桄榔與檳榔皆同類高五六丈而榔實滴酒桄榔屑麵尤有資於人江淮之間亦有椶但剝皮爲繩索及笠簞之用亦利益矣而緬甸樹頭酒則滴自椶巳詳志酒下桄榔屑麵出自輿古今曲靖諸處也詳於漢註賦於蜀都豈其虛言而近代以來未有此麵豈今昔

之或殊哉桄麪與橦布邛杖蒟醬四者爲蜀都異物予居滇數十年絶不之聞故妄擬以木棉爲橦其布即橦布桄榔材中轎扛一具幾數十金其爲利用亦有由也范志云桄榔木身直如杉又如㯶櫚有節似大竹一幹挺上高數丈開花數十穗綠色不言屑麪予在慱羅所見桄榔亦如范志而吳都橭木註云橭木樹皮中有如白屑者乾擣之以水淋之可作餅如麪交趾盧亭有之則屑麪者乃橭而非桄榔或古人混二名而一之耳又按李時珍綱目引諸說謂桄榔有姑榔麪木董㯶鐵木

之異名蘇恭謂人家亦植庭院間所其麪大者至數石食之不饑劉恂謂樹皮中有屑如麪可作餅食陳藏器云彼方少穀常以桄榔麪和牛酪食之其爲出麪鑿鑿可據予遊滇粵詢之土人及諸生皆不聞出麪至言其材堅硬皮至柔可爲索抽鬚如馬尾以織巾子鹽水浸即粗脹以縛海舶不用釘線有文而堅可製慱局剛利如鐵可作釤鋤又可作槍鋒鋭甚利即不出麪而利用巳多矣至如莎木麪者莎木即上云橭木也木似桄榔葉有簑衣之狀字應作櫕櫕莎同音故謂之莎木麪耳

蜀記云生南中八郡樹高十丈許濶四五圍宜其出麪歲得數石之多也滇爲蜀之南中不其然乎

神皇豆樹普洱永昌俱出而以普洱爲佳浙友每言痘疹流行但得神皇豆一粒供養迎之所過之街痘疹不作已作者無不安穩無夭隕者鄒經元客普洱久習於刁氏言此豆樹爲神農手種只一株近南海邊有天生石城城無居人惟神皇豆樹樹極高大一年開花一年結實實時役三百人往行三月始抵樹樹豆角已滿拋石擊之紛紛落地收載以歸非大力者不能主此役也

角圓而輕長三四尺每節一豆因遺予一角予藏之以濟人急至盡而經元南返不復來此事爲從來所未言因志之以廣異聞經元善談荒遠事予每樂聽之今不能悉記若使當時聞一書一可作一冊南荒志聞其巳沒質亡矣無與之言矣

柳木出緬甸海濱諸土司皆有之似檳榔無枝條高十餘尋葉在其末如束蒲實大如瓠繫樹頂如挂物實外有皮如胡桃核內有膚如雪厚半寸似猪膏味美如胡桃膚裏有清汁升餘如蜜可愈渴核作飲器粵人以爲

酒器及瓢盃能辟毒所謂酒滿椰盃消霧毒也古度木不華而實子穿皮出如石榴正赤可煮食升菴賦之曰有木詭容在勾之東云云則滇亦有古度耶

楠木從南南方多有之柟與梗爲類幽藹於谷底則生於谷壑也各省皆有之而滇出尤奇葢滇多地震地裂盡開兩旁之木震而倒下旋卽復合如平地林木人居皆不見閱千百年化爲煤掘煤者得木板煤往往有刀剪器物或得此木謂之陰沉木以製什物尤珍貴之蜀賦梗柟吳賦楠榴楠榴者柟木之瘤也其瘤之盤結節

尤好以作器具最精巨者以爲卓面尤佳至陰沉木則不可多得矣柟爲良材棟梁舟船用甚大而亦神木故江湖多立廟祀之

蘇木一曰蘇枋木出元江續博物志云自然蟲糞爲紫粉

烏木與櫨木爲一類吳都分櫨木與文木而二之謂文木材密緻無理色黑如水牛角日南有之卽王會篇所謂夷用闟木也統志所載滇之北勝沉江俱出烏木恐或是櫨而眞烏木當出於海南今俗鑲烟管用烏木或訾之曰此櫨木管櫨與烏皆黑色名以堅脆分耳

白蠟川滇之重貨也雖與黃蠟同出蟲而白蠟之成究因乎樹旣以崖蜜與蔗霜歸入志果而黃蠟附之以白蠟歸入志木俾種木者知其可蠟其利普矣葢白蠟蟲蠟也宋元以來始有之其先惟用黃蠟本出於越嶲夷人傳此法其後川滇及東南諸郡俱種之白蠟遍行於天下而黃蠟之用遂微猶棉花大盛於中原而桑麻之用反絀也明汪機李時珍說之頗詳而未搜其源頭及於越嶲越嶲界連川滇其言白蠟各處俱出以川滇獨

勝則其開利所自始耳其法於立夏後取蠟蟲子箬裹裹或五六包綴於蠟樹枝包大如芡其內蟲子如細蟻凡數百芒種後子盡出食汁吐涎凝於細枝如緜之纏如霜之裹滿樹盡成瑤枝皆白蠟也處暑後刮而熬之成餅堅如石膏而明徹勝於黃臘其樹汪機以爲卽冬青樹李時珍以爲樹似冬青今江鄉謂之山蠟樹以別於水蠟樹水蠟樹批枝揷之無不活幾如揷柳遶池塘陂堰盡揷之總呼蠟樹亦不知其樹之可放蠟雍正間有蠟客至曹家堰放蠟子時尙幼見其施放如上所云

亦不見其蟲出但訝樹枝白腫爲蠟凝亦不見蠟刮有蟲存但冬春間枝結小包如桑螵蛸卽蠟種也客云蠟種採之不能過五日過則蟲出成空殼李云芒種後蟲出然出在前此芒種後乃見蠟形耳此客種之一兩年不復來至今鄉人仍不知蠟樹可放蠟所需白蠟仍仰於川滇其値頗昂若使盡知放蠟亦一地方好出辦且水蠟旺於山蠟往行黔中山坳間皆水蠟以其旺故也水蠟成拱從七八尺上斫其木梯生競挺修枝長條皆蠟生之地也生而刮之而樹益茂不似漆割易枯也或

曰樒樹可以放蠟故志白蠟肇始於川滇江鄉現多蠟樹宜放蠟以爲民生利用之資也又疑冬青樒樹本不帶蠟名惟水蠟樹直謂之蠟樹無他名則蠟乃其本名也家鄉多此樹不知放蠟但植以爲籬藩護堤埂其材無所用不及於楊蓋用在於放蠟每一巨樹歲可收蠟數斤性宜近水沙淤之地數年卽成巨樹樹老可至百年計自山蹊塘堰平原池澤遠暨洲邊江岸盡種此樹放蠟所出必百倍於川滇今濬山人頗知樹植之利而蠟樹蓋少故僦鄉之有樹而放之樹花如簪匙結小莢落地亦生莫如揷枝更易長夫種蠟與種棉其法皆傳自外域至今爲天下大利故事有興於數千載之後而利益倍過古人者不可不知也

竹木之利至大江陵千樹荻渭濱千畝竹皆與萬戶侯等爲其水道通而布其利於四方也滇非盡不毛也以予所治農部名章巨材周數百里皆積於無用之地且占穀地使不得藝故刀耕火種之徒視倒一樹以爲幸蓋金江道塞旣不得下水以西東浮而夷俗用木無多不過破杉以爲房聊庇風雨宗生族茂詎少長材雖擢

本垂蔭萬畝千尋無有匠石過而問之千萬年來朽老於空山木之不幸實地方之不幸也哀牢之山長千里中通一徑走深林中垂一天若使此山之木得通長江其爲大揷大放不百倍於湖南哉前人有見於此故議開金江然金江斷難開者天道使然不容以人力爭也運値其通安知不大風大雷率羣龍而導之推其疊水散之使平破其洞穿徹之無壅不過一午夜之力原自易易若爭以人力則萬萬不能爲也

爾雅分釋草木虞衡志則合而紀之先木後草草則以

竹爲先篙竹澀竹人面竹鉤絲竹斑竹貓頭竹笏竹箭竹凡九品當亦雲南所悉有不論也論其異者

濮竹出順寧古時濮竹節長一丈今漸減之猶可作斗斛

爾雅釋草凡粢稷衆秫荏菽虋芑秬秠稌稻與夫瓜蔬盡著明之不分穀蔬也范志旣混木與草而合志微見蔬於志草後竟遺穀今粤西稻米冠於兩廣廣東採買全仰廣西豈可遺而不志之又荏菽郭注以爲胡豆今蠶豆也凡夏收爲夏乏他省夏乏但言麥菜滇不言菜

而言豆曰豆麥豆麥敗則荒豆收倍於麥故以豆爲重始則連莢而烹以爲菜繼則雜米爲炊以當飯乾則洗之以爲粉故蠶豆粉條明徹輕縮雜之燕窩湯中幾不復辨豌豆亦蠶豆之類可洗粉滇人兼食其蔓名豌豆菜二豆南方各省俱有而滇重豆麥故鄭重志之

滇南瓜蔬最早冬蠟開筵陳新豆米正初即進元謀之西瓜釀元江之大茄不能以常候拘也然先時爲味頗薄亦及候乃腴耳

滇南韭菜涉冬即腴如黃芽其值甚賤入春則老矣阿迷出黃芽菜與石榴頗爲官民累不如落地松草麻子大濟於地方近省城亦種黃芽以所從來者近不之異也

宿根茄范志謂茄冬不凋明年結實而滇不獨茄爲然也扁豆亦能宿根春即發花二三月間已有新扁豆而草麻且長成大樹可以登援

范志又載石髮菜則蔬屬也滇之石花菜即海之紫菜生於石上作湯碧綠可愛味亦佳嘗自祿勸俱出之

爾雅列穀蔬於釋草艮以穀爲草之精英后稷擇而播

之遂以粒烝萬世然物有同進一時者各囿於其方此方興而彼方竟不知種苜蓿入中國壽二千年北方多而南方未有種之葡萄石榴核桃大蒜之屬盛種於南方豈苜蓿獨有不宜由不知種耳棉花番瓜蕃芋落花生同時入中國棉花遍種於南北南瓜亦然乾隆初陳榕門撫豫募閩人種紅薯江淮間食之者將信將疑此予少時所親見者今聞遍種於江鄉矣粤海之濱以種落花生爲生涯彼名地豆醡油皆供給於數省其生最易其利甚大江西頗種之而吾鄉從來未有種者由於

不知其利也滇粤相連滇竟遺之近來頗有
彌勒大種落地松與草麻以醡油故其民俗漸豐裕將
來廣行於全滇亦大利益也滇省近來爭種土瓜考土
瓜即土蕷管子以爲某土宜蕷則種蕷亦屬古法後世
遺之而今乃復興則暗合古人矣

芋之巨惟滇南甲天下岷山蹲鴟狀鴟之蹲其高可想
隴川之芋大有高一尺二三寸莖嫩花香可瀹食烝其
魁終年厭餐史公所以謂至死不饑左賦所以謂狗蹲
鴟之沃者也芋多多拋棄乾而收之以築墻荒亂時盡

室俱逃此家不去閉門食墻卒以俱全此見於古志所
記旨蓄之家不可不知也故附著之

胡蘿蔔分紅黃二種紅猶內地黃則長至二三尺

滇蕨滿山高至三四尺肥極土人但知摘蕨拳不知洗
粉鬧宜威頗知洗之若人皆知洗又爲地方增一貨物
也

茭瓜滇城九龍池有之

古於圃蔬輒舉蘘荷依陰時藿向陽綠葵含露白薤負
霜今竟不知蘘荷綠葵爲何物考本草綱目蘘荷即芭

蕉也根似薑芽而肥堪爲葅性好陰木下生尤美仲冬
以鹽藏之用備冬儲又以防蠱有赤白二種白入藥赤
堪啖及作梅果多用之李時珍言初按蘇頌圖經謂荆
襄江湖移種今訪之無或識者後讀丹鉛錄始知蘘荷
即今甘露甘露即芭蕉也家鄉寺院多種甘露其高大
年久亦抽莖作花每瓣有露甚甘不結蕉子紅白於根
辨之白治白帶紅治血崩鄉人總呼甘露不呌芭蕉其
呌芭蕉葉者蒲葵扇也一物也北方謂之甘露南人謂
之芭蕉根盤巨魁魁旁出細者有如薑芽則是莖葉爲

芭蕉根魁爲蘘荷一物而上下異名也滇南深箐芭蕉
之多至於不可紀極若使得葅之之法而蔬之而貨之
亦利源所自出今葅法無聞棄擲於空虛無用甚可惜
也鳳尾蕉一名美人蕉靈異甚嘉草防蠱此其驗也故
常用之品蔬失其法而棄之且三四百年故特表而著
之綠葵殆水葵鳧葵之類非向陽之葵也藿即豆藿今
謂豆角

滇南山高水窖臭朽所蒸菌蕈之類無不有而雞㙡之
名獨聞於天下即雞㙡亦無郡邑無之而蒙自雞㙡之

名獨冠於全滇且以雞㙡爲油諸生珍重而餽之然鹹
而不可入口則名實之難也
萊菔俗名蘿蔔廠名蘿白滇産白者其細膩固可佳而
紅者奇益甚凡紅皮必內白天下皆然而滇之紅蘿白
通透玲瓏中間點微紅如美人劈破胭脂臉最可愛玩
至其內外通紅片開如紅玉板以水浸之水即深紅粤
東市中亦賣此片然猶以蘇木水發之茲則本汁自然
之紅水也羅次人刨而乾之以爲絲拌糟不用紅麯而
其紅過之

滇海虞衡志卷之十二

雜志

范氏虞衡於雜志述雪風水瘴而及於俗字捲伴茲因
其體叙滇之雪風雲雨雷霆氷雹訖於地震瘴氣終焉
雪滇山最多不似閩粤兩廣故麗江雪山雪因凍凝結
成白石雪皆不化其勢則然至於蒼山且賁六月之雪
而烏蒙山七八月即下雪吹落於祿勸之撒甸故其地
種穀多不實因藝稗稗亦往往不得收凡高山絶澗多
有怪物居之以爲害於民其出入也常挾以氷雹傷人

禾稼其氣稟烈陰慘使大地亦受其制無由以回春蓋
山谷積陰陰怪乘之之故也而惟畏聲凡聲陽也陽能
破陰鄒子吹律黍谷之春可回大水圍城列陣鼓噪而
水退錢塘射弩而潮平燒石投淵黿鼉齊鳴而怪物徙
或死其害可去此即周禮投罔象駈土鼓之遺意若於
其處建大寺廟鑄大鐘磬以曉昬撾撞則怪物不能安
而純陰可以散蕃廡可以期此亦調燮之微權故記之
風滇南多大風凡大風之起自十一月至三四月往往
屋瓦皆飛故倒得用筒瓦如粤東但粤濵海海風之大

有然滇距海遙何以風大亦同粵蓋滇處極高高則多風諺云雲南高在天頂上故滇之多風猶黔之多雨地氣使然滇風之惡古人稱爲塿風蓋其盛怒土囊憑陵高城駭溷濁揚腐餘總以堀塿揚塵庲人雌風名之曰塿風此非長養之風而敗壞之風其風中人是生百病噦胗目瞯往往而然故自此之起卽少雨澤畬半年風息而雨水始通四月尾五月初雨水行又半年故滇南一歲半在風中半在雨中氣候良爲不正凡怪風之起必有物以憑之而作虐於民古人射大風於青邱亦謂

變之微意故四時和謂玉燭爲其氣之調也通正謂景風爲其風之順也甘雨時降萬物以滋舉由此矣周公之作時訓月令凡發號施令必以其時逆之則有灾沴之應尚書則有洪範五行傳以攸叙彝倫周禮以天地四時名官猶此義也官失其守政失其平相習以爲固然而不之怪身爲儒吏任封疆卒先所屬以調變之令風小和飄風大和無灾慝矣鄒子客處一吹而能感召以至於今况封疆大吏哉

雲按滇南獨以雲南稱爲彩雲現於南中今雲南縣是也後以雲南統全滇故字縣曰小雲南以別之且直稱爲洱海縣不言雲南而雲南實以彩雲名故左思賦蜀都爲言彩雲之所自起也曰於前則跨躡犍牂枕輢交趾經塗所亘五千餘里岡巒糾紛觸石吐雲鬱葐蒕以翠微崛巍巍以峩峩干青霄而秀出舒丹氣而爲霞玩其詞意似彩雲之出由滇南山川氣發而有然不足爲瑞應前明正德十一年十一月及明年二月彩雲先後見鄧川而非戾時也嘉靖二年新興雲州俱五色雲現而澂江蒙化大水騰越旱十二十三等年彩雲見河陽

永昌二十三年二十八年楚雄哀牢俱告五色雲現三十八年見順寧四十八年見永平隆慶四年河陽江川五色霞光見萬歷元年雲南縣彩雲見十二年慶雲見騰越十四年五色雲見曲靖十六年見騰越十八年見蒙化二十四年見臨安二十六年見雲龍三十七年見晉寧明年見鶴慶然祥一而灾百一難敵百理勢有然何能恬彩雲以自憑况瘴氣之起亦現五色雲且聞香氣必掩鼻伏而候其過始得免於中倘貪色而溺其香未有不爲所中者予居滇久見滇雲薄奏如鱗片日光

映之如霞滇人輒相驚報以爲彩雲何彩雲之易見哉
雨於滇最不均半年晴而半年雨故滇農下秧以二月秧針盈寸卽決水而乾之雖閱日久不起節四月尾五月初雨大下分秧栽之可豐收卽六月初通雨猶可及過是則無爲矣此滇農候雨蓄秧之法也江鄉秧過四十日則起節不可栽由不知槁而蓄之以待雨耳滇人祈雨甚可笑務爲劇錢飲啖以作樂迎神像於街禱之大小神像畢出街衢闐隘不得行幾於舉國若狂大吏不之禁也錢盡卽散而街上空矣

雷滇雷之巧不可思議始聞於乾隆巳巳後見於乾隆庚戌按張君雜記起旱蛟云巳巳正月二十日戌刻省城風雨雹雷霹靂一震大小官署從外至內中門洞開雖重幃疊障燈火俱息民居亦然關鍵俱折若截薪解舍盡傾火藥局陷爲深阱局貯鎗刀屈曲飛散抛挂數里外簡揷遠近街衢瓦縫中砲重千百斤悉飛城外各田間察使公署化爲瓦礫與康熙中楚北失火藥局情形相似但雷雨微異時以起旱蛟奏着飭賠此事陳揩雲亦嘗言之乾隆庚戌五月後予自黑井病回省六月廿六爲予生辰明日雷雨大作省上哄傳雷擊五福樓樓爲劉公竹軒撫滇時所建居署後上有三層劉去而某入處之幾如半閒堂凡謀啖噬籌畫必坐於此且藏所蓄其頫卧於上愼密如此以爲無他虞會某北覲而雷伺得之霹靂大震從樓頂直下入所藏巨櫃黃物退白白物盡黑珠寶山積盡黴黑乃出櫃付外修補人因知之爛陶親見爲予說卒亦無他某回居數年始去此亦起旱蛟之類也附記之

氷雹滇南最多大或如卵細亦如棊滇多龍池龍穴龍

起天暴風雨氷雹其常也兒童爭拾之以含於口久之始化謂能消熱

省城遇冬有霜且結薄氷兒童取氷叚爲鉦而嬉於市或起大風天作欲雪狀平地無雪曉起則四山皆白大雪也山民收雪擔入於市叫賣雪男婦爭持盌買之

滇南氣候四時皆似秋爽最可讀書一雨寒生卽欲挾纊古人稱廣東四時皆是夏一雨便成秋滇南四時皆是秋一雨便成冬予皆閱歷之

時憲書滇南太陽出入四季皆以卯酉故夏夜不獨短

冬夜不獨長

地震於雲南最奇考滇志有明一代地震自天順初起迄於末代凡九十餘震震之甚者震而又震有閱年而始定者有閱四年而始寧者乾隆巳酉石屏諸處大震奇慘不堪言響至省城之東太和山即絕人見眞武以大黑旂隔之故省城安堵而太和之祀日以隆荅神休也往嘗聽鄒經元說滇南地震往往裂成大壑林木民居皆没入之震而復合遂成平地嘗過某處前行三十里巳上高山忽地震回顧所經之箐林木民居盡失予

聞此言因思滇煤多木即刧灰之餘所成及是并思金江阻塞由地震使然蓋金江兩岸俱崇巘危巒江流一線比川河尤狹其水沉深豁兩岸山根盡空地震山崩落一於江即成叠水懸流數十丈如呂梁若兩岸一震同崩兩頟相敵山身不能盡没於江江流穿山腹而過因名洞穿乾隆間開金江至黃草壩而止此上則叠水洞穿人力難施其阻塞皆由地震爲之也昔於川運過新灘必起剝將以新灘對舊爲言或起自近代後閲水經註乃爲新崩灘山崩自東漢以阻江路垂千七八百年猶帶新名甚哉開導之難也

滇南瘴氣無處無之雖通都大邑中間或曲巷僻街亦有瘴起遇即作病但高埠處頗少楊升菴詩云五月草交頭元謀不可遊金沙江渡爲川滇兩省通衢馬街期八集數千百萬何嘗斷遊哉但其地熱多臭蟲難耐耳滇南瘴形說之者千彙萬狀不能悉記諸生章之遠來者皆生瘴鄉文彩風流惠中秀外問其地方之所以爲瘴者亦從不見之因思暑熱之地飲食過傷或貪凉卧輒發瘧失治即死内地皆然不獨邊荒邊荒遂以爲

瘴耳大金江有瘴母出則爲禍邊遠又有螞蝗瘴螃蟹瘴之名名數甚多不獨如范志靑草黃梅新禾黃茅之四名也鄉居寒疾五日不汗即死豈獨嶺海之外能死人故志瘴之不足恐以堅南遊者之心志俾共盡力於所事庶造地方之福矣

滇海虞衡志卷之十三

志蠻

范志桂海十三篇終之以志蠻其爲說云廣西經畧使所領二十五郡其外則西南諸蠻蠻之區落不可殫記姑記其聲聞相接帥司常有事于其地者數種曰羈縻州洞曰猺曰獠曰黎曰蜑通謂之蠻夫州洞猺獠在廣西而黎蜑隔于安南廣東不歸廣西所轄而其說蠻區落連亘接于西戎種類殊詭不可勝記外有大蠻落西曰大理東曰交趾大理南詔國交阯古交州若不知爲

漢唐舊履畫而外之統謂西南諸蠻讀之令人悵悒今志滇海破其拘塞會而通之使後來得以考覽焉

滇南雖稱百蠻要之不過爨僰兩種爨盛于東僰盛于西其大槩然也爨氏者本芊姓楚令尹子文之後也始子文之生也有虎乳之楚人謂虎爲班始氏班雄于北地西漢之季食采于爨遂氏爨居蠻中有爨習者當丞相亮南征時受署爲官屬爨以大姓長蠻中晉時與古太守爨琛以忠著梁州太守爨亮以叛聞自後南北分爭寧州道絕爨氏以方土大姓自王蠻中其部夷衆多皆從主人之姓統爲爨人分爲東西兩爨自曲靖州西南昆州曲軛晉寧喻獻安寧距龍和城謂之西爨白蠻自彌鹿升麻二州南至步頭謂之東爨烏蠻于是二爨據滇東西競爽宋元嘉中晉寧太守爨松子龍驤將軍鎭蠻校尉寧州刺史邛都侯爨龍顏魏驃騎大將軍南寧州刺史同樂侯爨雲皆顯于南土者未知其孰爲東西爨也至梁有侯景之亂南寧州刺史徐文盛募羣蠻數萬赴荆州西爨爨瓚遂據有牂牁興古等郡朝廷不得已以爲寧州刺史瓚死子翫分統其衆翫爲昆州

刺史一曰翫松子之子也隋開皇中翫遣使朝貢未幾叛史萬歲擊之已而入朝見戮沒其子宏達爲奴唐祖開基乃宥宏達仍襲昆州刺史時益州刺史段綸遣使俞大施至南寧治共範川誘諸部皆納欵貢方物于是兩爨始定貞觀初宏達死以其子歸王爲南寧州都督居石城襲殺東爨首領蓋聘及子蓋啓徙共範川歸王仍兼昆州刺史時先後爲昆州刺史者武后時爨乾福明皇時爨祺未知與歸王何屬也天寶中兩爨都大大鬼主南寧州司馬威州刺史爨崇道與弟日進日用居

安寧城左閭章仇兼瓊開步頭路築安寧城羣蠻震騷共殺築城使者元宗詔南詔皮邏閣討之師次波州歸王及崇道兄弟千餘人泥首謝詔赦其罪帝賜歸王崇道及安南首領歸州刺史爨仁哲姚州守領左威衛將軍爨彥徵書以慰之俄而崇道殺日進及歸王歸王妻阿妊烏蠻女也走父部乞兵相仇于是諸爨亂阿妊遣使請皮邏閣求殺夫者書聞詔以其子守隅為南寧州都督皮邏閣以女妻之又以一女妻崇道子輔朝然崇道守隅相攻討不置阿妊訴皮邏閣為興師營昆州崇

道走黎州遂虜其族殺輔朝收其女崇道俄亦被殺諸爨稍離弱閤邏鳳立召守隅並妻歸河睒不通中國阿妊自主其部落歲入朝恩賞蕃厚閤邏鳳遣使楊牟利以兵脅西爨徙戶二十餘萬于永昌城東爨以言語不通多散依林谷得不徙又爨蠻之西有徒莫祗蠻險望蠻南有東謝蠻南謝蠻西謝蠻等皆隋末唐初分據滇中者大抵皆爨類而爨歸王于貞觀初承襲死于天寶中計其年不下百四五十歲比南粵王趙佗尤為奇異自西爨徙于永昌其存者惟東爨其部長正妻曰耐德

非所生不得繼職耐德無子或子早夭始及庶出無嗣則立妻女死以豹皮裹屍而焚葬其骨于山非骨肉莫知其處多養死士名曰苴可厚贍之每兵出則苴可為前鋒軍無行伍紀律戰則蹲身漸進三四步乃揮標躍起人挾三標發其二必中二人其一則以擊刺不發也又有勁弩毒矢飲血即死以射禽獸去瘡毒處而食之稱部長曰撒頗華言主人也性憨而戀主諸酋長果于殺戮每殺人止付二卒攜至野外掘一坑集其親知泣別痛飲徹夜昧爽乃斬其頭推坑中復命更使二卒勘

之乃許收葬雖素暱者欲殺即殺勿敢丐者其家人亦莫敢怨用法嚴誅求無厭蠻長有慶事令頭目入村寨計丁而派之遊行所至闔寨為供張少長出羅拜馬前鄰寨在數十里內者皆以雞黍餽無以應誅求往往潛出他郡劫掠所得頭目私分之官府檄下督責則縛數人應命其大概然也故號鹿盧蠻譌為猓玀一曰羅羅今羅羅之種數亦頗繁矣因其種類而次第紀之于後焉白羅羅者裹頭跣足着兩截衣婦人耳帶銅環衣如袈裟以草帶繫腰喪無棺縛以火麻裹氈竹牀舁之前

導七八甲冑鎗弩四方射名禁惡止殺焚之于山鳴金執旗招其魂以竹裹絮置小篾籠懸牀間如神主五月二十三日列籠地上割燒豚侑以酒食誦夷經羅拜以祭之婚姻惟其種類以牛馬爲聘及期聚衆訌于女家奪其女而歸性窳惰淫酒信鬼畜蠱以手量裙邊投麥于水驗其浮沉以當占卜白羅羅于夷爲賤種亦隨處異名江川大理姚安曰撒馬都楚雄曰酒摩永昌曰撒馬朶大抵寡弱易治之夷也其難治者惟黑羅羅其俗男子挽髮以布帶束之耳圈雙環披氈佩刀婦人頭蒙

方尺青布以紅縧珠雜海貝硨磲爲飾著桶裙手帶象圈跣足在夷爲貴種凡土官營長皆黑羅羅也土官服雖華不脫夷習其婦以采繒纏首帶金銀大耳環服錦綺曳地尺餘然披黑羊皮于背飾以金銀鈴索男事耕牧高岡磽隴必火種之顧不善治水田所收莜稗無嘉種其畜馬羊多者以谷量女子能織羊毛爲布植木于地維經于木趺足坐地貫杼而緯之最巧捷幅寬五六寸染之似罽其富者輒推爲土司雄制一方耕其地者直呼爲百姓土司過必跪謁奉茶烟必跪進或獻雞酒

或炮豚雖不食必供之其極重則具馬鐲不然卽逐之每曰汝燒山喫水在我家何敢抗我其婚姻猶諸夷兄死妻嫂嘗有一婦而遞爲兄弟四五人之妻者婦擁夫貲不欲他嫁則招夫謂之上門卽能專制所有親族不得過問其耕山男女和歌相答似江南田歌所居多爲樓樓下煤薰黑逾黝漆其光可鑑掃地必擇日糞穢堆積不俟日不敢掃除貴賓至以松葉席地自門徑至堂室履之青滑可愛貴者屋以瓦次則板次則茅如漢俗不大遠多有姓氏其同姓者不必親種類或久居相愛

卽結爲同姓叙伯仲死以火化同諸夷惟神主或以金銀葉爲之葬于一處或高岡之上叙昭穆次第並無墳塚惟指懸岩曰此吾祖塋有侵之亦控訴紛綸值冬節歌舞宣淫而平素弟婦見兄公必肅立低頭不敢仰視其謹如此然富者多聘漢儒爲師習六藝補博士弟子次則學爲吏典衣服冠帶如漢儀諱言其夷喪葬多如漢禮累世相承無復侏㒧之習不辨其爲烏蠻矣夷性畏鬼多禁忌亦有效漢葬而裔不昌孳諮之復以夷法葬其焚屍也貴者裹以虎皮賤者以羊皮執役者必其

百姓其市以牛街狗街其約以木刻大畧與諸夷不相
遠云其撒㒸羅羅者男挽髮如鬏長衣短裩婦衫裳俱
短拙于治生不敢盜賊山居耕瘠販薪水居捕魚自給
妙羅羅者皆土蠻官舍之裔也或稱火頭或稱營長或
稱官娜與諸種異耳環服梭羅布婦女衣胸背粧花前
不掩脛後長曳地衣邊彎曲如旗旒無襟帶上作井口
自頭籠罩而下桶裙細褶喪則合寨醵金爲助所居茅
舍中堂作火爐父子婦姑圍爐而卧懼箠撻而不畏死
祭以羊豕㨗死不殺男女皆跣足每踏歌爲樂則着皮

屨男鵲帽襞積衣吹蘆笙女三尖冠衣緝衣跳舞而歌
各有其節又稱猓落蠻又稱白脚羅羅以白布束脛故
也阿者羅羅衣服畧與烏蠻同婚喪如白蠻但耳環獨
大耳婚以牛聘負女而歸耕山捕獵性好遷徙乾羅羅
者婚嫁尚侈諸種人所不及喪以牛皮裹屍束錦而衣
之以薪每食揷筯飯中仰天而祝以爲報本好勇喜鬭
不通華言魯屋羅羅服飾類烏蠻別爲一種出挾矛盾
性尤猙獰撒完羅羅在黑白二種之外勤于耕作捕蟲
豸及鼠而食海羅羅亦名㙮羅羅土人呼平原爲海或

呼㙮故名與漢雜居居食衣服悉與漢同惟與同類仍
作夷語居家儉樸情性和純且知讀書阿蝎羅羅者樹
皮爲屋身披羊皮種蕎麻不知尊卑長幼葛羅羅者性
獷猂以死爲勇好獵亦帶耳環胥䏁俗同烏蠻但袍裙
稍短羅婺一稱羅武又稱羅午男子髻束高頂戴笠披
氈衣火草布卽火麻也麻生山中緝而織之粗惡堅緻
或爲囊橐以盛米麥婦女辮髮兩綹垂肩飾以琿𤦲纓
絡方領黑衣長裙跣足居林阜牧養屋無牀榻而卧婚
姻喜慶結松棚會宴葬用火化腰刀長鎗行坐不釋嗜

酒好鬭狡猾難治按此卽烏蠻也在本處謂黑羅羅徙
他處爲羅婺蓋羅婺者烏蠻之遠祖居祿勸之幸邱山
故其種因以爲名又有摩察者亦黑羅羅也木弓藥矢
射無不獲他處凶悍惟本處者柔善一曰木察一曰麥
岔聘以牝牛吹笙飲酒擔柴荷蕢治生勤苦又有羅面
者肩擔背負採薪捄菌貿易鹽米耕種山田皆烏蠻之
類也故其類雖分總爲爨蠻
僰道于漢爲縣故侯國也其縣遺民故爲僰人始與滇
並稱漢時多出僮僕僰夷一名擺夷又稱白夷蓋聲近

而譎也性耐熱居卑濕棘下故從棘從人西南則惟僰爲盛迤西宣慰所統盡僰夷其稱宣慰曰昭華其官屬叨孟昭錄昭綱叨孟領軍民多至數十萬昭錄亦萬餘人昭綱千人遞減至十人其近侍亦領數百戶皆聽其使食其賦取用無制上下僭奢微名薄職輒繫鈒花金銀寶帶官民皆冠筍葉頂金玉珠寶懸小金鈴遍插翠翎後垂紅氈貴者衣紵絲綾錦飾金花鈿出則坐象以眼鏡十數絡象首銀鈴釘爲緣象鞍三面以鐵爲欄藉茵懸象鈴象奴一人銅帽花裳執長鈎制象爲疾徐之

節招搖于道相見合掌爲敬敬于巳者則跪拜有所諭則叩頭受之雖貴爲叨孟見宣慰莫敢仰視凡有問對則膝行而前三步一拜退亦如之賤見貴少見長皆然侍貴人側或過其前必躬身趨𨅖宴則貴人上坐僚屬以次列坐于下有十客則令十人行酒酒初行樂生一人大呼衆和之如此三既就坐先進飯次具醪饌有差食不用筯每客一卒跪坐側持木甁盥帨凡物必祭而後食樂有三曰僰夷樂緬樂車里樂僰夷樂有箏笛胡琴響琖之類歌中國之曲緬樂者緬人所作排簫琵琶

之類作則拍手而和車里樂者車里人所作以羊皮爲三五尺長鼓以手拍之間以鐃鼓拍板與中國僧道之樂無異鄉村飲宴則擊大鼓吹蘆笙舞牌爲樂無中國文字小事則刻竹木爲契如期不爽大事書緬字爲檄無文案城池因高山爲砦無倉廩租賦每秋冬遣親信往各甸計房屋徵金銀其法殺人與姦者皆死竊盜一家死爲寇一村死道不拾遺軍民無定籍每三五人充軍一人正軍謂之昔剌猶言壯士昔剌持兵器餘負荷共饟師行軍在前夷長在中餉饋在後進退不一而號

令不紊倚象爲聲勢每戰以繩自縛象上悍而無謀勝則驕惰爭功負則逃竄山谷驛路無郵傳一里半里許構小草樓五人守之千里有報聞在旦夕公廨與民居無異雖宣慰亦止樓數十間上覆以茅用陶瓦者輒有火災民間器皿多以陶冶孟艮等處則有漆器甚精其長金琫瑮琉璃等器其下亦以金銀爲之凡部長出象馬兵戈及木楊器皿僕妾財寶之類皆從輒數百人隨意宴樂小民苦之男貴女賤雖小人奴視其妻耕織貿易徭役皆婦人雖老不得息凡妻生子貴者浴子家賤

者浴于河三日後以子授夫耕織自若頭目之妻百數婢亦數百少者數十庶民亦數十妻無妬忌之嫌官民皆髡首黥足不髡則殺之不黥則衆嗤之曰婦人也婦人綰獨髻腦後以白布裹之窄袖白衫皂布桶裙貴者錦繡跣足凡子弟有職名則受父母跪拜死則婦人祝屍親鄰數百飲酒作樂歌舞達旦謂之娛屍婦人羣聚擊碓杵爲戲數日而後葬一人持火刀前導至葬所以板數片瘞之壞素所用器懸于墓側是後絕祭掃之禮今祿勸之擺夷最弱不能如迤西有名號風俗之盛即

他郡邑羅夷俗亦畧同其最怪者能爲鬼魅以篛繫衣後即變形爲象馬猪羊猫犬立通衢或直衝行人稍畏避之即爲所魅入腰中食其五臟易之以土知者遇其所變物而擒之必復爲人奪其篛而縻之即哀求以家貲之半丐脫食中多置毒藥中多必不治客娶夷女者欲出必問還期或一二年或三四年女即以毒餌之如期至更以藥解救亦無他若不爾必毒發而死所許還期即死日也其毒或以牛皮或石臼隨物咒而用之至期如物形脹而死與外人交易爽約失信及私窺其妻女者必毒之信實厚樸者累出入亦無傷其地高原曠野土産檳榔種蒔如中國農桑葩時殺犬灑血汙之此謂元江之擺夷亦誕甚矣

玀黑俗同僰而蜂蛇鼠蛤無所不噉然勤于耕作婦人任力男子出獵多居山箐間

utf僕喇一名樸腊婚喪同玀玀而語言不通蓬頭跣足衣不浣濯臥以牛皮覆用羊氈

普特善漁耐寒舟不盈丈而炊爨牲畜資生之具咸備丹鬚蓬髮善没口嚙手捉皆魚也

窩泥一曰斡泥一曰和泥一曰糯比一曰阿泥一曰俄泥男環耳跣足婦花衫錦繩辮髮貝珠盤髻絡青黃珠垂胸裳無襞積紅黑紗縷緣左右邊以篠束膝嫁數年無子則出之喪無棺弔者鑼鼓搖鈴頭插雞尾跳舞名洗鬼忽泣忽歌三日架松焚之而葬其骨祭用牛羊揮扇環歌拊掌踏足以鉦鼓蘆笙爲樂食無筯以手摶飯勤生嗇用集貝一百二十索爲一窖死則囑其子我生平藏貝若干矣汝取某處窖餘留來生用

黑鋪俗與阿泥同而言語微異性巧慧善作宮室編竹

爲器備極精巧漢人莫能及男多黧黑女微白上下相接皆有禮畜養山羊不食羊肉夷之最善者也

拇雞蓬頭椎髻標以雞羽形貌醜惡婦人尤甚挽髻如角向前衣文繡短不過腹垂纓絡自項及胸遷徙無常居多竹屋耕山食莜暇則射獵捕食猿狙佩利刀負强弩毒矢伺隙剽竊夷之狠惡者也

麽些俗不類澤以繩纏頭耳帶綠珠婦人布冠好畜牛羊勇厲善騎射挾短刀少不如意鳴鉦鼓相讐殺婦女投場和解乃罷俗儉約飲食疏薄歲暮宰殺邀請一客

不至則爲深耻正月五日登山祭天人死以竹簣舁至山下無貴賤皆焚之○余記性惰而淫不善治生傾家施佛得喇嘛之片紙易以數十金至奉其糞溲以供拜攀其馬尾以拭目謂可却疾

力些一名傈蘇一名栗粟一名傈獗有生熟二種因首跣足麻衣氊衫毳帶束腰婦女裹白麻布善弩發無虛矢每令其婦負小木盾徑三四寸者前行自後發弩中其盾而婦無傷以此制服西番○余記喜居絕頂收獲釀飲數日盡之以獵爲食剛狠好殺夷中最劣○現在維西跳粱者即是此種

土人絮襖皮帶饑則緊縛之繫刀弩婦披氊毳姻親以牛羊刀甲爲聘新婦披髮見舅姑性剛劣不能華言有爭者告天煮沸湯投物以手捉之屈則糜爛直則無恙耕田弋山寅午戌日入城交易

土獠男子裹青帨服白麻衣領上綴紅布一方婦人冠紅巾衣花繡性悍戾屋廬與僰人同以冬朔爲歲首

怒人男子髮用繩束高七八寸婦人結布于髮剛狠好殺餘與麽些同○余記無盎無馬騾無盜路不拾遺非

防虎豹戶可不閉性怯而懦猓猓侵之因內附受約束知法歷非剛狠好殺者

扯蘇一名車蘇山居無陶木片覆屋耕種莜麥皮履布衣木器錫餙

山蘇亦同扯蘇能制竹器入市易米出常持弩射禽炙食男子披髮跣足婦人挽髻蒙頭夷種之最苦者也

儂人與僰夷同布席脫履後登甘犬嗜鼠婦人短衣長裙男子首裹青帨長技在銃蓋得之交阯刀盾鎗甲寢處不離日事戰鬬蠻之最悍者也

沙人俗同儂人而剽勁過之地產老杉生懸崖千丈間伐之多無全材堅逾蜀產俗稱沙木是也

蒲人即古百濮一名普蠻一名樸子蠻首裹青紅布繫青綠絲多者爲貴手鐲耳圈膝繫黑藤刀弩長牌飾以絲漆徒跣登山疾逾飛鳥婦人挽髻腦後帶青綠珠肩披紗羅布以花布圍腰爲裙繫海貝十數婚令女擇配葬用莎羅裹屍而焚之不知荷擔以簍負土或傍水居不畏深淵能浮以渡見人不拜跪寢榻拳曲而卧

古宗一作𤞑猔西番之别種辮髮百縷披垂前後經年

不櫛浴櫛必以牲祭披長氊織𦏁羊尾毛爲裳婦人以青白磁珠與硨磲相雜懸于首其食生肉蔓箐䴷稗其在金沙江者辮髮雜以瑪瑙銅珠爲綴三年一櫛衣雜布葦東文花毳帶披琵琶氊富者至三四領暑熱不去以板覆屋俗尚勇力善射有番字經以葉書之祀神逐鬼取而誦焉性暴悍隨畜遷徙○余記一婦粧飾值數百金兄弟共妻不共謂之不友女家亦不許習勞苦善治生以藏佛經爲富强悍難制料衆互鬪喇嘛排解乃散

峨昌一名阿昌性畏暑濕好居高山力耕火種婦女以紅籐爲腰飾祭以犬占用竹三十三莖略如蓍嗜酒負擔禽獸蟲豸皆生噉之採野葛爲衣無部長雜居山谷聽土司役屬舊俗父兄死則妻其母嫂後羅板寨百夫長早正死其妻方艾自矢不失節遂餓而死其俗乃革

縹人婦女以白布裹頭短衫露腹以紅藤纏之莎羅布爲裙上短下長男女同耕

哈喇色深黑不盥櫛男子花布套衣婦紅黑藤纏腰數十圍產子竹兜盛之負于背又有古喇黑尤甚其類畧

同

哈杜亦類哈喇言語不通略似人形耳

緬人有數種曰老緬曰得楞子曰阿瓦性貪利好鬭食不用匙箸長于鳥銃其火藥必得麥麪傳之迅速無聲其法秘不傳人俗好佛男女俱以布盤其首色黑類哈喇擺古最遠而彊

結些耳大牙環至頰以紅花布一丈許裹頭垂帶于後衣半身衫袒其右肩

遮些綰髮爲髻男女皆貫耳佩刀性善華彩衣盤旋微

體飲食精潔戰鬬長于弓矢恃象銃稍與緬同

羯些子環眼烏啄耳帶大環上裸以布遮腹下食生米肉勇健敢戰喊聲如吠

地羊鬼短髮黃睛性奸狡嗜利出没不常與人讐能以木石易其臟府遂不救又置蠱毒人

喇魯性悍穴居衣麻捕生爲食賦役俱無

苗人黔省最多在滇亦有類黑乾夷

黑乾夷椎髻頭纏布珥大銅圈垂至肩布短衫跣足女衣套頭毛褐細帶編如飾盤旱于首飾以海貝琿璪衣

衡亦然褶裙亦毛褐居深山窖箐男吹笙女彈口琴唱和相調悅而野合歸語父母始用媒聘迎婦歸死則裹氈舁而焚諸野此夷之最賤者

狆人亦苗種也俗儉約男女耕作短衣長裙搆樓而居甘犬嗜鼠病不服藥惟務祭鬼

苦葱服飾如糯比而性儉崖居種莜男女混雜不知禮義

喇烏如玀夷衣用棉布女裝如尚泥短衣桶裙山居種植没水取魚

羅緬耕種山田肩挑背負採薪揀菌貿易鹽米

卡惰頑鈍喜歌舞男女苟合婚通媒妁聘至百金累及子孫代償故俗重生女生男則戚葬者火化

黑濮其人多黑色男女徒跣不勤洗滌力穡紡織能作木器辮髮短衣善操弩矢女子單衣僅尺前不扣合以彩布爲桶裙蒙乳以下珠貝爲飾耳環銀銅婚聘以牛葬用木槽

嫚且以丑爲正月好飲而蕩男婦作儺鳴葉吹薪彈篾弄枯音節流暢合夷曲而雜和之喑咿可聽飲竟月忘

返不知節用過此則終歲饑寒惟尋野菜充腹而已性亦疑畏

戛喇耕種類阿猖形狀似猓玀凶悍善鬬婦女斜纏錦布于腰居山巔戶不正出迎屋山開門遷徙無常不留餘粟

卡尨貌醜性惡紅藤束髮纏腰披麻布持利刃梭標于要路竊伏劫掠行商然有生熟二種生者劫掠熟者保路

小列窖刀耕火種精于射獵炮雀鼠而食

利米衣皂面黃黑善弩獵射雀生噉女子分辮赤足出外常披花布蔽身

狘人披樹葉爲衣茹毛飲血無屋宇居山巖中

大猓黑黑陋愚惷所食莜稗即爲上品其餘樹皮野菜藤蔓及蛇蟲蜂蟻蟬鼠禽鳥遇之生噉不葺廬舍野處與野人同類小猓黑其習與同但形狀差小耳

野人露宿樹巔赤髮黃睛衣樹皮毛布掩其臍下首帶骨圈插雞尾纏紅藤執勾刀大刄採捕禽獸茹毛飲血食蛇鼠性至凶悍登高涉險如飛逢人即殺掠人暴于岩石上或縛而鬻之其他又有喇記孔答喇五比苴葉慈阿成之屬皆五濮遺種隨地異名也

維白人者古白國之支流習俗與華人不甚遠今謂之民家子始白國之先西海阿育王奉佛惡殺不茹葷腥稱白飯王王有三子福邦宏德至德爭欲王之神驥色如金者王意欲與至德而患其爭以響私授至德縱驥東馳曰捕獲者主之二子各部衆追至滇池不能獲惟至德追至東山松林以響邀而獲焉王遣舅氏神明統兵迎三子歸爲哀牢所阻竟不返既沒福邦爲碧雞山神宏德爲岩頭山神至德爲金馬山神阿育之後傳至仁果當漢元狩間武帝封爲滇王子孫仍遵阿育之法十七世至龍佑那不變其舊漢丞相亮復以故地封之號建寧國治趙州之彌渡丞相爲作圖譜先畫天地日月君長城府次畫神龍生夷及牛馬羊後畫部主吏乘馬幡蓋巡行安卹又畫牛羊負酒齎金寶詣之象以賜之又與瑞錦鐵券白人寶之最至其人大種曰昆小種曰叟桀黠能言者曰耆老與夷爲姓曰遑耶諸姓爲自有耶至厚者謂之百世遑耶恩若骨肉爲其逋逃之藪故輕爲禍變恃此也有夷經南中學者半引其語尚巫好盟拔石結草官常以盟詛要之龍佑那之後至張樂進求當唐永徽中讓國于蒙氏而白民亡今民家子皆當時之部衆也夫烏爨以漢而落于蠻白民以羌而進于漢故序種人而以此爲起訖焉

安南志略二十卷（卷一至卷一三）

〔元〕黎崱撰

《安南志略》二十卷，元黎崱撰。崱字景高，號東山，晚年自號静樂，約生於十三世紀六十年代，約卒於十四世紀四十年代，越南陳朝愛州（今越南清化省）人，後歸附元朝，晚年居漢陽。採摭歷代國史、交趾圖經，雜及親歷見聞，撰成《安南志略》。是書内容廣泛，是現存較早之越南通史。全書共二十卷，存十九卷，此底本分二十卷，乃將卷十七析爲兩卷所成，末卷「名公題咏安南志」實闕。於古安南地區政治、社會、制度、文化、軍事及對外關係等皆有記録，與其他中越史籍互相參證，可補他書記載之不足。如《元史》載「宋封丁部領爲交趾郡王，其子璉亦爲王，傳三世爲李公藴所奪」，將篡奪丁朝者誤爲李公藴，是書則記述黎桓篡丁、李公藴篡黎之政情。又如《越史略》將李朝改爲阮朝，李氏改爲阮氏，但未明其因。是書則記載陳氏奪位後，實施「凡李氏宗族及齊民姓李者，令更爲阮，以絶民望」之防變政策。是書問世後頗受關注，元修《經世大典》、清修《四庫全書》均予納入。據中國國家圖書館藏清抄本影印。

安南志略

提要

謹案安南志略十九卷元黎崱撰崱字景高號東山安南國人東晉交州刺史阮敷之後世居愛州幼與黎琫為子因從其姓九歲試童科仕其國至侍郎遷佐靜海軍節度使陳鍵幕至元中世祖伐安南鍵率崱等出降其國邀繫之鍵歿于軍崱朝授奉議大夫居於

漢陽以鍵志不伸而名泯乃摭此志以致其意元明善許有壬歐陽元皆為之序所紀安南事實與元史列傳多有異同如李公蘊所奪是黎非丁張懷侯為國叔張憲侯為日烜兄子俱非壻遭興道王之難者乃明誠侯而非義國侯皆可証史氏之訛又史於至元二十三年詔書内數安南罪有戕害遺愛懼夜先逃歸世子癈遺愛為庶人更足明史有脫

漏其他山川人物叙述亦皆詳贍洵可為參稽互考之功蓋安南文字通於中國其開科取士制亦略同故此叙述彬彬然具有條理不在高麗史下云

安南志畧

安南志略

卷一

元　黎崱　撰

郡邑

古南交，周號越裳，秦名象郡。秦末，南海尉趙佗擊併之，自立國，僭號。西漢初，高帝封爲南越王，歷數世。其相呂嘉叛，殺其王及漢使者。孝武遣伏波將軍路博德平南越，滅其國，置九郡，設官守。在今南安居九郡

[illegible]

之内曰交趾九真日南是也後歷朝沿革郡縣不一五季間愛州人吳權領交趾後丁黎李陳相繼篡奪宋因封王爵官制刑政稍效中州其郡邑或仍或革姑慨存之

大羅城路古交趾漢仍之唐置南安都護府其城在瀘江西岸唐張伯義始築張舟高駢繼增修之真宗時李公蘊在此建國陳繼李以其屬增龍興天長長安

龍興府舊多岡鄉陳祖微時夜過溪橋既渡回顧橋不

見矣未幾陳氏有國人號其水曰龍溪改多岡爲龍
興

天長府舊多塞鄉陳祖所生地及其有國建行宮於此
歳一至示不忘本更名曰天長府潮水繞城岸邊花
木香氣襲人畫船往來類仙境也

長安府本華閭峒丁部領所生地五季末丁氏立國於
此

歸化江路接西南界

宣化江路接特麻道

古蘭永界

陀江路接金齒界　諒州江路接左右兩界

北江路在羅城東岸瀘江分通於海江有十橋皆傑麗

如月江路　南栅江路

大黄江路　烘路

快路

州皆接廣西雲南界雖名州縣其實洞也

國威州在羅城南　古州在江北

仙州古龍編　富良州

思農州一云楊舍
萬崖州一云明黄
七源州
太原州一云黄源
渭龍州一云乙舍
羅順州一云來臣
古州名
峯州吳曰新昌

定邊州一云眉州
文州一云門州
思浪州
通農州
光州
道黄州即平林場
長州

安南志略

武峩州　唐林州

縣

武寧縣　萬載縣　卯温縣　新立縣

恍縣　紙縣　歷縣　闌橋縣

追延縣　古勇縣　供縣　窟縣

上坡縣　門縣

古縣名

龍編　西漢交州刺史所治舊名龍源後有蛟龍盤編於

木改曰龍編　羸𨻻（羸音運　𨻻音蔞）

朱鳶漢縣唐改鳶州置高凌安定縣

麊泠　曲昜（昜古陽字）

苟扇（扇與漏同）　安順唐順州

崇平唐安平　海平唐寧海

古都　安定

清化府路西漢九真郡隋唐愛州其屬邑今曰江曰場

曰甲曰社

安南志略

梁江　波龍江　茶江　貢江

采舍江　安暹場　文場　古藤甲

支明甲　古宏甲　古戰甲　緣甲

典廻甲　結鋭甲

古縣名

都麗（麗顏師古音聾）　居風（馬援擒徵側餘黨處）

無功（漢九真都尉治）　越裳（一云九德）

乂安府路（西漢日南郡，隋唐為驩州）

幼津江　明道江　偈江　尚路社

唐家社　張舍社

演州路本西漢日南郡唐演州縣曰扶演安人

巨賴江　池袞江　孝江　多壁場

巨蓋社　高家社　班剝社

布政府路本西漢日南郡象林縣漢末邑人殺令自立國曰林邑唐元和初復隸安南府今名布政池山林

重複柳子厚詩林邑東南山似戟

安南志略　卷一　五

闍黎江占城界

山

佛跡山石上有足跡故名

繖圓山山形如傘

仙遊山有盤石隱然有枰紋昔傳仙奕於此棋女野合

其上石覆且裂

武寧山俗傳下有趙越王墳

普賴山至元丁未官兵築木柵儲糧於此

萬刼山前控大江後山萬重有茂林脩竹小橋流水之勝興道王隱其中

傑特山入山徑路花木繁茂玉泉漱石幽谷迎人翛然世境外

鞍子山一名安山或名象山高出雲雨之上

前山有煙蘿洞千巖俱勝絶善樂王常置弟子其間

地觀山尤嶮峻有古松俗傳龍蟠其上陳太王建行宮於此

安南志略

天養山秀且險潮汐始通舟楫王族構第其中以避國難

武林洞昔安南四世國主陳仁王棄位隱其中以成道號曰竹林道士有香海印詩集傳於世

神投山羅城清化二郡界山也山連兩岸海潮中流昔人徑鑿兩岸三峯來往初李聖王攻占城欲濟海煙浪不能渡禱於山神遂濟軍還即立祀此後諸山皆隸清化

龍岱巖一云寶臺欝然獨秀巖內事佛外懸閣宇清江横前紅荷繞後松數里山萬重昔傳有大形鼠居洞中俗名蝙蝠巖

文場山巖石淨白堪為水晶珠

卞山在海洋昔有立化者蛻骨貫石竅尚存

安穫山出碑硯石舊志載豫章太守范寗遣使九真採石磬為學中用

東山臨支明江高且秀山洞上有竅登而遠望水天一

色眞嘉景也前父中年休官自號思惟居士嘗隱其

中

驅儺山高曠多山鬼每出焚舍有僧名奉符日夜誦大

悲咒鬼畏遠避免其害山多雜果人至任噉之挾歸

者則迷其歸路

立石山孤石特起昔傳有神人擘巨石為愛演二州界

陀伎山有地園遠在海濱出墨石棊子色可愛余嘗遊

之逢老者云此山百餘里又有出白石棊子俗傳仙

人常奕於此
香象山極高廣產名香犀象
崇山唐沈佺期流驩州從崇山向越裳詩朝登崇山下暮至越裳陰西從杉谷度北出竹溪深竹溪通明水杉谷古崇岑嵯池將不合繚繞復相尋桂葉藏金嶼藤花閉石林天窻虛的的雲竇下沉沉造化功偏厚真山跡累臨豈徒探怪異聊復緩歸心
分山一云裂山安南占城以山為兩國界俗傳草木亦

安南志略

分南北而府

金牛山古載石赤色其中有金夜光如螢

部隆嶺有劉方敗林邑王所

水

古載淹水瀘渝水漏水西隨水自越嶲東南流至交

阯龍門揚雄曰交阯荒裔水與天際

瀘江水曰三帶江至羅城白瀘又通於海

歷江瀘江分為繞羅城江有五橋皆傑麗至元丙子宋亡

叅政曽子淵歸安南遊歷江橋詩白首蘇郎天一涯
武皇仙去雁南來歷江橋上望天北今見秋風第幾
廻
三帶江歸化江水自雲南宣化江水自特磨道陀江水
自撞龍因名爲
富良江宋郭逵敗交阯處
大黄江至元甲申官軍破安南處
大惡江一云大安

漊呂淵水深多水怪

慈廉水九域志慈廉水在交阯者李仁祖居水邊兄弟十人並慈孝因得名焉

龍門水古載交阯封谿縣有龍門水深百尋大魚登此化為龍不得則暴腮點額

越裳苑扶南記山溪瀨中曰苑九得苑一云捕苑

古跡

越王城俗名可縷城有古池國王每歲採珠用此水洗珠色鮮麗在交阯外城記昔未有郡縣時雒田隨潮水上下墾其田者為雒民統其民者為雒王副者為雒將皆銅印青綬蜀王嘗遣子將兵三萬降將諸雒因據其地自稱安陽王而王趙佗舉兵襲之有神人名臯通下為安陽王輔佐治神弩一發殺萬人趙佗知不可敵因住武寧縣遣太子始詐降以為圖後臯通去語王曰能持予弩則與否則亡安陽王有女媚

珠見太子始悅之遂與相通媚珠取弩視之陰易弩機趙佗進兵安陽王敗持避水犀入海趙佗奄有其地今平地縣有安陽王宮城跡猶存劉昫云交阯安陽國漢馬伏波平交阯立銅柱為漢界唐馬總為安南都護又建二銅柱以總為伏波之裔昔傳欽州古森洞有馬援銅柱誓云銅柱折交阯滅交人每過其下以瓦石擲之遂成邱杜詩云雨來銅柱北應洗伏波軍占城界亦有銅柱

九域志云交州井非人所鑿

馬援平交阯擊牛釃酒勞饗軍士從容謂官屬曰吾從弟少遊常哀吾慷慨有大志士生一世但取衣食裁足乘下澤車御款段馬為郡掾吏守墳墓鄉里稱善人期足矣至求贏餘但自苦耳吾在浪泊西里間賊未滅時下潦上霧毒氣薰蒸仰視飛鳶跕跕墮水中念少遊平生時語何可得也

威武廟東坡記漢兩伏波皆有功於嶺南之民前伏波

邛離路侯後伏波新息馬侯南越自三代不能平秦雖通道置吏旋復為夷邛離始滅其國開九郡然至東漢女子徵側反震動六十餘城時世祖初平民勞厭兵方下玉關謝西域况國荒何足以辱王師非新息苦戰則九郡未能寧謐矣由此論之兩伏波廟食嶺南均矣海上有伏波祠元豐中詔封忠顯王凡濟海必卜焉謂可濟則濟否則止使人信之如度量衡必不吾欺者嗚呼非盛德其孰能如此某以罪謫儋

耳三年今乃復還海北往返皆順風無以答神貺乃碑而銘之至險莫測海與風至幽不仁魚與龍至信可恃惟二公寄命一葉萬仞中自此而南洗心胸撫循良民必清通自此而北端汝躬屈伸窮達常正忠生為人英死愈雄神雖無言我意同

沖天廟在扶董鄉境內亂忽見一人有威德民皆歸之遂領衆平其亂已而騰空去號為沖天王民立立祠祀之

[illegible]

古州佛春驟雨山之巨水流至州津回旋不去民畏而觀之内有石類佛民禱神驗即雕木為佛遇旱祈雨輙應故曰法雨

報天寺塔昔李聖王攻占城得能造者令紮十三層號天資萬壽塔銅鑄塔頂曰忉利天為雷擊去莫知墮處後田夫得之復立雷又擊去

九重臺昔李仁王構臺於水晶池上將成雷擊之再構再擊後雷聲發王以紅帕頭佩劍登臺焚香祝曰天

不誘其衷當加誅戮臺何與爲有頃清霽臺成迨三
葉孫李高王聞雷畏之幾死左右以計白雷興則以
手抱佛臂庶免畏懼
粉驛亭俗以暑熱多構一亭於通衢以憩行旅陳祖徵
時嘗憩此驛有僧謂曰少年後當大貴言訖失僧所
在及陳氏有國命國中有驛亭之處皆塑佛一尊以
答之
金牌州有老父宅江濱其子得一卵歸父畜之乃生一

安南志略

蛇尤加愛養後蛇大入水夜常饋魚庭中老父歿遇祭時蛇來盤結庭下而去後江邊聚沙成洲子孫得利人謂蛇報德云

宋寧宗開禧間朝請郎眞寶章閣致仕賜謚文憲張洽纂歷朝郡縣地理書三十卷唐安南大都護府元隸州郡後更革不一姑錄以備參考

安南路

宋平　太平　交阯　朱鳶　龍編

武平

峯州

嘉寧　新昌　承化　高山　珠綠

瀼州

瀼江　波零　鵠山　宏遠

巖州

常樂　思封　高城　石巖

田州

安南六田

都救　惠佳　武龍　橫山　如賴

愛州

九真　安順　崇平　日南　軍寧

長林

驩州

九德　浦陽　越裳　懷驩

陸州

烏雷　華清　寧海

福禄州
柔遠　唐林　福禄
長州
文陽　銅蔡　長山　其常
湯州
湯泉　緑水　羅韶
演州
忠義　龍池

占城六縣

林州

金龍　海界

景州

北景　朱吾　由文

山州

龍池　盆山

古州

樂山　樂興　古書

籠州

武勒　武禮　羅龍　扶南　龍額

武觀　武江

環州

正平　福零　龍源　饒勉　思恩

武石　歌良　部蒙

武峩州

武峩　武勞　武緣　梁山

粵州

龍水　崖山　東壐　天河

平琴州

容山　懷義　福陽　古符

德化州

德化　歸義

武寧州

武安

郎茫州

郎茫　古勇

龍武州

龍邱　福武

風俗

安南古交阯地唐虞三代中國聲教所暨西漢以來爲内郡男耕賈女蠶績言善見寡遠人漂至其國數相存問此其常性交愛人倜儻有謀驩演人淳秀好學

餘皆愚朴民文身效吳越之俗詩云共衆百越文身
地暑熱好浴於江故便舟善水平居不冠立义手席
坐盤雙足謁尊者跪膝三拜待客以檳榔嗜鹹酸海
味飲過度多羸弱五十歲免役年節前二日王乘輿
從官章服導前禮帝釋奠除日王坐端拱門臣僚皆
行禮畢觀伶人呈百戲晚如洞仁宮宿先是夕僧道
入內驅儺民間門首鳴爆竹杯盤祀祖貧家男女媒
婚禮者則自相配正旦五更王坐永壽殿宗子近侍

宫先賀次入長春宫拜祖陵晨坐天安殿嬪妃列坐内官錯立殿奏樂於大庭宗子臣僚分班拜賀三進觴宗子登殿侍宴内官僚坐西傍小殿外官僚坐西廡飲燕晡時出匠者即殿前構衆仙臺兩層頃刻成之金碧熒燿王坐燕其上前後九拜九觴而散二日臣僚各行家禮三日王坐大興閣上看宗子内侍宫抛接繡團毬接而不落者為勝團毬以錦製之如小見拳綴綵帛帶二十條五日開閣宴罷縱吏民恭禮

寺觀遊賞名園元宵立燈樹於廣庭名廣照燈萬點
交輝光徹上下僧繞誦經羣僚羅拜謂之朝燈二月
起春臺伶人粧十二神歌舞其上王觀衆鬬於庭觀
勇夫與兒孺搏勝者賞之公侯馬上擊毬吏士博奕
樗蒱蹴踘角鬬三呼侯等戲寒食以捲餅相饋四月
日四宗子內侍官會山神廟誓無異志八日磨沉檀
水浴佛以團餅供獻端陽節江中構閣王坐觀競渡
中元結盂蘭盆會超薦亡者廣費無惜仲秋重九貴

族賞之良月朔具饌祭先曰薦新縱臣僚視田收稻捕獵為樂臘月祀祖如上家禮立春命其宗長鞭土牛畢臣僚簪花入內宴會婚娶禮春月媒氏奉檳榔匣詣女家通問成財物以百至千庶民以至百為數好禮家不論多寡喪制宮室器用與中國畧同樂有飯士鼓本占城體圓長斫器飯粘鼓面中拍之清亮合篳篥小管小鈸大鼓名為大樂惟國主用之宗室貴官非祭醮不得用琴箏琵琶七絃雙絃笙笛簫管

安南志略

、名少樂貴賤通用曲有南天樂玉樓春踏青遊夢遊

仙更漏長不能殫紀或用土語為詩賦樂譜便於歌

吟觀樂愁怨以寓情此其國俗云

邊境服役

占城商立國於海濱中國舟楫泛海往來番舶皆聚於

此以積薪水為南方第一馬頭

占臘　王琴

蒲甘　道覺

逮淮　　稔婆羅

獠子役獠子者蠻子異名也多隸湖廣雲南有服役於交阯又有雕題鑿齒者種類頗多古載有頭形獠子赤裩獠子鼻飲獠子皆居巖窟或梢巢飲蘆酒好戰敲擊銅鼓以高大者為貴鼓初成置庭中設酒招同類來者盈門豪富女子以金銀釵擊鼓叩畢留與主人或云銅鼓乃諸葛亮征蠻鉦也

測景

安南志略

宋文帝元嘉中南征林邑五月立表望之日在表北九寸一分交州影在表南二寸三分交州去洛陽水路七千餘里蓋山川回折使之然也以表取其經真當下千里唐開元十二年測交州夏至影在表南三寸二分與元嘉所測略同王充論衡曰日南郡去洛且萬里爲日南李筌曰安南府至長安七千二百五十里孟館云以四方揆之安南通當中國末地耳今自羅城至京師約一百一十五驛計七千七百餘里

安南志略

卷一

三一

安南志略卷一

安南志略

卷二

元　黎崱　撰

大元詔制

中統元年十二月初三日世祖聖德神功文武

皇帝旨諭安南國陳詔

我祖宗以武功創業文德未修朕纘承丕緒鼎新革故

撫綏萬邦遂以庚申歲建元為中統元年誕敷詔赦次

第頒行其不泄邇不忘遠誠之所在事有未遑也適大
理寺臣安撫職覊陌丁馳驛表聞爾邦嚮風慕義之誠
及念卿在先朝已歸欵臣附遠貢方物故頒詔旨遣禮
部郎中孟甲充安南宣諭使禮部員外郎李文俊充副
使諭爾國官僚士庶凡衣冠典禮風俗百事一依本國
舊例不須更改況高麗比遣使來請已經下詔悉依此
例除戒雲南等處邊將不得擅興兵甲侵掠疆埸撓亂
人民卿國官僚士民各宜安堵如故故茲詔示念宜知

悉

至元四年七月諭安南詔

太祖皇帝聖制凡有歸附之國君長親朝子弟入質編民數出軍役輸納税賦仍置達嚕噶齊統治之以數事請表來附之深誠也卿今來貢不踰三年之期其誠足知故告以我祖宗之法亦以誠諭也且君長來朝子弟入質籍民定賦出軍相助古亦有之豈今日創為之哉卿能備行數事朕腹何言彼卒未能朕亦不責卿行而

[illegible]

全之也略學出軍一事無以征行遠戍為慮但來使楊
安養稱有占臘山獠之患彼二寇如能内附復有何事
交兵之道孰以為易倘不用命必當討伐況雲南之駐
兵于彼汝即助軍以成其功又當來奏嘗有一家之言
今聞納喇丹在彼中多有回鶻禁約不使交談果如所
言一家之禮豈有如是耶君臣之義實同父子豈有臣
子而背其君父者耶朕若不言是又不以誠待卿也當
熟思以全終始之好

至元四年詔

朕即位以來薄海內外親如一家夫任土作貢古今常
制三年一貢今已旅庭事大以信禮也元遣達嚕噶齊
納喇丹卿等相安其政所諧宜允其餘邊境騷擾已別
戒敕卿其知之今回賜禮物具諸別幅至可領也

右賜安南國王

元至十二年詔

祖宗定制凡內外附之國君長親朝子弟入質編民數

出軍後輸納稅賦仍置達嚕噶齊統治之此六事往年已諭卿矣歸附踰十五年未嘗躬自來覲數事竟未舉行雖云三年一貢所貢之物皆無補於用謂卿久當自悟遂過而不問何爲迄今猶未知省故復遣格色爾哈雅往爾之國諭卿來朝倘有他故必不果來可令子弟入朝此外本國户口若未有定籍輸稅賦調兵何由斟酌苟爾民實少或多取之力將不及今籍爾户口蓋欲量其多寡以定兵賦之數其所調兵亦以今遠適他所

止從雲南戍兵相與協力故茲詔示

至元十五年八月詔諭安南世子陳

曩者爾國內附之初凡有所請皆賜允從意謂事大之禮久當自知能舉而行也歷年滋遠禮意寖薄故于至元十二年復降詔旨責以親朝助兵等事頃黎克復等至省所上表語涉誕妄有謂爾國歸附在先且四方諸國先爾來降者衆矣在爾後惟亡宋偏師一出舉國悉平計爾亦已聞知所言非妄而何又謂占城等二難為

[illegible]
患不能助兵且彼之與爾為隣匪始自今日至謂地遠不克入覲黎克復等安能至哉二者之妄亦已明矣昔爾與宋通好固所素知及宋平之後所以慕奉之禮皆之載籍可覆視也天下之事以至誠為本今欺結若是將誰信之向以爾父衰老不任跋涉猶云可也今爾年方強仕入朝受命此正其時況彼境土接我邕欽莫憚一來也爾或不思安全固拒朕命則修爾城隍繕爾兵甲以待我師禍福轉移之機在此一舉宜審圖之今遣

禮部尚書柴椿等奉使

至元十八年詔

曩安南國陳生存之日嘗以祖宗收撫諸蠻舊列六事諭汝父未嘗奉行汝父既歿汝不請命而自立遣使遠召托故不至今又以病為辭故違朕命止令汝叔父遺愛入覲即欲興師致討緣爾內附入貢有年矣其可效爾無知之人枉害衆命爾既稱疾不朝今聽汝以醫藥自持故立汝之叔父遺愛代汝為安南國王撫治爾衆

[illegible]

境内官吏士庶其各安生業毋自驚懼其或與汝百姓

輒有異圖大兵深入戕害性命無或怨懟實乃與汝百

姓之咎

右諭安南宗族官吏

至元二十三年四月詔

曩以爾國陳既稱臣服歲輸貢獻而不躬親入朝因彼

叔父陳遺愛來以安南事委之至則已為戕害也遣達

嚕噶齊巴延特穆爾又却之弗納至於出師占城宜相

餽餉而略不供給以致鎮南王托歡行省阿爾哈雅進
兵彼兵交之際互有殺傷今因爾國近親陳益稷陳秀
嵈慮宗國覆滅殃及無辜屢勸爾來庭終不見從自拔
來歸朕憫其忠孝特封陳益稷為安南國王陳秀嵈為
輔義公以奉陳祀申命鎮南王托歡平章政事鄂囉齊
興兵平定其國前此罪戾止于爾之身吏民無有所預
詔書到日其各復歸田里安生樂業故茲詔示

右諭安南國官吏百姓

至元二十五年十二月諭安南世子詔
朕君臨萬邦德威並用爾名為向化實未造朝累示徵
書輒辭以疾命及爾叔假守彼公然拒違敢行專殺至
若阿爾哈雅占城之役就爾假途俾之繕治津梁飛輓
芻粟不惟失信又復抗師此而不征王憲何在民殘國
破實自爾取今爾表稱伏罪似已知悔外據來人代奏
爾自責者三被名不來一也托歡撫軍而不迓二也索
多闕　遮當三也若蒙赦宥當遣其子進美姬歲貢

方物凡茲謬敬將爲用此若果出誠恐何不來此面陳
安有聞遣將則事遁逃見班師則聲言入貢以斯奉上
情僞可知爾誠思嶼其嶺海偷生無慮兵禍曷若來庭
歸命寵被榮還二策之間孰得孰失爾今一念違悞係
彼一方存亡故遣遼東道提刑按察司劉廷宜禮部侍
郎李思衍兵部郎中鄂諾同唐古特哈薩鴻吉哩特等
引前差來阮義全等二十四人回國親諭朕意朕當悉
宥前過復爾舊封或更遲疑決難寬恕但修爾城郭礪

上當示既

爾甲兵聽爾所為俟吾此舉爾嘗臣事亡宋自揣氣力何如今爾知機毋貽後悔爾知悉戾機亦為族類以禮遣還彼乃有逼謫戍之人乃復如此飾辭合將烏瑪喇索多軍官等一同來彼中所宜事理朕當區處完備津道遣還故茲詔示念宜知悉

至元二十八年諭世子陳詔

祖宗立法凡諸國歸附親來朝者俾人民安堵如故抗拒不服者無不殄滅汝所具知故遣使召汝父來庭竟

不聽命止令其叔父入覲以其未庭遂封其叔父遺巴
延特穆爾同往汝父殺其叔逐我使以致興師問罪汝
之生靈殺戮實多在我軍旅無不損傷（益）鎮南王托歡年
幼水道進兵悮聽從儌多烏瑪喇落在汝手因是茍安
至今汝能親赴闕庭具王爵符印朕所不惜土地人民
庶永保之

至元二十九年諭安南詔

上天眷命皇帝聖旨諭安南國陳省表具悉去歲禮部

[illegible]
尚書張立道奏曾到安南識彼事體請往開諭使之來
朝因遣立道往使今汝國罪愆既已自陳朕復何言若
曰孤子在制及畏死道路不敢來朝且有生之類寧有
長久安全者乎天下亦復有不死之地乎朕所來諭汝
當具聞徒以虛文歲幣巧飾見欺于義安在故茲詔示
念宜悉知

至元三十一年四月成宗皇帝聖旨諭安南國陳
詔

先皇帝新棄天下朕嗣奉大統踐阼之始大肆赦宥恩沛所及無内外遠邇之間惟爾安南亦從寬貸已勑有司罷兵陪臣陶子奇即與放還兹命禮部侍郎李思衍兵部郎中蕭泰登齎詔往諭自今以往所以畏天事大者其審思之故兹詔示念宜知悉

至大四年十月二十五日仁宗皇帝詔諭安南世子陳

惟我祖宗受天明命撫有萬方威德所加柔遠能邇乃

[illegible]

昔先皇帝龍馭上賓朕以王侯臣民不釋之故於至六

四年三月十八日即皇帝位遵踰年改元之制以至大

五年為皇慶元年今遣大中大夫禮部尚書奈曼岱奉

直郎兵部郎中杜與可齎詔往諭仍頒皇慶曆日一本

卿其敬授人時益修臣職毋替爾祖父事大之誠以副

朕不忘柔遠之意故茲詔示念宜知悉

皇慶元年制加內附安南國陳益稷品秩

委質來朝既去逆而效順以爵馭貴宜崇德以報功誕

播明綸用孚衆聽銀青榮禄大夫遥授湖廣等處行中書省平章政事安南國王陳益稷知畏天以事大規保境以全民慕帝王之有真見幾而作懼祖宗之不祀自拔而來以忠孝之誠而受知世皇恢天地之量而錫封故國始者周王之赫怒伐罪弔民終爲堯舜之誕敷班師整旅彼迷不復爾守彌堅拯溺救焚從王師凡一再舉適館授粲居湖右幾三十年身歷事於四朝志不忘于初節肆朕踐阼亟其來庭是用增新秩以示恩仍舊

卑辭表明

封而受職嗚呼内寧外撫朕不忘銅柱之南近悦遠来

爾茲拱星辰之北對揚休命永堅一心可加金紫光禄

大夫餘如故

延祐五年制加安南國品秩

國家所重莫先忠孝之褒爵賞至公豈有遐邇之間閡

服勤三紀誠知君父之大不顧兄弟之私嘉此前功蔚

為舊德蔭委質以自効終秉節而不踰文之以禮樂衣

冠同進于中土加之以詩書道義化及于南交是用秩

仍一品之隆儀視三司之峻嗚呼信順者臣之偉績益
勵初忠懷柔者君之厚恩再班新命往膺恩命尚廸予
懷可加儀同三司餘如故

至治元年八月英宗皇帝諭安南國世子陳詔

惟我國家法天繼統奄有四方先皇帝仁涵義浹罔間
遐邇臨御十年遂棄天下朕以世嫡之重宗戚大臣合
辭推戴于延祐八年為至治元年令遣亞中大夫吏部
尚書教化奉議大夫禮部郎中文矩齎詔往諭卿推朕

卷二　十一

是自念各

德意保爾人民體昭代之同仁堅誠心於事大故茲詔
示念宜悉知

泰定九年八月詔諭安南國世子陳

我國家誕膺景命撫綏萬邦德音普加靡間夷夏乃者
先朝奄棄臣民朕以裕王嫡孫爲宗戚大臣之推戴爰
自太宗皇帝肇基之地入奉天序于至治三年九月四
日即皇帝位遂以甲子歲爲泰定元年今遣亞中大夫
吏部尚書瑪哈穆特奉議大夫禮部郎中楊宗瑞齎詔

往諭爾國授時歷一帙惟乃祖乃父修貢内附有年矣我國家遇卿甚厚比者占城守臣上表稱卿之邊吏屢發兵相侵朕為之惻然於中不知卿何為如是豈信然耶朕君臨天下視遠邇猶一務輯寧其人民俾各得其所卿其體予至懷戒飭爾衆慎保爾國人民毋忘爾累世忠順之意故茲詔示念宜知悉

前朝書命

漢文帝賜越王趙佗書

[illegible]

皇帝謹問南越王甚苦心勞意朕高皇帝側室之子也
棄外奉北藩于代道里遼遠壅蔽樸愚未嘗致書高皇
帝棄羣臣孝惠皇帝即世高后臨朝不幸有疾諸呂為
變賴宗廟之靈功臣之力誅之已畢朕以王侯吏不釋
之故不得不立今即位迺者聞王遺將軍隆慮侯書求
親昆弟請罷長沙兩將軍朕以王書罷將軍博陽侯親
昆弟在真定者已遣人存問修治先人冢前日聞王發
兵于邊為寇災不止長沙苦之南郡尤甚雖王之國庸

獨利乎必多殺士卒傷良將吏寡人之妻孤人之子獨人父母得一亡十朕不忍為也今得王之地不足以為大得王之財不足以為富服嶺以南王自治之雖然王之號為帝兩帝並立亡一乘之使以通其道是爭也爭而不讓仁者不為也願與王分棄前患終今以來通使如故

宋太　祖開寶八年制封交阯丁部領

部領生鳶阯之邦勵供辰之節世為右族能保遐方志

与臣共田

慕華風常思內附九州混一五嶺廓清遂達梯航乃輸琛貢且嘉令子稱藩之意錫王乃列土之封服我異恩介爾遐壽

太宗太平興國五年八月征交阯詔（時黎桓篡丁氏）

國家聲教所覃威靈咸暨故乃鳶阯之境未歸輿地之圖矧茲一方近接五嶺唐宋繼亂區內剖分遂為僭僞之邦思成聾瞽之俗及番禺底定正朔始頒雖稽首以稱藩頗繕兵而自固事大之理當如是乎弔民之行蓋

不得已宜躬行于天討用丕變于蠻陬宜以孫全興等
率師進討

雍熙三年十月制封黎桓

王者懋建皇極寵綏列藩設邸京師所以盛會同之禮
胙土方面所以表節制之雄矧茲鳶阯之隅克修翠羽
之貢或當易帥爰利建侯不忘請命之恭用舉酬勞之
典權代領三司留後黎桓資兼義勇性稟忠純能得邦
人之心彌謹藩臣之節屬者丁璿方在童幼切于撫綏

安南志四

乃以肺腑之親專師旅之事號令日掌威愛兼行丁氏自解三司之權以徇衆人之欲遠輸誠悃來領節使士燮強明化越俗以成人趙佗恭順謹詒汝以無違宜以元戎之稱並列通侯之貴控撫夷落對揚天休可加金紫光祿大夫檢校太尉使持節都督諸軍事

神宗熙寧八年十二月諭交阯詔時安南李乾犯邊

眷惟安南世受王爵撫納之厚實自先朝涵容厥愆遂至今日而乃攻犯城邑殺傷吏民干國之紀刑茲無赦

奉天之討師則有名已差趙卨充安南道行營馬步軍
都總管經略招討使李憲充副使燕達充馬步副使都
總管須時與師水陸並進天示助順既兆布新之祥人
占悔亡咸懷敵愾之氣然王師所至弗迓克奔咨爾庶
人渝茲塗炭如能諭主內附率衆自歸屬獻功挺身
效順爵賞祿賜當倍常科舊惡宿負一皆原滌乾幼稚
政非己出造廷之日待遇如初朕言須聽毋惑比聞編
户極用誅求已戒使者函宣恩旨暴政苛賦即爲蠲除

冀我一方永成樂土

仁宗加李日尊恩制

朕誕膺駿命稽用上儀祇事郊宮並受三神之福推恩
方夏外交四表之歡告于有司錫是命服推誠保節同
德守正順化翊戴功臣靜海軍節度觀察處置等使同
中書平章李日尊躬懷德善世濟忠勤奠茲南邦居有
扞城之效衛我中國使無疆埸之虞賜之大將之旌服
之真王之爵往踐厥位欣戴錫于寵章來獻其深用協

我有熙事倍登采邑褒進文階載加食德之封式元懋功之典於戲人之所助惟怙冒于王靈國以永存顧循守于後侯度率時新命保爾舊邦

寧宗賜李龍翰開禧二年歷日勅書

勅安南國王李龍翰鳳歷載新預謹人時之授龍編雖遠有嘉侯度之尊績惟懋于守藩禮尤嚴于頒朔既廣暨南之聲教宜堅拱北之忠誠率爾海邦祗我德音

理宗制封安南陳

中南[illegible]明

周建諸侯之國錫于山川漢封異姓之王及其苗裔美奐家傳于恭順比之世襲其蕃宣奄賜履之舊疆出絲綸之新渥安南陳捷資英毅秉性忠純在邦在家終始安民而和衆是父是子後先作室以肯堂過庭雖命以繼承馳驛尚勤于奉稟際天所覆嚮風慕文軌之同重譯而來効貢望梯航之至載加謹恪爰示寵褒爵超五等之榮秩視三公之貴節旄長安于本邑錫盾琱戈名號元勲之舊功高冠長劍分茅如故食采有加益堅屏

翰之心庸戴君親之德於戲衆星拱北羣瞻象緯之書百川流東孰謂鯨波之隔欽奉恩遇永底予懷可特授靜海軍節度觀察處置等使特進檢校太尉兼御史大夫上柱國安南國王食邑三千户實封一千户特賜効忠順化功臣仍賜錦衣金帶等主者施行

度宗賜安南陳詔

朕丕享庶邦惠綏南服放海而準舉同錫類之仁貢土之宜不替朝宗之義修其職貢申以文辭閲十歲而洊

[illegible]
來歷重波而靡憚式昭忠順良用歎嘉乃若篤愛親門
為求殊禮予嚴文詔稟彝訓之有間君前臣後在常經
之素定天所秩者誰以易之昔文帝之勞佗匪伸祈請
我藝祖之待俶他蔑扳援矧是廣恩之專閱比博詢于
羣議惟有撫于舊章匪朕敢私茲事始制庸錫執贄之
品仍加寶幣之將推篤近舉遠之心朕不忘於謹德昭
移孝作忠之旨爾亦勤于奉休令錫卿銀五百兩細色
物帛一百匹至可領也故茲詔示

安南志略

卷二

十八

安南志略

安南志略卷二

安南志略

卷三

元　黎崱　撰

大元奉使

丁巳年安南始臣附天朝世祖皇帝即以庚申歲建元為中統元年安南國王陳某遣使上表稱賀貢方物明年詔封陳某為安南國王遣禮部郎中孟甲禮部員外郎李文俊充安南宣諭使

[illegible]

中統三年命納喇丹為安南達嚕噶齊

至元二年遣侍郎寧端府郎中張立道奉使安南諭旨

至元五年遣忽隆哈雅使安南

至元七年命伊實諾為安南達嚕噶齊歿於其國

至元十二年遣尚書格色爾哈雅侍郎李克忠名陳王

入見以久疾不朝數年薨

至元十五年命雲南柴椿為禮部尚書引其來使黎克

復還國諭世子陳某入覲以居喪遣陪臣鄭國瓚杜

國計入貢
至元十六年留来使鄭國瓚復命柴椿引杜國計還諭
入覲世子以疾辭柴公以理詰難之世子懼遣族叔
陳遺愛代覲上以有疾封陳遺愛為安南國王
至元十八年加授柴椿行安南宣慰都元帥李振副之
領兵送遺愛就國命布延特穆爾為達嚕噶齊至永
界國人弗納遺愛懼夜先逃歸世子遣陪臣迎柴公
入朝諭旨

[illegible]

至元二十年以世子累召不朝尚未加兵命荊湖占城等處行中書省諭安南假道助右丞索多征占城之後仍令鄂州路達嚕噶齊趙翥往諭之世子不聽明年鎮南王大兵臨境世子不迓率衆拒敵乃敗

至元二十六年命遼東道提刑按察司劉廷直禮部侍郎李思衍兵部侍郎鄂諾引其來使阮義全等還國

諭旨

至元二十八年命禮部尚書張立道兵部郎中闕　引

其來人嚴仲羅等還，諭世子陳某入見，以父喪遣其令公阮代之來貢。

附張尚書行録

至元辛卯十二月自大都起程，歷湖廣、溪洞，抵安南界八千餘里，杭海梯山，不能盡述。明年三月十八日至邱温，彼國遣其私臣特酒食來迎，渡瀘江至使館。翌日，世子就館舍先詣詔書前瞻仰，然後平揖世子問聖躬，立道等云：聖躬萬福。繼問大臣立道云宰相平安問天使道路驅馳立道云天子不以越南為遠何以馳驅言畢有輸長丁拱垣御史大夫杜國計言往年定禮王者面南使者面西相向而坐請客就位立道曰大國卿相與國君同豈有面南之禮東鄉西鄉不亦可乎拱垣曰王人雖微序於諸侯之上予為王人之說正為我輩設也遂東西坐酌談話世子曰先人臨終時囑敬奉天使囑毋缺歲貢比年天使不來故遣使送貢來

審上意如何小國所産雖無異獻盡誠而已矣今天使來不勝欣幸又云本國使回說天子春秋高邁龍顏尤壯孤聞之甚喜信否立道云天子龍鬚皓白面若童顏世子云天下有福小國亦有福舉手加額又曰比年天朝為何不遣使立道云天子為汝國累召不朝故不遣使至表奏為先父辭世天子聖意謂先國王之罪討不及嗣故我輩有此行也世子曰天子好生惡殺是小國莫大之幸皇

帝萬萬歲立道云聖天子奄有四方仁如堯舜豈
忍加兵益屢講會同之禮爾先國王竟不聽命成
此釁隙民殘國破實有取也朝廷本非貪汝土地
愛爾歲貢由爾不朝之故也世子曰往年大軍至
此燒毀屋舍開發先人墳墓骸骨零落言未訖羣
下皆哭立道云者年天子命伊克特穆爾雲南王
伐蒲甘諭以毋燒寺舍毋焚宮室毋毀墳墓雲南
王欽依上命夫大軍入境緬王竄避雲南王不行

殺戮寺舍宮室悉無所毀緬王感德遂降遞年遣男依期送貢至如鎮南王出師之日天子未嘗不如此教諭不然則此宮室豈有遺也於時私臣丁拱垣曰天子既意如此一向不動干戈更好立道叱之曰成安南之禍者未必不由若等為之也天道爾何足以知之立道等拂袖而起丁拱垣請罪其世子造館時自謂居父喪服緇布食蔬菜戒以五年今纔二歲二十四日世子乘鑾車伏就舍館

迎詔羣臣朝服徒行自日午迎入城隍聖宮過玩月橋長明樓抵正陽門立道下馬捧詔從明陽門從者入雲會門安南僚屬入日新門至明霞閣下褥道焚香世子與偕太師國叔昭明王太尉國弟佐天王必保御史大夫翰林等八人登壽光殿龍椅前置香案世子拜詔禮畢自宣讀世子曰恭覩天子詔書不勝喜口稱皇帝萬萬歲既而出朝天閣下集賢殿設宴東西相向而坐惟偕太師獨在王

側地坐太尉少保等侍儀立殿上羣僚皆立殿下非品不敢升殿大樂奏於殿下細樂奏殿上羅列杯陳異果備食八盤皆魚肉海味之饌每勸於蛤灰釜芙蕾檳榔之禮王者時時接言語賦詩相贈立道即席賦詩以答將至席終請立道入帳中皆地坐世子曰本國歸附天朝三十年事上之心無日少息歲貢之禮未嘗少缺始於祖繼於文至於今前後一轍屢常入貢被詔以疾不能入朝至今

今聖怒興師討伐生靈殺戮開發山陵燒毀寺舍斫伐樹木不可勝計本國無辜而遭大難天子詔書每謂本國叔逐天使拒王使之罪尚猶未捨本國叔先國王遣入朝天子代訴天子封國叔為王國叔自懼不知所往非本國殺國叔叔自逃竄海南宗族握兵逆旅國王實不知之也惟有不朝一事無他實為畏死貪生萬里之外道路艱險山嵐瘴氣不服水土倘死於道路何益於上國但比年

不缺貢小心事上何預於上國乎此下情不得上
達今天使望得許本國之寃與詣闕面陳也普天
之下莫非王土率土之濱莫非王臣安南一國已
為天子人民更無異心天子以四海為家雖不造
朝且在邦域之中是社稷之臣也惟天地知之立
道等云陛辭之日丞相大臣復教於前使不能宣
揚聖意以至小國涉疑今遣汝輩毋效前人我等
至此與世子面會其言未能盡述故脩講議書請

窮其理書見後

至元三十年命兵部尚書梁曾侍郎陳孚引其來使阮盛還國諭世子入覲不聽遂興師

至元三十一年正月上崩成宗皇帝即位詔罷兵遣禮部侍郎李思衍兵部侍郎蕭泰登使安南齎詔赦世子罪放來使陶子奇還國

附蕭方崖使交録序

皇帝御天之初元至元甲午孟夏也天地發揮民

物欣戴仁風甘雨遠邇均被首罷南征選使往諭
命禮部侍郎李思衍而泰登亦與茲行偃武修文
唐虞盛事不惟親見之又親任之於彼原隰萬里
載驅書生不能為將得為使此古人所榮區
區何修而辱此受命戒途夙夜祇若凡經行見聞
輙加紀録不覺成集歸以板行以廣其傳客有謂
曰此子使交録也板行於世將不免釣名之譏小
廉曲謹泯昌朝之盛事臣子之大恥也焉敢徇小

節廿六耽三代以降中國之盛莫踰漢唐尉佗故吏耳借稱名號兵擾長沙漢文帝卑辭奉書高麗封國耳陸梁東方不奉正朔唐太宗至親征不克

天開景運繼至

聖世祖皇帝芟夷羣雄混一海宇際天極地莫不臣妾今

上皇帝體元居正重明作離大赦天下以詔遣臣輩遠使絕域山川險阻而

天威赫然及境而重出迓返郭而式國族跣足及館而國王親訪奔走駭汗屏息聽詔拜舞叩頭如

詣闕廷上表稱賀罔敢後時中國之隆未有如期
若不傳之永久何以昭宣聖化用自上都至安南
州郡山川人物禮樂異政殊俗怪草花哥人情治
法愈病藥方逐日編次通成一集欽録聖詔冠乎
集首次以安南世子回表貢物及朝中諸老送行
詩章編次於後間有行酬紀詠亦借附集末庶使
後世知聖代臣妾萬國之盛而出使爲官者亦有
所考爲非徒爲泰登遭遇之榮也太史公迹遍天

上南　六四

下南渡江淮北過涿鹿泰登北自開平南至交趾
茲遊奇絶足冠平生之紀實也
大德五年遣尚書瑪哈穆特兵部侍郎喬宗寬齎詔諭
安南依前三歲一貢及其自來朝廷復遣使仍引其
來使鄧汝霖等還國
至大元年遣禮部尚書阿嚕威吏部侍郎李京兵部侍
郎高復禮使安南宣旨
至大四年遣禮部尚書奈曼岱吏部侍郎尼古巴兵部

郎中杜與可奉使安南宣仁宗皇帝即位詔皇初慶
元世子陳某遣使貢賀
至治元年遣吏部尚書教化禮部郎中文矩使安南宣
英宗皇帝即位詔明年世子陳某遣使貢賀
泰定元年遣吏部尚書瑪哈穆特禮部郎中楊宗瑞使
安南宣詔
至順三年遣吏部尚書森濟烏克禮部郎中趙期熙使
安南宣文宗皇帝即位詔明年陳某遣使貢賀

[illegible]
元統三年遣吏部尚書特珠禮部郎中智熙善使安南
宣今上皇帝即位詔明年陳某遣使貢賀

前朝奉使

漢使

陸賈楚人也以客從漢高祖定天下名為辯士常使諸侯時中國初定趙佗據南越高帝使賈賜佗印為南越王賈至佗魋結（音椎髻）箕踞見賈賈曰足下中國人昆弟墳墓在真定今足下反天性棄冠帶欲以區區

之越與天子抗衡為國禍且反身天子聞君王南越
不助天子誅暴逆將相欲移兵而誅王天子憐百姓
新定勞苦且休之遣臣授王印綬剖符通使王宜郊
迎北望稱臣迺以新造未集之越強比於漢試問之
掘燒王先人冢夷滅宗族使一偏將將十萬衆臨越
則殺王降漢如覆手耳於是佗乃蹶然起坐謝曰居
蠻夷中久踈禮義乃大悅陸生留與飲數日賜賈槖
中裝值千金賈卒拜佗為南越王令稱臣奉漢約歸

[illegible]

報高祖大悅拜賈大中大夫高后時禁南越關市鐵器佗乃僭號為帝文帝復遣賈往使讓之佗恐稱臣奉貢職皆如意旨

嚴助孝武時人建元四十年閩越擊南越邊邑南越王書曰兩粵俱為藩臣毋擅興兵相攻擊今東粵擅興兵侵臣臣不敢興兵惟天子詔之於是帝命王恢等率師討閩越師還帝遣嚴助諭南越王胡感德遣子嬰齊入質

終軍字子雲年十八為博士孝武異其文拜為謁者給事中終軍擢諫議大夫南越與和親帝遣使諭南越王入朝王稱疾不朝軍自請願受長纓必羈南越王致之都下乃遣軍說南越王請許內屬其相呂嘉發兵攻殺王及終軍等（時年二十故世謂之終童）

安國少季霸陵人初南越太子嬰齊入質在長安時取邯鄲摎氏女生子興及即位上書請立摎氏女為后嬰齊薨太子興嗣立其母為太后太后自來為嬰齊

妻時嘗與安國少季通元鼎四年帝遣安國少季與終軍往諭王王太后入朝少季至越復與太后私通爲國人不附太后太后恐亂起謀其相呂嘉嘉乃反攻殺王太后少季等

韓千秋孝武時人越相呂嘉反帝遣莊參以二千人往參曰以好往數人足以武往二千人無足爲也辭不可故濟北韓千秋謂帝曰以區區之越又有王應獨相呂嘉爲害願得勇士三百人必斬嘉以報於是遣

千秋等將二千人入境時千秋兵入破數小邑將至
番禺越兵擊千秋等殺之帝曰千秋雖無成功亦軍
鋒之冠封其子延年為成安侯
樛樂南太后弟也帝命副韓千秋將兵臨越呂嘉攻殺
之帝封其子為龔侯

晉使

石崇晉武帝時以散騎常侍為交趾採訪使

宋使

安南六四

高保緒宋太祖開寶八年交趾帥丁璉遣貢詔封璉爵保緒以鴻臚卿偕王彥符為官告使

盧襲太宗太平興國五年襲以供奉官使交阯

張宗權太平興國五年交阯桓篡丁氏而權以供奉官往使諭之

李若拙雍熙二年黎桓貢太宗授桓節鉞若拙以主客郎中昭文館偕禮院博士李覺充官告使

魏庠端拱五年封黎桓爵庠以虞衡員外郎偕直史館

李度充告官使

宋鎬行録略　云鎬等使還因條列山川形勢及黎桓事迹以聞曰去歳秋末抵交阯境桓衙内都指揮使丁承直以船九隻三百人至太平州來迎由海口入大海冒涉風濤頗歴危險經半月至白藤江乘潮而行夜宿泊所皆有館驛至長州漸至本國桓盡出舟師戰具謂之輝軍自是南征抵海岸至交州僅十餘里俄而擁從桓至展郊迎之禮桓

歛馬側身問皇帝起居畢按轡偕行時以檳榔爲獻彼風俗之厚意也無居民止有軍營而府署湫隘題其門曰明德桓受詔不拜言近歲與寇接戰墮馬傷足故也信宿之後乃張筵飲宴士卒三千人悉黥其額曰天子軍兵器止有弓弩木牌梭槍弱不堪用凡官屬善其事者擢居親近左右小有過則捶而黥之怒息乃台復其位有木塔其制樸陋一日請鎬同登相顧而言曰朝廷有此塔乎地

無寒暑十二月猶夾衣揮扇云

王世則淳化四年以度支判官國子博士偕殿中御書院祗候李居簡充安南官告使

李建中至道初交阯犯邊太宗命廣西轉運使陳堯叟賜黎桓詔書乃遣康尉李建中齎詔往諭

章平宗廣西轉運使天聖六年交阯郡王李公蘊薨仁宗命章為弔祭使

劉丙景定間為武節郎東南第十二上將靜海駐扎時

安南志四

安南陳王遣貢理宗回賜禮物並獎諭詔即命廣西經略使賜之因遣丙齋詔入安南諭旨

安南志略卷三

安南志略

卷四

元　黎崱　撰

征討運餉

大元憲宗皇帝癸丑歲世祖皇帝即位平雲南留大師烏蘭哈達經略丁巳冬命大師統師自雲南途經安南邊邑欲出邕桂會大兵於鄂以征宋十二月師次弩原國主陳王遣士卒乘象迎敵時大師子阿珠年

十八率善射者射其象象驚奔反蹂其衆大潰翌日陳王斷扶虜橋對岸而陣師欲濟未測淺深乃沿江仰空射之驗箭墮水而不浮者知為淺處即以騎兵濟馬躍登岸翌日擊安南兵潰大軍繼殺萬人斬其宗子富良侯陳王乃降于是班師明年春陳王上表納款臣附遣使貢方物

中統三年制封陳某為安南王至元間累徵入見以疾不朝丁丑年薨世子陳某立上遣使召每辭以疾至

元壬午右丞索多左丞劉政阿里用兵占城朝廷遣
使諭安南假道助軍糧世子不聽至元甲申冬復命
鎮南王托歡平章阿里哈雅等進兵助占城役十二
招討阿爾善西田卯温縣進集賽薩喇勒萬户李邦
憲東田急領進王大兵繼之東兵破可利溢嬰兒關
獲間諜人杜偉蒔斬之其宗長興道王陳峻守内傍
關二十七日庚子大軍擊破退守諒江州又敗走獲
船數十艘西兵破之陵隘即老鼠關至元乙丑正月

[illegible]

九日壬午世子自將十萬衆大戰於排灘元帥烏瑪
制招討諸海鎮撫孫休德以所獲船破之十三日丙
戌世子守瀘江又潰走鎮南王渡江宴其宮庭獻俘
受馘二十一日壬辰破天漢隘斬其將保義侯世子
退守海市隘築捍木截江南戰官兵上下交戰衆大
潰時大王峻奇右丞索多左丞唐古戴參政赫德奉
旨由占城進兵入布政府攻其後世子遣弟昭文王
陳適侯鄭廷瓚拒於義安敗走世子勢急遣兄子張

憲侯陳鍵迎戰於清化持久力弱無援張憲遂與前
等以其兵降二月二日乙巳峻奇率騎兵涉衛布涇
口破彼衆殺其將丁奢阮漆桶三日丁巳鎮南王破
世子兵於大黃江其宗子文義侯陳季峻以全家降
六日己酉峻奇率張憲等破國弟太師陳啟兵於富
津渡斬首千級世子懼遣宗人忠憲侯陳陽請和繼
遣近侍官陶堅奉國妹南王乞解艾千戶往諭既欲
請和曷不躬自來議世子不聽三月九日壬午峻奇

唐古戴舟師入海圍世子於三峙幾獲之勁卒阮強等與世子免獲其金帛子女十五日戊子國弟昭國王陳益稷率其屬來附索多復入清化招來附者夏四月安南乘勢攻復羅城五月五日丁丑峻奇與萬户囊弩伏兵其宮擊散乃渡瀘江會鎮南王翌日班師安南兵追至南栅江右丞李恒殿擊退之斬興道王義勇陳紹晴索多聞大兵既還始自清化回軍沿途日夜與彼戰擒其將陳陀之阮盛等至拜垦索多

部將禮脚張叛率彼衆與我戰索多躍馬墮水死軍遂陷惟烏瑪喇萬戶劉珪以輕舟脫獨小李戰拒單舸於後戰不勝自刎世子義令人救治而後遇之是冬內附陳益稷等驛至京師拜覲至元丙戌春三月制封陳益稷為安南國王陳秀峻為輔義公同附官吏授爵有差至元丁亥朝廷復興師送安南國王就國上命平章鄂羅齊等將江淮湖廣雲南四省蒙古漢軍廣西峒兵海南黎兵海道運糧萬戶張文虎等

十萬師受鎮南王節制于九月師興自鄂十月二十八日己酉至來賓分道參政烏瑪喇樊楫率萬八千人馬未及張玉劉珪等統兵數萬戰船五百運船七十艘由欽州進十二月十一日戊戌舟師先進經萬寧祿水口彼將仁德侯陳椰伏兵浪山將斷我後覺之即夜圍山乘月擊走溺死者衆擒數百人獲船數十艘烏瑪喇乘勝前驅不顧糧船居後失援糧隔二十二日庚戌陸師至祿州分道右丞程鵬參政博羅

伐山爾由支陵隘王大軍由可利隘右丞阿巴齊先鋒
並進右丞鄂羅齊自雲南進兵至三大江與弟陳適
戰擒其將何映黎石十二月三日己未陸師繞至屯
四十里王以糧陷全烏瑪喇督其兵掠南安糧餉令
右丞程鵬左丞阿里劉江築木城於普賴至靈二山
儲糧贍兵二十三日己卯又王分兵進擊樊叅政舟
師隨王抵北江被塞江口伏兵葉林鑿走之舟師出
瀘江世子兵潰時省都事侯師達萬戶侯名未詳焦千

戶等以各翼餘兵僅五千偕前自思明續進二十八日甲申入內傍關與彼兵竟日夜戰力屈宵潰侯都等死前諸舊路引萬戶千戶與安南國王男陳昱僉事阮領府判黎晏等率餘騎死戰出關免二十九日乙酉王自渡瀘江阿巴齊沿東岸破鹹於隘世子退守海沛溢大兵擊破之至元戊子正月四日乙丑王還舊屯烏瑪喇由海道出迎張文虎續進糧艘十一日丙申與彼戰於多魚口潮落而散張文虎先遇敵

於安邦口糧陷乘單舸走還欽州二月世子遣從兄興國王陳嵩屢來約降故老我師夜乃遣其敢死者劫諸營王恐命萬戶解震樊城左右諫止神弩總管賈若愚獻言曰師可還不可守王亦曰地熱水濕糧匱兵疲遂班師水道將校告曰糧艘兩入俱陷不若毀舟從陸為上計王欲聽左右阻之三月三日丁亥右丞程鵬飛僉省訖摩李騎兵逆舟師過東湖市阻水乃還故橋梁皆為彼斷以候我戰程右丞即詢所獲

鄉老夜引從他道行及大軍出內傍關彼又伏兵攻斷我師萬戶達喇齊劉世美擊走擒其將范壽阮騎斬之七日辛卯舟師至行洞彼兵追戰劉珪擊退獲二十艘烏瑪喇不由海還却由白籐江遇敵烏瑪喇自領精兵逆戰樊參政獲峯爲應潮退軍陷王聞彼兵掘陷馬阱守女兒關遣思明州牧黄堅引由他道徑至祿州全師還至元庚寅世子薨子陳某立至元癸巳遣相陶子奇來貢上以終不入朝遂拘留子奇

於江陵立孤安南省命劉國傑與諸侯王伊爾吉達等帥師同征安南是冬屯靜江明年秋進討至元甲午春正月上崩成宗皇帝即位詔罷兵赦安南罪放陪臣陶子奇歸國陳某上表稱賀遣使謝罪永為藩臣奉貢職如故

前朝征討

秦始皇三十三年發諸道逋贅婿賈人為兵使尉屠睢將樓船之士使監祿鑿渠運糧深入越地畧取陸梁

安南志略

為桂林南海象郡以謫遷五十萬人戍嶺秦末南海
尉趙佗擊併之自立為王漢高祖因封佗為安南越
王時高后禁南越關市鐵器佗乃僭稱帝發兵攻長
沙邊邑將軍隆慮侯擊之會暑濕士卒大疫兵不能
踰嶺歲餘高后崩即罷兵孝武時閩越興兵擊南越
王故守天子約不敢擅發兵而上書帝遣王恢韓安
國討閩越胡感德遣子嬰齊入質嬰齊立虁子興立
其相呂嘉作亂帝遣韓千秋將二千人入越境嘉乃

攻殺其王并漢使者而立建德元鼎五年以衛尉路博德為伏波將軍出桂陽下湟水主爵都尉楊僕為樓船將軍出豫章下橫浦越人歸義侯為戈船下瀨將軍出零陵下離水抵蒼梧越人馳義侯因巴蜀罪人發夜郎兵下牂牁江十萬師分道而進六年樓船將軍精兵先陷尋陜破石門得越船粟路博德俱進至番禺建德嘉皆城守漢兵攻敗粵人縱火燒城日暮伏波乃為營使招降者賜印綬復縱令相招遲旦

[illegible]

城中皆降呂嘉建德以夜與其屬數百人亡入海伏波遣將追擒之戈船下瀨夜南兵未下南粵已平遂以其地為九郡（交州記曰是時越臣金三省章牛酒千鍾將交阯九真日南三郡户籍出降路博德因拜三省為三郡守維王維將治民如故）

光武建武十六年交阯女子徵側反九真日南皆應之攻治郡邑畧六十城自立為王乃詔長沙合浦具舟船修橋道通障溪儲糧穀拜馬援為伏波將軍扶樂侯劉隆為副督樓船將軍水陸並進擊交阯馬援海

道進隨山刊道千餘里軍至浪泊上與徵側戰大破之追至合浦敗走十九年馬援斬徵貳擒側貳側妹也擊其餘黨都羊等至居風縣降之嶠南悉平援與越人申明舊制以約束之自後駱越奉行馬將軍故事二十年振旅還京師交州七郡貢獻皆泛海從東冶上供治福州吳黃官縣也黃武中遣陳時代士燮為交阯太守燮子徽不奉命舉兵塞海口建興元年以呂岱為交州刺史與薛錦督兵三千浮海南擊徽或曰徽畏之世

思為一州所附未易輕也岱曰徽將遠懷逆志不虞吾之卒至吾單輕舉掩其無備破之必矣稽留不進使得生心固守數郡百蠻響應雖有智者誰能圖之遂過合浦與戴良俱戰岱以燮弟士輔為師友從事遣往說徽率兄弟六人出降岱皆斬之傳首秣陵進至九真斬獲萬人又遣從事南宣國化扶南林邑皆修貢永安五年郡吏呂興殺交阯太守孫諝以郡附晉(晉)武帝以楊稷為交阯太守稷遂斬逐都督校修

則刺史劉俊等孫皓建衡元年遣監軍虞汜威南將軍薛珝蒼梧太守陶璜由陸路進以監軍李勉督軍徐存由建安道會於合浦往擊之三年璜從海道出其不意徑至交阯陷其城殺晉所置守將

宋文帝元嘉二十三年林邑王范陽邁反交州刺史檀和之與將軍宗慤擊之陽邁守象浦舉衆乘象以拒宗慤宗慤爲獅子威服百獸乃製其形與象相遇果驚奔賊潰亂遂克林邑獲其珍寶

梁武帝時交州李賁反詔刺史楊瞟司馬陳霸先討之賁衆屯典澈湖諸軍憚之顧湖口不敢進霸先曰我師老而無援當決力攻之諸軍皆莫應是夜江水暴起注湖中霸先勒所部兵乘流先進衆鼓譟俱前賁衆大潰追至屈獠洞斬之傳首建業賁兄天寶收餘兵圍愛州又討平之

隋開皇十年交阯李春反詔楊素平之

仁壽二年李佛子作亂據越王故城其大將據龍編城

別帥李晉鼎攄烏筵城楊素言瓜州刺史劉方有將帥之畧文帝命為交州道行軍總管以度支侍郎敬德亮為長史帥十七營而進軍令嚴肅有犯必斬然以仁愛人有疾者親臨撫養士卒以此懷之至都隆嶺遇賊方遣王榮宋纂等破之佛子降送於京師餘皆斬之

文帝末有言林邑多寶貨累世賔會劉葛新平交州煬帝大業初授方驩交州道行軍總管大將軍張闕

安南志略

以尚書右丞李綱為行軍司馬舟師趣北景夏四月征林邑其王梵志遣兵守險方擊走之師渡闍黎江賊乘象四面而至方乃掘小坑草覆其上與戰偽退賊兵逐之象坑陷顛躓方以弩射象象却因以鋭師繼之賊大敗俘馘萬計師過大緣江賊據險又擊走之經馬援銅柱南行八日至其國都梵志棄城奔入海獲其廟主塗人十八板蓋有國十八葉汙其宮室刻石紀功而還士卒死者十四方亦得疾於道

唐天后垂拱三年交州丁建反殺都護劉延祐桂州司馬曹静討平之元宗開元初渠師叔叛號爲黑帝外結林邑眞臘等衆號三十萬據安國詔左監門衛將軍楊思勉都護元楚客討之由馬援故道大破賊衆封尸爲京觀而還宣宗大中時都護元楚客討李珍貪暴民怨之乃結南詔蠻攻陷安國府累歲兵戈不息懿宗咸通三年南詔復陷安南國遂以蔡襲代王寬爲經畧使徐泆荆襄潭鄂諸道兵未至交阯而襲

先被圍嬰城固守援兵不至遂潰襲溺水死時諸道兵止屯嶺餉運甚勞詔湖南江西水運以餉行營陳璠石上書請造千斛大舟自福建運米從海一月至廣州軍食遂足從之於是拜高駢為都護收復安南五年進兵斬御道師宗蕽古等萬餘級破南詔蠻於南定縣斬張銓降萬人復勵斬士攻城克之斬蠻帥段酋遷等數萬級安南復定駢以南海至交州有石隱水中嘗覆舟遂奏削去其石交廣之民舟楫安行

後梁時南漢劉龑僭號於廣州曲顥據交州龑遣李克正李知順將兵破交州擒顥子成美即留克正守其城顥將楊廷藝拔安南又為矯公羨殺而代之廷藝故將吳權以兵圍公羨力屈求救於劉龑龑封其子萬王洪操交王統兵救之崇文使蕭益諫不聽洪操至交州權已殺公羨遂引衆迎戰先於海口植橛大帶繞其首冒之以鐵遣輕舟乘潮挑戰而偽遁洪操逐之須臾潮落大敗溺死時龑亦進屯海門為之聲

安南志略

援兵聞不利而還

宋太宗太平興國五年交州丁璉卒弟璿立大校黎桓篡之太宗怒舉兵討之以蘭州團練使孫全興入作使張璿左監門衛大將軍崔亮爲陸路兵馬總管自邕州路以寧州刺史劉澄鞍轡庫使賈湜供奉官閤門祇侯王僎爲水軍兵馬總管自廣州路以牛昌裔知交州行營通俗全興等辭赴宮詔引進使梁廻供帳玉津園以餞之是秋進討冬十二月破交阯萬餘衆明年春又於白藤江斬首千

級獲船一百艘即駐師花步轉運使仁寶與前軍深
入戰數失利全興等併軍由水陸至多羅村不遇仁
寶乃為花步黎桓詐降以誘仁寶遂為所害江南轉
運使許仲宣聞之馳奏其事詔班師遣使殺劉澄賈
湜王僎等澄尋疾死湜僎俱伏戮於邕明年冬孫全
興伏誅陳欽祚張璿皆坐交州用兵失律抵罪神宗
時王安石為相欲求邊功用沈起知桂州妄議有攻
取之議乃黜集溪洞土兵又禁交阯與州縣留易於

是交阯謀入寇熙寧八年其王李乾德大舉兵攻陷廉邕二郡神宗以趙卨為安南招討使總九將軍既又以郭逵為宣撫使與卨副之逵至長沙督諸道進兵復邕州逵遣將至永安州散榜縣溪峒州將黄蒲岑籌降陶弼集石江峒兵皆會逵次思明遣燕達討廣源州降其觀察事劉應紀師次富良江交阯戰船三百餘於江岸欲戰不得逵默計曰兵法制人而不制於人吾示之以虛彼必來戰已而果來擊之大敗

獲洪真太子大將 元根等乾德勢蹙奉表請降復其
所掠而還
初王安石與吳充以交阯事爭於神宗前安石以
為可取充曰得之無益至是李乾德降神宗許之
師還為卨有功而逵玩敵貶左衛將軍西京安置
遷卨為右直言龍圖閣知桂州有彭百州編交阯
事前之功有卨而逵有逗遛之罪若後則功在逵
而卨不預姑兩存之

安南志略卷四

安南志略

卷五

元　黎崱　撰

大元名臣往復書問

至元十九年行安南宣諭使司都元帥柴莊卿復書於安南世子執事

本司欽奉聖旨前來本國勾當務欲撫鎮邊境安慰人民義均一家事無他意所帶數軍乃左右役使之卒非

征伐戰鬬之兵竊恐本國不喻聖恩未詳來意而或自生驚懼妄致憂疑故至靜之日先遣黎中散往諭朝廷寬恤安南之美意仍鋪備馬疋軍糧人夫依例畧首迎接當司已於三月十六日示平下馬至二十日止有黎文粹持書來且欲緩其商量猶不明迎導之期良由包藏猜忌之心未委精誠之意且當年奉使寧有妄言推思曩昔之誠可卜今日之事至若於世子百姓有益無益詔旨之後將自知之除已嚴行束約軍吏無得侵擾

百姓外，今遣本司經歷官并令史王良馳驛前去，點視本司官員一應合用驛馬軍糧人夫等事，司限六日到來，亦平。若復違期，必須回轅聞奏天朝，別聽區處。俱念貴國數十年前歸附之勤，造次失宜，利害相從，可不審歟？庶燭焉，不宣。特遣公奉使就領軍送陳遺愛還國，國人弗納。

張尚書立道、顯卿與世子書

至元二十八年，禮部尚書張顯卿致書於世子。至誠一

安南志畧

念不避嬾疑兩國之間正言益損我輩欽奉帝命使此遐方發乘之日朝廷大臣有言曰詔旨猶天地之於萬物無不包涵雖然小國多疑汝等更當宣言於世子大哉元朝自三代以降未之有也北越陰山本聖朝之基業南逾炎海磬諸國之稱臣回紇西域之酋王越流沙而入貢高麗東夷之國主跨遼海以來庭契丹女真西夏之君咸畏威而懷德白狄昆吾吐蕃之長由用命以婚姻雲南金陸蒲甘遣男奉贄大夏中原王來納土為

貢惟舊安南蕞爾之邦形服而心猶未化雖任土脩方
貢之不闕而未盡其誠問罪興師固大邦之正理藏鋒
避鋭亦小國之畀情奈何與鎮南王拒敵爭衡敢眛君
臣之分豈可與爲曷輩用奇取勝深韜將相之機五不
韙之責首見春秋三可謂之道嘗聞魯語君子當知曩
之所謂小杕則受大杕則走斯言安在哉子之罪乃聖
朝所不宥尚不自知之倘大國軍臨小國固守疆場失
而不返必棄土地而居海隅雖生何異於死雖存何異

於亡哉海隅之險不可依者一也江南四百餘州不能當中國之一鋒安南與江南衆寡何若焉能以拒上國乎今年與戰明年與戰今日戰死明日戰死小國之民能有幾乎此人力之衆不可恃者二也宋之有國三百餘年一旦掃地俱空與安南昔為父子之國唇齒之邦唇亡齒寒父亡子單理則然也此所以不至於單寒者以其臣附元朝天地相應氣運相通也今捨天道而尚人力豈不違天地之道歟此歷數之遠不可賴者三也

愚聞順天者昌逆天者亡古之諸侯或朝覲於京師或
會同於方嶽軍旅之事踰地越境不以為難予何憚山
高水濶之勞而成禍結兵遣使持書徑諭此意曠日持
久不急為報其故何哉夫上思之地絶長補短不至數
百里家計戶筭人民不滿五千宅逋逃之淵藪而執事
又為之援者也試思聖朝之與執事而執事之與黃聖
許孰重孰輕天下之廣四海之衆視夫蕞爾上思孰大
孰小重與輕者有難易之分大與小者有安危之别不

其情志明

知孰事將從難而安者乎抑從易而危者乎為今之計其策有三試為執事畫之茲者聖許天地不容神人共怒脫身鼠竄馮藉威靈如死狗摯頸不煩加兵就縛來降通好如故此上策也上思地累茲於執事或左右一二同惡誘合舍匿未之聞知宜速乘此機會掩而無失函首以獻此中策也以姦宄為唇齒海島為藩籬隱忍愛護而不發猶預狐疑而未安內有容奸納叛之名外失以小事大之義坐待勝負臨歧一決此下策也若果

出下策我必具事聞奏天威不測或降之譴執事縱多修爾戰艦高深爾城池堅壁清野以待我師之至雖有譎謀詭計正所謂差之毫釐失之千里者也今之急務在於悔過自新趨朝謝罪聖天子為萬邦之君並堯舜之德焉肯食言必赦小過而加大恩安南永享千年之國猶子與父世世相親樂既無以加於此者子之小國不圖今日之利後日瀕海雖有疆大侵犯之敵焉敢反目於安南者乎此真可依可恃可賴者我元朝之大威

德也吁投機之會間不容髮愚非說客予勿涉疑於斯之末能信任自為之然則後禍吾不知矣

平章劉二巴圖平黃聖許與安南書

自米氏亡國溪洞納款將二十餘年雖肎弗修聖朝以為羈縻州郡置之度外頃歲以來致使黃聖許陰結外境之交內蓄不庭之志我是以有海隅之役不意執事納我叛臣自開邊釁如聖許者蠱惑羣小妄肆猖狂與夫射天簽地斬社稷而焚之者何以異我故為執事憂

之如養虎於家欲以自衛倒持太阿授人以柄誠不為利於己也明矣雖至愚亦知其所以然矣奚以言之討叛以罪不為無名師直則壯勝負乃分天戈一麾數道並進蹂踐爾土地剝喪爾家室而區區蟻封之域不能與天子之師抗衡也必矣而執事亦必蹈前日之轍載爾神主率爾人民扶老攜幼奔逭他所以致生靈肝膽塗地豈有為一匹夫而使無辜橫罹其禍為社稷人民主當如是耶我今駐師靜江留此境土以待行李之來

史略卷四

臨書布懇不計繁喋唯執事慎擇焉

延祐三年中書省樞密院遣鄧萬戶翼劉亨字道宗并廣西帥府遣官趙仲良體察安南侵地界事劉千戶諭安南書云、

竊謂以小事大者乃畏天之道阻兵而安忍者非靖國之謀逆順之理胄明安危之機當審自昔漢置九郡唐立五管安南實居其一既非聲教不及之地今元朝以統文軌混同東而日本北而朔方外化諸國自古所未

臣者悉皆臣服酋固八番今既平定且為郡縣惟安南
為羈縻之地獨專廢置之權朝廷寬宥之恩比之其他
可謂獨隆矣況獻圖奉貢上下之分素明而厚往薄來
懷撫之惠亦至聖朝果何負於貴國今胡作不靖茍延
思啟雖內村之田所係至微而國家輿圖所關甚大兼
之所殺所虜皆是朝廷係籍民户口計較尋常之事而
積卯山之罪稍有識者必不為此省院有聞且信且疑
未敢聞奏朝廷恐觸天怒且先委自當職等體實情由

[illegible]

今目擊前項事蹟皆足顯徵之事勢至此豈能自休而
未審不軌之謀誰為之者或果出於當國之人抑或啟
於守邊之吏請命以告我以憑申呈若能遷善改過將
所擒人口所占田土即行歸正是轉禍為福之機問罪
之兵猶可及已若更執迷不返强事爭執一須聞奏必
有施行嗟爾偏邦與聖朝度長絜大何啻倚加且正名
問罪之師必有犁庭掃穴之擧泰山壓卵何所不濟識者
以為何如貴國宜凛惟寶之圖時安南世子著其朝請

郎阮必遇奉議郎杜則陽齎回牒并饋金銀等物劉千
户回文却饋物

前朝書疏

閩越擊南越漢武帝興兵誅閩越淮南王安上
書陳略云
陛下君臨天下布德施惠緩刑罰薄税斂哀鰥寡恤孤
獨養耆老賑匱乏盛德上隆和澤下洽近者親附遠者
懷德天下懾服人安其生是以没身不見兵革今聞有

史[illegible][illegible]畧

司擧兵以誅越臣安竊爲陛下重之越方外之地剪髮
文身之民不可以冠帶之國法度理也自漢初定以來
七十二年閩越相攻擊者不可勝數然天子未曾擧兵
入其地也南越非有城郭邑里處溪谷之間篁竹之中
習於水戰慣於用舟地深昧而多水險山川要塞險阻
林叢弗能盡著視之若易行之甚難天下賴祖宗之靈
方內大寧頒白之老不見兵革民得夫婦相守父子相
保陛下之德越人名爲藩臣貢酧之奉不輸大內一卒

之用不仝土司自相攻擊而陛下發兵救之是反以中
國勞蠻夷也且越人輕薄反覆其不用法度已非一日也
一不奉詔舉兵誅之臣恐兵革無事得悉發兵入越地
輿轎而踰嶺拕舟而入水行數百千里夾以林深叢竹
水道上下擊石林中多蝮蛇猛虎夏月暑時嘔泄霍亂
之相隨曾未持兵相接而死傷者必衆臣聞軍旅之後
必有凶年言民必以愁苦之氣薄陰陽之和感天地之
精而災害為之生也陛下德配天地澤及草木一人有

[illegible]

飢寒不終天年而死者為之悽愴於心內有犬吠之驚而使甲卒暴露中原霑漬山谷邊境之民早閉晏開朝不及夕臣安竊為陛下重之臣聞越與中國異限以高山人跡不接車馬不通天地所以隔內外也況南方暑夏癉熱暴露水居蝮蛇蠚生疾病常作未血刃而病者十二三雖舉越國而虜之不足以償所亡臣聞道路言閩王弟甲弑之而甲以誅死其民未有所屬陛下若以重臣臨存施德垂賞以招致之此必扶老攜幼以歸德

若無所用之，則繼其絕世，存其亡國，建其王侯以為蕃
越此必委質藩臣，世共貢職。陛下以方寸之印、丈二之
組填（音鎮）撫方外，不勞一卒，不頓一戟，而威德並行。秦時
使尉屠睢擊越，越人逃入山林，不可得攻。留軍屯空地，
曠日持久，士卒勞倦，越出擊之，秦兵大破，乃發適（音謫）戍
以備之。當此之時，內外騷動，百姓靡敝，行者不還，往者
莫返，皆不聊生，亡逃相從，羣為盜賊，於是山東之難始
興。此所謂師之所處，荊棘生焉者也。兵者凶事，一方有

安南志略

急四方從之臣恐變故之生奸邪之作由此始也周易曰高宗伐鬼方三年克之鬼方小蠻夷高宗殷之盛天子伐小蠻夷三年而後克言用兵不可不重也臣聞天子之兵有征而無戰言莫敢敵也如使越人蒙死徼倖逆執事厮輿之卒有因不備而歸者雖得越王之首猶為大漢羞之陛下以九州為家生民皆為臣妾陛下垂德惠以覆露之使元元之民安生樂業則被恩澤萬世傳之子孫施之無窮天下之安猶泰山而維之夷狄之

地何足以一日之間而煩汗馬之勞乎是時漢兵遂出未逾嶺適會閩越王弟餘善殺王奉其首致王恢恢力以便宜案兵告韓安國而奉王頭馳報詔罷兵上使嚴助諭南越王胡頓首曰天子乃為臣興誅閩越死無以報德遣太子嬰齊入宿衛上嘉淮南王之意

漢和帝永元元年嶺南獻生荔枝唐羌上書

臣聞上不以滋味為德下不以貢獻為功伏見交阯七郡獻生荔枝龍眼等十里一置五里一堠晝夜傳送南

見南州[illegible]
土炎熱貢獻不絶於路至於觸犯死亡之害此二物陛
殿未必延年益壽記曰遠國珍羞不以薦宗祖苟有傷
害豈愛民之本勅大官勿復入獻可也
漢順帝時象林賊攻殺長吏交州刺史樊演表
聞朝廷議遣將發荊揚兗豫兵四萬討之李固
疏曰
荊揚盜賊盤結不散武林南郡蠻夷未輯長沙桂陽数
被征發如復騷動必更生患其不可一也又兗豫之人

遠赴萬里無有還期詔書促迫必致叛亡其不可二也南州水土潤濕加以瘴疫十有四五其不可三也遠涉萬里士卒疲勞比至嶺外不復堪鬭其不可四也軍行三十里為程而苑豫去日南九千里三四百日乃到人稟五升用米六十萬斛將吏驢馬之食不可計但師一興所費如此其不可五也設軍卒至所在死亡必衆既不足禦敵復當更發此為刻割心腹以補四肢其不可六也九真日南相去千里發其民吏猶尚不堪何況乃

[illegible]

若四州之卒以越萬里之艱哉其不可七也前中郎將尹就討益州羌益州諺曰日虜來尚可尹來殺我就被召還以兵付刺史張喬喬因其將吏旬月之間破殄寇虜此發將無益之效州郡可任之驗也更選有勇略仁惠任將帥者以為刺史太守從南吏民北依交阯還募蠻夷使自相攻轉輸金帛以為其資有能反間致頭首者許以封侯列土之賞前并州刺史祝良性甚勇決張喬有破賊之功皆可任用於是悉從固議

漢末衰微客交阯寄荀彧書

交阯使君學問優博達於政事當大亂之中保全一郡二十餘年疆埸無虞民不失業羈旅之輩皆蒙其慶雖竇融河西何以加之

吳合浦交阯太守薛綜與刺史呂岱平士徽亂岱被召綜上書云

昔帝舜南巡卒於蒼梧秦置桂州南海象郡然則四國久矣越佗起番禺懷百粵之君珠官之南是也孝武誅

[illegible]曰

呂嘉開九郡設交阯刺史以鎮之山川長遠習俗不齊長幼無別民缺禮義長吏之設雖有若無自徙中國罪人居處其間稍使學書粗通禮化及錫光守交阯任延守九真乃教民犂耕使之冠履建立學校導以禮義由此而降四百餘年頗有士類然土廣人衆險阻山林易以為亂難使從治縣官羈縻示令威服田户租稅裁取供辦貢致遠珍名珠異香象牙犀角珊瑚鸚鵡翡翠孔雀奇物充備寶玩亦不必仰其賦入以益中國也然在

九甸之外長吏之選類不精覈漢時法寬常自放恣故數違臣所見南海黄蓋為日南太守下車以供設不豊撾殺主簿仍見驅逐九真太守儋萌為妻父周京作主人并請大吏酒酣作樂功曹番歆起舞屬京不起歆猶迫彊萌怒殺歆苗率衆功萌故交阯太守士燮遣兵討之不克會稽刺史朱符以鄉人劉顏之徒分作長吏侵虐百姓黄魚一枚收穀一斛百姓怨叛山賊並出攻州郡符走入海流離喪亡是歲以次鉏治綱紀適定會仍

吳書志略

名出呂岱致有士民之變後改置長吏章明王綱威加
萬里大小承風由此言之綏邊撫裔實在其人伯牧之
任宜擇清能蒞要之表禍福尤甚今交阯雖名粗定尚
有高涼宿賊其南海蒼梧鬱林珠官四郡未綏依作盜
寇若岱不覆南新刺史宜得精密檢攝八郡用方略智
計安之庶可補復如但中人近守常法無奇數異術者
羣惡日滋

吳中書丞華覈表薦陸胤

才通行爽晉歷選曹遺跡可紀向在交州奉宣朝恩流民歸附海隅肅靜銜命在州十餘年擯斥殊俗寶玩平生内無粉黛珠翠之妾家無文甲犀象之珍方今之臣實難得也若呂還罷以上司則大工畢修庶績咸熙矣

晉平吴撤州郡交州刺史陶璜上言

交州荒裔斗絶一方重譯而言連帶海島外距林邑纔數千里夷帥范熊世為逋寇自稱為王數攻百姓且連扶南種類羽黨相依負險不賓往隸吴時抄劫良民殺

其[illegible]志畧

害良吏臣以匡篤昔為故國所採偏戍在南十有餘年雖前征討剪其魁傑而深山僻壤尚有逋竄初臣所統之卒八千南土潤濕多有毒氣累年征討死亡減耗只存二千四百人今四海混同無思不服當捲甲銷兵未宜損約以示空虛風塵之變出於非常臣亡國之餘議不足取詔從之

齊淮南宣城二郡太守劉善上表

交州險難荒要之表未可攻取遂致怨叛今宜綏以恩

德未應遠勞將士搖動近闕

宋太宗嗣位五年將取交阯王禹偁文諭曰

夫中國之於蠻夷猶人身之有四肢也運動伸縮隨諸人心故曰心謂帝王之位也一人手足間血脈有滯筋骸不寧則必藥餌以攻之攻之未和則針砭以達之非不知藥餌苦口而針砭破膚也然折寡而益多矣君天下者其猶是與我太祖皇帝受禪於周聲明文物一變及古居帝王之位視夷夏之病故一之二之歲藥庸蜀

安南志略

湘潭三之四之歲針廣越吳楚筋骸血脉頓然平康非王者神機偉畧疇能至此乎洎我后嗣守丕基取黎庶以為幽并者心腹之病也苟心腹未治四肢庸治乎於是煉仁義之藥弭脩道德之針砭大療於近而遂九州四海既康且寧顧爾交州遠在天末實九州之外而四肢之餘譬之於身猶一指耳雖有一指之患聖人得無念乎是用開爾昏庸被我聲教爾其從予況在有周白雉來獻降及炎漢銅柱高標至於皇唐日南內地唐末

多難未遑底平今茲聖朝盃覆萬國太平之業既成矣封禪之禮將已修矣俟爾至此庸錫爾躬爾無向隅爾無不靖俾我為執旛仗鉞之討用屠小國雖悔焉追矧夫爾生水珠我沉於泉爾貢用金我捐於山非利爾之寶也爾民頸飛我有車馬爾民鼻飲我有酒醴革爾之俗也飛頸野人也鼻飲者即交廣蠻獠間有是類爾民短髮我有衣冠爾民缺舌我有詩書教爾之俗也煌煌交州煙烝霧煮我飛堯雲洒爾甘雨湯泉瘴海火傷日鎔我張舜琴扇為薰

安南志略

風爾天星老人謂不職我天紫微使以拱極爾地魑魅人懼其怪我鑄大鼎使以不害出爾昆夷觀明堂辟雍乎脱爾卉服慕華衮山龍乎爾其來乎無速厥辜若將其車徒戒其征鼓向化其赦逆命其伐惟向惟背爾其審之

太平興國五年征交阯不利田錫上疏云

今交阯未下戰之無功春秋謂老師費財兵書云鈍兵挫銳臣聞聖天子不務廣於邊鄙惟務廣於德業武有

七德陛下何不廣之天生四夷陛下何輕取之必聖德日新遠人自然入貢外國自然來降彼國自有災厲彼國自有凶荒書曰惟德動天又曰四夷來王周易曰聖人先天而不違況四夷乎臣嘗讀韓詩外傳曰方成王之時越裳來貢重九譯而至周公問其何以來其人曰天無烈風淫雨海不揚波三年矣意者中國殆有聖人盍往朝之昔太宗征遼魏徵諫及貞觀太平之後天下九州三百有六十羈縻州有一百屯田置戍悉在外荒

上書言曰

不必加兵自求内附交州謂之瘴海得之如獲石田去者不習水土居者大半夭傷宿兵已久死亡頗多陛下念征戰之苦思用度之廣愛兵惜力無鈍兵而費財修德來遠無略内以勤外即詔執事寬其誅戮又何必叢爾蠻陬勞陛下之震怒以傷朝廷之大體也太宗賜璽書言事陳古諷今有犯無隱得諫臣之風深足嘉尚邦國之事朕思之甚熟於興師伐叛皆有理而為之且非無名之舉也頃以一境篡奪相繼廣西轉運使有狀奏

言丁璿之家被賊遇害亂靡有定民將疇依況累朝以
來修貢不絕為人主者忍不救之爰命偏師往安彼俗
既不貪其土地令即罷其戈干

宋熙寧九年張方平上神宗論交阯備禦十事

其九曰

本朝祖宗有邊防大事亦嘗採博議今安南之舉興師
討伐涉歷渡險利害甚著然聖志先定國論以協伏願
特降璽書內外近職之臣令各獻策以示博訪之道使

其南志略

四方知陛下慎重之意三軍知陛下憂矜之懷觀其減否亦以見羣臣之才識愚者千慮當須有得揀擇所長不為無補也

熙寧十年監察御史蔡奉喜上神宗再征交阯書

臣聞漢儒曰聖人以天下為度傳曰江海納汙國君含垢則知天下之治亂無窮若錙銖以數之則道有所不及故聖人限要荒之俗以不治治之而天下無不治也

伏自交寇之弗率一隅之間兵死於道者相望丁男之轉輸而斃於路者相繼靡國之內賦以億萬計可謂勞矣而所得者廣源數州之地而已夫瘴海窮山霧毒之淵藪其間殆非人境雖盡得之顧何補於天下若討安南之罪則已伏罪矣雖三苗弗率而七旬班師義何以加此然而郭逵趙卨尚未罷歸邊兵未還營伍外議喧傳以為李乾德之降義不深自隱匿朝廷再欲興師不識有此否乎夫蠻夷之俗處荒服之外通譯而能書者

[illegible]明

三代之治益詳密吳亦以為不足治也何者不欲以遠而勞近以外而疲內今朝廷因蠻夷以掠劫為事既已收其境土而殘其元惡其黨類愚頑復為異日之患即用達官之徒以守之使其法令嚴而征討不施可也萬一有再事征討之策臣願更詳之熟計安息數年候瘡痍平復然後留意未可輕議以煩陛下納污含垢之量

臣識淺言輕干冒天聽

安南志略卷五

安南志略

卷六

元　黎崱　撰

表章

至元十五年安南世子孤臣陳某上表

大元皇帝上天眷命皇帝陛下臣父歸順聖化二十餘年仁恩咻煦德天地也聖度含宏量山海也臣父一生感戴甚厚至元十四年不幸臣父不祿將薨之日

謂孤臣曰陛下寬厚大度不遺小國諒爾必蒙世及之恩吾今但以天不假我之年使不得及事天朝為恨耳臣丁父喪之初年貢之期適蒲臣不敢以憂難之累仍差前使黎克復等乘時來覲而復其年貢續差中侍大夫周仲彥中亮大夫石德部等充行人使奉齎表章及方物詣闕進獻遵交職業罔敢失墜上教子以忠之訓小國生靈謂父臣歿後臣能繼父志述父事在此行也陛下矜憐忠直必加襃獎則我世

子不幸中實有幸自各延頸北望日月以冀迨至元十五年周仲彥等未還惟天使柴尚書等齎詔書與前黎克復等同來小國遂率百官具禮迎臣焚香拜讀伏見詔書以諭入朝臣不勝驚懼蓋緣臣生長越裳禀氣軟弱水土不諳暑濕不耐恐道有妨徒暴白骨致陛下仁心亦自哀傷之耳而無益於天朝之萬一也陛下與天同體臣事陛下其如事天雖正色蒼蒼九重深遠然天威未嘗敢違顏咫尺君恩未嘗不

其表曰

銘於方寸也其在成周之臣重譯來貢武帝時置之度外以其裒小國道路悠遠山川險深之故方今陛下舟車所至霜露所降凡屬照臨莫不臣服比之周漢實相萬萬不可同日而語天地開闢以來未有如今日天下一統之大者也陛下施仁行政必先於鰥寡孤獨之人至於昆蟲草木之微各遂其性臣獲罪於天惟不克荷是懼陛下政遠於周仁深於漢伏望陛下哀孤臣之單弱憐小國之遼遠命臣得與鰥寡

孤獨保其性命以終事陛下此孤臣之至幸抑亦小
國生靈之大福也
至元二十九年安南世子陳某上表
竊某六尺微孤夙蒙父訓其於臣事天朝毋廢歲貢一
事切切然常在懷也所以懼僭罪特遣中亮大夫嚴
仲羅古武大夫陳子長等以至元十七年九月奉齎
貢物詣闕進獻上克盡事天之誠下克紹先人之志
迨今年二月天使正議大夫張顯卿奉順大夫闊

等奉賚天語及賜物同嚴仲羅等回來小國宗族官吏百姓耆老舉欣欣然相告曰聖天子恤孤以仁待人以恕其必脫我生靈於塗炭之中臣與小國百姓豈勝驚懼其事臣父在日已嘗具奏當臣未預政素所不知非獨敢歸其事於父以求自免於罪也萬一天朝典垂寬宥是臣之幸否則臣罪不勝誅矣至諭以親來赴闕聖天子不惜王爵符印復封土於往日事則臣與小國宗族官吏等驚魄稍甦死魂復定

以謂天朝若不存念豈能諭及此耶臣祖父在日天
朝嘉其忠勤憫其遼遠置之度外故中統二年詔封
王爵賜以符印即勅我兵不入宗境制度禮樂不改
舊俗臣父得保首領以殁生靈至今受賜不淺在臣
父之世不幸邊方構禍然事上一節終始不踰迨於
臣身僭代等土辱蒙天朝再念孤臣之心又可知臣
生長遐陬水土不服寒暑不諳小國諸使往來為瘴
死常六七設不能自量徒死於道路終無益于世且

小國蠻夷爾風俗澆惡一日無主雖昆弟不能相容聖天子育物為心字孤為念小國之臣尚不忍遺況臣之祖父世世事君忍使骸骨暴露社稷丘墟者乎夫世之人茍有得面聖者在佛書云為生大福儒書云千載一遇臣豈不欲觀光上國躬沐聖恩而遽乃違命而速禍者哉天日在上誠以常情貪生畏死臣去天遼遠得保一隅其幸獲寬裕者恃有陛下日月其明天地其量否則翻四海之波不足以洗臣之罪

也臣言及茲肺肝若剖伏惟陛下哀此煢獨念其困窮察微臣之苦衷原微臣之重罪俾微臣得以苟延殘喘以竭事天之誠百姓各保姓命以享好生之德豈惟微臣粉骨碎身不可圖報聖功之萬一毋亦普天下萬口一辭同祝聖壽之萬億也

至元三年三月安南陳某百拜上

數十年父子滔天之罪迨今日氷釋矣存者亡者得拜天地父母更生之賜中國諭以有生之類寧有長久

安全者乎臣與一國生靈驚懼失望莫知所措臣聞古今無不死之地而所恃者有好生之天聖天子以天爲心恤孤同仁則可以長久可以安全可以不死否則何往非死地也天詔曰徒以歲幣虛文巧飾見欺於義安在臣讀至此凜然肝膽墮落雖得聞此一身不幸莫大既不得生於天子之庭其表誠者在乎土宜而已臣豈不知聖朝天覆地載梯航萬國奇貨珍寶靡所不有何以臣小國進獻爲哉然臣猶不顧

其罪而復冒昧者臣事君之義不可廢也在天詔雖以義安在臣下安敢廢職耶伏望皇帝陛下父母其心乾坤其量包荒含穢曲賜矜存臣赤心欣順忝受封冊俾臣襲恩獲供職貢如故上以盡事天之誠下以克承先之志豈惟微臣一介復保延殘喘抑亦百萬生靈同享天地好生之大德臣犬馬下情雖粉骨碎身不足以圖報萬一也不勝惶悚待罪之至

安南國進賀萬壽表

安南志略

伏以帝齡億萬正八千歲春秋之初華祝再三越七百里要荒之外普天交慶曠古未聞臣誠懽誠忭頓首稽首伏惟皇帝陛下聰明日躋智勇天錫以一怒而安天下應五福而澤庶民奄有四方自漢唐絕無之事不遺小國即堯舜所用之心有孰而有容得名必得壽臣南荒坐井北面拱辰三十年犬馬拳拳一寸忠天日浩浩仰陳蟻悃徒懷金闕之瞻遥奉玉罏遠望天門之闢臣謹齋沐親自撰寫頌一章以（瑱）金冊封

以金函差陪臣陶子奇等奉表稱賀以聞

至元三十年三月初四日安南陳某上表

臣謹昧死百拜上奏臣伏今年二月十四日恭親天使吏部尚書梁會禮郎中陳孚奉齎天詔俯臨下國愚臣謹率宗族官吏奔走道途焚香迎迓及至復道躬迎三呼百拜跪讀天詔謂曰汝國罪愆既已自陳朕復何言聖天子涵洪寬大如此臣等不勝欣喜踴躍之至感聖恩之萬一也

至元元年安南世子陳某表賀仁宗皇帝即位

龍飛九五冋生意於龍躔衆譯重三馳賀恍於象魏一人有慶萬國咸亨欽惟皇帝陛下文炳域中仁翔海表柔遠能邇常守道以為心偃武修文每戢兵而不戰克廣穆穆宜君之喜有光明明我祖之功霽雷霆而施雨露之恩割封畛以示乾坤之量與民更始隨物皆春臣等幸際離明歡聞渙號瞻天北闕心傾北極之尊居守南荒預祝南山而上壽

安南國陳請大藏經表

臣僻處炎荒夙依皇覺緬懷貝葉傳自中華唐宗在時會馱來於白馬大兵至日已化作於死灰嗟莫覩於祕文竟難尋於奥旨如入暗室而無慧炬如濟苦海而失慈航念此小邦闕於大藏若不請求於上國曷以開道於羣生欽惟皇帝陛下虞舜為君釋迦生世以濟物度人為念以博施濟衆為心幸不祕於玉音莫大開於寶藏自天而下賜萬五千餘卷之經遵海

而南救百姓億兆民之苦此功德即前功德廣大無
邊今聖人即古聖人流傳有此時中書奉詔賜之

至大二年安南世子陳某表賀成宗皇帝即位

伏以乾龍初造上天之景命有歸澤雁安眠中國之至
仁遠被懽騰海宇望協華夷欽惟皇帝陛下聖德日
新智勇天錫削平禍亂威靈震疊於遐方坐致雍熙
聲教暨漸於南徼復古之規模宏遠鼎新之治化更
張混文軌於寰瀛壯基圖於西 石一人有慶萬國咸

寧臣世守龍編誠馳魏闕景仰日中離照咸効精忠
嘉兹海隅蒼生共陶至化

至順元年安南世子陳某表賀文宗皇帝即位

聖神廣運智勇兼資德意仁聲固際天而蟠地風化教
被蓋自北而及南名振於今功高於古遠懷邇服布
世祖之經綸武偃文修恢至元之禮樂坐今華夏同
底雍熙臣世守外藩心傾北闕望雲霄於星拱路雖
阻於八千拜日表於海隅顔若遠於咫尺

至元三十一年内附安南王陳益稷表賀元旦

節

伏以正月始和使萬民之觀治皇天眷命奄四海以為君朔日在壬而東郊迎春太歲居午而南面聽政陰陽交泰文軌混同申賀皇帝陛下克寛克仁乃神乃聖宜乎在位之久致斯有道之長八百餘國之朝功烈上加於周武三十五年之治規模遠邁於漢光壽域重開熙臺同樂臣益稷符分服外葵向日邊以申

誠報滄海之恩俾遐邇歸聖朝之化備膺五福願献
箕子陳皇極之言遙拜三辭敢效齊侯奉天子之命
至元三十一年安南王陳益稷表賀成宗皇帝
即位
夙稟睿聰表彰仁孝春秋方盛待舜生三十之年十月
重明延周過八百之祚傳神孫以保泰人望久歸尊
徽號以報親天下至養當保泰持盈之際存繼志述
事之心龍御雲從鷄竿澤沛臣歸身天北封爵日南

奉表以聞

恩深感於皇朝報未酬於素志初即帝位嘉同漢臣
推戴之誠願近天威庶效齊侯下拜之禮

大德十五年夏五月武宗皇帝即位安南王陳
益稷表賀

伏以昌運啟聖肇登寶位之初眷命為君光照瑤圖之
永福延社稷喜溢臣鄰欽惟皇帝陛下天運神功日
新睿聖重華協帝允符朝野之謳歌全付有家夙荷
祖宗之顧託用敷渙號式迎太平臣叨爵南方馳情

北闕風雲慶會章快覩於龍居江漢對揚欲遥伸於
虎拜
延祐七年三月英宗皇帝即位安南國王臣陳
益稷表賀
天臨丹扆龍飛九五位之星陽毓紫宸虎拜億萬年之壽
治新景運緒述丕基欽惟皇帝陛下握符闡珍受
國膺籙尊親報本加敷后之徽稱肆赦恤刑溥民生
之厚澤本先世繼傳之志應寰宇繫屬之情臣爵錫

[illegible]

禧封光依上國身居南紀願同江漢之朝宗心向北

宸遙叩闕庭而慶賀

前代書表

南粤王趙佗上漢文帝書

臣佗昧死再拜上書皇帝陛下老夫故越吏也高皇帝

幸賜臣佗璽以為南越王惠帝即位義不忍絕所以

賜老夫者甚厚高后用事别異蠻夷出令曰毋予蠻

夷外粤金鐵田器馬牛羊即予予牡毋予牝老夫處

僻馬牛羊齒已長自以祭祀不修有死罪使內史藩
中尉高御史平凡三輩上書謝過皆不返及風聞老
夫父母墳墓已壞削兄弟宗族已誅論諸吏相與議
曰今內不得振於漢外亡以自高異故更號為為自
帝其國非敢有害於天下也高皇后聞之大怒削去
南粵之籍使使不通老夫竊疑長沙王讒臣故發兵
以伐其邊老夫處粵四十九年於今抱孫焉夙興夜
寐寢不安席食不甘味目不視靡曼之色耳不聽鐘

安南志略

鼓之音以不得通漢也令陛下哀憐復故號通使于
漢如故老夫死骨不腐改號不敢為帝矣

　宋太平興國五年交趾丁璉薨弟璿立大校黎
　　桓言于太宗舉兵伐桓桓伐璿上表

世膺朝奬僻居海隅假節制於蠻徼修貢職於旅寄屬
松門之薄祐值元世之淪亡玉帛駿奔致稽於助祭
土茅世及未預於守藩臣父部領兄璉俱荷國恩忝
分閫寄謹保封畧莫敢怠遑汗馬之勞未施朝露之

悲俄至臣堂構将圯裒裳未除管內軍民將吏藩裔耆耋共詣苫塊之中俾権軍旅之事臣懇退辭數四謂適逾堅未及奏陳又慮稽緩山野獷悪之俗洞壑狡猾之民倘不循其請恐因生變臣謹以攝節度行軍司馬權領州軍事伏望賜以真命令備列藩慰微臣盡忠之心舉聖代賞延之典克治遺業用撫遠夷銅柱之墟庶宣扞禦之功象闕之下永輸獻琛之誠惟陛下俯憐其過未忍加罪

宋開寶六年安南陳某授位於子表

臣聞人惟知足身退不待暮年子既克家續紹乃無墜祀此天道古今之常不啻人情上下之同然敢陳內授之辭輒瀆蓋高之聽伏念臣功無帝眷時忝侯封受命於朝復阻來朝之禮納忠于國未酬報國之心茲惟難哉吾甚懼也顧蒲柳未秋之質敢釋負重以偷安葵藿向陽之心思近清光而罔後時既稽於請命奏敢後於封章終日戰兢省躬踢踏謹奉包茅之

安南其四

貢薄寓獻芹之忱少充闕庭庸伸遠職伏望陛下敷皇明於幽燭運元德於昭回察臣愚蠢之衷憐臣感戴之重容民畜衆明學術之可傳窮機調徽寓析薪之克負光賜袞衣之寵使同帶礪之盟臣所願求天必從欲錫太上國主之號莫十行詔旨之頒苟稱塞於鄙懷寔寵光於敝邑臣敢不終身正行抗節致忠金石此心永荷乾坤之德涓埃其報仰酬海嶽之恩

附宋時占城國修貢表占城本日南郡象林郡也漢末邑人叛國號林邑後世國

至唐末時亂遂建於占城名占城國

臣假節邊隅久被王靈之寵遠馳方物聿修臣職之供輒轉奉封上干典屬竊以越裳重譯聞盛德而歸周槃木獻歌懷至仁而頌漢惟一人篤邇而舉遠故百蠻慕義而嚮風況小邦雖處遐陬在昔寔為列郡象林晝邑常歸粵地之圖銅柱分疆尚有伏波之迹適樂推中土多有歷年方藝祖開基首駿奔而來賀數朝繼紹亦踵至而貢修嘉種供自遐陬珍奇獻于上

荷苑每荷蓼蕭之澤聿知葵藿之心頒綸綍以丁寧
錫乘黄于蕃庶臣幸逢興運竊撫故封文詔分輝聊
偷安於蟻垤光天在望隨趨賀於龍庭敢陳任土之儀
少效包茅之貢恭惟皇帝陛下仁同一視道合三無
舞干羽於兩階誕敷帝德執玉帛者萬國咸造王廷
豈尚緩褱宇而求永昌方將發西域而撫交阯容光
必照不忘僻陋之區歧道有夷職在要荒之服臣占
風服化就日馳誠步萬里之瀛波第勤輸賮夢九重

安南志略

之鈞奏徒悵戴盆誓殫綿薄之忠永答洪麗之施

安南志略卷六

安南志略

卷七

元　黎崱　撰

漢交州九真日南刺史太守（附三國時刺守）

鄧勲南陽人祖父為交州牧漢五鳳二年勲為交州刺史

鄧讓不知何許人按光武紀王莽末交阯諸郡閉境自守岑彭與交阯牧鄧讓厚善與讓書陳漢威德於是

安南志略

讓率諸郡太守遣使奉貢悉封列侯
錫光漢中人平時守交阯教民禮義
任延字長孫年十二明詩易春秋顯名太學中號曰任
聖童建武初守九真俗以漁獵為業不事耕種乃教
墾闢歲租開廣百姓充給貧民無禮聘者延令長吏
以下出俸祿以賑助之同時娶者二千人是歲風雨
順節禾稼豐衍其產子者名為任視事四年召還九
真人立祠

蘇定建武初守交阯貪暴由是徵賊殺定而叛馬援平之

李善字次孫南陽人為漢太子舍人顯宗時守日南以惠愛為政懷來異俗遷九真太守

張恢顯宗時守交阯坐贓伏法以資物簿入司農詔頒羣臣

胡貢廣父也為交阯都尉

樊演順帝永和二年為交州刺史日南象林賊蠻區憐

[illegible]

反演發兵擊之

張喬永和三年為交州刺史遣使慰誘象林叛賊悉降

祝良字邵卿相人永和間為九真太守初蠻區憐叛良

至單車入賊中招以威信降者數千嶺外悉平

周敬字敬吳人也永和六年守交阯上書云交土既遠

處州之外北望京師若瞻雲漢空有方伯以為國南

藩遂拜敬交州刺史

夏方刺交州順帝初交阯反搖扇九真相與連結方誘

以恩信降賊以功遷桂陽刺史延禧三年以九真餘
寇復命刺史交州方威惠素著賊相率降
楊扶會稽人也祖茂從光武征伐有功命扶為交州刺
史
倪式永壽三年居九真時風令貪暴邑人殺令率衆攻
九真式戰死詔賜錢六十萬拜二子為郎
魏郎字少英會稽人以彭城令為九真都尉永壽三年
蠻叛倪式戰歿郎至厲兵五千破賊乃平

安南志略

安南志略

祝恬字伯休中山人南越志云恬為司徒以直言犯上
斥為交州刺史政清恩被甚得民心

葛祗延禧六年交叛為賊所拘

丁富桓帝時刺史交州召為司徒

張磐字子石丹陽人延禧時交州刺史

虞詒翻父也後漢日南太守惠澤及民身死歸鄉有鴈
隨棺會稽棲塚乃去

朱儁字公偉會稽人靈帝光和元年交州梁龍與南海

太守孔芝叛拜儁交州刺史道過本鄉率家兵及所調五千人（家兵家童調調發也）從兩道入先觀寶虛宣威揚德以震動其心既而七郡兵進追之斬梁龍降數萬人以功封都亭侯

李進字登高靈帝時交州刺史

賈宗字孟堅聊城人舉孝廉遷京兆尹交阯多梗化其前後刺史不恤其下兵民叛𢚩中平初三府舉宗為交州刺史宗到郡移書告示各復生業招撫荒散蠲

安南志略

復徭役斬渠帥簡選良吏百姓安之歌曰賈父来晚使我先反今見清平吏不敢犯

周乘為御史以直忤意出為交州刺史上書云交州絶域習俗貪濁彊宗聚姦長吏肆為侵漁蒿民臣受深恩任爪牙欲為聖朝掃清一方時屬城解綬去者三十餘人

蹇蘭漢交趾太守

賴先交阯太守

黄蓋吴曰南太守貪冒見逐

儋萌守九真以私怨殺功曹歆歆弟殺萌

朱符建安五年刺史交阯侵害强賊逐之

張津字子雲南陽人建安八年刺史交州與劉表有隙

　遂興兵為其將區景所殺

賴恭陵陽人劉表時為交州刺史仁謹不習世故為蒼

　梧太守吴臣所逐劉先主用為太常

綦毋闓會稽人劉表遣為交州刺史

三[illegible][illegible]四

朱治字君理丹陽人建安七年孫權表治為扶義將軍
九真太守時平夷越

士燮字威彥其先魯國人後遭王莽亂避兵交阯六世
桓帝時燮父賜為日南太守燮本師潁川劉子奇治
左氏春秋為作經解由孝廉補尚書郎以公事免官
舉茂才遷交阯太守董卓亂交阯刺史朱符為賊所
殺燮至郡氣宇寬厚謙虛下士國人加愛中州士人
往依避難燮弟壹守合浦兄弟並為列侯雄長一方

出入鳴鐘磬簫鼓車馬滿道夾轂焚香常有數十妻
妾乘輜軿當時貴重震服百蠻尉佗不足踰也初朱
符張津殺州郡擾亂帝賜璽書交州絕域南帶江海
曰上恩不宣下情壅遏劉表遣賴恭規南土今以士
燮為綏南將軍董七郡領交阯太守如故燮乃遣使
張旻奉貢京師時天下喪亂道路斷絕而燮不廢貢
職特復下詔拜安遠將軍封龍度亭侯建安末孫權
遣步騭為交州刺史騭到燮兄弟奉節度權以燮為

吳志卷四

左將軍遂遣使入貢遷燮衛將軍封龍編侯每遣使詣權致雜香明珠珊瑚琥珀孔雀犀象奇物異果芭蕉龍眼之屬無歲不致燮在郡四十年壽九十卒

士鮪燮弟也為九真太守

士徽燮子也燮卒自領交阯太守權遣陳時代徽為太守徽拒之後為呂岱所斬

戴良交州刺史黃武五年以交阯遠合浦以北為廣州以南交州拜良為刺史良與陳時入境士徽拒之

步騭字子山淮陰人避亂江東南為吳中郎將征南將軍劉表授為蒼梧太守吳巨外附内逆騭誘斬之權遷騭為交州刺史到郡威聲大振南土遂平延康初權遣呂岱代之騭將交州義士萬人出長沙會劉備東下乃拒於益陽備敗績而零桂諸郡猶驚擾騭討平之

呂岱字定公廣陵人吳黄武五年為交州刺史初交阯士燮懷逆拒命岱督兵浮海進討士徽懼率兄弟六

[illegible]

人降岱皆斬之又遣士南宣威命徼外扶南林邑皆遣人貢以功還鎮南將軍進討番禺平之為孫亮司馬岱清身奉公所在可述初在交州歷年不餉家妻子饑乏亮聞知賜錢絹年九十六卒

薛綜字敬文沛郡人少依族人避地交阯從劉熙學權以為合浦交阯太守與交州刺史呂岱平士徽亂

陸胤字敬宗凱之弟也吳赤烏十一年交阯九真賊攻沒城邑遂以胤為交州刺史大略諭以恩信務崇招

納遺以財帛賊寇及民莫不稽顙交域清泰拜安南將軍永安初封都亭侯

孫諝永安中為交州太守貪暴會吳主遣使至本郡又擅調孔雀二十頭送建業民憚遠役遂作亂郡使呂興殺諝以郡降晉九真日南皆應

陳襲臨淮人永安七年為交州牧值孫諝害政後復分海東四郡為廣州以熊牧為刺史海南三郡為交州以襲為刺史移治龍編

安南志略

虞汜字世洪翻子也孫皓建衡初為監軍使者與諸將
　薛珝陶璜李勉徐存等擊交阯擒殺所置首將九真
日南皆降虞汜以功拜交州刺史封餘姚侯
朗姓未詳字奉先桂陽人為吳九真太守
綦毋俊吳交州刺史
修則湛父吳交州都督交阯牧楊稷斬之
劉俊吳交州刺史為毛炅所殺
爨宗蜀命領交州事或云交州刺史

毛炅蜀交阯太守或云晋將軍

安南志略　卷七　九

安南志略卷七

安南志略

卷八

元　黎崱　撰

六朝交州刺史都督交阯九真日南太守

董元晉九真太守

爨谷交阯太守

馬融代爨谷

楊稷晉交阯太守

安南志略

孟幹隨毛炅自蜀出交趾為吳所擒後歸晉陳伐吳之
計晉武帝以為日南太守
陶璜字世英丹陽人吳會稽太守初吕興殺孫諝以郡
附晉晉武拜交州太守為統所殺復遣爨谷及巴西
馬融皆病卒以霍弋楊稷補其缺與毛炅董元孟幹
李松王業爨能等自蜀出交趾破吳軍於古城斬脩
則劉俊吳建衡三年秋遣虞汜薛珝陶璜拒楊稷等
戰分水璜退保合浦珝怒謂璜曰若自表討賊而反

失利其責安在璜曰下官不得行意諸君不相順故致敗耳璜欲引軍璜即夜以兵出其不意徑至交阯董元拒之將欲戰璜疑斷牆內有伏兵乃使列長戟於其後纔接元偽退璜追之伏兵果出璜以長戟逆之大敗元衆獲其寳物珝乃謝璜以所得物遣之董元有勇將解系同在城內璜令其弟為書與系又遣衆乘輅導從而行元曰若此系必有去志即殺系璜攻交州九真日南皆降遂拜璜為交州刺史璜有謀

策周窮好施得人心夷獠梗化者璜討平之璜被詔復其本職封宛陵侯改為冠軍將軍璜在南三十年及卒舉州號哭

吾彥字士則吳建平太守才兼文武手格猛虎吳亡歸晉為交州刺史初陶璜死九真戍兵作亂彥討平之斬賊帥趙杜在鎮二十年恩威宣著南州寧謐

顧秘字公真吳將軍愷子也代吳彥為交州刺史

顧參秘子也秘卒州迫參領州事

顧壽參弟也參卒州迫領州事州人不許乃殺長史胡肇等梁碩以兵擒壽併其母皆鴆殺之

陶威（一作成）璜子也梁碩殺顧壽迎威領交州事

陶淑繼威為刺史

王敦晉鎮東將軍都督江淮荊湘交廣六州諸軍事

王機字令明長沙人就王敦求廣州不許會廣人逐刺史郭訥而叛遂與溫邵迎機為刺史敦遣參軍葛幽追至廬陵機叱曰來取死耳幽不敢進訥聞劾附機

遣兵擊劬為劬所敗訥遂握節避機機入城恐救討
乃更求交州救以機難制從之機趨交州為梁石碩所
拒遂往鬱林會杜弘破桂林機勸洪取廣州於是洪
與機俱反尋為陶侃平之

安南六明

張伯義唐安南經略使始築大羅城

康謙北方商人為安南都護

胡衡日本人開元中奏幣来朝慕中華之風因留焉歷
使中國永泰二年為安南都護時生蠻侵德化龍武

二州境詔胡衙往平之

輔良交德宗建中三年為安南都護時演州司馬李孟秋峯州刺史李柀岸反自稱安南節度良交斬之

高正平安南經略

張應唐安南經略卒於官其佐李元度以兵脅州縣為安南經略

趙昌字洪度為虔州刺史會安南酋獠杜英翰叛拜昌為都護夷落向化居十年足疾請還以兵部郎中裴

安南志略
泰代之德宗台昌問肰年踰七十台對精明帝奇之
復拜安南都護書至人相賀叛兵即定
裴泰見上
張舟始為安南經略判官憲宗元和三年還為都護前
經略張伯義所築安南大羅城高二丈二尺門各有
樓東西各三門南北各五門上置鼓角城內造左右
十營裴泰時驩愛二州赦還王攻破壞毀殆盡還王占城
王也舟又築之置軍中器械八千事

杜正倫相州人太宗知名為中書侍郎太子左庶子以太子承乾敗貶正倫交州都督

㝢德明唐愛州刺史

褚遂良字登善錢塘人亮子也為中書永徽末遷潭州桂州都護後許敬宗李義府誣奏遂良不軌武后怒貶愛州刺史歲餘卒二子彦甫彦仲亦流愛州皆殺之咸通五年高駢平安南始表歸楊瞿

柴哲威高宗朝坐弟令武與遺愛反流之邵州為交州

一都督爲吏清而刻累遷御史中丞四年遷交州刺史

劉延祐垂拱三年爲安南都護舊俚户歲入半租延祐

責全入衆怨謀反延祐誅其渠李嗣先而餘丁殺延

祐據交州桂州司馬曹楨静討平之

劉祐唐安南都護家巨富每養猪雞死則勒奴僕賠填

自奉儉未嘗兼味

元楚客江陵人開元初遷安南都護同楊忠勗平蠻渠

梅叔鸞之叛

宋之悌之問弟也長八尺開元中歷劍南節度使太原尹坐事流朱鳶時蠻陷驩州就授交州總管擊平之

杜朋舉唐景龍末為濟源尉夢中入一府見一碧衣相接甚恭曰少府當為安南都護某安南編户也故先敬恭願自保後果為安南都護

何履光桂州人天寶十年為安南都護權兵代雲安南九真以南粵蠻子俚攻之履光欲出迎司法左書高士廉曰長真雄兵在建城糧少不能久城中勝兵尚

可以戰奈何受制於人命廬為行軍司擊長真走之

隋亡履光納欵於唐即授交州總管

安南志略卷八

安南志略

卷九

元　黎崱　撰

唐安南都督護經畧使交愛驩三郡刺史

李大亮貞觀初爲交州都督

李壽唐宗室爲交州都督貪冒得罪

李祖向字季良光州人貞觀初李壽得罪太宗思求良朝臣咸言祖向才兼文武廉平公直名至帝謂之曰

安南志畧

交州大藩須聲（賢）牧為之前任都督皆不稱職卿有安邊之畧為我鎮之勿以道遠為辭祖向既謝而復悔之遂以疾辭上遣杜如晦諭旨祖向固辭又遣其妻兄周範往諭曰匹夫相許猶不背卿昔許朕豈得悔之宜早行三年必召卿勿推拒朕不食言對曰嶺南烟瘴去無還理太宗大怒曰我使不得何以為政命斬於朝堂尋悔復其官廕

李道興唐宗室也封廣寧郡王以屬疏降封縣公貞觀

九年為交州都督以南方瘴癘憂卒於官

李道彥貞觀中為交州刺史山獠叛道彥討平之

李鑑巴王仲符子也任交州刺史

柳楚賢蒲州人貞觀中為交桂二州都督

李凱梁天監四年為交州刺史而叛

李稷以交州長史平李凱亂擢為交州刺史

王燮梁州刺史

侯懿字世泰大同初為交州刺史嚴刻失利土豪李賁

安南志畧

反懿奔廣州梁主遣交州刺史孫冏新州刺史盧子雄將軍擊賁冏以春瘴方起請待至秋懿趣之衆潰而歸懿誣奏冏及子雄逗留皆賜死

楊瞟梁州刺史與陳霸先流兵攻李賁進兵嘉寧賁逃入屈獠洞洞人斬首以獻

陳霸先字興國吳興人意氣雄傑涉獵經史以廣州参軍為交州司馬與楊瞟討李賁會西江集諸將問計霸先曰奉命伐罪宜捐死生以赴之豈事逗撓不進

長寇惑衆手嘌推霸先為先鋒所向摧陷以功授高
要太守督七郡諸軍事
簡文帝大寶初為交州刺史後即帝位
歐陽紇陳大建初督交廣領十九州軍事十餘年威著
百越高宗疑之詔徵還朝紇懼遂反
楊縉陳交愛二州都督封武康郡公
楊休浦字衛卿縉亡代領交州都督
李隨仁壽元年為驩州刺史
丘乙各

走己田
立和洽陽人隋大業末年交州太守撫綏盡心異域安
之
阮彌之宋交州刺史元嘉中征林邑王范陽邁出外其
將阮無之領七千人先襲區粟城彌之汎海遇風三
日無頓止所夜遇賊於合浦陽邁部船五百來戰彌
之射中陽邁柂工船敗縱橫單舸接得陽邁而遁彌
之遇風溺百餘里雖以制勝遂引師北還
阮研宋交州刺史善草書

張穆之字思靜梁張后父也為散騎侍郎始與王濬善後鑑其禍萌乃求為交阯太守政有異績史書罕明

檀和之高平人元嘉末為龍驤將軍交州刺史有威名盜賊屏跡林邑王范陽邁叛和之及司馬蕭景憲副將宗慤進討和之為先鋒攻城克之多獲其異寶

桓閎字叔通宋交州刺史

房法乘齊永明中為交州刺史好讀書常有疾不治事由是長史伏登之得擅易將吏法乘怒繫登之登之

南志略

行賂法乘妹夫崔景叔出將部曲襲執法乘法乘以疾動不視事遂以登之為刺史

伏登之見上

劉勃錡祖也齊交州刺史

劉楷齊交州刺史也將行聞羽監桓深者故刺史桓閎子也雅而學者遂令同行深未至交州卒

阮放字思度瞻族弟也為吏部郎成帝初庾氏執政放求為交州乃授揚威將軍交州刺史到州日暴疾卒

追賜廷尉

夏侯覽晉穆帝永和元年守日南耽酒亂政民怨之夷帥范文襲殺覽以尸祭天遂據日南

朱藩永和三年為交州刺史初林邑王范文據日南藩使督護劉雄戍日南文攻陷之又攻九真士卒十死八九護督滕俊率交廣兵伐文於盧容為文所敗

楊平永和七年為交州刺史與俊之討林邑其王范佛于敗向縛詣軍門請罪與盟而還

安南志略

阮敷永和九年為交州刺史討林邑王破五十餘壘

温放之嶠子也以侍郎遷交州刺史晉升平中將軍征林邑太守杜寶別駕阮朗不從放之怒其沮衆誅之遂領兵擊賊范佛于降林邑城東五里有温公二壘

杜寶為交州太守

滕含晉交州刺史升平末再征林邑平之

葛洪字稚川年老欲煉丹延壽聞交趾出丹砂求為句漏令

姜莊晉交州刺史

李遜晉末九真太守又子有權力威制交土杜諼斬之

傅詠雅子也交州太守

滕遯修子也交州刺史

王徽宋元嘉四年以廷尉為交州刺史

劉義康宋文元嘉中都督江光廣州軍事

梁碩為新昌太守自領交趾

王諒少有才幹王敦擢參府事初梁碩專制交土敦以

安南志略

王機為刺史碩拒機而迎故都督脩則子湛行州事

永興三年敦以諒為交州刺史敦謂諒曰脩湛梁碩

國賊也卿至即斬之諒到境湛退還九真廣州刺史

陶侃遣人誘湛來諒執之碩固爭曰湛故將之子有

罪可遣不可殺諒曰是君家故毋預我事即斬之碩

懼不免欲陰使客刺諒遂圍諒於龍編侃遣兵救未

至諒敗碩逼其節諒執不與遂斬右手旬日而死

陶侃字士行鄱（鄱）陽人性聰明勤於吏職為江夏太守遷

龍驤將軍時敦以王機刺交州為梁碩所拒機與杜洪溫劭及交州秀才劉沈等反據廣州侃討平之斬機等傳首京師侃以功遷侍中太尉加都督交廣寧七州郡軍事兼領交州刺史征南大將軍封長沙郡公

卞展晉交趾太守

褚陶字季雅晉九真太守

張璉字君器按晉成紀云咸和三年秋交趾刺史張璉

據始興反進攻廣州曾䚚擊破之按王頊之記云建為交州刺史封高侯途經店山愛其風土因居之與常紀不同未知孰是三年以來計甲伏三十餘萬事令左右起樓三十間貯之先有戰船數十艘甚遲鈍改造成艟艨三十二艘每船載水手二十五人棹手二十三人車弩二枝棹船向背疾如風自占城真臘悉修貢職舟役椰子皐作祭文

馬總字元會元和間以虔州刺史遷安南都護清廉不

撓用儒術教其俗獠人安之建銅柱唐德宗以總為
伏波裔韓愈送行詩紅旗照海壓南荒
李象古唐宗室為安南都護貪縱不法會黄家洞反象
古授驩州刺史楊清兵三千助討清還襲殺象古
桂仲武唐都護平楊清亂
裴行立唐安南經略使時還王國數人李樂山謀叛其
君來乞師行立斬之歸其尸蠻人悅服部將杜英策
范廷芝者溪洞豪也隸於軍他經略使多假借暴恣

安南志

難治行立每作其罪罰之許自效故英策效力廷芝

嘗沐浴久不還行立與之約日軍法踰日者斬異時

復然遂笞殺以尸還范氏更擇良子弟代之於是威

風盛行徙桂管觀察使黄家洞叛行立平之代桂仲

武為安南都護

李原善為安南都護寶德初奏移府於北岸

韓約為安南都護文宗泰和二年峯州刺史王昇朝叛

約討平之後為亂軍所逐

馬植字存之文宗開成初為安南都護其政清靜不煩
民安其化諸南蠻皆來納欵
武軍為安南經略會昌三年為亂軍所逐
田早弘正子也太和間為安南都護
王式宰相起子也宣宗時為安南都護初田早作木柵
歲縻繒錢既不時完而催督益急式至樹為木柵為
湥濠周植刺竹寇不敢犯後蠻兵入略錦田步式令
譯者告之蠻兵引去謝曰薄獠非為寇也初都校羅

安南志略

竹久專府政式杖黜之

崔秋大中六年為都護為褚遂良別立碑記

田存府布子也為都護頗立邊功

李琢大中時為都護貪暴以斗鹽易一牛部落怨叛結

南詔蠻段酋遷號白衣沒命軍攻安南府起居郎張

雲疏曰令狐綯用李琢鎮安南首亂南方贓虐流著

使天下兵戈調斂不及皮日休作詩刺之

李鄠為都護屯武州咸通初為蠻所攻而遁

王寬代李鄠為經略招討使李琢奏罷防冬六千人謂
桃林西原七綰洞首領李由獨可能遏蠻入寇蠻酋
以女妻由獨子遂帥衆附蠻寬不能制
蔡襲咸通三年代王寬為安南經略十一月南詔蠻圍
交趾襲嬰城固守救兵不至正月蠻反急城陷襲闔
餓死者七十八人與其下徒步力戰欲趨軍船船已
離岸襲溺水死荊南將士四百人走至城東水際虞
侯元惟德謂衆曰吾輩無船入水則死不若還與蠻

安南志畧

人入蠻城殺蠻二千餘人而死惟幕府樊綽取襲印先走渡江得免南詔西陷交趾所掠且十萬人留兵十二萬使其將楊思縉據安南

宋戎咸通四年為都護與諸道兵援安南首屯聚嶺南當苦餽運陳磻石請造千户大船自福建運米以餽南軍從之軍食遂足

高駢字千里初南詔蠻陷安南宣宗詔置行交州於海門益戎以容管經略使張茵收復安南茵逗留不進

遂以兵授駢拜為都護駢選士卒五千先進約監軍李維周繼進維周擁衆壁海門駢次峯州破蠻於南定縣斬張詮等降萬人收所獲贍軍捷奏至海門維周匿之奏駢玩敵不進上怒以右武將軍王晏權代之是時駢復破賊衆進圍交州城十餘日蠻勢蹙甚會晏權至駢以軍事授監軍黃仲峯而與麾下百餘人北歸先是駢遣曾衮入告安南捷至海中見旌旗東來云新經略使與監軍曾衮意維周必奪其表乃

門維周過即馳詣京師上得奏大喜加駢工部尚書復鎮安南駢至海門還舊任晏權暗懦維周凶淫貪諸將不為之用蠻聞駢至遁去大年駢復勵將士攻城克之斬蠻帥段酋獲三萬餘級土人先從蠻者率衆來附於是詔置靜海將安南授駢節度使

高潯從高駢以復安南有功詔代之治拜節度使

曾袞高駢部曲也嘗為駢告安南捷乾符四年為安南都護時南詔主酋龍卒子法嗣自號大封人舉衆叛

安南哀卒邕府戍兵潰會僖宗幸蜀陳敬瑄議和親於南詔盧攜豆盧瑑乃譎説帝云咸通以來蠻始叛亂連入安南邕管黔州四州天下騷擾十有五年賦輸不納京師者過半中藏空虚士死瘴癘燎骨傳灰人不念家亡命為盜可為痛心夫安南戍略單寡涉冬寇禍可虞誠命使者館報縱未稱臣且代其謀以縻服内得休息也帝曰然會黄巢平不果

敬彥宗唐愛州刺史

安南志略

崔立信為安南都護其壻裴維嶽攝驩州刺史貪暴無度

侯仁寶大師益子也宰相趙普以妹妻之普以仁寶分務西洛十年不易其地盧多遜與普有隙會普出鎮多遜叅知政事即還仁寶知邕州外凡九年不得代仁寶自度必死徼外因獻平交之策且言其主帥被害國亂可以偏師乘時取之遂求入朝疏入太宗大喜令驛召之多遜奏曰交阯內亂此天崩之時也朝

廷發兵襲之出其不意所謂疾雷不及掩耳今台仁
寶以泄其謀彼知為備依阻山林不可更久取也可
因擬以轉運使俾經度之選將發荆湖卒三萬人長
驅而入勢必萬全易於摧枯拉朽也上然其言擬仁
寶交州水陸路轉運司前軍發遇賊鋒甚盛擬兵不
繼遇害死江中太宗聞之甚悼惜特贈工部侍郎録
其子延齡延世並為齋郎延齡至殿中丞延世至太
子中舍

邵煜先天二年為假光祿卿交州安撫國信使後復改為沿邊安撫轉運使三年交趾黎桓卒國亂邵煜典廣外因條具經略事宜以聞八月煜上疏極言交阯不可伐真經宗略示近臣曰交外瘴癘之地若興兵攻取死傷必多且祖宗開疆其大如此當慎守而已即還煜為兵部員外郎以安撫交趾事畢獎之

安南志略卷九

安南志略　卷十

元　黎崱　撰

歷代羈臣

胡剛漢太傅廣四世祖清高有節王莽居攝解衣冠掛府門而去亡命交趾隱於屠肆莽貶乃歸鄉里

梁竦字敬叔明帝永平四年坐兄松事先是松以怨望作書誹謗竦與弟恭及松家屬俱徙九真歷江湖沅

安南志略

湘感悼子胥屈原以韋沉身作悼騷賦後詔還本郡
常登高遠望歎息言曰大夫居世生當封侯死當廟
食如其不然閒居可以養志詩酒足以自娛外郡之
役徒勞人耳後授命交趾並無所受

陳忠字心甫桓帝延禧末天下亂棄官客會稽孫策破
會稽忠浮海南渡交阯

桓煜字文林初平中之亂避地會稽浮海客交越人化
其節至閭里不爭訟後為凶人所誣死於合浦獄

董奉字君異侯官人士燮在交阯嘗病死三日奉與藥丸含之食頃顏色漸復半日能起見仙傳

許靖字文休安南人舉孝廉為掌書郎與太常避董卓亂往依會稽太常王明及孫策渡江走交趾以避難士燮厚加禮遇與陳國袁徽同寓交阯徽遺荀彧書云許文休英才偉士自流巖荒城羣士相隨每有急緩常先人後已與九族中外同其饑寒守距鹿張翔御王命更交部乘勢慕靖欲與要誓拒不許靖與曹

公書云三江五湖即為虞廷與袁師劉子孝傳浮倉海南至文州歷東甌經行萬里不見漢地遂濟海南與孝德相見知足下忠義奮發整飭元戎西迎大駕即與袁師係元賢復共嚴裝荊州水陸無津交部驛使絕斷又張子雲者昔在京師志扶王室今流岩荒城不復參預本朝國之藩鎮足下之外援也躬恨靖不相納搜書捉於水劉璋使人招靖入蜀先主用為巴郡廣漢太守終于司徒

劉巴字子初零陵人劉表辟幾次不就曹公辟為掾使招納零陵桂陽長沙會先主略有三郡不復返遂適交趾與士燮計謀不合又入蜀諸葛稱之用為尚書清儉恭默先主稱號策命皆巴所作

顧譚字子默吳相雍之孫也為尚書以上書疏魯王霸由是霸與譚有隙又衛將軍全琮子寄為霸賓友素輕邪譚與不納遂坐徙交阯

顧承譚弟也字子真為西部使都尉北越入為僚平後

安南志畧

與譚俱徙交趾卒

張休字于猷為侍中掾威將軍與顧譚顧承以苟波論

事詐偽徙交州竟為孫洪所譖詔賜死

劉熙不知何郡人薛綜程秉避亂交阯熙論大義常昭

熙作釋文八卷物類至繁難復詳究

程秉字德樞南郡人事鄭玄避地交阯與劉熙論大義

博通五經士燮命為長史孫權徵拜太子太傅

俞益期章人性剛直不能從俗遠適日南

庾道愍鄢陵人晉司空永玄孫有孝行頗能屬文少孤所生母漂流交州時道愍尚在襁褓及長求為交州綏寧府佐而去州尚遠乃自冒險至交州尋求經年日長悲泣嘗入一村日暮驟雨即寄止其家俄有一嫗負薪還道愍心動因訪之乃其母也遂相持號泣見者莫不揮淚道愍仕齊為左義校尉

張融字思光宋文帝時為封溪令由渤海至交阯海中遇風無懼方詠曰乾魚可自還鄉肉脯何為者哉作

[illegible]

海賦文詞詭譎顧覲之曰此賦實超玄虛但恨不道鹽耳融即求筆益曰澠沙構白熬波出素積雪中春飛霜暑露

高儉字士廉齊清河王岳之孫隋仁壽中舉文才中甲科補戶部吏解政奔高麗遂貶朱鳶主簿以母老不得居瘴癘地留解于也奉養而行會世亂交趾太守某以補司法佐時令寧長直以兵侵交趾命儉為行軍司馬迎擊破之唐初為中書門下

裴虔通唐辰州刺史貞觀二年通煬帝故人為逆亂雖更赦令不可牧民除名流驩州

王福疇勃父也高宗時為雍州司户參軍坐勃事遷交阯令勃往交阯省父渡溺水卒

李巢孝義鄭子也幼豪俠上書陳利害拜監察御史以忤旨貶龍編主簿

李乂義府族也附杜正倫同掠義府後義府使人告正倫乂益交通閣上有異計高宗惡之流驩州

安南志略

沈佺期字云卿相州人累遷給事中考功受財劾未究會張易之敗遂流驩州後歷中書舍人

韓思彥字英遠南陽人為監察御史政績嘉美太白晝見劾帝修德以答天譴帝責李義府曰入品官能言得失而卿冒沒富貴者何義府與諸武譖思彥遂免去上元高宗復召見用思彥久去朝儀踈梗拜忘蹈舞李欽元奏從朱鳶丞宰

盧藏用字士潛由州人舉進士不第與兄游志于吳蜀

間武后用為黃門侍郎坐附太平公主玄宗欲斬之意解乃流新州或告謀反推無狀又流驩州會交州反藏用扞禦有勞進黔州長史

宗晉卿武后從姨子兄楚客為戶部侍郎晉卿典羽林兵作楚客營第僭侈過度流峰州

李乾祐為邢魏二州刺史嘗為書與所善吏刺取朝廷得失坐流驩州

嚴思善則天時監察御史公直敢言垂拱以後任用酷

吏誅宗室殺大臣時密告者不可勝數太后亦厭其
煩命思善按治伏罪者八百餘人飛織之黨為之不
振乃相與陷思善坐流驩州
竇參德宗時為相外惡李巽出為常州刺史及參貶汴
州節度使劉士寧遺參絹五十疋奏參交結藩鎮上
怒欲殺之陸贄力救乃貶驩州司戶尋賜死
傳
李仁鈞磁文也唐貞元中太貞隴西公董晉平津州仁
鈞為侍御史管汗鹽鐵隴西公黽軍亂軍司馬從事

皆賜死仁鈞亦被譴貶為日南民

裴夷直字禮為為中書舍人武宗即位夷直視冊牒不肯僉書出為杭州刺史又斥驩州司户參軍宣宗時召為常侍

楊收字藏之南詔蠻自大笆外掠交趾調華人往來屯涉瘴氣死者十七賊勢益强收議豫章募萬人置鎮南軍以拒蠻又泛舟餉南軍上嘉之進尚書僕射懿宗時為相初尚書右丞裴坦子娶收女資送甚盛器

安南志畧

用師以犀玉坦怒曰破我家兵立命壞之而收竟以
賄貶咸通十一年流驩州尋賜死
陳蟠叟為至德令見懿宗怠荒不視庶政委任路巖巖
奢靡頗通賂遺蟠叟上言請破邊咸一家可贍軍三年
上問咸為誰對曰路巖親吏上怒流愛州
劉瞻字幾之桂陽人罷相為荊南節度使咸通十一年
同昌公主薨詔捕留官二十餘人全家繫獄瞻與兆
尹溫璋力諫言陛下徇愛女囚平民懿宗怒貶瞻為

驩州司户璋為驩州司馬

陳仲微字致廣瑞州人宋理宗嘉熙戊戌及第咸淳間為朝士嘗論賈似道以是連作外任轉從嶺南大元至元丙子官軍入執幼主舉國歸附二王南奔仲微從瓊州入見至廣州擢為吏部尚書使名某丞相陳宣中宋亡仲微入安南陳聖王尤加禮遇嘗作詩云死為越國歸鄉鬼生作南朝拒諫臣數年卒葬于安

南

南後安國弟陳璀坐罪陰遣仲微子陳文孫詣北乞

師伐安南甲申冬大兵南討鎮南王權授陳文孫為千户引導聖王怒斧仲徽之棺

曾淵子字廣徽撫州人宋理宗時由侍從出知隆興兼安撫召拜臨安府尹就參政府乙亥春以臺端貶雷州至元丙子大兵入杭宋幼主降二王浮海至廣州淵子來見授廣西宣慰使兼知雷州戊寅春拜侍讀加金紫光禄大夫益王庇匡山之敗參政陸秀夫抱廣王投于海淵子赴水為其下所援不死乃寄身

蘇劉義舟中馬旺等殺劉義以淵子奔安南陳聖王禮遇之至元甲申冬大兵入安南率衆歸服後不知所終

蘇景由宋安撫劉義子也至元丙子官兵入臨安二王南奔其父為廣東西策應大使加少保厓山之敗廣王葬魚腹矣馬旺等殺劉義共推可文傑為長以劉義妻屬焉時景田才十歲文傑即領衆歸安南景由以父冤白陳聖王王令檢法官丁拱垣推問文傑學

安南志略

賂之拱垣曰是未附我時事不必詰問至元甲申冬

官兵入安南文傑舉衆降景由復以其事訴鎮南王

王憫之令人問得失令斬文傑景由從師還北遺歸

故里

安南志略

安南志

卷十一

元　黎崱　撰

趙氏世家

趙佗真定人秦時為尤州令在南海循州秦初并天下略取越地至桂林南海象郡以謫民與越雜處南海尉任囂病疽死乃以佗行南海尉事秦既滅佗即擊桂林象郡自立為王漢高帝已定天下為中國勞苦釋佗

罪弗誅十一年遣陸賈立佗為安南國王關市鐵器於是佗為尊號南越武帝發兵攻長沙以財物賂遺閩越西甌駱役屬焉東西萬里乘黃屋左纛稱制與中國侔文帝元年為佗親冢置守邑歲時奉祀召其昆弟尊官厚賜寵之乃下令中國曰吾聞兩雄不並立兩賢不並存漢皇帝賢天子也今去黃屋左纛文帝大悅景帝時自稱臣使入朝請然其居國僭號如故其使天子稱朝命如諸侯建元四年佗薨孫胡嗣

立爾時漢興七十年佗蓋百歲矣

胡立閩越擊南越胡不敢擅興兵使人上書漢武帝為興師討閩越胡感德遣太子嬰齊入宿衛日夜治裝入見其大臣諫曰先王昔言事天子期無失禮不可入見入見則不得歸亡國之勢也由是復不入見後十年胡實病甚嬰齊請歸胡薨謚為文王

嬰齊立即藏先帝璽李郃云藏其僭號璽初嬰齊入宿衛在長安取邯鄲摎氏女生子興及嗣位上書請立摎氏為后

安南志略

興為嗣漢數使人諷諭嬰齊固稱疾遂不入見遣子
次公入侍嬰齊薨謚為明王
興立其母為太后未為嬰齊姬時常與灞陵安國少季
通元鼎四年國人知之不附太后太后恐亂起欲倚
漢威數勸王及羣臣求內屬上書請比諸侯三歲一
朝天子許之王太后飭治行裝重齎入朝其相呂嘉
諫止王不聽嘉有叛心數稱疾不見漢使者太后怒
欲誅嘉乃會宮中酒行太后謂嘉曰南越內屬國

之利也而相苦不便何也漢使者狐疑相貌視莫敢發

嘉見耳目非是即起而出太后怒欲鏦嘉以矛鏦七山反撞也王止太后嘉出稱疾數日不見王遂舉兵反攻殺

王太后及漢使者而立明王庶子衛陽建德

建德立元鼎五年武帝遣伏波將軍路博德師十萬師

討之明年攻敗越人遣將擒建德呂嘉於海乃滅其

國置九郡設太守自此始趙氏五世九十三年亡

附宋諫議朱之才南越行之才字師晏洛西人崇寧間坐置為四水令見中州集

安南志略

南越太后邯鄲女皓齒明眸照蠻土珊瑚為帳象作牀錦繖高張擊銅鼓太液池内紅芙蓉自憐謫在蠻烟中灞陵故人杳無耗深宮獨看南飛鴻隨兒作帝心不顧惟願西游柏梁殿茂陵少年亦可人遣來海島來相見金猊夜燎龍涎香明珠夜照光煌煌番禺蠶甸隔萬里今夕得遂雙鴛鴦白首相君佩銀印干戈欲起蕭墻釁莫言女子無雄心置酒宮中潛結陣漢家使者懦且柔纖手欲自操霜矛孤鸞竟落老身

手可憐空奪韓千秋樓船搖棧師四起或出桂陽下
灕水越郎追斬呂嘉頭九郡同歸漢天子尉佗墳草
幾番青縱横玉璽初從真得失卻為邯鄲傾五羊江
連湘浦竹橋鬼應伴湘妃哭

五代時僭竊

孝武廢南越置郡邑設官守歷朝因之至唐末交愛
土豪曲楊矯吳相繼攘奪殆五六十載宋初丁部領
篡吳太祖封丁氏王爵

安南志略

曲顥據交阯劉隱據番禺卒子龑立稱南漢顥遣子承美為勸好使至廣州以覘虛實顥死承美襲父位梁貞明元年己卯遣貢求節鉞梁因授之龑大怒偽漢大有三年九月遣驍將梁克正領兵攻之擒承美以歸克正留守交阯為楊廷藝所逐

曲承美 見上

楊廷藝愛州人也曲顥將劉龑既擒曲承美授廷藝爵命以李進為交州使與梁克正守其城龑謂左右交

趾民好亂但可羈縻而已明年廷藝果叛舉兵圍城克正潰走廷藝據其境爲矯公羨所殺

矯公羨楊廷藝牙將也殺廷藝而代之晉天福二年偽漢大有十年吳權舉愛州兵圍公羨力屈乞師于劉龔龔以其子萬王弘操進爲交州節度使統兵往救至白藤江權已殺公羨龔逆破之全全軍陷焉

吳權愛州人廷藝牙將也殺公羨而自立子昌岌弟昌濬繼之偽漢乾和三年十二年濬稱臣于劉晟遣使入

古臣表田

貢求節鉞晟遣給事中李嶼以旌節封嶼到白州昌濬使人止嶼曰海賊爲亂道路不通嶼果不行昌濬卒弟昌文立率其參謀吳模巡珵峰州刺史喬知佐寧州刺史楊輝牙將杜顥用兵爭立既而丁部領平之遂有其地

吳昌紱

吳昌濬

吳昌文並見上

丁氏世家

丁部領交州華閭洞人父公着爲廷藝牙將五代末廷藝巡交州以公着權驩州刺史初吴權矯殺公羡而部領父子歸吴氏因遣公着還舊任卒部領繼襲及吴昌文卒其下作亂部領與子璉平之領交阯事號萬勝王私署璉爲節度使十年部領卒

璉立七年宋開寶四年辛未命大將潘美平嶺南璉懼上表遣使入貢求内附太祖詔璉爲節度使安南都

安南志略

護八年五月貢金帛犀角象牙香茶八月七日制封
璉父部領爲交趾郡王食實封一千户十二月命高
保諸爲官告使太平興國二年丁璉進貢賀太宗即位
五年璉卒弟濬立
濬尚幼嗣稱節度行軍司馬權領軍府事太平興國五
年庚辰四月命盧龍使交阯大校黎桓擅權刼遷濬
於別第舉禁錮之代領其衆太宗怒興師進討桓詐
濬上表十一月遣使貢金銀器皿犀象牙寶等物管

内将校軍着老等以濬行節度使事襲父兄位録其狀呈上時已師興奏入不報冬十一月追兵敗交阯於白藤江明年宋兵不利班師七年桓又詐作濬遣貢以師致討之故也濬為桓所害丁氏三世共十七年

黎氏世家

黎黎桓愛州人有志略得志丁璉委以兵權因篡丁氏自稱交州三使留後遣貢于宋表言丁濬與其母楊氏吏民将校三師應臣領府事并詐以濬表上太宗

因而撫之諭以丁傳襲三世朕欲濬為統帥以爾副之若濬將材無取猶有童心則宜遣毋子入朝必示優禮授爾以節度使茲二途爾宜審處其一命張宗權等往使諭旨桓已專據其地不聽命後桓上言占城國象馬數萬來寇臣擊走之太平興國八年桓遣貢金銀犀象等物宋雍熙二年桓貢金龜鶴香爐象牙白抹絹萬疋賀乾明節賜其使衣各一襲錦帶鞍勒馬伍疋桓貢金銀方物十月庚申制授桓金紫光

禄大夫檢校太尉使持節都督諸軍事安南都護充静海軍節度交州管内觀察處置等使上柱國京兆郡開國侯食邑三千户仍賜號推誠功臣命李若拙等充官告使端拱元年四月制桓進封開國公加食邑一千户命魏庠等充官告使閏五月桓遣貢淳化元年制加桓進封命宋高等充官告使十月桓貢七寳裝椅子犀象等物四年三月制封桓交阯郡王命王世則等為官告使五年三月桓遣使貢後恃險阻

屢為寇害失藩臣禮至道元年春廣西轉運使張觀奏欽州如洪鎮掠居民刼廩食而去其夏桓所管蘇茂州兵五千寇邕州所管祿州巡檢楊文傑擊走之太宗志在撫寧荒徼不欲問罪觀又言風聞桓為丁氏作逐擁餘衆海島間未知所據故以寇鈔自給今桓已死觀新上表稱賀故太常丞陳士隆為採訪使按其實始知尚存而傳聞之誤二年詔劾觀罪觀病卒復擊守將余美于如洪鎮是夏命陳堯叟充廣西

轉運使因賜詔書仍遣李建中齎往先是欽州如洪
唱步如音三鎮最大時有交州潮陽民文章等殺人
合家亡命如音鎮將黄令德等匿之桓令潮陽鎮黄
成雅追捕之令德不遣於是摽掠而去亮叟至如音
鎮得藏匿之由乃盡擒獲凡男女老小百三十户口
潮陽吏黄成雅得其人以狀諭亮叟桓遂上章感恩
且言已約勒溪洞不復騷動矣七月太宗復遣李若
拙詔以書玉帶賜還初建中至交州桓禮甚薄因附

安南志略

表奏聞且言叔 如洪乃外境海賊爾即執蠻人不曉
華言者二十七日送轉運使及桓表至故遣若拙往
使始至桓出郡迎詞氣頗慢謂若拙曰昔叔如洪乃外境
爾皇帝 知否倘交阯構叛則人先廣州次及閩中
諸郡豈止 如洪鎮而已若拙從容答曰主上聞 如洪
被擒未能辨其虛實以足下拔自牙校授之節鉞禮合
盡忠豈有他志 如執送海賊其事甚明然大臣同
議以為朝廷建郡以寧海表今海賊之亂交州力不

能獨制宜發精兵數萬會州軍同擊海賊俾絶後患
帝慮交州不測朝旨或致驚駭不若專委是故不復
會兵桓愕然曰海賊犯邊守臣之罪也聖人寬大恩
過文毋未即誅責自今願秉恭朝化肅寧瘴海因北
望稽首稱賀三年四年（月）制加桓兼侍中進封南平王
以真宗即位覃恩也九月桓貢金銀七寶椅牙角象
牙細絹詔以方物發於萬歲之殿靈坐仍許其使人
行奠之禮是歲占城寇邊桓擊退走乃上表賀略云

本道境接占城一二年間鄰部騷動掠近鄉之税户侵邊境之馴良累發兵戈御彼捍禦致稽朝貢深負憲章優詔荅之乃賜帶甲馬真宗咸平元年九月桓獻寶裝金瓶謝加恩也五年　一月制加桓奉節功臣六年三月欽州言交州城場民及頭目八州使廣慶集等挈其屬四百五十餘口入居州之勇步江鳥土村詔遣使慰撫之仍令還交州黄慶集等懼罪不還遂

居欽州海崖宋景德元年六月桓遣其子黎明提來貢二十七日對於崇政殿復召於便殿勞問之即授黎明提金紫光祿大夫檢校太保驩州刺史上柱國二年正月詔上元節日賜明提錢令與占城大食使觀察宴飲食是月賜黎桓應大藏經從其請也三年三月桓薨

龍鉞桓中子也嗣立為帝龍廷殺之

龍廷桓幼子也殺龍鉞而自立其兄龍金忿之刼庫財

而邇護率扶蘭寨兵相攻爭立未定初黎明提入貢
以國亂不能還駐廣州知府高驛罷給餼（館）眞宗別賜
詔錢五十萬米一百五斛續給館餼六月知府凌
策言準詔以交阯兵亂令臣與沿邊安撫使邵華同
經度便宜以聞臣等至白州遣廣州部下送到交阯
黄慶集等百姓千餘口具言黎桓既死諸子各集兵
散設寨官屬離析人民憂懼慶（集）等以不從驅率戮及
龍族今奔來告乞糧出兵平定交州慶集等願爲

先鋒刻日攻取臣等會議若朝廷允其所請乞以廣南諸州屯兵益以荆勁卒五千水陸齊進立可平定真宗四年黎桓既修貢亦嘗遣子入覲海陽寧謐不失忠順令聞桓死未聞弔恤遂伐其喪豈王者所為乃詔策等依前詔安撫務令謐静其慶集等計口給廩食時服賜令補職各著條例以聞當優與恩命乃令致書交州諭以朝廷威德如自相魚肉久無定位偏師問罪則黎氏無遺種矣龍護懼即奉龍廷主軍

事七月邵華上言龍廷公牒至自稱靜海軍節度觀察處置等使檢校太尉開明王請以八月遣弟入貢臣以龍廷未受真命不敢回報帝以窮荒異域不識大體邵華諭令削去偽官方許入貢黎明提尚駐廣州邵華以其國事及龍廷奏報諭令削去就願歸給館餼賜錢遣之二十三日邵華上邕州至交州水陸圖真宗以示近臣曰交州瘴癘若興兵攻取死傷必多且祖宗開疆廣大若此當慎守而已何必勞民動

衆貪無遐之地如照臨之内有叛亂者則不得不除
耳華又言交州黄慶集等先避亂歸化種族稍多若
復遣還恐遭屠戮望就賜恩秩乃授三班借職郴州
監稅四年七月權安南靜海軍節度觀察處置留後
黎龍廷遣弟黎明昶與掌書記黄成雅貢龍廷表乞
九經及佛經一藏從之八月十七日制授龍廷檢校
太尉靜海軍節度使安南都尉交阯郡王賜推誠功
臣賜名至忠又贈故靜海軍節度使南平王黎桓中

書令追封南越王布帛羊酒為之賻禮制初授交州惟加節鉞未賜王爵真宗以遠俗朝廷恩命方可鎮服特命賜之十八日授黎明昶為持節交州軍事副使黄成雅為朝散大夫殿中丞知安南使明昶以兄降制命求赴崇政殿告謝乃召升殿帝撫問之九月鑄交阯郡王印詔廣南轉運使就賜之大中祥符元年正月制加至忠翊戴功臣九月交州王言真臘商賈二人為交州所逐遁至州境歆配隸本州真宗曰

遠方之人窮而來歸詔給時服緡錢遣使伴送還國十二月制授至忠依前檢校太尉同平章事安南都護交阯郡王充靜海軍節度觀察處置等使二年十二月至忠貢金銀器馴犀方物真宗以犀遠至違性將退之慮逆至忠意令候使人回縱之海濱至忠表求甲冑金具裝從之又移牒轉運使求於邕州互市真宗以濱海之民數被交阯侵寇承前止許廉州及如洪互市蓋為邊隅控扼之地今或直趨内地事頗

使詣本州以制誥諭之三年三月至忠甍一子方十歲遂為李公蘊所篡時至忠貢使猶在京師真宗以其狀諭之如欲服亦聽使人掩之而已

黎氏三世

共三十年

安南志略卷十一

安南志略

卷十二

元　黎崱　撰

李氏世家

李公蘊交州人（或謂閩人非也）有韜略黎至忠用爲大将親信之大中祥符三年庚戌至忠兜于幼弟明昶爭立公蘊逐而殺之自領交州事稱安南静海軍權留後廣西轉運使何亮言公蘊移文言見率方物貢等請降

制宋真宗曰至忠不義而得公蘊尤而效之蓋可惡也即詔亮安撫邊民察軍機以聞十月制授權静海軍留護李公蘊特進檢校太傅安南都護節度觀察處置等使交阯郡王食邑三千户實封一千户兼御史大夫上柱國特賜推誠順化功臣仍賜襲衣金器幣十二月公蘊遣使賀祀汾陰后土又表乞大藏經及御札八體書法從之仍賜大藏經太宗御書一百軸降詔書奬諭四年正月授安南進奉使梁任文等

以爵詔從汾陰成禮而還五月以汾陰恩制加公蘊同中書門下平章事五年四月公蘊遣李仁美貢金銀紗羅群犀角象牙等物對於崇政殿仁美乞赴諸寺觀燒香瞻禮及覩天竺國所進獅子仍遣使臣館伴五月授仁美爵十一月制加公蘊開府儀同三司翊戴功臣賜器幣鞍勒馬七年二月已奉祀制封又加奉節守正功臣七月十日詔書交阯占城大食闍婆三佛齊等諸國遣使進奉所在差使臣接伴越闕鄙

傳供給務令豐備時交阯入貢沿路傳舍供給鹵莽
四年七月十日公蘊上言鶴柘蠻三萬衆於本州界
至寨圖本道臣發人騎與戰於茅林賊衆大敗擒其
主軍楊兵會及蠻地人馬遣使詣闕貢馬六十疋獻
捷白見崇德殿賜其使人冠帶器幣有差八月公蘊
貢方物仍求賜介冑及大藏經從之十二月廣西轉
運使高惠連上言交州冠〔寇〕欽州如洪寨掠人畜甚衆
詔會連移牒交州遣追索之先是獠戶張婁者避衆

來奔知欽州穩重台之中路復拒鴈都巡檢劉臧遂令如洪寨犒以牛酒交州憤其事因捕獠故來寇掠遂詔諸州自今不得誘占蠻獠及行宴犒以致生事天禧元年二月以上金號畢封公蘊爲南平王加食邑一千戶二年五月賜公蘊道藏經從其請也三年遣弟鶴來貢十二月加公蘊檢校太尉乾興元年制加公蘊太師崇仁功臣因以仁宗即位遂及之公蘊遣李寬太來賀厚賜遣還天聖二年十二月加公蘊

食邑功臣三司使言作坊物料庫估交州人使進納香藥價錢二千八百六十貫詔回賜五千貫示懷遠也五月廣西轉運使奏公藴擅令子弟與女壻申承貴等領衆人本道摽掠邊民累牒索並不放還刼去人口慮久後轉為邊患今欲量添差本路教閱兵士與部巡檢部領會合清溪峒壯丁以取索刼去人口為名接便檢去惡黨宜下本路吏刼勘會承貴等若委實拒抗占留刼去人口不還即與邕州同共體量

如須合剪除取掠去人口仰預先密切採候彼不作支吾詔依所奏施行六年三月三日公藴覺子德政遣使來告哀自領留後事

李德政舊名開天既襲父位其時廣西轉運使奏開天弟開國潛畜兵甲勢必爭立乞於邕欽廣惠積益兵戍以備非常詔本司暫勾桂宜等州巡檢張斌領所部兵士就近訪之候伊寧靜即依舊天聖七年四月安南靜海軍留後事李德政言父既沒合管衆佐將士

着壽諸臣權領州鎮遣使入貢詔廣西運使章頔
再祭使贈公蘊侍中追封南越王授德政官如公蘊
初景祐三年交阯寇恩陵等州掠馬牛焚廬舍而去
詔遣問令捕着領正其罪寶元元年冬十二月封德
政為南平王皇祐元年秋九月嶺南蠻儂智高寇邕
交阯請出兵助討初余靖以為便宜許請於朝廷及
狄青為大將遂奏曰假兵於外以除内寇非我利也
以智高橫殘而力不能制乃假外境兵其或因而起亂

何以樂之願罷交阯助兵五年正月詔止交阯援兵從狄青之請也至和二年德政薨子日尊立德政在位三十年薨謚大王李日尊立仁宗就降封靜海軍節度交阯郡王嘉祐三年貢異獸白麟英宗即位加同平章事神宗進封南平郡王加開府儀同三司熙寧四年日尊薨子乾德遣使告哀乾德立宋復加封為交阯郡王熙寧八年冬十一月交阯寇邊陷欽廉等州命趙卨及内侍李

憲討之先是知桂州沈起劉彝相繼遣官入海峒集土兵為里保甲繼命於海濱集舟師領教水戰禁止州縣與交人貿易交人疑之遂舉衆分道入寇衆號八萬圍邕州十月陷欽州王自陷廉州所破城邑必為露布揭之權路言所部叛入中國者官吏庇匿詐於桂管不報故我師兵追捕叛者又言桂管點閱溪峒兵言欲見伐又言中國作青苗助役之法窮困生民我今出兵欲相急救安石怒發趙卨為安南招討

使總九将進討李憲燕達為副仍自草制諭之制詞有云天示助順既兆布新之祥人知悔亡咸懷敵愾之氣安石最不信洪範灾異之說彗星乃推交阯云正月陷邕州廣西都監張守節率兵救邕州敗於崑崙關死之州被圍四十日知州蘇緘日夜行勞士卒緘以神臂弓射殺交人不可勝計交人欲引去會有教賊囊土附城而登者遂陷緘曰吾義不死賊手乃還廨命其家三十六人皆先死藏屍於坎縱火自焚

賊至求緘不得殺吏卒民丁五萬餘人并欽廉死者
十萬人並毀其城初州受圍久儲糧既竭井泉皆涸
饑渴飲水多病死相枕而民無叛志尋贈緘奉國軍
節度謚忠勇賜京城甲第一區上田十頃官其親族
七人以其子元為閤閤（閤門）祗候奪白服募舟師副將賜
對便殿上撫慰甚至且言邕州若非卿父守禦如欽
廉二州賊至必破乘勝奔走則象郡桂林皆不得保
矣昔張巡許遠以睢陽蔽捍江淮較之卿父誠遠矣

初安石秉政欲立邊功於是有獻言者謂交趾以為占城所敗衆不滿萬亦可計日取安石乃以沈起知桂州起於南方妄擅招納以罪罷之安石又用劉彝代之彝至復生事於是交人舉兵乃竄起郢彝隨州九月二日以郭逵為安南招討使趙禼副之冬十一月交趾納款元豐元年秋九月交趾入貢哲宗即位加平章事元祐中進南平王乾德在神宗朝犯邊後歷哲徽兩朝方不犯順徽宗宣和九年加封司空靖

安南志略

康初乾德尚無恙高宗紹興元年乾德薨居位五十九年謚仁王

陽煥仁王子也立紹興二年春三月封交阯郡王七年

陽煥薨居位七年謚神王

天祚神王子也立紹興八年春三月封交阯郡王二十五年秋七月加封南平王賜衣二襲六事御化花金帶銀匣涂金銀金罷二百兩衣著二百疋鞍轡一副馬二匹天祚遣貢故有是命二十六年天祚遣子來貢秋八月加封檢校太師三十年冬十二月獻馴象

高宗謂大臣曰朕不欲以異獸勞遠人可令師臣詳論令後不必以入貢孝宗隆興二年秋八月交阯入貢賜安南國名自此始加封南平王三年是歲天祚薨在位三十九年謚英王

龍翰立翰音孔英王子也淳熙六年冬十月封安南國王光宗紹熙五年秋八月乙卯加封思忠功臣是冬十二月甲子復加濟美功臣後李氏威聲不振寇盜蜂起合劉羅城龍翰走歸化江倚何高家外戚陳昆弟

集鄉兵平其亂迎王還宫宋寧宗嘉定五年夏五月

癸酉龍翰甍宋遣使吊居位三十年謚高王子昊旵嗣立

昊旵五城切時國戚州賊沅年號金天大王與烘路入殷

摩雷叛陳與弟建國擊之既克乃說摩雷和親併力

攻年反為所敗年死亂平以功為子求尚其王女昭

聖從之昊旵無後立昭聖為嗣退居真教寺學佛甍

昭聖立一年庚寅歲以國政授女夫陳凡李氏宗族與

齊民姓李者令更為阮以絶民望李氏傳至三世宋王禹偁東都事略

文阯附録云黎桓故丁氏三世而國亡公蘊篡黎氏數世而未絶豈非幸歟今李傳八世共二百二十餘年無子國歸其婿逌今祠祀不絶又其幸哉

安南志略卷十二

安南志略

卷十三

元　黎崱　撰

陳氏世家

二世陳昭聖交阯人李氏外戚也李亂末陳與弟建國擊賊有功以為太尉建國為大將軍子尚李惠王女昭聖因有國卒追謚太祖

某太祖仲子也寬仁聰慧文武兼備以李婿襲國昭聖

后無子復娶其妹生三子長仲季宋紹定初遣貢理
宗封爲安南國王加特進檢校太尉兼御史大夫上
柱國賜效忠順化保節守義懷德歸仁慕治奉公正
恭履信功臣静海軍節度觀察處置等使食邑一萬
一千户實封四千二百户寶祐六年上世襲表景定
二年又遣貢仍下詔奬諭遣使賜金並法錦大元丁
巳歲十二月太師烏梁哈台帥師自雲南經安南邊
邑國人拒之官軍擊破俱降戊午歲改名遣陪臣上

表納款奉貢職是歲遜位於子張道立書諭入見明年遣陪臣入闕請罪待終父喪而朝三十年上命兵部尚書梁曾等諭入見以疾辭遣其相陶子奇來貢朝廷留子奇於江陵立南行省以平章劉二察多等總兵屯靜江明年秋進討三十一年春正月上宴駕夏四月成宗皇帝即位詔罷兵命禮部侍郎李衎等齎詔赦罪放陪臣陶子奇還國元貞二年遣貢上表求封王爵不允乞大藏經賜之大德五年命尚書瑪

哈瑪等引其來使鄧汝林等還國諭安南依前三年
一貢臨期自來朝廷不復遣使明年春遣黎克復來
貢至大元元年復遣貢朝廷尚書宴之復使頒武宗皇
帝即位詔使至李巳先薨居位十五年壽五十三
四世張道立遣使貢賀至大四年又遣貢是冬朝廷又
遣禮部尚書馬良德等宣仁宗皇帝即位詔使至先
率兵攻占城國擒其王皇慶壬子六月兵還迎拜詔
書遣使貢賀上表謝罪延祐元年朝廷回賜禮物延

祐六年薨諡英王

五世襲國延祐七年遣貢至治元年英宗皇帝即位遣使貢賀太定元年遣吏部尚書馬合謨郎中楊宗瑞齎詔往諭遣使來貢至順元年遣使貢明年朝廷遣吏部尚書薩濟威等宣文宗皇帝即位詔明年遣使貢賀至元元年朝廷遣吏部尚書特珠等宣今上皇帝即位詔時已委國於子退而學佛聖朝中統六年制封陳為安南國王降虎符國印至元八年遣貢朝

安南志略

廷遣使齎詔諭安南三歲一貢回賜禮物並諭入覲以疾辭至元十四年甍居位十八年壽大十謚太王

六世先諱世太王仲子也魁奇雅量戊午歲父老代立遣貢於宋寶祐間理宗封為安南國王初父子臣附天朝父甍世子不請命而自立至元十五年上遣禮部尚書柴椿諭入見世子以疾辭委國于子十七年命柴椿再詔世子懼遣從叔陳遺愛代覲上以不廷立遺愛為安南國王十九年授柴椿行安南宣慰使

都元帥以兵千人衛送遺愛就國下諭安南宗族國人官吏世子不聽廢遺愛爲庶人十九年復遣諭入見且假道進兵占城令助軍輸糧世子辭久疾不能入見國小無軍助二十一年冬十二月鎮南王大軍壓境世子舉國迎敵戰敗遂棄城遁近親陳益稷陳鍵陳秀峻陳文弄等降明年四月國人乘勢攻復羅城五月鎮南王以水潦班師二十一年上表謝罪朝廷留其使上命鎮國王統師再征十二月大兵至世

于戰敗逃匿海島伺便掩擊明年三月鎮南王以暑濕班師世子悔悟因遣子某入朝代謝罪并貢方物上表言海南小國上負天朝致煩兵旅今蒙聖慈寛宥深自愧悔聊陳土貢用達微忱二十七年又遣使入貢凡表章進貢必用名上嘉其誠特命提刑按察使劉廷真等齎詔往諭意明年世子甍居位二十一年壽五十一謚聖王

内附侯王

陳益稷太王第五子也聰俊好學其國封詔國王為大将軍掌沱江令路至元甲申冬鎮南王大兵入境其兄世子舉國拒敵敗走明年益稷挈家内附五月随師歸北秋入覲至元丙戌春二月帝憫其忠孝特賜益稷為安南王光禄大夫給符印賜錢五萬緡長子伯懿授嘉議大夫遥鎮沱江路安撫使賜衣物弓矢鞍轡馬匹丁亥歳支給月俸冬随師還國明年正月大兵破其國都世子遠遁官軍欲戰不得三月鎮南

王以暑濕班師安南國王隨師還鄂秋入見給衣褥
賜錢萬緡至壬辰加湖廣等處行中書省平章政事
癸巳始遣使進表賀天壽節甲午春帥師南討會寢
兵還居鄂夏成宗皇帝即位入見賜五萬緡大德辛
丑又入見賜錢五萬緡賜其屬官五千緡乙巳春正
月遣使赴都進呈白兔上召其使至玉德殿廷慰回
賜內幣大紫金段二疋丙午歲賜田二百頃屬官安
撫使王議等田二百頃丁未秋遣賴益歸黎崱進表

賀武宗皇帝即位皇太子正位東宮冬入見至大戊申加銀青榮祿大夫賜銀一百五十兩辛亥春三月仁宗皇帝即位秋進表賀皇慶壬子入見加金紫光祿大夫賜錢五萬緡金帶一金盞四延祐戊子入見加儀同三司延祐庚申春三月英宗皇帝即位遣使進表賀回賜禮物天歷戊辰文宗皇帝即位進表賀錫齎有加明年四月薨壽七十六葬於漢陽賀家山湖廣行省奏聞上憫其忠追謚忠懿王賜錢五千緡

安南志略

賻其葬王喜佛老工於詩有拱極樂吟集行于世元
統甲戌子沱江宣撫使陳端午入見今上皇帝命襲
父爵為安南國王龍襲而還陳秀峻安南國王姪武
道侯子其國封文紹侯更文義侯秀而文至元甲申
冬大兵至明年春秀峻勸其父世卒歸順四月入見
於出國道亡時有詩云三世八衷千古痛一身萬里
百年孤九月至京師上嘉之詔封秀峻為鎮南王食
邑二千戸給虎符賜錢五千緡于德新遥領安南府

路宣撫使嘉議大夫表弟頼益歸遙授南柵江路安
撫使嘉議大夫至元乙亥各賜弓矢錢物鞍馬隨師
南討明年還居漢陽鎮南王初納其妹陳氏為次妃
生宗于二至元乙丑夏五月卒於粹山
陳文弄國叔統國王太師陳度之孫仁誠侯説子也本
國封彰懷上侯謙恭溫粹用為大將守三帶江至元
甲申冬鎮南王大兵至明年文弄挈家內附天朝授
嘉議大夫遙授歸化江路宣撫使賜錢帛弓矢鞍馬

安南志略

隨師征進效力有功至元辛丑入覲欽授宣命降虎符大德辛丑再覲欽授宣命陞中大夫遥授廣西道宣慰使賜錢二萬五千緡金段二大德丙午罷支其廩月糧賜田一百頃以自養皇慶壬子入見轉正奉大夫職如故明年二月卒葬於漢陽馬家湖子孫時祀不絶陳鍵太國王孫清國王子也本國封彰憲上侯貌頎晳讀兵書善騎射代父領静海軍節度娶太師昭明王女瓊徽生墨侯至元甲申因與世子子佐

天王有隙托莊老學隱居仁睦鄉是冬　鎮南王大軍入境世子戰敗右丞索多復自占城躡其後世子倉皇無策乃起鍵率兵拒索多力弱無援時世子存亡未可知鍵謂前等曰世子被召不朝以致討危在旦夕執迷不悟其忍國覆家亡乎明年正月率前等數萬衆獻兵罷降鎮南王嘉賞襲衣鞍轡夏四月遣明理錫巴勒偉彰憲等入見驛馬至文凌國人晝夜圍攻僭偉官彰憲等破圍突出前又爲被追擊輜重掠

[illegible]

盡彰憲譴恭稚量待下以恩人民莫不哀慕之不幸
中道殞越不能以其事達朝廷生封死贈之典不及
初出國時尚有母國始黎氏及親從在行間為國人
殺獲豈勝痛哉惟其母以從世子親兄僅免

安南志略卷十三

国家出版基金項目
NATIONAL PUBLICATION FOUNDATION

海上絲綢之路文獻集成

總主編　陳支平　陳春聲

歷代史籍編 41

主編　范金民

海峽出版發行集團
THE STRAITS PUBLISHING & DISTRIBUTING GROUP
福建人民出版社

本册目次

安南志略二十卷（卷一四至卷二〇）

〔元〕黎崱撰

安南志略

卷十四

元　黎崱　撰

學校

趙佗王南越稍以詩禮化其民西漢末錫光治交阯任延治九真建立學校導仁以義漢唐時嘗貢進士明經者李琴張重姜公輔是也至宋安南立國李氏設科舉法三歲一選狀元榜眼探花即為典故給章服

安南志略

騶從以榮其歸

官判

丁氏以來始受宋封王爵其國則竊稱號名倣趙佗故事自封其國有王侯設官有正有接者類品從也

章服

黼黻粉米華蟲組綬垂佩
方心曲領冕旒稍額中州

國主之冠曰平天冠卷雲冠芙蓉冠服袞衣金龍帶領掛白羅氅錦嵌金珠方心曲領手執圭凡節禮受臣拜賀王冠三級侯冠二級明字冠一級名拱宸冠上綴金

蜂蝶大小疎密有差親王著銷金紫服侯明字著鳳魚綉服大僚班而下冢冕各有級等文班加金魚員外郎郎將戴金銀閒道冕令書舍至校書郎上制侍禁皆戴銀冕冕大禮則用之常禮止幞頭紫服如恭侯書舍翁鬚也帶或犀或金各依品等象牙笏同職官借職等幞頭紫服角帶無笏叉手拜國主平居戴唐巾常服貴白國人著白者為僭制惟婦女不禁其裝飾王侯及庶民常著團領玄裳白羅紈袴鞋尚華王侯私謁國主不巾示其

安南志此

親貴庶民並不得侍近内官上品戴揭棠冠綴金蜂蝶

踈密不同着服中品冠服製色稍減下品素揭棠冠紫

服皆叉手拜無笏上品常戴之巾以紫絨間碧為六色

綴巾後横帶示其貴也中品紫襌下品皂襌環以紫磨

金玳瑁為之異矣

刑政

法謀反者戮親族殺人者償命捕奸者得自專殺近代

始令奸夫以錢三百貫贖死罪淫婦斷歸其夫為婢許

自典賣殺有官者驗高卑償錢贖罪仍杖背八十重者杖六十殺與奸同例詈有官者量輕重令犯人出錢拜牛酒為謝杖數如前同類鬬傷罪先毆者偽造非法者以罪名黥其面杖而遠徙強盜者斬竊盜者絞犯皆杖八十黥犯盜二字元盜之物一償九分不能償者沒其妻拏再犯者刖其手足三犯殺之誣告者反罪公田則以歲入民歲例納身役錢及賀正月七日節料魚米參用

國之農商不徵稅糧地狹人衆前世建此法以寬民賦

官吏廉明能決訟者考功遷官

度量權衡與中國同惟金銀段疋絲枲藥物諸貨估計而已交易用唐宋時錢七十文為一伯七伯文為一貫

逋負者得自禁錮盡歸本息始釋窮民不能自給者許典賣於人

兵制

軍無字籍選民丁壯者為之五人為伍十伍為都又推

健役者二掌習武藝調則出暇則歸農

親軍

聖翊都　神翊都

龍翊都　虎翊都並文其項

奉衛官職都職主捕錄同罪以上皆有左右

游軍

鐵林都　鐵艦都

雄虎都　武安都

安南志略

玉僕家僮

全僕都　躍童都　山獠都餘不載

歷代遣使

趙氏遣使

漢高帝時南越趙佗使其内史藩仲尉高御史平華上書謝罪皆不返佗乃潛號子孫仍之

漢元鼎中南越爲内地置官府任歷朝貴變五代亂變交阯丁部領即據其地

丁氏遣使

宋初丁部領遣貢太祖封部領為交阯郡王宗開寶年

丁璉襲父位遣鄭秀王紹祚江巨瑝貢金帛犀象

黎氏遣使

宋太平興國五年黎桓篡丁氏遣趙子愛張紹馮貢方

物太宗封桓為交阯郡王

宋景德元年黎桓遣子黎明提入貢召至便殿勞問之

授明提爵三年三月桓卒子龍廷立遣弟黎明昶與

掌書記黄成雅來貢乞升殿撫問久之封龍廷以王
爵賜名至忠授明昶等職名

李氏遣使

宋大中祥符三年李公蘊繼黎氏真宗封為交阯郡王
公蘊遣陪臣梁文任黎再嚴來貢授文任等爵命五
年遣李仁美陶慶文陶碩吴懷嗣來貢俱授以官天
禧三年公蘊遣弟李鶴入貢乾興元年又遣李寬泰
阮守疆來貢賀仁宗即位天聖二年優詔回賜公蘊

錢物亦懷遠也

陳氏遣使

大元丁巳冬太師烏梁哈歹兵至安南陳太王遣使陪

臣阮李士表貢方物中統二年己酉陳太王遣大夫

阮深阮演來貢四年癸亥遣殿前范巨地陳喬來貢

象優詔令安南三歲貢

至元三年丙寅遣大夫楊安養武桓貢

至元戊辰歲遣大夫范崖周覽貢

卷凾

六

至元庚午遣大夫黎佗丁拱垣貢

至元辛未遣大夫馮莊阮元貢

至元壬申遣大夫童子野杜木貢

至元乙亥遣大夫黎克復黎文梓貢會大兵平宋明年克復等由湖廣還國

至元十四年丁丑陳太王薨子立遣大夫周仲彦吴德劭來貢明年世祖皇帝命禮部尚書柴椿名世子入見以疾不行遣其大夫鄭廷瓚杜國計入貢留廷瓚

於京師

至元庚辰再命柴尚書引杜國計還諭旨世子愷遣其
從叔陳遺愛代入覲黎仲佗副之十九年壬午世子
遣大夫黎芻鄧右點來貢

至元癸未遣大夫阮道學來貢

至元壬午間右丞索多征占城甲申冬朝廷遣使諭世
子假道進兵俾助兵輸糧世子愷遣大夫陳謙甫陳
均赴荆湖占城行省求緩師不允復遣段晏黎貴入

安南志略

貢大兵既發留旻等於京師繼遣阮文翰乞止師是冬鎮南王大兵臨境以文翰導前破內傍關喜釋文翰還諭其主早附弗聽久乃誘宗子文義侯陳秀峻挈家歸順明年朝廷授文翰中順大夫遥授歸化江路宣撫使至元乙酉正月官兵下羅城世子遣宗人忠憲侯陳渇大夫阮銳副之來請和即留軍中五月鎮南王以暑潦班師將銳北歸銳逃伏草澤卒伍獲斬之

至元丙戌遣大夫阮義全阮德榮貢朝廷以世子不朝
留義全於京師
至元丁亥遣大夫阮文彥白舍來貢會王師再舉留文
彥等數年放還國
至元戊子春鎮南王班師世子遣近侍官朱修政可容
貢方物謝罪
至元己丑遣大夫譚宸來貢明年世子烇
至元辛卯世子遣大夫嚴仲維陳子長貢

安南志略

至元壬辰世子遣令阮代之中散何維巖來貢

至元癸巳遣其相陶子奇大夫梁文藻來貢朝廷以被

台不朝留子奇於江陵立南行省討之明年成宗皇

帝即位赦世子罷釋子奇等還國

元貞元年乙未遣大夫阮孟憲陳克用貢

大德元年丁酉遣大夫阮文籍范葛貢

大德戊戌遣大夫鄧不文武不執貢

大德庚子遣大夫鄧汝霖阮必來貢

大德寅壬遣其相黎克復大夫陶永貢
大德甲辰遣大夫阮若拙蘐欣貢
大德丙午遣大夫費木鐸黎元宗貢
至大元年戊申遣大夫阮克遵范敬資貢賀成宗即位
後薨子立
至大乙酉世子遣大夫童應詔謝大董來貢
至大乙亥遣大夫黎仁傑武子班貢
皇慶二年遣大夫阮文玻黎時髦貢賀仁宗皇帝即位

安南志略

延祐元年甲寅遣大夫鄧國用吳元老貢

延祐丁巳遣大夫尹世村丁覲貢

延祐庚申覺世子遣陪臣鄧恭倹杜士遜來貢

泰定二年乙酉遣大夫黎老吾阮維翰貢

至治元年辛酉陳遣大夫莫節夫賴惟舊貢

天曆元年戊辰遣大夫阮處樂譚吾少貢

至順元年庚午遣大夫段子來黎克遜貢

至順壬申遣大夫鄧世延貢賀文宗皇帝即位

元統三年甲戌改至元元年遣大夫童和卿阮閏夫貢

賀今上皇帝即位

至元丁丑遣大夫潘公直阮必焰貢

至元巳卯遣大夫陳國寶貢

[illegible]

安南志略　卷十四

安南志略

卷十五

元　黎崱　撰

人物

受中國爵命者

吕嘉越人也為趙佗相輔政三世嘉年已老男尚王女女嫁王子兄弟居中國甚重越人信之得衆心愈於王上書求内屬比内諸侯三歲一朝除險邊關天子許

安南志略

之賜嘉銀印及内史中尉太傅印餘得自置除其黥劓刑用漢法使者皆留鎮撫之王太后欲入朝嘉諫止王弗聽遂有叛心數稱疾不見漢使者皆注意嘉勢未能誅王王太后亦恐嘉先事發置酒介漢使者權介也因謀誅嘉乃會宴宫中坐間酒行太后謂嘉曰南越内屬是國之利而相君苦不便者何也以激怒使者嘉覺而避太后怒欲鏦嘉以矛王止太后嘉遂出分其弟兵就舍稱疾陰與大臣作亂王素無意殺嘉

以是数月不發太后獨欲誅嘉力又不能天子聞嘉不聽王王太后孤弱不能制使者怯弱無決又以王已附漢獨嘉為亂不足以舉兵故遣終軍安南少季往諭使者嘉遂反下令曰王年少太后中國人也又與使亂專欲內屬盡持先王寶器入獻天子以以自媚取悅一時之利無顧趙氏社稷乃與其弟時卒攻殺王太后及漢使者而立越妃之子建德時時韓千秋兵未至番禺四十里嘉攻千秋遂滅之使人函封

漢使節置塞上（大庾嶺也）發兵守要害處帝聞之命伏波將軍路博德統師進討攻敗越人嘉等亡入海遣其故校尉司馬蘇弘追獲建德封為海常侯越郎都稽得嘉封為二品嶸侯（越郎即南越郎官也都稽表曰孫郎）

李琴交州人漢獻帝初平宿中衛在臺送鄉人卜龍等以本郡所舉孝廉數寡正旦詣殿下稱曰皇恩不平上問狀琴曰南越偏不為皇天所覆厚地所載遂以茂才一人為瀘江六合令琴終司隸校尉

張重日南人舉計入洛正旦大會晋明帝曰日南北視日耶重曰今郡有雲中者不必有其實日亦在東井耳至於風氣煊燠則日南差異重為金城太守

杜弘文慧度子也宋文帝命為鎮遠將軍交州刺史以寛和得衆襲爵龍編侯元嘉四年以廷尉王徽代代之弘文有疾被徵肩輿就路或勸待疾愈行弘文曰吾受恩三世常欲投軀帝廷況被徵乎行至廣州卒

杜英策溪峒豪也唐德宗時為南副副都護

安南志畧

仕中國者

杜慧度瑗第三子也晉安帝義熙七年除交州刺史詔書未到其春盧循破合浦徑趨龍編慧度拒循于石碕循衆敗走時李遜子李變等奔竄石碕盤詰諸獠循知變與杜氏有隙遣使招之變等受循節度六月庚子循晨造南津合三軍入城慧度悉出宗族私財賞軍士自登高艘擲雉尾焚其艦以步兵夾岸射之遂潰循赴水死斬循父嘏并三子傳首建業封慧度

龍編侯追號輔國將軍宋武帝永初二年拜交州刺史慧度布衣蔬食儉約素質禁淫祠修學校歲饑以私賑給為政纖密吏民畏愛之卒贈左將軍

杜慧睄慧度弟也為交州太守

黎回愛州人為洛陽尉

姜神翊愛州人為舒州刺史

姜公輔神翊孫挺子也唐德宗朝第進士補校書郎以制策異等授右拾遺翰林學士歲滿當遷以母賴祿

養求兼京兆户曹參軍公輔高才每見敷奏詳亮德宗寵之朱泚還京師公輔諫曰陛下不能但依恃泚不如誅之養虎無自遺害帝不從俄而京師亂帝自苑門出公輔叩馬諫曰泚嘗帥涇原得志向以朱泚叛奪其兵權居嘗怫鬱請馳捕以從無令羣兇得之帝倉猝不及聽既行欲駐鳳翔倚張鎰公輔曰鎰雖信臣然文吏也所領皆朱泚部曲漁陽突騎泚若立涇原為變非萬全策也帝遂之奉天有言泚變者請

為備守盧杞曰泚忠亘篤實奈何言其叛傷大臣心臣以百口保之帝知羣臣勸泚奉迎乘輿者乃詔諸道兵距城一舍而止公輔曰王者不嚴羽衛無以重威靈今禁旅單寡而士篤處外為陛下危之帝曰善卷内之泚兵果至如所言乃擢公輔諫議大夫同中書門下平章事弟從梁長女唐安公主道薨上欲造塔厚葬之公輔表諫以為山商非久居之地且宜輸以濟軍中之急上謂陸贄曰公輔正欲指朕過失自

安南志略　卷十五　五

安南志四

求名耳贄曰公輔官諫議職宰相獻替是其本務立輔臣朝廷納諫從而弼之乃其所也帝曰不然以公輔才不足以相而自求脱朕既許之内知其罷故責直售名遂遷太子左庶子以母喪解復為右庶子久不遷陸贄相公輔數求官贄密謂曰丞相竇參嘗謂公擬官屢奏上不悦公輔懼請為道士帝問故公輔不敢泄贄語以參言為對帝怒貶泉州別駕遣使責參順宗立拜吉州刺史未就官卒姜公復公輔弟也

終比部郎中

名人

廖有方交州人柳子厚送詩人廖有方序交州多産金銀珠璣玳瑁象犀其産皆奇怪至草木亦殊異吾嘗怪陽德之炳燿獨發于紛葩瓌麗而罕鍾乎人今廖生剛健重厚孝弟信讓質内而文乎外其餘詩有大雅之道夫固鍾于陽德者邪是世之所罕也今之世多恒人其餘紛葩瓌麗則凡知責之矣其亦有責生

安南志畧

者邪果能如是則吾不謂之恒人實亦世之所罕也

安忠王李氏宗室也好學寛仁著聞士名未下詼諧滑稽每牴牾之不以為介安忠舟行夜泊橋下聞歌者宛轉低昂即而聽之其詞云時光迅速老催人百事無成誰復省乃豁然頓悟棄家修學成道

威明王李宗子也隨李聖王攻占城道過布政威明以楯鼻戲揚沙磧傺爾成山又以劍截甕之中斷而水不泄觀者驚異兵還卒於布政郡人哀之立祠祭禱

輒應郡有據竊者即立死民謂威明極之由是是祠
祭者甚盛
黎曉愛州水山鄉人少雄勇音古碑譚舍三鄙爭地界
以兵相尚曉謂古碑人曰我獨能擊衆父老驚訝具
酒饌食之曉一飯數斗飲且過量既而挑譚舍戰曉
聳身拔樹橫擊損傷者衆譚舍大懼還古碑白李王
聞召用為將有外敵巨船至海口將圖其國曉治舟
百艘載銛首巨木賊進曉駕木撞破賊舟敵人溺死

王嘉賞之曉曰爵不欲願得立氷山上還擲大刀驗刀墮官地内賜以作業王從之曉登山頂一擲遠數十里刀墮多糜鄉即以賜之曉斫久槁木二倒置為界未生枝成大樹高約大小輪囷皆然夏熱行者休其下百餘人木開白花勝木棉鄉人採之以作寒服曉歿鄉立祠祀之禱輒靈國或將難祠中夜聞戈甲聲果應

陳覽李聖王近侍官也王構閣江中聽草堂國師傳法

覽藏身筏下竊聽王覺欲以槍梭鏦之師止曰彼亦有緣毋庸殺也即授覽以水法王遊海道命覽掌膳覽以食罷投空中凡至泊所罷即湧舟側取供膳王乂託令具巨木覽一夕至百株乃命匠斵木流血入水去

陳遂陳太王甥國封威文王聪明好學自號岑樓有文集傳世詩云古來何物不成土死後惟詩可勝金挽姪文憲侯云山豈忍埋成氣王月空自照少年魂遂

安南志畧

年三十四卒國人惜之

陳普太王用為左藏遷翰長嘗作越志

黎秦愛州人溫恭博學太王用翰長丁巳冬隨王拒

烏梁哈岱兵敗與王并馬馳至范家堡適有范具隻

領兵救王官兵殺具隻太王走免至冷美津纔登舟

騎兵追至亂射王秦以舟板翼之僅免以功封秦為

保文侯入內判首

黎休才行俱備為昭傳遷檢法官修越志

節婦

金節婦安南賊帥陶齊亮母也常以忠義誨齊亮頑狠又不受遂絕之自田而食績而衣州里為請唐大歷初詔賜兩丁侍養令本道四時撫問

萬春妃姓名未詳父母居萬春里因名焉少清淑長將嫁同里文士蕭雅國主聞其美納入宮中寵幸為次妃十載餘而萬春獨念蕭之聘雖居寵貴非志願也嘗托疾求出宮醫療國主許之俾還故里時雅已出

仕有政績擢清化府路安撫使任解歸偶喪由是妃與雅復為夫婦如初僅十年雅卒停柩於家每以吉葬無期日夜撫棺號泣三年氣絕而死國人哀之

方外

梅圓照禪師嘗作參徒顯訣略云一日堂前坐次忽有僧問佛之與聖其義云何曰籬下重陽菊枝頭淑氣鶯多類此

空路覺海二師嘗入大國化銅鑄鐘歸得神人擁舟一

夕抵故山遂鑄大小二鐘於普賴山寺撞之聲聞他地境傳知中國未幾其大者入排灘溪漲雨湧水上僧恐小者亦去乃以鐵釘之尚存俗傳空路能騰空覺海善屏水

草堂隨師父客占城昔李聖王攻占城獲之與僧録為奴僧録作語録置几上而出師竊改之僧録異其語聞於王遂拜為國師

徐道行儒生好吹簫日與友登臨遊賞夜讀書達旦一日入佛迹山見石有石足跡乃引足履其上如一歸

別其母入山中結草庵修道李王之嗣命名僧祈之
有一僧老不與以術國厭王聞捕境內僧師亦下獄
宗子力救師免宗子曰我亦無嗣請師為我禱乃語
宗子遣夫人入浴室師過室外夫人感而有孕及產
宗子召師已坐化夫人乃生一子奇偉李王以為
嗣師肉身今尚存

戒珠戒行精嚴祈雨輒應陳太王嘗置甕庭中師致雨
盈甕內外無涓滴王加禮之

還元儒人學佛又歸俗尚國姑瑞姿陳太王封為列侯嘗律瑞姿以正由是反目尋為道士工詩賦愛浙泉石王命為道録俗呼道録侯

叛逆

徵側交阯麊泠縣雒將女也其夫詩索朱鳶縣雒將男也後漢太守蘇定以法繩之側怒與妹徵貳反攻略六十五城自立為王馬援斬之

趙嫗九真軍寧縣女子少不嫁乳長三尺置於背外著

安南志略

金榻齒履乘象頸與敵戰居山中聚黨為盜交州刺

史陸胤誅之

李賁交州土豪梁大同初侯諧為刺史嚴刻失和賁反

詰奔廣州賁僭號置官建萬春臺居之武帝命刺史

楊標司馬陳霸先討平之

楊清交州人唐開元間為驩州刺史都護李象古忌之

召為牙將鬱鬱思亂會黄家同叛象古授清兵助討

清與男志烈還襲象古尋為桂仲武斬之

儂智高廣源州人其先全福知儻猶州弟全祿知萬崖州俱服役交阯一日全福殺全祿而并之李太王怒舉兵擒全祿福及其子智聰以歸其妻阿儂嫁交阯商人生智高年十二殺其父曰天下豈有二爺遂冒儂姓久之復與其母出據儻猶州建國曰大歷交阯捄之釋罪使知廣源州居四年內怨交阯襲據安德州宋仁宗皇祐元年智高僭稱南大王改年景瑞四年夏五月陷邕橫等州偽建大國南僭號仁惠皇帝改

年啓歷赦境内其黨黄師宓稱中國官名於是進圖廣州五月餘日不克復還邕州秋九月命狄青討之五年春正月青大軍至賓州以一晝夜絶崑崙出賊不意陳歸仁輔智高列陣以拒青擊破之智高復趨邕州是夕焼城走入大理國遲明青按兵入城梟師宓等首收金帛牛馬鉅萬獲其母阿儂氏弟智先子繼宗繼極至京後智高死乃悉棄市

物産

田土

任延云田種白穀五月作十月登赤穀十二月作四月登所謂國稅兩熟之稻鄉貢八蠶之綿麻粟地狹民衆二麥無之

蠶桑

劉欣期州交記一歲八蠶蠶出日南桑則大小二種小桑孟春培之枝葉繁茂自三月云八月皆養蠶云

鹽

煮海取鹽其白如雪邀民服役安南者皆鹽鐵利也

黃白金

富良廣源等州雖產金銀而採金户若貝後納不足則買諸他州輸之

明珠

蚌生東海鹽採官禱其神輒獲大珠海賈云中秋有月是年珠必多孟嘗守合浦先時太守多貪穢採求無厭珠皆徙於交阯嘗到官易前弊求民利病去珠復還民稱為神明陶弼還珠亭詩合浦還珠信有名使君方似古人情胎中蚌蛤常含彩澤下魚龍盡不驚貞觀四年林邑縣大珠有司以求表詞不順

安南志畧

請討之太宗曰好戰者亡如煬帝頡利皆所親見小國勝之不武況未可也

珊瑚 赤黑二種在海直而軟見日曲而堅漢初趙佗獻赤珊瑚號火樹

丹砂 晉葛洪欲煉丹求為勾漏令杜詩云交阯丹砂重凉州白葛輕

玳瑁 狀類龜而殼稍長六足後兩足無爪

香 古載日南有千畝林產名香南越志交州有香人欲取先所待終年皮爛取木心及節堅黑沉水者沉香乳者為鷄骨一名半水麗者為箋香

金顏 一云甘麻然燒逐羣邪

排香 以根合臺佳

香附子 一云鷄頭海岸者佳

降真香 久年者勝

安息

瓷

蠟

鉛

鐵

錫

桂 皮薄肉厚

紫草 中州載麒麟紫草乃蟻之所造如蜂作蜜紫草色赤而黃似松枝交州志紫草與血竭具出于交而非一物明矣本草云二物主五臟邪氣止痛破血愈金瘡

訶黎勒 中州載出交愛花有子似梡皮肉相着味無毒主治氣腹漲滿

安南其界

常山二種俗名黃刀白刀

蒲黃刀傷以末乾敷則愈

阿魏

茶古載出諒州古都縣味苦難為飲

薏苡馬援征交阯載歸道過五溪遺種坡詩云伏波飲薏苡禦瘴傳神良能除五溪毒不救讒言傷

風薑切片貼額左右止頭痛

火薑色稍紫俗獨用為酒而絕美

高涼薑本州高涼交州亦有之雷州產者佳江左曰杜苦味大溫治積冷腹痛剉末微炒米飲調服霍

亂吐瀉用五兩重煨熟擘碎淨洗入酒一升煮三五沸服之立效蓋蘼氣好顏色豪家煎湯飲之

黄薑　木草海南生者蓬术味辛苦大寒無毒主心腹結積陰風熱消癰腫生敢治氣千金方治瘡癬始生積癢以一兩重入桂穰三兩作末醋湯調下

鬱金　味辛苦寒主血積冷下氣生肌止血劉禹錫云單用治女人宿血心氣痛冷氣結聚溫醋磨服痛後用之調粥飲

通天犀　劉欣期交州記犀尾如承頭有三角鼻上角短頭上角長異物志角中時有光耀白理如綫自末達本為通天通天犀

辟水犀　舊傳安陽王有七寸文犀戰敗投犀于海水開王入水免禍

安南志略　卷十五　十五

辟寒犀

唐開元二年冬至交阯進犀角一株色黄如金使者請以金盤置殿中煖氣襲人上問其故使者對曰此辟寒犀也隋文帝之時嘗進一株甚奇古上悅厚賜之

象

林邑出象其初還于占城俗以象駝載令有布政郡乃古日角象裕縣也土豪藪令立國曰林邑宋理宗時安南貢象公卿上表賀時有太學生獻詩三象都来八尺高江湖萬里幾民勞公卿畫上昇平表惟有鰥生誦旅葵至元丙子朝廷平宋驛桂始近安南屢貢馬雄者兩牙雌無之力在于鼻王命人門以觀勝質取象者每驅其雌入山從以甘蔗誘其雄至以設穽以陷初甚咆哮收敎之漸馴人意遇節禮收效以錦覆象背全跪拜國主喪則被金鞍流涕成物性極靈居山林每雄擁雌四五十以為强好飲酒以鼻穿山民壁飲畫而氣不損若二者得行一物而均分之善洛於江月夜戲浮水者及歸林民後從擊鑼鼓喊鬥

驚之之羣象爭走徑路狹處陷溝壑中不能起民刺殺之其牙文色淨麗自死及退落之牙不以為貴林邑人殺象象怒布陣以圍人人為象所困斫樹解衣掛樹枝緣他樹而走象見衣以為人有以鼻吸水灌樹其枝倒不見人怒甚碎其衣而去象病首必向南面死肉麗連皮貴易艱牙筍足掌肉稍佳

兕

交州記出九德生一角長二尺漢靈時九真獻奇獸至元間安南嘗貢焉

白鹿

晉元康初白鹿見交阯武寧縣宋文帝元嘉末交阯獻白鹿

潛水牛

交州記句漏縣有潛水牛上岸則角軟入水則復堅

猩猩

南中志狗形人面在山谷中行無常路百輩為群人以酒并草履數十相連結置於路間猩猩見之即知其人先祖姓名呼而罵曰奴故張我亟捨去而已後還相呼嘗酒著草履進一二升大醉屢輒絆倒

安南志略

卷十五

十六

即擒之昔人餉封溪令闕

有何物猩猩酒刀僕耳

狒狒郭璞云出交州山中狀如人面長背黑身有毛及

踵被髮迅走食人見人則笑左思云狒狒笑而被

格者

也

蟻子鹽醢古載交州溪洞酋長多收蟻鹽以醬非官各

親族不得交接郊特牲稱腶修用蟻鹽祭蛻

云陸產之醢謂蟻蝝之屬也周禮醢人饋食之豆

有蚳蟻子也范蔚宗云中國失求之于夷非夷造也

安南志略卷十五

安南志略

卷十六

元　黎崱　撰

雜記

唐會昌五年舉格節文安南所送進士不得過八人明經不得過十人按唐式職方之掌安南都護與峰等州捉搦陸路勿令真臘國人來

市罷伏及馬入南嶺藩溪洞有生梗處須鎮壓者交廣

安南志畧

邕桂容五都督每三年一度領兵廵歷至時仍以狀奏

聞諸邊郡湏有接行及引接諸藩犬首領應備儀式者

蜀郡南海安南各聽三百騎以下桂廣邕容安南黔南

等都督府管内首領有强宗部落大問取甲兵頭數及

兄父具景行幹能文武才略每年各以名聞應追宿衛

量事處分

安南桂管等官身及家口赴任給傳乗

一品　馬十疋　驢十頭

二品　馬九疋　驢九頭

三品馬八匹驢八頭　四品五品馬四疋驢四頭

六品七品馬二疋驢二頭　八品九品馬一疋驢一頭

口少者准見口給之

掖垣叢志云四夷君長内屬者若封王爵及建節惟夏州交阯入學士草制餘則否

史通云十室之邑必有忠信欲不朽之在人何者交阯遠居南裔越裳之俗也燉煌僻處西域昆戎之鄉也求諸人物自古闕載蓋由地居下國路絕上京史官

[illegible]

註記未能及也既而士燮著録劉炳裁書則磊落英才燦然盈幅矣向使二賢不出兩部無記則邊郡之君子何以聞於後世乎是知著述之功其力大矣豈與夫詩賦小技較優劣哉

陸宣公奏議論南嶺諸夷於安南置市舶中使狀

嶺南節度經略使奏近日舶頭多往安南市易進奉事大寶懼闕供臣今欲差判官就安南收市坐定一中使與臣使司同勾當庶免隱欺希顔奉先聖旨宣依

者遠國商販惟利是求綏之斯來擾之則去廣州地
當要會俗雜殷繁交易之徒侵克過深則必招懷失
所曾無內訟之意更興出位之思玉毀櫝中是將誰
咎珠飛境外安可復還書曰不寶遠物則遠人格今
既欲如此宜其殊俗不歸況又將蕩上心誦揚中使
示貪於天下延賄通於朝廷黷污清時虧損聖化法
宜當責事故難依且嶺南安南莫非王土中使外使
悉是王臣若緣軍國所須皆有令式慎制人思奉賦

熟國闔佚豈必信嶺南而絕安南重中使而輕外使
殊失至誠之體又傷賤貨之風皆押不出

柳子厚為安南楊侍郎御祭張都護文

維年月日故吏某職官某敬祭故都護御史中丞張公
之靈交州之大南極天際禹績無施秦强莫制或賓
或叛越自漢世聖唐宣風初鮮寧歲稍臣卉服漸化
椎髻卒為華人流我愷悌士變之理惟公克繼勤勞
遠圖敷賛嘉惠銅柱南表前功載修空道北出式遏

蠻陬梯航連連旌旆悠悠輻輳都會皇威以流方荷
天寵宜公宜候聲馳帝鄉魄降交州嗚呼哀哉公昔
試吏時推清能公昔秉軺音遥使者車謂公為安南經畧巡官人知準
絕鱞寡以安征賦用登柱史稍遷郎曹既昇程功佐
理海裔斯澄乃紀南方專任是憑禮分五玉恩賜百
朋尚書修五禮五玉毛詩菁菁者莪錫我百朋注古者貨貝五貝為朋言得禄之多開府辟掾
羣賢攸屬顧兹微恒敢爾甄録既受筐篚載加命服
賜有楚冠用懋勇尚星言赴命注望幃幄視險如夷

[illegible]

瞻程非邈伯氏左宦爰滯中途流連隱憂言念涕濡
子姓若在使命頓殊兢魂弔影敢廢斯須情留江徼
憂結天隅懇切有俗義乖從役顧慕長慟輾轉增惕
膂力猶在中腸屢激方俟銷憂永期投蹟謙德不福
法星降災廷懸遽徹驛訃爰來撫躬益恨循顧增哀
瞻容莫及報德何階輀車北轅申奠克諧望拜徒至
音容永乖南州斗酒庶寫幽懷
唐鄭虔字台文僖宗朝為相初交廣邕南兵舊取嶺北

五道往來餉運之船多敗歿虔請求嶺南鹽鐵委廣州節度常荷歲計海取鹽直四千萬緡市虔吉米以贍安南罷荆洪等漕役軍食遂饒後以王師甫為嶺南洪軍副使帥府請撫進兵而加獻錢二十萬經略者荷且切而師甫以利啖朝廷謀食其兵不可罷之

宋許仲宣字希粲青州人舉進士中等解褐曹州主簿初調引對於便殿太祖聞其名擢授太子中允知北海軍及征南馬步軍轉運使時興兵討交阯不利而

仲宣以交阯炎熱瘴癘士卒未戰死者十二三雖得之不能守抗疏極陳其事又恐時日稽緩即以便宜從事罷其兵示諸郡開府出緡錢賞及士卒自効矯詔之罪太祖嘉之降璽書褒諭仲宣即草檄以諭交州渠帥遂納款內附修職貢遷仲宣諫議大夫領運使如故

宋楊交紹興初為欽州太守以交阯遣使爭田地界交植鐵鎗於庭曰若必要地界請鏖戰一場交使惕息

而退其邦人猶志之呼為楊鐵鎗

大元延祐七年海南窮民掠百姓女子入安南鬻為嫗國主聞之遣人擒獲追其元鬻人口遣使送還海北海南元帥府

歷朝名賢雜題

陸士衡贈交阯刺史顧秘公真

顧侯際休明清風肅已邁舊迹異藩后（藩后天王）改撫授南裔伐鼓上表嶺揚旌萬里外遠濟不辭小立德不在大

安南志略

高山安足凌巨海猶縈帶惆悵瞻飛鳶引領望歸旆

沈佺期貶驩州

嘗聞交阯郡南與貫胸連四表分寒少三光置日偏尉佗曾取國士燮久遊泉邑屋連甿在魚鹽舊產傳越人遙捧翟漢將下看鳶北斗崇山掛南風漲海牽別離頻破月容鬢驟經年昆弟推由命妻孥割住緣夢來魂尚擾愁委病空纏虛道崩城淚明心不應天

渡海入龍編

自昔聞銅柱行來向一年不知林邑地猶隔道明天雨

露何時及京華若個邊思君無限淚堪作日南泉驩州

權德輿送都護裴秦

忽佩交州印初辭列宿文莫言方任遠且喜主憂分迴轉朱鳶路連飛翡翠群戈船沿漲海旌旆卷煙雲絕徼褰帷識名香夾谷焚懷來通北越長養合南薰慚歎同心阻欣看異績聞歸時無所欲薏苡欲煩君

皮日休刺都護李琢虐政民叛

南方不揮使致我交阯覆聯綿三四年流為中夏辱懦

者鬪即退勇者兵乃黷軍需滿天下戰將多金玉刮得齊民瘡分為猛士祿雄雄許昌帥忠武冠其族去馬萬騎風住作一川肉時有殘卒回千門萬戶哭哀聲動閭里怨氣盛山谷誰能聽鼓鼙不忍看羽鏃念此向誰嗟悠悠潁川綠

韓愈越裳琴操

雨之施物以孳我何意於彼為自周之先其艱其勤以有疆宇私我後人我祖在上四方在下厥臨孔威孰戲

以海孰荒於門孰治於田四海既均越裳來臣

　許渾登尉佗楼

劉項持兵鹿未窮自乘黃屋島夷中南來有國任囂力

北向稱臣陸賈功

　李郢送友人嶺南

關山迢遞古交州歲晏憐君走馬遊謝氏海邊為姹女

越王臺上見青牛嵩臺月照啼猿曙石室烟含古桂秋

回首長安五千里刺桐花下莫淹留

卷十六　　八

安南志略　卷

張籍山中贈日南僧

獨向山中老松門閑兩涯翻經上蕉葉掛衲落藤花甃石新開井穿林自種茶時逢海南客蠻語問誰家

司馬題伏波祠

漢令班南海蠻兵避鬱林天涯分柱界徼外貢南金生失姦臣意誰明報主恩一棺忠勇骨漂泊瘴烟深

曾淵子客安南見進奉使回口占

安南莫道是天涯歲歲人從薊北回江北江南親古滿

三年不寄一書來

安南志畧

安南志畧卷十六

安南志略

卷十七

元　黎崱　撰

至元以來名賢奉使安南詩

侍郎李思衍兩山世子燕席索詩

乾坤氣運會貞元，皓月騰空息瘴煙。北闕星馳新誥命，南交春轉舊山川。存誠乃可常通帝，保國無如是畏天。光覲紫宸歸化近，山河帶礪保千年。

[illegible]

世子和前韻有自顧不才懋錫土只緣多病欠

朝天之句即席奉答

雨露汪洋普湛恩鳳銜丹詔出紅雲拓開地角皆和氣
淨挽天河洗戰塵盡道璽書十行下勝如琴殿五絃薰
乾坤兼愛無南北何患雲雷復有屯

行賮有禮辭之世子舉陸賈事亹亹勉受謝紀

以詩

緜蠻南來奉玉音九重惻怛為民深蜀人爰命相如檄

越使何求陸賈金氷雪孤忠臣子事乾坤生物帝王心
從今但得天從欲航海梯山歲獻琛

觀碁

地席跏趺午坐涼碁邊袖手看人忙檳榔腊胎又春綠
送到誰家檣柚香安南柚花甚香如茉莉嶺北所無

儒學提舉徐明善佐兩山使交春夜觀袖手仙
子

綠滄庭院月娟娟人在壺中小有天身共一枰紅燭底

[illegible]

心游萬仞碧霄邊誰能喚醒迷魂着賴有旁觀袖手仙

戰勝將驕兵所忌從新局面恐妨眠

尚書張顯卿

迢遞蠻煙鎖暮霞市朝人遠隔喧嘩孤虛庭院無多所

盛茂園林只一家南注雄津天漢水東開高樹木棉花

安南雖小文章在未可輕談井底蛙

尚書梁貢父荔枝花

一日二日香色異千里萬里驛程遞皇朝本為責包茅

不作漢唐無益事

郎中陳剛中二首

老母越南垂白髮病妻燕北待黄昏蠻烟瘴雨交州客

三處相思一夢魂

離交州與丁少保

一雨隨車瘴海烟大鵬何止水三千南來未了維摩病

北去空思達磨禪使節尋常銅柱外天威咫尺玉階前

臨岐握手無他囑留取丹心照萬年

其南二九回

侍郎李仲賓和洞妙自真世子韻

笋芽先自稱龍種文彩斑斑出土新一日朝天便成竹
此君百倍越精神

郎中蕭方厓郎席和世子韻

春風花雨落賓筵送我歸期看着鞭從此安南成樂土
小心長與戴堯天

侍郎李景山

來從日下到天涯九萬扶摇快一飛率土皇風初浩浩

去程春日正遲遲人心天意誰能問歷數謳歌自有歸
明代保民如赤子不妨憂國重顰眉

郎中杜希望

天詔龍來彩鳳啣繡衣持節使安南翱翔幸得從龍便
矍鑠元知上馬堪異域江山歸傑句小邦臣子聽高談
還朝不辱君王命茅屋青山分貳甘

郎中文子方

至治龍飛帝澤新海邦萬里使華臨中天日月頒王正

安南志略

下土風雷聳德音敬慎不言藩國禮遹遐無外聖人心
猶知物物關人意不在梯航遠貢琛

贈世子太虚子

文章世子玉爲神冠服雍容古佩紳仙苑露葵初向日
海州瓊樹獨留春歷階再拜欽明詔式燕多儀禮上賓
從此君臣保民社主恩長畀越南人

郎中楊廷鎮荅太子世子韻

奉旨遥驅海上山朔風初作瘴烟寒關河動色春先倪

旌節歸心戀帝顏詩咏白狼周德廣書馳丹鳳楚天寬
好乘奕世攄忠盡獨勵丹忱對兩間

郎中張子期和太子世子韻

三山瀛海雪濤深稅駕塵寰一降臨鳴鶴在陰元有子
閒雲出岫本無心國中調燮多餘暇筆底經綸自好音
非日離筵相接近情懷戀戀酒頻斟

郎中智子元二首

嗣聖敷皇極深恩惠遠臣九重頒正朔萬里聽綵綸日

卓書六四

月中天曙風煙絶域春仁恩同一視珍重愛斯民

安南喜雨

丹鳳啣書下九霄遐荒氛氣已潛消乾坤雨露通元氣海岳風雲逐使軺楊僕樓船何用入馬援銅柱不須標欲知膏澤涵濡遠看取村村滿綠苗

廣州教授傅若金佐尚書特珠等使安南二首

冬入安南國雲迎使者軺郡闢秦日置柱念漢時標江路篁猶筍山田稻半苗恩波涵遠近行役豈辭遥

志喜

元統三年頒正朔詔書還到極南開使旌踰嶺青雲動
仙蓋臨江白日迴諭俗豈勞司馬檄朝周終見越裳來
還家耆舊應相問文化如今遍九垓

安南志略卷十七

安南志略

卷十八

元　黎崱　撰

玉堂諸公贈送天使詩序

翰林學士李謙受益送尚書紫莊卿序

至元十五年，安南國王上表，以隣境侵虞，不克躬覲。王殁，世子不請命而自立，朝廷議遣使而難其人。適金齒安使紫公莊卿自雲南至，大臣薦其才，上召問其父兄

[illegible]二八四

皆舊臣且辭意慨慷熟彼風土即日拜禮部尚書奉使仍賜錦衣弓矢鞍馬以寵其行莊卿至安南具宣上意開諭再三執迷不悟卒無來意莊卿歸上言不忍加兵詔諭異一來三年三往返是歲入覲者陳遺愛國王之弟世子之叔父也上曰世子拒命國人何罪焉宜以遺愛立以撫綏其民乃授册命仍授莊卿宣慰使都元帥將兵衛遣遺愛還國將行翰林諸公皆作詩送之僕奉乏之翰林凡詔書申諭表章上來者皆與聞之遂為之叙

其事而贈之言曰自古非有才之難而擇才之不易今主上知莊卿純茂辯給宏毅博洽許之以任重致遠使於四方不辱君命故敬寄以閫外委之以絕域凡師旅之事得以專制之而又以振文李公為之貳李君之意其無愧諸公期望之辭撫循招討實在茲行余敢曰候公於都門之外而賀曰終軍陸賈勿專美於前矣時至元十八年十一月日

翰林學士奉旨王盤鹿庵詩

安南志畧

單車奉使紫尚書龍潭虎穴如坦途丹青明著使外國
不減漢朝張與蘇共山李生有智謀樂執鞭策同馳驅
但願皇恩彌宇宙不湏珍異輸天都

翰林奉旨高堂閣淳子淨

紫侯身許國志意何深淳昆弟死絕域渥洼雙玉麟設
笑萬里候劍氣淩青雲畏途走康莊異俗猶四隣至元
淨遐荒包茅貢來臣奈爾三不朝廢置良有因鱗介易
衣裳島夷王兵民威儀不勝用仰輔吾仁君

翰林學士王構肯堂

定遠歸來拜上卿又持麟節問南行使星遥照蒼龍野驛騎相攙鴻鴈程湖客昌烟開凤瘴狼貪鼠竊避先聲馬前領取安南長未結中原父子盟

翰林學士胡祗遹紹聞

炎方一萬里軒葢幾回來海徼稱忠節江神識俊才奇勳能竭力大闡欲誰開竹帛垂名字人生亦快哉

集賢學士梁曾甫

安南志略

鐵石孤忠白付麻六朝人品五侯家已全蘇武天邊節
又得張騫海外槎詩筆强凌銅柱月歸鞭正及越城花
安南雖小文章在未要輕談井底蛙

國傳建安王載

金石丹忱動藻旒馬諳舊路壯英遊車無薏苡廉聲著
贄有包茅職貢修指按地圖朔北闕口傳天詔到南州
此行不待長纓請好繼班生萬里侯

學士王之綱子維

三錫恩承稱異數弟兄郡主姓名同一門忠義古稀有千載寵榮誰比隆壯歲已知酬素節遐方亢自仰高風里閭聞望從茲盛更著垂名竹帛中

其二

人說交州最極邊何勞定遠一揮鞭虎睛耀日黄金券鳳口銜香玉牒宣孤劍劈開千嶂路片航飛過九溪烟此行識得君王命要補西南半壁天

其三

[illegible]

將門貴胄幽并豪志節凌雲萬丈高金虎分符重恩寵
太山一擲輕鴻毛長纓致越非難事寸舌強秦總不勞
萬里振鐸君好去愧將詞賦老吾曹

夷門李桐

行人捧檄過南柯宛勝當年馬伏波服遠自應文德在
五溪何必動干戈
殊音異服豈無情亦解逢人說太平我有一言君試聽
古來定遠是書生

李宏

車軌文書海外同安南元在版圖中九天遠遣皇華使
萬國同朝紫極宮博望重來人更喜桂林初復路還通
中原春好花如錦不必淹留一剌桐

河南侯宗禮

跪拜天朝列上卿又持鱗節鬱林行數行丹詔千鈞重
萬斛明珠一喘輕正欲襟期量湖海不須辭氣吐縱横
安南世子無多慮早早連鑣入帝京

[illegible]

覃懷侯謙

驛路秋風馬足輕虎符斜插繡衣榮丹心報主惟忠義
金紫盈門顯弟兄此去暫持蘇武節歸來定有伏波名
徒勞戎輩真堪笑終世區區兒女情

翰林奉旨九門董文用送李兩山

幾載鯨波戰燧紅老臣一語百蠻通如天自是吾皇福
閑在高樓八面風
東漸生民望紫翁紫翁心事與天同好將一卷交州稿

刻在天台鴈蕩中

翰林奉旨高堂

往年御節使荒遐鳳節堂堂衆所誇萬里朱厓鱗介北一星銀漢斗牛槎轉輪已息江南郡烽燧還清瘴海涯垂橐歸來見天子又携恩詔撫皇華

翰林學士嘉興張伯淳送李仲賓蕭太望序

安南古越地雖在九州之外或以禹舊服也自昔置刺史若守若牧政化所及故其俗知文物當不昧於尊君

親上之意而自入皇元撫萬民以來其於尊君親上之意若未究焉者使所以相屬於道夫以堂堂國家於里誌之地顧有所遺哉大抵柔遠懷德與威德懷德者古人所先威德者古人所不得已舜敷文德於兩階文王修教而降壘時也　天子御六龍霈大澤不以安南遠服而外之謀所以布宣德音者於是禮部侍郎李君仲賓使而以兵部郎中蕭君則平為輔行於是乎選也人謂此行易余獨以為難奚言其難向者諭旨於是邦孰不

曉以君臣大義與禍福利害之幾彼挾其懼心以聽則言易入不然歸而報聞吾盡吾職國家固自有以處之令二君跋涉數千里外以一書開其自新而已儻適然而去適然而來是夫人而能為之安事我輩況人情積歡之餘一旦自拔於無過則不勝喜然喜者玩之萌也吾就其所喜而能使之人舍其遲回不決之舊而新是圖斯不負重華禮樂之遺仲實嘗班尚書行平章事兩副使者平昔所樂所行何事令行侯伯匪躬蹇蹇之操無

卷八　七

安南志畧

入直刺刺之態其人能辨人之所艱決然無疑矣於客中不堪聽陽關不欲效兒曹作加餐相憶語姑叙以識别至元三十一年七月朔日書上都玉堂之署

內翰楊載仲弘送李侍郎

九秋天色晚萬里送君行馬首寒雲起腰間寶劍橫奉持天子詔慰答遠人情宜渡瀘江水炎威一日清

翰林奉旨董文用送蕭郎中

爲臺空發行臺封司農一載歸鰲峰十常八九不如意

人生處處歡舊逢帝曆天命念赤子樓船未忍忘巴賨古来每重星華選蕭君禮貌先雍容文學語言當此舉筆相見之皆悦從安南小邦等鱗介早赴絳闕朝真龍

一

翰林奉旨信汝南選材持旨赴軺車六一先生共里閭里麗秋旻新寵數風清瘴海播名譽兩階干羽修文日萬里梯航聽詔書此語端能動殊俗金山玉帛不濤渚

集賢學士河東宋渤二首

[illegible]

堯仁穆穆若爲怡，寬詔新頒出治剛。高選俊英持節去，令知初不棄荒要。

海濱諸越自浮沉，本不煩須詔使臨。晝報兩班征戍去，太平長御漢文心。

翰林學士廬山劉岳

喜拜龍墀年第一，薰風拂拂柳依依。香含粉署星辰近，恩重皇華禮樂輝。北闕初頒治詔下，南荒愧謝遠人歸。太平氣象彌寰宇，後事言還入紫微。

翰林直學士陳儼

都門祖道挽征驂歌徹皇華酒半酣玉節拜恩辭闕下金函持詔入安南新詩定見雞林重壯志寧辭虎穴探諭蜀相如公事了早回烟棹過湘潭

翰林應奉滕賓送李景山詞奪錦標

老氣盤空才名照萬里西風行色人物朝中第一司馬題橋班超投筆記承流宣化早威聲先馳絕域舊為烏蠻宣慰看吟鞭笑指闗河歷歷當年曾識自古人心忠義百水

[illegible]六四

朝東衆星拱極銅柱無端隔斷天南天北念瞻丹闕捧

紅雲金泥香調治明年歸對西山細說安邊策

翰林學士歐陽玄送傳與礪佑侯安南

省臺交薦畫名公使者南軺載與同馬自驤羣先定價

鵬從海運且培風橐如陸賈無他寶柱念文淵有舊銅

此去新詩千百首時時北望寄征鴻

藝文監丞揭傒斯

詩人遠佐皇華使朝士聞吟白雉詩海不揚波少風雨

始知文德適蠻夷

博士王沂

光色動南溟文星逐使星雞林傳秀句銅柱勒新銘落日鯨波白春風瘴海青色堪應幕下拭月待雲駢

末沂子

皇帝三年頒正朔使君萬里向交州瑤池天潤龍光濕銅柱雲低蜃氣收陸賈獨能持節往終軍因得棄繻游幕中為惜懸河辯毛遂歸來坐上頭　以上送與礪

[illegible]

翰林侍講學士虞集送南宮舍人趙期頤

三年頒正朔五月向南交將命方離闕陪臣已在郊衣

裳鴻羽漸干戚虎皮包瘴霧衝風散瀧湍急雨銷朱鳶

窺土室白下雉檣巢夜浦蛟停織陽闗荔折苞離思休

抑鬱好句儘推敲銅柱追前哲勳名等伐蛟

翰林修撰蘇天爵

聖德隆千古皇威奠九天金門頒鳳詔玉節使龍編博

雅資專對才華屬妙年郎中初遴選省府昔周旋文治

中華盛仁恩漢國宣清風消瘴雨麗月淨蠻烟跋涉思
銅柱委蛇跨錦韉堯天新正朔禹貢舊山川聲語時難
鮮雕題倍可憐明年春色早歸拜御階前

集賢大學士王約彥博

寸舌摧驕悍忠誠信可施勲名標柱日慷慨請纓時非
止包茅貢終防薏苡私此行君有策會見靜王師

安南志略

安南志略卷十八

安南志略
卷十九

元　黎崱　撰

安南名人詩

陳大王送天使張顯卿

顧無瓊報自懷慚，極目江皋意不堪。馬首秋風吹劍鐵，屋梁落月照書庵。幕空難住燕歸北，地暖愁聞鴈別南。此去未知傾蓋日，新詩聊贈當高歌。

安南志　四

內附安南國公善樂老人 五首

山國

當年名義出南邦耿耿丹衷對彼蒼不是文公逃晉難
庶幾微子慨殷亡箕裘未泯先君烈簡策應留後世芳
寰海車書會同日故家送祀越山長

大明殿侍宴

班陪玉笋侍紅雲日表熙熙瑞氣溫萬派朝宗滄海闊
衆星遶拱紫宸尊雍容湛露歌詩什彷彿鈞天入夢魂孤

孽秋毫皆帝力願殫忠赤報深恩

萬歲山宴是日直雪

碧漢鳴鑾不動塵玉京縹緲會星辰舞回鼇背三山雪
酒工龍顏萬國春物被仁風榮御苑水涵聖澤溢天津
越南羇旅陪班列咫尺光貽日月星

還國

幾年出國涉雲沙身寄絨鞍暫到家簇簇樓臺空日影
盈盈珠翠各天涯真成東海歸遼鶴敢望南門入鄭蛇

吳傳天四

人物淒涼何處問江風吹老荔枝花

贈天使張顯卿使遠

西風吹夢到龍編回首相逢又隔年馬逐輕塵還日下

鴈隨瘦影出雲邊四方專對詩三百五嶺歸来路八千

畫道朝廷用文士尚書志氣杳秋天

三世陳聖王挽宋臣陳仲微宋亡入安南卒

痛哭江南老鉅卿春風收淚為傷情無端天上編年月

不管人間有死生萬疊白雲遮故國一堆黃壤葢香名

回天力量隨流水流水灘頭共太平

四世陳仁王竹林大士 五首

饋天使張顯卿春餅

柘枝舞罷試春衫況值今朝三月三紅玉雕盤春菜餅

從來風俗舊安南

送天使李仲賓蕭方崖

靈液吹香暖餞筵春風無計駐歸鞭不知兩點軺星福

幾夜光芒照越天

送天使瑪哈瑪喬元朗

軺星兩點落天南光引臺纏夜繞三上國恩深情易感小邦俗薄禮多慙節依瘴霧身無恙著鞭春風馬有驂鼎語願溫中統詔免教憂國每如惔

和喬元朗韻

飄飄行李嶺雲南春入梅花只兩三視一同仁天子德生無補世大夫慙馬頭風雪重回首眼底江山小駐驂明日瀘東烟水濶葡萄嫩綠洗心惔

躔聚韜光射海涯拂開淚眼光世子近沒觀能飛料知炎燠

闡名遠敢恨春風照校遲五嶺山高人未渡三湘水濶

鴈先歸太平有象煩君語喜溢洋洋入色眉

六世陳太子虛四首

贈天使薩濟威文子房

至治改元新初頒到海濱傾心效葵藿扶病聽綵綸光

照嵐溪夜遍回草木春歸當再前席聿不外斯民

謝天使瑪哈穆楊庭鎮

[illegible]

馬蹄萬里涉溪山　玉節搖搖瘴霧寒　忽覩十行開鳳尾
宛如咫尺對龍顏　漢元初紀時方泰　舜歷新頒德又寬
更得三公成一款　却添春色上眉間

再用韻呈天使

九鼎尊安若泰山　時暘時雨瘴烟寒　溥天玉帛歸堯舜
比屋絃歌學孔顏　銅柱不須勞馬援　蒲鞭誰復美劉寬
聖恩浩蕩慈雲潤　化雨甘霑滿世間

送天使薩濟威趙子期

驛騎行行瘴霧深海邊光照使星臨四方專對男兒志
一視同仁天子心越國山河供傑句周家雨露播綸音
明堂朝相隔雲南路今日休辭酒滿斟

老國叔昭明王樂道先生二首

贈天使棐莊卿李振等

一封鳳詔下天庭咫尺皇華萬里行北闕衣冠爭祖道
南州草木盡知名口銜威福君褒貶身佩安危國重輕
敢囑四賢均泛愛好為翼鳥卵越蒼生

[illegible]

送業莊卿

送君歸去獨傍徨馬首駸駸指帝鄉南北心旌懸返旆
主賓道味泛離觴一嗟談笑須分袂共唱驪歌惜對牀
未審何時重覿面懇懃握手叙淒涼

內附封輔義公陳粹山二首

登嶽陽樓

高樓百尺倚雲端扶病登臨試一看望眼有窮邊塞遠
吟腸頻貯洞庭寬烏沈谷口千林暝龍戰波心六月寒

多少羈懷無處語　平蕪漠漠水漫漫

朝京還欒城遇雪

風霰嚴凝透袖寒　陪前咫尺對龍顔　一言讓國聲名遠　萬里朝天富貴還　守土職居南海外　傳家心拱北辰間　馬蹄奮迅歸期好　直到冬深望粹山

内附安撫使賴益歸

元日朝會

聖日垂光被越南　驛亭官柳許停驂　車書今混四方一

[illegible]
冠佩咸呼萬歲三香吐翠雲龍闕潤酒翻金海鳳簫酣
羣臣舞蹈天顏近春顧恩深雨露涵

曆參議許公詠東山飄然樓詩

秋興庭前月去時滿樓山色索新詩心如柳絮沾泥早
身似蓮花出水遲經卷已輸居士樂酒樽宜興可人期
倚欄看遍郎湖景塵俗紛紛總不知

前十五新内附至元甲申官軍入境世子遣兄子新處侯率前等拒之力弱遂降

十大樓船下粵樓瀧將軍繫縲列城降中朝一統有今日

南國小臣如此江自入羽毛州賦後須忘鱗介土飛光

當年百歲秦佗老何事詩書滞一邦

朝會

萬國衣冠擁建章黃金滿袖帶天香祥開黃道乾坤濶

瑞拱紅雲日月光聖壽松椿元不老臣心葵藿自難忘

只今舉似封人祝歷世堯仁寶運長

喜詔

黃鷄催唱曉玲瓏尺五飛来紫禁中遂使堯言布天下

安南志畧

始知漢詔感山東金甌已付經綸手玉燭均調鼎鼐功
人囿太平無事日村村秔稻溢香風

侍宴 皇慶初元

玉階仙仗曉班催日上彤章寶扇開雷動乾坤三祝壽
春生雨露九霞盃元年新紀黄龍瑞重譯今傳白雉来
從此南荒深感德不勞銅柱立崔嵬

都城

天象分明散曉霞故人騎馬入京華雲開閶闔三千丈

霧晴樓臺百萬家寒盡宮花初着蕋春深官栁已藏鴉
太平氣象今如此始信皇圖福未涯

重九懷張憲侯

久廢登臨不賦詩却来重看菊花枝猶思馬上西門哭
不記鰲邊左手持淒鬢豈堪頻換色一尊當及未衰時
紛紛蜂蝶知春事明月秋風好付誰

贈尚書薩哈嗎使安南還

安穩梅花道尚書向此還人烟兩邊樹客思萬重山陸
[illegible]

卷十九　八

貫通南越張騫度玉關皇華君善事誰喜近天顏

送郎中趙子期

下國瞻宸極交州有使星梅花南北景篁竹短長青殊俗詩難寫荒村酒易醒翩翩趙公子終不愧朝廷

送侍郎智子元使安南

桂林南去椄交州椰葉檳榔暗驛樓使者持書行絕域侍郎鞭馬照清秋元年詔下黃龍漢九譯人歸白鯉周便化文身作章甫歸來陸賈説前旒

送文史傳與礪佐天使安南

尚書文史濟時才匹馬仍隨使客来滄海龍飛天子詔
青冥鶴下趙王臺諸溪篁竹參差動五嶺梅花準擬開
政使風煙殊百粤未應佳句不能裁

壽安南國王 七月三日

明河秋露照華參天雨仙花優鉢曇恩重鵬程搏溟北
丹成鷄犬在安南長生籍内千秋八善樂又堂中七月三
白髮門徒珍重意流霞柏手借春酣

安南志略

用載道韻晚遊郎中湖

蹀葦長堤棧短籬日來湖上久支離鷗邊人立城陰晚柳外花明水淨時世事紛紛鷺倦眼客懷草草説新詩荒詞為喜文翁笑酬酢乾姜一片碑

贈傳與礪使安南還

竹里鶯啼嶺嘯猿安南使者下龍船詔頒鳶阯傾心拜詩到鷄林好事傳絳節司存新雨露青春來往倭風煙江頭客鬢垂垂白猶記南來陸賈年

大別山詠禹柏

今古朝宗意自閑人傳禹柏未曾刋神功四載殷周上
元氣一枝江漢間骨峻銅龍天似海深沈木虎雪連山
挐摩擬問胼胝事遺廟朝烏去不還

挽安南國王

當時侍坐談玄客今日到門燈照靈重對畫眉魂或返
每看遺稿淚交零西門舊路花應白南國新阡草易青
無限越吟招不得紙錢風急樹冥冥

[illegible]

安南進奉使題桂桂林驛

楊柳長亭又短亭春風吹旆著江城無人相識客對客
有事可知情度情千里鄉心蝴蝶夢一船行色鷓鴣聲
不知擁節明朝去又是烟波幾日程

夏日江城氣蘊隆使華期限苦匆匆萬程去路馬嘶外
一掬歸心蝶夢中在我有懷深感慨彼天無語問窮通
平生不作錐囊計慚愧尋常五尺童

送旅瀟瀟夜籟沉芭蕉葉上動秋心一鞭馬影隨風遠

故國梅花入夢深客裡月明偏識面天涯鴈斷少知音
凌雲未遂平生志擊節不勝時朗吟
十日蒸雲似桂林薰風何處不披襟樹蟬爭響客懷苦
庭菊未開秋夢深醉裡乾坤新使節吟邊山水舊知音
無端夜半空階雨滴碎鄉關萬里心
踏盡崔嵬路幾千停車逆旅自年年安危非我所能及
語默隨人深可憐曉破鄉心桑落酒吟消客恨草堂篇
自憐補國無絲髮兩度春風馬一鞭

安南志略

尹恩府入貢別弟之作

一分北去一南還，隻影茫然寄馬鞍。塞外雲浮鴻鴈斷，原頭風急鶺鴒寒。幾聲夜雨連牀話，萬斛鄉心借酒寬。我守節旌君扇枕，從來忠孝兩全難。

安南使人應潮廣省命賦詩

獵獵風吹拂面沙，潭潭官府建高衙。貪看百二關河闊，不顧八千途路賒。樽俎杯盤醺白酒，衣冠禮樂愧皇華。人生聚散如南北，同樂清朝厚德嘉。

大夫阮固夫府應省府命席上賦詩

遠邦慕化來旬宣春溫藹藹董職遂聖朝元首至明聖股肱承弼俱良賢寬洪博大等天地包荒納汙育元元微生何幸覩盛世誠欲述職來朝天盈盈金樽沐恩渥薰陶涵泳隨恭謙羣光咫尺奉德意滿堂酬酢相周旋洪鈞一立轉天地八方四海登陶甄豈惟我輩受其賜遐荒億兆樂業長綿綿

安南使別律送官詩

安南志略

欲別情懷意默默暮雲春樹兩堪憐昔非命使原難面今識荊州亦是天對酒豈同徐孺榻論文共載李膺船要知別後相思近長在光風霽月前

安南志略卷十九

安南志略
卷二十

元　黎崱　撰

圖志歌

安南版圖數千里少是居民多山水東鄰合浦北宜邕南抵占城西大里古來嶺南號蠻夷肇自陶唐有交阯其在成周為越裳重譯曾來貢白雉秦名象郡漢交州九真日南接其地漢初趙佗總雄據乃命為王免誅徙

嶺南志曰

繼因高后禁關市佗復怙强隨僭偽即稱帝與中國忤

戕害邊民嚴武備漢家自是起兵戈每戰無功罷力士

漢文修德不事武釋罪不誅封趙氏佗因感德稱藩臣

遂使嬰齊來入侍方物珍奇歲貢輸傳襲子孫給五世

呂嘉謀叛暗興兵敢殺其王并漢使武王一怒奮天戈

千里精兵掃兇穢路侯博德勇有謀破越如同破竹勢

分為九郡置官守南越從兹國乃廢中華教化徧九州

漸教遠人通禮義光武初除新室難未遑遐擢南方使

麋泠二女逞奸雄姊名徵側妹徵貳拾呼爰黨據南交
威服百蠻無與比侵邊寇滅六十城一立為王一立帥
堂堂漢將馬伏波苦戰三年常切齒分軍驅逐到靈溪
賊首授首悉平治廣開漢界極天南銅柱高標傳漢史
命官遣將鎮其民德政清新多惠施至於士燮善撫綏
貴重一方人所思國政紛紛吳蜀在事為壁壘陳交界
境入漢制宋齊梁興誅相承如一軌悠悠閱世迨隋唐
始號安南今乃是張舟始作都護將修築羅城制軍器

安南志略

高駢威信彼在彼此邦人人多慢易咸通末歲中國亂
轉運遐方肆驕恣吳權曲顓矯興楊篡奪相爭民力匱
宋初王氏始封王下紀轉封黎興李李傳九世一百年
嗣有陳王來襲位太平日久重儒風禮樂衣冠略初似
皇元一統自古無德服萬邦恩澤被陳王納款三十年
後嗣不道違上旨甲申假道征占城令助軍器共餉饋
居然逆命相抗衡拒捍王師心懷異陳王子姪二三人
慕義來歸沐恩賜興師伐罪出有名千里鷹揚耀旗幟

進兵數道會於交勢若雷電騎馳馬騎其王逃海匿山林
旁及無辜遣罪戾師還伏罪進表章犀象璽珠常踵至
聖心蕩蕩念斯民罷戰休兵合天意南陲從此悉安然
億萬生靈蒙其庇遠人懷德自心歸天下為家當盛際
小臣居沔拜皇恩竊祿素餐心自愧乘間綴緝舊所聞
寫作安南風土志

叙事

前安南人東晉交州刺史阮敷後也世居愛州曾祖坤

安南志畧
李氏宋為東上閤門使祖徽陳初真為外郎父遠望科
為令書舍娶諸衛許收孫女生前義與外祖舅諸衛黎
琫為子教習書九歲試童科陳大王三人能記留左右
詩誦長娶諸衛張燦女仕至侍郎遷佐静海軍節使彰
憲上侯幕安南自中統前納欵臣附天朝貢獻方物積
有年矣至元癸未有占城之役上遣使諭假道給軍輸
報以右丞索多征役世子不聽甲申冬鎮南王偕平章
阿里哈雅奉命進兵十二月臨境世子拒敵大敗乙亥

春正月上復遣諭索多自占城進兵其後世子勢蹇遣
兄彰憲侯陳鍵率翦等數萬衆拒索多於清化戰不利
彰憲曰小不敵大弱不敵強微子歸周良有以也余乃
國孫其忍國覆身亡乎遂與翦等率衆降附鎮南王嘉
賞四月遣明望者班師彰憲等入見驛馬至支淩寨彼
兵攻急官軍夜戰突出伴使遇彰憲鏖戰勢逼於馬上
翦抛屍馳數十里出丘溫瘴之屬吏被殺幾半翦隨班
闕會同館使引望大明殿宴縱賜五千緡分賜五百緡

安南志略

丙戌春上憫其忠特封國弟陳益稷為安南國王同降
官受爵有差崱祗受勅從侍郎遥授紙縣令尹丁亥歲
安南國王等屬官月俸賜弓矢鞍轡馬匹令送還國上
命鎮南王暨平章鄂囉齊率師進討九月三日自鄂起
師十一月至安南世子迎敵潰走崱時以疾留思明隨
後軍潰省都十二月二十八日破內牙關進安南平江
背水陣焚蘆室亂射藥箭五更潰省都事侯郡等數千
人俱陷獨崱引還萬戶名諱未詳焦千戶僉事院嶺府

判黎晏馬上抱安南王九歲男大叔僕共六十餘騎殺其守關卒而北晏馬力乏而殿幾為所獲前以自乘壯馬換與晏等騎後鞭晏馬前驅逸去前途又為被害衆夾攻間關萬死日馳數百里夜半至黎明詣州詔關拜賀戊子歲旦已而萬戶千戶具酒饌以燕前各執銀帛謝曰君主出關使我輩存是更生我也黎晏引大謝僕勢鎏頂嵌碧尼石細藤帽致謝前曰吾屬陷死而獲生天也皆辭而弗受晏長前七歲拜前為父以黃尼石壹

安南志略

顆高麗布貳疋貺以謝又却之俱還思明廳侯軍後宣慰
趙修作詩而稱焉每領兵巡邊邀前同行宣力三月鎮
南王以安南炎瘴班師前衆還居漢陽闔中士友朱凱
初偕宋臣曾淵子投安南後彰憲侯歸順朝廷受爵秩
賜錢帛從軍出力還興前處數年卒前哀無所歸買鳳
棲山地殯之時至今吳蒙安南王念前軍前効力薦之
壬辰歲祗受勅牒奉事郎追授同知安暹州事初本國
亂父母家屬離散前來中州十歲始娶前國王宗女李

氏李隨義父彰懷侯陳宣慰內附官吏飲膳給時服後孱衣糧賜田二頃養贍癸巳歲朝廷立安南行省有征本國平章劉二巴圖達前與省郎胡祖廣溪鄉萬户胡繼殷馳驛江浙計會軍務又由杭歷 闕

安南志略

安南志略卷二十

奉使安南水程日記一卷

〔明〕黄福撰

《奉使安南水程日記》一卷，明黄福撰。福（一三六二—一四四〇）字如錫，山東昌邑人。洪武時以太學生任金吾前衛經歷，歷仕六朝，先後任工部、户部尚書，掌交阯郡布政、按察二司事等職。永樂四年（一四〇六）征安南，遣福前督軍餉。日記自是年七月初一日始，訖十一月二十八日，敘其自南京取水道至廣西憑祥縣上任所歷。中於長江、湘江、鬱江等航道，按日記録至泊水驛時刻及行程里數。據上海圖書館藏明萬曆間刻《紀録彙編》本影印。

奉使安南水程日記

黃福

永樂四年有事于安南舟車所抵耳目所得具筆于後

七月初一日入　辭是日會同館起馬宿龍江驛

初二日早龍江驛起船由大勝港過芋山渡望方山詢單橋午至大勝驛有仙人磯石橫于中流其勢巉巖其流洶湧舟人每爲之震讋又有三山磯三峰聯峙于岸其峻秀可觀是夕風雨橫江艤舟于岸逮中夜而作

初三日晚至和尚港其港迤山周囬首尾通江僅百餘步港之兩岸𣏌陰茅屋豚柵鷄塒儼然如市次至黃蓬磯獨一山枕于江岸又之礬糠碙磯有觀音洞又南之雲頭磯雲峰侵冲漠狂瀾囬注舟子莫能支沿岸而緯者蟻附又之鵞兒磯山青雲白耕牧雜然于下有政平訟理之氣象又之望夫磯其山連亘僅一里恠石巉巖芳草叢緑又之采石驛時將及午入支江上有李白墓俗謂此地多旨酒以故居者樓閣重重臨流而市酒者比他率多又南二十里覩黃山又二里許望太平皆出支江之左也又三十里許曰東梁山在大江之左支江之右山勢甚恠西梁山又在大江之右與東梁山相望其勢相若此處出支江入大江亦扼要地有大信巡司在焉治居支江之左暮泊黑山磯是夕風雨大作中夜而興

初四日早至櫓港驛風雨如昨驛治在江之東峙近荻港有板子磯如采石支江抱一小山而南行十里許與大江通磯之東約五里荻港驛在

焉是日申時至驛晝夜兼行

初五日辰至大通驛其驛亦在支江之東南約數十步與大江合暮至池口驛是夕天清月白風息波平鼓棹而南如有助者

初六日五更至李楊河驛入長風夾傍有小徑舟子得以牽竄辰至安慶同安驛泊舟于張家港港西岸有嶺林茂地僻時將未遂爲文于是嶺之巓祭其故廉子南保而行其文失矣

初七日平旦之雷港驛過急水溝仍乘風入江一帆輕快過彭郎磯望小孤山已而至龍城驛彭

澤縣側有狄梁公祠堂在焉而陶潛像亦置其右龍城發棹日將暮矣

初八日辰至彭蠡驛有湖口縣治在驛之東北過鄱陽湖口江水湖水于此合流而下南望廬山隱隱在雲霧表而不知其高下也湖水中有鞋山峙焉中流特立其勢類鞋名取此也江流西上有南湖觜山廵司在焉午末至潯陽驛九江府治在焉由支江而南東望廬山最近問人云約三十里山外南康所隸山之中有竹林等寺山之側有五老等峰而周顛仙碑亭焉之後而

今見與焉夜行如昨

初九日辰至富池驛驛隸興國州午末至蘄陽驛隸蘄州

初十日曉至蘭溪驛江岸有路牽者得行過赤壁望黄州下午末至齊安驛驛在黄州府城外與遞運所連枕江流舟行未十里風雨大作月行不已

十一日卯至陽邏驛驛隸黄岡縣過午至夏口驛驛在武昌城外舟次于驛前報名于典儀所

十二日早入　見回時將辰遂放舟而南午末至金口驛驛隸江夏縣風順帆輕篙者咸有豫色逮暮至薛洲驛驛隸嘉魚縣舟行過半夜至魚山驛驛亦隸嘉魚縣自金口驛以來湖水瀰漫多與江合吾舟悉由湖而行帆拂蘆荻花棹穿菱芡實水闊風順無洶湧之虞亦甚樂也

十三日辰至石頭口驛驛亦隸嘉魚縣舟亦從湖水徑之鴨欄驛時將交申驛之前有石如砥柱峙于邊流轉而南有鴨欄磯又尋之白馬磯鴨欄比之白馬山高水急舟者未免用力驛之右有茶引批驗所及臨湘廵檢司三衙竝枕江流

俱隸臨湘縣又南有楊陵及臨湘一磯暮至城陵驛越十五里許過巴陵縣望岳陽樓君山艑山峙于西南如中流砥柱焉時風順月明波濤不作湖之行如履平地過夜半舟至鹿角驛驛在湖山之東以水急舟皆集于驛之南小河之所去邑一里許遂乘風挂席而南斯驛隸巴陵縣

十四日日將出至磊石驛驛之左有觀音閣閣之左有龍神祠祠側營酒虛一亭亭之壁有竹木之畫騷人詠唱筆跡率多如駢珠迸玉殆不可

以斯須徧觀也是日巳時至營田驛驛隸湘陰縣過未時至笙竹驛驛亦隸湘陰縣縣治在驛之東南去泊舟之所不遠治縣者未之見不知其爲人舟遂行至申末至彤關驛驛隸長沙縣驛背小山竹木森然驛前有樓曰凝翠倚山枕水可縱遊覽遂挂席而南是日夜將半舟至臨湘驛驛在長沙府城外驛隸長沙縣

十五日早入　見遂辭而行至申末舟至湘潭驛驛隸湘潭縣縣治在驛之後北去約一里許舟行過半夜至淥口驛驛隸長沙醴陵縣驛治可

觀行三十里空洲在湘江中流江之兩岸花木參差禽鳥咬嘎遊子騷人吟懷旅思于是未有確然而不動者也

十六日辰末至泗洲驛驛亦隸醴陵縣暮至都石驛驛隸湘潭縣夜半至皇華驛驛隸衡山縣驛至縣十五里縣有南嶽歲時享祀

十七日卯末至霞流驛驛亦隸衡山縣未時至七里驛驛隸衡陽縣驛之北有七里灘俗云漢嚴陵曾釣于此詢無遺跡暮至臨烝驛驛隸衡陽縣衡州府治在焉驛治在府之城外北門放舟

夜行驛之下三四里許一水自西北來通寶慶一水自東南來通郴州耒陽縣

十八日辰至新塘驛驛亦隸衡陽縣驛週迴皆有渠引水養魚生意可嘉巳未至柏坊驛驛隸衡州府常寧縣夜至河州驛驛隸常寧縣

十九日早至歸陽驛驛隸永州府祁陽縣申至三吾驛驛亦隸祁陽縣此驛間至方激驛有九十里夜行如前

二十日卯至方激驛驛隸永州府零陵縣是日申時至湘口驛驛亦隸零陵縣去永州府城十里許驛之東南一水通道州驛之西北一水通廣

西二水至驛合流而北是夜泊舟于驛前

二十一日早行未末至石期驛驛隸永寧府東安縣湖廣地方界分于此南至柳浦驛以往隸廣西

二十二日丑至柳浦驛驛隸廣西桂林府全州驛西行四十餘里有黃沙市河設浮橋連橫于水上司橋有判官倉使老人是日未時至山角驛驛隸全州

二十三日早至城南驛驛隸全州是日申末至白

雲驛驛隸桂林府興安縣縣去驛半里許驛之
南北設閘三十六所驛以北閘十水流而北驛
以南閘二十六水流而南每處設軍二人守之
船過則放閘
二十四日五更至大龍驛是日未初至東江驛館
于紫極宮報名典儀所
二十五日早　見免禮
閏七月初五日報名典儀所
初六日早　辭免禮是日午後遂行至南亭驛驛
至臨桂七十里隸臨桂縣驛之前有榕樹一本

九枝其根盤錯延袤甚遠其陰婆娑殆有頃餘
人云自宋有之近五百年餘
初七日丑時至古祚驛驛隸陽朔縣遠有一百二
十里午後至昭潭驛驛隸平樂縣遠一百里有
平樂府治千戸所治在焉申時至廣運驛驛隸
平樂縣遠一百里是日戌時至昭平驛程一百
二十里隸平樂縣
初八日卯時至龍門驛程二百四十里隸平樂縣
午時至龍江驛程六十里申時至府門驛驛隸
蒼梧縣梧州府治千戸所治在焉驛之程一百

二十里
初九日巳時抵藤江驛驛隸藤縣縣之令有曰周
順者聞有政聲驛之程百一十里是日戌時至
黄冊驛驛隸藤縣程百二十里
初十日午時至烏江驛驛隸平南縣縣治去驛不
遠程百二十里
十一日巳時至府門驛驛隸桂平縣潯州府衛治
在焉程百八十里此驛西有山曰西山去縣四
十里林崖深惡人所罕到徭獞居多寔與大通
峽獞入合力剽掠居民受害甚可惡也至暮發

舟
十二日戌時至東津驛驛隸貴縣程八十里
十三日卯時至懷津驛程百六十里隸貴縣有縣
治千戸所在焉
十四日辰時至香江驛驛隸貴縣程八十里申時
至烏蠻驛驛隸横州程八十里香江之來烏蠻
灘水險惡有十里餘過舟頗難名曰烏蠻灘
十五日辰時至州門驛驛隸横州州治與馴象衛
在焉程百八十里是日午後開船
十六日午後至火烱驛驛隸横州程八十里驛之

北十餘步許有灘曰雷霹水甚險遂舟人毎先繫纜于岸之樹然後沿纜而進已復解纜而去繼者復如之人勞事滯計無所出特命驛與永淳縣置大纜系之便于舟人是日戌時至永淳驛驛隸永淳縣程百八十里

十七日酉時至黄范驛驛隸宣化縣程八十里

十八日午時至建武驛驛在南寧府城之南有衛治在馬程百二十里住一日半

十九日戌時發舟翼日辰時之左右江水合流處

二十一日午時至凌山驛驛隸宣化縣程四百里

有奇

二十二日午時至大盧由旱路行夜亦行

二十三日早至太平府館于千戶所與大理陳公給事馮公僉事杜公同事務共炊爨

九月初三日早先來龍州整理事務行約二十里有老軍王英追報馮給事軍前回還就復回太平

初六日早起馬來龍州夜暫駐于蹬勒驛尋即夜行達旦至龍州館于頭目王二之空閣

十月初五日軍前令隨前進議留黎主事杜僉事理龍州糧運事愚與大理公給事公遂行先之馱海度糧運之難不可離去復於軍前白准仍留領督館于憑祥縣廳事事頗有緒遂復往軍前

二十一日早起馬前進是日午未至坡壘關宿于都督韓公之營

二十二日早行午過丘溫堡暮宿于丘溫南二十里王都司行營

二十三日早行午過隘留關此關賊之塹壘尚在其險異于他隘暮至鷄靈堡

二十六日早行暮至隘麗關宿于陳都司營

二十七日早行晚至芹站堡宿于張都司營

十一月初九日起馬至昌江小堡宿

十一日早行於呂都督營宿

初十日午至市橋堡

十四日早至大營白議事畢

十八日復回暮宿于野

十九日至市橋堡宿

二十日晚至昌江堡宿

二十一日至芹站

二十三日至鷄靈堡宿
二十四日晚至丘温宿
二十七日起至坡壘宿
二十八日至憑祥縣仍治所事
廣信府同知鄒　潘
推官方　重
臨江府推官袁長馭校
上饒縣學教諭余學申對讀
湖州府後學吳仕旦覆訂
□録彙編卷之六十四終
□録彙編卷之六十四　十一　九十二子

安南奏議一卷

〔明〕佚名輯

《安南奏議》一卷，輯者不詳。明嘉靖中，安南權臣莫登庸篡國，國主後裔黎維寧遣其臣赴京告難。廷議請討之，而衆論不一，遂罷。嘉靖十七年（一五三八），詔申前議，遣咸寧侯仇鸞總督軍務，兵部尚書毛伯温爲參贊，進師問罪。兩廣總督張經上疏，頗以爲難，兵部不决，奏請廷議，遂暫罷。是書所載，即此事前後兵部尚書張瓚等會題疏稿及所奉詔旨。據中國國家圖書館藏明嘉靖間刻本影印。

兵部爲

大慶事職方清吏司案呈奉本部送准禮部咨該本
部[illegible]禮科抄出　欽差鎮守雲南總兵官
征南[illegible]黔國公沐朝輔題稱嘉靖十六年十
二月拾[illegible]日據都指揮王守中等呈稱拾壹月
初玖日據原節差土酋阮伯敬醫官郝時新總
旗李倖把事楊者夷人白舟阿特等引領安南
國差来通事阮鐵突阮文禮貳名到營各職諭
以威德去後初拾日午時據頭目范正毅許三
省阮倩行人鄧敎武晋錫通事阮鐵突阮文禮
從人張暁等三十人執打白旗壹面上書安南
國頭目范正毅齎遞投降公文束身赴營投見
隨遞莫方瀛伏罪奏本正副貳道申遞三堂衙
門降書壹幅幷頭目耆人叁百陸名申結與同
守巡兵備及各職幷姜知府馮都司申状叁夾
板又歸化府呈報職等公文壹角內稱俱遵奉

乙

原行投降納欵各職審據范正毅等衆口壹詞
執稱莫方瀛悔罪投降再無别詐伏乞轉達
天朝聖主少寛誅戮以救壹國生靈之難等語再三
研審無異各職隨將范正毅等犒賞省令復回
蠻浩寨井隴等處住候呈請明示幷將原来奏
本公文於拾壹日午時呈送兵備道轉報外理
合呈覔等因到臣案候間本月拾捌日據整飭
臨安兵備雲南按察司副使鄭登高呈將奏本
降書呈送前来及稱看得委官知府姜恩等所
呈安南國回文中間情節雖未可盡信但能自
知順逆輸誠聽撫庸可嘉宥呈乞照詳隨即會
同巡撫雲南右僉都御史汪文盛及都布按三
司掌印守巡左布政使等官王俊民等開拆內
稱安南國大頭目莫方瀛嘉靖拾陸年拾月初
叁日准本國歸化府官譚僚具言本年玖月貳
拾肆日承見　天朝委官雲南等處承宣布政

二

使司掌臨安府知　府事姜雲南都指揮使司都
指揮馮王所差土酋阮伯敬等紙牌爲
大慶事奉雲南布按二司兵備守巡等道劄案俱奉
巡撫雲南等處地方都察院右僉都御史汪文
盛鎮守雲南總兵官征南将軍黔國公沐朝輔
案驗准兵部咨該本部題該禮部題奉
聖旨是安南國先次詔使不諭而返有傷體面又久
不入貢非叛而何兩處差官都依擬着實勘明奏
報便寫勑與他興師備討必行兵部便會官議奏
欽此欽遵備奉通行各職預備兵糧依奉遵照
外又奉本院案驗爲陳情乞　恩正法以誅僭
逆事准兵部咨該安南國世孫黎寧具本令頭
目鄭惟僚奏稱本國先於正德拾壹年逆賊陳
暠作亂祖考黎賙遇害無子國人推立其父黎
譓權管國事方擬脩貢　請封被莫登庸與阮
時維等謀爲不軌僭據國城阻絶貢使又復脅

立黎譓庶弟黎懬假權國事謀殺黎懬陰立己
子黎譓憂憤病故黎寧以嫡子嗣立仍居清華
地方遣鄭惟僚等赴京奏訴懇乞　天恩興師
討罪以救藩臣之急等因奉
聖旨這所奏安南事情着禮兵二部即會多官議了
来説欽此欽遵該兵部會多官議差提督軍務粮
餉文武大臣并副恭遊擊等官計處詳議具奏
仍差科道官隨征紀驗功次俱各該衙門奏
請施行奉
聖旨安南國在所必討你每既會議停當都依擬欽
此欽遵命将出師征討間又奉本院案驗内開
本年陸月初柒日該兵部題奉
聖旨安南國久不來庭義當興師問罪近據黎寧奏
稱莫登庸阻絶朝貢未審真偽且着地方官從宜
撫剿提督兩廣侍郎巡撫雲南都御史并各總兵
官都寫勑與他欽此欽遵備奉通行職等即選的

當人員開誠省諭莫登庸父子如能悔罪認
納土内附即便令其開具所轄府州縣土流官
員姓名并投降不致反叛結狀緣由呈報奏
請宽宥如其執迷自是即便明白回報以憑轉奏
定奪蒙此遵行間嘉靖拾陸年玖月拾伍日又奉本
院案驗内開該禮部等尚書嚴　等壹本為前
事會同多官看得提督兩廣兵部左侍郎潘旦
鎮守兩廣總兵官安遠侯柳珣各題稱安南國

三

事情乞要從長議處壹節臣等據該國府衛所
申事情既稱護守　欽賜印信而黎寧奏本又
有其正印文據黎寧奏稱黎譓脫居清化地方
鄭綏等俱係從難之臣今莫登庸却稱黎譓被
逆綏等挾討脅遷且黎寧尚在清化地方見今
差人告變志圖恢復今却稱本國俱已平定輙
行上　表求貢中間事情俱屬隱蔽遽難准從
但該國事情先經黎寧具奏節該兵部題奉

欽依著地方官從宜撫剿所據提督侍郎潘旦等具
奏前因合無候　命下之日將先次黎寧所奏
并見今該國長慶府諒山衛所申各先後事情
兵部備咨提督兩廣并巡撫雲南都御史各總
兵官查照先奏　明旨并今題奉　欽依事理
通行從宜勘處詳審順逆相機撫剿其差來人
陳必聞等俱聽總督等官審究明白徑自酌處
施行務在宣布　德威正名定難使姦宄削平

六

夷方賓服而　皇上興滅繼絕之仁誅殘去暴
之義兩得之矣奉
聖旨你每議得是便行與總督等官遵照前旨行欽
此欽遵備行職等推誠看此撫諭蒙此勘處黎
莫二家是非遠在邊方擅難遥度若非差人親
諭終欠明實且黎氏被脅播遷則無主之罪必
有其人法當先於首事莫氏護守印信則衛國
之忠似為可尚分宜早以自明况安南歷代以

來頫稱知禮其間忠義之士憤其故主失位恨
其勢力不敵顧哀求拯率衆內附亦其職之當
然義所必正者也若果黎氏失國之故事有所
因子孫日久流亡民無所定亦當備奏
天朝請為裁處豈宜陰逞邪謀明蹈反叛之跡哉夫
綱常之道同日月之照臨　帝王之仁如天地
之覆幬雖泰山壓卵成算較然而鋒鏑臨城夷
民何罪故暫停出師從容青實此　皇帝聖神

七

文武寛仁大度不遺荒遠之心也茲者　特勅
撫鎮等衙門推誠宣諭轉行各職查勘本國數
年未有定主國土統攝應該何人　欽賜真正
印信見今何人掌管并黎氏莫氏前後事跡始
末來歷就令見今管理國事之人先將所屬地
里圖獻　天朝以　請所封邊疆界止勘正明
白候有　明旨下示然後增脩貢賦恪謹臣節
則體勢自重名位益正世受茅土之榮國享安

平之樂如其聽命即便具本正副二道并四咨
衙門公文用　天朝原　賜印信閉封差的當
人員同去人前來以憑齎送　欽差衙門轉奏
定奪施行不得復如前次兩廣所據諒山衛長慶府
申文原無本國真正印信情偽莫辯難以依憑
轉達等因得此方瀛查照本國先於正德拾壹
年肆月陸日被逆賊陳暠作亂逼犯本國國都
國王黎賙遇害無子本月方瀛父莫登庸并方

八

瀛暨頭目黎義昭黎坰等共推黎賙長兄故黎
灝長子黎譓權管國事分差方瀛父并方瀛及
頭目阮弘裕等率領兵馬搜捕逆暠其逆暠黨
死逆暠子逆昇逃竄在本國諒山地方黎譓已
差頭目阮時雍阮儆阮正卿等齎捧歲　貢并
奏事求封　表箋文奏啓本及方物請　命于
朝緣被逆昇竊據諒山衝要　朝貢不通嘉靖元
年柒月貳拾柒日夜被姦人杜温潤陰聽逆臣

鄭綏狡計譴遷黎譓于外逆綏因而脅遷黎譓
於本國清都府源頭方瀛父并方瀛暨頭目黎
埛楊金鐮等以黎譓無子共推黎譓之弟黎懬
權攝國事已差頭目阮文泰范敦理鄭瓞等齎
捧歲貢并奏事求封　表箋文奏啓本及方物請
命于
朝嘉靖叅年正月捌日阮文泰等已到諒山
界首未見開関嘉靖肆年拾月玖日黎懬差方
瀛父并方瀛及頭目武護阮如桂裴堵等領兵
往清都府源頭捕得逆綏徒黨逆公侃等正身
并迎黎譓歸本國國都緣黎譓前在源頭久染
嵐瘴得病經年醫治弗效嘉靖伍年拾貳月捌
日黎譓病篤而卒若逆綏已竄死其餘黨並已
歸服國內稍安方瀛父請觧所領兵權歸于私
邑嘉靖陸年黎懬染被勞瘵痰證不能管事本
年陸月捌日黎懬自念身嬰重痰又無子孫壹
國事務無所統攝乃諮諸本國頭目黎義昭黎

埛范嘉謨楊金鐮武護阮如桂裴堵等及耆人
鄭江范克終鄧儀曾文燦等謂方瀛父有功于
本國可委以國事其頭目耆人皆悅從黎懬乃
召方瀛父赴本國國都委以國事方瀛父固辭
本年拾貳月陸日黎懬病篤再召方瀛父付以
天朝所　欽賜本國印信暫管國事本月貳拾捌日
黎懬卒本國頭目范嘉謨裴堵楊金鐮武護阮
如桂杜世卿阮時雍黎伯驪王導范文訓鄧文
值范金梧武公彥杜伯瓛阮寧止黎㸂阮有鐸
屈瓊玖阮茂阮文泰武幹阮秉和黃子路阮敬
阮允宗武金鉦范鉢阮玷范子宜阮檜范廷華
阮仁敬黃無疆阮榜阮唯范公吾阮文海黎克
光武資裴噲阮廷須汪文裕裴敬信阮陛阮春
隊阮現阮文淵華璞杜一雷阮篤耆人黎文決
潘廷佐文倖黎敦亮黎公旦屈永嘏阮漢枚能
謙許三省裴允協阮正卿阮致知范敬忠枚廣

居陳棐阮總阮貞旨武弘裴昂黄仁賢阮文壽
阮德蒙陳藁阮秋岸黄鯤范公屹鄭麃郭文藻
陶秋闈阮秉彛等暨國人遵如黎憲所付托合
辭請方瀛父暫權管國事方瀛父不得已已於
本國國都謹守　天朝所　欽賜本國印信暫
權管國事撫集臣民恭候　朝命仍差阮文泰
等齎捧奏事求封　表箋文　奏啓本及方物
請　命于朝其阮文泰等仍在諒山界首未見

十一

開関進程嘉靖捌年本國又有逆淵逆憲等嘯
聚徒黨竊發於清都府源頭方瀛父差方瀛及
頭目莫撅揚金鑣武護阮如桂裴堵等統領兵
馬分道搜捕本年逐月日捕得逆淵逆憲并侄
諒山地方捕得逆暴等正身並寘諸國法嘉靖
玖年方瀛父以國内既平年且漸老國事繁多
而方瀛係嫡子年長可代任本國事務乃謀諸
國人其國人皆協從方瀛父乃付方瀛以

天朝所　欽賜本國印信暫權管國事方瀛已於本
國國都謹守　天朝所　欽賜本國印信撫集
臣民恭俟　朝命再仍差阮文泰并差陳允亮
等齎捧奏事求封　表箋文奏啓本及方物請
命于　朝其阮文泰等往坐諒山界首經拾年餘方
物頗已舊敝未得開関進程方瀛前已有文書
并本國諒山長慶等府衙累有牒文供結隨次
遞與憑祥州轉達　欽差總鎮兩廣等衙門並

十二

未見准行嘉靖拾陸年正月拾貳日阮文泰等
見廣西布政使司分守左江道左參議何牌差
舍人趙成到憑祥州督併官孫李珍責差頭目
前往鎮南大關曉諭本國通事之人作急取具
有無平定并應該何人承管國事歸壹真正印
信重甘結狀仍帶通事之人隨同回報以憑轉
報軍門議處施行等因其阮文泰等即備抄前項
紙牌轉達本國仍差行人陳必聞范光佐陳瑒

通事阮頮陳密等同舍人趙成等往候查勘今
方瀛再見來文備言前事方瀛不勝喜懼之至
竊慮天地間壹實理而已本國前後文書遞與
憑祥州及太平府廣西三司兩廣三府等衙門
并今所具奏本及書內所備本國事情顛末皆
是的確實事若逆黨鄭惟㢨所奏稱黎寧之事
係是假冒黎姓摹寫印文姦偽情狀終不可揜
然能察是非辯真偽其惟明決君子乎茲用諸

章達于鈞座文書到日煩為備將方瀛所具奏
本轉遞于朝庶本國事情得以　上達則大人
燭理之智達人之仁兩得之矣區區之情第深
覬望不宣等因又據該國頭目裴堵等貳百肆
拾玖名耆人黎文決等陸拾肆名申結亦同前
因及稱裴堵等竊肴壹國之臣民必有壹國
之君長比者本國黎王乏嗣國內無主大頭目
莫氏暫權管國事撫集臣民蓋受黎氏之付托

順壹國之人心故境內晏然悉歸統屬如其僭
竊自立則壹國豪傑安肯屈服為之下哉況莫
氏乃累世舊臣素稱忠義設使黎氏猶有子孫
則莫氏豈無存孤之心乎彼黎寧顯是逃罪人
阮淦之子詐冒黎氏摹寫印文妄訴于
天朝其姦偽情狀不辯自明若本國所屬地里已具
在　大明一統誌內不必圖獻為此備由具申
乞備將本國奏本轉遞　天朝使本國事情得

以　上達斯壹國生靈之幸等因行間又據兵
備副使鄭登高呈准都指揮僉事馮立手本開
稱本職於拾壹月拾伍日行至教化長官司據
原差探事把事白俊男白遇春報稱前去交崗
探得武文淵等弟兄領兵先將莫登庸守鎮營
攻破莫登庸領兵數多於玖月初捌日前來攻
殺武文淵等分為肆哨夾攻拒殺得勝有莫登
庸隨後添兵相敵武文淵等見伊兵衆掣兵回

還本寨固守訖等因同將取到武文淵等由與
千戶吳璋印信文書壹紙送道備由呈報到臣
查得武文淵書內開稱文淵等奉三堂明文招
撫各處義士素仰歸附從征逆庯父子建立事
功南國騷動其逆庯父子他見事發難服衆心
逆庯再謀不測於玖月初捌日逼攻文淵等文
淵等分為肆道相夾與逆庯兵交戰我兵拾遭
俱利斬得賊將偽官美裕侯莫邦佐泗陽侯范

寸宜貳名并賊兵叁百餘名收取文書器械數
多其逆庯兵衆文淵等設險據要且攻且守逆
庯不利至拾月初拾日逆庯兵並已退回於本
月貳拾叁日承見貴官信到公事平安文淵等
喜不自勝為此備言具陳事情伏惟高照等因
據此案照先該巡撫衙門准兵部咨該禮部等
衙門尚書等官夏　等議擬備討安南事宜題
奉

聖旨是安南國先次詔使不諭而返有傷體面又久
不入貢非叛而何兩處差官都依擬着實勘明奏
報便寫勑與他去興師備討必行兵部會官議奏
欽此欽遵又該太師兼太子太師武定侯郭
奏為竭愚忠正　國體以明　天討事奉
聖旨這所奏兵部便會官一併議奏欽此又該本部
議擬題奉
聖旨安南國背叛不庭在所必討你每既會議停當

都依擬差去官着實查勘明白星夜奏来定奪施
行欽此欽遵俱備咨前来該巡撫都御史汪文盛
會案行仰雲南都布按三司即行都指揮馮立
離任前去會同該道守巡兵備等官差委緣事
都指揮王守中指揮魏忠趙光祖火息徐相千
百戶吳璋馮忠等分投齎往教化八寨長官司
着落土舍張澤賫差通把白俊李着来土舍儂
福祥儂倍與同前去武嚴威武子陵武文淵等

營內宣諭　朝廷德意恩威令其革面向化歸
附從軍壹往元江府著落土舍那鈺同往老撾
宣慰司查光紹在彼就令該司照舊慰留居住
令其備將彼國作亂之人并始末緣由開報土
舍那鈺等仍鼓舞忠義倡率勇敢會同老撾八
百車里各該衙門整點精兵象馬聽候調用壹
往建水州地名五邦著落原先避住交人刁蘭
刁鮮查有精兵若干伊亦備知彼國倡亂來歷

十七

令其從實開報聽調壹行廣南府并富州土舍
儂承恩沈文秀等八寨土舍龍鳳翔等查照與
張澤等各操練人馬固守邊疆該道兵備官督
同守備官往來提調將蓮花灘壹帶沿邊去處
嚴謹隄備毋容奸細人等潛入　中國探聽消
息壹行臨安曲靖瀾滄金騰各兵備官查理兵
夫布政司查理錢粮及具本題　知去後又該
巡撫衙門准兵部咨准禮部咨該安南國世孫

黎寧具本差使臣鄭惟憭奏爲陳情乞
恩正法以誅僭逆事該本部覆題奉
聖旨這夷情真僞你每既譯審不出依擬兵部便行
與原差勘事官會同兩廣雲南鎮守撫按衙門壹
併查勘明白議處停當作急奏来定奪鄭惟憭等
著錦衣衛拘留嚴密處所聽候不許與外人交接
光禄寺照朝鮮國貢使例供給欽此欽遵備咨前
来又經催行分投查勘去後又准兵部咨同前

十八

事該安南國使臣鄭惟憭具呈本國事情該本
部議擬覆題奉
聖旨安南國久不来庭法當問罪令本國奏稱逆臣
莫登庸篡亂阻絶貢路又僭稱名號僞置官屬罪
狀顯著你每既會議明白便命将出師前去征討
總督等官各推選素有才望的来看調度兵粮事
宜户兵二部即議處具奏其餘依擬欽此欽遵備
咨前来又經會行三司各道通行所屬六小土

流衙門上緊設法償運粮餉及行各該兵備官嚴督各屬應調官兵衙門官舍人等令其精選軍兵象馬整搠鋒利器械操練演習聽候總督軍門調遣即時起行臣等又查得安南管下迤西壹帶地方俱與蒙自縣蓮花灘切近師旅一興先經彼地若能壹體招徠以為我用一則撤其藩籬一則用為嚮導其於彼國山川道里險易盡在目中進取諸事未必無賴又委都指揮

十九

王守中指揮萬祴等前往五邦等處多方招諭各該土官土舍人等各傾心歸附續據兵備副使鄭登高分守右參政葉珩分巡僉事郭田都指揮馮彥各將督據臨安府知府姜息都指揮王守中指揮趙光祖萬祴徐相等陸續招撫得安南國夷人武文淵武子陵武文約武文密武金鑣武文白黄明哲程爛峒土官陶仙綏阜州土舍刀鮮土官猛来猛索猛真猛喇猛米猛鋒

萬了猛鮓猛冷廣陵州土官刀雷整美孟陵孟收等處土官刀整美刀陵刀收昭晋黄岩瑣崖莱州譙州土官刀禎刀珫刀林刀明刀堅與寧遠州地方紅衣寨火頭刀湃等各情願歸附點選夷兵從軍征進緣由節次呈報及據綏阜州土舍刀鮮同黄明哲等將逆賊莫登庸差来探聽消息姦細偽官阮璟裴行儉并隨從交人何子陵等八名擒獲與原帶偽印壹顆大誥壹冊

二十

觧送前来俱經會議壹面具奏壹面行令武文淵等操練人馬各守境土聽候調用如遇莫登庸等賊兵過界即便相機併力截殺壹面催促所屬操練兵馬聽調壹面先令布政司置買銀牌綵段賞勞刀鮮等以勵其餘去後又查得蓮花灘五邦等處地方切隣交阯而蓮花灘又係進兵水陸通衢若不速行據守萬一賊人乘隙先至我兵又有攻取之勞必須調集漢土官兵

於蓮花灘結立營寨添設守備官壹員彈壓邊徼遥振軍威般運粮米打造船隻整理器械分遣偵諜盤詰姦細非但堅彼壹方歸附之心亦因以立各夷憑藉之勢廣南府并富州僻處我邊亦鄰交壤元江府又與紅衣寨迤南壹帶相近俱屬唇齒喉襟通合防守捍禦一面會本兵題一面先行調撥雲南左等陸衛漢土馬步軍兵壹千名添委指揮貳員千戶肆員百戶拾員

與原在臨安協守官軍柒百伍拾員名并調附近寧州新化嵋峨州縣及納樓茶甸等九長官司土兵共肆千玖百名通共漢土軍兵陸千陸百伍拾員名責令各該土官土舍整點刻期前去俱聽馮立王守中調撥防守又調曲靖六涼貳衛官軍貳百伍拾員名行委曲靖衛指揮梅鑾管領會同廣南府知府趙時督率原帶協守官軍三百五十員名在彼住劄相機防禦有警

調取廣南府并富州土舍儂承恩沈文秀下土兵各壹千名沈寶下伍百名隨軍征剿其元江府切近紅衣寨一帶地方專委守備魏忠協同土舍那鉦督率該府兵馬并紅衣寨火頭刀湃等併力防守及行老撾卓里八百各宣慰司壹體整搠人馬俱屬魏忠那鉦管理各該將領俱聽馮立分布調用蓮花灘結為大營築塹濬壕練兵設備梅鑾之兵在其東魏忠那鉦之兵在

其西陶仙之兵在其南武文淵之兵在其東南刀雷等之兵在其西南號令嚴明官軍整肅凛然有虎豹在山之勢無事則固守邊疆有警則互相策應仍行令武文淵刀鮮等宣諭安南各府州縣官吏有能以全城歸附者即以其城許令管領其江北伯夷願歸附者一體安插原有基址務使安堵如故不知有兵戒諭防守官兵不許分毫擾害以絕其將來歸附之心違者許

以軍法從事及行老撾宣慰司冠帶土舍怕雅罕開令其多撥兵夫象馬把守関隘仍倡率忠義鼓舞人心會同車里八百孟艮等處土舍刀攬那刀坎刀交等多起慣戰夷兵象馬整搠鋒利器械會合進剿續據兵備副使鄭登高呈據交人武文淵等呈稱文淵等差人潜往本國招得同列之人侯伯陳悰蘇岳玩文林副将杜継紹賛理黃公幹土官阮仁祐陶公等并鄰境土官情已歸附仍有人就文淵等营内抄取明文将回本貫陰諭該内兵民整搠器械待

天兵至日願為向引從征逆庸父子建立事功等因到臣行令各整點部下兵馬會合武文淵等一面相機恊力剿殺一面令其遍相傳諭原先不肯從逆見今割據地方忠義之士一體響應互相應援内攻并令轉諭彼逆庸父子脅從之人有能察知順逆先期解散與免本罪若能計擒

廿三

首惡者一體具奏陞賞及會行都指揮王守中知府姜恩等選差乖覺人役或情願報効人員徑往安南面諭莫方瀛父子趂時歸附當今

天子聖明英武神人助順将士忠勇甲兵数百萬仗義南征泰山之壓累卵爾方瀛父子敢逞螳臂以當車輪其可得哉不過竄身海島偷生旦夕釜中之魚豈能久活反覆言之非為方瀛父子惜蓋以安南　中國之郡縣也其人民中國之赤子也但恐　天兵一至玉石俱焚罪止方瀛父子彼郡縣赤子何辜而乃與之同死哉爾方瀛父子早為之所毋貽噬臍之悔如能轉禍為福傾心歸附急具降　表并所領州縣地土数目土流官吏姓名作急差人呈報以憑轉奏取自　上裁若怙終不悛執迷自是則方瀛等面縛轅門生擒麾下欲求一生已無及矣作速具由回報去後又該巡撫衙門准兵部咨為陳情

廿四

乞　恩正法以誅僭逆事該本部等衙門會議
題奉
聖旨安南國久不來庭義當興師問罪近據黎寧奏
稱其臣莫登庸篡逆阻絕朝貢未審真偽且着地
方官員從宜撫勦提督兩廣侍郎巡撫雲南都御
史并各總兵官都另寫勑與他欽此欽遵又准本
部咨該臣等會題為　大慶事該本部議擬合
候　命下本部備行兩廣雲南撫鎮等官先將

二十五

刀鮮黄明哲李孟元給與冠帶量加賞賚以勵
彼國歸附之人仍出給榜文曉諭彼國官民人
等凡以全城背逆就順先行投首者審無詐偽
即以全城與之管領仍善加撫恤有能擒斬賊
首及逆黨者一體陞賞其脅從者聽撫按查明
因治偽官知州阮璟等仍行雲南撫按會審無
異即梟首示衆等因題奉
聖旨莫登庸既篡逆本國又擅作大誥僭擬名號好

生背叛朝廷罪在不赦便勑雲南兩廣鎮巡等官
遵照前旨上緊多方計畫協力征勦務得罪人以
安南土刀鮮黄明哲李孟元都給與冠帶仍各賞
銀叁拾兩紵絲貳表裏阮璟等且都牢固監候沐
朝輔汪文盛寫勑奬勵其餘依擬欽此臣等聞
命自　天措躬無地除欽遵外又准兵部咨該臣等
會題本部議擬覆題奉
聖旨武文淵傾心歸附慕義可嘉着給與冠帶仍賜

二十六

武職四品服色賞銀伍拾兩紵絲肆表裏武子陵
等也給與他冠帶趙光祖等且各賞銀拾兩紵絲
壹表裏其餘依擬欽此欽遵備咨前來又經會同
出給榜文齎去臨安兵備官處督同知府姜恩
都指揮王守中徐相責差的當人員齎付世孫
黎寧及先已歸附交人武文淵等各五道刀鮮
李孟元黄明哲陶㑹刀雷刀整美刀陵刀妝刀
禎刀珖刀林刀明刀堅猛来猛索猛貞猛剌猛

米猛鉾萬了猛鮓猛泠陳悰蘇嵩杜繼紹黄公
幹阮仁祐阮文林陶岔等各一道令其曉諭安
南國地方人民使知　累朝恩意優待爾一方
之人安生樂業豊殖子孫百幾十年並育之仁
亦已至矣茲者逆膚父子弑主篡國自造妖孽
得罪于　天神人共怒世孫黎寧告変我
聖天子君主華夷恭行　天討蓋憫黎氏封國
之阽危矜世孫奏詞之懇切代罪弔民正名定

二十七

難與滅繼絕去暴除殘以救爾一方之人我
國家繼天立極為萬國　主際地所載環海内外
罔不歡呼教化服承正朔號召兵馬百蛮響應
顧我疆埸自有節制而餘閒士馬動萬萬計猛
将悍卒謀臣智士在在雲屯干戈如林穀粟如
山師出有名人人發憤若縱　天誅順人力恐
南土之人無復遺類我　聖天子神武不殺慱
愛兼懷謂天之所覆皆吾赤子尊有自来人則

何罪俾曉諭安南土流官員頭目地方人等各
宜按堵如故首先全城歸附者速赴軍前投告
即與全城照舊管理仍加意撫恤免其粮差有
能擒斬賊首及逆黨者一體陞賞脅從者一切
罔治其逆膚父子亦宜識順逆之理見夫就之
機改圖返轍因禍為福不待　天兵之至挈其
土地歸命　天朝即與會議奏請　定奪然師
不留行見幾惟速百萬貔貅將壓境上火炎崑

二十八

岡玉石俱焚無餙雇辭後至先誅續據兵備副
使鄭登高呈據都指揮王守中呈稱本月十七
日申時據李孟元手下採事夷人阿烟報稱有
蛮酋宗白法言稱拾陸日莫方瀛差人領兵駕
舡叁隻已到蓮花灘將陶土官弁各處軍兵調
去程爛峒取齊灘上俱是交兵守把陶土官差
人來說近有莫方瀛手下大總兵官西寧侯阮
敬閒知　天朝舉兵及光茂子孫見在阮敬領

兵不知又去何處去了莫登甫厮殺難以捉人
父子分投搪抵各處軍馬莫方瀛親領大軍已
到文盤州言說左右是死要来綏阜州并交崗
地方大殺壹遭跟隨軍兵逃的也有来的也有
千萬禀報本職若有軍多在此營坐若是軍少
莫要在此且回去罷陶土官真心歸順但他兵
多只得屈從　天兵到米土官自有分曉等語
到職尤恐不的又差蛮容寨民官慣前去蛮造

寨復查白法回說委有多兵到於灘上要来攻
打本營并冷墩五郡已將隔江沿河山上各寨
水旱伯夷俱調去了白法寨牛隻俱赶在山箐
藏放令他在寨荅應賺哄莫走消息白法又言
我不實說交阯壹時上来傷了　天兵我的寨
子性命都保不得如今人心反他的多他上来
羸也是這遭輸也是這遭千萬禀本職多害軍
馬防守伺候攔路殺他繞好等語李孟元再四

評問無異隨與黄明哲寫說相同除嚴督官兵
申明軍令防守截殺外伏望速賜發兵應援以
壯威武等因前来隨即批行兵備副使鄭登高
行委新任署都指揮僉事徐相帶領軍兵前去
應援審度事勢緩急相機施行去後拾月貳拾
伍日又據本官呈據都指揮王守中徐相揭帖
報稱本月拾伍日午時據刀鮮李孟元入營禀
稱陶仙差把事梁金玉陶勉等傳說九月到今

拾月内有武文淵舉兵將莫方瀛守鎮營攻破
生擒巡檢堡官莫方瀛殺他不羸看軍馬暗往
後路去攻開武文淵住寨將他妻子人口虜去
来報武文淵發兵截路將莫方瀛軍馬殺敗人
口奪回如今武文淵在同蒙寨下營莫方瀛亦
在明光衛小三江下營各職又問莫登庸今在
何處各稱不知在廣東廣西或交阯迤西地方
等語看得莫賊畧所畏憚者惟武文淵弟兄今

據報說彼此相持日久誠恐賊兵大集四面夾
攻挫其銳氣未免寡不敵衆內附諸夷望風而
解伏乞籌奪等因到臣看得所報前項事情固
難盡信然即其理勢似亦不虛彼逆賊父子旣
離信地親自領兵則其勢益窮促可知但我
天朝兵馬固不可輕率以擅入彼地而沿邊關隘尤
當嚴謹以防其奔突隨行臨安兵備官備行武
文淵等轉諭近日招得同列交官陳悰蘇岳杜

三十一

繼紹黃公幹阮仁祐阮文林陶仙等各督兵馬
前來會合相機攻襲幷差人通會黎寧約會老
撾宣慰司冠帶土舍怕雅罕開各統夷兵象馬
並起響應四面夾攻及令都指揮馮立督領指
揮趙光祖萬械等嚴督土舍張澤寵鳳翔通把
自俊李者來及王弄山長官司兵夫在於
八寨切近武文淵地方住劄遙振軍威使武文
淵等得以藉勢追襲仍令王守中嚴督刀鮮等

整搠五邦等處兵夫與李孟元黃明哲等協心
倡率廣陵昭晋黃岩萊州譙州瓊崖整美孟陵
孟收等處內附土官刀禎刀明刀珖刀林刀堅
刀整美刀陵刀牧等各部下兵馬傳報世孫黎
寧及武文淵等互相應援併力剿殺去後今據
前因臣等看得呈到前項奏本降書結狀緣係
外夷乞罪來文事體重大會同巡撫都御史汪
文盛巡按御史陰汝登行據雲南等處承宣布

三十二

政使司呈准本司掌印左布政使王俊民洛奉
臣等案驗前事依奉會同本司右布政使李顯
雲南都按二司署印副使朱方都指揮僉事樊
泰分守臨元帶管督粮鹽法右參政車純議照
帝王之馭夷狄拒則懲其不恪而以刑威之來則嘉
其慕義而以禮懷之此所謂治之以不治之法
也安南雖云外國實我　中國輿圖納貢稱臣
其來已遠自倡亂於陳暠之叛逆而黎睭遇害

繼亂於莫登庸之姦雄而黎譓播遷育職不修
二十餘年今世孫黎寧所奏莫登庸謀為不軌
黎譓間道竄於清華地方莫方瀛書內執稱黎
譓聽姦人鄭綏等誘還清都暨國頭目以黎譓
無子共推伊弟黎廣權攝國事後迎黎譓歸還
國都病篤而卒黎廣染被痨瘵不能管事又無
子孫乃謀本國頭目人等召父莫登庸付以
欽賜印信暫管國事黎廣卒莫登庸不得已於本國

三一三

國都謹守　天朝所欽賜印信權管國事後國
內既平方瀛年長可代任本國事務父乃謀諸
國人皆從乃付方瀛　欽賜印信權管國事撫
集臣民已經差人奏事求封未得開關進程及
稱鄭惟憭所奏稱黎寧係是阮淦之子詐冒黎
姓摹寫印文妄訴及據暨國耆人申狀共舉方
瀛等情論以大義土地人民受之
天朝黎譓孱弱失守不能及時以告變登庸父子擅

專國柄又未具由以　上聞其間互相魚肉塗
炭生靈阻絕貢路法亦難逭今當聲罪致討之
時乃有投降歸附之舉是蓋　朝廷之威有以
畏之然者武文淵彼之勍敵也招之首先歸附
而願為先鋒寧遂綏阜水尾等州各土酋彼之
藩籬也招之次第投順而願為嚮導阮璟裴行
儉彼之偽官也被土舍刀鮮以姦細擒獲解報
固知將來罪莫可逃而求生之望自不容已況

三十四

奉　欽依從宜撫剿及逆賊畏　威懷德悔罪
向化繫頸軍門待以不死星馳奏　聞今莫方
瀛既投降伏罪具奏陳情雖皆文飾之詞實出
求生之願所據原先歸附土酋及蓮花灘防守
官軍有功人員陞賞等項事宜俱應議處其乞
罪奏文相應轉達與黎莫二氏占據土地均請
上裁及照安南國王印信黎氏莫氏各藏其一真偽
莫辯相應具奏辯驗偽者令其自行銷燬俟職

有定分另行　請給黃明哲等以其人歸刀鮮
等以其地歸既蒙
恩賞矣相應隨其所居而安插之使之各自管食莫
方瀛等既恭俟　天命不許仍前互相吞噬以
取誅戮其寧遠州等處地方原係雲南臨安府
管轄因與交地相挽久沒於夷應復歸臨安管
下優恤三年之後令其比照土官衙門事規出
辦差發再照蓮花灘結營防守軍兵一以遥振
軍威一以招納降附今莫方瀛既已歸順前營
不掣未免致起疑心相應併行兵備道查處掣
回仍存一千名照舊在於臨安協守及照臨安
兵備帶管分巡臨元道副使鄭登高分守臨元
道右參政葉珩都指揮僉事馮立臨安府知府
姜恩整飭邊備計慮周詳招撫土酋接踵投順
都指揮僉事王守中統領兵營不避艱險善用
牙爪招致方瀛其餘各該從事官員如署都指

三十五

揮僉事徐相指揮趙光祖萬誠魏忠千戶馮忠
吳璋推官郭昺知縣張澤與各起探報聲息承
委招撫隨營報効漢土官舍旗軍目把人等俱
有冒險之功防禦之力內王守中尤其盡心効
勞於所事者俱應通行奏
聞以俟該部議擬施行等因到臣會同巡撫雲南等
處地方都察院右僉都御史汪文盛巡按雲南
監察御史陰汝登議得　聖人一視之仁同体
乾坤之覆載　帝王九伐之法尤嚴夷狄之憑
陵黎照莫方瀛與其父莫登庸蠢爾蠻夷罪之
魁首乘危而竟奪人之國恃險而自食土之毛
夷狄相攻固不足較然安南為　朝廷封土非
西戎北狄之比是莫方瀛等雖多方文飾然僭
逆之罪已難逃　聖明洞察之下論法合當誅
剿但問罪之師將臨而乞罪之請遽至益深思
既往之愆不敢冒昧以入貢欲新將來之善相

三十六

率銜蜀以來降夫改過者聖門所與首罪者
王法不誅況叛則討之服則舍之又古帝王待夷狄
之道也既該三司等官會議前來所據莫方瀛
請罪奏文正副二本干係外夷乞降臣等不敢
輒擅拒絕理合封 進取自 上裁伏乞早賜
宸斷仰惟 皇上文武聖神 聰明睿智
至仁默極羣生悉囿於甄陶 盛德配天萬國盡歸
於統御乃今莫方瀛等不勞一矢之遺而自繫

三十七

頸以待 命徒恃片言之信而乃率衆以投降
夷心亦有人心醜類乃同人類 天涵地育
聖人廓無外之仁近悅遠來 王者溥維新之化
蹟隆往古 德洽殊方蓋惟幄獻旋心之謀本兵籌
安邊之計始因禮部尚書夏 等之奏
命臣等招撫武文淵等以為嚮導繼因武定侯郭
之言 命臣等整搠兵馬以振威聲又因右都
御史毛 之論 命臣等計處兵粮聽候調

度又因兵部尚書張 等之請 命臣等地方
官員從宜撫剿又因禮部尚書嚴 等多官之
議 命臣等分別順逆相機行事 恩威並著
仁義兼行睿謨之出如神兵事不專遙制以此官
將用命漢土協心都指揮王守中等提兵冒險威
日以揚土官刀鮮等集兵固守招之不去又因
擒獲奸細黨與寒心陶仙刀雷等土官多人望
風內附出兵從征解其藩籬莫方瀛又與武文

三十八

淵等連營交戰被武文淵斬獲數多及兵部題
奉 欽依令臣等出榜招諭而安南郡縣太半
動搖莫方瀛等身離巢穴入萌畏圖勢益孤懸
自相牽制欲進則恐廣兵陷其城欲退則恐我
兵躡其後一聞招撫如獲更生納款投降輸誠
悔罪乃其度德量力審勢達時因禍為福之機
也如蒙 特勅廷臣從長計議必霽
天威斷自 聖心將莫方瀛父子俯賜寬宥俾其改

過安分不許與世孫黎寧及武文淵等互相讎殺
遺患地方其　欽賜印信兩家俱有係偽者合
當令其銷燬候　職有定分另行　請給庶幾少
杜僭妄惟復別　賜完奪著莫方瀛之乞罪固
有可原而黎寧之宗祀亦不可絕緣前項事体
関係重大非臣等愚陋膚淺之見所敢擅擬均
乞　聖明裁處及照莫方瀛知蒙
赦宥若故違　成命仍前與黎寧武文淵等讎殺或
侵犯邊圉與臨安原屬寧遠州等處及一應歸
附人員即是背逆　天道聽臣等與兩廣撫鎮
官分別順逆指實參奏大調兵馬一鼓而擒亦
未為晚如此則罪人有改過之階夷方獲再生
之賜矣再照原先歸附官舍武文淵陶仙刀鮮
李孟元黃明哲刀雷等亦合隨其所居從宜安
插原係寧遠州地方分析者照舊仍屬臨安府
管轄紅衣寨頭目刀湃等亦聽隸屬元江府俱

三十九

各寬免賦稅加意撫恤所議製田蓮花灘防守
官軍相應依擬及照臣等待罪地方不過奉行
文書而已未能仰体　聖心早收安攘之功適
罪人乞降輒為祈　請罪當萬死如臨安兵備
帶管分巡副使鄭登高先分守臨元道右參政
葉珩都指揮僉事馮立王守中徐相臨安府知
府姜恩指揮趙光祖萬祺魏忠千户馮忠吳璋
推官郭鼎知縣張澤等圖事効能雖有差等然
皆協謀仗義共圖成功其間若王守中身先士
卒茂著謀猷諸夷納降交人畏懼其功居首者
也鄭登高姜恩恩信素孚兵粮克裕有警調度
克中機宜其功居多者也馮立往來提調備嘗
險阻又與鄭登高王守中姜恩皆撫降莫方瀛
有功者也葉珩首事招納克効勤勞又與鄭登
高王守中姜恩馮立招撫刀鮮武文淵等擒獲
奸細有功者也徐相趙光祖萬祺魏忠馮忠吳璋

四十

璋推官郭鼎知縣張澤皆不避艱險隨委輒効
以贊其成內趙光祖馮忠萬祴吳璋則又前項
招撫有功者也以上各官雖非搴旗斬將之功
然招撫外夷輯安邊境賢於用數萬甲兵似亦
俱當甄錄優示激勸以勵將來其整理粮餉協
贊謀議并隨營効勞與承委招撫深入巢穴探
報聲息有功漢土官舍旗軍目把人等及伏義
集兵首挫賊鋒有功武文淵刀鮮等通候查明

四十一

另行議
一奏臣等除行三司轉行歸安兵備官行令莫方瀛
及差来頭目人等暫回地方[illegible]候
天命及防守蓮花灘官兵查果地方無事即便掣回
外緣奉
欽依著地方官員從宜撫剿及外國夷人乞罪投降
事理未敢擅便等因又該巡撫雲南等處地方
都察院右僉都御史汪文盛巡按雲南監察御

史陰汝登各
題同前事俱奉
聖旨禮兵二部看了来說欽此又該武定侯郭　奏
為處夷情後
國初分土設官永圖治安事近日得知雲南鎮巡
等官奏報安南國差頭目范正毅等行人鄧敬
等通事阮鐵宋等齎進莫方瀛投降奏本申述
三堂衙門降書并頭目耆人三百六名申結會

四十二

同寮掾范正毅等衆口一詞執稱莫方瀛悔罪
投降及稱黎譓孱弱失守不能及時以告變莫
登庸父子擅專國柄又未具由以
上聞雖曰阻絕貢路皆出一面之詞法亦難遑又稱
鄭惟僚所奏稱黎寧係是阮淦之子詐冒黎姓
纂寫印文妄訴于
天朝方瀛又不將彼國所屬地里畫圖投
獻只云具載

大明一統志內不必圖獻等因臣連日看得投降文
書內立心不善意欲求封方瀛爲安南王亦不
見黎氏子孫在於何處存亡下落又不見武文
淵申
奏文書縱是國人耆老之言皆方瀛一邊之說難
以信憑當駁回再行備查要見黎氏莫氏武氏
三家誰是誰非的確實情回奏
上請
定奪此其大公至正之法但彼國雖稱好禮其狡猾
奸回莫可深測縱是復行查報必不能盡知其
實况莫登庸父子兩傳守國未奉
天朝
明命豈不是篡奪也又稱黎氏子孫孱弱豈能復振
家邦顯是門衰祚薄不言可知爲今之計欲破
其奸散其衆伏望
皇上大振乾綱明出黃榜招示彼土人民削去安

南名號就將本地分府衛州縣等衙門比照雲南
兩廣所屬土官事例許其開款納貢將彼所管地
土人民編成里甲行伍亦照兩鎮土官衙門事例呈
報兩鎮所司考覈
天朝奏請　朝廷請給印信
誥命永享太平之世免圖後效若執迷不省堅執
與莫賊爲固許其兩鎮相近土官整備兵粮收取
臨近地土人民就充各該土官所轄兵民仍將所
得人民地土山場開報勿得隱匿其彼地之人未
必不懷孝順向化之心以免弑奪分爭之患只要
處之書分之均使彼得宜孰不悅從安土樂業人
之常情雖登庸假以退閑使莫方瀛出頭來降觀
其表詞類多悖謬實非莫來降也莫方瀛父子實
乃篡奪之賊在春秋所當必誅無　赦之人豈敢
來假黎氏推讓權國之謀即今黎氏子孫既被
莫賊所吞想是不能稱其所封宜當革降方得

保終總後只可與一府之地以承其宗祀耳其
武文淵父子雖是本國忠義之臣但國亡家失
望我　天朝求救其忠義可嘉亦可與一知府
之職以褒其忠其餘隨順之人令各官分別等
第任使并鄭惟燎等不隨叛逆而攄忠赴京奏
訴莫賊始末其情尤可嘉尚亦可量與職事其
方瀛父子之罪固不可　宥若能改過自新輸
心受首亦當待之以不死仍授一土官職事量
與地土使之安享富貴還著兩處鎮守巡撫巡
按三司等官親詣地方盡心區畫奏請　定奪
其餘彼中未盡事情一時不能悉知均乞　聖
明　勑下禮兵二部從長計議務期萬全若臣
所奏有可取者　俯賜採擇施行少補於邊方
萬分之一庶幾夷情可服　國制可定邊疆可
寧地方不戰而自安矣等因奉
聖旨禮兵二部看了來說欽此欽遵臣等會同太子

四十五

太保兵部尚書臣張　左侍郎臣樊　右侍郎
臣張　看得鎮守雲南總兵官黔國公沐朝輔巡
撫雲南右僉都御史汪文盛巡按雲南監察御
史陰汝登各會同題稱安南國頭目范正毅等
齎逃投降公文及莫方瀛伏罪奏本降書及頭
目耆人申結不敢擅拒理合封　進取自　上
裁及乞　勑廷臣從長計議將莫方瀛父子
曲賜寬宥俾其改過安分不許與世孫黎寧及
武文淵等互相讐殺遺患地方其黎寧宗祀亦
不可絕及要將歸附土舍武文淵等從宜安插
掣回蓮花灘防守官軍及臨安兵備副使等官
論功陞賞等因又該武定侯郭　奏　請處夷
情後　國制分土設官求圖治安各一節為照
該國事情先該禮兵二部會題節奉
聖旨安南國久不來庭法當問罪今本國奏稱逆臣
莫登庸篡亂阻絕貢路又僭稱名號偽置官屬罪

四十六

狀題著你每既會議明白便命將出師前去征討
欽此又該兵部具題節奉
聖旨安南國久不來庭義當興師問罪近據黎寧奏
稱其臣莫登庸簒逆阻絕朝貢未審真偽且著地
方官員從宜撫剿欽此又該兵部具題節奉
聖旨莫登庸既簒逆本國又擅作大誥僭擬名號好
生背叛朝廷罪在不赦便勑雲南兩廣鎮巡等官
遵照前旨上緊多方計畫協力征剿務得罪人以

四十七

安南土欽此續又該提督兩廣軍務兵部左侍郎
潘旦等具題該國長慶府諒山衛各申事情又
該禮兵二部會題奉
聖旨你每議的是便行與提督等官遵照前旨行欽此
俱經欽遵外臣等竊惟安南雖係荒服之區實
我　朝世封之國頃者　皇上赫然震怒欲興
師致討者為其久不來貢耳今則黎寧播遷于
外雖欲來貢勢有不能我　皇上既已洞悉其

情而　宥其罪矣若夫逆庸僭竊既非受　命
天朝則又不許其來貢也據其奪國之罪在
王法所必誅無赦者今照雲南鎮巡等官各題
稱莫方瀛納款投降輸誠悔罪詳其本詞與先
次侍郎潘旦所奏長慶府諒山衛申文大畧相
同但稱黎寧係逃罪之人阮淦之子摹寫印文
妄訴于　朝及稱該國地里圖具載一統誌內
不必圖獻其間事情多涉譎詐遽難准信顯是

四十八

方瀛父子不過文飾虛詞以探測　朝廷欲為
緩師　請封之計況鎮撫巡各奏止據范正毅
等投遞奏文遽謂方瀛投降納款而黎氏宗祀
存亡下落不見作何處分所據奏要掣回防守
官軍及論功行賞等因俱難輕議合候　命下
之日兵部備咨雲南兩廣鎮巡等官再行會同
勘處如果方瀛父子悔罪向化畏　威懷德該
國土地人民悉聽　朝廷處分別無虛詐即與

星馳奏 聞待以不死如其飾詞欺妄怙終不
悛即當遵照 明旨多方計畫具奏 定奪不
得逕回觀望坐失機宜以損 國法臣等又謂
安南之有國如陳氏黎氏所以能居位稱王歷
數世而民俯伏聽命者以有 天朝爵命恃以
為重也今者方瀛父子徒逞僭竊之謀脅衆自
立其兇焰橫肆雖可劫制於一時而名義不正
終難厭服于衆又彼國之中寧無豪傑憤其僭

四二九

逆一聞 天朝之 命戮力助順義勇林立壤
地瓜分彼虜不旋踵而澌滅矣臣等看得武定
侯郭 所奏事宜欲要出給 黄榜招諭彼土
人民無非計處夷情以安南土之意合無行令
鎮巡等官宣示 朝廷威德出榜招諭彼處府
州衛所衙門若能首先納款歸附者即與奏
聞 朝廷授以土官職事其各處並黎氏子孫及
武文淵父子功勞等項事宜俱聽彼處鎮巡官

逐從長計議具奏 請乞 聖明裁處施行未
敢擅便嘉靖十七年二月十六日本部等部尚書
兼翰林院學士等官嚴 等具題三月初五日
奉
聖旨這事情兵部還會同多官詳議了來説欽此欽
遵合就移咨 貴部煩爲欽遵施行等因又該
太師兼太子太師武定侯郭 奏為再陳議處
安南事宜以破猶豫疑慮事臣先因雲南鎮巡

五一

等官具奏安南國被莫登庸父子假稱權國既
而故設投降等詞臣參詳來文悖謬條陳處夷
情後 國制分土設官永圖治安事奏
聖旨禮兵二部看了來説欽此近該禮兵二部會同
看議覆題將臣所奏不欲出給 黄榜行令鎮
巡等官宣示 朝廷威德出榜招諭安南府州
縣衛所衙門若能首先納款歸附者即與奏
聞 朝廷授以土官職事其各處並黎氏子孫及武文

淵父子功勞等項事宜俱憑彼處鎮巡官計議
具奏　請乞　聖明裁處施行等因臣見得禮
兵二部所擬不用　黃榜只着行令鎮巡等官
宣示　朝廷威德出榜招諭若能首先納款歸
附者即與奏　聞　朝廷授以土官職事臣思
得各官所論安南之議不用　黃榜而用鎮巡
官榜不知何謂又將臣奏內所處之事多是含
糊具覆臣又聞人言大同叛軍不容　黃榜進
城等語臣又思大同叛軍先是不容　黃榜進
城後亦因　皇上天威所致脅從之徒俱各解
散後獲首惡方靖地方寔　黃榜之徵驗矣今
安南地方遠在萬里之餘難以遙度縱使鎮巡
官出榜招諭亦恐難以宣示　皇上恩威率難
成功若待投降之後用　黃榜安插土夷恐無
是理此乃狐疑猶豫之治亦恐不能壓伏遠夷
之信心也且如安南之地只可分做土官衙門

五十一

俱屬兩鎮調征地方因此與文官無分不得蠶
食其人民地土以此不肯承當其事再如兩廣
土官三四處皆因土官桀驁驕橫遂致亡身破
業後有文官多務虛名而無實惠於生民設詭
計而毀哄上司用夷變夏之舉不顧經常之計
又且貽患地方將前土官改作流官衙門選去
文官皆是老耄不過養身蠶食地方之人却將
兩廣軍前土官土兵減革太半即今地方拾分
不堪凡遇征進地方無土兵調遣合無仍將兩
廣土官查取應繼能幹官男照舊開設土官俱
聽調遣將所設流官吏役人等盡行革去以安
南土以便調遣今安南地方若不乘機議處計
出萬全日行彼處尤恐各官智識有長短才思
有淺深或一時不能周悉不無有失機會豈能
永圖治安如蒙伏望　聖明大奮　乾綱
勑下在廷文武群臣通將兩廣土官查復并安南合

五十二

行事宜從長會議亦要各官自出己見作何施
行勿得似前含糊欠明務要吐露報　國忠情
明白可否衆口一詞僉同會議開欵覆奏方可
施行庶無甲可乙否之論務期遠夷可服治安
可永等因奉
聖旨兵部一併會議了来說欽此又該　欽差鎮守
雲南總兵官征蠻将軍黔國公沐朝輔題
稱為　大慶事據整飭臨安等處兵備雲南按

五十三

察司副使鄭登高呈據委官知府姜忽都指揮
王守中徐相揭帖呈據節差官舍旗軍丁言等
回還稟稱依蒙前去黎寧處討得印信文書呈差
頭目耆人鄭垣目人范轟黎益篤行人高德壽
黎嵩鄭彝阮文淑鄧永福等同原差何景祺等
已到廣陵州地方等因據此隨差陰陽生旗軍
趙僊等將鄭垣等接至蠻板寨聞知莫方瀛差
有頭目范正毅等前来投遞公文鄭垣等在路

畏怕逆庸徒侶截捉不敢前来呈乞差官軍接
引等情各職隨差吏目晏伯珪鎮撫朱邦彦并
土舍祿世清下目把阿荀阿主李志張發八通
事王瀚等量帶軍兵前去蠻板接取去後本月
拾陸日酉時據各官與同原差人役引領鄭垣
等入營口含穢草雙眼含淚手捧公文投遞控
訴苦情及稟要親赴三堂衙門投見各職欵将
鄭垣等留住本營聽候呈請進止但令范正毅

五十四

等多人住候蠻浩寨相離不遠誠恐一時生變
除將鄭垣等并老撾廣陵萊州等處頭目分濫
客呼膴陶星阮塗作朋朋勒阿剛官竜阿者等
并跟隨從人俱發花文驛寨內暫住行令鎮撫
朱邦彦撥人伴守并行蒙自縣將鄭垣范轟黎
益篤等暫且供給待候呈請明示等因將原来
印信文書批差陰陽生楊佐總旗王萬邦軍餘
孫鑾齎報到道備由同印信國書呈送到臣查

得黎寧國書內稱正德十一年四月初六日本國有逆臣陳暠作亂先國王黎賙遇害本國頭目耆人黎堈鄭江黎叔祐鄭遂黎念黎公亮黎栯鄭惠鄭綏黎𫇭武淦鄧鳴謙等因請世孫黎寧親父世子黎譓權管國事謹守　欽賜印信已差陪臣阮儼阮時雍阮正卿吳煥等謹齎奏本求封等禮物請　命于　天朝并遞年歲貢方物　上進緣被逆賊陳暠竄在諒山地方道

五十五

路阻梗世子黎譓前已移咨總鎮兩廣地方等官知會正德十六年八月本國發兵搜捕陳暠其陳暠走死若暠子昇逃脫道路稍通陪臣黎啓阮正卿吳煥等欵於嘉靖元年十月進程本年七月二十七日夜時本國再有逆臣莫登庸并前所差陪臣阮時雍等謀作不軌世子知之避難得脫居於清華地方本國頭目耆人黎堈鄭江黎叔祐鄭遂黎念黎公亮黎栯鄭惠鄭綏

黎𫇭武淦鄧鳴謙等皆從世子率國人討莫登庸其莫登庸阮時雍等乃脅立世子庶弟黎懬假攝國事非國人所共立允號令一切悉出於逆臣莫登庸之口本國益亂路途阻梗使道不通嘉靖二年正月十六日准諒山衛官黎景珥等具啓承見牌文　欽差天使翰林院編脩孫禮科右給事中俞齋捧　詔勑綵段等件已於元年十一月初一日抵龍州差人馳報本國

五十六

詔勑到日急為迎迓等詞准此有以仰見　天恩浩大一國之人不勝欣幸欵奔走不暇以仰拜天朝休命奈何本國不幸以致訊醜阻其　君命俾聖恩不達於遠臣夙夜祗懼心無底寧嘉靖二年正月內世子已備言本國事情上書　欽差天使二位大人知會冀其轉達　天朝伏望　天朝推帝王柔遠之仁憫小國多艱之故如　皇命既回避請待罪謹差頭目譚慎徽至界首付土官閉醴泉轉

遥路途遥遠浮沉罔知於本年四月二十二日
承見總督府委官督備龍州地方廣西南寧衛
指揮使湯抄捧總督兩廣軍務兼理巡撫都察
院右都御史張鈞牌備言查據龍州把隘頭目
丁源等説稱訪得安南國王黎賙今已沒世七
年後該國已立黎姓為王稱為光紹者被逆臣
莫登庸作亂赶逐在於海邊并住弁總鎮兩廣
等處地方印綬監太監韓鎮守兩廣總兵官征

五十七

蠻將軍撫寧侯朱議照憑祥州備言本國互説
前事壹節參詳黎譓被脅不在本國其諸逆臣
陳昇莫登庸等又無聲説曾否削平所據後推
黎廣權攝國事亦難辨其真偽該國舊主既沒
承襲尚無定主　天朝詔勅豈宜妄授於人況
經會題暫令使臣回京雖未奉有　明旨必須
另為奏　請擬合再行查勘為此除外牌仰本
府着落當該官吏查照先今事理即便抄牌查

勘該國黎王即今有無一定應否承襲之人逆
臣陳昇莫登庸等曾否削平惟復别有詐偽情
由務要逐一備查明白若該國果已平靖定有
國王委係舊主黎賙嫡派宗裔查實姓名見今
在於何處相應奏　請就便取具的確公文不
扶重甘結并該國印信明文連應保審官員
及道路有無阻梗壹壹務查明白見此有以仰
見　欽差三位大人正心明理洞燭幾微其奸

五十八

臣情狀已瞭然於胸中矣於本月二十四日逆
臣莫登庸仍鴆殺黎廣偽立己子猶冒黎廣姓
名僣稱統元妄使逆黨阮文泰潘廷佐鄭鹿阮
時敏陳斐阮光論郭璵莫潤朗郭文藻阮壽祺
潘集等將偽本并遞年歲貢偽禮物圖欺罔
天朝覬覦　因寵竊為得計庶壓衆心行至坡壘驛
屯聚嘉靖三年三月承見整飭左江兵備兼管
分巡提刑按察司僉事楊上體　天朝之德意

察知僭偽之情由乃不容入關驅逐逆黨并保
禮物一切斥回本國姦謀由是而少沮并承見
提督兩廣軍務兼理巡撫都察院右都御史蕭
總鎮兩廣等處地方內官監太監鄭鎮守兩廣
地方總兵官征蠻將軍撫寧侯朱鈞牌送下本
國查勘緣由事情世子節次累有書備言本國
前項事由差目人黃瑞陵黃伯宜等謹齎至界
首付土官阮永祥交付憑祥州土官李珠傳遞

五十九

未審的確果通到否嘉靖四年六月內世子謹
差陪臣黎啓吳煥等齎捧歲貢、奏事求封方
物等禮行至山西地方被臣莫登庸已先截路
遮道不前世子皆以備書傳遞、欽差總鎮兩
廣等官知會道途遙遠阻滯難明本年八月十
九日世子再差頭目耆人阮拔萃黎景珥朱垣
等抱本間道潛行馳奏、天朝乞兵救援而前
所差頭目耆人一病一死惟朱垣行至南寧衛

被兵備官不許前往使回憑祥州待令接取本
詞轉差代奏經數年間未見有行因此逆臣莫
登庸益肆奸兇無所忌憚遂於嘉靖六年五月
十七日逆臣莫登庸明白篡立僭稱明德隳壞
該國之社稷塗炭該國之人民世子忖慮黎氏
祖宗自宣德六年祗荷　天恩拜封爵土爲賊
攘奪甚可痛心常率本國臣民共討逆臣莫登
庸共莫登庸脅衆拒守乃於嘉靖九年正月十

六十

三日逆臣莫登庸再僞立莫登庸之子莫登瀛
僭號大正而逆臣莫登庸妄自僭稱爲太上皇
帝併脅衆拒戰擾亂邦畿國中大困世子黎譓
以國難未平舊邑未復上闕　天朝之典彝下
負祖宗之重責播遷日久憂憤成疾於本年九
月十七日世子身沒本國頭目耆人黎堈鄭江
黎僉黎公亮黎景瑁鄭惟峻阮有嚴鄭伯蓬黎
如璧何伯适阮仁蓮武景威阮春巖馮霑阮金

阮昀阮元良范珏等以世孫黎寧係前世子黎
譓親生嫡長子禮應承襲共推爲世孫權管國
事謹守　欽賜印信世孫勵已誓心以圖恢復
舊物嘉靖十年九月有本國脫朗州忠義目人
阮合勸阮景山等抄得牌文於嘉靖十年五月
十六日提督兩廣軍務兼理巡撫兵部右侍郎
兼都察院右都御史林鈞牌送下憑祥州查勘
邊情以安國度案照正德八年以來俱不充安

南國歲貢自歷任兩廣二年之上俱未差人查
訪而中間真僞難分令該國故稱爭亂之由自
取安然之樂此乃欺　君欺　聖罪亦難容除
會同總鎮兩廣等處地方內官監太監張鎮守
兩廣總兵官征蠻將軍咸寧侯仇議照前事訪
得該國世子黎譓被逆臣莫登庸先逐出外而
莫登庸覇掌該國中間俱未准信惟照憑祥州
原係鎮南大關隘理合移文行查爲此除外牌

仰本府著落當該官吏照依牌內事理即抄牌
差人前去該國附近府州務查該國世子黎譓
見今被逆臣莫登庸趕逐出外坐落何方該國
民心有無向護或倘該國俱已平定亦無爭亂
及查有無貢物作急具由回報以憑會議參
奏以安國度等詞得此乃以仰知　天朝必已詳
審通曉小國被逆臣僭竊艱難之故矣世孫黎
寧仍有書備言本國先後事情緣由差前頭目

人阮合勸欲就憑祥州交付轉遞　欽差總鎮
兩廣等官知會行至於長慶府溫州地方被逆
徒截道捉得阮合勸殺死道途阻絕音信難通
世孫黎寧常屢具本差人欵潛行間道馳奏
天朝而通過憑祥州大關隘諸路皆被逆徒督管日
夜把截並不得通亦徧行本國邊界沿邊隘口
欵借道潛往達　奏本國事情而亦被逆徒把
截及沿邊土官閉拒無路可通自此以來雖有

天朝聲教及　欽差總鎮兩廣等官軍門號令曾爾
無聞反覆思惟罔知所處嘉靖十三年四月十
七日世孫黎寧備將本國前項先今事情具本
幷寫作宗圖差頭目鄭惟憭等抱本圖潛行處
料取道赴京謹具奏　聞陳情謝罪乞　恩正
法以誅僭逆庶以伸籲天暴白之忱伏望
天朝曲垂憐憫鑒此難屯之故弘推拯恤之仁誅亂
救民恭行　天討以正逆臣莫登庸父子篡逆

六十三

之罪使亂臣賊子無所容於天地之間而危跡
遺孤得復存於宗祀夙夜昌勝顒望經二年間
未聞聲息鬱抑于懷豈能自已嘉靖十五年十
月二十日世孫黎寧又差忠義目人譚伯适阮
蒙等間道潛行款就本國長慶府各州沿途關
隘聽探前日所差　奏事鄭惟憭音息及道路
阻梗如何行至北江地方被逆徒截道捉得譚
伯适阮蒙等殺死音信難通嘉靖十六年九月

逐日務見臨安府牒文備抄案奉　欽差巡撫
雲南等處地方都察院右僉都御史汪　案
驗安南國世孫黎寧奏前事仰本府着落當該
官吏查照世孫黎寧是否黎譓親生嫡長男見
住何處與光譖等係何等稱呼是否黎𭄐子孫
因何名字不同　欽賜印信何人收掌及所奏
各項事情其使臣鄭惟憭是否真正頭目耆人
阮技萃等有無見在弁省諭姓鄢者即將原日

六十四

父子被難逼逐的係何人篡逆其踉隨文武群
臣見在若干逐一細備從實具由以憑申報弁
諭承凡雲南都司都指揮僉事王守中移文互
說前事查勘已故國王黎𭄐世孫黎寧慶備將
莫登庸占據地方幷黎寧有幾處衙門地方服
其管束有何官員頭目輔佐兵馬見在若干黎
譓所生幾子有無分住各處地方與光鐙等係
何等稱呼因何名字不同某路可以進兵及道

里遠近山川水陸險易緣由逐程開報以憑具
奏一節查催前去世孫黎寧處查勘武文淵等見
弟與彼相離幾年緣何開報名字來歷與黎寧
奏內不同幷查有無黎椅黎椿黎樘係是何等
宗派逐一備細查明差頭目人前來回報以憑
轉報施行等詞准此有以仰見　天朝委任得
人燭微明理灼知小國被逆臣僭亂篡奪之由
思救小國人民被塗炭毒痛之苦尤且辯真別

六十五

僞以明宗派承襲之正者世孫黎寧及一國之
人尤為欣幸為此謹書備說本國前項先後事
情差頭目耆人鄭垣謹齎於　欽差巡撫雲南
等處地方都察院右僉都御史汪　知會伏
請詳此事意憫世孫遭艱乜之故察世孫伸哀
籲之悃具奏　天朝備言本國世孫黎寧係前
本國世子黎譓親生嫡長子禮應承襲權管國
事稱為元和謹守　欽賜印信緣本國被逆臣

莫登庸赶逐世子黎譓世子回居清華地方率
本國頭目耆人黎坰鄭江黎叔祐等共討逆臣
莫登庸其逆臣莫登庸乃脅立世子庶弟黎懬
而逆臣莫登庸仍鴆殺黎懬幷世子親母偽立
己子猶冒黎懬姓名逆臣莫登庸仍明白篡立
僭稱明德而逆臣莫登庸再偽立莫登庸之子
莫登瀛僭稱大正其逆臣莫登庸妄自僭稱為
太上皇帝拗制本國人民戕害本國忠良脅衆

六十六

拒戰把截衢要各道途及接近憑祥州各關隘
使道阻絕前世子黎譓及世孫黎寧節次累有
差陪臣幷頭目忠義目人間道抱本馳　奏幷
謹書傳遞而皆被逆臣莫登庸幷逆徒截道殺
死信使不通歲　貢慶賀諸禮久闕獲戾
天朝世孫黎寧已甘受罪乞待本國平定仍為奏
請增例辨納彼稱為光鐙者查照本國前國王黎晭
無子其黎晭長兄故黎灝生得二子其長子即

是世子黎譓其庶出幼之子即是世子庶弟黎
應則黎氏子孫宗派本來並係無光鐙名字明
矣烏有何等之可言哉為是名者無乃奸人詐
冒以圖欺妄而然耶若原　欽賜印信前世子
黎譓傳與世孫黎寧收掌豈有委何人收掌哉
於其世孫黎寧所差　奏事使臣鄭惟憭則鄭
惟憭祖父兄弟世世輔佐黎氏其鄭惟憭真正
本国頭目無疑矣如本国頭目耆人阮拔萃前

六十七

世子黎譓差與同朱埴等抱本潜行馳奏
天朝乞兵救援途中得病潜居養圠江地分被逆徒
脅捉或存或沒道途往来阻絕音信難明若於
姓鄚者查實本國頭目并前世子黎譓手下並
無有姓鄚者如其奏省諭則道途梗阻省諭固
難且逆臣莫登庸殘害本國人民占據本國都
城積威自脅其本國各路及各衛所地方皆被
逆臣莫登庸占據脅管把截各處衝要道途然

具前項人民所被逆臣莫登庸脅管者皆有向
[illegible]黎氏去逆就順之心焉若本國各衛門地方
[illegible]義頭目所歸世孫黎寧管屬者惟本國各末
[illegible]逆黎及各衛所來處如阮仁蓮鄭子春等則
分守于升華廣南二路何伯适阮春巖等則分
守于乂安末路鄭惟憭則分守于太原末處武
文淵武子陵等又據守于宣光路邊陲其前項
兵馬數亦可紀然但因本處其逆臣莫登庸每

六十八

脅衆攻逐而道途閉阻彼此救援聲息傳報難
通世孫黎寧有差某人傳遞其事跋涉艱險萬
死壹生若世孫黎寧所居清華水州馬江老撾
邊界其本國頭目耆人黎堈鄭江黎愈黎公亮
黎景瑁鄭惟嵕阮有嚴鄭伯适黎如璧武景威
阮昀阮元良范珏等前從世子黎譓見今輔佐
世孫黎寧并忠義頭目文武群臣范旦仁潘仁
安阮玲莛廷桂阮德慎黎文志鄧巴黎汝茂阮

時哲裴危并阮夢松黎都鄭垣武界陶子烈黎
壽雲杜亂即辯范宏陶仲耄黎迎鄭差范労黎
必改阮爛黎丁黎德容黎督阮福禛麻敬敦潘
歷黎質等跟從世孫黎寧者其數五百於其兵
馬殆三千餘及木州忠義土官車世富車克讓
等兵馬殆五千餘其扞護世孫黎寧凡本國臣
民莫不歌吟愛戴以何護黎氏者焉所以國緒
僅存而不至隳墜者亦由此也世孫黎寧及壹

國之人日夜惟望　天朝德意以慰徯蘇之望
若夫道里遠近山川水陸險易一一詳在
天朝混一方輿版圖之內如其逐程險易可以進兵
則安邦路是其水道可用船艘諒山高平宣光
等路関隘是其陸道可用兵馬若興化洮江下
抵山西是道水陸並可用馬如前項忠義頭目
阮仁蓮鄭惟恍何伯适武文淵等世孫黎寧已
分差人潛行間道曉諭與他使之整搠兵馬通

滯如何固難遥度且本國世孫黎寧自始祖黎
利奉　天朝正朔以來其祖父子孫世世傳繼
嫡派宗裔定有名稱無有訛舛如前國王黎晭
無子其黎晭長兄故黎灝生得二子其長子即
是名黎譓原已育在宮中立為世子名字已定
其庶出幼之子即世子庶弟是名黎懬其於名
字真正無疑於正德十三年四月內世子黎譓
已移咨　欽差總鎮兩廣等官知會嘉靖二年

正月內世子黎譓再已謹備書　欽差天使翰
林院編修孫礼科右給事中俞二位大人知會
其世子名字為黎譓世子庶弟名字為黎懬甚
明矣緣本國逆臣莫登庸作亂赶逐世子黎譓
脅立世子庶弟黎懬逆臣莫登庸仍鴆殺黎懬
并世子親母明白篡奪威脅人心始改世子黎
譓名字為黎椅世子庶弟黎懬名字為黎椿停
忌呼黎譓黎懬正名以設驗人心耳彼武文淵

等嘗稽無稽因逆臣莫登庸之設驗改守而開
報世子黎譓名字為黎椅世子厥弟黎慮名字
為黎椿誤矣況武文淵等兄故武嚴威自正德
十一年本國有逆賊陳暠作亂武嚴威奉出守
備宣光路地分道途稍通猶或頗知本國事體
嘉靖元年本國再被逆臣莫登庸作亂武嚴威
仍留本處守備逐年月日逆臣莫登庸脅衆攻
逐道路阻絕其武嚴威等雖忠義頭目而世子

七十一

黎譓號令阻滯難通及武嚴威病故武文淵等
代領其衆逆臣莫登庸累次攻逐阻絕宣光路
邈隔與世孫黎寧所居道程遼遠此被逆徒間
截往來音信傳報難通相離殆十五年而所居
武文淵等修寫文書人皆新進故事未諳所以
開報名字來歷謬誤職此之故審諸黃明哲執
稱光紹先年生有二子於黃明哲相別之時長
男年方三歲次男年方二歲尚未有改名字則

其黃明哲所開報是的見真正之言也彼武文
淵等兄弟相離已十五年而臆度世孫黎寧名
字為黎椏是皆說無根據之言也以是查實黎
氏宗派本末並無黎椅黎椿黎椏名字明矣於
其武文淵等武臣謬誤之罪願賜貸寬且前世
子黎譓生有二子其一子尚在即世孫黎寧其
一子年方四歲被疹痘病死則世孫黎寧的世
子黎譓親生嫡長子尚何有幾子分住之可說

七十二

哉若夫前世子黎譓憂憤成疾而沒而或有說
為鴆毒者蓋以原世子黎譓弟下黎公淵被從
逆臣莫登庸脅制於嘉靖九年八月十五日黎
公淵再具啓陳情首罪於世子黎譓世子許黎
公淵回與世子居世子親信初不之疑自黎公
淵回居得一箇月疾又轉甚世子身沒或者臆
疑謂蓋黎公淵聽逆臣莫登庸之姦計陽為首
罪乞回與世子居陰為鴆毒以致世子成是疾

歟然而世子之身沒緣憂憤成疾而沒其疾已
發於黎公淵未同居之前爲是說者亦臆度無
稽之言也伏望　天朝廣字幼恤孤之德推扶
顛救難之仁大發　天兵吊民伐罪同時進出
安邦諒山高平宣光歸化水步各道剿除逆臣
莫登庸莫登瀛父子以嚴亂賊之誅以正綱常
之道拯生民於塗炭存該國之宗祧世孫黎寧
得以復還本國之舊城世孫黎寧得以襲封祖

七十三

宗之爵土藩方謹守職貢謹修名分正而尊卑
陳人紀明而天常定遐陬荒裔均霑汪濊之恩
鄰壤窮閻共囿安全之福則　天朝仁弘拯溺
量廣亨屯與日月同明乾坤並德矣世孫黎寧
仍差陪臣　上表謝　恩謹齎　奏本方物等
禮并遞年歲貢等禮物及歲　貢慶賀諸缺禮
赴京　奏進以盡事大畏天之義仍候迎
天使來臨本國頒降　天恩則　天朝明見萬里仁

同宣視世孫黎寧及一國之人得以重疊祗荷
洪恩尤爲大幸而　欽差大人處事之機燭微之智
急人之仁成人之美益以無盡下國受賜多矣
不宣謹書等情會行雲南按察司會議隨據該
司呈准本司署印副使朱方閔依奉會同雲南
都布二司掌印守巡左布政使王俊民右布政
使李顒都指揮僉事樊泰分守臨元道帶管督
糧鹽法右參政車純分巡安普道帶管曲靖兵

七十四

備僉事胡仲詰分巡金滄帶管洱海道僉事戴
邦正議照安南國世孫黎寧原差陪臣鄭惟憭
齎本　奏稱該國爲莫登庸父子棄陳暠之簒
逆逐主竊國遂至流離播遷望救　天朝該廷
臣議　請奉有　明旨無容再議但莫登庸莫
方瀛父子悔罪歸命請降已經會議呈報奏
請令何景祺丁言等轉宣　朝命至黎寧處黎寧具
國書遣頭目耆人鄭垣等齎投前來據其書與

先日鄭惟㦗奏之言大畧相同似應併送
請自　上裁其差来頭目耆人鄭垣等仍行該
道轉行知府姜恩都指揮王守中徐相等量為
賞勞省令回還恭俟　朝命至日另行等因呈
詳到臣案照先節准兵部咨為　大慶事該禮
部等衙門會題議擬備討安南事宜題奉
欽依備咨前来及欽奉　勑諭供經會案行仰雲南
都布按三司郎行都指揮馮立離任前去會同

七十五

該道守巡兵備等官差委緣事都指揮王守中
指揮魏忠趙光祖火恩千百戶兵璋馮忠等分
投招諭武嚴威武子陵武文淵等令其革面向
化歸附從軍及着落元江府土舍那鉦同往老
撾宣慰司查光紹在彼就令該司照舊慰留居
任令其備將彼國作亂之人幷始末緣由開報
幷行各該兵備官整點兵馬布政司查理錢粮
及具本題　請去後續准兵部咨准禮部咨該

安南國世孫黎寧具本差使臣鄭惟㦗奏為陳
情乞　恩正法以誅僭逆事該本部覆題奉
欽依備咨前来又經會行儧運粮餉選調官兵象馬
把截幷令内附土官整搠鋒利器械夾攻剿殺
及出榜招撫去後據都指揮王守中臨安兵備
副使鄭登高等呈將安南國大頭目莫方瀛差
頭目耆人范正毅等齎遞乞罪　奏本與臣等
降書及頭目耆人申結前来行據雲南都布按

七十六

三司掌印守巡等官查議呈詳該臣等議得莫
方瀛與其父莫登庸蠢爾蠻夷罪之魁首乘危
而竟奪人之國恃險而自食土之毛夷狄相攻
固不足較然安南為　朝廷封土非西戎北狄
之比是莫方瀛等雖多方文飾然僭竊之罪已
難逃　聖明洞察之下論法合當誅剿征問罪
之師將臨而乞罪之請遽至盖深思旣往之愆
不敢冒昧以入貢欲新將来之善相率匍匐以

来降夷心亦有人心醜類乃同人類夫改過者
聖門所與首罪者　王法不誅況叛則討之服
則舍之又古帝王待夷狄之道也既該三司等
官查議前来所據莫方瀛請罪　奏文正副二
本干係外夷乞降臣等不敢輒擅拒絶理合封
進取自　上裁伏乞早賜　宸斷将莫方瀛父子
曲　賜寛宥許其改過安分如其故違　成命
與黎寧武文淵等互相讐殺及侵犯邊境與一

七十七

應歸附人員即是背逆　天道聽臣等與兩廣
撫鎮官指實參奏大調兵馬進剿一鼓而擒亦
未為晩如此則罪人有改過之階夷方獲再生
之賜矣其　欽賜印信兩家俱有係偽者合當
令其銷燬候職有定分另行請給庶幾少杜僭
妄惟復別　賜定奪盖莫方瀛之乞罪固有可
原而黎寧之宗祀亦不可絶縁前項事體関係
重大非職等愚陋膚淺之見所敢擅擬均乞

聖明裁處等因已經會本具　題及行仰雲南都布
按三司轉行臨安兵備副使鄭登高并都指揮
馮立王守中徐楫知府姜息等省令安南頭目
范正毅等即便同還宣諭莫方瀛等改過安分
恭候　天命其安南國王印信不許行使亦不
許仍前與黎寧武文淵等讐殺及挾私侵犯沿
邊一帶内附土官土舍刁鮮等并臨安府所屬
寧遠州地方或陰令奸細在於　天朝隣近窺

七十八

探邊情自速誅戮通取不致反叛結状繳報其
蓮花灘防禦官軍若不掣回誠恐起彼之疑兵
備官查果地方無事暫且掣回仍量留臨安協
守沿邊一帶仍令都指揮王守中徐楫提調毋
或踈虞去後今據前因照得巡按雲南監察御
史陰汝登出巡不在會同巡撫雲南等處地方
都察院右僉都御史汪文盛議照安南國世孫
黎寧送到前項國書查與原　奏事情大畧相

同但前事已該臣等會議奏　請臣等別難再
議所據原来國書亦合封　進乞　勅廷臣一
併議奏均乞　聖明裁處緣係外國夷情事體
重大臣等未敢擅便除會行臨安兵備官轉行
知府姜恩都指揮王守中徐相等將黎寧差来
頭目耆人鄭垣等量為賞勞省令回還恭俟
天命至日另行外等因與同巡撫雲南等處地方都
察院右僉都御史汪文盛會本具題俱奉

聖旨兵部一併會議了来說欽此欽遵通抄送部查
得先為　大慶事該禮部題奉
聖旨是安南國先次詔使不諭而返有傷體面又久
不入貢非叛而何兩處差官都依擬着實勘明奏
報便寫勑與他去興師備討必行兵部便會官議
奏欽此欽遵該兵部等衙門議擬題奉
聖旨安南國背叛不庭在所必討你每既會議停當
都依擬差去官着實查勘明白星夜奏来定奪施
行欽此又為陳情乞　恳正法以誅僭逆事該禮
部等衙門會議得安南為我　朝世封之國遵
我　王化奉我正朔莫登庸乃敢逼逐黎譓占
據國城其罪一也以臣下而娶國母其罪二也
鴆殺黎廬偽立已子其罪三也逼逐黎寧遠竄
其罪四也僭稱太上皇帝其罪五也改元明德
大正其罪六也設兵関隘以阻　詔使其罪七
也大肆誅殺荼毒生靈其罪八也阻絕貢路其

罪九也偽置官屬僭擬　中國之制其罪十也
罪狀顯著法不容誅征討之舉所不容已等因
題奉
聖旨安南國久不来庭法當問罪今本國奏稱逆臣
莫登庸篡亂阻絕貢路又僭稱名號偽置官屬罪
狀顯著你每既會議明白便命將出師前去征討
總督等官各推選素有材望的来看調度兵糧事
宜戶兵二部即議處具奏其餘依擬欽此欽遵該

兵部會官推舉堪任總督總兵并副總兵叅將
遊擊等官題奉
聖旨有點的依擬用大將待朝廷自簡欽此又該吏
部等衙門會官推舉堪任叅賛軍務等官題奉
聖旨毛伯温已有旨取用他了欽此又為前事該都
察院右都御史毛　奏該兵部議擬題奉
聖旨安南國久不来庭義當興師問罪近據黎寧奏
稱其臣莫登庸簒逆阻絶朝貢未審真偽且着地

方官員從宜撫勦提督兩廣侍郎廵撫雲南都御
史并各總兵官都另寫勑與他毛伯温着在院管
事督餉紀功等項官員俱暫停止欽此又為前事
該兵部題奉
聖旨莫登庸既簒逆本國又擅作大誥僭擬名號好
生悖叛朝廷罪在不赦便勑雲南兩廣鎮廵等官
遵照前旨上緊多方計畫協力征勦務得罪人以
安南土刀鮮黄明哲李孟元都給與冠帶仍各賞

銀三十兩紵絲二表裏阮璟等且都牢固監候沐
朝輔汪文盛寫勑獎勵其餘依擬欽此欽遵令該
前因臣等會同後軍都督府掌府事太師兼太
子太師武定侯臣郭　等太子太保吏部尚書
臣許　等看得鎮守雲南總兵官沐朝輔廵撫
雲南右僉都御史汪文盛廵按雲南監察御史
陰汝登各會同題稱安南國頭目范正毅等賫
遞投降公文及莫方瀛伏罪奏本降書頭目着

人等結狀乞　勑廷臣計議將莫方瀛父子曲
賜寛宥俾其改過安分不許與世孫黎寧并武文淵
等讎殺其　欽賜印信两家俱有係偽者合當
銷毀候職有定分另行　請給及稱莫方瀛之
乞罪固有可原黎寧之宗祀亦不可絶要將歸
附土舍武文淵等從宜安插掣回蓮花灘防守
官軍將臨安道兵備等官鄭登高等論功行賞
等因太師兼太子太師武定侯郭　奏稱要明

出　黄榜昭示彼土人民削去安南名號就將
本地各府衛州縣比照土官事例許其開款納
貢若與莫賊負固許兩鎮相近土官整備兵糧收
取臨近地土人民就充各土官管轄及稱黎氏
子孫不能保其所封宜當革降與一府之地武
文淵父子忠義可嘉可與知府之職鄭惟憭據
忠赴奏亦可量與職事并方瀛父子若虛心投
首亦待以不死量授土官職事等因并本爵再

八十三

陳議處安南事宜奏稱不用　黄榜恐難以宣
示　恩威及稱兩廣土官三四處後改作流官
衙門將土官土兵減革太半凡遇征進無兵調
遣要查取應繼官男照舊開設土官將流官盡
行革去等因及總兵官沐朝輔都御史汪文盛
又會同題稱安南頭目鄭垣等齎遞黎寧與撫
鎮官　國書備陳該國為逆臣陳暠與莫登庸
父子相繼篡逆遂致流離播遷　貢使不通前

差頭目鄭惟憭等齎抱本圖赴京具奏及開報
黎寧等見有兵馬數目水陸進兵道里乞要弔
民伐罪剿除莫登庸父子等因各一節臣等會
議得逆賊莫登庸父子蟊茲夷醜欺人孤寡篡
逼國主僭號改元前項十罪法不容誅及據以
逆賊而擅作大誥以頭目而擅用王印罪惡滔
天神人共憤　皇上繼天立極君主華夷始因
禮卿之請繼因黎寧告变　赫然震怒命將出

八十四

師往正其罪兵動有名夷夏爭奮則蕞爾小夷
將靡噍類矣　皇上好生之德上通於
天以篡逆之罪止在莫登庸父子其餘夷種或有脅
於殺戮以聽從者或有脫於逆命而潛避者或
有心懷忠義而不能以自奮者　天兵一臨不
分玉石故　勑行兩廣撫鎮等官從宜撫剿以
安南土今登庸父子乃敢文飾繁辭以瀆
天聽雖云投降而尚據國土雖云納款又謂本國地

土載在　大明一統志内不必圖獻雖據頭目
者人結稱國内無主莫氏受黎氏付託權管國
事觀其辭皆詭詐意在邀求所據雲南撫鎮等
官沐朝輔等要將莫登庸等父子曲　賜寬宥
及論功行賞制回蓮花灘防守官軍等項事宜
俱難輕議武定侯郭　奏稱明出　黃榜昭示
彼土人民比照土官事例許其開款納
貢及今兩鎮相近土官收取臨近地土人民管轄

八十五

無非以夷攻夷之策并議處黎氏子孫武文淵
父子莫方瀛父子及兩廣復設土官衙門等項
事宜亦係安插夷人之計并黎寧書内備陳篡
逆播遷緣由開報兵馬數目水陸進兵道里等
項事情與先差鄭惟僚齎奏大略相同臣等反
覆參詳逐一議擬竊惟殲厥渠魁脅從罔治自
古帝王誅亂討逆仁義兼盡不易之常道也名其
為賊罪人斯得與衆同欲事無不濟安南如陳

氏黎氏所以能有國而民附伏聽從者以有
天朝爵命為之重也今登庸父子篡王害民名義不
正彼雖夷國亦有人心寧無忠臣奮興義旅及
我附近土官久沐　王化敢不助順驅除兇殘
天威一臨百蠻響應義勇林立壤地瓜分獨夫父子
滅亡無日矣但兵律貴專事難遥制前項事宜
干係兩廣雲南二鎮今該撫鎮等官或意見不
同未免牽制路途窵遠不無遅延須用總督參

八十六

贊文武大臣督同節制庶便於行事易於成功
伏望　皇上簡命將原推總督軍務總兵官今
推鎮守寧夏咸寧侯仇鸞行取來京原推叅贊
軍務右都御史今陞工部尚書毛　量改部銜
仍兼憲職各請給　勑書鑄給關防并
符驗旗牌令其前去兩廣雲南適中去處督同撫鎮
等官相機行事凡軍務等項事情悉聽便宜施
行敢有違犯查照軍法處治仍將莫登庸父子

前項原議罪惡　請降黃榜齎至彼處宣布
恩威明諭　天討所加止在登庸父子其餘土官人
等一切不問有能擒斬登庸父子投獻者授以
世襲土官給以重賞若能以一城降者即以一
城與之以一府降者即以一府與之世為土官
以沐　王化若莫登庸父子能悔罪乞降束身
聽獻該國地土人民悉聽　天朝處分且待以
不死星夜奏　聞請自　上裁若榜示之後莫

登庸父子執迷不悟仍前占據國土干犯
天憲合無聽總督參贊等官督同兩鎮撫鎮等官從
長計議調遣兩廣雲南隣近土官土兵并都御
史汪文盛開報老撾宣慰司土舍伯雅罕開八
百宣慰司土舍刀攬那車里宣慰司土舍刀坎
孟艮府土舍刀交等兵象及招諭安南歸附廣
陵州土官刀雷昭晋州土官刀禛萊州土官刀
琳黃巖州土官刀瑰譙州土官刀堅瓊崖州土

官刀明文盤州土官阮伯敬等及歸附武文淵
父子等分道進攻內外夾擊潰其心腹搗其巢
穴則逆庸父子指日授首而南土獲安合用錢
糧徑自查處各該臨近土官人等并老撾等土
舍攻取過安南地方查照功次多寡分別等第
奏　請施行再照兩廣原係土官衙門後改設
流官者今議復設土官將流官革去但事在彼
中其革降黎氏子孫并武文淵鄭惟憭等量授

土官職事及事干議處合無通行聽總督參贊
等官一併查處施行其餘未盡事情俱聽各官
應便宜者便宜舉行應奏　請者奏　請定奪
臣等廣集衆見如前議處恭候　宸斷
勅下所司遵行緣係　大慶并再陳議處安南事宜
欽依這事情兵部還會同多官詳議了來說兵部一
以破猶豫疑慮及奉
併會議了來說事理未敢擅便謹題請

旨嘉靖拾柒年叁月貳拾壹日會題本月貳拾肆
日奉
聖旨依擬欽此
太子太保兵部尚書張瓚
左侍郎樊繼祖
右侍郎張衍慶
後軍都督府掌府事太師兼太子太師武定侯郭勛
襄城伯李全禮

南寧伯毛良
左軍都督府掌府事靖遠伯王瑾
定國公徐延德
崇信伯費栻
右軍都督府掌府事太子太傅宣城伯衛錞
成山伯王洪
彰武伯楊質
中軍都督府掌府事東寧伯焦棟

豐城侯李熙
平江伯陳珪
都督僉事江桓
前軍都督府掌府事太子太保遂安伯陳譓
廣寧伯劉泰
成山伯郭瓚
太子太保吏部尚書許讚
左侍郎兼翰林院學士張潮

右侍郎李如圭
戶部左侍郎唐冑
禮部尚書兼翰林院學士嚴嵩
左侍郎兼翰林院學士張璧
右侍郎兼翰林院侍讀學士蔡昂
太子少保刑部尚書唐龍
左侍郎楊志學
右侍郎周期雍

工部尚書兼翰林院學士　溫仁和
左侍郎　吳大田
右侍郎　江曉
太子少保兵部尚書兼都察院右都御史管院事　王廷相
右都御史　王堯封
左副都御史　宋景
右副都御史　秦鉞
左僉都御史　王杲

九十一

右僉都御史　杜枏
通政使司通政使　鄭紳
右通政　鄭坤
左參議　唐國相
右參議　朱繼中
蔡文魁
大理寺卿　屠僑
左少卿　周煦

左寺丞　錢學孔
右寺丞　魏有本
吏科都給事中　高擢
戶科署科事左給事中　曾烶
禮科都給事中　李充濁
兵科都給事中　朱隆禧
刑科署科事右給事中　李徵
工科署科事左給事中　薛廷寵

九十二

浙江道監察御史　胡守中
雲南道掌道事江西道監察御史　張鵬
山東道掌道事江西道監察御史　陳情
廣西道掌道事浙江道監察御史　卞偉
江西道監察御史　陳情
四川道掌道事河南道監察御史　董珊
貴州道掌道事山西道監察御史　盧贊
湖廣道掌道事江西道監察御史　朱箎

陝西道掌道事河南道監察御史 桑喬
廣東道監察御史 王汝楫
山西道監察御史 王鎬
河南道掌道事福建道監察御史 傅鳳翔
福建道監察御史 傅鳳翔

兵部爲欽奉
勅諭事職方清吏司案呈奉本部送兵科抄出提督
兩廣軍務兼理巡撫兵部右侍郎兼都察院左
僉都御史蔡經題前事照得臣於嘉靖拾陸年
拾貳月貳拾捌日節該欽奉
勅諭先該安南國黎寧奏稱國王黎晭故絕被賊臣
莫登庸作亂竊據國城阻絕道路因而久廢職貢
已經差官查勘是實近該雲南鎮巡等官捉獲莫
登庸奸細阮璟等及偽造書印具奏前來的知此
賊僭擬名號偽置官屬好生背叛朝廷罪在不赦
特勅爾等各宜遵照該部題請事理即便調集兵
粮多方籌畫分道進兵恊力征勦招撫歸順之人
用爲鄉道凡茲撫勦事情爾等宜相機酌處務要
計出萬全期於僭乱底平罪人必得以彰天討以
安遠夷斯副朕委托之重毋或因循玩愒致誤事
機爾其敬之慎之故勅欽此欽遵卷查先准兵部
咨爲陳情乞 恩正法以誅僭逆事該都察院
右都御史毛 奏爲前事本部覆題節奉
聖旨安南国久不來庭義當興師問罪近據黎寧奏
称其臣莫登庸篡逆阻絕朝貢未審真偽且着地

方官員從宜撫剿提督兩廣侍郎巡撫雲南都御史并各總兵官都另寫勑與他欽此欽遵備咨前来已經備行案仰兩廣都布按三司轉行掌印守巡兵備副總兵叅將等官各一體欽遵查照續又准兵部咨為　大慶事該巡撫雲南等處地方都御史汪文盛題前事本部覆題節奉
聖旨莫登庸既簒逆本國又擅作大誥僭擬名號好生背叛朝廷罪在不赦便勑雲南兩廣鎮巡等官遵照前旨上緊多方計畫恊力征剿務得罪人以安南土欽此欽遵備咨准此已經會議通行兩廣都布按三司各行鎮守副總兵各掌印并各守巡管粮管屯兵備海道添註副使叅將備倭等官壹体欽遵并將兵馬錢粮多方籌畫如有不足應該作何區處與夫招徠鄉道計設間諜探探虛實體察險易及壹應合行機宜作速逐一會同查議務集衆思區畫停當毋致臨時缺乏運違誤事具由通行呈奪以憑會議酌處施行去後續據兩廣都布按三司等衙門左布政使等官陸杰等呈為　大慶事各准本司咨閱抄奉臣等案牌前事依奉該左布政使陸杰萬

潮按察使祝續右叅政龔亨林士元副使葉照鄭守愚翁萬達僉事孫世祐操松都指揮僉事李時梁鼎會同鎮守廣西副總兵張經分守雷廉高肇左叅將高誼分守柳慶右叅將沈希儀議照征剿安南　國家大事兵馬糧草諸宜周思預計兩廣地方進兵陸路應分正兵叁哨壹由思明府思陵州征進祿州西平州等處壹由龍州羅回峒征進隘留關高平府等處壹由憑祥州征進諒山長慶等處每哨漢達狼土官兵伍萬名援兵叁哨每哨官兵貳萬名再分奇兵貳哨壹由歸順州征進上朗下朗廣源石林等處壹由欽州征進永安海東等處每哨官兵貳萬伍千名伍哨分撥輸運輜重兵夫壹萬名海道由廉州府發舟師征進都齋等處打造大烏艚戰船貳百隻每隻雇撥慣習波濤兵夫玖拾名大白艚戰船肆百隻每隻雇撥兵夫叁拾名共用舟師叁萬名大約水陸應調叁拾萬衆隨軍行糧每名日支米壹升伍合月支肆斗伍升歲支伍石肆斗大約應備糧米壹百陸拾貳萬石烏艚戰船每隻打造用銀伍百兩白艚戰船

每隻打造用銀陸拾兩共該銀拾貳萬肆千兩運夫舟師每名歲支雇募銀拾兩共該銀肆拾萬兩收買戰馬伍千匹每匹連鞍轡用銀拾柒兩共該銀捌萬伍千兩太平龍州等處裝運兵糧軍需打造百料船伍百隻每隻用銀柒兩看守水夫貳名貳百料船貳百隻每隻用銀拾貳兩看守水夫肆名每名歲支工食銀拾兩共該銀壹萬捌千兩盔甲弓箭刀鎗火藥旗號藥材共銀貳萬陸千兩犒勞羊酒魚鹽段絹布疋銀牌將官供給及軍中壹應器具共銀捌萬肆千

兩大約用銀柒拾叁萬柒千兩訪探逆庸水陸隄防前項兵糧皆所必用查得廣東肇慶神電增城從化等衛所漢達官軍叁萬捌千伍百陸拾柒員名廣西桂林平樂等衛所漢達官軍玖千陸百伍拾貳員名除守城守哨巡捕巡海守澳及軍門上班操守之外堪以征進官軍廣東壹萬柒百陸拾肆員名廣西壹千貳百貳拾員名廣西左右貳江土兵除龍州憑祥州上凍下凍貳州接壤交阯應合存留防守難以掣調外田州鎮安思明思恩歸順泗城南冊東蘭那地

等處正調加調共該土兵玖萬陸千叁百玖拾名量存境內調遣防剿壹萬柒千陸百壹拾名堪以征進土兵柒萬捌千柒百捌拾名又查得廣東廣肇等拾府歲徵存留糧米叁拾捌萬捌千柒百餘石嘉靖拾陸年分奉　詔及災傷蠲免實徵米貳拾玖萬玖千餘石除拾柒年分歲支官軍師生俸月糧米之外盡數徵完僅餘伍萬石廣肇韶叁府歲派梧州府廣備倉米伍萬石拾陸年分奉　詔蠲免外止派叁萬伍千石布政司見貯軍餉銀捌萬伍千壹百壹拾陸兩

陸錢有零變賣番貨銀貳萬壹千兩有零正德嘉靖等年存留秋糧鹽鐵課稅等項銀共肆拾貳萬兩數內解京銀壹拾叁萬兩有零廣西桂梧等柒府歲徵起運省城本色米玖萬陸千壹百石折色糧銀肆萬壹千伍拾兩各府存留本折米貳拾肆萬陸千伍百石有零拾陸年分奉
詔蠲免叁分實徵糧米貳拾叁萬玖千捌百貳拾石糧銀貳萬捌千柒百叁拾伍兩中間賊占無徵約居其半歲支祿俸廩糧工食常不足用師行必以糧從伐遠尤宜慎慮竭兩廣之兵力尚欠

軍兵壹拾柒萬竭兩廣之倉庫尚欠米壹百貳
拾捌萬伍千石銀叁拾肆萬壹千兩以壹年計
之數且如此萬壹持日滋久益兵繼餉必舉天
下全力及照太平龍州等處正係大軍發縱之
地必先多方召商比之時價量爲增益糴買貯
積以需轉運次將夏秋月分所屬俸糧改支折
色量撥嘉靖拾陸年分存留糧米伍萬石原派
廣備倉米叁萬伍千石俱改運龍太倉分上納
次又空運廣肇瓊雷等府糧米伍萬石壹應戰
具軍需等項先於廣東布政司動支軍餉銀兩

六

分發置備及海道舟師與騎征馬匹俱量行雇
募收買取給目前之用再照攻心伐謀兵家所
急先奉軍門行委副叅添註副使等官統督惠
州韶州衛所上班官軍貳哨神電海朗等衛所
備倭官軍壹千員名戰哨等船叁拾隻前去廉
欽分投水陸防禦及摘調鎮安田州向武等處
目兵屯壓龍州憑祥聯絡聲勢歸順州逼近交
阯境地自行防守又行各官親詣邊境設策投
間招徠鄉道探聽虛實揆之機宜良已曲當合
無壹面備行兩廣副叅都司等官各查所屬堡

以征進漢達官軍督令鋒利器械修整衣甲
赴軍門不時操練及嚴督左右二江思明田州
歸順等處土官衙門各要土官男孫挑選精銳
目兵多備軍器火器藥箭躬親帶領申明紀律
待報刻期啓行二面備行司道等官先於南寧
太平龍欽等府州積貯糧米去處預先修蓋倉
囤督行潯梧南太等府設法多方召商糴買糧
米二十万石及量於夏秋月分所屬俸糧支給
折色改撥本處十六年分存留糧米五万石廣
肇等府原派梧州廣備倉三万五千石次于廣

七

潮高雷等府永豐等倉空運五万石俱赴南寧
太平龍欽等處倉分交收一面備行廣東布政
司動支軍餉銀二十万兩聽候分發置備軍需
戰具雇募運夫舟師收買騎征馬匹及隨軍犒
勞相兼折支行糧等項支用仍行司道官員審
度次序條議呈允分投料理毋致臨時缺乏前
項不足兵糧數目及境內一應接濟調度機宜
事體重大竝聽副叅守巡添註副使等官招徠
鄉道採探虛實至日另行從長區畫議呈奏
請施行惟復別有定奪各職未敢擅專擬合呈請為

此今將會議過緣由具呈施行等因到臣據此
行間又據兩廣左布政使等官六杰等呈奉臣
等會批據分守柳慶等處地方右參將沈希儀
呈前事內開稱節奉軍門行委本職整搠所屬
漢土官兵聽調征討安南及料理一應事宜依
奉查得本屬右江鎮安歸順湖潤等府州寨俱
各密邇交阯彼中事情真偽兵糧虛實道里險
易幷一應征討機宜易於周悉本職多方探訪
及密差柳州衛百户駱玉前去前項地方體實
馳報以憑呈請議處隨據歸順州官男岑𤅷討
取安南國偽印諭書一紙幷該國万勝侯敍恩
使正印信書一紙責差頭目韋柱同駱玉封送
到職擬合呈送審驗幷黏連手書一紙内開万
勝侯敍恩使鄭肅書義烈侯敍恩使貴弟知會
國與家同一理弟與兄同一體兄之與弟於祖
父同其勤勞於國家同其休戚安危苦樂無適
不相須兹以逆庸攘竊神器社稷丘虛生靈塗
炭志節之士孰不痛心切齒期以食逆庸之肉
報君父之讎如漢民歌吟思漢存愛戴王室之
心況我兄弟忝以勳臣之閥肘腋之親世受厚

恩而不以匡社稷拯生靈爲念乎於元年柒月
兄自老撾發回至良政州路上峒開隘其各處
忠義諸將士已共尊立舊光紹第貳子爲主上
愜天心下從民望名正言順如少康之陟迹宣
王之復古以爲討賊安民之舉凡忠義英雄豪
傑皆欣欣然響應奮勇效能以協贊討賊安民
之舉報黎朝之恩立功名之會則匡社稷拯生
靈在此會運爲此信書差員阮之努遞就轅門
書到願貴弟推兄弟同氣相求之意國家休戚
攸同之義上爲社稷下爲生灵同力協規擔當
國事誓以殄國讎而奠王室以大義感激人心
移報刻期合兵討賊乘勝略定進取京畿如郭
汾陽起朔方之兵以匡復唐室以共立中興之
奇功雪國家之耻副臣民之望昔之間關菸寓
兩處相望今則訢合壹堂賡歌喜起契龍虎風
雲之會昔之衝冒矢石蹈危履險今則巖廊容
匆搢笏垂紳而措泰山之安澤被生灵功施社
稷夙昔之士志獲償兄弟壹門聯芳播譽祖父之
業益顯而將種名下無虛矣所爲之言尚其希
亮今肅書又明國事情如何在貴弟處置幷具

本信報得實元和肆年肆月二十五日都元帥
印書萬勝侯叙恩使鄭押等因奉批查得黎寧
前奏明稱係黎譓親生嫡長子立為世孫權管
國事今據彼國萬勝侯手書却稱於元年七月
共立舊光紹第二子為主不知黎寧即今作何
下落光紹是否生有二子鄭惟憭見在聽審仰
陸布政等會同審究明實呈報及又看得論書
一紙体格失當遊涉可疑沈參將口禀曾令鄭
惟憭閱驗亦自疑惑遽難准信仍行本官差人
根究來歷的實另行回報奉此依奉該左布政

十

使陸杰萬潮會同鎮守副總兵張經按察使祝
續右參政龔亨林士元副使葉照鄧守愚翁萬
達僉事操松孫世祐左參將都指揮僉事高詔
右參將都指揮同知沈希儀都指揮僉事梁鼎
李時弔取鄭惟憭等重復隔別譯審隨據鄭惟
憭報稱鄭惟峻先為黎譓頭目領兵常在清華
住劄與鄭惟憭俱叔伯之子若鄭惟憭前名為
鄭禺被莫登庸監放改為鄭惟憭有弔鄭昂改
為鄭惟忱莫登庸循呼為鄭嵎鄭嶢原鄭惟憭
據高平回去承差時鄭惟忱與姪鄭孔𢾭仍乎

據石林下畔依其所呼之名為鄭嵎彼此相去
懸隔何可相通許鄭惟憭作家書分行人從人
一箇到鄭惟峻處則本國之事可明又稱今早
所見書定知其真万勝侯是鄭惟峻之號鄭惟
憭差時見說他已去哀牢國請兵不得與他相
會今他多年遠去並無回信他疑鄭惟憭去不
得通又據前處故有此書來會者義烈侯是鄭
惟憭之號十五年餘與鄭惟峻遠隔不曾相見
此書猶知舊名號及書詞可知其真兄弟相別
時已有分付後日家書或已改名改號一依旧

十一

名旧號定是真書矣黎譓二子長子甲申年生
在清華第二子生在乂安聲聞許外家保養鄭
惟憭不得詳知生在何年不記何名書內說元
年柒月立光紹第二子寔其元和元年是
中國嘉靖十三年甲午鄭惟憭差在本年四月而
立光紹第二子在於本年七月此事未知若光
照則黎寧之號存殁事在彼中難以遥度等情
及譯審莫登庸遣來被獲奸細杜文莊報稱癸
巳年莫登庸差阮文都將光照趕出順化城差
頭月𢬵之時有譚百步阮六等同光照走山林

走廣南鄰近占城住等情各取的筆口詞在案
竊照声罪之師所向固知無敵而出奇審勢兵
機實在所先兩廣副參都布按司道等官節奉
軍門明文調集漢土官兵振揚 天威而又諭
彼忠義為之鄉道誠以興師遠伐比之征剿沿
邊山海賊冦事體不同必先激發黎氏舊臣倡
義舉兵肆路分擊挫其鋒鋭然後 天兵臨之
戰勝攻取以收萬全之功今據鄭惟憭呈凡鄭
惟峻之書嘉靖拾叁年柒月共立黎譓第貳子
為主是黎寧之存亡可知矣書中不及第貳子

十二

為何名黎寧親信無出鄭惟憭之外且相與間
關患難共圖興復果有黎寧親弟安得不知名
字年生及查卷内黎寧奏稱父綴頭目黎垌鄭
惟峻何伯适阮元良等推立為世孫壹字不及
其弟雲南臨安府訪報武文淵等回文亦稱黎
譓被逐所生一子先名黎棰亦名黎寧以理推
之鄭惟峻為黎氏世臣不忍甘心事讎擁立義
主將以皷舞人心亦未可知及照安南之役方
將正名討逆而今黎氏餘裔之存且未辯其有
無何以激彼忠憤何以望彼恢復查據臨安衛

百户邵允中呈報土舍刀鮮差人見黎寧於本
州帶去漆馬江約會似與鄭惟憭閙在乂安壹
語略相照應臨安府知府姜恩又稱漆馬江居
住者恐是黎寧別族姦細杜文莊又供稱癸巳
年莫登庸差阮文都等攻取順化城黎寧敗走
差頭目據之則黎氏之裔甚微而清華諸地亦
非黎氏所有矣鄭惟憭又謂鄭惟峻別時猶在
清華今不知去向則激烈報主如鄭氏者且無
定在矣兩廣境外諒山長慶高平海東等府衛
皆已屬之登庸非若雲南地方猶有登庸讎敵

十三

如武文淵刀鮮輩共為犄角之勢若使鄉道未
集賊鋒未挫而 天兵直入祇取老師匱餉恐
非所以度合機宜及照鄭惟憭謂伊弟鄭昂尚
據石林州下畔及訪聞阮元良與阮純撲尚據
武崖州之地相應傳諭各令招集舊人鄉道前
驅戮力討賊再照歸順州密邇交阯上朗下朗
貳州相去石林州不過三五日之程前項去逆
就順待時投附之人與黎譓遺脉委否真正責
其訪探必得的確合無壹面仍行兩廣副參守
備守巡督餉管糧等官遵照節行事理整飭官

兵左右貳江土官衙門各要土官男孫帶領狼
土等兵各於要害地方時加操練武藝脩製鋒
利器械申嚴紀律待報移行及行司府等官各
照派定糧草器械火藥什物數目壹體糴買完
運造辦齊備並聽軍前取用毋致缺乏壹面責
令歸順州冠帶土官男岑瓛分投差遣的當目
人設法前去石林武崖等處訪探黎譓有無次
男鄭惟嵺書內所稱第貳子是否真正黎寧親
弟的是何名惟復假此名義為彼招徠忠義之
術如果黎譓遺脉尚存居處有定而所部兵力
猶足以振奮圖存及探聽彼中賊情虛實消息
備由開報軍門奏　請先將黎氏量假名號增
其氣勢使可勉力自強圖為恢復藉我　天朝
之威力號召彼國之遺黎隨地據裂各舉義兵
攻彼腹心為我內應逆庸雖姦勢必顧左失右
進退無據于時相度機宜督兵出境分道夾攻
乘虛直擣自成破竹之勢　王師所向不煩攻
略而窠穴可虛不待血刃而俘馘可執庶幾必
窮之勢在彼而萬全之慮在我矣惟復別有定
奪擬合會案呈請為此除行參將沈希儀差人

根究諭書來歷徑自回報外今將緣由呈乞施
行等因各備呈到臣據此會同鎮守兩廣地方
總兵官征蠻將軍安遠侯柳珣議照伐罪正名
固　朝廷之大法安內攘外實征討之良圖是
故師雖貴於有名兵亦宜於多筭彼安南國自
陳暠倡亂而莫登庸父子相繼為逆已該兵部
會議題奉欽依備行撫剿茲者欽奉前
勑既欲嚴於討賊尤乃重於相機蓋以計必出於萬
全功庶收於一舉臣等待罪地方敢不祗承
聖諭仰贊　廟謨顧惟興師以伐外國揚威而懾遠
夷其事雖非一端而其大者則在積糧計兵
而已今據各官所議兩廣地方水六進兵其
路有六計兵姑以三十萬為率責限亦僅以一
年為期合用糧餉已該一百六十二萬石而造
舟買馬犒勞器械諸費又大約用銀七十三萬
餘兩今查兩廣糧除歲支外改運完運及多方
召買不過四十萬石是猶欠糧一百二十八萬
餘石兵除哨守外漢兵土兵及多方雇募不過
十二萬餘名是猶欠兵一十七萬餘名銀除見
在外亦欠三十四萬餘兩然此特計一年之數

耳若使持日滋久益兵繼餉数又不止於此况
南寧太平廉欽等處地本偏方素無儲蓄縱令
極力計處而所産既少挽運且艱其勢亦難卒
辦夫糧以養兵粮少則食弗繼兵以威敵兵寡
則力弗全以是而遽行師誠恐舉動或輕機宜
未合揆之於計亦非所謂萬全也職等切謂兵
貴伐謀敵宜用間査得憑祥龍州歸順欽州及
海洋西路皆接安南近境必須就近體察則彼
之虛實可以周知人之歸附易於招致且聞莫
賊時遣舟師窺我西海則廉欽海道尤合隄防

一六

兄經會行副使鄒守愚叅将高誼前去欽州副
使翁萬達前去太平叅将沈希儀前去歸順各
量帶官兵住劄區畫一以便於體察一以審其
機宜及又嚴行各司将陜運定遷并召買粮草
作急預備其土漢官兵行令先期整搠聽候調
用至於不敷兵粮俟各官區畫體察至日另行
外然積粮整兵與察虛實此乃治其在我者耳
職等以為今日安南之役固以討賊為名亦以
繼絶為義而切要之機惟在於定其名分以激
忠義之心以作孱弱之氣使自為敵之為愈也

蓋安南自莫賊簒黎之後姑自彼國而論勢亦
相較雖有强弱之殊彼此相形猶有正僞之别
訪得各府州縣所授僞官固多莫賊之黨然其
間脅於兵力怵於利害外雖依從而心懷舊主
者蓋亦有之惟以黎氏名位既失兵力且衰曲
直尚隔於中夏聲援未藉於 天朝是故坐視
莫敢先發若使査訪黎寧如果見在猶足自强
於是量授名職稍假事權密切移文黎寧所據
之地俾之播告國中以彰示我 天朝伐罪繼
絶之意仍徧諭莫賊僞官有能去逆就順以其

一七

土地人民傾附討賊者即宥其罪猶録其官如
或忠勇之人擒斬賊庸父子建立奇功即許徑
赴我邊轉為奏 聞厚加陞賞則彼名職既彰
氣勢自倍而黎氏舊屬有所資賴将風動響應
誓共討賊是我制其命彼效其力然後審度機
宜或屯田以為聲援或提兵而為犄角而莫賊
不足平矣但査黎寧原奏明稱為黎譓嫡長子
令據鄭惟㥓之書則稱於元年柒月共立舊光
紹第貳子黎寧號為光照而今則號元和且肆
年矣昔謂據于清華而今則稱在木州其親信

如鄭惟憭亦且不知其第貳子之名及其所生
年月是黎寧存否已不可知而所立者是否相
應或鄭惟㜊等假立名義以鼓衆心亦未可知
矣夫使所立之第貳子果出黎譓則正派猶存
人心尚屬如使不然則名義未正豈惟彼國人
心渙不可收而我動調大衆雖雷霆之擊罔不摧
折而勞逸之形似亦宜於審處也但查係鄭惟
㜊私書雖經伊堂弟鄭惟憭閱驗真實然事在
彼中相應勘處如蒙　勅下兵部查議合無仍行臣等
責令歸順州幷憑祥等州選差諳曉彼國道路

十八

人員密切前去訪探黎寧作何下落即今所立
是否黎譓之子或鄭惟㜊等別立他類以假名
義如使黎寧猶在或今所立的係黎譓正派取
具印信結狀圖譜前來即爲奏　請伏乞
勅下該部再加詳處或如臣等前議施行則彼之援
立不虛而我之內應有托且于其時兵糧既集
舉而措之必事半而功倍矣等因又該廣東等
處承宣布政使司廉州府欽州知州林希元奏
爲走報夷情請急處兵以討安南事安南不庭
往者　朝廷差官往勘　命將討罪臣已將彼

中事情征討事宜具奏去後茲復有所聞臣不
容默請一一爲　陛下陳之臣節據時羅都
生員黃洪謀者黃禮等報一安南國王城去海
三十里嘉靖十六年二月二十八日海嘯水沒
王城崩城墻一面人民死者二萬有餘牛羊無
數此天將亡安南之兆也一莫登庸嘉靖十六
年陸月聞　朝廷欲討罪立其子莫福海之
子莫福源爲僞大孫欲以今春嗣位莫福海出
守于外赦民間傜役三年此知人心不附父子祖
孫分守境土以自固又因之以收人心也一莫

十九

登庸聞　朝廷欲討罪於所居都齋及海東府
造船四百餘隻比常極大此欲爲勢窮逃竄入
海之計也一莫登庸聞　朝廷欲討罪於其國
永安萬寧等州縣選民年二十至四十者各五
十人赴國都教練此欲爲防禦之計也臣考求
樂中交阯布政司州縣一百二十九每州縣選
兵五十不過七千人爾一莫登庸嘉靖十六年
六月差人由海上至廉州府合浦縣地方被哨
海兵決獲得一名社文莊供稱莫登庸差來察
探事情此欲窺我之動靜也一莫登庸嘉靖十

六年六月閒　朝廷欲討罪隨於八月領兵三萬
攻黎寧戰敗死者一萬殺死大臣四人此莫登庸
詐稱黎氏已絕嘗以是求封一閒　朝廷查貢計
罪急欲滅黎氏以飾詐不知反自禍也一嘉靖十
六年十二月二十九日臣撥守上扶隆宮旗軍武
漢等獲送歸正人黃伯銀到州其來歸本末具在別
奏臣因審莫登庸兵馬强弱供稱安南法無州縣
歲取年二十上下者三十、八撥各處防守因連
年與黎家相攻嘉靖十五年死者六百人十六年
死者一萬人丁壯不足故選及年四十者五十人

以此觀之莫登庸虛實具可見也臣按安南僻處
一方考其土地人民猶不能當吾廣東一省按
壤吾境又非若朝鮮有崇山大海之限隔漢晉隋
唐皆爲郡縣因五季之亂而失之宋人所以不能復者
蓋其創業之初武業已不競燕雲近在門庭尚不
能復況能遠及交阯乎　本朝所以旣得而復
失者蓋平定之後遽掣三師之兵不若雲南之
留重鎮又各處防守官軍苟簡廢弛加之賊殘
黨未盡除新附之人心未固而易動當時鎮守
刑部尚書黃福知有後患已預言之在未厓新

附漢光武初造猶不能保其無變況安南乎始
此觀之乃人謀之不臧非安南終不可守也今
其賊臣刈據土宇分崩日動干戈鷸蚌相持生
民糜爛而無主地道不寧而告變如黃金廣等
往以　勑書招之而不至今其孫不招而自來
海嘯崩城殺人又亘古所無者天意人心可知
也且以數郡之民父子祖孫分據而三君供億
頻繁而戰鬬不已其勢豈能久存今傾一國之
兵以戰破敗之殘黎不能勝而屢敗至覆大師
與大將則登庸人心不與兵力不振覆亡之勢

已見於此矣臣細審黃伯銀者　王師入境皆
徯后稽首之民其間必有倒戈俘賊以獻者莫
登庸旣不撓隙弄鬪已亡黎氏似亦當替以臣
觀之安南一塊之土終無獨立之理其勢必折
而入中國是誠天道好還夷運將終交阯復合
之時良由我　皇上聖德格天風行化外
皇天眷祐我明將全付畀我　皇上以金甌一統之
大業也可謂萬世一時矣或者以今財力方屈
爲疑臣熟計安南之兵不過二十萬二年之食
所費不過銀一百六十萬兩糧四百萬石豈

以天下之大不能辦此如臣所慮又有不全取
之官與民而可以足兵食者况既得安南所入
又豈止於此哉若以用兵言之自古用兵安南
者無有不勝惟巧於逃遁以延我師北人至彼
不習水土往往不能久而引去此安南之長技
所以待我者此也如漢馬援征交趾女子徵側
逃入金谿穴中二年然後得元討陳日烜屢逃
海港三年不能得　本朝永樂中討黎季犛陳
李擴輒逃海島三年然後擒往事可驗也今莫
登庸造船都齋實踵日烜犛擴故智臣節奉上

司明文該司禮監傳奉
聖旨安南叛亂已有旨征討占城國乃其鄰壤宜勑
其國王整兵把截勿令奔逸欽此　聖神料敵遠
中機宜真所謂　天子明見萬里之外者矣臣
愚竊謂防之於鄰境尤當防之於門庭防之門
庭則海上之兵為最急海上之兵則福建漳泉
為上廣東東莞南頭次之然湖廣廣西雲南土
兵俱有頭目總領福建廣東之兵俱散在民間
素無頭目總領若領於郡縣之官則舟楫風濤
非其所習又技不相知情不相得彼固不肯為

此用此亦不能用之臣愚謂可就其中擇有智
勇為衆所推服者假以土指揮千百户之名使
統領其衆各自為戰如能屢立奇功就使即真
與武職一體陞賞無功可録者事罷照舊為民
如此則彼必致死以立奇功其下亦必致死以
為之用或謂名器不可輕與人非也昔漢高帝
時陳豨反令周昌選趙壯士可將者自見四人
高帝嫚罵曰豎子能將乎四人慙伏地封各千
户以為將左右諫曰封此何功高帝曰非汝所
知陳豨反趙代地皆豨有吾以羽檄徵天下兵

未有至者今計唯獨邯鄲中兵爾吾何愛四千
户不以慰趙子弟皆曰善今安南之地尺寸非
吾有而海上之兵未有將者又何愛土指揮千
百户之虛名不以駕馭英傑濟吾事乎然此一
節也又以大體言之向者　大號渙頒聲罪致
討　命將出師大將副參遊擊總餉紀功等官俱
已差點續奉　明旨暫且停止令雲南兩廣撫鎮官
隨宜撫剿臣愚謂往者此間兵糧未備若
王師卒至輕進不可　王師久頓非兵之利也
明旨發師可謂得勝筭矣然欲倚此成功臣恐未必

能何也當此時未舉之先形迹未露令兩廣雲
南撫鎮圖之況幾密謀定而速發使彼不暇為
謀則可以得志今形迹已露聲色已聞於外夷
我兵未集彼備已深忽焉中变彼謂　朝廷不
急於此必有相易之心彼亦未知　朝廷意向
必不敢輕去逆賊歸屬於我此一慮也又兩撫
之兵事權不一彼此或不相應恐誤大事如宋
討黎桓侯仁寶率兵先進孫全興等乃頓兵不
進宋御金師宣撫令進軍樞府一面令退軍此
事權不一之驗也臣按今西北二邊撫鎮俱有

大臣一員為總制今安南之事又非西北二邊
常時寇掠之虜比也宜照二邊事例置總制大
臣一員庶事權歸一大事不誤大功可成又兩
撫之兵大將出於膏粱之餘恐未必能任大事
將佐則副參都司指揮千百戶爾此何足以懾
服遠夷臣愚謂宜遵照　前旨大將命於
朝必擇素有聞望為衆所推服者副參遊擊而下
令兩廣雲南撫鎮擇所屬武職素有才望如沈
希儀者充之福建廣東海上之兵宜添置横海
將軍各一員以海上備倭指揮素有才望如湯

慶者充之兵行以食為先總餉大臣自不可少
紀功科道所以覈功實驗勇怯鼓人心作士氣
尤為要緊職前奏欵五路進兵今計實三路爾
宜改七源州之兵從欽州進海上二支之兵與
欽州為一路職考漢史馬援征交趾軍至合浦
詔令并領樓船將軍段志之兵以進蓋水陸並
進也三路進兵宜各遣紀功官二員職復有獻
焉行兵所至納降為先安南人心既屬在
本朝可因而導之宜明立賞格其國群臣百姓有
能執莫登庸父子以獻者封以侯伯以府降者

授以指揮以州降者授以千戶以縣降者授以
百戶若莫賊繫頸自歸亦待以不死仍量與官
職則人心響應賊膽自寒兵不血刃而大功可
成矣職聞帝王之兵以全取勝今以中國而伐
遠夷使舉動不出於万全而万有一失焉所損
不細職忝守边州有疆埸之責欵求万全之筭
故不避繁瀆之罪謹昧死為　陛下陳之願
陛下與廷臣計議擇可而行實　國家　宗社万年
無疆之休也等因又該本官奏為陥夷舊
民歸正復業事嘉靖十六年十一月二十九日

據本州貼浪都峒長黃里貴遞到安南澌凛等
峒土官黃伯銀黃福添黃音黃福內黃結黃[illegible]
黃子銀七員名詞狀一紙內稱上祖原係廣東
廉州府欽州貼浪如昔二都土官宣德六年被
安南國侵古二都土地卿村人民二百七十二
戶男婦三千四百餘口糧米八十餘石俱陷入
安南國收留被伊逼令短截頭髮并封祖黃金
廣黃寬偽官懷遠將軍經今百有餘年各人父
祖時常思憶祖宗鄉土無由歸還近幸安南國
紊亂伯銀并各土官人等額率一十九村人民

二十六

見在一千二百餘口心願復業歸順　本朝復
為良民等因臣以舊民慕歸彼國人心屬在
本朝可見大兵入境就可用為嚮導但大兵未到
未敢輕發至十二月二十八日據巡守土扶隆
營旗軍武漢等呈送獲得交阯夷人黃伯銀與
男黃父愛二名到州臣等會同欽州守備廉州
衛指揮孫正當堂審據黃伯銀供稱先於嘉靖
九年六月趙盤趙溥招來投降在本州居住至
十一年十二月逃回今年六月間　天朝要討
安南伯銀等又思復業本年十一月二十五日

具狀託老峒長黃里貴投告本州至今未見准
否伯銀與子黃父愛前來本州貼浪都上扶隆
村打聽被巡捕軍人捉得等語職查嘉靖九年
卷案州民黃康鎮與廣西狼目趙盤趙溥等招
回黃伯銀等男婦九十四名口本州申家上司
行勘黃伯銀等的係黃金廣等子孫已經行州
廩給議安插續後風聞州民黃晉保欲引夷人
前來追捕黃伯銀復行文將伊遞回安南國黃
伯銀等聞風懼怕俱各陸續逃去與今供詞大
畧相同職考黃伯銀之先係山東人有祖萬定

二十七

從漢馬援征交阯畱守欽州生子黃令欽等七
人分管澌凛古森金勒了葛思牙那蘇時羅七
谿峒世為長官司俱有印信孫支繁衍散處分
為時羅如昔貼浪三都今三都之民皆黃姓實
本此也至我　朝啓運始廢官收印降為編民
然猶得世為峒長管轄其方人民至宣德年間
棄交阯布政司安南遂侵占本州如昔貼浪二
都四峒之地授澌凛峒黃金廣古森峒黃寬金
勒峒黃子嬌了葛峒黃建皆為懷遠將軍子孫
世襲經畧僉事黃伯銀乃黃金廣之孫黃福添

乃黄竟之孫葛陽原土官黄岑河州土官黄福
內古弘土官黄繼羅浮原土官黄資葛西原上
官黄子銀其祖皆四峒之民陷入安南與世襲巡
檢守把葛陽等各鄉村也安南得四峒之地遂
以貼浪都地置新安州又該萬寧縣為萬寧州
徙治如昔都又移永安州於本州如昔時羅貼
浪貳都兼界境土皆以困守禦圉防茂侵越也
本州舊管中和城東新立永樂如昔時羅貼浪
等十都既失如昔貼浪二都以二都餘民歸併
作貼浪一都不及半里州民有遺恨每新官到

廿八

輙來告言臣查得正統陸年巡按廣東監察御
史朱　曾奏　璽書親至本州時羅都出榜登
山建旗招黄金廣等不至因名其山曰招遠尚
有刻石及榜文見在景泰肆年思牙峒長黄應
彬等又因前項土地人民被安南侵占粮差負
累具本赴京奏差戶部右侍郎前來勘處後因
地方有事事縣未結奏案見在以是觀之則黄
伯銀等乃　先朝之所爭而不可得今則不招
而自至實由我　皇上　聖德覃敷無遠弗屆
故陷夷舊民聞風相率而至也臣訪得黄伯銀

等祖父雖歸安南世襲偽官然入國則服夷服
至家仍衣華衣當官則稱萬寧新安州歲時祭
報猶稱　大明廣東廉州府欽州貼浪如昔都
其心實未嘗一日忘　中國臣前具奏安南事
情已嘗言之今其告稱各人父祖時常思憶祖
宗鄉土無由歸還今願率一十九村人民一千
二百餘口願復業歸順　本朝復為中國良民
非虛語也臣聞　聖人在上外夷內夏以及昆
蟲草木無不各得其所夷而進於中國則華之
中國陷於夷狄則臣之故孔子稱管仲之功曰

廿九

一匡天下民到于今受其賜微管仲吾其被髮
左衽矣黄伯銀等久淪夷狄短髮跣足百有餘
年父祖子孫時思鄉土誠我　皇上之所必匡
孔聖之所憫也目今有事安南黄伯銀等首先
來歸求復鄉土臣謂宜乘此時　宣責安南使
歸我侵土還我人民將黄伯銀等厚加撫集以
慰百年懷土之思仍量與一官以為遠人慕義
之勸將見遐邇聞風四郊響應　王師所至必
有壺漿倒戈之民兵不血刃而大功可成矣如
蒙　允臣所奏乞下廷臣集議從長施行

國家之幸遠人之幸也等因俱奉
聖旨兵部看了来說欽此欽遵通抄送司案呈到部
為照逆庸父子蛮土賤臣夷裔小醜乘機危乱
輙肆兇姦數虐夷民篡逼國主僭稱大號僞置
官属甚至干犯不法擅作大誥上表
天闕輙用王章罪大惡極死有餘辜近該本部等衙
門會議題奉
欽依遣總督參賛官前去兩廣雲南地方居中調度
節制撫鎮等官相機行事及招諭彼國動調上
兵分道進剿今總督侍郎蔡經將調度兵粮等

三十

項事宜及知州林希元又將走報夷情并陷
舊民歸正復業等情各具奏前来臣等及覆參
詳仰見
天威遠加蛮邦震慴義男爭奮畧心已搖逆庸父子
勢漸窮促合就正名討罪刈彼兇殘于以慰一
方來蘇之望解夷民倒懸之危但事体重大宜
集衆思合候
命下本部將各官所奏會同五府六部都察院通政
使司大理寺堂上官及六科十三道掌印官逐
一從長議處具奏

定奪緣係欽奉
勑諭及走報夷情請急處兵以討安南并陷夷舊民
歸正復業及奉
欽依兵部看了来說事理未敢擅便等因嘉靖拾七
年四月初四日太子太保兵部尚書張　等具
題本月初六日奉
聖旨是便會官逐一議處来說欽此欽遵臣等會
同後軍都督府掌府事太師兼太子太師武
定侯郭勛等太子太保吏部尚書許　等議
得征討安南事體重大謹遵奉

卅一

明旨逐一議處合就開立條件伏乞
聖裁緣係欽奉
勑諭并走報夷情請急處兵以討安南陷夷舊民歸
正復業及奉
欽依是便會官逐一議處来說事理未敢擅便開坐
謹題請
旨
計開
一總督軍務總兵官咸寧侯仇鸞請給
制勑佩印而行乞

欽定名號下禮部查給如無另行鑄造叅賛軍務兵
部尚書兼都察院右　都御史毛伯温請
給
勑書鑄給関防其餘将領查照原擬題奉
欽點官員左副總兵江桓叅将楊鼎田茂遊擊樊
泰蕭亷前往雲南領軍右副總兵牛
桓右叅将孫繼武高誼遊擊湯慶陳偉
前往兩廣領軍各請
勑行事悉聽總督叅賛官節制調用敢有違拗不
聽約束聽總督叅賛官指實叅奏從重

一卌二

治罪內孫継武蕭亷近俱為事革任合
於原推未點官員內将程鑑補孫継武
充右叅将邵鑑補蕭亷充遊擊伏乞
聖裁其總督叅賛副叅遊擊等官合用
符驗旗牌行令各該衙門請給施行
一查得永樂年間征進事例合用漢土官
軍近在兩廣雲南遠則四川福建湖廣
江西并各處狼兵土兵苗兵鈎刀手等
兵及近日雲南巡撫都御史汪文盛開
報老撾車里八百等宣慰司及歸順廣

陵等州土兵并武文淵等兵隨其地里
遠近官軍多寡悉聽總督叅賛官隨宜
調取其經過住劄地方責令該管官員
嚴加禁約不許擾害地方致失人心
壹總督與叅賛官職專閫外重寄凡壹應
用兵進止事宜悉聽便宜行事除兩廣
雲南總兵總督有事計議而行其餘副
叅以下并各該地方撫鎮三司等官俱
聽節制三司以下官員聽從委用敢有
推避指名叅奏治罪

一卌三

壹奉
旨點差紀功科道等官移文各該衙門經自請
勑查照原擬地方遵奉施行
壹軍餉錢糧戶部查照兵馬經過住劄去
處多方處置糧料草束以備緊急支用
毋致臨敵缺乏其督餉文職大臣并所
屬官員仍查照
欽定官員及各該地方請
勑前去遵奉施行
壹進兵之日先行傳諭各該關隘要害去

處嚴加把截以防奔逸仍行附近軍衛
有司等衙門謹守城池海道備倭官員
嚴巡海洋以備不虞
壹賞賜軍前所急用不可缺者其銀牌段
絹并賞賜銀兩行總督叅賛官到彼徑
自查處施行
壹賞罰所以激勵人心者各該將士有能
擒斬渠魁或有名從賊悉聽總督叅賛
等官從重議加陞賞其餘首級查照見
行事例中間如有故違節制臨陣退縮

聽總督叅賛等官以軍法從事
壹漢土官軍經過住劄處所須預備鍋甕
槽鏟等物以便應用工部轉行各該地
方撫按等官俱要預委能幹官員將一
應該用鍋甕槽鏟等物整理齊備以待
官軍到日應用不許遲誤
壹各處調用漢土官軍先令各該撫巡等
官會查在官銀兩俱照各處征進事例
量給犒賞路費其將領土官頭目務要
加厚以勵人心

壹叅賛官尚書毛伯温先條奏六事指切於
軍務巳經本部議擬覆題合聽總督叅
賛官查照施行其餘未盡事宜并別有
長策不可行俱聽總督叅賛官應便宜者
便宜舉行應奏
請者奏
請定奪等因嘉靖拾柒年肆月拾叁日兵部等衙門
太子太保尚書等官張　等會題本月
拾伍日奉
聖旨安南此事識體達道者則見得分曉朕聞卿士

士大夫私相作論謂不必整理他係部裏二三次
會議也不見力主何處寫正說都不協心國事且
罷仇鸞毛伯温著在京別用欽此
太子太保兵部尚書臣張瓚
左侍郎臣樊繼祖
右侍郎臣張衍慶
後軍都督府掌府事太師兼太子太師武定侯臣郭勛
襄城伯臣李全禮
南寧伯臣毛良
左軍都督府掌府事靖遠伯臣王瑾

定國　公臣徐延德
右軍都督府掌府事太子太傅宣城伯臣衛錞
成山　伯臣王洪
彰武　伯臣楊質
中軍都督府掌府事東寧伯臣焦棟
豐城　侯臣李熙
都督僉事臣江桓
前軍都督府掌府事太子太保遂安伯臣陳鏸
廣寧　伯臣劉泰
成安　伯臣郭瓚

卅六

太子太保吏部尚書許讚
左侍郎兼翰林院學士張潮
右侍郎李如圭
戶部尚書兼翰林院學士李廷相
左侍郎唐胄
禮部尚書兼翰林院學士嚴嵩
左侍郎兼翰林院學士張璧
右侍郎兼翰林院侍講學士蔡昂
太子少保刑部尚書唐龍
右侍郎周[illegible]

工部尚書兼翰林院學士臣溫仁和
左侍郎臣吳大田
右侍郎臣江曉
提督團營太子少保兵部尚書兼都察院右都御史掌院事臣王廷相
左副都御史臣宋景
右副都御史臣秦鉞
左僉都御史臣王杲
右僉都御史臣杜柟
通政使司通政使臣鄭紳
左通政臣蔡乾

卅七

右通政臣鄭坤
左參議臣唐國相
右參議臣朱[illegible]
臣蔡[illegible]
大理寺卿臣屠僑
左少卿臣周煦
左寺丞臣錢學孔
右寺丞臣魏有本
吏科都給事中臣高擢
戶科署科事左給事中臣曾烶

禮科都給事中臣李充涓
兵科都給事中臣朱隆禧
刑科署科事給事中臣馬汝彰
工科署科事左給事中臣薛廷寵
浙江道監察御史臣胡守中
雲南道掌道事河南道監察御史臣董珊
山東道監察御史臣周南
廣西道掌道事浙江道監察御史臣卞偉
江西道監察御史臣陳情
四川道掌道事河南道監察御史臣黃綬

廿八

貴州道掌道事河南道監察御史臣桑喬
湖廣道掌道事江西道監察御史臣朱箎
陝西道監察御史臣馮震
廣東道監察御史臣王汝楫
山西道監察御史臣盧瓚
河南道掌道事江西道監察御史臣張鵬
福建道監察御史臣陳玒

議處安南事宜一卷

〔明〕佚名輯

《議處安南事宜》一卷，輯者不詳。嘉靖十八年（一五三九），詔令仇鸞、毛伯温征安南。伯温抵廣西，傳檄諭意，以莫登庸請降，遂承制赦之，馳疏以聞，詔改安南國爲安南都統使司。是書所載，即毛伯温疏文、兵部揭帖及詔旨一通。據中國國家圖書館藏明抄《國朝典故》本影印。

議處安南事宜　　國朝典故九十三

兵部為遵奉

明旨以議處安南事職方清吏司案呈奉本部送兵科抄

出叅替軍務太子賓客兵部尚書兼都察院右副都

御史毛伯温題據監督中哨軍務廣西分守左江道

添註右叅政翁萬達呈據委官督備龍憑等處地方

馴象衛指揮使王良輔會同太平府知府江一桂呈

稱本年六月内節奉牌案備奉軍門撽問行委職等

傳諭安南審接夷目莫登庸回報投降聽處情詞是

否真實登庸始則憂危繼向猶豫似欵延緩我師彼

蒙軍門親臨近邊相度便益分委監統諸軍水陸並

進龍平思陵三哨連營列壘威武振揚兼且關隘嚴

謹諜使問發登庸遥度我兵壓境乃益洵懼亟

請山境降服聽候處分情甚哀懇職等禀蒙軍前於本年

十月二十八日允令彼國小目陳棐等恭詣念涯等

營蒲伏陳欵蒙示十一月初三日性其来降職等乃

預於鎮南關近地開張慕府高築將臺俟候軍門進

止至期莫登庸素衣繫組躬率小目耆士人等亦各

以尺帛束頸候于南關懇要職等教以儀節乃令於

關揆之上設位演習職等時於軍前禀蒙劄兵去關

里許士卒無譁軍容嚴謹儀物備盛乃於臺止恭設

龍亭覆以　黄幄中立　令旗令牌前置香案兩廣三司

副叅監統衛門并賫執旗牌官分班列侍傳令開關

登庸暨其姪莫文明并小目耆士人等由關道左脱

履跣足面北而跪職等禀性傳遣生員謝天縱為解

其祖及接受降本登庸乃俯伏五拜三叩頭畢伊姪

并小目耆老人等亦各以次降服如儀合國夷民引

領於彼國關口若崩角稽首者又不知其幾萬人也

少頃登庸乃率其姪并小目耆士及綮國夷民恭向

軍前俯伏再拜當蒙　宣諭　朝廷恩威又軍門號

令姑容載罪還國待爲轉　奏賜以不死登庸復俯

伏再拜稱謝回還訖隨蒙監統諸司按臨關界登庸

倉惶脫履跪逊俯伏再拜蒙面諭兩廣雲南恐有法

外奸細并玩法土官乘機嚇詐及生事造言者宜一
切勿聽我　天朝正大之体軍門嚴明之法汝宜知
之等語登庸跪聽畢又俯伏再拜叩頭而謝職等乃
傳令閉關收兵回營其姪莫文明并小目從人許三
省阮簡清阮廷祚楊揀等共二十八人莫文明代賫
登庸降本一通小目阮加桂杜世卿鄧文直等另具
降本一通俱經稟蒙委官押送前赴
欽差軍門投遞并將彼國申文結狀一樣二十本各另繳
報及組一條封繳本道外為照夷目莫登庸梟雄狙
詐恃險乘危僭號紀元妄自尊大父子相繼今且二
十餘年矣一旦躬率國人投降乞死情詞卑順似出
忠誠實由我　皇上聖德懋照神武於赫
欽差大臣訏謨遠算運用不窮而監統諸司又皆戮力同
心動作有紀兵方陳而未加糧已集而不費乃能遠
夷稽顙欵塞自縛乞哀考之前古夷狄雖有投降未
聞若是其恭順者也以此而書之史冊固足以傳播
當時昭示來代且於我　成祖之烈爲有光焉職等
得於目觀喜幸不勝如蒙伏乞轉達軍門擬議具

奏爲此今將前項緣由并夷目莫登庸及小目耆士阮
如桂阮經濟等申文結狀理合呈乞施行據此隨看
得莫登庸申爲投降乞　恩宥罪事內稱登庸荒徼
細民限於知識然毋遲瞻　北極光被南邦天清地
寧海晏河水潤登庸仰知中國有　聖人久矣况
天威震動之下而有陽春駘蕩之仁惧感交并曷可云喻
登庸切惟先國主黎氏末運迍邅相繼淪喪及至黎
廣心攝國未幾亦遘危疾臨終倉卒之時苟從夷俗
暫以國事付之於登庸又付其子方瀛未及
奏請委涉擅專雖　君門萬里難於　上聞而罪實滔天
豈容自昧嘉靖十七年登庸謹遣阮文泰等賫表丐
降并祈處分俱出誠心別無虛詐但積誠未至不能
上動聖心夙夜憂危靡遑寧處嘉靖十九年正月二
十五日登庸子方瀛不幸遘疾而亡國人狃於舊習
欲以方瀛長子福海代領其衆登庸慮前誤相授受
義已不安今若再徇所請負罪益重無以自解以此
登庸與長孫福海惟執共以俟朝命頃者大將專征
重兵壓境登庸猶圈豕何足以當惟是國人亦危在

朝夕幸見軍門撽問備奉 天言慈渥無涯拊膺流
涕竊念登庸有罪黠首無辜 聖慈不忍以登庸之
故而駢戮群黎登庸何幸以群黎之故而緊存殘喘
已於國内北望 嵩呼率同小目阮如桂杜世卿鄧
文直老人黎銓阮總蘇文衷士人阮經濟楊惟一裴
致求等於嘉靖十九年十一月初三日恭候南關組
繫出境詣幕庭而稽首輸中欵以投降登庸本欲躬
自赴京瞻 天請死緣以衰老不堪匍匐長孫福海
方在喪次不可遠離登庸謹遣親姪莫文明并先國
主舊臣許三省阮簡清阮延祐等詣 闕待罪亦以
見登庸父子往年降表委係畏 威懷德不敢有飾
詐之心伏望 矜宥俾獲自新其土地人民皆
天朝所有惟乞 俯順夷情從宜區處使登庸得以内屬
永世稱藩及比照列藩事体歲頒 大明一統曆書
刋布國中共奉 正朔則莫大之幸也雖登庸先國
丁氏陳氏黎氏遞相沿襲稱號紀元登庸悔悟之餘
固知其不可已經嚴戒國人一切革除厯候
新命豈敢仍蹈往謬自速 天誅比者登庸聞廣東欽州
知州林希元奏稱如普貼浪二都澌凛金勒古森了
葛日峒係欽州故地果如所稱惟 命是聽其本國
先年缺貢應合類補及以後合分績貢方物登庸不
敢遽以為言者以方在罪中求免一死尚恐不得耳
又登庸與國人欵照 先朝故事備辦代身金銀人
獻上亦慮唐突惟以投降聽處實情具 奏苔
天朝原賜本國王印信登庸止宜謹守不敢擅用伏望垂
察登庸不勝戰懔之至為此理合備申伏乞轉達施
行等因又看得小目阮如桂杜世卿鄧文直耆人黎
銓陳盎阮總士人阮經濟楊惟一裴致求等申為懇
乞 天恩俯賜生全事内稱竊惟普天之下莫非王
土率土之濵莫王臣如桂等國人雖處荒隅實賴
覆冐方得並生但去 天獨遠國中往往多難正德嘉靖
年来逆臣陳㬇陳昇鄭綏杜温潤等迭溝亂謀通脅
國弁黎峒遇害黎譓播遷宗氏淪亡獨存黎慮攝國
未久亦以病終地方擾攘生民塗炭至此極矣其時
莫登庸討平諸逆委有功勞然土地人民皆
天朝所界慮以授之登庸受之又私其子未及請

命罪復何言如桂等國人亦因喪亂流離之後慮恐不逞之徒復蹈瑩等往輒禍且不已乃倉卒為求生之計自擇其主私相推戴寔出無知其罪亦與登庸同也後因道路阻絕関禁謹嚴雖屢具情詞懇求無由上達罪狀益深致蒙　天威震怒命閫專征前年軍門移檄本國登庸父子恐懼不寧謹已上　表乞降未蒙俞允玆者復勤大將統握重兵勢如　雷霆聲震蠻嶠自分必然虀粉無復子遺矣豈思曲蒙恩宥容令輸情豎統委官壓境　宣宥合國之人皆相對涕泣扶老携幼祇候軍門領同登庸束身降伏所幸不死是　父母之母　天地之賜也感戴惟忻豈有窮極如桂等又惟民不能自治事必先正名名不正則事無所攝事無所攝則群然而争渙然而離者莫之禁也欲免亂亡其可得哉今　天朝既賜登庸與國人以更生矣若使終於亂亡則　聖明之心必有所不忍者以此如桂等又有拳拳之私欵凟　聖聽以為終始生全之地登庸自管事以來稍知綏輯一國旄倪幸得蘇息今且畏　威悔罪與其長孫福海共俟　朝命不敢因襲舊弊擅自攝國及已戒飭目民不復仍前妄稱號矣竊惟登庸祖孫誠負重罪但今實已省悔文煩為夷情所歸然非仰籍　聖恩畀之名色何以納束國人使不為亂若惟憸所稱黎寧者實係阮淦之子黎氏委果無人登庸已於國都為設香火以存黎氏之祀若果真係黎氏子孫合國黎民豈容登庸欺蔽伏望　聖慈垂察　矜憐遠方生靈　俯順夷俗　賜登庸以　新命歸得管攝夷民世世稱藩如桂等亦保有殘生永為藩民則　天朝生育之恩當與　天地相為無窮矣如桂等幸甚一國幸甚為此今將前項緣由理合備申轉達等因又肴得小目阮如桂杜世卿鄧文直黎伯驪鄧永壽耆人黎銓陳亹阮總蘇文遠裴公輔士人阮經濟揚惟一等致求吳福星謝徇等結狀為輸情事内稱阮如桂黎銓阮經濟等結得本國夷目莫登庸委的畏威服罪先本乞降聽處　表本俱是實情並無餙詐合國人民亦無異詞如虛卄受誅戮等因據此會同總督本哨鎮守廣西地方副總兵張經廣東布政司左布

政使揚銓廣西布政司左布政使祝續廣東按察司
按察使歐陽席廣東布政司左參政張岳廣東布政
司總理粮餉右參政肖晚監督海哨廣東按察司巡
巡海北道副使陳加謀監督左哨廣西按察司分巡
左江道副使鄭寧古監督右哨廣西按察司分巡右
江道副使許路廣西布政司總理粮賞右參政陳茂
義統督左哨分守梆慶地方右參將李茱廣西都司
掌印都指揮顧邦重廣東都司都指揮黃廷玉軍門
取用協助中哨廣東都司都指揮張侃統督右哨暫
代分守潯梧等處地方都指揮白玆議照得安南國
夷目莫登庸僭逆之罪中外共知往年提督都御史
蔡　奉　命征討經畧諸所便益誕脩文告莫登庸
父子亟遣目人齎執　表狀乞降聽處惧加兵也
聖人在上明見萬里　命下該部題差總督參贊大臣授
以閫寄一面勘處情僞一面調度兵糧示不殺降不
廢武也大臣鎮臨諸司集議錢糧兵馬屬以戒嚴然
猶不遽加誅先遣撒問詞嚴義正欲得其情以爲進
止遵　宸筭也繼以夷情自懷猶豫乃分命監統張

皇我師諸路連營尅期並發登庸遂率國人束身投
欵畏　天威也覩其所稱方瀛病死福海候　命及
願去僭號奉　正所歸欽州四峒之地事辭頗爲恭
順合國之人又有並無異詞結狀而登庸之組繫出
境蒲伏迎降及遣親姪抱本入　朝待罪情亦懇切
其畏　威懷德誠有如各官所呈者但稱乞要內屬
稱藩歲領　大明一統歷書刊布圖中及稱黎氏無
人等項事體關係重大均乞軍門裁處職等未敢擅
便擬合會呈爲此今將前項緣由及莫文明等二十
八人并登庸請降投降申文結狀同抄白通國小目
耆人士人降本并登庸所繫組一條理合具呈伏乞
照詳施行據此臣等看得前項事情委係重大會行
兩廣布政按察二司會副參都司等官再行詳議去
後隨據兩廣左布政使揚銓祝續按察使歐陽席左
參政張岳右參政蕭晚翁萬達林茂竹左參議汪大
受陳茂義副使陳大珊陳嘉謨徐挺韓楷鄭宗古詩
路朱良僉事劉廷範李儀壯莫同王宇馬徽會同鎮
守廣西副總兵張經分守雷廉高肇左參將高誼分

守璦州叅將程鑒分守挪慶右叅將李榮都指揮僉
事董廷玉楊忻顧邦重白泫軍門取用原任都指揮
同知張倪議照莫登庸父子爲悪事状先據黎寧鄭
惟憭奏訴該臣集議數其十罪法當誅戮奏蒙
皇上赫然震怒　命將出師聲罪致討方當舉事之時而
登庸父子即已上　表乞降深自悔罪願以土地人
民悉聽處分蒙提督衙門查照兵部原題　准事理
具由奏　請該部覆議得夷情叵測詞雖卑懇意或
詭少涉於僞即爲所欺伏蒙　皇上特勅總督叅贊
大臣受　命專閫會同提督軍門布德宣威案行兩
廣雲南三司等衙門積備糧餉舡馬器械調集漢達
狼土官兵以俟大舉且又檄問登庸父子責其降意
不誠傳諭彼國人民使其協力討賊即今糧餉充盈
兵馬四集分列哨道刻期進討而方瀛未蒙　天討
已罹鬼誅登庸悔艾愈深情詞愈切自比圈豕願效
捧羊伏猿門以請死表裏曲之無他至於削去僞號
奉歸侵地俱出真實此盖我　國家大信素孚　天
威振而軍門撥文奮武動中事機故能收全功於尊

俎訖聲教海於海隅曠古罕聞于今獨盛其所乞
請内屬永世稱藩歲領　大明一統歷書共奉　正所及
獻歸黎氏原侵欽州四峒均乞軍門俯順夷情查照
該部原題奉　欽依事理悉爲裁處施行即所謂君
之宗之定經制以整屬其民匪疚匪棘廣式辟以彊
理其土庶足以慰遠人向化之誠昭　王者無外之
治民夷奠安萬世永頼矣擬合會案通呈爲此今將
會議過縁由呈乞裁處施行等因到臣議照安南自
五代以來丁氏黎氏李氏陳氏皆據有其土負險爲
固我　太祖高皇帝定天下之初陳曰煃首先納欵
獲蒙　褒封其後寖以衰微爲賊臣黎季犛所篡我
成祖文皇帝大興問罪之師俘季犛并其支黨以献求陳
氏之後而不可得乃郡縣其地未幾而簡定李擴月
湖黎利相繼叛亂而黎利尤爲背逆　中國調兵轉
餉爲之騷動者幾二十年我　宣宗章皇帝不忍以
炎徼無用之地久煩　中國姑示包荒俾獲内附而
利敢忘　大恩紀元僭號其子若孫輒有二名黎龍
僞名濬黎漥僞名敬黎濬僞名誼黎瀅僞名晭黎犄

僞名諱的名以事神祇僞名以事 中國相習悖謬致成亂階竟至黴蒻莫登庸以討陳墨父子爲功僭積事權因而竊據我 皇上統天立極表正萬邦先年以登庸之罪義所當誅然猶命下廷臣議行查勘未遽加兵登庸父子悔罪革心亟遣頭目來獻國中州縣之數願聽處分情詞甚恭 皇上明見萬里謂或中有詭秘未可盡信復 勑臣等親詣地方從宜處置如果束身待 命即便星馳奏 聞臣等遵奉勑諭及 欽依事理整備兵糧奉揚 天討仍一面檄勘

及懸賞格以勵彼國忠義之心嚴紀律以作我師勇銳之氣分遣監督統督等官各領漢達官兵土兵於兩廣沿邊地方連營壓境其雲南并湖廣福建軍馬亦行令整搠以待師期先聲所震勢若雷霆莫登庸與其國人愈加洶懼乞降之誠恐終無以表見乃束身款塞懇稱裏老遣其親抱姪本待罪情願奉正朔去僭號歸所侵四峒之地不敢踵黎氏謬習臣等察其情詞委果恭順遵照 欽依事理待以不死暫令回國恭聽處分備行三司副參等官會議今即會同

似宜酌處竊惟自古南夷創亂類皆桀驁狙詐憑恃險阻勢强則鴟張以梗化力屈則鼠竄以全身中間亦有稍識利害通款求附止遣使奉表致其方物如尉佗黎桓者以漢文帝宋太宗之威雖名爲向服未有襯衣自縛求哀切如莫登庸今日者昔苗民逆命舜命徂征及其來格則從而分比之分比云者謂分別種類明立界限使之有所約束以遂其生蓋不如是勢必復致爭亂而吾所以涵育化生之仁亦有所壅閼而不能全此帝王之待夷狄所以爲義之至而

仁之盡也伏惟 皇上德符舜禹功光 祖宗 神武之威藏於不殺 顯比之化溥於無私是以先聲丕振而點酋震驚一矢不遺而蠻邦底定蓋已收有苗來格之功寧可無虞庭分比之政所據莫登庸并小目耆士人等乞要內附稱藩歲領 大統曆日補足積年貢初等項相應遵照原奉 欽依悉爲議處臣等查得安南自漢晉以後雖稱內附然夷獠之俗瘴毒之氣終不宜於 中國大率數歲一亂亂必連結黨類傾陷殺戮又必數年郡縣叛者相繼卒歸于

夷此其明驗也黎酌前世利害莫若外而不内以夷治夷庶為穩便如以莫登庸有罪投降未宜輕授爵土伊孫莫福海見今待　命倘蒙　矜宥或可別與都護總管等項名色如漢唐故事每年行廣西布政司頒給　大統曆日令赴鎮南關祗領先年所缺貢儀查照補足以後年分照常舉行其欽州澌凛古森了葛金勒四峒行令原為安南事添註參政副使等官查照原額編入欽州版籍仍量優恤三年以後一體糧差其先後差來夷使事畢放回此正所謂以夷治之者也但恐議者尚以黎氏為疑臣等竊伏思惟黎利倡亂阻兵陷沒郡縣殺敗官軍大將如柳昇大臣如陳洽皆死於利之手其餘官吏戎卒不能自拔者悉遭荼毒臣等至今言之尚為痛心我　宣宗特以生靈之故不欲窮兵而姑與之耳今莫登庸之罪既與黎利之猾夏者不同而一聞　天聲遂匍匐請死亦與黎利之屢抗王師者又爲有間黎利既蒙寬貸則登庸似應末減至若黎寧雖自稱為黎利子孫然臣等節據諸司查勘踪跡委得難明鄭惟憭一向潜住該國上下朗石林州峒寨附近廣西土官地方黎寧面貌初不相識故或稱黎寧或稱黎憲或稱光紹或稱元和或又以為阮淦之子或又以為鄭氏詐稱而近據雲南布政司開報會審夷人鄭垣口詞稱漆馬洞峒雖有黎寧而未歷宗派不可得詳所列事情年貌又與鄭惟憭原報互異俱難憑據臣等以為今所處分係我　天朝安邊境馭遠夷之大策其操縱予奪不宜以逋賊之子孫而爲前郤但黎氏自脩貢已來已蒙　列聖寬宥若其遺裔尚存似宜休恤合行雲南撫鎮等官查勘果有可據別無異同聽令仍於漆馬江居住見在所有地方俱屬管束或量與職事徑屬雲南若非黎氏子孫置而勿論其鄭惟憭即於廣東所屬隨宜安插量給田宅不致失所如此處分庶爲曲盡但事体關係重大臣等一時之見未敢遽以為然如蒙乞　勅該部會議上　請取自聖裁使大疑以決大事以定華夷内外自是可晏然無事矣臣等猥以菲才叨承　重寄夙夜圖念兵事進止頗審機宜昨因莫登庸來降　宣諭　德意不但夷

民歡忭鼓舞而我之三軍萬姓以至徭狑獞獠莫不
同聲歡呼如和氣發動百物咸熙實由我　皇上聖
武昭布　文德誕敷動之斯和不行而至盖不待斬
将搴旗之功而自若威遠寧邇之績真可超越百王
彰示来世者也動輔大臣贊容勿之謨禮兵二部集
衆思之益　上下同德慮出萬全膚功之奏夫豈無
自臣等亦惟仰遵　廟筭黽勉從事豈敢言劳除将
莫登庸抱本姪莫文明并小目耆老士人許三省等
另行差官管押赴京聞坐具　奏及将莫登庸自縛
組一條發仰南寧府貯庫并查効劳大小官員另行
分别具　題等因與同提督兩廣都御史蔡經各會
本具題奉　聖旨這馳奏安南事情兵部便看議停
當来説欽此欽遵抄出送司巻查原行事理相同案
呈到部看得叅贊軍務太子少保兵部尚書兼都察
院右副都御史毛伯温等會題稱安南國夷目莫登
庸投降備細緣由乞　勑該部會議上　請取自
上裁及稱除将莫登庸抱本姪莫文明并小目從人許三
省等另差官管押赴京并查効劳大小官員另行奏

請各一節爲照夷酋莫登庸竊據炎荒罪悪深重　王法
不容　天討必誅于時臣等中外臣工意見浅昧惟
我　皇工斷自宸衷刻期南征故　天威所被将領
戮力義旅方張夷酋繫頸允協宣皇之心有光
成祖之烈所據各官具題前因議處詳尽但事體重大况
莫文明等并降本尚未到京臣等遽難議擬合無候
莫文明等并降本至日臣等會集五府六部都察院
通政司大理寺并六科十三道官将前項事宜逐一
議處上　請伏候　聖裁庶衆議僉同事體穩便緣
遵奉　明旨以議處安南及奉　欽依這馳奏安南
事情兵部便看議停當来説事理未敢擅便等因嘉
靖二十年二月初九日少保兼太子太保本部尚書
張　等具題本月十一日奉　聖旨是然此欽遵抄
出送司案呈到部擬合通行會議爲此除外合用揭
帖會議施行須至揭帖者
兵部等衙門尚書等官張瓚等題爲遵奉　明旨以
議處安南事奉　聖旨這事情你每即會議安南國
着革作安南都統使司莫登庸授與做都統使賜從

二品衙門銀印仍與世襲其十三路地方照原籍各
置宣撫司設宣撫同知副使僉事各一員聽都統使
管轄差遣朝貢其餘各境大小官員聽彼處從宜建
置統屬人民前黎氏僭擬中國制度都着改正迴避
獻還四峒地方原係我邊[illegible]准收入版圖還行與兩
廣巡撫衙門好生優恤投降人等罪都赦了莫文明
准賞素紵絲一襲綵段二表裏阮文泰等綵段一表
裏許三省等紵絲一表裏事完即日遣回貢儀御前
東宮照舊彼地方户口錢糧不必開奏其餘依擬

安南來威圖册三卷輯略三卷

〔明〕梁天錫編

《安南來威圖册》三卷《輯略》三卷，明梁天錫編。天錫爲嘉靖間人，官武緣知縣。嘉靖六年（一五二七），安南權臣莫登庸弑主自立，國主後裔黎維寧遣臣告難，乞興師問罪。嘉靖十八年，詔命兵部尚書毛伯温征安南。伯温抵廣西，遣太平府知府江一桂宣撫莫氏。及莫氏至鎮南關請降，一桂乃據此事經過以圖畫志之。一桂卒後，其子悉以圖稿付委天錫，使編纂成書。全書體例，皆先圖後書，而以圖爲主。凡三卷，首二卷圖十八組，繪一桂平撫莫登庸事；後一卷圖六組，記一桂官福建建寧知縣、南京户部主事及郎中時之政績。附《輯略》三卷，輯録關涉此事之詔令、奏章、往來公文、戰報、莫氏降書及私人撰述等。據明刻本影印。

安南来威圖册序

賜進士福建按察司僉事奉　勑整飭兵備前江西道御史晚生凌琯

天下之理其温然而不忍傷者仁也其毅然而不可奪者勇也一於仁則將與天下相安於煦育之區而不知有勇一於勇則將剸制摧陷天地為之震汩而不知有仁惟其出之有本施之有時兼體而不紊則深於其道者也白石江公知建寧日為政尚悃愊先教化威惠並行大得民和

召拜户部剗蠹害蔓差監鳳陽度支華錢米布花准差折派積弊蹶蠲災眚迄滿軍民擁留至不得代及安南弗率公自郎署方遠給由陞知太平府蓋當事特論所推也維時少保東塘毛公授鉞專征調滇粵兵數十萬嘽嘽焞焞分哨而

入公謂遠夷羈縻宜先之文告安南稔公德求識公面懷疑逗遛前兹八年調集幾皆死餘元戎群公羽檄交徵遥拜公節出關處分實以公為孤注也首長莫登庸乃起聽命奉朔歸侵補方籍藩向之桀抗而一朝唯唯泥首面縛請軍門降驛聞

制詔貰其罪改授都統使給印奉貢干兵不試而南荒底定公以身約束垂四年而機鈴撫綏屹與吏降俱築華夷賴之

賜陞止于一級賞不酬勳逾時循資始有雲南按察司副使曲靖等處兵備之

命遽卒論者惜之白石公之子太學生原泉君孫鄉進士儀卿君取郡傅馮子令梁子嘗為公標校来威圖暨建寧鳳陽太平舊所嘗為圖合為一册凡士民

之扱留戍衛之讋服韃門之委任土夷
之信順一一胪列一一標目一展卷而
以政得民以威服衆以望獲上以畧震
遠諸所籍甚罔不畢具如行溱洧之郊
而聽輿人之頌也如過河南之墟而談
長孺之故也如坐烏蛮之庭而攷都護
之績也猗歟盛哉夫其緩儲平糴勸農
化俗撫卒恤飢布信止殺非其温然不

忍傷者乎夫其禁暴披奸戢豪洗穢正
辭寢兵免胄突壘非其毅然不可辱者
乎淵乎其中蔚乎其外觸之而類乎其
順蹠之而浩乎其往於仁於勇兼體而
不累所以成一世之雋功而儼千載之
芳祠也昔吾夫子宰中都位司寇攝相
事却萊夷若温然而有不可辱也若毅
然而有不忍傷也性之者也白石公誦

法孔子而又天資自然諸所建置犂然
可觀其淵源可知矣夫祖父有善美而
子孫弗為傳之是不孝也傳之而不以
當時之迹是不核也徒以其迹而不得
其至仁大勇交相為用之心是不明也
白石公以仁且勇計安生人而原泉君
儀卿君復以孝且核且明之道事其先
人一圖而五善萃焉可以公之天下後

世也已

隆慶辛未春二月之吉

安南來威圖冊

太平府儒學教授馮時暘標題
南寧府武緣知縣梁天錫詮次

目録

粵惟
嘗進在滇南廣左允八道至廣右則分
左右中為三哨自太平城抵鎮南關屬
中哨受降於此辭特幕府恭上八圖曰
天威丕振曰交夷組繫曰釋縛乞降曰稽
首祈　恩曰夷使輸誠曰夷酋感恨曰
耆士陳辭曰夷氏感德合而觀之此可
槩見嗐夫萬乘之國不俗共盟而獨信
夫由之一言者果何人哉觀其起止則
斯人之為功可識矣

粵若灘水若留都若北濠南邕于安南
何居夫外攘本於內修尚矣然內治之
修豈一朝夕故耶於是裒蹟諸所繪圖
以附焉嗟夫此非今日平定奏
膚之所由成哉

白石先生像賛

史氏書圖貌公之器自其勸農化俗發儲平糴撫卒恤饑布信止煞若溫然不有不忍置也自其禁暴拔奸戢豪洗穢正辭寝兵免胄突壘若毅然而有不可貳也淵乎其中蔚乎其外觸之而頹乎其須蹴之而浩乎其往則又若油然有挹生平而儼芳懿也於乎書不盡言圖不盡意千羽
虞階千載共識

門[illegible]陳[illegible]拜

白石先生小像

勑雲南按察司副使江一桂
雲南曲靖府當四川湖廣之交為襟喉要害
重地雖設有軍衛有司官員但民夷雜處
相統攝盗賊竊發卒難遏制是以道路多阻
地方不寧况又災變重大人民憂惧今特命
爾前去專一整飭曲靖尋甸馬龍木密霑益
等處兵備兼附近貴州普安四川東川地方
並聽爾攝常在本府住劄不時往來巡歷操
練軍馬修濬城池問理詞訟禁革奸弊提督
所屬官軍民快𢆉截關隘勦捕盗賊凡可以
安靖邊方惠利軍民者聽爾量宜處置事有
應與各該守巡官計議停當而行仍
聽本處鎮守巡撫官節制各該官員有怠惰
貪贓不職者輕則量情懲治重則奏聞區處
爾為憲臣受茲委任尤須持廉秉公悉心幹
濟務使軍民得所地方無虞斯為稱職如或
因循怠忽責有所歸爾其慎之慎之故勑
廣運
嘉靖二十四年閏五月十五日
之寶

羽檄交徵

前此莫氏謀于軍門曰登庸輕身詣境訂
天使江大德翁之推誠率物也今又居蠻瘴
一見罔得庸即旋駕退居善地矣軍門得
此倉皇轉謀有曰登庸慕公而來知亦已
久但恐自褻威重故難其請今事急矣借
重速發以成大事茲　代之瞻仰也蓋事鮮
則兵交矣羽檄交徵著功成所由始云

太平府
壹関
圖冊上卷
二

府承
演武場
圖冊二卷
三

星軺就道

星軺就道云者維時軍門止庸之使夬覆主帥潛蹤於蒭草士卒待命於須臾公一受檄[illegible]衣而起曰自委質而身非我有矣誠効涓埃詎敢自愛故午夜而聞命午夜而鞭行星軺就道着事臨擬赴之弗避

圖冊上卷　七

按視屬邑

按視屬邑云者思明府乃太平提調司郡況村則太平轄州也是時狼土官民諸道兵以及旗領將校莫不箕張翼舒羅布森列以屬望後蘇於此而思明況村則尤加切焉故耳

圖冊上卷
八

圖冊上卷
思明府

驅逐長營

自郡治詣關蝟矛箕張虎賁翼舒延亘八周沿連數百里莫不關壁加額歡呼載道而先聲達於交人者則已先一晝夜矣顧曉周道此豈一蹴可云故曰驅逐長營

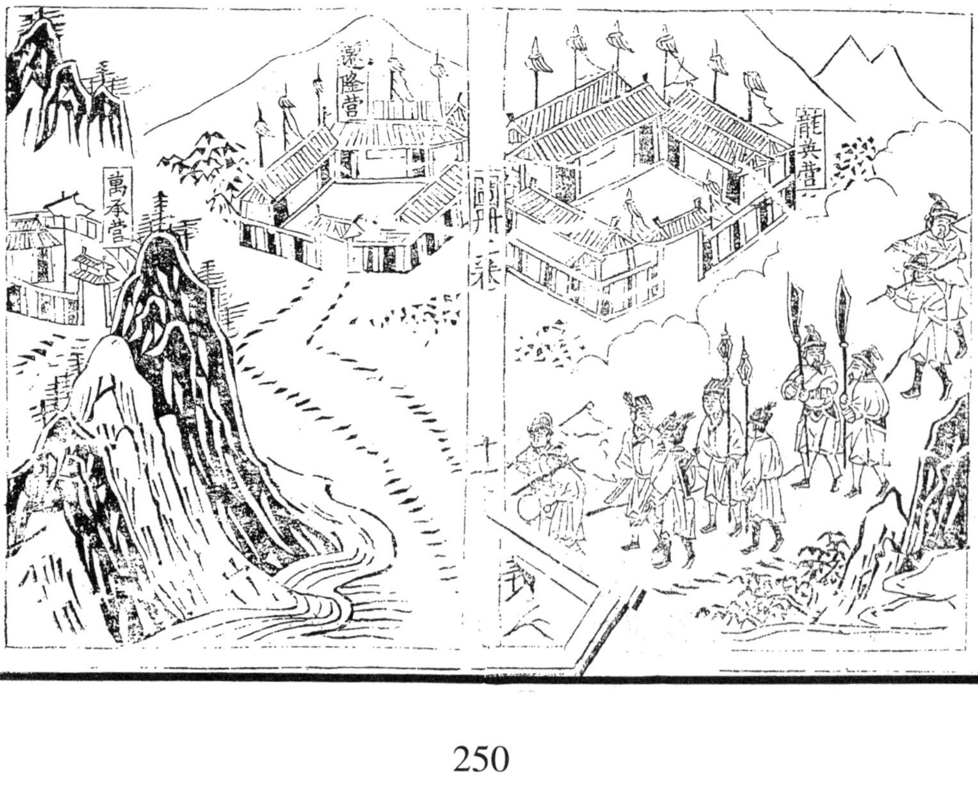

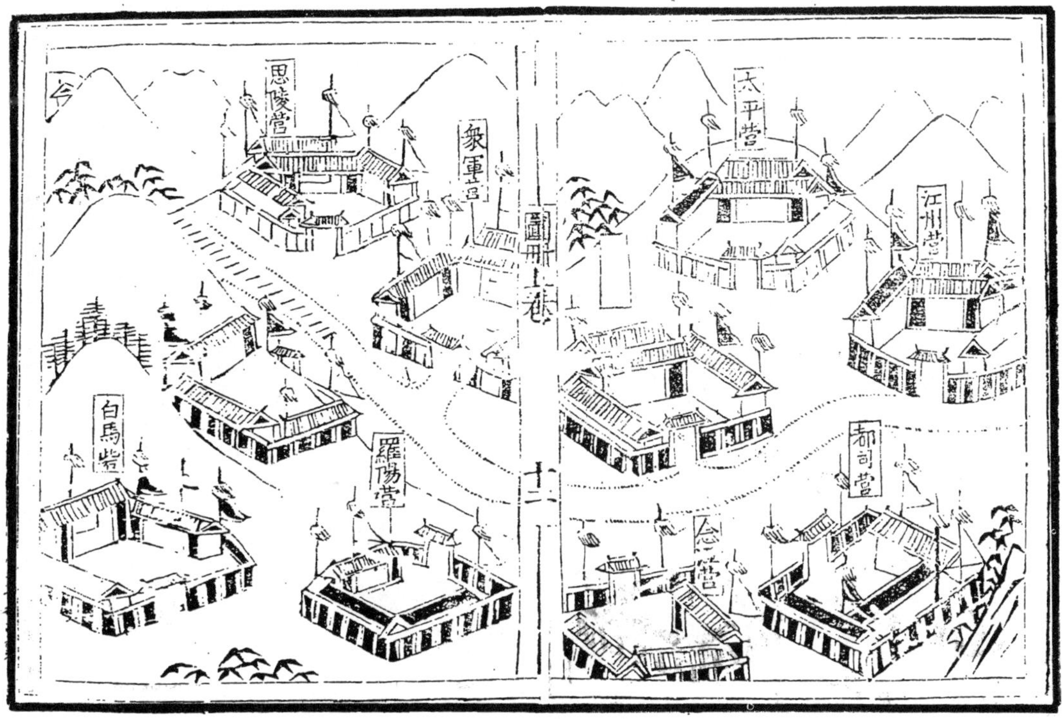
思陵營
象軍營
太平營
江州營
圖冊上卷
白馬營
羅陽營
都司營
十二

圖冊上卷
十三

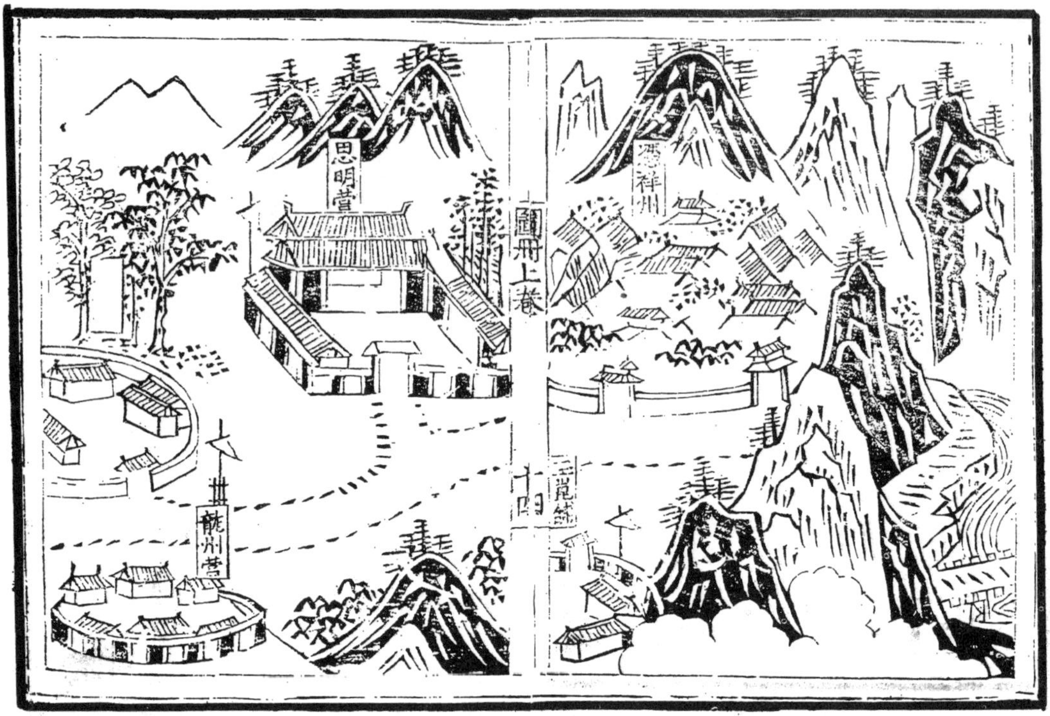

貔貅駭矚

駭矚者何維時旌旗所至行隊未見未聞者在衙官將領則曰江守作何狀貌在官募則曰生我之天在此爭相搴帷爭相揭蓋聚而觀之此當廟算未籌使命未將身屬六軍安危有如此

圖冊上卷　十七

龍𢤱受成

軍門前毀貢不共於莫氏者十事而莫氏不可者有四至是軍門勢恐瓦解而唯以公之出見為孤注耳公不知仍欲商之而當事者則惟黃幄之設輿服之備大庖異數之加而已則惟曰萬代瞻仰在此一舉而已至於奉朔歸侵貢方稱藩質子組繫昔之桀抗 一朝惟命則惟心口自相謀焉下竭葵 上仗 天威乩故曰龍𢤱受成

圖冊上卷
十八
監軍鄭宗古
中軍翁萬達
參贊毛伯溫
聖旨

圖冊上卷
十九

單騎奉辭

奉
朔歸侵貢方稱藩遣子入質組繫待罪此皆
朝廷之所責成者在是
軍門之所報命者在是至是公盖以一身
任之故曰單騎奉辭

言重詛盟

昔夾谷之會齊師非不衆且強也而終不偪好夷不干盟曾不數語卻萊夷歸鄆讙大義凜凜季路匹夫也邾射國君也請信修睦事何大焉而曰使季路要我吾無盟矣此其故何哉則今彌調集百貨之貢寶

大慶八年之擾於一見一言之間何以異是故曰言重詛盟

圖冊上卷　二九

囙壘歌凱

夫谿之騷

大慶八年糜調集百萬而交人方且言言肆

今一舉行成豈

朝廷威力有以制其死命弍抑亦裴晉公所謂廢置得宜者臨又有以服其心也故曰

因壘歌凱

圖冊上卷
二六

圖冊上卷
二七

定平報成

定平者何曰遣子入質也曰組繫請降也曰奉朔歸侵貢方稱藩也皆嚮之八年迄用成功而今一朝則唯惟吾

命于機鈐酌發之下故曰定平報成

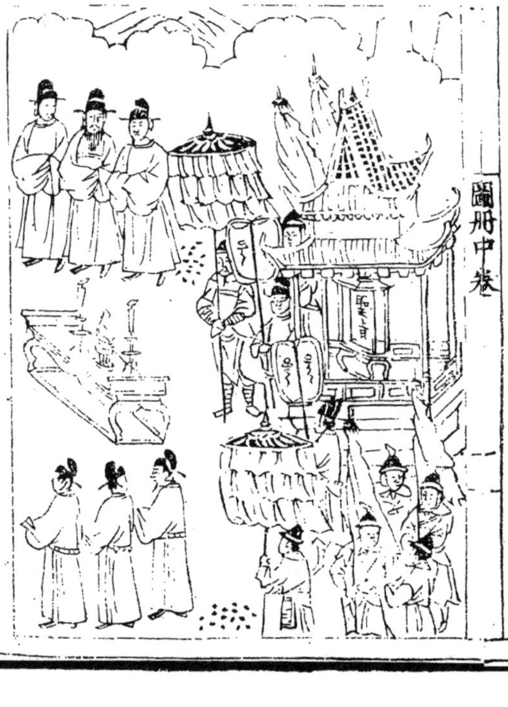

安南來威圖冊中卷

開壁受降

嚴先王荒服之制峻夷夏出入之防堅壁以待之不容已也至是彝人卽吾人矣来則勿拒諸軍解嚴固其所哉

原缺

太平飲至

出車況瘁振旅懽騰厥有自矣矧玆式闢

經營告

成迄于南海則時靡有爭孰尚扎然群工將

役而　宴圖乃特開局其左若為公専設

然者虎頭佘牌頸項銀獅以示寵異又不

一而足豈嘗　將餉儲未歸而公道猶存未

泯耶

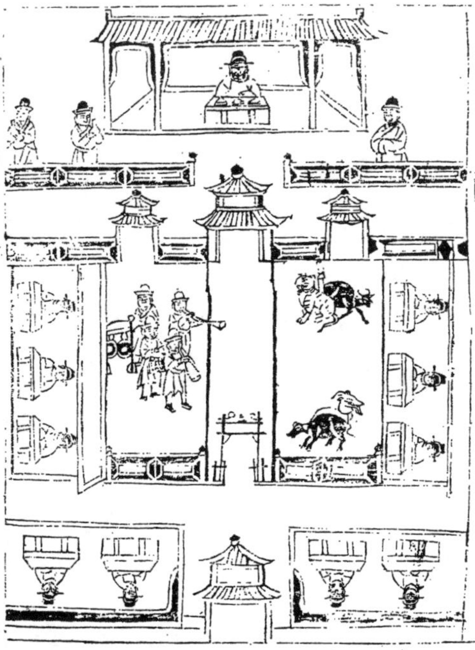

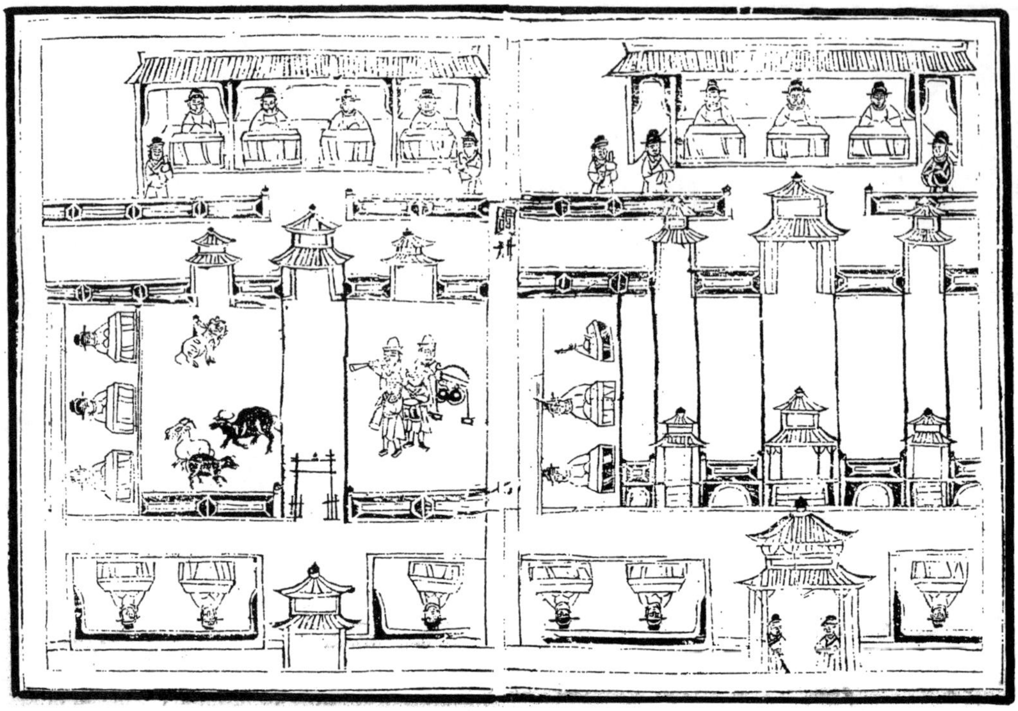

原缺

築輝銅柱

若稽漢立銅柱猶在粤左欽州而今城于壷江憑祥則遠出不啻二千里許載稽分茅一開萬古以伏波為功者不過能外之而已若今降築則是使之世修職貢而以歲事來辟焉者殆又有以内之也故曰築輝銅柱

附録

斯臺斯城巍樹動名乃文乃武昭德萬齡 天錫恭題

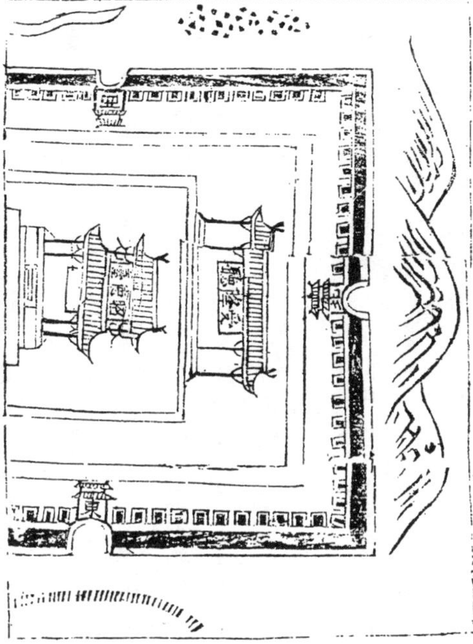

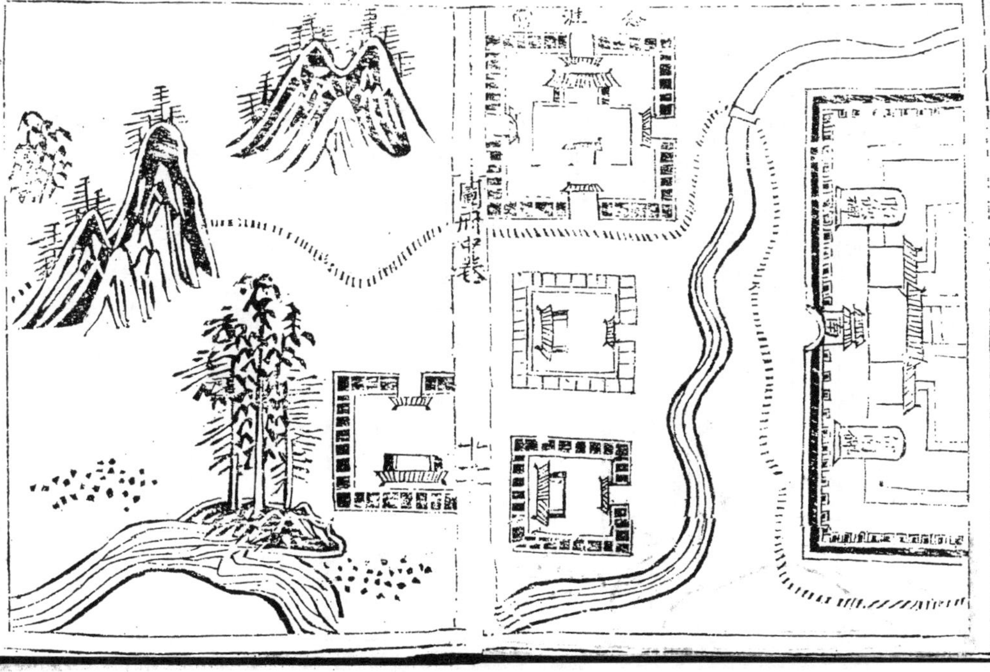

典納方物

嘗聞公之典納方物也雖一銖一縷不容假借私附予嘗奉檄查盤貿公府庫所貯夷使私帶試録時義亦必架閣不少貸何也公曰穿鑿經旨破碎文體苟不嚴之盃易

朝廷取材之制而　廟謨可窺矣觀嚴夷使于其歸而嚴于其來可知也噫夫一典納而公之防微杜漸何至哉

一進

御前

金香爐花瓶四副 九重見輯畧

金龜一個

銀鶴銀臺各一件

銀爐瓶二副

銀盆十二口

沉香六十斤

速香一百四十斤

白木香五十件

降真香三十根

白土綃二百疋

黑線香八十株

漆扇三百把

薰衣香貳百三十兩

盛薰衣香銀礶六個

犀角二十座

一進

皇太子

金龜金鶴各一件

銀鶴銀臺各一件

銀爐瓶二副

銀盆四口

黑線香一千株

白土綃五十疋

一進

皇后

金龜金鶴各一件

銀鶴銀臺各一件

銀爐瓶二副

鈒盆四口
黑線香一千株
白土絹五十疋

圖冊中卷　十四

圖冊中卷　十五

圖冊中卷

撫綏歸疆

夫四峒疆土淪沒夷服逌今復我版楊公殆不辭涉歷而撫綏逌至蓋欲一體而視之袵席也噫勞來還定安集亦何至哉

圖冊中卷

阿葛峒
圖冊中卷

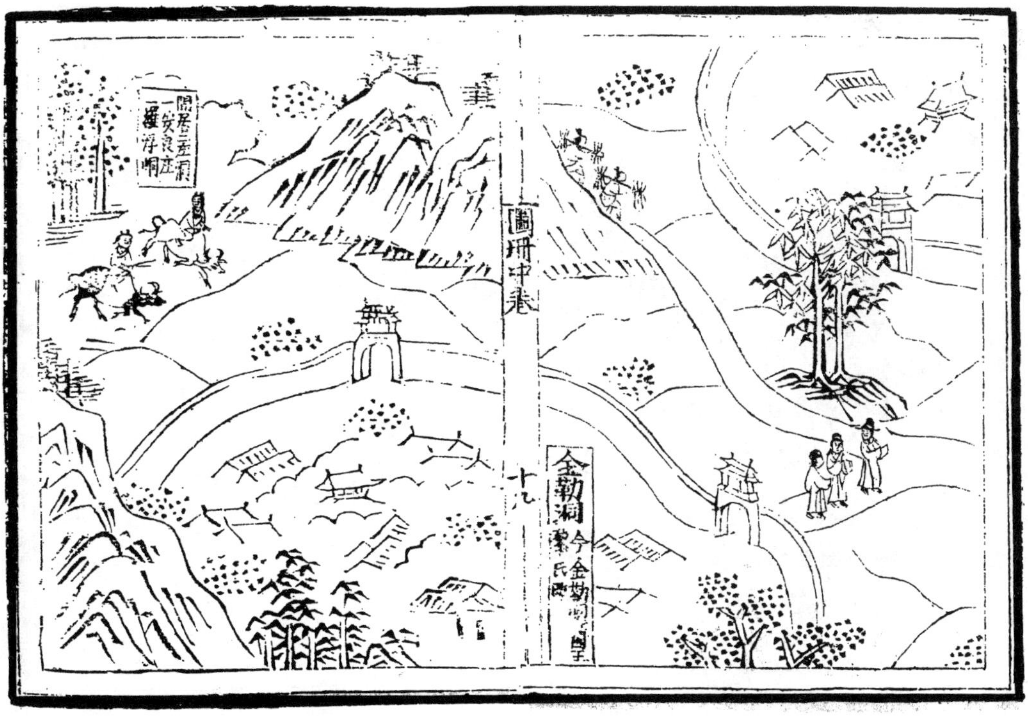
圖冊中卷
十七
金勒洞

中外尃祠

中外異地也中外尃祠不謀而同有異地而無異心也局致扗人昔有言七世之廟可以觀德萬夫之長可以觀政又有言在彼無惡在此無射夫廟以覲德仁也長而祀之璟爽夏組豆尸祝若恐後焉則合彼此而無不仁也於乎祠廟所以本仁吾觀於斯益信

原缺

修攘底績

底績云何放牛歸馬蒲鞭勿事琴鶴來下

岑古舊邑名附廓擊化名新院爰啓絃誦伊帝

章鑾濟濟亦又云何四郊迓衡王心斯寧

於乎王心載寧共泰階之所以底平歟

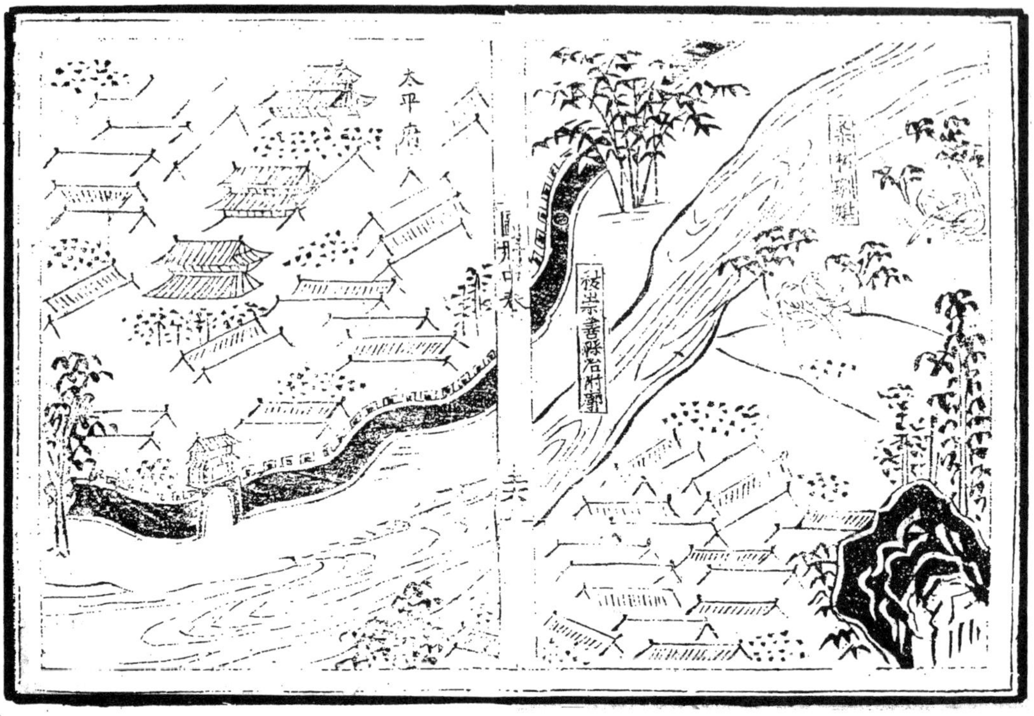

征南奏捷賦 并序

庠生宋希郊謹譔

天王若繼天出治者也九天之所覆共惟
帝臣故允九伐之威竊于四裔者非行險以
壽天下也蠻夷梗化是爲罔之有禽聖人
亦不得不爰整其旅以取彼之殘也兵有
三詭上丘不師其次師而不戰其次戰而
不敗蓋不師者天下安於大順大化也至
於不戰則已非無所事矣而況於不敗乎
嗚呼邇者交州莫登庸敢以不軌篡奪其

君復且暴慢不恭常貢不入
帝赫斯怒興師徂征秉鉞諸老復以事屬我
公孰知我公冰蘗自持先已信其心爲置
廟七縱擒適以懷其携言重詛盟威逾鈇
鉞重以懾其志卒使弓不出韔甲不離矢
而登庸一以我公約束是遵蒲伏入降嗚
呼師之所處荊棘生焉故外寇未殲而吾
之元氣已索矣若今日之役外不至于涉
血觸膓內不至於罷力殫財有用兵之形
無用兵之實用兵而無其害是謂不兵之

兵真
帝王之兵矣是雖
聖天子慎德神威賓之化而亦我公壯猷底
來威之績也知忝敘養躬親懋功諧成拙
賦用伸忻躍之情亦并以紀厥所攸成云
庚子之歲十有一月有客衣縞衣並白冠擘
彼騑轡自南而還野人見而問之曰奚自歸
客曰予游目新息之柱相羊鎮南之關參羽
林之赫戲隨
天戈以平蠻野人揖而止之曰南征之詳幸為

我言客乃繫馬曰
皇明秉龍一闥八埏吞桂海囊冰天西彈青海
之涘東極玄莬之巔雖限以懸度鯨波之阸
皆歆使之會皇極而熙然邇者莫賊蕉懷促
蕃之心曲追公縕之知耽覗左纛以鼠晉棄
涎黎爵而染指抑且苞茅不入我無縮酒民
棄不保自作之咎
天子震怒命將致伐齋宿入廟以授旗鉞雲馳
陰符電走羽書奔矯矯之虎臣鷙且悍之武
夫故觀天兵之衆也油幢偃蹇虎帳天闢霜

析鳴夜不雲轟雷候火明霄不霽星輝浮雲
猋靡馬蹀塵飛霧曀滃灕萬竈煙歆角吹而
千里熢響旗舞而六合風凄倏忽之間寒燠
弗齊飲馬則富良之江淺礪刀則坡壘之山
卑舉手援足川徙而山移故秦堅之鞭不足
盡投而長江已斷宋祖之石不必盡負而山
道已夷貔貅既萃乃張皇吾六軍黃鉞炫赫
白旄披紛闢闔天地變化風雲蛇蟠鳥翥龍
驤虎奔風颶靈鼉兮山折日射文犀兮地炫
太淵懲兮倚長天明翼翩兮卷瘴煙揮戈兮

回昧谷之日鳴弦兮號喬木之猿天旂蘢靄
兮毛頭落長弧橫兮天狼潛然威風橫兮天
幕幕鬼神恐兮山寂寂愁雲兮濛濛悲風兮
淅淅日色寒兮原野慘霜華濃兮焱氛熄回
天地動鬼神恍惚而不可測識交人伏草莽
而窺之莫不喪寬失鬼頸縮股栗人不及步
銷車不及轉轂兵如植木弩如羊角信天威
之莫支仁師之無敵由是夷酋袒肉面縛牽
羊嚙壁出狐兔之狡穴而繫頸望日下之長
安以稽角若夫不毛之野炎海之濱鵝毛禦

臘之衆斷髮赤足之民莫不籍之于牘以獻轅門是試屬國以係單于已不煩於賈傅受長纓以覊南越復何待於終軍也耶吾師乃囬志攺慮弘以赦降之仁承組而手觧受襯而火焚夷人莫不讙歌而聲侏㒧舞蹈而形紛紜由是闐闐振旅謇旋三軍歸馬放牛韜兵及輪露布之文昭雲漢凱歌之聲震乾坤盖雷鞞硠磕而乃濟甘雨冬雖寒疑而必繼以陽春野人乃張眼吐舌抵掌頓足曰有若兹乎良久復謂客曰野人倥侗不知逝古適

世御戎子復告我客復告㳄曰蠻夷猾夏誰能去武舜伐有苗堯戰丹浦堯則修其欽文舜乃臨階而文舞未聞獻馘于泮宫亦不見灑血而釁鼓自是以旋皇皇風利殷伐鬼方其劳三年周逐玁狁至于太原是得中策黔首弗煩三代以下兵窮武黷秦却强胡陰山鬼哭漢伐匈奴鬼憐夜緑天地為愁年谷不熟豈如今日不戰自服車不發輛刃不嘗肉野人乃拜首曰信如子言今日之師與唐虞曠世一撥矣故謂今日之征交為後之伐苗戰丹可也昔之伐苗戰丹為前之征交可也謂今日為唐虞可也謂今之

天子為堯舜可也後之仰今日不猶今日之仰

唐虞乎客首然之野人復曰主化者君宣力者臣贊成偉績果何人哉客曰良二千石江公也野人乃延客坐因召毛穎與楮先生陶泓陳玄輩以識其言

安南來威圖冊下卷

濉水悠思

定寧古濉陽地也悠思自公去任三十二年而名宦題祠四十二年而去思亭以載崇廟貌而言也樹之坊碣表以廉靖以遺愛廼今排其必至遂使濉水有娟而此心則誠罔已也

濉水悠思

奏績序附

福清約齋王一言

江侯白石老先生製錦建寧三年以績
最擢政北上車馬未行檄書先歛逮之
民德侯不能去相與留於邪曰願借侯
馬不可相與留於藩司當道不可雖不
可民愈弗已也　治士夫感侯義高能
得民因為之繪　圖以紀厥勳就約
齋子祈所以為江　余曰侯之政奚似
而得民若此也　昔號富且庶

適年流賊摽悍　命比侯之
蒞也寬而從役　徵輸宇而幼孩養
而高年抓搔撫　福其生咸昭蘇焉
侯曰可以政矣　延時則載壺漿巡行
鄉落從而耕耨而植督而獲遂而雞豚
勤而織縷俾民皆有寧宇侯曰民復其
舊可以新矣于是創東山書院置學田
甄俊彥而聚樂焉公暇輒親臨相與規
古今論時事考德問業以課其成巡行
之暇亦進塾師正其點畫句讀以養厥

蒙民知學矣侯曰猶未也遇父子兄弟
親戚相搆訟者輒先自責以不能身教
開諭百端民有至庭而引去者留侯之
父老中有揭姓者談侯輒泫然不能止
數其故則曰吾父子相訟翁婦交從而
搆之若馬牛焉累年不能解侯至咸吾
以天性使吾父父子子夫夫婦婦皆侯
德也微侯吾幾不　天倫矣今奚忍去
侯余聞命懼然　曰吏治之不古久
矣世之為吏者　詩書率職求有

推大道以逮下　哉侯之治不
振而惠侯之化　而古侯之民訢養
而新侯之績可以　矣
聖天子宰制天下猶理身焉先以雄健其
肢體次以神明其耳目而後調和其腹
心郡縣肢體也當路耳目也
朝廷腹心也侯治郡而郡治烈于天下也
豈一手一足之力哉
聖天子眷注之重必將寄耳目而神明之
矣然昔者黃霸治潁川功為天下第一

擢為京兆、威名損于治郡時比為宰相、
則愈不及、覇以鈎距、發奸摘伏、固不足
為侯道但侯此行幸亦善推治達之績
以大穀厰用寧使天下之仰侯下減于
達之民、則由此而進於館閣之任、元氣
亦藉以培植矣、侯勉乎哉余歌洞酌三
章以答客、客歌甘棠以賡之、遂書于卷
首、

嘉靖壬辰仲冬朏

旌獎辭

吏科都給事中莘軒薛廷寵代譔

喜遷鶯又引

聖上弘仁守令重親民之選憲臣貞度寄工羅旌
淑之規故德意所加無人弗奮而臺章帷敕亦
善心揚恭惟　大寅伯閒閱高騰才華遠雋鍾
英靈于海嶽玉國克生護骨相于紛籠庶民利
見詩咏毛曹獨探　之源學本新安爰接諸
儒之緒鏁巍科甲　諸洛陽年少之鋒及太
學壯遊盃勵仏波　除涉世寔始效

時銓注入天曹名
籥座符章分壤土宿　官月掛花城百里溪山
滿照風行節压萬、　大無聲警禁黠以撫良
民法行自近年紛華以崇正俗獘絶在源索田
剪莿諫之巡械樸妙作新之化青州荒救呂公
之策稱奇鄭國盜奔子產之威丸五柴陰袖柯
入歌召伯之仁絃誦家家我喜言游之教蓋全
牛已空眼底雞割何勞而鳴鳳終在朝陽棘棲
匪久政成碁月諒寬臨宁之懷聲震八閩先徼
當臺之獎幣書鄭重恩数優蕃士庶歡舞以鄣

迎翰墨淋漓而帛紀某江右書生濉揚末佐辱
在寅恭之雅慚無贊畫之能晝靜聽琴仰高風
于有素夜明擊柝伏餘武以無虞盛事欣逢休
元荐被張旗導吹奉節喻以彰賢列蟾陳詞採
塗歌而獻頌大才當大用小試其端為善不為
名泚圖厥實更續短長之韻庸終勸祝之誠
詞曰
山城歲暮正禾稼倉倉 歌蕩蕩戶擊鼓椎牛輸租
辦賦都道南陽召父 八閩憲府旌書千里馳
赴輝縣幣揭高旗老 當取
圖冊下卷
天子定名紀 御屏將 職明年去思千
古遺愛甘棠南土態 哥酹酒莫待轅攀轍臥
這場事是章縫遺際際際 怎留

本邑崇祀文附
建寧縣關文
福建邵武府建寧縣為崇祀名宦以昭公道事案
查元據本縣儒學廩增附生員鄒喬李仕鎔等呈曾
泮謝文粹范廷學等呈前事切見本縣知縣江諱
某嘉靖柒年任存心愷悌涖事廉平勸農桑則躬
行阡陌清里役則革去直衙節冗費而天役省蠲
無科斂之繁禁奢侈侈 戒嚴邑有迈淳之俗仰
意學校則購地以建 閒俸以置學田政蹟之
大具詳縣志行實照照 仕崇祀之典未
圖冊下卷
申而彰善之公猶隱 下車大明公道
況值 察院案臨激 紀喬等爰採下情敢干
上聽伏望
詳示施行轉申入祀庶公論少伸風教有補等因
到縣已經備申
巡按福建監察御史樊 處蒙批仰巡道查報蒙
福建布政使司分守武平道兼汀州地方左參議
宗 及蒙
欽差整飭兵備兼分巡建寧道帶管武平道福建按
察司僉事舒 會同案行本縣覆查明白取具該

縣學官吏師生不扶結狀申報蒙
巡守道會議得天下之治亂關乎才賢世教之盛衰
系諸感化故夫賢人君子生則崇爵厚祿以隆重
於前沒則列之名宦鄉賢以表彰於後非徒爲其
人以望其報蓋所以使凡仕於其後生於其鄉者
莫不觀感激勸而吏治因之以益振士習因之以
益偹其風甚遠而其典茲重也今知縣江該縣學
結勘既明可徵公論々　合無將知縣江祀於名
宦祠依時展祭以昭　　而風化益彰而世教可
敦矣准復別有定奪　　事理各道未

敢專擅合就呈詳爲　　狀同原蒙批
呈粘連備由具呈照
批依擬行仍取該縣行　　日期報繳復蒙案行本
縣將知縣江遵照崇立神主依時展祭施行遵依
本年肆月拾柒日將本官送入名宦崇祀外今照
本縣已將
知縣江　送入名宦祠依時展祭合就移牒本
官原籍該縣知會庶不沒本官功德之厚使幽冥
之中亦有所感爲此擬合就行備將緣由關報煩
爲轉達本屬上司併諭本官子孫一體知會施行

本邑崇祀志附
名宦祠
崇祀神主
唐
鎮將陳巖
宋
令趙紡夫
國朝
令江一桂
教諭陳邀褒

崇祀儀節
以春秋上丁日祭
先師畢正官易服行禮
豕一　羊一　帛一　籩四
豆四　酒三獻　有受胙
祫祭文
嘉靖二十三年令何孟倫遵奉
題勘新主入祠奉安神位惟神功德留於士遠而益
彰公論在人心久而始定或死勤事而勞定國民
恃以安或捍大患而禦大災法當得祀顧人亡其

迹已息遺像而其祀未章孟倫來官是邑景行先賢痛典禮之弗明懼影響之遂滅心予愛矣其晋大訓於將來有其舉之爰發幽光於異代特推名宦並列鄉賢神氣無乎不之群嵩必達誠意于在我黍稷非馨寘漠無方洋洋如在精魂不昧勿勿享諸

歲祭文

嗚呼用乖于時者功亡建行遠于志者名不可留甚矣道之難信而會之弗投惟神敦迹所至惠澤斯流士景其範民究志以功酬祀事未興爲予之責春秋議刑其在欽瞻前脩尚享

八閩冊卷　十

本邑士民馳祭祠文

維嘉靖三十八年歲次己未十一月戊辰朔越癸之日辛卯福建邵武府建寧縣舊治下吏民對元等謹以庶羞柬帛之儀拜展于

明贈中議大夫資治尹白石江公老大人之靈嗚呼萬物之寓宇內咸倏去而倏忘惟功德之在人心歷百世而不泯溉我建寧其官於茲者不知其幾而唯公則不忘於既去後其去於茲者不知其幾而唯公則人不忘於久之餘蓋公之蒞官德洽民心功施後世迄今崇祀其見而知之者則述公之行其聞而知之者則頌公之美以仰荷前然則公在一方則一方重在天下則天下重沒之後而有不沒者存雖去之久而有可久者在昔人所謂百世不朽者不其然歟元等黍屬舊治沐德殊深茲因縣重敬謁祠靈仰神明之在天薦芳醪於斯也雖未能以效圖報之萬兮亦聊以寫不忘之鄙意尚饗

原缺

留都遺愛

户江西司主政雲南司員外四川司郎中時圖也遺愛語龍関督醝之流次鯨不揚波查粮職任之應靖箕不翕舌總巡詶繇之惟允僉哺興歌所至建明類皆迄為後来之章程云

原缺

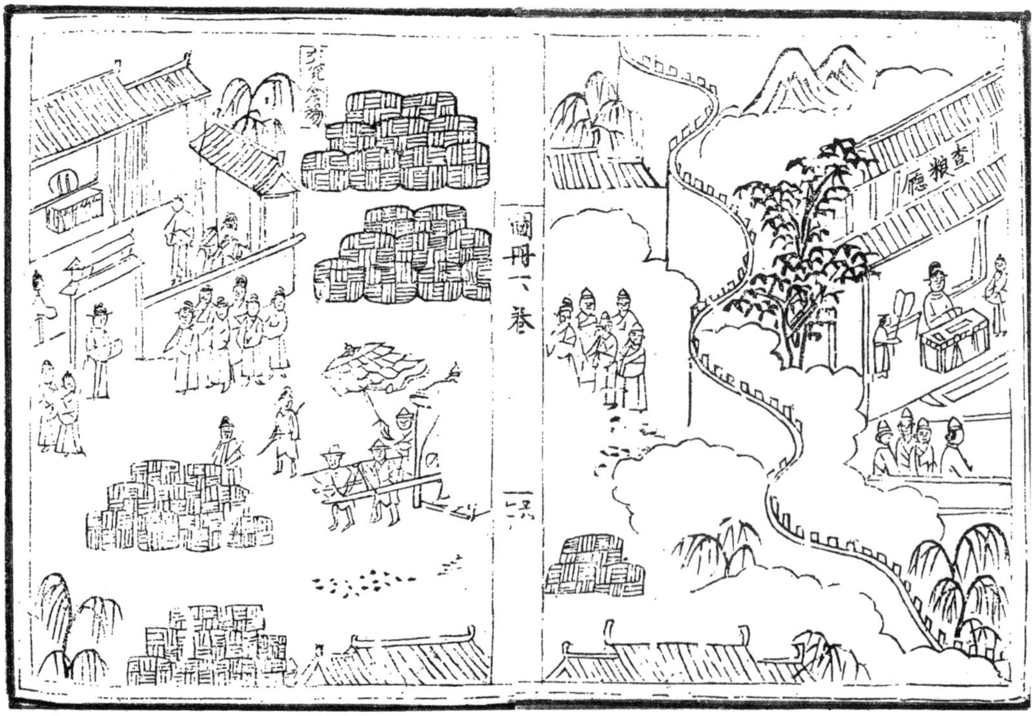

考績序附

南京通政使司右通政西玄山人馬汝驥譔

白石江子伯馨為南户部江西司主事
三載矣將入京奏績而侍御周君曼方
君克趙君彥之鄭君本正御張君烈主
政張君國維張君真與其門人羅子槐
輩謂宜有以贈也序曰孔子有言如有
所譽者其有所試夫士必有所試而後
天下之事可難屬者必為行倫而行之
外者自順也江子　所也嘗督草

場督四門九庫復成橋諸倉有所出納
不加以鈎稽不損以虧公吏胥不敢蹈
其奸其督鳳陽軍餉值歲歉儲匱乃檄
取諸郡縣積逋稅數萬石濟其饑衛卒
啣恩比即部泣攀留之卓然良户部也
夫金穀之事難也然其績著人見之易
洗江子嘗令于建寧今天下之吏其難
尤莫如令蓋上臨以鉅官而下主民命
職卑事劇苟於此試之有成績茲其人
不可大受乎聞之建寧人易死詬歐若

輒死于毒誣其良子乃抵以重辟民獲
不自死俗又多巫覡有喪率設緇黃誦
諸唄則一切焚其土木偶絕之見徭賦
者公堂承准之弊痛自審革揭于櫂廡
垂永久之禁已乃建書院數百楹于東
山以訓學士置田給筆札躬課優劣學
日以興春月則單騎出郊具酒食勸農
朔望耆宿至庭必令諭俗凡不協如目
勸中則諭不從乃懲使其服刑靡悔其
為政大抵省事惜費與百姓痛癢相屬若

漢循吏然至擒詐官魏偽印清詭稅啟
閉閭事皆可紀歲旱則祈靈湫草跣遶
拜自罰即雨民有江霖之謠繇是部使
者數旌獎之令職其有所試如此為
良户部也固宜初江子博雅有文經學
尤精確登領鄉薦而數不得志于春官
其就銓曹選也以祿養母在建寧奉母
周旋凡有昭于民入以告母與母之宜
于家出必見諸庭大夫士稱之曰江令
御民以孝當官以家者與其行之漸于

内者如此其為良令食户部固無往不順也易曰自天祐之吉亡不利茲行也吏部將上其績于
天子且將大受之則振華履亨以户行于中外天下之事真無一難處者矣江子有叔父堯卿亦曽為户部子同年進士故聞其家學甚詳會予復攝户部事知江子而羅子亦歷事于適攸序故不得辭

北濠流澤

北淮鳳陽　中都也流澤自其督儲　中都之恩波云維時歲歉儲匱　宗臣　寢廟待命籍籍撫臣憂之使匪檄徵兩河南直省罷積逋復鳳鶴鳳徐滁四夏稅秋糧三之半其何攸濟使匪瘠自刻約刊冗汰浮必使存積虛計逾半焉為　題請以道不刊其何永濟則今
天潢演迤根本盛大與天無極在當年消埃之功亦誠有以濬之哉

四方之極
天下根本
中都鼓樓
圖冊下卷

圖冊下卷

贈行序 附

知鳳陽事四明鄭潤謹譔

寧溢糴齒國之大計鳳陽額課歲盈三萬有奇兩
河三吳之錢穀輸焉
皇陵戎衛之食餉資焉簾墻官師之廩祿需焉倚辦
煩廣實非有司所能兼綜是故
孝廟時始用　王官督之每春大司徒簡僚以遣及
期而代其人固有可僂指而數者矣求其居有成
績去有遺思如白石先生者可多得哉嘉靖乙未
春先生輟著事以蒞茲郡潤以待教嘗隙諮之波
有五繳焉逮官始正簿書平斛量嚴扃鑰整收平
徵公盛服堂坐門無私交隸闖之細咸洗手執役
於是乎徵廉完本之稅輸掌而指歷之一告一狀
莫能逃其算於是乎徵明出納之期雖祁寒溽暑
鞠曛既事未嘗以冗辭於是乎徵信從容措注百
廢具興鞭撻之威日不一試於是乎徵寬至其平
居與士大夫遇也神閒氣和有伯淳之色言簡意
當如庖丁之刀望而聽之者皆知其為有德君子
而政不存焉者矣夫公以立法而不苛廉以律身
而不矯明以燭物而不察信以待人而不欺寬以

御下而不暴豈惟一方豈惟今日能行之
朝廷可行之天下可行之百世亦可吾知先生將自
此升矣先生迨蒞軍民乞留籲諸司府之庭若蓋
數千計然先生以太夫人在堂惟欲侍養南還浩
乎其莫遏也況沮于舊格而力不足以挽之乎是
故留臺王子石村張子西川謀致其私乃以贈言
屬諸潤夫潤何能知先生軍民之詞固盡之矣遂
約其大旨如右俾繼至者視為前車去思者倡和
口碑秉史筆者採為野說問于二子咸曰可以贈
先生矣遂書

南國棠陰

南寧古邕地也公曷為而蒞南寧哉維時督府綏百粤累世究閩寄羈邕囹以待治于公因簡邕符惟公調集公至甫越月凡嚮之纏瘼痼雕蔑殗弱於不可滌濯者不唯一朝平反而且悲其反之晚嚮之淪胥坐連不徒頓釋而必哀矜以開其新故於時持衡僉謂公之悲晚于　公遺風焉公之開新復其故世其土興滅繼絕之仁也是宜尸祝公於既去之後而爭像祠于未去之先環南江不置已噫是心孰使然哉夫道一而已矣視此棠陰亦何古今之間

陟憲序附

賜進士知福州府事豹谷陳大經譔

太平郡侯白石江公遷雲南兵憲僉曰江公歷中外嘉績甚多而烺焯裒著者大慶之與也茲其報功也夫或曰今之為民牧者有分守焉固封域以安民輕役使以平民興民利以阜民重師儒以淑民凡以務治内之備而不覬乎其他也江公之守太平攝南寧恪謹於官而殫勤於民故取一八村以立附郭固封域也定圖里以叙漁欺輕役使也濬江渠以通水道興民利也創書院以棲士徒重師儒也侯度之備尚矣不此之蕉而顧大慶之為功也何居豹谷陳子曰此所謂内治備而成外攘者也君子志在天下國家分之所守有限而道之所該無窮推而行之何往而不達哉虞廷命牧而要其成至于蠻夷率服者此也即是言之則江公大慶之成内治之效也此其不為烺焯裒著者哉維昔莫屬煽亂不庭弛共

皇帝神武赫怒簡命大臣東塘毛公以參贊司馬往祝釐仇公以咸寧侯往督府半洲蔡公兵府柳公以舊總制協之當斯時也　天威下臨大軍壓境

人情洶洶邊界閎嚴天時不可以文曠兵機實難
于遙度才智殫謀征撫兩掣然而內倚之以進止
其宜外示之以順逆其道單騎隻輪奮不自顧夷
夏冠履克定厥成則惟我白石公而已先是大巡
瑞山何公主庚子試事徵公典之叅贊諸老乃愕
然曰太平大進中哨之衝
朝廷為官擇人江守去晋呼吸關之于時大叅東崖
翁公憲長長溪鄭公內受機密之托皆愕然曰八
平大進中哨之衝
朝廷為官擇人江守去晋呼吸實關之相與撽取遠

責有虞瑞山何公遽愕曰江守去晋呼吸攸關有
如此立于邊場促公引道遄行旣至矣登庸始乃
近關去而復返昔之攜貳今皆帖然貢方稱藩奉
朔歸侵咸就約束真有以光我
天王大一統之業焉夫交阯之也自秦于百郡以來
反覆不一黎利設詐據國以叛莫能統制今賴
皇靈奮獨斷之威諸老協同心之力而都統之號列
于南藩舞干之後於斯為盛江公自繫安危離合
有如此則內備先嚴其可誣耶雖然交阯密邇雲
南猶密邇太平及南寧也公守太平及南寧化旣

洽矣自擢雲南藩臬權之所制廣則德之所施博
終始其化益敷我
天王之文德使其歸臣之心恪守弗渝焉是尤有待
于公也耶是尤有待于公也耶

麗江循政

按麗江在輿圖發源于諒山安南屬地合流于三水唯厥郡治壹城寔麗江所環匯云循政見之境外鯨不揚波姑不論論其大者如還崇善邑庭附廓以繫民建峯化書院城南以迪民導渠灌野濬畝距江以阜民則皆疏本濬源政之循何如也他若歸十八村隸我郊版立之胥徒以流之習之惡彝以率之振其淪胥拯其阽危則廓清之孰尚哉

圖册下卷　圭三

圖册下卷　圭三

光柳生祀

光柳公自南關見而悅之移栽府治府之人聚而擁之恍忽成山木亦因之遂㲯鬖成𣾰矣於是壹城屬邑土流官民不崇朝立堂其前肖像其上公欲止之即咸訴曰一日思我父而不見見我父之手植如見我父焉於乎木之天全而性定若或速之人之天適而性遂若或驅之爲公者亦惡得而禁之哉

桄榔詠參附

喜桄榔有成　太平拙守白石

嘉靖庚子仲冬三日登庸降越二日㞐余喜見桄榔戒人移蔣郡城倏三載高出女墻清陰灑灑可愛漫賦二絶以著古来

桄榔久已注唐詩今向南關始識奇振旅喜携遮下樹風教猶帶凱歌吹

手種桄榔漫紀詩日中團蔭更清奇坐來愛聽涼飈度恍惚鈞天瀉玉吹

右元韻

南園夏暉

甘棠召茇著毛詩今植桄榔翠色奇清蔭足知還被遠春風鼓舞萬年吹

桄榔分翠趂新詩時瀉清風午夢奇驟起秋穀香何處覓如玉女九霄吹

感谷鄧錦

召棠已載二南詩敢謂桄榔咏已奇自是交◯聲教訖國風重見粤南吹

桄榔遮植有新詩如表南關露布奇今日主雖放爲和風常在樹頭吹

平泡鄧祥龍

一拜階前許論詩南闕移種信稀奇齋前一株
出詹宇春意滿庭風自吹
春在枕鄉與在詩棠陰誰復敢爭奇民心千
周南召億載天風不斷吹

明故雲南按察司副使江公行狀
公諱一桂字伯馨徽州婺源人其先本子姓至商
微子支孫曰大心封於蕭遂以蕭顯史系可攷至
唐亡有宰相遘次子上將軍禎者謀興復不克遂
渡江更姓江居歙黃墩爲蕭江由黃墩遷今婺源
旃源者則禎長子董公始也曾祖思尹隱約不仕
託志堪輿祖仲京明經慎行不苟名利爲家學先
學者稱曰林泉先生父諱瀾以公貴
尺此俞氏累　封宜人公生自幼
犀俗長語常與林泉先生

不大人思致可警賞先生
紀隆慶聲動主司名華中漾領王德庚
午鄉薦如京師雖當未第隨所往必行己志不苟
藹藹效夸毗子遇不平事徒一致意寓數言於慨
歎人以爲是長者之爲開邑有羨武者故計肯賊
形迹避僥徼偶爲營官所執擄案當論死公廉其
情冒鋒鏑爲力爭辨之乃得解設不解公將必以
實聞于上不但已也嘉靖己丑授福建建寧縣知
縣縣素號怠弛法新官至縣吏胥率邀集途迎苟
不禁抑浸漬以弊規籠絡行其術不可伸縮手故

公堂有承准之例公出有秖候之費侵漁浚削上下因緣交相容以自利民日不可爲生公至盡究反其所爲尤痛自抑損刻塩虀粥爲常以示約信諸凡里甲公需較舊額並減十分之九而長官老吏亦日就約束不敢自出一見潰闔㲉爲八閫首倡建人易死或有故輙自毒以誣而有司又泛泛以人命重情行檢勘爲吏書所楚民蹐踏不能自直公聞而惡之取其成獄尤奸惡可爲戒者數十
……辛以聞自是民始不敢逞得以不自死
……易衣棺費禮之屬經良有

……其源不可遂盡論其不經
……吏爲條析儀節以示秩秩然漸成禮義之教公曰此猶俗吏事耳化民成俗其不有學乎是明道之志而未之能行也乃與教諭陳君激衷大爲洗刷取士之賢者能者經明行脩者資禀敦厚可與進學者捐俸貲立書院贍田居之使爲教主以教其次者不及者以漸進獎有差激衷南海人也予嘗按廣嘉其清節不能謀朝夕而猶硜硜然不肯以貨變志則當時之爲師友者其本可知矣明年春會大水吏民蕩析無寧居而建尤甚憲臣藩臬襲前規率行勘覆議計日未當下公先以便宜專决發常儲平糶以賑且自爲捐循人有以未聞爲恐者公曰待聞而後發民已無及矣吾豈自附於古名流如汲長孺哉吾不忍也卒之所費半而功倍於他縣當道亦深以爲然入夏復大旱鄰縣盡赤獨公所禱處輙應雨明日復大雨三日雨止民喜建雨我江霖二亭以紀勝事爲苴霖應禱之歌先是公始至邑有勸農易俗諸詩每春月
……郊無勞使相爲歌勸至是民各自以其
……副陸公銓行縣陶之愧

……與途學思謳之詩真爲工……
……推益亦異今果然矣因追藏其郵舘留題之作遂與公爲知己交忘其才貴云又明年辛卯如例入覲考上最　賜勅歸委督黃冊事冊舊弊詭虛糧爲民痼毒最甚里長率駕陵甲首以貨取爲家雖無糧猶占據不肯舍吐公曰均田之制不可復望惟有均籍一事庶幾可救助於萬一耳乃痛自矢心究其弊源所在曲加釐正虛糧均之見在之田下戶編之甲首之末即其規格可數百年不壞爲黎民子孫利後先憲臣交相保薦癸巳

陞南京戶部江西淸吏司主事乙未十二月遇例
錫應得
勅命階承德郎丁酉給由陞本部雲南司員外郎尋
陞本部四川司郎中十二月以加上
九廟徽號　誥階奉政大夫已亥四月實受郎中初
公之授戶部也先聲讋人豪賈巨駔懼無以容其
欺遂延燒濫惡草使滅迹不可致詰公奉命悉查
究如律不以宦貴勢假借君子謂三月主事成
大戶部者此類是也方外差當督杭關
鳳陽兩河戎衛各廒支倉儲

爲利要之雖未盡至於道然
等以名自勵庶終有所持循耳倉儲舊
率忽濫弗究恤凡戎卒未領應支錢米過期即停
革湣漫非有力不可復得至於布花不獲領則准
科差月米不獲支則折辦派上糜費而惠不下逮
公禁革之仍著爲式遺不刊之惠災傷則復蹤蠲
兩河夏稅之半秋糧三之一情詞懇切卒如所請
爪期滿當代軍民籲留者倉怗塡道巷餞送至不
能行尚書王公軏曰是可請提九庫并掌四門倉
者蓋倉庫從事皆中貴而難其人公知其不可制

也乃制其所與爲羽翼者斂勢戢迹凡釐革悉如
吾意所欲柄事者畏之且懸查糧廳積壅以待廳
轄四十九衛中多黠猾者日惴惴焉求脫門帖數
千紙須臾至堂下株連蔓引上官每謙退自避不
敢出一口非公之志識堅定孰其害要不詭遇不
邀名去其太甚而宥其細故其將無患乎此公所
以爲難也公在部遇大工咨取非常額格子不可
處者必先詳擬而後面衆發之發必當事體無頗
淨厎上之堂官尚書錢公如京必曰曾
爾不輕行也及考察註公名

得非查糧廳能說求數十年
者乎署之上考蓋糧廳叅駁時否石塘
方在刑部見而嘉之故云然則石塘公亦不可謂
不留意於人材也是年五月銓曹以莫夷逆命簡
守臣撫蒞邊民陞公爲廣西太平府知府庚子考
稱職階中憲大夫尋以成安南功超陞一級階亞
中大夫仍管太平府事初安南之征也元臣毛公
伯溫至廣與予言必主撫議予曰撫之似也然而
王師之出也以黎氏之請拔也明有義也公曰黎
氏無遺孽矣與之可也予曰未可知也雖然撫而

封之不可也公曰必降之而後請議曰孰可託者
公曰太守江君某皆可使也土屬來參之禮華也
啓關通貨之禁嚴也禁崇善以附廓浚江渠以導
田均里役以平民取十八村以興化也皆遠人所
傾心也遂徵公單騎往諭公忠誠勇敢乂傑梧善
辭令毅然聲罪宣
朝廷威德如加斧鉞莫登庸澌澌聽命歸侵地詣軍
門待罪惟恐不得一矢卒之寸兵不試成一代奇
……之中議築城於鎮南關建昭德臺於憑
……偹之軍門敘功與翁公萬

……殿人每爲抱不平公則歎
……怍然撫疲民益切十二月以勷兩廣疑
獄兼攝南寧府事治南寧如治太平不敢作故事
以權署視民如傳舍過客夙夜匪懈惠澤浹臻距
未浹歲南寧之民感之猶甚於太平之感也轉授
雲南按察司副使土人竊取其棠之意就公所嘗
手植桄榔建祠其下以奉蒸嘗且祝之曰此公神
明所在也異日當福我士民世世於不墜意謂以
公德惠必當究志於用而天竟奪之年以是年八
月念一日病革於梧州可念也矣公天常自厚孝

友篤至處昆季族人怡怡然率恩過於義至其疾
惡不苟附隨有一爲不善則必焦然若汚諸其身
無所自容其他或以不善來者公不言第示之以
禮而其人益信以恭堂萬太平以書戒其子曰汝
父不足則平生所爲未嘗不可對人言者非溫公
乎晝之所爲夜必焚香告天不敢告者不敢爲也
非趙清獻公之言乎吾深愧此二公者吾憶夫建
寧日有竊某者以蕨粉掩白金賂諸途當時雖無
……收受亦欲庶幾不愧竊某耳然何以來
……之忌公初長於經義聲闕鑰能

……至必得所欲以歸及聞其泉
……洛野公倡明聖學於南都翻然從之恨
其不早惟恐踐履之未至也見有格言可爲訓者
輒私錄之彙成一帙名曰畜德錄外所著有白石
小稿留都雜稿中都行稿嶺南類稿議處安南文
移稿爲文溫麗自述所見無遊言爲詩絕去俗韻
復渾雅未見所止吏事則以儒潤飾敷陳自成一
體故隨所建明類以文學見稱爲吏苑卒之日距
生成化甲辰八月二十二日享年六十有二配江
氏封安人累封宜人初公至太平也土酋來參之

禮雖革而廂民吏胥侵漁之費反倍公偵之議且
未安宜人進言曰何不申行併叅見畫一之使形
迹俱忘乎先公六年卒公實督之男美中國子生
待舉娶汪氏孫男朝興庠生有斐磬公將以
月　日塟　山之原謹具歷官行事狀
伏請徵諸史氏述銘誌請垂編錄謹狀
嘉靖三十年十月朔前監察御史覺山洪垣撰

亞中大夫雲南按察司副使白石江先生墓誌銘

初

朝廷有事于安南命重臣督大兵臨之安南蕃夷也
負固且遠進則不武止則失威白石先生時守廣
西之太平為接境乃以重望推往諭降之不可則
進兵於時元戎閫臣進止惟谷維先生以撫綏先
聲毅然單騎往宣
朝廷威德詞色厲而溫不激而嚴莫夷始而驚終而
霜雪之摧而又春陽之煦也遂款轅門
奇勲成東郊毛公嘉之敘功

錄之國不信其盟而信由之
無有餘為之明者已而同事者以次超
用翁則大司馬矣而吾白石乃祇進一階與績溪
研山胡方伯俱無異賞新安士夫負氣節不肯干
人逐利如此先生在太平凡上司使人過率多有
所需不如例應也小人不得畜怨造謗継至督府
張公以其新進有言已乃不悟未幾有雲南副憲
之擢過辭始悉其故張則大悟曰九州之鐵鑄此
大錯適有疾張遣醫饋藥勤勤也既疾不可為則
嘆曰朝廷失一鎖鑰隆禮遣官護其柩以行是為

嘉靖乙巳八月覺山洪侍御狀其行言按廣東時
與毛公議所托公曰非斯人吾誰與歸乃果不負
所舉云初知建寧廉勤恪慎氷蘗自礪遂能制黠
胥剗積弊易民俗作士風賑水則先發後聞救旱
則隨禱輒應入留曹有三月主事成二百年大戶
部之稱有給戎卒成式遺不刋之悳提九庫吞糠
廳人人所難而爲之有術法不能撓患不能干歷
三尚書皆倚重之而太宰石塘聞公九注意云守
一禹來叅之禮嚴啓關通貨之禁此乃邊
小先生變之又營幷善以附郭

一役以平民取十八村以典化
下爲方念孰及此土流之生祀莫夷之德
命蓋有由矣狀稱先生少有大人思致長精於明
經朋來自遠而至老好學不厭有格言輒札記之
題曰畜德録別所著稿有數種本藏于家未行江
之先系出商微子後有封于蕭者遂氏蕭後有避
亂渡江者又氏江別於諸江署曰蕭江今居婺源
之旃源與吾居大阪相去僅三牛鳴地世有姻好
先生諱一桂字伯馨成化甲辰八月生年僅六十
二曾大父思尹大父仲京爲家塾先縣首稱林泉

先生父諱灝贈戶部郎中奉政大夫母俞氏休寧
俞子薦大尹女兄封宜人配汪氏予近族封宜人
先六年卒初妁婚適有富人子亦來妁婚家人方
惑之宜人私於母氏曰儒家子惡問其豐嗇議遂
以定後輔佐君子以學以仕識出巾幗上子美中
國學生取予姪女孫朝陽舉今乙卯娶予孫女二
生父子俱力學嗣業有昌大之勢白石光而未遠
施而未竟食報其在是乎白石嘗謂其子曰吾去
二　有窮其者以蔽粉來贐中有藏金焉吾雖
丁以來此戚戚至今猶赧赧然

上新欽關暨守太平終閩鎮南
上當道之怒累歲不遷裨益餉兵百萬一
文不苟追惟往事淟涊依阿以就功名又平生所
深恥也凡若此類則斯人之操脩也何如哉此予
所聞而狀亦具載之美中以　年　月
日葬先生於　山之原來謁銘銘曰
豐勲未酬　宏才未究　守靜已化
履正弗壽　有子有孫　以學世家
將食其報　以爲國華
嘉靖三十四年孟冬

方塘翁來劄

拙文自謂頗足以捗　尊甫先生之大特辭□并
且久逋也幸不我咎芘荷

啓復方塘翁

先人無所肖似第其制行制心□□不敢自□□
者自謂頗足以質信史于百世今得托太史公□筆
顯微闡幽用寄國是則亦自見者吾心而表章者
又有文矣忠信能行於蠻貊而不能心行□□□
□□□□□筆之忌于當路能使左江之民隨在致
□□能使其身一日安□□于

□先人之不幸也沒毋□而有
□□□王公大人如□□者纂修記室之上猶
足以知之又不可謂不幸也但不知何緣何分而
得此繫之心板與文同刻不足言矣使旋始此衹
復餘容卜日踵門叩謝不宣

明峰先生來書

承以令先尊老先生遺行總業俾家尊作銘茲謹
□述錄上但宏才□□□恐未能揄揚而家尊雖在
史館今蒙　賜閒之久神力于老年或有疎脫幸
覽訂再補漏何如

手柬復明峰與乃翁商確而成故恭之

昔人有言遷史成于父子固史歷父子三人而始
集非作者有遺而家學之相承相成者自如此先
大夫何人也其碑陰文乃仰壓太史公家後先為
之考訂信心炳目卒成不刊豈亦司馬父子不假
借于屢勝之去病而獨惓惓于老死不侯之李廣
乎第不知存歿何以得此耳一日樹之墓道殆與
褒命同於推戴矣銘刻何言

脩攘圖册序

天下之理其温然而不忍傷者仁也其毅然而不可辱者勇也一於仁則將與天下相安於煦育之區而不知有勇一於勇則將剸制摧陷天地為之震汩而不知有仁惟其出之有本施之有時兼體而不累則深於其道者也白石江公以正德庚午進士銓知建寧為政尚悃愊先教化威惠並行大得民和召拜戶部剗釐害蠧差監鳳陽度支革錢[illegible]所派積弊疏蠲災眚迄滿軍民攀留[illegible]公自郎署方逮給由陞知

[illegible]推也維時少保東塘毛公[illegible]滇粤兵數十萬嘽嘽啍啍分哨而入公謂遠夷羈縻宜先之文告安南稔公德求識公面懷疑逗遛前茲八年之調集戎皆瓦解元戎群公羽檄交徵逼拜公節出閱處分實以公為孤注也酋長莫登庸乃起聽命奉　朔歸侵補方稱藩向之桀抗而一朝唯唯泥首面縛詣軍門降驛聞制詔貰其罪改授都統使給印奉貢寸兵不試而南荒底定公以身約束凡四年而機鈐撫綏屹與受降俱築華夷賴之賜陞止于一級賞不酬勳逾時

循資始有雲南按察司副使曲靖等處兵備之命遷卒論者惜之白石公之子太學生原泉君孫鄉進士儀卿君取建寧鳳陽太平舊所嘗為圖繪為一册凡士民之扳留戎衛之讋服轅門之委任土夷之信順一一為之序列為之標目一展卷而以政得民以威服衆以望獲上以畧震遠諸所籍甚罔不畢具如行溱洧之郊而聽輿人之頌也如過河南之墟而談長孺之故也如坐烏蠻之庭而攷[illegible]奇歎盛烈夫其發儲平糴勸農化俗[illegible]其温然不忍傷者乎夫其

[illegible]辭寢兵免胄突壘非其毅[illegible]乎淵乎其中蔚乎其外觸之而頹乎其順疏之而浩乎其往於仁於勇兼体而不累所以成一世之雋功而儼千載之芳祠也昔吾夫子宰中都位司寇攝相事却萊夷若温然而有不可辱也若毅然而有不忍傷也性之者也白石公誦法孔子而又天資自然諸所建置犂然可觀其淵源可知矣夫祖父有善美而子孫弗為傳之是不孝也傳之而不以當時之迹是不校也徒以其迹而不得其至仁大勇交相為用之心是不明也白

石公以仁且勇討安生人而原泉君傢卿君復以
孝且核且明之道事其先人一圖而五善萃焉可
以公之天下後世也已
嘉靖丙寅冬十一月之吉
賜同進士出身前江西南安府推官同郡晚生凌琯
頓首拜書

中憲白石江公述
江子原泉手厥考中憲公狀泣余而言曰吾思吾
父而弗獲爰彙其行實以湏文於士君子覩文則
沒猶存也吾哀吾父之志弗究而遄以即世得拜
一言之重於士君子俾沒克終聞則邇可遠也肆
敢乞言以雪哀思曰子之乞余言也將恃以慰所
思求厥譽耶然天下皆知公之賢也嘗聞公自爲
令爲部以暨於爲郡務肅百城猷騰兩都仁恩覃
、干旦矣譽彎於一時於此猶未足以槩也安南

[illegible]巨酬劇理賾抉大難之端[illegible]
卜龔之止恊謀集事公之功居多也抑以单騎出
見履虎如蠡曾不攖念諭德宣威辭意鄭重而莫
即傾心乞降不假刃接樹建奇勳自非公之誠孚
昔感今咼克臻此昔孔子贊子路治蒲曰恭敬曰
忠信教子張問行曰忠信篤敬蠻貊可行夫敬信
誠也誠則金石可格豚魚交孚而況於人乎而況
於蠻貊乎公之政教敷於邑於郡於京師於邊夷
者誠與才合也乃今拜憲副命邊爾騎箕而弗克
究子之哀思誠弗可解矣昔龐公徐孺子一匹夫

耳百世之下見其山川廬墓欷歔瞻恋若失友昆非有大不得已必祠吊而後去是孰使之然邪夫固其履行之招也令天下皆知公之賢也天下後世當必有聞而欷歔之者文奚俟余言雖然舜爲親焉重華禹爲親焉祗承孔子爲親焉學周公孟子爲親焉學孔子三聖一賢其爲親也求諸内而已矣子能求諸内則用親之譽未有弗永者也原泉子再拜曰美中雖不敏敢不佩服所教以致哀思余亦以公之□□而表異之并善原泉子知求者爲次其所相告語者述書

嘉靖戊申冬十月知婺源縣事古瀛受菴劉□頓首拜書

憲使白石江公傳

公姓江氏諱一桂字伯馨别號白石世爲徽之婺源人云公少負敏才正德庚午歲領南畿鄉薦數上春官不第乃投策起曰丈夫窮經致用即不得一第顧獨無可行吾志哉竟以嘉靖己丑謁選授福建建寧縣知縣縣故多胥吏深文舞法鄉里之豪率又負貲無弱侵賦隱徭最號難治公下車乃專訪風謠亟搜民瘼謹征科之令絕詭托之私申□□之制諸所擘畫若矛矢之發硎□其大者歲之春大水民□□夏又大旱邑人皇皇公□□父老子弟禱乃禱而輒應父老子弟相顧灑然喜曰即歲有秋非公誰賜哉癸巳天子用薦者言擢公爲南京户部主事尋陞郎中凡在部所爲禁革而裁定者皆毅乎不可假借事關會議大者持之更急其時大司徒如王公軏錢公如京皆倚重之而太宰聞公淵亦署之上等一時留都蓋赫然有聲云會安南莫夷梗命銓司求良牧以撫恤邊□乃議公行且曰今日爲□地擇人而□□爲人擇官哉廣西即遠非公不

可乃竟陞公為廣西太平府知府公至以廉平章顯即猺蛋夷獠亦同閭左順治是時

朝廷有事于安南士馬彭彭遝遝驛繹民惴惴焉日阽諸危亡是恐也元臣毛公伯溫特徵公往諭公單車入境宣

上威德莫夷方裂眦搖吻及聞命乃靡靡祇受循順風呼教而嚮應也不亦偉哉烈乎未幾陞雲南按察司副使不及履任而公且病革矣士交萌庶無不傷之按御史洪公垣狀稱公生平居吏事則以儒潤飾故隨

事文與政在孔門亦不可而文苑別立傳其所書文人有治行唯謝宣城孔北海尤著脫使公在百代上當與二公等埒是尤可傳也余因為傳以表之他見于銘志者不表

論曰余讀古禮士臨民有德沒而民懷之乃祀其神俾依焉封南國之棠泣峴山之碑何故哉則其政之感人心深也公去建寧三十餘年彼父老子弟邈乎敎容之不相及也乃油油然思而祠之以今睹于人心即古今奚殊焉抑余又竊謂公故書生也乃能以片言奪裔夷之魄卒奏奇勳悅詩書者穪晉之師與禮樂者侈漢之業公蓋其人乎是惡可泯泯也哉

隆慶改元丁卯歲中秋月八之吉

賜進士第南京吏科給事中楚應城張崇倫頓首撰

安南來威輯畧中卷

投降本二

一安南莫登庸上

安南國夷目莫登庸謹　奏為投降乞　恩宥罪事臣荒徼細氓限於知識然每遥瞻　北極光被南邦天清地寧海晏河潤臣仰知　中國有聖人久矣况　天威震動之下而有　陽春駘蕩之仁懼感交騈曷可云喻臣惟先國主黎氏末運屯邅相繼淪喪及至黎廣擁國未幾亦遘危疾臨終倉卒之時苟從夷俗暫以國事付之於臣臣又

付其子方瀛未及　奏請委涉擅專雖　君門萬里難於　上聞而罪實滔天豈容自昧嘉靖十七年臣父子謹遣阮文泰等齎　表乞降并祈處分俱出誠心别無虚詐但積誠未至不能上動聖心夙夜憂危靡遑寧處嘉靖十九年正月二十五日方瀛不幸遺疾而亡國人狃於舊習欲以方瀛長子福海代領其衆臣慮前者誤相授受義已不安今若再徇所請負罪益重無以自解以此臣與福海惟執共以俟　朝命頃者大将專征重兵壓境臣猶圈豕何足以當惟是國人亦危朝夕幸

見　軍門檄問備奉　天言慈渥無涯拊膺流涕竊念縲臣有罪黔首無辜陛下不忍以縲臣之故而駢戮群黎縲臣何幸以群黎之故而獲存殘喘已於國内北望嵩呼率同小目阮如桂杜世卿鄧文值耆人黎烇阮總蘇文速士人阮經濟楊惟一裴致永等於嘉靖十九年十一月初三日恭候南關組繫出境詣　幕庭而稽首輸中欵而投降臣登庸本欲躬自赴　京瞻天請死縁已衰老且病不堪匍匐長孫福海又在喪次謹令親姪莫文明代臣趋　闕俯伏待罪亦以

見臣父子前遣阮文泰等所齎降表委係畏威懐德不敢有餙詐之心伏望　聖慈矜宥俾獲自新其土地人民皆　天朝所有惟乞陛下俯順夷情從宜區處使臣得以　内屬永世稱藩及比照列藩事體歲領　大明一統曆書刊布國中共奉　正朔則莫大之幸也雖先國臣丁氏陳氏黎氏遞相沿襲稱號紀元臣悔悟之餘固自知其不可已經嚴戒國人一切革除聽候　新命豈敢仍蹈往謬自速　天誅廣東欽州守臣　奏稱如昔貼浪二都澌凛金勒古林丫葛寺四峒原

係欽州故地果如所稱則是先年黎氏冒而有之
今臣頤将前地歸隸欽州至於惟憭所稱黎寧者
國人相傳皆以為阮淦之子黎氏委果無人故臣
已於國都為設香火以存黎氏之祀今雲南乃又
以黎寧為黎氏之後見在老撾已達　聖聽臣
何敢辯惟頤以廣陵等七州紅衣等寨及某處某
處附近之地割與管轄徑屬雲南惟復仰蒙
聖恩特遣使臣一二員直抵本國遍訪舊民如有黎
氏子孫臣當率衆迎歸全以土地奉還豈直割與
前項地方而已若果如國人所云亦乞　憫念生

靈俾有統攝其本國先年鈌貢應合類補及以後
年分該貢方物臣不敢遽以為言者以方在罪中
求免一死尚恐不得耳臣又欲查照　先朝故事
係辦仁身金銀人民善奉　島山市廛屋宇作以
投降聽處實情理合具本權用　天朝原賜本
國印信鈐盖緣前印信臣止宜謹守不敢擅用但
惟非此則無以為左驗伏望　聖明垂察臣登
庸不勝戰慄待罪之至為此令遣臣親姪莫文明
親齎
嘉靖十九年十一月初三日

附録
登庸肅書云今　奏本及國人奏本一一依
照擬稿繕寫進　奏中間懼恐仍有字樣或
晦而不明或卑而反抗如前逢　鈞臺之怒
責者在也仍敢申乞照詳指教啓我之蒙即
生我之天矣謹禀
一安南耆人士人上
安南國小目阮如桂杜世卿鄧文值耆人黎銓陳
氳阮總士人阮經濟楊惟一裴致永等謹　奏為
懇乞　天恩俯賜生全事竊惟普天之下莫非

王土率土之濱莫非王臣臣等國人雖處荒隅實
賴　覆冒方得並生但去　天獨遠國中往往
多難正德嘉靖年來逆臣陳嵩陳昇鄭綏杜温潤
等迭搆亂謀逼脇國主黎晭遇害黎譓播遷宗氏
淪亡獨存黎廣攝國未久亦已病終地方擾攘生
民塗炭至此極矣其時夷目莫登庸討平諸逆委
有功劳然土地人民皆　天朝所畀應以授之
登庸而登庸受之又私其子未及請　命罪復
何言臣等國人亦因喪亂流離之後慮恐不逞之
徒復蹈嵩等往轍禍且不已乃倉卒為求生之計

自擇其主私相推戴寔出無知其罪亦與登庸同
也後因道路阻絶關禁謹嚴雖屢具情詞懇求無
由上　達罪狀益深致蒙　天威震怒命閫專
征前年　軍門移檄本國登庸父子恐懼不寧謹
已上　表乞降未蒙　俞允茲者復動大將統握
重兵威如雷霆聲震蠻嶠自分必然虀粉無復孑
遺矣豈意曲蒙恩宥容令輸情監統委官壓境宣
諭合國之人皆相對涕泣扶老携幼秪候　軍門
頤同登庸束身降服所冀不死是父母之恩
天地之賜也其為感戴歡忻豈有窮極臣等又惟

民不能自治事必先正名名不正則事無所攝事
無所攝則群然而争涣然而離者莫之禁也欲免
亂亡其可得哉今
陛下既賜登庸與國人以更生矣若使終於亂亡則
陛下之心必有所不忍者以此臣等又有拳拳之私
欲瀆　聖聽以為終始生全之地登庸自管事
以來不為暴虐頗施於民民咸德之今且畏威悔
罪與其長孫福海共候　朝命不敢因襲舊弊擅
自攝國及已戒飭目民不復仍前妄稱號矣竊惟
登庸祖孫自稱夷目俱係罪人安敢覬望　殊典

但嘗反覆思念莫氏雖負重罪實為夷情所歸然
非仰藉　聖恩畀之名色何以約束國人使不
為亂伏望
陛下矜憐遠方生靈俯順夷俗賜以　新命查照歷
代故事或為總管或為都護俾得管攝國事世世
稱藩臣等亦得保有殘生永為藩民則
陛下再造之恩當與　天地相為無窮矣臣等幸
甚一國幸甚為此臣等除率合國人民於本年十
一月初三日俱赴　軍門投降及連名具結繳報
欽差大臣并各道監統及改正回文委官查照外臣

等具本隨同登庸親姪莫文明親齎
嘉靖十九年十一月初三日
投降結狀并轉申二
一結狀
安南國小目阮如桂杜世卿鄧文值黎伯驪鄧永
壽等耆人黎烇陳盈阮總蘇文速裴公輔等士人
阮經濟楊惟一裴致永吳福星謝詢等為輸情事
結得本國夷目莫登庸委的畏威服罪先今乞降
聽處表本俱係實情並無飾詐合國人民亦無異
詞如虛甘受誅戮須至結者

一轉申
安南國長慶等府諒山等衛小目阮鉉武玩謹申
為結狀事今將取到合國小目耆人士人連名輸
情結狀共若干本權用本府衛印信鈐蓋理合申
繳須至申者
右　　　申
天朝委官太平府江老爹
嘉靖十九年十一月初三日
奏覆疏
叅贊尚書毛　會題

欽差叅贊軍務太子少保兵部尚書兼都察院右都
御史臣毛伯溫謹題為遵奉　明旨以議處安
南事據監督中哨軍務廣西分守左江道添註右
叅政翁萬達呈據委官太平府知府江一桂督備
指揮王良輔呈稱本年六月內節奉牌案備奉
軍門檄問行委職等傳諭安南審接夷目莫登庸
回報投降聽處情詞是否真實莫登庸始則畏危
繼尚猶豫似欲延緩我師彼蒙　軍門親臨近邊
相度便宜分委監統諸軍水陸並進龍憑思陵三
哨連營列壘威武振揚兼且關隘謹嚴諜使間發

登庸遂度我兵壓境乃益洶懼亟請出境降服聽
候處分情甚哀懇職等禀蒙　寬前於本年十月二
十八日允令彼國小目陳棐等恭詣念涯等營蒲
伏陳款蒙示十一月初三日准其來降職等乃預
於鎮南關近地開張幕府髙築將臺伺候軍前進
止至期莫登庸素衣繫組躬率小目耆士人等亦
各以尺帛束頸候于南關懇要職等教以儀節乃
令於關樓之上設位演習職等時於軍前禀蒙劉
兵去關里許士卒無譁軍容嚴整儀物備盛乃於
臺上恭設　龍亭覆以　黃幄中立　令旗令

牌前置香案兩廣三司副叅監統衙門并齋執旗
牌官分班列侍傳令開關登庸暨其姪莫文明并
小目耆士人等由關道左出脫屨跣足面北而跪
職等禀准傳遣生員謝天縱為解其組及接受降
本登庸乃俯伏五拜三叩頭畢伊姪并小目耆士
人等亦各以次降服如儀合國夷民引領於彼國
關口若崩角稽首者又不知其幾萬人也少頃登
庸仍率其姪并小目耆士及槩國夷民恭向軍前
俯伏再拜當蒙　宣諭　朝廷恩威及　軍門
號令姑容戴罪還國待為轉　奏賜以不死登庸

復俯伏再拜稱謝回還訖隨蒙監統添註劉委諸司按臨關界登庸倉皇俯伏再拜蒙面諭兩廣雲南恐有法外姦細并玩法土官乘機嚇詐及生事造言者宜一切勿聽我　天朝正大之體　軍門嚴明之法汝宜知之等語登庸又俯伏再拜叩頭而謝職等乃傳令開關收兵回營其伊姪莫文明并小目從人許三省等共二十八人莫文明代齎登庸降本一通小目阮如桂杜世卿鄧文值等另具降本一通俱經稟蒙委官押送前赴
欽差軍門投遞并將彼國申文結狀一樣二十本各

另繳報及組一條封繳本道外為照夷目莫登庸梟雄徂詐恃險乘危僭號紀元妄自尊大父子相繼今且二十餘年矣一旦躬率國人投降乞死情詞卑順似出中誠實由我
皇上聖德懋昭神武於赫　欽差大臣訏謨遠筭運用不窮而監統添註劉委又皆戮力同心動作有紀兵方陳而未加糧已集而不費乃能使遠夷稽顙欵塞自縛乞哀考之前古未聞若是其恭順者也以此而書之史册固足以傳播當時昭示來代且於我

成祖之烈為有光焉職等得於目覩喜幸不勝理合呈乞施行據此隨看得莫登庸申為投降乞恩宥罪事又看得小目阮如桂杜世卿等耆人黎烇陳氳等士人阮經濟楊惟一等申為懇乞天恩俯賜生全事又看得小目阮如桂等耆人黎烇等士人阮經濟等結狀為輸情事據此各該情詞會同兩廣布政司布政楊銓等叅政蕭晚等叅議陳茂義等按察司按察使歐陽席等副使鄭宗古等鎮守副總兵張經等議照得安南國夷目莫登庸僭逆之罪中外共知往年提督都御史蔡經奉　命征

討經畧諸所便宜誕脩文告登庸父子急遣目人齎執表狀乞降聽處懼加兵也
聖人在上明見萬里　命下該部　題差總督叅贊大臣授以閫計一面勘處情偽一面調度兵糧示不殺降不廢武也大臣鎮臨諸司集議錢糧兵馬屬已戒嚴然猶不遽加誅先遣檄問詞嚴義正欵得其情以為進止遵　宸筭也繼以夷情自懷猶豫乃分命監統張皇我師諸路連營尅期並發登庸遂率國人束身投欵畏　天威也覩其所稱方瀛病死福海侯　命及頤去僭號奉　正朔歸欽

州四峒之地事詞頗為恭順合國之人又有並無
異詞結狀而登庸之組繫出境蒲伏迎降及遣親
姪抱本入　朝待罪情亦懇切其畏威懷德誠有
如委官知府江一桂指揮王良輔所呈者但稱乞
要內屬稱藩歲領　大明一統曆書刊布國中
及稱黎氏無人等項事體關係重大均乞　軍門
裁處為此今將前項緣由及莫文明等二十八人
并莫登庸請降投降申文結狀同抄白通國小目
耆人士人降本并登庸所繫組一條理合具呈伏
乞照詳施行據此臣等看得前項事情委係重大

會行兩廣布按察二司會同副參都司等官再行
詳議去後隨據會行各官議照莫登庸父子為惡
情狀先據黎寧鄭惟憭奏訴該　廷臣集議數其
十罪法當誅戮奏蒙
皇上赫然震怒命將出師聲罪致討方當舉事之時
而登庸父子即已上表乞降深自悔罪願以土地
人民悉聽處分蒙提督衙門查照　兵部原　題
准事理具由　奏請該部覆議得夷情叵測詞雖
卑懇意或詭秘少涉於偽即為所欺伏蒙
皇上特勅總督參贊大臣受命專閫會同提督　軍

門布德宣威案行兩廣雲南三司衙門積備粮餉
船馬器械調集漢達狼土官兵以俟大舉又且檄
問登庸父子責其降意不誠傳諭彼國人民使其
協力致討即今粮餉充盈兵馬四集分列哨道尅
期進討而方瀛未蒙　天討已罹鬼誅登庸悔
艾愈深情詞愈切款伏轅門請死削去偽號奉歸
侵地俱出真實此蓋我　國家大信素孚　天威
遠振而　軍門揆文奮武動中事機其所乞請內
屬永世稱藩歲領　大明一統曆書并奉　正朔
及獻歸黎氏原侵欽州四峒均乞　軍門俯順夷

情查照該部原題奉　欽依事理悉為裁處施行
即所謂君之宗之定經制以整屬其民匪疚匪棘
廣式闢以疆理其土庶足以慰遠人向化之誠昭
王者無外之治民夷莫安萬世永賴矣擬合會案
通呈為此今將會議過緣由具呈等因據此查得
先為　大慶事該少傅禮部尚書夏　題稱討罪
之兵　聖王所不能已蠢茲安南上干　天
討聲罪正名已無容議但事體重大合無恭請
宸斷勅下兵部會集多官從長計議慎擇大將妙選
偏裨簡設總督餉文臣更置守土官員調集諸

路兵馬所在儲峙芻粮一一區畫停當上　請定
奪奏　聖旨是安南國前次詔使不諭而返有
傷體面又久不入貢非叛而何兩處差官都依擬
看實勘明奏報便寫勑與他去興師問討必行兵
部會官議奏欽此欽遵又該太師武定侯郭勛奏
為竭愚忠正　國體以明　天討事內稱兵
力財用實行軍之要量時而進庶可成功南征比
伐大有不同北伐之兵朝令夕行亦不為難南征
之兵彼處衛所僅能防守必須先行遣官整備粮
草調取漢達土官等兵宣布　朝廷恩威相機

進取若復梗拗則大興　天討庶緩急得宜奏
奉　聖旨這所奏兵部便會官一併議奏欽此
欽遵又該兵部尚書張　會議得兵貴先聲事宜
預立等因題奉　聖旨安南國背叛不庭在所
必討你每既會議停當都依擬差去官着實查勘
明白星夜奏來定奪施行欽此欽遵又該禮兵二
部會題世孫黎寧奏為陳情乞恩正法以誅僭逆
事奉　聖旨安南國久不來庭法當問罪今本
國奏稱逆臣莫登庸篡亂阻絕貢路又僭稱名號
偽置官屬罪狀顯著你每既會議明白便命将出

師前去征討總督等官及守土等官各推選素有
才望的來看調度兵粮事宜户兵二部即議處具
奏其餘依擬欽此欽遵又該提督兩廣軍務兵部
右侍郎兼都御史蔡經題為　大慶事據副使翁
萬達呈據安南國遵奉檄諭差頭目阮文泰等齎
到表文并長慶諒山府衛抄送　表文印信文書
前來內稱本國莫方瀛父子已甘受專輒之罪謹
具本國土地人民實數開陳奏進伏望　天朝
處分為本國臣民立命等因會議題奉　聖旨
安南國降表留中這事情禮兵二部便看議了來

說欽此欽遵又該尚書黃綰奏為稽　國典備
採酌事奉　聖旨是又為乞恩請給誥命以報
父母深恩事奉　聖旨黃綰先因行取使安南
用聞命不趋既至又許多請辭畏縮闒茸且以是
請求着仍以原職閑住不許起用這安南事本因
一人倡之衆皆隨之訕上為聽夏言之言都起違
慢之侮此國應否棄絕討罪如何處置兵部便會
官議了來說欽此欽遵該兵部尚書張　覆議得
原擬　欽命咸寧侯仇鸞總督軍務兵部尚書
毛伯温叅賛軍務各請給　勑書仍給關防并

符驗旗牌令其前去兩廣雲南適中去處會同提督
及節制各該撫鎮并副叅以下三司等官將各處
兵馬通行整飭及合用錢粮漸次從宜會計以備
征討軍機重務悉聽便宜若使義旅張皇
天威宣著莫方瀛父子悔罪請死束身待命前項上
表乞降悉以土地人民上聽　天朝處分別無匿
詐合國人民亦無異詞　朝廷待以不死總督叅
賛大臣作急將其乞降聽處真實情由星夜具
奏取自　上裁等因奉　聖旨這安南事情
你每既這等議奏依擬行欽此欽遵備咨到臣嘉

靖十八年九月二十四日欽奉　勑諭叅賛軍
務太子賓客兵部尚書兼都察院右都御史毛伯
温先該安南國黎寧奏稱國王黎晭故絶被賊臣
莫登庸作亂竊據國城阻絶道路因而久廢職貢
已經差官查勘是實方欲興師問罪節該兩廣雲
南撫鎮等官奏稱莫方瀛父子聞天聲征討恐懼
省悔上表乞降願以土地人民悉聽天朝處分據
其哀請似亦可矜下廷臣會議僉謂夷情叵測詞
雖卑懇意或詭秘故法不可不正義不可不彰令
特命爾同總督軍務總兵官咸寧侯仇鸞前去兩

廣雲南適中去處會同彼處提督節制各該鎮并
副叅以下三司等官將兩廣雲南應調漢土官兵
及征討機宜悉照該部題准事理聽爾便宜處置
其賊臣父子如果悔罪請死束身待命將其乞降
聽處真實情由星馳具奏若執迷不悛必誅不宥
用兵之際爾等宜相機酌處務要計出萬全期于
僭亂底平罪人必得以彰天討以安遠夷斯副委
任之重撫鎮三司等拒違誤事者叅奏處治其餘
文武職官三品以下有不用命者聽爾即便拿問
干係軍機不分文武官悉以軍法從事爾受茲重

委其敬之慎之故勑欽此欽遵臣即日　陛辭同
總督軍務總兵官咸寧侯仇鸞起程前來會同提
督鎮守巡按布按及雲南巡撫鎮守巡按布按各
衙門查議兵粮已經具　題該兵部官　題奉
聖旨安南事朝廷委託總督叅贊文武二臣一切軍
務悉以付之逆賊莫方瀛父子明神共殛即生亦
死但為遐方生靈久被荼毒天討未加耳你部裏
便行與仇鸞毛伯温着悉心經畫務圖全功用安
夷夏所奏留及調用官員并動支觧京錢粮等件
吏户二部即日議奏來行今後安南軍情奏至各

該衙門即與題覆不許過三日該科記着查恭欽
共欽遵備咨到臣就經備行兩廣雲南福建湖廣
各該撫按鎮守總兵布按三司府州縣掌印佐貳
整搠調集外已經去後議照統攝管領劄委左江
道添註叅政翁萬達副使鄭宗古太平府知府江
一桂都指揮王良輔臨關住劄專一料理機宜相
應探報去後及該臣等議得莫登庸之罪固不能
逃但屢次具　表乞降未委虛的欽遵
勑諭事宜備云檄問案行前該委官備具檄問轉行
安南長慶諒山府衞永安文淵等州各父老省諭

莫登庸莫方瀛知悉又據委官先行間諜備諭安
南國父老士民等知悉各去後隨據叅政翁萬達
副使鄭宗古呈據委官知府江一桂指揮王良輔
接到安南長慶諒山府衞申報夷目莫登庸投降
情詞雖若卑懇但意尚詭秘必須提兵壓境宣布
朝廷威德庶使夷心懾伏束身待命等因看得該道
呈據委官所呈誠為有見當即行取兩廣及行雲
南各三司等官會議正兵分為三哨從廣西太平
府憑祥州一路為中哨會委叅政翁萬達監之副
總兵張經統之指揮王良輔等督率管領漢達士

目軍兵共四萬名從龍州羅回峒一路為左哨會
委以副使鄭宗古監之叅將李荣統之指揮周維
新等督率管領漢達士目軍兵共一萬四千名徙
思明府思寧州一路為右哨會委以副使許路監
之以都指揮白泫統之指揮賴杰等督率管領漢
達士目軍兵一萬四千名又竒兵分為二哨從歸
順州一路為一哨會委以叅政張岳監之都指揮
張軏統之指揮張義等督率管領漢達士目軍兵
一萬四千名從廣東欽州一路為一哨會委以副
使陳嘉謨監之叅將髙詛統之指揮李邦相等督

率管領漢達士目軍兵一萬四千名從烏雷山等
處為海哨會委以副使涂楗監之都指揮武鸞統
之指揮余德安等督率管領漢達士目軍兵打手
共一萬四千名而中軍營務會委監統總督管領
共五千一百二十七名通行各官遵照會差齎執
令旗令牌前去分督各哨續據廵撫雲南都御史
汪　總兵官黔國公沐　廵按御史彭時濟
查議以蓮花灘分為左右二哨各照會委監統督
率等官每哨共領漢士軍兵六二萬一十名象五十
隻奏武文淵等之兵約共六萬三十餘名分行去

後臣等即於次日啓行親詣南寧府調度兵粮相
機行事據叅政翁萬達呈據劄委官江一桂王良
輔呈稱莫登庸束身待罪會差指揮劉盛王沂劉
海齎執　令旗令牌前去受降隨據翁萬達等備
呈前項受降過縁由續經會行三司等官詳議去
後今據前因臣與總督咸寧侯仇鸞提督都御史
蔡經議照安南自五代以來丁氏黎氏李氏陳氏
皆據有其土負險爲固我
太祖高皇帝定天下之初陳日煃首先納欵獲蒙
褒封其後竄以衰微爲賊臣黎季犛所簒我

成祖文皇帝大興問罪之師俘季犛幷其支黨以獻
求陳氏之後而不可得乃郡縣其地未幾而簡定
季擴月湖黎利相繼叛亂而黎利尤爲背逆　中
國調兵轉餉爲之騷動者幾二十年我
宣宗章皇帝不忍以炎徼無用之地久煩　中國姑
示包荒俾獲内附而利敢忘　大恩紀元僭號
其子若孫輒有二名黎龍僞名濬黎濬僞名敬黎
璿僞名誼黎瀅僞名晭黎椅僞名譓的名以事神
祇僞名以事　中國習相悖謬致成亂階竟至微
弱莫登庸以討陳暠父子爲功漸積事權因而竊

據我　皇上統天立極表正萬邦先年以登庸
之罪義所當誅然猶　命下廷臣議行查勘未遽
加兵登庸父子悔罪革心亟遣頭目　表獻國
中州縣之數頤聽處分情詞甚恭　皇上明見
萬里謂或中有詭秘未可盡信復　勅臣等親
詣地方從宜處置莫登庸與其國人愈加洶懼乞
降之誠恐終無以表見乃束身欵塞懇稱衰老遣
其親姪抱本待罪情願奉　正朔去僭號歸所侵
四峒之地不敢踵黎氏謬習臣等察其情詞委果
恭順遵照　欽依事理待以不死暫令回國恭

聽處分備行三司副叅等官會議今既僉同似宜
酌處竊惟自古南夷創亂類皆桀驁狃詐憑恃險
阻勢强則鴟張以梗化力屈則鼠竄以全身中間
亦有稍識利害通欵求附止於遣使奉表致其方
物如尉佗黎桓者以漢文帝宋太宗之盛雖名爲
向服未有櫬衣自縛扣求哀切如莫登庸今日者
昔苗民逆命舜命徂征及其來格則從而分北之
分北云者謂分别種類明立界限使之有所約束
以遂其生蓋不如是勢必復致爭亂而吾所以滋
育化生之仁亦有所壅閼而不能全此帝王之待

夷狄所以為義之至而仁之盡也伏惟
皇上德符舜禹功光　祖宗　神武之威藏於
不殺　顯比之化溥於無私是以先聲丕振而黠
酋震驚一矢不遺而蠻邦底定盖巳收有苗來格
之功寧可無虞廷分比之政所據莫登庸并小目
耆士人等乞要內屬稱藩歲領　大統曆日補
足節年貢物等項相應遵照原奉　欽依悉為
議處臣等查得安南自漢晉以後雖稱內附然夷
獠之俗瘴毒之氣終不宜於　中國大率數歲一
亂亂必連結黨類攻陷殺戮又必數歲而後定昔

張輔以十餘年勞費僅得數年郡縣叛者相繼卒
歸於夷此其明驗也參酌前世利害莫若外而不
內以夷治夷庶為穩便如以莫登庸有罪投降未
宜輕授爵土伊孫莫福海見今待　命僅蒙
矜宥或可別與都護總管等項名色如漢唐故事
每年行廣西布政司頒給　大統曆日令赴鎮
南關祇領先年所缺貢儀查照補足以後年分照
常舉行其欽州澌凛古森了葛金勒四峒行令原
為安南事添註參政副使等官查照原額編入欽
州版籍仍量優恤三年以後一體粮差其先後差

來夷使事畢放回此正所謂以夷治之者也但恐
議者尚以黎氏為疑臣等竊伏思惟黎利倡亂阻
兵陷沒郡縣殺敗官軍大將如柳昇大臣如陳洽
皆死於利之手其餘官吏戍卒不能自拔者悉遭
荼毒臣等至今言之尚為痛心我
宣宗特以生靈之故不欲窮兵而姑與之耳今莫登
庸之罪既與黎利之猾夏者不同而一聞　天
聲遂匍匐請死亦與黎利之屢抗　王師者又
為有間黎利既蒙寬貸則登庸似應末減至若黎
寧雖自稱為黎利子孫然臣等節據諸司查勘踪

跡委的難明鄭惟憭一同潛住該國上下朗石林
州峒寨附近廣西土官地方黎寧面貌初不相識
故或稱黎寧或稱黎憲或稱光照或稱元和或又
以為阮淦之子或又以為鄭氏詐稱而近據雲南
布政司開報會審夷人鄭垣口詞稱漆馬江峒雖
有黎寧而來歷宗派不可得詳所列事情年貌又
與鄭惟憭原報互異俱難憑據臣等以為今所處
分係我　天朝安邊境馭遠夷之大策其操縱
予奪不宜以逋賊之子孫而為前郤但黎氏自脩
貢以來已蒙　列聖寬宥若其遺裔尚存似宜

體恤合行雲南撫鎮等官查勘果有可據別無異
同聽令仍於漆馬江居住見在所有地方俱屬管
束或量與職事俓屬雲南若非黎氏子孫置而勿
論其鄭惟憭即於廣東所屬隨宜安插量給田宅
不致失所如此處分庶為曲盡但事體關係重大
臣等一時之見未敢遽以為然如蒙乞　勑該
部會議上　請取自　聖裁使大疑以決大
事以定華夷內外自是可晏然無事矣臣等猥以
菲才叨承　重寄夙夜圖念兵事進止頗審機
宜昨因莫登庸來降　宣諭德意不但夷民懽

欣鼓舞而我之三軍萬姓以至猺狑獞款莫不同
聲歡呼如和氣發動百物咸熙實由我
皇上　聖武昭布　文德誕敷動之斯知不行
而至蓋不待斬將搴旗之功而自著威遠寧邇之
績真可超越百王彰示來世者也而勳輔大臣贊
密勿之謨禮兵二部集衆思之益　上下同德
慮出萬全膚功之奏夫豈無自臣等亦惟仰遵
廟算黽勉從事豈敢言勞除將莫登庸抱本姪莫文
明并小目從人許三省等另差官押赴京聞坐
具　奏及將莫登庸自縛組一條發仰南寧府貯

庫并查效勞大小官員另行分別具　題外緣係
遵奉　明旨以議處安南事理未敢擅便為此
具本專差吏目余材齎捧謹題請　旨
嘉靖十九年十二月初三日
投降圖本一
　　叅贊尚書毛　會題
欽差叅贊軍務太子少保兵部尚書兼右都御史臣
毛伯温謹奏為祇獻安南投降圖本事伏惟我
皇上以安南國逆夷莫登庸遣使奉表納欵或出一
時畏懼誅戮飾詞求免未必本心特　命臣鸞臣

伯温會同臣經等率師往究其罪其軍前一應征
撫事宜聽臣等從宜相機處置臣等有以仰見我
皇上正名討罪之威與包荒肆赦之仁如天地之化
春生秋殺過化存神蓋有並行而不悖者臣等自
受　命以來夙夜激勵將士整治行伍馳檄曉諭
賊中俾知順逆以為去就其於致果招携之義亦
不敢偏廢以本年十月初四日進駐廣西南寧府
地方督發漢達土目官兵一十一萬五千一百二
十七員名臨賊境下營分道深入莫登庸自知罪
重無所逃死節遣頭目人等匍匐來營乞自縛請

罪遣至親骨肉奉表入見削去踵承先黎氏所僭
偽號謹歸黎氏原侵欽州四峒地奉　正朔納貢
臣等尚慮夷情多詐反覆辯詰察其來意果出真
實並無虛假遵　勅諭事理備行兩廣都布按
三司及副叅等官楊銓祝續歐陽席翁萬達蕭晚
張岳鄭宗古陳嘉謀許路陳茂義張經李崇顧邦
重白泫張覩俱至憑祥於鎮南關内開張幕府高
築將臺上設　龍亭覆以　黄幄前置
令旗令牌以本年十一月初三日許令來降莫登
庸皂帽白衣以練組自縶至　堦下望

闕號伏叩頭請死贊禮生為之釋縛乃行五拜三叩
頭禮捧表投其親姪莫文明訖復伏地請罪令之
起乃敢起既而其國中耆人士人及衆夷民次第
俯伏陳狀皆素帛繫頸行禮如登庸布政等官楊
銓等宣揚我　國家討罪大義與我
皇上所以矜憫夷方曲垂全活之意曉諭莫登庸及
其耆士夷民莫不感激踴躍俄頃之間歡聲震動
山谷臣等竊惟安南自五代以來不入中國版圖
負其瘴癘險遠或服或叛　中國常以不治治之
及至不得已興兵遠討雖至事勢窮蹙尚乃冥頑

弗率未有一聞　王師之至即委國聽　命自
縛乞哀如今日之卑順者也非我
皇上至誠　神武以不殺為威以萬全取勝何以
至此昔殷高宗伐鬼方三年克之周宣王平淮夷
近在要服之内當時文士猶作為殷武江漢等詩
播之金石奏之郊廟然後殷宗周宣之美煥然侈
乎後世矧　皇上今日駿烈邁跡殷周可無形
容以示今傳後臣等待罪行間歌頌非職所及謹
將出師受降次第布為八圖曰　天威丕振曰
交夷組繫曰釋縛乞降曰稽首祈　恩曰夷使

輸誠曰夷酋感服曰耆士陳詞曰夷民感德臣等
非有尺寸之功所以章明我
皇上至誠　神武盪育群生化及蠻貊捷於影響
雖大舜舞干羽七旬苗格之盛方之亦不是過實
為我　國家千萬世無疆之休伏惟　萬機之
暇少　賜披覽臣等不勝歡忭顒望之至謹將
圖繪一冊隨本　上進伏候　勅旨
嘉靖十九年十二月初三日

歌一

平南鐃歌曲四章并引　此賀東塘毛翁

若稽古大征奏膚有鐃歌以志軍士之喜禮
也先是交南内訌莫酋登庸乘時竊據僭分
越紀罔脩職貢
天子赫然震怒乃簡命大臣恊同専閫提兵檄問
用擣夷心太平屬當進道卑職濫竽銓曹以
户郎推進故得以叨役將事幕下单騎奉
辭於是莫登庸率其俘衆悔罪請死欵關乞
降入質遵朔割地稱藩一聽
天朝處分盖自元朔置郡以來未有畏威懷德如
今日者也來享來王撫揭銅柱卑職適觀盛

美爰寫軍士之情以昭一代之豊烈而因以
紀歲月云
雷之轟
雷之轟坡壘平礫山兕虓峒丁青兕駁黄猝驚夔
棫破周道成憬交夷壺漿迎稽厥角雷之轟
日之晶
日之晶富良清頑霧掃滓曀明颶戢雹蛟潛腥老
鼉泣文犀與有捷所維迓衡光四被日之晶
於維勞
於維勞銅柱高迥千古誰並褒宣今日維賢豪俠

天威帝神韜兵未衂財未饕戎疾殄於維勞
於維皇
於維皇玄德彰弁八極均來王交匪茹
帝怒張咨爾隣武維揚文維綏化崛強矯矯造於維
皇
附見
右乃白石先生单騎奉　辭因壘歌凱之時而
奏捷於　軍門帥閫者也以今觀之首闕德威
惟畏次則德明惟明惟威惟明功是用成故以
於維芳於維皇終焉丁之頌乎上也如此曰知

府江　平将信義既已感乎於邊夷臨事謀猷
又皆適中手機會區畫多方効勞特甚云者曰
本官樽俎足以折衝忠信可行蠻貊云者曰平
易之政鄉廂晏如練達之才土夷讋服清慎之
操冰糵與厲其真心存化誨身繫安危云者上
之覈厥功能前後録於剡推者又如此上下之
間不謂之交孚於休矣乎吾不信也前五日单
騎而詣壘後五日素跣而款關千乘之國不信
其盟而信在一言韓洪與疾非　朝廷威力有
以制其死命中外知之當事賴之竟無一言及

之謂之上下交孚於休美乎吾不知也吾以是
而信軍餉之歸供奉之裁關令之飭吾期不可
貞者公自貽之公亦自安之美吾於人何尤

詞一

南征奏捷詞

維是交夷莫登庸秉黎氏之阽危蹈公盬之
故智弛共緩　貢僭分越紀
天子赫然奮怒乃簡命重臣提兵壓境檄問宣洊
雷之威材官闞哮虎之勇棲方任能群策畢
舉登庸覿悖深悟罪狀单騎奉辭曾不旋踵

乃嚙璧乞降擇日將行禮儀如式觀者雲駢
川涌至躋山登木以為自有安南未有屈服
如今日者歌頌其能已乎敬賦一闋以昭一
代之隽功云

坡壘關頭憑祥谷口笑看蒲伏降王不煩尺組閫
用偏稛信　天聲震動　廟謨神定彪將鷹揚綮
幕天開綉旗雲捲材官牙校張皇兕秋嚴春盎孟
行不悖誰殺來降　赤跣髡毛蝟叢魚貫紛披
懽舞道傍露布飛馳萬里凱歌沸嚷三荒遥祝頌
頣萬年　天子一統無疆

明嘉靖十九年庚子吉冬仲日太平府知府撰

叙功疏一

叅贊東塘毛公恭題

欽差叅贊軍務太子少保兵部尚書兼都察院右都
御史臣毛伯温謹　題為遵奉　明旨以議處
安南事初安南不庭義當問罪
皇上一視同仁不即加誅議行查勘既而莫登庸父
子悔罪革心上　表乞降　皇上明見萬里不
即輕信復　命臣等親詣地方便宜處置如果束
身待命即便星馳奏　聞臣與咸寧侯仇鸞欽奉

勑諭會同提督兩廣軍務兵部左侍郎兼都御史蔡
經等整備兵粮奉揚　神武先行檄諭俾知順
逆復懸賞格以激忠義分遣監督統督等官提兵
壓境登庸與其國人愈加洶懼乃素衣自縛親赴
軍門投降頓革偽號奉　正朔歸侵地遣姪莫文
明等赴京外竊惟安南遠在荒服自昔負固冥頑
弗率載諸往牒歷歷可考未有屢乞降服束身待
罪如今日之卑順者惟我
皇上　大德格天　至誠動物　仁義兼盡　恩
威並行以不殺為武以萬全取勝是以　一怒而

懾遠夷薄伐而屈群醜也勲輔大臣贊襄勿之謨
禮兵二部集衆思之益若先任禮部尚書今大學
士夏 之初議若武定侯今翊國公郭勛之建言
皆計處精詳贊襄文武之猷若禮部尚書嚴 之
查覆若兵部尚書張 之議處皆籌慮周悉指授
安攘之策祇若 休命允奏膚功而一時從事之
臣亦皆仰承 廟筭俯竭愚忠提督兩廣軍務
左侍郎蔡 總兵官安遠侯柳 籌畫素定 威
令夊孚巡按御史廣東洪垣廣西何贊風紀振揚
人心奮勵皆同心恊力共圖成功至於提挈綱維

巨細畢舉設法運粮不勞而至者三千餘里推誠
逮士依期而集者十萬餘衆此則蔡之功也巡撫
雲南都御史汪 總兵官黔國公沐 殫竭思慮
計處兵粮巡按御史彭時濟茂著風猷誕孚遐壤
皆同心恊力共圖成功至於審度事勢進止得宜
始終其事久而愈勤拊輯其民勞而不怨此則汪
文盛之功也兩廣布政使楊銓祝續按察使歐陽
席叅政翁萬達蕭晩副使鄭宗古陳嘉謨許路浲
楗叅議陳茂義僉事林希元李文鳳副總兵張經
叅将李崇高誼都指揮武鸞白法張輗董廷玉李

嵩高乾顧邦重皆觸冒嵐瘴備嘗艱苦監督統督
各效勤能總理分理舉無匱乏之內張經之究心戎
務審處機宜楊銓之度支精明供應克足蕭晩陳
茂義之綜理克愼數析秋毫陳嘉謨武鸞之屯兵
日久海漁戒嚴林希元之建議復地召集驍勇俱
有可録副使韓楷叅議汪文叟周延僉事莫同雖
未躬歴邊方而雇募兵船亦皆效勞至於竭忠盡
職冒險亡身有先事之見而慮之甚周有應變之
才而處之皆當此則翁萬達之勞居最而鄭宗古
之沉毅有謀剛明不撓臨事殫忠隨機援策其勞

盖與翁萬達同著者也知府江一桂朱鴻漸袁載
同知程鐸陸任忠通判蘇廷瓛周璞推官胡寶唐
世橋知州羅瑞登陳世瞻知縣黃宗槩吳寵秦行
賓徐錡郭梅胡晟知事袁大本照磨汪景周縣丞
王有朴主簿周鳳吏目張啓吳激余材巡檢翁欄
司獄高武大使鄧銓指揮王良輔劉盛王沂等千
戶何倫尚昂等百戶王永張沛等土官岑真寶黃
朝黃仲金等皆久駐邊徼衝冒風雨隨委盡職奮
力效能責任雖有大小勤勞則無不同內朱鴻漸
陸任忠之出納詳審蘇廷瓛胡晟吳激翁欄高武

之往來任勞胡寶羅瑞登表大本之處繁不倦劉
盛王沂劉海之提調中軍俱有可録至於策勵勇
敢而奮不顧身偵探實虛而才能集事則王良輔
之勞居多而江一桂之凝定不苟勤敏有為備歷
艱辛整飭戎作其勞盖與王良輔同著者也先任
鎮守兩廣太監馬廣京巡按御史王德溢鄒堯臣
陳儲秀副使鄒守愚叅將沈希儀昔嘗同事俱有
協恭之謀今已底平應録既往之績此當追論者
也以上各官内外大小不同其勳輔禮兵大臣仰
蒙　聖鑒宜膺　殊典非臣所敢輕議其餘

官員如蒙　皇上軫念微勞　勅下該部查
議酌量上　請將左侍郎蔡經都御史汪文盛叅
政翁萬達副使鄭宗古指揮王良輔知府江一桂
均乞　聖恩　俯賜優録其餘分別等第俾得
均沾　恩賚是誠鼓舞人心風厲庶職足以為明
作趨事者之勸也臣碌碌庸才因人成事矢心徒
切鞭策不前儻蒙　聖慈矜宥不加譴責實愚
臣莫大之幸也緣係遵奉　明旨以議處安南
事理未敢擅便為此具本專差承差蔡榆親齎謹
題請　旨

嘉靖十九年十二月二十七日
奉
聖旨這功狀你部裏既會議明白都依擬毛伯温加
太子太保仇鸞柳珣加太傅蔡經進右都御史翁
萬達鄭宗古江一桂王良輔各超陞一級該部知道

附見
此叙功疏也隻輪詰壘一見行成是言有重於
詛盟威有逾於鈇鉞矣奚胡隱而不宣耶君子
以此疏而叅前二劄而後知當事者非知人善
任之難而唯有功善居不蔽者之為難也噫

究奸正法申一
太平府行
廣西太平府知府江　為乞究奸細以明心迹正
國法以信外夷事卑職以安南之役首蒙拔取於守
土儔屬之中繼沐檄召於供試臨場之日受知厚
矣容忍負之竊照奉委臨關於憑祥住劄將命料
理一應機宜列營按兵覘彼順逆以為進止因切
自念利害攸係是非易生如漢伏波之事可鑒已
伏波中興名將又懿親也明珠之謗終其身不得
解況邊方小臣名位相去萬萬者即自信此心可

與天地鬼神互相較勘安保人皆亮察不為謗誻
况職以守土屬僚忝會諸司之後其間不無祇候
承使吏員與土流地方軍民諸色人等相覩接有
一不恪投隙偵利皆足以招致人言重貽罪咎以
此夙夜靡遑敢戒鐫諭殫竭耳目防範惟嚴究訪
法外奸細屢嘗捕獲亦罷以重刑瀕來稍稍屏跡
奉役下人亦莫不知畏咸就約束卑職竊自以為
尊崇　國體聳視遠夷者惟此而過防逆探求以
免過於童牛履霜之始者亦惟此案查先該本府
申為乞給明文禁革奸弊事已經議照中華為四

夷之觀皇極示百官之度體當正大法惟嚴明承
委官員須知砥礪相觀以善務宜名節重於丘山
黷貨者誅要知貨寶輕於壤土况有事乎外國尤
加意於自防耳目森然臧否立見斷不肯喪所存
犯清議而干重典也誠恐殊方隔濶風教少閑法
外遺奸譸張為幻萬一莫氏父子為其所欺耆老
目民罔知救正一至於是噬臍何及呈乞　軍門
幷行各道及卑職所差人役俱合示以法守合無
仍乞　軍門行仰本府備行長慶諒山等府衛轉
行莫登庸申諭彼中耆老目夷俱要仰遵

天朝法度毋得輕信法外奸人乘機嚇詐其回文到
關之日亦不許餽送旗牌公差人等分毫財物等
因奉批　皇風清穆國法嚴明大小臣工砥礪名
節誰敢不顧清議自速重刑但恐法外遺奸乘機
射利萬一有此所損實多誠有如該府所禀白者
合行嚴禁備行長慶諒山通行莫氏父子大書告
示曉諭通知等因轉行去後及查本年八月內莫
登庸秪畏天威始欲由鎮南關投降其情甚懇不
數日內又欲由海道出欽州其詞頗支隨訪得有
王政黃浩者越通高友計誘登庸云出欽州安出

南關危詎要黃金二千兩登庸遂許之事頗傳布
卑職與該道當以王政等乃總督仇咸寧所遣也
未敢遽發而唯以出降之路請白蒙行登庸仍出
南關王政等計遂少左嗣是咸奉咸寧鈞牌及奉
手劄發送王政黃浩急趍營中芉因職聞益加驚
駭欲發其奸則恐磯上官之怒欲狥其情則恐貽
中國之羞體統事宜俱各未便故委曲隱忍以全
體周慎防閑以存法至十一月初一日乃受降前
二日也守奉該道諸司方議受降事宜探得王政
黃浩乘間抵關混越關界私見登庸潛報間幸指

揮王良輔等麾退随禀該道拘拏觧縛蒙各道懇
稱咸寧大將也執其用人而許之不順遠人臨降
而自貳之不信必行法以明志而不思罷兵以息
民䖏已詳而為國踈也卑職降心勉從姑置不究
至初三日交人投降訖卑職禀同　叅政翁　步
臨關界首諭登庸勿聽奸細至再至三登庸頗悟
躬執紙筆懇請訓言叅政翁　命卑職手書與之
其畧云兩廣雲南沿邊地方土流軍民客商人等
中間多有奸人假稱名色造揑事端誆詐財物少
不加察便為所紿如王畋黄浩文通㫖能為奸方

繞庶得其迹亦已差人緝捕但恐法外遺奸尚不
止此今後宜一切勿聽我　天朝正大之體
軍門嚴明之法爾當知之等因登庸受讀竦然愈
益大悟後聞登庸囬還即繫髙友𣳚其家財其先
誤而後覺可知矣受降還日職蒙　鈞諭大計已
成國是已定宜始終包容此輩令其自安叅政翁
與卑職三復誨旨乃竟不問然咸寧於職已入骨
怨矣先該　欽差鎮守總兵官安遠侯柳　奏
為陳情乞　恩明復勲階以服人心同列計議以
圖安南事奏稱咸寧忿怪安遠不行披執跪見之

禮擅用硃筆批斥安遠征蠻將軍太子太保勲階
等因奉有　明旨將咸寧切責咸寧當不自悟
時與各道明說是卑職原禀伊私差索該府嵌金
馬鞍鎖子甲等事以卑職為黨柳而傾彼也卑職
逄怒先已有此況加王畋等當關拿縛一節入骨
之怨夫復何辭即今咸寧造為謗棄不遺餘力卑
職本不暇恤但念安南事情卑職自受任使以來
臨關伸縮殫竭自效分也當大軍壓境機不容遏
夷情疑貳勢不可乘卑職晝夜兼程趋赴檄召
鑾輿案前唯蒙手執口授萬代瞻仰在職此行職

當　陛辭身冒鋒鏑出關詣壘宣諭　威德登
庸始不遣子入質而今遣親姪奠文明詣　闕待
罪始不奉朔歸侵而今乞頒曆於彼國中盡歸四
峒之地始不貢方稱藩而今補前未納方物一聽
制置鈐轄始雖國人亦不組繫而今頭目親近九
公府等以及登庸而下莫不自縛諸如此類豈卑
職有能以制其死命哉特以受任使遵成筭仗
廟謨先推心以致之耳先五日而出關後五日而行
成當斯之時登庸手執尺帛白㩖旗以觀變又親
書　龍亭前非拜　軍門之所則其桀抗猶在

也卑職率指揮王良輔以身近之而又以書諭之
會令垂下黃幄登庸始乃稽首若崩厥角成禮而
行成議合而罔變豈卑職有能以制其死命哉特
以受任使遵成筭伏　廟謨先推心以致之耳夫
難成者功易發者謗今如王政等若仍苟容卑職
即以官謝咸寧亦所甘心不意成命方臨而中傷
已伏彼中變故勢難億知兩廣邊境豈無乘機規
利如王政輩者失今不治雖登庸亦莫不疑我
中國之曲庇其人而卑職面諭之言皆虛餙之詞
矣將來奸人之效尤夷人之任奸我實教之耳國

體何在人心何在反覆思惟深為未便如蒙乞行
廣東該道官挨拏王政等解赴　軍門追究招結
以為永案庶他日心迹可以自明國法在而人心
服矣為此今將緣由理合呈乞照詳施行須至申
者

嘉靖十九年十二月十六日

附見

右申本為究奸細以明心迹正國法以信外
夷事也而單騎奉辭錯錯具見焉此非文之
互發者耶夫縻中國百萬之費驗大慶八年

之擾獨賴有此而唯此申見之公論安在嗚
呼悲夫

又

第觀就裡使無此申則咸寧之邀功賣敵誣
上行私其發露不在北虜入寇城下之時而
在南關未款觀望之先矣即今变降昭德煥
乎巍然者在當時亦賴有此哉

勑諭一

皇帝勑諭安南都統使司都統使莫登庸
朕奉　天命居中國為華夷主惟欲輿圖之外四裔

俱安守其疆土輯寧民人庶稱朕一視同仁之意
爾安南古初本蠻夷地然自秦漢以來立為嶺南
大郡入我中國久矣高官大爵受命中朝歷世相
因未有易者至宋始封王稱國遂使茲土復淪於
夷我　太祖高皇帝汎掃虜羶再造宇宙中原
再定陳日奎首先納款我　太祖因而封之且
著之　聖訓令後人無伐其國以其能畏天安人
也嗣因黎季犛篡滅陳氏我　成祖文皇帝始
命將討平再勞王師求陳氏後不得乃郡縣其地
我　成祖用夏變夷之心爾南狃其可忘哉未

幾黎利作逆幾動天討我　宣宗章皇帝念南
服屢遭兵燹亦不欲久煩中國以事遠夷乃因利
表請始聽之務以活南人耳利不足誅也利子孫
克脩職貢朝請不廢　累朝亦禮遇有加比自
先朝迨朕即位以來朝貢不至方議興問罪之師適
鄭惟憭奏稱黎氏國父為爾登庸簒奪則不庭之
罪罪實在爾朕命文武大臣往勘爾乃繫頸伏罪
恭上降表言黎宗已絶備陳爾父子盗據名字私
相授受之非願獻人民土地聽　朝廷處分該尚
書毛伯温等奏報兵部集議題請朕惟法尓自首

人貴改過既自縛投降納土請命是能畏　天道
服中國也爾負大罪數十款一切赦之今革去安
南國號王封特授爾都統使之職賜從二品衙門
銀印俾奉正朔許爾子孫承襲世守其地其十三
路地方各置宣撫司設官分職屬爾管轄差遣餘
闔境大小官屬聽從宜建置前黎氏僭擬中國制
度宜悉改正毋蹈僭逆獻還我邊四峒地方已收
入版圖其諸土地人民　朝廷無所利之特茲降
勅錫爾茶命爾能感恩慕義賤夷貴華知今日革
除封國之典實杜他日亂臣賊子之禍為爾類永

利為爾子孫無窮之福如或乍服乍叛譎狂不悛
仍踵前人故轍則天討必加罪在無赦爾與闔國
共深恩而仰副之故諭

嘉靖二十年八月十八日

安南來威輯畧中卷畢

安南來威輯畧下卷

應襲結狀一

安南舉國目人耆人士人上

安南小目阮如桂杜世卿等耆人黎灶陳氳等士
人阮經濟楊惟一等申為恭候　明命保結應
襲嫡孫以安夷民事欽蒙　天朝廣西太平府
抄奉兩廣分守左江海北清軍等道備奉
欽差軍門案驗行仰安南再行備查小目耆人阮如
桂等所申事情有無是實如前大頭目果是病故
不係阮敬致死并嗣嫡孫莫福海見在管事阮敬

見在交城俱各是的取具闔境小目耆士人等不
致扶同結狀與同嗣嫡孫莫福海并小目阮敬阮
寧止等各親到鎮南關以憑委官審驗端的別無
詐偽轉報區處施行若有別情亦要從實聲說等
因蒙此竊念前大頭目因在南關投降感冒山嵐
回居齋都於嘉靖二十年八月二十二日身終追
感　天恩隆渥遺囑嫡孫莫福海情詞悲切聞者
莫不涕泣其時莫敬領兵捕賊在外報知病劇星
夜奔還擗踊慟哭至欲自經以報養育之德今見
在交城維嗣主使豈有無故背負如近日流言予

設或有之以嗣主之力誅之猶薙一草耳況所部
小目權力在彼之上者無慮百餘安肯與之共處
不行討罪止是邊界一二逋人乘隙造揑遂致訛
傳今罪人已得訛言已明不敢多贅第惟嗣主年
力方强能握事柄知書好武體士愛民果善承祖
父之志人心歸附已非一日阮如桂杜世卿鄧文
值黎伯驪莫寧止等又其先世手足腹心素所信
用之人各誓忠誠始終協輔前大頭目之子姓族
屬亦頗繁盛俱各見在變事如故敢有二心今境
內晏然並無他警竊思前大頭目雖遷不幸然

叩已下　勑印已臨都統職銜即同實授嗣主
又其嫡長孫男相應承襲別無違礙況已奉有
欽伏乞轉達先將　勑印曆書給領使得備藩
職奉正朔以統轄目民無任感幸其四峒地界已
經割還欽州任土貢儀亦已備辦完足僃伏恭候
指示行緣阮如桂等所呈俱係實事如有一言虚
詐甘受誅戮為此今將前項緣由并不致扶同結
狀理合粘連具由申報須至申者

右　　　　　　　　申

天朝委官廣西太平府知府江

嘉靖二十一年二月初三日

諭都統使莫福海書

太平府行

頃于南關得接手儀嶷然逈異真足以綏輯遐方永膺　宸寵一柱以告之諸當道皆為嘉慰具慶莫氏之有後而相與栽培之意為不孤矣鄭翁二公久知貴轄晏然無他變故屢報　軍門亦已深亮即當遣還盛使先畀曆書又慮令祖物故流言播聞　京師不無疑駭若止區輩率爾一會恐職甲望浅雖有關白終不足以取信　廊廟萬一疏

闊不蒙俞允覆行查勘則未免稽遲　恩錫而足下境内逆徒亦得乘間生事殊為未便乃請　軍門移檄兩廣藩臬會臨關界親自詰驗據實議復獲如所請不至往返再勘滯緩　湛恩是所以為足下慮者至深遠矣可速來候及警肅部下九百宜慎其四峒書冊内有奏進字様甚非事體請公駁語已極明白然已發欽州収照當速差的當往彼近壤照界割歸完日該州回報當道併入疏中方可結局幸無自緩延祚輩已先遣回令収諸人足下抵關之日當亦至矣文泰襯歸宜令彼二孤來迎諸當道重其人甚憐之足下謁見諸當道之儀想能勿失大都當執子弟禮耳諸當道會約本月望前至關足下宜兼程先至為恭盖諸長者專為足下勞苦遠涉萬一後期是自居慢忘感區亦不能無罪矣途次倦甚不能操觚付之小胥殊不謹重

嘉靖二十一年四月初十日

回文一

安南小目杜世卿等申

安南小目杜世卿莫寧邦裴林阮寅亮何景道阮

典敬阮倩等肅申于　天朝委官江老爹臺下安南事已屢蒙老爹以身屬國人安危生靈攸賴以情轉達　軍門會案明白天地之恩父母之親也然世卿寧邦等但惟前後來文似有互異今特天地之恩父母之親請究顛末正言之而無怪可予如曩令嗣嫡孫抵關一會廢可破欽順之言[illegible]接四峒圖冊回報即頒　勅印脩貢儀其前項使人遣還决不濡滯等因蒙此嗣嫡孫已從命束關并差往欽州近地候分立界允蒙指教一一稟行別無違越今見前項使人許三省阮簡清阮[illegible]

莽阮延祚等回還而莫文明陳必聞范光佐楊謙
等未蒙發回質諸使人即日遣還之言恐未全信
又蒙牌示嗣新主必須來見方可回復　軍門續
蒙　軍門令嗣嫡孫可速來候纔淡衣而有二命
何　軍門於嗣新主而以棋子視之耶若云老爹
職卑望淺雖有關白終不足取信廊廟夫以老爹
之清白鬼神可質老爹之忠信蠻貊可行而況於
廊廟乎至於四峒地界來文說係黎氏侵占縱黎
氏或小有之緣何彼時不聲罪削國一請而許署
國事再請而尋封國王終黎之世曾不照舊勘還

至前大頭目臨關投降諸　欽差列位始問
及四峒前大頭目恭默以從然奏本內言果如林
知州所稱唯命是聽盖欵　欽差從公勘處耳
前大頭目臨終之時云四峒之地原無侵今安歸
而歸之者以江老爹郭令公在上不忍辯也今嗣
嫡孫承祖之命開造圖冊奏　進而　軍門屢次
駁回并說及永安安寧二州俱係如暗貼浪二都
原地令其退還其與老爹來文有云屬我者尺寸
不可棄不屬我者尺寸無所取何相反之若是耶
且喪可哀也孤可恤也今前大頭目不幸而未得

哀告其嗣嫡孫方居喪次而重使釋經來關揆之
天理人情安乎世卿等唐突自知其責然有痛則
呼人情必至而況天地之恩父母之親如郭令公
乎為此備申乞希亮照轉達施行須至申者
右　申
天朝委官江老爹
嘉靖二十一年四月二十一日
頒
勑印關會
太平府行長慶諒山府衛牌

廣西太平府知府江　為恭候　明命事奉左
江道叅政翁　會同兩廣布按各道議照見奉提
督兩廣軍務蔡　案驗准兵部咨職方清吏司案
呈送兵科抄出題據委官廣西太平府知府江一
桂都指揮王良輔繳到前夷目莫登庸嫡孫莫福
海申稱福海祖莫登庸先於嘉靖十九年十一月
十二日歸自南關染瘴得疾寢食不安且旦夕以
冀　朝命嘉靖二十年八月二十二日疾革屬
福海曰頃我跋涉險阻過關納欵幸蒙　軍門矜
恕　天恩賜宥繼聞有都統之命我不幸嬰疾

未及親受死不瞑目身終之後未可遽葬且留棺
以俟一命儻如所願死猶生也又屬曰我死之後
爾事　天朝當始終共事如我之心慎毋違越
言訖而終其遺囑之言福海夙夜謹守惟共順俟
命思以慰亡祖之望今聞　朝使齎捧
勅印且到福海雖居喪次於禮不可遠離然敬
天之命不敢即安代親之感尤切於懷故身率小目
者士人等詣南關候　命未知可否如其可者乞
擇定日期指教遵行等因并據思明府土官黃潮
稟稱憑祥州守官頭目黃韶各口稱安南移關先

在關外脩整歸德臺八月內夷人散回六七日後
復來興工登庸之死容或有之及前後差人回話
觀察語言料是病故聞之夷民聽得　天朝恩
宥棱有職事通該歡悅等因又據委官江一桂指
揮王良輔稟據歸順州土目黃房稱言莫登庸被
阮敬致死尚在遙傳難以盡信等因各申到院比
案查先為遵照欽依事理莫登庸情詞共順待以
不死暫令戴罪回還共聽處分等因續准兵部會
題奉　聖旨安南自昔本屬中國至宋受王封後
淪於夷若陳氏傳世久遠又知慕義納欵為我

太祖嘉獎著訓後人無伐其國　帝王無外之仁
何其厚也止因賊臣黎季犛弒主日焜又殺其孫
添平大逆不道上干我　文祖震怒始　命將
討平郡縣其地是出交人於水火也不謂黎利復
肆奸欺鼓衆作叛又詭詞請封我
宣宗皇帝念息兵未久推　聖祖為陳氏意以恤
交人姑置不問　累朝因之朕即位以來黎氏久
不來庭將奉辭伐罪節攄勘奏乃知有莫登庸竊
據因其罪狀未明恐戮及無辜暫差文武大臣從
宜撫勦今登庸既面縛　軍門納土請罪是與二

黎究悖有間察其降表與國人代陳情有可原姑
從赦宥茲為交人永圖着革去王號不許稱國厥
兇亂賊接跡相叛既說黎氏無人登庸久為交人
附屬准棱以官職降賜印信使奉正朔朝貢仍討
其地方與置官屬以便統轄其人民土地
朝廷無所利之一應事宜兵户禮三部再會同多官
詳議來說來降夷使着午門外叩頭賞賚待一併
議奏押送官舍人等照報捷例行其餘依擬欽此
欽遵又准兵部咨覆議會　題奉　聖旨這事
情你每既再經會議安南國着革作安南都統使

司莫登庸授與做都統使賜從二品衙門銀印仍
與世襲其十三路地方就照原舊地名各置宣撫
司設宣撫同知副使僉事各一員聽都統使管轄
差遣　朝貢其餘合境大小官屬聽彼從宜建置
統屬人民前黎氏僭擬中國制度都着改正迴避
獻還四峒地方原係我邊的准收入版圖還行與
兩廣巡撫衙門好生優恤投降人等罪既通赦了
莫文明准賞素紵絲衣一襲綵叚二表裏阮文泰
等綵叚一表裏許三省等紵絲一疋事完即日遣
回貢儀　御前　東宮照舊彼地户口錢粮不必

冊奏其餘依擬欽此欽遵備行兩廣都布按三司
守巡兵備添註劉委等官欽遵去後續該兵部咨
稱照得禮部見差主事吳應奎中書舍人李傳前
往兩廣地方給散　欽賞銀兩表裏所有安南都
統使莫登庸　勑書一道安南都統使司印信
一顆相因給付本官齎奉前去交割轉發安南都
統使莫登庸收領等因　題奉　聖旨是欽此
欽遵今據谷中稟前因會同總兵官柳　議照安
南夷目莫登庸頃者畏威投降輸情待罪已蒙
聖恩赦宥授以都統職銜許其世襲及降賜

勑印齎奉前來收候差官轉齎間今莫登庸既已身
故而所稱莫福海者乃其聽襲嫡孫似合准令赴
關祗領　勑印但前項　勑印原係賜給登
庸未經　題請遽難畀之福海况福海所申情由
尚當復勘而傳聞登庸之死又别有因亦合查明
除分頭委官詰探回報至日另行查議馳　奏外
等因具題奉　聖旨莫登庸未受職而死覩其
屬纊之言尤切恭順亦可矜悼着蔡經會同總督
等官查勘死無他故及莫福海是否係伊真正嫡
孫務得的實方將降去　勑印許令赴關親領

回司襲職就着保勘明白别具奏來兵部知道欽
此欽遵抄奉備咨准此案查先爲前事已經太平
府知府江一桂稟稱安南莫福海欲帶小目阮敬
等親赴南關聽候審驗及齎文回報等因據此議
照前此邊界地方浪傳莫登庸爲阮敬所害續訪
登庸係是病死福海見在管事其稱要赴關聽驗
一節相應俯從但事體重大必須多委廉明官員
前去驗果的實方可議報等因仍乞早差旗牌抵
關巡察奸細警肅人心庶免他虞等因前來
軍門着係外夷重大事情必須該道守巡并添委

等官前去督同原委各官審驗明白遇有公文及
夷使查酌接受會議呈報庶便施行隨據叅政翁
副使鄭　會禀安南事繳到安南嫡孫莫福海
申前事蒙　天朝廣西太平府信牌抄奉提督
都御史蔡　鎮守安遠侯栁　牌案前事到府蒙
此查得前此節蒙本府信牌為遵奉
明旨以議處安南事備言見今　朝使齎奉
勑印已到合仰夷目知會抵關審驗以憑轉報
軍門擇日傳宣　勑諭給發印信等因蒙此福
海追念亡祖自投降後一聞　天朝有都統

恩命及　勑印之賜感泣欣躍傳布境内耆士人
民北望叩頭嵩祝稱謝率衆恭候間不意先因感
冒嵐瘴於嘉靖二十年七月下旬病發八月初九
日加重二十二日在於舊居齋都身終臨終之時
哭語福海及各目民人等剔肝殞軀圖報
天朝等情節經具由申報去後今蒙前因福海竊惟
亡祖存日祗畏　天王靡遑夙夜輯寧夷落罔
有睽携命數奇窮奄忽遐逝不能少待旦夕沾受
湛恩此亡祖所以死未瞑目而福海之與岷庶所以
抱痛恨於終窮者也所幸奉有　欽依允令世

襲福海荷洪慈於　大造席綫緒於先人族屬耆
黎過相推戴同姓如莫正中莫大用莫仁甫莫福
山莫先啓莫仁廣等亡祖子也莫敬典莫㑊祥莫
㑊孚莫恊恭莫敦讓莫㑊遜莫㑊保并福海弟也
莫仁智莫仁和莫宣莫徵莫欽莫文軫等福海之
族屬也異姓如阮如桂杜世卿鄧文值黎伯驪莫
寧止范金梧丁伯潭阮克寧武公彥武金鉦裴敬
信范子宜阮唯等皆亡祖之舊人也其餘相與夾
持者未能枚舉矢心陳力無替往時内如阮敬者
委係亡祖育兒改從莫姓頗效誠悃罔有異心但

備使令原無權力見今遣抵關界恭候指麾近日
流言實出逋虜乘隙造捏遂致訛傳節經申詳難
逃淵察即今境内幸得晏然假令果有逆徒自能
領衆撲滅力如不逮亦當以難奔陳敢自恭番重
勤查勘除遵奉　欽依事理恪循亡祖遺囑已
將四峒地界開造圖冊割還欽州及恭辦貢儀完
備封貯候進外伏望憫念福海原係奉有
明命應襲都統使人數乞將前項　勑印暦日咨
令躬抵南關俯伏候領惟復仍爲轉　奏使得叨
沾　寵命永列末藩亦以慰亡祖之心副夷臣

之望始終啣德豈有涯窮福海無任懇悃顒望之至等因為此理合申詳繳報到院會同安遠侯柳
議照查勘今據稟稱莫福海於三月二十二日
親率阮敬阮寧止等到關審驗的實則莫登庸之死似無他故嫡孫莫福海見在管事似亦無疑相應遵照舉行就將前項　勑印并嘉靖二十一年曆日一千本擇日議定禮儀行令親赴纸領回司欽遵行事其具表謝　恩及脩貢事宜如遇到關先取具莫福海紙領過日期緣由同新印領狀一樣五本回報其齎表本進貢官俱照新定宣撫

等官職名開坐仍將莫福海襲職緣由保勘明白取具合境小目耆士人等的確供結具由通行呈報以憑具奏等因奉此為照前項　勑印見該軍門行委齎捧前來不日抵關擬合就行為此牌仰長慶諒山等衙門照依牌内事理即便轉行都統使司行令應襲都統使嫡孫查照遵奉為照莫氏嫡孫務要仰知　朝廷恩命之隆及　軍門體念之周作速前來聽候早沐　寵光以慰乃祖以安目民以定反側毋得遲悞自取不恭自貽他累不便仍將遵行過緣由回報

右牌仰長慶諒山等衙門
嘉靖二十一年閏五月十七日知府江

勑諭一

皇帝勑諭安南都統使司都統使莫福海
朕惟帝王以天下為家欲使萬物各得其所一視同仁無間遐邇爾安南遠處南服世脩職貢近年朝貢不至推厥所自實惟爾祖登庸之罪已命官往勘征討爾祖乃能悔罪改過恭上降表備陳私相授受之非頓獻人民土地聽　朝廷處分該尚書毛伯温等奏報兵部集議題請謂爾祖登庸畏

威投降輸情待罪朕仰體　上帝好生之德俯順下民歸從之情一切赦之革去國號王封授以都統使之職賜從二品衙門銀印俾奉正朔　朝貢許其子孫承襲世守其地實為爾類永利也兹該鎮巡等官奏稱爾祖登庸病故爾係嫡孫且爾能備陳爾祖納款之誠備述爾祖屬纊之言亦可謂善承祖志者矣特命襲爾祖都統使之職仍降勑諭爾其益竭忠誠恪脩職貢撫理夷衆安静地方以稱　朝廷懷柔至意用副爾祖恭順之誠永為多福顧不羡歟一應事宜悉要遵照原降爾祖

勑諭內事理而行欽此故諭

嘉靖二十一年十二月十五日

謝　恩本

都統使莫福海上

安南都統使司應襲都統使嫡孫臣莫福海謹
奏為謝　恩事嘉靖二十一年三月二十二日臣蒙
天朝委官知府江一桂都指揮王良輔奉　軍門行
委會勘臣已恭赴鎮南大關聽驗併秪領
大明大統曆一千本臣又伏蒙　軍門行委廣西按
察司副使劉　等委官知府江一桂指揮王良輔

等齎捧　原賜臣祖臣莫登庸安南都統使司都
統使　勑命一道銀印一顆臣已赴關秪領訖
臣竊念臣祖臣莫登庸於先年詣關投降欽蒙
天恩賜宥准授官職許奉　正朔凡轄內所置官
屬聽以從宜所有方物聽以脩貢　恩至渥也臣
祖臣莫登庸聞有　成命欣躍感戴不幸未及親
受然屬纊之言拳拳唯冀露　一命以慰所望幸
皇帝陛下廣　天地包含之德軫臣祖恭順之心
渙汗頒　恩不以存歿有間仍　勑欽差軍門會
行查勘許臣赴關代領前所頒給曆日并所原賜
勑印臣有以仰見
聖天子哀矜於臣祖極　恩禮而全終始也臣祖臣
莫登庸雖於地下亦知所感而臣暨轄內官目人
等尤不勝欣幸感謝之至臣謹於敬
天仰德臺焚香百拜北望嵩呼敬祝
皇帝陛下萬萬歲壽除謹差交北宣撫司宣撫同知
阮興敬太原宣撫司宣撫僉事阮公儀義安宣撫
司宣撫僉事梁倜等齎捧　表箋文及轄內官
目人等　表文赴　京謝　恩外所有
表箋文并方物數目理合開坐謹具奏　聞

嘉靖二十一年八月初三日

修貢方物本

都統使莫福海上

安南都統使司應襲都統使嫡孫莫福海謹
奏為脩　貢事嘉靖二十年十月二十日臣伏蒙
聖旨准授臣祖莫登庸都統使賜銀印仍與世襲其
十三路地方就照原舊地名各置宣撫司設宣撫
同知副使僉事各一員聽都統使管轄差遣朝貢
其　貢儀　御前　東宮照舊等因欽此臣
竊慮臣安南自先國王黎氏欽遵　天朝典例

每三年一　朝貢別有進　中宮　東宮
方物率以爲常比緣地方乖亂　貢道不通嘉靖
六年以來臣故祖臣莫登庸并臣故父臣莫方瀛
暫代管事轄內稍安累差人目戴　表陳首請
命於　朝經十年餘阻未　上達致久缺　貢儀
惟恐不免於戾嘉靖十九年臣故祖臣莫登庸過
關投降幸　天恩賜宥准授官職仍許朝貢今
臣代署事臣竊自思惟臣祖若臣累蒙　矜宥之
仁不勝感荷之至雖　貢物加常亦未足以
上報　聖恩萬一但該奉　明旨貢儀

御前　東宮照舊臣敢不遵照　欽依奉行除
謹差轄內山西宣撫司宣撫同知阮昭訓山南宣
撫司宣撫副使武恂太原宣撫司宣撫僉事謝定
光等齎捧　表箋文赴　京上　進外所有
表箋文并方物數目理合開坐謹具奏　聞
一進
表箋文二通
御前表文一通
太皇子箋文一通
一進方物

一進
御前　金香爐花瓶四副重二百九兩
金龜一個重十九兩
銀鶴銀臺各一件重五十一兩
銀香爐花瓶二副重一百五十兩
銀盆十二口重六百九十一兩
沉香六十斤　速香一百四十八斤
降真香三十根　白木香五十件
黑線香八十株　白色土絹二百疋
漆扇三百把　薰衣香重二百三十一兩

盛薰衣香銀礶六個盖全重二十九兩六
錢四分
犀角二十座　象牙二十枝
一進
皇太子　金龜金鶴各一件重三十兩
銀鶴銀臺各一件重四十四兩
銀香爐花瓶二副重一百兩
銀盆四口重二百三十二兩
黑線香一千株　白色土絹五十疋
一差去一十九員名

宣撫司三員
阮典敷　阮公儀　梁僴
通事一員
阮文禮
士人四名
黎有恒　阮允肅　白文孫
阮良訓
從人十一名
阮邦憲　阮時彥　裴時譽　阮露
黎文字　黎徵　張如佮　阮文祥

劉文炳　阮有為　阮仁贊
右謹奏
聞
嘉靖二十一年八月初三日安南都統使司應
襲都統使嗣孫臣莫福海

御前表文三
一安南都統使莫福海謝祖莫登庸
勑印
安南都統使司應襲都統使嫡孫臣莫福海誠

惶誠恐稽首頓首　上言嘉靖二十一年五
月二十四日臣伏蒙
天朝兩廣布按都三司右叅政翁　副使鄭
知府江　等齎捧　大明大統曆一千本頒
給八月初三日臣又蒙　軍門行委廣西按
察司副使劉　僉事馮　知府江　等齎捧原
賜臣祖莫登庸安南都統使司都統使
勑命一道銀印一顆赴鎮南關祇領訖臣暨轄內
官員人等不勝欣幸感荷之至謹奉表稱謝者
伏以中國有

聖亶徵清晏之期外夷來王欣溥　鴻溶之慶
陽田午徼星拱　宸樞臣福海竊惟乾坤體物為
心生意流行不以榮枯而異
帝王愛人為德至仁惻怛不以存歿而殊是皆理
出於公所以施及者博臣福海竊念臣祖臣莫
登庸蚤綠世蔭偶值時艱撫藩民流離卒亂之
餘保全有幸狃蠻俗傳襲因循之內專輙是虞
曠年久阻於北從一旦俄聞於　震怒南關
待罪恐無地之可容　北闕馳忱賴有天之
能白　雷霆為霽　雨露旋施霑沐

湛恩冀遂由衷之願謹勤遺囑不忘事上之誠臣
福海資稟童愚序叨嫡繼祖父效忠之訓惟謹
內承
朝廷字恤之仁寔期下逮體悉過蒙於　慈眷
畀矜仍侈於殊光　正朔許以奉遵儀示春
秋之大　勅印聽其欽領　禮優名器之班
隆渥普覃　高穹莫狀臣祖瀕危娭
命沒亦知榮臣躬在疚拜嘉感而出涕以至合境
見聞之所及皆言　大君長育之無私欽惟
皇帝陛下　剛健粹精　聰明睿知允恭克讓光被

四表　煥乎充文　柔遠能邇安勸廢郛
承我周烈和輯丕昭於后典撫寧大禮於
皇風謂臣品萬里阻深聲教歆同於漸暨較臣祖
一心共順　恩懷忍閒於始終肆領巳出之
綸　廣示曲成之造臣福海謹當代先受
賜對衆揚休德澤所施政令所加險夾胥陶於
至化土地之出　貢賦之入率常度致於　正供
臣下情無任瞻　天仰　聖激切屏營之
至謹奉　表稱　謝以　聞
嘉靖二十一年八月初三日

一都統使莫福海謝
賜勅
安南都統使司應襲都統使嫡孫臣莫福海誠
惶誠恐稽首頓首　上言嘉靖二十年十月
二十日臣伏蒙
聖旨准授臣祖臣莫登庸安南都統使司都統使銀
印仍與世襲欽此臣不勝敬
天仰德之至謹奉　表上　進者伏以
聖皇乾御覃弘　柔服之仁藩裔比從謹效執共之
禮尋常方物咫尺　忒顔欽惟

皇帝陛下　亹亹嗣功巍巍建極　高明博厚
天地並以為三　矜育撫寧　華夷愛之如一九
聲教之所漸暨有血氣莫不　尊親臣福海迹阻
交南心傾　辰北　貢儀照舊簿來欽仰於
恩綸　景福維新　亨畀頒貞於　眷命臣下
情無任瞻
天仰　聖激切屏營之至謹具　表上　進以
聞
嘉靖二十一年八月初三日
一安南轄內宣撫司官臣武公彥等上

安南轄内海陽山南山西交北安邦清華乂安
興化宣光太原諒山順化廣南等十三路宣撫
司同知等官臣武公彥范正毅阮有猷阮絹阮
在廣鄭珙等誠惶誠恐稽首頓首　上言嘉靖
二十一年八月初三日臣等伏蒙
天朝委官知府江一桂欽齎
天朝原賜先大頭目臣莫登庸
勑命一道銀印一顆詣鎮南大關頒給其先大頭目
臣莫登庸嗣嫡孫臣莫福海已於是日親率臣
如桂等赴關代拜領訖臣等不勝欣幸感荷之

至謹奉　表稱謝者伏以
萬年天子茂膺申錫之休一境藩氓胥荷
撫存之貺　雲霄普施嶺嶠騰歡欽惟
皇帝陛下篤實輝光　聖神文武為　天所命作
君以寵四方因民之心樹德而濟同欵至於蠻
兩鑾煙之外舉在春風和氣之中謂臣等皆海
隅蒼生封域雖云隃隅憫臣等亦
朝廷赤子邇遠欵與相安遂順夷情曲加
恩典先因原封　勑印仍頒　成命而示以哀
榮敝邑舊轄土民悔設治官而使之統屬一洟

暨南之　教齊拿拱　北之心廿餘年阻水
限山始通　周道十三路慭髫戴白共沐
兗仁臣如桂等　怙冒攸同　尊親罔間
乾坤並生並育難名　覆載之功　福祿是總是
遒頤衍　綿洪之祚臣等下情無任瞻
天仰　聖激切屏營之至謹奉　表稱　謝以
聞
嘉靖二十一年八月初三日
東宮　中宮箋文三
一都統使莫福海恭上

東宮謝世襲
安南都統使司應襲都統使嫡孫臣莫福海稽
首頓首　上言嘉靖二十年十月二十日臣
伏蒙
聖旨准棱臣祖臣莫登庸安南都統使司都統使賜
銀印仍與世襲欽此臣不勝感戴之至謹奉
箋上　進者伏以
上哲承祧　亶著宜人之望遐方通道虔將獻物之
誠驛路星馳鶴宮雲邇恭惟
皇太子殿下　純慈至性　夔敬因心　禮樂内積

外形　教尊而三善得　言行遠聞近被
德成而萬方貞大本益隆下情咸附臣福海淤
居冉徼喻仰　青闈　重潤重輪　歸美載賡
於　漢頌　曰壽曰富　錫休永協於箕疇
臣下情無任　瞻仰激切屏營之至謹具
表上　進以
聞
嘉靖二十一年八月初三日
一都統使莫福海恭上
東宮謝　勑印

安南都統使司應襲都統使嫡孫臣莫福海稽
首頓首　上言嘉靖二十一年八月初三日
臣伏蒙　軍門委官齎奉　原賜臣祖臣莫登
庸安南都統使司都統使
勑命一道銀印一顆詣鎮南大關頒給臣已於是日
赴關祇領訖臣又不勝欣幸　感荷之至謹奉
箋稱　謝者伏以
日麗　東明欽仰　温文之盛　陽田南服均蒙
照育之私　優渥普覃旋俔胥慶恭惟
皇太子殿下　金相全度　玉裕凝姿　震長繼良

國本隆而天下定蒙養以正睿德就而
聖功基九歸　一視之中共囿　重瞳之下臣福海
僻居夷徼欣被　華風　大善以貞萬邦率土
敷同於繫望長壽而享諸福自
天永迓於　申休臣下情無任　瞻仰激切屏營
之至臣謹奉　箋稱　謝以
聞
嘉靖二十一年八月初三日
一都統使莫福海恭上
中宮謝　勑印

安南都統使司應襲都統使嫡孫臣莫福海誠
惶誠恐稽首頓首　上言嘉靖二十一年八
月初三日臣伏蒙
天朝委官知府江　指揮王　等欽齎
天朝原賜臣祖臣莫登庸安南都統使司都統使
勑命一道銀印一顆臣不勝欣幸　感荷之至謹奉
表稱者伏以
位正　中朝茂集　綏將之慶　教行南晉弘施
優渥之恩感戴攸同懽寃曷既欽惟
太皇太后殿下嵩嘉淑惠　淵穆貞明　毋二氣宗

三才配　太極太沖之德　子萬民儀四國普
並生並育之仁暨於藩外凡祗咸曰天下
聖善臣福海喻瞻　慈禁莊誦徽音　品物咸亨
弘大難名於　厚載　諸福畢集壽寧丕迓於
崇休臣下情無任瞻
天仰　聖激切屏營之至謹奉　表稱　謝以
聞
嘉靖二十一年八月初三日
奏歸四峒土地人民冊稿
安南嗣王莫福海行

安南嗣嫡孫臣莫福海謹
奏歸四峒土地人民冊內有間居二座峒
計
澌凜峒
土地里數
東三十里近羅浮峒
西二十里近古杉峒
南三十里近前阿葛峒改河洲社
北十五里近蓼開
人民戶口

戶一百五十有餘
男婦六百六十餘口
古森峒今古杉峒　前古森峒先國王黎氏改
土地里數
東十五里近澌凜峒
西三十里近溪
南夾近小江
北十三里近溪愈關
人民戶口
戶二十有餘

男婦一百餘口
阿葛峒今河洲社　前阿葛峒先國王黎氏改
土地里數
東一里近山并茫湍
西一里近山并溪
南夾小江
北二里近澌凜峒
人民戶口
戶一百二十
男婦五百二十餘口

金勒峒今纖勒峒　前金勒峒先國王黎氏故
土地里數
東十五里近小江
西三十里近羅浮峒
南十五里近山
北十五里近邯關
人民户口
户二百有四
男婦八百餘口
一間居二庄峒

安良庄
土地里數
東夾小溪
西二里近羅浮峒
南一里近江
北一里近山
人民户口
户一百五十有餘
男婦六百餘口
羅浮峒

土地里數
東二里近安良庄
西夾小江并山
南二里近山
北一里近沙渤關
人民户口
户二百有餘
男婦七百餘口
受降城申二
一委官太平府建議事宜嘉靖二十年十月十五日

廣西太平府知府江　為建議築城以彰
神武以懾遠夷以永盛烈事竊照安南蕞爾小夷恃
其險遠風土瘴毒難於進討故力屈則鼠竄以全
身勢强則鴟張以梗化蓋自秦漢以來迄於宋代
叛服不常高官大爵封王稱國猶不足以羈縻之
而窮征力討以為功者又往往殫竭中國損兵耗
粮得不償費南夷往牒歷歷可徵　明興受命
雖云陳氏首先納款然不一傳而黎季犛陳日焜
陳季擴與夫黎利陳髙陳昇鄭綏杜温潤等迭遘
逆謀倡亂阻兵陷沒郡縣殺敗官軍大將如柳昇

大臣如陳洽皆死於其難其餘前後用兵遭其荼
毒至今言之尚為痛心卑職莊誦　先朝實錄
季犛之叛
文皇命定遠王沐　討平之郡縣其地得郡四十八
縣八十六戶三百十二萬五千九百自古征南之
功無以踰此矣然詳考定遠徂征之時由野蒲歷
宣光江口出洮水至富良江漸達東西兩都又追
至日南州奇羅海口等處伐山通道破關攻隘築
堡造舟梯山航海驅百萬之生靈而鋒鏑之輸億
萬之輜重而銷糜之所得咫尺而勤勞中國亦不

啻尺寸已也以十餘年勞費僅得數年郡縣而又
叛者相繼復淪於夷求如今日兵方陳而未加粮
已集而不費梟雄桀驁之徒一旦革心革面欵關
乞降自比圈豕頓效牽羊伏棘門以請死表衷曲
之無他至如奉　朔歸侵補方稱藩允欵版圖一
聽　天朝處分曾何得乎卑職以為自有安南
以來未有畏威懷德如今日者也此蓋我
皇上德符三五功光　祖宗　神武之威藏於不
殺　敷文之化溥於無私是以先聲丕振而黠酋
震驚一矢不遺而蠻邦底定又由

欽差大臣訏謨遠筭運用不窮監統諸司勠力同心
動作有紀揆文奮武事出萬全故能奏膚功於尊
俎訖聲教於海隅曠古罕聞於今獨盛卑職切讀
唐史張仁愿請築受降城於靈夏朔方之地論者
謂仁愿此舉非徒以誇功耀武而已峻四夷之防
雪百王之恥真足以尊崇中國震疊外夷而照耀
簡編到今不朽實萬代之瞻仰也夫南夷比狄不
容二視攘狄安夷功足相方合無比照請議建築
受降城於念滙營鎮南關內庶足以昭遠人向化
之誠明王者無外之治而我

聖天子一代中興之儁烈諸名碩推誠宣力之奇勳
垂示萬代直與大舜之有苗孚格方叔之蠻荊來
威同一聲施矣昔伏波漢庭一将耳交阯女子反
僅擊破之尚植銅柱於欽州關界于今為烈况今
奉行　天討不戰屈人裔夷共順之義
聖朝曠蕩之仁又高出前古萬萬者乎為此理合具
申呈乞議照如蒙伏乞　題請施行
一委官太平府建議規制四文
廣西太平府知府江　為建議築城以彰神武以
懾遠夷以永盛烈事先該本府由呈前事備申

欽差提督兩廣軍務兼理巡撫兵部左侍郎兼都察
院右副都御史蔡　奉批安南之舉肅將　天討
仰仗
廟謨卒與吾民相休息然外夷共順之
忱　天王無外之治自古罕聞於今僅見歆永
懾伏乎遠人須先崇視於中國相應比照北邊建
築受降城以昭威烈誠有如該府所建議者事當
速舉毋得逡巡除本院一面會議　題請外仰該
府經歴司轉行知府江　文到之日即刻離任前
去憑祥會同督備等官丈量規度務得其宜作速
申報施行等因奉此遵奉已於本月初三日會同

指揮鮑　陳　等前到憑祥念涯大营去處相度
丈量已訖卑職切照受降之築非以美觀
龍輿所居即　朝廷所在也固不恃壯麗以為威
亦安可儌隘簡陋而苟就哉職等今議外城丈量
周圍共八十丈高三丈內繞子城一匝周圍六十
五丈高二丈城樓門東西南北四座內外共八座
城內從北邊起受降廳事計九間南向中奉
龍輿廳前起昭德堂五間堂外築昭德臺上列碑文
臺外甬道左右中三路廳堂左右列廂房四所自
北抵南共深三十二丈木植用鐵力木方可耐千

百年磚石灰灰等件務選良匠計度做造必如此
而後可以為四方之具瞻萬代之大觀也除本府
別處無碍官銀本職量捐俸米一面買辦木植及
雇募江西窯匠立窯燒造石匠伐石備用外理合
申報為此今將丈量過地數及規度墻宇各制填
畫圖本揭帖申呈伏乞詳示施行適觀不日之成
懋建萬年之烈為此須至申呈者
嘉靖二十年十一月十三日

附見

嗟夫是舉也所以綏携而懷遠者在是所以

尊主而庇民者在是所以明　王者無外之
仁昭
皇明大一統之治者在是是宜當事分閫之所
必先而主持國是者之不容以緩圖也今稽
其事考其時皆當事論功陞任既去之餘
叙功殿最為抱不平之日公也欵而創論建
議從而相度教護約已飭材而告成焉自斯
成也由是以懷遠嚮之弛共逿貢僭號越紀
不特一時之不然而邇可遠也由是以庇民
嚮之糜調集百萬騷大慶八年不特一時之

不然而世世可庇也由是自正朔之歲頒於
斯可以見行　夏之時自職貢之歲脩於斯
可以見貞　夏之度自　勑印之封拜於斯
可以見用　夏之命以昭無外以大一統甏
有踰於此哉彼嘗[illegible]而持國者以其身若過
客以其任若廬舍饑食飽宿唯吾出門之適
而已矣至於廬舍主人去後休戚寧復遑恤
之乎是比比者宜皆不足以預與於斯也故
璞也謂公此舉其為利賴豈惟莫氏豈惟南
關其為永久豈惟一時豈惟今日雖達天下

通萬世亦不越是道也因其終而原其始即
其事而究其衷是皆公之誠與才合也是固
然也然璞也嘗同公遊　涇師之門矣王諠
明道公之心也為之自我者當如是公之學
也不從軀殼上起意見不從知識上去推測
不從功業上去比擬心之純也學之邃也公
養之定也則其出而作用單騎不為威怵歸
餉不為利囬與今既敬既戒惠此南國不為
義疚如詩所云者謂不有由然哉

碑陰紀績二

征南碑文

皇帝承運文宣武謐宇內熈皞兆　四郊以崇
天建　九廟以尊　祖于是百靈薦祉　元儲應
期將以誕告多方外諭四裔迺坐明堂朝群辟
按圖數貢至於安南曰茲邦不　庭廿有餘稔
豈其叛哉曷往詰之禮官肅將瀕行會有黎氏
遖臣詭辭而控曰臣南裔藩臣黎氏之嫡裔也
國有不令之雄曰莫登庸者實篡黎宗逐臣草
莽惟
陛下憐而納之

皇帝若曰信茲稱亂其往討之迺命兵部左侍郎蔡
公經安遠侯柳公珣經畧邊務以需大舉蔡公
簡委賢豪參謀畫策而左參政翁君萬達實摠
其凡迺圖山川發間諜探要領峙芻粟礪矛鏑
選偏裨練卒乘義問昭乎日星威稜抗乎風霆
交人聞之大懼登庸披腸吐款奉表而稱曰臣
先臣黎氏之陪隸也黎氏式微國亂無象臣以
皇靈削芟草竊僅有寧宇黎氏天絕屬纊之晨倉皇
解佩印而屬之臣曰　天錫元寶爾姑守之請
命以聽所立也臣恐駭逃匿國人周章索臣此

之左推右輓責以大義曰不守、錫寶是不共
天朝也不受君命是蕩析黎民使不保也臣不
得已苟從夷俗護印五年而犬馬之齒耋矣復
以屬臣之子十有一年再嘗遣使款關而關令
嚴不敢啓方物弊不敢移易也封題較然臣父
子兢兢惕惕罔敢專席旦夕稽首北望曰天監
在兹夫黎氏不請而屬之臣臣又不請而屬之
臣之子死罪死罪復更何言第黎氏忽亡而國
人謬擁避跡無所若臣遠遁以徼之安能變如
于再世也謹以土地人民之數咸簿録之發獻

闕下惟　天朝處分事聞
皇帝若曰咈哉豈其挾護以緩我師其往聽之廼命
兵部尚書毛公伯温節制六省咸寧侯仇公鸞
都統諸軍勑曰聽以軍往遠即征之毛公蔡公
協忠同心以作義勇廼勒兩粵勁士分爲三軍
副總兵張軍經將中軍翁君萬達監之參將李
君榮將左軍副使鄭君宗古監之都指揮白君
汝將右軍僉事李君文鳳監之勒滇南勁士分
爲三軍都指揮胡君紹將中軍副使鮑君象賢
監之都指揮方軍策將左軍副使鄭君曉監之

都指揮王君立將右軍副使張君綱監之而幕
府遼穆進止機宜則惟知府江君一桂焉于是
八蠻五寮侮食左言之長吳鈎越棘狼纛鳥章
之士伐壯介象雲梯樓船之具莫不嶽從從
麻列蝟合箕張翼舒闐騈乎桂海跆籍乎炎徼
矣交人聞之愈益大懼登庸之使疊跡轅門攄
褫哀懷懇以降請轅門僉議以爲在古降儀或
牽羊以表順或舁櫬以請誅彷彿于斯乃見悃
抱登庸頓首敬諾轅門廼啓鎭南之關莫
龍輿抗　黃幄陳兵森扈登庸徒跣囚首白組繫

頸稽顙稱曰臣斧鑕遊魂也無與圖豕
陛下不發乘軺曳尺纏牽而封之縣首藁街以昭誡
不讓是
陛下以不忍群黎之故而宥微臣微臣幸藉群黎以
延殘喘臣聞命以來魂魄飄喪悽悽荒懇又不
足以感格
皇乾重煩訊使詰責誠僞死罪死罪復更何言臣今
共順之情瞉觫之狀繪圖不足以爲獻剖心不
能以自明惟
陛下憐而察之臣率土編戶也戮之惟命宥而放之

四荒惟命若以天地之量覆育蠖蠓者之故穴亦惟命謹以黎氏所侵四峒之地還從予文明

表獻

闕下以聽處分臣昧死言不勝隕越轅門僉議以爲其辭順其儀恭其衷無僞遣即征之　天之命也服而舍之武之經也爲之解組而遣之按兵不進以狀聞

皇帝若曰嗚呼皇天以予一人撫鞠四海匪威力是憑匪玉帛山河是愛惟倉生塗炭是憂黎氏守職無狀衆叛親携馴至天絶莫氏宣力比戶按堵朕亦嘉之其革王爵易國號置都統司以莫氏爲都統使世掌其土以共王命　詔至諸軍解嚴南土驩呼颷馳蜺沸矣是役也君子以爲莫氏知命者四繫組以請死也歸地以贖罪也遣從予詰

闕以表誠也不貢方物以明畏也詩曰畏天之威于時保之其得不死而且世官也宜哉當兵事之初興也嘗以藩僚分守左江悉厥顛末昔畋其勞而今欣其訖也廼述而銘之曰粤有交州蕞爾瀛介三代之隆摈于荒外瀛秦遂畧廼闢其疆聲教漸被歷漢而唐五季紛綸土酋竊據涉宋而驕益煩邀慮

大明受祚陳氏奉賓

皇祖嘉之俾仍舊封季犛賊逆毒蔓離題

文皇征之掊戮鯨鯢索亂于陳絶不可得廼建省垣約以綏墨黎利再叛詐擁陳後

宣廟慈弘包荒弗扣錫爵給印樹爲藩邦三葉而墮遂覆厥宗莫氏承之諸夷靡懷不請而禪于我則疵

皇帝赫怒渙號徵師如雷如電海嶽離披緯武經文維兩司馬蹻蹻元侯從天而下司馬有令既嚴既明翼用翁江廉信以匡鋪敦義勇鷹搏虎奔朱鍪日麗玄甲雲屯藉令戡之倏如畦稺載鞠載詢蓄武不究交人聞之喙喙嘽嘽傾巢舉落俯訴仰于蓬跣繫組蛾伏而進順效率羊請同畀紱匪冦匪篡厥幾有辭

皇帝憐之遂以德來乃削其爵而畀世官比于內吏轄我寵綏交人驩呼曰父母且完我婦子築我室廬燁燁天威盱睢而在濊濊天恩含哺以戴如春之育如海之容訓爾孫子惟王之共虞格

茴氏淹於七旬交人来款曾不浹辰商伐鬼方
三年而服宰割交州曾不遺鏃我紀其事勒之
貞珉伏波銅柱又何足云
嘉靖二十年辛丑秋八月吉
賜進士出身中憲大夫奉
勅提督學校福建按察司副使錢塘田汝成撰
中憲大夫廣西太平府知府奉
旨超陞一級階亞中大夫前
南京戶部四川清吏司郎中江一桂立石于念
涯受降城中

思明府土官黃朝刻

昭德碑文
維
大聖天子臨御萬方綱正目舉内寧外輯良弼獻密
勿之忠超將奮廓清之勛節鎮元臣虔越韓范
封疆蹊尹步武龔黃甘露繁濡天應其和也嘉
穀連陌地效其靈也軼隆古之阜平何一青之
能類是故大舜至德不廢兩階之舞殷興中葉
尚稽三載之征必曰聖人能内外無患豈否泰
之恒數哉乃者安南黎氏日蹈不靖自潰其衆
陪臣登庸乘便以市其私攘位而據之地荒洽

黎氓苟樂于息肩厥子方瀛盜安于授受二三
逋播訟賊之奏亟陳而登庸懔祈之疏疊至提
督軍務兵部左侍郎蔡公經酌夷情正國體若
征若撫先事建明無或遺策
上乃考典于禮詰戎於兵而決是于相僉曰恵順威
逆疇能去兵今登庸辭順可逭也其遣大臣臨
境伺逆而征求睍耳于是請舉大司馬以咸寧
侯仇公鸞制其軍兵部尚書毛公伯溫擇其機
蔡公以節制百粵綜其詳鎮守安遠侯柳公珣
與其同巡撫雲南副都御　史汪公文盛將其會

兩廣巡按御史洪垣何贊紀其成遵夷搤險外
偵虛實而內贊秘謀廣西右叅政翁萬達副使
鄭宗古宣其勞罙阻歷艱攄忱示武而首决携
貳龍憑指揮王良輔太平知府江一桂殫其役
檄問星流軍餉鱗集安南送欵之使絡繹于道
軍門令曰廿言近餌師其陳哉合勝兵十有一
萬五千而奇分道並進萬達副將張經督中哨
壁憑祥宗古叅將李榮督左哨壁羅回副使許
路都指揮白泫督右哨壁思陵叅政張岳都指
揮張覩以奇兵營歸順副使陳嘉謨叅將高誼

以奇兵營欽副使涂楗都指揮武鸞督海哨以
舟師駐烏雷都指揮黃廷玉高乾翊中軍雲南
之將卒若夷兵象馬遥綴其後犄角之勢旣張
掃穴之期且刻登庸率彼群酋出次南境請削
僭號奉正朔歸四峒之侵地備藩方之職貢版
圖罪庚悉惟處分匍匐而俟命毛公蔡公乃集
議曰昔單于欵塞漢史特書吐渾內屬唐議分
部前事之鑒也陳氏先附首蒙爵土黎氏怙亂
亦荷包荒近事之覘也登庸來王之懇可憑徃
抗之辜終赦

詔許貰死豈無謂哉况
聖明方殖德於好生而吾黨顧叨功於多殺即不如
納之以昭無外萬達等乃張幕府崇將臺
龍馭金牌位置孔肅兩廣守臣序列而侍交人預
請降儀肄習而後入登庸素服約組跣跽奉群
酋組項造階下相禮者降釋組受表登庸頓首
請死守臣諭以
朝廷威德制闡號令登庸若群酋感泣拜伏呼舞
而退夷民盱盱關外者懽聲震山谷又不知其
幾萬矣各道振旅時嘉靖庚子冬十一月三日

也登庸復請遣從子文明挾彼酋長赴
闕即斧制闡諸大夫以
聞大副
上意册功伯温加太子太保經進右都御史鸞珣俱
太傅萬達宗古一桂良輔陞一等九百執事錫
賚有差登庸授都統使錫印頒朔世脩職貢同
體列藩安南平知府一桂復成城曰受降建臺
曰昭德請銘紀盛以續磨崖故事銘曰
五嶺之南漲海之北秦開三郡百粤之轄尉陀
草據閱歲九十兩漢于疆銅柱是域

皇明啓運臣妾萬邦揭令爲日沛澤爲江賞不踰
罰不濫降化彼佻靡復我淳麗緬彼交州南陬
之蔽四姓代興或設輿衛惟職之供亦既歷世
黎氏弗恪厥祀乃疇交人來享既敬既恭錫爾
新銜付爾方墉印何纍纍載華爾躬綿綿
寶曆歲序斯同表臣圖獻八目辰懋熇熇金碧悠
悠山川桄林牛縱華陽馬旋交人蹈舞
天子萬年
嘉靖二十一年龍集壬寅秋九月朔
賜進士出身通議大夫兵部右侍郎致仕前巡

撫雲南湖廣都察院右副都御史南海黃衷撰
中憲大夫廣西太平府知府奉
旨超陞一級階太中大夫前
南京吏部四川清吏司郎中江一桂立石于鎮南
關臺
思明府土官黃朝刻

報功申牒一
安南行
安南都統使司嗣嫡莫福海申爲昭德報功事據
本國耆人士人小目裴袜阮文獻等申呈前事呈
稱袜獻等竊聞雅詩曰君子樂胥萬邦之屏孔子
曰君子成人之美不成人之惡朱子曰仁者切於
救人而不私其身昔聞其言未見其人今於
天使江大德翁見之往者　天威震怒我國惴懼
悔悟之誠無由上達幸賴　天使江父開誠曉諭
極力申救致　天恩矜恕聽以降納變干戈爲

禮樂之場轉秋肅爲春和之候可見樂胥之功其
用弘君子於人其謀忠仁人之言其利博不寧唯
是國主先都統使始當　軍門之意莫測群議洶
洶進不能以自明本國之變難知抗固搖搖退不
能以自靖自非　天使江父鎖鑰南陲樞機炎
徼庶明治郡豚魚可孚信先國主之心单車從請
推誠置腹比本國耆士人等之携亦安能達共順
於危疑之中宣　曠蕩於閭闔之表如此扎是一
國之命諸道之衆　天使江父外有以立之內
有以綏之也況今　題築受降躬親教護

朝廷之仁天地為昭遐荒之戴金石與礪徵
天使江父又何以致此㮇獻等緣合國之人心翕雖
過之衆志歆於南關內敬　天仰德臺側為恭改
翁與　天使江父二位擇寬地立生祠以德之
庶足以彰樂胥之稱仁人君子之歸其用果弘以
遠其及果大以博而安南內附相安有道之天世
世得以享本公之德矣等因到司為照本國前大
頭目先祖先已奄逝未及親受　朝命且未得報
本公之德遺囑猶在言及涕零今福海以愚昧承之
嬛嬛在疚於本公懈懞實所藉賴考典於禮能禦

大災能捍大患有功於民者則祀之二者本公咸
有焉相應准行本司除已經轉行長慶府府官阮
鉉諒山衛衛官𢧐玩等會同前去鎮南關原建敬
天仰德臺側擇地面寬濶去處取日興工續據報稱
已於前月初三日興工的於本年十一月以裏告
成肖像入祠具著本國祀典歲時差官展祀外此
係上遵祖命下順輿情非福海一人私惠歸德之
意理合牒呈
天朝廣西太平𢙣府轉呈
知府江公臺下知會施行須至呈者

嘉靖二十二年九月十八日

安南來咸輯畧下卷終

安南傳二卷

〔明〕王世貞撰

《安南傳》二卷，明王世貞撰。安南古稱交趾，是書係安南簡史，略述自秦併入版圖以來，前代於交趾置郡設州經過，而特詳於有明一代與安南之往來。於安南陳、黎二朝之更替及與明廷之關係尤爲該備。據明萬曆間刻《紀録彙編》本影印。

紀錄彙編卷之四十八

安南傳一

王世貞

安南古交趾秦并天下盜斥南荒服置桂林南海象郡秦亡南海尉趙佗起兵擊捕叛者稍稍易置故守令王之至其孫亡而漢因爲置九郡安南其一也光武時女子徵側徵貳反將軍援討平之立銅柱界後漢置交州又爲交趾郡至隋文帝平陳廢郡置州煬帝更置郡唐武德中爲交州總管府至德中改安南都護府唐亡曲承美者土豪也據其地稱節度使而

絶不通嶺表劉隱攻執之以其將楊延藝爲節度使延藝卒子紹洪嗣紹洪卒州將吳昌岌起而代昌岌卒弟昌文嗣昌文殘虐不有衆迫卒而其屬將吳處平矯知護楊暉杜景碩爭立管內俱亂起驩州刺史丁部領勇善戰卒兵悉逐捕亂者遂自稱大勝王三年傳位子璉璉立七年而宋師平嶺表乃使使貢方物求內附詔授安南都護進封交趾郡王貢歲歲不絶太宗時部領老死亡何璉亦死弟璿嗣尚幼牙將黎桓擅權錮璿竊食其族而代爲節度使事聞太宗怒發兵步騎自邕入舟師自廣入進其境咸敗歸師

坐軍法抵罪而桓歲使使來謝罪求封上春秋高稍厭兵而桓請無已貢物盛許之授安南都護進封交趾郡王桓雖佯爲服中國者而兵郡邑寇盜剽民居廩食子女萬計詔切責之桓即謝罪真宗立進封南平王尋卒子龍鉞立未封爲弟龍廷所殺即封龍廷爲交趾郡王改名曰至忠復爲大將李公蘊所殺請封封公蘊如至忠進封南平王卒子德政嗣卒子日尊寇欽邕諸州安撫使余靖發兵與占城合而夾攻之乃上表謝爲罷兵尋擊虜占城王僭稱帝國中天子固知之分莫較也卒子乾德嗣卒子陽煥嗣陽煥

卒子天祚嗣乾德故側室子奔大理以其兵內不果孝宗朝進封安南國王卒子龍翰嗣卒子昊旵嗣謝表不至輟加恩云卒亡子以女昭聖主國事遂爲子夫陳日照所有日照故福州長樂人謝升卿也識書美姿貌而落擴不事家人產殺人變姓名之安南見國相會應試居首而王女從窓隙窺而悅因歸之有安南政封國王時元巳破蜀輕兵下大理而使使招之日照未見强大狀下使獄破竹束體入而孿之元將怒率精騎日夜馳抵境大破其守兵乘勝闖國都日照逃匿海島元盡焚其宮廟發藏貲屠戮其人而

反日照還不得意奏于宋請傳位子威晃宋授威晃
國王而尊爲大王元既滅宋威晃懼易名光昺請降
元即故封授之尋卒子日烜嗣元所以督撫安南甚
苦歲責供巨億不可支而復設達魯花赤怒其國事
日烜意惡未決會元伐占城假道因發兵拒不前而
元鎮南王急擊大破之復追破國都日烜走清化其
弟益稷降元即拜爲安南國王久之瞻暑還師其後
軍爲日烜所迫多敗死者久之鎮南王復來伐入國
都已而返元兵凡三破國殺獲幾十萬然終不可久
而日烜亦進代身金人贖罪詔止不伐日烜卒子日

燇嗣日燇卒子日套嗣日套卒子日熿嗣日熿卒子
日焯嗣日焯卒子日煃嗣爲貢歲不乏然元亦取羈
縻而已無所望之
大明洪武二年　高皇帝既已北定元遺詔諭海外
諸國而世子日煃遣其少中大夫同時敏政大夫段
悌黎安世等來朝貢方物因請封爵六月抵應天詔
遣翰林侍讀學士張以寧典簿牛諒往使其國封日
煃爲安南國王塗金銀印龜紐詔畧曰咨尒安南國
王陳日煃惟乃祖乃父昔奠茲南土傳之子孫世世
克恭臣職以永世祿朕荷天地之靈肅清夷夏頃以

書往報肇成享安樂而尒首奉表來賀聽茲勤意深
可嘉尚是用冊爾爲安南國王爾尚益茂令猷永爲
藩輔欽哉别賜大統曆一織金文綺紗羅四十使者
人文綺一羅一紗二以寧等十月抵國界而日煃等
以下五月先卒弟日熞嗣遣大夫阮汝亮來迎請詔
印以寧不可乃復遣杜舜卿等請命先是占城舊縻
役安南歲有貢頗苦督迫而勢漸以益熾遂與安南
抗日煃數遣兵擊復敗之于是占城王遣平章蒲旦
蔴都等告急乞援兵冬十二月壬戌明翰林編脩羅
復仁禮部主事張福持詔兩解俱罷兵復仁還奏安

南王賄遺使者黄金吉貝布不受上嘉之而加賜其
國使人遷復仁等官是歲明中書省禮部臣言安南
高麗既内附國山川宜有祭詔曰可而安南山二十
一曰佛跡曰徹圍曰武寧曰先游曰普賴曰萬劫曰
傑特曰安子曰地觀曰天養曰神頭曰龍岱曰文場
曰安復曰卞曰立石曰香象曰崇曰都隆曰測曰分
江六曰川盧曰富良曰天黄曰大歷曰蘇歷曰三帶
水六安石淵曰石龍門曰茲廉曰浪泊曰越裳宛曰
九德宛俱載祀典三年四月安南使杜舜卿等以王
日煃卒來告哀請命上素服御西華門見道翰林編

脩王廉往祭尋遣吏部主事林唐臣持詔封日煃爲
安南國王四年二月侍講學士以寧編修廉吏部主
事唐臣還自安南王日煃遣阮汝亮表謝恩獻方物
以寧卒于道是歲冬日煃兄叔明殺日煃自立五年
二月遣陪臣阮汝霖來朝貢馴象禮部已受表將入
見主事曾魯取表副視之曰前王陳日煃今叔明何
也白尚書詰使者得其故奏上上怒曰島夷何狡獪
如此郤不受六年正月叔明更遣使譚應昴等奉表
謝罪貢方物請封應昴爲叔明言日煃寔病死叔明
遜于野國人請立之上曰日煃死尔國人當爲服叔

明且以前王印視事俟能填撫人民恭順無闕更議
之仍賜應昴等紗羅有差七年三月遣正大夫阮時
中陳謝貢方物且自稱年老授政弟端許之叔明雖
已授端政然實自專制八年端來貢九年復遣通議
大夫黎亞夫來貢詔以其太數止之十年賜陳端上
尊文綺既至端已死叔明更署弟煒代國事十一年
遣使謝恩貢馴象方物且來告端喪詔賜煒文綺紗
羅中使陳能吊祭端十二年二月禮部尚書朱夢炎
奏定遣使安南相見禮凡使者抵境先報王遣人郊
迎設香案王府正堂設龍亭置公館王率寮屬至館具

[illegible][illegible]以前導使者從至王府使者立龍亭左王與寮
屬就位行五拜三叩頭禮使者與抗禮居左王居右
時安南占城雖以詔故陽罷兵而安南彊吏爲寇剽
占城不已上詔責叔明畧曰書不云乎毋爲亂首尔
國與占城搆兵十餘年朕未覩是非所在然以社稷
爲墟剽推焚遺男女不得耕織朕兼愛海外元元甚
愍之往者以詔諭爾等使寢戈紓忿爾寔不奉詔陽
解陰搆毋乃首亂違書戒哉春秋列侯國無慮百數
相繼逆滅無他背君好戰二者已耳爾其鑒之二十
年九月明皇帝萬壽節煒遣使獻誕馬三十詔荅幣

帛有差久之叔明卒二十一年陳煒爲國相黎一元
幽城外大陽坊十二月殺之立叔明子日焜主國事
一元叔明婿也一名季犛二十一年明詔安南國殺
君不道絕朝貢廣西都指揮使司布政使司毋得納
使者至二十九年正月日焜始以叔明喪來告上謂
禮部臣曰叔明弑日煃而有其國今一元又弑陳煒
矣吏吊慰之是與亂賊厚也勿許時日焜又遣兵取
思明府地三十年正月明遣行人陳誠呂讓諭還地
久不決誠讓貽書日焜使者不佞辱主上明命久未
決無以復主上也使者今援古證今析利害以告

執事在後漢時徵側叛馬援討平之立銅柱經內外界唐虞五管之一宋始自樹然乾德冦邊郭逵討之擒僞太子洪真乾德懼而割廣源門州思浪蘇茂桄榔之地降元初有天下尒先王光炳首稱臣脩貢迨日烜嗣改操于是世祖來討尒日烜蒙荆棘竄島浮船城郭宗社人民幾盡日燇鑒前之失祈命于元且曰向者天使辱臨小國迎送止祿州懼冐侵越之罪不敢過丘温也則是丘温以北地不在爾國明矣今爾國迺越淵脫踰如嵤慶遠而盡有之將乘元末亂假隙僥倖而得之耶行人下車之日王之君臣皆曰

此地故屬安南不言所以始也無乃爲大言誑我耶抑王懼以侵地得罪强自飾耶主上神聖不計王前罪乃許王飾罪耳其熟圖之日烜復書辨不已且遣誠等黃金二錠白金四錠沉檀香百斤誠等却之日烜曰賍也陸賈昔受之何辭誠曰尉佗以彈丸黑子地與疆漢抗是賈禍也陸賈受重賂分諸子是賈利也王以尉佗自處固耳乃欲陸賈我乎日焜無以難更咨户部曰伏見上司爲思明府奏侵占地遣行人陳誠呂讓至下國令還之下國竊惟丘温如嵤慶淵脫五縣自昔供輸下國賦役世世無爽而洞登乃淵

縣之地天使往來之路其思明府馮恩祥人每歲與下國淵縣人交割夫騎于憑祥界坡羅雖關今思明人乃謂下國于其地洞登立站侵占何哉也夫立站者意以圖得其地耶地舊屬我又何俟圖夫所以建室舍者蓋上司有把截過界之命稍識便吏宿耳巳乃復撤何預于侵又謂元時大軍二次捕交回軍設永平寨置軍塡責發交人助糧餉竊攷元師二次來伐多不利歸史雖諱不詳然至鎮南王則曰王在內傍關賊兵大集以遏歸師王遂由單巴縣趨盃州間道出觀此則軍勢可知歸路覓辨豈有回軍未平而設

寨以守又責交人助糧餉者哉又謂下國越過銅柱二百餘里侵占其所屬丘温等五縣者計銅柱初立時至今一千三百五十餘年陵谷遷變誰復能辨又謂拘問老人黃伯顏供說云說云者伯顏亦思明人豈不同其欲雖千伯顏將何信耶又謂因前王官夫于申明作襲牧職畫圖具呈及以建武誌爲說者豈有廣成之高曾祖父不識古事識古事乃在廣城耶下國與思明接境思明之人往往侵占下國田土殺掠人民牛畜下國僻在荒裔無所告愬思明恃小獲乃啚大利而誣至此下國固畏罪自反不暇何敢有

侵占哉夫苟有侵占豈難退還令不侵占何以退還
此五縣乃下國世世相傳所守之地必不敢付之思
明權　聖天子一視同仁與天地同德故下國以此
自恃而敢傾心陳愬焉敢逃罪誠等還上召羣臣議
或以其抗命當討上曰蠻夷相争古有之彼恃頑不
服當取禍耳毋動又之國相李犛復弑日焜而立其
子胡奃自稱曰太上皇明建文君卽位使使者來朝
貢方物五年太宗皇帝自燕起遣詔諭安南諸國永
樂元年胡奃遣使賀卽位別貢方物其辭曰昔我前
王日煃首倡羣服輸嚮先帝先帝是以嘉惠下國貢

賜之使絡繹南北無絶不幸日煃死喪支庶零洗無
可嗣者臣胡奃不佞以陳氏甥爲衆推迫理國事且
四年矣徼倖聖化四疆謐宇家頗人給然未蒙一位
號無以供事上及主祀率下也天朝幸哀憐之下表
禮部議安南絶遠多詐難信宜遣使廉察之詔可是
月行人楊滶等持節諭其陪臣耆老曰得胡奃奏欲
就封者果陳氏甥否陳氏得無絶否尔國人誠欲戴
之否得別有簒殺之故否其悉心以荅毋誑秋八月
分賜諸蕃王文綺紗羅諸物安南以行人呂讓丘智
往十二月行人楊滶還以耆老臣衆表上與奃表合

遂許封是月禮部郎中夏止善往封胡奃安南國王
二年六月遣使者奉表謝恩詔還思明府侵地八月
更勑安南王胡奃曰爾者占城奏尔攻掠彼地剽人
畜湯爐舍又邀奪貢道逼與冠服印章使臣屬甚非
遵奉一統之義思明府臣來言尔奪其西平祿州永
平寨此中國疆土也爾何得擅取之不悛必討無赦
是月安南故臣裴伯耆詣闕告急曰臣事陳氏祖父
皆執政大夫女又親屬也臣故少得左右陳王既長
爲武節侯陳渴真裨將統兵塡東海三十二年臣代
渴真將而奸臣黎季犛弑主簒位屠戮勛賢族者無

慮百數臣聞變勢不能抗棄軍遁海島附番舶得此
至臣兄弟妻子肉李犛之几又矣李犛乃故經畧使
國耄子世任心膂叨切榮寵子蒼亦貴仕也一旦得
志遂覆陳宗擅易姓名曰胡一元子蒼曰胡奃僞號
改元大逆無道陛下念陳氏忠順之跡憫此無告遄
施吊伐臣得負弩前驅膏血草野以報陳氏足也上
令有司給衣食踰數日而老撾宣慰使緣叐護前安
南王陳天平來朝奏曰臣故安南王烜裔孫也先王
奉事大國無敢虧傳至臣煒賊臣黎季犛當國擅作
威福臣煒稍裁抑之便叐刃向煒而立其子顒顒卽

日煨也亡何更弑顒而立其子焱尚在襁褓中更弑
之而自立其子蒼爲大虞皇帝臣先被黜在外僅得
免他子孫近者誅夷盡矣臣方欲集兵計恢復而季
犛猝來掩倉皇出鋒鏑間道抵老撾始得覲闕廷也
夫興滅繼絕陛下之大恩也陳氏之遺燼得少燃者
臣之大幸也上引見賜第居與裴伯耆處十二月安
南賀正旦使者至上出天平示之使者識故王孫也
錯愕下拜至流涕而裴伯耆以大義責之不能對三
年正月遣監察御史李琦行人王樞切責安南國王
奃令具實首罪安南兵寇明寧遠州掠吏士數百千

去五月安南王奃遣使臣阮景眞等隨謝罪曰臣父
子實陳氏甥以彼宗族喪亡無可繼者故國人舉而
屬臣而臣飾賦率妻子躬力作奉上國之不暇疇敢
抗天平具裔孫臣請歸而事之臣得完首領足矣祿
州諸寨地已退還臣俯伏俟命誅之宥之惟　陛下
大度于是　上悅遣行人聶聰往爲約十一月聰還
胡奃附表謝仍迎天平上于是勅廣西副總兵黄中
呂毅將兵五千送天平歸國封胡奃順化郡公盡食
所屬州縣天平陛辭賜羅綺紗甚厚四年二月中毅
以兵送天平至丘溫奃遣陪臣黄晦卿等候慮餼及

牛酒犒師晦卿及諸從者見天平皆拜舞欣躍中間
晦卿奃不至何也曰奃踴躍俟命而天使儼然辱臨
之敢不至第不幸有霜露之疾匍匐前道以俟中遣
騎覘之無所見而迎者壺漿續于路遂前度隘留雞
陵折芹站山路險峻林木蒙密軍行不得成忽大呼
伏發劫天平鼓譟振山谷且十餘萬人中等亟整兵
擊之橋已斷賊遙拜且曰遠夷何敢勞王師天平實
疏遠小人眩惑聖聽欲滅我胡氏我幸得殺之以謝
天子中等歸上狀　天子大怒遂決意興師討安南
成國公朱能新城侯張輔請行許之仍勅雲南總兵

西平侯沐晟練甲士以蜀兵八萬益之七月戊子朔
祭嶽鎮海瀆神以出師告辛卯命成國公能爲征夷
將軍西平侯晟爲左副將軍新城侯輔爲右副將軍
豐城侯李彬爲左參將雲陽侯陳旭爲右參將兵部
尚書陳洽參贊軍事都指揮同知程寬指揮僉事朱
能等爲神機將軍都指揮同知毛八丹朱廣指揮僉
事王恕等爲游擊將軍都指揮同知魯麟王玉指揮
使商鵬等爲橫海將軍都督僉事呂毅都指揮同知
朱吳江浩僉事方政等爲鷹揚將軍都指揮朱榮金
銘吳旺指揮劉溜等爲驃騎將軍發京衛浙江湖廣

二廣雲貴四川諸衛步騎舟師及土舍達官奔命共八十萬人討安南能輔將兵由廣西憑祥進兵入坡壘雞翎度富良江中路入晟兵由雲南路入別勒占城王巴的賴以國兵擾其境十月成國公能卒于軍輔爲征夷將軍是月將軍輔發憑祥渡坡壘關令都督同知韓觀以廣西兵運餉脩道伐木結橋梁出游兵偵賊鷹揚將軍毅等前哨攻隘留關取之敗賊三萬衆留兵守輔移檄數季犛父子二十罪度關軍營整肅秋毫無犯民悅降者相繼驃騎將軍榮等取雞翎關復敗賊三萬衆得軍資器械無數次日輔度雞翎

諜芹站兩傍皆有伏遣呂毅黃中以兵擒捕之賊遯遂哨昌江市造浮橋築堡遣方政王恕哨探直抵富良江北而大軍自芹站西折至新福遣驃騎榮往約沐晟同進三帶州僞僉都鄧原南策入莫遂莫遠等來見輔言賊恃僞東西都及宣洮沲富良海潮希麻牢諸江自固緣江樹栅築土城綿亘九百餘里盡發諸府州縣民二百萬守之又于富良江南崖置樁水中盡取戰艦列樁內都守備嚴將列象馬陣凡水陸號七百萬我師自新福移營三帶州造舟圖進取十二月副將軍晟奪宣江而軍次洮江北岸與多邦城

對壘將軍輔遣參將陳旭會晟濟師驃騎榮等大破賊于嘉林江將軍輔留都督高士文舟師與朱榮應而自率大兵與副將軍合沿江栅皆逼水不可上惟多邦城下沙坦可駐師而賊設備密下設重壕壕內外布簽刺輔處分部定夜四鼓遣都督黃中等銜枚舁攻具過重壕至西南城下以雲梯附城都指揮蔡福先登衆蟻趨上賊不支遂下師隨入賊又城內巷戰驅象前輔以畫獅蒙馬神機砲翼而前象披靡走賊大潰殺其帥梁民獻蔡伯樂鹵獲人象無算賊棄西都走五年正月朔將軍輔晟等襲賊籌江栅大破

之又攻困枚普賴二山萬刼江斬首二萬七千餘級獲僞團副工部曲又敗賊胡杜于盤灘江踰兩日輔等次魯江賊五百艘犯我軍逆戰大敗之獲艨艟百艘殺其將阮子仁等萬級擒黃世岡百餘人皆誅之遂窮追季犛父子至悶海口地下濕不可駐乃佯爲還師至鹹子關令都督柳升守之賊果來躡輔回軍遇于富良江賊舟亘十餘里又以精卒數萬趨陸來戰輔與諸將奮擊大敗之斬僞翊衛將軍士餘萬級江水爲赤乘勝追至悶海口季犛父子僅以數小舟遁僞吏部尚書范見覽等降季犛等走又安輔遣都

督栁升前追之得舟三百求定衛卒王柴胡等七人
獨詗得季犛所前格之縛送升軍李保保等十人又
擒季犛諸子于海口山中次日土人武如卿等獲黎
蒼等于求盎海口高望山安南平輔等露布獻俘闕
下僞大虞國上皇黎季犛僞大虞國主黎蒼僞推誠
守正翊替弘化功臣云屯鎮兼歸化嘉興等鎮諸軍
事節度大使洮江管內觀察處置等使持節領東路
天長府路大都督府特進開府儀同三司入內檢校
左相國平章軍國事賜金魚袋上柱國衛國大王黎
澄僞大原鎮兼天開鎮驃騎上將梁國王黎　僞新

安鎮驃騎大將軍新興郡王黎　賊孫僞太子黎芮
僞郡嗣王黎㶑僞郡亞王黎蘢幼孫五郎賊弟僞臨
安鎮兼大安海鎮驃騎將軍特進開府儀同三司入
內相國平章事賜金魚袋上柱國唐林郡王黎季貔
賊侄僞望江鎮輔國大將軍入內判中都督河陽郡
亞公黎原昚僞領龍興路都統府平陸縣上侯黎子
綽賊侄孫僞御輦一局正掌卿侯黎叔㸌僞清亭侯
黎伯駿僞石塘卿侯黎廷燀僞永祿高侯黎廷壙賊
將僞入內僉聞朝政兼內侍省都知知左班事諒山
鎮推僉行軍行諒江路同知總管府事賜金魚袋柱

國東山卿侯胡杜僞入內行遣同知尚書左司事樞
密院副使阮光僞正奉大夫入內行遣門下左諫議
大夫同中書公事兼三江路大守新安鎮制置使國
子學祭酒賜金魚袋護軍黎景琦僞寧衛大將軍知
威衛管左登翊軍賜金圖符縣伯段肇僞神勁營高
伯陳湯夢僞鈞鈐衛中郎將領龍捷軍兼領壯勇營
范六材凡二十五人上御正殿面詰季犛父子頓首
請死下之獄先是上勑輔訪求陳氏後封之輔上言
陳氏巳絕無可繼者乞郡縣其地詔可立交趾都指
揮使司以呂毅黃中掌之布政按察二司以尚書黃

福兼掌之前工部侍郎張顯宗等爲布政使及下官
有差前來歸附裴伯耆爲按察副使凡交州北江諒
江三江建平新安建昌奉化清化鎮蠻諒山新平演
州乂安順化府十五衛十千戶所二州四十一縣二
百八十地東西相距一千七百六十里南北相距二
千八百里安撫人民三百二十一萬有奇獲蠻人二
百八萬七千有奇糧一千三百六十萬碩象馬牛合
二十三萬五千九百有餘舟八千六百七十七艘兵
器二百五十三萬九千八百五十二丘制詔大宰大
司馬新城侯輔功最大西平侯晟次之其進封輔英

國公晟黔國公賜金織冠服晟殺十之一都督升封
安遠伯黃中呂毅得贖罪餘手捕黎季犛及蒼者授
三品官有差

廣信府同知鄒　潘
推官方　重校正
臨江府推官袁長馭校正
上饒縣學教諭余學申對讀
湖州府後學吳仕旦覆訂

紀錄彙編卷之四十八終

紀錄彙編卷之四十九

安南傳二

王世貞

簡定者陳氏故臣也不肯事黎季犛而輕騎跳歸明旣從下安南爲別將頗有功矣定知上雅不欲復陳氏後還待命頗與故所親陳希葛約寬行至興化州說羣盜鄧悉等下之聚衆至萬餘蓋南合慈威鑾行剽下大堂應平石宣諸州邑勢轉盛遂自稱大越上皇改元興慶陳希葛爲太保郡公八月鎮守尚書黃福來告急上命發郡邑兵四萬征南將軍黔國公晟

討之兵部尚書劉儁贊軍詔降者待以不死十二月黔國公與簡定戰于生厥江敗績都督呂毅尚書劉儁左參政劉昱皆死之上怒七年大發兵復拜英國公輔爲征夷將軍黔國公晟爲副將軍八月大破賊于鹹子關獲舟四百艘尋又敗賊盧渡江又敗之于太平海口賊帥鄧景異獨身奔陳季擴季擴者鑾人奸黠自云陳王後也安南民不忍棄陳王則相率歸季擴別據地稍遠明兵而明兵悉窮追簡定至演州分晟兵從磊江南都督朱榮舟師從江中行抵牛鼻關輔自率騎卒趨地冊合美良簡定望見震恐潛行

之民家棄馬走吉利棡深山内大索捕執定并其將
相陳希葛阮汝勵等送京師磔于市八年正月英國
公遂捕其黨阮師檜于東潮州斬首五千級獲僞將
軍范支陳原卿等二千人悉阬之築尸爲京觀是月
天子勞苦征夷將軍久暴師役召還朝于是英國公
上言簡定囚伏誅而陳季擴及其部陳原樽阮師胡
具鄧景異鄧鎔潘季祐各率兵犄角相援求郎下演
州清化諸鎭通被殘而又塞神投福成江口道請多
留兵付沐晟期盡賊乃已詔曰善其以征夷將軍沐
下益晟五月晟進擊破季擴等于靈長海口斬首三

千十一月季擴使使上表請降詔以爲交趾布政使
陳原樽阮師胡具鄧景異爲都指揮潘季祐爲按察
副使趣之任然季擴實詐言緩師兵耳不復肯之任
而掠如故詔英國公復往會討之破賊于月常江殺
溺者一二萬十年八月復大破賊于神投海擒僞翊
衛大將軍鄧汝戲等數千人悉磔之十月其少保潘
季祐遁可雷山乞降輔承制季祐以按察副使理乂
安而其將帥陳敏阮士勤等相繼降矣十一年十二
月英國公輔等復大破賊于愛子江昆傳山躲殱其
象陣斬僞少尉阮山等十二年五月獲季擴及其大

傳阮師等送京師戮于市行賞[illegible]南征將士賜英[illegible]
公輔黔國公晟金五百鈔二萬[illegible]帛綿各五十餘有
差亡何黎季犛釋自獄充戍廣西而季犛子蒼澄各
以善兵器用累官俱至工部尚書爲別賜姓也豐城
侯李彬以將軍鎭交趾定歲貢[illegible]萬把翠羽萬箇十
六年正月豐城侯上言清化巡檢黎利叛利故王季
擴臣也善戰挾計數爲金吾將軍來降授巡檢而因
人心不大德明故遂反行剽郡邑自稱平定王拜弟
石相國段莽都督豐城侯使參將朱廣等討捕頗獲
首六百餘而利剽如故十八年四月左參政馮貴右

參政侯保與戰俱敗績死之二十二年七月仁宗皇
帝卽位遣中官山壽諭降授清化守是月都指揮陳
忠敗死利攻茶籠郡守琴彭堅守不下洪熙元年七
月宣宗皇帝卽位詔參將陳智發兵救之智逗遛不
卽救茶籠潰琴彭戰死時宣化嘉興等賊周文莊等
合雲南寧遠州紅衣賊出劫掠勢盛甚皆遙授利節
度宣德元年二月參將智與都督方政等進擊利于
茶籠州大敗歸四月太子太保成山侯王通爲征夷
將軍都督馬瑛爲參將發步騎十餘萬討利尚書陳
洽參軍事陳智方政削官爵白衣隷軍中自效九月

以廣西兵五千益王通十月黎利弟善據廣威州都
指揮袁亮指揮王冕司廣閩森輔等禦賊僞爲敗者
走亮追之渡河伏發亮被執森輔殁吏士陷者五百
餘冕廣僅以餘兵歸坐失陷大將徵十一月黎善衆
數十萬來攻交阯城分三道俱拒却之成山侯通于
是悉兵出擊善叅將瑛別率兵大破賊于清威至石
室合通俱抵應天駐寧橋諸將言地險惡多伏宜遠
斥堠持重擇便通不從麾衆渡天雨且泥濘人馬蒲
伏不成列而伏羣起衝盪軍遂大壞散死者二三萬
人尚書浛亦與焉黎利時在乂安聞之自以精兵來

紀録彙編卷之四十九　四

會閫東關通敗後氣沮陰遣人許爲利乞封而檄清
化遞南地歸黎氏其吏民悉出城赴關獨清化守羅
通謂指揮何忠曰吾守此數賊恨深矣出賊尾而掩
之必覆元師非君命而欲賣城賊乎不可連與賊戰
敗之十二月成山侯通來告急以太子太傅安遠侯
柳升爲征虜副將軍保定伯梁銘又副之都督崔聚
爲叅將凡步騎七萬人太傅黔國公晟爲征南副將
軍與安伯徐亨新寧伯譚忠爲左右副將軍發滇僰
兵討師行遣太子少保兵部尚書李慶叅軍事二年
二月黎利來攻城急而成山侯日夜訓精兵五千出

不意猝擊利大破之斬其司空丁禮司徒黎豸太監
黎秘諸太尉少尉正督同督而下萬餘級利惶懼不
能軍欲走諸將請乘勝急追之而通猶豫不決賊得
以暇樹柵立寨掘壕塹脩器械四出攻掠未幾勢復
張三月圍丘温都指揮孫聚拒破之詔發四川湖廣
諸省兵四萬五千人益征南征虜兩將軍四月利以
八萬人破昌江中官馮智指揮劉順知府劉子輔俱
死之五月黎利來乞和成山侯通等以閏九月九日
安遠侯升等至交阯隘留關黎利僞爲其國人書詣
軍門乞立陳氏後升不啓封奏聞上而趣兵進破關

紀録彙編卷之四十九　五

隘大小數十如無敵者升意殊易之抵鎮夷關保定
伯銘尚書慶俱坐瘴暑病寢劇禮部郎中史安主事
陳鏞言于慶曰主帥氣甚驕兵累日不得休固罷矣
而少斥堠不據險握重而欲急發之如敵伏何慶力
疾以語升升唯唯抵倒馬坡獨以百騎前渡橋橋壞
陷泥淖伏兵起升中刃死是夕梁銘以驚死李慶又
死崔聚固宿將然倉卒不復能約束吏士而吏士又
新喪元帥沮且懼過昌江賊率象陣來衝師遂潰聚
與史安陳鏞俱被執不屈死之七萬人無遺者成山
侯譔知升敗益懼更人唱利請和棄交阯而教利行求

得陳氏宅族暠者僞立爲請上上心憂南方事晨朝
諸大臣而顧英國公輔曰交阯柰何輔曰安遠成山
侯非將也而少發兵少發兵不足以制敵臣請出保
以一年擒利上嘿然退而召尚書義原吉大學士士
奇榮計兵力非能如太宗時也太宗三下交中國士
馬物故幾萬轉漕度支大小費七十億得城三百餘
而亡尺寸之利十餘年間叛者四五起今縱或勝平
利後竟非我有也乃許之利奉表進代身金人及向
所掠都督等萬三千三百九十一人馬騾千二百匹
成山侯輙引還至京以擅矯制下獄當斬贖爲庶人

三年五月行在禮部右侍郎李琦工部右侍郎羅汝
敬勘實還黎利使使言陳暠者正月病死無後諸爲
陳氏後者悉絕臣利謹守封疆俟命詔更遣汝敬往
切責利俾更訪實以聞及索中國人無隱是月利圍
廣原州州將閣色新固守不下四月汝敬還利附使
貢方物且奏言陳氏子孫實已盡絕所喪吏士兵器
家屬悉因成山侯師還之矣臣利有女九歲于亂兵
中失之後乃知爲中官馬騏進充宮婢陛下幸既已
赦臣罪歸此女臣啣戴恩德萬死無二六年五月利
遣使何栗等入貢兼請封六月遣行在禮部右侍郎

章敞右通政徐琦持詔利權署安南國事六年二月
利使阮文狗等附敞琦謝并貢金銀器皿方物九年
利卒子麟嗣麟卒子濬嗣亡何濬庶長兄琮因會酖
殺濬自立使來告哀乞封英宗天順四年遣通政參
議尹旻給事中王豫持節封琮而會王濬弟灝率衆
討誅琮事聞詔停旻豫行而以五年命翰林侍讀學
士錢溥改授冊灝初有國恥屈下欲殺所以見使臣
禮溥七爲書貽之往復甚苦乃定憲宗成化七年王
灝侵占城十七年復侵老撾來告急上諭之曰朕代
天理物不忍兩國構罹兵禍其已之孝宗弘治十一

年皇太子出閣遣太子洗馬梁儲賜詔其王使使隨
入貢謝恩武宗立遣脩撰倫文叙等賜詔正德十年
其王賙復使使來貢方物十年國相陳暠等作亂弑
賙國人立賙兄譓而暠率衆據諒山諸府地譓累有
表貢及乞師討暠不得達而會其都指揮莫登庸降
譓登庸者蜑人也勇而善戰繇武舉累遷隸暠以罪
奔譓大喜用爲宣陽參將而與陳暠戰大敗殺暠
還進封川伯時國將鄭綏阮弘裕者世臣也坐爭權
不相睦罷歸登庸多齎遣金珠賂王譓所親信文臣
曰王知國所以弱乎在世臣植黨而市勝王不若拔

寇賊有大將畧者任之王譓遂任登庸既已任則與所厚謀夜率兵逼圍王宮王譓間行得脫至清華嘉靖二年今皇帝遣編脩孫承恩等以即位告不得達而登庸遂立黎氏疎屬㦖爲王已相之易號令練兵積粟國人不復曉黎氏矣尋娶㦖母已又鴆殺㦖而立已子莫方瀛仍冒㦖名氏僭號曰統元凡王譓兩遣使來請兵俱爲登庸篡取不得進亡何王譓卒世子寧立結國人襲擊登庸大敗之登庸跳之海陽據上洪下洪荆門南策太平諸郡寧還國悉發兵二十餘萬起鄭綏將而攻圍海陽一月登庸固守不下而

別選兵萬餘舟行出大江竟掩都門寧錯愕走清華登庸掠庫藏及張世子旗蓋而還呼曰得王矣鄭綏兵大潰壞散奔久之寧復悉清華兵討登庸相拒不決登庸陰結土師郭遵鶴使襲寧復大敗九年登庸遂僭稱太上皇帝子方瀛爲國大王改號曰大正拜其腹心臣裴塔爲丞相鎮海陽武護爲西軍都督鎮山西阮如桂爲北軍都督鎮京北阮伯驪爲南都督杜世卿爲東軍都督俱鎮山南阮立爲總太監鎮河北太監阮世恩爲中軍都督楊金鑣兵部范嘉謨禮部尚書阮時雍苦執朝政十六年明皇太子生詔

遣使告禮部尚書言前往諭不達究所由來報詔促報而世子寧間道使陪臣鄭惟𠐓來乞師而宣光總兵使武文淵左都督黃明哲等各據地請內應當是時天子銳意討登庸羣臣諫不聽亡何登庸使所親杜文莊來覘我師獲之文莊言方瀛都黎王故京有精兵四萬人戰象百舞象五馬五百匹舟五百艘而登庸出鎮都齋無城四圍鐵力木作排柵兵可五萬人象馬及舟如前而又言登庸六十餘矣騎捷不施衛勒所有國土十八黎王僅得清華數郡藉占城援耳曾使其大帥譚百歩以兵三萬來討大敗失百

餘艘而去詔下文莊獄而使兩廣滇蜀諸鎮整兵待登庸聞之懼使使以地圖人民籍來獻請委國附然實無意特緩我師耳詔不許拜咸寧侯仇鸞爲征夷將軍兵部尚書毛伯溫參贊軍事得專生殺征蠻將軍安遠侯柳珣兼征夷副將軍兵部侍郎蔡經以二廣兵合征南將軍黔國公沐朝輔以雲南兵合凡三十萬人壓境登庸來言願得束身自投請決死尚書伯溫與左參政翁萬達計今兵食非能加我太宗時也不許而深入勝則可萬一負當壞散不振爲中國恥遂開軍門見之解縛待以禮而彼此俱盛戒不得

[illegible]登庸上表進　代身金人贖罪仍請封詔拜爲安南都統秩二品銀印兵遂罷歸尚書伯温等以功進秩有差而登庸遂急擊滅黎王矣登庸死子方瀛嗣貢不絕論曰西南夷君長以十數安南爲最鉅地瓲中國得十一戶口得十二漢置九郡後共賦稅出力比于中土焉人物如阮翁仲姜公輔輩皆自奮勵起爲將相有聲至宋始棄以畀其酋然猶授王官質子貢物饒富不敢妄異同也宋弱漸以恩寵縻其逸彼益驕不復覩中國大矣元得志直北際萬里不譯而通欲脩漢舊累發兵伐之三四入國都終縻要領當是

時東南吏士物故者十餘萬轉漕饋餉之費不可貲計更遣使好喻數彼巧撫厚幣陽餌而陰扞爲大都之闕庭終不可望其世子之跡迨明太宗文皇帝拜征夷將軍大發兵討之擒僞王伏斧鑕闕下畫經界置吏受約束夷樂夷俗畏恐明法峻旋叛雖得屬圖版之末二十餘年大司農量得喪乃百不當一耳
宣皇帝難用兵采楊士奇楊榮議罷之南土稍息肩然交州均迄今云　洪武時傳將軍下雲南得大理郡大理古六詔唐時勝兵近百萬與中國抗幾併蜀今彬彬然內郡無慮矣用兵等耳豈善後之策異耶非耶國家地龕于交州而取奇大理稍相折然去漢唐時間矣建議者非不斷津津復也往年莫氏之役與獨　主上銳而羣尼之此豈偷佚忘大哉善理疾者必先究吭領要害而餘功建于肢節虜勢方跳梁歲殺掠吏士孤不得壯壯不得老而供餉坐疲矣舍吭領要害之究而事肢節非有大益且有異害昔吳王北破齊盟晉而越入吳王且未慮吳也而欲伐宋其臣諫曰王得宋小不能居而失吳王乃歸此征安南之說也伐宋非得策也吳固而後宋可伐也

廣信府同知鄒　潘

推官方　重

臨江府推官袁長馭校正

上饒縣學教諭余學申對讀

湖州府後學吳仕旦覆訂

紀錄彙編卷之四十九終

安南圖誌一卷

〔明〕鄧鐘輯

《安南圖誌》一卷，明鄧鍾輯。鍾字道鳴，福建晉江人。萬曆五年（一五七七）武進士，歷官廣東瓊崖副總兵，四川、貴州都督。萬曆三十六年，交趾莫登庸殘黨襲擾欽州，鍾奉檄討伐，因檢《安南國圖》、葉向高《安南考》、俞大猷《平交圖説》等，彙爲一編，以爲馭交之嚮導。書記安南建置、地理位置、歷史沿革及與中國之邊事頗詳。據《國立北平圖書館善本叢書》影錢氏述古堂抄本影印。

國立北平圖書館善本叢書第一集

安南圖誌

據錢氏述古堂鈔本影印

安南圖誌序

鐘凸竊無似憶家食時脩武備輯略一
書上述天文下陳地利中談兵事自謂
覆龥無當也屬今春欽州告急稱交夷
莫氏殘黨煽亂陷城殺官虜劉子女禍
亦慘矣乃檢篋中舊草得安南國圖及
業相公安南考先師俞都護平交圖說
粵通志兵制航海經閱之交夷恍在目
中無煩聚米也夫交州東南面海西北
負山往時馬伏波征之以舟師
明張新城侯征之由間道但陸道則彼得
據險設伏以待我海道則處處可登敵
莫能備此往事之明驗也茲
制臺戴　發然興師調兩粵土漢官兵
水陸並進仍檄黎都統爲內援蓋倣伏
波新城之芳蹟兼而行之且監司將領

畫一時之選銅柱從此可再標矣鍾待罪珠崖奉檄選所部卒以佐偏師鍾恐長年銳士未必皆諳水道地利也乃梓是編人授一冊雖不敢云指南亦庶幾爲一嚮道耳夫夷狄未嘗不可以中國之治治也唯是既入中國則不可復以夷治之故以夷治夷則夷治以中國治中國則中國治倭奴最狡黠但自周秦

以來山城君皆王姓此以夷治夷也我
國家電掃胡元奄有寰宇二百餘年金甌無玷此以中國治中國也若安南者自
漢唐已入版圖至宋乃自稱制我
朝討平而郡縣之竟不終此其失在召還
新城侯耳非其地不足耕民不可治也蓋昔以夷而入中國繼以中國而淪於夷彼其淳朴已漓追琢未就反覆狙詐

朝君暮讎一方赤子重遭塗炭誠仁人君子所不忍者方今
天子有道守在四夷在在諱言兵即令茲之役猶然薄伐耳非大舉也假令遠追
國初命將故事近不惜援朝鮮征播州之費長駕遠馭舉交夷而中國之此千載一時也鍾何能知敢以是質之令伏波今莫國以爲何如

萬曆戊申清明日分守廣東瓊崖副
總兵溫陵鄧鍾書

安南圖說

安南古南交地秦屬象郡漢武帝平南越置交趾九真日南三郡唐改交州

國朝洪武初歸附賜安南國王印姓陳氏為權臣黎季犛所簒永樂初發兵進討俘獲季犛父子郡縣其地甫定而黎利復叛宣德間遣使謝罪因宥而封之嘉靖間復為莫登庸所簒興師討之乞降改為安南都統使未幾國復亂萬曆二十五年黎維潭款關請罪復授之都統使如莫以及維新今冦欽州乃莫氏餘黨云

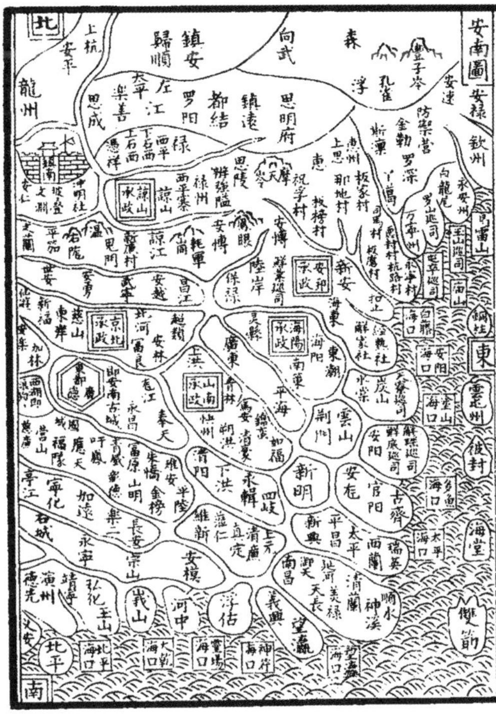

按張輔平安南上地圖東西一千七百六十里南北二千八百里置三司交州北江諒山諒江三江大原宣化奉化清化順化建平建昌新安新平鎮蠻乂安升華十七府四十七州一百五十四縣衛十所十三市舶一今圖中東西二都十三承政乃其僞制也然而形勝已在指掌間矣

安南考

安南唐虞時南交也秦為象郡漢初南越趙陀據之武帝平南越置交趾九真日南三郡光武時女子徵側徵貳反馬援討平之建安中改為交州置牧唐置都護府改為安南五代時土豪曲承美據之已為南漢所併宋初丁璉有其地封交趾郡王自是棄為夷璉傳弟璿黎桓簒之桓傳子龍挺李公蘊簒之公蘊八傳嗣絕為其壻陳日煚所有元攻下之封其子光昺為交趾郡王終元世貢不絕亦時時侵掠邊郡不

敢大為寇　國朝洪武二年國王陳日煃遣使同時敏等来朝貢　上命侍讀學士張以寧典簿牛諒齎詔封日煃為安南國王給鍍金銀印未至日煃卒侄日熞嗣請　詔印于以寧拒之吾受　命封先王何以得擅予若日熞請于　朝乃遣編修王濂主事林唐臣封日熞嗣王而嗟賞以寧得使臣體日熞拜詔甚恭未幾為陳叔明所簒叔明老弟煓代視事煓攻占城敗死弟煒代先是　上嘗戒安南占城毋相攻至是以叔明兄弟怙強速禍復遣使　諭之叔明表謝連歲貢　上厭其數令三年一貢毋侈方物進犀象以勞吾民二十一年黎季犛弑煒立叔明子日焜命絕其貢叔明八年死　上以叔明身自為簒勑禮臣毋弔而遣行人陳誠呂讓諭還所侵思明五縣不聽日焜旋亦為季犛所弑季犛大誅殺陳氏更姓名曰胡一元子蒼曰胡奃僭號紀元國曰大虞永樂元年表言陳氏世絕奃為陳甥求署國事從之已真封為王會陳氏故臣裴柏耆走闕下乞師而老撾亦傳送故王孫陳天平来朝安南使者見天平多泣

下詔詰季犛季犛詭請迎天平歸還以國天平行命都督黄中呂毅率兵五千送之季犛遣使迎具牛酒犒師偵騎往壺觴道相屬也不為虞行至芹站伏發殺天平及大理卿薛嵓中等引還　上大怒以成國公朱能為征夷将軍率新城侯張輔西平侯沐晟等二十五将軍出廣西雲南兩道討季犛而以尚書劉儁督師尚書黄福大理寺卿陳洽督餉親幸龍江禡祭戒諸将毋縱吏士暴掠毋輕進貪功罪人得則歸國陳氏擇立其子孫能行至龍州卒輔進破隘留鷄

陵等關傳檄數黎賊二十罪師次新福縣晟亦自雲南至白鶴江遣人與輔會　上命輔盡護諸將兵代能時賊恃宣洮富良諸江爲固緣江樹柵立椿别築土城備禦甚嚴欲老我師輔晟合攻之下令軍中丈夫報國立功在此時矣先登者賞不次士皆奮㘅枚舁攻具薄城裨將蔡福先登衆繼之舉火城上銅角齊鳴賊披靡退驅象巷戰遊擊將軍朱廣以畫獅蒙馬神機銃翼而前象奔賊大潰斬獲及蹈藉死者無筭進克東西都賊焚城遁連戰萬劫江木丸江悶海

口皆大破之諸郡邑相繼降附輔徧宣　上意令安業隨窮追季犛父子于奇羅海口都督柳升以舟師會悉擒之安南平得戶三百一十二萬象馬牛羊舟糧器械無筭捷聞詔求陳氏後無存者父老合辭請郡縣視内地乃置交趾都指揮布政按察三司府十七州四十七縣一百五十七衛十一所三市舶司一以尚書福總布按二司事　勑輔求交趾有能學藝者舉以聞六年輔振旅還論功進輔英國公晟黔國公升安遠伯餘陞賞有差已交人簡定反　命晟討

之僞復督師晟戰敗績僞及都督呂毅參政劉昱皆沒賊黨陳季擴鄧宗異等益猖獗乃命輔往輔率諸將敗賊馘子關又敗之太平海口追至清化殲其黨季擴自言我陳五後也請立不許請降許之以爲交趾右布政使輔歸復反竟復遣輔轉戰連年賊乃獲自輔之下交南凡三擒僞王威震西南夷中遂留鎮其地而尚書福有威惠交人懷之弭伏莫敢動十五年召輔還以豐城侯李彬代久之福亦歸尚書陳洽代時中官馬騏墨而殘交人怨之三年之間叛者四

五起彬先後討敗之而黎利最劇連結老撾出沒縱橫彬不能制詔以爲清化知府利許諾然竟不赴而攻刦日甚先後破茶籠州諒山府茶籠守琴彭諒山守易先皆堅守力盡俱死之洽力言利詐宜亟誅而中官山壽持撫議甚堅擁兵自衛諸將陳智方政復不相能彼此牽掣師遂敗事聞　章皇帝下璽書切責而以成山侯王通總兵討賊通戰寧橋中伏大敗尚書洽死之已敗賊交趾城下殺萬餘人諸將請乘勝蹙賊通不從賊知通怯益聚衆肆掠攻昌江城守

将李任顧福日夜拒戰焚其攻具賊益起土山以飛鎗射城中任福率敢死士夜開門殺守土山者襲破其營賊為地道入鑿橫溝應之從溝中發石擊殺賊甚多賊恐大軍至攏其城攻圍不休相拒九閱月城中将士三千餘人至是亡其半力竭不能支城遂陷任福皆自刎死中官馮智北何再拜誓不從賊與指揮劉順知府劉子輔俱自經死軍民感其義同死者甚衆　上遣安遠侯升黔國公晟分道往援以尚書李慶督師升剽而輕既連勝易賊慶言宜少戒升不

聽竟中伏死慶及副總兵梁銘相繼病没參将崔聚率兵進至昌江賊大驅象而前軍亂聚被擒時尚書福在行交人得福環跪泣公在我曹不至此競送之歸而晟兵竟不出通懼大賂遺利與盟而旋師按察使揚時習爭之強不聽群臣劾通并馬騏下詔獄論死通後竟脫利表言前國王遺嗣暠今在老撾請嗣封　上集大臣議英國公臣輔尚書臣義臣原吉皆言交南本中國地勞苦而得之不宜棄成功示賊以弱大學士臣士奇臣榮頓首言兵興以來天下無寧

歲今瘡痍未起而復勤之臣不忍聞且求立陳後者太宗皇帝心也求之不得而後郡縣叛亂相尋至深厪　先帝憂今因其請撫而建之以息吾民於計大便漢棄珠崖前史榮之安在為示弱乎　上曰卿二人言是　先帝指朕固知之明日出暠表諭群臣朕以止戈為武即議者未同無庸恤群臣頓首稱善於是命禮部侍郎李琦工部侍郎羅汝敬齎詔召安南文武吏士皆來歸并覈陳氏後當立者以聞利遣頭目黎公僎等送還官吏百五十七人戍卒萬五千一

百七十人馬千二百疋其陷没不得歸者無筭且言暠死陳氏種絶　上心知其妄然業置之乃詔利權署安南國事八年利死子麟代之正統初以麟事朝廷恭詔封為安南國王諭令還所侵欽州地及逋民二百餘戶麟卒子濬嗣遣兵攻占城執其王摩訶賁該以歸詔歸其王不聽濬為庶兄琮所弑弟灝嗣輒侵我土司地攻殺老撾宣慰使刀板雅蘭掌父子為八百敗歸累詔戒諭之灝驁橫自如屢攻占城併其國我無以禁而中官錢能鎮雲南復私與灝通闌結

諸夷奸宄繹騷幾危雲南賴巡撫王恕發其奸亂乃弭弘治十年灝死子暉嗣使者入貢乞改所賜常服從王制不許十七年暉卒弟誼嗣阮种弒之立灝庶子晭晭孱甚政在群下盜起國亂正德十一年陳暠弒晭自立莫登庸遂暠立晭兄子譓專其國暠奔據諒山死譓迫於登庸奔清化庶弟應立交人云應登庸子也無何死登庸遂竊安南王其子方瀛譓竟死清化故臣共立譓子寧居木州漆馬江倚老撾為援嘉靖十六年寧遣鄭惟憭来乞師　上以登庸弒逆

又久不庭當誅議討之以咸寧侯仇鸞為帥尚書毛伯温督師伯温至廣區畫諸便宜為進兵計廣守臣多難之且謂莫之篡黎猶黎之篡陳先後事同不足誅登庸亦遣人自歸廷議未决伯温駐師境上檄諭交人懸重賞購登庸父子懼請束身待罪歸欽州四峒故地世世奉職貢乃於鎮南關築壇具儀登庸率其屬繫頸徒跣北面匍匐上表降伯温承制受之詔赦登庸歸廢勿王以為安南都統使世其職仍覈黎寧果黎後則畀以所據地否則已制下登庸已死授

其孫福海二十六年福海死子宏瀷幼阮如桂等擁立之族人莫正中欲為亂不克来癸三十年命宏瀷嗣四十三年貢使黎光賁至京光賁以國難羈留南寧者十五年至是乃達其後貢遂絕萬曆間莫茂洽為都統使茂洽虐國大亂數年鄭惟憭子鄭檢立黎暉後黎維邦為主維邦死檢子松復立維邦子維潭嗣盡逐莫氏遺孽莫敬用竄居高平府敬璋敬恭竄居東海府保樂州復内相讐未幾敬璋為黎兵所殺維潭遣使浮海詣督臣歸罪請款闗輸貢移文擅用

前國王印守臣詰之維潭飾辭對然請款愈堅因與約必以高平居莫氏如黎氏漆馬江故事維潭心難之業為期啓闗有日矣遂遁去頃之復款具言其恢復之義歸附之誠第謂高平乃其故土且莫氏篡臣不宜以漆馬江為比守臣曰莫氏在先世雖為篡逆今日乃國家之外臣也爾安得滅之以彼奔敗之餘使得假息一隅毋遽殄絕是我國家所以鎮撫四夷共其患難之意也且彼此分定我諸土司亦毋敢黨亂以遺爾憂于爾豈不利焉而愛此尺寸之地為維

潭乃聽二十四年夏四月築壇具儀受其降具如登庸故事督臣陳大科疏聞因盛言莫之篡黎其事逆先朝猶赦其懲況黎之復讐其名正今日宜許其順以夷治夷　祖宗成法事下兵部議如大科言詔以維潭為都統使予莫敬用以高平令維潭毋得侵害安南復定其地東至海西至老撾南接占城北連思明衡二千八百里縱一千七百里夷獠雜居獷悍喜鬬其君長尤狡獪有二名以偽名事中國自黎氏以来雖奉貢稱藩然自帝其國中如趙陀故事死則加

偽謚黎晭之弒或云鄭惟鐐為之陳昺討惟鐐而僭爲者也譓者惟鐐所立也鄭宗強亡黎者鄭也登庸乘亂而竊其柄者也寧者非真譓子也傳聞厖不得而詰矣其俗惟交愛人倜儻驩演人淳秀有華風文學則驩演為盛其山川佛跡勾漏傘圓富良江宣光江為大產金珠珊瑚玳瑁丹砂諸香蘇合油胡椒羚羊角犀角兕白鹿猩猩狒狒白雉翡翠蚺蛇蟻子鹽醓波羅密菴羅果烏木蘇木見蒼霞草

平交圖說

廣東都指揮使司添註軍政僉書署都指揮僉事俞大猷為地方事嘉靖二十八年交南萬寧永安等州之夷從賊范子儀范子流范廷真等作亂叛其年幼應襲都統使莫宏瀷立營據守于萬寧春蘭庄社累来寇追犯城蒙提督兩廣軍務兼理巡撫兵部右侍郎兼都察院右副都御史歐陽　鎮守兩廣地方總兵官征蠻將軍太保兼太子太保平江伯陳　巡按廣東監察御史黃　會本請　命職專駐欽廉地方

操練水兵防捕夷賊本年五月内兵船次冠頭嶺賊衆七千餘人駕船二百一十隻突入白勒港行劫職親駕兵船抵其港戰之賊敗由山路走回擒斬二十七功級其船盡為我兵所奪其走回賊受餓及水淹而死者無筭也七月内各賊又奪食于如昔貼浪都鄉村職自龍門親督兵船及原領陸兵太平府通判戴懋督其所部土兵水陸並進連日大戰追至新安海東雲屯等處生擒賊首范子流范廷真等一十八名徒黨二百七十四名斬首級八百一十一顆奪船

七十三隻各兵俘獲男女名口不計賊被兵殺及連船衝破沉水者又不計賊營四千餘間火焚三日始盡范子儀脫身走入安南內地職一面移檄莫宏瀷責令出兵截捕旋據呈送范子儀首級至軍門欽廉夷賊之患一掃而晏然寧息矣職今將親歷水陸道路著圖于後而條說於其前以告後来之有事于交南者理合呈乞施行須至呈者

計開

一按欽州誌書歷代以来每數十年必一遭交賊之

害而或犯欽廉城治或掠各都鄉村每次皆稱夷船若干艘無有由陸路入者夫夷船淺小而長不用風帆又無鉛子銃等器械雖三十隻不能敵東莞縣烏船新會縣橫江船之一自今日以至於百千萬年之後遇有夷賊入寇則呈請兵船以禦之不可一日緩也蓋賊船在海隨處皆可登岸劫掠陸兵不勝其備縱追及之彼則輕搖而去矣故徒用陸兵防禦雖以千萬數亦無濟於事其慎之哉

一圖中山上黑點相連不絕者陸兵往来之路也水內黑點相連不絕者兵船往来之路也

一廉欽由海抵玉山東南北風皆可行唯西風必唱帆使每日皆有五六七分風信只用三日之程若風至八九十分須拋澳避之待風定而後行大抵瀕海之中有風時多無風時少和風時多颶風時少也

一龍門港內水深而無沙石可以泊舟千有餘艘四方環以大山遇颶風不足為患牙山之外有二石墩船行必避之石墩之外有三沙洲潮退則見盈則不見船誤閣之則壞三洲相近有東西二門東門寬而

浪平由此出外洋即向西行如遇大風則洲墩之北有一澳四面風皆可避然僅能容舟三十餘隻耳如風靜則由洲墩釣魚臺之南行過將及白鱗尾進入沙門之內轉東以入永安州港此港可泊多船四面之風亦不足為患欲往萬寧州則復出白鱗尾沙門西向行入玉山萬橋山大港之中隨處皆可泊船北有小港入萬寧州西出帽山為漸入交城水道約程十餘日也此中水面不為不廣但南面自萬橋山以至萬數萬明等山接連甚遠雖有颶風而浪不大起

自此至新安水路三日過萬明山為海東府轉出南山之外為雲屯州從外洋東歸至大門復回萬橋山内皆八達四通之水也凡海舟之行觀天之色便覺其日之有風雨察水之形應知其下之有沙石蓋不待智者而後明但能操舟入海者言之皆無有不中也

一自欽州城治至新安一帶約有八日陸路舊皆為欽州土地宣德之年峝長黄金廣黄子嬌黄建等以四峒二十九村二百九十二户叛附安南得封經略

使經略同知僉事等官世襲守把本峒仍以欽州貼浪都地置新安州遷萬寧縣於如昔都尋改為州遷永安州於時羅都之佛淘巡司正統五年　朝廷命官招之不至故近日夷賊范子儀得來竊據萬寧州并挾永安州之夷以為欽州患矣新安離欽州路遠又迫近於安南之諒山海東等府乃黄金廣等得與夷人交通而謀獻其地故職謂黄金廣等獻地之逆新安之地為之媒也使當時舍新安而止管及了葛河洲則華夷隔地又何以有黄金廣等與夷人交通之弊耶夫萬寧各村與如昔貼浪二都相雜而永安之啼雞草埠則切近於龍門港口范子儀既奄有其衆彼皆熟知欽廉之地形虛實者故職謂范子儀等猖獗延蔓之禍萬寧永安之地為之媒也使當時不失此二州之地吾之百姓又豈范子儀所能挾之以叛莫宏瀷而犯我州城耶反覆論之則明地方之界限辨華夷之雜處誠今日之所當急矣新安之地不必有萬寧永安之地是吾故物決不可使夷人復居之也今請移諭莫宏瀷謂新安萬寧永安等州之民

叛亂伏誅其土地各皆荒蕪自今日為始陸路以新安山為中分之界水路以帽山為中分之界彼此之人不得踰越凡貢獻交易之類俱從鎮門關出入違者坐以重罪陸路之守除時羅都附近欽城峒長照舊外惟貼浪都乞給義民冠帶與獲賊有功峒長黄文燮之子黄世達如昔都乞給義民冠帶與獲賊有功峒長黄鳳陽之子黄世陪責其團集峒民編立保甲各自防守仍許隨都自行招集土民耕種附近了葛江平等田地日久成熟然後科差其春蘭等社近

海去處及附近新安之地任其抛荒發木成林以為四峒藩蔽如此則華夷之人路遠情隔風馬牛不能相及年代愈遠形迹愈疎禍階無由起矣其河洲充包思勒防城等營勢分兵寡有警不能相救乞併立一營共設打手三百名附于羅浮村中使百姓官兵相為犄角其冠帶峒長所轄峒民及班衣之類俱聽管營官遇警調用無事之時不許肆行騷擾以致峒民不堪違者定坐重罪水路之守請如潮州柘林事例輪撥大小烏船二十五隻兵大一千名常泊龍門

港口如峒長報有聲息管兵官將船由洲墩白鱗尾入玉山以包截之若向無聲息兵船亦要一年一巡至玉山萬橋等處毋使誅殘之賊潛滋暗長於其間也或曰何不遷衛所立城池為重鎮於萬寧以守之乎曰長設兵船於龍門以為華夷界限之防則可若虛靡錢糧以守尺寸枯瘠之地則惑也欽州空闊不耕之地何限四峒之復幾十年矣費公家之財蓋難計數其所入曾足以償其所出否乎

一華夷交界之地既設重兵然非得大將以統之亦恐無救於猝然之急也按弘治以前之年立有都指揮守備雷廉日久承平以為無益而議裁革之者誰哉居安忘危良可嘆也今乞題請駐劄欽廉列啣都指揮一員永以為例然必奉有 勅命使有警便於行事或調遣官兵或移文安南俱無所拘制不然則有兵無將任責之人亦非久安長治之策也

一款取安南必由海進其各陸路只張虛聲而已馬援征徵側徵二由海也兵糧器械之類就於各兵船上載去甚便漢人征南越王以路博德為伏波將軍

楊僕為樓船將軍又越之入吳亦用舟師大抵舟師一到隨處可登顧此失彼不勝其備故無不成之功耳

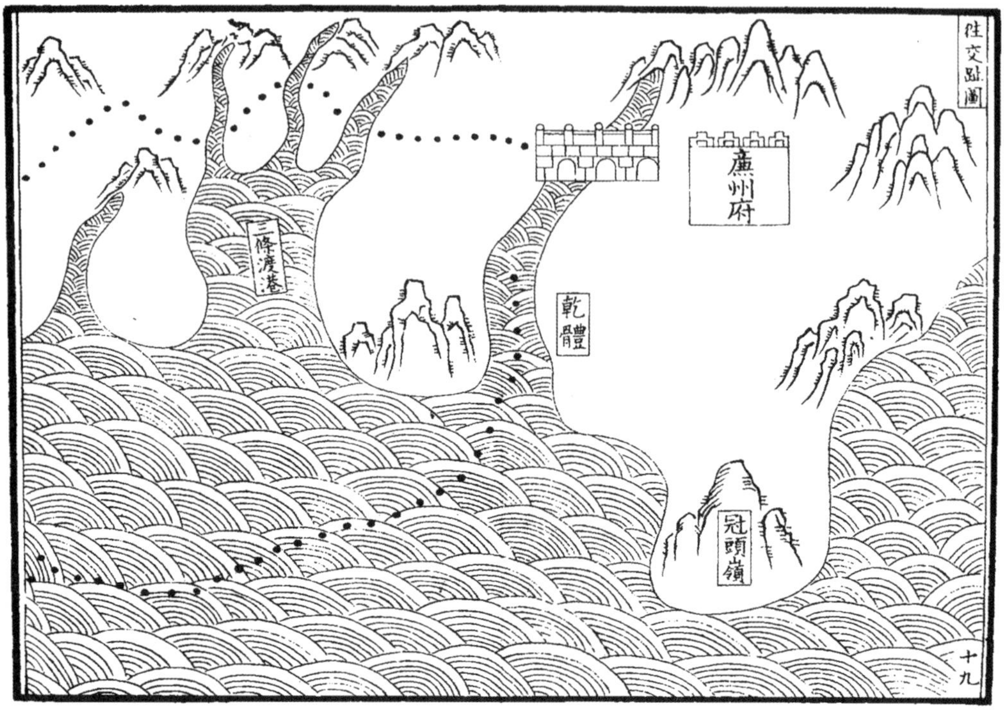
往交趾圖
三條渡港
乾體
廉州府
冠頭嶺
十九

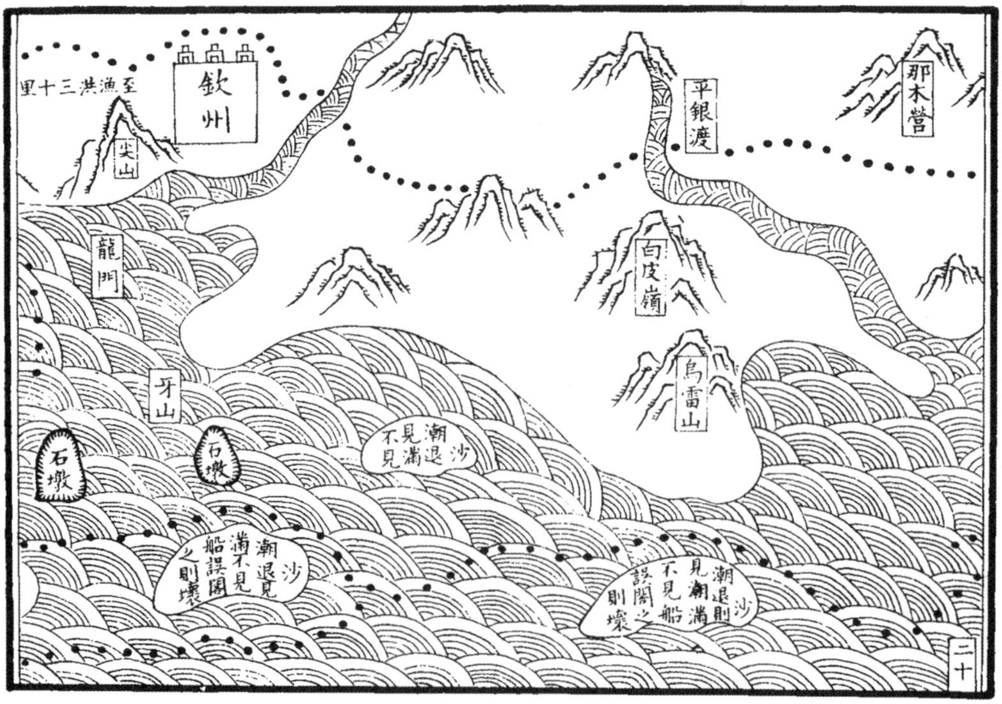
至漁洪三十里
欽州
尖山
平銀渡
那木營
龍門
白皮嶺
牙山
烏雷山
石墩
石墩
沙潮退見滿不見
沙潮退見滿不見船誤閣之則壞
沙潮退則見潮滿不見船誤閣之則壞
二十

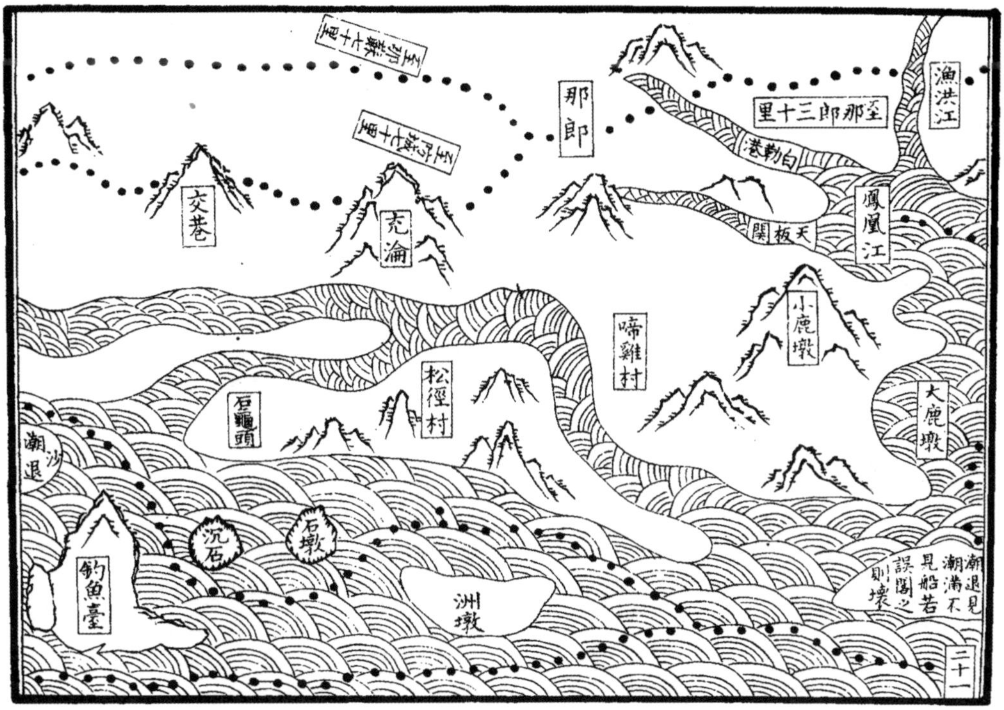
那郎
至那郎三十里
漁洪江
白勒港
交巷
天板關
鳳凰江
小鹿墩
啼雞村
松徑村
石龜頭
大鹿墩
沙
潮退
沉石
石墩
釣魚臺
洲墩
潮退見潮滿不見船若誤闖之則壞
二十一

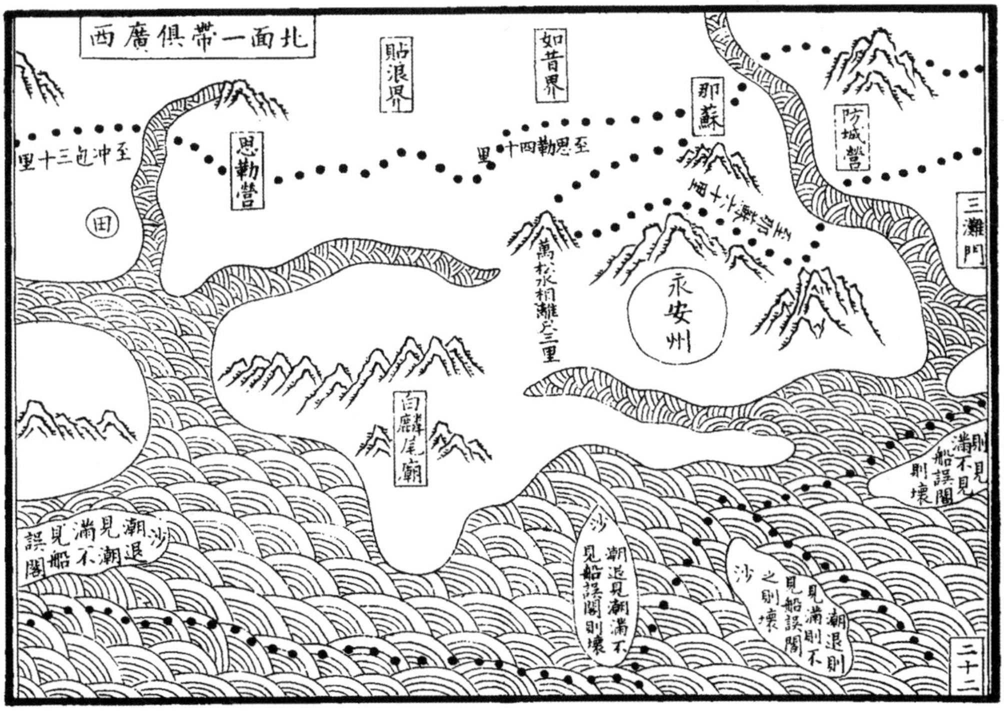
北面一帶俱廣西
貼浪界
如昔界
那蘇
防城營
思勒營
至思勒四十里
三灘門
田
永安州
白龍尾潮
潮退沙見潮滿不見船誤闖
沙
潮退見潮滿不見船誤闖則壞
沙
潮退則見潮滿則不見船誤闖之則壞
則見滿不見船誤闖則壞
二十二

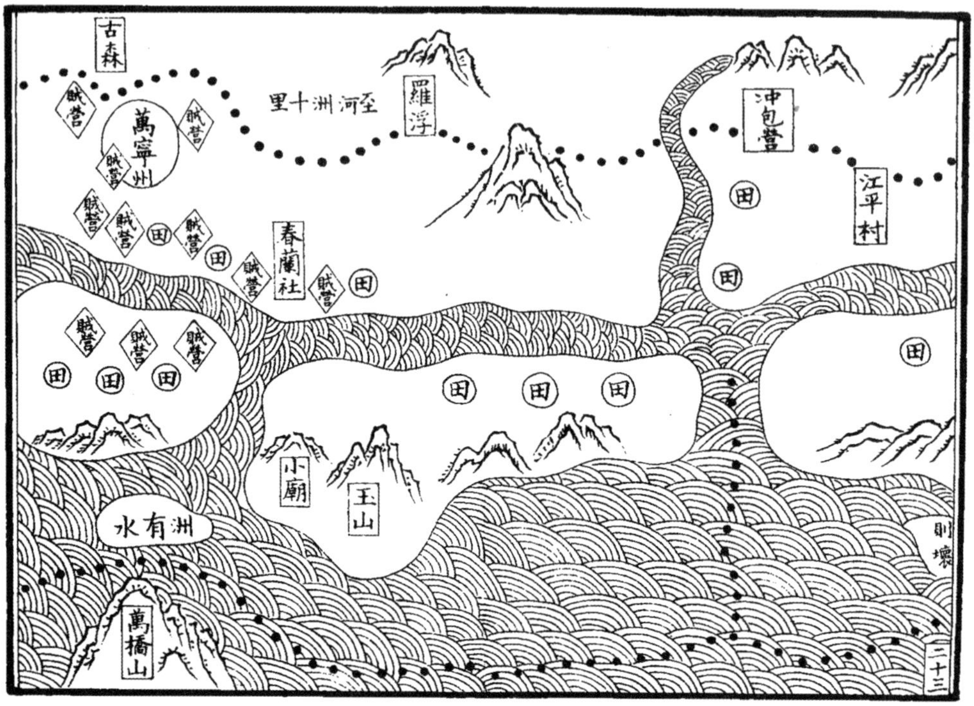
古森
賊營
萬寧州
至河洲十里
羅浮
沖包營
江平村
春蘭社
田
小廟
玉山
水有洲
萬橋山
二十三

斯凜
河州營
大黄社
河村
田
賊營
洲
帽山
洲有木無山
萬明山
中門出大海
萬里山
大門出大海
洲有木
永寧社
二十四

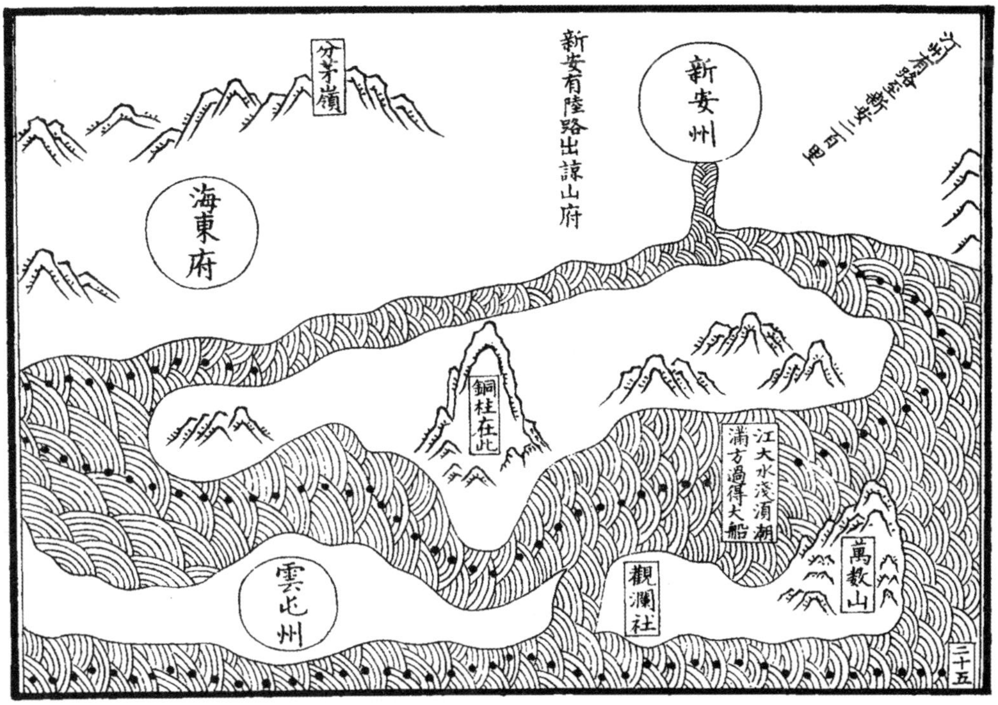
汀州有路至新安二百里
新安州
新安有陸路出諒山府
分茅嶺
海東府
銅柱在此
江大水淺須潮滿方過得大船
萬數山
觀瀾社
雲屯州
二十五

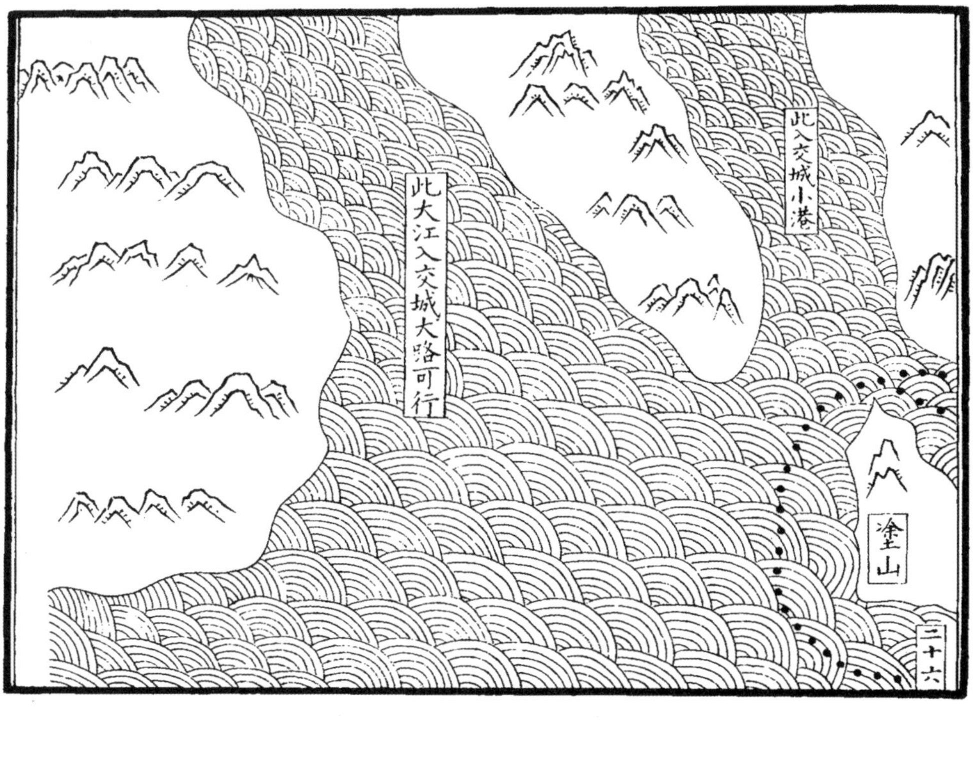
此入交城小港
此大江入交城大路可行
塗山
二十六

入交三道一由廣西一由廣東一由雲南由廣東則用水軍伏波以來皆行之廣西道宋行之雲南道元及我
朝始開廣西道亦分為三從憑祥州入者由鎮南關隘一日至交之文淵州坡壘驛復經脫朗州北一日至諒山衛又一日至温州之北隘徑半日至鬼門關又一日經温州之南新鹿村經二卜江一日至保祿縣半日渡昌江又一日至安越縣南市橋江下流北岸一道由思明府入過摩天嶺一日至思陵州過辨

強隘一日至祿平州州西有路一日半至諒山府若從東南行過車里江此江永樂中黎季犛堰之以拒王師後偵知其堰處乃決之以濟師一日半至安博州又一日半過耗軍峒山路險惡又一日至鳳眼縣又分二道一道一日至保祿縣亦渡昌江一道入諒江府亦一日至安越縣之南市橋江北岸各與前道會其自龍州入者一日至平而隘又一日至七源州二日至文蘭平茄社又分為二道一道從文蘭州一日經右隴縣北山徑出鬼門關下四十里渡昌江上源經右隴之南沿江南岸而下一日至世安縣平地至安勇縣又一日亦至安越縣之中市橋江北岸一道從平茄社西一日半經武崖州山徑二日至司農縣平地又一日半亦進至安越縣之北市橋江上流北岸市橋江在安越縣境中昌江之南諸路總會之處隨處皆可濟師一日至慈山府又至東岸嘉林等縣渡富良江以入交州雲南亦有二道其一道由蒙自縣經蓮花灘入交州之石隴關下程瀾峒循洮江源右岸四日至水尾州又八日至文盤州又五日至

鎮安縣又五日至夏華縣又三日至清波縣又三日至臨洮府洮水即富良江上流其北為宣光江南為沱江所謂三江者也臨洮二日至山圍縣又二日至興化府即古多邦城自興化一日至白鶴神廟三岐江又四日至白鶴縣渡富良江其一道自河陽隘循洮江左岸十日至平源州又五日至福安縣又一日至宣江府又二日至端雄府又五日亦至白鶴三岐江然皆山徑欹側難行其循洮江右岸入者地勢平夷乃大道也若廣東海道自廉州烏雷山發舟北風

順利一二日可抵交之海東府若沿海岸以行則烏雷山一日至永安州白龍尾白龍尾二日至玉山門又一日至萬寧州萬寧一日至廟山廟山一日至屯卒巡司又二日至海東海東府二日至經熟社有石堤陳氏所築以禦元兵者又一日至白藤海口過天寮巡司南至安陽海口又南至塗山海口又南至多漁海口各有支港以入交州自白藤而入則經水棠東潮二縣至海陽府復經至靈縣過黄徑平灘等江其自安陽海口而入則經安陽縣至荊門府亦至黄

徑等江由南策上洪之北境以入其自塗山而入則取古齋又取宜陽縣經安老縣之北至平河縣經南策上洪之南境以入其自多漁海口而入則由安老新明二縣至四岐遡洪江至快州經鹹子關以入多漁南為太平海口其路由太平新興二府亦經快州鹹子關口由富良江以入此海道之大畧也交州之東有海陽荊門南策上洪下洪順安快州等府去海頗遠各有支港穿達迤邐數百里大艦不能入故交人多平底淺舟以便入港云

航海經行船筭更法

凡行船先看風汛緊緩流水順逆其法將柴片從船頭丢下急行到船尾視柴片或向前或向人後若與人齊到方筭更数每一更二更半約有二站每站計六十里能曉識無差誤矣

福建往安南國針路

福州五虎門開船用乙辰針取竿塘山行三礁東西邉用丙午針取東沙山西邉過船打水六七托用单巳針三更船取片嶼用丁午針一更船用坤未針二

更船用坤申一更船平烏坵山用坤申七更船平太武山用坤申七更船平南澳外平山用坤申十五更船平大星尖用坤未針七更船取東姜山用坤未針五更船平烏猪山用单申針十五更船取七洲洋用单申針平海南黎母山用庚酉針十五更船取海堂山正路用单亥針及乾亥針十五更船取鷄唱門即是雲屯州海門也

此福建往安南針路也若廣東開船則自東姜山筭起只五十更船到雲屯州若海南開船則自黎

毋山筭起只三十更船到雲屯州十更船爲一晝夜五十更行五日三十更行三日盖放洋法也録之以備乘風破浪者採焉

温陵鄧鐘輯著

安南圖誌終

跋

右安南圖誌一卷。明鄧鐘撰。鐘温陵人。官廣東瓊崖副總兵。萬曆戊申交趾莫登庸殘黨煽亂。邊疆。欽州告急。鐘奉檄討賊乃檢篋中舊草安南國圖。及葉向高安南考。俞大猷平交圖說。乃梓是編。人授一册。以爲馭交之嚮導。是書爲錢氏述古堂鈔本。半葉九行。行二十二字。鈔寫甚精。爲黃氏士禮居舊藏。有錢遵王孫慶增黃丕烈等朱文印。其書流傳有自。蓋從明刊本所影鈔者也。安南自漢唐以來。已入吾國版圖。至宋乃自稱制。明成祖朝因黎季犛篡立。乃遣張輔討平其亂。輔凡四至交南。剗平其地。改安南爲交趾。建置郡邑。及增設驛傳遞運。規畫甚備。然

交事甫定。輔卽召還。未能效沐氏之世守滇南。交趾旋又不守。其後柳升以輕敵喪師。王通以畏怯弃地。迨宣宗朝。守老成持重之言。置邊荒於度外。而交事益不可爲矣。後之持邊事者。未見有驍健之張輔。而徒存怯敵之王通。可慨也夫。安陽謝國楨

安南使事紀要四卷

〔清〕李仙根撰

《安南使事紀要》四卷，清李仙根撰。仙根（一六二一—一六九〇）字子静，號南津，四川遂寧人。順治十八年（一六六一）進士，官至户部右侍郎、光禄寺少卿。是書敘康熙七年（一六六八）李仙根出使安南，敕諭其王黎維禧令還安南都統使莫氏地民之事。記事起十一月二十八日，訖次年四月廿二日，據日編次。凡行程道里、沿途山川、出使始末、敕諭文書及黎王回柬等，皆詳爲記載。卷末附「雜記」，述其地理、民俗及物産之大略；又「紀異」，記所見異事。據中國國家圖書館藏清抄本影印。

安南使事紀要序

皇上乘龍御天懷柔萬國海隅日出罔不率俾頃以
交黎搆怨莫氏來歸屬國擅兵義當聲討
皇上秉好生之深仁廓如天之弘度爰涣
德音復其疆土
特命遴選才能知大義善辭令者持節以行
廷議以侍讀李公樞部楊公請
上俞之
臨軒親遣異數有加二公衔
命星馳間關萬里告成事而還猗歟休哉聞之使事
有指又聞大夫出疆有利國家專之可也是役
也明楚丘之義返汶陽之業此出使之指也若
乃荒裔之外狙詐飈起始則奉
詔遲疑繼則持議齟齬彰之以文告申之以話言往

復千端濡滯時日此非使臣之所及料也二公
禮以行之義以正之布誠信以安之析利害以
怵之於是遐方讋服敵怨輸平興滅繼絕義問
宣昭無專命之嫌溥仁言之利斯春秋所以序
王人賴有辭也夫決機兩陳轉鬬千里師武臣
之事也戰勝廟堂之上折衝樽俎之間卿大夫
之責也南交三百年來黎氏篡陳莫氏篡黎黎
又偪莫蠻人互相讐殺習俗固然永樂大創於
季犛嘉靖一試於登庸卒之珠崖見棄金人代
身而陳師鞠旅蕭然煩費所謂弊所恃以事無
用也以我
國家全盛之勢師武臣之力聞鼓鼙之聲孰不趯
然思奮乃二公一出而
國體以尊遠人以服冠珮之度勇於介胄金石之

訓銛于甲兵夫而後知
中朝之有人信文章之可以華
國也豈惟絳灌摧鋒亦何必張陳甘傅乃稱能使
絕域哉余不敏待罪兩粵馳驅東鄙不遑啓處
遥望西陲維藩永固藉手二公實有厚幸焉於
其還
朝爲歌皇華之首章美二公之相與有成也不辱

周序三

君命也載歌江漢之卒章頌我
皇上之洽文德也知人善任使也
皇清康熙八年己酉仲夏總督兩廣等處地方軍務
兼理糧餉兵部尚書兼都察院右副都御史加
六級前内秘書院學士周有德題

交阯安南國輿地圖

星槎案畧　　正使臣李仙根手纂

黎氏有安南近三百年矣前嘉靖初其臣莫登庸篡之後
敗退據諒山以北世世相讐也萬曆初解和以諒山高平等
府州分莫氏世守爲屬國明之末莫氏益弱諒山太原等
地皆失至
國朝定粤莫敬耀來歸未受爵而卒其子元清襲因授安南都
統使黎維禔亦來歸未受封而殞其子維禧立康熙三年
遣官　諭祭維禔五年遣官　冊封維禧安南國王二氏

仍私相仇殺無虛日六年八月維禧遣人奪高平兵馬甚
盛元清欲納欵其頭目阮公遴不聽強戰遂敗潰元清舊
與歸順下雷各土司有隙無援徑路亦絕乃望小鎮安走
不得入故奔皈朝皈朝則滇界也元清已幾見獲適得富
州土知州沈崑璘廣南總兵王會游擊管千總事詹志寬
接應安置幸而保全男女老小不足三千口行李俱空七
年正月
平西親王以聞於
朝兩廣各衙門俱有　奏報益黎氏擅兵之罪自莫能遁而鸇
鸇之逐無禮屢臣具有同心惟
皇上如天好生宸衷獨斷　命以　勅諭黎王令還地民講好
安生　命移元清于廣西南寧府安養等候兵部擬以
勅遞送安南四月廿八日　特命應差衙門遴選才能知
大義善言語者往二十九日内三院以侍讀加一級臣仙
根兵部以主事加一級臣兆傑名上卽奉
旨及傳諭云云五月初七日自具二疏十五日奉

旨及傳諭云云是日　賜正一品麒麟服　諭兵部傳上殿賜
食兵部以求雨齋戒請寬期十九日乃召入　賜坐食
親以　御前盤果頒賜詢鄉貫出身及交南事宜二十日辭
朝二十一日行
緣係密本不敢詳述撮其大畧如此

安南使事紀要卷之一

康熙七年十一月二十八日正副使舟先後抵南寧府設
勅旨龍亭令安南都統使莫元清拜畢更公座引元清見叩頭
流涕云自叅竄失所蒙
朝廷高厚之恩兩大人辛苦遠來卑職得見天日矣共諭云
皇上憫爾遠遁故特遣使臣來料黎氏自不敢抗違爾歸有日
爾且安心俟候不必悲泣可將高平土地界址及失散家
口數目詳造印冊具呈地方官轉移本院部以便查取但爾

狼狽至此兵馬財物殺刼一空即使安南悔禍還爾故地
爾亦何以自立元清云若得兩大人宣布
恩威得還高平祖宗墳墓所在敢不勉力撑支以報
朝廷再造之德并為兩大人修建生祠使子孫感念不忘
二十九日共捐銀付宣化縣買米百石并緞紬靴韈猪羊
酒等件犒賞元清囑隨行人不得受元清酬勞銀各十二兩俱還之
十二月初一日面商提督馬催元清造報印冊
初四日正使登舟先行
初五日副使亦行元清持黃金十兩獻且云更具十兩附
送李大人副使正色斥俱還之
十二日進太平府聞交趾夫馬未齊文淵州委官阮廷祿
具文探來意且求寬限共議非前行近關恐其悠忽不經
心也
十八日始從陸路行
十九日至思明府
二十二日移文提督仍催元清印冊又催牌行新太營叅

將及龍憑守備剋期出關委官速具文求展限謂馳報國
王遣官及兵夫象馬至關迎接往返月餘恐失悞取罪于
是駐節更嚴矣查往例
欽使牌至太平左江道官即行票關外責令速迎體統嚴肅此
番道缺已裁太平府非其職掌而署思明同知者乃一府
經歷防南關者僅一守備輿情多詐呼應不靈兩使臣自
行催促非故事也不得已耳
康熙捌年正月初四日得遞報云交委官兵已抵文淵州

初六日行宿受降城可六十里

初七日宿幕府營可四十里前抵南關密邇矣自廣西桂林陸路至南關止一千六七百里因山路荒險夫馬不便故從灘水下梧又從梧逆流上潯邕沂左江幾多轉七八百里

初八日至南關可二十餘里晨行大雨如注土人皆云從來出入開關必雨未有爽者亦可異也及近關則居然雨止風淸矣正副使朝服站班文武各官叅送

安南使事紀要　卷之一　三

勅書遣官祭關神土神伐鼓開關門彝官義領子同存澤侍郎裴廷員學士吳珪進謁

勅書既又文武官叅送正副使彝官亦手本拜迎皆如儀傳諭該國夫馬進關接替論守備逐一查點隨行名數行李什物不許夾帶貲放等情仍集文武官面語云

朝廷遣兩使臣宣諭外彝已有定算

天威所布自是拱服萬一異域叵測稍有疑難兩使臣惟

君命是視奉

命之日即授命之日不可以二人之故疑阻牽制也守備羅仲高進云

天朝聲靈兩大人才望彼國必當聽受唯謹末弁住此拱候佳音何至如大人所言遂行可十里許宿文淵州同存澤呈詩一首使人語云王事在身不暇私論詩文候成事後商論可也

初九日抵諒山府可四十里有古城居民多在城外平原曠野山水環秀

安南使事紀要　卷之一　四

初十日彝官懇留住一日以便前途收拾接應久乃許之仍取不敢虛慌甘結一紙連日風雨大寒

十一日重裘乃行抵安州可百里

十二日過鬼門關具祝文猪羊酒物祭馬伏波將軍舊例也宿屯糜可九十里

十三日抵芹山可七十里自屯糜至此漸入平地居民湊集披髮跣足奔馳懽笑而擁觀者曰有增加正副使嘆曰何人滿若此交民即吾民萬一事之不諧吾二人之疚矣

十四日抵昌江可五十里
十五日抵市橋可四十里
十六日抵安詳可四十里黎王遣番官濯郡公鄭㰁延祿
伯楊澔具羊酒果物迎至舘量收其半賞銀捌兩仍以牛
酒猪羊犒迎護兵丁
十七日抵交州臨賀舘可三十里自南關至交州約四百
八十里許惟諒山至鬼門關百里間山環林密絕無人烟
澗溪九十餘渡餘俱平衍大道不濘不沙可以方軌聯轡

矣該國復呈牛酒諸餞止存果品一二餘俱璧其輔國政
鄭㰁亦送禮量收數色仍發犒該國兵丁
十八日傳同存澤等諭令國王迎
勅開讀一切儀禮務遵會典毋藝㚑官雖知爲莫氏事然故請
密示來旨大意共諭云
朝廷有勅宣諭爾王開讀時自然通知爾等何得私請于是張
示嚴誡各員役不許與番官通事居民私相勾引交易輕
言妄動生事壞法犯者從重究治是夜雨甚大寒

十九日黎明雨雪交人驚異憶永樂時張國公輔等已平
安南上特遣監生張禮祭衡岳之神求賜鴻庥潛消瘴癘
俾降清凉使將士安寧百疚不作今之此行自出關來震
風日應繼以霏雪眞
皇上好生所感百神効福兩使臣不禁舉手加額喜淚交至矣
王遣人候安請展開讀期盃嚴諭促之
二十日暮番官來探
旨意云何且具稟帖約畧云奉國王旨曉因鄭輔國之母九十

五歲適于本月十四日卽世彼世効忠勤大有造于黎氏
王聞喪哀痛今奉迎
勅諭儀仗請樂則報孝之情未安或于禮上少簡則敬尊之意
未盡乞隨時酌宜許令重臣祇領齎回于禮雖有酌行恭
敬之心則一等語于是作帖諭之
二十一日諭安南迎接官爾等遵國王旨曉輒詳呈來殊
爲駭異本院部奉
朝命間關萬餘里而抵爾國理應至卽開讀聽受唯謹不意三

四日傳諭再四今乃以輔國鄭氏喪爲辭且欲令重臣領
賚何其謬也夫
朝廷大命所至風行草偃國事尚爾暫抑私喪何得抗撓迎
勑開讀會典具有常儀從無陪臣私領之理今鄭氏之喪私喪
也所謂凡民有喪匍匐救之者爲親而不尊者言也爾國
更有尊于黎王者乎以國王之尊而云盡孝敬于功臣之
母自古及今殆所罕聞爾王謂鄭家功德格天忠誠貫日
本部院亦久悉矣然忠臣之於國也扶危定傾分所宜然即

功愈大者心益小權愈重者禮益恭斷未肯以家庭之私
喪屈其主於苫塊之班者也爾國主果有報德之心但可
輟朝親臨厚賻褒崇封謚以寵慰存亡已耳至于卑而可
踰禮不中節則亦過矣爾輔政鄭既爲忠臣必中大義若
因其私喪廢迎
旨大事開罪
朝廷恐於彼忠義之心有跼蹐大不自安者矣況儀仗鼓吹在
黎王之府非鄭氏之宅何嫌何疑而欲隨時酌宜令重臣
領賚耶本部院奉
旨面諭安南王豈諭安南王重臣耶夫臣雖重孰當王者意者
爾國即有重臣可以當王然本部院未見黎王詎擅徹　命
隕越之譏乎是乎在而謂恭敬之心則一然乎否乎爾國
在九域之内淳秀好學者代不乏人而舉動議論疵謬如
此尚不可以聞于比鄰而乃肆言于上國開笑於將來乎
爾可轉啓爾王其速如例迎
旨切不可以非禮之辭再爲支延爾諸臣亦宜讀書明理引君

當道即爾輔政鄭歷練已久亦未有不小心翼翼躬叩國
王抑情就禮者也其詳味毋忽仍而催番官毋得稽延
大命自干罪戾
二十二日同存澤等復具稟申說約畧云莫元清之祖莫
登庸狗彘其心敢行篡奪幸賴輔國先祖掃鋤僞莫收復
都城黎氏再造傳至輔國明鼎國王蒙養造就有閱世親
親之義非他泛然功臣可比國王深感内外功德恪循禮
制乃是盛心又畧者范馬二位奉齎

勑諭捉拿楊二楊三亦係重臣祗領如儀今貴使雖非范馬委
差可比至于
君命則一貴使以聖人之學自任能廓大臣泰包之量使本國
沐其餘波等語時即發諭帖云前諭以君臣之大義公私
之至理爾竟執迷不悟乃復狡飾多言本院部奉
勑面諭黎王即有國憂亦當奪情暫止接
勑而後舉況他姓之私喪乎爾云曩者范馬二位公館交
勑何物范馬敢與本院部比論當時令爾國緝拿楊二揚三者乃

兵部承
旨發付督撫差員交
勑耳今日本院部則係
皇上臨軒特遣密承
天語
親賜寵宴命面諭黎王也發
勑與特開原自不同逓交與面諭各有來歷本院部未見黎王即
係悖
旨吾教你國以君臣之大義而爾國反開我以悖
旨之逆節又何以責夫他人之狗彘其心者至爾云閭世親親
非他泛然功臣可比夫臣一也功即大猶然臣也豈有泛
然不泛然之別耶若椒房外戚更涉嫌疑馬援之不列雲
臺爾等所知非親而有功者乎總之
勑書在是稽延多日爾不即行祗承本院部豈敢委棄其速啓王
擇吉開讀毋再爲延展支吾將已往之恭順一旦廢弛甚
非策也思之思之特諭仍語通事云此來所爲事小抗

旨之罪大其
旨内事情在開讀後任爾商量停當雖多延數日亦自不妨只
今不肯迎接便大不敬了若復如此本院部即當起馬入關
請
旨爾後雖欲求我開讀我亦不聽矣至輔國鄭亦爾國老臣其
毋九十五歲亦自難得今其令終又遇本院部適至俟開讀
後本院部亦有致祭之義再勿疑阻使情禮俱廢關係不小
二十三日同存澤等又具稟云曩者吳程諸公奉

勅至關隨即抄白傳曉兹再冐瀆呈稟希望報知事理庶得啟
王迎接以免錯悞等語隨傳兵部差官魏象賢捧
勅官龍英州吏目趙光冣二人皆前此同來者細詢有無抄報
俱面質云并無此事明係支吾即發諭帖云
皇上純仁至聖視中外爲一體念爾國恭順已久故懷柔愈切
今遣兩使臣奉
勅宣諭益推誠布公愛養撫息至意並無他故何必猜疑據爾
等請示前來但本院部所奉

密旨也原與前此吳程諸公
諭祭册封發抄邸報者不同安敢先期布聞自干僭越其
旨内事情爾國貢臣有先歸者料必傳知大畧矣聞讀之後自
見坦白
天心至本院部頗以忠敬自矢更體
皇上德意絶無欺謬不必再三遲疑逆憶久羈
大命也特諭
二十四日委官京兆尹陶公正翰林校討武維斷二人往
復强稟亦無他說借口必要抄白不然難以開讀副使厲
聲云大清律令凡近侍官以國家機密事情雖非軍情但
漏洩于人者斬又會典云凡詔書至番國多係機密事情
不得預洩此番
密旨自大學士大司馬而外各部院且不得知安敢抄示自罹
重法隨取律典二書示之武維斷仍强爭執云總是
勅旨如何不得發抄正使笑且怒云
旨雖同密則不同密字且不知如何做校討爾陪臣驕蹇無禮

拒逆
朝命不行啓報爾王悖理遁詞行當移王重治爾爾之所疑者
總因
勅書爲莫氏而來恐其中有不便于爾國故多方猜疑如此亦
甚愚矣設使
朝廷下一紙命爾國送某人頭來爾國敢惜此一頭而終不奉
之乎今不以尺檄聲罪并不以師武臣力而令二文書生
來此乃

皇上好生同仁造福無疆并未有偏傷爾國之意爾豈可預逆
其爲禍而先取抗慢之罰乎本院部指天誓日開心見誠雖
不抄示已彰大意若有欺言後日何以見爾等爾等勿疑
也
廿五日同存澤等又具稟云亦知爲莫元清事聞是爲本
國好意但恐通事傳譯失寔乞書示果否等語隨批帖尾
云傳示皆係面諭通事原未失寔有福無禍着速開讀
二十六日衆官始入稟容洒道習儀擇吉

二十七日具稟期二十九日奉迎
詔開讀隨諭迎接開讀交拜皆照會典行因抄錄傳示該國
二十八日進稟稱習五拜禮諭云三跪九叩頭乃
本朝儀制爾國既爲大清臣安敢違越旋稟報云皆如諭
二十九日晨屏去刀劍及一切武執事捧
勅渡富良江天色明霽入交州州無城垣市肆斂閉途路乾潔
各街巷遥望者面如山積維禧候立其府之南門傳令出
迎郭門外停車立俟久之遣番臣代迎云郭内係民居去
府門尚遠副使持辭不少假正使云既係民居彼王步出
我等亦須步入非體也于是乃入至其東門外往復催促
堅不出繼遣官獻茶有誠勿飲者兩人笑而飲之召朝官
胡士揚等諭之曰爾國受
天朝封爵自是國家臣子那有
詔書到不出迎之理兩使臣氣節所關豈肯辱
命首可斷足不可移今夜便當于此守宿明日再議不然將
勅奉回公舘俟議定更行迎接且爾王一舉步間在彼爲順天

循理在兩使臣爲仗節守義兩善皆得何憚不爲爾等亦
有名交南者可持會典往啓爾王毋自擢不遜也固爭力
辨至未刻諸衆始屈維禧步至東門通事稟云隨行人尚
帶一二小刀乞拔去許之即付通事收帶又稟云隨行人
稍遠退毋近王王懼不敢出又許之王乃出門外迎
勅入王請爲前導曰然令行于
龍亭之左至殿中維禧拜稽不甚了了副使就教之維禧驚懼
欲避狀左右捉刀者擁至正使笑曰何胆怯乃爾連叩頭

卽是矣徐捧
勅跪奉王王跪候宣讀諸臣以下皆跪往者宣讀例用該國人
此番則稟用漢人交人多詐究竟疑
勅中有傷害彼國字樣故不欲使土音彰揚也于是令吏目趙
光最宣讀訖仍拜稽如儀已而賓主東西立燮官請一拱
別論云本院部奉
天子命來外國而爾王爾外國人得見本院部皆非偶然何得淡
漠如路人耶當遵會典對頭兩拜禮王已聽許行之復訖

訓辨百端卒令成禮獻茶飲之于是招王近前語曰
皇上特恩遣二臣來無非爲王社稷生靈計細玩
勅書自見一時難得面悉我等且回公館王與諸臣斟酌停當
以報
命可也陪臣稟云今日勞倦且請休息容俟商確回報斷無不
遵
朝旨之理于是乃出王從西角門送至二門外别日已西沉及
抵館漏下二皷矣正副使對揖各稱謝相與有成　卷一終

安南使事紀要卷之二

二月初一日傳通事阮勸賢等至語云爾二人方進貢回
來中國規模
朝廷福澤及我等來意爾自悉知矣爾聲音頗正此後可用心
將我等所言細心明達并將
朝廷好意不時開導爾國更囑爾官前有所掠高平人等切不
可以
勅書有退還之說從新賠加殺害已後查對出來比前罪更大

爾當諄ㄥ言之此亦爾功名根基且爲子孫造福者也二
人叩頭唯唯
初二日燮官來稟前日宣讀後國王勞頓極矣昨日倦騰
未起今方下令諸著臣先齋戒三日乃會議請寬期共論
云此
朝廷特恩爾國安危至計正應仔細商酌務必妥確不可草率
吾不迫爾也
初三日共商云前因彼國不卽開讀恐傷

國體故欲以致祭鄭檍之母使之欣慰毋梗大計雖非故事亦
　權變也渠已令通事回稟云聞兩大人盛意何以克當卽
此一言已感謝不盡矣如此正當示之以信又聞其居喪
頗有草土禮于是爲文顯誇其哀毋而終勗其臣節云
初八日遣前站官及吏目往祭之　文曰自予二人入交
之日奉迎官卽以其輔國鄭母喪聞詢其年幾百歲矣按
其行述則敬戒婦事相夫勗子累世忠勤恢張公室易危
而安轉弱爲强又令奉貢　天朝恪恭誠順上下安榮令

行化外至是享遐齡考終命不疾而逝嗚呼何其卲也乃
其子老矣苫塊杖起動遵禮度哀慕之忱彰于遠邇于是
兩使臣聞而嘆之曰猗歟我
皇清聖天子出而日域月窟之隅燭龍火鼠之鄉悉登仁壽此
其一徵矣乎夫國家之休祥每托根于門內而人世之疇
福雖畢萃于一身益有其德無其應者衆矣未必非時爲
之也乃茲以有嬀之芳淑鍾造物之靈長爵爲人瑞蔚作
坤貞褒榮錫而有加令譽昭而無盡身覩

廓清之日月志安忠毋之門庭卽當白雲遠駕更値星使來臨
　將播聲稱于上國更修域外之美談何其遭際度越種種
若此乎固知令容雖邈遺訓聿垂方啓佑乎後人定世篤
乎忠藎自將厥後愼終如始順
天恭　命尊主庇民振一國之綱紀端庶僚之表率則子姓流
芳之年皆泉臺含笑之日也
初十日鄭檍以官銜帖謝內開土儀三百兩交絹二十疋
交布二十疋共商盡却則非情多收則失體每人收絹布

各一仍責易孝帖來彝目再四懇稟云不全收不敢回復
給諭帖云中國無受喪家禮物之理其所以受絹布二端
者爲毋帛故也餘物自應發還爾可將此情節歸復非本
部院之不情也連日催覆俱云事關重大通國會議必需詳
愼請寬期
十三日申時黎王具柬云欽蒙二位大人齎捧
勅諭到國已整備
龍亭迎詔　敬天臺焚香行禮捧讀訖深思所以復

命今因星駕言還謹歷敘國内先今事寔具在
奏本希望二位大人體悉此情通達上進庶本國得孚麟望之
恍而大人之功之義長在南國歌誦於永久矣等語當觀
奏章蔓衍支飾絕無退還尺土一人之意旋對來官開諭一番
來官乞恩求收
奏本諭云爾國如此愚傲殆非一言能盡爾收回俟作書曉爾
王可也因共商兩人各作一篇各陳所見庶無遺漏使不
得再有推托

十五日卯時發書
欽命安南正使内院正一品李　謹致書於
安南國王黎殿下自二十九日開讀
勑書以後面囑王君臣斟酌停當以報
聖天子撫綏至意時廷臣白自當如
旨故本院退居公舘靜聽十餘日誠以事干貴國安危至計未
可草率故不行催促今十四日矣意貴國必有深謀遠慮
之人爲經國長久之計上順

朝命下安生靈釋已往之愆亢享昇平於無窮不意一接來柬
便展
奏章反覆縱觀俱屬淺謬時卽面呼通事畧述理體及利害禍
福之端而通事不能詳達來官更未信服是使
皇上生全之德不見暢於南服而執事若狃一時之愚見悮一
國之大事甚可惜也總之
皇上生全之德
勑書中已自詳備執事不行慎思恪遵豈所謂大哉

王言未易詮曉乎則不得不明疏其説兼指廷臣悮國之機
以俟賢達之自悟也自安南輒行搆難元清竄入滇邊籓
臣已有敵愾之心廷議欲彰無將之義
皇上念
上帝好生交民亦卽吾民不以元清之故而忘貴國數年之恭
順於是排去衆論
特發深仁不究已往之專擅獨令發還地方人民各安境土
此所謂

天地覆載之恩安南無疆之福也夫
皇上豈不知貴國用兵之意與主政之人果真為復九世之仇
哉其所以不深求而止令使臣宣諭者正所以愛安南之
甚不欲以高平之僻壤而害安南之全局也乃執事不能
揣時度勢順
天恭
命但云元清之祖有篡弑之罪春秋大復讐之說亦嘗取公羊
而細讀之乎夫上無明王下無方伯則私自復讐可也不

然則推刃尋仇大亂之道王法所必禁矣王試思當今何
時謂之無明王無方伯可乎是言一出邀罪不小此廷臣
之不善讀書而誤王之國事一也又謂高平原係安南地
方本阮豈不知之但當前朝莫氏強盛之日今先祖不能
自制亦求救于上國欲莫氏之退居諒山高平而不可得
也卒仗上國之威靈安置莫氏於高平時貴國方且慶幸
之不暇而又何暇於復讐哉倘自是之後明季多事之日
取其亂而侮其亡夫亦誰得而非之今當
國朝定鼎與世更始莫氏既已歸順
朝廷更加寵錫而貴國反行襲取則是非取莫氏之地而即取
朝廷之地非逐竄居之孽而即逐
朝廷之人矣此廷臣之不善審時而誤王之國事二也又王前
致書金撫院及今回
奏皆以莫元清舊與光澤王黃應麟等血誓諸惡以為
天朝必且痛之恨之定甘心之此更可笑也夫帝王之心往者
不追來者不拒蕩蕩平平不念舊惡豈如是之屑屑不忘

人過耶且無論元清若光澤而在俛首歸誠即賜殊恩大
王小侯俱未可量又況脅從之人哉而必欲以已往之作
過為當今之罪案則亦不知我
皇上寬大之旨矣且貴國既謂復九世之仇而又津津以彼誓
書為言豈又為
本朝報復哉此廷臣之不善觀變而誤王之國事三也又貴國
既逐元清金撫院准兵部咨曉諭貴國爾時具有甘結一
紙云黎數胡士楊阮廷祿等六道撤兵如有虛妄即毀等

甘任其罪今之同
奏則云已差員目戍守高平若前已撤兵而今復戍守則是前
恭而後倨罪不可言也若名爲撤兵而原未撤兵則是揑
無而爲有罪更不可言也夫小國之事大國者信也人而
無信不知其可稚子弄影不知反爲影所弄此廷臣之不
善處患而誤王之國事四也又本院面諭以目下從違即
爲禍福之端來官則云本國恭順未嘗失節
天朝斷不加以無名之罪殊不知元清既受

安南使事紀要　卷之二　八

勅印即爲
天朝之臣子天下有恭順於
天朝而復逐其臣子尚可謂之恭順乎且所謂進貢者豈貪貴
國之財物謂足以益太倉之一粟乎不過恭敬幣帛以明
不敢生事邊疆耳今以進貢之故而謂可加兵高平將一
年一貢而便可加兵內地矣是以進貢之名而長作惡之
寔也此廷臣之不善推理而誤王之國事五也大抵貴國
當明季衰弱之餘稍自振拔爲變夷長便自以爲并中之

天所見極大故置一切利害不足關心不知從古家國之
事皆自不關心壞之詩曰天之方蹶毋然泄泄吾觀廷臣
嘻笑自如無一人任國事建高議而銷未萌者此殆近於
泄泄矣夫小固不可以敵大弱固不可以敵強貴國能敵
中原一省乎人物器械能敵遼左西北之萬一乎夫猛虎
在山藜藿爲之不采人臣事君見無禮於其君者若鷹鸇
之逐鳥雀也
皇上好生如此而不見孚於貴國此乃猛虎鷹鸇奮怒之時矣

安南使事紀要　卷之二　九

甚可畏也夫弭患於已患之日則難爲功除病於未病之
日則易爲力本院體
皇上深仁而相爲曲突徙薪之計乃爾廷臣身爲柱石反有燕
雀處堂之娱此廷臣之不善度德而誤王之國事六也且
貴國不但不還高平并欲處治元清此又昧昧無知者之
見也諸侯失國託於諸侯禮也況有天下者爲天下之主
乎鳥獸急而投人因而殺之者不祥今元清見逐乞憐於
朝朝廷不惜數萬金粟養之南寧以俟貴國之悔禍而貴國倨

傲若此王亦曾設身爲
朝廷區處乎將割内地之數縣以封元清乎則是失之於安南
而取償於中國也我中國無代安南賠地之理將縛繫先
清并其家屬以畀貴國乎則是逆生於中國而寔速死於
中國也我中國豈有代安南捕逆之法今一則曰舊讐再
則曰逆孽以爲
朝廷必所同惡不知律設大法禮順人情自堯舜三代以迄於
今日往往以子孫之不肖而貶辱其先人者有之斷未有

追祖宗之惡而殄滅其後裔者也
本朝止知元清爲受
封之都統不知其他若使貴國非素恭順則問罪之師朝發
夕至矣又何暇從容令二使臣鼓舌耶而貴國絶不計反
此廷臣之不善遠慮而誤王之國事七也王之諸臣得毋
謂得一尺王之尺得一寸王之寸況高平故地何所顧忌
不知似是而非者誤人不小故有國有家者以宗社爲重
或去短而就長以生靈爲急或忍小而就大蓋聞虎者猛
獸也一旦路機而繫其蹯則不憚震蕩跳哮決蹯而去夫
虎豈不自愛其蹯哉誠以一蹯之故而遺全身之害非策
也雖決蹯所全者大矣高平之於安南未必如蹯之切也
今雖無高平安南之完美自在也以高平之微而增安南
之憂何智之不若虎哉秦人有爲械以釣猴猱者刳本爲
扃竅其端可容臂内寔羗桃投山林中猴猱競探之既握
桃則不得復出及人已至叫躍驚懼無所不至而手不釋
桃以故不得脱昂首受繫者不失一焉今高平者械中之

桃探而不忍釋將有受繫之虞矣夫以貴國林總之人而
效猴猱探桃之計豈不羞哉此廷臣之不善趨避而悮王
之國事者八也且夫謀國之道事上交鄰剛柔互用屈伸
無窮故老氏有知足不辱之訓大易著亢龍有悔之文王
之於莫氏既奪七源於往日又殘高平於去年使元清跳
身遠遁家屬銷亡掘掠財寶繫累老幼此亦可謂剛之極
而伸之至矣於斯時也無俟
朝廷之大命即廣西巡撫或左江鎮道遣一介之使爲元清游

說貴國亦當緣情而動適可而止自不宜以無益之高平
而傷上國之歡心而況
皇皇聖恩加以侍從親行舌做而執事若不聞穎禿而執事若
不見夫兵凶器也信而順守國之寶也陳氏以日攻占城
而禍起簫墻黎季犛以詐殺天平而父子受戮貴國之所
知也今王始不請
旨分解而專擅之於前繼則虛言撤兵而寔朦朧於中今又弁
髦

王章文飾狡辨而悖慢之於後所謂知剛而不知柔能伸而不
能屈不解知足之義必有亢龍之悔矣夫人必自侮然後
人侮之倒持太阿授人以柄豈善後之策哉此廷臣之不
善權宜而誤王之國事者九也意者王之諸臣止見數十
年間國內小康以為天下無難之者且得其地不足以為
廣收其民不足以為衆集其財不足以為富而永樂宣德
之時勞師曠日持久卒之取而不能守守而不能久
以此放心縱意謂天兵之必不過而問也不知永樂原無

取安南之心黎季犛自為尋死之道及其罪人斯得本欲
挈安南而還之陳氏無如陳氏滅無遺種不得已而夷為
郡縣又其時永樂之所深謀遠算者在西北而不在東南
以故鎮守措置一切草草其不能久守無足怪也若使以
為交阯自一都會終不可得而臣使則亦過矣彼自秦以
迄漢迄唐七百年間何嘗不郡縣與內地等哉夫
朝廷之不輕加兵於安南者
帝王之度也執事輒以為無加兵之日而肆其虛誕則悖逆

之節矣夫至於悖逆則
帝王之度亦安能容哉此又廷臣之不善知彼知已而誤王
之國事者十也凡此十者固庸人之所易解中人以上者
之所深信而廷臣不悟以悞王國故本院不得不縷縷言
之本院受
命之日請
旨而後行王不遵
旨於本院何辱焉所惜者數百年之宗社數百萬之生靈千餘

里之幅幀而無一深謀遠慮之人爲經國長久之計辟福
而取禍避利而就害小不忍而亂大謀愚者之所不爲也
今本院留公館一日則貴國尚有一日之轉旋高平久爲
烏有高平之人民本屬于虚損貴國之所本無順
天子之所欲得去悖逆之口寔收忠順之後效有福無禍有利
無害廷臣亦何憚而必不爲哉王其慎思詳味遵奉
勅旨苟顧目前後悔何及矣立竢立竢
欽命安南副使兵部正一品楊　謹致書於

安南國王黎殿下捧
詔入國宣讀十有四日矣意
聖恩廣大
勅諭溫厚和平原爲貴國主臣留有餘之地俾善自悔悟感激
不即加誅之
大恩仰遵
鈞旨將高平土地人民退還元清具本復
命無疑也詎貴國全無老成碩畫深謀遠慮之人仍襲東復粵
撫之前說支吾遁節狃目前之愚見路悖
旨之逆節有不勝大爲駭異者大抵王以叠年御國鄭輔政又
愴然在苫塊哀痛之際諸議事臣盲昧無知不體
皇上包容之聖恩不凜外藩臣順之大義不度爾安南宗社生
靈之利害存亡造次以處而執迷不返其悞國毒民莫有
甚焉者矣請得爲王痛切言之王與元清世讐力圖報復
皇上悉之熟矣
勅諭剴切詳明矣而又嘵嘵復爲藉口堅引齊紀爲証不知九

世報仇之說在胡文定已闢公羊之妄而公羊亦曰上有
明王則襄公不得復私仇矣今
天子聖神仁武可謂上無明王乎一言之失鈇鉞隨之況敢怨
不在後嗣柯之盟春秋善之僖成取濟汶之田春秋著其
擅兵爭奪之罪曰苟不請于天王以正疆理雖取故地與
奪人之有無以異比類以觀抑何讀經不求正解而偏執
謬說以搆禍也夫莫氏爲王臣子高平爲王上地此自嘉
靖十九年以前言也迄今據高平各守其土各長其民後

王之不得臣莫氏百有年所矣必執泥往事則自古迄今
王安南者豈獨王一姓乎王之先祖不常爲陳日煃之臣
乎遑取而還其主王將何以自解免也且王之先不常破
占城國都擄其王荼全乎不常侵並老撾之地乎惟仰借
天朝成勢故奄有屬國耳儻相習尋仇環起而報九世之仇者
不旋踵而至王又何以自解免也他如謂隱匿黃庶麟楊
祥罪過此皆已往成事
聖朝厚自寬大使楊黃尚在華心嚮化方且赦其罪而爵之寧

區區舊惡之是念乎
本朝定鼎元清歸命投誠居王之先則高平土地
朝廷之地也高平人民
朝廷之民也元清封爲都統又
朝廷守土之臣也王遣兵吞
朝廷之土地戕
朝廷之人民逐
朝廷封爵之貢臣以春秋大義律之無地能爲王主臣寬者故

守邊藩王將軍提督一則請
旨發兵再則請
旨發兵而在廷會議咸曰問罪咸曰興師惟
皇上寬仁大德念王臣貢已久不忍加兵
宸衷獨斷特簡兩使臣附耳密囑奉
命宣諭期於委婉得達
上情不啚王諸臣傲驁無禮悖
旨不遵則亦大負

聖天子仁愛之盛心矣以此上聞
皇上自赫然震怒罪王之不仰體
聖意而在廷諸大臣又樂得遂其用武之初議使臣朝以入而
征討之令夕以下安南之禍有噬臍莫及者矣或者
大清兵力之强盛王未之知而安南承平日久生齒漸繁而用
兵毒害之禍王未之計也夫平西親王兵不下六十餘萬
定南將軍兵不下二十餘萬平南王兵不下三十餘萬各
督提鎮將之兵不在數内俱皆一以當十十以當百連年

海氛靖盡矣水西滇黔諸土苗不軌者蕩平掃除改土設
流矣西山殲滅無遺烏斯肉袒赴罪何堅不摧何敵不克
王獨未之聞乎諸藩將督提提百萬之師居無事之地處
不試之日惟安南界在肘腋間尚且無釁可乘欲上為
朝廷立開疆闢土之功下為士卒效奮臂一當之勇今王始焉
不請
命而搆兵既焉具結撤兵而猶加戍守終焉奉
旨和解而尚悖逆不遵負大不韙之罪攖莫可敵之鋒強弓悍

馬健將驍卒三省同勦九道並進吾見安南一塊土終無
噍類耳貪高平久已棄捐之尺地而壞安南全盛之社稷
生民彼誤國諸臣之肉其堪食乎且元清竄居南寧金錢
糧糈費
朝廷幾六七萬矣
朝廷何私何利于元清而必欲納之耶總之諸侯失國托於諸
侯禮也納之正也況
天子為天下之主而奉貢歸服之臣竄失乞哀而曾不一為之
托命乎若謂王亦貢臣元清又係仇逆
朝廷必無加誅之事疑本部皆虛張夸大之言試思
朝廷已居元清內地又遣使臣宣諭和好王與諸臣竟傲慢不
顧驕蹇不奉法
朝廷其可漠焉已乎且終置元清於何地乎文德不愉而誓旅
興師不待智者而決之矣今王惟將高平地方界址及擄
掠投順員目人民細造簡明文冊一簿付本部存掌王另
差的當官員前至高平俟本部入國一面具疏題報一面

押送元清赴高平交割明白以結　王今日遵
旨之案朕彼本部歸
朝奏王復
命本章達王恭順美節
皇上自天顏喜動嘉王之順
天恭命而樂
睿裁之有感必孚自此以往格外
天恩更有未可涯量者若終悖戾違抗本部奉

命之日曾經請
旨玆惟拂衣而去旣不能婉諭
上意歸
朝之日謝過不遑安敢代悖
旨者之妄爲狡辨也惟痛心疾首於交南之荼毒滅絶而已矣
區區之心寔仰體
皇上如天好生之意爲王宗社久遠之謀生靈保全之計幸王
熟察而行之

十六日共商黎氏擁虛名事皆決於輔國今揔有毋憂若
不與聞國事者肰我等正當專書諭之使之不得借口卸
罪捧
諭南來正值仁孝大故未得謀面深用歉肰其
詔書中事本擬責國王與諸廷臣自有深議遠慮仰體
聖恩恪遵
天語也故雖稽延多日未便以達仁孝之耳乃諸議事者執固
舛謬以元清仇逆爲辭欲肆報復輒敢悖
旨自蹈不測豈仁孝在哀痛迫切之時而彼亦不爲之與聞耶
本院部昨已致書責國王矣顛末不必贅瀆但思貴國王早
年踐位未專裁決而交南危而復安衰而復盛者皆仁孝
祖父子孫累世忠勤之力今者順逆從違之際卽禍福存
亡之所倚伏非仁孝忍一日之情深百年之計吾恐議事
諸臣淺見寡識未有不敗乃事而誤國毒民者也夫貴國
事無巨細
皇上悉知之卽仁孝匡翊幼主輔國任事握大權決大謀

皇上亦悉知之數年貢職克勤恪終臣節豈非仁孝所贊理耶
獨至此番悖
旨關係不細一觸
天怒定以爲黎王未經主事而又不知爲議事諸臣合謀之愆
徑歸罪於當國老臣之一身池魚林木之殃在仁孝更當
爲幾先之慮矣若彼時力以居喪守制爲辨微論晩不及
事卽兩使臣今日不直詞以通知仁孝不幾亦有不詳慎
之咎乎故諄切爲仁孝言之仁孝其上念黎王社稷禋祀

及今先祖恢復忠功既宜保世滋大中念貴宗爲安南望
族亦宜自保身名下念數百萬生靈性命更宜保全休養
稍寬哀恤出謀國是力勸貴國王遵奉
勅旨以迓
朝廷惟心本部院歸
朝之日以是上聞
皇上自深嘉仁壽之忠順此正銷患於未萌釀福於無疆移孝
作忠即大君九泉之靈亦且大慰而仁壽並免事後之累

矣萬惟留意是禱
十七日鄭檍具復內稱國王春秋漸長啓沃已素撫務靡
不周知至逆孽莫元清事國王寔所傷痛大抵皆脫卸自
身之語而來目則稟復云承兩大人吩咐便當自行啓王
議妥面報

安南使事紀要卷之三

十八日黎王遣同存澤及諸官寺等詣館稟復正副使正
言曲說多方譬曉大抵渠所辨論皆前二書中已剖明者
該國于文法委曲不甚通悉故復强言執滯因更隨問解
釋幾于竟日茲不贅畧述其餘據稟云莫氏本國臣子高
平本國土地元清之祖忍心篡逆累世逋誅元清又生事
加害今逃入內地反說許多言語傷誣本國
朝廷偏聽他話來取地方恐是不知此中情由諭云爾安南歷

代事情中國皆有書籍近來二家搆難兩廣雲南俱有奏
本
皇上那一些不知道但爾與莫氏既屢次講和則嘉靖年間舊
話就不必提起且元清投誠受封便是
朝廷臣子說不得是你的人憑你處治即你王受了
册封連安南國亦是
朝廷土地設或有人來侵奪
朝廷定當問罪此法禁所當然何獨高平置之不言我元不曾

說莫氏是甚好人只爾國之錯在不先
上本訴明緣故靜聽處分徑將元清趕出地方占據
朝廷不究你專擅之罪已經勾了如何謂之偏聽譬如有人在
我門下原要借我照庇今被別人無故打搶衣帽俱失我
不究他罷了至于衣帽必須賠還若說元清言語傷誣假
黎逆鄭之說原自可惡然俗語云相打沒好手相罵沒好
口又何足計較稟云莫氏歷世仇讐今方雪憾若又放他
還國王深恥無面目復對鄰國諭云爾之報復莫氏可謂

極矣今奉
勅旨爲爾解和爾正須將
勅旨頒示諸國云若不是
天朝勸諭我斷不令元清來歸此何等光顯如何反謂之可恥
稟云元清與我水火一般見不得面豈可復做一塊諭云
爾知黎莫如水火抑知天地間有水不可少火有火不可
少水乎以此知有黎斷不可少莫矣這水火二者天地少
一件不成世界人身少一件不得生活相近則相用相背
則爲害如使元清長在遠地越是你心腹之患要做一塊
方可放心稟云元清素行苛虐民不歸心本國取高平免
了差徭百姓方離湯火今若還他百姓又要受罪究竟逃
亡無益諭云爾國興兵深入元清遠竄彼民怕死自是降
爾若高平退還彼豈無故主之恩元清喪敗若此亦何能
更虐百姓難道你到要元清行仁義收人心效勾踐之興
復反爲利于爾國乎稟云一國無兩王之理當日莫敬恭
原服屬本國故得兩全至元清抗逆受害多端前

冊封勅書命國王奄有屬國元清不遵
勅旨是兩王了諭云你既有這一段議論何故不于前歲請
旨處分乃擅自動兵是有理事反做得無理譬如你阮通事是
胡士楊的人忽然逃去投入王府一旦士楊于王府見你
還是就處治的是還是要啟奏王聽王吩咐的是若不啟
王徑行處治王必發怒且不究通事叛主之罪必先究士
楊專擅之罪矣今日這話非使臣所得與聞也稟云承劄
示諸王大臣將軍提督將欲興師國王見之痛楚何罪遂

致兵誅諭云智者之慮必雜于利害兩使臣上奉
朝廷下為爾國社稷生靈計勢之所極寧忍隱默不為盡言爾
國與中國不等小罪或可寬赦大罪惟加征討爾國本已
擅逐命臣儻更抗違
朝命體統安在不能屈一安南何以昭示萬國勢必至于用兵
只消滇雲兩廣十抽一二朝令夕至爾國虀粉矣萬一
皇上寬大不較爾過或亦有之但思元清究竟作何處置將殺
之耶將逐之耶將長畜之南寧耶非高平則無頓放處不

安南使事紀要　卷之三　四

還高平斷無姑止之理譬如你欲怒責一人有翁茶過而
為之討饒你不但不饒還要怒責不休彼翁茶肯遂隱忍
已乎朋友尚有情誼何況君臣之際爾等試思之羣蠻語
塞而退云當回啓國王再報
二十日黎王各復書一封摭拾蕪謬强為條對并無退還
之意豈其辭窮難于措對耶惟另具公書一封畧云二大
人於
勅書旨意之外更加言之曲盡本國于此思所以遵

君命重使臣安元清之一策仰乞鈞旨許本國甘結領取元清
及其家屬回還擇使地處之錫之土田待以恩禄使彼安
生保其宗社彼之族屬亦蒙安養以昭
聖上生成之大德等語共商舜情已有機芽應以温諭答之云
捧讀來柬原其所以致武于高平之故及思所以遵
君命重使臣安元清之策未嘗不嘆王之恭敬仁愛初非有輕
忽
朝旨之意而必欲殄莫氏之遺之心也但本部院于元清何德於

安南使事紀要　卷之三　五

貴國何怨而曉曉不置必欲盡言而不已耶誠以
勅書原令退還高平土地人民今雖擇地安插在王已不失為
盛德而於
旨意則難於回復此所謂心已至而策未盡善也且高平原係
山僻小府不足介意今若不還徒使
廟堂之上邊圉之吏疑王之必欲得高平者不知何故則亦甚
不便也况元清之祖昔為貴國所擒更無傍人為之周旋
解勸爾時貴國尚且恕其罪還其土寬容之恩傳于口碑

今元清内竄而動
皇上之慈憫王誠一奉
恩諭卽行恪遵則逐之非無故而釋之亦有名在元清苟延
殘喘得回故土亦出萬幸安敢復快私忿仇惡人民而此
後之安生釋怨共享昇平固無俟王之過慮卽
朝廷亦未有不爲善後兩全之計者矣區區肝膈之言寔稟爲
人謀而不忠之訓兩回書殊失本旨姑不置論王其高舉
遠覽出於尋常識度之外一言而决徑將高平退還悉如

來東具結領元清家屬及宗族手下回還安養則恭敬之
心上聞而仁愛之德下播幸甚幸甚胡士揚等請先看書
旨許之旣看則又請見强爭于是以諭帖中語面諭一番
稟云高平險陋不足安生叫他回去反不是
皇帝愛他好意故欲别以善地處之諭云
朝廷只要高平諭旨已定山岳難移爾國另安元清謂爲遵
旨其寔悖
旨如何復

命試問爾王有令爾朝官敢逆之乎又如你主人發銀錢付你
買一疋綿布你却買一疋麻布回來縱添了銀錢買得便
宜主人終是不喜高平莫説險陋就是刀山油鼎也憑他
到那裏自死自活若别處善地就是極樂世界非
朝廷旨意便把你黎都讓他他也不敢受我也不敢回稟云元
清歸日暴虐百姓百姓必來赴告本國加兵恐見責于
朝廷不加兵又可憐百姓受他陷害不如處之内地爲善諭云
這話使不得他害百姓百姓叛他也只看

朝廷如何處分你莫想今日要許他就立一個滅他的地步當
初黎季犛詐殺了陳天平後來國亡族滅不是兒戲的胡
士揚等語殊傲大意云回本寫得痛切淋漓
朝廷見之必且感動聽允甚可笑也旣又云國王無二議副使
怒曰悞安南者士揚也宜先細打然後請
旨正法爲安南除此老賊正使云本部院復爾王書爾自應齎回
啓王何得預先執拗無禮爾拿得定爾國王畢竟無二議
乎旣如此我的回書也不發了于是諸譯官固請復書而

後出
二十二日黎王復書至果如胡士揚等語仍將前本付求
帶進并求帶莫元清與光澤王暂書卽嚴飭通事速備夫
馬于是陞堂公座發牌註于二十四日啓行付同存澤存
澤等懼不敢違遏江啓王
二十四日兩日間正副使極怒潘兼全胡士揚全等求見
不許命取其頭來全等急欲見而不得入乃托前站官傳
一稟帖云適來奉聞深責等詞欝〻于懷有所未伸且議
安南使事紀要　卷之三　八
論往來求其至當而後行語言之間何足介意惟望二位
大人于紫電清霜之下有春風和氣之温待以和平假以
辭色用中參斷擇可施行傳囑全等得以回啓國王付下
耆臣會議事底于行上可以廣
天皇帝生成之大德本國得以蒙惠澤元清不失爲安其生則
二位大人之功之德所及者廣矣對前站官袈之曰是老
賊欲來市功耶偏不許同存澤稟見不允再四懇請而後
許見稟云

朝廷恩典二天使遠來本國已無不遵奉今又不收覆本便發
牌行我焉能担得起諭云本院部祇知
上諭不敢違豈是與莫元清有親有故得他賄賂想他謝禮就
是做人情我豈不顧結識爾王如何反去奉承元清只是
復不得
命你便堆金如山來買我刀鋸鼎鑊來駭我叫我帶這本與其
受
朝廷典刑不如聽爾國分張若給我夫馬我便入關如不給我
安南使事紀要　卷之三　九
夫馬我亦隨你殺之亦可留之亦可放在海邊去如蘇武
十九年亦無不可稟云小國何敢如此只是要留二大人
議得停當方可起身諭云停當不停當我只知道還高平
土地人民七字無有別說稟云高平累代叛逆本國費了
多少錢糧傷了多少性命再取不得今日他衆叛親離本
國不勞成功亦是
天意該亡他今若還他高平是違天意了諭云
天何言哉天說欲亡元清你曾聽見否有何憑據到是

皇上乃天之子也天之子殺你還高平確有憑據天子之意如
　此則天意可知矣存澤等無語但云更須啓王不敢擅自
　遣牌交人屢次懇稟本國有三大王祠往例
欽使都有致祭乞發價以便行事傳諭云爾國淫祠吾亦不較
　但歷受爾國血食自當陰行護祐今爾國抗逆若此將來
　受禍不小我等十分悲憫極力救援不來彼神不一相助
　尚有何面目復受我祭耶必不得已直待彼神默牖爾國
　格心向化遵奉

勅旨之後我自不惜小費卽神亦受之無媿矣
　二十五日黎王具復内稱祖宗土地今已收復更以與他
　何耻如之所以不忍還者職此之故兹請于高平府石林
　一州安置等語于是具書覆之本院部延住公館盡四十日
　疲費心力杳無成效言念
皇命坐臥靡寧故于二十二日遣牌入關擇于二十四日起馬
　回
朝不意貴國多方齟齬留牌不發夫馬不給更辦不情之語日
來相强今又過期矣意王定有超卓之見翻然改悟信納
　區區之言以成無咎之譽及展來翰乃僅以石林一州安
　養元清至于高平全土未便與還此殆貴國朝臣盡心極
　慮誑縻
天朝之術與前此擇地安插之計一而已矣毋乃太相欺乎本院部奉
命而來秖知有退還高平土地人民之
旨不知其他若高平尺地不退一民不返均謂之悖

旨無論貴國難於措詞卽本院部
陛見何以置對出使無和解之功而復
命先受悖旨之罰可乎不可乎且王謂旣收復而更以與他何
　耻如之夫國家之可耻者爲其見棄於上國之可耻也爲
　其淩虐乎隣小之可耻也爲其失計於目前而遺患於事
　後貪戀於微芒而顚蹶於重遠之可耻也未聞奉
天子之命釋困弱之夫廣能容之德意欽無窮之福祉反爲可
　耻也總之

勑書已定非我等所能增减且奉
命後曾經請
旨裁示尤不敢别生意解爲今之計止有二端還則俱還此中
無容擬議不還則竟不還本部院豈能相强若多一番轉折
在使臣不過多一番議論而貴國多一番支吾即多一番
抗逆故奉
命而不周與不奉同不若全而奉之之爲得也且奉之於議論
反覆之後又不若奉之於爽慨獨斷之先之爲盡善也王

誠毅肰許可一言决策使
朝廷知王奉
命之周且如是其速也其恩被寧有涯哉稽延多日夙夜難安
竚候回音以便啓行幸諒幸諒仍面諭舜官云
天朝不是與你做交易如何添一斤剝一兩你要做情就要做
得爽快譬如邀人飲宴正當時候杯酒碗肉喫得快活如
或只管坐只管催直待日夕人倦就是殺猪宰羊人也不
感激了前日你國進貢

朝廷格外優禮原是留一情在你面上你亦當酧報纔是乃反
意
朝廷愛我必不害我這等作難眞是蠻子不宜好幸而莫元清
還是忠寔人若是好巧的將
勑印藏了云是你國搶去今日
朝廷來取你將何以應之你而今不要說還了高平便是輸了
這盤棋子莫元清喪敗若此他郎回來善守不善守尚未
可卜今日勸你且還他一個車諒也不是對手如何這樣

執着已又呼通事進前諭云我們成功亦無甚大賞不成
功亦無甚大罪好歹與我有甚相干到爲爾國謀治安之
策故如此絮絮叨叨假如别個只要了他事不顧你的利
害生死你既强他帶本他便帶去及進關時對你等犮毁
只將你不遵
旨奏聞你其如之何只是觸
朝廷之怒發兵掃蕩可憐你國了我二人怎害得這天理你可
細細回去説知通事俱變色相視而去

二十七日黎王柬復以高平府上琅下琅廣淵三州安置元清其石林一州仍屬本國等語正副使看畢亦笑亦怒而又笑不得怒不得笑則恐其示喜於交人怒則恐阻漸化之志也不意蠻人之能令人動心忍性如此前在南寧時命元清造報地方人民印冊轉移前來以便查取迄今杳無影響止據

勅書中退還高平語而高平所屬亦復茫然因密自采訪始知止此四州然猶未知果否故爲恫疑恐喝使蠻人自吐將

胡士楊復求見許之諭云你王退還三州我不管你三州五州只是高平所屬地方你少他一尺一寸不得本部院若

奉

旨來會勘這前件可以便宜行事則絲情增損亦自不妨今

旨意如此誰敢以功名性命代爾王任罪耶士楊猶未帖服正使云少一點地方卽難復

命究竟與全不退還是一樣的就是沐猴也當醒了何爾國之愚也楊等始陳國王有後命自是退還高平四州地但只慮元清歸後仗

天朝勢更來尋害耳於是作書荅之

奉讀華翰并聆來官傳致王意知王所以委曲遵

旨經國遠謀固不在乎區區尺寸之土與徯望之民所慮者元清妄言生事恐歸家後舊病復作耳本部院奉

命之日已將此事滿盤打算深悉

皇上好生德意定有內外邊疆久遠之圖斷不令元清更生釁端自爲禍始今本部院回邕亦必宣布

皇恩俾之貼然守分并將貴國容忍至情詳諭元清彼安能漠不聽耶至於田

奏本稿及交割人民並事後行止次第已對來官商確不必更生疑慮也敬復仍諭云原擄掠人民現在高平者聽元清歸日管理至在交州者須一一查出付本部院驗明發回稟云前亦擄有幾人當行放還此地並無一人諭云爾安南國不是少人所在留他幾人不中用至于莫元清親戚我是不穩便放他回去父母妻子團圓一處亦是恩德況又

奉過
聖旨已後查出一人來亦是不好稟云本國不敢欺天使寔寔
無一人若查出來認罪就是了

安南使事紀要卷之四

三月初二日潘兼全等齎本披閱剿襲舊說反復支蔓歷
叙鄭氏勤勞世績而退還土地人民絕未說明正使大怒
當即擲還改正乃語副使傳指覆本格式甚悉全等愚執
不解但云已寓意于遵
旨二字中傳諭云寓意二字可以對颺
天子乎乃批其柬尾云細閱來柬滿口蠻涎次序顛倒本院部何
以復

命今命爾改正爾復多方抗違真可謂不畏三尺者矣可速將
高平地方界至及人民遺留並行文撤回戍兵亟諭高平
頭目靜聽元清安插管理等事詳悉寫明
初三日早起共商此事已成只復本關係
國體其中無謬甚多萬一蠻人終迷不悟無當
聖心則前功盡隳若得删芟二三稍不碍眼亦足矣然非致意
于鄭檍未易破全等奸頑也大抵彼國以能抗言爭勝者
為功而又遣左右密人隨彝官出入監督故彝官不顧義

禮是非憑臆强言或時嘻笑以示無恐蓋亦欲使左右人
報聞于國王輔政以爲克盡其職毎有詞窮理屈未嘗不
自知其非而寔不能自已者于是作書諭鄭橞云昨按覆
疏展閲竟與初次本章無甚改異當以愚忱草示大畧命
朝官潘兼全胡士楊抄錄呈閲再爲增減而二人堅執不
肯抵夜本院部細思王及仁𡟊已慨然將高平土地人民遵
旨退還矣復
命本章何難婉辭恭順而必欲如是嘵嘵齟齬耶奉

旨退還高平土地而疏中無退還土地字樣奉
旨退還高平人民而疏中無退還人民字樣此以之欺三尺童
　子猶且不可况以之欺
天子愚弄
天朝之使臣乎胡士楊曰已寓意遵
旨二字中夫臣子之於
君父顯白表暴猶慮精誠之不足以上達而謂寓意云然無將
　之義二心之懷可不慎與郎仁𡟊輔翼忠勤

中朝與貴國誰人不知而疏中反覆勦襲泉説數次在貴國
　言之謂黎王表仁𡟊之功忠而自
朝廷視之則爲執筆者之媢嫉權臣是名爲揚仁𡟊之美而寔以
　誤仁𡟊之名此于仁𡟊尤大不便故本院部昨改數語大意
　包括已盡而胡士楊皆付之不見不聞只欲强將原本寫
　來夫高平土地人民既退還本之善與不善何關本院部但
　詞意支吾隔閡瑣細嘵叨本院部見之猶廢然疑况上陳
御覽寧有懽然色喜者乎是則以諸臣悖謬之膚辭掩王與仁

　𡟊恪遵之美意本院部從何婉達王與仁𡟊恭順之節時保
　之誠耶大抵胡士楊潘兼全二人欲於貴國中恃材見長
　弄技倆侮文法不顧國之大事後來濟與不濟耳貴國素
　稱淳秀好學豈無老成典型仁𡟊可啓知黎王務婉辭將
　意其退還高平土地人民八字須照前諭士楊札中一一
　敷叙明白勿聽謊匿之口致失相關之意若必不改換本
　章雖寔有遵
旨之意而顯示驕蹇之迹倘後顧

天不應勿謂本部院謀之不忠而言之不盡也　俾裴廷員吳珪
示以大指屬令齋去頃之兼全等更捧本章并黎王東復
閲之支蔓依舊惟高平退還如
旨而人民則惟來東中有云四州投降人民并所得兵丁悉已
遣還各州一無拘留其接近都城各縣社人民自彼祖父
并彼身竄居高平地方各自乞骸骨歸鄉當斥令本章仍
改正附入來東數語尋思要荒無文士楊等執滯卽與榿
書榿亦不文復爲士楊等所持于是取包荒用小人之義

知寺人鄧進朝乃鄭氏勝黎王者傳入面諭云爾國既已
退還土地人民這覆本就帶去何妨但于爾國有不便者
爾只因莫元清惡口造爲逆鄭之說故若若將鄭氏歷代
詳寫把正經處丢空了你這些文官只說是奉承討好全
不曉得反是畵一个王莽董卓圖形只好行去外彜駭不
知大義之人如何令
天朝皇帝看得又戍守高平及臣服莫氏分封諒山元清誓書
等語皆有破綻爾等不知我今日不說後來

聖怒不測反行查究豈不是胡士楊等將你國王輔政陷了况
朝廷勅書原未說起你如何自家報出來把罪名戴在頭上必
不得已用鄭榿一名猶可恕也其餘俱宜删改爾當速去
說知進朝卽回士楊等尚欲强爭鬧進朝過江亦急去初
四日烈風乘海潮不能渡聞其夜富良江覆溺數舟初五
日黎王封齋復
命本章另具文移閲之較前稍爲簡淨正使猶未滿欲斥還之
副使云渠既奉

旨退還人土已莫輸了卽將舊恨畧訴幾句亦自不妨于是乃
止鄧進朝等進復云國王及輔政三日前尚疑天使是衛
固莫元清的及承吩咐而今纔知道是衛固我安南國的
兩大人這樣好心我國王及輔政真是感激不盡要請問
兩位大人在
北京住居何處求寫一地名俟後
進貢來好着人問候諭云莫元清已壞故不得不救他你好
好一個安南國何忍不衛固等你做壞了這元是

朝廷意思非我等私心如以十分論爲莫元清止是一分爲我
邊方土司恐妨與兵勞役是二分而爲你安南國到是七
分安南無事内外俱安共享太平豈不是好至於我二人
是四川湖廣人在
都門邸寓遷移不常你只問四彝館少卿及會件官自然知之
矣是日具文移兩廣總督廣西廵撫將軍提督先行
題報并安插元清事宜
初六日黎王送禮物收其刀鎗二件餘璧之

初九日復送至懇求收允之前奉
命時曾
傳諭云安南送的東西爾等只管收不必過辭今故不敢再辭
也鄭憶仍以前銀絹布至求收再三亦允之發祭物付通
事令祭彼國三祠毎日訓諭該國凡事靜聽毋得先發生
事日晚接黎王書大意云送元清時當預先飛報本國以
便傳知上兵解釋又云元清歸家宜臣屬守分無爲苛虐
卽共諭云俟至南關酌行回報

十一日起行　同存澤等途間屢呈詩求正
十九日進關前後共計七十日甫入昭德堂公座同存澤
等送進拜辭取守備甘結大雨驟至霆電交作風簷涌瓦
中張益徙椅與存澤等語亟囑聽
旨毋輙生事爲要仍傍及詩文存澤等有留連不忍去之意雨
稍徹愴然而別復黎王書准接來東其元清至關乞飛報
本國以便傳諭上兵解釋及諭元清勿爲苛虐庶免禍始
等語具見貴國遵

旨寔意本院部入關自當移商督撫將軍提督預行確報但臣屬
本國之說未經奉
旨非本院部所敢與聞且貴國復
命疏尾稱有容後專差陪臣赴
闕籲恩之語理應靜聽後來
旨意定奪切勿借口生事更蹈前非關係匪輕愼之愼之
四月十一日正使至南寧馬提督治酒迎于郊外馬云老
先生才辨使南人帖服疆場無事卽本提督亦受福庇矣

正使云若不是
聖天子宏福大將軍威風莫說我二書生便蘇秦張儀亦自費
手但爲後日遠慮只要莫元淸不生事便好馬云莫元淸
如此光景安敢再行生事正使云我今不愁安南生事正
愁莫元淸生事何也莫元淸以彈丸小府不自量力年年
用兵口口是罵故黎氏積恨必欲置之于死此青提督前
所悉者今當國破身逃正是悔過自新之時乃前具呈責
提督轉移本院其中極口大罵以黎王爲假以鄭氏爲逆

高平之外還要取七源太原諒山等府州取地之外還要
將鄭排父子正法等語甚爲可笑可駭他兩家正爭鬪便
多說幾句多罵幾句猶自不妨今奉
旨差官特爲遊說理宜閉口無言使我等容易措詞何得周章
更甚耶幸而公事勾當進關後方接此文若是出關來交
人一定透漏那時卽仗
朝廷威靈二使臣自然無恙然彼國執此發辨不從我其如之
何其悮大事傷
國體正在此一紙書矣又況殊方異類原自叵測我二人執節
凡事不無威重萬一以追帝制之陸賈錯認爲詎齊之酈
食其則是我二人不死于辱
命而死于元淸之手矣觀其這等伎倆死活不知所以我說正
愁元淸生事者也最可嫌者我等方從安南來不便將這
話與元淸說反似受了黎家賄賂回來問他不是了馬云
本提督雖發文書不令出關者卽此故也前已向他誡諭
一番矣容當更諄囑之

十五日同至提督公館文武官皆至莫元淸進叩見免拜
稟謝云蒙二大人宣布
朝廷德意取還高平子子孫孫感戴不忘諭云我兩人費了許
多口舌方纔取得這塊地方想督撫列位大人不久卽有
信來送你回去但你喪敗之後全要安分小心莫說
朝廷護你你便又胆大生事起來你已前破敗全是你自家惹
出來的若復如此
朝廷特恩恐不能再得稟云大人教誨敢不聽從只是高平雖

取還有保樂一州及小總小社未曾取明地方小了恐安
不得生諭云你當初報文轉
奏時止有高平名色故
勅書中亦僅有將高平土地人民退還語前過南寧時囑你速
造印冊轉來以便查取自本院部離南寧往返迄進關共一
百一十日不見印冊消息將何憑跟究不得已止據
勅書再加體訪始知是四州你于今忽添出一州來又不是高
平所屬此非本院部之過也我且問你前日進關時接得提

督移文據爾呈說前一段云石林廣淵保樂二州此明係
三州何以云二州後一段上琅下琅二州其後總數又止
云四州若保樂在內則明係五州何以止云四州此中必
有情弊本院部亦不責備若十分責備似乎又受了黎家賄
賂賣了你一州矣累云前報文時保樂尚未失故未敘及
今還望大人作主清理出來諭云本院部在交阯若有失單
憑據莫說此一州再有幾州少不得多費一日工夫亦要
取來前奉

命而往今遵
旨而歸何能再作計較如果是康熙六年新失地方你要辨論
亦須向地方官控訴另行請
旨至小總小社亦因無憑據不便細查俟明日差官送你回日
着令踏看清楚
十六日正使行　副使病寒嗽暫留
廿二日副使亦行莫元清仍持黃金十兩獻副使云汝送
李大人李大人收否稟云并不曾送副使正色斥還之

雜記

交阯之地卽安南卽交州卽日南西北自交阯來故曰交阯東北界廣西東界廣東西界雲南西南界老撾卽古哀牢南揷入大海中通占城秦漢時皆郡縣也黎氏王國在富良江西後三峯山左安子山右傘圓山揷入雲霄富良江左右縈抱前入大海亦南荒一都會也所屬有十三道五十二府二百一十九州縣都統莫氏惟高平一府四州在北隅之東俱無城郭其人被髮以香蠟梳之故不散跣

足足無塵垢以地皆淨沙也男女衣皆大領無分別無帬褲女有無摺圍帬其王與官或時冠帶韡韈然非其好也稱其貴人曰翁茶翁茶者大官也其牛羊猪燒去毛卽割而食之只有燒酒時刻喫檳榔惟睡夢方停嚼耳每用藥物塗其齒黑而有光見人齒白者反笑之惟王宮用黃瓦官民不敢用瓦以草苫楹棟以竹房檐高四尺許門高不過三尺俛首折腰乃得出入卽王殿檐高不過丈許其屋外多種刺竹甘蕉椰子諸樹其果四時生長無定其氣候常煖其土產惟稻無二麥有布最纖輕有蠶桑綿紬曰交兊素絹如畫絹濶二尺多榕樹甘橘有波羅密果如南瓜味微甜中有子如刀豆子皆可食其象牙香藥綿花胡椒茴香醬醋等物皆自外來者無桌椅特爲使臣造二公座甚高大其案桌圖彩金漆高可尺許舩似花瓣其文字與中土同另作數十字多加土傍與使臣往復文書不用也臨賀公館在富良江之東去國二十里許以竹爲墻每天使至一次則加竹一重其風俗婬蕩無恥洗浴便溺男女

裸體往來坐立不相廻避雖貴家亦然其豪家稍有床褥平民則無貴者以網爲兜兩人擡之大貴者有轎似車上轎盤脚坐或用八人四人擡之最可笑者其王傘扇轎夫全體俱露止用一股青布纏腰從尻下褁勒至臍雖寒天不着寸衣又皆形狀肥寔名曰好漢閒多係殺人援赦者其兵止穿大袖青衣一件或二件天暑卽裸并無甲冑其器械尚銃藤牌鎗刀諸物頗精于飾以之大用殆不足也頗讀書知文字而好怪異無傳授不甚貫通尚巫鬼不奉

二氏之教以能强言者爲功故根有四字批評曰愚曰疑
曰詐曰傲愚則不認理疑則不信人言詐則其言不可信
傲則自謂無罪也此四字如銅墻鐵壁牢不可破今幸邀
成
命而返者在筆墨唇舌不無勞費要之皆
聖天子弘福
廟堂勝算各邊臣措置威風有以讋之使不得不聽從耳

紀異
聞黎王殿壁後有二泉正月前二龍起水湧丈餘宫人驚
奔交南地無冬氣南寧以上卽炎蒸難受矣使臣在道每
默禱
皇上好生鬼神効靈倘得天氣清凉數十日玆事濟矣果于初
八日出關後皆東北風寒氣逼人十九日晨雨雪爲千古
異事且未有雨日不陰雨者三月初尚着羊裘及十九日
進關二十二日底明江至四月初二日登舟方得投令真

奇遇也底公館日有陰雨從人頗以開讀爲憂根云開讀
勅書自然清爽恰于二十九日果睛明竟日及回館漏下二鼓
坐定卽復大雨
二十八日夜根夢大街中有高土墻二重横截不通以兩
手排之應力崩塌及次日捧
勅至黎王府東候王出門迎接自辰至未與副使盡力開導乃
克如儀及至殿開讀後行賓主交拜禮王已許之行之後
訛兩使臣必欲更改命通事往來開諭而王後有老臣爭

執不聽硬自主張不復聞白黎王王無如何也於怒將查

問何官何名及把持狀南出口而老臣者忽暈倒在地矣

急拽出他官僚方請會典啟王遵依行禮

正月即有雷而往往在交人執拗使臣噴奴之時風捲霆

擊忽起忽止想鬼神呵護

聖德無疆誠恐逆天者之自作孽耳

欽命安南

正使内秘書院侍讀加正一品服色合陝國子監祭酒李仙根

副使兵部職方清吏司主事加正一品服色貴陽楊兆傑　舟中同紀

康熙八年己酉秋月

安南使事紀要終

安南紀遊一卷

〔清〕潘鼎珪撰

《安南紀遊》一卷，清潘鼎珪撰。鼎珪字子登，福建晉江人。康熙二十七年（一六八八）前往廣東高涼，海船遇風，漂至安南，歸國後述其地山川風土。據《説鈴》本影印。

安南紀遊 解題

安南紀遊

晉江潘鼎珪子登著

安南古越裳氏地即周時所紀重譯入貢姬公錫指南車以返者也其俗男女披髮兩足大趾交與相向故取名交趾自秦以降畔服不常中夏迭興輒命將往征威德最著足以鎮壓其邪心在漢則有馬伏波將軍後明張英國公輔至今廟貌並巍然而馬將軍靈爽視英國尤赫自其王以下罔不望門瞻禮歲時禱祠焉曩康熙二十七年冬余偶有事于粵高涼維

時海綱已開諸彝艘聽往來取捷海舟受風飄入其國南偏曰萬寧州州之港口土名江平天色暗明望吾粵高欽廉三州山隱隱如見環海之外即古珠崖產珠處有明中葉設中官監守禁人盜採有一小嶼曰珠墩賈人往往泊舟其下取水焉自江平以內之其國都分為三孔道俱沿海余貿其土舟入不一曰牴諒封華封者海嶼也四望悉石山重峯疊岫百萬其形從海底挺出絕無沙土草木怪松古柏離奇盤困於石隙中並錯骨露筋以起山之高或數百尺或

百十尺或玲瓏相抱或紆迴斷續不可懸擬亦不可方物或望之如百獸形如雄武夫介冑坐如夏日火雲峯勃湧或遠之而似即之而非或正視之而斜側視之而又不然風雲目眩變幻不測余浮舟其內凡四宿乃出每到山窮海窄處幾疑路塞不可通良久乃復見一境界如是者一日始不啻百迴夜則繫舟石側試其水淺深約不下十尋許山四面常不風舟往來幾忘涉海云山盡仍復巨浸汪洋無際隨潮汐取途潮汐則行滿則止余始駭之質之舟人乃悉蓋

潮平則混為一汐退乃始分門出其港至不可方舟焉越數日乃少小見民居村落有墟曰丁酉逢墟期彝女數千人貿易其地自是稍見沃壤又數日達軒內軒內者去其國都只百十里凡四方洋船販其國悉泊焉設官分鎮其地有街市數十曰天朝街尊我中夏曰天朝稱我中夏人曰天朝人沿舊制也自軒內舟行三日達國都則王府在焉地無城郭環大炮為垣墻軍民雜處互市率女人雖官之內子不為恥品秩悉依漢制冠裳如之士人讀書務尚綱鑑性理

無崇祀宣聖所贈謚明解學士紹益學士繙時爲左
布政鎮其地與文教云書法遵宋體盖國之人點畫
形勢無不同不甚分醜好余嘗與其士大夫國人講
求其故大都我中土人學書合一字格式學彼則裂
一字之點畫分之使其材質靡不同然後合爲一字
亦一法也昔時席地坐兩手腕並不附麗於席左執
紙而右擱管雖大廷射策作細楷字無不然尤最難
也軍制無定額器械則純用炮火刀劍次之編伍悉
依古田賦法故其俗生女則喜男則憂男則娶於人

女則娶人女娶人非有常産資財男多鄙棄不屑閭
有中土人娶其女生男則聽取回生女則留不返蓋
女貴於男男成丁符於定額宜編伍者則官剃其額
上髮寸許以別於民焉國以兵象多爲富强然其爲
數象每不踰三千兵恒歉十萬則傳爲伏波將軍讖
定也環都城上下沿江五六十里列戰艦地絕寇警
則藏舟于岸丹黃雕鏤備極人工蓋亦其國誇靡示
强之一事也其俗重武裂爵土稱爲郡公幾百十員
侯以下無算文臣百執掌文書故事而已三年開科

策士中式七人授以州縣方奉貢時即以其員往地
舊爲黎陳二氏今篡國則鄭姓質之士人云鄭姓先
吾中夏人世居安南靑花後撥國二氏子孫殆無遺
又後感大風雷疫癘之變乃復立其故主支孫爲天
子身自爲臣事之奉貢于中朝則稱安南王臣某號
於國中則曰天子而鄭氏自爲安南王有中朝使者
至則以其主見正月朝會如之非是則不許出設衛
士百人供給其衣食奉養名曰衛之實曰守之而已
自都城以南數百里臨海東南通雲南西北連粵西

正東界粵東地縱横綿亘數千里州縣凡百有奇土
産則有銀蚕絲玳瑁桂漆檳榔之屬燕窩象牙翡翠
孔雀之類甚盛富也唯其俗狡險而鬬智好勝而貪
財女多苟合之廉恥有別之風是其醜也其地與吾
中土聯屬者三西北從西粵南寧取道逾銅柱浹二
辰可達國都俱土壤相接正東從東粵欽廉以行則
須由海道越龍門渡江平華封則有石山之險非其
土人駕舟不可至東南接滇南水草毒人不敢犯雖
其國有事征行俱載他水以往則又其地封疆險阻

之大要也雖正南面海猶海之口曰獨部卅行達都
城漸入內江九七日可至復自都城溯河源逾月乃
盡岸瀾不下者中土諸江沿江千數百里盡沃土腴
田至獨部以外乃屬大海環海四遠數百里地淺沙
退水只七八尺前舟由入必候潮平風緩乃行土人
於隘口樹栰欄柵爲界望之類木柵然蓋以防他國
發舟剽掠尤其天險也大抵是土未棄以前壤地最
濶自明初割棄東南十數州縣鄭氏竊國分其疆移
姓以守後遂割據號稱廣南今連年侵伐雖並吞其

土正朔而各自畫疆域焉屬交趾者曰義安屬廣南
者曰布政中各以海爲界重兵戍之廣南地窄民少
而兵强安南地廣民多而兵弱故雖兩賊殺兩不能
下也夫普天之下莫非王土自周秦以來千數百年
俱入中土版籍迨明一朝棄去雖曰安攘大經實非
策也經生不習江愚謹因昔所聞歷稽其輿圖兼以
聞見詳爲詮次本末如此

龍門者海嶼也地枕交廣之間當欽州正南爲外戶
自欽州發舟不一日至重峯疊岫七十有二錯落大
海中大小各不相續海道多事則往往盜賊盤據其
中爲窩宅康熙二十三年間新設鎮于此余巳卯年
秋有事欽州過其地并爲誌之

国家出版基金项目
NATIONAL PUBLICATION FOUNDATION

海上絲綢之路文獻集成

總主編　陳支平　陳春聲

歷代史籍編　42

主編　范金民

海峽出版發行集團
THE STRAITS PUBLISHING & DISTRIBUTING GROUP
福建人民出版社

本册目次

使交紀事一卷南交好音一卷使交吟一卷安南世系略一卷

〔清〕周燦等撰

使交紀事　南交好音　使交吟　安南世系略　解題

《使交紀事》一卷《南交好音》一卷《使交吟》一卷《安南世系略》一卷，清周燦等撰。燦字星公，臨潼人。順治十六年（一六五九）進士，官至南康知府。康熙二十二年（一六八三）明圖、鄔黑、孫卓、周燦出使安南，歸後撰成四書。《使交紀事》題鄔黑、明圖、周燦撰，首爲正文，以日記形式記録奉命赴安南諭祭故王黎維禧、黎維禎，册封嗣王黎維楨之情形及沿途見聞；次爲雜記，記述安南財政、軍事、文化、職官、物産及風土人情；再次爲附跋，記述康熙帝五次委派使臣出使安南之經過。《南交好音》録此行安南陪臣所作漢詩。《使交吟》録燦自作七言絶句四十八首，俱爲出使贈答及記山川草木之類。《安南世系略》則簡敘安南世系。據上海圖書館藏清康熙間刻本影印。

御覽

內閣鑒定

使交紀事

附 使交吟　安南世系畧

本衙門藏板

使交紀事序

曩年李太史子靜奉使南交有紀畧一編是時
黎莫方爭高平地故往釐定之而維禧疑曲徇
元清心甚懼使者申諭兼移書鄭檍乃獲竣事
時稱得體後元清復以地未盡還爲請
廷議以其賨不允行識者已知莫氏倚挾橫恣弗
克終吉而黎之恭順爲可嘉今
天子翔布愷澤祀其主　吳縣彭叔華家藏

封其嗣丹書玉簡遙宣於鴂舌雕裳驚覓下賁於文
身纔絕之典於斯鉅矣而
三使君又皆以清華近侍星旆指南儀度秩然窮
荒胥悅晴雨應節川瀆效靈至於鬼神歆其蘊
藻童穉甘其果核猗歟可謂盛哉祥沐
九重異數命制兩粵乃屬軍典之餘奸宄未靖猺獞
雜處惴惴焉以不易革化爲懼茲
天綸所播越裳荒服忭舞於萬里之外懷柔淪浹罔

不感讐俾祚持節坐鎮者亦得受淸晏之福於
靡窮嘉平初
使君返駕過端州旣幸悉聞關南事而更讀是編
尤喜其四美焉蓋上爲
當宁敷德化下爲蠻方被榮寵而敦詩說禮闡蕺仁
蹈義之實學於殊域且紀其道里沿革民物風
俗以及毛羽卉木之微使覽者可以廣聞見當
臥遊至其歌詠之富昌㘵瓌麗又不僅皇華數

章已也陸賈南越行紀不言勾當公事此則述
王程而備
國政可與李公紀畧並列掌故爲我
熙朝輶軒採風之盛事云
康熙二十二年十二月
總督廣東廣西等處地方軍務兼理糧餉兵部
尚書兼都察院右副都御史正一品吳興祚謹
序

使交紀事序

稽古使臣持節如司馬長卿之巴棘冉駹使副
使王然于壺充國呂越人馳四乘之傳以通邛
筰蹤炙千古自
皇淸定鼎聲敎四訖凡雕題鑿齒百濮九菌之儔罔
不納款叩關北面稱臣今
上御極遣使安南者二康熙六年黎莫搆釁又遣李
太史子靜楊樞部鄂洲輯和其國茲復

命明太史克
册封正使鄔太史周儀部克
諭祭正副使昭繼絕恤亾之仁柔遠能邇之德甚盛
典也士禎於壬戌夏奉
簡書來撫東粵當兵燹甫息比閭凋殘下車之後竭
蹶拊循始有寧宇南交爲兩粵之接壤從來叛
服不常近數十年來傾心向化遐邇乂安上慰
九重之南顧癸亥嘉平

三使君竣事北旋過會城接談之暇出所爲使交紀事問序焉夫遠人稟天威於咫尺咸忭舞於遐方雖由聖朝浩蕩洪恩亦惟是使君端肅豈弟貞亮弘雅不辱專對之義有以讋服其心昔先王之遣使臣也美其行道之勤而述其心之所懷曰皇皇者華于彼原隰駪駪征夫每懷靡及其卒章則曰我馬維駰六轡旣均

載馳載驅周爰咨詢今此行也宣上德而達下情職斯盡矣其集中所志山川道里風俗人物羽革草木之屬無不咨諏而畢載之又形之咏歌作爲篇什令觀者留連感嘆而不忍釋詩曰樂只君子邦家之光使君有焉相如通邛筰還報復奏大人賦武帝稱其飄飄有凌雲意則此一編殆將與相如賦並傳不朽也夫

時

康熙二十二年十二月

巡撫廣東等處地方提督軍務兼理糧餉鹽法

都察院右副都御史加四級李士楨謹序

差同安南國翰林院侍讀今陞侍講學士臣鄔黑等謹
奏爲微臣奉差事竣謹述往返情形仰祈
睿鑒事切照臣等猥以疎庸濫厠班末康熙二十一
年安南國王嗣黎維禛以循例補
貢我
皇上加意懷柔
諭祭
册封兩禮並舉

命臣等充正副使以往臣等於二十二年四月初五
等日次第起行於本年九月二十八日出南陵
關十一月初六日入關往來交邦三旬有餘其
間所行儀節
大典攸關以及山川草木制度風俗編次成書謹裝
潢以
進伏念我
皇上

道同堯舜
治蹟羲皇
文德武功照耀千古故凡海隅日出之邦雕題鑿
齒之衆莫不來享來
王稽顙恐後若安南國自我
朝定鼎以來歸誠獨切嚮化尤殷康熙六年該國王
與莫元清興兵搆難
皇上遣使詔諭卽解甲投戈奉

命惟謹十九年滇黔蕩平卽款關獻
貢恭抒悃忱昨臣等啣
命臨關陪臣拜迎於境上婦子歌舞於道周至
册命弘頒歡忭踴動牲醪載列悲感情深及見
皇上御書忠孝守邦四大字闔國君臣驚心駭目以
爲從古以來所未曾有至於啓關之時甘雨應
期而不爽行禮之日彩雲照映而生輝凡此皆
我

皇上聖德格
天神人協應故雖遐荒萬里之外咫尺如見
天威歷稽前代人主命將出師累年戡定而不足者
皇上垂衣拱手一心默運而有餘此豈三代以下漢
唐諸君所可及也臣等幸際昌時恭逢
鉅典揚
聲教於日南自慚一介紀見聞於天末媿乏三長惟
有清夜捫心感懼交集而已謹具本奏

聞緣備述情由字多逾格統祈
睿鑒施行
康熙二十三年八月十八日具
奏二十一日奉
旨該部知道書留覽

使交紀事

翰林院侍讀今陞侍講學士臣鄔黑
翰林院侍讀加三級臣明圖
禮部郎中今陞江西南康府知府臣周燦恭撰

皇上御極之二十年削除僭亂海內寧一
威德遐布遠方重譯而至者不知其幾其明年安南
國使亦以其職來王且告其前兩王訃及今嗣
立狀稽顙籲

恩
天子憐而許之於是遣臣等往
諭祭故王黎維禧黎維禔兼
册封其嗣黎維禛爲王復以
御書忠孝守邦四大字賜之臣等於四月初旬恭捧
以行往例該國三年一
貢康熙七年改令六年兩
貢並進

恤遠人也十三年
貢使方歸而滇逆已變粵道梗阻不獲如例該國
北望傾誠有同孺慕仰思
聖德如天莫敢有渝十九年左江既靖乃具疏陳述
愆期不安之悃並欲爲
國剪除悪奉方物夙夜梯航若恐後者不意該使
至新寧有變復旋今則逾例三年矣於是該國
益加恐惶向化尤切先是該國與高平都統使

莫元清以世仇故日尋兵戈康熙六年逐元清
奪高平元清奔入滇地
皇上哀元清失土併納其男女三千餘贍養南寧
特命院部臣往安南
諭令退還土地人民各守其職使臣李仙根等開譬
百端卒令遵
旨且感
恩懷義矢諸世世及滇逆作元清不思興滅

大德反以在滇與逆小惠遽爲煽誘以故該國譯
貢不通者累歲及夫元惡授首
聲靈遠震該國乃得借大義公憤釋其私憾襲滅莫
氏而
朝廷亦不復責其專狠者誠以元清之負罪已極本
篡逆之餘孽世貯其狼心貪玩禍亂而自拾消
亾也然該國獨明於向背畏天保境執節不回
豈非前此之

恩諭眷顧有以淪洽於心骨而是非成敗較然無疑
乎故雖乘時自快而並收恭順之名實使人知
背德者不祥艱貞者久而彌伸宜
聖恩之有加無涯也
康熙二十二年九月二十八日至南陵關廣西龍州
是日早設
龍亭昭德臺三使臣公服侍立署左江道王來賓
新太營叅將吳聯率文武官恭叩畢開關引該

國官目四人如儀拜迎
龍亭已又叅見三使臣閱手摺乃戶科都給事中
宋儒禮科都給事中武惟匡吏科給事中砥堂
男阮廷柱禮科給事中陳壽也其諭云封祭原
屬二事自應先後至爾國
皇上念爾小邦供應浩繁重煩民力故
命本部院同行又爾國世
貢不絕忠誠茂著

聖心嘉悅頒有
御筆此從來未有之事出自
皇上特恩爾等可先通報爾國王嗣儒等閱諭甚喜
回稱辨官初實不知今奉諭如此則不但本國
王荷蒙
寵遇即闔國臣民都沾
隆恩了舉手加額感頌而退令思明同知龍憑守備
檢點跟役名數隨身行李嚴查夾帶情弊等事

乃次第出關該國撥來象十二隻兵三千名夾
道擁護行十里暮抵文淵州向者傳開關前
後必雨及出入時必晴前使臣已述之今自南
寧一路陰雨至暮府營大雨如注漸行漸細抵
關門則皎日當空矣其後歸時亦莫不皆然乃
知
天生
至聖爲萬國主聲教所訖日月爲之回光雨露因而
洒潤俾邊愚感懾草木滋輝所謂中和位育之

實効豈偶然耶
二十九日宋儒等以夫馬未齊請暫留一日諭
云本部院用夫役不多爾國所備現有夫役已足
即有缺亦不較遂行三十里至諒山府亦名長
慶府爲水陸通衢客商輻輳之區是日微雨
十月初一日宋儒等又與諒山府知府乳郡公
韋德勝懇請暫留從之其議移該國王嗣咨文

三角一稱
御筆出自
特恩理應另日行禮本院部仰推
皇仁事從簡易於
册封日一併行授受禮一稱禮部既鑄給新印其舊
印應繳以便捧回一稱
册封副使翰林院編脩孫卓行至廣西途中病故等
因隨傳儒等共諭云項見居民似多驚畏本院部

奏
命前來仰體
皇上柔遠弘仁無所不至不敢一毫有駭聽聞爾等
可出示沿途曉諭
初二日行六十里至芷仁驛屬安州
初三日行三十餘里過鬼門關有馬伏波廟側
有祭其文曰伏以星降西秦駿望光昭北斗風
高東漢鴻名長鎮南天遠邇咸欽神人共賴仰

惟大將軍麾下千秋正氣一代偉人遨遊乎兩
帝之間獨歸眞主矍鑠哉是翁之嘆爰重老臣
早歲登壇叱咤消羣雄之膽晚年秉鉞指揮落
蠻女之魂銅柱標名六字儼分內外鬼門畫地
寸封逈別人天圖等樗櫟散材駑駘下士省躬
克己淺慚書虎之文奉
命出疆每歎飛鳶之景揚於粵右仰明威於灕水江
邊攬轡日南瞻英爽於安州城外肅虔釆芹之

獻聊伸傾藿之誠伏願德並升恒普下土無私
之照功同川岳聲
皇家有道之長祭畢再行七里至枝棱驛亦屬安州
初四日行四十里至先麗驛屬諒江府保祿縣
連日多雨今申刻始晴
初五日宋儒等又請暫留一日發示禁飭隨行
丁役及曉諭居民毋得交通窺伺生事取究遠
者重處

初六日行五十里至芹營驛亦屬保祿縣一名茶山土人稱爲格甘葢連日行崇岡複澗中林箐森審不見天日山勢至此開朗有如門闥交人呼門爲格甘也從此以南田疇平衍稻香撲路所過村市居民環觀累踵絡繹拍手歡笑詢之通事云天使至本國不常有之慶故以得覩爲快

初七日行四十里至壽昌驛亦屬保祿縣該國

王嗣委差大理寺卿錦派男汪銳禮科都給事中阮擢用吏科給事中阮登遵兵科給事中黎雄稱具旌旗甲仗來迎先令叅謁

龍亭畢稟見三使慰勞遺之呈送國王下程未收

初八日早渡滄江行四十里又渡抹江至市橋驛屬慈山府安悅縣

初九日行四十里至呂塊驛屬慈山府嘉林縣彝官率領兵象兩邊肅立又行十餘里復有彝官兵象肅候如前跪接

龍亭及至公館投稟手摺乃東軍都督府都督僉事部郡公鄭植東軍都督府都督僉事杜郡公阮光益兵部左侍郎永岸男阮公望工部右侍郎萊山男黎僖御史臺僉都御史阮廷滾典化等處贊治承政使司叅政黃公寘遂令恭叩

龍亭畢獻其國王嗣備送下程仍未收

初十日阮公望黃公寘稟見呈上封祭儀注二

册併該國王嗣咨文二角内以不諳

天朝禮照該國儀注行爲請共諭云

天朝制度薄海内外無不遵行爾國旣歸命

天朝請封請祭自應恪遵以光

大典何得瀆請望等執辯移時辭窮始退遂發還所呈原册原文

十一日阮公望等稟見呈咨文一角且云聖人不變俗以從俗本國王受封又兩先王受祭不

常有之
大典調集闔國大小官目多至千百賢愚不等依
天朝禮恐有參差有褻
國體獲罪非輕諭云習儀易事耳你二人去年進
貢至
京遵
天朝禮如何不差錯又昨在南陵關壽昌驛及抵公
館各官亦克如儀其他豈俱是愚的望等無以

答而退
十二日移咨該國王嗣內稱本部院恭膺
簡命萬里星馳於本月初九日駐節使館已經四日
事關
大典未敢久稽今擇於本月十五日行
册封禮於十六日先後行
諭祭禮等語去訖該國王前送席桌收之量犒員役
十三日阮公望等稟見云連日因所請儀節未

蒙見允今日特來請允三使臣因無該國王嗣
咨文見彝官私來瀆請大怒卽自清晨直至午
後逐一辯論望等屢次辭窮閉口無言共諭云
爾等有話只管說省得今日語塞辭窮而退明
日復來贅瀆彼時爾等亦自覺靦顏望等相顧
相商終不能答始稟云本國非敢抗違實因不
諳故連日懇請天使既不允自然遵行
天朝禮不敢再瀆言畢而退是日午前後天色清澄

和暖着單衣紗葛猶熱彝官退後北風大作濃
雲密布寒氣逼人至申酉時勢愈烈氣愈冷大
雨迸至如中土嚴冬矣
十四日晨三使臣會集言及昨日風雨狀甚訝
甚喜訝者前使臣曾云往往交人執拗使臣嗔
怒之時風捲霆擊寒氣逼人想鬼神呵護向未
深信今則如合符契喜者我
皇上聖明呼吸眞通

上帝使臣雖在萬里異域不殊咫尺
天顔自可恃以無慮矣頃之彝官御史臺都御史潘
山男阮名實吏部左侍郎書澤子武惟諸及阮
鄧二太監見鄧稟云昨日阮公望等冒瀆天使
本國王更差彝官請罪本國王一心恭順
天朝自然遵行
典禮不敢有違但小國人愚者多雖演習臨時未免
稍有差錯望天使寛恕諭云寛恕乃我

皇上素念諸外國來
覲者有小失我
皇上含笑不問今爾國行禮若大差錯本院部必令復
行次則仰體
皇仁相諒耳何苛爲鄧等稱謝申時接該國咨文內
稱奉來文擇於本月十五日行
册封禮十六日行
諭祭禮懇請至日早刻齊臨以昭

盛典等語即傳阮公望等付
誥命
諭祭文稿以便預習宣讀併發
欽頒銀帛以便備辦陳設
十五日清晨細雨頗憂之及行雨隨止道兩傍
以朱杖接手平連其外又以隔山鳥鳥鎗夾之
俱如闌千官兵執器械排立數層渡富良江彝
官三人前來迎接時忽萬里無雲紅日光照街

巷觀者不可勝計該國王嗣黎維禛步出侍立
右側令行迎接禮阮名實等回啓維禛維禛無
言惟見首肯狀鄧太監云至殿自然行禮此非
其所諭云至殿行者叅見禮也此處行者迎接
禮也維禛已跪下叩頭衆彝官乃不復敢言至
殿正使明圖將
誥命等項安案上俱左側侍立維禛率彝官如儀行
叅見禮畢先啓

御筆見忠孝守邦四大字闔殿人員驚喜稱讚聲徹
臺下維祺反覆細看口誦手指戀戀不退問通
事對云新國王謂
御筆有神有法令我如見
天顏此我安南萬世傳國之寶故不忍釋手久之始
復位跪聽宣讀
誥命曰奉
天承運

皇帝制曰邇安遠至敷天懷向化之心道一風同率
土凜來庭之義惟尊親之戴世篤忠貞斯帶礪
之盟慶延苗裔爾安南國王嗣黎維祺地宅南
交心懸北闕千秋茅土常遵聲教之頒萬里車
書時奉享王之會茲當嗣爵請命於朝旣舊服
之克光益弘令德宜新恩之加賁用沛褒綸特
遣翰林院侍讀加三級明圖編脩孫卓封爾爲
安南國王爾其恪守藩封長爲屏翰虔共匪懈

庶無斁乎前脩忠孝相承尚永綿夫世澤欽哉
毋替朕命宣讀畢正使明圖乃將
誥命印
御筆一一捧授維祺跪受轉付侍員復如儀謝
恩回右側稍下行相見禮三使臣賀云王受
天子封是
天朝眞王了維祺大喜答曰
天子聖恩高厚不能仰報萬一三位大人萬里奔馳

有勞大駕即舉手加額稱謝三使臣云前奉部
議已知會貴國旣受新印舊印宜繳維祺云今
日恭受
天子册封乃闔國沾
恩喜日若即時交換似屬不敬另日再送三使臣許
之遂出維祺送至朱雀門留茶因正使明圖足
疾辭之又送至端門乃別該國禮部衙門請宴
亦辭之衆官送至江邊溫諭遣還渡江回館已

漏下戌刻矣維禛先已差官送席桌收之
十六日三使臣具公服奉
諭祭文軸安
龍亭以行該國文武官目及各項兵役悉更素服
其迎導等項皆如前該國王素服步出迎候臨
進至朱雀門將
龍亭正設黎維禛率各官如儀行叅見禮畢復至
王殿正設公案安

諭祭文稍後西側設空案二張帛牲等項陳於案後
不設主不陳前者不敢之意也三使臣向西侍
立維禛率彜官稍下向東侍跪正使鄔黑進前
捧
諭祭維禧文付彜官立上香奠酒復位彜官宣讀
諭祭文曰維康熙貳拾貳年歲次癸亥拾月戊戌朔
越祭日癸丑
皇帝遣賜一品服正使翰林院侍讀鄔黑賜一品服

副使禮部郎中周燦諭祭安南國王黎維禧之
靈曰朕惟遐荒藩服宣化承庥旣加爵命於生
前必被榮施於身後沛卹終之令典垂柔遠之
常經爾安南國王黎維禧性篤恭誠世懷醇恪
獻琛貢篚歲事維脩謹度求章王綱克凜嗣封
數載遘疾奄殂訃告來聞悼懷良切念藩臣之
効順閱再世而彌虔斯朝命之追榮暨遠方而
加渥專官用遣褒祭爰頒嗚呼綸綍式傳嘉夙

昔享王之志牲牢載設慰幽寘翼戴之忱靈克
有知尚其歆格宣讀畢副使周燦進前捧
諭祭黎維禛文付彜官如前儀行宣讀
諭祭文曰維康熙貳拾貳年歲次癸亥拾月戊戌朔
越祭日癸丑
皇帝遣賜一品服正使翰林院侍讀鄔黑賜一品服
副使禮部郎中周燦諭祭安南國王嗣黎維禛
之靈曰朕惟世奉共球作中朝之藩服禮頒綸

纘襄繼序之恪勤冀榮始而哀終庶恩宥而義
協爾安南國王嗣黎維禔纘緒前徽矢忠屢世
越山川而入貢誠竭梯航執玉帛以嚮風敎遵
文軌乃春秋之不永既歲月之屢遷茲當國使
來庭爰覩嗣王拜表良深軫念式考典章申命
所司特加優䘏嗚呼几筵肆列載昭泉壤之光
彝憲遥頒用慰要荒之悃中外一體幽顯欽承
宣讀畢遂將祭文案前焚化維禛率彝官謝
恩畢復至空案前各行該國禮其禮既揖即跪俯叩
一頭興如是行第五次俯叩四頭而興此謂五
拜禮也維禛行禮畢復原位云今蒙
天子賜封賜祭賓生者泪埃難報死者泉壤啣
恩昨奉禮部咨文自媿無地但本國天末小國地瘠
民貧去歲
貢物不中式又蒙
天子曲容酌收闔國不勝感戴三使臣云自我

天朝以來從未有事於爾國故爾國感戴
覆庇弘恩傾心嚮化恭進方物今王既自言不中式
嗣後益加小心以補前過可也維禛唯唯稱謝
隨出送别儀節亦如昨阮公望等隨至公館温
諭之稱謝而退王復送席桌收之
十七日該國王委差阮名實武惟諧來謝太監
潘同來通事跪稟此總管輔國府事係侯爵潘
云本主有父喪不便晉謁故差小人叩稟請天
使恕罪諭云既居父喪自然不便來實等云昨
瞻仰
御筆闔國君臣驚讚不已眞是萬古無比諭云我
皇上萬幾之暇手不釋卷過目即成誦古今書籍無
不博覽天下事體無不周知
御筆乃一端耳我
皇上聖學實自古帝王莫能及者實等云
天子明見萬里去歲本國

貢物酌收餘免闔國君臣人民感激不盡諭云凡
遠方
貢物原非
天朝派定不過是外國攄誠恭進耳既爲攄誠必當
如式况禮部職司賓貢美惡在所必核一毫不
可草率若論我
皇上照臨萬方率土歸心百貨中國自足異物非其
所好但要血氣之倫共奉

王章覆載之中各安化日雖徒手
闕廷亦何傷乎今者有收有未收其收者必
鑒爾誠也未收者或
憫爾困也
皇上萬國臣民之主尚體恤爾國如此爾國其思所
以慎守法度展布誠悃以仰報
大德可也實等唯唯感謝而退於是共議移咨該國
大禮已竣擬於本月二十五日回

朝復
命併移牌左江道新太營思明府催備夫馬期十一
月初三日以內在關伺候
十八日阮公望黎僖稟見奉本國王諭稟三位
大人本國輔政鄭屢世輔佐功德素著今老輔
政已殁奄靈在堂幸遇天使光臨若得俯允致
祭不但鄭府殁存均感本國王亦有光矣諭云
爾國臣事

天朝始終如一鄭氏既有輔佐之功即是助爾國王
嚮
天朝者致祭何妨爾可擇日來稟望等甚喜而退
十九日該國王移咨祈晋旬日共議回咨不許
二十日阮公望等稟三位大人已允祭先輔政
謹擇本月二十二日於是發銀叁拾兩令備辦
祭物望等又稟云先年諸大人來時公事畢於
本國王及輔政皆有惠贈今若如前則本國不

勝榮光共議許之隨備土物數種差兵部差官
李文燦等送去
二十一日該國王送餞行席桌收之隨傳阮公
望黃公寔諭云舊印總不送繳是何緣故望等
稟云舊印乃
天子頒給本國先王者先王得印生前固榮矣今若
繳還未免歿後有辱了諭云爾國先王當年荷
掌

誥封生前固榮今復掌
諭祭是歿後又榮了何辱之有望等稟云本國先王
歿後即將
天朝頒給印信供設神主前以爲萬世傳家之寶今
若繳還則無以傳家了諭云舊印雖繳仍須有
新印臣守封疆已是憑據令爾國有一無二以
明專尊此後
天朝萬萬年爾國亦永永臣事代有新印綿綿不絕

未爲不可何獨以此傳家哉望等唯唯而退
二十二日遣兵部差官李文燦等致祭該國先
輔政鄭檍其祭文曰嗚呼凡天之眷佑人國既
生承庥之令主必生戡亂之良臣以輔相之乃
國祚傳於悠久而其人之遺澤亦與之爲無窮
所謂世篤忠貞與國咸休者觀於安南國輔國
政鄭盍信矣竊聞貴國當有明之末繼世中興
再建王室惟時小心翼戴內外匡勷樹宏功於

日南者惟輔政高曾大父之力居多迨我
皇清握圖御極統一寰區聞風歸化藩屏南服非輔
政忠能導主孝能承家明足以燭幾勇足以定
謀不及此乃時王棄世擁立令嗣至再至三受
四君之遺命建一代之嘉猷不但遐邦僻域歷
稽前史所載累奕葉而稱世臣者亦槩不多見
焉圖等遥聞聲譽久切懷思
帝簡指南輿慰愁飢詎當入境之期忽聞捐帷之變

逝者如斯痛悼何已溥陳椒漿聊伸非悃乃繼
輔政而當國者復能羽翼嗣王時修三譯以昭
恭順之誠叠荷
皇恩寵綸頻錫同萬里之車書作千秋之帶礪輔政
亦可含笑於九原也尚饗該國王送答儀共銀
一百兩輔政鄭氏送答儀共銀九十兩未收
二十三日該國王併輔政鄭氏仍送昨日答儀
再四懇請共議收之
二十四日鄭氏送謝祭儀共具銀一百二十兩
諭云鄭氏世輔爾國忠悃素著今具一奠何用
謝爲未收該國王因副使孫卓途中病故送賻
儀銀一百兩三使臣代收訖午後該國王送咨
文一角併甘結一紙文內稱本國先王臣事
天朝一忠貞之節簡在
帝心今舊印見繳毋乃生前予歿後奪按查舊典從
無頒新繳舊之例希惟停繳以昭

朝廷恩信等語結內稱印者生前以爲愼守藩封之
據歿後以爲萬世傳家之寶其舊印另行具疏
請
旨外合行具結等語
二十五日該國王差送賮儀各具銀三百六十
兩絹十六疋布四疋羽緒一端哆囉呢一身辭
之輔政鄭氏復送謝儀仍溫諭不收又送賮儀
各具銀一百四十兩佐以銀器絹布刀鎗等物
未收該國王爲舊印送禮部申文一角收訖是
日天雨未行
二十六日該國王委差護送彝官禮科都給事
中阮擢用兵科都給事中阮公儒傳進行禮輔
政鄭氏復送賮儀潘太監跪稟云本主身有重
喪不得來謁天使心甚耿耿不安恭具賮儀少
盡微忱見天使不收更覺惶愧本國俗以收否
爲榮辱若天使收了本主不勝榮光固請不已

於是三使臣共商酌收刀鎗哆囉呢小匣餘皆未收各賞紗葛屯絹前彝官朱儒等來叩辭各賞葛絹潞綢遂行

十一月初三日至諒山府隨牌行思明府同知所有應用夫馬曾否齊備速具詳覆以便起程復差思明府通事李國龍往探南陵關去訖

初四日暫駐諒山李國龍至稟夫馬俱已抵關

初五日至文淵州阮擢用阮公儒見稟云大門

外有二人乃本國王委差護送天使者一北軍都督鄭檇一京北提督弘郡公陳艮貴因係領兵防衛故不敢叩謁天使遂各賞紗葛綢絹

初六日仍如前黙明進關該國王復送前贐儀共議收之彝官如儀拜送乃回

雜記

該國交州古居富艮江北後遷江之南岸國王黎氏祖籍清華人爲安南王即都清華繼因交州爲歷代據險之地兼有通海之利始遷都之祖塋仍在清華離交州四百餘里州無城池人煙輻輳地勢平坦一望皆田無空閑地村莊比里而居人多地少

該國形勢東南一帶皆海南界占城西南界老撾即古哀牢西界雲南北界廣西東北界廣東沿邊皆有重巒叠澗林箐彌蔓至大小落葬嶺鬼門關羅婆羅翁嶺麗嶺等處皆該國要地交州獨

倚富艮江爲天險江寬二三里其水混濁一支自緬甸流入由興化道嘉興府來一支自雲南流入由歸化府來至交岡滙合諸小河漸滙漸大自西東下經過交州北向東南流入海

該國時令夏月更酷熱人民都在水中避暑冬月天晴無風即可着紗葛故草木不彫不枯此行正值孟仲二冬晝宜短夜宜長竟覺晝夜平分至於北斗則前半夜登高亦不見後半夜始

見

該國文武在內設有閣部卿寺翰林科道等衙門都察院稱御史臺職掌最重在外設有承政司憲司即布按二司有承政使憲使叅政叅議等官府州縣各設有正佐亦有部選者亦有世襲守土者在內設有五軍都督府不相統屬在外設有提督管一方軍務畱守管一道軍務兼管鹽政稅務聽文職節制

該國用人文職各按出身擢用論俸陞遷雜途不得授京官要任惟科甲得膺是選武職因無科甲多以世襲五等爵充之如稱職有功陞畱守提督都督要任仍以子弟任葷一人襲舊職若溺職有罪降罰革職係世襲守土者不替

該國考試亦三年大比試有四場第一經義第二四六第三詩第四策中三場者為生徒即生員中四場者為貢生即舉人其生徒來科再入第四場中則為貢生不中又俟來科各道取中無定額大率十人取一會試中四場者為進士亦無定額廷試亦以對策定甲第其考試無號舍每人以竹籠畀之伏地而書

該國兵丁皆免丁銀徭役按月給餉有馬無馬兵分水陸不分戰守以象為重每象額兵二百五十名有正象奴一名副象奴二名其餘兵丁分執火器刀鎗行則前後序進戰則左右排列

凡交界隘口及衝要郡縣皆撥象鎮守

該國衣冠文職紗帽圓領帶靴俱備平時則用黑尾織高頭帽青布濶袖袍武職無紗帽圓領朝賀日則用紅哆囉呢帽各色彩緞濶袖袍或紅哆囉呢齊肩褂或虎豹象補褂平時則用青帽青袍至靴褲皆非其所好故私地皆去之行或乘馬或乘象或乘網兜形如擡網乘則仰臥或乘轎形如無輪車上有漆籐蓆蓋俯而入或臥或盤坐國王護衛兵日轎夫衣

帽畧與武職同

該國制祿各按品級給錢有額田無田者按品級給米其世襲守土者不復撥給

該國器械無盔甲弓矢及大小砲以哆囉呢衣帽謂之盔甲有脇山鳥鳥鎗長柄刀短柄刀長鎗標鎗藤牌火箭修飾亦精不甚堪用

該國郡縣分十三道稱府者五十餘稱州縣者二百餘不過具數而已皆係村莊無城池惟諒山府有城每面各有一里餘高可二丈許甎色紫紅係漢馬伏波創建明英國公張輔重修

該國錢穀有地丁銀有鹽稅商稅其地分上中下上田十取三中田取二下田取一每丁納錢一貫皆隨時豐歉以爲輕重

該國刑名初無定法明時設布按始頒有律文亦僅知大概故出入多不當至隨時因革更不能也

該國婚姻富貴人用媒妁禮與中國稍同平人則備錢貫佐以檳榔猪羊酒送女家任男家隨便領女完配貧人不能具禮男女相悅即成夫妻亦不避同姓因姓少故也

該國喪祭多遵文公家禮信尚風水禁官民不許卜地亦不許葬山上皆葬於田中富貴家上葢茅屋歲久即平惟國王與輔政鄭氏葬必卜地至於權幸勢要亦得私卜敗則亦平矣

該國三教頗知崇儒交州內有國學文廟各郡縣皆有學宮祭祀配享俱如中國例二氏之教間有之不甚尊奉至雜祀空廟遇時節以迎神爲名男女會聚旬日不止

該國男女皆披髮跣足衣衫或布或絹多用白色男子以布一段束腰將一頭從後尻下穿前繫裹婦女以布絹一段上遮胸乳無陰蔽皆戴笠見貴人長輩必脫笠披髮否則謂之不敬從

幼與檳榔故其齒皆黑如漆

該國農桑大概如中國稻有三種上種茲美養蠶不論貴賤邇來有二麥雜荳芝蔴

該國房屋惟王府及輔政宅用瓦餘皆茅屋廟宇亦用瓦其式平而尖色紫黃鋪屋上如魚鱗

該國菓樹惟有檳榔椰子蕉子波羅蜜菴羅菓甘蔗石榴小桃柑橘紅柿雜樹成林遮天蔽日然無成材者榕樹最多性淫傍有樹石即與之

合而爲一如石山並無撮土寸草不生此樹彌蔓森密千狀萬態而刺竹叢生枝幹俱茂其根盤互堆積有高至八九尺者製爲器皿紋色甚佳珍珠蘭野地亦有之鐵樹如美人蕉而紅比粤西所見更異扁荳瓠茄等雖經冬不謝其味不遠中土遠矣

附跋

皇上遣使安南者合今而五矣康熙三年正使內院編脩臣吳光副使禮部司務臣朱志遠爲
諭祭黎維禔也五年正使內院侍讀學士臣程芳朝副使禮部郎中臣張易賁爲
冊封黎維禧也七年正使內院侍讀加正一品服臣李仙根副使兵部主事加正一品服臣楊兆傑爲
宣諭安南追還莫氏高平也今則
冊封

諭祭兩差同行是一而二故曰五
皇上之於安南可謂恩勤周洽惠及存歿九域內外受
天之慶汪濊稠疊朝鮮而下殆莫有及之者矣其地與滇粤相接風俗氣候亦畧相似秦漢唐立郡縣名公碩學著宦蹟者不少而其人物揚聲中土者亦有之故其文字官職猶相彷彿獨聲音有異耳臣等竊由數役觀之淺知域中四大之

理而
皇上懷柔六合幷包一體之意眞與
天覆地載化育終始共相呼應無一絲之間如諸臣等
非有德能大過於人所奉者
天威也所布者
皇仁也每至其地自不無主客之嫌疑昧之迹乃炎
燠變而寒栗清陰轉而霆電晴雨應節疾癘不
作靈怪感格之處不可殫述夫孰爲爲之哉此

殆非僅忠信篤敬所取必也今則更以
宸翰雲章鎭耀山海天經地義訓厲臣民何安南厚
幸而黎民多福其傾心歸命更當何如然自古
邊釁多啓於細人怨尤祇因夫財利其奉
特命者莫不以品節自持簡書維畏重以鬼神呵護
風雲助色故能使蠻人悅服莫敢貳心若或么
麽委差無復繩檢孰從而洞悉之乎以此致腹
誹動聲色者有矣職斯土者能體

皇上如天好生之盛心無輕委滋擾俾各得其願欲
於以報
國安邊全身永譽盡善矣

南交好音　敘

南交好音

本衙門藏板

叙

吴縣彭啓華家藏

嘗讀尚書贊堯曰光被四表贊禹曰文命敷於
四海蕃蟜拱淵穆固帝王宰治之原而德愈厚
者聲教之漸被愈廣史稱日月光華宏予一人
非無所見而頌美之也哉
皇上以天縱至聖纘承鴻基崇儒重道二十年來
文德所敷東西朔南暨於無外客歲安南告訃
封祭並差余以謭材得隨明鄔兩太史後啣
命以往自夏徂秋間關萬里克抵交邦奉兩太史
周旋
大典有光公事告竣一時迎送館陪諸交官率多
以詩見贈余展閱之際不禁喟然嘆曰猗歟盛
哉我
皇上萬幾之暇窮經刺史研精覃思不出
闕庭而右文之化無遠弗屆雖遐荒天末亦知揚
風扢雅鼓吹休明以覜唐虞三代之隆何以加

此不敢以一人投贈之私置之爰授之梓俾海
內知
聖朝同文之盛譬諸芝草醴泉爲物雖微亦足爲億
萬載無疆之休徵云
康熙二十三年重陽前三日驪山周燦題於長
安邸舍

南交好音
阮廷柱 怡軒山南人 吏科給事中秪堂男
公館從容私情敬慕皇華之詩方詠四牡之
什載歌記憶之懷曷維其已自揣拙鈍未可
言詩朕樂大人之志榮大人之名不能自已
勉述二章以誌鄙懷云
巍巍令望播璋珪分陝有人再見西一品麟袍
辭
殿闕千重烏道渡山溪五花喜見
恩綸渙四字欣瞻
御筆題壯駕言歸長記取高名千載誦山齋
其二
聖朝文德著宏休爲道濂溪更出周
丹陛揮毫承
顧問皇華攬轡廣諮諏南交
寵命增光貫北斗高名愈炳彪歸路從容多好句江

山萬里盡囊收

陳　璹 潤甫海陽人 禮科給事中

古人吟咏性情必形於詩所以感發其善心無非忠厚之意也仰見大人

詔承

北闕駕莅南交敬慕之情言不能述肅賡前韻重伸賀臆

獨擅芳名美玉珪衮衣此日亞公西含香常自

明邦禮奉

命寧辭渡遠溪品似青山人共仰吟成白雪世爭題殷勤左右無他願勾漏山高姓字齊

其二

光昭盛世教宏休洵美先生君子周侍從

兩朝多著作馳驅萬里寄諮諏輕裝陸賈推詞命傳檄相如自炳彪

當宁經綸資論贊喜看夫子坐中收

宋　儒 漢軒愛州人 戶科都給事中

華駕言旋丹衷敬慕聊述蕪詞肅賡前韻

天朝錫命剪桐珪有美人兮復見西道述六經尊魯

國儒宗一代重濂溪

九重雨露分沾溉萬里山川待品題爲憶別時相贈語常瞻鶴駕與雲齊

其二

有容泰誓歎休休赤舄於今再輔周一代文章

憑論定萬邦民物待諮諏宋朝學士名同軾漢世通儒才冠彪喜看南車回奏記萬年壽考

聖皇收

武惟匡 柏菴海陽人 禮科都給事中

生長遐荒見同蠡海幸得承顏接詞於公館下高山仰止何日忘之聊述短章用伸別緒

聖代才名重璧珪傳來夫子白闕西

九重冊命頒

丹陛萬里帆檣泛碧溪鶴禁丰標人罕見鷄林姓字
價爭題回
朝若問交南事處處春臺壽域齊

其二

汪洋千頃量休休景仰先生體用周典禮儒臣
尊制作採風太史任諮諏賦成鸚鵡光焜耀座
見麒麟色炳彪自愧不才趨左右參苓敢望寵
中收

阮公望 鈍夫京北人 兵部左侍郎永岸男

聖德於今已遠揚雲程計日促歸裝清江秋水魚潛
躍紫塞春風鴈北翔柳色迷人橫古渡梅花留
客佐離觴臨行莫唱陽關調四牡歌成敢拜颺

其二

仙槎得意似風乘博望聲名此日稱鳳閣宏才
原自重龍門多士喜先登清秋霜冷峯回鴈碧
漢風高海運鵬別後思君應北望寫懷難盡剴

溪滕

黎僖 湛溪愛州人 工部右侍郎萊山男

衮衣方幸炙公顏何事匆匆飭駕還淵水無情
催艦易前塲有意縶駒難吟成好句三江月酒
泛離筵萬里山識得殷勤忠愛念
帝城咫尺五雲間

其二

十槎遥泛下炎封近接何緣偶爾逢曉日三秋

瞻瑜鶴高樓百尺識元龍扳轅不憚塵中拜附
驥無由尾後從多少笑譚縈夢寐寒山何處扣
晨鐘

阮廷滾 愼軒驩州人 御史臺僉都御史

大人識度宏遠器宇疏通眞當代第一流人
也玆者皇華使竣壯駕言旋慨慕之情懸懸
在望輙忘拙陋敢述蕪詞惟見采是幸
天書拜領自

宸楓迢遞星槎萬里通詩人江山消遠思劒迎霜日
壯雄風
皇恩浩蕩包含遍紫極光輝拱向同莫道朔南風景
異乾坤盡在太和中
其二
手捧
璿章出鳳城皇華妙選屬儒纓
九重雨露來

天上萬里江山照使星勁氣遥凌霜霧肅光風乍見
瘴嵐清共知
聖主恩波重葵藿心孚衆向傾
黄公寘 春軒由南人參政
大人以上國之宏才膺皇華之盛選青霜紫
電客接威顔和氣春風欣承笑語瞻望之際
歆羨殊深茲者大典告成歸軺載飭感戀之
情不能自已敢忘其固陋聊用繩樞甕葺於
鳳樓之下不棄朽腐幸爲斤正庶助公餘一
覽云
丹詔欽頒自
九重星軺到處總春風光分禹甸山河外人在堯天
雨露中傾向有星皆拱北朝宗無水不流東節
旋應自承
清問願道車書一統同
其二

詞源滾滾倒三江筆力惟公可獨扛風度九齡
人罕比美才公旦世無雙虞廷出入趨
丹禁周道委蛇耀碧幢盛典告成歸去日千秋仰止
重南邦
其三
名賢挺出自洪支早步雲衢際盛時書省百年
尊制作星軺萬里任驅馳恩流
北闕乾坤遍名在南天草木知清節高風人景仰魏

山何用立豐碑

其四

王事賢勞任載驅騑騑四牡照征途正言格論真君子博學多聞古大儒東觀五經憑討論南宮三禮定規模功成遠域稱良使卿命無慚陸大夫

其五

鰲禁人辭密勿陪煌煌王節向南來經邦共仰調元手專對群推應世才畫舫輕移江水潤星旗遥指嶺雲開臨岐立馬情難盡萬里寒風對酒杯

其六

朝廷德意賴公宣携得清風兩袖還夾道兒童爭擁馬臨江旌旆似登仙含香應在雲霄上曳履還歸日月邊說與交人休悵望廟堂熙采待高賢

阮擢用禮科都給事中

大人性稟仁賢才高中外使命告成歸軺載篤幸承餞接雅契尊顏敢述拙詞以伸憶望之忱

翩翩令望美才全玉節煇煌萬里宣江上旌旗爭照耀座中禮樂自周旋鳶郊地遠恩需溥鳳闕天高仰望懸此後思君何處是台星遥指五雲邊

阮公儒兵科都給事中

按餞承顏已經三度竊見大人科中德行海內宗師遠適遐荒一國之人仰如泰山北斗可敬可慕敢述蕪言以伸下悃

聖朝使命重賢良拜手重吟四牡章鸞誥五花來絳闕麟袍一品耀朱方雍容禮樂人爭看爛熳旌旗日照光惆悵風前無以贈千秋鍾鼎重巖廊

黃公寘 再見

讀大人勉學讀書八篇自愧顓愚得蒙啓發深恨覩顏之晚勉述二章以誌嚮往之私云爾

堯典傳中首曰欽淵源千載聖賢心江河就下歸滄海泰華凌空聳碧岑常與乾坤同久大不因秦漢以浮沉喜君際遇明良會三代休隆復見今

其二

束髮登朝正少年高堂養志返林泉不同居宋爭奇句且與程朱述舊編一代經綸推大用千秋學問有眞傳德兼忠孝如公少中外人推閔子騫

阮廷桂 再見

前題

翩翩令望遠人欽道統淵源本寸心學辨六經同皎日功基一簣起高岑逢時鳳鳥凌雲翥得意魚龍見水沉萬里天南親絳帳程門立雪在如今

其二

問君聞道幾經年掘井功深已及泉期爲前賢明要訣因令遐域見新編伊周事業稱隆古孔孟經書得正傳海外弘文光聖化不同西域拜張騫

武惟匡 再見

前題

道範雍容世所欽臯比講易見天心傳聞御石能填海始信移山可起岑理晰乾坤心廣大才兼文武智深沉眞儒作用千秋事堯舜君民只在今

其二

螢雪工夫已有年滔滔辨論似淵泉寒江瑜日

聽奇表旅舍清風伴舊編天下文章尊巨伯日南師範識宗傳思君冀得頁相晤電走驊騮萬里騫

阮廷枉 三見

佳篇留別依韵奉答幸賜訂正以爲國人之矜式焉

書卿咫尺近天顔一代人文識馬班遥望仙塵歸漢表春風曉日照燕山

其二

調成白雪足千古坐對春風僅數句萬里相思勞夢寐淡交君子自情真

武惟匡 三見

前題

驛路梅花照玉顔翩翩刹珮送仙班月明千里如相憶遥望南山與北山

其二

壽轂還來千萬里終憐近得兩三句巖巖喬岳人瞻仰海外群倫識道真

阮廷滚 再見

朱輪載駕華扎重留依依之情感深五內步韵奉酬勿嫌瀆褻

春風驛館喜停驂學海淵源取次探茂叔座中惟霽月照來天北又天南

其二

東閣才名孰與雙文章遥捧到南邦伊人一日三秋思愁緒那堪對漢江

使交吟序

禮部郎中今陞江西南康府知府臣周燦恭撰

臣燦西陲豎儒庸劣無似叨中己亥科進士蒙
先帝簡拔讀書秘省復荷
皇上隆恩改授秋曹歷陞儀部郎中客歲安南告訃
經廷臣會推充
諭祭副使以往歸途聞報除守南康是
皇仁高厚敢不誓捐頂踵以圖報稱伏念臣燦才慚
專對出使遐荒仰見
聖德光華無遠弗屆欣躍於中以及賓朋贈答山川
草木間有諷詠共得七言絕句四十八首併安
南世系略一首恭呈
睿覽正如鳥語蟲鳴無關大造感候應節不能自已
耳但鄙里之音干冒
宸嚴臣燦不勝戰慄隕越之至

使交吟

禮部郎中今陞江西南康府知府臣周燦恭紀

聖德如天覆萬方梯山航海盡來王龍憑關隘經行
慣不用南車賜越裳（南關）
連朝細雨度山坳雲裹旌旗聽鼓鐃自是
九天多湛露分來萬里洒南交（俗傳將開關必雨至期又晴果然）
鳴金擬鼓啓關門鐵騎琱戈四面屯昭德臺（關內臺名）
前呼
萬歲南天半壁頌
皇恩（啓關）
瑞繞關門向日開
龍旗隊隊護高臺陪臣階下齊瞻仰喜見
王人天上來（安南官目入參）
層巖客樹護重關一線羊腸出萬山到此乾坤
限中外獨留荒徼待諸蠻（出關）
山足茅亭恰數椽設州建牧號文淵居人男女

紛成市跣足寬衣髮滿肩 文淵州

諒山城郭俯江隅漢代將軍覘制殊民物山川

雄傲外隣關蕞爾一名區 諒山府係漢伏波將軍所築亦號伏波城

威鎮南交馬伏波銅標千載鬱嵯峨

聖朝來遠惟文德一介書生禮尉佗 銅柱在諒山府界內馬伏波題六字其上云銅柱折交趾滅交人歲時以沙土擁護移道別出不令人見

諒山東厺萬峰稠細雨深林石逕幽一水隨人

千百折中宵勒馬問安州 夜抵安州

使交吟　二

征車萬里入炎荒馬骨稜稜客鬢蒼冀見蠻王

宣

寵諭春明

曉闕拜鵷行 述懷

聞說巖關號鬼門陰風慘淡日黃昏一從

天仗經臨後遍地陽和戴

聖恩 莅仁驛西有鬼門關疊巘客箐風景黯然

白頭老將逞豪雄戡定南交指顧中圖畫雲臺

誰復在高名千載仰扶風 關外有伏波將軍祠

回首燕臺不計程空山坐見月初生乾坤自是

無遺照行盡天南一樣明 屯麋望月郎先麗驛

金鎗畫盾護

龍旗披髮班軍 軍士亦披髮惟薙額前寸許以自異 左右馳大㬋長牙

排巨象前行肅肅整

朝儀 曉發屯麋

蓬頭蠻女半垂裳兩兩三三立道傍不解語言

使交吟　三

長拍手携筐知是賣檳榔 屯麋道中

桄榔樹裏山鷄叫龍牡 草名初出三稜大莖稍長尖葉久則成樹居人多編植爲籬 籬邊野菜香含哺老人安作息方知

聖德被遐荒 山行即事

一枝挺出森青玉兩葉分披展綠雲名是千秋

兼可噉長栽籬落護山村 千秋草

四圍山色映晴嵐此地交人號格甘竹樹參差

冬稻熟風光觸目似江南 茶山早晴

綠樹陰濃落日斜壽昌江（一名淰江）上駐皇華交官
隊隊排
仙仗咫尺
天威靜不譁（壽昌驛該國遣官來迎）
淰江岸上有荒祠核（樹名長幹尖葉一名千年樹）葉棉（樹名大幹圓葉其絮可充衣衾）枝近水湄短柱高龕雙錦鶴（國俗祠廟以木雕雙鶴爲侍）報功異域禮同之（內祀黎英王該國功臣城鎮人）
大袖長衣戴斗篷提男扶老共匆匆星軺過處

群呼笑喜在
堯天覆幬中（市橋道上）
短髮披肩着淺紅平頭深目小蠻童輿前擲菓
群爭噉共道
天朝味不同（枝圓核桃皆交地所不產擲輿前餉群兒來觀者）
移來崗嶺千鈞重橫截波流一葉飄全體沉淪
無處覓獨留昂鼻美江湖（拔江有象渡江岸有祀三江大王五明定君鶴相公延平公者蓋合富良淰江爲三江也）

半載征途憶北辰中宵忽見爛然陳情同越鳥
依南樹北望
神京西望泰（過桂林路漸南矣入交則愈南每初夜望北斗不見不免有天高辰遠之嘆一日夜半偶起見七星爛然喜而有作）
花驄玉勒錦雲飛鼉鼓龍笙導
御幛共道
天朝頒冊命江山草木盡生輝（行冊封禮）
朧曈日照富良江（在王城北下流有珥河又有蘇瀝河環遶城外）青雀

黃龍列畫艭（船如蓮花瓣頗精堅篙工結束雄偉進止有節）金甲健兒
齊鼓棹虹牽錦纜渡高江（其二）
朱雀雙門（初進爲大興門再進爲朱雀門）向曉開
龍亭高置敬天臺（卽國王殿因時起名）蕃音奏處蠻王舞喜見
皇恩遍八垓（其三）
龍盤紫誥五花敕爵拜名王赤土分長看海波
懷
聖主燕山項上是紅雲（其四頒冊命）

斗大黃金駝紐章使臣雙手授蠻王提封千里
爲屏翰翹首星杓拱
帝鄉其五頒印
宸翰親揮日月光龍書鳳篆照遐荒交人奉作義文
晝首出中天頌
聖皇其六頒御書忠孝守邦四大字
幡幢羽葆滿江涯爲
悼前臣禮並施情極榮哀人感歎半生歡喜半生悲

使交吟　六

行諭祭禮
圭璧牲醪並殿陳嗣君俯首自悲辛兩王前故王黎
維禧後故王黎維祳同日沾
恩卹鄭結如何不動人其二
萬顆珊瑚綴絳絨剖來滋味美喉嚨南交萬里
遲相見郤憶驪山十月紅該國王餽宴有紅柿誌感
姓自成康垂遠裔名同星日照寰中家居豊鎬
郊岐地官泰文章禮樂宗交官初見請姓氏爵里

野岸荒亭偶駐驂奇聞勝槩許相探不因一介
天王使那得同聲到日南留別安南阮司馬公望黎司空儁阮僉憲廷滚黃大
參公賓
才名奕奕世無雙三譯常思戴
上邦別後懷君何處是寒風落日富良江其二
早歲從人勉用工曾將小技鬭雕蟲而今欲究
伊能理昔與曹劉拜下風四人復請詩教因示之曰不佞二十年前
頗留心詞賦之學近來覺得無益遂一切屏置反求之六經四子乃見聖賢精義所存子臣弟

使交吟　七

友之道一日不可離仁義禮智之理終身窮不盡吟弄風月不過爲遣情適性之具安身立命
之業在此不在彼也願諸公勉之系之以詩如右
關門曉日拜
天顔得識南交青瑣班記得深林風雨夜多君相伴
出茶山留別安南阮廷柱武惟匡宋儒陳璹四給事
迢遞關河幾萬里慇懃酬唱恰三旬達人傾蓋
千秋重回首天南憶九眞其二
莫將漢魏尊原始三百名篇尚可刪悟得一言

無興青好將詩訣問尼山四人復請詩教因示之日聖門四科首重德行予稱躬行君子所行者何事又謂七十不踰矩不踰者何矩無行不與人人可問予欲無言又從之莫山北中妙義終身求之不盡不肖少時亦好角勝詞壇今年近半百方知無益向上一層敢以爲臨別之贈系之以詩如右

三峯在王城南左有藪子右有余圓環峙競秀山上曉雲蒼典禮欣

成報

建章爲體

皇仁無限意重留甘雨潤朱方雨中北發

翠幹森森傍水涯梢垂雀尾亂紛拏秋來結就

檳榔葉交子逢人代煮茶檳榔樹

兩旬旌節駐交城立馬江干落日明萬里長征

今北向喜從天外計歸程宿安昌渡一名天德小江

衣冠文物重南疆該國人物理學有程泉武睿阮登高胡士揚經濟有莫挺之阮忠彥阮鷹梁世榮稱文學者頗衆何事關名太不祥題曰畏

天思此義萬年帶礪控炎荒出鬼門關以名不雅馴擬易爲畏天以昭本國事大之美

晉代名賢數嗣宗傳來此地最稱雄梧垣退食

從容日可有新篇述祖風留別安南阮擢用阮公儒兩給事

奕葉淸門本世臣風流文采倍堪親爲愁別後

相思切何處天南望故人其二

角鼓喧闐仰德臺在關外安南所築交人親送使車回

朝廷有道藩邦靜長閉關門晝不開入關

廿載爲郎鬢欲蒼重膺

簡命下炎荒飭終勉盡

天王禮致道才能使四方其二

安南世系畧

粤自尚書堯典稱羲叔宅南交其來舊矣周初南界越裳氏三譯來朝其後荒服不至秦置象郡以守之末為南越王趙佗所併漢武帝平南越以其地為交阯九真日南三郡置太守刺史光武時女子徵側徵二反馬援討平之建安中改為交州置牧陳隋以來改九真為愛州日南為驩州皆置刺史又設九德新昌諸郡唐分嶺

南為東西二道置安南都護府（稱安南之始）大中時交人叛都護高駢復其地因以府為靜海軍授駢節度五代間土豪互相篡奪（曲顥楊廷藝皎公羡吴權四姓相繼篡立）有丁部領者自稱萬勝王以子璉為節度使宋初入貢太祖封為交阯郡王（封王之始）自是棄為外域璉傳弟璿為大校黎桓所篡遣使貢方物真宗封為南平王（黎氏有安南自此始）傳子龍鉞弟龍挺殺龍鉞自立大校李公蘊復篡之自稱留後

遣使奉貢上以異邦不足責因封為交阯王傳子德政德政傳子日尊日尊傳子乾德乾德傳子陽煥陽煥傳子天祚封安南國王（安南稱國之始）天祚傳子龍榦龍榦傳子昊旵無子以女昭聖主國事昭聖死為其壻陳日煚所有傳子威晃元世祖即位仍封為交阯郡王威晃傳子日烜日烜傳子日燇日燇傳子日㷃日㷃傳子日熿日熿傳子日焞日焞傳子日煃明太祖初遣使進

貢詔封為安南國王日煃傳子日熞為叔明所篡奉表來貢郤之繼自稱年老願以弟日煓代視事日煓卒弟日煒代叔明仍將國政請國相黎季犛弑日煒立叔明子日焜叔明死又弑日焜奪其位詭姓名為胡一元子蒼易名奃僭號紀元國曰大虞成祖初表言陳氏世絕奃為陳甥求署國事從之已真封為王會陳氏故臣裴伯耆走闕下乞師老撾亦傳送故王孫陳天平

來朝下詔詰責季犛詭請迎歸命都督黃中等送之至芹站伏兵殺天平大理卿薛嵓死之中等引還成祖怒命成國公朱能新城侯張輔等二十五將軍兩道進討會能道卒命輔盡護諸軍遂生擒季犛父子於奇羅海口詔求陳氏後無存者乃置交阯三司郡縣其地已交人簡定及其黨陳季擴等反復命輔討平之季擴自言我陳王後也請降以爲交阯布政使輔歸復反

竟復遣輔轉戰連年賊乃獲輔凡三下交阯威震西南遂留鎮其地未幾召還交人復肆猖獗黎利尤劇仁宗初授爲清化知府不受職侵掠日甚宣宗卽位累討無功成山侯王通以賂遺利與之盟利表言前國王遺嗣暠今在老撾請嗣封宣宗用大學士楊士奇楊榮議俯從其請召安南文武吏士皆來歸利復言暠已死陳氏種絕然業已置之乃詔利權署國事利死子麟

代英宗初封爲安南國王麟死子濬嗣濬爲庶兄琮或曰宜民所弑弟灝嗣灝死子暉嗣暉死子敬自立未及請封而死弟誼嗣武宗初阮种弑誼黎廣等討平之立灝庶子晭祉堂官陳暠弑晭詭爲陳氏後自立都力士莫登庸逐暠立晭兄子譓專其國黎氏臣鄭綏以登庸不臣譓擁虛位復立其族子酉榜爲主登庸攻敗鄭綏擒酉榜殺之復攻陳暠暠敗死登庸自稱安興王謀

弑譓譓奔清化而死復立譓庶弟懬尋篡其位立子方瀛爲太子未幾弑懬自稱太上皇禪位於方瀛鄭江黎堋等共立譓子寧居木州漆馬江倚老撾爲援世宗時差頭目鄭惟憭泛海來京奏登庸罪狀朝議興師進討登庸束頸叩關請降詔降安南國爲都統使司以莫登庸爲安南都統使仍令守臣覈明黎寧果否係黎氏後以聞制下登庸已死其子方瀛早卒乃授其孫

福海福海死子宏瀷嗣宏瀷死子茂洽嗣時黎
氏雖居一隅而黨類實繁黎寧死鄭惟憭子檢
立其子黎寵寵死檢復立黎暉後黎維邦爲主
神宗時莫茂洽死國大亂會黎維邦死鄭檢子
松復立其子維潭爲主攻敗莫氏盡逐餘孽遣
使詣守臣歸罪欵關輸貢仍用登庸故事詔以
維潭爲安南都統使黎氏王號遂絶時莫敬用竄居高
平令即以高平予敬用毋得侵害我

朝定鼎莫敬耀來歸未受爵而卒仍授其子元清爲
安南都統使黎維禔亦來歸未受封而卒康熙
三年遣内院編修吳光禮部司務朱志遠
諭祭維禔康熙五年遣内院侍讀學士程芳朝禮部
郎中張易賁
册封其子維禧爲安南國王康熙六年黎維禧奪莫
元清高平地遣内院侍讀李仙根兵部主事楊
兆傑諭還之乃元清負恩助逆旋服寘誅其弟

敬光爲黎氏所討來奔乞命蒙
皇仁不加誅滅令地方官送歸本國於康熙二十二
年正月二十五日卒於泗城土府黎維禧死弟
維禔嗣維禔死弟維禛嗣本年正月内奉
旨遣臣圖臣卓
册封維禛爲安南國王臣黑臣燦
諭祭兩故王維禧維禔一時並舉稱盛事焉
臣燦謹論曰安南自丁璉以草寇封王棄爲異

域數百年來李陳黎莫仇殺無虛日明成祖既
取其地宣宗復棄之誠見交人獷悍之性譎詐
之習不可以文法治也若鄭之翼戴黎氏累傳
弗替此又人臣之罕見者至黎氏之王封中絶
莫氏之一線僅存已數十餘年我
皇上柔遠洪恩嘉與維新維禧則再分茅土奄有南
彊元清則重膺上爵世守前業繼絶之仁扶弱
之義可謂至矣乃元清不守臣節身死爵除維

禧維祿維禎世濟忠貞生榮死哀咸謂
皇上德同大造栽培傾覆寧有異心而兩氏之惠吉
逆凶顯然並著抑又天道之不爽也爲人臣者
可不愼哉可不愼哉

接護越南貢使日記一卷

〔清〕賈臻撰

《接護越南貢使日記》一卷，清賈臻撰。臻（一八〇九—一八六九）字侍坡，又字潤生，號退崖，直隸故城（今屬河北）人。道光十二年（一八三二）進士，歷任河南、安徽布政使。道光二十九年越南國遣貢使來朝，臻時任河南候補知府，於河南轄境内迎送越使。日記起五月十五日，越使由信陽州入河南境，迎接護送至黄河南岸，照料上舟；訖七月初六日交衛輝守麇宣哲接替。所記此行原委、行程、公事往來等甚詳，並録與越使酬唱詩文。越南多次遣貢使來華，此書則記清代地方官員迎接儀式及過程。據上海圖書館藏清道光間《賈氏叢書甲集》本影印。

接護越南貢使日記

故城賈　臻侍坡

道光己酉五月十五日

寅刻恭詣　文昌宮行香禮畢上院謁撫軍面委接護越南國貢使旋奉藩臬兩司會札本年閏四月十四日撫部牌開於閏四月六日准廣西巡撫咨會具　奏越南貢使進關日期應將供頓等項飭沿途州縣應付並委員赴入境首站候接護出境等因前經詳委汝甯廖守該守

因現辦清查稟請改委茲奉札委預期前赴信陽州入境首站迎接護送至黃河南岸照料上舟交衛輝麇守接替仍將入境渡河各日期稟報以憑詳咨云云

廣西臬司勞崇光於閏四月九日自桂林起程恭賫　誥命　敕書並祭品祭文銀絹等物往越南宣封並　諭祭已故國王阮福暶嗣王阮福時遣使表謝廣西撫部檄飭柳州知府哈忠阿提標中軍參將舒春先期馳赴太平府之鎮南關三月朔開關接進表文一函貢物土紈土絹土綢土布各百疋砂仁檳榔各四十五斤沉香二百兩速香六百兩犀角二座象牙二枝陪臣潘靖枚德常阮文超三員行人阮清議胡德宣張福崗阮登栢阮文松武文清胡批阮有光八員隨人朱延訃等九名通事李仍豐等二名二十九日護送抵省坦閏四月十日由水路北上遵　旨於七月內到京見邸抄

越南國王命名均以福字冠首歷世相襲今行

人有張福崗姓名是下亦不避上也

六月初四日

署信陽知州袁詵書來五月二十七日發知陪臣尚無入境確信明日決意出省

初五日

未刻自省寓起程冒雨行五十里宿朱仙鎮

初六日

雨竟日陸路成川塗矢尉氏宿署令澹臺繼夏來曲昇人惆悵無華有循吏氣象

猛濟以寬人有母孫繩其祖事皆公鄭耀堂郡守潾贈潛臺令聯語也對句用　先賢子羽事出句以大令承前令用猛之後以寬爲政因用子產事詞旨雅切余戲語大令如足下署洧川更切相與一笑然余之見乃所謂作詩必此詩者

初八日

卯刻行積水中四十里抵朱曲宿洧川之朱曲村相傳即古東里有子產廟在道北古碑字蹟漫漶東爲朱里爲曲遂爲今名理或然也

侵晨行泥淖中傘夫偷嬾余忿怒欲責逐之意甚堅比抵行館飯後繙閱牧令書安肅徐笑陸先生著內載聶樂山翁誡子書中有數言曰此等跟隨亦甚可憫途中不可瑣責馭之以禮待之以恩云云披閱一過忿怒頓消此中渙然冰釋愈信開卷有益及以讀書爲吏事歷練後好讀書諸語爲不誣也余最喜李若谷之言勤謹和緩嘗自鐫小印以當佩韋竊謂緩字尤耐咀味性躁人頂門一鍼當頭一棒今日之事雖小若非緩治之若輩已被責懲溽暑長途余亦必追悔無及矣

初九日

小召中火許州宿晤金次園刺史梁

初十日

聞臨潁郾城一帶山水驟漲驛路被淹次園留住一日剛上鐙胡畫溪同年比部自省城來過訪因約同行畫溪奉諱南歸我馬瘏矣行路之難更甚我輩也

州有陳太邱祠未得瞻拜

時在中伏天氣奇熱昔人以比酷吏可畏哉

十一日

畫溪先後行宿臨潁令王煥辰來

十二日

過郾城宿西平署令熊惠蕃來

連日行省城南路大雨之後遂發山泉禾畝從橫盡成巨浸乃知子產田有封洫之利物大矣以惠許之不虛也三代以降井田不可復豈水

利亦不可興水利縱不能興豈水害亦必不可去留心民瘼者當有通變權宜可大可久之策中州屢被災荒尤以培元氣爲先務欲培元氣舍農田水利而外尙有何道之從此事不可緩圖亦不可躁取惟視有心人之運量何如耳將起身之前二刻呼奴子檢行李聞雨聲又淅瀝不止有動於中揮汗書之不覺淋漓滿紙

十三日

子刻行卯刻抵遂平劉令鴻勛來又四十餘里

竹馬店小憩比至確山漏已二下王令士桓來年七十三矣精神甚健澤州人字穀莽會試出李夢韶前輩門下時年已五十嘗自比東野云穀莽喜談詩以所刻䢴陵集見示並贈一律十五年前此送迎曾持玉尺粵西行如何天上神仙客轉羨人間太守名邑令前驅仍負弩遠人入貢劇輸誠風塵喜得瞻光霽好整多時企仰情余鐙下報以詩曰持節經行向嶺西雪鴻爪跡總銷迷重逢漫把新詩讀開口先將往事提離合從知緣不偶升沉本自物難齊使君老景飛騰甚早晚賢名上 御題蓋余則一官潦倒得失靡常穀莽又久令山城廿年不調挑鐙重對喜動顏色而升沉之感有觸於中不自知其言之太盡也

十四日

新安店中火明港驛宿已入信陽州境

十五日

長台關中火渡淮抵信陽卽住州署署牧袁君

丁內艱署光山令馬君殿元兼理州事委護貢使之營將徐君榮柱已先到劉舊村監司京華舊遊也知余來雨中差人出郭來迎

十六日

辰起謁南汝光道劉公澐隨拜徐君字石卿先德從征川楚陣亡龍雲騎尉洊升南陽游擊人明練可共事

十七日

舊村監司招飲晝溪昨晚已到遂同集焉

探馬回該使明日可到州南六十里之李家寨寨南十餘里有武勝關豫楚交界即古之直轅馬君將於明辰迎護前行移會湖北委員文書交其帶去互換收管故事也

畫溪將如漢陽提鐙至關外送之託寄陳秋門前輩光亨　夏幹園廷楨　胡扶山仁頤　兩同年書此番與畫溪同行得稍稍叩其所學兼略盡地主誼十年彈指行路之難備嘗之矣此時設身處地不敢自居於薄非斤斤講應酬節目也書

此以示兒輩兒輩有福亦不可不知此味矧未必盡然邪闇筆三歎

十八日

歸途所用夫馬開一清單交馬君備辦並告以此外皆黑差也栗恭勤公有此語

余帶來之號房向州署索費查知發州遞籍此事又非伞夫可比宜分別觀之總之此等人役本以索詐爲生活防不勝防少帶爲是

劉道臺胞姝字字泉者以摺疊扇索書書熊氏居官格言三數則應之此等文字以爲陳言則陳言也以爲實政則實政也字泉於星房給諫爲弟兄行循吏子弟耳目濡染當不以熊氏所言爲迂論耳

十九日

馬君自李家寨回午後貢使到陪臣潘靖等通事李仍豐　林喜全　先持手版來叩安隨出關會拜陪臣不會通事不與爲禮余坐肩輿中傳林姓者嚴諭以安靜行走無許生事爾內地人應

知法紀如有犯不爾寬也蓋李林皆太平人林尤狡黠該使在楚境有辭於地方官林實陰嗾之余峻詞戒飭並殺其體貌正其名稱自入境至渡河懍懍奉法毋敢多事至應體郵處不俟其請而先予之彼亦不深怨也兩通事在前途皆從官稱余不許即以通事呼之

會拜陪臣以大幅紅牋作名帖書　天朝誥授朝議大夫河南候補知府賈某不用頓首拜字字徑圍三四寸許故事如此

貢使入境日期稟撫藩臬道各憲借印繕發
遣人持帖至郊外迎廣西護送委員哈舒兩君
哈字問梅曾爲吾郡守有聲
端木子曾爲信陽宰孔子教以毋奪毋伐毋暴
毋盜事見家語今有端木祠書院亦以瑚璉題
額志先賢之教澤也
州本古申伯國今屬汝甯民氣彊悍與南陽光
州相近我　朝刑律南汝光設有專條亦刑亂
國用重典之意然詩贊申伯之德不曰剛毅武

健而曰柔惠且直厥指精矣採此萬邦採字尤
耐尋繹官於斯者慎勿藉口於民俗之悍而忘
聖人毋暴之大戒也晨起閱州乘畢偶識

二十日

天晴熱甚
辰刻至石卿公館候該使起程與石卿約屬其
帶兵護送同行余先發是日宿明港行館接奉
藩憲札子爲行知各項人役勘合等事

二十一日

宿確山城內行館甚深邃明崇藩有墓地在縣
境屋爲其上冢時所居今尙齊整貢使及各官
弁均住城外三里店余來時宿處也
毅葊王令來得讀所著權衡銀錢議擬禁銅器
疏有體有用之言實可見諸行事
在信陽州時見獲案捻匪俗稱紅鬍子者半是
確山產心竊疑之頃與王令談及此間民氣剽
悍沿爲風尙久矣毅葊嚴禁賭博以絕其糾聚
容留之源又師堅壁淸野之意爲連莊合捕之

方是以諸惡少四出刦掠而從不敢作橫於其
鄉井此亦循吏久任留心吏事之一效使他邑
皆然盜將安容耶因憶舊村觀察席上晝溪謂
毅葊曰作一縣十七年不調而官民相安𢤦是
難得余聆其言切中事理爲毅葊述之掀髯一
笑微有自得之意書生本色政自可喜
申刻大雨傾注入夜不止明日恐未能成行

二十二日

雨後路滑又以換車故躭閣半晌該使推病不

行勉留一日
毅犇大令邀游北泉寺婉辭之寺有顏魯公祠歲久傾圮郡守廖鹿儕（甡）撤而新之拓其基址寺爲魯國就義處唐李希烈拒命卽在今上蔡縣（按通鑑唐德宗建中四年李希烈引兵還蔡州置顏眞卿于龍興寺興元元年李希烈殺顏眞卿據此則今之北泉寺當卽唐之龍興寺也）

二十三日
辰刻行宿遂平將抵縣城風雨大作行積潦中且將渡一小河此中頗惴惴幸劉令遣人列炬

提鐙來迎者相屬於道照耀如晝大雨中見一人花衣繡補立河干汙泥中以手指揮者劉令也夫役踊躍須臾而濟進城雨更大又行數刻抵北門內民居宿嘻憊甚已撿查貢品無失

二十四日
辰刻行冒雨涉水勉强行抵西平二十里鋪宿聞前途積潦甚深星夜札知熊令設法區處約同石卿會委遂平張把總折回原路迎探未到車兩七零八落一日困頓極矣

二十五日
夜雨甚大積水又添數尺矣黎明雨止辰巳間開霽杲杲出日數日未見之異境也午刻行十里抵焦店熊令來照料過渡用筏載輿亂流而濟又十里至縣城宿

二十六日
住郾城
石卿交替回營接護者爲襄城營陳守備
店壁上見李稚和孝廉和韵詩其一云華髮愁

潘令窮途哭阮生南風吹夢處昨夜到春明慷慨銅琶曲淒涼錦瑟聲聲隅成底事頫仰愧時名其二云長爲彈鋏客不作棄繻生苦調增三疊狂歌憶四明花前連理夢月下步虛聲往事都陳迹惟應以酒名稚和名義鈞任邱人伉爽有氣骨所學亦成片段此詩爲其前歲由信陽回京路出此閒時所作詩筆清雋自是本色何言之苦也稚和時年三十有二故有首句

二十七日

二三兩陪臣中暑氣飭縣醫治留住一日潘靖曰大陪臣枚第二阮第三彼處稱謂如此

二十八日

辰刻行十餘里至王嘉淀泛小舟行七八里至沙堡口又十里至小商橋宋將楊再興戰歿處水及橋柱之半過橋則臨潁界矣王令迎於界上略談一茶頃又行二十里至縣城先至舒叅戎寓館舒君未到其隨弁因供帳稍簡嘖嘖有詞立譚而事解遂抵行館

二十九日

宿許州晤次園

王臨潁專馬來信蛇足耳

次園處借閱邸抄知晉撫一案星使查出前撫吳其濬革鹽務陋規萬餘兩　上命查其子孫送部引　見又以梁蕚涵爲巡撫時裁羊皮貢陋規數亦鉅萬　特恩自新疆釋回並　賞六品頂帶爲廉潔自愛者勸　上之風厲臣工如此

七月初一日

丈地中火新鄭宿新鄭城外有渡船即城河也風景秀絕

前在明港行館口占四律示來使索和兼邀問梅同作補記於此其一云聞道南交地中原化不殊衣冠仍古處　聲教久涵濡禹甸臨要服堯仁徧海隅行行莫辭瘁早晚達　皇都其二云昔年持使節曾作桂林游校士三千牘乘查八月秋雲開衡嶽曉天遠漢江流勝槪吾能

說詩應取次謳其三云此去梁園道閭閻俗不媮頻年遇災祲當事切勤求盜斂萑苻跡風清溱洧流鄭僑祠下過在新鄭儻爲少遲留其四云廉訪新承　命謂勞辛皆同年宣封出鎮南五花　天子詔萬里使臣驂　盛典遐方紀　仁恩　聖代覃一家中外共長此沐和甘

得家書驚悉朱紹庭先生成烈於五月朔日遽歸道山余四十年來第一受恩知之人今春出都迂道至朱家莊晤疾雖口不能言而神明不

裒先生亦喜甚留之早飯猶力疾至廳事對酌數盃忿忿別去誰知此別頓隔人天囘憶先生送余登車余彊顔笑樂而先生泣下霑襟彼時亦自訝其不祥而今果然矣老妻弱子一切養生送死之事作何料理令人不敢設想余自矢小有立腳處必當勉盡心力任勞任怨終吾身而已非敢云報也

心緒劣甚不能成寐枕上譔絡翁挽聯旋省當書成寄歸以當憑棺一哭傷哉其詞曰出則名

宦處爲眞儒七十年刻意厲行遺澤定應昌後嗣親等同胞尊推前輩二千里望風隕涕傷心不獨感恩知（厲行行字應作去聲一時失檢不能改也）

初二日

鄭州宿阮少台州牧（炳輝）雨中見過余舊游也

初三日

早陪臣聯名致書欲晚間到行館來見姑諾之至晚辭以疾體制所關不得不愼少頃逼事來送到陪臣和詩枚德常又贈句留別並以該國

從國公阮勉審詩詞各集求正又送土儀銀絹各色以例不收受直截告之體應如是且待遠人之道亦不外一誠字也

附錄陪臣和詩　山川雖有別聲氣本無殊道仰　乾坤大　恩承雨露濡淳風經一路美化反三隅葵藿心千里　宸光望　帝都共球忝使命弧矢慨辰游驥足輕長路蟬音動早秋楚山當野盡淮水入江流大地先王化千年向咏謳和氣薰中土遺風久不渝農桑勤自力節操

勵無求溱洧風歸正黃河水順流遠來懷古意步步欲停留使節遥瞻北臣衷遠達南周原馳驛馬漢守並行驂白雪聞先唱　皇風覺久覃相逢看　盛會風雨慶和甘越南國嘉定省明鄉社辛卯科舉人現授禮部右侍郎充歲貢部正使初授隆城縣知縣尋陞諒平道監察御史節授戶科掌印給事中郎中護理內務關防補授河內廣南按察使節陞河內南定慶和等省布政使潘靖　南交經所載禹甸跡云殊締造

神功大風聲　帝澤濡來朝徵有　聖錫　命
壯方隅海內存吾道邈巡周漢都崧嶽徵名佐
河南作宦游江山歸勝覽褰馬度清秋風采淩
霜勁詞源倒峽流觀風會一錄佳什播歌謳地
入汝南郡民心不苟婾循良勤撫字閭里寡徵
求周野棠陰合秋風洧水流此中眞意在還爲
使君留旅賓星趨北臣心斗望南曉風開古驛
秋月照征驂玉帛　明堂會　恩膏薄海覃逢
公霏玉屑先我醉醇甘越南國貢部鴻臚寺卿

辦理戶部事務奉充甲副使甲午科舉人前知
義安惟明縣事節陞河甯道監察御史吏科掌
印給事中翰林院侍講學士尋陞兵部郎中補
授廣義省按察使香水枚德常　風會離明極
人文革道殊堯初聲敎暨孔后禮詩濡戴　德
　天無外波　恩海有隅煌煌日影正長此鑒
明都玉帛　明堂奉江山大地游騆蹄銅柱雪
鵬便汝南秋崧屹中州鎮河分兩戒流邦畿周
宋舊輾轉越人謳歲有堯湯警風無鄭衞婾省

方觀稼穡入境看徵求　恭儉　天爲宰循良
化自流頻年供使驛（戊申己酉敝國陪臣相次詣闕）勞止愼
淹留星使趨　辰北前車有指南周原長短驛
漢守後先驂爲作皇華紀同歌　湛露覃聯香
風雅韻淺拙也心甘越南國貢部乙副使戊戌
科禮闈副榜初授翰林院檢討節充內閣修撰
承旨侍讀侍講學士河城阮文超　又枚德常
渡河留別一律江樹蒼蒼拂早秋好風萬里送
行舟地聯紫漠山纔斷天入黃河水自流咫尺

龍門雲路近分明鴻爪雪泥留幸容再挹清芬
日十月梅花最上頭
問梅送到同作四詩殊有格余擬將諸作彙爲
一帙目曰南交唱和詩且序之曰道光二十又
九年太歲在己酉閏月之杪余始待次來豫不
踰月而有接護越南貢使之役越南通中國久
　國家懷柔有經三載一貢著爲令甲故其人
雖樸遬少文耳濡目染間通聲律其始入自鎮
南關也則有廣西員弁伴之行直抵京師而守

柳州哈君問梅參將舒君莮靑賓來自是歷湖南北以達於豫遺官接護若踐更然昭其愼也豫極南境州曰信陽壤連楚北爲古申伯國余旣奉大府檄南抵申北至於河帀一月而事竟自惟一行作吏筆墨庋置久矣哈君前爲吾郡守治行稱首迄今循譽猶播九河閒顧亦未知其能詩也甫入境卽出所撰粵西雜咏一卷示余余見獵心喜閒仿爲之每一篇成輒鈔稿互觀以爲笑樂是役也往來千餘里得詩若干首

不具錄錄其與來使相酬合者寥寥數篇坿以哈君之作付之裝池凡以著南交文物之休明益見我　朝聲敎之漸被匪直斤斤焉於聲律閒較離合也裝成書其緣起如此

午刻啓行宿滎澤草墩坡行館距縣城三里許

王令世相來宛平人文貞裔孫

明日送差至河南岸卽當交替舒陳兩君來別鐙下又與問梅長譚四鼓始去諸君皆戀戀我師曹文正有言有不可隨人之事無不可共事之人諒夫

問梅以柳侯祠石搨見貽並所書中外一家四字墨本字徑圍四尺許雄偉可觀四字本福文襄郡王書署鎭南關者嘉慶中一郡守撤去自書鎭南大關四字易之問梅書還舊觀中外稱快

稟報該使渡河日期借印繕發

初四日

黎明恭詣　黃大王廟拈香同哈舒兩君以時

當伏汛水盛漲王令禱於　神一日水落四五尺使舟可穩渡矣靈應昭著如此廟在斷隄頭上南廳界卯刻貢使抵河南岸照料上船開行衞輝守糜宜哲及營將某迎於河北余卽日交替囘省計出省正一月矣晚宿鄭州

初五日

白沙道中遇黃衢州同年慶安將往孟縣勾當公事申刻抵中牟

初六日

未刻抵省

朱竹垞編明詩綜後列屬國一門載列朝奉使朝鮮或頒詔令或膺冊封必遴才學優贍之臣以充其選而朝鮮館伴之使亦多風流儒雅之士相與開宴有作登臨有詠極一時文字唱酬之樂然要爲朝臣之使于外藩而非言外藩之入貢天家也茲接護越南貢使日記一冊乃道光二十九年越南貢使入豫境賈退厓太守爲護送時之所作也道途往來爲時無幾而太守首唱五律四首索和體裁雅正聲律婉諧三使臣依韻奉和並能以我馭韻而不爲韻所縛置之朝鮮皇華諸集中殆無多讓是可歌而可傳也已庚戌嘉平月河南府教授張宗泰謹跋

接護貢使往返僅一月耳事似非難但官事甚易者無多身臨斯知之矣退厓待遠人得體嚴諭林通事最中肯綮國手著棋初布子便勝耳文著筆簡澹而咀之有不盡之味行記不鋪敘景物亦高格也咸豐元年五月十一日邊厚慶雪坡題於雒中旅舍

越事摘録一卷

〔清〕佚名撰

《越事摘録》一卷，撰者不詳。清光緒九年（一八八三），法軍侵越尋釁，以攻黑旗爲名，欲侵吞中國口岸，遂起中法戰争。是書彙編期間奏牘文件，凡上諭、奏摺、檄文、告示、戰書、和約及中法大臣來往文件等，擇要而録。首有劉永福像傳、越南全境圖及戰事緣起。據上海圖書館藏清光緒十年刻本影印。

越事摘録
沈錦埏書簽

越事摘録
楊瀛洲書

光緒甲申季春
月業雲軒藏版

序

人莫不有所愛亦莫不有所不愛愛不愛之間性情見焉余性愛山水愛珍玩愛詩酒幾於無所不愛而尤愛於文之佳者此亦天性使然不能强愛為不愛也甲申春僑寓汝南退食餘閒蕭然無事門下以越南摘錄諸文示余披閱之餘知越南服屬

我

國已二百餘年而法寇狡焉思啟無愧我

朝憤然大怒救護屬國而其中檄文曉諭諸書無不懔然足堪千古則將移山水珍玩詩酒之情以愛之矣讀是編者苟能以愛山水珍玩詩酒者愛斯文與余有同愛焉是則作者之幸亦余之幸也夫

時在

光緒十年孟夏臯月中澣雲間通波居士

序於滬南棣華軒

敘
天下事有亟々可危之勢斷々莫抗之
時而卒至於無事者爲天下人所不及料
者如法人侵越尋釁中國終致開兵而
議和於一旦是也夫越南爲中朝藩屬
天下共知法人不守公法以保護爲名侵
奪越地將併全越唾手可得不意黑旗

劉永福起而爲難屢出奇兵搴旗斬
將法兵喪膽華人快心而法人尤不知斂
跡歸咎中朝虛聲恫喝將侵中朝口岸
於是我
朝廷命將出師防守各要隘爲禦敵
計法人亦調將增兵勢必與我爲難我
軍會合劉兵同仇共忮聲勢數震法

人始而抗繼而怯終而請和我中朝大度包
容俯如所請易干戈而爲玉帛真莫大
之仁也當開釁之時所有
上諭
奏牘文件等項擇其要者彙錄成書名之
曰越事摘錄付諸手民俾共知中國之寬仁
法人之狡橫劉團之智勇雖不得全豹

亦略見一班矣因敘其巔末於此篇端云耳
光緒十年五月中澣松城誦先氏敘於
橘井齋

劉提督永福小像
并軼事

越南三宣提督劉軍門原名義字振剛今改名永福現年四十七歲身中面赤有髮豹頭環眼貌似張桓侯廣西潯州人幼時投髮逆所擄同治初年在安慶投入程忠烈公學啟之開字營隨劉印稱奮勇李傅相平吳倚忠烈為左右手奏稱程學啟為東南以掌一人與之登人合軍等語之登

英將也以劉軍門深知淮軍洋操之法自忠烈公攻克嘉興受傷而歿劉軍門告假回籍既而李揚材叛劉君聚集流亡自成一軍李逆受首其部下兆逃奔至安南劉軍門因總統而至越南山中屯田開荒練兵選將歸附日眾屢以平越土匪功游升提督今其部下有五軍每軍四千人共成二萬四千而餘丁倍之其前軍名曰威仁黑旗紅邊左軍曰威武黑旗藍邊右軍曰威禮黑旗白邊後軍曰威智黑旗無邊中軍曰威信黑旗黃邊外有忠孝兩營派在營前護衛共一千人比各軍格外奮勇有長龍旗四面形如蜈蚣又有大纛旗一面上書還法中外五軍馬步官軍三宣帥府義良男爵劉軍威頤盛爰略敘其梗概云

越事摘錄

癸未歲法蘭西國遣兵侵奪越南與越私立和約以攻黑旗爲名實欲奪中國口岸

我

朝廷命彭宫保督兵防守專駐廣東又命沿海各督撫集兵防守有

上諭一道恭錄於左

光緒九年九月三十日奉

上諭法人既與越南立約必將以驅逐劉團爲名專力於北圻滇粵門户豈可任令侵逼現經總理各國事務衙門照會法使告以越南久列藩封歷經中國用兵勦匪力爲保護爲天下各國所共知今乃侵陵無已豈能受此蔑視儻竟侵及我軍駐紮之地

惟有開仗不能坐視等語如此後法人仍欲逞兵於北圻則我之用兵固屬名正言順劉團素稱奮勇現在退紮山西距河內稍遠着徐延旭飭令劉永福整軍進紮相機規復河內省城不可稍有退沮北寧爲吾勇駐紮之所如果法人前來攻逼即着督飭官軍竭力捍禦毋稍鬆動前據左宗

棠奏擬飭王德榜調募廣勇數營駐紮滇粵邊界並在廣東捐輸籌餉等語當經諭令聽候諭旨遵行現在廣西邊防緊要誠恐兵力尚單聞王德榜現在永州已招募營勇聽調倘已成軍着左宗棠即飭該藩司迅速帶赴廣西邊外扼紮歸徐延旭節制所需餉項若待廣東捐需緩不濟急着

左宗棠預爲籌定仍由江南竭力籌撥俾無缺乏岑毓英等前奏滇軍駐紮山西輪船礮彈可及城中防守不易惟該城與北寧相距較近必應固守以成犄角之勢唐炯現駐防所自應隨時相機調度乃該撫並未奉有諭旨率行回省致邊防鬆懈咎實難辭着摘去頂戴革職留任以觀後效

如再退縮不前定行從重治罪滇省防營無多難支策應着岑毓英唐炯添募數營以厚兵力此舉係專爲法人侵我藩屬逼近邊境不得不力籌防禦至內地各國通商地方及法之商人仍當隨時保護免致別滋口實倘法人竟以兵船來華尋釁必應先自戒備着左宗棠李鴻章張樹聲倪

文蔚裕寬、迅籌布置、不可視為緩圖、天津密邇京師、關繫尤重、李鴻章籌辦海防有年、為朝廷所倚重、為天下所責備、尤應勉力圖維、不得意存諉卸、將此由六百里、各密諭知之、欽此、

欽命駐英法大臣曾襲侯紀澤、致法國外務大臣文四件、皆侃侃力爭、具有大國使臣氣象、又法國外務大臣覆曾襲侯文三件、其中語言雖亦委婉可聽、然皆强詞奪理、塞責多方、難逃清議、今共錄於左、惟其中文義頗有未盡曉暢之處、或為繙譯之時字句間有訛誤、亦未可知、惟錄其大略而已、

本欽使於英九月二十二日接到
貴大臣是月十五日照會、並
貴國朝廷降旨所擬辦理越南東京事務條程、據
貴大臣稱、於去年攻打東京時、曾有
貴欽使白君及直隸總督所議一切經奏

明兩國朝廷云云、但
貴大臣所言係從去年十一月到今之事
至從前之事則未嘗一言提及此何以故、
查越南於西歷一千八百七十三年以前
東京之地物阜民康、從無騷亂、自我同治
十二年、
貴邦至東京通商後、民不安堵、變故頻生、
致有去歲之事本欽使於三年前曾照會
貴大臣謂
貴國欲在東京干預一切事、將來必有釁
端、
貴國置之不理、嗣於去歲六月十四日、又
照會
貴大臣、以為此事關繫實大、

貴國務當三思嗣後屢次行文
貴大臣總置不答直至本年上月、
貴國內閣大員始議其事我國朝廷以
貴邦遲遲至此甚滋不悅惟本欽使以既、
經議及頗深忻慰聞
貴國所議條程中有不損兩國之權、不壞
兩國之利云云乃議自沿海經綫二十一
二十二度起至紅河之西老檛之北為止、
依此緯線北為中國地界該處一帶據
貴國已准不駐兵不開仗矣惟南界尚欲
另議據云中國亦不能在該處駐兵並增
築炮臺一切之事仍歸越南官員管轄倘
有匪徒肆亂於兩國交界有不妥之處兩
國須商議或合勦或分勦事平後各即退

師不准駐紮一兵一卒至紅河上游之雲
南蒙自縣地方欲開通商口岸與中國各
海口無異云云本欽使已將此條程奏明
朝廷我
皇上卽飭本欽使照會
貴大臣此議斷難允許蓋以越南本屬中
國理當全境保護況東京與中國交界華

民之在該處貿易者實繁有徒紅河一帶
向為中國商人船隻往來必由之路實與
越南利益均沾一氣相生之地在
貴國以為中國祗圖保護雲南交界殊不
知中國原顧大局越南自中國藩服焉得
不干預其事然本欽使以上所云前者屢
次照會俱已言之而

貴國所議條程中並未提及恐
貴大臣或已遺忘不得不再行瀆告蓋
貴大臣若非遺忘斷不出此條程耳但本
欽使言之再四而
貴大臣終置腦後竟若不睹不聞衡諸事
理恐亦難辭其咎耳至中國
朝廷所以不能允許

貴國所議條程者原無足怪蓋此條程不
過欲中國不預紅河南界之地及許雲南
蒙自通商二者而已如此而欲中國允從
豈非將二百年服屬之全境唾手而與
貴邦乎
貴國條程中所云不損兩國之權不壞兩
國之利今如所議

貴國誠獨得權利矣於中國則大損大壞
焉據本欽使所見若非依照同治十二年
前越南為中國屬國他國不得干預所
議條程中國得以統轄越南全境專
管紅河之說斷不能從惟中國
朝廷未嘗不欲降心以就但據所議兩條中
擇之或者第一條所言西至老撾地方作
為越員自管中法兩不干涉之處中朝勉
改二百年藩服之制姑即
貴國所議條程由南經綫二十度至廣平
關一帶地方為界而以紅河為通商口岸
與中國通商各海口一例其埠頭則祇准
設於桑台對河之豐和關將來貿易日盛
或再商量推廣似此或可允從若必如

貴國所議於蒙自通商以老撾為界則中
國實不能曲從也以上本欽使所議
貴大臣如可俯從實兩國如天之福至欲
於此外別籌他策則本欽使無能為役中
國
朝廷亦斷難遷就矣再者越南地方民情與
貴國風俗實不相同況中國邊疆苗民雜
處將來難保不往東京與
貴國商人滋生釁隙所望
貴大臣三思之
大清光緒九年九月十五日西歷一千八
百八十三年十月十五日欽命駐紮英法
大臣一等侯曾照會法蘭西國外務大臣
刺

彭宫保玉麟陞授兵部尚書即告病求請
開缺因法越搆兵
朝命又下飭宫保馳赴廣東集兵籌防宫保
帶病赴粤既至即将大略情形拜摺奏聞
其摺錄左
欽差大臣太子太保辦理廣東軍務兵部
尚書一等輕車都尉臣彭玉麟跪奏為法

越搆兵廣東防務喫緊遵
旨前往會同籌辦謹將部署大略情形並起
程日期恭摺覆奏仰祈
聖鑒事竊臣於九月初六日承准軍機大臣
密寄光緒九年八月二十三日奉
上諭法越搆兵一事法人自攻佔順化河岸
礮臺後迫脅越南議約十三條該國情形

危急法使脫理固現乘兵船來津並有以
大隊兵船至廣東尋衅之説恫喝要求詭
計叵測南北洋防務均關緊要亟須實力
籌辦以期有備無患廣東兵力單薄守備
尚虚着派彭玉麟酌帶舊部得力將弁酌
量招募勇營迅速前往廣東會同張樹聲
裕寬妥籌布置該尚書接奉此旨後即行

部署起程毋稍延緩南洋海防着責成左
宗棠悉心規畫妥慎辦理長江防務着責
成左宗棠李成謀督飭各營認真籌備均
不得稍有疎懈北洋防務着李鴻章懍遵
本月初九日諭旨迅即籌議覆奏前據吳
大澂奏吉林所練防軍堪以抽撥民勇三
千人聽候徵調等語著該京卿即統率此

項勇丁航海來津以備調遣現在事機喫
緊該大臣等務當悉心經營妥速辦理以
俾大局等因欽此臣一介書生罔知將略
自咸豐初統帶水師至今數十年仰蒙累
朝恩遇洊擢今職今歲巡閱江海事竣本應
遵
旨陛見因奔波靡盬舊病增加失血過多時

形昏眩不敢曠職誤公爰於八月十八日
復瀝苦忱籲懇天恩開缺並開除差使俾
臣靜養病痊再圖報效尚未奉到批
諭今廣東防務喫緊時事艱難
朝廷宵旰憂勤臣一息尚存斷不敢因病推
諉遵即力疾遄征以身報國畢臣素志前
摺即蒙恩准開缺並除長江差使臣亦萬

不敢辭此次廣東之行以免另簡他員往
反遷延月日致誤大局惟查法夷越南搆
兵初謂唾手可得不期越將劉永福起與
相持且屢爲劉永福所敗刻下形見勢絀
已成觸藩之勢不得已改途尋衅粵東狡
詐已極伏思
聖朝柔遠仁至義盡該夷應如何感激恭順

乃竟自外生成日肆欺侮得寸思尺搖蕩
邊陲凡有血氣者莫不髮指眥裂咸思奮
力一戰以伸同仇敵愾之忱爲今日計惟
有協力同心與之決戰若再容忍成何國
體將來老成宿將日益凋零恐至民不知
兵兵不知兵將帥安富尊榮更不知兵大
局何堪設想有心世道者清夜以思真若

芒刺之在背也所幸民心堅固未泯天良官兵不足民兵尚多可用除主戰外別無自强之策若論實在把握雖漢臣諸葛亮復生不敢言操勝算所恃者衆志成城通力合作人定足以勝天理亦足以勝數而已若必藉籌萬全畏首畏尾其如外侮日肆憑陵何哉臣德薄能鮮不知兵尤不諳

陸兵調度治水師三十餘年我行我法惟秉誠實無欺之血忱不要官不要錢不要命仰仗

皇太后

皇上威福得以肅清五省江南二十餘年無事臣故只有水師舊部並無陸師舊部江海原相表裏海上有事江防即甚吃緊是臣長江水師得力將弁不便調歸陸路招募勇營若强所不能以為能恐遷地弗良易轍不行非徒無益而有害之也臣既未嘗統過陸師非若鮑超有舊部陸軍將弁一招即集可比且鮑超奉

諭招勇尚須部署三兩月始能成行臣妙手空空軍械口糧無從支取即或求助他山

至少亦須募勇二三十營始足以壯天威更非數月不能成軍不練即行是驅市人而使戰也且由湘至粵二千餘里新軍初立紀律生踈雖有軍令難保沿途不滋生事端廣東待防至切而此間緩不濟急倘因遲延而誤大局臣更無所辭咎再四思維與其在湘募新勇縻費而不能救急莫

若於粤東就地取材查粤東義憤果敢之士尚多臣已函商張樹聲裕寬遴擇公正廉明紳士速集團練俟臣到粤後按照陸營規制給與口糧慎選營官統領勤加操練嚴定賞罰無事則主守以保衛桑梓有事則主戰以報効

朝廷有功者保奬傷亡者

賞卹當可得力以應目前戰守之需較之待客兵客餉緩不濟急者固不侔矣閩浙督臣何璟籍隸廣東臣已函請其邀約同鄉正紳竭力舉辦以期衆志成城惟軍興以來餉源支絀臣一身孤注百事躬親少壯不善謀生至今依然寒士年近七十老病頹唐兼以拘謹性成不能開展於籌餉實

非所能應請敕下各直省督撫兩淮兩廣運庫指撥月餉源源解濟以收士飽馬騰之效臣一面函商左宗棠江南調撥湘軍江蘇候補道王之春毅字勇一營暨淮揚鎮總兵章合才合字三營並請接濟粮餉尚不知能否允調又於長江抽調水軍二百名以作親兵酌調候補人員以資差遣

一面函商李成謀派記名總兵三江營都司顏世玉前田鎮營都司記名總兵梁永學以充管帶接晤湖南撫臣潘鼎新已調撥勇丁二千名派記名提督王永章管帶除接濟該軍粮餉外並助銀一萬兩就近調輪船由海道先赴廣東以安民心臣輕裝隨帶跟丁數名於十月初十日即由衡

州起程、單騎入粵、臣從前足跡未至嶺前、於水陸形勢不熟、必須趁法兵未到之先、察看布置、若法兵先臨城下、臣到後即當另籌辦法、現以附片密陳、俟會商張樹聲、裕寬妥籌布置、再行會奏外、理合將遵
旨部署大略、應急情形、並起程日期、先行恭摺具報、上慰
宸念、是否有當、伏乞
皇太后
皇上聖鑒
訓示、謹奏。

附片

再、法兵雖經別由西貢奪佔越南順化河岸炮臺、而疊據七月二十八日、八月十九等日、劉永福屢獲勝仗、有擊沉兵船之說、證以官商家信、事屬不虛、法人進退維谷、遂爾尋衅粵東、為虛聲恫喝之計、臣此次赴粵、如法兵先已薄城、則順化河內一路、守備自必空虛、緣法夷遠涉重洋數萬里、人數必不能多也、臣擬一面協守、一面密咨雲貴督臣、廣西撫臣、各派驍將、領精兵數千、督同劉永福所部、出其不意、攻其不備、疾擣順化、河內及西貢敵營、覆其巢穴、使該夷無地盤踞、則犯粵之軍、勢將潰退、越南未必不可保全、應請密
諭滇蜀各督撫、預先布置、乘機赴會、冀成通力合作之功、查法人之強不及俄人遠甚、前歲俄人百端要挾、若非

皇上赫然命將戒備森嚴彼亦何由俯首就約今法兵屢為劉永福所敗伎倆已可概見而議者必謂法兵不可輕敵未免為虛聲所怵墮彼術中倘再任其要脅勢將何所底止此次能力圖自強則各國皆不敢存輕視中國之心可以一勞而永逸矣謹附片密陳伏乞

皇太后

皇上

聖鑒

訓示謹奏

附片

再師以曲直為老壯上兵伐謀其次伐交古之制也現在通商二十餘國而法人獨敢吞噬越南志在窺我滇邊垂涎銅礦之利各國坐觀成敗殆先以法人嘗試中國耳然使法人竟獨擅富強之利則諸國又將因妬生忌不令獨占便宜此情勢所必然也目下既命將出師自應將不得已而用兵之故明白宣示各國使知其曲在彼因以攜其黨而敗其謀應請敕下總理各

國事務衙門照會通商之二十餘國告以各國通商有年彼此利益各守條約無詐無虞此萬國公法所從出也乃法國包藏禍心明知越南世奉中國朝貢而竟恃強陵弱違約稱兵

朝廷早欲應援以恐傷和好隱忍未發前日法使脫理固竟乘兵輪來津有大隊兵船

至廣東尋衅之説、恫喝要求、詭計叵測、我
皇帝赫然震怒、命將視師、彼若前來、即與決戰、兵端開自彼國、不得已而為應敵之師、曲直之判、皆諸國所周知也、第海上用兵、商船裹足、於各國通商事務、不無防碍、以一國違約之故、致礙全局、咎有專歸、想諸國自有公論、又中國軍民不識外國旗號、

將來戰守之際、誠恐各國商船經過、軍民誤認敵船、致有波累、亦須預防、以免轇轕、如此立言、明示利害曲直之故、諸國必不敢暗中助逆、至預防轇轕一層、自占地步、竊謂無論有戰事無戰事、而此項照會似在必行、倘別有要求、亦斷不可輕易允許、臣愚昧之見、是否有當、伏乞
皇太后
皇上聖鑒訓示施行、合并附片密陳、謹奏、

彭宮保玉麟奉
命防粵先出示以告各國謹錄其示於左
欽差大臣太子太保辦理廣東軍務兵部
尚書一等輕車都尉彭為法人尋衅致起
兵端思患預防剴切曉諭事照得外洋通
商有年我大
皇帝以中外為一家懷柔遠人不分畛域各

國同沾利益遐邇相安無詐無虞恪守條
約中國不肯以小節細故輕動干戈此外
洋諸國所共見共聞也乃法人包藏禍心
明知越南世奉中國朝貢竟敢恃強凌弱
違約稱兵
朝廷早欲應援以恐傷和好隱忍未發前日
法使德理固遽乘兵船赴津稱有大隊兵

至廣東尋衅之說恫喝要求詭計叵測我
大
皇帝赫然震怒特命本部堂來粵視師現已調
集水陸各軍相機策應彼倘興兵前來即
與接戰戰端開自法國我不得已而為應
敵之師曲直立判諸國諒亦諳知也第海
上稱兵商船裹足於各國通商事宜不無

妨碍中國軍兵不識外國旗號將來戰守
之際誠恐各國商船經過軍民錯認敵船
致多波累因念各國商人艱難跋涉遠越
重洋貿易雖殊求利則一若不先為曉諭
橫罹兵災誠非安妥遠人之道除陳
奏請
旨飭總理各國事務衙門照會各國公使外

合行出示曉諭為此示仰各國商人知悉法人甘為戎首搆怨興兵諸商人等務宜先期將貨物運出海口以避凶鋒當中法戰爭時所有各國船隻皆宜守萬國公法暫行停止往來倘或違背以致取其船貨以為戰利該國不得論我錯也凡法國用兵之地洋商貨物碼頭設有焚毀搶擄各國應向法議賠不得向中國過問以一國違約之故致取累萬國通商之人咎有耑歸諸國自有公論本部堂開誠布公明白宣示望諸國商人思患預防轇轕實為厚幸特諭

越事備考十二卷

〔清〕劉名譽輯

《越事備考》十二卷，清劉名譽輯。名譽字嘉樹，號鈍翁，廣西桂林人。光緒六年（一八八〇）進士，歷官瓊州、江寧、淮安知府。中法戰争期間，劉氏輯録有關戰事、邊防邸鈔及報章所載大臣奏摺、時論等，彙爲此書。卷首載序、例言、上諭，後分奏議三卷、芻言六卷、案略二卷，愚説一卷僅存其目。取材以中法戰争爲中心，旁及邊防、火器、練兵乃至學校考選等。惟録上諭未注年代，所録報章論説亦未注出處。據清光緒間刻本影印。

敘

嘗讀鴟鴞之詩曰迨天之未陰雨徹彼桑土綢繆牖戶今此下民誰敢侮予孔子曰爲此詩者其知道乎孟子曰猶七年之病蓄三年之艾也此皆疾痛之深沉摯之詞也今之談洋務者比比矣論其所事畧有數端曰語言文字也約章公法也機器制造也通商游歷也得其一二即可以邀榮名躋顯仕問有思深慮遠統籌全局實事求是者殆如景星慶雲吁可慨已吾師　劉嘉樹夫子桂林名碩天資英敏沉毅絕人綺歲掇高科抱懷經世之偉畧服官中外蒿目時艱洋防兵法之書異域風土之志靡不悉心研

究肆力講求蓋其忠愛由自性生盱衡大局引爲切膚之事嘗膽卧薪有不能自已者法越之役　師方弱冠上書彭剛直公纚纚萬言剛直目之爲第一流旋里省親桂門著述纂凡邊關羽遞申粵稟報奏牘條陳但有關係防戰者必旁搜博採篝燈手錄兀兀窮年裒成卷帙既而迴翔清秘軺車四出是書遂久擱篋衍無暇釐訂歲壬辰　師出守瓊厓周歷沿海要隘慨然動有備無患之思乃於公餘退食檢集稿頁付之胥抄部分五種曰

諭旨曰奏議曰劄官曰案畧曰愚說統名之曰越事備考敘而存之不輕示人　師之苦衷孤詣其有徹土蓄艾之心乎

今秋大比鈞等僑寓會城值　師奉諱家居憔悴愀悄有憂天下之色得受此書而讀之見其條分縷晰擇精錄詳言戰言防切中肯綮洵康濟之金繩談兵之南軫也茲者倭衅已開籌邊尤亟咸再四請於　師門付梓流傳用備

聖朝之采擇敬誌原起於卷末或亦窺豹一斑云爾

光緒二十年歲在甲午秋七月下浣受業維塤謹敘

序

甲申乙酉之間法越変鬨中國綏藩固圉率師援之諒山之捷法人讋慄倉猝乞款爲道咸以來中外交綏一大轉機使乘此軍威一震各行省勵精圖治講武練兵環顧海疆有備當可以無患詎近者倭夷又搆釁矣變貿我藩輔虔劉我邊陲豕突狼犇倘稽就戮毋亦思患預防之道有未周歟維時　嘉樹太守獨居深念振觸舊懷迺出越事備考一書以質當世意謂前車可鑒觀於越南往事則後之籌邊者宜何如懲毖也其書於當日議戰議防凡邸鈔公牘芻說蕘言博采兼搜而附以所著論斷廣見聞而資採擇非盱衡時局慮遠思

深者其致力必不能如是之專且精也變故紛乘人材難得尤願本夙所蘊蓄出而徵諸措施高掌遠蹠宏濟時艱而不僅以著述見折衝禦侮　太守其有志乎攬轡慨然且拱手竢之矣

光緒二十一年孟春撫粵使者江都張聯桂拜敘

自敘

國家龍飛二百數十載薄海內外
悉主悉臣法夷狡焉啓釁交
阯洪惟

皇威遠讋
聖武光昭法迺始抗終講
朝廷大度懷柔俯如所請化干戈
為玉帛懿與偉與

天地覆幬之仁也當措端亟昔率
土臣民同深義激名譽弱書
生亦為之奮袂扼腕屬乞假
里居抑〻窺牖然邊情郵遞

官私議說未嘗不旁咨博采
兼聽併收有所見聞輒鱗
次手攝輯錄乙〻每至宵分
裒葺一更裒然成帙置之

巾箧十載於茲頃者伏處偶
閒加以釐訂都為一集冊首
恭繕
諭旨以見陔泉涿底
樞運之神次節鈔奏議以見燮
伐鷹揚發繼之勣次排臚
芻言耑
虞廷察邇之一助為次越事案略語

為未詳或攸稽致末殿以千
慮之愚說洵所謂土壤細流
者已吁三年蓄艾綢繆未
雨或苞桑之義所不廢為若
夫握固在本折衝在心格禁
在形壯老在理則知幾其
神者矣茲編又其濫觴
也夫

靖江劉名譽嘉樹甫自記

例言

一西國每有戰事兩國皆有專人紀載詳細無遺事後皆彙成一書前事爲師可備後來之取則西人用心沈鷙大率類此茲編雖非在營紀載亦抑有聞照錄俟　採擇焉

一編中恭錄
諭旨皆就見諸邸鈔及新聞報中共聞共見者敬謹彙刊

一是編之作值里居桂林僻在一隅耳目俱隘僅據邸鈔館報及謬託遐友訪寄之緘薈萃甄錄極知挂漏倘海內　同志君子肯以詳輯見　惠俾增補完善幸甚盼甚

一芻言條陳刊入館報者其撰著之人半用別號今悉從闕如俟補訪姓名再行彙注

一編輯粗就復於篇中議論精要可行處妄加頷注並丹鉛句讀以期閱者豁目易於選用

一案略一門搜采尚隘如滇南臺灣鎮海各口情事未能詳晰容俟陸續補入

越事備考總目

桂林劉名譽嘉樹氏編輯
門人臨賀黄維瓚校
男信濟、信懷
姪信寶、信燏　同校

上諭近聞法兵攻佔順化河岸礮臺現有停戰議和之說且值越南國王病故情形岌岌可危我軍更宜加意嚴防著倪文蔚徐延旭督飭各營聯絡聲勢認眞扼守北圻要區併隨時確探軍情迅速具奏等因欽此

上諭法越搆兵一事法人自攻佔順化河岸礮臺後迫脅越
南議約十三條該國情形岌岌可危邊事孔棘防務尤形
喫緊近聞越南黑旗各營復經接仗獲勝滇粵防軍皆須
嚴密布置聯絡聲勢不可稍涉鬆勁粵西各營相距較近
更宜加意豫備所有糧餉關繫最要軍火器械尤須擇其
利者力籌接濟毋任缺乏但能堅持日久彼族不得逞志
或可徐就範圍該督撫藩司等務當悉心妥籌相機辦理
以維大局等因欽此

上諭現聞法人欲以大隊兵船至廣東尋衅法使脫利古於
本月十三日由滬乘兵船來津彼族詭計多端恫喝要挾
意殊叵測粵西防軍仍當嚴密扼守不可稍涉鬆勁著倪
文蔚徐延旭督飭各營穩慎辦理並將近日順化情形隨
時採明據實具奏等因欽此

上諭法越搆兵以來北圻越兵雖迭獲勝而河內未經克復法人據此要害之區北圻終難自固現在法人直偪順化迫脅越南議約法使脫利古已至天津並有以兵船直至廣東尋衅之說無非意存恫喝肆其要求惟有堅持定見以折其謀但彼族詭詐多端非空言所能折服全視邊防之能否得力以爲操縱近日河內一帶軍情若何越軍有無戰事著岑毓英倪文蔚唐炯徐延旭確探情形督率在防各軍嚴密扼守不可稍涉鬆勁法人若以兵船駛赴廣東斷不可聽其進口張樹聲裕寬當速籌布置以備不虞並催調方曜回省妥商籌辦欽此

上諭法人既與越南立約必將以驅逐劉團爲名專力於北圻滇粵門戶豈可任令侵逼現經總理各國事務衙門照會法使告以越南久列藩封歷經中國用兵勦匪力爲保護爲天下各國所共知今乃侵陵無已豈能受此蔑視倘竟侵及我軍駐紮之地惟有開仗不能坐視等語如此後法人仍欲逞兵於北圻則我之用兵固屬名正言順劉團素稱奮勇現在退紮山西距河內稍遠着徐延旭飭令劉永福整軍進紮相機規復河內省城不可稍有退沮北甯爲吾勇駐紮之所如果法人前來攻逼即着督飭官軍竭力捍禦毋稍鬆勁前據左宗棠奏擬飭王德榜調募廣勇

數營駐紮滇粵邊界並在廣東捐輸籌餉等語當經諭令聽候諭旨遵行現在廣西邊防緊要誠恐兵力尚單聞王德榜現在永州已招募營勇聽調倘已成軍着左宗棠即飭該藩司迅速帶赴廣西邊外扼紮歸徐延旭節制所需餉項若待廣東捐需緩不濟急着左宗棠預爲籌定仍由江南竭力籌撥俾無缺乏岑毓英等前奏滇軍駐紮山西輪船礮彈可及城中防守不易惟該城與北甯相距較近必應固守以成犄角之勢唐炯現駐防所自應隨時相機調度乃該撫並未奉有諭旨率行回省致邊防鬆懈咎實難辭着摘去頂戴革職留任以觀後效如再退縮不前定

行從重治罪滇省防營無多難支策應着岑毓英唐炯添募數營以厚兵力此舉係專為法人侵我藩屬逼近邊境不得不力籌防禦至內地各國通商地方及法之商人仍當隨時保護免致別滋口實倘法人竟以兵船來華尋釁必應先自戒備着左宗棠李鴻章張樹聲倪文蔚裕寬迅籌布置不可視為緩圖天津密邇京師關繫尤重李鴻章籌辦海防有年為朝廷所倚重為天下所責備尤應勉力圖維不得意存諉卸將此由六百里各密諭知之欽此

上諭目前最要者約有數端越南世修職貢為我藩屬斷不能因與法人立約致更成憲必與之切實辨明通商一節若在越南地面互市尚無不可如深入雲南內地處處通行將來流弊必多亟應預為杜絕劉永福黑旗一軍屢挫法兵為彼所深恨蓄志驅除自在意中豈可遂其所欲此次法人侵佔越南釁自彼開我無失和之意若再索償兵費不特情理所必無亦與各國公法顯背以上各節均與大局極有關繫李鴻章膺此重任宜如何竭力圖維預籌辯論等因欽此

上
諭越南爲我大清封貢之國二百餘年載在典册中外咸
知法人狡焉思逞肆其鯨吞先據南圻各省旋又進據河
內等處戕其民人利其土地奪其賦稅越南君臣闇懦苟
安私與立約並未奏聞法固無理越亦與有罪焉是以姑
與包涵不加詰問光緒八年冬間法使寶海上天津與李
鴻章議約三條正飭總理各國事務衙門會商妥籌法又
撤使翻議我存寬大彼益驕貪越之山西北寧等省爲我
軍駐紮之地清查越匪保護屏藩與法國絕不相涉本年
二月間法兵竟來撲犯防營當經降旨宣示正擬派兵進
取力爲鎮撫忽據該國總兵福祿諾先向中國議和其時

該國因埃及之事岌岌可危中國明知其勢處迫蹙本可
峻詞拒絕而仍示以大度許其行成特命李鴻章與議簡
明條約五款互相畫押諒山保勝等軍應照議於定約三
月後調回迭經諭飭各該防軍扼紮原處不准輕動生釁
帶兵各官奉令維謹乃該國不遵定約忽於閏五月初一
初二等日以巡邊爲名在諒山地方直撲防營先行開礮
轟擊我軍始與接仗互有殺傷法人違背條約無端開釁
傷我官軍本應以干戈從事因念訂約和好二十餘年亦
不必因此盡棄前盟仍准總理各國事務衙門與在京法
使往返照會情喻理曉至再至三閏五月二十四日復明

降諭旨照約撤兵昭示大信所以保全和局者實已仁至
義盡如果法人稍知禮義自當翻然改悔乃竟始終怙過
飾詞狡賴橫索無名兵費恣意要挾於六月十五日佔據
臺北基隆山礮臺經劉銘傳迎剿獲勝立即擊退本月初
三日何璟等甫接法領事照會開戰而法兵已在馬尾先
期攻擊傷壞兵商各船轟毀船廠雖經官軍焚毀法船二
隻擊壞雷船一隻並陣斃法國兵官尚未大加懲創該國
專行詭計反覆無常先啓兵端若再曲予含容何以伸公
論而順人心用特揭其無理情節布告天下俾曉然於法
人有意廢約釁自彼開各路統兵大臣暨各該督撫整軍

經武備禦有年沿海各口如有法國兵輪駛入著即督率
防軍合力攻擊悉數驅除其陸路各軍有應行進兵之處
亦即迅速前進劉永福雖抱忠懷而越南昧於知人未加
拔擢該員本係中國之人即可收爲我用著以提督記名
簡放並賞戴花翎統率所部出奇制勝將法人侵佔越南
各城迅圖恢復凡我將士奮勇立功者破格施恩並特頒
內帑獎賞退縮貽誤者立即軍前正法朝廷於此事審慎
權衡總因動衆興師難免震驚百姓故不輕於一發此次
法人背約失信衆怒難平不得已而用兵各省團練衆志
成城定能同仇敵愾並著各該督撫督率戰守共建殊勳

同膺懋賞此事係法人渝盟肇衅至此外通商各國與中
國訂約已久毫無嫌隙斷不可因法人之事有傷和好著
沿海各督撫嚴飭地方官及各營統領將各國商民一律
保護即法國官商教民有願留內地安分守業者亦當一
律保衛儻有干豫軍事等情察出即照公例懲治各該督
撫即曉諭軍民人等知悉儻有藉端滋擾情事則是故違
詔旨妄生事端我忠義兵民必不出此此等匪徒即著嚴
拏正法毋稍寬貸用示朝廷保全大局至意將此通諭知
之欽此

旨發去內帑銀十萬兩著交穆圖善領四萬兩何璟張兆
棟領三萬兩張佩綸領三萬兩豫備賞給出力將士該船
著名頭目著重賞懸購兵民中有能擒斬法兵焚毀法船
者即破格給賞內帑未到以前如有立功之人即須頒給
者不拘借撥何款應用朝廷不惜巨帑激勵將弁尤賴該
將軍等堅持定志出奇制勝省防緊要該督撫督同文武
各員嚴密防守如有心存畏怯借詞出城定即從重治罪
欽此

旨岑毓英電稱飭令劉永福進兵有藉詞求緩等語現在進
規北圻全在用人得宜著岑毓英激勵該提督奮勉立功
並妥爲籠絡務令感恩畏威毫無猜疑儻駕馭失宜惟該
督是問前令酌保黃守忠等並飭速行奏請候旨施恩潘
鼎新桌瘴支持殊深廑念該督撫務當同心協力以奏膚
功此旨著張之洞譯知潘鼎新轉咨岑毓英遵照欽此

旨據張之洞電稱牽敵以圖越爲上策現令唐景崧募勇出
關與劉永福合力犄角趕籌餉項軍火所辦甚是前有旨
令雲桂兩軍進發本日有旨賞劉永福記名提督賞戴花
翎令將法人侵佔地方力圖恢復矣唐景崧著賞加五品
卿銜即著張之洞傳旨令其激勵劉永福奮勇進勦餉銀
軍火仍著妥籌接濟並准於粤海關酌撥餉項岑毓英潘
鼎新務即督率所部星馳前進相機籌辦俟各軍齊抵前
敵迅速奏聞再行降旨宣示張樹聲即遵前旨酌帶兵勇
馳赴粤西關外毋庸遲延現在閩口接戰馬廠被焚所有
赴越各軍均當盡力攻勦宣示國威各膺懋賞張之洞即
轉電潘鼎新由該撫速咨岑毓英一體遵照欽此

上諭岑毓英等奏官運進攻宣光大獲勝仗等語本月十一日主事唐景崧總兵丁槐分攻宣光南門敵寨敵兵大隊出城援應唐景崧督兵迎擊敵兵槍礮三面環施我軍進攻益力丁槐率軍力奪敵寨敵乘舟逃遁復被粵軍擊沈溺斃無算提督何秀林合軍助戰斃敵甚多劉永福督同黃守忠沿河截擊敵援奪其竹舟板船十二日粵軍復攻東門十三日滇粵兩軍會合猛攻迄未休息血戰三日勇氣百倍現在宣光門外一律肅清即著岑毓英激勵將士乘此聲威規復北圻各城同膺懋賞此次出力兵弁著查明存記俟宣光克復即具奏候旨施恩其陣亡兵弁著先行奏請優卹欽此

旨彭玉麟等電奏欽廉防務緊要請急調馮子材率十營回援欽廉以八營紮上思州隘段相機策應等語又據李鴻章電稱接龍州電聞法進紮扣波由芃封進窺牧馬欲盡取越境等語敵勢兇狡粵西兵單馮子材一軍能否調回著彭玉麟等與潘鼎新會商妥辦前有旨令鮑超迅由開化便趨保欒力顧牧馬一路著岑毓英飛咨該提督兼程前進擇要扼防毋稍延緩聞法救宣光劉永福軍潰退丁槐等亦退萊尚未據岑毓英電報殊深懸系著即確查速奏並飭各統領扼要堅守與潘鼎新各軍力固邊疆門戶毋稍疏虞欽此

上諭劉秉璋奏鎮海口岸獲勝情形一摺正月十五至十九
日敵船屢撲鎮海口經提督歐陽利見督率水陸營勇及
輪船管帶各員合力轟擊將敵艦迭次擊壞敗退尚屬壯
勇可嘉著劉秉璋仍飭在事各將領嚴密防守毋稍鬆懈
其尤出力之同知杜冠英副將費金綬守備吳杰受傷之
軍功周茂訓均著存記彙案請獎欽此

旨法人請和於津約外別無要求業經允其所請約定越南
宣光以東三月初一日停戰十一日華兵拔隊撤回二十
一日齊抵廣西邊界宣光以西三月十一日停戰二十一
日華兵拔隊撤回四月二十二日齊抵雲南邊界臺灣定
於三月初一日停戰法國即開各處封口已由李鴻章分
電沿海雲桂各督撫如約遵行惟條文未定之前仍恐彼
族要挾背盟伺隙卒發不可不嚴加防範著傳諭沿海各
省將軍督撫並雲南廣西督撫及各路統兵大臣督飭防
軍隨時加意採察嚴密整備毋稍疏懈是爲至要欽此

越事備考奏議目錄

桂林劉名譽嘉樹氏編輯
門人臨賀黃繼瑜校
姪信巍覽
男信權驥 仝校

創設武備學堂疏

臣李鴻章跪奏為天津倣造西法創設武備學堂擬由海防經費內核實開支並俟辦有成效援案請獎恭摺仰祈

聖鑒事竊臣上年七月間遵

旨選僱德國兵官來津營即派水陸各軍認真教練業經附片陳奏在案該兵官等或精熟鎗砲陣式或諳習砲台營壘作法皆由該國武備院讀書出身技藝優長堪充教師之選據總統前軍提督周盛波周盛傳等稟請仿照西法武備書院之制設立學堂遴派德弁充當教師挑選營中精健聰穎略通文義之弁目到堂肄業經臣批准照辦並令提督李長樂曹克忠唐仁廉宋慶劉盛休總兵葉志超吳育仁徐道奎史宏祖等各挑選弁兵送堂肄業前來臣查泰西各國講究軍事精益求精其兵船將弁必由水師學堂陸營將弁必由武備書院造就而出故韜略素裕性習使然聞該書院中學舍林立規模宏大讀書繪圖有所習藝練技有所專選世家子弟年少敏幹者童而習之長則調入營伍由隊目洊充將領非可一蹴幾也當其肄業之初比屋而居分科傳授其於戰陣攻守之宜視為身心性命之學而鎗砲之運用理法步伍之整齊靈便尤擅勝場我非盡敵之長不能制敵之命故居今日而論武備當以其人之道還治其人若

憑血氣之勇粗疏之才以與強敵從事終恐難操勝算該提督等各遣弁兵來學誠欲因時制宜不得不變通盡利惟是武備書院之設應建廠屋甚多目下經費支絀不得不力求撙節臣與津海關道等商酌暫就天津水師公所安置生徒名曰武備學堂遴委德國兵官李寶崔發祿哲寧那白博郎闖士等作為教師並選派通習中外文字之員分充翻譯即於本年正月將各營送來弁兵飭該道等悉心考試擇其精悍靈敏者挑取百餘名入堂肄業其中有文員願習者一併量與錄取該官兵等與之妥立章程認真訓迪數月以來各學生逐日按事進堂於西洋行軍新法頗有領悟一月之中每間三四日由教師督率赴營演試鎗砲陣式及造築台壘之法每屆兩月由臣派員扃試一次分別賞罰約計一年後於西洋後膛鎗炮土木營壘行軍佈陣分合攻守各法必能通曉屆時擬將頭批學生發回各營飭由各統領量材授事復挑二批員兵百餘人送堂肄業分番迭進期無間斷其優者或留堂作為[illegible]教習回營轉教營勇數年以後教學相長北洋各營必全曉西洋近日行軍制勝之方矣獨是泰西武備之學皆從天算輿地格致而來欲造其極詣必先通其言語文字乃能即事窮理洞見本原擬俟經費稍充另行建立書院選

募良家年幼子弟入院肄業以宏造就學成後再調營帶隊俾資歷練庶乎有本之學將才日出而不窮可備 國家干城禦侮之用現時學堂經費除洋弁已遵 旨酌定薪俸教習繙譯各員應酌量差事煩簡分別開支薪水外其餘學生飯食紙筆獎賞等項添造住屋購買西洋兵事書籍圖畫測量儀器各種均擬北洋海防經費內撙節開支按年核實彙報至學堂爲培植將材根基中土創辦之初風氣未開不可不多方誘掖以收鼓舞作新之效擬將教習繙譯各員及屢考優等堪充教習之學生援照同文館成案二年奏保一次以示鼓勵庶幾在事人黽勉圖功成就更速所有創設武備學堂各緣由謹繕摺具陳云云謹奏光緒十一年五月初八日軍機大臣奉

旨著照所請該衙門知道欽此

擴充機器局疏

臣曾國荃 臣李鴻章跪奏爲金陵機器局兼辦各省軍火工作日繁現議就勢擴充以省購費而裕利器恭摺具陳仰祈 聖鑒事竊臣國荃於光緒十一年五月初四日由驛附奏閩粵浙江等省應通力合作一片聲明後膛鎗砲爲最要軍械一經海口封禁購辦無從應卽先事購備並添購機器推廣仿造庶免缺乏之虞業飭上海金陵兩機器局遵照妥辦在案旋奉五月初九日 上諭現在和局雖定邊防不可稍弛亟宜切實籌辦善後爲久遠可恃之計船廠應如何增拓炮臺應如何安設槍械應如何精

造均須破除常格實力講求江蘇本有機器局現應如何變通措置著妥議奏辦等因欽此跪誦之下始知一得之愚慮實已 廟算之先周莫名欽佩當卽分別轉行欽遵應俟議詳到日再行奏明辦理內機器局一節查蘇省之局有二一設上海一設金陵但就金陵一局情形言之經費本較滬局爲儉自光緒五年歸併五龍山分局以後益苦難於敷衍而邇年以來承辦南北洋各防營軍火統造分解既副所需亦適於用是以各省聞風時有託製之件去年法事方急處處戒嚴益苦應接不暇計自六月起設局撥應各省局以言砲位廣東有十二磅來福銅砲十尊

之案雲南有後膛四尊之案浙江有過山砲二十尊之案臺灣有兩磅後膛六尊格林砲十尊神機砲四尊之案湖北北洋江西均有撥應各種砲位之案以言彈子程文炳行營有鉛子自來火之案劉銘傳行營有炸實心彈之案且以上所有砲位尚須配齊子彈架具必充必備以資取用而南北洋所需者不計焉當各省囑製之時莫不電牘交馳急于星火而工程非甚重大即極瑣碎一器之磨礲輒易數手而成每件之表裏精粗或經累月而始竟臣等以各省所需義應不分畛域但該局力所能及者無不立飭製辦亦幸該局總辦道員皆力顧大局奮勉從公以故

數月以來尚能相其緩急分別應付第當併力趲程之際匠丁等非不蓐食晨興篝燈夜作而尚有顧此失彼之恨者推原其故由於廠窄機少未能擴充所致所以未能擴充者則額定之經費限之查該局常年經費自光緒五年起分局歸併總局以後南北洋每各撥銀十萬兩九年分南洋加撥銀一萬兩現在每年額領南北兩洋經費銀二十一萬兩而南洋之軍火資於是各省之軍火亦資於是操約施博固無怪該局之左支右絀也現在欽奉　諭旨飭令變通機器局務並許其破除常格誠以槍砲為行軍利器臨事制勝之用必由平日儲備而來　聖意至為深遠臣等竊以為無可凴之基而草創之則費鉅而成難就已然之勢而推廣之則事半而功倍今該局成效如此需費如此臣等如尚存因陋就簡之見何以仰慰宸懷查該局所造如兩磅後膛來福長銅輕銅十管四管連珠各種砲位前後膛各種抬鎗均屬西法新式與外洋精緻相埒用之行陣最為相宜工料價值較之購自外洋者又實減二三成不等前此海道梗阻各省所購軍火或卸寄香港東洋星架坡各處雖定價已付而取用為難即有效命之勁旅豈能徒手當敵設皆一一自造取攜由我何有隔絕之虞以利如彼以害如此臣等悉心酌度竊以

為欲收製造之利首在添廠屋增機器其常年經費即須寬籌然後綱舉目張乃有左右逢源之妙現與該局員再四熟商擇其製造槍炮彈子必不可少之機器已分定購五十餘副合之增拓廠屋經費二共約需銀十萬兩其每工料經費約須添銀五萬兩為率此款擬先在洋藥加增稅釐項下動撥其不敷者再由臣等於原撥續撥各總局庫分別湊撥此後多一內地製造之費即少一外洋購買之費而該局放手製造用意講求技日精器日多無事為操練之用有事為禦侮之用似於防務利源兩者均屬有裨謹合詞恭摺具陳伏乞　聖鑒謹奏

陳奏情形疏　又片

臣彭玉麟跪奏爲法越搆兵廣東防務喫緊遵　旨前往會同籌辦謹將部署大畧情形並起程日期恭摺覆奏仰祈

聖鑒事竊臣於九月初六日承准軍機大臣密寄光緒九年八月二十三日奉

諭法越搆兵一事法人自攻佔順化河岸礮台後廹脅越南議約十三條該國情形危急法使脫理固現乘兵船來洋並有以大隊兵船至廣東尋衅之說恫喝要求詭計叵測南北洋防務均關緊要亟須實力籌辦以期有備無患廣東兵力單薄守備尚虛着派彭玉麟酌帶舊部得力將

弁酌量招募勇營迅速前往廣東會同張樹聲裕寬妥籌布置該尚書接奉此旨後卽行部署起程毋稍延緩南洋海防着責成左宗棠悉心規畫妥慎辦理長江防務着責成左宗棠李成謀督飭各營認真籌備均不得稍有疏懈北洋防務着李鴻章懍遵本月初九日諭旨迅卽籌議覆奏前據吳大澂奏吉林所練防軍堪以抽撥民勇三千人聽候徵調等語著該京卿卽統率此項勇丁航海來津以備調遣現在事機喫緊該大臣等務當悉心經營妥速辦理以裨大局等因欽此臣一介書生罔知將略自咸豐初統帶水師至今數十年仰蒙

朝恩遇㳺擢今職今歲巡閱江海事竣本應遵　旨陛見因奔波歷盬舊病增加失血過多時形昏眩不敢曠職誤公爰於八月十八日覆瀝苦忱籲懇　天恩開缺並開除差使俾臣靜養病痊再圖報效尚未奉到批　諭令廣東防務喫緊時事艱難　朝廷宵旰憂勤臣一息尚存斷不敢因病推諉遵卽力疾遄征以身報國畢臣素志前摺卽蒙　恩准開缺並除長江差使臣亦萬不敢辭此次廣東之行以免另簡他員往返遲延月日致誤大局惟查法夷越南搆兵初謂唾手可得不期越將劉永福起與相持且屢爲劉永福所敗刻下形見勢絀已成觸藩之勢不得已改途尋衅粵東狡詐已極伏思　聖朝柔遠仁至義盡該夷應如何感激恭

順乃竟自外生成日肆欺侮得寸思尺搖蕩邊陲凡有血氣者莫不髮指眥裂咸思奮力一戰以伸同仇敵愾之忱爲今日計惟有協力同心與之決戰若再容忍成何國體將來老成宿將日益凋零恐至民不知兵兵不知兵將帥安富尊榮更不知兵大局何堪設想有心世道者清夜以思眞若芒刺之在背也所幸民心堅固未泯天良官兵不足民兵尚多可用除主戰外別無自强之策若論實在把握雖漢臣諸葛亮復生不敢言操勝算所恃者衆志成城通力合作人定足以勝天理亦足以勝數而已若必藉籌

萬全畏首畏尾其如外侮日肆恐陵何哉臣德薄能鮮不
知兵尤不諳陸兵調度治水師三十餘年我行我法惟秉
誠實無欺之血忱不要官不要錢不要命仰仗　皇
太后　皇上威福得以肅清五省江南二十餘年無事
臣故只有水師舊部並無陸師舊部江海原相表裏海上
有事江防卽甚吃緊是臣長江水師得力將弁不便調歸
陸路招募勇營若強所不能以爲能恐遷地弗良易轍不
行非徒無益而又害之也臣既未嘗統過陸師非若鮑超
有舊部陸軍將弁一招卽集可比且鮑超奉　諭招勇尚
須部署三兩月始能成行臣妙手空空軍械口糧無從支

取卽或求助他山至少亦須募二三十營始足以壯天威
更非數月不能成軍不練卽行是驅市人而使戰也且由
湘至粵二千餘里新軍初立紀律生疎雖有軍令難保沿
途不滋生事端廣東待防至切而此間緩不濟急倘因遲
延而誤大局臣更無所辭咎再四思維與其在湘募新勇
縻費而不能救急莫若於粵東就地取材查粵東義憤果
敢之士尚多臣已函商張樹聲裕寬遴擇公正廉明紳士
速集團練俟臣到粵後按照陸營規制給與口糧慎選營
官統領勤加揀擇嚴定賞罰無事則主守以保衛桑梓有
事則主戰以報效　朝廷有功者保獎傷亡者　賞卹當

可得力以應目前戰守之需較之待客兵客餉緩不濟急
者固不侔矣聞浙督臣何璟籍隸廣東臣已函請其邀約
同鄉正紳竭力舉辦以期衆志成城惟軍興以來餉源支
絀臣一身孤注百事躬親少壯不善謀生至今依然寒士
年近七十老病頹唐兼以拘謹性成不能開展於籌餉實
非所能應請敕下各直省督撫兩淮兩廣運庫指撥月餉
源源解濟以收士飽馬騰之效臣一面函商左宗棠江南
調撥湘軍江蘇候補道王之春毅字勇一營暨淮揚鎮總
兵章合才合字三營並請接濟糧餉尚不知能否允調又
於長江抽調水軍二百名以作親兵酌調候補人員以資

差遣一面函商李成謀派記名總兵三江營都司顏世玉
前田鎮營都司記名總兵梁永學以充管帶接晤湖南撫
臣潘鼎新已調撥勇丁二千名派記名提督王永章管帶
除接濟該軍糧餉外並助銀一萬兩就近調輪船由海道
先赴廣東以安民心臣輕裝隨帶跟丁數名十月初十日
卽由衡州起程單騎入粵臣從前足跡未至嶺南於水陸
形勢不熟必須趁法兵未到之先察看布置若法兵先臨
城下臣到後卽當另籌辦法現已附片密陳俟會商張樹
聲寬裕妥籌布置再行會奏外理合將遵　旨部署大
畧應急情形並起程日期先行恭摺具報上慰　宸念

是否有當伏乞

皇太后　皇上聖鑒

訓示　謹奏

附片

再法兵雖經別由西貢奪佔越南順化河岸炮台而疊據七月二十八日八月二十九日劉永福屢獲勝仗有擊沉兵船之說證以官商家信事屬不虛法人進退維谷遂爾尋衅粵東爲虛聲恫喝之計臣此次赴粵如法兵先已薄城則順化河內一路守備自必空虛緣法夷遠涉重洋數萬里人數必不能多也臣擬一面協守一面密咨雲貴督臣廣西撫臣各派驍將領精兵數千督同劉永福所部出其不意攻其不備疾搗順化河內及西貢敵營覆其巢穴使該夷無地盤踞則犯粵之軍勢將潰退越南未必不可保全應請密　諭滇蜀各督撫預先布置乘機赴會莫成通力合作之功查法人之强不及俄人遠甚前歲俄人百端要挾若非　皇上赫然命將戒備森嚴彼亦何由俯首就約今法兵屢爲劉永福所敗伎倆已可概見而議者必謂法兵不可輕敵未免爲虛聲所怵墮彼術中倘再任其要脅勢將何所底止此次能力圖自强則各國皆不敢存輕視中國之心可以一勞而永逸矣謹附片密陳伏乞

皇太后　皇上　聖鑒　訓示謹奏

再師以曲直爲老壯上兵伐謀其次伐交古之制也現在通商二十餘國而法人獨敢吞噬越南志在窺我滇邉垂涎銅礦之利各國坐觀成敗殆先以法人嘗試中國耳然使法人竟獨擅富强之利則諸國又將因妒生忌不令獨占便宜此情勢所必然也目下既命將出師自應將不得已而用兵之故明白宣示各國使知其曲在彼因以携其黨而敗其謀應請敕下總理各國事務衙門照會通商之二十餘國告以各國通商有年彼此利益各守條約無詐無虞此萬國公法所從出也乃法國包藏禍心明知越南世奉國朝貢而竟恃强陵弱違約稱兵　朝廷早欲應援以恐傷和好隱忍未發前日法使脫理固竟乘兵輪來津有大隊兵船至廣東尋衅之說恫喝要求詭計叵測我

皇帝赫然震怒命將視師彼若前來即與決戰兵端開自彼國不得已而爲應敵之師曲直之判皆諸國所周知也第海上用兵商船裹足於各國通商事務不無妨碍以一國違約之故致礙全局咎有專歸想諸國自有公論又中國軍民不識外國旗號將來戰守之際誠恐各國商船經過軍民誤認敵船致有波累亦須預防以免轇轕如此立言明示利害曲直之故諸國必不敢暗中助逆至預防轇轕一層自占地步且無論有戰事無戰事而此項照會

但在必行倘別有要求亦斷不可輕易允許臣愚昧之見是否有當伏乞　皇太后　皇上聖鑒訓示施行合並附片密陳謹奏

嚴備戰事疏

臣彭玉麟跪奏為敵情叵測款議雖定仍宜嚴備戰事為自強之基以弭後患謹瀝愚忱恭摺馳陳仰祈　聖鑒事竊臣前接總署轉電光緒十一年二月二十日奉旨法人現來請和業經允其所請約定越南宣光以東三月初一日停戰十一日華軍拔隊撤回等因欽此臣比即電致總署萬萬不可撤兵中其狡謀乞為代　奏廿七日覆接總署轉電本月廿六日奉　旨臣彭玉麟電奏請飭統兵諸臣仍紮原處等語撤兵係照津約斷難失信昨已將辦理此事合局利害諭之張之洞著即給與該尚書

閱看自可了然且撤兵回界仍係整軍嚴防彼即挾詐背盟我亦有備無患該尚書等惟當凜遵前　旨迅速辦理毋誤事機欽此伏讀之餘仰見　聖謨深遠籌策萬全於議和息兵之中仍寓思患預防之意莫名欽服但微臣區區愚慮尚有不能自已於上瀆　宸聽者請更陳之我　朝政崇寬大待島族過于優容決無自我橫啓衅端之事彼族知其然也而以為畏之遂日肆其欺侮而悍然罔顧如琉球之未復伊犁之讓界兵端未開猶可說也比次　朝廷赫然震怒命將出師迄今二載本年二月十三日諒山大捷天討方張乃津約忽以敗局終事墮其術

中益見輕于彼矣犬羊成性如市井小人惟利是趨安知信義挾其趨利之心存一見輕之意見我之兵衛既撤全越悉爲彼有險要已失藩籬洞開安有不乘機侵軼之理若待至此而始悔失計不已晚乎且上年津方訂約彼即犯諒之觀音橋我方撤兵入關彼即肆擾臺灣前事固昭昭可鑒今復狃其故知以欵欺我我復信之堂堂中華任其玩弄于股掌而毫不省覺臣愚恐諸國聞之謂吾華之易與也亦必從而生心羣思以我爲利邊鄙之患其有已時哉抑臣更有慮者西國覬覦中土多歷年所彼其用兵于我忽而請欵者夫豈有愛于我而講信修睦哉其必有

所圖也明矣自海上告警以來召將徵兵購船製械天下騷然糜餉已數千萬及布置初定兵機漸利彼乃以一和字誤之而我所用經費盡成虛擲如此行之數四海內罷憊勢必不支不得已一惟和之是從由是當事者以和爲得計無復自强之謀領兵者以和爲固然潛銷致果之氣邊疆要隘人以屢和之故武備懈弛而不修一旦黠虜挾其堅船利砲號召彼類環起而與我爲難其時財用既匱兵氣不揚天下大局將有不堪設想者此其心至深謀至毒而其勢殆將必然故臣每一念及輒中夜以興繞帳傍徨不能一刻稍安也昔趙宋南渡韓劉諸將百戰抗金岳武穆力圖恢復長驅北向幾復中原乃秦檜主和金牌遽召遂終宋之世迄不復振何則戰則氣以厲而彌奮故可進于强和則氣以餒而益偷故曰趨于弱宋之已事固其明效大驗矣方今欵議已定自難中改黠虜無信事未可知伏乞

嚴飭沿海各疆臣及各將領嚴陸師戰守外須海如天津吳淞福州廣東臺灣等處應趕緊添造大小鐵甲戰船每口至少必須十餘隻各另成一軍募召海島精壯漁戶熟習風濤沙水之性者編爲各船之勇免使敵人募用以成奸細精選久于水師身經百戰健將爲之管帶勤加操練靜以待之庶幾立自强之基萬一敵復敗盟狡

焉思逞即永絕其好一意從事於戰內外臣工復有敢以議欵之說進而損威納侮者應請照十年七月十五日

上諭交刑部治罪嚴

旨肫切自宜凜遵斷不可一誤再誤仍蹈故轍圖一時之苟安貽無窮之隱患惟務聲罪致討大張撻伐必令俯首帖耳就我銜勒不敢復肆鴟張而後已如此則國家之威稜遐暢彼族之窺伺隱銷四海永清寰宇蒙庥矣臣愚戇不知避忌謹披瀝血忱由驛馳陳伏祈

皇太后　皇上聖鑒訓示謹奏

議款片
彭玉麟片　再臣正奏摺間接督臣張樹聲緘致總署電
音得悉署直隸總督臣李鴻章方與法酋議款聞之不勝
駭異伏維法夷犯順率土同憤臣于十年三月廿六日奉
上諭飭臣等振刷精神竭誠籌辦臣當宣示各軍無
不踴躍歡呼激昂思奮乃甫數日而有議和之舉得無阻
赴義之心而褫敵愾之氣況今法夷有斷斷不可和而可
戰者臣素愚戇忘其冒昧請爲我　皇太后　皇
上陳之法夷無端生衅擾我屬國出師保護又復肆其豕
突撓敗我師迄今並未大加懲創遽與議和何以張國威

示天下不可許者一法夷並未受創幡然請款是必中藏
詭譎或怠我師而徐乘其後或緩我謀而誤以多方不可
許者二既與議款該夷不索兵費但請越境通商恐將來
必有十倍取償兵費者瘠中華以奉島夷飾目前以釀後
患不可許者三夷最巧於擅利權法夷此次得志而效尤
法夷者必狺然環伺而進是款一法夷而轉來無數法夷
也蠶蝕日滋隱憂方大不可許者四雲南物產富饒五金
之利翠玉之璞艷稱于世久爲西人所垂涎若與議款必
由蒙古以內許其通商迨爲日既久形勢險阻彼盡知之
廣傳耶教以張羽翼一旦發洩將何以支不可許者五茲

不可許人人知之倘漫不加察貿然亟以議和以是爲國
計萬全臣固未能信語云師直爲壯曲爲老今兵端自法
夷開窮兵黷武掠地爭民民怨攸歸天怒斯赫我爲歷數
其罪狀布告中外俾知理曲在彼直在我不得已而用兵
伐罪救越南無辜靡孑之民　皇天無親惟德是輔
乘釁而動何敵不摧此決天理可戰一也我　朝以聖武
開基將帥得人遠軼前古剛平髮捻之亂忠勇輩出賈其
餘勇足以定邊前議防俄之時奉　旨着保薦人材即
以將材不易存者什一爲慮再越數年老成凋謝盡矣雖
攘外不必定須安內之材而有議必須有膽略若及時精

選宿將俾各講求以散敵勢以柔克剛之法用盡其長此
論將才可戰二也道光年間夷釁初開廣東三元里團練
義聲至今猶在比年各省夷事憤激之案層見迭出可見
民間不平之氣不可遏制越南劉義中華之民也久伏荒
裔自顧不暇猶不忘尚義屢殲法兵各省不乏英豪應有
聞風以起出效死力者失此不用尤爲可惜此察民心可
戰者三也查越南萬國公法戰分義與不義一節內稱無
故與戰傷天害理不獨可以理喻曲可以力止之等語頗
與齊人伐燕諸侯謀救燕之義暗合公法之公萬國率循
應無偭越我　朝廷即一面通飭各督撫臣大張曉諭於

通商和好各國極力保護專與法人絕好准各義民誅其
天主教士燬其禮拜妖堂罷其駐京法使撤其生意碼頭
內既滑消亂萌外更不虞有阻此驗公議可戰者四也法
夷自通商以來前于天津教堂一案既思啟端以償所大
欲適為華人所阻中止旋謀越南為自強之計又恐中華
眾以全力決戰審其用兵籌餉自量萬難久持故先為恫
喝以速其和又貌為恭順以工其術其實鬼蜮伎倆窮矣
此揣敵情可戰者五也此五可戰人人知之但遲疑不能
決耳伏乞　嚴飭海疆各大吏及各將領洗心滌慮各矢
天良修矛偕作憤志同仇以與法夷共事臣雖衰朽無能

斷不敢惜此餘年稍存畏葸尚當獎士卒為軍先所有不
可歟而可戰緣由謹披瀝附片具陳伏乞　聖鑒　訓
示遵行謹奏

增拓船砲大廠疏

臣左宗棠跪奏為請　旨敕議拓增船炮大廠以圖久遠
恭摺仰祈　聖鑒事竊惟海防以船炮為先船炮以自製
為便此一定不易之理臣於同治五年奏設船政局於福
建仿照造外國兵船甫蒙　俞允即拜西征之命一切
製造經歷任船政大臣斟酌辦理不敢耗費財力所製各
船多仿半兵半商舊式雖近年鐵脅快船較舊製為稍利
然方之外洋鐵甲仍覺強弱懸殊船中鎗砲概係購配較
外洋兵船所用又有多寡利鈍之分所以洋釁一開皆謂
水戰不足恃也夫中國之地東南濱海外有台澎金廈瓊

州定海崇明各島嶼之散布內有長江津滬閩粵各港口
之洪通敵船一來處處皆為危地戰固為難守亦非易敵
人縱橫海上不痛加懲創則彼逸我勞彼省我費難與持
久欲加痛創則船炮不逮況現經守口之砲率購自外洋
彈子火藥形式雜出各炮各彈南北洋雖能配補而砲身
鎗管久必損缺各國並守公法一概停賣將來由雜而小
由小而無誠有不堪設想者臣去冬布置閩海防務親歷
長門金牌察看砲臺飭將馬江被敵擊沉之砲起出安配
纔足自固然砲位小海口多陸師仍不能省兵多餉絀司
庫難支不得已而有商備洋款之舉第款必還且耗巨息

幸而軍務順手尚不失爲權宜儻敵餤日張海防日棘而徒剜肉補創勉强支持何以抑彊寇而靖海氛臣愚以爲攘敵之策斷宜先戰後和修戰之備不可因陋就簡彼挾所長以凌我我必謀所以制之因於船政局舊班出洋學生內詢考制炮大畧據稱泰西砲廠不一當以法華士廠克虜伯廠並蒙士唐廠好而嵩廠四處爲最法克廠炮身炮筒砲箍純煉成全鋼安蒙士唐廠筒用精鋼身用熟鐵好而嵩廠筒箍用精鋼身用鑄鐵皆擅專長然半銅半鐵製費雖減惟有用久裂縫之虞不如純用全鋼價雖貴而無弊參觀比較仍以德國克虜伯英國法華士作法爲妙

故中外各國用該局廠之炮爲最多中國欲興砲政必於此兩廠擇一取法僱其上等工匠定購製炮機器就船政造船舊廠開拓加增剋日興工鑄造雖經始之費需銀五六十萬兩而從此不向外洋買砲即以買砲經費津貼砲廠當亦有盈無絀惟鑄砲之鐵與尋常鐵器煉法不同必須另開大礦添機煉冶始免向外洋購鐵查福州穆源礦苗極旺閩中官民屢欲開採以銷路不暢而止若用以鑄砲取之甚便如能籌得二三百萬金礦砲並舉不惟炮可自製推之鐵甲兵船與夫火車鐵路一切大政均可次第開辦較向外洋購買終歲以銀易鐵得失顯然泰西强國於此等工程斷不貪購買之便而自省勞煩良有以也各等語稟由船政局提調道員周懋琦轉稟前來臣查西洋各國二十年前尚無鐵艦所有兵船與中國船政局現製相符即砲位藥彈亦多前膛笨重之物論其昔年兵力物力本非能與我爲難孰料洋人逐漸講求日新月異兵船鐵甲厚至尺餘更以一二尺厚之陰丁魯泊如象皮膠者貼襯其裏以故剛柔摩盪堅實異常其後膛巨砲全重能力突過從前上海製造局所譯克虜伯炮準心法以及兵船海岸砲位架圖說言之甚詳申報所載英國新鑄巨砲可受藥彈一千餘磅之重能洞穿五尺餘厚之鐵甲聞者

莫不咋舌而自泰西各國視之亦尋常工作耳洋人修明武備不惜財力至於如此此次洋人犯順游弋重洋不過恃其船堅砲利而我以船炮懸殊之故匪獨不能海上交綏即臺灣數百里水程亦苦難於渡涉及待開廠製辦補牢顧犬已覺其遲若更畏難惜費不思振作何以謀自强而息外患耶穆源鐵礦臣接見閩省官紳均謂便於開採似應委員試辦並拓馬江船廠興工鑄砲臣又聞江南徐州鐵礦礦苗之旺甲五大洲若能籌款開辦即於楚吳交界之墟擇要設立船政砲廠專造鐵甲兵船後膛巨炮實

國家武備第一要義臣老矣無深謀至計可分

聖

聖廑勞目覩時艱不勝愧憤惟念開鐵礦製船砲各節事
雖重大實係刻不容緩理合請　旨敕下內外臣工迅
速妥議具奏仍乞　宸衷獨斷期於必行天下幸甚至
目前福建軍務斷不敢因船炮未利託詞遲延除分别咨
商外謹會同福州將軍臣穆圖善浙閩總督臣楊昌濬恭
摺陳奏伏乞　皇太后　皇上聖鑒訓示施行謹奏

覆陳海防疏

臣左宗棠跪奏爲遵　旨覆陳海防應辦事宜擬請專
設海防全政大臣以一事權而統全局恭摺仰祈　聖
鑒事竊臣於光緒十一年五月二十五日承准軍機大臣
字寄五月初九日奉　上諭現在和局雖定海防不可
稍弛亟宜切實籌辦善後爲久遠之計等因欽此仰見
皇太后　皇上深謀遠慮軫念海疆至意欽服莫名
臣暮年多病思慮不周然苟有所見敢不遵　旨覆陳
上備　聖明採擇伏查泰西各國經營船砲閱數十百
年之久遂得稱雄海上爲所欲爲若以中國二十年前之

武備相提並論直不可以一戰近十餘年來中國船政製
造局水師學堂次第舉設雖造詣未精而規模亦已略具
故上年法釁一開亦即能與之接仗鎮海一口有巨砲轟
擊彼即敗退其明徵也就目前言之中國水師誠不及外
洋但華人之心思西人亦服其穎悟在上者能實力講求
師彼之長以制彼之命豈僅足自固哉恭繹　諭旨我
之籌畫絜備亦嘗開設船廠創立水師而造船不堅製造
不備選將不精籌費不足等因臣維造船以鐵甲爲堅製
器以鋼砲爲要臣前此拓增船砲大廠之疏已將應辦情
形切實言之惟船砲購買終不如自造福建船塢因難造

大號鐵甲則拓增大廠之請刻不容緩聞前署湖廣督臣
卞寶第有請於鄱陽湖口設立機器局之議長江自武漢
以下兩岸港口地險水深無逾此處應請　敕下江楚
督撫臣派員測量斟酌議行其後鐙巨砲一俟局廠設定
趕緊鑄造或飭江南廣東各機器局先行試造以免曠誤
均應及早謀之第念海防無他得人而已中國水師不力
或歸咎於不振作其實內外臣工豈乏忠諒所以處處牽
掣必有其由臣曾督海疆重參樞密見內外政事每因事
權不一辦理輒形棘手蓋部臣之權重在承　旨會議
事無大小多藉疆臣所請以為設施外臣之權各有疆界

雖南北洋大臣隔省之事究難越俎誠如　上諭僅就
一隅創建未合全局通籌今欲免奉行不力之弊莫外乎
慎選賢能總提大綱名曰海防全政大臣一切有關海防
之政悉由該大臣統籌全局奏明辦理畀以練將籌餉製
船造砲之全權特建該署駐札長江南拱閩粵北衛畿輔
該大臣或駐署辦事或周歷巡閱因時制宜不為遙制另
擇副臣贊襄庶務庶責無旁貸成效可立覩矣至一切措
施不能概行預擬以免成見誤事臣受　恩深重未報涓
埃懍　聖人懲前毖後親　竭管窺蠡測之見擬議七條
恭呈　御覽候　旨敕議施行　一師船宜備造也外

洋有鐵甲之堅利而以砲快魚雷等船相輔而行又設有
糧船為轉運杉板小輪為利濟猶之中華步軍馬隊鳥鎗
籐牌相輔乃成軍也既擬大治水師不惟求備更應求精
舊製半兵半敵之船勉為糧船而已新造快船略可備戰
而亦不能獨戰總計中國之海疆萬有餘里至少亦須練
海軍十大軍每軍鐵甲數艘之外尤必各船皆備庶足應
敵　一營制宜參酌也舊設水師與新練海軍情形不同
除長江內河水師外沿海水師一律應行更改且南北洋
輪船亦不能成軍此後既治海軍應歸海防大臣統轄每
軍設統領一員秩比提督以下帮統管帶比秩有差一切

遷調皆由海防衙門奏辦各疆臣祇節制守口陸師非軍
務緊急不得調遣海軍一切差遣別備輪船亦不得以兵
輪濫應　一巡守操練宜定例也海軍十大軍若徒備鎮
守徒多無益擬將十軍內以八軍分布大沽琿春烟台崇
明鎮海閩口台澎虎門瓊州各駐一軍附近之汕頭廈門
鎮江北塘等處皆由派駐該省兵輪分派停泊朝夕操演
又此八軍分駐各口彼此互相替換每　個月輪替一次
合操一次周回不息其二軍一巡東洋一巡西洋亦仿各
國為保護商人之計藉以練習風濤沙綫兼訪水土民情
與夫各國形勢博物製造等事或遇兩國戰事即前往觀

戰每年期滿仍歸守口將守口者挑換兩軍出洋凡此鎮守巡歷各船必將每年所訪所練各事報明海防衙門查考並通飭將弁優劣具呈考核請　旨賞罰著爲定例

一各局宜合併也臣前摺請開穆源鐵礦爲鐵甲鋼砲材料玆奉　旨飭議設廠處所若論常格自應由兩江浙閩籌款試辦或委公正紳富集股倡辦並招通曉化學之人講求練法俾速出鋼鐵應用其實礦政船砲相爲表裏果設海防大臣所有船砲礦廠均應一手經理始克通靈擬請　簡派得人將福建船政差使撤銷由該大臣選員充派各省製造局亦概由該大臣辦理以歸劃一

一經費宜通籌也查設立海軍需款甚巨按年攤用每歲約三四百萬目今庫帑支絀非合天下全力萬難舉辦竊維挹注之法籌餉莫大於裁兵約計裁經制額兵十分之六可得數百萬裁招募勇丁十分之一可得數十萬加洋稅減沿海水師及艇船可得數十百萬應由戶兵二部查核現在每年出入全數及裁減之後統可籌出若干以定海軍衙門常年經費作爲司款正項不准外省短解總核各省歷年解濟各局以及購辦洋料洋貨銷冊統計出洋銀數可省若干按年均攤每年即限撥若干交海防大臣核實支用造報

一鐵路宜倣造也外洋以經商爲本與中國情形原有不同然因商造路因路治兵轉運靈通無往不利其未建以前撓阻亦甚一經告成民因而富國因而强人物因而倍盛有利無害具有明徵天下俗論紛紛究不足與之辯自所謂民可使由不可使知也如電報輪船中國所無一旦有之遂成不復可少之物鐵路則其利尤溥臣查清浦至通州宜先設鐵路一便轉漕而商務起色一便徵調而額兵可裁且爲數僅數百萬由官致商股試辦俟有成效再行推廣於西北一路

一士氣宜培養也國家選士首重經術蓋經爲體術爲用也上年潘衍桐請開藝學一科臣遵　旨會議曾具說帖誠以道藝一

源不可分析雖藝術亦可以得人才也今躬歷海疆周諮博訪不惟水師兵官應如李鴻章所奏大開學堂而一切格致製造輿地刑律均爲以術運經之事尤應先倡官學酌議進取之方廣譯洋書勸導士民自相師法則人材輩出不窮於用其辦理章程統俟海防大臣妥議以上七條第就現時情形略陳大概恭候　聖裁

海防善後疏

臣曾國荃跪奏為海防善後應增鐵甲雷快等船現擬合力通籌分年購備以資戰守而固疆圉恭摺仰祈
聖鑒事竊自法人搆釁擾我邊疆窺我腹地籌餉徵兵上厪
宵旰幸賴　國家威福乘其悔禍之機許納輸忱之款從此海氛斂戢兵氣銷除薄海臣民同深慶幸顧居安思危古有明訓懲前毖後備宜及時當干戈載戢之時正嘗膽臥薪之日臣忝任防務時切戰兢每念時局之艱輒中夜數起伏思須粵各軍屢獲大捷基隆支持數月未為所乘鎮海砲台與快船得犄角之勢且能擊傷敵船此雖各

省將士曾經戰陣之微效而念及馬江之挫衂石浦之疏虞全台被封漕糧被阻其受制之由皆由海上無一鐵甲兵船又少新式快船魚雷船與之角逐於洪波巨浪間故不能出奇而制勝也本年正月臣左宗棠有拓增船砲大廠之疏去年十月臣有不惜工資以造堅厚大船之疏皆有鑒於閩滬各廠舊造木殼輪船既薄且脆行駛濡緩與敵相遇彼以大鐵甲當我之砲而以快船追我之船勢必立時遭毀是製備鐵甲等船為目前海防第一要義但以中國從未經辦之事即赶募洋匠廣開鐵礦而開採需時冶鍊需時添機拓廠又需時設有事端仍屬緩不濟急臣

與籌防機器等局司道熟商欲圖遠久之模重在自製欲應急切之需宜先購買緣外洋鐵甲雷快等船日新月盛今年之式又勝去年必須與熟諳洋廠之洋商訂購極精極新價極輕減之船既足與敵抗衡又足為我程式將來由鐵甲而魚雷而快船一一可以倣造北洋經李鴻章購超武揚威兩快船見者皆稱其砲利船捷又購定鐵甲二艘和定後可陸續來華南洋僅有南琛南瑞兩船購自德廠尚非新式前與開濟入閩阻在鎮海立有寸功若新式快船每點鐘可行六十餘里能安四百磅子之巨砲尤為得力然非鐵甲護之以行則不能自衛或不免受制於人

南洋海口較多船少不敷分佈臣擬添購砲船五艘魚雷十艘鐵甲兩艘約計經費需銀七百二十萬兩擬由安徽江西兩湖四川五省每年協濟南洋銀壹百萬以七年為期專備購船之用臣與江蘇撫臣力任養船之費並置辦船內鎗砲子藥自本年七月初一日起按照此次奏定之數按月分解各該疆臣皆素顧大局必能騰挪設法共濟時艱至外洋現成之船購價較廉但斷不可買彼舊船必須考究圖式立約定造新船並派妥員出洋在該廠監造大約各船造齊非二三年不能竣工其價原可陸續應付如蒙　俞允應懇　天恩敕下安徽江西兩湖四川各督

撫臣遵照核月如數酌解俾臣得藉手展布爲南洋立自強之基吳淞江陰得此鐵甲雷快等船爲之提唱加以原有蚊船各兵輪爲之輔佐庶幾兩三年內新船到齊操練漸熟以守則固以戰則勝以之應調赴援亦不致逡巡畏縮臣更力圖精進俟前購大砲到後添築西法砲台以屯陸師預選水師將才以備管帶廣示招徠以安商業力除頹情以肅官方勇丁必求精力極壯者勿濫收以損威軍火必求工料極精者勿草率以糜餉不間寒暑督率而訓練之以期日見精強仰副　朝廷慎重海防至意所有南洋應增鐵甲雷快等船通籌購備緣由理合恭摺由驛具

奏

預籌海防疏

臣曾國荃臣裕寬跪奏爲微臣督同司道遵　旨密地預籌海防恭摺合陳仰祈　聖鑒事竊臣等派吳金美統率舟師駛赴廉瓊洋面游弋巡防派方耀統領五營馳赴欽州邊界擇要駐紮業經具報在案六月初六日承准軍機大臣密寄光緒九年五月十六日奉　上諭法越搆兵一事久未定局法使脫利古與李鴻章會晤以中國是否助越爲言意在挑釁甚爲叵測亟宜先事籌防以杜狡謀特着沿海防豫實力籌辦認真布置不可虛應故事徒令外人輕視等因欽此仰見　聖謨廣運訓示周詳

私衷曷勝欽佩伏查廣東洋面延袤三千餘里廣州省會居其中東自惠州而潮州與閩省聯疆西則自肇慶而高州雷廉與越南接壤瓊州一府南澳一廳則孤懸巨浸之中數十年來督臣撫臣籌辦海防以省城爲外郡之中權虎門爲省城門戶因而議修砲臺議練水師又議購巨炮製水雷以爲守禦之備經營佈置蓋有年矣顧以財力不充事功難就即省河及虎門黃埔等處應修砲臺各工尚未告蕆歷年購水雷鎗砲爲數甚多然以之分佈各處砲臺仍行不足此外沿海各處如東路潮州之汕頭近只修成崎碌砲臺一座其餘惠雷廉瓊各郡更屬兼顧不遑自

今越法搆兵外人藉口生端欲挑衅於中國粵東洋面實爲外人入華首要衝途且通商最久香港澳門及附省河面一帶在在皆洋人館舍房屋處處皆有領事商賈屯駐沿河水勢之淺深山川之險要皆敵人所稔知也先事之防勢不可緩以通省瀕海而論沿海三千餘里港汊分歧如欲到處設防兵力實有未逮惟省城爲全粵根本自當首爲之防欲求内地之安必先設藩籬於外是則虎門一隅爲粵省門戶尤不可不嚴爲之備自虎門至省城洋面雖寛計程約一百八十里香港澳門久爲外人蹲踞惟虎門沙角上下横擋向是鎖鑰之城洋面雖寛中只一泓三

等四等炮力尚能洞中船隻如深入數十里則水道漸窄矣惟離四十里之黄埔常州相距兩岸各有四五十丈山形包裹水勢瀠洄若於此設防大足以資控扼是以言防粵省僉謂虎門沙角上下横擋爲省垣第一重門戶爲不可棄而不守黄埔常州白兔崗白鶴山魚珠沙路等處實爲第二重門戶尤宜厚集兵力多築砲臺嚴爲之備勇夫尚且重閉况省垣要隘乎光緒六年督臣張樹聲具奏籌辦海防摺内所言黄埔常州一帶中權握要亦宜有兵駐守有炮臺禦敵方能首尾相應即指此處要地而言之也張樹聲雖有此議旋以經費難籌迄未逮修築炮臺所購之炮尚未一齊到粵是以不能設備臣等察看形勢竊以爲今日防禦虎門固爲扼要而黄埔白兔崗等處尤爲門戶鎖鑰更不可不先事預防果能握守虎門常州則省垣自可無虞矣至於設守之方與其僅防於水面猶是孤注之勢不若兼防於兩岸可成犄角之形濱海設防首重舟師細查廣東輪船係爲附近海口緝捕而設船身本不甚大且又購製日久機器未能堅固如初光緒五年欽奉諭旨飭令各省輪船赴吳淞口合操前督臣劉坤一於覆奏摺内聲明粵東省各號輪船實不足以出洋禦戰今閲數年之久苦窳更甚於前若令駐防巨浸洋面則不足

當敵船之利炮若令設伏於虎門沙角以内黄埔常州以外亦足以阻敵船之往來握賊船之充斥臣等熟籌虎門地方除威遠横擋兩炮臺業經修築工竣安配炮位分撥勁勇正副兩營駐守操防其指修之鵝頸炮臺由水師提督派撥練兵守駐外尚未修後之沙角砲臺及應行修築增補之上下横擋浮洲山飯蘿等處均屬緊要之地亦宜兩岸築土臺至於黄埔常州之白兔崗白鶴山魚珠沙路等處久爲握要之區更應赶緊購料併工修築炮臺便可與省城附近之大黄滘中流砥柱等處第三重門戶炮臺聯爲一氣其沿路水道較窄地方則置水雷以爲炮臺輔

此預籌先守門戶而固省垣根本之情形也又守防之策控抱在乎得地而守禦尤貴得人從前粵東用兵有年乃於虎門十分要地但有守臺之形而未嘗厚集兵力作為護臺之壘又為遊擊策應之師似此孤立無援故外寇遂由下游登岸以襲炮臺之後因而一敗塗地不可收拾無論中外交戰大凡或無救援斷難持久堅守今欲防守各路炮臺必須屯聚重兵能耐苦戰方可以資防護一旦遇警雖有强敵乘虛以襲其後亦可敵慎不敗竊計虎門沙角及黃埔常州兩要隘萬一臨警之際每處須屯聚萬人首尾援應可以更番迭戰晝夜輪替前敵之軍乃有把握

至於省垣之外距抵大黃滘中流砥柱等處共十餘里亦要有團練萬眾嚴備防守庶幾各港汊小徑縱有潛來窺伺省垣之寇亦不敢乘間抵隙方足以安城廂內外之人心而固全省之根本現在法人叵測端倪初露當是和戰未定之局斷不宜遽行招募多營既不敢過涉張揚尤不敢徒茲耗費所幸粵省民風向稱剛勁一朝中外失和遇有警急立刻僱募三萬之眾不難旬日屯集但須物色粵東本省得力營員哨官隊長另派善戰將弁預先教以營規陣法其招募也則應在北江東莞新安一帶夙練之團方可以稱勁旅臣等欽奉　上諭即已函商總兵方耀

鄭紹忠鄧安邦及副將吳廸文等密地各選得力將官能充統帶者數十員能充百長哨官數百員議定在於北江各屬及東莞新安等處挑選驍勇敢戰能充隊長者一千五百人擬令先行齊集派廣東候補道周炳勳遴選湘楚久經戰陣者四十員充當教習會同鄭鄧二鎮及各將官教訓對敵分合進退之方諭以奇正埋伏步伐止齊之法並令該隊目等營添僱民夫一面修築各處炮臺收買各鄉團練自置之炮以應急需遇有警報失和之信即令號召各處團練樸實敢死之士尅日成軍防守各臺各壘此乃審度緩急預籌及佈置目下之實在辦法也又查廣州

海口虎門外有焦門橫門崖門三虎磨刀兩門均可繞至省城之右其餘沿海港汊可通內地者幾於悉數難終若逐處設防匪惟兵不敷用且斷難周密臣等查沿海沙戶魚船實有萬數千號其大者船堅炮巨亦能時出虎門以外若輩重利輕義實於各港口水道之深淺曲折潮汐之消長疾徐無不熟悉於胸多有可用之才前督臣劉坤一曾委員編查保甲為之擇立澳長今尚有卷可稽原擬海疆有事抽選成軍另以將弁統之聽候調用查副將吳廸文等生長海澳為各漁戶所信服臣等令密地將各漁戶多方聯絡編集名冊無事之日聽其各安生業設有警報

則飭吳廸文等迅速調來收集港道支河之內令其分段巡防既足以補兵力之不敷亦可杜絕外人勾結謀害省垣此外沿海各郡縣亦經密飭文武官員將各營兵丁認真訓練各鄉團練多築寨堡以期人自爲守敵難猝攻此佈置沿海地方港道鄉村預籌有備無患之情形也臣等知識庸愚忝膺疆寄當此遠人伺釁　宵旰勤勞敢不竭盡棧轅蹇劣之資爲戶牖綢繆之計雖值庫儲告匱部置艮難而合衆志以成城矢寸衷以圖報乃屬綿力所及自應黽勉以輸忱如果法人不就範圍一旦入寇粵疆不得已而出於戰即當核飭諸將召募軍士尅期入營防守以

湘軍規模優給口糧臨時重議賞犒責以殺賊立功可望擒渠殲敵臣　定於聞警之日親駐虎門前敵營壘之內相機調度晝夜激勵將士鏖戰不解以期固守疆宇而慰宸衷所有臣等督同司道遵旨密地預籌海防情形理合具摺密陳

敬陳粵東海防疏

臣張之洞跪奏爲敬陳粵東海防大略情形仰祈

聖鑒事竊臣到任之初法人渝盟警報狎至揆其貪狡情形深知　宸謨明決萬難遷就汲汲以籌備戰守爲事諮之同官訪之將吏綜核軍實計畫餉需按考輿圖勸督團練於是巡歷外海內河各砲台省城外陸軍各營壘時已疊奉　諭旨籌防籌戰未幾而聞攻馬尾旋又聞有窺粵之信事機曰迫舉凡設險創台造船購械必需經年累月後成者勢皆不能與作僅得就時之所及力之所能者竭力措置查粵省帶海爲疆無地非設防之所而大端有四

處曰省防曰瓊防曰廉防曰潮防省防最重而最難虎門海口相距千二百丈兩岸砲力不能相接舊建各砲台疏謬無法背山臨水留烟收彈一時猝難改造而寥寥數砲亦何能遮絕重洋沙角尤爲遼闊砲台竣工尚早一也內河廣深兵船可抵城下城垣庳薄戶宇填塞城外無紮營之地城上無及遠之砲二也虎門之西又有海口五曰五門而澳門不與焉橫門磨刀門崖門可通大兵輪蕉門虎跳門可行中小輪船口內港汊交通可達省垣三也香港敵可停船澳門敵可登岸西人皆素與法親助械濟糧情同留駐彼有頓舍之地我無禁制之方四也洋人居粵已

久隱民役洋人以爲利教民資洋人以爲庇地形營制官
吏舉動纖悉備知無從防察五也省垣游民多逾十萬鬬
爭擄奪無日無之既禦外侮兼防內訌六也河道如此紛
歧必有戰船應可扼守粵輪兩艘已燬於援閩之役此外
中小輪船皆緝私捕盜之物僅有洋製蚊船一艘土人仿
製蚊船一艘恐無大用七也餉絀各省通患而粵省尤甚
如懸磬專恃借欵辦防增營購械煩費無等協滇協桂援
閩援台寔已無從羅掘八也夫三千海面以粵爲衝中國
之有洋務以粵爲始探洋情買洋械以粵爲便廿年來逐
漸經營早應預備完密乃歷來治粵者習常蹈故遠慮殊

越事備考奏議卷二　洪

闕自去秋以來彭玉麟張樹聲經營防務漸有規模彭玉
麟忠壯勤苦足以感發三軍張樹聲於泰西砲械素能講
求次第籌備西式砲台略仿新製惟是事體繁重經費維
艱且爲各國洋人所牽制將士習爲疲惰率狃於謬見積
習存僥幸無事之心又多未見外洋戰陣禦備之方罕有
成畫臣與諸臣三令五申考校督趣三月以來部署略定
前路曰虎門距省百二十里口門內東山麓一台曰威遠
海心兩台曰上檔下檔現任水師提督方耀任之口門外
東曰沙角西曰大角曰蒲洲彭玉麟始議於此處新建砲
台沙角湘將婁慶雲任之大角蒲洲湘將王永章任之甚

爲前路中路曰黃埔距省六十里內海水勢東西流中分
爲二以達於省埔尾曰長洲居南北兩支之中淮督吳宏
洛任之張樹聲行營在焉南支南岸曰沙路淮將蔡金章
任之北支北岸曰魚珠副將鄧安邦任之距省十里曰中
流沙水心有台遊擊黃增勝任之西南路距省十里曰南
石頭爲五門達省之總河道湘將陶定昇任之彭玉麟行
營駐焉再西南離省四十里有兩河口東曰石壁村西曰
五斗口爲五門西來兼通佛山之要道副將利輝任之分
驅艇船二十防勇一營築土台於岸是爲西南內外兩路
長洲之南北兩岸沈船或石擇要攔塞每一河內外攔兩

越事備考奏議卷二　七

道以上皆海防也陸防東路自魚珠登岸可以抵省向爲
洋人熟路除鄧安邦各營外提督楊典所部砲隊助之魚
珠岸上北亘大山曰吉山山西南及獵德河濱北抵燕塘
山麓迤邐至省城東門陸軍可行大隊此爲最衝提督鄭
紹忠所部東七營任之陸防西路自城西北八里之增步
可以登岸軍火機器局在焉鄭紹忠所統西二營任之都
統尙昌懋鍾泰所部旗兵洋槍隊助之鄭紹忠營於城東
北白雲山前居中策應是爲陸防東西兩路至沙角威遠
有警則佐以濂溪竹溪二社團練沙路有警則佐以沙灣
茭塘團練魚珠有警則佐以鹿步司及東莞新安兩縣團

練增步有警則佐以三元里等處團練五斗有警則佐以五斗司佛山等處團練若現輪船祇可爲運濟巡探之用舢船扒船舟鈍械鈌只可分泊港汊借作疑兵統率各船相機擾敵則總兵黃廷彪任之長洲左右屯需勇洋刻廿隻以護水雷新塘魚珠沙路獵德海珠等處各置渡船廿隻以備調兵往來南海番禺香山順德新會東莞新安各縣分口支河防不勝防惟有責成各該營縣激厲民團挑選練兵僱募沙艇號召魚拖於河口窄處設法攔截建築土台購覓民砲擇要而守以沮敵人旁抄分擾之謀此省防大略也瓊州孤懸海中水土惡毒米糧仰給北海去省

二千餘里文報艱難孤危已甚瓊鎮總兵吳全美雷瓊道王之春經營尚不疏懈該府西北正對越南海防地有銅礦久爲西人垂涎近譯西電屢言法人圖台後即將圖瓊設或被兵惟恃力守外援無從飛渡爲之增營增餉現有勇十四營粵省之力止於如此惟海口較淺大兵輪須止於十五里外陸行至府路逕紆徐尚可設險力戰但儋州崖州兩口最深地窮水毒不特省城鞭長莫及即瓊州亦難兼顧此瓊防之大略也廉州北海一口去越甚近自海防來之法船半日可到欽州與越之海寧府毘連一名芒街而中越交錯數百里之中素多教民又爲九頭山海盜

出沒之區廉州則總兵張得祿李起高任之營於神閘港欽州則參將莫善喜與前提督馮子材任之營於東興街七月底奚來教匪屯聚北海謁團始散又法船五艘由越境岳山港登岸至芒街號召教民法酋復逼我營壘熟覘始去或欲沿海以擾東境或欲踰山以抄西軍俱未可定惟有購炮增營聯絅團撫海盜爲固圉之計查欽廉一帶水陸兼防文報難達敵船頃刻即能來教民窩穴不能去後患未有已時此廉防大略也潮州汕頭一口近年始建崎礫砲台台孤而砲未備自方恭數營舊勇撥閩去後新募尚須訓練惟有責成該鎮道聯團集餉就地籌防由汕

頭逼揭陽一路河道深廣青與舊台失勢現飭於台東於錢岡作水柵攔截築兩台於入內港二十里之南北岸再築台於距城三十里之雙溪嘴移舊砲守之汕頭至府九十里河淺沙多潮民素悍或非敵意所窺此潮防之大略也目前急務自須專顧省防省防水陸兼包已四五百里而八面受敵諸國牽制台少巨砲水無堅輪水雷苦其不多塞河難於堅厚各台之砲甫演准的新募之營未經訓練度支絀而餉需日亟海防擾而釐稅日虧軍火搜諸香港而已窮購之外洋而難到團練能助勢而不能搏擊陸兵能拒守而未能環攻然且欲兼顧廣屬六門遠駁瓊廉

兩郡救鄰疆之急供入越之軍種種情形寔為事勢時日之所限臣本迂愚未更兵事倉猝受任設施為難惟有仰秉
聖謨殫誠竭力以忠義激士民以重賞鼓勇士以和衷聯諸將以廣聽收羣策每遇防務措置事宜皆與臣彭玉麟臣張樹聲臣倪文蔚虛衷商榷謀定而行諸臣毫無意見之參差即湘淮各軍亦毫無畛域之間隔各營皆有奮揚之氣小民咸懷敵愾之心設有敵警將軍臣長善臣倪文蔚分任城守臣彭玉麟親督虎門一路臣張樹聲親督黃埔一路臣親督魚珠一路上仗　國威下憑士氣同心戮力暫遏兇鋒以保嚴疆而紓　宸慮謹奏

屏藩宜固疏

臣張之洞跪奏為屏藩宜固凶暴須除勤一日之干戈靜萬年之邊圉事竊自古稱附庸者欲大國為之保障而排難解紛也貢獻有期罔敢廢弛今越南素稱臣服盟府昭然朝貢未敢稍違萬國咸知所仰在法人本不得以強弱相凌縱有得罪亦當上告　天朝自有定議茲乃心懷狠忿藉故啟端公法難容天良何在我　聖朝當聲明其罪爰興伐暴之師不可游移自弱而議和者曰法人鯨吞方肆向有敵讎之心倘我　朝興師於越南必將藉口而來方今　國庫未充將何以戰然臣以為不足懼也為此議者實欲貪保祿位偷安旦夕耳現在府庫雖未充而設計籌之未必不成巨款議和者又曰法人船堅砲利堅忍耐戰倘沿海而來窮年累月將奈何然臣又以為不足懼也近年各省機器局歲費數百萬無非為修戰之用今若不能出禦將安用之且法人遠涉而來勞逸之勢主客之形懸殊天壤若更不能一戰將何以振　國威而保附庸也夫義師一出先得人心況法軍屢敗利正可乘若待其重兵烏集復整三軍則勝固未見其易今如與法人戰其計有三一曰作氣二曰設防三曰定將作氣者何法人肆虐舉國皆知茲更用兵於越南窺覘　中朝國人皆曰可

殺也伏望 明諭邊臣評其曲直並飭各鄉閭整備以待
申明大義加以賞格必當敵愾共戴 仁威設防者何大
約閩粵滇南江南天津等處在在宜防雲南最近似最急
然雲南地多原野正我 朝用武之地彼登陸而來則虛
實更變必不深知是雲南一路可無虞也閩粵雖近海似
戰船易以進攻然當 諭邊臣嚴飭將士責無旁貸且於
要處多築長堤以助砲臺之用更調戰船以資守助是閩
粵一路可坐而戰也江南一路乃戰船聚集之處左宗棠
卓識多謀必有禦敵之策可保無虞天津逼近 神京當
選才員勁旅駐以重兵設以埋伏彼千里而來其能操必

勝之券乎定將者何岑毓英威振滇黔法人最忌莫如
明諭該督與師助越法人敗衂之餘復遇大敵其何以支
孫子云先爲不可勝以待敵之可勝正謂此也若更忍之
而往返要和則各國相倣將益輕視中國彼時徒喚奈何
不可救藥矣今一戰而勝軍威丕振萬國莫不共仰 仁
威是動一日之干戈靜萬年之邊圉此事其可緩哉臣非
敢迂論高談以從戎爲樂事惟覩世變日益難故爲我
皇太后 皇上剴切陳之伏懇將臣此疏飭下各省
重臣恭議以聞臣不勝憂憤之至伏乞 聖鑒謹奏

築沿海長牆片

吳大澂片 再南北洋海口平曠之地往往無險可扼淺
水小船處處皆可登岸我軍進隊既無躲避之方敵砲所
擊受傷必多若沿海地方平日多築長牆三里五里十里
八里但須二三丈厚或七八尺高借用各營勇力酌給賞
號或僱夫幫築但用素工不加石灰所費不多兵力亦不
受累如用一營之勇必築一里之牆十日內即可竣工一
里費銀二百兩即使工薄沙鬆坍塌亦易於修補臨敵交
綏有此一重障蔽保全將士不少鎗砲隊伏於長牆之下
多築小砲台以容砲軍留上馬道以容鎗隊鎗手僅露頭

目炮車僅露炮口敵軍炮彈高則越牆而過低則陷於牆
內以二丈厚之素工即受大彈不慮洞穿即轟塌一處他
處尚可躲藏現與洋人用兵必先能避彼之鎗炮然後能
施我之鎗炮必先立於不敗之地然後能固我之軍心海
岸寬闊絕無屏蔽之處擬以多築長牆爲最本年夏間直
督李鴻章曾飭盛軍各築長牆十里由小站直至大海臣
軍兵力不足但能擇要佈置現就洋河口築牆六里至七
里海西北築牆七里天氣漸寒土伏先將停止如於各省
沿海要地推廣行之費省功多實於海防大有裨益是否
有當謹附片具陳 光緒十年九月十二日有

交沿海省分將軍督撫體察形勢酌度辦理欽此

請設沿海兵輪水師疏

臣張佩綸跪奏為請設沿海七省兵船水師、特派重臣經畫以一事權而規遠久恭摺仰祈　聖鑒事臣維泰西各國所以縱橫海上難與爭鋒者船堅砲利而已二十年來中外既通商定約矣而各國鋼船鋼砲制作日新月異其鷹瞵狼貪注目垂涎於亞洲之心固路人所共知也國家即今大制水師猶懼不敵若復徬徨審顧不為根本自強之計誠恐海上之警殆無已時查中國海岸東自奉錦南暨瓊廉延袤萬有餘里各省海口多者十數處本屬防不勝防而俄據海棱葳以睨混同倭襲琉球以伺臺澎

英取香港法取越南葡萄取澳門以逼三路此為大海之險與彼共之矣西洋各國復闢紅海以趨捷徑設海綫以達軍書一旦有事彼航海三萬里而徵調應期轉輸不絕排重溟之險可以直叩門扃我惟自扼海口集陸兵以禦之進則有利退亦無害客之勢轉逸主之勢轉勞此固論兵者所深忌而籌海者所宜知者也自髮捻既平中國稍稍治船廠購機器以立兵輪水師權輿飭力之不充人才之不出水旱災沴之不時內外議論之不一至今外海師船未有定章各省輪船未乘定制無警則南北洋之經費關關欠解有警則南北洋之經費省省節留仍此不變而

欲沿海水師足備攻援足資戰守亦大難矣同治年間丁日昌請設三洋水師提督左宗棠謂洋防一水可通輪船聞警可赴北東南三洋各駐師船常川會哨自有常山擊蛇之勢若兼分三洋轉生畛域李鴻章亦謂沿海口岸林立處處宿以重兵所費浩繁意在全力扼要害而尤戒散漫分防其後沈葆楨乃有輪船聚操上海之奏臣考之西洋兵制水師均特設海部兵柄極重英人赫德曾在譯署獻議亦以請設總海防司爲言深惟二三老成之籌謀參以五六海國之新制水師之宜合不宜分宜整不宜散利弊亦略可覩矣然則欲求制敵之法非創設外海兵輪水

師不可欲收橫海之功非設立水師衙門不可水師政要約有數端曰審形勢練將才治師船考工用海防之事督撫不能不問而各省既分疆域卽不能盡化町畦若責成重臣舉沿海口岸分別要衝次衝何處可屯鐵船何處可建砲台何處可修船塢何處可伏水雷將帥一家水陸一氣始能血脈貫注骨節流通雖海口之廣狹潮汐之往來泥質之韌輭礁沙之厚薄斷非一耳目所能周一手足所能舉而備多用紛之弊除斯集思廣益之效著則相地之任宜專也陸軍宿將強令巡海固恐遷地弗良卽向帶內江長龍舢板之楚將不習風濤海逕向帶紅單艇船之粵將不習機器測量理法亦未敢輕於相委南北洋輪船近多募用洋員延以重資臨敵請退終難收客卿番將之益欲求水師將才惟出洋學徒庶幾中選然非師船時時游弋時時聚操則技藝日就荒嬉心志亦終歸驕惰無能者或以奔競而獵遷多藝者或以朴拙而淹滯陶鎔鼓舞胥賴帥臣則馭將之任宜專也海上戰守莫要於師船粵省之船河海兩絀閩局之船兵船兩絀卽赫德訂購之蚊船機露炮重底平行遲長於守港難於涉海亦非水師利用今定遠濟遠鎮遠等鐵艦既未來華惟北洋超勇兩船南洋開濟五艘號稱新製耳然而中外條議或謂艇船仍不

可裁或謂帆船亦不可去或謂中國安置鐵船之口岸甚多或謂南洋水性過熱海虫水草足爲鐵船之患非有深諳軍事熟悉洋情者詳爲考核購船既受其欺駐船未得其地皆足啟侮損威至於羅經海綫考查宜精魚尾雁行陣法宜講尤非專心一志不能日起有功則治船之任宜專也購外洋軍火有年惟南洋北洋有克魯伯炮及各種精鎗而滇粵各軍求云覩士得士乃得之鎗尚爲奇貨可居則各省之風氣未開也置外國機器有年而因陋就簡與規矩不能與巧至今造船之材料造鎗砲之鋼鐵均須購自外國則機器之大原未立也誠得導員經理南北採

木之法別其性質以似洋木鍊鐵鍊鋼之法宜先探其本然後輪機配定何式槍炮擇定何種用不雜而兵精工不雜而藝精其他水雷魚雷行軍需用之器擇地擇人通籌兼顧軍火既免於鉄之鉤需亦免於虛糜則簡器之任宜專也惟是七省水師特派重臣經畫創辦之始必須特款千餘萬辦成之後必須有經費數百萬統籌國用亦知財力難勝然以水師一軍應七省之防即以七省籌水師一軍之用各督撫通力合作挹彼注茲當不至束手坐視而水師以漸擴充遠或七年近或五年積蓄經營殫精竭慮或可有成夫以中國之大　聖詔之宏畏天恤民講信修睦苟彼族涵濡德化豈不詐虞悉泯懷我好音乃十年之中豐大業之案甫定而日本搆兵馬嘉利之案甫弭而俄人要約東失中山而南又困於交海何哉彼以水師火器爲長技挾兵以衛商挾戰以要和而我猶狃於舊船舊炮不知改絃更張徒欲將士以血肉相薄文臣以口舌相窮亦常不及之勢矣反復思維自今遴選將帥經畫水師在法事爲後在海防爲先著應請專派大員將沿海七省水師改爲兵輪垂爲經制俾各省船廠機局均歸調度以專責成內政作而外禦紓庶幾收懲病蓄艾嘗膽臥薪之效乎應如何籌定款項建立衙門請派大員之處伏乞

飭下軍機大臣總理各國事務衙門大臣會同戶部妥議具奏臣殷憂念切剴切披陳伏乞　皇太后　皇上
聖鑒

酌改營制疏

臣卞寶第跪奏為酌改營制藉節餉需謹陳管見仰祈

聖鑒事竊維　國家財用至今日而愈艱綜計歲出大宗莫如兵勇之兼設查直省旗綠各營兵額七十七萬餘人每年薪糧計銀一千數百萬養兵不為不多費餉不為不鉅在　朝廷規模遠大原不惜散財以備兵無如兵愈多則力愈弱餉愈鉅則國愈貧粵逆自金田起事初不過二千人廣西額兵二萬三千土兵一萬四千乃以三萬七千之兵不能擊二千之賊廣西兵不可用他省可以類推其後髮捻回苗等匪悉賴湘淮營勇剿除戡定綠營

既續無聞大亂甫平伏莽未盡兵不得力勇難盡撤於是歲支勇餉又一千餘萬而賦入有常何堪如此耗費說者謂裁勇補兵亦堪資節省不知勇糧較兵餉為優孰肯甘并離鄉就此兩許數錢之餉今欲化弱為強兵皆如勇勞非裁額並糧變通營制不可變通又非漸次辦理不可何者營制不可變通則今日練兵仍是舊染之習變通不漸次辦理則驟聞裁汰未必不起軍眾之疑所謂變通者綠營餉制每月馬兵一兩九錢戰兵一兩四錢守兵九錢零月餉無多必藉小貿手藝以謀事畜既不能禁兼別業即不能責令專操無論技藝生疏也而分歸鄉里各謀生計遇有調遣或安頓家口或僱倩頂替非數日不能成行軍情瞬息萬變何堪任此遷延從前削平大難各省用勇不用兵者正為此也臣擬請裁額並糧以兩餉挑養一兵仍倣勇規制如兵一萬分作二十營以一半駐守一半巡防南營至北東營至西互相遞戍令習辛勤仍復按時更替以均勞逸無事按時操練有事隨時援應申明紀律不再蹈綠營氣習所有營官遴選曾經戰陣謀勇兼優者任之現新疆設立提鎮奏請照湘楚營制即此意也所謂漸次辦理者兵現減額原設將弁亦應隨之核減綠營將弁歲領廉俸馬乾薪紅銀兩職大者一官可抵百兵之餉小者

亦抵數十餘兵之餉故大學士臣曾國藩籌添安徽綠營

奏請將孱弱裁汰將弁暫緩序補誠以裁兵丁須先汰將弁蓋綠營積弊隱匿空糧攤扣月餉左右役使無非額兵裁汰之議詢之將弁無不設辭阻撓臣擬請先裁將弁以併營則所併之營兵已見多矣逐漸裁兵仍與所部原額不差上下斯酌留將弁自不設詞阻梗各營兵遇有革故及老弱裁汰缺出暫停招募俟通省出有千缺將現兵挑精壯五百人補之給與雙餉綠營精壯不足即以勇營撥補作為練軍一營均照勇營章程辦理庶兵歸實用勇可漸裁或亦節餉之一道也

試造新式兵船疏

臣裴蔭森跪奏　爲中外議約已成懇由船政試造新式鋼雙機鋼甲兵船以壯軍心而堅和局恭摺會陳仰祈

聖鑒俯准發款事竊查同治十三年倭兵擾臺前總理船政臣沈葆貞疊次商辦鐵甲兵船在事官紳有婉詞諫止者有直言辯駁者而沈葆貞與洋將之言曰有鐵甲而兵輪乃得用其長無鐵甲而兵船恐致失所恃論者謂其慮之深不遠信其謀兵之善也迨上年法人犯順各新聞報開列法國兵船綜計不足三十號而差遣轉運各船亦充其數至上等砲船不過與福勝建勝等船爭猛上等兵

船不過與南琛南瑞等船爭快徒以二三鐵甲縱橫閩浙洋面馬江之役七船同沈石浦之役五船俱退雖管駕者不得其人而士膽先驚皆無鐵甲而兵輪失恃之明證然則懲前毖後之計整頓海軍必須造辦鐵甲時勢所趨無庸再決者矣查有出洋學生同知銜魏瀚遊擊陳兆翱都司鄭清廉等在洋肄業時逾七年曾委監造德國鐵甲兵船閱歷頗深據稱該國於光緒十一年創造雙機鋼甲兵船名柯襲德士廸克十飛禮則唐等三船計船身長中尺十七丈三尺九寸船身闊四丈船傍鋼甲厚八寸艙面鋼甲厚二寸每時可行中國海道八十里配用新式康邦卧機計算馬力一千七百匹較北洋德國訂造之定遠鐵甲船身較小濟遠鐵甲馬力稍輕而駕駛較易費用較減除砲位魚雷電燈另購外每船工料估銀須四十萬兩兩船並造須二十八月可成三船同造須三十六月即竣鬪省如有此等船三數號炮船快船得所護則胆壯氣揚法人斷不敢輕於啓釁茲稟由提調道員周懋琦繪圖轉稟請示並據試造雙機鋼甲以魏瀚鄭清濂吳德章監造船身陳兆翱李壽田揚廉臣監造船機確有把握如果虛糜工費甘與該學生等一同科罪等語臣等復查疆臣議辦鐵甲十有餘年或因吃水動逾二丈三四尺中國海口較淺

出入不便可慮者一閩粵船澳過小修理不能勝載可慮者二船身滯重轉掉未靈管駕不能如法可慮者三該道員周懋琦等所呈總分船圖據稱全船墩載一千八百墩吃水止一丈二尺餘寸沿海各口均可駛行則出入不難矣船政前爲南洋承辦開濟等項快船寔馬力二千四百匹本勘定附廠洪山之麓另造砌石大澳預備修理之用估核工料需銀一十萬兩三四月可以工竣現將次第奏辦則修理不難矣三屆出洋學生另請案加展年限每年在外國兵船游歷須扣程六個月爲期船政又另購夾板復設練船爲出洋訓練學生水手之用則管駕亦不難矣

自來兵家有恃乃可無恐先聲足以奪人南北洋籌辦水師頗費財力援閩之師久而不出敵窺其微截商阻漕以欺中國鐵甲未成兵船不輕於嘗試得以大肆要求幸而諒山臺澎不能安踞餉絀民譁暫時就範然法人豈一日忘台灣耶製船經費需銀一百三十萬或在洋關酌撥發給抑或另籌協濟現雖經費異常支絀然必需之款臣等不敢不有畏難應俟奉 旨後臣昌濬等隨時妥籌辦理所有船政試造鋼輪緣由理合會同馳奏抑臣等更有請者歐洲大局已成連衡之勢中國若再拘成見情形岌岌可危除製砲船練兵將別無自强之道然不開礦練鐵

購機做爐事事購自外洋財源濬出軍火之費較之洋藥漏卮尤巨臣宗棠拓增大廠一疏仍求 宸斷天下幸甚此摺係臣蔭森主稿臣宗棠等會商意見相同敬謹恭摺由驛五百里馳陳

復設練船疏

臣裴蔭森跪奏爲購修夾板復設練船恭摺仰祈 聖鑒事竊查泰西章程凡習駕駛者先由學堂肄業數年於天文羅經測量算法粗具根柢大約年十八九歲以後派入練船周涉海洋閱歷風沙演試砲彈嚴定年限按時考試按等升調蓋海上交綏非衽席風濤者不能確有把握耳練船以夾板爲多輪船用火帆船用風汪洋大海之中偶遇機器損壞煤炭缺乏非帆纜無以濟其窮故學駛帆船較輪船爲尤要亦較輪船爲尤難也同治九年原任大學士英於浙閩總督任內曾以萬金購日耳曼國夾板一

號從新修整名曰建威練船另延英國水師官遜順等爲教習頗著成效嗣建威損壞經費支絀改派揚武爲練船有名無實練務廢弛馬江石浦諸役死事獲咎各學生內有曾經英國兵船總統書院教習甚爲獎賞出具切考給憑回工者乃臨事倉皇不能出奇制勝固由船小力單亦各船疏於訓練所致蓋練船不但練水手砲勇即管駕大二副無不因練成熟臨機制勝此泰西海軍尤必多設練船者也臣等以爲諸費可省海軍之費必不能省創深痛鉅之餘懲前毖後萬難再事因循前任船政臣何如璋奏請由廠新造夾板估費需二萬餘金又恐誤別船工程因

未造熟適有英美那二枝半桅夾板一號去冬守風泊羅星塔江次該船主遂先回滬其船托英商太裕洋行拍賣洋平番銀四千員委員估勘該船身長英尺一百四十尺腰闊英尺三十一尺三寸艙深十七尺七寸可載四百五十七墩船身係硬木秤面係金山松木艙底底拴銅鐵各半船底全鑲銅片桅身係鐵木船上鐵索錨鍊三板抽水機器絞錨車件一概俱全查驗閱船公司憑照係同治十年在法廠製成光緒八年至十年保險公司照一等夾船保險節飭知縣魏瀚買定並由英領事繕立契據惟去冬今春久泊江灘艙板帆纜宜修理更換商船改練所有帆

艙索艙火藥艙彈子艙及砲門戰秤大廳住房等處又須添備估核修費減於建威而船身較爲堅結查船政前屆出洋章程習駕駛者每年在船僅兩個月現擬咨商北洋大臣請改爲每年在船必扣定六個月冀增功課惟核計每人每屆二年匀算需銀一萬員之多勢難多派學生而學生根基未深出洋亦屬無益整頓悔軍惟有多設帆船訓練庶有實效現所購船擬名平遠已飭廠員赶修於船政駕駛學生取其年逾十八歲以上二十五六以下材質魁梧膽氣壯定者另選精壯水手多人赴船肄業嚴定課程稽核日記由近及遠東則日本高麗各洋南則星架坡

檳榔嶼各埠北則旅順大連灣海參衛西則印度洋紅海地中海每年秋出冬歸冬出夏歸學堂所習天文海圖證之於礁砂實境是否測量合符所習鎗砲陣法驗之於風水疑難是否施放定準三年爲期與學堂輪番更換學業愈熟人材愈練愈多仝是出洋仝是駕駛用費較減收效較易據提調道員周懋琦稟請前來臣查駕駛與製造不同外洋廠多器備習製造者非親至廠中不能窺其奧竅習駕駛者無論何國水師不外嚴密二字嚴則一律整齊密則不留疏懈而要在乎熟而已至臨陣對敵運用之妙在於一心但須出洋久練不必定至外國兵輪始識兵機

也惟管駕練船不同輪船管駕輪船固須熟悉船學管駕練船卽爲各輪船管駕執事水手之教習必須曾歷各洋面通曉水師章程爲洋員所素知者始能勝任未便輕率派委向延西員又頗煩費現擬會商李鴻章於北洋兵船管駕內或於水師學堂內揀派管駕以資得力理合會同左宗棠穆善圖楊昌濬等恭摺由驛四百里馳陳

廣開餉源疏

臣余思詒跪奏爲廣開餉源以濟要需而資富強敬陳管
見恭摺仰祈
聖鑒事臣竊見時事多艱餉項支絀亟
宜多方籌畫庶可富國裕民查各省丁漕關稅鹽課釐
金歲入支銷常恐缺額决無閑款可撥額外經費即使議
借議捐亦屬爲數無幾難裨實用方今防務孔殷急宜廣
開餉源庶可歷久經營成長驅遠馭之治謹擬數端敬縷
言之一請飭各省食鹽每斤加價二文按綱彙數解
司務令於場餘包餘加斤等項一律加價取之於商似乎
較多散之於民甚屬微末每年約可增千百萬兩一請

飭歷卯減成報捐各項實職已經銓補者已經卸事
過班者已經候補試用者及未經銓選分發者照補繳免
保舉補繳貢監之例一律議令分別勒限激發天良補繳
若干銀兩准作新班分別銓補升班本班當可集成千百
萬兩一請加徵煙地也洋藥稅釐經議加尚多未捐落地
之稅應飭於離鈔關釐局百里之州縣按百抽五例徵收
落地課金查洋藥一項吸用日久既多且廣已成狂瀾難
挽之勢禁種罌粟土產日少深恐外洋販運日多應請於
栽種罌粟地畝一律照賦則二十倍徵收至栽種烟葉地
畝同屬有妨民食亦令一律照則五倍徵收更令各關卡

議加稅釐以助防費一請廣興礦務也凡有產銅產煤金
銀鐵錫等礦概准招商開採諭當地士豪毋得阻撓並飭
該商每股百兩者准該處土人以五兩爲一股以二十股
作一大股按大股十分之一招小股充數倘小股過多簽
掣去取俾利益同沾土人自樂於從事凡礦苗深旺者益
請開採矣至於股分票尤宜扶持綜核公司之實在利益
嚴懲經辦之借端侵挪或籌款設局收質股票限時加利
取贖俾附股得以周轉商務自益奮興矣一請飭仿古輕
貲之法官鈔商行也方今錢店銀鋪倒閉迭見自宜設法
內而戶部外而藩司製造官鈔發與錢店銀號等商承領

每千酌徵制錢二文每兩酌徵足銀二釐蓋用本號圖記
行用民間仍認本號支取現錢現銀倘有損傷准該商隨
時赴局倒換仍照例酌徵永禁該錢店等開立錢票銀票
以及寄存滙兌等條該錢有倒閉情事責成保結人完繳
其承領之鈔如有挖補僞造照印信例懲治是爲官鈔商
行一請飭仿古飛楮之法通行實鈔也票以取信於民爲
第一義應由戶部製造銀鈔先期頒發各藩司承領蓋印
先不行用如應解餉銀即以銀九鈔一解部加蓋印信名
爲實鈔部中應發各款即用銀九鈔一散放該司截留餉
銀一成以截留之日起發商七釐生息以五釐充公以二

釐爲辦公經費卽由該司委員設局籌備欵項撥局周轉不分省分隨時凴鈔兌銀收銀發鈔由京師於市中設局撥欵收兌各省實鈔互換周轉以備滙兌行用如有庫平扣色等弊照尅扣軍餉照例治罪是爲通行實鈔一 各省荒田宜招種也各省需次人員過多半無差委應由該省大吏察驗勤苦耐勞之員派令分勘各邑荒田招就近災民承種酌定年限再行升科納糧以開荒之多寡定課最之等差當必實力奉行於丁漕不無少補也一 各處曠土宜開墾也東南荒島西北荒田爲地甚廣應由大吏揀派勤苦文武員弁勘定地畝妥定屯田章程招集無業遊民

貧遣前往授田開墾數年之後田畝成熟戶口滋生於邊防似可壯色也至於絲茶兩項爲出洋之大宗似可酌加釐捐糖酒爲無鹽之日用似可從重加稅以上各端於地方常賦並無妨礙於國計民生似有裨益俾得利源從此廣開餉項從此充裕與凡養才練兵造船製器目可推廣辦理歷久經營將見富日益富强日益强矣

實興屯墾疏

臣汪鑑跪奏爲請實興屯墾以圖治安恭摺仰祈
聖鑒事竊臣伏讀康熙十二年　上諭自古國家久安長治之模莫不以足民爲首務必使田野開闢蓋藏有餘而又取之不盡其力然後民氣和樂聿成豐亨豫大之休現在墾荒定例陸年起科小民招據開荒物力艱難恐催科期廹或致失業朕心深爲軫念嗣後各省開荒俱再加寬限通計十年方行起科等因欽此仰見　聖慮周詳尊爲足民起見而科則賦稅均不假深計所以自　國初至乾隆年間各省招墾以及新疆辦屯其因時制宜之法不一而

足有每戶給牛一頭並犂具銀共五兩而穀種銀三兩屋覓人工銀三兩者有准貢監生員民人墾地二十項以上試其文義通者以縣丞用否則以百總用百頃以上文義通者以知縣用否則以守備用有招墾勤能則布政使司以下均準議叙者有修溝渠立村堡給牛種招募兵勇挈帶家室前往開墾授爲永業者總之良法美意具在方策縱爲我　列聖所以開久安長治之丕基要皆首務貴粟重農之實政方今新疆之地則十荒七八腹省之曾經兵災者其地或荒十之二三十之四五不等而兵多餉絀糧貴民饑無不上廑　宸慮然而善後之策臣愚則以爲

不必奇材異能亦無事繁稱博引惟仰乞　敕下各部院查取會典所載康熙雍正時辦理屯田墾荒之成法參酌時宜妥議簡易章程行文各督撫將軍及統兵大員按所議詳加體察而潤澤之務臻妥善而實力奉行則兵之汰者可以歸農而餉之糜者可以積穀馴至無曠土無游民而旱潦有備而　國家長治久安之道基此矣如或謂民田雖荒未便遽奪以予人此則不知大體而姑息之說也土地所以養人卽令業主無缺正供而久荒不毛亦當示夫布之罰而況久缺正供者乎又或謂兵勇驕惰不願力田作苦此更不識人情而巽懦之說也兵之困也不憚

羅掘兵之奮也慣冒矢石易鋒鏑以耕鋤猶恐不堪其苦則彼爲將領者所司何事敢有以不慣作苦藉口者直以軍法從事可也否則遣撤之後此輩亦必聚而爲民害要之凡事在人而不在法屯田則責在將領之得人招墾則在司牧之得人人存政舉不易之理也

汪鐄片伏讀本月十三日邸抄內閣奉　上諭屯田墾荒均爲目前要務迭經飭令各省舉辦第恐陽奉陰違未臻成效仍着該將軍督撫等參酌成法實力奉行毋任法立弊生等因欽此仰見　朝廷念切民依法期盡善至意欽佩莫名臣愚竊謂事無大小必設誠乃可致行非空言所能責效伏查康熙年間西路用兵之始卽　敕所司留意漢臣趙充國屯田三疏此後屯墾一應事件屢經奉　諭會議然後施行是以聿著成效近來迭奉　諭旨飭令各省舉辦屯田墾荒而部臣第行一文書疆臣第張一告示內外皆視爲具文日久所以無成效也然疆臣亦非必

故意延玩殆亦無米難炊欲辦不能耳蓋屯墾固戶部專政而兼隸兵工二部然舉辦之有成效與否則有議敘議處承墾之或多或少則給實職虛銜其事皆隸吏部各處安插之戶口人丁將來如何著籍應試其事皆隸禮部遣犯之官員軍民或集資率墾或量力受田將來應如何減免如何入籍其事又隸刑部名爲屯田墾蕪兩事同爲一事而其中之層累曲折則統歸六部之事部臣苟不爲之定議以啟其端使疆臣各竟其委竊恐雖奉　諭旨遍飭之後各省仍畏難苟安成效卒不可覩矣臣謹參酌方策成法條列事宜另繕清單恭呈　御覽

越事備考芻言目録

桂林劉名譽嘉樹氏編輯
門人臨賀黃維翰校
姪信芫沆炽
男信濟鏕權　仝校

富强說

富强之說王者弗尙然多事之秋亦不可置而不講也中國地廣民稠力圖振作何患不富强而何以軍兵疲乏府庫空虛國無厚藏民鮮上富雖　朝廷念切求賢士夫留心時務然度支常絀積弱堪虞抑又何也夫强與富相因富而後强此千古不易之理但所以致之者非在徵求之無厭而在理財之有方即如茶絲兩項爲中國出口大宗所以供賦役裕餉源者非區區可比乃自印度曰本意大利仿而行之而中國茶絲遂爲減色其貨物不及中國而流銷過之雖利在必趨難禁他人效法然茍能善維懋遷之局亦不致墮其財源也夫帑項不足必取諸民開捐抽釐固皆不得已之爲第立法未能無弊其害不可勝言如釐卡之設　朝廷立法從厚斷不肯虐待小民而蠹役貪需勒索侵蝕小民啞忍呑聲使　國家有抽釐之名而歲中所入不及侵蝕數分之一倘督撫大吏詳加察核隨時整頓奚至是乎若捐納一項流品難齊恒有假宦途爲利途者其平曰捐納幹缺聽鼓趨班祇奉大僚茍非苛徵刻索何自取償故其弊甚於抽釐尤足殃及黎民　朝廷既有定例不能遽裁必需時加體察不然有富國之名無富國之寔也

非經意不可

兵輪宜預熟海道說

中國自有兵輪以來一切規制倣效泰西即海口操防亦參用西式陣法炮台鎗彈悉變舊制而獨於洋面兵輪諳練駕駛熟習海程諸事似若未甚經意者蓋中國之勢不同外洋之越海控制尋覓新地戍兵開埠取其地利收其貨稅以濟本國之用中國不過自守口岸遇敵船擾我海面則出而阻其入口之路如攻砲台則以船環台左右併力禦之如是則海上程途管駕官弁可不必熟悉至海外道理屬他國管轄者更不待言矣十餘年來內地商賈不遠萬里携資挈眷經商四洲各埠者不知凡幾而於美日等國尤爲熟徑竊謂前十年秘老古巴各處華傭受土人淩虐死亡相繼因此等處所內地殷實商人未肯前往而傭工者流皆無賴亾命始受招工人之騙紿入船艙阱如犬豕及到埠後驅之上岸充作最苦之工鑿石布地糞除鳥矢等而上之則爲糖寮主役其僕鞭策橫施計刻做工日夜不息而官憲以此等傭人由騙販而去官吏不知天聰難達自道光末年至同治親政之際垂三十年自澳門招工被騙去者數十萬人廹茘秋星使出洋查辦之日僅餘數萬口自後　朝廷乃派駐洋使臣各埠有華傭者於使臣隨員中選派領事分地管轄以資保護一面與該

此論實萬不可緩之要策然扼要在得人否則仍屬虛語

國顧傭人者申明約章限滿自便於澳門則會同西官嚴禁騙賣然後傭人得全性命豈非運會之一轉哉顧吾嘗知西人之善法更有進於保商旅者西人根本在海中者十七八緣歐洲拓地不及亞洲四之一海港之汊百道貫縈而畫界相治國皆千百年相傳以拿破侖之雄未能混一故壤地狹小賴輪帆出海以經商之餘爲固國之本商之所在國家與爲休戚是以通國兵輪往來游弋四洲各埠必有一二艘以護商人又不使專駐一處每船駐泊近則一年半年遠則二三四年期滿當去代者已至如此數次海外各國船已徧歷所泊之處兵官船主不得偷閒必

將其地之形勢方向出入道理悉心考核繪圖立說以備探討而所經之路海程遠近海水淺深風礁趨避氣候燠寒以致弔兵之時宜用若干力經緯綫道一切測量罔不熟識駐泊幾處即知幾處情形到過幾次即有幾次效驗故其兵頭管駕一遇戰事得心應手著著占先蓋平時以兵船保商正爲臨時以兵船應敵也今中國雖有多船惟聞謀幹管駕差使以爲一得此差可安享厚俸駐泊海口無事出洋彼候補無缺者不如此捷徑即有缺到任者亦遜此安閒也雖偶然迎送大憲不過長江海口斷非外海風濤四洲遠阻所可同日而語竊謂此等兵輪何不倣西

國以兵衛商之意凡有華人之處輪替駛泊以資保護使在外華人有恃無恐即使在船諸人閱歷漸深豈非一舉兩得乃不可解者不特外洋各埠不敢分派鎮守即出洋使臣亦藉西人公司船往來可知兵官以下竟無一人焉諳駕駛熟海道可馳逞於驚濤駭浪中也試思製購兵輪如今幾年簡派使臣於今幾年苟其能壯聲勢肅體統亦何憚而弗爲哉方今台防孔亟而援軍遲遲則知不習外洋者即閩洋亦難輕試也吾甚惜當事之失算也

採買者知否

籌辦軍火宜察其弊論

天下有防弊之法無絶弊之方而貴乎有察弊之術今天下無事無弊而至緊至要者莫如軍火自平定髮捻以來洋防不遺餘力各省製造猶嫌不足向洋行購辦凡槍礮藥彈歲不惜數百萬金錢然一旦有事則製如未製購如未購猶曰疆里遼闊防地太多雖多辦而不敷調撥此可說也乃用其砲而砲炸槍頓藥潮彈儆此何爲者也嘗攷西人於軍火事精益求精而其弊亦殊百出非明於製造者徒見其外購買時鮮不受其誆騙者西人製炮於未上油漆時必查其砲質之佳否及砲質內外有無損裂然後加戳記於砲左耳如砲質未佳與內外大小傷損剔出之砲或壓水及試火時有未妥處均分別作記如弊在試火時則印一火字在試水時則印一水字均印於廠名處倘有犯極危至險必須棄去之砲則敲壞一耳以免誤用此西人用砲之精也彼其售出歐洲焉顧利害倘販賣者欺我不明輒以剔出之砲磨其所印之字補其敲壞之耳以售於我一旦臨用貽害豈淺鮮哉宜察者一也又如製彈亦皆查看損缺如缺處已有損敗汚泥即棄去不用缺損之未汚者以鋼絲量之深至十分寸之二分者亦不可用凡西人製彈處棄去之彈最多萬一罔利之徒以之攙雜

彈又非砲比未能一一檢點任其混朦以致臨時無濟宜察者二也再如製火藥查收時每桶必試每取三兩半裝洋鐵管管有記號與桶同將藥臼拭淨先用葯少許燃令乾燥以銅絲塞固門眼臼口向上裝入葯及彈然後量定四十五度取去銅絲穿葯綫燃放每種火葯試放二次倘兩次彈落遠近差六十尺則再試第三次每試一次將臼擦拭至八次用水洗之以葯少許燃燥之其彈落近於七百五十尺者不爲良葯近於六百七十五尺者爲無用之藥凡砲內之葯須遠至八百四十尺至九百尺細粒之葯須遠至九百尺至九百六十尺凡久藏之葯試之而近於五百四十尺者不可用之於戰陣但以操演而已故其上等之葯每百磅值銀三十餘兩今中國所買者不過值銀十餘兩其無佳者可知而無用之葯又難保不雜其內宜察者三也比聞福州之役中國某兵輪之炮一響即炸又法兵船之至香港修理者取出所受之彈並不炸裂中寔充礫並無炸葯在內而某炮台試砲時其葯如置鹽滷竟不能燃雖傳聞不盡寔然軍火至要可不一加詳審耶何近日採辦之委員大半假手於滬上洋行之買辦也

戰守相輔論

閩江之敗實緣水軍陸師不能聯絡臨時戰守俱無把握也大抵守土者每不欲戰欲戰者又忽於守戰守不能相輔卒致失利則又諉船械之不精吁可慨也閩事已矣此後豈可不備夫中國各口之兵守有餘戰不足能扼敵之來攻不能躡敵之去路譬諸博奕已落下着脫相持日久老師靡餉敵轉以逸乘我之勞尚可問乎爲今之計惟有多備戰船熟練水師合以內地防軍不分畛域互相策應俾戰守相輔而行則得矣昔髮捻跳梁東南淪陷自曾文正督師始築長圍以困之分勁兵以勦之能守能戰而頑莠以靖非其明證哉

兵船宜慎選管駕論

中國於外海水師營制講究整頓未及廿年戰船不滿百統帶水手未經戰陣卽北洋設有學堂尙無寔效或見購船造礮遂以爲禦敵有資殊不知有器必須有人卽使船礮果利而駕船者貪生畏死軍無鬬志臨陣而逃徒惹人笑卽使其真能致死而匹夫之勇未有遠謀況海戰專在向背向背之要在識沙綫輪船布陣變化多端苟非熟習必致臨事慌忙轉捩不捷得失之機不容毫髮故今日之水師不憂無器而憂無人或曰如子言是中國之器可恃矣然南北洋戰舟寥寥粵洋又向無堅大之船所有者皆脆薄舊制北洋之超武揚威堅矣而礮過少南洋之南琛南瑞自德購來本屬碰船嘗登其舟而觀之見鋼板僅厚四分是難禁數十磅之彈也子謂不憂無器豈篤論哉曰不然子不觀法人之擾我船乎彼其入馬江也大小不過十一艘且不過尋常戰船乃竟深入披猖全師而出一若勝算預操者所謂不在器也今誠有人焉熟諳水師事宜深明輪船布陣而本之以忠勇出之以慎重庶幾有豸然其人非可以倉猝求亦不可以輕易畀無論陸軍難任水師卽長江名將亦有遷地弗良之患外洋將弁可爲平日之教習不堪爲臨陣之統率當軸者可不慎選而預儲之

也哉

富國在除弊論

國家自道咸以後內冦譸張外夷窺伺既無內府外府之餘積因行議捐議搯之新規釐稅兼收內外遵繳蓋天吏酌量而寡取卽小民亦勉强而俯從不知釐稅之差委員弁不惜百計鑽營大憲含忍下屬分肥聞粵東通省釐稅每年所入共計七八百萬之多而繳充庫款者不過百萬其侵蝕之數實六倍於繳納之數不能濟帑項之絀適以肥奸蠹之私一省如此而他省可概見矣又況入者既無實獲出者亦復虛浮一堤壩之修一炮台之建支發鉅款耗蚟百出以敗露而投効者指不勝屈更有營汛將弁私

減兵數或僅留七八成擅扣兵糧或但給八九折雖或被告發於將來而慾壑之饜已久矣方今海疆多警籌餉維艱百貨往來尙殷勤督飭千商貿易猶慷慨輸邊儻能釐其弊而剔除之俾廠局所入胥歸維正之供營壘所支盡入切寔之用不必別求富國之術而國無憂其不富矣

吳淞防務策要
一亟築江東沙砲台以制前敵也查江東一區內連上海外蔽吳淞孤峙海中直對長江門戶俯覩銅沙諸腳與談家濱得犄角之勢道光二十二年西人擾境江南提督陳曾築三炮台一曰大台卽今台舊址一曰衣周塘已淪於水獨江東沙砲台可擊三面屹然保嶂可否籲上憲飭下製造局仿前式築台與談家濱東西互峙以扼銅沙尾入口之路以杜敵船直逼長江之漸且與長江門口可爲聲援而現之談濱一台勢庶不孤　一添築兩小台於長江口以遏後敵也查長江口水砲台宜築兩處一在吳木鋒

一在崇寶沙吳木距談濱三里同在海塘水勢最險崇寶寔銅沙之後形最險巧直伺敵人之背昔忠愍公築三台札盡得力倘於浹晨內連燬敵船六七若於長江口再築兩小台於左右方使敵人四面受攻可否籲土憲築兩台於長江口以成兜擊之形但核計三處工資動需百萬若現無欵可籌或變通第四條沿塘置炮之法務使疏而不漏再會商長江提憲移伏各輪於口內以爲策應之師蓋海上忌浪戰以船敵船本屬相等然我船不及外洋之堅厚移置口內最爲得力以蚊子船伏黃埔衣周塘下以各船伏於長江口內小有沙背候戰酣時乘隙而進遥擊其

中肯

後既得夾攻之勢而炮台益有把握　一護台各營宜紮塘後以資堵禦也泰西火砲之利亘古未有不求避法是以我軍血肉與彼砲相搏總非勝算昔忠愍公隨塘各營未有損失而某大員隨塘河後各營悉燬於開花砲蓋砲彈自塘面而過萬不能洞穿海塘而進可否移紮各營於塘後一則可借塘身爲蔽二則可以虛營爲疑三則可日夕操演收臨時得手之效其掩避之先作木房一間上下三面填土與塘連著如木洞然房製布帘可蔽風雨旁造土梯以便升登十人居一房十房爲一哨四哨爲一營卽築城一所中開一門爲營門外設浮橋以便出入有事時

將橋拔去以期兵無退志　一添置巨砲於塘面以資攻擊也海塘置砲之法宜密築壘堡堡闊十丈厚二丈一堡一砲一房管一砲堡隙置砲之上再用木板兩頭擱住又覆以土祗留一洞爲安置砲位之所旁築土房安頓兵士房畔築土梯梯留些餘地可伏十人前五人管藥彈其搬運藥彈施放火砲之法須變通西法砲隊之式務使操練純熟升登便捷則海塘一區儼然悉是砲台而軍士亦得所遮護　一紮重兵於後路以備接濟也自火砲興而紮營宜散不宜聚宜伏不宜衝於海防則更甚既以前軍直握塘後更退五六里之遥紮兵固守一藉避開花砲彈二

厚砲台之背三萬一前軍不利竟爾登岸我亦可分師出擊　一用浮水砲台以擊下路也考泰西砲台之下又置水砲台水砲台之後再伏以小鐵甲彼船之巨者砲有兩層憑高而擊其法預先以量天尺測路之遠近專注砲台期無虛放其陣法魚貫而來雁行而擊否則分船直扼炮台之前使我不能為力獨水炮台之砲彈尚可擊其下半截洵屬海防有用之物炮台左右多置幾座俾不易分展亦困敵之法也水台之前多伏巨樁石子水雷魚雷再備四槳舢板養敢死水軍各備刀牌火器乘閒直逼敵船各發火攻更預攜鈎以便上船彼炮雖巨不能俯擊亦以短

攻長之法也　一伏巨礮於各沙腳以便襲敵也江東沙銅沙石頭沙崇寶沙孤峙海中沙腳交錯擇其要隘鑿窟安砲上蓋土草或一尊或二尊閒築土堡派兵暗守不動聲息敵近陡轟俾其猝不及防此以少勝多之法也　一講求水雷不使虛設也查水雷創於南北花旗搆戰之時初無善製後乃下令周諮旬日之閒數式出焉有以鐵者有以火藥者然終以在水之故炸力為壓力所減於是有長狹之船能行水底其船兩旁皆削形如橄欖又如魚背遇砲彈能使斜溜而去名曰魚雷其水雷則以長竿繫於船首以機吸空氣使之自能前沖敵船而發後又因波浪

衝激致船向不准乃改用輪船汽機而用一人把舵焉於是敵船兩旁護以鐵網夜則加木柵設電鐘其上觸氣自鳴即以礮擊之遂致此等雷亦不能專施其巧為今之計有三法一照第四條內備三板養水軍入銅沙之後伺其隙而擊之一查明海綫就敵來必由之要道旁塞石船中留一路暗伏水雷輔以魚雷伺其近口狹窄之地而擊之一先泊數號大船於銅沙外傍沙多備木排貫以鐵練置諸深水處使不能拖動見敵施放徐徐退下預伏自響水雷排前引其直進俾觸機自發　一建瞭台以察敵情也一設電燈以防夜戰也考電燈為夜戰要器其光可專

注一面射十餘里隱處如白晝且或暗或亮展動甚易以防乘夜襲我不然把燈球流星噴筒等物光皆散漫不能見敵反為敵見非計之得也

右節錄聽慕樵稿內有建瞭台一條其法用合抱大木數株接成三四十丈於木頂建房固以鐵闌謂可以避敵礮細思此法仍未盡善瞭敵上策或者精造氣球庶無弊乎敢質之博雅君子

中士之人有齒力奈爲外人齒冷何

透骨之言

洞達古今諳習兵法膽識兼優可以百勝顧何術得此

有心哉鄙人之作比物此志也

飭水師陳議

某西人嘗侮中國曰中國之人無可畏惟齒力實可畏此言雖虐切中時病今日之事皆有名無實吾觀馬江之役法人於我之砲力兵力一一算定然後泊馬江以先發制人致我軍於潮漲時猝爲所乘此皆由平日不肯著意戰事講求藝術秖以區區船政之學堂設立空額人謂　國家不甚見重於是富家不肯就貧家又不能就所就者惟目前近利之輩當中法事急生徒之父母咸欲向學堂領回或有自行逃避者臨事如此則平日之志趨可知雖當道禁止而情已渙志已離欲其宣力於鎗林礮雨豈不難哉今中國水師各船主砲手皆學術不精偷安佚逸無事置公事於不問有事規避以逃生　國家歲費千萬帑金養此無用之輩吁可嘅也西人於水師設有專科凡入學者自天文地理布陳行兵駛船放礮無所不習習之既熟然後送入書院考取考取之法以德爲善必洞明古今歷國勝敗之由乃可入選故其中多有用之才若不由院中取起雖他日身經百戰不得爲帥至放炮之人則必取膽識機警兼善測量者充其役戰陣時皆有專人紀載詳細無遺他國人亦例得觀戰紀事後皆彙輯成書以備後人之採核故其人類能實事求是易於成材今我國之需才

夫

亟矣曷於儲才一節思一振興鼓舞之方耶

海防七策

一海防之有砲台固屬堅壘或有限於日時迫於形勢未能多築但於寬平岸側坎地為壙深闊約四尺內可伏二三人上用竹排做成人字模樣蓋之置砲於岸每砲旁置七八壙側穿二尺以便多藏藥彈人伏其中敵船來擊迎機而伏彈過即開砲擊之砲前後宜加闊輪以便左右高低前後進退照準迎擊砲則不拘多少壙則牽長開去愈多愈好倘敵逕過砲台即可推砲與之上下相角或逕登岸則羣起奮擊短兵相接後以大隊應之亦可以寒敵人之胆如此較砲台用糖沙鹽等包既可省費又較活動

一守海口兵不須多但擇能用短兵者使之伏壙護砲傳遞藥餌精於施砲者使之擊敵砲既低平命中亦易敵船着孔即可灌沈其餘各兵但使遙為聲援以備登岸台擊客主勢殊諒無不操勝算也省得餉糧多備鐵甲庶幾能守能戰　一各海口宜首尾相應南洋鐵甲既少勢不能遊擊互救與爭於洪濤之上僅為本省之計但用大船三艘方舟置砲上用大竹編成人字下與船齊疊成三層通舟灌水每層內鋪舊絮並合常濕既可以防火箭雨漏又可以柔克剛如敵犯彼口此即可由海邊赴援隨潮上下加以人力一日夜亦可行二三百里彼雖有水雷魚艇近

岸淺水不難豫探而知凡巨砲礙難加輪推行者可以此裝擊因其進退活動可濟砲台之窮且價廉工省即各自為備亦易為力　一堵塞海口下用石塊上必厚鋪粗沙緣沙性軟水雷驟難擊開且不可堵塞一處宜參差離竒或隔半里或隔數百丈堵塞十餘處平日標識以便商船另用他船再用沙石以便臨戰堵口如此則其雇用領港人亦全無用敵既難入防軍即可少省此為慎重之計不得不為此拙工倘能多備柴薪稻草敵果入口一遇擱淺即用船排裝載灌油上遮濕絮順流放下兩兩相對遙牽以繩使善溺者御之以行既著敵船兩旁即放火燒之船

雖鐵甲經火久炙人亦昏迷然後蟻附猱登合力環擊若其擱淺未甚即先以木料阻壞其輪使其不便施行終為我有若在長江上下齊塞但多以草木如法燒之不難盡俘以歸也　一招勇以禦外侮者猶小隱靖內憂者為大凡強壯猛鷙之夫處此時艱多致生事一聞招勇必更磨礪以需招法似宜通飭各縣隨處招致但擇武藝精強且能超越諳水性者方可入選既成勁旅即散羣魁易奸頑為忠義誠屬一舉兩得若定於每處招幾營以之成陣或可觀以之野戰恐不足也　一練兵以雙刀團牌鎗砲為上大刀叉旗之類次之至於陣法因時制宜不可拘一大

良是

約洋兵以整總宜以偏師制勝鏖戰期以有進無迎緣洋人與髮捻異髮捻猶人操之過急即恐其投降若洋人性忍人盡知之勉以忠勇曉以利害各兵士自知去取然後衝鋒陷陣直擣中堅敵砲雖利又烏能爲此所謂置之死地而後生也　一製火藥大有高低洋藥尙矣然購用之亦不過旂鼓相當若購到上等洋藥再以螳螂制入自能格外致遠按螳螂製入火藥此法係台灣生番始緣此虫性最剛故耳然虫惟之剛者如蟋蟀紡績之類似均可用

策似稍近平易錄之以備節取

守口芻言

竊聞馬江之戰中國兵輪多被法人轟沈原其故非船砲之全不適用悞於管駕弁兵平時習練不精猝然接仗識短忙亂膽怯潰逃法人乃得肆其荼毒其中非無一二勇戰敢死之士究以寡不敵衆徒隕其軀誠堪痛惜然此一戰足爲殷鑒亟圖變計猶未晚也以大局論若必籌添兵輪戰於海上名則正大實則無能即勝之理無論兵輪一艘至少費帑一二十萬現申局外之例外洋無可向購自造須時又復不精即能速集多艘而仍強使未經久練耐戰之弁兵識膽俱絀駕駛臨陣鮮有不蹈馬江之覆轍也兵法云知己知彼百戰百勝今彼所長者輪舟堅利炮火猛烈中國雖亦有如其船有如其炮而實不能有如其駕般發炮之人此所以難與海上爭鋒也不得已僅以守口爲上策封口爲中策各省議封口者悉用船載石先自鑿沉堵塞法非不善未見盡善如待敵至鑿沉則恐以措手不及臨時致悞不待敵至而即鑿沉則敵至與否究不可知而先自多不便將來船沉日久潮汐往來停沙淤沒再欲開通糜費必鉅況若獲勝凡我口內兵船亦不能駛出追勦豈非轉以自累上策者何製牌以代兵艦不用石船以守爲戰且於此戰守兼備之中隱遇出奇設伏襲擊爆

此法即師岳鄂王破楊么之法而變通之亦是應急有用運思規畫甚周密可擇取也

殲之謀爲牌製若何每長四五丈寬二三丈高視水之深淺約多至一丈爲率平面圓底或全木或竹或竹木相間層層夾草首尾鑿眼橫貫鐵條中用繩纜逐層固紮每二排兩頭用鐵練維繫名曰小橫寨三排連貫曰中橫寨四排五排連貫曰大橫寨每二牌兩旁用鐵維繫名曰小直寨三牌連貫曰中直寨四牌五牌連貫曰大直寨橫寨用以攔禦名曰牌城直寨用以馳擊名曰牌隊橫寨每牌之上前積濕草薄坯紮實高六尺合與人齊厚丈餘中夾濕絮一二層備受砲子寬與排齊草後用土葺築砲台三座積草時豫留砲洞四圍嵌木並留施放火箭噴筒小洞各

六貫以如洞竹管兼資窺伺洞口用蓆掩蓋臨時揭去不令敵人豫知草上斜紮竹蓋下襯濕絮砲子打至可以滾落牌後配積石塊首尾稱平免有欹側或積土磚瓦礫均可就便惟若散碎則須有物裝載直寨每牌上之前積濕草高六尺厚五尺寬與牌齊隔以濕絮再積乾草高五尺上蓋濕草一尺厚八寸周圍用土塗附暗藏棉絮引火諸物於上噴筒火箭於中百磅旱雷於下草上亦照橫寨斜紮竹蓋並於牌後積石稱平橫寨每牌用兵十八人專司燃放砲箭噴筒直寨每牌甲兵四人專司縱火馳擊臨陣應將旁擊鐵練尾連解去以便圍焚敵船每兵各給包竹

尖篠盛尖篠牌各一以避砲彈此項牌兵必須羅致善泅者充之臨時尙可兼令入水施計否則搭用廣艇舢板諸船本有之兵毋庸另募蓋敵船行於海上者大號鐵甲船次號兵船長且寬不能內駛若必入口則須改用小火船長不滿十丈寬則丈餘亦用機器其力大遜却非廣艇舢板諸船能與抗衡中國兵輪無多惟水師砲船最夥既不足恃以迎敵只令屯集牌後以牌爲城分兵駐牌牌宜擇紮水口灣曲外深且寬內淺且窄之處前層橫寨宜密勿疎蓋橫寨牌上全積濕草既不患敵人縱火如以草性棉軟牌又圓底以柔抵剛亦不患砲彈轟擊儘可密布恃爲

屏障查直寨牌上所以積藏乾草雷箭諸物原備乘勢縱火轟焚敵船之用但亦最患敵得上風縱火焚我或砲子打落先自轟焚故雖紮在橫寨之後有所倚蔽尤宜疎而勿密以便移動以上橫直兩項大牌之外再須另製雙層小竹牌愈多愈妙密布大牌之前以爲疑兵每長二丈寬三四尺列順互紮五牌相連曰小連環十牌相連曰大連環牌之兩旁每間二尺掛繩一條尾擊木浮一個以備纏絞敵船輪葉此牌製也製牌之費大率大牌宜竹木並用每約需銀七八百兩其小號竹牌每約二三十兩夫以兵輪一艘防守吳淞內口咸知不足今若以造一兵輪至少

看似迂遠可笑卻是老實計算

十萬之價製牌守口計可得大牌百隻小牌千隻無不足用若守內河各口窄而且淺用牌無多費亦大減至於牌之為用可大可小可守可戰或明或暗或散或整江海口門寬有數百丈內河口寬數十丈大辦則多製以守江海少辦則少製以守內河因地而施此大小皆可也敵以船來我以牌阻敵船數少我牌數多敵船進有先後我牌攔無空隙敵船有炮我牌亦有炮或謂彼之船堅炮利恐非牌能抵禦詎知敵既進口勢必改換小船船亦木質非如口外鐵甲大船難於轟壞我今全河皆牌層層密布能橫能直能合能分闖入則橫禦馳出則直冲設伏則分布入

阱則合攻牌身入水既深上又積有堅厚濕草足禦炮子敵船雖堅不能陸行水上水下皆有攔阻斷乎不能飛越而過即謂牌易轟壞牌非船比船經轟壞而沈牌經轟壞而浮設守大口大小牌有千百敵砲雖利難盡轟壞即有轟壞而全牌竹木溼草雜亂上浮並有繩纜牽拄敵船何以行駛又有牌後積石等物翻沈水下皆足為梗斯時也即我兵將皆潰而全河已為竹木草石蔽塞難通雖不守而可守也曷言乎可戰敵未至則將連環小牌密布在前次列橫寨大牌再次列直寨大牌中留口門便船出入臨時封閉更於連環小牌之前直寨大牌之後暗布矮牌兩

層設機使沈水底水面不露又於連環小牌及橫寨大牌後各當中泓暗伏水雷兩層統計自外口起第一層暗牌第二層連環小牌第三層水雷第四層橫寨大牌第五層水雷第六層直寨大牌第七層暗牌第八層水師砲船凡有支河汊港均各散布橫直寨牌以為出奇抄後之用此未戰而列陣明暗散整須全備也敵至則先有第一層暗牌在前敵如不覺無心駛至一經閣淺進退維谷或俟敵船駛過其上發機將牌浮起力大可以撞壞船身力小亦可撞傷船底即措手不及亦可隨後將牌浮起梗其歸路設第一層暗牌竟不得力敵船進見第二層連環小牌勢

必停頓斯時第四層橫寨牌砲即可先發轟擊候其果能越過二層則即出其不意燃放第三水雷敵船定受大創不然第四層橫寨砲箭噴筒一齊蔽遮燃放敵船亦必退避再不然橫寨牌兵見敵怯潰砲箭不能得力牌則終阻於河又有第五層暗伏水雷敵船即能飛過橫寨我軍再出不意水下雷發定燬其船又不然第六層直寨牌上積有乾草棉絮藏有旱雷噴筒可以縱火轟擊若得上風順流必將其船掃數焚燬況尚有第七八層暗牌水師砲船殿後接應何患不守又何不可戰也然上之言戰猶是懸為敵勝設想若敵初至而敗則可縱牌追剿若敵深入而

敗則可聚牌圍焚此外兩岸築壘屯兵掘坑藏兵埋伏並於上風各處焚燒多烟之物蔽其眼目水陸策應互相牽制又在隨地制宜向機行事大抵用牌守口陸兵策應之功亦當十居其四應俟酌守某口細勘形勢再行詳議總之能有治法貴有治人言之非艱行之維艱得其人則自收牌之實用不得其人則即多沉石船將口固塞敵人得手之後亦可撈取長驅直入查敵船進口必乘潮勢斯時我居下游抵禦不易或亦多備石船臨時鑿沉與牌相輔而行庶益完備管窺之見如此

水雷砲艇策

西人云現在各國爭雄鐵甲戰船既設威行海國矣然亦有不可專恃者焉盖需有水雷艇爲護衛然後免敵人之暗算誠以水雷艇轉旋如意固勝於鐵甲大艦也且以鐵甲一艇所值工料能裝水雷艇六十艘裝鐵甲非數載不就而製一水雷艇數月可成兩陣交鋒但以雷艇數艘即可敵鐵甲一艘矣今日中法有事中朝果能多裝根砵砲船而又護以水雷艇將勝算獨操又何畏夫法之有鐵艦哉然福州之役中國根砵船不爲不多乃竟不能長勝者夫亦管駕之乏人耳况法人猶未升旗而法船先已開炮中國多未預備迫得起碇以避其鋒是中兵寔爲彼所暗算而已試觀當日者智利與秘魯相戰時一則用一鐵甲船一艘名亳士加一則用水雷三艘與之相拒而率爲水雷所轟是可爲明證矣然則水雷之利豈不多多益善哉西人之言如此中朝果能多置水雷廣羅炮艇法人其柰之何

擊法精極可用然非有諳曉測量之人仍無益也

擊船用砲法

出洋華人對彭雪帥之言云法人砲雖利然中土所鑄六千斤巨砲頗堪抵敵惟彼船極堅擊之須得其法船底鐵厚五寸許未易洞穿擊之之法須先擊其桅頂之人蓋交戰時主將立桅下指揮若擊斃之則將士勢必擾攘次擊其桅下之繩此繩係衆繩之綱擊斷後衆繩紊亂便不能懸砲攻我再擊其汽管汽管一壞將汽放盡水鏤立炸末擊其烟通通雖高大稍有損壞則烟不能上升鬱於船內不擊自敗矣每台須選砲手四名敵船來犯依法攻之四人各司其事擊烟筒者務其擊破爲止切勿他顧四人中

若有一人中的即已勝算可操雪帥令其察看各砲台可用否此人回稱形勢甚好惜皆新建恐地址未能堅穩交戰或一日或數下鐘可保無虞惟敵人懸不畏死相持數日則難保無傾圮之虞耳

水雷議

閩防毫無可恃既不能如彭雪帥之駈法人收海匪布置周密又不能如李傅相船堅砲利防禦謹嚴則爲今之計欲救目前之急莫如悉心令製局工廠停止他工專造水雷愈多愈妙庶幾敵船來時或猶可以此勝之蓋水雷之用可以暗設撥機立炸即使法船有撈取水雷之具然使設之者多則撈取亦不易更有水雷小艇攢入船底暗中轟起雖有極大鉄甲其船底之鉄必較船面爲薄量其大小厚薄置備多船較準炸力無不奏效此視預設之水雷尤爲撈取所不及且教練之法亦易於施將見不匝月之

功可得放雷操雷艇之兵弁百餘人則撥派各口有餘矣

此一定不易之佈置

要著

防海籌稟

王熊彪守備上閩督稟云敬稟者現在中法失和戰事已開法人先陷基隆碍我煤務繼攻馬尾燬我船政該處戰艦砲台營壘已經傷殘不堪似此口門水陸籌防已極周密尚屬如斯其他更不可問刻下法按兵不動必因守候煤粮增兵集艦再啚進攻茲屆秋來台澎風波漸平滬尾澎湖尤爲可慮若有疎失則台灣南北數十營餉源被阻兵勇受困兼之閩省米粮多資台產若曠日持久則台閩交困南北兩洋兵力海運爲之中阻商情日蹙餉源愈竭京畿兵民難免庚癸之呼而各處防務萬難稍鬆恐敵不

能得志於閩必將他向乘隙攻瑕理所必然若就目前內外籌防之計外莫先於堵塞船路嚴守砲台自津沽爲始內莫急於屯粮積草疎通漕運并嚴江陰鎮江之防爲顧北直運粮根本多購煤炭應我兵輪備戰要需嚴禁接濟引港之人廣開勸捐籌餉之路遴選將才挑募精銳破除情面破格用人實事求是庶可挽回大局守備遍歷各口頗悉各省兵輪砲台營勇多半防而不備情同虛設弊在將領不得其人不知認真講求所謂以假兵禦真寇者是也若謂目前各省議守之計首以京師爲重宜於津通一路星羅棋布堅築土壘兵分奇正營編戰守用平行壘掘地藏兵之法逢橋安砲遇渡設伏每路編定何營攻前何營襲後何營抄左何營包右何營接濟何營追勦一見敵兵登壘環攻疊戰毋分晝夜亟亟掃蕩使賊無駐足之地勿以一勝而喜不以一敗而憂以逸待勞以速戰先發制人此乃陸路制勝之法也如各口砲台瞭見敵船即裝子藥察風潮之順逆視敵船之行止測準砲可及敵眇對船之要害輪番迭放儘人力轟擊雖難盡燬敵艦或以冀挫兇鋒至若守口兵輪則鎗砲之外宜多備火器遇口岸寬闊一見敵船即聯幫展輪從上次第進攻遠則開砲近則放鎗或以火器燃燒敵船或扼守河道淺狹曲折之處以

靜待動極力環攻以助砲台之不及此爲水路攻截之法也并以駐越大軍分道進攻迅啚克復越無堅城法無重兵天兵到處安撫越人盡殲法人使勢分力薄顧此失彼進無所取退無可守久戍兵疲煤盡粮絕彼必俯首乞和若論閩廈門浙寍波砲台戰艦未可深恃定海孤懸溫州散漫設守最難況浙江餉拙異於他省實難展布在在防務時切杞憂已

雖不能盡斷砲台之要然一時權宜自合如此

砲台策

一砲台宜疎不宜密宜聚不宜分宜平地不宜山腳宜口內不宜口外何謂宜疎不宜密宜聚不宜分敵船之來我軍對準放一後膛砲至速爲時四分炮能擊傷鐵甲至遠不過五百丈再遠則目力不及難以命中卽中而砲力已弱不能透堅船行之速每時四分可行三百三十丈預裝葯彈距船五百丈開第一砲至三砲船已行過炮台一百七十丈現在砲台星羅棋布砲位無多焉能阻其長駈大進應將後路各砲悉運前敵守一總口每十丈設一砲位不論洋砲土砲安置百尊洋砲力足擊其船身土砲力弱擊其船面舵樓气筒桅杆小船等物敵船雖堅豈敢過此千丈之險何謂宜平地不宜山腳砲火之性炎上平擊一里者稍高可及三里俯擊則不及一里且準頭極難山腳立砲台居高臨下我之擊人也十發九虛敵之攻我也自下向上百發百中卽使打在台後石壁山石崩落悉成砲子更難立足況山上不能紮營以護砲台敵人一經登岸抄我之後砲台卽不能守似宜在去山較遠之平地築五丈厚八尺高之長堤以避敵人砲子每十丈留一空缺安放砲位缺處左右牆用三合土以防坍塌口門前寬八尺後寬二尺外挂棉絮口簾以護砲口其高低以潮水不到

之處爲度再於砲台之後數十步列營保護以免抄後營式宜扁以避開花砲子何謂砲台宜口內不宜在口外海防之設立砲台祇拒敵船之進口非能制其死命也似宜在口內扼要而守內港水窄不容多船我軍守其一面彼此開砲勝負各半今之砲台多半挺出口外敵人三面環攻鮮有不敗者卽使能於自守敵人從附近登岸以攻我後或開輪而去我亦無可如何同一不准其進口何必挺出口外使彼轟擊乎　一敵船堅固宜擊其舵樓小船以去其耳目手足而制其死命近來外洋輪船皆有鐵甲不畏砲子有謂擊其機器者有設擊其烟通者機器在船內不可得而擊之烟通則聞其在大洋尚可折卸筒既可去打破亦屬無益然智者千慮必有一失敵船雖堅似亦有隙可乘查該船通身堅固惟舵樓高出艙面四面玻璃無鐵皮以包之船以舵爲主海船之舵樓爲合船之耳目行船時舵師上樓瞭望以司進退打仗時兵頭在上以示指揮是舵樓爲合船之性命所關而又爲合船最脆之物無法以包裹之舵師兵頭爲船中最要之人每船不過數人倘被擊死其船無主便難行動次則擊其小船以斷登岸之路鐵甲船身太重不能近岸每於兩軍對敵之際用小船渡人登岸以攻砲台之後其船挂在大船之旁容易擊

壞擊舵樓是去其耳目擊小船是去其手足古云射人先射馬是也若欲擊船則船係活物且有鉄甲即使擊中亦不過退後數尺豈能有損據外洋報謂法人攻馬達加斯加砲台未及半日即被轟毀可見以呆砲擊活動之鉄甲雖外國亦不能制勝況中國乎　一練兵須求實際中國額兵及各省所募練勇合計不下一百餘萬多於法國數倍法人之在安南及台灣者統計不過萬餘我國沿海省分之兵各有數萬亦多於法兵數倍自去年開釁以來各處紛紛添募而恐不敵者兵不精也非兵少也兵之不精由於愛惜鉛彈火葯不肯逐日訓練耳兵在精不在多

不練與無兵同鎗不命中與無鎗同若操大陣打排鎗乃徒壯觀瞻無濟於事欲求實用必須逐日打靶藝方能精藝精而無胆臨陣仍要手忙脚亂故練兵須先練胆然胆在人腹內如何能練昔在軍中曾觀臨陣奮勇之人無不身輕戎馬其臨陣退縮不前者半屬身體肨重不能奔走之人始知輕捷者其胆皆大因此悟練兵須先練走查乾隆年間傳聞在湖南平定苗疆所部之勇僅三千人其練法每日囊沙輕走以習步立上中下三的以練仰攻俯擊之法槍則百發百中行則可及奔馬進可殺賊退可全師一軍皆精鋭當時號爲飛兵曾奉　諭旨令各省督撫提

以上數條皆苦心擘畫均實可行

鎮以傳聞練勇之法練兵應請通飭各將領逐日依法數月之後便可悉成勁旅惟經費甚大若吝惜不練練之不精雖添數百萬亦難抗拒也　一陸戰宜講求也觀外國兵書羅馬之兼吞各國全恃土壘近日後鏜鎗準頭可及一百二十丈每於未戰時急挖淺濠以避鎗子新築之土遇來復彈於六十二丈處能深透九寸於三十一丈處能透深一尺三寸於七八丈處能深入尺五寸其墻應高三尺四寸可避敵兵如敵來緊急能築二尺高之墻兵即可跪而放槍不但前鋒應築土壕其後面策應之兵亦須築之如前鋒前進則策應者進守前鋒之壕如前鋒敗北則

前鋒退守策應之壕策應者便爲前鋒不肯空壘而出以中敵人旁抄之計如兵寡敵多不能抵擋則四面築墻嚴兵固守以待援兵此外國之戰法也中國火器不能如外國之精不用此法而欲以血肉之軀與外國對敵烏可得乎

一語破的

籌餉論

凡事宜務其實得其實則諸事可興竊維中西全局大約西日富而中日貧西方諸國凡開礦織造製造鋼鉄機器諸事每年出貨銀美國二千七百兆每兆一百萬英國二千兆法國一千兆德國九百兆俄國五百兆各國舟運貨進脚銀常數每年共一千兆英居三分之一一年如此積至數年奚啻倍蓰詎可視爲不急之圖西國三十年來有大戰七共費銀五千兆每次七百兆上下其欵雖鉅猝辦無難非庫有羸餘非借他國相稱富家相助惟素有籌銀之法雖遇大難可以無虞若按歐洲中等之國中國每年

貨銀宜七百兆按息五分得三千五百萬中西買賣每年出入銀一百三十三兆其運價宜得一千五百萬若中國有其八分之一每年運息當有一百五十萬若按天下各國運貨價中國有其十分之一每年宜得四千八百萬若將製貨運貨總計中國每年當進八千四百萬乃自立和約至今共計數十年全無此進項且國家并無籌銀之良法仍有各處兌銀錢號笨法只知利己而無裨於國家良由籌辦無人儲積無方他國日富置若罔聞已國日貧宴然弗覺一旦中外失和賠銀若干差幸當時未逢實戰萬一失一大和無軍無餉何以爲謀竊謂中華譬猶沈病未

有心或甘言未可全

信然正論郤可借以自勵

獲良方必難痊愈西人得方祕而不傳亦非中國真友茲爲揣其大要出於不預實緣出於不知名公賢宰非不屢爲疏奏朝廷乃至今或留而不發或發而不行良以議政諸公於中國事雖無所不通而能明西事者十無其一因中國大員親往西國者少且本國無以西學教大員之處故遲而莫爲耳因念中國開礦製鋼鉄機器諸事在北省惟山西最便若在各省修鉄路每百里必用五萬銀之鐵每省至少必須數千里鉄路造成日久不無損壞又必常用修補且不言製貨發販遠方卽本國所需儲積可以少乎至運貨往來惟山西最難前五月間愚自京邸回晉在

張家口雇覓頭口至太谷一千一百里一騾載二百四十斤脚銀七兩如有鉄路只費銀捌錢在西國運一墩卽中國一千六百八十斤每一英里卽中國三里少者八釐多者一分六釐如此合算每百兩脚銀可省七十多兩每萬兩脚銀可省七千兩脚銀既省凡需用貨物到處便宜利益孔多前遇荒年天津斗粟價銀不過半兩及運至蒲州價值四兩八錢如用鉄路救荒豈不甚易惜乎中國萬眾不知中西切實關係茲擬中國要圖第一莫先於教試思歷年何以與諸國不和何以合賠不已將來還許加倍何以國日益貧後將有加稅增糧之舉要皆不知之故乘中

我國聞否

國不知西官亦間有責取不當賠之欵項者然中國自立和約以來其待西官與博學之士能如西國之待華儒者百無其一且於明道善人疑之阻之辱之害之旣爲重道秉禮之邦非出於不知何以至此夫以不知而受多患且以不知而使上下中西均受其患後有官士紳商洞明此義其不怨國家不早爲教訓者幾希乃當事人員拘守成規必不令西學通行於中國爲重義也及考其所用之法皆瘠國病民失禮之道意欲與西學爲敵而不知已與中國相阨也且西國新教曰與中國如再遲十年不教雖欲立教百年亦有所不及益知教之所係大且急也按教法

分有四等首教官員次教富商次教儒士次教平民　一派委員五人身至西國親查教法礦法鋼法路法機法約爲五事每事一人每人將所查各事著爲一書發刻散與各省　一教富紳選精明少壯者十人遣往西國親自觀看諸法知富有財產宜辦何如大事畧明西學兼可帮理五員事件舟車往來官備路費不備薪水凡所見聞宜各有日錄一本交月報館選其要件登報傳聞　一選儒士略分兩等先選舉貢生員聰明年少不過三十者五拾人至西國讀書學話四年旋歸每人歲給薪銀三百兩再選如前者一百人在省垣學西話五西人教之五年可以考

成每人月給薪銀四兩五年之後合此百五十人將西國有益於國計民生諸書繙爲華文幷設中西書院以華文教西學科試之年策問增西學一條中式者取　一令平民得明西書原甚不易宜設報館將各學要義幷各國有益新聞機藝訂爲月報發刻每於省試或各州府縣考期派人分送寄舖售賣不十數年上下遠邇多能明有益於世之書不惟無阻且必大成况地有自然之寶兼得開用之法我省先收其益次可延及他省每年所費不過六萬十年祗六十萬若二十年進項必數千萬由是國可富民可强中西人相見化其仇恩歡若兄弟彼此相睦緩急相

資人能如此天必降之以福夫英美所以富於他邦者以其辦此諸事在各國之先知一省富於他省一人富於他人必其所辦在他省他人之先無疑如現在不急辦理遲至一年必坐賠幾千萬銀於他國是宜深思而遠慮也

土台法

敵人開花礮炮遇堅則裂遇軟則止似宜於石炮台之外更用土炮台禦之方爲盡善其法於離石台半里或數里及沿海港汊之處無論高山平地均可相度爲之如欲於此處架炮卽在此處外面挖一外壕寬深約五尺長短則相地酌定挖出之泥卽用蒲包麻袋裝住縱橫堆積中留炮眼內寬外窄以便瞭望施放內留丈許餘地以便架炮餘地後又開一內濠寬約二尺深約五尺以爲炮勇藏身之所外濠插鹿角埋蒺藜以防奸盜偷越內濠宜尺許開一坎以便炮勇上下其土台或方或長或如泮池或如圓壁總以相地佈置隨其所宜必不過大相距數丈卽築一台爲要蒲包麻袋所費無幾將次朽爛宜預更換其挑挖及更換之時卽責承守台員弁督率炮勇長夫不但可以省費且可使夫役習勞也

似亦應急良法可用

軟台法

咸豐間紅匪之亂粵省戒嚴多築炮台以資守禦而石以剛而裂土以柔而崩皆不足恃惟有一可恃者其法先豎長木樁交錯疎佈後編粗竹笪挨次密環每層約隔尺許填沙以實其中視台基之厚薄分層數之多寡另結繩爲網大如指目濶二寸層疊懸挂高於台二尺餘下垂至地約不盈尺臨敵以水濕之此則剛柔相濟曾經數月之久百十次之環攻安然無恙此昔日所親見者若再能守以巨炮衛以精兵尤爲萬全之策云

然雷法

水雷電房燃雷之法有二一爲明電置水雷於港口建屋岸唇見敵船駛近港口即按機激電燃放一爲暗電置雷於數十里口外節節設電以達大營連接電報機器設敵船駛碰雷身則機上之鐘觸電亂鳴然後拍機燃雷以肆轟擊

接濟宜防

爲今之計惟有謹守各口來則擊之勿使法人兎脫而將我南北洋水師藏入内江而訓練之勿與海戰嚴防漢奸屢申公法或別求良策必使法人絕接濟之路煤粮二物無從購求乃可令法人坐斃

水勇

廣東當道於營勇內選熟諳水性者另成一軍終日潛深弁有新裝欖核船數十號此船首尾皆尖身甚輕便可在水底行駛如開仗之時即令水勇駕駛此船藏帶火藥逼近敵船爲焚燬計口糧照陸勇倍加倘殺敵殞命者給安家銀五百兩此一軍可補水師之不足

局外議

西人來信云中國兵勇之在東京者其勇敢善戰實爲今日所僅見然軍械不精糧食不足營帳不備尚能披堅執銳不避矢石爲國家效命其勇敢可知至中國統帶官既無運糧善策又無堅利砲械陸軍運動概無牛馬等車惟以手車應酬而已此在營官宜留心置辦不然亦多備騾馬以免軍士跋涉庶乎善矣查中國兵之自行隨帶糧米頗覺拮据法兵於運糧一事亦殊不得法而較中兵尚勝一籌又觀開仗以來中兵器械軍火及所用各槍均非一律其中用燕沙槍者有之用士乃打者有之用李明頓者有之以及遮士鉢及雲者士打者亦有之此外又有德美法諸國所用過舊槍亦復不少而火藥又更不佳往往以僞物攙雜是以所發多不應無怪乎不能全勝法人也如中官能善造器械而教習之將見無敵於天下矣遍觀中國惟現在李伯相之兵槍彈均是一律戰陣步法亦合西法以視泰西殊不多讓矣弁聞伯相營中火藥多是自製蓋津門多柳紫古多硫磺故較他處爲便云

上海股票情形如是如是

此說亦是然擾攘滋甚故迄未施行也

條陳

為敬陳管見以備采擇事當今要務不過四端曰富國強兵治中馭外而已請言富國之目一曰開煤鐵五金之礦以供沿海各直省船廠砲局機器所鼓鑄之用近日所設開礦公司各省皆有而俱無實效又其最甚者反以此為利藪或供其中飽或任用私人或並無眉目先以此語聳惑人聽所有總辦既未得人或僅掛空名從未親臨其境或以礦項所需移置別事便其私圖種種弊端難以枚舉今謹請一掃而空之悉歸官辦專其責成有浸漁偷漏疲軟貪黷欺罔蒙蔽者悉予重懲法無倖赦則人人自奮而

其效可覩而其用自無不足矣一曰開闢地利自髮捻回苗擾以來可耕之地棄為荒土即有歸鄉播種者苦於人丁稀少其力有限或招客民慮其滋事地方官率不以民事經心徒知催科聚斂而已五日京兆孰肯為民代籌惟有聽其曠廢而已今閩粵之民貧而無所歸者多轉徙於東南洋各處販之如豕畜役之如犬馬何不中國自設開墾招集流亡妥為安置使之各有身家各安其田里有事為勇無事為農此亦古寓兵於農之意而地利自無不盡矣一曰鼓鑄錢文自泰西通南洋錢流行於通國民間咸以為甚便我國何不倣其制而為之我金銀銅三品皆可

先造小者是一時救急之策

慨乎言之可稱扼要

鑄錢俾民一律行使有作偽者立殺無赦則國用自無不足此當與礦政相輔而行者也一曰創設官號銀肆以通有無以濟緩急廣行鈔幣以收利權其出入必一準諸公毋虛詐毋阻滯有一于此立予重懲苟有舞弊必立置諸極典請言強兵之目一曰精造鐵艦廣制輪舟中國歷來但有水師而無海軍今欲與泰西比長絜短則必另立海軍為先而海軍之所恃者在鐵甲戰艦火輪兵船二事當自製造務求其精沿海各直省悉設船廠一意講求先制小者務在眾多可行之於內河其大者姑且從緩蓋小者經費既廉駕駛亦易船既多則足供調遣其遇敵船也可

環攻而迭擊以便易於奏功待我軍習用小船既精然後更制大者乃與敵縱擊於大洋之中一曰駕駛海舶有鐵艦有兵輪然無駕駛之人則與無船同是藉寇兵而齎盜糧也當於各直省設立水師學堂兵政衙門陸兵水師其技藝無區別然於鎗隊炮隊之外尤必專重駕駛之人此其人必深明風雲沙線練習波濤雖歷大洋而不懼今閩粵浙沿海舟船其舵工水手率可選用優其工值厚其賞賚有出類拔萃能著功效者即擢升員弁所設水師學堂專收年壯力健之人使之肄習航海之術或能於風濤顛播之中施放鎗炮無不命中及遠或操舵具有把握能力

洞中肯綮之言

爭上風以取勝若此者咸錄用務極精能務於其中選拔奇材異能者以入兵政衙門每歲甄別考校其技能授之以職官撥入海軍各當其材一曰施放鎗炮既以西法練軍當有鎗隊炮隊二軍陸營水師宜行之爆以攻遠鎗以擊近我一軍之耳目繫於是而勝負分焉矣惟水師在船施放風濤激盪烟霧迷漫其難自倍於陸地非胆智絕倫勇力出眾從容鎮定何以能取勝於交戰之時大洋之內故施放之術不可不鍊於平日也一曰儲人材收勇力人材必蓄於平日非可求之於臨時水師學堂兵政衙門即所以儲材之地也勿行之以具文勿持之以虛意勿偏徇

勿阿私勿苛求有一長一技皆收之於夾袋之中其始進之時其技能之成否未可知則必先之以勇力蓋勇力眾之所顯然共見者也有勇力以為之本根凡百材藝皆視其質性之所近而習之然後其成也乃有可觀請言治中之目一曰簡督撫沿海各直省交商各口岸與洋人交涉者必以通達洋務者當其任但能雍容鎮靜而非應急通變之才則為之必多掣肘誠令督撫得人則交涉事起彼自能了之何必僕僕焉上煩總署致廑　宸聰且督撫既明洋務則其下牧令州守自無不明乎此矣何至柔懦者畏事剛愎者僨事辦理俱不得其平哉一曰擇牧令親

談何容易

民之官惟牧令而已而慎選牧令其權則在督撫誠使牧令得人事事以實心而行實政則下情自皆上達而上恩無不下逮何至蠲租免賦俱作虛文濟困賑飢毫無實濟官之自視如傳舍民之視官如路人甚者且若寇仇今官視民之苛急如隔膜民之視官有無若贅疣官民相輕而事乃不可為矣地方猝有變烏足恃哉今若欲得賢牧令是在賢督撫簡選牧令之中有以民事為已事者則列上考凡有逢迎結納營緣奔競者悉與罷斥如是而民不治者未之有也一曰通民情通上下志達彼此情無以貴賤殊無以遠近殊務令一邑之民如家人父子民心既得然

雖不至是亦有此等人特士固如此不讀書者尤不堪問令人三歎

後民力可用使制梃以撻堅甲利兵矣一曰端士習士者所以為民之表率也今於四民之中幾為廢人呫括而外茫無所知迂繆拘墟狀殊可笑虛憍傲戾情實堪誅至其品之陋劣卑鄙庸妄齷齪為人之所不能為始於廉恥盡喪徒有士之名而無士之實非上為之悉心訓導加意整頓從而鼓舞之又何能端其習尚哉是在廢時文崇實學孝弟忠信廉節所以重其品經史詩賦策論所以覘其才刑名錢穀天算輿圖機器格致所以考其藝能分為數科求實用而後士無不端矣一曰久任使自近日三途並進仕路壅阻當途者務為調劑於是有朝履任而夕罷官者

此論似迂

幾於席不暇煖官不識民民不識官欲求官民親斯亦難矣官卽欲盡心民事條教甫頒而代者已履其後矣豈能稍有展布哉此不能久任之故也今請黙採之衆論暗訪之輿情衆皆曰可則留之衆皆曰不可則去之務歸之公而非私而已一曰舉賢能天下豈無人才患所以求之者不至耳朝廷屢詔求賢幾於虛已以聽內外臣工非無薦舉然大半進身朝右策名仕途者耳甚至有已廢而求起者竊以爲所謂求材者當求之於草野隱逸之中巖谷棲遲之輩破格擢用但採聲望覈名實不在階資而初進卽予一官隆之以禮貌程之以事功既求之以虛名復試之以實用而人材自無或遺矣請言馭外之目一曰遣使臣出洋使臣所以應皇華之選者雖貴乎正途之員而必深悉外情熟諳洋務者始可勝其任近見出自甲科者大都以文章華國其自視則甚高而所以浹洽邦交輯睦鄰誼以相周旋而聯絡者則恐未之或一講也泰西國互遣使臣恒駐國都其所籌沾溉利益有裨於國計民生戎機要務者指不勝屈蓋文字既通言語既諳性情交際自無不合故易密於往來我則不然大抵相見既已濶疏及見之時情又不能相屬不過虛行故事而已及在人國深居簡出以養威望而已三年任滿言旋覆命歐洲諸國既無民

事又無商務政簡事清本可以卧治彼之待使臣又極隆重原屬盡人可爲者既歲糜國家金錢數十萬則所以重使臣之選者似不可不再三留意焉一曰嚴律例夫中西之律致有不同然律有例準之以理揆之以情自無不同泰西列國一歲中所有交涉之事若何斷案若何定案皆必詳定顛末悉載之於書頒行遠邇奉爲成牘竊以爲各直省中西交涉之事案牘已定亦必如是以行以後遇有事之相同者卽可以立斷以省無數藤葛惟非延西國律正則不能辦蓋律正所以助我而折中者也南北洋各國交涉之大小不一錯出紛歧動多掣肘宜延一公正律師每歲給聘金若干以供有事之需西人之爲中國用者西人每輕視之如稅務各師教習舟師西人皆視同中國之官不乏秉公論事時則否以其本爲人所延也華人之習西律者雖亦塙得稱律正實不能壓服西人趙孟之所貴趙孟能賤之也惟有名律師莫如英國前者福州爭地一案上海福星輪船賠銀一案吳淞口追還鐵路一案皆英國律師儋文爲之辦理著有成效灼然可觀今何不以歲幣延請如遇事變使之力任艱鉅無事則可悉各國之情外務樞部均可時得其消息而圖維之此於時事實大有裨益也　一曰行日報中西交涉之事西國民人有從旁

情形洞如觀火

論極切要

俱透到

持公論者每以中國爲曲而以巳爲直者何也蓋惑於先入者爲之主也中西交涉事起其始必先載於西報主筆者爲久居中國之西人往往揚外而抑中觀其所論無難曲直混淆是非倒置又其平日之間所載中國公私大小各事多涉刺譏而肆淩侮自不知者觀之不難爲其所惑況未至中國之西人乎其輕我中也積漸而然誠無足怪今莫若反其道而行之亦於要處隱設西字日報藉以維持公論久之自可回西人之心而爲我用而於交涉之事彼自不敢肆其簧鼓此之謂戰勝於筆舌之間而其爲用實隱勝鐵艦兵輪也一曰柔遠人我　朝湛恩滂沛　聖德汪洋遠方之人悉予懷柔撫輯在帡幪覆載之中此所以積漸生驕而貴在有以隨時裁制之也今我所謂遠人乃受我之俸糈而供我所驅策者也楚材晉用自古有之既仕我　朝應當視同一體勿區畛域其願住不還者宜令地方官爲之保護務得其心以爲我用中國人傭於西人舍者必非端人或貧無聊賴者計乃出此西人之願爲中國用者亦未必皆誠慤方正者流且西人視之亦生輕藐心然使詐使貪亦視上以用之者何如耳西人質樸而性直推心置腹卽可得其死力窺測外情必明於我可令洋務委員時與之議論俾其盡言勿隱乃可得其端倪斯

戊子歲余在都門與曾侯談西事侯曰昔年倫敦余與公宴各國公使約余入公法會余不荅衆訝之余徐曰俟中國船堅砲利乃與其列皆大笑卽此意也

句句精警

臨時辦事庶可藉手如是則我中國所用洋人乃爲得實效矣一曰執公法泰西列邦每遇軍國大計輒持公法爲辦論之地而我　中朝堂堂上國反不得預其列此前者蒲宴臣之所以必争也顧彼謂萬國之公法我則謂此乃萬國之强法蓋國强則公法得而舉之亦得而廢之英人不與俄議行陳之律卽其明證也夫公法者不過據情度理而以西人雖强當不能越乎情理之外苟其所請之事可者許之不可者拒之設彼欲以兵力强求則我惟有執公法與之周旋而已一曰循和約我朝與泰西各國訂立和約當頒行各直省俾通商口岸有所遵守如有交涉之案援照和約辦理若有逾於和約之外者所請非理則必以和約折之每歲所定案牘當附於和約之後使將來辦案者有成例可援如是西人雖狡必不能蹈我之瑕矣歷來我國辦理洋務其弊在畏葸因循柔懦模稜延擱歲月置不速辦催詰再三仍復不理蓋地方官以五日京兆自居一旦離任則使後來者肩其責而已得脫然於事外於是西人憤無所洩必且訴之其駐京公使事之小者大理之直者曲而辦者乃棘手矣此正坐畏之一字害之也其畏之由來則在不明洋務之故也由是觀之沿海地方官宜以深通洋務者爲之其益豈淺鮮哉此四者所以總

此段論最切當

語語切中

其大綱而政自無不具舉矣伏冀俯鑒下忱作芻蕘葑菲之採不勝幸甚

爲再陳管見再竭所知事竊嘗論辦理中外交涉宜要當內外變通也某環歷地球一周留心考求集思廣益者兩年餘矣曩者需次粵垣應官聽鼓曾捧大憲檄遣辦理洋務得與西人往來亦有年矣每見交涉之事動形掣肘不解其何故今始恍然蓋精神不相屬意見不相融徒襲其皮毛未諳其情性也毋怪其格格不相入也泰西各國互遣公使駐劄其國都通商立約者尤倍於我國何以別國則相安無事而我國則動致齟齬蓋以內自總署外自疆

臣皆未能深知其閫奧也泰西列國語言文字可以相通性情風與俗原非相遠易於聯絡周旋故其情親而審若我國則反是故其情遠而疏以是內情不能達之於外外情不能達之於內隔閡有由然也設使總署在內時與各國駐京公使往來使臣在外時與其政府諸臣接納安見遇事致多棘手也哉至出使以使才爲第一同往員皆宜秉公遴選應對繙繹要當各盡其才俾無愧乎皇華之選毋狥情意毋私故舊毋收薦納毋取干求皆必以真才爲先爲使臣者無過亢亦無過卑尤必時與西人晉接以通彼此之情設使泥於人臣無外交之義深居簡出養尊處優一切概行杜絕徒以虛縻廩粟國家復何賴有此使臣爲哉夫使臣之職在周邦交睦鄰好而已徒自誇詡適爲外人所輕藐耳隨員皆必以深明洋務爲上若愚魯暗昧驕慢矜肆平日痛惡西人則至其邦國安望其能有裨益哉今者皆以隨使出洋爲終南捷徑請託鑽營賄緣奔競無所不至蓋以廉俸之優也保舉之速也官階之進也此外皆不及知也使臣亦徒以三年一任事畢言旋則名已加矣至於維持　國體宣揚　國威則不及計也然則國家歲糜帑項數十萬金誠又何益之有哉夫泰西各國雖互遣使臣以敦輯睦而無事則玉帛相將有事則兵戎相

見此固出諸意中爲使臣者能彌縫而斡旋之一言而兩國蒙福豈非使才之特出者哉遴選使才之法首以通外情曉洋務諳西律識方言爲上列國情形固已稔於胸中列國條約亦能剖於掌上遇事自無窒碍又與其外國使臣周旋晉接必規模闊達气宇宏深外人自加欽服推而至參贊領事各員何莫不然選舉之法須由南北洋大臣總理衙門秉公保薦破格錄用苟材不勝任即予罷斥若出使於外不能和衷妒才嫉能者必加參罰中外交涉之事應辦者甚多如華人旅居美日秘三國者多爲外人所凌侮古巴呂宋皆令華人歲納身稅苛待百端呂宋賭票

販售於上海有干國禁此皆使臣應與其國互相駁詰者某人微言輕何敢以洞悉洋務自居且言之益足以招忌但蒿目時艱不忍緘默倘承採納幸甚幸甚

其二

再者竊以洋務首重得人我　國自通商以來其先置洋務於不講近日當軸頗知講求而營緣鑽刺者流又徒好爲大言以迎合上意而實效則仍未之見也伏思上海南北要衝洋務樞紐於是乎在其會審衙門委員在法租界者事尚少英界則最爲煩劇非熟悉西律秉公法以折之則會商之時不能關其口而使之悅服故非曾經出洋或略通西國言語文字之員終不能聯絡一氣即遇齟齬之事排難解紛亦賴言語轉移之此詞令之不可少也

宗本六要

自中興以來無日不以自強爲意而積弱如故其弊在於不知本不知本則無序無序則事不成於是有瞻徇忌諱欲速因循諸弊政弊則窮窮則變變則通通則久蓋其時矣富有本強有本教化有本支本也富強教化共有本宗本也宗本何在厥有六要　一曰重議政我　朝有部議有　廷議部議以部辦創之弊在舞文　廷議以樞臣主之弊在阿附擬請稍事變通取部屬中才辯精詳者數人爲小議員言官中學識出衆者數人爲大議員優其俸重其任遇有政要令小議員各自妥議之次上議員詳駁之

毋隱諱毋通同敷衍了事次彙而入於軍機參校而衷於一是然後決之以　宸斷發爲政令又安有敗事者乎　一曰編簿册造戶口册之法或委粮廳兼理之或責保長分任之里居姓氏年齒執業生死遷徙必以報返自他省必以報食洋烟從洋教必報月查一次增删以上於縣歲終而彙送於省省核其分數中總數中數三等數錄而奏於　廷附印郵抄頒示天下至丁漕鹽釐稅兵額兵餉官俸庫欵及各項國用修築製造各工程俱仿此意以行之庶官民辦事得所持循　一曰申烟禁洋烟之流毒盡矣流民窮乞溺此者可無食不可無烟官欲禁之不啻欲斃

此卻甚是

其命擬有減禁截禁二法減禁者減熟烟食生烟費可省十之九先須關白駐札各洋官謂此爲我國大計無得阻撓如有竊食熟烟者惟洋官是問次出示曉諭分限造册報年歲姓氏食烟久暫烟量大小從禁者給以書使自試之次報禁癮烟具之册次禁市肆吸烟之具册滿人齊禁已成矣截禁生者查戶口册中已食者聽之未食者具犯禁坐罪切結犯者治以嚴刑行之卅年當無復食烟之人矣　一造書籍凡古書多今書少讀今書以從政則事半功倍譬彼兵曹一科凡一切兵械兵餉兵法兵制徵調之例操演之方著爲專書一二年當能畢讀果能會通有得

則一介書生已勝於十年戎馬擬請　旨飭羣臣妥議凡有宜造之書擇其至要採而集之以備實用書成付局印行發之官府司其職者必讀之頒之學宮習其類者必讀之十年以後或設特科以試之或學試時與經古算學同考之或鄉會時發策以難之則鴻才可望輩出矣　一養人才李中堂請開洋學局前巡撫王凱泰請設儲才館沈文肅請設特科以取實學英宮保亦請破常格以擢奇材究之無育才之術無作才之權欲祛其弊自訓蒙始擬請先造學字學文二書童子十歲入小學習字書以部首爲次首解本義次異義音讀日用文字不過三四千計一年

已可盡識次習學文書其書首詳虛字用法次及行文起承轉合然後讀四書朱註左氏傳義不過二年而書無不解矣繼及五經流覽要義參之以歷代史論經世文編等書則舉筆能成文矣由是為制文詩賦抑又何難然後各習專門之學質敏者兼及他類約十年功亦就矣質鈍者及早改業或令習鹽課稅務河上海塘等事以應特科則天下無棄材矣　一振吏治仕途之雜捐納為甚　朝廷毅然罷之今雖復開仍以一年為限整頓吏治尚猶有待此在大吏知人善任事事留心或間日晉接以察其氣量或詳詢閱歷或委辦辛勞公幹以試其才能或假以學習之期徧讀吏治書以俟考驗不合者退而再習之三次不入格者罷其職則無學無才之輩難邀差委矣行此六者然後可言富強之策

針針見血

深悉箇中甘苦

逐層辦法皆精當可行真有心人非漫無

造船議

自閩滬設立船廠以來華人漸通西法以機器造機器成效彰彰而議者謂機器可廢船廠可停彼非不知輪船之利也誠以華廠造船之價半倍於洋廠購船之價同一利器與其多糜帑金不如節省繁費意非不佳惜狃於近見而未總全局以籌之也洋人之所以悍然與我為難者非不知我民心之甚固也非不知我兵力之尚強也而敢於得寸思尺要求無已者恃有兵船謂彼能來而我不能往耳今欲防洋而仍購洋人之船且倩洋人以為船之主是發之者洋人收之者亦洋人中國雖有船謂為無船可也卽謂此船仍為洋人之船亦可也則如何自造之為得也方今要務全在戰守兵船為急商船為輔其事並行而不悖往年中國特設招商輪船奪洋人之所恃收中國之利權煞費苦心洵為良策然自議定華商買僱輪船章程而後除招商局外無一人入廠購船更無一人入廠租船者何也良以船價太昂成本重大恐有折閱兼之風濤可畏是以裹足不前今欲暢通商務使之日新而月盛不如於圖利之中更加鼓舞之權凡有富商招集股分造一船出洋者船價與洋廠等而又照軍功例酌賞職銜駕駛三年獲利甚厚者更優賞之名利兼收誰不踴躍而從事況華

布置空談可比

商出洋販運與洋人歲時常相接則聲氣可通利弊情形見聞真切遇有交涉事件亦可調停折服利於商未必非利於國也至洋人各埠華民有願得兵船保護者當自籌養費報明領事請公使轉咨船局派船游弋或一年或半年更調他船藉資歷練其一埠不能養一船者則合數埠共養之如是則船局不必更籌養船之費兵船并無坐耗國帑之名海道之沙綫可以熟中外之聲氣可以聯商民資其捍衛公使可壯聲援誠一舉而數善備者也若夫兵船不一其制利於水戰者曰鐵衢船利於攻堅者曰鐵甲船利於肆擊者曰轉輪船利於環攻者曰蚊子船而總以

鐵甲船爲最精近日美國更造碰船其前鋒利如椎遇鐵甲直前撞之轟然破裂其價亦甚廉計鐵甲船一號費在百萬餘金碰船一號約二十餘萬金省一鐵甲可造碰船五六號將來出洋征勦必須鐵甲十餘號以備戰攻目前用費不充不如分造碰船分防海口可期得力然後續造鐵甲以成全盛之規所謂由漸而入也但口外甚多節節設防兵船不能如是之衆宜將近海各省分爲四鎮擇地立營各設水師多築砲台既防之於洋面又防之於海口務使臂指相聯方爲萬全之策查津沽爲天津咽喉而牛莊烟台皆爲要害若僅設防於津門而東奉二口全無牽

制之兵防猶未固也若以直東奉爲一鎮鐵甲或碰船數號以蚊子船轉輪船十餘號立營於旅順口并威海衛之中添作砲台相爲表裡又設分防於大連灣據奉直之要隘則北可以聯津郡東可以接牛莊而北洋之防已固江浙只設內防長江只有砲台可守而不可戰若以江浙長江爲一鎮如北洋例立營於長江口外既可固我天塹復可照應寗波舟山一帶而中洋之防已固台灣爲七省門戶窺伺者多宜立營於澎湖門爲闔垣重蔽是福建台灣宜爲一鎮也粵省華洋雜處較他省尤爲緊要宜自爲一鎮一體立營以守之而分防於瓊州北海等處則南洋之

防以固至東西各洋亦宜每洋派一鐵甲巡遊各埠名衛商務實諳敵情處處收海防之實效雖然船政宜修矣而造船駁船尤不可不得其人華匠雖有巧思而堂奧初窺聞見未拓總不如洋人之精是宜選上等華匠及出洋學生之聰頴者親赴外洋各廠互參考訂務得其術他日藝成返國果能神明變化可廣其傳酌賞官職使之綜理廠務則工匠之賢否經費之多寡瞭如指掌不致受欺於匠人則造船得人矣船主舵工大副二副等色人自中國每每缺乏卽有可爲大二副者類皆幼童出洋之學生性根未定嗜好易染於量星探石測風防颶等件尚未講求

事關緊急恐未可靠查泰西船政本有專門之學其法須先通數國言語文字天算地輿之術然後官為考校如能測度數諳風潮以及各國海口礁石之有無水勢之淺深測驗表度措置機器一一合法方能充副舵工閱歷三年不致誤事方能為正舵工如果心靈手敏可掾一船之權然後升為船主鄭重周詳有如此者中國欲收船政之益宜仿其法選十餘歲之世襲聰慧子弟成童則習不能染世職則人不能輕或聘教習或出洋學習務使精日求精確有把握則中國多一船即有一船之利自强之機自固之術胥在此矣前兩江督臣沈葆貞嘗以未辦鐵甲為恨

事其遺摺有云天下之弊在於因循目下若節浮費專注鐵甲未始不可集事若復徘徊瞻望執咎無人事機呼吸遲則噬臍老成之慮深且遠矣

礦務給用

泰西之所以富強者精於礦務耳但外洋國雖日富而山澤之利已窮中華國儲不充而山澤之利實富其故何也西人以採礦之故窮山僻壤搜羅無遺不但金礦將盡即煤鐵之礦亦盡西人恒慮數十年後雖有船而不能行其說實大有所見中國為財賦奥區雲南出銅山西出鐵湖北江西湖南出錫瓷魯荆襄出鉛臺灣出硝伊犁開金和闐採玉誠為五大洲未有之富所可惜者產於地而棄於地耳非不知有利也一則因前明殷鑒之不遠一則因機器鉅款之難籌查明萬歷二十四年開礦遍天下命中官

為礦使編富民為礦頭礦無所得勒民塾賠甚至誣為盜礦從而傾陷之所以國脉民命交受其困流毒二十餘年嘉靖三十五年開礦費三萬餘金而得銀二萬八千五百不足償失成化間採金於湖廣等郡役五十萬人死者無算僅得金三千餘兩前事如此宜後之開礦者之掣肘也不知明所採者金銀礦也意在聚斂且任用非人事之所以易敗也今之宜開者煤鐵礦也意在便民且當務為急事之所以必成也方今海防孔亟不得不用輪船用輪船不得不需煤鐵倘必取給於洋人是洋人添一利藪中國又多一漏卮機器款本甚鉅措置為難但試辦之初何必

賴此各省防營頗多若在某省開礦先倩西人之精於礦學者或用滇黔川邊老民之諳悉者測量衰旺確有把握然後以防營開採果得巨礦再以機器濟之豈遂為晚乎又或謂開礦於地脈有碍聚人恐生事端此又一孔之儒之迂論也

採煤

伏讀乾隆五十二年十月　諭曰京城外西山北山各一帶開採煤窰及鑿取石鹽自元明以來迄今數百餘年取之無盡用之不竭從未聞以關係風水設有例禁豈開採硫礦遂至於地脈有碍即云開採硫礦恐集聚多人滋擾地方則每歲採取煤斤石片所用人且不知凡幾豈皆善良安分之徒何以并未有滋生事端之處　聖諭詳明最足破世俗疑惑之見又或謂山澤地壍無地非民業祖父所遺子孫世守即給價而買之此應彼否其奈之何曰此尤易為力也地不必歸於官利轉得分於民未有反窒碍而不行者或又問曰開礦之利其利安在曰開礦有礦稅利於國帑也鉄可造船煤可行船利於海防也開礦用營兵兼習其勞利於兵也兵之口糧出於礦稅利於餉也開礦之處多在叢巖既有營兵匪不敢据利於防盜也冶鉄需匠運煤需具養活多人利於窮民也火化之宜人人賴之煤價既廉貧民惠愛利於日用也又况銅鉄煤礦之類中國所出者多則外洋所入者少日計不足月計有餘富强之基舍此無他術矣倘若掘土而得金破石而得玉此尤　國家之福而臣民之所額手也抑又思之開礦即可開鑄雖屬緒餘正可相輔而行近來洋人收取中國大錢

出洋鑄銷即中國商民亦多蹈此弊者故錢價日昂大錢日少亦宜一體設法禁止并於開礦處開局鼓鑄亦流通國脈之一道也

通篇放敍詳明饒有可採極是

植材策

今之自命爲通儒者以洋務爲不屑憶甚矣夫儒者貴其博通古今耳試問今之儒者能通各國言語文字乎即叩以各國之名能盡知乎方今海防孔急而所謂熟悉洋務者不過市儈之徒正宜培養人才攻彼之盾即藉彼之矛誰謂西學可廢哉又況西學者非僅西人之學也即以文字論古之制字者本三人下行者爲蒼頡從左至右而旁行者爲佉盧從右至左而旁行者爲沮誦泰西之字實本於佉盧也天文歷算本蓋天宣夜之術周髀經春秋元命等書言之詳矣墨子曰化徵易若鼃爲鶉五合水火土離

然鑠金腐水離水同重體合類異二體不合不類此化學之祖也均髮均縣輕重而髮絶不均也均其絶也莫絶此重學之祖也臨鑑立景二光夾一光足被下光故成景於上首被上光故成景於下鑒者近中則所鑒大景亦大遠中則所鑒小景亦小此光學之祖也亢倉子云蛻地之謂水蛻火之謂氣汽學之祖也禮經言地載神气神气風霆風霆流形庶物露生電气之祖也關尹子言石擊石生光雷霆緣气以生可以爲之淮南子言黃埃青曾赤丹白礜元砥歷歲生傾其泉之埃上爲雲陰陽相薄爲雷激揚爲電鍊上生木鍊木生火鍊火生雲鍊雲生水鍊水反土中

國之言電气詳矣至於圜中同長方柱隅四讙圜規寫攴
方柱見股重其前弦其軸法意規員三神機陰開剞劂無
迹城守舟戰之具蛾傳羊坽之篇機器兵者法有淵源墨
言理气與管子關尹子列子莊子互相出入韓非子呂氏
春秋備言墨翟之技削鵲能飛巧輗拙鳶班班可考泰西
智士從而推衍其緒而精理名言奇技淫巧本不出中國
載籍之外儒生於百家之書歷代之事未能博考乍見異
物詫爲新奇亦可哂矣但西學規例極詳國中男女無論
貴賤自王子以至於庶人至七八歲入學在鄉爲鄉學每
人七日內出學費乙本納合中國錢三十文在城爲城學

每人一月內出學費乙喜林合中國銀一錢七分如或不
足地方官捐補其曰鄉曰城者特就地言之其實卽鄉塾
也塾中分十餘班考勤惰以爲升降其不能超升班首者
不得出塾學藝鄉塾之上有郡學院再上有實學院再進
爲仕學院然後入大學院學分四科曰經學法學智學醫
學院頗有次第
學經學者第論其教中之事道其所道無足羨也法學者
考論古今政事利弊及出使通商之事智學者講求格物
性理各國言語文字之事醫學者先攷週身內外部位次
論經絡表裡功用然後論病源製葯品以至於胎產等事
更有技藝院格物院均學習汽機電報織造採礦等事又

有算學化學考驗極精算學兼天文地球勾股測量之法
化學則格金石動植胎濕卵化之理再有船政院武學院
農政院丹青院樂律院師道院宣道院女學院訓瞽院訓
聾瘖院訓孤子院養廢疾院訓罪童院餘有文會印字會
别有大書院數處書籍甚富任人進觀總之造就人才各
有所長無論何學必期實事求是誠法之至善者也中國
取士祇分文武兩科文科專尚時藝錢谷兵刑非所習也
武科雖以騎射技勇見長究之武經尚未識爲何書遑問
韜鈐前此髮捻等匪跳梁建立大功武科中人乎然武科
正大可用也方今戰守之策不外水師火器兩途誠能於

武科中設三等以考試之一試以山川形勢進退之方二
試以算學機器製造之能三試以測量槍砲高低之度其
兼擅眾長者不次超遷其專攻一藝者量才任事選將之
道於是乎在近年來我　朝總理衙門派幼童出洋學習
萬里從遊法至良意至美矣但童子血氣未定性情心術
愈染而愈失本來盡棄其學而學恐盡亦變於夷者也不
如將西國有用之書條分縷晰譯以華文刊行各直省書
院每院特設一科請精於泰西之天文地球船政化學醫
學及言語文字律例者爲之教習或卽以學童之學成返
國者當之其學徒則選十歲以上二十以下不得過長以

致口音之難調亦不得過穉以致氣質之易染又或於科歲兩試所錄文武俊秀擇其有志西學年亦相當者就其性之所近專習一科其理易通其效更速又況名列庠序咸知自愛既可收當務之急復不背聖人之教而諸生之數奇不偶者又别開一途以博取功名孰不樂於從事哉至於在院膏火宜倣龍門書院章程官爲籌備肄業期滿歷試上等者准赴京都同文館或總理衙門驗考考驗之後或給以經費赴外國大書院學習三年或派赴總理衙門及船政機器等局當差或充當各國出使隨員繙繹庶幾人材日廣風气日開不獨長西人之所長何難駕而上之哉現　京都有同文館滬上有廣方言館近復創立中西書院廣其額至四百餘人分爲兩書院其法以疏通文字者爲超等以年齒少長而讀書多者爲一等其餘各有差凡三等超等一等以午前學西學午後學中學二等以午前學中學午後學西學三等以年少專習中學而綴西學恐以西學分其心也粵東與蘇州設西塾專教西語西文西算設綫按報測電諸學設額雖少可以漸推漸廣爲洋務培植人材正未可量鄙人聞之不禁喜色相告也

邦交議

秦之所以兼併者遠交而近攻蜀之所以抗魏者聯吳而釋怨多助强寡助弱其大較也　聖朝撫有函夏韋鞲毳幕之邦敂關麕至亘古莫京猶復　簡命重臣軺車相屬於道重之以盟誓申之以條約一視同仁言歸於好撫夷之道至矣盡矣然而各國之情僞不同强弱互異有可爲我用者有不可爲我用者試約而言之俄人狡詐强悍歐洲之地蠶食殆盡其邊疆直接中國東西北三面延袤幾及二萬里其近邊如浩罕諸國哈薩克布魯特諸部落皆脅之以兵威實欲盡撤我藩籬若東三省近邊之地不獨庫頁島歸於俄即黑龍江綏前河吉林等處所屬之穹廬亦多爲所踞而經營叵測徒佔伊犁久覘我爲弱肉而不能爲我用者也日人短小精悍性情堅僻其主亦好大而喜功邇年來入台灣議朝鮮廢琉球依附西人妄生覬覦駸駸乎有得步進步之勢此亦不得爲我用者也然日之不敢逞志於我者恐俄之乘其虛也俄之不敢逞志於我者恐德之躡其後也德人以兼并坐大爲利二十年來敗丹敗奧敗法今猶增兵協餉如臨大敵者惟欲一挫俄人然後與民休息耳其與我通商之處爲數無多而情意尚屬密洽其前相蕭活曾游中土濡染我　朝教化實深景

情勢瞭如指掌

侃侃確談

犬有捭闔之風

美國近以新章之訂亦漸與吾聯矣

仰是德可爲我用者也美國志在通商且素暱於我其前總統格蘭忒感北洋大臣李鴻章接待之優曾與日主爭及琉球曉之以順逆之理聳之以强弱之勢大意直我而曲日旋有瓜分琉球之議日主含糊其詞遂力斥其非是美亦爲我用矣法人自八十年前拿破侖兼并各國厥後一就擒於英八年前其姪復就擒於德方今元气初復執政紛更未暇遠略俄人常欲聯之法因畏德不敢結俄而其心未嘗不嫉俄也雖前不傳教見惡於我近以安南有隙於我而欲牽制俄人不能不與之羈縻矣英人向以水師稱雄於亞細亞德與法皆不及其於俄人鄙其武備之不精復忌其疆宇之日擴前既不許泊兵船於黑海後復不聽攘地土於天山是固俄人之所畏者也日人於英尤敬而信之邇來變制度更服色一一惟英法是崇是固以英爲護符而不敢出其範圍者也若英人之於中國前雖仇讎今則友邦其急急於通商者不過惟利是圖非欲貪我土地也而且頗尚豪俠自立約以來於公法研之最熟其曰中國有事各國調停言雖不可恃而亦非全不可信也目今法國有創深痛鉅之情英國有唇亡齒寒之懼中國欲馭日而制俄首宜交德次宜交美以及瑞丹普日比義奥諸小國皆宜聯絡輸誠結以義信非必藉爲外援而

荷戈　執殳但使之不爲人用即不啻爲我用以彼制彼即以毒攻毒也雖然各國宜交而俄日與英法遂不宜交乎而非也彼以和來我以戰往不可也孤立無援與生衅伺亦不可也是宜防患未然防變無形以信孚之以術馭之內峻其防外彌其隙而緩急輕重之間是在有能辨之者

豈知練勇亦有弊

併餉略

後周世宗謂侍臣曰凡兵務精不務多今以農夫百不能養甲士一奈何朘民之膏養此無用之物乎誠哉是言也我　朝兵制每省編置綠營而同治初年克復東南數省近收復回疆皆招募之勇而經制之兵未聞有殺敵致果者何也蓋勇爲新募非精壯不收兵皆舊充而疲老未汰也然年力精壯之人皆不願當兵而願當勇其充兵者皆市井無賴衰老疲弱者耳蓋勇粮每月四兩餘銀即每年扣發兩月每月尚得銀三兩有奇而戰馬兵之粮皆不及焉守步兵更無論矣故兵額雖多與無兵等查淸淮練勇

雖有三千八百餘人而散漫無紀疲懲居多前任各漕臣明知其然皆以爲一時裁遣恐生事端隱忍相安不加整頓署漕督臣譚鈞培莅任不及三月汰其衰弱歸併於馬步各營頓然改觀已成勁旅是以任事之貴認真也直隸整頓成效已著各省有倣行而未盡改者有全行未改者今欲變其錮習不如以綠營爲練勇兼寓減兵增餉之法綠營改立練軍創自前督劉長佑曾國藩莅任時復重新爲最善常人之情勤則奮而逸則偷綠營向以防守爲名且有此疆彼界之分而一切築城修池治河諸役非其任也而且安居於家待炊而食目未覩乎行陣身未經夫沙

自是正論

塲以之執戈而銜枚愚者且知其不可誠倣練軍之法汰弱留强日加操練倘有工役一體派行即有徵調無分畛域則力以愈用而愈出三年之後而謂兵不强無是理也又况利之所在人必爭之中人之産歳獲百金則有餘若能準情酌理照定章而優加其餉則一人爲兵舉家飽煖誰肯以游惰遭斥革哉或謂自今餉項支絀建議者方欲減之如煙台紅單船募廣東水勇五百名月餉自十五兩至八兩不等今擬改爲額兵一律給銀三兩增餉之說萬不能行不知所增之餉即出於所減之中誠使用一兵即得一兵之力其愈於額多而無一兵之用者多多矣昔武

侯治蜀以減兵而勝魏岳忠武背嵬五百而破金兵在多乎哉

中的

以後序列各械均詳明

制造說

西人所以擅長者技藝耳中國爲人才藪豈無智能之士與之并駕齊驅者執業不精故讓他人我先耳西人每製一器專心致志而爲之稍有苦窳必改造之甚至如愚公之移山由子而孫至再至三務期精而後已雖費鉅金不惜也中國偶有舉動旁觀必從而擬議之撓阻之故懷才之士亦不敢輕於一試技之所以不良也方今海防吃緊南北洋機器局務一體舉行有蒸蒸乎日上之勢然局中仍延西人以握其樞機彼爲我用而我實爲彼用也竊以爲機器一項最宜講求爲類甚多而水雷火器尤關切要

而電報次之水雷有三曰伏雷埋伏以待敵利於守也曰行雷曰送雷直趨敵舟利於戰也設伏雷之處又宜多設浮表疑雷以誤敵令彼防不勝防而猶恐不足以破之也故行雷送雷濟之行雷之類不一大約以奧國之魚雷美國之箭雷爲最良亦有桿雷索雷之分魚雷者形長兩端銳或用銅殼前藏棉葯尾段有累輪中腹蓄氣撥輪自行箭雷曾在天津試造其行較遲皆在水中稍露形迹所謂多方以誤之也索雷者以長繩繫曳於小艇之後或左或右直趨敵舟相擦而過則雷相觸而發桿雷者縛雷於桿端其桿連於艇首斜揷敵舟之下發雷以轟之若募敢死

歷鍊語

深謀遠慮是極

之士操練精熟手眼敏捷何患不勝哉且今之守壘者先用槍砲其器以德之克虜伯砲爲最精而陸路行山之砲不若用十二磅彈砲其體輕其質堅砲子合膛命中及遠所配開花砲彈計葯一磅可及數十里之遙其彈可炸百餘片殺敵多而取携便誠利器也至若水陸迎攻宜用气毬小砲彈配開花其功與十二磅彈砲同又普國之壘迭兒魯士砲形不甚大用極迅速制如六門槍四週有八輪皆以螺釘縮之不用之時即可卸置倘有失利分委而棄之不至爲敵人之資此尤可以戰可以守也洋鎗亦有前後膛之分論運用前膛不如後膛之靈論修整後膛不若

前膛之便然殺敵致果總取其靈巧爲宜若德之馬地呢英之士乃大法之查治布美之七響至三十四响後膛又德之新製後膛茅塞槍均屬可用其槍之機器不必過多亦可便於修理而後門火管須用銅托又須多備一副以備不虞但一砲有一砲之性質各鎗有各鎗之規模彈固分大小葯必權其錙銖務須自行製造庶幾操縱自如若一一仰給於人一旦有事群起而爲閉糴之謀徒手何能禦敵又或以劣爲優以舊爲新更受其害矣是宜選出洋學習之返國者倣其式而造之或更心裁獨出以鬭巧而爭奇精求益精自强端在於此邇來機器局製械頗有成

效而議者猶謂可以省費則將成功敗於一旦獨何心哉電報一節雖屬末務然利於民兼益軍國昔普人遍設電報而盡毀法人所設卒以敗法蓋事關緊急乃見電報奇功近又有德律風者亦藉電气以行數百里間直可對語斯又便之至便者也總之製器尚象利用本出於前民幾何作於冉子而中國失其書西人習之遂精算術自鳴鐘創於僧人中國失其傳西人習之遂精機器火車本唐一行水激銅輪之法火砲本虞允文采石之戰敵名曰霹靂西人絕技皆古人緒餘西人豈真巧於華人哉

利權之移實此爲甚

釐稅

從來王道不尚富強聖世不言功利藏富於國不如藏富於民之爲愈也　國家深仁厚澤薄其稅斂有準乎什者有數十而取一者恤民之艱待民之厚茂以加矣自道光二十二年大開海禁維時當事者不知中國稅額輕於各國四五倍或七八倍故立約之時洋人各貨進口納稅後聽華商販運各地所過關稅祗按貨值每百兩加稅不得過若干分稅於華民者輕故稅於洋商者亦輕也厥後天下多故軍餉支絀於是始爲榷貨抽釐之法創辦之始洋貨於在各子口征收尚無異詞迨咸豐八年中西重訂條約始定洋貨願一收納稅即免各子口征收者每百兩征銀二兩五錢給半稅單爲憑無論運往何地他子口不得再斂其無半稅單者逢關卡照例抽釐體恤洋商可謂至矣然洋人欲壑難填猶復藉端要求烟台條約定於租界內不收洋貨釐金即洋貨之運入內地者不論華商洋商均可領半稅單此又格外通融之法無如日久弊生漏卮難塞華商之黠者串通洋人互相蒙蔽往往洋人代華商領半稅單而私取其費者華商亦代洋人裝運各貨而冒用護照者漢奸與洋人譸張爲幻流弊滋多近又有三聯單者無論往何地購何貨先在洋關報明數目繳半稅方

言之痛恨

籌畫精詳若能實力舉行商民當均受其福

可領單領單之後聽其採辦運行沿途釐卡不敢過問至貨到時查明數目相符如數繳稅於是各商民利其稅輕而且速趨之若騖以中國自主之權而爲洋所把持釐金之受困不已多乎查始權釐時歲收二千萬今之所收者不過四分之三而且日少一日有損無益於是董其事者嚴爲比較籍杜侵餙密設分卡以防偷漏而究之委員之侵吞滋甚胥役之訛索益繁徒困於民無利於國故縱談時務者慨然謂釐金宜撤也然則謂釐金果宜撤乎目今軍務雖平元氣未復　國帑猶未裕也防兵不能裁也海防猶未措辦也設或更起事端欵將奚籌豈旋撤之而旋

設之乎然則謂釐金不宜撤乎洋商之包攬華商之偷漏徒供虛耗未獲實功何樂而爲此也爲今之計不如去釐金增關稅於釐務無所損而商則有益焉何以言之所謂裁撤釐金者非必盡天下之釐金而撤之裁之也不過於通商各埠或商貨或土貨去其釐而加其稅耳若明定章程核計道路之遠近如某貨自某處至某海口須經幾卡應釐若干某貨自某海口至某處路經幾卡應釐若干一總稅之不必節節稽征是釐雖撤而實存而包攬偷漏等弊雖奸商無由施其技矣且關稅交納之後運行無阻不必守候而驗貨不必逐卡留停欲至某處可尅期而待爲

語必透宗非有心人不辦

思深哉

日更速成本較輕即所加之稅實隱攤於貨價之中而取償於售主商民又知某貨之不復納稅也更樂於販運銷暢益多所謂於商有益者此也況洋人所藉爲口實者動謂中國釐卡林立收數互有異同以致洋貨壅滯不行若撤釐而加稅彼亦何說之詞而說者謂關稅已有成規從而加之洋人必不能允不知所加之稅即所抽之釐與其散而征之不如總而稅之兼之洋人稅額以值百取二十取四十爲斷更有值百取六十值百取百者若以值百取二十爲準華稅之重猶從洋稅之輕舉是以折之彼將何詞以對又或謂釐金取之華民權歸中國自主若歸併於

稅倘洋人於下次修約時復以稅重爲辭利權不幾爲所撓乎是宜聲明加稅免釐之故如欲減稅仍舊抽釐庶可永杜洋人之口也抑又思之稅出於商欲充稅務宜先暢商務西人所以富强者官商一體耳所有贏餘公家存之即有折閱公家認之故能重其本而來即厚其利而返中國之集鉅款出洋貿易者尚鮮是彼有貨以取中國之銀而我無貨以收回中國之銀利源不將竭乎計洋人入口之貨每歲售值入千餘萬中國出口之貨惟茶與絲爲大宗近來印度等處皆植茶桑出數與中國相若倘並此而失之是誠有出而無入矣又如呢布一項洋人買中國絲

此亦宜相土地之宜難概同也

精粹絕倫要着制勝先得我心矣

綿織成之轉售中國每歲約銀三千餘萬頁由機器便捷所以獲利甚厚若我亦仿織之可以開一利源或疑用機器以代人工恐奪小民之利不知洋布羽呢本非中國之物與民業毫無關涉况製自中國可省運資價必更廉便吾民之取求攻洋人之利藪是誠一舉而兩得者也伏讀嘉慶十九年正月　諭曰洋商交易原令彼此以貨物相準俾中外通有易無以便民用若將內地銀兩每年偷運出洋百數十萬積日累月於國計民生均有關係仰見聖慮淵深於中國銀兩出洋之患早已　洞鑒今時事更非昔比出數照前更鉅若之何不早爲之所也宜急令地方官廣勸農民於山谷隙地遍植桑茶繅絲制茶之法尤宜加意講求務使較勝於印度將來所出愈多價可酌減貨精值廉何患銷路之不廣而且招集商股以機器造呢布若成本不敷或援乾隆五十一年商人王世榮請借帑銀嘉慶十七年蘆商義和泰懇借運本均　敕部議行之例是誠無損於　國而大有便於民也總之出口之貨宜求其多而稅則輕之入口之貨宜杜其來而稅則重之收我利權富我商民擴我遠圖胥於是乎在

抉摘無遺

條議

一武備亟宜講求變通也盖中國武員由科甲起者第藉騎射技勇與勦襲武經由行伍鄉勇起者或並不知武經爲何物其間有所謂良將亦祗是勇敢善戰而已至於兵勇更不待言凡若此者雖可以制內患而實不足以禦外侮今則首禦外侮時也故亟宜講求變通取法外國查外國武員必自幼讀書明理然後更入大書院兼習天文地理算法水道與夫營陣步伐炮臺水雷諸法俟逐一明曉再嚴加考察始行量材授職其將如此其兵亦不待言當先於通商口岸要害兵多之處各設武備院遴選年力少壯資性聰敏武弁與候補候選文員之少壯開敏並官民子弟有願學習者入院延請外國著名武員盡心教之各員弁等學習既成須令其輪流遊歷各國不惟親見其兵政戰守之法尤在體察彼我之長短則制禦之道斯得矣其歸中國時須各有紀述論說用覘其遊歷果否實有所得大臣秉公量材使之布列各營帶領教練兵勇則兵勇無有不精然欲兵精必當厚餉現今兵餉較前非不加厚然尚未能仰事俯畜也故當兵者皆負販手藝之徒且有以負販手藝之專業而資兵餉爲添補之需者故一有戰征額兵皆不可用於是乎募勇是歲糜數百萬金所養皆

然犀照水

無用之兵此　國家之大患也當簡其精銳裁其浮冒汰其老弱厚其餉糈弗使別有他圖而後乃可取外國法教練盡袪一切具文事事必求實效由是守無不固戰無不克矣至輪船水師今尤吃緊各船駕駛教練之人但往來南北洋有捕盜資而亦未能禦外侮也誠知現今之事非粵寇比竊考唐時吐蕃連結回紇入寇郭子儀一出回紇遂請願擊吐蕃現今泰西各國非回紇比倘能隆以恩禮激以公義則用洋員駕駛教練水師要或未為不可且洋人為我　國辦事受我　國俸祿者不下數百人其中當有善於駕駛教練之人亦可詳加選用古人敵國且用何

況與國要在善用自可收效隨軍醫生事亦綦要並宜遴選子弟延外國良醫教習之一器械亟宜專責採辦也蓋粵匪以來多用外國鎗砲率由中國員弁向洋商購買員弁未必洗手奉公洋商原屬惟利是圖且其中更有商夥通事等輩節節侵蝕故需價甚鉅而器械甚劣多自外國簡選過後剩棄不中用者甚有以舊刮磨作新者況所委不一人遂所購不一律致兵勇使用不能通濟糜費金錢莫收實用今禦外侮非內患比務使器必精良價不浮濫而尤要有定式庶幾乃可故亟宜專責採辦請查明最亟合用者係何式鎗砲遴選洋員往駐外國照式定購由南

有志之士同此心同此言

北洋通商大臣兼理先行籌欵採辦運到中國於上海天津各設器械局收儲委員專管出納各省各營南北分畫需用鎗砲由督撫提鎮及統兵大員咨明通商衙門給文往領該價若干即解交通商衙門則墊欵有著落採辦可接濟既責有專司自器無殊式並飭該洋員遇有新式精良者出必先將此器如何使用詳細具文申報至上海天津製造局尤當多購機器製造藥彈緣平時操演臨時攻戰鎗砲之用尚有底止藥彈之用實無紀極若自能製造不惟費可節省物無缺乏而事亦稍簡便並各製造局尤當亟選中外幹練人員博取各國最善之式購求製造所

謂精益求精巧益求巧毋徒循陳迹虛糜經費尤必蘄至我能自強無藉於彼始為有得而輪船水雷等亦莫不如是

芻言

武進余思詒芻言竊維我　朝撫綏萬邦咸深覆育懷柔之德越古振今自道光年間互市以來迭蒙天恩增開口岸商務日興華洋一視同仁遐邇莫不感戴乃法蘭西以歐洲島國敢驕狠驁屢生事端近更撓萬國之通商而侵我　朝之藩屬天人共憤中外不容惟查法蘭西自巴黎至越南由地中海紅海印度海其間國逾十數輪船行卅餘日海程計三萬餘里勞師糜餉矢志不回深恐挺而走險誤我多方則我海疆萬里袤延置戍多則度支不繼徵調少則議備難周是因秉鈞當軸諸公所綢繆先事而退

食不遑亦天下臣民所義憤日積而敵愾同深者也嘗聞先王之道和爲貴中庸之德致中和誠以和也者天下之達道也自古帝王制敵禦遠無必和之局有必和之理然攻而和戰而和守而和和而不和不和而和各異其勢各因其時攻而後和勞師糜餉和自我操如夏王之於有苗周宣之於玁狁是矣戰而後和民困國疲和由人定如漢代之於匈奴唐時之於吐蕃是矣和而不和和難久恃終出於戰如春秋之秦晉吳越是矣不和而和因利乘便約縱連橫如戰國之六國三國之蜀吳是矣惟固守而和則天地位萬物育如晉魏絳之和戎漢班超之持節是矣方今越南國抱摧殘之深痛法人有疲乏之隱情各國守公法之成約而軍情時局變幻不常縱使南服平定法事告蕆亦宜集思廣益定一經久之良謨上慰　宮廷之廑慮竊以爲雲南廣西既當越南衝要廣東福建貴州亦宜設防東三省似宜一律統籌全局可昭鞏固至於海疆似宜實力團防堅壁清野隨敵所向入內則環攻遠遁則舍去并遣使結盟約國如有失和徵兵會勦以阻敵人狡詐之計及時廣開餉源設立海軍廣製鉄甲兵船專力營經規畫南洋險要務求立可攻可守之基操可戰可和之局俾五洲萬國莫不傾心烽警告息則寰海永清矣請爲借箸

籌之　一曰審度形勢古昔守在四裔今則守在四海東西洋洪波巨浸至南洋之蘇門答臘巫來由婆羅洲形勢收束實爲東西要隘中外關鍵昔屬漢唐之故地近被西人之侵佔矣論今日之形勢南洋以瓊州爲扼要而台灣廈門次之定海乍浦崇明又次之北洋當扼福山登州旅順之海道爲門戶而天津山海關牛莊次之竊謂顧腹地以盛京直東爲首要而江浙次之固邊圉以滇粵爲首衝而閩黔次之規遠勢以巫來由等處爲扼吭撫背之計蓋廣東民風素號强悍皆秉忠義之氣各國久已深畏瓊州一府九縣三州當可自相捍衛屏障廣南復經彭大司馬

擇要設防勸諭鄉團集練漁團已昭鞏固更於虎門扼險設防不特保障省城并可左控香港右控澳門福建民風亦勁又經增兵派守各口台灣兵力既厚興化福州福寧等府所屬海洋島嶼錯雜防守得宜似可無虞更請於廈門設駐重兵漳泉亦可兼顧定海爲浙洋所必爭昔爲棄地今爲要衝矣似宜厚集水師下以援處溫台寧紹上以保障杭嘉淞太惟乍浦洋闊水深江南港汊紛歧皆外洋所涎伺而崇明海門寶山實爲由海入江之咽喉南北兩洋之扼要即長江內節節雖設水師上自安慶池洲下至通州常熟以及江口之劉河白茅各港在在均關緊要即

淮海揚所屬洋面外多沙磧內皆鹽場較長江口外固是懸殊但洋人水師近皆增設划船製淺水船以爲入口登陸之計似宜一律實力設防至於山東之登州福山奉天之旅順口其間大小城隍諸山十餘處島嶼起伏潮汐往來皆足設奇制勝不特海道於此收束實乃天生險要拱衛神京自宜慎密機宜爲有備無患之計應請增設西式活礮台以及水雷電報等務使水陸南北信息靈通倏忽策應俾敵人不敢窺伺門戶則內洋之天津等處自可安靖無虞矣至於粵西滇黔近南地方苗猺雜處既宜設兵鎮扼尤宜地方官妥爲安撫東三省隙地甚多皆可築寨

當務之急
洵有心哉

建堡駐兵開墾宜查照西疆屯田章程辦理以實東北邊防北外邊界地方皆宜練集民團以資保衛或謂與辦團練易滋挾制抗完之弊並招懇民疑懼竊以爲近今時局與昔迥殊道路謠傳瞬息千里海洋遼闊戍守難周借力民團隨處保固多一團勇即少一土匪多一義民即少一奸細正宜兵民戮力同衛海疆俾外洋聞風知懼早紓
宮廷宵旰之憂且海疆與內地異內地築寨建堡聚集貧民統以紳董易聚難散每滋事端至於海疆地段無多鈴制較易即有離治稍遠之一二里頑橫行海澳正可藉團練之約束俾就範圍既可外禦強橫並可內弭隱患沿海

居民半多業漁中人之產均製有船似宜一律編作水練并於城鄉編查保甲時時寓按戶出丁之條無事安業有事一呼皆集夫兵以衛民民以衛　國自古皆然且聞明人備倭堅壁清野曾經著効近日左侯相總制兩江創辦漁團彭大司馬籌防粵東首集紳耆議設團練并已仿辦漁團是固老成之見邊省海疆宜仿而行者也蓋攻固難而守更難攻戰預謀進止操於我不操於敵防守猝然因應操於敵不操於我宜將各省應敵禦守各策彙集刊發俾得預爲儲備更令各於近海島岸沙洲港口上下五十里內潮汐長落沙線有無詳細測探繪圖貼說委員覆勘

暗中接濟

最不易查徹是第一要着

可稱快論

務求詳晰兼令沿江沿海居民於田畝中多開溝洫以阻敵人窺登似於防務不無裨益也夫法蘭西居英德意與之間屢躓於兵近年與德失和幾至不國且海程窎遠兵船裝煤有限決難曠日持久且陸路非其所長但得守備完固縱狡計多端罄其財力兵力或以兵船迫我廣東進而伺我福建又進而窺我浙江江蘇即進而上駛山東爲牽掣之計甚或麕聚一處謀擾我疆域思搖我民心而我之海岸責成地方官督率紳民守禦又有防軍駐扼應援水師巡緝咽喉要道水練緊守各港更布告通商各國毋得接濟敵人糧餉軍火煤炭淡水等項嚴查暗中違約接濟法雖狠鷙其何以逞將見其來而不見其返矣抑更有進者伏見外國新聞紙及道路傳言法人有每隔兩禮拜發兵三千來華之說日本製造軍火不遺餘力俄人借英商金五千萬磅言雖難信事非無因若非謀我將焉用之法人兵端已開日本與俄合固守約應請方今備法之時預籌將來馭遠之策庶可經久鞏固軍民乂安應否廣製鐵甲兵船扼守粵閩浙江直東各省要口爲游擊之師再請於瓊州台灣厦門定海崇明福山旅順七處設立海軍招集諳悉歐洲情形之丁壯駐紮訓練廣製輪船儲備軍火採運糧糗煤觔更番出洋以護各國華民以練各軍膽

然造船練士何術可臻精備

識以覘各國形勢且俯可以保護南洋屬國仰可以拱衛京師堵截倭俄蓋英得新金山等埠而通道南洋法得西貢等處而專力越南則我今日宜謀扼守蘇門答臘巫來由婆羅洲海道爲進可以規歐羅巴守可以扼東西洋之要路庶形勢既得撫馭日易矣　一曰變通營制嘗考我　朝龍興得力於東三省兵平定三藩兼得力於綠旗營兵平定西疆得力於東三省兵平定教匪全得力於綠旗營兵近年平定粵捻等匪得力於湘淮各軍誠以洞悉情形知己知彼也今倘法寇似宜設立海軍　簡命重臣督攝事權所有順天奉天暨各直省海疆二百里內州縣營汛悉歸統轄近海司道提鎮概聽節制俾得相度機宜實力布置招募諳熟歐西情形水師技藝之閩粵丁壯曾充洋人傭工洋人水手年少力強勇悍耐勞者收編入伍別爲一軍即選湘淮將領統帶分擇瓊州台灣厦門定海崇明福山旅順七處濱海要地駐紮聯絡電線隨處策應如斗杓運如地球有事爲游擊之師出洋爲選鋒之用天戈所指四海永清矣　查昔年勦辦烏合之匪陣宜團結方可以寡擊衆今日欲攻法人炮火之強陣宜散列方可避短用長一切營制似宜量爲變通貴精不貴多貴散不貴聚行陳應請以三四十名爲一哨以十哨二

滇中用地營避開花砲略相仿

十哨爲一營合二營三營爲一軍練習洋鎗務求到靶中的更練高二尺闊七寸活靶屯營以横列爲上多止三層更以長八尺濶一寸厚四分之竹籤編作三尺之竹笆每帳一篷人立入把內挖三尺深溝俾可藏伏暗中調度以避開花等砲鎗砲器械訓練嫺熟即行分配輪船演習行船駛帆佔風避炮搶岸攻壘各種技藝又查淮軍勇糧多於綠營湘軍勇糧多於淮勇咸豐年間金陵大營募用潮勇每名每日銀二錢較之湘勇又加一成誠以潮勇日用較廉故也今閩粤近海人民半習技勇食用素靡日須洋銀半員方敷澆裹今募該處勇丁似宜查照潮勇成案每

每日每名足銀二錢萬名月需餉銀六萬兩五萬名歲需餉銀三百六十萬兩營官薪水辦公經費額用長夫口糧悉照淮軍章程支給徵調出洋再行加增至淮湘各軍徵調出洋似應一體加增以鼓士气海軍當以多制鐵甲船爲首務海洋之中縱横衝盪强敵披靡輪船遇之如摧枯拉朽實爲今時第一利器凡我海疆之要口各置一艘更番巡緝自必莫之敢攖較水師陸兵爲得力亟應籌措巨款廣爲製備至於輪船則爲運渡各軍及扼守內洋之用各省製造局既可赶造若干洋商輪船亦可挑選雇募應用就船隻之大小配勇炮之多寡架船之人似宜招自南

洋之新架坡賓叨檳香等處曾充輪船水手者爲入選以資熟手更於湖北江西等處飭造洋式划船若干隻大小成套便於輪船配用以備登陸海軍所需器械軍火鐵甲船兵輪船等餉需勇丁口糧應於鹽務海關及各項正賦內儲爲永遠之計經制之師若刻期辦理早則半年遲則二年定可部勒成軍以備　朝廷爪牙之用俟餉項充裕內地靜謐再議歸併綠營增設各省近邊海軍固疆宇而昭控制似今日勝算之可有把握者也　一曰籌備餉糈伏查各省丁漕關稅鹽課釐金歲入歲銷常恐缺乏决無閒欵可撥海防經費即使議借議捐亦屬爲數無幾難裨

實用竊思咸豐以前并無釐金名目且有河工銷數百千萬各項均額報額銷戸部度支未嘗竭蹶平定粤匪以來丁漕雖未足額南河業已裁汰自可相抵各項額支均經議減且多釐金一項海關稅課年增一年方今海防孔亟可否於丁漕關稅鹽課釐金各項內酌提若干分儲各庫聽候指撥更宜廣開餉源庶可懸久經營成長駕遠馭之治謹陳十策敢縷言之請飭各省食鹽每斤加價二文按綱彙數解司務令於場餘加斤等項一律加價每年約可增課千餘萬兩或於懸則減成報捐各項實職已經銓補者已經卸事過班者已經候補試用者及未經銓選分發

大是難事

著由戶部一律議令分別勒限補繳若干銀兩准作新班
分別銓補本班升班當可集成千百萬兩或加徵烟地稅
按洋藥稅屢經議加究之各城并無落地之稅應飭於離
鈔關釐局百里之州縣按值百抽五例徵收落地課金且
洋葯一項民人吸用日久既多且廣已成狂瀾莫挽之勢
禁栽罌粟土產日少深恐外洋販運日多應請於栽種罌
粟地畝一律照賦則二十倍徵收至栽種烟葉地畝同屬
有妨民食亦令一律照則五倍徵收更令各關卡議加稅
釐以助防費更宜廣興礦務也凡有產銅產煤產金產鐵
錫等礦准招商開採當地土豪毋得阻撓並飭該商每股

越事備考芻言　卷四　二十一

百兩者准該處土人以五兩為一股以二十股作一大股
撥大股十分之一招小股充數倘小股過多籤掣去取俾
利益同沾土人自樂於從事凡礦苗深旺者並請開採矣
至於股分票尤宜扶持綜覈公司之實在利益嚴懲經辦
之借端侵挪或籌款設局收質股票限時加利取贖俾附
股得以周轉而商務日益奮興矣一請飭藩司運司關道
招助民股也每股實銀庫平百兩統覈本利按年給領十
兩分二十年清給給餉票二十紙交執及期准持票在本
司本官完納丁漕課稅或支領實銀均聽民便不得減折
即由各海關洋稅項下每給存儲若干以備清給民股之

此卻妙法

用似可先招民股五百萬次年再招五百萬以二十年分
給每年僅需銀一百萬兩商借洋款利漏於人招助民款
利在於內較為有益也一請各省購器造錢也外洋機器
造錢工力較省似可採運制重加造鑄熟洋銅購器鑄錢
准現行制錢二文行使以資民間周轉以敷防軍餉需或
飭倣古輕賚之法官鈔商行也內而戶部外而藩司製造
官鈔發與錢店銀號等商承領每千酌徵制錢二文每兩
酌徵足銀二釐蓋用本號圖記行用民間仍認本號支取
現銀現錢倘有損傷准該商隨時赴局倒換仍照例酌徵
永禁該錢店等開立錢票銀帖以及寄存匯兌等條該店

越事備考芻言　卷四　二十二

等有倒閉情事責成保結人完繳承領之鈔如有挖補偽
造照造印信例懲治是謂官鈔商行或請倣古飛楮之法
通行實鈔也由戶部製造銀鈔先期頒發各藩司承領蓋
印先不行用如應解餉銀即以銀九鈔一解部加蓋印信
名為實鈔部中應發各款即用銀九鈔一散放該司截留
餉銀一成以起解之日起發商七釐生息以五釐充公以
二釐為辦公經費即由該司委員設局籌備款項撥局周
轉不分省分隨時憑鈔兌銀收銀發鈔京師於市中設局
撥款收兌各省實鈔互換周轉以備匯兌行用如有扣平
扣色等弊照扣軍餉例治罪是為通行實鈔再請行知各

軍務暫時救急之計然繹騷不少矣

國法人如有違和情事法國船商裝運法國之貨及無論
何國之貨進口出口者以及他國船商裝運法國土產之
貨及法國一切造成之貨進口出口者及他國船商運德
法國之貨出口者嗣後概行照則三倍徵收稅銀各國商
船如有違約飾詞包攬者查出充公備用至於國防之費
應由紳富捐助藩司統籌全局以出丁之多寡定經費之
津貼以上十端恐難求速效再四思維招助民股似可陡
集千百萬巨餉實職補繳富商捐助似可累積千百萬巨
餉鹽斤加價烟地加徵似可額外歲收千百萬巨餉商行
官鈔通行實鈔似可除錢帖匯票之害機器造錢廣興礦

務似可收富國裕民之利加徵違和商船之稅似足振
皇威示勸懲庶於軍需度支不少裨益也　一曰愼固根
本伏見近年偏災地方一有奏報荷蒙　聖恩減膳發帑
截漕籌賑軫恤災民有加無已幷諭地方官妥爲賑撫無
令一夫失所是以天下臣民感浹骨髓莫不仰體　皇仁
捐資助賑轉瞬春秋災民自可復歸農業如無業可歸者
宜勘定荒田招令前往開墾即令永遠執業數年以後再
令納賦或飭勘定近邊島嶼貧遺災民前往照屯田章程
辦理似亦一舉兩得也至於城市無業游民三五成羣非
滋事端即流乞丐自宜妥爲設法俾得化莠爲良似宜奏

請　飭下地方官紳籌款設局招集留養老幼按口授食
壯丁勸學各業以謀生計仿照京師天津廣仁堂章程逐
款推廣辦理先於五城適中之地設立五局勸捐經費首
先創率爲各省觀型務使野無游民以冀上理之治禁城
之內似宜請　簡重臣督率不時分班挨查外更　飭各
門將值班官弁兵丁銜名橫書一牌懸挂該門別由御史
隨時早晚分路進內抽查倘有疏懈據實指名奏參不得
隱狥至於各營軍械似宜遵照成案力復舊規之外格外
整飭庶　輦轂之下拱衛益覺森嚴觀瞻更昭肅穆矣夫
形勢之控扼防守之機宜度支之因應內外之治安在秉

鈞當軸諸公自有權衡本非間散下僚敢輕擬議恭逢我
皇太后聖躬大安頤養已將市歲我　皇上聖學日富
正　宵旰宣勤勵精圖治伏諗執事公忠體國善善從長
贊政匡時自益愼重爲　朝廷廣大一統之業洪億萬年
之基使天下後世知中興親賢碩輔之設施高於漢唐壽
邁諸臣萬萬也豈不懿歟

此議現已行矣

朝如刻眉

固邊圉

昔充國籌邊止上屯田一策匈奴歛迹惟畏李牧一人當務之急爲其要不必取其繁也　國家守四夷甌脫之地綿亙萬餘里而西之新疆中之張家口東之東三省尤爲吃緊之處固不肯稍留罅隙而予人以窺伺之端張家口山海關一帶有險可據雖兵力單弱幸有李鴻章淮軍練軍人悍器精星羅棋布稜緩就急暫可無虞新疆回捻初平湘軍聲威俄人畏服左宗棠習辦一切善後事宜斟酌盡善固已無懈可擊但土地遼闊半就荒蕪一宜廣開屯田一宜分設官守我　朝分職本遵成例而道與時爲變

通正須因時制宜若將新疆一帶分別各道編爲州縣以專責成庶成永固之基而無鞭長之慮屯田一則現已次第舉行尤須推行盡利不可得半而止更將蠶桑鹽礦等務廣開利源變磽爲沃不言防而防自固矣東三省爲發祥之地　列聖陵寢多在其中尤宜加倍愼重極力防維以重根本竊以爲蒙古之部落宜整頓也杏林之金匪宜收撫也海參崴宜設領事也琿春宜設知府也黑龍江之馬隊宜招也鄂倫春之獵戶宜編也何以言之蒙古素多忠義勇敢之士自來用兵屢資其力無如各部窮苦其勢殘不振現聞伯王承乃父僧王之遺爲諸部旂所信服若

令其部署邊防嚴加整頓每年給若干金以爲製械犒賞之用則西北增一雄鎮矣金匪之頭目名韓顯忠其人公正而有才統率其衆數十萬甚有條理以挖金爲事不擾人民嘗懷報國之心恨無請纓之路若撫爲我用令其各携家口成村而居俾墾荒地既可不費一餉而可比之屯軍矣海參威地屬於俄與我國最爲密邇近來華人之商於此者日見其多有事皆俄官主持偏重偏輕在所不免若設領事與之會辦不特爲華商之主宰兼可覘俄人之動靜琿春與俄偪鄰實爲滿州之門戶前雖派員辦理實未設有專司所以該處旗民往往爲俄人所侵侮若設官

以爲之牧則中澤可以奠哀鴻即邊疆可以捍戎馬矣至若黑龍江之馬隊一往而冲突無前鄂倫春之獵戶百發而槍砲皆中若以馬隊壯聲威而編獵戶入行伍是以中國之所長中俄人之所懼也至於設險守隘秣馬厲兵則不必贅言已雖然固邊者不可不恤藩　國朝邊藩有四曰安南緬甸暹羅南掌海藩有二曰高麗流球緬甸見侵於英國勢日蹙暹羅依附於英朝貢不入南掌介於暹羅之間已有不能自存之勢是三國者無庸高論矣安南接壤中土倘全境爲法人所轄將來稍有違言直可叩關而至是宜增鎮賜兵額設南洋兵輪且與法人約西境各路

直是一則格言豈獨就一節用之哉

仍歸安南設官治事惟通商口岸歸法人領事管轄列安南爲自主之國同在盟會之中法人雖不能事事相從而見我國全力所注亦必顧大局而畏公法萬不可苟且因循侵假而爲琉球之續也琉球既爲倭所滅夷爲縣鄙幸此案至今未結尚有轉機查琉球原部三十六島北部九島中部十一島南部雖有十六島而周迴不及三百里北部中有八島早爲日人所佔僅存一島當其廢滅之候中國叠次直爭已有割島分隸之說在日人之意欲以南島歸我而換利益均霑之約李鴻章奏以南島貧瘠得之而不能治以無用之物而增受害之約力持正論此案所以懸擱也況此一役也爲謀主者薩摩人耳國人甚薩摩之日強不以爲然者亦半現復遣官遣戍勞費不支或亦稍有悔心乘其悔而圖之事尚大有可爲也高麗恪守藩封而北俄南倭式微可歎亦惟有與西洋各國立約通商之一法差足撐拄耳總之藩服與內地同以後各國換更和約宜將恤藩一則列入約例與之休息又復勤修邊備不遺餘力未事無虛憍臨事無遷延有事無畏葸無事無荒怠事之應理者始終如一以行之事之不可允者百折不回以絕之據公法和約爲辨論本人情物理爲周旋即或自作不靖則曲在彼而兵威不揚我有備而同心敵愾又

何畏彼之堅甲利兵哉

次第井井真精練之師

海軍武備條陳
竊思我　朝兵馬之强邁越往古故西則新疆回部久
隸版圖南則暹緬各國素列屏藩然今非昔比時勢屢更
自與東西各國立約通商以來籐牌弓矢諸技不利戰塲
德彝四次隨使各國見夫兵之整飭將之勇猛細察其故
蓋由各兵先經官醫選驗凡年在二十以上脛骨不弱足
不平底者登册分哨勤加教習十人一排先練手足行則
步發整齊趨則馳驅迅捷站立欲其脚穩運物欲其腕勁
以頭觸物欲其撞之而仆擢之而開兩手擒伏欲其力堅
能制使之不動演習之法或用口號或用旗幟欲其耳目

習於觀聽手足既練教以陟險跳濠起牆緣木累土爲坡
趨則息而不喘繩繫木城攀則懸而不墜置木半空由二
尺漸寬至一丈兩膀張開足不失陷二三年後始給火槍
先習携持提抱跪立反正測遠近辨高低各種施放之法
馬兵則選之於步營蓋欲其無馬亦能步趨也先給劣馬
始則無鞍繼則有鞍無鐙由騎坐以及馳騁由馳騁以及
超越運用刀矛施放槍銃各技俱精方予轡鐙兵則由此
練成將亦由此挑選故將知兵法而兵從將令也雍正中
上命九卿籌禦西國之策岳威信公奏陳車營陣法北
征雖屢以車師取勝較之火器又非制敵上策爲今之計

十條亦有條理

當以其人之技還治其人之身況　國家既與各國通商
自當隨時防禦安不忘危且外國多惟利是圖與其布置
於臨事不若綢繆於先事之爲愈也德彝漢軍世僕出洋
四次謹就聞見所及爲王爺陳之以答　朝廷豢養之恩
況　京師重地尤當鎮以强兵復値王爺以富　國强兵
爲急務用敢不揣冒昧妄擬十條謹呈鈞覽　一擬請招
募旗民幼丁年在十五六七歲者數百名赴營聽選一擬
俟幼丁報名已有成數示期挑選擇身體魁偉精力强壯
二三百名以備學習武藝　一擬報名旗人用本旗圖片
民人用鄰佑保給以杜逃匿　一擬請咨移李傅相延請

德國武官一員訂定教習三年或五年厚給薪水責令勤
加訓練與德國無異　一擬幼丁學習三個月後甄別一
次擇可造者酌留若干名餘俱扣除以免濫竽充數　一
擬兵丁不可專學武藝且無須終日演習以節勞逸并由
八旗考取年長粗識文藝者十餘名責令每晨教讀一二
時及照料一切以免爭毆酗酒等事　一擬各兵每晨卯
刻入營申刻回家其路遠情愿任者聽　一擬每兵日給
二餐月給餉銀一両五錢每季衣褲一套　一擬屆三年
擇學有成效者賞給八九品銜充當隊長　一擬三五年
學成後派往他處教練無須專用洋人以節經費

論本埠設立華法公塾

中國自與泰西各國通商開埠以來事西學者實繁有徒各處通商之埠無不有學堂即無不有就學之人有專事西學者有兼習中學者學堂或爲西人所設則就學者亦中西皆有之咿唔佔畢共處一堂特所學之語言文字多以英國爲主未嘗有兼習他國者以其各處可以通行也然英文雖曰通行而凡遇條約合同等重大事件則又皆以法文爲重且後必註明曰以法文爲准是言乎西學法文亦不可忽者乃中國之習之者不少概見即有之終不若習英文之多且設教者亦以人之習於英焉亦遂無議

及立法塾者間有之而就學者不過西人之子弟中國之人鮮有過而問之者夫重大事件既必以法文爲准而學者乃專習於通行之文是不亦學之偏乎今聞法公董局在本埠租界內新設法華公塾定章言子弟之願入塾者先赴工部局報明名姓住址并須託本租界居民擔保否則備洋六元交工部局收存倘學生有違學規及非染病而時常不到館者則洋銀罰去若經年無間斷則將洋銀給還云云公董此舉殆所以救西學之偏乎乃論者或以此舉爲無益謂華人之所以從事於西學者將以爲國家之用也豈徒求其語言文字而已哉乃今之學者苟能畧

熟字母略識拼法執一外國筆作春蠶食葉聲得意疾書爲春蚓秋蛇之狀輙詡詡自喜以爲西學盡在於是此後可無事他求而不知此皆西學之緒餘焉此等人其得手者或爲繙繹或爲管賬其失意者爲細崽爲通事總之皆仍爲西人之用於國家毫無所益由是言之中國何貴乎西學亦何貴乎有學塾哉夫所謂西學者天文地理以及礦學氣學化學量學算學電學格致機器國史律例行船等事此皆西人之寔學也今舍此不學而徒學其語言文字是舍實求虛矣然天文等事必不能如一塾之中而求其備彼西人之爲師者亦不能以一人之身而無事不學

即學矣又焉能無學不精而皆可以爲我之師塾中之所授受者諒不過語言文字之虛學而已究何裨乎是言也亦可謂得西學之要者然學必循序以進功難一蹴而幾以語言文字爲西學之止境則無益以語言文字爲西學之始基則亦不可少者夫學道者必求夫親炙學藝者豈可無師傳雖近者西學諸書亦有譯成華文者條分屢晰頗爲詳明人苟能精而求之深而思之亦足爲西學入道之門然究不過具其規模其中之細微曲折有必待口講指畫而後明者豈書之所能盡耶苟不先學語言文字以爲之基則西學終難言精美況以法文之重各國所奉以

浮夸儇薄豈徒西塾爲然可慨

爲準者而可不加之意乎所慮者特恐有所學之事而無善學之人耳聞此塾自開館以來曾無幾日而赴工部局報名者已有百餘人人亦多矣然吾嘗入西塾中見學徒數十人率皆浮夸儇薄無一誠實者所學未有心得而傲睨之態已與人以難近甚或於學文書籍漠不關心而於西人縱撞摶擊之戲則莫不勤習日復一日年復一年問其所學則無一可恃者而浮夸儇薄之積習已淪肌浹髓莫可驅除雖有誠篤之子弟且將目爲拘迂羣起而攻必不容獨清於衆濁是不幾謂西學之悞人乎且塾中之學規與西師之教法未嘗不美且善也月中則計之六閱月

則大計合一塾之人考其所習之事人給一紙令其默寫畢則呈之於師以定其優劣則設薄賞以爲獎勸劣則令其復習西師於考試之日無所事事遂各處週巡以防人之抄襲乃防範雖嚴而抄襲之弊終不能免生徒之變機百出無異於中國小試之時然小試之抄襲所以欺人也西學而亦如是直自欺其心矣西學之弊更甚於中學不亦大違設塾者之初心乎所望設塾諸公不徒事學問而兼事品行不徒求虛文而必求實學則法塾亦西學之要者而果可少乎哉

日本自琉球一役之後心懷叵測我國不預爲備他日將受其累

論日本預備軍裝

蘇老泉有言曰非用兵決勝之爲難而養兵不用之可畏此言豈無見哉蓋兵者可以百年不用不可以一日無備者也憂勞所以興國逸豫可以亡身天下無事兵久不用優游飽食逸而忘勞一旦有急欲其出死力以效命於疆埸是驅市人而使之戰其有不敗者乎歷觀史册不備不虞未有可以用師者魯以無備而敗於邾楚以無備而敗於羅祖龍之威力併六國一天下强亦甚矣乃墳土未乾陳涉一呼天下響應斬木揭竿梃鍊皆爲凶器卒至楚人一炬咸陽成墟之數國者得失成敗於是其速何爲也哉

蓋亦忘備故耳閱香港西字報云近日日本并力製造軍火各廠十分忙迫各兵船亦皆預備停泊一聲令下即可應用聞此信者咸相疑議不知其將從事於何處而亟亟若是有問於僕者曰日本之事信然乎僕曰西報得之於商家私信言之鑿鑿諒非僅屬子虛問者曰信然則海外又將多事矣然聞此言者不知日兵之何指子好辯者必有說於此能爲我明辨釋其疑乎僕曰余口不河懸舌非銛利烏足以言此然竊思日兵此舉亦不過自修其軍政以虞內憂之乘虛而起外侮之投隙而入者以冀有備無患已耳非必其欲尋仇於他國也思日本自維新以來勵

誠然宜預防

精爲治效法泰西器械船艦無不悉心講求至於今日雖不及泰西之精練然亦足以稱雄於外海去年又仿西人之設立議院上下相通君臣爲一東南諸小國善變者推日本爲首雖論者或以外强中乾爲誚然以東海蕞爾國能自圖强崛起而與諸大國爲伍亦云能矣特用其能養其力以自守其國則有餘恃其能憑其力與天下相角逐則不足若欲長駕遠馭争地争城以自啓兵端則恐其時尙有未至也吾思日本之所欲從事者莫如高麗若中國則非其力所能及也若歐洲諸國則非其心之所願也惟高麗則地既相近功亦易成其君則弱也其民則愚也日

人知之久矣前者金玉均之亂人皆謂日人爲之主謀而潛助之今者事雖平定而金玉均尙在逃未獲人皆謂日本庇之故高人一夕數驚聞風聲鶴唳皆疑爲日兵羣相譟呼曰日兵至矣則皆走其畏之也如是若潛師疾入東高麗爲日之郡縣反掌間耳然日人未必出此也以吾度之若果從事於高麗則日本且將不國尙何能力之憑恃耶夫高麗之地近於中國毗連於俄國而與日亦僅一葦之隔就其地之形勢而論中國之於高麗如家之有藩籬俄之於高如屋之有戶也日之於高如室之有奥也四戰之地而東西通商之要區也日人欲得其地俄亦欲得之

然俄人尙欲得高麗之地中與英必相與争之中國以字小之誼必不肯自失其藩籬英人恐俄分其通商之利故前者恐俄人假道於高麗而英人先借巨文島以相禦日本而欲得高麗之地則中國以藩籬之故而必争俄人以門戶之故亦必將起而相争日本雖强然海外彈丸之地果能與各大國相抗衡乎吾故曰日人未必出此也問者曰然則日人調集軍旅他國置之不問可乎曰是又不然夫兵不可不養不可無備者也日本如是他國何一不當如是易曰藏器於身待時而動昔有人曰操刃者必割日人補卒蒐乘如臨大敵而其國中並未聞有意外之事則

爲此舉者當知其無兼并之心諒必欲觀人之隙而有所待也聞此信者不必問日兵之何往特自問有隙否耳高與日有不終日之勢則高人設守之當嚴防禦之當密無論矣中國即不慮其侵淩然苟能謹愼爲懷而不自安於苟且則日本非特不敢生狎侮之心亦且不敢侵我之藩屬若以日人治兵無與於我而兵氣或日加怠惰則有不爲日人所乘者耶問者稱善而退余遂筆而誌之

軍火宜慎選說

前者法人攻鎮海口開花砲彈飛入城中及浮屠頂上約計數百而絕無一開花故不能傷人法人此舉無能因而爲我防軍及兵船上砲中其船旋即遁去華人之迷此事者往往咸以爲奇甚且神道設教謂係神靈默佑夫神靈默佑之說原不可以爲非見諸奏章奉有　諭旨而況口碑籍籍莫不謂然何敢獨異其說顧天道遠人道邇安知非法人炮彈之不良故轟發之後曾無一彈開花據鎮海士人言爾時僅有一二彈開花則人民驚擾潰敗決裂將有不可勝言者幸而彈發無功而人遂故神其說今觀於

俄人琿春海口所設之水雷近經德船駛行過險絕未聞聲而後知外洋之軍火亦有不足深恃者益信鎮海之法兵其彈誠有不良者矣夫兵之炮彈不靈是吾中國之幸不待言矣俄人因前爲阿富汗一事與英齟齬恐英人攻其琿春要隘乃於該處海口擇其緊要密布水雷此固有備無患之上策倘英船至此誤入險中勢必立成虀粉即有他船行過亦必預告以水雷所在使之避就否則亦將罹不測之禍乃何意德國之旣拿輪船無意中越過兩重險處而水雷絕不一發如以華人言之則又將謂該輪船幸邀神佑矣夫俄人之布置水雷亦旣十分嚴密豈料此物之全然無用幸而英國兵船未嘗來攻設和議不即速成兩國不免以干戈從事則英船直指琿春奮勇前進俄人以爲誘之入險英船必受夷傷而軍火無靈敵船無患則琿春之地猶顧而爲英人所據其誤國家大事爲何如哉中國前者各處設防閩粵各海口亦多密布水雷自布置周密之後法人即不敢亂闖局外各船則又預爲告戒知所戒避故所置之水雷初未發動一具厥後有在水中撈獲之水雷則不知係何處口岸所置之物爲水沖刷順流以至他處聞者頗以爲異夫以此防敵而乃潛爲潮水沖去曾不知覺正不知管理此事者所司何事設敵船之

來恰當無水雷處則悞事當必不淺然此則實由於司其事者之疏忽而其咎不在水雷也今俄人所置之水雷初未聞有被水沖失之處而德船所行又明明當水雷所在而竟行所無事則是水雷之設雖有如無矣吾不知此等水雷是否俄國自造抑係購自他國想刻下俄官澈底根究終不難水落石出而吾因此事而竊歎外洋之軍火不可以一概深信也法人之炮彈本開花也而迄於施放無靈俄人之水雷本以轟敵船而舟行無阻其中之故亦可知矣中國此時創立海部竭力整頓水師凡水師所需用之物如船也砲也以及洋鎗水雷一切要件不得不購諸

我國不可不知

外洋而承辦之員不免飾詞侵蝕等弊前者　諭旨煌煌命認真考驗嚴密查究自是而後或者承辦諸員激發天良並恐一經考驗易致獲譴當必不敢再有前事然近日陳恭怡董夢蘭之事又見告矣利令智昏古今同慨有非峻法嚴刑所禁絕者防之則不可勝防也且即使果皆公爾忘私一無弊竇而外洋軍火種類繁多辨識亦正不易其以窳楛之物充作新貨朦售也尚易辨也若同一式樣同一輕重大小而其美惡亦往往時有區別此非精於西法者不能辨若以華人之粗知軍火者而即委以購辦查驗之重任其不貽誤者幾何哉夫法人前者一鼓作氣本

欲蹂躪我邊陲則其所攜軍火定必認真挑選當無一非上等出色之器而乃砲彈所發絕未開花俄人防英之來琿春一口最關緊要守禦之具豈有不精而乃輪船所觸水雷無響由是言之軍火之精與不精即彼外洋之人亦尚有不能詳辨者而況中國向外洋購取事事經外人之手暗暗受外人之欺不幸而邊陲有事海外揚波而我之所恃以爲禦侮之具者其果可以深恃也否吾則以爲購辦軍火一事不辦則已辦則必求其精海軍主政之人凡於購到軍火之時必須親自試驗切勿假手於人至於承辦軍火之各員則當凜遵前　旨倘購到之後驗有未妥之處責令其人賠償夫然後一物可以得一物之用非然者試觀外洋運來之各種呢羽綾布等物前十年之所購者以與近日之貨較則大相逕庭矣洋貨尚且如此而謂軍火果足恃也否耶

條陳節錄

一利源亟宜籌防涸竭也蓋我　國與泰西各國昔日互市今日通商在互市時舉朝野莫不爲漏銀出洋之憂以絲茶尚未暢行洋藥之入中國者除易貨外皆易銀以去故是時多著禁銀出洋之議然卒未能行迨準通商以來絲茶暢行彼之入中國者洋藥而外洋布實爲大宗彼時進出各貨估值銀數逐年相較不惟有盈無絀而贏盈數甚鉅此寇擾以後瘡痍之易起者誠由　朝廷惠養恩深要其間亦藉絲茶之獲衮延廣而爲數鉅也但近來則大不然非惟無盈數且不能相抵非惟不能相抵更至彼盈

我絀查光緒三年我絀五百八十萬兩四年絀四百萬兩五年絀一千萬兩是　國計民生大可憂懼者究其致病之由雖是洋藥洋布進數年多一年尤在商人作僞自害絲茶出數不能與抗也夫市諺曰信義通商又曰貨真價實原但指中國交易而言若中外通商揆情度理尤當重信義戒作僞今乃反是則是欺人害已自涸已源若不亟圖補救則利源日涸漏銀出洋之大患將更甚于絲茶未行之前況所恃以抗洋藥洋布者究惟絲茶是賴應請剴切曉諭禁止作僞並諭商人尤當加意講求作絲製茶諸法必期織者飲者無不稱美試思彼洋布呢羽等貨之入

亦是一法

中國者其長短寬狹與顏色等等無不合中國用者而我但徇目前之利不顧日後之害致彼絲不能織茶不能飲可乎按洋商購辦絲茶首認字號次認貨樣迨貨至外國字號固未改易而貨與樣高下懸絕絲則駁雜不純甚至統變脆質是不能織矣茶則攙和顏料太重致色香味三者俱劣只能貶價售賣甚以顏料太重棄之海中是不能飲矣洋商傾家蕩產啣恨莫伸徧告各國致裹足不前者有之即其購中國絲茶者亦多不肯出重價商人見獲利轉微不自省咎改圖更加甚焉貪利失利必至自絕其利此誠商人通病曩不與洋人通商　國家原可置之不問

今則利源本自深廣而反日見涸竭商人顯行自害　國家隱受商害故不能不設法　諭禁然果爲厲禁似非國體且終亦陽奉陰違除剴切曉諭禁止駁雜攙和諸弊外查外國各關原有驗茶公所此非查偷漏正用驗茶之美惡以攙和太重飲恐傷人故有棄諸海中之例應商令移設上海查驗之後或一時未能裝運可以存儲棧房存儲之貨即由公所看守庶責有攸歸其弊可絕竊以爲絲雖無損人之害而其成本尤重於茶是所害亦不減於茶應商令外國仿驗茶之法亦於上海設公所一體查驗或彼國謂絲不至損人未便設公所即令洋商自設公所於

上海專驗絲之美惡亦未始不可其章程應令中國官商與外國官商會同籌議善法務期彼此有益無弊緣此二事利則中外皆利害則中外皆有害也現在印度產茶價賤茶美洋商自必舍遠就近故印度之產年盛一年其他日本義大利等國亦皆有茶產其種植製造之法互相傳授講求幾同製造輪船鎗炮　我國商人不務求爭勝於此而反貪小失大甚矣其謬也然則日本義大利諸國出產亦廣皆將涸我利源倘我再不亟圖開濬而反自使涸竭其憂慮實非淺細至洋藥一時未能禁絕究當以前人所議加稅自種二法補救之洋布呢羽等物則惟亟行

自織一法夫如是庶利源不致涸竭而　國計民生實均有攸賴　一洋務亟宜使人通曉也蓋中外之見膠牢固執自古皆然溯與泰西各國立約通商垂四十年宜無貴賤賢愚皆知所以與彼通商之故豈期　士大夫尚多茫然不知者又何論乎庶民故一言洋務罕有不起而非之與退而竊笑者其間疑而畏畏而忌或更矯激鄙薄以為是直不足置齒試觀四十年來因而滋事者率罔不然然尚尤不僅是也　國家既與通商中外交涉事勢必日繁日劇不第通商十九口而近年十九口之人尚多茫然不知則其他處又何待言然中外交涉之事正　國家今日

要務士大夫宜無不通曉而後可以服官從政不然遇有事故強毅者輒生釁隙畏葸者輒被欺蒙且或倒持太阿而更與彼以口實況遇交涉之大者　國體攸關利害尤鉅而釋凡民之疑畏與屈尤當亟亟也故亟宜于沿江沿海各府州縣城擇地方設公所選體用兼備之官紳董其事以講習中外立約通商各條欵設總理各國事務衙門南北洋通商大臣總稅務司各新關稅務司同文館船政局製造局招商局煤鐵局洋人之任事於中國者上下凡數百人外國派大員駐京師領事各官駐各口中　朝派備公使等員駐外國更選武員幼童往外國讀書學習兵

政中外商民彼時互相往來土著者尤不易以數計皆為逐端詳解使知緣由何在事功何在先將業經譯印外國各種書籍與華人近時諸作之有裨益者發存公所無論官紳士民皆許入內觀覽討論利弊詳審是非來去久暫一聽其便更將通商以來大小政事凡有交涉中外者請　朝廷派員彙輯成書詳論緣由事功顯明開論刊印頒布並講泰西各國現行交涉事例及各國律例等書詳加譯錄其萬國公法原譯欠詳宜更為重譯俱刊印頒布並請皆許各書肆刊印售賣第不許擅有改易更準各書院課士兼策論洋務夫如是則無貴賤無賢愚既經解說又

見書籍將鮮有不通曉洋務者人人莫不以聖賢之道爲體而以兼通洋務爲用斯弭患育材胥於是乎在則 國家之收效豈云淺鮮

論長江改設兵輪

中國自法人退後力加整頓凡有可以固邊圉而壯兵威者無不盡心力而爲之設海部於京師駐重臣於淡水購器械求人材旦夕焦勞思以洗從前之積習近又聞欲於長江一帶添改小兵輪撤去舢板船一半移其經費以製兵輪分給各鎭巡哨江面從此江防必且愈固伏思長江水師當剿滅粤寇時多得其力賊氛既靖 朝廷復命彭宮保按年巡閱以重江防十餘年來素稱勁旅今復精益求精防患於未兆添設兵輪以補舢板之不足不亦思周慮密哉論者謂此事恐終成畫餅蓋既難於經始復難於

後繼舢板之制省而費小兵輪之制繁而費大沿江上下何止千里添設兵輪若過於稀少相離太遠則敵或乘隙而蹈雖有兵輪仍屬無濟且一船之費不知凡幾若欲造數十艘兵輪則一時安有此費此經始之所以難也既成之後設管駕之人或有不善於行駛者則長江既不如海面之廣闊碰撞之事在所不免雖漢口等處輪船亦時相往來未聞其有失事然添制兵輪豈僅行於空濶處已耶必將擇冲要之處而置之且必將於港汊紛歧之處而密爲巡邏夫長江所以添製小兵輪者欲以防意外之虞也若尨然一物徒壯外觀盜賊竊發尙不能獲則不如仍用

舢板之爲愈矣設欲廵行於汊港則偶不經心未有不至壞事者而船身輪葉機器等稍有損傷其修理之費以之制一舢板而有餘矣雖此皆意外之事不可以逆料然兵輪年深日久亦必須大加修理其費亦不下千萬金此後繼之所以難也然費雖大而用亦大一兵輪之力足以敵數十舢板且又駛行神速江程千里瞬息可通利弊足以相當無防也或又謂裁撤一半舢板則此一半之兵丁舟師作何位置即使兵輪亦必用人不妨舍彼而就此然兵輪必不若舢板之多豈能盡容之哉此輩無事謀生必將流爲賊盜近來搶刼之事層見疊出大半皆是游勇所爲

今若裁此等人是益其焰也是迫而驅之也既欲改作兵輪此等人究作何歸宿然苟汰其老弱選其强壯則所餘諒亦無幾即長江兵輪不能盡容而現在整頓海疆之際在在需人此等兵勇舟師何處不可位置凡此皆不足慮所最難者雖有船而無駕駛之人耳蘇杭等處前擬駛行小火輪船聞者深以爲喜乃議論多而成功者少或謂有礙於關稅甚至謂有害於人心未出門之人不見可欲其心不亂若輪船既便則人皆欲逞其遠遊之心入見道義而悅者而見紛華而亦悅樸者變爲奢費用將必不少其爲害甚大也謠諑紛紜事遂中止今若長江水師既改用

言之慨然
聞者惕然

兵輪則不特可以重江防亦可以爲內河行輪之創特恐無駕駛之人則雖有堅船亦終歸無用前聞西人以三鐵甲船不能進大沽口笑中國謂有鳥而無籠夫無籠無妨也無馴鳥之人則雖有隹禽亦何取乎中國兵輪鐵甲未嘗不可以敵西人特以管駕諸人有不勝其任者耳兵輪之管駕食重祿享厚利問有精於緯線熟於海道者乎無有也問其船有馬力若干船身之重若干能裝人若干礮之及遠若干則張目不能作一語開口作鸕鷀笑船中器何者當修何者當換亦皆漫不經心聞其船纜按月一換每支約需白金二百兩而管駕領取之後則易銀以入腰

橐舉其一如此其他可知矣　國家費千百萬億帑項豈特以贍此輩之身家已耶長江改兵用輪固亦今日之要務所冀者大憲能慎選管駕管駕能練兵丁凡事皆求夫實際帑項不致於虛糜慎厥始更慎厥終圖其利更去其弊庶不負此一番振作之心耳

穴地禦砲說

滬報有來札附登者其畧云憶予於同治三年隨郭子美軍門大營克復湖州府城五月間我軍先克長興縣城湖城賊匪出西門至八字橋地方紮營以禦我軍八字橋實湖城咽喉之地此地一失湖城賊匪無一能漏網者迫我軍至此賊營已紮堅固我軍用開花炮彈擊之放百數十炮營壘刷洗一平賊出死力相拒皆挖地洞以避開花炮彈我軍停炮向前賊則出洞以拒如此相持數月此營實不能拔後湖城賊全股竄去營盤乃能克焉現在中法正形齟齬如釁端一開法人必用開花炮擊我海口炮台營

壘我軍守台守營兵士除炮手在炮房按部就班不慌不忙還炮擊之其餘兵士皆可挖地洞以避開花炮彈或四五人一洞或五六人一洞上覆鐵板留門出入如彼停炮上岸我軍出擊之如此與之日久相爭彼來自數萬里之外所帶有限軍粮煤炭火藥淡水豈能與我曠日持久乎以此策禦法人實爲守營避彈之妙策也祈貴舖稍加潤色登之報章以備各大憲採用亦防海之一助

彭大司馬致閩督何小宋函

秋中一函許程諒達尊覽時光荏苒又過重陽起居清佳彊隅安善無容鄙頌也弟於八月十八日拜發再請開缺并除差使之疏尚未批回九月初六日奉到　廷寄以法越搆兵爲劉永福屢次所挫法使德理固到津聲言以大隊兵船尋釁廣東恫喝要求詭計叵測南洋防務均關緊要廣東兵力單薄着彭玉麟管帶舊部得力將弁酌量招募勇營迅速前往會同張樹聲裕寬妥籌佈置毋稍延緩南洋及長江防務責成左宗棠李成謀認真籌備北洋事宜着李鴻章凛遵八月十九日諭旨籌議覆奏并着吳大

澂統帶吉林練軍三千名航海赴津以備調遣等因麟從軍三十餘載只知水師調度不諳陸路防剿如調長江水師得力將弁登陸招募勇營姑無論其遷地弗良而江海原相表裏異域多詐難免聲東擊西倘海外有事則長江內地五省伏莽乘間揭竿乃意中事萬不可移緩就急調長江得力者以去法人叵測終不能以虛聲恫喝了事非力主惡戰斷難轉機即以虛喝而論亦必有數十營得力弁勇始能百折不回堅持得住否則以酌招之新勇不練即行視同兒戲欲不悞大事也得乎且未嘗明諭軍械口粮火藥鉛丸於何處支取接濟諺云兵馬未動粮草先行

必足食然後可以足兵麟此時差竣返里兩袖清風一身孤注妙手空空何能肩此重任然素性戇拙不敢避難就易諉為告病拜摺開缺在先即力辭不去致失臣子事君之道惟此事臨時內無信幕賢僚外無宿將幹弁數日以來部署諸事憊鳴求友備呼將伯公牘私函夜以繼日手腕欲脫心力俱瘁柰何如之再四思維無米不能作炊坐待罪責固所分應其如悞廣東之事何因思莫若就地取才一策珂鄉義憤果敢之士尙多如道光年間林文忠公擒島酋耶律時誤於耆侯彼民原齊心待用若不為耆侯所力主和議該黨何由闌入羊城貽害至今且貽禍各行省乎累朝　聖　聖相承於柔遠之經仁至義盡該法人應如何感激恭順不負生成乃狼子野心終不悛改其欺侮我中華者亦云至矣極矣普天之下莫非王土莫非王臣凡有血氣者莫不尊親民心堅固髮指已久而廣東尤甚麟一定不於衡湘募勇莫說無費可用如造絕世不聞之學難乎其難即有經費可用至少亦須一二十營方足濟事軍械口粮棚帳號衣件件製辦非數月不得成軍即或不練以赴大敵是驅市人與戰有何把握勢必僨事而大局攸關麟之待罪亦固所應爾又其如珂鄉生靈塗炭何大凡事求人難求己易求遠不如求近麟拚此七十歲

精粹語未易多得

老頭皮斷送於廣東以報　天恩且不才授廣東惠潮道七年臬司五年雖未到任粵民實在吾子之列深愧無能撫育今承　命來東非一力主戰不能保全主戰而若無兵餉敢設一救急法以期衆志成城已函張裕二帥商之在籍公正廉明紳士迅集團練聽督撫主持慎選管帶官按陸師規制給予口粮勤慎操練講求技藝挑拔材武嚴其賞罰明其紀律便成義師無事則主守有事則主戰斷不主和和則辱國我不為也然而此事耑為法人尋衅廣東共申義憤而言非合各國而論　朝廷深仁厚澤既准各國通商合好須先詳明曉示此次實係法人開釁我始用兵以振　天威非與諸國共為難也諸國不得助法務宜安分生理我軍亦不得犯犯者以不守營規論如有無心錯犯者亦須持平持正量予撫卹以見我　國公道庶免節外生枝否則不平不平則亂亂絲難治不可不知又凡團練民兵必先除內患文正師於咸豐初在吾衡團練水陸必除痞匪地棍使無內奸而團始成否則若輩即賊也暗通外信彼為內線大事壞矣亦不可不深知也實力公正紳士辦團避不得嫌怨分不得彼此同力合作秉至大至剛乾坤正氣潔己奉公方能君子道長小人道消天地氣也人若以天地心為天君主宰自然正氣日盛人可

着着高着着老真是國手

勝天理能勝數自古皆然惜近世時際亂離人心不古各懷桑梓不肯防微杜漸致壞大事非天爲之寔下民自階之厲也可不傷心痛哭歟麟不學無術少讀十年書惟秉一腔熱血謬舒螳臂投筆從戎以一窮秀才仰仗　明聖天威肅清長江不要官不要錢不要命隨文正師得有今日由桑梓團練起得有今職依然寒士秀才氣習我公所深知也軍興以來功名事業合肥最盛安知廣東仁義材武聲名文物之邦不轉瞬而建功立業亦復彪炳照耀南天乎麟不才有敢死之心有勉力維持正人君子之心敢求我公抄此函妄語逑寄珂鄉正人大君子共秉公忠勉力爲之以匡小子之不逮俟麟到日登門九叩首跪諸公爲皇家出力事竣擇尤量予保叙必邀　俞允酬庸也初七日已飛函乞湘陰相國調撥老湘軍合字數營先由江南海道赴廣略安民心麟俟少籌餉項部署稍有形緒定於十月初十以前隨帶跟丁數名單騎由衡州鄉里直達羊城孑然孤身獨木豈能支此大廈是以不能不望於各行省當道督撫群公各量其力之所能到助兵者助餉者同心共濟借麟此次拚命之身或者賴珂鄉諸君子義奮大力大挫法人救全　朝廷也大局大有可爲否則一味主和不轉瞬間南顧憂深吾恐北顧更深矣後患何堪設

想我　公同舟誼兼爲桑梓應急故不知忌諱走筆直書心神昏眩瑣瑣不知所云能勿笑其詞爲狂妄否

義團贅言

一團勇務要明慎挑選平日不務正業遊手好閒之徒概不入選　一團規宜嚴也　禁酗酒滋事　禁持械閒遊　禁庇賭包娼　禁口舌爭鬥　禁挾嫌洩忿　一團勇宜練也　一曰練心同心禦侮　一曰練胆强敵當前不得退縮　一曰練氣安靜堅定凡我中國修築砲台多歷年所近更不遺餘力以講究其間工堅料實者不止一處然人心不一工料難齊容有二三不可恃之處蒙以為兩堅相抵必有一摧莫愈於以柔克剛之為妙其法俟砲台築成時緊貼砲台身堆積鹽滷包若干中實以泥沙間日

澆水勿令乾燥每砲台或內或外宜開一井宜置小洋水龍一架以備打水澆鹽包之用鹽包浙江及泰州揚州瓜州各棧均可廣為收取多儲以備濟用距炮台約數尺地步相間豎大堅竹桿懸以舊綿胎作護墻亦宜常用水澆濕外又約數尺地步亦用舊鹽包高積成堆以作外護倘敵人開炮層層有闌攔力漸減而勢漸殺如直犯我砲台我隨設計從而搗之無不勝矣至如何設計此事尤宜秘密須臨時方能施行再鹽滷包之用可以儲備守城先可遮護砲台外邊固須此物備用砲台中央亦宜堆鹽包若干高過炮台約一二尺不等鹽包堆頂須中窩約二三尺周圍作圈圓約五六尺倘砲自高而下落在中窩沾受滷氣便不能肆其烈性

變通試試

西友曰考試武舉所重者何技余曰武試則有馬步弓箭地毬刀石而所重者則全在弓箭弓取其強箭取其準此固自小考以至於會試莫不皆然也西友不覺撫掌大笑曰有是哉國之所以考試武夫者乃以此哉夫我泰西自一千數百年之前陣前所用亦均以弓箭爲先各兵所持亦皆刀矛劍戟又鈀䂎鏜等物與刻下中國無異而弓箭可以及遠尤爲軍中之利器以故軍士卒俸以弓箭隊爲最優爾時穿楊徹札韓固曾稱雄於一時迨其後漸有槍炮即漸廢弓箭不但不以此禦敵而且不以此取人凡弓

箭等物皆視爲戲具且竟爲婦人女子之戲具西國婦女聯有一會專以拉弓射箭相與爲樂每逢春秋佳日輒相約馳逐於香泥綺陌之間亦與秋千蹴踘等事無異而軍中則全行廢去不但無弓箭而且無棍牌惟刀則不能不用耳倘有西兵而手持弓箭以與諸營相角逐則羣焉笑之矣夫西國之爲武員者非中國之武員比也中國之武員或由行伍出身則何知殺敵行間若以考試出身者則平時馬步全紅至此一無所用而胸中識字則固無多行軍之道全然未諳至陣前所用之槍砲則平時又未曾習練幾何而不手足無措也乎西國武員其先必以讀書爲

言雖浮夸亦自可採

本業文理通曉然後博考旁稽凡於天文算學勾股弧三角無不洞悉其根源地理則何處可以布陣何處可以設伏何處有險可扼則宜於築砲台置營壘何處有路可通則宜於出奇兵撓敵背何處可以開濠溝何處可以通地道何處可以備水師何處可以運餉械平日莫不爲先講求臨時尙不難措置至於炮台則宜何向進攻則宜何途退守則宜何據道里之遠近岐路之險夷以及一切人情風土莫不預熟於胸中故指揮莫不如意也若夫技藝則畢不必若中國之力舉千鈞弓開兩石也凡若此者其出已屬末務但以一二手鎗用以防身發必中的即能事已

身往往皆由於學堂若兵丁則雖不必若武員之多材多藝而要亦不荒其本務司炮者則必知炮之準頭何者宜高何者宜低何藥宜於何炮何彈宜於何用童而習之無錯誤也司鎗者則必知槍之用法若者應速若者應遲若者應堅持若者應急進纫而學者無游移也司列陣圖者則必知炮台若何而築勿誤其向背營壘若何而建勿失之粗疎何處應開道則險者可化爲夷何處宜津梁則阻者可使之進凡若此者又莫不預爲教練精益求精也今中國之將則不但初未識字讀書而且於其職所當知者尙有未知某處城堅宜分兵若干某處地隘宜伏兵幾何

竟有問之而茫然者而考其出身則固儼然科甲也是豈足以壯　國威而揚武烈也哉夫兵丁全聽上之號令但得平日勤加訓練猶不難於指揮若將不得人其將何所恃耶目下武試獲雋之各武舉無論其聯捷與否將來入伍卽非爲兵而爲弁一爲武弁則小而百夫之長大而一營之主凡行陣之間所以仰承大帥之命而下爲兵卒之先者胥於是乎賴之而可安於故步以非他日所用之具而授之於今日也乎竊謂中國而不欲頡頏於泰西諸國則已如欲與西國相頡頏則亟宜變其考試之法棄弓箭刀矛而專心用於鎗炮且武員必令由學堂出身如此而後可予盍爲我言之余曰此說也前者亦曾論及之而吾子所言則尤爲痛快乃點次其語以告天下之留心武事者

越事議

謹陳管見恭呈　王爺殿下竊以法越一案彼此爭論已逾兩年麒祥駐法三載細察該國情形實外强而中乾徃者爲布國大敗之後元氣已喪而前五年丟尼斯之役至今未能了結糜餉無算已屬不能支持舉國紳民莫不力詆政府妄興兵端以致國內困窮前歲復有馬德嘎斯嘎國之事又至不可收拾而國內君民兩黨大相冰炭其君黨暗造軍器潛結私約將乘間竊發謀復立君主去冬拿破倫君主第三之叔以窮蹙獨夫一呼號召至兩萬餘衆之多事雖未成而兩黨更成仇敵矣越南之案以前故宰相剛必達誤聽奸商杜布衣等謀取礦金之說乃與其屬吏私立分金之約旋剛必達死其希贊沙抹納古爲相私遣其將李維利將四百人姑作嘗試之舉不料爲黑旗敗滅始求救於國以圖報復諸紳怒其私遣兵將貶而黜之因此挫敗又不得不增兵以顧全國體嗣有安南奸民及黃旗之黨暗助法人爲之內應致劉永福山西不守麒祥昨過越南之西貢細訪戰爭情形與夫法兵多寡之數聞法人屢爲黑旗挫敗畏之如虎奈越王助軍助餉又與越官不睦兵單餉乏而法人買安南山西城內奸民爲之內應以致不守然亦鏖戰三晝夜法兵之傷亡者七八百名

其所招安南土兵爲之前鋒者死亡亦千數百人至北甯興化則法兵尚隔四五十里官軍一聞礮聲即委城以去未嘗列陣一戰也法兵水陸兩軍統計不過七千人招安南土兵與阿非利加洲黑番又買黄旗教匪之黨統計不過萬五六千人而法兵不服水土傷亡染疾者絡繹不絶而軍餉之乏至無從措挪增釐加稅百姓怨望已極該國情形誠有不振之勢且佹鄰接境日伺其隙是其内顧不暇故速請和以圖了事恐中國不之許又以兵船數艘游弋海上假索兵費之說以相恫喝查萬國公法兩國開戰必至挫敗萬難抵禦自願請和息兵然後始有索兵費之

例今兵未交戰而有預索償款之說是明欺中國畏彼虚聲而速成和局耳去歲法議越事諸議紳以中國强於往歲且明通西例未可與争外部茹萊斐理答以中國依然如故觀日本之併琉球中國之因應即可見其端而中國之所畏者兵船一至無不就議故彼族之所恃以相挾者惟兵船而已究之兵船祇能乘駛海面彼欲横行於各海口以肆其猖獗則各海口皆爲各與國通商埠頭又多半與法爲仇安能任其肆志以礙商務故其兵船之來實毫無足畏也兵船不足畏又明知其徒假虚聲急求議和我君堅持一定之見嚴備戰守之策使彼進無所據退無所

掠厭技既窮計不出期年之間未有不自困者而北圻數省淪陷於法者亦可藉圖收復庶藩籬可固各國亦有戒心不至妄行生端可免數十年醜虜憑陵之患若因其請而遂許其成則於彼極爲有益於我極爲有損綜計其害約有三端法人貪狠要挾無厭今與議和彼必欲得越南之全地而後止北圻與滇粵接境卧榻之側豈容他人鼾睡今與桀驁狙詐無端生風之法夷比鄰而處邊境何能稍安將見防軍不能撤使我虚糜餉費而與該國交涉事件日見多故此其大害一也法人之併安南所圖者礦金與商務非曰利其土地人民也礦金商務無非注意於滇

粵我與議和必内地貨物聽憑購銷於彼之商務極爲有益是滇粵之利源皆歸法人之手而貨物之向通越南又由紅江運通海道者法人必據紅江而設關據陸道以抽釐而釐稅之輕重與貨物之何者准銷與不准銷其權又皆操之在彼使我商務不得行人民何以爲業此其大害二也同治甲戌法人與安南立約以西貢六省之地暫歸其稅釐以抵償款約中認安南爲自主之國而加以保衛字樣曾以其約呈覽中國彼時覆文祇曰安南爲我華屬未曾直詰其非而法人以中國未甚駁詰遂謂允其約故此案辯論兩載彼始終執此約以爲據謂中國當初何以

不辯至於屬國之說乃虛文而已竟憑此約爲圖併越南之據今者與之立約則是中國明與以實在之據他日欲思其歸完屬土竊恐不能啟口即我有能收復之力憑諸萬國公論公法反屬理屈況列我中國藩封者尚有他國今明以與人且給以據不能稍施保護之權則凡列我屬邦者恐因之寒心而且見輕於屬國竊笑於鄰邦此其大害三也有此三害則和約之不宜輕許可見矣前日福祿諾在天津所議條款五端不過畧舉大概於分界尚未明指何處商務尚未指設碼頭今欲設法挽回惟有堅持一意界務不得踰紅江北圻全境歸我保護越南之國政不

得干涉商務准其設立碼頭於南北圻之間而通商稅則之權必歸在我議約必堅持此說萬不可因之少移法人之不從固可逆睹彼時能銳師擣越嚴兵防海最爲上策萬一事不應手則用西洋嘈嚕太司特法即可殺其勢而寢其謀查西洋各國每因辯論之事兩國爭持未能平允又不欲輕於用兵於是知照該國且布告有約之國謂某事本國未經應允特以不欲用兵姑從緩議名此法曰嘈嚕太司特無論強橫無禮之國見有嘈嚕太司特文牘即應將所議之事作爲從寬之局少則數月期年多則數年數十年並無期限遇有機會仍可將前事提出辯論或繼

以戰爭此西洋人辦理交涉事件之通例我可仿而行之者也八年前法人與麥西戈國搆兵兩歲法人屢敗麥西戈亦以國小恐不能支持乃仿此法以息兵且兩國撤回公使領事閉關絕好不通往來至去歲法人力求遣使麥西戈始仍通好焉若是則不和不戰虛與委蛇他日仍可和可戰惟我操縱無踰於此也

西函

西英人來函略云．按中國湖南廣東兩省兵勇最爲得用．常自言每遇西人戰事從不令我等出戰中國此時宜辦．極好之鎗給此等兵禦敵但目下取用之鎗皆係槍桿裏層無螺螄旋者又有麻實鎗兩種均非所宜華兵用麻實鎗法兵用自已精美之鎗華兵自必吃虧兵船上之水兵．宜用浮帶繫於腰間觀於馬江之戰兵無浮帶入水即不能救既經此戰則他日搆兵必須以爲殷鑒

西稿

申江報館得歐西遊士稿略云．屢讀貴報言法人之意欲先得一駐軍之地再設法以壞中國水師然後俟明春大舉北犯聞之不勝髮指何法人狂悖至於此也貴館既洞窺其隱度秉鈞諸大老必嚴防密守以固疆宇而挫狂鋒然僕處中國久頗深知中國之軍務請一一陳之軍務第一在紀律而中國軍士往往有滋事者統帶官果能恩威並濟寬猛得宜亦可力圖整治而臨陣先潰最壞大事馬江之戰與夫北寧興化等事其前車也原其故蓋嘗聞之營兵之言謂西人之兵其值厚而粮多死猶得優卹其家室是以甘爲效命今我所得日不過百餘文何足濟用脫一旦不幸捐軀疆埸．朝廷雖有撫卹之典大都爲官府吏胥侵蝕如此而欲我等蹈湯赴火又何爲乎余聞是言雖鄙其不知大義亦歎息久之然中國之兵向係若此亦未嘗無大捷此全在大帥得人善爲調度善爲鼓厲則疲軍亦可爲勁旅也中國防務至今日可謂備矣要險各口無處不設防營添勇丁築炮台一炮台之值或數萬金或數十萬金規形勢拓基址築之也不可謂不堅其倚也不可謂不重然而金派長門台以石成十分堅固猶且不崇朝而燬雖因法船自內攻出砲台先失形勢之故然其建

深中窾要　列陣圖　名家在事內

築之不合法度亦可概見蓋外洋最好之炮台必四面皆能顧到或有空其一面者非傍山即有險可扼者也夫以數十萬之金資而成一炮台在中國視之以爲費大在外洋視之則猶其小焉者矣第中國費此巨資而成一台則必願得此砲台之用否則擲黃金於虛牝何爲也哉砲台之製泥築爲上蓋沙泥層疊設遇敵砲壞裂不過一角立即可以修築非若鉄石之一經被擊全台皆坍也現在中國之砲台石者少泥者多不過泥築之工有優劣耳外洋有所謂列陣當兵者自成一隊如中國之役夫軍行則荷畚挿以從開路疊橋雖不與於戰事而爲軍中不可少之

人其於建築砲台事最爲精熟方向則能扼其要工程則必極其堅無論用石用泥無不得心應手中國此時如能招募此種列陣當兵來華於京城之四隅各擇築砲台必須湏極其堅固用兵扼守其上置最精最巨之炮以當其衝如此則法兵曾擬以五萬兵北犯者雖再增數倍亦不足以取勝而法計可窮矣列陣當兵其執業雖似中國之役夫其實深知兵法英德兩國最多其人既不與於行陣之間則中國此時亦不難延顧若得此等兵士爲之指撥教督中國役夫隨其指撥實力與工則一台之工不必多需時日乘秋冬之際建築完固則明春雖法人膽敢北犯

中國之祕計陰謀外人早已洞見

亦可有恃無恐京都重地不可不先事預防也或謂中國當多購鉄甲船練水師製砲火以與法人相見衆寡不敵法可敗也或人謂法長於水而短於陸若中國引其登岸而擊之則勞逸懸殊法可殲也或又謂用堅壁清野之法可以步俄之後塵而使之不戰而潰也茲數說者雖皆有理然恐皆不能行購艦則艦不能來練兵則時已不及華兵雖長於陸戰而基隆一役法人早已學乖堅壁清野之法止可行之於未戰之前芭蕉山停泊多日未見其煤粮或缺則此法之不行可知矣

鐵路考略

友人來稿云我中國講求鐵路已十餘年初時開創設於開平藉以運煤出礦所築衹此數十里事經創始亦惟粗具規模而已法事既平大吏俱以講求西法爲急務於是劉省三爵保帥復舉行於臺北鑿山開道行駛火車極數年之慘淡經營始能告功竣南北聯爲一氣而北洋亦續有公司之設自天津接至開平後又議直達通州以便流通無滯意至美法至良也顧外省雖皆以鐵路爲必不可少而京官狃於故習往往封章屢上奏請停工我　皇上雖明知鐵路之大有益於國計民生而成見不膠仍　諭

令臣工各陳所見於是爵保帥及兩廣總督張制軍各抒偉論直陳鐵路之亟宜興築洋洋灑灑數千言　皇上嘉之興築之事遂決特是鐵路之利爵保帥及制軍早以抉摘無遺我人讀其奏章罔不洞然深曉而泰西之所以肇興鐵路與鐵路之式樣繁多則凡我華民多有未經詳悉者書長多暇請得攷而著爲篇焉按鐵路創於四十年前（鐵所應知）初時西人僅知汽機之可以起重行船後知船既可藉火力以行則車亦何不可資火力於是苦思力索易輪船而爲輪車人以爲車之速有甚於船於是爭相效之不數年間歐洲已無地不有鐵路其築之法約有五端首在相定（相定方位）方位鐵路之設貴乎宜而不灣設或擇地不良凡有房屋墳墓必須遷讓此中周折實費躊躇故必擇定極空曠之區以免諸多累墜然地既空曠而或凹或凸勢甚不平則又必設法填之務使將高者剗平以填低處絜長較短泥土不少不多而後不致有搬運之勞填築之費顧此皆就地上言之也其有山嶽亘峙於前者則又當用鑿石機器（開山）將路開通開必起自兩端漸漸以致通達此事必須有精於測量之士測之極准方免彼此兩歧然而其工較地上已費數倍矣或有大河橫亘必須造橋以通之橋面全用（造橋）鐵鑄柱亦以精鐵鑄成英國他瑪斯河闊約一里有半其

橋之長與河相埒蓋其工程之巨有視開山而無甚差池者至於路既通橋既就然後可鋪設鐵条其鋪也地面必須先加碎石高尺半或二尺以爲之基基上設橫木梁每條相距二尺半至四尺依鐵條之粗細爲度其上乃釘以直鐵條鐵條有單頭者有雙頭者目下所用俱雙頭俾磨壞後尚可翻用其有熱閙之處鐵條易壞則更易以鋼條造鐵條釘成而後乃可行駛火車往來無滯顧以上皆言尋常之鐵路也泰西尚有奇巧非常幾令人不可思議者一爲海中之鐵路（海中路）英法毗連之處中隔一小海約闊七十餘里波浪甚大舟行者每有眩暈之虞因有人思將海底

闢通築爲鐵路其法大約用大木梁以鐵條連之成一大管兩端靠英法兩岸而將管掛於海水之中又作大木箱方如船形能浮於水面用大練掛起其管又有大空箱在底下托住管內鋪設鐵路以便遄行

地下路

一爲地下之鐵路英京倫敦房屋稠密欲築鐵路無隙地可尋因有人思一新法在地下數十尺開成隧道便於火車往來隧中日夜點煤氣燈以免昏暗又嫌煤氣蘊積觸鼻難聞遂於停車處開一大井俾得通氣美國紐約埠亦做此法公司中獲利甚豐

橫空路

一爲橫空之鐵路城鎮熱鬧之處欲築鐵路勢必不能乃於街中立大鐵柱一行柱巔安置鐵梁鋪以鐵條使

輪車得在上行駛而其下仍便人往來

懸挂路

一爲懸掛之鐵路其法每間數十尺立一大鐵柱柱巔用粗鐵絲繩相連屬車輪邊作凹形闊狹與鐵絲相配其輪反在車之頂上車行於繩下恰能懸而不墜此種鐵路最便於開礦運煤及人烟寥落之區蓋不論地之凹凸高低皆可遄行無阻也其他登山之鐵路木輪之鐵路又有易鐵以木之路心裁各出要難罄竹以書

高脚路

至近時而又有英國拉爾提格廠創爲高脚鐵路用單條行駛離地三五尺或丈餘即遇山川險隘悉無所妨又能隨意轉灣了無阻滯用以裝貨能拖一百墩之重若行車則可裝驢馬四匹行營開花礮兩尊俄國兵工兩部曾派員往驗之謂此路六十丈內能上高四丈三百三十丈內能上高二十丈多山沙漠之處裝運各項糧草軍械無不合宜是以俄人由加斯濱海築至琿春即用此法云至美國人更得一法用電氣代煤火不特飛行更迅且無失慎之虞現已逐漸推行他日定有人互相則效此則於鐵路之外生面別開者尤講求新法者所不可不知也

新法變通論

法必變始通自西人入中國人見其船堅砲利以爲誠無可敵於是有心者皆欲仿製西洋船砲諸法以爲用其所長奪其所恃論是已而不知曾不十年新法疊變當英與法之合攻俄國也以戰艦雖用砲多門而皆在兩旁不在首尾且砲多則不得不輕小砲輕則彈近力薄是一船雖收多砲之用而實不能抵一巨砲之用因是根砵之制與焉根砵者英人砲艇之名其船亦用火輪形式極小首尾僅置兩巨砲專爲砲船水戰之用以作兵船先驅狹港淺水俱能駛至實可濟兵船之不及制已精矣而近日米利

堅復創船小砲巨之法蓋根砵所載之砲其巨僅逾戰艦之大砲猶不足以立沈敵船而在洪洋巨浸之中船身藐小不能當敵船一巨砲米部自南北搆釁以來大小數百戰各竭其心思材力競以智巧器械勝其戰船之巨已可載二千餘噸每噸約抵中國一千六百八十斤船上大小砲一百餘門而北方以千噸之船二門之砲一舉而沈之以南方載砲雖多至大者彈僅重九十六磅約抵中國七十二斤北船雖僅二砲而彈重四百五十磅約抵中國三百三十七斤其船形低質堅首尾及頂皆作鐵屋形係尖錐船身自出水以上皆包以厚鐵徑四寸許英尺一寸當

數句據要鉄甲厚至至徑尺小砲自然無用

中國八分西國至大戰艦包鐵有厚至八九寸者百磅之彈不能破船砲至此神乎用矣噫莫能禦矣今泰西英法諸國皆仿而爲之加精益重所有舊船盡已變通務貴砲巨船速不取船巨砲多間新鑄之砲彈重八百磅約抵中國六百斤火器至此極矣是知船巨不如砲巨砲小而多不如巨而少與其冀捷於屢中不如收功一擊也嗚呼戰陳之事出奇無窮心智之用固有不可思議者獨奈何我人之甘於自域也

仿製西洋船砲論

仿製宜亟矣嗚呼西人通商內地二十餘年於此矣不能獲其所益而先已受其所損每讀魏源籌海篇所汲汲於西事議和之後者一日稔西情一日師長技此固有心人哉而在位者未聞或之講也第曰羈縻之而已中外隔閡動輒掣肘即有以西事告者亦不信因循至今所需船砲不惜重價購置而其精粗不知也製造之法更茫然矣今譯館立矣然重在教習而不在繙譯僅在語言而不在文字且視之輕則士之有實者不至酬之薄則督教者或非通材久之必至爲具文僅若西人所設義塾而已船砲二

事先需西匠當此軍興之際較易辦耳覓工選材設局鼓鑄務令華匠精心講習能者破格加賞先能仿製繼求變通旋造旋試用之必有成效即欲駕乎其上亦不難智巧心思人所同具天下豈有彼能而我不能者特患上不之求耳上以此求下以此應其效捷於桴鼓夫中國大矣八才衆矣非無奇技異能聰明智力之士特患不爲不患爲之弗成吾見古之人談天者有周髀宣夜之學言秝算者有九章九數言輿地者則謂天下有九州者九大瀛海環之之說述格致者有雩蛆火鼠沉木浮石之論講機巧轉捩者有諸葛忠武之木牛流馬祖冲之之千里船不因風水施機自運楊太之樓船輪去如飛戚繼光之兵舶衝濤不懼講火器者有法郎機神機鎗炮各法見明史兵志似可由此漸通日臻於上乃數十百年竟莫有啟其奧者而尙賴西人爲我先導誠可歎矣顧西人有之而我法之不失爲自强也西人有之而我仍不知法效之則誠自域矣西人由心得手創我第從而倣習則西人難而我易今易者且弗爲之矣是則吾所不解也有爲高遠之說者曰即令砲如西人舟如西人用兵如西人亦不過與之等耳我必有以勝乎西人者方可或謂西人所長惟船砲耳今以其法授我中國是以利器假人也凡此皆不稔西情而不

識因時制宜之術者也今日急務在乎平賊平賊在乎治兵治兵必先習西人之所長使之有恃無恐兵治賊平而已器精用審矣威敵疆國而後有備無患矣若不知變通任其賊蔓兵老財竭餉絀則遠方且將有輕我之心天下之憂有深於寇盜者矣

算學其究

亘古未聞

戰攻守三等砲論

自古主客異形攻守異勢皆以爲守易而攻難客勞而主逸此亦常論非通論也亦僅論昔日矢石相持之形而非論今日砲火轟擊之勢也或又謂泰西諸國戰於陸地則强者勝縱擊於大洋之中舵師操上風者勝吾以爲勝負固在兵力之强弱風勢之順逆而尤在乎砲之能準美部南北之戰巨砲鐵船兩相撞擊鬪力爭功窮奇極智後之戰者恐難繼矣昔英法合攻俄之西巳士多卜魯也城高臺固砲堅大眾小砲臺容大砲八十四位大砲臺容大砲一百九十二位臺旁設以重險藥房則藏電氣通標敵至

震激城中火機地雷重關疊戶有觸立發其布置計慮可謂周且密矣且也俄則以高擊下英法以俯攻仰又勢力順逆之不同而英法卒勝之者以砲擊有準也俄之砲臺曰士嶶鉢堅固異常天下最難攻者有數處士嶶鉢居其一焉英法環攻二日日發砲一萬六千次費火藥一百四十萬斤俄之善守英法之善攻皆可謂極天下之能事而究其勝負之所以分者蓋一則砲臺在岸對擊可準一則戰艦在水便利輕捷旋轉如意擊之難以取中也是砲之爲用能化難而爲易反客而爲主進可以攻退可以守顧砲有數種用之各視其地各有所宜長重大砲用之於守

此切要之法沿海水師砲台所宜一律照辦者

口砲臺短重大砲用之於戰艦短砲輕砲用之於行營砲身長則彈發及遠重則難於運負故於砲台爲宜砲身短則稍輕船可勝載其彈與長砲等重擊有力故於戰艦爲宜短輕之砲易於載襲敵之用出奇無窮故於行營爲宜然有時亦有兼資而並用者或敵迂道統攻猝及我前長砲高不能中則用短砲炸彈兼施輕砲散彈炸彈火勢四迸散彈驟如雨下一發能斃數百人實可以禦衝而遏突故凡戰艦砲台須長砲與短砲相間排列臨時審勢而用之敵遠則用長砲敵近則用短砲此戰守之常法也至於攻城攻地非大砲重彈不能摧堅而洞厚大砲重砲中要

害以挫敵氣扛砲礮砲焚積聚以寒敵心連環互擊發無不至則鮮有弗勝者奇正相生虛實相應遠近相間而後砲之用全矣

參用西法則可如盡用之是棄我所長非計之得也

參用西法以練兵論

說者謂募西兵不如用西器西器可操之自我西兵動制於人其說固是但西人所長不僅在器尤善練兵其步伐齊號令肅進無後列退不狂奔絕少跳蕩拍張實可謂紀律節制之師故西兵可不募而西兵戰陳之法不可不知平日練兵須參用西法時加演習以整列其行伍嚴肅其心志練兵先在練心練心尤在練膽能使千萬人一心一膽則在步伐進如排墻退如山立勝無爭功敗無亂次行止悉在領隊一言夫衆在先爲之倡一人向前則人人氣奮衆患先有所沮一人顧後則人人意動所以領隊者衆軍之耳目也西人將在兵先法立令行無敢不遵職是故也古人治兵實多良法大要不外威惠並行甘苦相共以結其心激勵忠義明定賞罰以作其氣臨時又與之共蹈危地以得其死力今西法久爲軍中所習見或可以易知而速化練兵者盍少留意哉

今之礮台紛紛矣果皆合此法否

重險禦砲論

古人論兵能戰先在能守戰在臨時守在平日善治國者不可一日忘戰尤不可一日弛守火器在今日其用已極然西人但有精之之法絕少禦之之術中國禦之以綢以棉謂可以柔制剛其法似焉而未精吾謂機巧之事遠勝於西安知後數百年不更出新法以禦砲乎即如輪船縱恣於大洋之中幾無可制一有鐵船互相激撞巨砲轟擊而今日輪船舊式已不可施之於戰矣今之砲臺皆以鐵牆厚約徑尺兩旁及頂皆作尖錐三角之形夫砲雖能洞堅摧剛崩石靡木而遇徑尺之鐵則其技亦窮是其制造極費用心極愚而輪船火砲胥失其用故今日西國不獨船制變即砲制亦變新法砲彈重八百磅即徑尺之鐵力亦能洞由是觀之西人不僅長於戰尤長於守其所築砲臺鞏固異常前後左右設伏暗溝地雷以正爲奇以實爲虛不止先爲勝計而又先爲敗地於砲臺相距少許更築一臺純用短砲以便擊近如勢萬不能支則伏避後台俟敵一登猝出轟擊砲台火藥之房其防尤密或用暗機或用藥線使敵入彀中忽然擊發二者皆可轉敗爲勝蓋戰有常變守亦有常變相機度勢惟所用而已易曰王公設險以守其國故習坎取象於重險况以今日火器之利而

可不嚴爲備禦哉

格物精絕最當仿製

螺紋新砲

美國近有一人心思靈敏巧慧非常能以新法製砲其式與近時所鑄者亦無甚相懸惟砲心多起螺絲旋紋其命中及遠力猛勢速全係其紋之精美蓋以螺絲旋紋能破空中風氣阻力前人已有行之者但未甚講求美國近以二砲相比較每尊重二十三噸其彈重四百六十磅置藥一百四十磅先以二鐵靶置數百弓外爲的以試彈去之遠近砲力之輕重靶鐵之厚凡有十五寸有紋之砲其彈尖無紋之砲其彈圓有紋之砲其聲一震彈出直貫鐵靶洞之逕去落於沙灘鐵靶已成虀粉不知所之惟餘剩鐵

一事重三四百磅飛往里餘之遥其勢之迅烈如此無紋之砲其彈僅入靶六寸有半而已大抵兩種砲中當推有紋之砲爲巨擘然此砲實易於製造如以前時舊砲而論即盡作螺絲旋紋所費亦復有限而利用無窮想諸國於不日間皆當改作或謂此種新砲其法妙全在旋紋蓋不徒在砲膛而尤在近藥門處嗚呼火器至此神乎技矣

可謂慮周慮密盡善盡美之策

新製砲架

新奇之法百出不窮至令人不可思議鎗砲之製靈捷便速頃刻間可發至百十響其神妙莫測幾疑人巧極而天工錯特於砲架一道尙未之講求蓋砲架每安置於平地之上設有敵人以布算之法準鎗相對擊而去之亦復何難此時砲損人傷失其所恃矣英國近有武員孟格理扶最多巧思智慧罕儔以巧妙之法造成炮架自能上下開砲以衝敵陳俾敵人莫知其砲設於何處其法若遇兩軍對壘之際在地掘成一坑可將砲架安放坑中置砲架上而司砲人員亦藏身於其內距坑稍遠則築土堆坑東土

西以使敵疑臨放時架自能升砲出坑外既放架又能收砲入坑中極爲便捷且開砲之頃烟燄蓬勃決不能辨砲在何所砲架升上放落皆以機器從事能發彈丸至六十四磅之重靈動生新得未曾有孟格理扶製成之後刊圖貼說遍告國中試演之日英國文武大員無不往觀羣加嘆賞泰西人固多巧慧至於今日其心思愈用愈精幾可奪造化之工而抉鬼神之奧矣然則火器之術不幾於窮哉

覆防軍稟

守備伏讀總署咨查各節行令東南各省應如何因地制宜嚴飭將弁援昔論今切實講求繪圖註說詳晰開摺呈報以備定議舉行等因原欲周知海疆形勢實事求是嚴密籌防起見凡屬將弁自當實對守備竊查　國朝順天爲首善之基奉天爲根本重地大沽營口乃兩京門戶烟臺旅順是京畿屏藩江陰鎮江爲長江瑣鑰上海甯波爲江浙口岸閩安廈門爲福建要口虎門黃埔乃粵省咽喉以上各處皆東南濱海首要之區此外浙江之温州福建之臺北廣東之汕頭瓊州爲之次要溯稽中華洋面南自

瓊廉北至遼東沿海沙礁島嶼之多難以枚舉大概濱海近山多礁近河多沙各處海口旁多沙礁中流水道寬狹曲直深淺不一若於小潮極淺時水深丈餘則中大輪船隨時可過今凡通商口岸淺水沙礁洋人設立標記燈塔以爲晝夜行船識認道光間洋務初開洋船入口必資漁戶引水迨後洋人遍海探試測量水道遠近深淺備載洋圖極其精密間遇海口水勢稍急沙常變易則慢輪探試行走無需引水之人而冬春南洋隨處可以寄椗泊船惟夏秋能避颶風之處無多若外國舟師久屯在洋淡水雞牛必資近地現在香港醫館電房船塢煤炭火食俱便南

恐石腳灰墻仍難堅固

北兩洋商船絡繹實難斷其接濟即師船小有傷損本船工料俱備自能修理毋須創立船塢若論各省沿江沿海所築砲台道咸間悉循中式多用磚石台卑洞窄砲小江寬雖當險要未能得力自同治年間各省要口間有仿照洋式建造灰石土台安設新舊洋砲苦於台基切近水濱海浪衝擊日夜不息此等處所非用石腳灰墻不足以著堅固水號線電光燈收影鏡總藥房雖屬當用尤多未備此皆近日沿海砲台之實在形情也當茲海疆多事庫款奇絀若處處設防固防之不可勝防惟有各省選派賢能之才吏會同諳練之武員親歷海口慎擇扼要仿照外洋圖式改建灰土砲台每台安設新式洋砲四五尊舊式洋砲五六尊因江面之寬狹置洋砲之大小計砲位之斤兩定台基之狹闊論砲輕重配兵多寡從此定兵房之間數備晴雨之不時足予藥彈厚給薪糧遴選熟識督率教練申明紀律公行賞罰相度形勢預伏水雷使敵疑懼不敢直進外別首要次要之海口外佈聲援成犄角之形砲台營壘戰具精良平時兵勇操演前膛洋鎗必使用法爛熟再加每兵一 棚多備後膛洋鎗三五桿亦須隨時帶演免至猝用忙亂總之台求堅厚砲務快準嗣後地方官舉辦鄉團以壯聲勢勸捐金費以助餉精此皆戰守久暫之要

務刻下不容緩之實事也至裁撤廢台汰除殘弱樽節靡費俾資實用總萁一 營之勇足備數台之用所有在事員弁當知法人虛聲恫喝賓主一判守禦實易如能破除情面破格用人認真整飭以逸待勞可消禍患於無形矣

行軍要著

閩外陸路戰守事宜說

竊以法夷背盟犯順欺我藩服擾我閩疆率土臣民莫不共效尊親同仇敵愾故自觀音橋大捷以來淡水基隆亦迭經我師挫敗以是知敵雖狡橫亦未始無勝之之策也

去歲奉委隨方道出關於辦理文案之餘曾親往前敵偵探嗣復目擊接仗情形深知我軍陸路戰守事宜所當急於講求者計有四端一曰通運二曰利器三曰精練四曰築堤謹就一得之愚為我憲台縷晰陳之行軍之要首重運糧苟糧運不繼則全軍氣沮語云百里饋糧士有饑色況由龍州一帶運至諒山以前各營計有數百里之遠

乎越南本屬魚米之區自北寧失守之後前途糧道斷絕後路轉運維艱前鋒各軍日餐一粥瘴故相望瘡痍滿目適方道於五月初奉諭兼統諒山各營遂親臨各處察看那陽谷松觀音橋三路形勢得悉我軍枵腹病憊情狀慰勞撫恤垂詢懇勸各軍士感激涕零交相奮勉旋即佈置糧道每五里設一站每站紮勇一哨節節轉運直達諒山前敵各營糧餉軍火始得源源接濟部署既定士飽馬騰於是有閏五月初二日觀音橋之捷雖曰天意亦不可謂全無人力也目下各軍進攻屯牙船頭較觀音橋更遠運道之難概可想見此我軍之宜急於講求者一也近年軍

營專恃鎗炮為利器法人所用云者思後膛鎗擊遠可及百二十丈我軍所用大噫鎗擊遠僅至六七十丈敵器利而我器鈍則軍心不固而取勝較難若購能擊遠之洋鎗與之對敵則現在庫款支絀籌措不易即勉為購辦而需用者眾又苦於不能遍給查粵東土製抬鎗五子炮兩種極多易於購買亦易於自辦抬鎗擊遠能至百十丈其力較大於洋鎗　前就機器局館時曾將五子砲後膛將內孔車滑外套銅箍用逼碼小開花子試放可擊至三里以外甚為利便似可飭令軍裝局製造五子炮多件發交機器局車滑聽用變鈍為利所費無多各營若有土製抬鎗

八十桿車滑五子炮二十尊則臨陣衝鋒無往而不利矣此我軍之宜急於講求者二也兵貴精不貴多欲期其精在勤於練練之之法先練準頭次練提足同一火器敵能命中而我多虛發則士氣不壯而取勝亦難查近來操演進步連環退步連環鎗法各營皆知但施放時必齊眉取準倘鎗頭略高一分則鎗彈遂從敵人頭上飛過施放縱極敏捷究竟仍鮮實濟似宜先令營勇習打呆靶其靶先寬後窄先高後低以中之多寡為賞之等差練至月餘雖極窄極低之靶必有能命中者矣呆靶既可命中復令習打活靶靶何以能活即於呆靶之下置四車輪在空濶之

處挖一濠爲車道車輪兩頭繫以麻繩進退盡動操時先打寬而後打窄先打高而後打低能命中者獎賞以次加重亦不過月餘而極窄極低之活靶亦必有能命中者矣準頭既練儘可禦敵然勝算猶未必能操也則練捷足尙爲兵法云知己知彼百戰百勝敵人陸路接仗其兵士除應携快鎗逼碼外各負酒果肉麵等物以備途中飲食已形累贅且足穿皮履易於顛仆故步伐雖覺整齊而行走不甚便捷我軍若能迅速自易取勝且其軍律森嚴兵酋不至傷亡則士卒不敢退縮故欲大挫法醜必須殲厥兵酋而兵酋在後殲之頗難若得捷足者出其不意包抄截

擊注準兵酋施放鎗炮但能令兵酋受傷則彼軍自然潰敗所謂擒賊須擒王也考嘉慶中鳳凰廳傳鼐練有捷足勁勇數百用雕勦法以制伏諸苗又羅軍門思舉輕捷善走爲鄉勇時曾隻身劫豐城寨敎匪由是憚之今若令營勇練習捷步宜兼師其法而畧爲變通先於平地半里或里許之處高豎一幟每十人爲一排飛往奪取獲者賞以銀牌復將幟移豎半山或山頂能奪獲者其所賞銀牌照前加重更令營勇足上咸裹鉛條輕重一律亦如前飛往奪取領賞鉛條逐漸加多銀牌亦逐漸增厚練至數月除去鉛條則越嶺登山如履平地以之出奇制勝截擊包抄

儼若飛將軍自天而下矣尙何强敵之不可摧也哉顧或慮獎賞之經費無出然可無庸另籌也但授意營官於應發月餉雜欵津貼內提出二成給賞或間有老弱汰去募補者卽以此截曠之銀給賞足矣不煩加餉而士卒胥精惟視營官之操守廉潔實意舉行否耳此我軍之宜急於講求者三也運逼利器而練精庶幾可以權操必勝然以血肉之軀當火炮之猛卽膽壯者亦難免長慮却顧之虞故必籌及萬全方可謂算無遺策則步步爲營築堤進攻之法又曷可不講哉考外國兵書載羅馬之兼併各國嵩恃土壘爲護身之符以新築之土來復彈不能深入卽令

後膛快鎗隔七八丈遠施放亦不過透入一尺五寸而止倘所隔較遠則透入更淺可知又北花旂攻瓦嘎那堡以十一寸徑口之大砲打入堡墻約受千四百炮子而墻尙可禦可見沙土壁壘鬆厚不第能禦來復鎗已也宜令兵勇於出隊時多帶鏟揷遇敵先築三尺寬長堤挖下實土二尺堆高得二尺連底計算便有四尺儘够藏身鎗炮卽在堤面平列施放則轟擊正中敵人胸腹如一千人出隊以五百爲前鋒五百爲後應十哨每哨横隔五丈遠築五丈長堤以避敵彈後應十哨直距前鋒五十丈遠每哨對正前鋒空隙處亦築五丈長堤每堤横隔亦相距五丈直

土牆之法可輔砲台地營之所不及此則推論甚詳可采也

距五十丈則後應鎗炮可以擊敵橫距五丈中留空隙則左右前後可以互相應援此即魚麗陣先偏後伍伍承彌縫之遺意也若敵人相距尚遠則後應即向前作前鋒仍如前橫直相距丈數築堤以禦節節進逼法夷雖强不能逞其技矣如前鋒得勝追殺後應即進守前鋒所築之堤若前鋒退卻後應則從前堤空隙處放炮策應進可以戰退可以守然後用旁抄側擊之法相機痛勦所謂先爲不可勝以待敵之可勝也此我軍之宜急於講求者四也曩者觀音橋之役　曾身歷行閒頗知利害且親承方道推誠指示粗識制敵端倪遂覺義憤之懷不容自已

張制軍操練章程

兩廣督部堂張議定各軍操練章程爲定章操練事照得海防各軍原爲洋戰而設新募各軍自應專擇目前切要事宜斟酌情形認眞訓練方爲餉不虛糜緩急可用查向來營操各陣式以及大刀花鎗鐧叉等件在今日已無實用茲特酌定數條

一練卧鎗專演卧後放後膛槍滾地前進以備冒砲攻敵

一練過山砲隊測取準

一練掘造地營

一練安放地雷

一練修築砲台

一練臨敵散隊不准沿用方圓舊陣更不准仿襲近日各省洋操陣式徒飾觀美麕聚方行務期進戰之時可於項刻間令一營變爲無數小隊不嫌畸零人自爲戰但須互相救應可分可合

一練演放洋式火箭

一練安設行軍電線

一練健步疾行踰濠越嶺

一練夜戰擾敵大率守地營則惟以堅靜深藏爲主出戰則專以輕剽猛疾爲貴至於濬濠築墻一應工程皆須督

率勇丁聽令工作教習雖參用洋弁口令俱專用華語每逢半月本部堂親臨校閱一次各操演有效隨時獎賞如技藝不精工作不實惟該統領是問勉之懔之

越事備考案略目録

桂林劉名譽嘉樹氏採輯
門人臨賀黄維璐校
姪信寬流煩
男信濟惠權　仝校

閫外隨筆述

越南久列中國藩封全國形狹而長南北袤延約七千里東西最濶處不足二千里窄處止數百里東南兩面瀕大海東與中國瓊郡隔洋正對洋面千里而遙西面萬山高嶺與老撾高蠻兩國緊接爲鄰緬甸尚在再西東北界連尤多西北毘連滇南而商貨通流尤大通國舊分南北兩圻國都居中是爲富春省即漢之日南郡近都之北廣平廣治兩省爲左圻近都之南廣南廣義兩省爲右圻自河靜省以北一十六省皆爲北圻自平定以南十省皆爲南圻合計通共三十一省南圻原本瓜哇三佛齊蒲加剌水眞臘諸國故地爲越南所併疆土始長嘉慶間舊阮王起自南圻與新阮王爭國假南圻通商之法蘭西及西班牙兩國兵力以滅新阮當時許酬該二國每二百萬元洋銀得國後力能止付一半二國屢討無償法國潛謀吞越意不在區區酬金分布教士入越徧傳天主教暗謀將越民盡變爲法民教士呼爲靈牧誘越民亦得充之與越訂約凡越民充靈牧者犯國法笞杖不加刑准以錢贖平民入教即免役民趨若騖教黨既盛越國諸多不便始禁民習教咸豐間法約西班牙同詰越之殺害教民搆兵數載同治元年壬戌三國始立和約講解越南譯音於法蘭西

二字轉爲富浪沙西班牙三字轉爲衣波儒割南圻之嘉定邊和定祥名爲外三省以畀法人西班牙之債項法人詭稱願代償訖其後西班牙仍間駛兵輪入口追索前債法則一味狡賴至同治十二年法又籍兵端開兵釁法越兩國再換和約添割永隆安江河仙名爲內三省以畀法兩國平行法祇圖實利而不務虛名推越南爲大南國勒令背叛中朝和約內首稱大富浪沙國明知大南國係操自主之權非有遵服何國等語其第二款大南國倘有匪梗並外國侵擾則大富浪沙國隨機帮貼又願代爲勦絕海匪之擄掠所有需費自願代出並不索還等語第六款

許以銷除舊欠法債一百萬元不追第七款並擔承代還所欠衣波儒舊債一百萬元即在新開各通商碼頭內除支費外每年將一半付與法國爲代償衣波儒之項第九款盡除禁習天主教之例第十一款開紅河通商之路下自寧平南定海陽各省上溯紅河直達中國雲南界任由通商此其大端也同治十三年甲戌正月立約後隨照抄和約條款文移中國總理衙門知照其時未留意彼約暗伏越南背叛之語所以越南明係我之藩屬而今法人强辯以爲非是則此故也南圻六省既割於法政令一從法出物產甚多重徵貨稅舖舍櫛比復抽地稅丁口日增又

抽人稅賦繁飾足六省中以嘉定最衝法人改名爲西貢中西往來輪船以西貢爲一大埠日益繁盛南圻緊鄰金邊國越人呼爲高蠻粵商皆稱金邊本越南屬國法人又誘之叛越詭云法國願爲之保護撥法兵若干入其國分據要地每年責納兵餉如數雖暫似非有取盈而久後必肆吞併又老撾國亦與越犬牙相錯粵商呼爲蛇鬼緣其民祼體似蛇有生蛇熟蛇之别熟蛇知以裳蔽下體穴居者多其疆域倍於越南惟食鹽必藉越之乂安河静等省越限制其鹽而法以鹽餌之用熟蛇以來生蛇耐心玩弄期在久後謀其疆土金邊老撾皆產豆蔻肉桂犀角象牙

等貴貨法人賤販以獲厚利此南圻爲法所據之關係也至於北圻以東北諒山高平太原三省與廣西接界西北宣光興化兩省與雲南接界此五省盡屬崇山峻嶺其南之北甯山西河內海陽等省極目平陽就中以河內省爲適中之地漢唐俱爲交趾郡明爲交州府安南世建爲都僭稱東京自阮王遷都富春始改東京爲河內省北圻最大之江名富良江又名珥江俗呼紅河發源於雲南元江直隸州另支河出蠻浩埠合流先經越之保勝直下後經興化山西河內興安南定五省以達海紅河之北别有大河土呼新河因屢代水災愈劇捨民房田開爲新河上出

太原經行北甯距城尚有四五十里陸路其流分汊頗多
南趨海陽東向廣安皆可入海北甯之下另一小河由新
河通入紅河互相往來此水道之大要也滇南所産銅鉛
鐵錫鴉片烟取道紅河出洋各項洋貨又取道紅河入滇
愈行愈熟已成通衢咸豐間有粤西人劉永福臨黑旗糾
衆爲官軍逼退出越越王招撫授以三宣副提督之職轄
宣光興化山西三省伊擇保勝設卡抽稅國王力不能制
聽其自行收稅養勇防守可免發餉亦不聽調相安已久
法人同治甲戌和約既伏紅河通商之條初未果行迨光
緒七年甫議廢前約且言黑旗據保勝抽稅有礙通商必

須驅除越王許言緩之八年春法人稱和約內有匪梗代
出賞剿匪之條黑旗在應剿之列不由越王允否尅日駛
兵輪入東京强勒河內總督讓故宮殿與彼屯兵該督只
未奉朝旨不從一面具疏請命一面集兵守城並遣其按
察使赴兵船緩師法人拘留即於三月初二日開炮攻城
該督出示凡教民願赴法者出城於是出者二千餘人繼
內奸終不盡去奸細在北門內舉火應之即日城陷該督
黃耀冠帶殉節法既陷河內復以輪船走報越王尚稱未
傷和誼請另簡新督赴河內接任凡精明大吏皆謂不往
商使起用致仕原任河內督臣陳廷肅往任正人也越王

勉從之陳督年逾古稀抵任無權徒擁虛名夏間水漲法
乘勢將兵輪上駛越王急使告以劉永福乃我武臣既以
我國和好不應攻我之臣伊非匪也法答既屬爾臣盍調
往他省但不阻吾入滇之路又何致攻之越王陽爲降旨
調隨而陰令勿移延至光緒九年二月間法始攻陷南定
省夏間再陷河陽省其附近之廣安省甯平省無不次第
强佔時有唐銓部景崧奉命派滇差遣路出保勝以忠義
激勵劉永福三月朔日劉永福始興師出駐山西法人進
逼劉軍逆戰於河內省轄懷德府之紙橋地方四月十三
日大敗法兵斬其七畫兵頭里威利法國武職以袖口繡

畫數分等差七畫其貴官也死亡山積法人喪氣七月十
三日再戰於懷德府城下法又敗績殲斃無算十四日法
詭計決堤水淹劉永福軍人夜水竟没營兵立屋背賴得
土人競渡龍舟數隻徹夜往復渡救法不知遂退屯丹鳳
縣該處紅河最大逕其東北又有喝江較窄繞其西獨南
面留陸路一綫可通他處劉軍與法水陸相持至八月初
一初二初三苦戰三晝夜劉之先鋒黃守忠最得力屹立
不退拒敵痛剿片甲不令得回法人經此四月七月八月
三次痛懲剿鉅心寒設使劉軍得別軍相助乘銳進搗河
內等省有可收復之機法因紅河被遏另布狡謀駛兵輪

往攻越都脅成和局頒行和約八月巳至山西越之北圻經畧大臣駙馬黃佐炎不復主戰劉軍勇士稍有散者全軍退至山西之後二十餘里法亦力困更在香港招集商股湊助伐越公司資本既豐添購軍火重價募兵一面密結教民種種籌維方作從舉保勝之南有越向來覊縻之地曰十洲永福意在北圻如不能守則退入十洲該處隘峭糧足堪負隅自固和局成者因法於七月十五日攻奪越都順化河岸駿臺嫡老國王阮福時先於六月十五日病故祗養子三人立其長者臣民廢之推立故王之弟朗國公福昇法人逼脅換立和約七月二十三日立新約

二十七條大要越國權利盡歸於法越人皆非所甘心也十月朗國公飲鴆自盡臣民復擁立王福時次養子福腈年纔十二受脅未能自振劉軍得耗復進紮山西城添募勇丁唐銓部激勵之　恩賞十萬金外間嘶不立時全給滇撫軍唐中丞出至保勝聞和撤退防營　諭旨責以不請擅自回省致邊防鬆懈摘頂革留滇撫軍旋派三營再至粵撥兩營俱守助山西城然其前之懷德府虛無守兵法進而佔之北面之六頭江為北甯山西互通要道亦無守者法又佔之山西僅存孤城劉軍士卒多有携眷在城者十一月初旬警探頻聞十一夜劉軍大隊出紮水田

之中連紮兩晝三夜敵尚不來軍巳被困直至十四早法兵始至被野而來頭戴俱黑鬼數千越南教民次之法人則尾隨督陣全軍一色這馬快鎗並不襍以銅管嗑鎗水陸均施開花砲彈至如雨劉軍拚命上前法兵惟砲火兇狠若能逼近彼身彼竟毫無伎倆任由砍剁以此殺斃黑鬼教匪至三四千名之多其法鬼亦有數百奈彼有進無退大砲時轟跟見擁去成行之鬼兩邊又合彌其缺再進法人每遞接仗以換班放鎗晝夜不停鎗聲爲長仗徹夜並不收隊歇息十四十五連戰兩晝夜劉軍逼礮將次用盡法人遁礮亦告罄劉軍退守入城法人停止十六一天

待輪船由河內裝運礮子接濟十七早又復猛攻一日之久城中婦女被砲驚嚇魂飛無晷刻神奮士卒各顧室眷咸思衛以西避人無固志是日申刻拔隊棄城退往興化滇粵助防各軍暨商民隨之盡走法亦不追山西竟陷法人得城不居惟在城外多築砲臺發營宛穴爲保守計先是粵西防邊各軍全出駐守太原北甯兩路向分左右各設統領左路統領爲廣西提督黃桂蘭安徽人右路統領爲廣西候補道趙沃廣東人每路十二營每營四百二十八人續增營數有加徐中丞先以西藩司督辦海防專摺奏事九年四月十五日抵龍州二十二日出關巡閱至北甯而歸仍

任龍州九月大病幾不起頻危獲痊重陽日　旨飭西
撫仍責督師十一月初二日再出關駐節諒山查貫送印
出關拜接任事鞠躬盡瘁竭力運籌　廷旨北甯爲吾
勇駐紮之所法人倘竟侵及我防界即著督飭軍竭力
捍禦等因已由總署照會法使徐帥將左右兩統領並調
同駐北甯一城黃統領乃粵督口口帥姻親信任趙統領
爲歷任前撫許可而徐帥平日且深信因此事皆盡委任
兩統領有言其疵者輒以用人勿疑拒之適山西不守慮
防營單薄立即分委營員入關添募粵勇二十餘營皆尅
期出關甫抵諒山派員將該營點名一過便飭迅赴前敵

聽候兩統領調遣新舊共計五十餘營盡圖守北甯一隅
俱在前敵而後路空虛意在不肯擁兵自衛徐帥早年本
蔑視洋人又見劉軍尚且屢捷所策果符先具輕敵之心
昧於用兵不審精羸務多爲貴只求成軍兩統領復迎合
之侈談部下能戰徐帥篤信不疑六次疏請進戰屢有不
難收功於一旦之語朝命不許命且保守完善之區兩統
領不睦徐帥爲之調停送帖三人互換以釋猜嫌力求共
濟粵西防營餉例名爲鎮柳營制每勇月餉二兩四錢糧
米在內若在前敵始照發足設派在諒山之北止按七成
發給每勇月餉一兩六錢八分當勇者果何圖所望攻村

掠物擄女口而已海陽省城外名曙東埠劉軍會合粵勇
攻之法人皆任輪船陸守僅有數匪進攻得手十月十七
日已入佔曙東乃各勇惟顧擄掠洋船畏勢稍退忽數法
鬼登岸各勇望見失色便逃彼輪船施放開花砲各勇驚
惶自亂即舉火將曙東數百家店鋪全焚遝歸大爲洋人
輕藐粵土匪防營積年陋習餉飽囊得充管帶無不累
貲鉅萬得膺統領多年累貲更至數十萬粉白黛綠列屋
閑居自然命愈珍貴防營所到不紮營壘悉入村盡任民
房與賊逼踪暗約彼此互留體面兩不過界日久賊困他
徙則虛指勝仗報克復地方若首要巨匪不能不獲者則

統領懸賞自有賊黨縛獻以搶獲入告錮習久歷年所惟
此次與洋人交戰舊本子悉不能用口統領姬妾任龍州
三寶棚高張幕府堂皇富麗自已身安北甯雖行韓裝飾
如粵東醮壇而牀第無樂乃令越官徵選土妓每日三四
十名入供酣樂土妓呼曰乞妹越音讀曲字爲乞謂之唱
乞是夜歌聲洋洋盈耳此昭著於衆靡不周知口統領倘
不至此然皆昏庸無識則一也有條陳兵事至計者一概
不肯口統領將廣西提督署案卷數十箱運至北甯視爲
樂國與越北甯總督張登壇交契最密自甘改效越裝包
頭乘輞（越官肩輿以轎爲架卧其中名曰輞）用越儀仗遊行市肆衆目共覩

有玷　國體張登壇暗迎法國兵頭入城筵宴三日復送之出又將城頭火砲偷運百餘尊他往倉穀又運空數倉兩統領安坐成中晏然不知□與登壇爭妓挾嫌乃密緘致張振帥告以登壇通法振帥傳知□□相疏陳　廷寄著徐撫相機將張登壇撤換或因殺徐撫以皆非力所能到而止□統領既欲害張登壇乃又聽信其言將費力購運來之精利軍火發與登壇部下越兵應用照該營部據共發過快鎗八千餘捍逼碼四十萬顆自已營勇反多用火嗚鎗昏憒有不可解者徐帥則萬苦千辛經年籌運快鎗兵鎗洋藥土藥逼碼開花砲水雷經年之久人員馬馱

一概運赴北甯交存兩統領不令缺乏徐帥一腔忠憤恨不得一戰滅此朝食北甯南通河內雖屬要道但北甯城距新河尚有四五十里陸路兩統領多派防營數里一營層層布置北甯城北八里土名涌球（土語呼河爲涌橋爲球）有河寬十丈深八尺輪船可至河邊有土山兩座商民無不言敵若據此山將開花砲近指入城點滴不差晝夜不絕則城斷難守而統領漫不謂然只派陳朝綱兩營守涌球未免力薄新河在北甯之南自西注東東南角上另通入支河依北甯之東入而又分汊名爲三江口再入爲芹駋關左沿墟扶朗墟而至涌球其形如此防勇雖多率皆烏合倉

卒添募尤多乞丐游民不曉洋鎗如何施放各勇二月猶未領得去年冬月之餉統領營官哨官層遞延擱不肯營官尚販冬衣洋烟銅錢折餉發給士卒高價射利勇丁糊口猶難遑云接仗防營無不分住民房越國風俗最壞不識廉恥勇與越婦膠粘皆成野匹營哨大小官皆有越妾者多放蕩成風一聞警至營官向住屋覓哨官哨覓什長轉覓勇丁數時尚難成隊事急各謀護眷先避軍政如此芹駋關無人守鬼郎先數日預估二月十一日法鬼水陸進撲扶朗墟各村教民預藏法人所付快鎗至期四出響應環撲我軍之後敵彈如雨是日防軍尚有拚命力戰者

無如勢大莫禦且有教民致背腹受敵至晚扶朗防營遂失十二日彼族禮拜不來接仗十三十四又復沿河進犯十五日分三路撲攻北甯一由城南之新河一由城東小河中一由輪船駛至城北之涌球所經過我軍用一尺二寸面大木塞河之處輪船立刻用士顛機器頃刻拔起毫不能阻涌球有竹筏大橋輪船至先毀竹橋以斷援兵之路涌球至午遂陷法果踞土山轟開花砲並放氣毬昇上空中（難民共見）各村教民遠見昇毬爲號四路麕集形同越南並叛黃統領在北甯城內踉蹌先奔趙統領出新河督剿敗回入覓黃統領無蹤越兵則持前日黃統領所給

快鎗反戈相向趙亦急奔因涌球河已隔斷不能北還諒山只有西北一路退往太原十五夜法鬼吹號紛紛入據北寧城矣連營數十座全潰潰勇之詞曰每月二兩四錢除扣米飯月賸數錢洋銀豈真以性命付爾耶竊惟募勇餉糜費省原甚便宜其如臨敵一鬨而散何哉法用開花砲向難民潰勇奔處混轟必走至二十里外始無彈子落下教匪殺我軍士如麻商勇俱多中彈受傷臥地無救呻吟數日始死徧地皆是慘不忍言徐帥專派弁勇尋探兩統領蹤跡不得確耗氣極決意嚴參又恐無據反噬適接兩統領十五夜戌刻親筆互遞信械緣兩統領早日預約

逃時同逃並是先後相失半路作函邀踐前約送書人誤投諒山爲徐帥所得其間有天道焉徐帥揚言兩統領如果不承則親筆原函定行進呈具疏劾云隨時已諳囑兩統領廣偵探安地營禁擾民嚴買餉初不意其四事皆粉飾欺朦乃賊蹤甫至戰守一無可恃棄地先逃一敗不救請

旨懲警又自劾臣闇直迂庸罔識軍事無知人之明失整軍之道撫躬自問萬不敢委過於人請　旨交部從重治罪各等語恐情真事確是役各軍畏葸自潰者固多而抵死力拒者非盡無人不能一概抹煞歷詢見仗勇丁及在塲目擊難民均稱法人多在輪船上較千里鏡

施放開花砲不敢登岸頭敵係海邊募來我中國客匪數千扮作洋裝臨陣至近時聞惠潮嘉翁源等處口音無所不有由輪船載來登岸越南教民則無洋裝號衣僅以白布拍頭自各村擁出一切皆緩步直前我軍砲擊彼有倒地者其衆棄而不顧每隊法鬼寥寥各執籐條從陣後吆喝驅策彼族鎗砲總遠及數十步於我兩軍相望既可見我施鎗彈猶未及彼而彼之鎗砲彈已先及我軍心遂驚加以開花砲從遠轟來晝夜無停我壘立脚不住不容不退實難彼此近身偶能兵刃相接則斃彼必多任殺不避嬉笑領死似已受彼迷藥常所至我手軟仍不知退傳聞

飲彼火酒便膽雄嗜進頡改常情法人每兵必身佩一瓶酒一袋麵包牛肉行軍不設長夫無鍋灶柴米之繁又由越民傳說法人募我華匪以爲前敵每人另犒三十元其十金月餉仍照常付與彼以重金餌選兇徒以當我二兩四錢月餉之勇衝鋒無異輕重懸殊何能免彼奮而我懈之患互較乘除彼餉雖然多耗但得城居地後守壘不須多人故逞志即尅日減兵一輪船迅載出洋遣散雖耗不長我勇餉省矣然經年累月駐守度支浩大實無善策法人尤長於守所築壘高炮能及遠如欲我兵肯死撲壘非重加賞不得勇夫只靠月餉決無此兵肉薄而登非捨千

百人不能奪其一壘此攻之尤難也我軍亦有開花砲奈陸運之難不如彼輪船載來之大量度施放之藝又不如彼藝之精涌球一戰曾懸二百兩賞犒奪彼開花砲我軍靖邊中營即有三十二名勇冒死奮衝上前二十五人中炮陣亡其中七人同牽彼輪車奪開花砲兩尊歸來七人領此二百兩賞銀兵非盡不可用視各賞否耳若不厚籌千數百萬兩帑金無從措手也越將劉永福一軍皆無賴亡命受其豢養劉二馭之口糧輕而賞犒重必信必果平居縱令賭博負者赤手情迫惟有捨命赴敵以博賞金裸體血戰並有進無退以此法人深畏其狠滇督岑宮保自

請督師奏准於九年十二月十一日出抵保勝十年正月十五日至嘉喻關二十七日抵興化省由關至省共四十里部勒劉永福一軍分爲十二營照滇營制每勇月餉二兩九錢在　恩賞十萬金內勻月付給每月五千金適奉
　廷旨命岑宮保節制滇粵諸軍徐撫和衷商辦不准稍存意見粵防□統領不知自巳兵力之厚反求援於滇岑帥即派永福十二營赴北甯助守路經永祥府及金英縣一帶教民盡截路抗不使過劉軍殺開血路於二月初六日抵北甯唐銓部同來唐輕騎入諒山商度軍事適扶朗之敗徐帥飭唐銓部回許另犒萬金鼓舞劉軍詎行至

半途涌球又陷前路不通折回諒山徐帥委充前敵營務處會同康提督得勝招集北甯潰勇不使流而爲盜招復成隊另編四營即委唐銓部統帶駐紥屯梅即長慶府當北甯危急□軍坐視不戰□統領焦急許以退賊後犒銀三萬兩□答稱雖此多金但六千之衆每人不過五金耳非現銀不可□不能諾北甯既陷□軍逢村盡掠逃商搜身飽颺西返興化粵防退至太原省越官閉城拒之得劉永福同紥南安劉既去教民便欺粵營二月二十五日教匪大隊來撲防軍前方出隊迎敵而後已被踏營資重一空無食再潰退至新街地始復成營樹柵固守□統領以

鎮安滘邊本伊右路防地遂率師退至木馬埠布置各營分紥高平省一帶妥帖然後單騎回見徐帥而太原已淪於法人矣無太原滇粵文報更隔絕不通□統領攜廣西提督印走迂道兩日前爲河所阻內地商人多隨逃至適黨副將敏宣一軍八營由北甯之東渡日德江至諒江府不敢留紥飛赴西來救援預覓船隻□統領全軍得渡歸至狼甲喘息方定不意法人於十八日攻諒江府防營教民自後包抄我軍饑疲又潰彼乘勢即進法人無多教匪爲衆十九早又至狼甲□統領倉皇率黨軍再奔既入深山不識路徑徧詢軍中幸黨軍八營內僅有一勇識路

許以十金導之前進足走一晝夜不見天日只從箐林下行二十一日始抵興化歸回大道屯紮狼甲即於十九日被陷十五以後尚見馬馱軍裝數十馱出置狼甲並屯糧二千石悉爲教民所得內地商民逃歸至狼甲遇害者男婦共千餘口諒山震動人心皇皇萬一教民長驅而北不特諒山可虞雖關內數郡未有能抵禦之將土匪志圖擄掠勢必蜂起相應不須法鬼親來也可危之極幸左侯奏派之王藩司德榜全部楚勇八營東莞勇兩營俱每營五百人於二月初二日有八營先抵龍州十八十九兩日全拔隊出關聞營撥四營前進防護諒山留四營分紮鎮南

關口內外以顧粵邊軍容甚整中外人心稍定粵督張派帥遵　旨派員候選道方長華赴粵西募勇五營名曰威遠軍亦鎮柳營制准人統赴粵勇將卒已兩不相習且烏合之衆毫不講求訓練具數而已三月初旬到齊龍州十九日出關屯紮諒山以助聲勢法人督令民築壘於郊甲違爲北甯之蔽法鬼旋返北甯諒江閩亦教民盤踞既無太原北甯兩省從後牽制之師法鬼勢必專注興化滇防甚爲吃緊也輪船可至屯鶴水漲亦可至興化城下自興化以上全江石壁兩岸無縴路直至保勝灘流湧急向來商人運貨而下盡用竹筏載貨不能用船苟有守禦彼

敵斷難飛越入滇傳聞岑宮保已在興化城外開深濠藏兵俾可避開花砲此在興化土厚岸高則可若山西北甯皆土薄掘下三尺即水斷難爲此北甯尤城如盌四面皆高決堤可淹周圍水田沮洳泥淖沒膝難爲戰場北甯數省彌望平疇良田百萬畝天時和煦一歲四穫往日興化諒山鹽米兩項皆仰給於下游今則平陽地方盡陷滇粵軍糧皆須改由內地購運艱難嶺路崎嶇耗財費力與先迥異矣二月下旬難民紛紛逃入內地其由關門一路入龍州者女口不下二千餘尚有分由各小隘入者女口不知凡幾其間雖多粵商娶越婦避難同逃而勇丁姦販女

口圖利實在不少此越夷怒目憤恨防勇積有由也徐帥力矯上年口軍門口口之擾不准防軍勒索越官供應挑夫又不准勒供糧米斬伐一草一木者有誅軍士求一竹應用不可得恩煦至矣而越夷不知感則未見及兵民積處相狎之弊也楚師則山上立壘不准入村言語不通道路不熟越民視之甚畏餉徐帥嚴勒粵軍仿楚勇制整飭力求後効越民之從教附法言之眞堪髮指雖盡戮不足憫惜越夷最蠢性習頑惰輕聽教士平日以陣亡爲替天主出力魂得升天堂最樂種種誕說愚之深入肺腑牢不可破越土語本多有音無字者教士就其土音造爲另種

鬼字傳授之凡教民迫信雖西洋人亦不識其字隨地皆越人難分其教內教外而教人盡爲法人耳目官軍動息密偵報法靡不知悉戰則四張敵勢草木皆兵患曷勝道若使法人得佔全越練越民爲彼兵以愚悍之衆更資彼軍火則粵西逼省必毒受越南教民之害有斷然者潯梧居粵在上游踞西俯瞰東省不堪設想明眼人自能預燭不待龜灼蓍筮早得也越南東北一隅有大嶺綿亘五百里土名十萬大山東界廣東欽州北界廣西上思州兩粵與越南三交界之所惠潮嘉客民流寓極多種山且爲海濱盜謀生近海有那街埠若由那街走十萬大山三日陸

路可至上思州再三日陸路即至南寧府城由洋海內犯粵西心腹此途最捷萬一疎虞則南寧以下盡難立足關外之軍更無歸路法人專派教士爾名常川住上思州傳教至今二十餘年教徒未盛猶堅戀不去彼蓄謀何居當可想見北寧二月十五夜方失陷十九日已降密　旨電寄東徐撫摘頂革留則李伯相電奏之速也兩統領三月初間先後皆歸諒山□統領兩接張振帥函皆在烟燈上焚之他人皆不得見三月十五日振帥又一函寄到交方統領囑面交□並囑如□已故即原函遞回時□已辭行赴屯梅十六始起程方統領往送行面交督信□統領

是夜即吞阿芙蓉膏一兩癮大延至十七早徐帥往勸服解救藥猶能起坐再全吞烟屎是午始絶時年五十三歲而諒山孝帷中尚有乞妹十餘名也可歎雷音楚南潘琴軒中丞移署西撫院大約辦關外軍務想揣蒲節前必到以後之事未能逆覩但冀以次削平法夷大振　國威上慰　宸廑下安黎庶俾中外臣民咸登仁壽天下幸甚現又聞有議和之説夫法人犬羊之性未可行成今日恐之異日必生他變且有列國羌夷從旁窺測苟不背城一戰　國體奚存況今　聖天子恩覃遐邇震疊聲靈凡厥庶民皆食毛踐土疇不具有忠貞爲國家出力以攝服

法人諸夷效順哉

右筆述不知何人所作其言是否盡實雖未可知然於爾時情事頗覺言之歷歷所述防營諸弊尤屬深中沈痼錄而存之以作前車之鑒或於邊事不無裨補云

張制軍奏疏

奏爲廣軍援桂規越會合桂省主客各軍力戰破敵保全南關連克文淵州諒山省長慶府觀音橋各城壘及遵旨撤兵回界嚴防各緣由恭摺詳陳仰祈　聖鑒事竊惟廣東奏派馮子材王孝祺兩軍入越協勦當於上年十二月奏明在案至本年正二月間諸軍保關復諒大挫兇鋒當經前廣西撫臣潘鼎新隨時電　奏臣等僅於桂電所不及者聞有　奏陳惟來電與各路稟報頗多異同深恐或有參差紕漏即不足以服將士之心現在款議巋成邊防尤亟謹將詳細戰狀上爲　皇太后　皇上陳

之查上年十二月法虜大股自船頭來犯十九日攻谷松二十九日陷諒山本年正月初九日入鎮南關桂軍將領楊玉科戰歿董履高戰傷諸軍多潰惟蘇元春所部及陳嘉六營尚完於是法據諒山於關外十里之文淵州築壘安礮爲堅守計龍州爲全軍後路商民驚徙游勇肆掠逃軍難民蔽江而下廣西全省大震自太平南寧以達潯梧皆電報所通水路所達紛紛告急請兵桂林空虛倥傯籌備先是幫辦軍務前廣西提督臣馮子材暨廣西右江鎮總兵王孝祺於臘月先後抵龍而募軍未足裝械未齊王孝祺率數營馳援出關而諒已潰馮子材原有之八營尚在東路僅帶中軍兩營駐龍州元旦聞警乃留一營彈壓根本親率一營赴南關與王孝祺軍攔截潰勇一面調八營來關臨商撫臣潘鼎新告以守關無須該軍令仍顧東路遂以所部全紮關外派站親往督勦初九日南關告警復檄回援十二日聞信折回時法已於十一日焚關自退馮子材素有威惠爲桂越人心所嚮還入關眾心稍定乃建議於關內十里之關前隘跨東西兩嶺間督所部築長牆三里餘外掘深塹爲扼守計謂桂軍宜稍養銳自任以所部萃軍守之營於嶺半令王孝祺勤軍屯於其後半里許爲犄角當是時幫辦軍務署廣西提督臣蘇元春毅新

軍陳嘉一軍俱屯幕府在關前隘之後五里蔣宗漢廣武軍方友升親軍俱屯憑祥在幕府後三十里潘鼎新率鼎軍屯海村在幕府後六十里魏綱鄂軍屯艾瓦防艽封在關西百里王德榜定邊軍屯油隘專備抄截兼防入關旁路在關外東三十里獨廣軍兩枝當中路前敵時值北海封口西電皆謂法將由欽廉攻南寧斷桂軍後路而廉州並無統將臣等因桂軍漸集擬調馮軍回顧欽廉又恐離於移動當經電奏調廉仍令馮子材酌度進退緩急一面詢商該幫辦或全移或只調兩營或全不移動但聲言即日東援以定眾心聽其斟酌因潘鼎新屢電不以馮軍爲

得力必不肯言留故令該幫辦自酌知其力任大局必有權度旋接潘鼎新覆電謂蘇元春自芃封調回即令馮軍回廉馮子材覆電則言該軍喫重兩營亦難移調當即電復令其專顧桂防不必援廉此正月中旬以後廣軍布置扼守前敵之實在情形也於時馮部全軍已成桂軍休息漸定越人密報法將出扣波襲芃封攻牧馬繞出南關以北且斷尼景綏馬盛治兩軍歸路蘇元春率軍暨魏綱軍趨芃封以待馮子材遣五營扼扣波以邀之二十七日法數十騎率教匪至芃封官軍先在驚走扼扣波之馮軍突出奮擊敗遁獲其馱軍火大象一擒匪黨二二月初二日

法又爭扣波遇馮軍脫洋衣洋帽挂林木而竄芃封即長定府法以越官長定府知府給已殺其子遂無西犯意馮子材請於潘鼎新調蘇軍還中路法揚言將以初八九日犯關馮子材料法必於初七日禮拜一出兵決計先發制敵羣議多不欲戰潘鼎新以士氣未復止之馮子材力爭率王孝祺軍於初五夜出關襲敵山有賊壘三安臼礮我軍已入街心自五鼓戰至初六日午刻賊益盛王孝祺馬中礮墜易騎戰率死士由山後攀崖而上破其二壘斃賊甚多賊敗走我軍傷亡亦多未刻我軍飢疲乃還此二月初五初六兩日廣軍倡議出關力戰破壘之實在情形也

初七日法果悉起諒山之衆併力入關直撲關前隘長牆攻廣軍營壘馮子材告諸軍曰法再入關有何面目見粵民何以生爲王孝祺以淮軍爲龍州人所詬病諸軍多輕之憤甚背誓與長牆俱死法以開花礮隊循東西兩嶺進向下轟擊以槍隊撲中路法謂粵人皆馮內應自以真法兵居前黑兵次之西貢洋匪又次之教匪客匪在後礮聲震天達關七八十里外山谷皆鳴彈殼積陣前厚者至寸許我軍殊死戰傷亡甚多東嶺新築五壘未成爲敵攻據其三王孝祺自率小隊抄敵後仰攻敵稍卻戰至申刻蘇元春援軍至合力拒戰諸軍竟日不食至夜仍未收隊是

日王德榜自油隘出軍夾擊據文淵之對山與敵壘鬬數時互有傷亡遇賊運軍火乾糧之馱馬無數逐之皆反走法糧械遂不得入關初八日清晨復大戰賊來益衆礮益緊馮子材居中蘇元春助之王孝祺當右陳嘉蔣宗漢當左左路即東嶺敵礮最猛馮子材與諸統領約有退者無論何將遇何軍皆誅之復於各路設卡以截殺逃者馮子材王孝祺各刃退卒數十人賊勢狂悍致死已薄長牆或已越入馮子材年將七旬短衣草履持矛大呼躍出長牆率其兩子馮相榮馮相華搏戰將士齊開栅門湧出諸軍睹馮子材如此無不感奮關外游勇客民千餘聞馮子材

親出陣皆自來助戰伺便隨處狙擊馮軍扣波五營自關
外西路來夾擊其背於是諸軍合力死鬭短兵火器雜進
王孝祺部將潘瀛率選鋒袒臂裸體衝入敵陣故所部勁
勇傷亡最多陳嘉爭東嶺三壘蔣宗漢繼之七上七下陳
嘉受四傷不退至酉末王孝祺已將西路賊擊敗親率軍
由西嶺抄敵後與陳嘉等合擊而王德榜之軍亦自關外
夾擊東嶺之背遂將三壘全數奪回是日王德榜自清晨
出軍甫谷待敵援賊至率隊衝之賊截為二援賊因回搶
擊德榜軍我軍奮擊大勝部將張春發蕭得龍戰最勇斃
法酋法匪甚多餘衆敗走獲其騾馬五十餘匹所馱皆槍

礮彈麪餅洋銀之屬德榜遂自外夾擊東嶺奪還三壘法
壘戰兩日礮彈已盡而後隊軍火被截惶懼無措頃刻間
礮聲頓息遂大潰我軍任意斬殺賊翻巖越淵而竄教匪
路熟先遁法兵多殲此戰所斃眞法兵黑兵千餘法酋數
十客匪教匪數百逐出關十里而還是日馮子材王孝祺
身畔屢有開花礮子墜落未炸我軍鏖與法戰被搶之時
率皆陰雨雺霧獨是日大開晴霽風日光明此初七初八
兩日廣軍會合桂省主客各軍血戰大捷之實在情形也
初十日馮子材親率十營出關攻文淵州法匪望風潰遁
追擊斃紅衣法酋一遂復文淵法以越官文淵州知州通

款剖其腹殺之而去十二日諸軍三路攻諒法據諒城固
守並扼對河北岸之駈驢墟墟有王德榜舊壘甚固黎明
王德榜進攻之士卒多傷斃其六畫兵總一午後諸軍至
王德榜與王孝祺兩軍戰尤力傷亦多孝祺部將潘瀛執
旗先登諸軍並進克之法涉水而逃併守諒城十三日五
鼓馮子材軍楊瑞山劉汝奇潛渡河攻諒辰刻克之獲其
軍械糧米無算皆納之於官軍無私焉諸軍大至法悉衆
遁分兵追勦桂軍楚軍追中路廣軍追西路十五日陳嘉
攻谷松賊勢仍悍王德榜力援克之斬三畫法酋一馮子
材軍追賊至觀音橋破其巢同日克復屯梅屯梅即長慶

府生擒五畫法酋一斬三畫法酋一遂進軍拉木逼攻郎
甲郎甲即諒江府王孝祺進軍貴門關連日諸軍追殺搜
獲法兵極多盡復去年官軍所駐邊界此初十日至十五
日廣軍會同諸軍克諒後分兵追勦獲勝復界之實在情
形也越人久苦法虐聞馮子材此次起家治兵欣若望歲
越官越民多來入關通款當即密布閒諜宣慰招徠及克
諒後遂慨然畫掃盪北圻之計越官北甯總督黃廷金糾
集各路義民立忠義五大團二萬餘人皆建馮軍旗號供
糧米作嚮導或分攻或助戰北甯城內逃潰大半李揚才
之弟在北甯來報官軍破郎甲彼即率衆內應馮子材各

許官賞分給旂械河內海陽太原等處皆銜受約信紛紛
畔法西貢亦以重金賂敵邀款已令莫善喜一軍由欽州
襲廣安時唐景崧一軍亦由牧馬進規太原馮子材已定
於二十五日親率全軍進規北甯並率勤軍同進適奉停
戰撤兵之 旨乃止前軍馮紹珠麥鳳標等於二十九日
尚攻郎甲是夜前軍聞 旨乃還自三月十四五日起廣
桂撫暨諸軍連捷後緊至二十日皆撤入邊馮子材之軍
分屯穀山平而關等處王孝祺軍屯彬橋此二月十六日
以後三月二十日以前廣軍進規北甯邊 旨凱撤還界
屯防關內之實在情形也竊惟法虜自去秋敗盟以來援

閩圖臺增兵擾越攻犯桂軍諒陷關失以後大局岌岌此
戰若再不利則南太將危欽廉隔絕兩粵事體大難措手
幸賴 國家威福宏遠 詔令嚴明將士同心士卒效命
遂獲大捷克復越南一省一府一州擒斬法酋六晝至一
晝數十法提督尼格里重傷法之精銳盡殲客教離散全
越驚擾法虜自謂入中國以來未有如此次之受鉅創者
時滇軍亦獲大捷於是法都震懾 天威舉國嗟怨將其
外部花利罷黜倉卒乞款 皇上寬仁不欲究武俯允
其請休兵息民是此戰勝負之所關實非淺鮮在前敵親
見戰事者僉言法二次犯關非有生力大軍難遽言戰非

馮子材創築長牆與王孝祺合軍死守則諸軍無所依倚
更無戰守之法當初六七廣軍苦戰兩日之後非蘇元春
軍往援陳嘉蔣宗漢力拒東嶺則馮軍亦將不支非王孝
祺軍疊次內薄陷陣橫衝敵堅則馮蘇諸軍亦不能取勝
非王德榜抄其後路斷其軍火關內外夾攻則亦不能如
此大濟然非馮子材之素得人心忠勇奮發鎮邊安民戢
撫收潰設險偽戰料敵情散賊黨廣援應則法亦不至如
此擺破瓦解惶駭遠遁故諸將皆有功而尤以該幫辦爲
功首然非李秉衡之廉勁公誠堅鎮龍州力持危局上匡
撫臣下調諸將弔死恤傷多方慰勞以撫殘軍苦心撙節

恐力供賞以勵勇士糧餉軍火不分主客隨宜接濟則諸
將亦不能成功該護撫臣之措拄挽回其功不細凡此皆
參考各路電報稟函采訪關內外軍民輿論並詢訪自龍
來粵人員公論確情俱出一轍其廣軍屢次出力傷亡員
弁勇丁已由臣之洞咨照蘇元春李秉衡會同各軍奏請
獎卹不致慮有淹沒 聖主明見萬里優獎戎行其應
如何 特頒懋賞 朝廷自有權衡惟是敵情軍勢將畀
民心臣等既考察詳實不敢不詳晰上陳不憚知以前之
戰狀亦可以籌後日之邊防所有廣軍會合諸軍保關克
諒邊 旨凱撤入邊各緣由謹繕摺合詞具奏

王方伯上左侯相書

敬稟者竊本司於上年十二月十八日陸續拔營行抵廣西省城及南寧各日期曾經稟報憲台在案迭次迭奉徐撫憲公牘私函催令兼程前進本司惟有謹遵沿途不避風雨兼程前往嘗於二月初三日全軍安抵龍州初四日奉徐撫憲行知奏稿內稱飭敝軍出關繞渡洪水江會同劉永福攻取南定寧平等省初五日又奉徐撫憲行知雲貴岑督憲奏稿內稱商飭敝軍進紮永祥府以通滇粵聲氣各等因本司度日下敝軍情形并輿圖而論山西南定寧平河內在洪水之北廣安海陽海防興安在洪之西永

祥府與興化毘連若遵徐撫憲飭由洪水江會同永福攻南定寧平等省由北寧繞道永祥渡瀘江達臨洮錦溪而至興化始能渡洪水江如攻山西計道路六百餘里攻河內計七百餘里攻寧平計九百餘里且永祥一帶村民從法人教甚眾曾見於奏牘中而中間又有瀘江臨洮錦溪洪水數河之隔我軍餉源軍火必由此路而進萬一法人暗使教民阻截則孤軍深入餉源軍火可慮若遵各督憲進紮永祥通滇粵聲氣本屬要着似宜由駐防寧之軍分紮方與軍火餉源運路爲順若我軍能紮永祥則軍火餉源無不仰求他軍代爲護運殊覺擬轉難行且諒山之前北寧之後狼甲總口只有一人守防梧距海陽所管之六頭江三江口幾船祇八十里又有小路能通海陽廣安萬一法人擾甲而進則北寧後路亦屬可虞而永祥更甚如我駐紮永祥及渡洪水江以圖山西河內其所需餉源軍火取給於[illegible]南方免無懈然奉中堂札遵奉　諭旨自以廣西邊防爲重本司躊躇再至又不知近日　廷諭是否以戰爲守或仍以守爲戰若以戰爲守查北寧黃提督趙道所有[illegible]勇五十餘營興化一帶亦有滇軍二三十營劉永福十一營若滇軍與永福分攻興安海陽海防廣安使法人首尾不能相顧不然越南等省水多彼之洋船往

來便捷易於乘虛擾我滇粵各軍防所眞有顧此失彼防不勝防之勢若以守爲戰我軍自應各分段落嚴定疆界以何軍爲防守之師以何軍爲游擊應援之師以何軍爲防道之師深溝高壘多備軍火糧食無事則選將練兵遇事則互相救援使其釁由彼啟免爲彼乘方爲盡善本司因奉徐撫憲飭令渡洪水河內固寧平等省又飭進札永祥未便將此管見陳明蓋恐其疑我畏法不遵調遣故也是以於初八日單騎親往諒山面請徐撫憲機宜以定敝軍趨向初九日稟見蒙詢各節本司遂將上年十一月初一日自奉中　堂飭募八營十一月初六日啟用關防即分

委舊部將官招募陸續招齊帶至永州本司即按先到者先行親自點驗挑選次第編列成營并製辦旗幟鍋帳簽鋤等件自奉 委開挑選之日起未及一月軍雖始成未暇操練一切規模尚未布置周妥即稟調江南將官只准提督陳厚順張春華數員奉解招募餉銀四萬兩先到其餘提督楊文彪等均未到來是以前請擬到龍州操練月餘再行出關庶幾江南餉銀將官均到兵勇操練亦熟越南各省道路形勢亦知大略均有把握不致爲敵人之所算非敢藉名操練故意遷延將此實情陳明乃蒙徐撫憲體恤借銀二萬兩飭敝軍赶急料理出關軍火札飭龍州隨

後帮同速運等因本司復稟詢刻下 廷命是否以戰爲守抑仍以守爲戰又蒙面諭守之功爲最戰之功次之本司復謂守則師老餉糜戰則恐招釁端事至於兩難然操縱均自憲臺與岑宮保主之非他人所能妄參末隨蒙商令敝軍即速出關暫札狠甲俾可前顧北寍後顧諒山與岑宮保函商後再令分道辦理等語本司遵於十三日回龍布置兹擇於十九日分起拔隊出關添募廣勇兩營計程二月抄三月可到龍州十五日奉徐撫憲函示謂北寍危在旦夕催令敝軍出關援應然敝軍軍火雖未到龍今軍情如此惟有先其所急向龍局借配子藥改期於十八

九兩日全軍分起出關今聞北寗防兵漫無紀律亦有聞警先避者今敝軍奉調出關計龍洲至諒山三日由諒山至北甯六日共須九日之程但恐我軍未至北寗已爲法乘果爾則又費手矣本司愚昧之見縱使粵軍嘩潰入關然廣西邊防自尚竭力保固以期仰報憲臺高厚鴻慈於萬一乃十八十九二十等日連奉徐撫憲羽檄函開內云北寗十五日夜失守諒山狠甲等處三軍均次第失陷諒山教民亦欲蠢動十九日乃親率四營繼進徐次據探北寧敗軍或由長慶而退如潰兵入關從太原則由下雷土州從長慶則由鎮南關第恐敗兵入內地滋生事端則我

軍後路堪虞務全軍出關進紮諒山萬一潰軍在內地變生不測欲在關外攔截往辦難免不無搖動人心是以親率四營暫紮鎮南關以扼其要一則固廣西邊防二則鎮壓潰卒以安民心而聽候軍火三則鎮南關相距諒山四十九里呼吸相通隨時可稟徐撫憲方略並可照應各軍駐札諒山營壘藉可搬運軍火當其時北寍大軍潰敗諒山教民亦有蠢動之意殆聞敝軍進札諒山以及鎮南一帶人心大安矣查黃提督桂蘭趙道沃駐防北寍附近之兵計有五十營之多兵力不爲不厚果能奮發有爲儘堪制敵人之命何至見敵不戰而潰其故何也一則因漫無

紀律以至分統營哨官勇兵長夫强佔民房婦女爲室者十佔八九吸食洋烟者十有六七又佔住民房不札營壘其滋擾之狀越人實不堪其含恨粵軍久入骨髓故紛紛從法人之教以爲官軍之患一則人數不足每營勇夫不過二百餘人每勇月給口糧二兩四錢分統營官哨官又層層剋扣勇夫均有煩言全無鬬志一見法船近防所每携婦女逃走營官玩視營務事前全無布置平日又剋扣兵糧短少勇夫軍中有此弊雖百萬之衆亦必敗也此等情形本司本不應言人之過因奉憲臺函囑將此間情形詳細稟聞又不敢默默不言是以密爲布告越民從教之

風如此粵軍習氣又如此欲挽回大局非憲台不可查越軍軍火悉運在北寧越軍爲數不少諒山龍州兩處轉運局所存無幾今北寧越軍數十營全數潰散所有軍火盡爲敵資聞法人散給教民使民以敵官軍自此以後勦辦更爲棘手且北寧魚米之地龍州諒山兩處均在萬山之中諒山靠北寧龍州靠南寧接濟現徐撫憲諒山存糧不及千石卑軍採辦軍食殊屬爲難深爲焦急兹卑軍孤縣異地處此時艱惟望憲臺時賜方略俾有遵循不致貽悞則感高厚於無量矣

其二

敬稟者竊本司途次連接徐撫憲羽檄北寧於二月十五日失守諒江朗山狠甲等軍次第失陷諒山教民亦欲蠢動本司即派四營進紮諒山親率四營暫紮鎮南關以固廣西邊界而防各軍潰勇退入內地滋事各情形曾經稟報　憲臺查考在案本司於念一日到防鎮南關比即部署一切又於二十三日單騎馳赴諒山稟請徐撫憲方畧並察看地方情形及布置先發四營駐紮處所本司連日周歷諒山附近二三里內外之地理形勢查得諒省西北靠小河東南靠大山城之東南即通朝陽山半隴山往長

慶北寧必由該兩山經過城之西北過小河即是丘驢墟倘法人佔踞東南山嶺俯擊城中不能立足若以一股渡水擾刧丘驢則城中糧與援兵均絶真有坐而待斃夫守諒山必先守要隘若要隘不守爲敵人所居而城終必有失矣本司比將此情稟商徐撫憲幸蒙允可本司即派張提督春發率正前營分兩壘紮朝陽山半隴山之左右安設地雷派何提督秀清率正左營吳副將春魁率正右營吳副將鎮林督率正後營分紮丘驢山以通糧道徐撫憲調來防守諒山粵勇計有五營彼亦派兩營出紮城之東南山嶺以二營守城彼此救援不靈本司即派隊搭造河

橋以利師行而便往來查越南體制各省始准建城各府州縣亦有城亦有無城者城中不准民居亦准兵駐其總督巡撫衙署可用瓦屋其餘領兵將弁兵丁均係茅草房屋其諒山省在萬山之中內無倉庫亦無隔宿糧即粵西各軍防守多年均係兵勇日買日食並未造倉積糧以備不虞查諒山非產糧之區向來靠北甯接濟今北甯失守諒山糧源已絕我軍將來進兵必由內地南甯一帶採糧運濟現本司派分各營暫飭勇兵在丘驢建堅堡起造糧倉軍裝房以便存儲軍火糧食並於鎮南關海村等處搭造轉運房屋以便棲止大約出月初當告竣以目下諒山

情形而論經本司勉竭綿力悉心籌畫縱使強敵來犯尚可支恃惟所慮者粵西五十餘營敗後有婦女者四處逃散全不歸伍掠取民食情形如此難免不因糧嘩潰紺道一軍不知散於何處劉永福一軍聞來援北甯見粵西各軍不戰自退亦收隊回興化矣今粵西諸軍敗潰之後徐撫憲過於仁慈並不嚴懲一二殊切杞憂查黃趙二統領平日漫無紀律此次法人進攻北甯遙遙相擊並未逼近城池該勇丁等經已先携婦女逃走黃趙二統領未能禁止只得一同逃走致使軍火鎗炮以及餉銀二十餘萬概資於敵事前全無布置貽悮大局有損國威事後不知愧

奮設法歸併以圖再舉而收桑隅之效徐撫憲新任封疆未及兩月明知黃趙二統領全不可恃意欲更換又恐大敵在前操之過急別生事端而黃趙二統領往往任性不聽徐撫憲所商蓋有所恃而不恐耳本司初見徐撫憲時曾蒙情致殷殷欲舉本司總理戎機諸軍統歸調遣等語業經面爲力辭不意回龍州後月之二十日接奉行知奏稿舉本司幫辦軍務本司愚昧之見倘蒙　俞允亦當稟請收回成命本司雖不願居其任然可見徐撫憲待士之心誠實無僞真令人感佩無已現因黃趙二統領玩視軍務全師潰敗寢不安枕食不甘味一時焦急之形不堪

目睹本司勸慰再三並云惟今之計尤宜保固精神以圖再舉上紓　宵旰下慰民望不必焦勞過甚免生敵人欺忤之心幸蒙採納飲食日增形容日善但此地情形欲挽回全局非我憲臺親臨不可蓋當今之時深謀遠慮威望才德未有如我憲臺者也如　朝廷早納憲臺忠言越南大局何至如此茲幸我軍赶至諒山鎮南關力固廣西邊防不然更不堪設想矣粵西官民無不頌憲臺神機妙算各皆感德口碑載道也本司聞之雀躍尤殷擬將軍糧赶運就緒即當率軍進剿以報憲臺鴻慈於萬一也至於餉項已荷憲臺奏請在　於運庫項下並江西省每月每撥

銀二萬兩不敷之數再由江寧籌撥等因仰賴憲台高厚體恤遠戍之軍無微不至本司前慮道阻且長難乎爲繼稟懇憲恩准湖南淮鹽局就近按月照數兌撥支領湖南鹽局應解之銀免得起運而卑軍應領運庫之銀又免長途請領其江西應辦銀兩就近發交西鹽局解還江南運庫如此辦理則各有所裨伏乞俯如前請不勝感激盼禱之至除秣馬厲兵聽候徐撫憲調遣相機辦理隨時稟報外合將軍抵諒山分劄要阨及籌布情形稟報憲臺查考肅此具稟恭請爵安伏惟慈鑒德榜謹稟

劉省帥奏疏

奏爲法船併犯臺北基隆滬尾同時危急移師保顧後路並接仗情形恭摺仰祈　聖鑒事竊奴才前將法人擬調陸兵攻擾臺北各情於七月二十八日附片馳陳在案奴才拜摺後敵人逐日以一兩艘攔泊滬尾口門遇有商船卽搜以阻援應商船多日不來音問不通摺件無從齎遞焦灼萬分八月初二日大雨颶風之中上海所雇匯利萬利兩船裝載江陰劉朝祜勇六百人駛到赶用剝船接卸百餘人而風勢緊急兩船皆避風入海匯利仍將原勇裝回上海萬利僅裝五十人於次日先回卸兵甫畢而敵

人已上船搜查見無軍裝始去當卽將前繕摺件由萬利齎赴上海呈遞初九日龔照瑗所雇華安輪船裝勇三百餘人甫抵滬口卽遇法船追回於初十日由新竹上岸至今未到在基隆法船三隻時行開礮至十二日突來敵船八隻連前泊者共計十一艘十三日黎明敵兵千人於口門外之西山登岸將靖營營官陳永隆武毅右軍營官畢長和各帶勇百餘名接戰往復衝盪相持兩時之久敵軍復從山頭抄擊章高元陳永隆等退出山口拚命抵禦直至酉刻敵人猛撲我隊復經陳永隆等擊退斬法酋一名我勇傷亡百餘人奈將士防守兩月之久各勇日在炎瘴

溽溼之中將士多病八營之衆能戰者僅千餘人曹志忠章高元蘇得勝等督率將士身自搏戰毫無退心正在全力相持之際滬尾忽報同日來敵船五隻直犯口門該處礮臺尚未完工只安礮三尊以保沉船塞口之處敵礮如雨孫開華劉朝祜等飭張邦才用礮還擊礮臺皆係新用泥土裝堆不能堅固被礮即毀陣亡礮勇十餘名張邦才亦受重傷飛書至基隆告急奴才聞信當以基隆前敵正在萬分危急滬尾又被急攻基隆絕無兵力可分而滬尾爲基隆後路離府城只三十里僅恃一綫之口藉商船稍通聲問軍裝糧餉盡在府城儻根本有失則前軍不戰立潰必至全局瓦解不可收拾不得已止有先其所急移師顧守後路當即連夜率曹志忠章高元各營由基隆拔營赶回淡水立派曹志忠章高元蘇得勝共率奮勇數百名馳救滬尾軍裝隊伍毫未遺棄劉朝祜所帶百餘人到後本在滬尾協同孫開華防守敵船連攻兩日孫開華劉朝祜伏軍海邊敵人未得上岸曹志忠等現已馳抵該處如敵不添兵添船暫可支持奴才惟有勉循病傷竭力防守危急情形想在

聖明洞鑒之中此法船併犯臺北兩處接仗並拔隊回援後路之情形也伏念此次奴才以疲病之卒支持兩月情見勢絀已成坐困敵人自出閩口即

聲言必攻臺北稔知我兵單援絕全力相犯奴才憐士卒之痡瘝慮全局之敗覆僅能救之出險先顧後路限於兵力太單智力俱困未能力保基隆海口咎無可逃相應請

旨將奴才從重治罪以示儆懲惟法旣以全力注臺臺局危如累棋伏求

聖明迅施方畧以救險危無任激切待

命之至除接仗情形電報南北洋轉達總署外所有陣亡將士容俟查明具

奏請䘏謹將基隆滬尾接仗並拔隊回援各緣由恭摺由驛六百里加緊馳奏

何船政奏疏

奏爲法船猝發我軍航壞廠傷陸兵連日抵禦法兵不敢上岸恭摺馳陳仰祈 聖鑒事竊法將孤拔率領艦隊於閏五月二十二日駛泊馬江窺伺船廠隨調集閩省大小各輪船與之銜尾相拒以圖牽制臣於閏五月二十六日二十九日兩次專摺馳報我水陸各軍防守情形四十日以來迭與會辦大臣張佩綸等將我軍與法船勉力相持各節電達總理衙門在案六月二十五六等日英美兩提督來閩商勸法船出口未有成議隨奉電傳 諭旨以法人如有舉動即行攻擊毋稍顧忌等因張佩綸與臣勉勵

水陸各將弁益加嚴防預備戰事七月初一二兩日夜風雨大作又未接總署電報心殊焦急初三日天忽晴明未刻接奉電 諭知法外部議款不成勢必開戰因與張佩綸傳令各船管駕即行動手忽聞砲聲震耳法既先發張佩綸一面飛飭各陸營出隊一面偕臣登高指揮彼此互攻約半時之久揚武已被擊沉福星隨壞伏波藝新兩輪仍由中歧退回嗣法船退至廠前由廠中著弁開砲橫擊旋即退去隨又上駛再爲擊退究因砲小法船未受大傷前泊在廠前琛航永保兩商船正欲開輪往撞爲法砲遮攻船壞不行隨被焚燬其飛雲濟安振威三船在下與法

船互擊忽見火起悉行自焚福勝建勝兩砲船往來衝擊力戰逾時一被擊沉一被焚毀其內海各師船及所備引火各船水勇木牌等件以法船格林砲子如雨集霎時均爲掃盡時當申未我駐防馬尾之陸勇與羅星塔砲勇伏溝互擊抵死不退法因聚船攢擊相持至酉末始各收兵是日苦戰我兵商各輪船被毀九艘法船亦被我擊壞其立沉大小船各一艘彼軍固有傷亡而我水陸傷亡更衆陸營亦有傷亡一時未能查悉初四日早法駛四船至廠前排砲猛攻方勳營勇由馬尾移紮廠前山腰黃超羣兩營仍紮廠後山腳與福靖後營相輔悉力抵禦彼以大砲

轟擊廠署半燬我軍以克鹿卜陸軍砲及抬鎗洋槍應之相持至晚聞孤拔亦被我砲擊傷又見我軍力守遂不敢登岸後收泊羅星塔下初五日法大輪船八號小輪船六號開赴下游必係移攻各砲臺刻尚未知勝負俟探明情形再行馳報此次法將以全力圖鬪我水師船小將弱猶勉力支持相拒月餘晝夜嚴防兵力已疲故迭次請船赴援深恐情見勢絀爲敵所乘耳乃法人橫詐性成竟敢不告而發行同海盜無禮至極臣目擊各船戰沒末由援手連日敗殘弁勇泅水得生水師皆焦頭折臂慘不堪言現既一面給資養傷設法撫慰臣自顧一介書生不能執殳

前驅力過兇鋒又不能擊楫赴敵與之同命慚對將士悲憤塡膺且船廠係臣專責又不能力籌保護致爲法所殘毁負咎實深應請 旨先行交部議處其傷亡各弁勇容臣次第查明 奏請優䘏以勵軍心再船廠瀕水法事未定我無師船護助勢誠孤危當俟法船出口料檢一切分別 奏明辦理謹將現在大概情形恭摺馳陳伏乞

太后

上聖鑒謹 奏

張佩綸奏疏

奏爲馬尾水軍失利請 旨嚴議逮問治罪仰祈 聖鑒事竊法提督孤拔以輪船駛入馬尾窺伺船廠閏五月二十八日臣親率黃超羣兩營駐防馬尾其時法船僅五艘我船揚武及兩蟁船共三號尋何如璋將振威伏波調回張之洞亦以飛雲濟安來援北軍聲勢略壯法乃增大兵輪二號魚雷二號入口相逼臣屢請先發請亟援不得勉以藝新福星兩小船及艇商船雜川牽制及至六月二十以前船略相等而我小彼大我脆彼堅六月二十以後彼合口內外常有十二三艘出入活便而我軍則止於兵

船七艘炮船兩號臣以爲變密調諸將以兵不厭詐水戰尤爭呼吸欲仍行先發之計而諸將枕戈待旦多者四十餘日少亦二三十日均面目枯槁憔悴可憐加以英美來船與法銜尾奇謀秘策不復可施臣知不敵顧求援無門退後無路惟與諸將以忠義相激勸而已前月二十八日及本月初一日之電報可覆按也當六月下旬美提督晤何如璋以調處告稅務司賈雅格函告督臣又有英提督英領事欲調處之說其辭甚甘其事則嚴臣亦知其意而無如與國牽制何初一二大雨如注風勢猛烈初二日子夜初三日黎明臣以手書飭諸管駕相機合力有初三日

風定法必妄動之語未刻而法人砲聲作矣臣一面飭陸軍整隊並以小砲登山爲水師相應一面與何如璋各升山頂觀戰緣是日法以潮大風順於口外驟來一大船發砲爲號猛攻我軍我船本約以各輪萃攻其上游各船而以艇船商船火攻牽制其下游各船法大船入則以六艘截援威飛濟安於下而以五大輪一魚雷船合攻揚武此臣在山則揚武已爲敵魚雷所碎法船方圍攻福星該管駕陳英轉捩甚靈放砲亦捷酣戰不退兩蟲船用砲助擊相持至一時之久一大船中炮退駛他船亦皆桅斜枝凋奈船大小過懸眾寡不敵未幾而該船及兩蟲船相繼

沈燬伏波藝新亦各中砲駛上中歧則我上流之船已沒其下流之船法以雙桅三筒烏波鐵船爲最大振威爲其所擠立斷爲兩飛濟二輪還砲之聲猶相應答法駛一魚雷船近之則驟爲我臺上一砲所中立沒於水而烏歧亦爲我砲擊擊火藥艙立時焚沒飛濟兩艘即帶火流下則高騰雲已爲砲擊去而死我所餘之艇哨各船及所製擇雷船與木牌引火之具以潮力牴牾逆徼不能上皆爲法乘勝轟擊都盡併泊近廠河之商船亦焚計焚法一輪壞一輪沉一雷船我則七兵輪兩商船及艇哨各船均燼惟餘伏波藝新兩輪少受傷損即行駛回此次法人譎詐百

出和戰無常彼可橫行我多顧慮彼能約從我少近援一月之久彼稔知我鄰疆畛域士卒孤疲輒乘雨後潮急彼船得勢遂倏猝發天實爲之謂之何哉各船軍士用命致死猶能鏖戰兩時死者灰燼存者焦傷臣目擊情形實爲酸痛伏念臣甫到閩孤拔踵至明不足以料敵材不足以治軍委思以少勝多露廠小船圖當大敵卒至寇增援斷久頓兵疲軍情瞬息萬變臣既制於洋例不能先發以踐言復紐於陸居不能登舟以共命實屬咎無可辭惟有仰懇　天恩將臣即行革職拿交刑部治罪以明微臣惶悚之忱以謝士卒死綏之慘至連日洋商及我軍傳說或云

法燬六船或云孤拔受傷已死或曰烏波旗艦已死或云法焚溺三百人要之我軍既已大折彼亦應稍有死傷傳聞異辭即確亦不足信惟此奏就臣所目覩參以各軍稟報不不敢有一字揑飾一語含糊再蹈奏報不實之罪所有水師失利請將臣治罪緣由理合恭摺具奏伏乞　皇

太后　皇上聖鑒謹奏

會劾侯照會

本欽使於英九月二十二日接到貴大臣是月十五日照會並貴國朝廷降旨所擬辦理越南東京事務條程據貴大臣稱於去年攻打東京時曾有貴欽使白君及直隸總督所議一切經奏明兩國朝廷云云但貴大臣所言係從去年十一月到今之事至從前之事則未嘗一言提及此何以故查越南於西歷一千八百七十三年以前東京之地物阜民康從無騷亂自我同治十二年貴邦至東京通商後民不安堵變故頻生致有去歲之事本欽使於三年前曾照會貴大臣謂貴國欲在東京干預一切事將來必

有釁端貴國置之不理嗣於去歲六月十四日又照會貴大臣以爲此事關繫實大貴國務當三思嗣後屢次行文貴大臣總置不答直至本年上月貴國內閣大員始議其事我國朝廷以貴邦遲遲至此甚滋不悦惟本欽使以既經議及頗深忻慰閲貴國所議條程中有不損兩國之權不壞兩國之利云云乃議自沿海經綫二十一二十二度起至紅河之西老撾之北爲止依此緯線北爲中國地界該處一帶據貴國已准不駐兵不開仗矣惟南界尚欲另議據云中國亦不能在該處駐兵並增築炮臺一切之事仍歸越南官員管轄倘有匪徒肆亂於兩國交界有不妥之處兩國須商議或合勦或分勦事平後各即退師不准駐紮一兵一卒至紅河上游之雲南蒙自縣地方欲開通商口岸與中國各海口無異云云本欽使已將此奏明朝廷我

·皇上即飭本欽使照會貴大臣此議斷難允許蓋以越南本屬中國理當全境保護況東京與中國交界華民之在該處貿易者實繁有徒紅河一帶向爲中國商人船隻往來必由之路實與越南利益均沾一氣相生之地在貴國以爲中國祇圖保護雲南交界殊不知中國原顧大局越南是中國藩服焉得不干預其事然本欽使以上所云前者屢次照會俱已言之而貴國所議條程中

並未提及恐貴大臣或已遺忘不得不再行瀆告蓋貴大臣若非遺忘斷不出此條程耳但本欽使言之再四而貴大臣終置腦後竟若不睹不聞衡諸事理恐亦難辭其咎耳至中國　朝廷所以不能允許貴國所議條程者原無足怪蓋此條程不過欲中國不預紅河南界之地及許雲南蒙自通商二者而已如此而欲中國允從豈非將二百年服屬之全境唾手而與貴邦乎貴國條程中所云不損兩國之權不壞兩國之利今如所議貴國誠獨得權利矣於中國則大損大壞焉據本欽使所見若非依照同治十二年前越南爲中國屬國他國不得干預或所議條程中

國得以統轄越南全境並無專管紅河之說斷不能從惟
中國　朝廷未嘗不欲降心以就但據所議兩條中擇之
或者第一條所言西至老撾地方作爲越員自管中法兩
不干涉之處中朝勉旼二百年藩服之制姑卽貴國所議
條經由南經綫二十度至廣平關一帶地方爲界而以紅
河上通商口岸與中國通商各海口一例其埠頭則祇准
設於蠻耗河之蠻和關等處貿易日盛或再商推廣
似此或可允從若必如貴國所議於蒙自通商以老撾爲
界則中國實不能曲從也以上本欽使所議貴大臣如可
俯從實兩國如天之福至欲於此外別籌他策則本欽使

無能爲役中國　朝廷亦斷難遷就矣再者越南地方民
情與貴國風俗實不相同況中國邊疆苗民雜處將來難
保不往東京與貴國商人滋生釁隙所望貴大臣三思之
大清光緒九年九月十五日西歷一千八百八十三年
十月十五日欽命駐紮英法大臣一等侯曾　法蘭西
國外務大臣剌

劉軍門誓師文

雄威大將軍三宣提督劉爲誓師事嗚呼皇天無親明德
是輔聖人有訓佳兵不祥我越南自白雉入貢以來知中
國有聖人不敢自外託於帡幪覆幬之中者數千年於茲
中國亦待之以誠撫之以恩愛如骨肉而親若家庭偶有
外患內憂莫不煩　天朝之綏靖越南臣民惟知有中國
不知有他國故與各外國絕不相通蠢茲外夷逞其强悍
恃其機械輒敢肆爲饕餮恣厥鯨吞毒比長蛇貪逾封豕
既竊踞夫西貢又潛窺夫東京外託保護之名中懷叵測
之志試思外邦疆界各有臣民各有政教何待越俎代謀

是其藉辭行詐包藏禍心可以不言而喻況自外兵東來
之後攻城掠地荼毒越民越南之倉庫據爲已有越南之
關稅收爲私藏越南之城池遭其蟠踞越南之元氣被其
剝喪招越南之叛民以添其翼隳越南之險阻以快其心
種種狂悖之行神人之所共忿天地之所不容我越人凡
有血氣莫不痛心疾首透爪裂眥願得外人之肉寢外人
之皮眞有一夫大呼市人皆左袒之勢永福以羈旅之身
受　國王恩遇賚以土地授以甲兵其初一成一旅之衆
得所藉手十年生聚十年教訓積數十年之心力有勁卒
數萬人賴以保障東南用資戰守三軍之士當知食毛踐

土恩義並隆去順效逆歿沓立至越南雖褊小向爲中國不侵不叛之臣今越南有難中國必爲援助茲者滇撫唐中丞粵西撫徐中丞皆巳帶甲百萬分道出關兵遥駐聲勢赫濯粵督張制軍粵東撫裕中丞亦皆部署周至轉應不窮近又　特簡彭宮保來粵督師以守爲戰韓范坐鎮西賊喪膽我軍有此奥援士氣定當益壯本提督不過中原一武夫流寓來越荷蒙　國王恩禮有加重資委任爾衆士亦屢蒙　大惠祿養有年三軍銘挾纊之恩多士戴如春之澤固宜激發忠義競作干城而況中朝　大皇帝特沛殊恩寄以重任本提督固責無旁貸爾衆士亦義不

容辭當思受　國王之恩養感懷報主之忱荷中朝之化裁彌切尊　王之義先登陷陣奮不顧身飢剝外夷之膚渴飲外夷之血滅此朝食所向無前外夷之機械適足自阱外夷之兇暴適足自戕前者酋拿破侖第一頗善用兵其國人稱之天神擐甲執兵千人辟易彼恃其武勇横暴不已卒爲英人所俘爲世大辱厥後拿破侖第三率乃祖之攸行志在開疆性喜用武横征暴歛戕怨小邦天怒人憤蘊久必發爰假手普國殲厥渠魁燬其國都外人之氣爲之不揚歐西各國羞與爲伍似此亦可稍自歛跡矣而乃猶復怙惡不悛不敢吐氣於他邦轉欲逞志於我國越

南雖僻處海濱號稱積弱然師以曲直爲老壯兵以順逆爲勝負外夷雖强曾何足懼自外夷入寇狼奔豕突跋扈鴟張幾於目無越人本提督率爾有衆起而力爭一戰而恍未學授首再戰而波滑遁逃科烈不能逞其凶夏文不能施其計大旗所指蚩尤熸光長戈所揮淵日再起賊軍矢窮糧盡困守一隅以海防河内爲負嵎之恃而我軍八道以擾之亟肆以疲之奇兵正兵互爲策應攻城攻野動合機宜南定驚草木之兵海東懔烽烟之警賊軍皆壘我武維揚外夷猶敢報迷不悟逼我順化蹙我都城乘我國之新喪利援兵之道遠遂乃抑勒新主强爲要盟夫要盟

神勿之福盟可要亦可寒何足措意而外夷乃自爲得志益復驕横又敢窺我北寧侵我桑臺中朝之大度則　爲畏葸我軍之果敢則視若仇讐不恤衆口之交議不顧天心之弗順國狗之瘈噬遍乎友邦巴蛇之吞肯遺夫象郡賊與我勢不兩立我與賊義不俱存今與爾有衆共伸天討各奮神威轉戰無前有進勿退得外夷首一級賞銀伍十兩賊目倍之獲兵船一艘賞如其船之數燬鐵艦者倍之其有我國遊民爲外夷所羅致脅令當兵者倘能悔罪自拔悉予免究反戈攻後因而獲勝者仍論功行賞弗問前愆惟外夷及其所部之黑夷則盡殺無赦必使東京之

餘孽掃蕩無遺西貢之腥間滌除淨盡上以副　天朝倚
畀之隆中以報　國王休養之德下以舒越人怨毒之心
成敗利鈍所不逞計爾眾士欲建不世之奇勳成不朽之
偉業惟本提督馬首是瞻功多有厚賞不廸有顯戮爾眾
士惟時懋哉檄到如律令

劉軍門約戰文

雄威大將軍兼三省提督劉為約期開仗事查得爾外寇
雄据歐州虎視海宇奪其詐謀逞其兇暴無土地不垂貪
涎無財賄不思恣噬以傳教為兆民之蟊蠹以通商為各
國之鯨鯢窮凶極惡恃勢宣淫神人之所共憤天地之所
不容猶復乘間抵隙謀併越南藉通好之名倡背盟之議
以愚天下以逞雄心奪邑攻城戕官奪稅使無辜蒼赤塗
肝腦於郊原從狡黠黨徒肆毒遍於遠邇書其罪則罄南
山之竹而難窮念其恥則決西江之水而難滌本將軍奉
詞討罪師出有名誓率三軍殲爾醜類本欲飈舉星馳雷
轟電掣直搗兎穴痛剿狐羣大快人心聿彰天討第念河
內亦國家之故壤商旅皆安分之良民不忍城郭作邱墟
老稚罹鋒鏑為此佈告俾得週知檄到之日爾外寇既形
跋扈自恃豪雄其率爾羊犬之羣以當我熊羆之旅約於
旬內共決雌雄擬以懷德府空曠之地為本將軍建績之
場倘知螳臂不可以當車狐隊徒足以膏斧思延殘喘以
保餘生即當自斬爾等頭目首級詣轅獻納并匿爾窟穴
退還我城池本將軍體上天好生之德承國家息事之心
必不殺降以鳴得意倘遲疑不決貪得為懷一旦兵臨禍
將不測嗟嗟當見機而效順勿恃頑以受誅爾其深思毋

敗後悔擻到其各傳知切切

法酋寄劉軍門詞

大法國北圻吏部尚書兼掌通國正事務生詞與黑旂大將劉提督知悉我大法國既與提相攻是天命不順乎提而胡不順承天也提若善推則今何國而保永後大利我大法雖擊提黨而亦惜提是聰明智勇之將提兵亦是勇悍之兵假使歸我大法則得爲大臣名望及盛利諸事若仍前與大法拒逆則不惟失其名職各欵設立屯壘據險以守抑或逃去山林潛回清國無可得也本爲天下惜才經稟大法元帥大臣咱許本職諭提來降則准許提一大權與才相稱毋有吝爵而我大法國官與提團同心毋將作逆是好如提欲情願如何卽宜詞來本職知照抑欲本本職派人將通行札文毋致阻碍者亦卽詞回俾提得遇我大法官相與商辦大事可也玆寄

劉軍門覆法酋檄

越南國三宣提督義良男劉致書法國吏部尚書生知悉大凡爲國之道必須上順天理下順人心方能長治久安各保疆土我越南並未失禮爾法國無故相侵本爵提督以一旅之師與爾鏖戰多年爾之損兵折將亦已多矣我越南之民遭罹兵刃亦甚苦矣是兵端之始禍在爾天怒人怨必有所歸若果再不知悔必爲天下之所不宥矣爾國縱欲逞忿借國債僱黑奴逆天行事希圖報復然爾佔水我佔山我有無窮之餉源爾無久支之兵費爾縱設立碼頭我必頻年興兵殺爾人焚爾居擾爾商政使爾不得

安枕雖有江河之利爾法國豈得久享哉今爾尚書深知天理不可强違念我越南民人久遭塗炭欲與本爵提督議和其意甚善然本爵提督　大清廣西省人也　父母之邦不可背又越南國極品元戎也知過之恩不可忘爾尚書若以息兵保民各國仍歸和好爲言本爵提督敢不相聽倘如來書以大權盛利相誘欲陷本爵提督爲不忠不孝不仁不義之人本爵提督心如金石豈爲爾所動搖況高爵厚祿大權盛業本提督之所固有又何賴于爾國耶今爾尚書果欲真意講和望即將各國如何利益之處據實言明以待本爵提督奏請　大清國　越南國同派欽差一同會議以期永遠無弊得以長久相安使海外各國皆知本爵提督暨爾尚書大公無私之本意豈不美哉倘再恃强逞凶執迷不悟爾兵頭必有安鄴李威利之禍悔之晚矣咨此覆寄

摘新聞報六則

閏月十一日報云越南訪事人遞來確信云法人之遠略東京也以詭道籠絡越南自謂底定干戈而與中國言和亦屬緩兵之計詎饕食無厭於本月朔日美律元戎調勁軍數百名募越兵二百五十名由北巡哨距諒山不遠見華兵數千聯營駐札法兵直抵其境華軍拒不放行法兵遂開槍轟擊法統帶武弁名刁氈呢者前在洪源地方被黑旗所敗受傷此時愈難抵擋且立於危地進退維谷華軍大勝殺斃法兵數百擒兵官五名旗目哨弁四十名受傷者七十五名其餘窕落而走此法兵陸敗情形也法船

由水道而來者計廿艘均被華兵設計悉數奪獲船上軍裝火食甚多現將各船駛回其船上法兵蹤跡全無料必膏斧鉞矣此法兵水敗情形也刻聞華軍嚴爲之備法兵敗燼糧絶垂危欲望全生難矣

閏月十五西報云華守諒山原資防護迫法弁率其師旅直抵中國營壘逼令獻地華官奉命督師未奉文明豈容法兵妄越雷門一步謂縱有和議亦須簽押事妥之日接奉　諭旨方可退兵若以兵力相脅願决勝疆塲法弁隨限以三日務令華兵退守詎於翌日遂放開花砲轟擊華兵揮戈應敵法人竟大敗香港海面駐泊法國戰艦四艘啟程赴津候法公使商辦事件蓋爲諒山之役意存要挾云

六月十六日報云接西友來書言及哀的美敦文牘一事頗有識見而處今日之識是尤屬緊要蓋以博習萬國公法之士言之哀的美敦書者一國與他國約定如何辦理除此更無他法此書蓋係一全權議約大臣與他全權議約大臣最後之辦法也若一朝廷與他朝廷哀的美敦之書又再相與議論是則先向言明哀的美敦爲最後之語而反多言也夫如是則哀的美敦應作爲廢紙矣卽以中法之事論之法人向中朝索賠兵費二百五十兆佛冷士

且云此則我之哀的美敦書也此書既投法國可靜俟中朝如何回覆如何舉動或從或否應歸中國朝廷酌議法人不宜過問今者法人既投哀的美敦之書言已盡矣而又從而商議且仍敢和好則法所投之哀的美敦書法人自棄之也可作爲廢紙矣

申報載論官軍接濟已遲一則大致謂法船泊芭蕉山時煤糧已竭中國並未照會各國守局外不得接濟之例致使上海奸商會德豐租天祥洋行之船裝煤二千墩交孤拔船上直至七月中旬此船出口以後本埠道憲始有照會台灣來信則言台防炮彈小而且少不能禦敵亟需[illegible]

運大彈接濟而各國既得照會皆守局外之例中國轉不租賃洋船招商局又已售之美國竟致束手無策是此照會不能困法國轉以困官軍也

六月二十二日新聞云越南偵探續報云我軍自涼急往攻諒江之後法人以連戰皆敗退回舊府退回後又敗二次三岐興化之法兵亦連戰失利且多中水毒刻下二處之兵亦退回山西矣前月二十三日又有法兵千餘名由舊府出與我軍開仗被我軍引至險處包其後路即令南人解散攻其旁解散者南人之頭目也所部之兵皆是南人善用毒弩傷後見血其人必發大渴倘一飲水三步即

死法人以難忍渴飲水而死者四五百人刻下法人自失守三岐興化諒江三處之後十分震動惟死守山西北寧舊府三處而已查各路法兵除死傷千餘名外又發往救馬達加斯加島之兵千餘名現存不過一二千法人恐兵力太弱連往海防各近村招挑夫郎在每村勒取數十人共有二千餘名押至北寧逼之爲兵又軍餉奇絀商令各奸細索取海防永祥各公司等助銀百數萬軍心十分渙散若欲恢復北寧此其時也

六月三十新聞云上海地方因中法炮船犬牙相錯前經寶山縣奉命出示曉諭居民不准私自接濟法人販售煤炭火食以重軍務而杜奸細詎意竟有貪利之徒陽奉陰違潛行販運彼國戰船以小火船相接此等奸民輕視王章當事者須嚴爲懲辦以警貪頑云

照錄與法國巴使會議改定條款

大清國

大皇帝

大法民主國

大伯理璽天德前因兩國同時有事於越南漸致齟齬今彼此願爲了結並欲修明兩國交好通商之舊議訂立新約期於兩國均有利益即於光緒十年四月十七日在天津商訂簡明條約光緒十一年二月二十八日奉

旨允准著作爲底本爲此兩國特派全權大臣會商辦理

大清國

大皇帝欽差全權大臣文華殿大學士太子太傅北洋通商大臣直隸總督一等肅毅伯爵李

欽差總理各國事務大臣刑部尚書管理戶部三庫左翼世職官學事務鑲黃旗漢軍都統錫

欽差總理各國事務大臣鴻臚寺卿鄧

大法民主國

大理伯璽天德欽差全權大臣賞給佩帶四等榮光寶星並揣典國頭等北斗寶星駐劄中國京都總理本國事務巴德納各將所奉全權文憑互相校閱均屬妥協立定條約如左

第一款

一越南諸省與中國邊界毗連者其境內法國約明自行弭亂安撫其擾害百姓之匪黨及無業流氓悉由法國妥爲設法或應解散或當驅逐出境並禁其復聚爲亂惟無論遇有何事法兵永不得過北圻與中國邊界法國並約明必不自侵此界且保他人必不犯之其中國與北圻交界各省境內凡遇匪黨逃匿即由中國設法或應解散或當驅逐出境儻有匪黨在中國境內會合意圖往擾法國所保護之民者亦由中國設法解散法國既擔保邊界無事中國約明亦不派兵前赴北圻至於中國與越南如何

互交逃犯之事中法兩國應另行議定專條凡中國僑居人民及散勇等在越南安分守業者無論農夫工匠商賈若無可責備之處其身家產業得均安穩與法國所保護之人無異

第二款

一中國既訂明於法國所辦弭亂安撫各事無所掣肘凡有法國與越南自立之條約章程或已定者或續立者現時並日後均聽辦理致中越往來言明必不致有礙中國威望體面不致有違此次之約

第三款

自此次訂約畫押之後起限六個月期內應由中法兩國各派官員親赴中國與北圻交界處所會同勘定界限儻或於界限難於辨認之處卽於其地設立標記以明界限之所在若因立標處所或因北圻現在之界稍有改正以期兩國公同有益如彼此意見不合應各請示於本國

第四款

一邊界勘定之後凡有法國人民及法國所保護人民與別國居住北圻人等欲行過界入中國者須俟法國官員請中國邊界官員發給護照方得執持前往儻由北圻入中國者係中國人民只由中國邊界官員自發憑單可也

至有中國人民欲從陸路由中國入北圻者應由中國官請法國官發給護照以便執持前往

第五款

一中國與北圻陸路交界允准法國商人及法國保護之商人並中國商人運貨進出其貿易定限若干處及在何處俟日後體察兩國生意多寡及往來道路定奪須照中國內地現有章程酌覈辦理總之通商處所在中國邊界者應指定兩處一在保勝以上一在諒山以北法國商人均可在此居住應得利益應遵章程均與通商各口無異中國應在此設關收稅法國亦得在此設立領事官其領事官應得權利與法國在通商各口之領事官無異中國亦得與法國商酌在北圻各大城鎮揀派領事官駐紮

第六款

一北圻與中國之雲南廣西廣東各省陸路通商章程應於此約畫押後三個月內兩國派員會議另定條款附在本約之後所運貨物進出雲南廣西邊界應納各稅照現在通商稅則較減惟由陸路運過北圻及廣東邊界者不得照此減輕稅則納稅其減輕稅則亦與現在通商各口無涉其販運槍礮軍械軍糧軍火等物各照兩國界內所行之章程辦理至洋藥進口出口一事應於通商章程內

定一專條其中越海路通商應議定專條此條未定之先仍照現章辦理

第七款

一中法現立此約其意係為鄰邦敦和睦推廣互市現欲善體此意由法國在北圻一帶開闢道路鼓勵建設鐵路彼此言明日後若中國酌擬創造鐵路時中國自向法國業此之人商辦其招募人工法國無不盡力勷助惟彼此言明不得視此條係為法國一國獨受之利益

第八款

一此次所訂之條約內所載之通商各款以及所訂各領

章程應俟換約後十年之期滿方可續修若期將滿六箇
月以前議約之兩國彼此不豫先將擬欲修約之意聲明
則通商各條約章程仍應遵照行之以十年爲期以後倣
此

第九款

一此約一經彼此畫押法軍立即奉命退出基隆並除去
在海面搜查等事畫押後一箇月內法兵必當從臺灣澎
湖全行退盡

第十款

一中法兩國前立各條約章程除由現議更張外其餘仍

應一體遵守至此次條約現由
大清國
大皇帝批准及
大法國
大理伯璽天德批准後即在中國京都互換
光緒十一年四月二十六日
西歷一千八百八十五年六月初八日
大清國欽差全權大臣李　押
欽差總理各國事務大臣錫　押
欽差總理各國事務大臣鄧　押

大法民主欽差全權大臣巴　押

暹羅别記一卷

〔清〕季麒光撰

《暹羅別記》一卷，清季麒光撰。麒光字聖昭，號蓉洲，金匱（今江蘇無錫）人。康熙十五年（一六七六）進士，歷任臺灣諸羅、湖南華容知縣。暹羅爲泰國舊稱，與古代中國往來甚頻繁。此簡述暹羅土地、民情、物産、河渠諸情形。據《小方壺齋輿地叢鈔》本影印。

暹羅別記

金匱季麒光著

暹羅國者西洋一夷也歷朝修貢皆自福州而入其人知禮義有朝鮮之風其國皆平壤無城郭有山相距甚遠山內多犀象及蘇木胡椒等樹番民所居旁皆栽檳榔收時王分稅之以售於中國人王出入乘象前導亦鳴金列戟所戴如兜鍪而有銳向前非玉非金不知其何以為之也所衣皆錦而赤腳跣足無鞾履此則番夷之俗矣國民俱造高樓云其地通黃河四月水至皆黃色王亦徙居遠山民盡登樓以處牛羊犬豕亦畜於樓上人則乘舟往來蔬薪之屬以小舟貿易夫黃河發源崑崙北行入龍門皆在西徼今又南注於暹羅之域豈其地於星宿海相連而河流由此入海乎抑行於中國者又別有一道邪且年有水則多收無水則歉禾播於田隨水之大小必高出於水上無淹沒之患故水之來也王必排駕出迎八月水退王又率臣民出送始遷舊居民亦退居樓下矣其國另有字與中國異行禮以拱手上額為恭所鑄有錢兼用貝子有銅器聲大而清今暹羅銅鼓為音樂所用也其往來之期乘南風而來臘月北風動則去所帶貨物以布參為貴從別洋以行非琉球呂宋之水道也

暹羅考一卷

〔清〕佚名撰

《暹羅考》一卷，撰者不詳。是書於暹羅之地理、海道、物産諸情形均有記載，較詳於明清歷次遣船入貢及對華貿易。據《小方壺齋輿地叢鈔》本影印。

暹羅考

闕名

暹羅東廣南南柬埔寨古暹及羅斛兩國地也地方千里環國皆山國分郡邑縣隸於府府隸大庫司大庫司者猶華言布政司也庫司九曰暹羅可刺細馬尼曹本皮細綠東骨胎呆平疋倒腦細討不六昆府十四曰綵納無老比呆東板魯辣皮疋皮里呆野多饒干無里細辭滑呆欲款細灣沾奔魁山縣七十二西北土磽确暹地也東南土平衍羅斛地也王城分八門城壕甎砌周遭十餘里城中有小河通舟城外西南居民輳集王居在城西隅別建宮城約周三里有奇殿用金裝綵繪覆以銅瓦室用錫瓦階砌用錫裹甎欄杆用銅裹木王出乘金裝彩轎或乘象車其傘蓋以茭葦葉爲之王每日登殿官僚於臺下設氈以次盤膝坐合掌於頂獻花數朵有事則具文書朗誦上呈候王可否乃退國王自明洪武中始用中國賜印其國官制九等一曰握亞往二曰握步喇三曰握蟒四曰握坤五曰握悶六曰握文七曰握板八曰握郎九曰握救選舉由鄉舉於大庫司以文達於王所王定期試之咨以民事應對得宜始賜章服授官考課亦以三年爲期其文字皆旁行不通漢字明正德中選留貢使一二人入館肄業後乃稍習漢文其服色惟王留髮冠金嵌寶石形似兜鍪上衣下裳段布五采小袖朱履臣民皆翦髮男女椎結白布纏頭官一等至四等金嵌寶石帽五等至九等五彩絨段帽衣俱兩截襪履用牛皮婦人妝髻簪戒指鐲釧脂粉略同中國亦上衣下裳五彩織金花幔曳地皮舄紅黑炎熱卑溼人皆樓居上聯檳榔片籐覆之間用陶瓦無牀桌几凳皆藉氈席籐而坐官民有銀不得私用皆送王所委官傾瀉成珠用鐵印印文其上每百兩入稅六錢無印文者以私銀論罪初犯斷左指再犯斷右指三犯者死錢穀出入之事取決婦人婦多智夫聽命焉國人有名無姓爲官者稱握某民上者稱柰某下者稱隘某風俗勁悍習水戰其貢有龍涎香速香金銀香象牙胡椒藤黃豆蔻蘇木烏木大楓子薔薇露西洋閃金花段之屬又金石則有金剛

鑽寶石花錫羽毛鱗介則有孔雀五色鸚鵡犀象金絲猴六足龜花木蔬果則有黃竹蔞竹貓竹石榴子水瓜土瓜又產羅斛香味清遠似沈香蓋以其地得名也明洪武中入朝賜印文始稱暹羅國順治九年十二月暹羅遣使請貢并換給印勑勘合從之自是職貢不絕康熙三年先是外洋貢船入廣東界守臣查驗屬實進泊河干封貯所攜貢物俟禮部文到始貿易物輒毀壞二十三年六月國王遣使來貢因疏請嗣後貢船到廣具報後卽次河干俾貨物早得貿易并請本國採買器用乞○○諭地方官給照置辦貢使進京先遣貢船回國次年差船迎○○勑歸國許之二十四年增賞暹羅段幣表裏五十四十七年○○詔貢使所攜貨物免其徵稅六十一年○○詔曰暹羅國貢使言其地米甚饒裕銀二三錢可買稻米一石朕諭令分運米三十萬石至閩廣浙江於地方甚有裨益不必收稅雍正二年貢稻種果樹其船梢目九十六人本係漢人求免回籍許之七年○○御書天南樂國匾額賜之并減免速香安息香袈裟布疋等貢乾隆元年六月咨禮部言往時○○欽賜蟒龍大袍藏承○○恩亭上歷世久遠難保無虞懇再邀○○恩賞賜一二每年遣遍送寺需用銅斤求暫開禁採買部議不可○○詔特賞蟒段四疋加賞銅八百斤後不爲例八年九月奉○○旨暹羅國商人運米至閩源源而來嗣後外洋貨船帶米萬石以上者免船貨稅銀十之五五千石以上者免稅十之三卽載米不足五千之數亦免其船貨稅銀十分之二次年福撫陳大受奏言閩商前赴暹羅販米其國木料甚賤應聽造船運回給照查驗報可十四年○○御書炎服屏藩匾額賜之十六年閩督奏准商人赴暹羅運米二千石以上者查明議敘賞給頂帶十八年二月入貢并懇○○賜人蔘纓牛良馬象牙并通徹規儀內監部議不可○○詔賜人蔘四十六年正月暹羅國長鄭昭遣使入貢奏稱自遭緬匪侵淩雖復土報讐紹裔無人茲羣吏推昭爲長遵例貢獻方物五十一年其子鄭華嗣立復入貢○○詔封華暹羅國王其國都在廣東省西南海道約四十五晝

夜可至始自廣東香山縣登舟乘北風用午鍼出七洲洋十晝夜抵安南海次有一山名外羅八晝夜抵占城海次十二晝夜抵大崑崙島又用東北風轉舟向未及申三分五晝夜可抵大眞樹港五晝夜可抵暹羅港入港二百里卽淡水洋又五日抵暹羅城其國西南有大山綿亙由暹羅沿山海而南爲宋腒朥埬仔六崑大呢皆暹羅屬國

上海著易堂印行

呂宋記略一卷

〔清〕葉羌鏞撰

《吕宋記略》一卷，清葉羌鏞撰。羌鏞字霞川，太倉（今屬江蘇）人。本書記葉氏在吕宋時曾見有告示署曰嘉慶十七年（一八一二），潘凱序言庚辰得見此書，又稱其時聞葉氏客居吴淞。潘凱字幔坡，嘉慶間人。庚辰當嘉慶二十五年，則葉氏所記，當在嘉慶十七年至二十五年之間。潘序稱此書草稿乃其友施彦士所攜示，並囑代爲點定，潘因詮次潤色，取名《蠡測録》。今檢其書，分「吕宋記略」、「蘇禄記略」、「洋船記略」、「附記吴麟一事」四目，「洋船記略」後録有葉氏詩十三首及其胞兄鐸詩一首，凡此殆皆潘氏所分。書末並附施彦士自《東洋列國考》、《廣東通志》諸書所録與吕宋相關者數則。其記吕宋，自疆土地形、氣候物産、人種區分、男女衣著、房屋建置以至税收貿易、宗教醫療等，一一臚列。記蘇禄，僅寥寥數行，但敘其疆域宗教風俗而已。記洋船，則詳列其人員設施、止泊手續及諸項費用詳數。據上海圖書館藏清道光六年（一八二六）刻本影印。

道光六年春鐫

呂宋記畧

敦厚堂藏板

庚辰仲秋施子樸齋過余黎陽客舍出所攜呂宋記畧一冊曰此太倉先霞川先生所撰也遊記罕見盍爲點定亟披閱之海外一國耳其中疆土風俗氣候物産以及男女之衣著宮室堂院之建置一一臚列是皆外域殊方身所經歷而得之者余躍然曰嘻此非閎大不經之侈談大瀛海窮天地之際也特尚爲草稿未定本不揣弇陋爲詮次其先後略加潤色名以蠡測錄昔元人汪大淵嘗附海舶至海外諸國著有島夷志略所紀大半史所不載卽載者亦不及其親見之詳豈等諸海語一書得自傳聞而影撰者此編何多讓焉還以示樸齋樸齋又博參海國考諸書摘附於後而呂宋國事顚末具備矣聞先君客吳淞余慕其人冬杪買舟旋里將卽以此編爲紹介而見焉可乎僑婁幔坡潘凱題

蠡測錄

太倉葉羌鏞霞川氏撰

呂宋記畧

呂宋乃東南海外小國地形四面皆山惟西北有水路可通周千餘里地皆平坦置有數十州府俱無城郭惟口內一城以石壘之低而堅有五門城門及市易處俱有步兵持自來火鳥鎗懸刀站立鳥鎗如中國所造之形惟柄有鎗頭人民稠密閩人寄居者亦不下六七千人前數十年英咭唎奪其地國王退入深山以自保英咭唎遣大臣鎮之猶中國之有西域也土番稱鎮臣曰新尤禮稱閩人爲唐人或廈郎稱江南人爲郎金唐人稱鎮臣曰番王通稱曰化郎其後紅毛爭其地化郎不能敵退歸故國紅毛得

之又因其地所入寡不足用復還化郎故至今仍爲英咭唎地以故國爲祖家祖家或稱甘細臘三年兩次有船到呂宋船有萬擔裝洋錢及珠寶細貨故唐船遇之輒獲厚利據云路計十二萬四千餘里來須三月去二月在呂宋西北以風信不同故來遲而去速（施樸齋按洪亮吉地志英吉利一名英圭黎國居西北方海中南近荷蘭紅毛番種也距廣東界計程五萬餘里）呂宋地温天氣常如五六月晝熱夜凉至五六月則凉如八九月多西南風風至則雨如黃梅天氣亦霉爛物件乍雨乍晴晴則仍熱滇南記畧云四時常侶夏一雨便成秋似之矣無歷日每七日一拜禮（祖堂司事詳後）積算周一年亦無差謬不置閏有廿七八

日廿一二日為一月者日夜以自鳴鍾為則子時初鳴鍾一聲為一點子時之半又鳴二聲為二點至巳時十二點午時重起一點至亥時十二點一周時共二十四點午時一點以後人皆寢即閉戶矣過三點則市易如故土雖砂磧可耕種產米麥蔬菜瓜果係閩人移種者多禾七月插秧十月十一月收割六畜以及水族諸品俱有所出紬布極細密無地稅有丁稅土番人每年稅洋錢六戔閩人稅六圓六戔閩廣人在彼娶妻必皈依天主教先納洋錢六元後非大贏餘不能還鄉如隻身謀歸亦須預納三年稅銀同鄉人保結方許歸如不欲再至須保人申死狀才免

稅化郎俱蓄髮髮黃而拳白面碧眼高鼻白布衫無鈕前後無縫惟開大領從頭套下長齊腰褲連襪間有另者衫褲俱緊貼著身長衣或黑色襍色俱小袖狹腰下如袍式黑冠織蒲為之頂平而圓高五六寸有狹邊有濶邊捧頂者履尖頭草為之化婆短衣齊腰亦緊貼著身其薄如蟬縠亦無鈕頸下開方孔穿裙二襲無褲亦有穿襪者裙或綾或布腰如褲不開馬門亦從頭套下間有衣裙俱白者幞頭用番綢色亦白髮挽髻墜項後項圍番紬一方或頭披番紬一塊無簪飾惟耳懸環履草或繡花或金線織成多艷色可觀土番凹眼而皮黑甚有黑如漆者與另一種

烏鬼番其黑同髮留中四邊翦令短亦挽結短衣畧長褲大管富者用烏綾或繡花繡工貴七八番銀之多冠如化郎間有佳紋蓆為之無襪履草有後跟番婆短衣如化婆亦穿裙二襲無褲貧者番布圍於裙外髮挽結無簪有環赤足履草無後跟拖鞋而行坐高櫈則套四趾出一大趾鉗之而宕閩人華服或辮髮或挽結生子女則番服不拘男女頭俱帶番紬大抵男婦之妍媸與中華同番王亦無威嚴每日至城外乘凉其冠服與衆同惟駟馬駕車則異耳官員則肩著纍絲落索分品級或金或鍍金或銀或左肩或右肩或左右俱有人人手特一捧長二尺餘有職者

柄上鑲頭金為上銀次之亦分品級名曰揮手閩人亦有持者名曰傍手相見無跪拜禮惟撞手舉帽上下相同無五刑罪至重先縊死後斷頭餘則鞭撲而已故民不知畏懼往往自相殘殺頗喜侮弄唐人或搶頭上番紬或以石子破傘若與之校即拔刀相向故日將夕時唐人不敢行於路云通國皆服天主教敬天地日月無神號崇奉孫悟空為祖朝莫唄聲如雷七日禮拜期齊至祖堂跪拜諷經看拜禮做米栅謂之好日不做買賣民間俱供奉其祖之像通稱為柳細三打麻歷出會謂之出采每年二三月間出三日扮演其祖遇難死而復生母子重逢故事人人項

挂一袋藏十字木架於其中云其祖釘死其上故佩之身以志不忘祖堂謂之拜禮院有五六處司事者名曰拜禮亦曰拜壘即中華之和尚有二種衣白或牛絨者貴衣黑者次等有邪術亦有僧綱蓄髮娶妻和尚頭稱爲拜禮王與番王抗禮管民事民間嫁娶無父母命媒聘男女先姦合後必申明拜禮彼首肯再著人在近處叫街言某人將與某女成夫婦如此三日方能同居無拜告天地之禮如有人言某人有妻未死則治其人之罪言某婦有夫則治其女之罪皆不得爲夫婦生孩三朝即抱至拜禮院請拜禮命名謂之過稅無氏族世系故每多外內亂鳥獸行拜禮

每年爲人解罪一次即子母父女相姦及刼盜殺人罪至大者云皆可解脫惟戒後此不可而已禁龍陽倘被獲二人俱以柴圍而火之男女姦淫者如女未適人則竟配爲夫婦有夫男女皆監禁有銀使費亦無事不則鞭之若其夫不願領回者則爲尼幽閉一室每年歸探父母一次設養病院在拜禮院側番人化人唐人無親戚無醫藥貧者皆聽入病痊則出而外證入者十有九生內證入者百無一生爲義學貧富皆入肄業有醫學書有天主教經典其番字則橫寫如雁行俗好樓居或三面開窗或作走馬樓以玻璃明瓦爲格頗華美無廳堂天井旁作樓亦高敞工

作極貴每一起造費輙六七千金或至萬金比比也貧者草屋竹爲梁柱以棕葉蓋之地卑濕草屋亦多架以樓食不用箸以手食物亦有蠱中之即發間人有能解者洗澡無熱湯富家汲水缸中浴之貧者男女皆於河浴時以水從頭灌下云可已疾人死無棺拜禮院祖堂下有格斗如匣則以屍藏其中俟皮肉盡化取骨傾於坑內有職者以骷髏供院前閩人曾入教爲過稅其亡者使費數十金埋於院前蓋以石板不則埋於海灘孟孤山土番懶惰成性率皆游手日鬥鷄捭蒱爲戲其輸贏極大頃刻間可進出洋錢數千以故多貧而少富買賣俱婦女爲之持物善戴

不善負近年頗多竊盜淫亂惜哉地皆膏腴無地主糧稅不事開懇男甘爲惡壞女則賣姦無忌此皆在上者政令不善相習成風恬不爲恠有自來矣通事者如縣官理民事有俸稱曰甲必丹其上任曰過甲各鋪賀禮至千金署曰館告狀曰上館一年一代俱閩人泉漳人輪流交代服式如平人外罩黑紗小袖外套一件黑佳紋蓆瀾邊冠持揮手一根無威儀菸酒極重皆王家權賣設禁嚴唐人帶去私賣甚有利被偵者搜獲則沒入官葡萄酒味濃厚每瓶觔餘價須洋錢一圓二角半又一種色黑濃如油大戶飲不過五六栝徑醉矣此二種皆出自祖家大槪所售高者名阿

連亦貴每觔四百餘文能祛傷次者每觔百文卽椰酒菸
㠯葉捲筆管形長二寸餘每洋錢一圓買一百廿八支洋
船之進口也其貨物逐一點稅雖小不漏客寓曰土庫形
式如八卦可寓八條洋船人客貨物則俱貯以樓自嘉慶
十三年不戒於火後易平屋亦寬敞其洋錢上之佛頭卽
是番王像四邊之工UII〇均係番字衣折下字乃彼國
之年分余聞知四月二十二日是嘆咭唎國王誕辰是日
進城見懸其像於呂宋國王府前其容酷似今所用之羅
漢頭洋錢民間零用㠯八開頭小洋錢爲一攴十六開洋
錢爲半攴如交易布則曰幾攴一疋錢紫銅質無孔花紋

亦如小洋錢名曰瓜半瓜曰微禮每洋錢一圓換瓜一百
三十六文買賣小物則論幾瓜稱（俗作秤）鐵梗而方㠯二十
五痕爲一路五路十二痕半爲一百觔痕闆人呼作粒市
居喧襍會見甲必丹曉諭告示上一行奉大清（亦有稱唐者）嘉
慶十七年下一行稱化西士一千八百十二年奉正朔遵
西教此其兩畫云（樸齋按西人謂天主生於漢哀帝元壽二年至今嘉慶十七年凡一千八百十三年其云十二年蓋不數初生之年必周歲而後爲一年與）

物產

高麗菜形類扁葉芥色淡青味如中國之筍鮮稍遜乃美
品也至竹筍味劣薄不登食品此菜先時化郎所種極貴
重一株觔餘售洋錢一圓後種者多價亦稍殺每株洋錢
一二攴

紅梨草本葉如蘆高尺餘實如甜瓜稍大斑如魚鱗去皮
食味甘生則酸葉抽絲爲布極絜白細密價比杭紡更貴

酸子形如瓜色黃味甘此與紅梨二種差可食餘則瓜果
甚多俱不堪食

椰椰形如西瓜卽椰瓢破開清水一盂味淡能解裏檳榔

之石灰毒亦可釀酒性寒多飲則成嘔吐病（內有白肉嫩時甘脆可食）

芭蕉多花亦多子名曰金蕉味甘常年開花結子不絕

花生肥而香美不讓福菓

玳瑁形如龜四足背殼十三塊卽中土餙器之玳瑁也

珠色白者絕少每見大珠竟有將蚌殼突起有珠光者鑿
下磨光㠯白蠟揩如眞色貨賣

火雞身足喙俱如雞項似鵝無冠尾長能食火炭故得火
名喜則翅尾俱張如扇頷下紅珠纍纍頂上紅絲下垂

金蛇巨者數十丈頭如笆斗食人深山中往往有之土人
日中以竹刀插洞口夜間出洞尋食觸刀自破其腹則死

肉可唆皮可張弦子胆可愈瘡瘍
洋布高者長衫料每件價洋銀三四圓低一圓
番紬高低不等高者價至洋錢二十圓吕外或十圓七八
圓低不過半圓番紬與洋布均非土產
色盆即肥皂出自祖家者佳能去油跡價亦貴
洋刀銛利無比每把價洋錢一圓長寸餘可削鐵此來自
烏羅巴國者故良餘皆不及

言語

賀多買物問價扼要不要加費柴米茄細米故米吃飯擺擺扇子阿子
細諦了阿彌陀相好多羅尚困白削走安排交媾新尤臘總稱婦女開

聾戈新尤禮或拜禮尊敬不相識者梅禮谷先生厦郎稱閩人郎金稱上
海人温也一奴二的黎三瓜都四生哥五西氏六舌治七窩
朱八羸娟九列氏十温氏十一羅氏十二抵黎氏十三瓜都氏十四
斤氏十五日示西氏十六日示舌治十七日示窩朱十八日示羸娟
十九民治二十抵黎沓三十瓜連沓四十生觀沓五十西先沓六十舌珍
沓七十窩朱沓八十羸娟沓九十温先除一百羅先除二百抵黎先除
三百瓜都先除四百斤嗹先除五百西先除六百舌治先除七百窩朱
先除八百羸娟先除九百温棉一千温棉絨一萬温傲素洋錢一圓舌治
扐里洋錢七友西氏扐里六友生哥扐里五友瓜除扐里四友抵黎扐
里三友羅扐里二友温扐里一友

別素化郎呼洋錢列里化郎呼八開頭洋錢
閩人呼洋錢爲佛銀一圓爲一雙若干圓則呼若干雙

蘇祿記畧

蘇祿亦東南海外一國近浡泥瑣里皆水鄉民居架屋於淺水上惟國王所居之城乃實地國分東西峒凡三王東峒王爲尊西峒二王次之有石崎山曰此爲保障(幔坡按前明永樂間蘇祿國王率妻子朝貢次德州卒葬以王禮謚曰恭定遣其妃妾還國)其俗崇奉猪悟能故不食猪肉物產則燕窩海參眞珠珊瑚樹冰片紅木烏木等(幔坡按眞珠色青白而圓有徑寸者)亦產竹布居民織以爲業少銀以貨交易用錢小而陋其寶華錢以一當二男女俱無衣服惟拔搭緘一片遮其身女脂粉塗面醜甚如優人扮癡婦跳街狀到處自薦淫濫無恥亦多竊盜風斯劣矣

洋船記畧

凡海中記里以百里爲一更(按臺灣志以六十里爲一更崇明志以七十里爲一更此其大較也)由上海至寧波十二更寧波至厦門四十更厦門至呂宋七十二更共計一百二十四更計程一萬二千四百里如遇西北東北風大七日夜可到不則不可計日然一月之內爲極遲矣走暹羅爲廣西洋走呂宋爲建西洋故暹羅寄居廣人多於閩人呂宋寄居閩人多於廣人云建西洋收上海者有五條大者四千餘擔小者不上三千擔客附舟者有二千洋錢貨可帶一弟兄(即水手)駕船公司與擔位八擔貨倍之所帶亦多一人漸次而加本大者一人不能照管帶一友相助不事駕舟無擔位客人自與八擔水腳銀船主領之謂之公司船主之子弟親戚謂之親丁其主客飲食者曰小公司職爨曰總哺管賬曰財副舵工上海至厦門謂之大公厦門至西洋謂之夥長公管衆弟兄爲押班在船各司其事俱井井有條舟至洋山公司具三牲獻神至普陀以淸香茶果齋供衆客逕拜焚金紙至厦門公司獻供

天后至華夸交界公司送彩船衆客助金紙晚做好事衆客助金紙近西洋衆客捐看山銀或洋錢一圓或二圓至頭巾堆做好事衆客助金紙至雞嶼口海中石觀音一尊

公司齋供衆客焚金紙返棹亦如之舟泊口外即有汛兵到及進口泊即有番官到二三次俱點人數謂之驗疤痣以後船主入城見番王亦用擡手舉帽禮遵其俗也洋船之棧房名曰土庫詳呂宋記畧中將貨物逐件點明估價消貨後公司抽分客銀加一三五走暹羅去貨無利船主無抽分關稅即於抽分內拨十分之六管稅務者曰土庫官初客人於上海登舟須備順風紙金紙費不過洋錢一圓或錢四五百文金漆面桶一隻小尾茶壺一把茶盃一隻酒盃四隻茶葉二觔菸三四包於呂宋上岸檢衣箱中一二包菸番人聽留多則恐販賣遂取去至開船時仍交還以本國菸酒俱設禁

嚴禁唐人私帶搜得則沒入官也所售賣貨物船主專充或多踈忽客件中相好者可互相照應如初次到店家之好否亦可詢之客件中出售之貨總無當收現銀七八日者即作現銀交易交貨交銀偶有之耳每逢拜六日討賬往往其人他適則無可追尋凡客一千洋錢下船者派定裝二十幾擔回貨若要多裝向弟兄買擔位但水脚銀比公司略貴然惟布紬緞有擔位襍貨物皆無之所買呂宋貨只有紅木烏木燕窩海參餘皆由別國來不可買燕窩蘇祿出者成辦白色者即名官燕呂宋出者名曰條柴燕窩之中至高者俱要現銀無賒欠故如去貨雖以布為主須帶襍貨乃易於變銀見彼貨可買即買之矣

幔坡按詹環襍記西洋船其帆特異桅竿高數十丈大十餘抱一桅之費數千金船三桅中桅其最大者也中國之帆上下同闊西洋帆則上闊下窄如摺扇展開之狀遠而望之幾如垂天之雲蓋闊處幾及百丈云中國之帆曳而上祇一大緪著力其旁每幅一小緪不過攬之使風而已西洋帆則每緪皆著力一帆無慮千百緪紛如亂麻番人一一有緒累不紊又能以逆風作順以前兩帆開門使風自前入觸於後帆則風折而前轉為順風矣其奇巧非可意測也紅毛番舶每一船有數十帆更能使橫風逆風皆作順風云霞川按英咭唎紅毛諸番船俱名為夾板船大洋中有磁石山故外面之板不用鐵釘云

感遇

丈夫志四海豈肯老桑麻潛伏廿餘載漸看兩鬢華一朝感知己越海仗靈槎會計當而已汗漫安足誇

臨行竹枝詞十首

萬里奔波未慣經臨行遮莫戀家庭行商也自懷投筆利鈍無關仗福星

登舟日未明撻一鼓爲一嚴二刻撻二鼓爲再嚴三刻撻三鼓爲三嚴出唐書禮樂志

登舟時刻鼓三嚴爐供清香手自拈叩首神前通一語平安利益兩相兼

舟過普陀余因眩船卧于倉中

客舟何事鼓聲喧爲過靈山拜世尊一炷清香一陌紙慈雲遍覆各銜恩

大洋四百千餘里不見山影

四山無影復無烟紅日升沉水底天悶倚孤篷頻極目故鄉望斷白雲邊

竹船浮海相傳三寶太監下西洋華夷交界處有鬼王阻住船不得進門法亦不能取勝乃札紙船浮海中遂得偷渡

竹船紙傘渡欽差蓬纜錨檣件件該三寶昔年傳異事榜人循例每安排

將近呂宋望見標山則易收針船主請客款菓客捐

看山銀

高登桅頂望西洋隱約標山遠更長山雖平坦長餘千里從此收針循大路捐銀鼓舞各探囊

頭巾島

建西洋外頭巾島涉險曾聞此破舟精衛難教塡木石幾經客淚灑中流

黃客祭親其父廿年前破舟遭難

孝子思親淚兩行招魂萬里此山岡望空瞻拜情何極同件相看也斷腸

石觀音在鷄嶼山北脚水中塊石結成寶相宛如菩薩端坐蓮臺面北而望舟人至此鳴金焚香

異哉靈石誰磨琢法相莊嚴造化工億萬化身分到此佛光普照夏夷同

鷄嶼山在呂宋海口平夷緜亙約十餘里東西有兩覆鼎山高出雲表林木四季青葱可愛有東西兩口東口建船進出西口廣船及暎咭唎諸夷船進出

覆鼎兩分峙坎方中間鷄嶼鎖夷疆青葱萬古籠佳氣北接神州日月光

大庫即洋船之寓四週圍墻門二俱有兵丁看守

化外貴天朝商人氣誼驕重門嚴鎖鑰精室絕塵囂貨聚萬山積財源東海潮不虛名大庫生息自豐饒

同棹風阻海口

收債因循誤十天（前船已先行十餘天）西風獵獵阻山前雲迷海口千層浪雨濕岷城萬竈煙（呂宋古名岷裡贘）鸚鵡籠中隨意語猿猱篷底不成眠石尤偏亦無方便故故勾留萬里船

題霞川弟呂宋記後　　胞兄葉　鏵（竹亭）

萬頃雲濤入混茫佑帆無恙到西洋手特土物遺交友書記人情表異鄉今日災梨恐貽誚他年剩簡或流芳閒時支枕頻翻閱神往蓬山道路長

附記吳麟一事

吳麟者閩之晉江人爲駕船水手之呂宋而寄居焉餬口無資以賣糖自給性流宕善逢迎數年後有番婦與習願將猶女室之麟以貧窘辭婦言我有家不費汝財婚後可與汝銀設肆店麟乃告於常所來往借貸得數十金婚焉婦果出銀三千金爲貿易本而麟惟好摴蒱耗千餘金詭謂其妻本尚少不能轉運婦又益以二千金乃不一年而囊羞澀矣蓋其俗牧豬奴戲輸贏極大頃刻間有進出洋錢數千者嘿計無以爲辭則於店居穿其壁僞爲被竊者報官累店後同居者坐考科（耳監半）鄰人頗不平發其覆妻

亦知而悔無及矣存店貨尚千餘金是時適有甲必丹缺出甲必丹者理民事官也麟即夤緣得之逞其辯佞施其諂諛番王喜化郎亦愛之麟因是以假虎威恣饕食刻剥便身圖者無所不至洋船之到呂宋也每船勒索千餘金貨物獻番王化郎已則從而分肥有訟至番王者若閩浙人劉大全三千金被乾没無可伸訴至流落不能歸可悲也計其贓款難更僕數大約吞噬不下數十萬金云無何其妻淫親偵得之恚甚番王又死失所庇氣餒而勢稍殺然狠子野心終不可近今年春余抵呂宋有閩人爲之爪牙者通知之謂有生客可啖四月某日隨來余寓買布

言是現銀交易船主言亦如之以爲可信也乃貨去而銀不來後以布價漸低竟欲從前價請損之如是銀亦不來於卒也將濫惡貨物高檯而强抵銀終不來其欺罔揶揄愈出愈奇而愈不堪尓噫余不爲劉客之續而得返中土也亦幸矣獨是呂宋何堪有此甲必丹哉彼番婦者曾何見而有取其人哉爰筆記之以爲適異域者鑒也噘年未及强妻淫出之三女無子

東洋列國考

呂宋在東海中初爲小國而後寖大（吾學編曰產黃金以故亦富厚人質樸不喜爭訟）永樂三年國王遣其臣隔察老來朝貢方物其地去漳爲近故賈舶多往有佛郎機者自稱干系蠟國從大西洋來亦與呂宋互市酋私相語曰彼可取而代也因上黃金爲呂宋王壽乞地如牛皮大蓋屋王信而許之佛郎機乃取牛皮剪而相續之以爲四圍乞地稱是王難之然重失信遠夷竟予地月徵税如所部法佛郎機既得地築城營室列銃置刀盾甚具久之圍呂宋殺其王逐其民入山而呂宋遂爲佛郎機有矣干系蠟國王遣酋來鎮數歲一更易今華人之販呂宋者乃販佛郎機者也華人既多詣呂宋往往久住不歸名爲壓冬聚居澗内爲生活漸至數萬間有削髮長子孫者萬曆二十一年八月酋郎雷敝裹系勝征美洛居役諸流寓二百五十人充兵助戰夷人偃息卧船上使華人日夜駕船稍倦輒箠之或刺殺苦毒備嘗潘和五等謀曰叛死箠死刺死等死耳不然亦且戰死不若殺酋以洩吾忿勝則揚帆故鄉即不勝死未晚也議既定夜半入卧内刺酋持酋頭大呼夷人驚起不知所爲悉被刃或落水死和五等悉獲金寶兵器駕其船以歸失路之廣南爲交酋所掠獨郭惟太等三十二人走免

附舟返舍酋既死子郎雷猫洛擁兵駐朔務馳回代立爲酋遣僧來訴明年閩撫遣賈舶招回久住呂宋華人酋爲給糧以歸致書及詞重訴父冤閩撫許予遠具疏以聞檄兩廣督臣以禮遣僧歸國買惟太等于理潘和五竟留交夷不敢還夷人故奴視華人徵賦濫格稍不得當阿辱無已時犯者即嚴置以法自兹釁既結疑貳日深夷益虞使我矣其後又有機易山之事自採金中貴蠹尾四出一妄男子張嶷更爲新奇其說上疏曰呂宋有機易山其上金豆自生遣人採取之可得巨萬無禁有詔下閩廷臣力言其謬不報閩當事持之乃遣海澄丞王時和及百戸干一

成往勘其地夷初聞使至大駭諸華人流寓者見酋言華無他特奸人橫生事端今遣使者來按兹土使奸人自窮便於還報耳酋意稍解令夷僧散花道旁迎使者諸流寓先結蓬席爲廠如公署狀酋盛陳兵衛邀丞入亦爲丞設食然氣豪甚問丞曰汝華言開山山各有主安得開也且金豆是何樹生來丞無以對數目嶷嶷云此地皆金不必問豆所自蓋嶷欲借朝命臨之襲破其國耳至是不敢顯言夷人皆大笑酋畱嶷欲兵之諸流寓若解俾歸爲戮於司冦廼釋令登舟時三十年四月也丞歸病悸死嶷以奏事不實坐誅傳首海外然夷竟疑中國有啟疆意益暴虐

諸流寓諸流寓無賴者聳言今日之事汝爲政一旦天兵下海門汝輩庸得爲石人乎語稍稍傳布夷益疑明年夷遂決計謀殺諸流寓詭言將征他國凡華人寸鐵輙厚售之即切肉小刀價至數錢華人利其值輙鬻去家家無復寸鐵乃紿日勒點名籍分三百人爲一院入即殺之事稍露諸流寓乃糾衆走菜園屯聚爲亂八月朔日夷其大起攻菜園死傷無數次日聚大崙山揭竿應敵夷亦少挫酋旋悔禍遣人請和華人慮其誘我撲殺役使夷怒設伏城旁初三日華人在大崙山饑甚不得食冒死攻城夷人伏發燃銅銃擊殺華人萬餘華人大潰或逃散餓死山谷

間橫尸相枕計損二萬五千人存者三百口而已是役倉皇無主盟又糧與兵俱乏故搏手困窮膏塗遠嶼華人在大崙時風雨大作人立雨中夜半望見長天有光熠爍大地震動每驚哭自相觸殺夷乘其斃而屠之是月漳亦大水漂沒萬家受禍同時陽九之均厄也後夷酋下令招撫其所掠華人貨悉封識貯庫中移書閩當事俾諸戚屬往領明年賈舶乃稍稍去奸商黃某者與酋善輙冒領他貨稱爲某子甲姻當細載乾没去三十三年有詔遣商往諭呂宋無開事端至是禍戻已畱者又成聚矣佛郎機身長七尺眼如猫嘴如鶯面如白灰鬚密捲如烏紗而髮近赤

其僧擁重權國有大故則酋就僧爲謀主人論死者僧誦經勸之首肯然後行刑（中罪用栲輕拘一足重則拘兩足）婦女歲時詣寺懺悔有陰事輒向僧自輸爲說法鞭之數下忍痛不敢言夜留宿寺中聽僧意所指畫唯唯而已婚姻父母不能定惟僧乃决之人死貯以布囊就近寺以葬所蓄財產半入僧室矣先是呂宋國王兄弟勇甚既爲佛郎機所戕輒祟於國國人每值死日夷僧爲標牛厭之標牛者柵木爲場置牛數十頭于中環射之牛叫擲死以此逐鬼云性狡甚靡國不至至則謀襲人呂宋滿剌珈遂至易社在呂宋者初嘗攻婆羅婆羅放藥水中毒殺之故奔呂宋

廣東通志

佛郎機素不通中國正德十二年駕大船突至廣州澳口銃聲如雷以進貢爲名撫按查無今典舊例不行乃退泊東莞南頭蓋房樹柵持火銃自固御史邱道隆何鰲前後具奏皆言殘逆稱雄畧買小兒烹而食之宜即驅逐詔從之海道副使汪鋐帥兵至猶據險逆戰商人鑿舟用策乃悉擒之餘皆遁去嘉靖中黨類更番往來私船雜諸夷中爲交易首領人皆高鼻白皙廣人能辨識之（霞川按今之化郎亦高鼻白皙）

海國聞見錄二則　皇朝陳倫炯（福建同安人）

按紅毛等國居於西北辛戌乾方而烏鬼自坤申而繞極西至庚西方此烏鬼族類之國總而名之曰大西洋○是班牙者呂宋之祖國也西北臨大洋東西俯中海西隣葡萄牙東北接佛蘭西

英圭黎一國懸三島於吝因黃旗荷蘭佛蘭西四國之外海自吝因沿海而東繞俄羅斯自俄羅斯而東至細吝里也皆爲北海不能行舟海氷不解故爲氷海自吝因而南至烏鬼諸國皆爲大西洋紅毛者西北諸番之總名淨鬚髮披帶豬毛帶青毡卷笠短衣袖緊襪而皮履高後底畧與俄羅斯至京者相似高準碧眸間有與中國人相似者身

長而心細巧凡製作皆堅緻巧思精於火礮究勘天文地理俗無納妾各國語言各別以摘帽爲禮尊天主者惟干絲臘是班牙葡萄牙黃旗爲最而辟之者惟英圭黎一國產生銀哆囉呢羽毛嗶吱玻璃等類（高厚蒙求一則）

記富察中丞四事　錄一

東粵近海南諸夷中國兩戒之守以廣州虎門爲限乾隆八年紅毛國伐呂宋勝之俘五百人午其衆順帆泊虎門粵東大駭總督策楞召布政使託公曰外夷交攻揚兵我境勒之乎聽之乎于國體奚宜公曰當使進表稱貢獻所俘五百人請公處分策笑有惱色唶曰君直戲耳紅毛雖夷非癡人其肯以萬里全勝之師受驅使耶君言之君能之乎公曰不能固不敢言策愈惱曰君果能慫君所請公笑曰無多請也請飭印知縣楊參將聽指揮六日內復命印令者才而敏楊參將者修幹偉髯有將貌者也策許之

公出召印令曰我欲使汝敎紅毛國進表稱貢獻所俘五百人請制府處分印令驚如策所云公曰汝直未思耳紅毛伐呂宋涉大海数千里糧能足乎舩漂浪擊風必損壞不于此修蓬檣其能歸乎此如嬰兒寄食于人小加裁禁立可餓殺何說之不能從制軍易吾言不問吾故未以此意曉之印令大喜奮曰如公言足以辦矣與參將楊領百人短後衣持彈擄獅子洋而營焉密令米商閉戶遏糴紅毛人來探告之曰中國無他意慮奸民欺汝外夷以行濫物誘汝錢故來相護耳紅毛人不解意去然望其炊烟漸縷縷希矣居亡何紅毛總兵求見坐定未言印令呵之曰中國久以虎門爲限條禁森嚴汝兩國交鬬不偃旗疾過乃揚兵于此大悖我制府性暴好用兵我等未敢遽白所以守此者欲斷汝糧餓死汝然後白制軍紅毛總兵意大沮目參將參將禁聲鬚髯怒張叱嗟而已總兵愈恐伏地請曰誠然糧盡然終非有心犯天朝也公幸赦之且敎之令微露其意紅毛人泣曰若然誠天幸也請代申此言令曰不可吾爲汝告方伯大人方伯大人爲汝告制軍階級尚多通達尚難汝一旦失信則我等先爲汝獲罪故不敢也曰紅毛自具牒申請何如令爲不得已而强應曰可紅毛人抱弩負韊手加額匍伏進表貢所俘五百人乞制府

處分策公大悅竟以五百人仍還呂宋而賞賜紅毛聽其還國越一年呂宋修怨于紅毛遣兵數千駐澳門揚言待紅毛來戰總督又詢公公曰此可以罵遣之也紅毛國小而强屢勝呂宋國大而弱屢敗以大國敗于小國慮四鄰輕之欲洒削其恥又不敢從海直下挑戰紅毛故逗遛我地自張虛聲公前將紅毛所俘五百人送還伊國恩甚大可仍命印令往道破彼情歸曲責直彼雖夷必無辭而退如公言呂宋兵船即日搖艫去

澳門記畧

呂宋在南海中去漳州甚近明初朝貢佛郎機初與互市久之見其弱可取乃奉厚賄乞地如牛皮大建屋以居王不虞其詐許之其人乃裂牛皮連屬至數十丈圍呂宋地乞如約王大駭然業許之無如何遂聽之而稍徵其稅其人既得地卽營室築城列火器設守禦已竟乘其無備襲殺其王而據其國名仍呂宋實佛郎機也先是遣將以巨礮利兵破滿剌加又擊破巴西國又與紅毛中分美洛居至是益以呂宋盡擅閩粵海上之利勢愈强横築城于隔水青洲山海外諸番無敢與抗者樸齋按佛郎機據呂宋事在前明萬歷中

賀蘭名曰和蘭又名紅毛番地近佛郎機自佛郎機據呂宋和蘭聞而慕之萬歷二十九年駕大艦攜巨礮直薄呂宋呂宋人力拒之入閩據彭湖遂侵奪臺灣地　國朝順治十年稱荷蘭一曰賀蘭始通朝貢十八年鄭成功自江南敗還遂至鹿耳門水驟漲丈餘大小戰艦銜尾而進紅毛人大驚遂克赤嵌城進攻王城紅毛乃降康熙初大兵征臺助勦有功及臺灣平其王燿漢連氏甘勃氏遣陪臣賓先巴芝奉金葉表進貢表詞有云外邦之泥丸尺土乃是中國飛埃異域之勺水蹄涔原屬天家滴露其貢品亦備物至敬今又新其名曰英吉利曰瑞曰璉其地有嚩囉吧爲南洋之會華人多流聚于此乾隆六年脅華人與隣閂華人爲前驅死者數千人已欲驅華人復戰華人恐謀爲變事洩其酋乘夜屠華人畧盡商船中絕已而華人復稍稍往番人亦利之復成聚

乾隆府廳州縣志

呂宋爲佛郎機所併然與中國貿易仍稱呂宋云其國在臺灣沙馬畸東南至厦門水程七十二更北面皆高山遠視若鋸齒俗曰宰牛坑山有土番屬于呂宋閩人以其地富饒商販者數萬人往往久居不反至長子孫云雍正五年後通市不絕

呂宋竹枝詞　　尤侗

當年失國一牛皮何處天生金豆枝可恨大崙遮殺後澗頭不剩歷冬〻兒

樸齋按以上諸說則據呂宋者乃佛郎機于系臘其祖國也與英吉利無涉英吉利本名和蘭紅毛種曾與佛郎機中分美洛居今誤爲米六合續據臺灣至呂宋則拒而不得入者也　國朝乾隆八年嘆吉利與呂宋仇殺所俘五百人仍送制府處分還呂宋十年六月嘆咭唎伺刦呂宋商船不果次第遠遁亦未嘗據呂宋也今記畧云前數十年嘆咭唎奪其地其後紅毛又爭得之因其地

所入寡仍還化郎故至今原爲嘆咭唎之地云云夫英夷即紅毛種似尙須剖析又不及佛郎機攙呂宋事而秪言英夷奪其地豈一事而所聞有异詞耶抑乾隆初年呂宋爲佛郎機地乾隆季年又爲嘆咭唎地耶千聞不如一見幸霞川先生更有以示我也

嘉慶庚辰八月朔後四日識

國家

德威遠暢所紀异域諸書亦日夥然率得諸傳聞凡海賈往來又鮮能識其風土者　先生以有心人抵絕域懷鉛貢槧得成此編原原本本有體有委與耳食者逈

异見示後即命兒曹錄存以備史部地理一種謹將原書奉趙附錄東西洋考諸書數則不及次其先後未知可供採擇以備呂宋國事顛末否

嘉慶庚辰八月五日　　崇明施彥士樸齋氏跋

呂宋記略終

新嘉坡風土記一卷

〔清〕李鍾珏

新嘉坡風土記　解題

《新嘉坡風土記》一卷，清李鍾珏撰。鍾珏（一八五四—一九二七）原名安曾，又名平書，號瑟齋，寶山（今屬上海）人。因與中國駐新加坡首任正式領事左秉隆（字子興）有通譜之誼，於光緒十三年（一八八七）受邀往訪，居新加坡匝月，以耳目見聞，雜記風土人情，撰成此書。述新加坡歷史、地理、社會之情形，文詞典雅，記敘詳贍，爲當時華人記述新加坡及其附近地區史地與社會情況最詳盡之作。據中國國家圖書館藏清光緒間刻本影印。

新嘉坡風土記敘

光緒二年丙子六月鍾玒始遊京師因鄉誼識青浦席君淦翰伯因翰伯識元和汪君鳳池藥階鳳藻芝房昆仲暨漢軍左君秉隆子興藥階以乙亥科舉人供職内翰翰伯芝房子興皆外省同文館生學成上貢充總署天文館教習時鍾玒寓居崇文門内晨夕過從親若骨肉閱三月束裝南歸臨歧握別情各難遣僉謂聚散不常嘉會難再盍效世俗通譜之誼以爲他日左券於是翰伯齒最長藥階次之子興芝房又次之鍾玒最後蓋衣帶束帛之贈古人有不能已者朋友以齒相敘比於兄弟之倫事雖非古其情均也越二年戊寅子興以奉使英法大臣　奏調出洋充繙譯官旋任新嘉坡領事壬午芝房舉京兆第二明年癸未入詞林翰伯藥階亦已晉級獨鍾玒侘傺如故每以青雲難致良朋相見無期用懷愧憤丙戌以優貢北上恭應　廷試獲與翰伯藥階芝房重話舊好中酒輒言曰今日歡樂不減疇昔顧安得飛身天南復與子興把臂乎八月出都家居無憀時動南游之念請於母曰可十二月航海至粵先以書達子興約來歲二月赴坡丁亥正月杪至香港得母病耗折而歸疾已痊可居一月母將成子之志促裝戒行三月中旬重至粵東游澳門旬日四月下旬始

自香港乘輪船南發行九日而至蓋後四月朔也昔張敏與高惠友每相思不得見敏於夢中往尋但行至中途即迷不知路故沈約詩曰夢中不識路何以慰相思今鍾玒一歲之中南北萬餘里外尋舊盟敦夙好十年之思一旦盡慰以視張敏其樂何如蓋夢虛境也游實跡也虛者之不若實天下事大抵然矣既與子興見下榻公署談論不輟如班尹之永夕並乘遨遊如郭李之同舟視昨歲京中與翰伯諸子歡樂不更有加耶居帀月雜記風土若干則錄而存之以誌鴻爪敘其緣起如此亦以見斯游之非偶焉爾上海李鍾玒

新嘉坡風土記

自暹羅直南伸如舌長如股中有山如脊斗入於海皆巫來由種人居之西人統名之曰下暹羅其國有十山西曰吉德曰沙刺我山東曰斜仔曰大坤曰宋卡曰大年曰吉連丹曰丁噶奴曰彭亨曰柔佛地至柔佛盡處谽谺一水隔二三里而得一島西以蘇門答臘爲蔽南以爪亞爲屏東以婆羅洲爲障四面環水如驪龍頷下珠即英人所謂新嘉坡也舊名息力又稱呫叻華人或稱新州府其地南距赤道一度有差

自香港乘輪船指西南行計程三千四百七十七里至越

南之西貢自西貢指南偏西行二千四百二十一里至新嘉坡風利五六日可達風逆或至七八日如灣泊瓊州西貢各口又需時日

攷之古册斜仔以下皆頓遜地其後析爲列國而柔佛處極南叻地屬焉然百年前榛莽未啟一荒島耳華人之懋遷南洋者既乏問津即歐洲諸邦如荷蘭如葡萄牙爭據羣島亦未屑意及此嘉慶二十三年英人名士淡不公者始得之以爲海道四達之區上於政府伐木開道遂設商埠是爲開闢新嘉坡之祖西人嘗鑄銅像以誌勿諼

全坡之地南北十四英里得中國四十六里有差東西二十七英里得中國八十九里有差中有河自東達西劃分南北居人名其北曰小坡南曰大坡

蘇門答臘爪亞婆羅洲三島遙爲屏蔽皆在數百里及千餘里外對坡一島綿亘東西東曰廖嶼西曰吉德門天然近障也吉德十餘小島若斷若續直與坡接窄處不過數丈寬處不及一里輪船自西南來者從此入其東自柔佛之羅漢嶼如髻如拳錯列海中下有礁石舟不能近論其形勢兜裹層層南洋各島皆不能及

海口炮台西南二座俱在山顛最得形勢其東一座在羅漢嶼西二十里椰林中平地高四五尺台面細草茸茸自

海中望倉卒不可辨識是處海面不及三里

居民册籍約分五種曰中國曰歐羅巴統英法俄德各國曰巫來由統南洋各島國曰亞墨利加統南北花旗各國曰東方諸國統五印度以上諸小國及緬甸暹羅等國五種人數以中國爲最多其次巫來由

華人住坡戶口最難詳塙查光緒七年英人所刊戶口册云福建男女二萬四千九百八十一人廣州一萬四千八百五十三人潮州二萬二千六百四十四人嘉應州六千一百七十八人瓊州八千三百九十八人三州府生長之華人九千五百二十七人三州府者新嘉坡及檳榔嶼麻六甲

三處也不列籍之華人二百七十二名統計八萬六千六十六人近五六年來雖少有參差總在八九萬之間而歷來居叻游叻者動稱十餘萬皆約畧之詞雖西人所報未必盡塙不列籍者不止此數然總不過十萬人

巫來由人通謂之土人有書作穆拉油者閩廣人讀無爲莫故巫亦讀穆其自印度一帶來者謂之吉靈人又有波斯一帶者謂之齊智人土人有黑有白吉靈齊智俱膚黝如墨其以布蔽下體不衫不袴三種人大畧相同

巫來由柔佛國王都城在坡北岸一衣帶水相望可接坡中有行宮時往來其間其民之在坡者皆貧無生計西人

役以工作幾若牛馬華人亦有用之服役者

叻西北三百餘里柔佛之上沙刺我之下有埠曰麻六甲本暹羅屬國葡萄與荷嘗迭據之道光初歸於英麻六甲西北九百里海中有島曰檳榔嶼亦屬英兩處華人共十餘萬英設總督於叻統轄三埠

駐叻英官總督而下曰輔政使司曰按察司曰參政司曰正副經歷司曰戶口司曰庫務司曰地理司曰營造司曰巡理府曰護衛司曰船頭官巡理有三堂分理坡中各案件畧別大小輕重護司專管華人一切事名爲護衛華人實則事事與華人爲難

英國駐叻軍額計英炮手一隊二百四十八人外兵總六員修理軍械匠十八人步兵一隊八百九十三人又印度炮隊幷修理軍械匠共二百七十五人管理炮隊糧道官二員炮隊繪師一名營醫十四名統共一千三百五十七人較香港少三百五十七人其水師兵船則游泊無定云

兵房二處一在升旗山一在公家花園對面山坡上平時不見一人逢操演齊出至臨海拋球場中

各國駐坡領事中國而外曰美曰德曰俄曰法曰奧曰意大利曰丹曰荷蘭曰葡萄牙曰西班牙曰巴西曰比利時曰哈華亞曰暹羅曰瑞典那威二國幷一領事共十有六

中國領事之設始於光緒三年郭侍郎使西過叻體察情形　奏請設南洋總領事兼新嘉坡領事官經總署議以總領事事宜姑緩籌辦准設新嘉坡領事一員隨員一員初設領事時議以華人戶口年貌身格費及船牌費抵俸薪各項後戶口身格費未行船牌費不足抵用光緒五年始定仿照出使美國日本章程領事隨員俸薪由出使經費內支給而船牌費仍收取抵用查船牌費每重一噸收洋四占半合銀三分有奇此項歲入不過數百金僅抵一月經費而船戶涉險犯難獲利無多似當議除以示體卹

泰西各國凡屬通商埠頭他國領事不預聽斷之權乃洋

人在中國不然如上海租界所設公廨華洋會審已非西例西官又好攬事權必欲華官仰其鼻息志士憤焉駐叻各國領事概從西例不預審斷而華人生聚既繁事端日出亦有領事可辦之件皆爲護衛司侵奪動多掣肘故給發船牌外惟勸興義學講　聖諭開文會以行教化而已

居民犯事統歸巡理府審斷輕者判罰重者監禁監在西南山坡上周以垣墉巡差員槍晝夜邏察查西歷上年底止獄中重罪經臬司判禁一年以上者華人共存四百八十三名巫來由人七十五名吉靈人四十三名其所犯輕罪經巡理府判以罰欵或不能完繳以監禁抵銷者一年之中華人入監共二千八百九十八人此中期滿出獄者二千六百七十九人入獄後具貲贖出者一百五人巫來由人一年共入一百九十七人吉靈共入一百八十八人獄中寬厰潔淨每犯日食兩飱葷素菜各一肴雖曰拘禁實則徜徉自在勝於在外作苦故犯事人往往不願納鍰甘於住獄近西官察知其弊議裁葷菜云

叻自開埠以來進出口各項貨物一概免稅惟烟酒重征由華商設立公司包納烟公司月包稅八萬六千元酒公司二萬一千元二項爲入欵大宗地租估屋值十取一其他抽捐名目倘多惟皆不苛取

西人每至年終預將來歲一年進出款目核議登諸日報是亦量入爲出之道查本年叻中進款應有三百六十七萬元出款三百六十三萬五千四百四十四元舉此可得歷年進出款大畧　又按檳榔嶼上年入賦稅一百二十一萬六千六百八十八元支款九十七萬七千五百二十九元計餘存二十三萬九千一百五十九元

坡中用錢不用銀用洋錢不用中國制錢自一鏍至一元凡四等最小爲鏍合制錢二文五六毫四鏍爲一占又名先士十占爲一毫十毫爲一元毫與元以銀爲之鏍與占以紅銅爲之

通用之一元洋錢鑄自日本輕重與鷹圓同鷹圓光者可用然甚少其一二毫之小洋錢皆倫敦及香港所鑄占鏍銅餅則港與坡並鑄之

叻地商務以胡椒甘蜜爲大宗歲必售銷數千萬元然皆出自他島叻蓋聚貨不產貨者也叻所出者惟榴連檳榔椰實波羅杷果山竹波羅蜜甘蔗洋桃香蕉生姜等果食有人參果者形如龍眼味若鷄心柹名最稱美品

胡椒始種於印度之錫蘭運往歐洲西人以製油佐食既而蘇門答臘亦種之今則南洋大小各島無不種植而運售皆在叻地商人設公局以主之

甘蜜樹高與人齊其葉長三寸兩端銳中寬寸餘採而搗之其漿成蜜甘與蜂蜜相埒歐洲各藥中多用之銷行甚廣與胡椒二項同一公局主其事者由華商公舉經柔佛國王諭充

自柔佛以上各國港口繁多俱產椒蜜華人之散處各港者實數十萬大都占地爲園雇工種樹名曰園主每一港推一園之最大者爲港主叻中富商設號各港以收椒蜜如中國花米絲茶等項坐莊者然

潮商多業椒蜜閩商以各項海貨及往來各埠之輪船爲宗資本俱鉅他商不能及

各貨價目漲落不定擇其大者記之以備留心商務者參攷烏椒每担二十一元白椒四十一元甘蜜四等自十一元至六元上甲錫每担三十八元乳紅白十有四種自九十元至十七元牛皮八種自十七元至十元籐七種自七元至三元椰肉六種自四元至三元犀角三等每斤自四十元至二十六元魚䐗每担一百二十元白魚翅三等每担一百十元至四十三元烏魚翅三等三十九元至十五元海參二十餘種自六十元至四五元玳瑁七等自一千元至一百六十元白燕每斤十七八元毛燕上每担三百二十元毛燕中一百八十元其他雜貨不載

叻中華人最多亦最富有擁貲稱千萬者有數百萬者若十萬八萬之戶但云小康不足齒於富人也然究其發跡多在三四十年前近則鮮有驟富者矣

土人最貧吉靈人亦鮮充裕惟齊智及阿剌伯人不少殷實齊智人專以放債爲生重利盤剝如中國印子錢之類華商資本缺乏或向告貸一時濟急久則剝膚時有涉訟不了者

居民生死每月有册刊報查西歷二月册載居民生育男女一百五十七死三百五十三月生二百一死五百十六四月生二百十五死五百二十五五月生一百九十五死五百三十二觀此亦可參知民數矣

生死報册俱有限生育者二十一日內不報查出罰洋五死者逾一晝夜不報即議重罰蓋恐有別故隱匿故特重其罰也

在城生長之華人一經報册即隸英籍其質性良者恒諱而不言桀者且以自大入耶穌教者尤甚竟有父子不相能如陌路者風俗人心之壞不待言已

年來賑捐防捐富商樂輸巨款核獎得虛銜封典者比比其門前牓大夫第中憲第朝議第一如內地至頂戴冠服則惟歲首及婚嫁用之尋常酬應往來或穿單長衣一領

已不多覯居恒短衣跣足坦率習慣冠履忽華忽洋出門必戴帽或洋帽或巫來由人帽其式如僧帽戴中國小帽者甚少惟御長衣必戴小帽雖盛熱不露頂亦風俗使然也

閩人髮辮俱用紅線爲綹雖老不改亦其風俗使然故見紅辮者望而知漳泉二府人也

土人所操巫來由語通行南洋各島華人久居坡中及在坡生長者無不習之又多習英語同儕往來時而巫語時而英語時而閩廣土語他省初到人往往對如木偶

久居叻地之華人多娶土人女爲室其裝飾與安南女子

畧同窄袖寬衣其長沒足因而所生之女亦從土裝聞閩人潮人家中竟無一漢裝婦女者不若男子尚有一辮存其本眞也

閩粵士子在叻授徒者頗不乏人叻中子弟讀書回籍考試者亦不少然叻地無書又無明師友切磋琢磨大都專務制藝而所習亦非上中乘文字近年領事官倡立文社制藝外兼課策論稍稍有文風矣

地近赤道有熱無寒然熱不過八十度廣厦深居時有涼風習習此候擬之江南在梅子黃時枇杷熟後惟日中行路則杲杲之勢甚於內地炎歊彼工作負販挽車輩日必沖涼數次或有身塗土人所製黑油以避烈日者幸時晴時雨且多樹木故少觸熱路斃之人

沖涼之法自首至足以水澆濯如醍醐灌頂透入心中立解煩熱久居此地者日必一二次亦習慣使然非是不適初到者往往不敢輕試然當日中行路後亦不可不一沖也

坡中時有風而無颶風時有雨而無淫雨卯初日出酉末日入終歲不改日中則熱夜分則涼四時皆然居民單衣一領若將終身故甚利窮人

西人之記晴雨者云近歲最多雨之年共一百四十日最

少之年一百十二日然晴雨甚調五日中三日晴兩日雨從無久旱不雨一雨經旬者

叻地一年內有元旦三華人俱遵華歷元旦一定者也西人遵西歷無定而有定者也若巫來由人元旦則有定而實無定聞其將近元旦之前數日夜半彼教中牧師登高處望日出見天際一線日光出地卽欣然日明日元旦矣於是集衆教堂中立誓以爲實見日出每年元旦在中國六月初設遇風雨連朝陰晦無日有遲至中旬者今年中歷有閏故五月初二日爲其元旦是日乘車賀年亦紛紛不絕於道

坡中平陽多而山少山亦不高惟居全坡適中之一山高五十餘丈英總督署卽建其上輪船入口首先望見此爲最高他如大小坡分界處之王家山及迤西瀕海一帶諸山俱高不過十餘丈王家山有石磴可登磴止三十餘級

輪船入口王家山及迤西一山俱升旗幟以報各商瞻其旗號可識何國何行何船從何處來二山因俱名升旗山兩升旗山俱有砲台王家山每日十二點鐘放炮一響以準鐘表禮拜日改一點鐘放黎明五點鐘黃昏九點鐘各放炮一響以定晝夜

凡遇火警傳電至王家山卽放炮放火箭日則懸旂夜則懸燈炮之響數箭與旂燈之顏色分出地段使人一望而知救火車聞炮卽出沿途皆有水門澆灌甚便故無大火

坡中廟宇寥寥會館亦少宏壯而教堂林立有天主耶穌天方各教之別若大若小或崇或庳不下二十餘處

市廛繁盛莫若大坡洋行銀行書信館海關均在大坡海濱小坡雖有市集皆土人所設土貨及各項食物無一巨肆其迤北一帶多園林樹木境最幽靜有地名牛車水者在大坡中酒樓戲園妓寮畢集人最稠密藏垢納汙莫此爲甚

煤氣燈徹夜不熄各舖戶門首俱懸神燈初二十六之夜家家燈火至九點鐘方熄

牛車水一帶妓館櫛比聞注籍於護衛司之妓女共有三千數百人而此外之私娼女伶尚不計其數皆廣州府人或自幼販賣出洋或在坡生長者

頻年香港販幼女來坡賣入妓院者踵相接領事憫之率同華商紳言於英總督總督允下護衛司議章保護設保良局以時查察於是此風少息

戲園有男班女班大坡共四五處小坡一二處皆演粵劇間有演閩劇潮劇者惟彼鄉人往觀之戲價最賤每人不過三四占合銀二三分並無兩等價目

叻中酒樓無多廣菜番菜各一二家凡宴客在各家園林者多菜兼中西酒飲白蘭地威四猗香賓等番釀飲粵東糯米等酒者已少紹興酒則如瓊漿玉液矣

客寓亦寥寥無多不如香港粵垣上海遠甚輪船到埠亦無接客之人必須自雇小艇運行李至岸另喚脚夫或雇馬車裝載然脚夫多閩人馬夫多土人言語不通易受需索故孤客遠臨極形不便

南洋鴉片烟貴於中國數倍以其稅重也叻中每錢需洋銀二毫聞加拉巴亞齊等處每錢五毫云然吸烟者並不見少且窮人尤多彼拉手車者日夜得一元繳租四毫可

餘六毫苟無烟癖度日有餘乃十八中無烟癮者不得一二炎蒸汗血博得之蠅頭盡入烟斗殊可憐己

英人賭禁綦嚴然叻中賭風甚盛有一局名天師公司專誘人賭黨與極多無法禁絶前年有華人上條陳於議政局請照荷蘭辦法盡弛禁令重征其餉歲可入數十萬元當時頗有韙其議者而輔政司謂英國不能如荷蘭辦法致傷政體屏置不議仍求禁絶之法此亦可謂能識大體者矣

十年前途中但有馬車載人牛車載物後有東洋手車近又有火車雖日並行不害究之火車興而手車牌額截止

舊者汰而新者不得增往時有四千輛者今不過二千餘矣貧民失業無以餬口往往流爲盜賊刼掠搶竊之案層見疊出西官不究其源但遇案治之獲犯懲之而己

居民食米來自安南暹羅緬甸每百斤約洋銀三元食物中魚最鮮美價亦廉其他豕羊鷄鳧之類均視粵省昂貴而菜蔬尤甚

西人於西北山高處尋泉源鑿池蓄水用沙濾清以鐵管引至人烟稠密處復於山上鑿池激而上之再用沙濾散入支管便民取用居民多通管入屋量出水口門多少取值不限用度惟數日不雨則受之以節云

叻地樹木繁盛尤多椰林其次檳榔榴連菩提等樹最多然皆不甚高大欲求一百尺之材十圍之木無有也或曰故多喬柯六十年前西人開山砍伐殆盡云

松有孤幹挺特高八九丈者枝葉層層皆圓其下寬二三圍漸上漸小多至數十重其形似塔因名塔松初見疑經翦紮後知自然生成又有扇蕉形似扇其根出地四五尺兩旁各出葉七八瓣排列甚勻遠望宛然一扇此二種皆不多覯

椰實有大如斗者其汁甚清微有酒味土人多食之按南方草木狀云昔林邑王與越王有故怨遣俠客刺得其首

懸之於樹俄化爲椰子林邑王憤之命剖之以爲飲器南人至今效之當客刺時越王大醉故其漿猶如酒云噫其信然耶

叻中向多虎患西官懸捕虎之賞歲有所獲近年開路愈多人烟日密虎斂跡矣然聞西北山深林密處猶有虎穴在

鱷魚形似守宮自首至尾大者長十餘丈自昌黎驅後中國海面罕或見矣而近叻一帶甚多每於夜間游泳傍舟掉尾掠人落海吞噬聞每歲中輒有被其害者

坡中道途寬坦修治之工終年不輟橋梁多以精鐵爲之

較之上海租界各橋更形堅固馬車路四通八達無往不利每於申酉之交馳車驕遊沿海濱以入山內濃陰深樹細草疏花不絕於目時或一谿一橋兩三茅屋或層樓傑閣隱約林間昔人所謂入山陰道應接不暇殆亦似之夕陽將下聞狺狺喔喔聲恍惚峰迴景象幾忘其置身萬里外也

西人所謂花園與中國異並無樓臺廊榭惟擴地一區多植樹木其中羅列名花奇卉供人淸賞豢養珍禽異獸廣人眼界而花徑縱橫亦頗引人入勝坡中之公家花園卽此類也然草多花少有禽無獸尚不如香港之園此外富

商巨賈購地爲園則畧有樓臺以時宴客亦頗饒幽致坳中無名勝地然一草一木無不向日似笑禽言鳥語盡含歡聲日晡時頫海遠望帆檣林立中浮巒數疊隱隱送靑此景不可多得至如公家花園雖無足觀亦甚幽曠而兩處出水之山一泓淸水周以鐵闌旁蒔花草別饒佳趣

西國於大小書院外別有博物院所以考平日之耳聞徵諸目見實與書院相輔而行於學問一道大有裨益者也坳中博物院規制甚隘儲物無多然倮之族有巨人全體之骨焉毛之族有虎豹犀象及馬牛種種焉羽之族有射屏之孔雀焉鱗介之族有鱷魚巨黿焉皆習聞而罕見者至如獅之類十有餘鷗之類二十有餘蝶之類百有餘鸚鵡綠者正色而或朱或黃或白或黑蝟之毫如刺西人取以爲筆而其形如狼而無尾豕與羊有一首二身者魚之首有如人面者蟒之長有十餘丈者又若各國古衣冠古戰具古錢奇奇怪怪莫殫其數然聞倫敦博物院百倍於此殊興望洋之歎矣

西人醫院之設所以惠濟窮黎非淺其治法有與中國不同者故華人每震駭不敢入然其規制之善固可仿行常見澳門華商所創之鏡湖醫院其中養病所分內症外症瘋症男女各別一切皆如西醫院而醫生則華人爲之仍

用刀圭方藥此仿西人規制而能通其變者宜乎仁壽一方也坡中醫院爲英人所設地寬廣病房潔淨透風人設一榻外又具長棹櫈以時食息病者或偃或立或坐或行無拘苦狀因思中國各城邑施醫施藥不乏善政其大都會善堂林立亦有留養病民者然房舍偪仄穢氣薰蒸無病人入之難免生病病者其何能瘳如西醫院不過拓地數畝增屋數楹雇打掃夫數名而惠不大且實乎

閩廣沿海人民至南洋各島謀生雖已日久然皆貿易之商賈或以負販營生一廛受處卽傭工之輩往時航海而來亦多有依托二十年來西人開墾招工傭值頗貴於是

販賣人口出洋者名曰賣猪仔設館於澳門公然買賣沿海人民或被騙或被劫一入番舶如畜豚豕西人以賣者賤視之即亦虐役之其慘有不可言狀者迭經查禁一時稍戢日久網疏此風漸長近來廈門香港每一輪船開行搭客多至千人少亦四五百其中自願出洋者固多被拐者當亦不少去歲竟有拐同母兄及從兄來坡者經粵省大憲訪聞行查遞籍其由領事就地訪確超拔遣回者近歲較多

華人來南洋傭工者抵坡先投客館客館者奸商所設即猪仔館也客或自備舟資稍有旅費者不致虐視若迫於生計倉卒出洋身無長物一投客館則此身非已有矣固不必被拐而來始落陷阱也在叻華官紳屢欲清其源而爲英官所持卒不得行

中國犯罪之徒皆以南洋爲逋逃藪地方官訪查得確移文領事請提皆以約章未載爲西人所持此例不通關繫政令非小

坡中生齒日繁莠民雜糅結黨立會爭立名目西官迭次嚴禁現存一會名目有五西人統謂之危險會凡入會有册每年報護衛司據報上年新入者六千三百五十人其既入會總册共有五萬六千二百餘人誠可云危險矣

叻地開闢伊始西人政尚寬大以廣招徠粵閩人接踵而至貿遷有無日新月異當咸豐初已成巨埠同治間稱極盛踵事增華至今日而發洩已極雖邇年商務未遜於前而風氣之開多害尠利變詐姦僞情狀百出蓋亦運會將轉之機也居斯土者當何如持盈保泰哉

柔佛略述一卷

〔清〕佚名撰

《柔佛略述》一卷，撰者不詳。柔佛位於亞洲大陸南端，原爲暹羅附庸，今屬馬來西亞，華人華僑甚多。此述其地土著族群及開發、物産之情形。據《小方壺齋輿地叢鈔》本影印。

柔佛略述　　　　闕名

柔佛一部濱海而立其陸地北越彭亨六坤等七部即入暹境由暹達華是與中國同一疆土而為亞洲極南地盡處之一隅遙與中國雲南四川甘肅同一經綫在赤道北一二三度之間向事暹羅自比於附庸之列今則自立其國中有地名新山者柔王之宮室在焉官府獄禁皆備境內別無分治王宮左偏有小街衢華國商民與土人相錯而居綜其大略有類中國一小村市新山與新嘉坡一河之隔由坡陸路往相距十五西里策馬驅車半日即可往還若櫂舟往遊共得水程三十西里彼境戶口土人約共五萬名中國人民種植於其土者十萬眾至於西人之旅居其土者刻僅寥寥數人彼境原有土民皆深居內山斂迹不出新山市中之土民則皆由新嘉坡或他處遷往頗自矜異而呼原有地主為山人焉山人深藏於幽谷之中居無定所衣無布帛食無穀粱其所資以為生者獨異乎眾有上古巢居穴處之風有時就樹為屋猱升棲止有時依山為穴洞處如仙其人不分男女皆科頭赤足縛蕉葉樹皮之類於腰腹下即蔽體裝也其食也不耕不植專事採果獵獸用以資生蓋其心思魯鈍知覺未開天地清明之氣至此杳矣然其人不忮不爭得無懷氏之妙諦未可以愚魯而非之此內山土人之大略也另有一種人呼之為海民小舟一葉家人父子咸集其中生生世世不諳陸居出沒洪波巨浪之中而不知櫂常泊青山綠水之旁而不知樂以漁為食迹類浮鷗其人因食魚過多受溼熱之毒故皮膚多生瘡疾身無點瑕者百無一二斯二者乃柔境原有之民也彼族無文無從考其肇始之由來至土民獵獸之法不用火器專以標槍毒矢吹筒之類為械而麞鹿是獲蓋其人善馳可與猛獸齊驅故能期於必得其地雖近赤道而天氣溫和不覺炎熱因其處樹木叢茂蒼翠橫空赤日之炎威被所遮閉而夜露散涼足消酷暑故其天氣宜人其土產有藤條竹木羔丕碩莪甘蜜胡椒打馬之屬墾植之工率皆借資華人力甘蜜乃染紅色之用

運銷於歐洲者甚夥胡椒烏色者由新嘉坡每年商販出口桼椒估三分之二可見其收產之豐打馬乃以火炙樹流出之精液結成條然以照夜之外可作下料之漆運往美洲中國兩地爲多其地尚產一種紅木樹皮可用以染牛皮新嘉坡之柴薪皆取資於此刻下華人之在彼種植者其法先縱火燒山焚其林木然後墾以植物一園成熟則遽易去另墾新地蓋緣其地雖肥沃而無再添之肥恐地力不能久持故累易以豐其獲耳

檳榔嶼遊記一卷

〔清〕佚名撰

《檳榔嶼遊記》一卷，撰者不詳。檳榔嶼位於亞洲南部，屬暹羅附庸之吉打國，今屬馬來西亞。撰者於清末乘船、車遊歷該地，述其地種植蔗糖、桑、麻、水稻之法及製糖之業，可考英國於東南亞殖民地遍設工廠及雇傭華工之情形。據《小方壺齋輿地叢鈔》本影印。

檳榔嶼遊記　闕名

至檳榔嶼數月散步河干臨流北望山巒重疊煙霧迷濛以爲瀛海蠻荒未作往遊之想一日薄暮偕友郊行一客遙指以告曰越此鴻溝即亞細亞洲極南之界直向北行過暹羅嶼南可達中國之雲南惜其路未通不能作安車故土之適也余叩之曰彼境主者爲誰今目力所及者有村市人物也乎客曰此皆隸於英國設公堂立捕房以治其事中多沃壤土客之民讓畔以耕其東西北三面皆爲吉打國之疆界而吉打又稱藩於暹羅比諸附庸之列是亦天南之弱部耳余念地接中國又有景物之勝不可不一往遊觀稽審形勢因於中秋前一日未初約導師孫君偕至官碼頭登渡客小輪船展輪東駛時值風逆潮溯護船汽機微小力不足敵行甚緩縱觀嶼港其泊有大小火船十二艘夾板帆船兩號其餘華民所乘土番所置來往各近埠之船又數百艘帆檣林立足徵商販之盛少刻船傍北岸行孫君曰過海一帶英之屬境統歸嶼轄共設公堂五一在北海一在笨仔牙一在高淹一在大山腳一在武吉淡門承審官須設如知府者一員會同嶼府三堂兩官分期就各堂聽鞫稟案則解由嶼臬科判其各村落適中之處分置捕房彈壓是皆英國之所以安良也言次舟入對港內河口門左岸設有船塢爲修理輪帕之區口內有水巡捕船一艘橫泊爲鎮再前行百十丈小船停輪依岸衆皆舍舟登陸沿岸有村店數家售賣茶果孫君爲雇定印度人所御之馬車一乘車製四方式如小亭僅容二人並坐車輕馬快馳行最捷余就道旁小憩即起乘車東馳路爲公家所築極平坦向內行里許舉目四望一綠千頃非蔗即稻畦隴井井種植有方不負沃壤之稱又行數里見道旁樓舍高聳雲際詢知爲英商機器製糖公司是日爲西禮拜日照例停工過此前行又換一番氣象桑麻鋪菜荷鋪成壟頗類中國蘇杭鄉景不復知身在萬里外矣諸土民男女老幼莫不有事於田間拔秧分種者有之俯身栽插者有之方知中國先農遺法竟有不約而

同者也而道旁活水潺潺分流潤澤諸農人但有播種之勞而無灌溉之苦坐待收成此誠千百世不變之利余詢停車飲馬之際呼問田畔老農一歲幾作農曰每年七八月之間雨多水足播種一次收穫之後業有餘糧不勞再作至明年夏就芟其草引水灌之日曬草腐力足肥田然後再種之此古傳之法也余又詢其爲何部之民農曰吾世奉回教爲穆勝優人現隸治於檳榔嶼蓋亦不自知其爲何國之人矣葛天歟無懷歟爲之神往登車再前至一鎮依於小山之麓店鋪數十家居民百餘戶印度土著各半餘皆中國之赤子鎮中建有捕房內置軍械以資彈壓至此換車取路再前一路田少園多各園非蔗即椰幾無曠土酉初又至一村鎮名曰新邦安拔譯以華音即十字路口也其處有河可達於海河下泊帆船數艘乃用以載運出入者也市中店鋪數十家日用之物莫不爲備捕房建於通衢再前則無官路乃取道承順興公司園路而入約行三四里至承順興公司糖廠業已鐘報六點暮色迷離遊興雖勇不復能進乃就其司事謝君借宿主人出盤餐款客食訖出步園中仰見月色滿林煙迷遠樹余獨信步出園擬登爲戲數十步外忽聞有鼙鼓而歌者其聲悲愴不忍卒聽尋聲覓之見有茅舍數間印度男婦十餘人聚歌樹下忽覩余至拍手來迎强拉至其屋前出片席接余坐有嫗奉苦酒於前衆咸停歌操土音就余問訊余未解方言而覩其意頗不惡坐久遙聞有相呼之聲乃別衆而行方知爲牧童叱牛夜歸者也余亦信步回園遍覽其製糖機器蓋皆購從泰西汽鑪一副日可製白糖五千斤若紅糖則可日成萬斤另有壓蔗機器用二牛輪轉以行蔗過其下汁流於前渣出於後法至捷也聞該公司有田千頃遍種蔗椰二物雇用園工數百人印民十之一華民十之六七皆有工頭管領雖衆不亂亦可謂之巨製矣入夜苦蚊與孫君清談不寐俟至黎明即與踏露遄歸行至十字路口鎮天方大明乃就車循故道而回余至南洋五年以此遊爲最勝因知民勤耕植大得以食爲天之道也彼營營擾擾日出機心者方茲褊矣

檳榔嶼志略十卷

〔清〕力鈞撰

《檳榔嶼志略》十卷，清力鈞撰。鈞（一八五六—一九二五）字軒舉，號醫隱，福建永福（今永泰）人。光緒十五年（一八八九）舉人，官商部保惠司郎中。光緒間曾往東南亞遊歷。是書即居留檳榔嶼時所撰，以領事左秉隆《海南群島紀略》爲藍本，參以見聞，條記件繫，分天文、地輿、使守、流寓、名勝、建置、風俗、藝文、食貨九門，第十爲叢談。據上海圖書館藏清光緒間木活字本影印。

海南羣島親歷其地而著書者惟王柳谷海島逸志謝清高海錄然王詳於葛羅巴謝亦惟蘇門答剌一隅爲確蓋一人見聞有限博采兼收不無舛誤鈞辛卯南游至新嘉坡晤領事左君秉隆出示海南羣島紀略擇精語詳篤王謝二君上矣借鈔數帙資爲先路每至一處參以見聞條記件繫積稿滿篋東旋後略爲删補成書數種惟檳榔嶼志略較有頭緒然嶼地不過數百里開闢不過百餘年英自嘉慶中年商務徙新嘉坡故　中國使者日記於嶼地多略則欲求文獻之徵難矣鈞居嶼僅三

月酬應煩雜日無暇晷考證未悉采訪未周體例未定舛誤甚於王謝二書遽遜左領事所著者惟望多識君子匡所不逮俾鈞知所更正則幸甚矣永福力鈞自識

檳榔嶼志略　目錄

永福力　鈞初稿

檳榔嶼志略　卷之一

永福力　鈞初稿

天文志

使西紀程嶼在赤道北六度

外國史略北極出地五度二十五分偏東一百度九分

檳榔嶼紀略嶼在赤道北五度二十四分十五杪午線東一百度零二十一分

檳榔嶼考嶼在赤道北緯線五度上十六分至三十分經線由英京起算偏東百度九分至二十五分界我經線偏西十七度

右星度

鈞案以地球所當經緯定里數自明崇禎五年英人那和得始迄今蓋三百年矣然紀程言六度舉度之成數史略言五度二十五分舉分之成數實則同也紀略言二十四分十五杪就嶼地之適中者言嶼考言十六分至三十分統嶼地之首尾也至經線嶼考言偏東百度九分至二十五分史略言九分則偏之偏者紀略言二十一分則偏之中者

島夷志略檳榔嶼氣候熱
外國史略檳榔嶼地氣和暖
檳榔嶼紀略天氣溫和寒暑針自七十六度至九十度不等
檳榔嶼考島中氣候酷熱寒暑針常至八九十度幸有海風時吹始見清爽每月皆有雨惟正二兩月則否按日晷在赤道上每日晝夜皆平分故無四時也此島在五度上夏冬日晷所差不過一刻耳
鈞案寒暑表明萬歷二十八年英人始創

海島逸志南洋之地天氣不寒頻年如夏百花暢茂四季俱開冬春之際夜雨朝晴此時景之艷陽可愛也正月諸處園林芙渠菊花蜀葵茉莉鳳仙珠蘭草木諸花並開

右氣候

鈞案南洋天氣所謂四時皆是夏一雨便成秋二語特其概耳由新嘉坡至嶼八九月多風雨謂之做春由嶼至仰光九十月多風雨亦謂之做春各島皆有做春之語大約南洋自八月至十一月爲春自十二月至三月爲夏自四月至七月爲秋春多溫夏多熱秋多燥惟無冬令耳志略言熱嶼考言酷熱皆夏令也史略言和暖紀略言溫和皆春令也鈞至嶼適七月時秋燥之氣尚未平耳

元日　童念祖檳城雜詠詩爆竹聲喧競賀春番人注目看唐人碹星戒指金腰袋洞葛巢幖簇簇新原注籐木短杖名洞葛竹笠名巢幖

元宵　童念祖檳城雜詠詩拾將石子暗投江嫁好尪來萬事降沙𥻗水幔朱木屐元宵踏月唱蠻腔原注元宵婦女出游諺云拾石子暗投江嫁好尪俗謂夫爲尪　林詒甘元宵話舊詩

知已天涯有幾人相逢何況正新春燈前月下花如海相對無言各愴神

清明　林振琦清明掃墓詩淒風苦雨哭聲紛兒女提壺祭掃勤剗盡蓬蒿尋短碣荒山無處覓遺墳

上巳　李秩軒檳城三月三日即事詩聞道春將暮良朋約祓除殘烟黏細草初日蘸清渠大海多停船平原任駛車雲飛休羨鳥水樂亦知魚佳節都依舊他鄉足自娛故園二三子情別

意何如

端午　李秩軒檳城端午感懷詩中原競渡鼓旗紛地僻風殊寂不聞兒女當知忠孝事洒詩聊慰醉吟魂多麼國祭開船局定有舟師壯海軍羣島瓜分如戰國彼蒼應產孟嘗君

七夕　李香雲檳城七夕詩苦恨年年惜別身蠶桑煩瑣總勞神天錢十萬終難補更有何心巧乞人　林振琦檳城七夕詩瓜棚笑語正酣嬉七孔針穿五色絲天上奇緣開色界人間佳話種情癡星光月色都如昨雨意雲情却可疑恨煞村雞聲四

沸無多歡會又將離　謝兆珊檳城七夕有懷詩瓜果陳香灘雲羅掩洞房穿鍼纖手瘦窺鏡畫眉長天上圖歡會人間愴別腸雙星猶耿耿兩地各相望　康慕文七夕感懷句知交零落中年感別淚著花兩地彈

中元　一云祀孤節是日家家供養數百品豬羊以千計雞鴨鴨以百計而果品等亦高與簷齊英例門外不得列几筵焚紙錢惟祀孤節無禁　林香雲祀孤節詩一例盂蘭會閩南異粵東兩行游子淚萬里故鄉風香火沿途爇牲牷列俎豐行家歸未得醉裏夢矇矇　曾心光檳城盂蘭會經壇創事詩經壇西畔夕陽斜歷歷檳城幾萬家樓閣高搴雲樹外關山迢度海天涯十年心跡如明月一霎浮生等落花我向窮邊開眼界且將禪夢託煙霞

中秋　謝昌年八月十五夜旅懷詩醉餘翻覺此生浮秋水長天不盡愁遠岸疏燈千里目高樓短笛一聲秋書回故國無黃耳客滯他鄉易白頭十二闌干頻徙倚無端發興悔南游　魏望曾檳城中秋詩女伴如雲捉月華車聲纔歇屐聲譁西來門

戶開三島南服屏藩李萬家名士無聊同畫餅海天何處好乘槎思親最怕逢佳節忍聽夷歌雜暮笳

重陽　李秩軒檳城登高詩天風吹我出塵埃海外登高眼界開詰屈蛇盤峯屢轉縱橫羊臥石成堆翠頭紅日臨羣島繞足青雲擁古臺萬里家山杳無際陶然共醉菊花杯　林樹齋登高詩九月南天未入秋葛衣葵扇入山游樓臺縹緲疑三島雲樹蒼茫俯十洲古木陰中初日漏懸崖斷處暮烟浮到無人處澄心坐雲自漫空水自流　楊毓寅檳城重陽詩異地重陽自

不同登高望遠意無窮思親淚灑沾衣雨舒嘯聲回落帽風旅夢有時迷睡蝶家書何處寄歸鴻西來機事多奇巧安得公輸削木工

冬至　李秩軒檳城冬至詩南荒冬日已春風簇簇蠻花照眼紅喜見異鄉時祭禮家祠燕笑敘同宗

除夕　林振琦檳城除夕詩家家爆竹響晴空送舊迎新意不同萬里愁牽帆影外一年事盡漏聲中祭詩虛度他鄉日守歲猶存故國風相約明朝團拜去兒童笑語畫堂東

右時令

鈞案英人不置閏月二十八九日至三十一二日無定以建子之月爲歲首正月朔在冬至後若巫來由吉林諸番其時令尤異詳拙著南洋番俗考茲錄中國流寓諸君所作詩分繫時令下見我　朝天下一家正朔猶行於海外也

檳榔嶼志略　卷之二

永福力　鈞初稿

地輿志

梁書扶南以南入海中爲頓遜國其西爲盤盤國又西南爲丹丹國海中有昆騫國去扶南八千里又西南爲干陁利干陁利國在南海洲上其俗與林邑扶南略同出班布吉貝檳榔天監中其王遣使貢獻方物干陁利之西南爲海中獅子國

鈞按魏源云頓遜在扶南三千里斗入海中爲柔佛等地無疑昆騫去扶南八千里當是婆羅大洲干陁利在其西南當

爲今下港而狠牙修又在其西南當爲今葛留巴之小瓜哇則正與婆利之爲蘇門島相接地勢無一不合矣明史以狼牙修爲印度南之師子國又以干陁利爲三佛齊與婆利合爲一島皆與史不合甚至以蘇門答剌爲條支大食波斯之地則更無足辯矣魏氏以頓遜爲柔佛等地是矣以干陁利爲下港與明史以干陁利爲三佛齊其誤均也梁書云國在南海洲上以說文水中可居曰洲考之下港非在水中而檳

榔嶼則水中可居者且干陁利在梁已產檳榔嶼以檳榔名或以此歟

島夷志略勾欄山嶺高而林密田瘠穀少氣候熱俗射獵爲事至元初軍士征闍婆遭風於山輙損舟一舟幸免見此山多木故於其地造舟十餘隻飄然長往有病卒百餘人不能去遂留山中今唐番雜居

明史麻葉甕在西南海中永樂三年十月遣使齎璽書賜物招諭其國其酋長迄不朝貢自古城靈山放舟順風十晝夜至交

欄山其西南即麻葉甕山峻地平田膏腴收穫倍他國交欄山甚高廣饒竹木元史弼高興伐瓜哇遭風至此山下舟多壞乃登山伐木重造遂破瓜哇其病卒百餘留養不歸後繁衍故其地多華人

鈞按魏源云交欄山爲往大瓜哇婆羅洲必由之路又山高壤沃似即新埠之地是

檳榔嶼考據英國舊史檳榔嶼又名毋呵老壬子島毋呵老黑人也本巫來由種元末入英拜英王行毋利第三爲誼父英人於是始知有南洋各島以其名名此島蓋不忘毋呵老之功也

右故實

鈞案南洋各島皆有故實可考吉德本小國檳榔嶼又吉德屬島故載籍少見魏默深先生謂檳榔嶼即元勾欄山明交欄山誠精於輿圖也然以地勢揆之則梁書干陁利當屬檳榔嶼故首錄之俟考得實凡傳記所紀干陁利事當再補入若英國史所載毋呵老事雖荒遠無可稽然安知非梁之所謂干陁利耶因附於後

貿易通志英吉利本國止產錫銅煤炭然其國人好利爭勝精技藝治船械不憚險遠最大之埠頭如新堡等處

鈞按新堡即新埠

外國史畧英吉利因本國人稠地狹開新埠大興貿易

英夷說英吉利者昔以其國在西北數萬里外距粵海極遠似非中國切膚之患今則駸駸移兵而南凡南洋瀕海各國遠若明呀剌曼達剌薩孟買等國近若吉蘭丹丁加羅柔佛烏土國以及三佛齊葛留巴婆羅諸島皆爲其所脅服而供其賦稅其

勢日盛其心日侈豈有厭足之日哉近粵洋海島有名新埠者英夷以強力據之

鈞案通志言英吉利止產錫銅煤炭史略言英吉利人稠地狹英夷說言其國在西北數萬里外是特貧弱僻遠一小邦耳然而精技藝治船械大興貿易凡南洋瀕海各國皆爲所脅服雖富強之術儒者不道然合而觀之可以知致此之由矣

海錄檳榔嶼英吉利於乾隆年間開闢者在沙剌我西北大海

中一山獨峙

英吉利記國俗急功尚利以海賈爲生凡海口埠頭有利之地咸欲爭之於是精修船礮所向加兵南海中島嶼向爲西洋各國所據者英夷皆以兵爭之而分其利乾隆末已雄海外嘉慶中益強大凡所奪之地曰新埠此海中島嶼也

夷情記略英吉利國前明始大乾隆四十年間創立公司公司者國中富人合本銀設公局遇有可乘隙即用大礮兵船占踞海口設夷目爲監督以收出入稅先後得有孟剌甲新埠新嘉坡等處

鈞按四裔年表乾隆四十年美人推華盛頓爲大將記略言是年創立公司蓋英不得逞志於美遂圖南洋使南洋有如華盛頓其人者不知英更何如也

外國史略檳榔嶼前本荒島乾隆五十年英國公班牙買爲船廠

檳榔嶼紀略乾隆五十一年丙午七月十七日爲嶼開埠之期

萬國地理全圖檳榔嶼對面沿海地方又歸英國轄

吉德紀略乾隆五十一年丙午吉德既以檳嶼讓英後十四年復以威省割歸英國前後兩次皆未奏聞暹王王怒於道光元年辛巳興師問罪奪其疆土吉酋懼逃往檳嶼

鈞案暹羅一小國耳猶能興問罪之師惜無爲之援者考四裔年表嘉慶二十五年英主根的丢克義德瓦卒道光元年若爾日第四嗣立國人輕之暹羅蓋亦覷釁而動耳不然吉德以檳榔嶼讓英已三十五年矣以威省歸英已二十一年矣暹之又久興師問罪豈無故哉

檳榔嶼考英人失美利堅而得東印度遂注意而東乾隆丙午有船主顛特者爲吉德王女壻年以六千員賃檳榔嶼對岸海灣隙地爲埠頭嘉慶戊午有毋拉查者知此島可闢爲利藪遂籌而有之今以新埠呼之

吉德紀略檳榔嶼舊屬吉德乾隆五十年乙巳英國甲必丹賴特代東印度公司與王立約以一萬元賃其地者八年後改每年六千元永歸英國管轄乾隆五十六年辛亥又升作每年一萬元自後如數完納無異嗣因海而有賊船來往擾亂地方復於嶼之對岸買其片地自毋太港起至克里安港止計長三十五邁即今威烈斯省地也每年加二千元共一萬二千元而一嶼一省之地均英有矣

鈞案紀略之甲必丹嶼考之船主史略之公班牙記略之東目名異實同

檳榔嶼考檳榔嶼既與對岸吉德所賃之埔頭遂微因減租價年給四千圓近復議於對岸埔頭開無稜河以資灌溉英人之謀深矣哉

鈞按諸說皆言英先得檳榔嶼惟嶼考言先得嶼之對岸疑誤俟考

新嘉坡紀略道光六年丙戌嶼與坡甲兩埠合而爲一仍以嶼爲總匯

滿剌甲紀略當葡人得麻剌加時西人番船以甲爲東道主是以貿易之盛冠南洋焉繼而帆檣四布愈推愈遠甲遂稍衰然巫來由部暨蘇門答臘各埠猶以甲爲總匯也迨乾隆五十一年檳榔嶼興於是巫來由部暨蘇門答臘各埠均以嶼爲總匯而甲愈衰新嘉坡興於是南洋各埠以坡爲總匯而嶼亦衰三埠之遞爲興衰有如此者

右始事

鈞案英人有事亞洲自檳榔嶼始由是而滿剌加新嘉坡舉巫來由部之地大而柔佛吉德彭亨歸其保護小而芙蓉碩蘭莪大小白臘歸其管轄履霜堅冰由來漸也所以輯南洋島志託始於檳榔嶼

檳榔嶼考檳榔嶼又名毋呵島王子島

外國史略英國結約各國地曰檳榔嶼新埠頭
英吉利地圖說磨面又南為檳榔嶼一名新埠
東行日記檳榔嶼俗稱新埠
瀛寰志略麻剌甲西北海中有島曰檳榔嶼英人稱為新埠
海錄新埠海中島嶼也一名布路檳榔又名檳榔嶼
地理備考新埠島一名布路檳榔在馬拉加海峽之間
檳榔嶼紀略嶼本巫來由部土名波羅碧南波羅華言嶼也碧南華言檳榔也華曰檳榔嶼英仍曰碧南

檳榔嶼考嶼雖產檳榔其名譯音為庇能檳榔似音之轉者
右異名
鈞案新埠新開之埠非地名也荷蘭西之葛羅巴美利堅之新金山皆稱新埠蓋前此南洋多屬荷葡英有南洋自檳榔嶼始故名新埠碧南庇能皆檳榔音近而轉巫來由方言凡水中有山曰浮羅布路波羅亦浮羅音近而轉噫楊子雲有方言之輯鄭之於經馬班之於史亦不能不用方言職是故歟若毋呵老王子島則地以人名此英國史所載中國人無稱之者豈惡其外向而不道歟
海錄周圍約百餘里
地里備考長六十里寬三十里
外國史略廣袤方圓五百里
檳榔嶼紀略長自十三邁至十四邁不等闊自五邁自十邁不等方一百零七邁嶼東約二邁有省曰威烈斯烈長四十五邁闊自四邁至十一邁不等方二百七十邁
吉德紀略英復於嶼之對岸買其片地自毋大港起至克南安

港止計長三十五邁即今威烈斯烈省地也
檳榔嶼紀略碧南共方六百邁光緒十二年丙戌始將島及對岸地改屬息力而碧南僅得方四百邁
檳榔嶼考島長十三迷當半闊五迷當至十迷當不等共得面積一百零六方迷當
右疆里
鈞案一英里為一迷當迷當合聲為邁邁約中國三里紀略一百零七邁與嶼考一百零六迷當皆就方數算紀略又云

得方四百邁就開方數算史略言五百里海錄言百餘里則皆懸揣耳長之數割方十三邁半實四十里零闊之數整方七邁半實二十二里半備考雖據中國里數言亦未確

梁書海中有昆鶩國去扶南八千里又西南爲干陁利干陁利國在南海洲上

明史自占城靈山放舟順風十晝夜至交欄山

外海紀要外國水程論更數駛船每更約一時辰之久福建廈門行舟外海番國順風至檳榔嶼二百二十更廣東瓊州海口順風至檳榔嶼十餘日夜

鈞案外國水程向無定說帆船夾板雖有更數皆約略言之自輪船以沙漏定水程水程始確

乘槎筆記同治五年二月十八日巳刻至新嘉坡行六百八十四里十九日巳刻開行二十日巳刻過波羅雜哈距新嘉坡八百餘里山形如揚子江焦山至午行九百三十六里二十一日過勾勒登山甌拉番山及波羅闉諸山南爲蘇門答臘龍涎嶼在其西是日行八百四十里

鈞按此節山名有誤以水程計之疑卽檳榔嶼

使西紀程光緒二年十月二十八日午初行七百二十里至新嘉坡早過一島曰浩斯白爾有燈樓浩斯白爾大西洋始尋地來中土者也三十日新嘉坡西北行二百一十里過麻六甲西行出印度海英國郵船取道檳榔嶼稍折而北遶至百餘里船主以非西行正路不牌示十一月初一日戊午巳刻至檳榔嶼距麻六甲九百三十三里

東行日記光緒二年十一月十一日巳正二刻錫蘭開船東行連日逆風行甚緩十五日清晨舟折向東南左右有山或遠或近或隱或現絡繹不斷詢知左爲麻六甲右爲蘇門答臘中間海道由西北而東南寬處三四百里狹處近三四十里入口偏左有島名檳榔嶼俗稱新埠亦屬英

鈞案欽使有日記者四人斌郎中所記檳榔嶼有誤曾敏惠西行日記則略焉郭從西出李從東歸合而觀之海道之往來已得大概然舟過境上未嘗停泊所記亦皆得之采訪也

海錄檳榔嶼由紅毛淺順東南風約三日可到西南風亦可行

英夷說近粤洋海島有名新埠者距大嶼山僅十日程

滿剌甲紀略甲埠距檳榔嶼約二百四十邁

英吉利記新埠新嘉坡與麻六甲相連海道順風至廣東之老萬山或六七日程或十餘日云

英吉利地圖說英吉利自金山而南爲急卜礫即海國聞見錄所云呷也蓋海中大地西南一角之盡處由弼傒剌至急卜礫舟行五十日夜皆自西而南自此以後則舟行轉向東北自急卜礫至望邁舟行五十日夜更自望邁而南爲士郎又東北爲

秣達剌沙北爲孟呀剌即孟加剌又東南爲磨面又南爲檳榔嶼一名新埠

右水程

鈞案四裔年表嘉慶二十三年色凡那輪船始至英爲輪船航海之始道光二年英輪船始至法五年始置輪船公司十年始至印度十五年始至廣州外海紀要作於道光八年故言更數海錄以下諸說惟紀略言水程餘皆約舉日期也兹以中國至嶼水程爲先羣島次之英又次之

外國紀要檳榔嶼過西

萬里地里全圖檳榔嶼在西北

外國史略亞西亞地嘴西出蘇門馬六加二地中間爲海峽各島散布如星棋最大者檳榔嶼在西邊距對面貴他（吉德）大山不遠

白蠟紀略夸拉康薩一小村也在白蠟河上流英正總管駐劄於此蓋取其地適中且與檳城相近英副總管駐劄拉魯且其地與檳城近僅隔六十邁由拉魯至克里安河右大路相連而至檳榔嶼有電綫

海錄大亞齊國在錫里西北海東北岸爲沙喇我國山盡處則與新埠斜對

瀛寰志略大亞齊在錫里西北疆域稍大由紅毛淺外海西北行日餘即到山盡處與新埠斜對

環游地毬新錄檳榔嶼右爲亞齊屬荷蘭

海錄吉德國在新埠西又名計噠由新埠順東南風日餘可到

吉德紀略吉德國北界琳琅南界白蠟東界大年西臨海峽與檳榔嶼相望

英夷說檳榔嶼英夷以強力據之與新嘉坡相犄角

英吉利小記英吉利在荷蘭佛郎機兩國西界若南海之新加坡新埠皆其分島也

海島逸志英圭黎華人呼爲紅毛近有新墾之地在麻六甲之西吉德之南與大年相鄰地名檳榔嶼

瀛寰志略麻剌甲西北海中有島曰檳榔嶼

每月統紀傳麻剌甲地方嘉慶年間英吉利以萬古累易之廣東與福建人居此種園耕與實力檳榔嶼貿易

臺灣進呈英夷圖說疏自西北而西南更轉東北而至廣東海中所屬島二十六處皆其埠頭多他國地據爲貿易聚集之所二十一曰檳榔嶼二十三曰新嘉坡皆英吉利埠頭設官主之海中相去或一二千里數千里不等遞相聯絡諸島左右復有別島或自爲國或有荷蘭別國埠頭

檳榔嶼考西人東來由錫蘭出東印度洋入蘇門答臘海峽船若東偏可以望見島上山色青蒼可愛蓋爲東來門戶耳

海國圖志南印度地毗連印度海西爲孟邁孟邁之西海中有島曰檳榔嶼即新埠也其餘小島星布皆無大於此者

星報檳榔嶼南洋羣島中之小島也大小白蠟吉隆芙蓉及辦坑大泥金山銅霞吉打內而高淵古林諸處近而百十里遠而千百里實則有路相通從前如吉隆小白蠟等處雖造鐵路爲程無幾邇聞英人有意大興車路

右形勢

鈞案檳榔嶼海中孤島耳無所謂形勢也然中國至嶼嶼在西北則東南風便英吉利至嶼嶼在東南則西北風便嶼舊

屬吉德吉德與嶼不啻輔車之相依蓋有存亡與共之理者焉乃一再讓地於英英於是近取諸島遠聯三埠海門全境已扼其要況由錫蘭而來則儼然東道主也不得謂非形勢所在也倘羣島鐵路一通如常山之蛇首尾相應嶼居中而策之豈西卑里亞之萬里黃沙所可同日語哉備述之以質知兵者

檳榔嶼志略　卷之三

永福力　鈞初稿

使守志

中國兼轄海門等處總領事　光緒十七年辛卯改新嘉坡領事爲總領事仍駐新嘉坡　大清駐劄新嘉坡兼轄海門等處總領事黃示照得新嘉坡設立領事保護吾民旣十餘年惟新嘉坡以外大英屬地甚多寄寓華民甚盛我總理各國事務衙門王大臣念近日通商之局日開吾民出洋謀生者益眾不可

不加意保護因特咨請出使英國大臣薛商諸大英國外部將新嘉坡領事改爲總領事兼轄海門各處旣經外部允行即奏請將本總領事充補此職復經總理衙門議奏奉諭旨准行茲本總領事業旣到任視事查南洋各島大英屬地除遠處不計外其歸新嘉坡管轄者曰麻六甲曰檳榔嶼城並省曰丹定斯羣島曰威利司雷省曰科科斯羣島是皆屬土此外保護各邦有白蠟石蘭莪芙蓉等處前於西歷一千八百八十五年大英政府聯合各地定其名稱曰實得力寨多爾曼士譯即爲海門

屬部茲當總領事創設之始本總領事到任之初自應普告我華商民人等一體知悉凡新嘉坡總督所轄之地所有寄寓華民本總領事均有保護之責本總領事辦理交涉已十餘年在日本五載居金山四年茲復由駐英參贊調充是缺凡總領事職分之所當盡權力之所能爲斷不敢不殫竭心力上以抒報國之心下以盡護民之職我華商等來寓此間遠者二三百年多有置田園長子孫者近者或十數年或數十年遠方服賈亦能以善居積耐勞苦著名於五部洲而衣冠制度不忘故土頗

年以來屢捐賑款其急公報上之忱久爲中國士大夫所推重尤爲本總領事所愛慕若能視本總領事如一鄉之望一族之長同心合力無分畛域共襄美舉旣可以增國之輝光亦可以延己之聲譽至於負販細民勞苦執役遠適異方自食其力但能安分守業不背地方官法律卽不失爲我國善良本總領事實有厚望焉

兩廣總督張之洞疏略　遵　旨籌議外洋各埠捐船護商情形當經總兵銜兩江儘先副將王榮和鹽運使銜候選知府余

雋先赴南洋有名諸島詳愼周歷飭將設官造船兩事一併密加商度該委員王榮和等於十二年七月二十七日由粵起程先後往查各島埠情形均經隨時稟報頗爲詳悉本年七月各回粵東臣復面加考詢大抵設立領事一節事甚切要勢亦可行查該委員等所歷南洋計二十餘埠先至小呂宋次新嘉坡次麻六甲次檳榔嶼次仰江皆英國屬其抵新嘉坡也與原設領事左秉隆往見坡督各官禮意尙洽該處華民十五萬人富甲各處除衙舍公產外所有實業華人居其八洋人僅得其二

每年往來華官又最多英設華民政務司專理其事立法尙稱公允惟不向中國領事衙門報名情意旣不聯絡而目擊招工客館作奸欺瞞無從禁止亦失保護之旨似應並由中國領事官稽查以重事權而免流弊至麻六甲檳榔嶼兩處與新嘉坡相連華商居多生意繁盛又附屬石郎阿國之吉隆埠皐力國之鐏埠均尙知保護華工檳榔嶼一埠人才聰敏爲諸埠之冠宜添設副領事一員與駐坡領事相助爲理庶可以收後效臣查委員王榮和等于役南洋海程五萬餘里各埠商民覩漢官之威儀仰堯天之覆幬莫不歡呼迎謁感頌皇仁其懇求保護之情極爲迫切查出洋華民數逾百萬中國生齒日繁藉此消納不少近年各國漸知妬忌苛虐驅迫接踵效尤若海上不安其居則歸內地沿海驟增無數游民何以處之故保護之舉實所以弭近憂而非以勤遠略也儻蒙朝廷設立領事加意撫循則人心自然固結爲南洋無形之保障所益靡淺其設領事之處就其餘款酌撥若干量設書院一所亦先從小呂宋辦起由臣捐資倡助並購置經書發給存儲令各該領事紳董選擇流

寓儒士以爲之師隨時爲華人子弟講授使其習聞聖人之教中國禮義彝倫之正則聰明志氣之用得以擴充而愈開水源木本之思益將深固而不解從此輾轉傳播凡有氣血未必無觀感之思

駐英欽差大臣薛福成疏略　竊臣查光緒十五年兩廣督臣張之洞派遣委員副將王榮和知府余瓗訪查南洋各島華民商務奏稱該委員等周歷二十餘埠約計英荷日三國屬島應設總領事者二處正副領事者各數處經總理衙門議覆在案

臣於光緒十六年七月准總理衙門咨稱據海軍提督丁汝昌文稱此次巡洋如附近新嘉坡檳榔嶼各島皆未設領事擬請各設副領事一員即以隨地公正殷商攝之統轄於新嘉坡領事應先與該外部商定核給憑照如能辦到實於華民有裨等因到臣當經辦文照會英國外部援照公法及各國常例聲明中國可派領事分駐英國屬境俟商有端倪再咨明總理衙門詳籌妥辦臣竊思領事一官關係緊要而南洋各島華民繁庶若不統論全局則一事之利弊無以明若不兼籌各國則一隅

之情勢無由顯臣謹綜其始終本末爲　聖主敬陳之大抵外洋各國莫不以商務爲富強之本凡在他國通商之口必設領事以保護商人遇有苛刻隨時駁阻所以旅居樂業商務日旺即遊歷之員工藝之人亦皆所至如歸而西洋各國領事之在中國權力尤大良由立約之初中國未諳洋情允令管轄本國寓華商民與地方官無異洋人每有人命債訟等案均由領事官自理往往掣我地方官之肘前後中國各口之枝節橫生亦實由於此然即在他國不理政務之領事僅以保護商務爲名

者各國亦視之甚重稍有交涉即籌建設蓋枝葉繁則本根固耳目廣則聲息靈民氣樂則國勢張自然之理也中國領事之駐外洋者在英則有新嘉坡領事在美則有舊金山總領事有紐約領事在日則有古巴總領事有馬丹薩領事在秘魯則有嘉里約領事在日本則有長崎橫濱神戶三處領事有箱館副領事蓋南北美洲與日本各口迭經總理衙門與出使大臣籌畫經營建置較密惟南洋各島星羅棋布形勢尤爲切近華民往來居住或通商或傭工或種植或開礦不下三百餘萬人臣

竊據平日所見聞參以張之洞原奏計華民萃居之地荷日兩國所屬應專設領事者約四處法英兩國所屬應專設領事者約五處此外各埠如檳榔嶼等處已可相機設法或以就近領事兼攝或選殷商爲紳董畀以副領事之名略給經費而以就近領事轄之斟酌盈虛隨宜措注要亦所費無多就南洋各島而論祗須設領事十數員大勢已覺周妥

駐英欽差大臣薛福成奏　爲瀕海要區添設領事揀員調充恭摺仰祈　聖鑒事竊臣承准總理衙門文開准北洋大臣李

鴻章咨稱海軍提督丁汝昌巡歷南洋目擊華民人數巨萬生齒殷盛既設領事之處尚稱安謐其餘頗受欺凌無不環訴哀求請設領事咨令酌度情形試與英國外部商議如能辦到實於華民有裨等因臣竊謂酌設領事所費無多而收效甚速倘於去年十月統籌全局縷陳　聖鑒在案查南洋流寓華民頗有買田宅長子孫者而拳拳不忘中土疊次防務賑務捐數甚鉅既據同聲呼籲不可無以慰商民望澤之誠示國家保護之意惟設立領事條約本無明文各國知此事於我有裨往往靳

而不許即英國前議亦謂中國只能照約而行不能援引公法臣初與外部商議先破其成見謂中英方睦豈容與泰西分別異同再四磋磨外部始允照各友邦一律辦理仍謂審量情形刻下或有難盡照辦之處臣亦以經費有常必須擇要興辦礙難處處徧設查香港一島為中外咽喉交涉淵藪前使臣屢商未就臣擬於香港設一領事官其新嘉坡原設領事改為總領事兼轄檳榔嶼麻六甲及附近英屬諸小國小島若慮鞭長莫及或就地選派殷商充副領事以資聯絡由總領事察度稟臣

核辦臣既函商總理　衙門復明告外部外部尚以中國官吏未諳西例為慮臣告以新嘉坡領事左秉隆在任十年彼此往來素稱和睦臣署參贊官黃遵憲前充美國舊金山總領事四年穩練明慎中外悅服擬以此二員充補外部乃無異辭合無仰懇天恩俯念員缺緊要准將駐英二等參贊官二品銜先用道黃遵憲調充新嘉坡總領事官花翎鹽運使銜先用知府左秉隆調充香港領事官於交涉事務流寓商民必有裨益除另將酌擬經費增派隨員詳細辦法咨呈總理衙門外所有添設領

事揀員調充緣由理合恭摺具陳

鈞案改新嘉坡領事為總領事之議張制軍發之薛欽使成之並錄之志事之所由始

黃楙裁南洋形勢說　方今東西洋各國既已分遣使臣設立領事梯航重譯修好睦鄰而咫尺南洋豈可視為緩圖查歐洲諸國華人寥寥無幾惟南洋羣島所在多有綜而計之不下數百萬眾泰西之商皆糾合股分萃為公司貲本富厚多財善賈華人則隻身空拳不數年而致鉅富者有之經營貿易之事獨

爲擅長至於開墾耕種能耐勤勞尤非番人所及華人愈多市埠愈盛故諸國始而招致繼而妒忌既無官長保護難免害政侵漁宜將戶口詳細稽核凡滿萬戶以上設立領事一員不及此數者或數埠共一領事領事之下分設各長令商民公舉夫英人佔據各處馬頭多係公司衆商之謀今可仿其意爲之客長之中有才能素著爲衆所服者卽給以頂戴畀以職事上下一體中外一氣將見生齒日繁商賈漸興南洋數十島之利權一旦盡歸於中華矣

吳曾英論令南洋各島圖　今中國商於南洋亦多畏苦令若設官其地與之立約不准掊克聚斂虐我商民彼不奉約借各國公使執萬國公法與彼理論如商民中有雄傑出衆者授以領事等職俾審其山川之向背圖其幅員之廣狹測量其海道之淺深并偵探西夷動靜以聞

右欽使

鈞案南洋設領事自新嘉坡始至光緒辛卯始改新嘉坡領事作總領事統轄海門羣島於是檳榔嶼始有領事然相去千餘里聲息不通則副領事之設誠不容緩也至新設副領事仍選本地富商爲物望所歸者風俗既嫻情誼亦洽茲錄近人奏疏論說見選本地富商充補副領事之議固前人所已發也

英國所設官

萬國地理全集檳榔嶼英立總文官兼攝檳馬新等處

瀛環志略英有大酋駐息力總理息力麻剌甲檳榔嶼三埠貿易之事

檳榔嶼紀略嘉慶十年己丑東印度公司始在嶼埠設大酋令與麻得拉士孟買兩處大酋並行道光九年己丑嶼始裁撤大酋而以他員代之道光十七年丁酉英始改建總匯於坡埠而嶼次之

鈞案全集所紀嘉慶年間之官制志略所紀道光年間之官制惟紀略言沿革較詳按紀略載英國官自議政司下更二十一員并錄於左

議政司

地租司
山林司
庫務司兼印務司
營造司兼量地司
善民副護衛司
船政司
機器測量司
郵政司

臬司
總訟司
錢債司
封官
教師
監院
醫官
巡理廳
巡捕廳
司獄
統兵官
工部局員
各國所設領事官
荷國總領事
暹國正領事
德國正領事

粵國正領事
比國副領事
丹國副領事
葡國副領事
法國委辦領事
美國委辦領事
意國委領事

鈞案右各國領事官據檳榔嶼紀略錄領事官分三等曰總

領事曰正領事曰副領事亦稱爲頭等二等領事更有學習領事掌文案庶及委辦領事總領事爲衆領事之長頭等二等領事俱歸管轄至委辦領事因地廣事繁總領事等官才難兼顧委人代辦以便照料但不列於職官其經手事惟正副領事是問委辦稱職或賜以副領事之銜以示獎勵西例領事有由本國特遣者有委該處商人者蓋小國國課有限特遣則經費較鉅而商務又不可忽故多從權委派商人辦理所謂委辦領事也

右西酋

英夷說英夷以強力據之發敘跛兵二千駐防其地與新嘉坡相犄角居然又一大鎮矣

海錄英吉利駐防番兵三百又有敘跛兵三千餘

右屯戍

鈞案英之兵數千不必皆英人也流寓者二十餘萬所駐之兵防流寓乎抑爲流寓防乎蓋英能撫此流寓在律例之寬不在兵也不然荷蘭之於亞齊法之於西貢兵豈不多哉

皇朝通考司漢人貿易者曰甲必丹

海國聞見錄分官屬曰甲必丹

英吉利地圖說凡管理貿易及船政官皆名甲畢丹卽明史所稱加必丹

海島逸志荷蘭所推甲必丹有大雷珍蘭武直迷朱葛焦諸稱呼

右推舉

鈞案英國甲必丹賴特開嶼有功檳榔嶼紀畧檳榔嶼考皆載其事而鄭嗣文爲白蠟甲必丹見白蠟紀畧嗣文檳榔嶼人此英設甲必丹之可考者至檳榔嶼人爲荷蘭甲必丹據長慶寺石刻有紡裏甲必丹温言提又有紡裏雷珍蘭林德水紡裏雷珍蘭邱登果雷珍蘭亦甲必丹也此荷蘭設甲必丹之可考者但荷蘭甲必丹檳榔嶼人任其事者尙多俟考得實補錄茲錄有文字可考者

鈞案遊覽隨筆載西人之論曰西國簡明達大臣爲公使駐中國首在聯兩國交誼必使中外輯睦相安無事設臬司以

平詞訟領事以理貿易庶務參贊者參其議贊其治也繙譯者通其文字語言也慮或不虞當資防護焉故有水師之設也慮或鬪爭竊盜當資稽察巡緝焉故有巡捕之設也大小文武之俸廉兵捕之工食公署房舍兵船器械軍火等項歲需千百萬無少吝惜此欲旅居商民之咸遂其生無異於居本國也然吾西人散居中國不過數千耳而中國人之散居外國者約百餘萬無中國官員以鎮撫之其能免於欺凌乎李氏圭對之曰是嘗鬪之矣三藩謝司戈之華人不容於愛

黨新嘉坡之華人傷斃於土人若夫受害於古巴秘魯更不能以數計就華人之在日本者亦不甚甘受其轄制他如澳大利亞麻六甲爪窪檳榔嶼各島華人雖未聞有釁恐未必能久安無事也然我中朝惠育元元豈於費有少惜哉特不意華人在外竟若是也近已簡公使簡領事分駐各國矣李氏之對西人善矣惜其辭未盡也總之泰西各國地狹留意商務名曰設官護民實爲利也中國幅員遼廣常有鞭長莫及之勢北省墾務南省鑛務皆自然之利尚闕之而不發論

者皆曰西國富強不知彼所謂富者公司機器埠頭餉款耳彼所謂強者輪船水戰鎗礮火攻耳然而西國之人貧不聊生而內亂邊釁亦未嘗一日無也蓋財聚而不散小民轉難謀食即以力服人力盡而服者亦叛以彼一隅之地幷且立見中國土地之大人民之衆使不於本原上加之意西法豈可恃哉日本自行西法上下離心非前車之鑒歟然中國不留意商務故利權多爲西國所擁夫商務非經世之良謨固救時之先著中國自同治後嚴備海防星軺四出問俗采風

公使所駐參贊繙繹隨焉日美各國既立領事而郭曾二欽使奏設新嘉坡領事張制軍薛欽使奏改新嘉坡領事爲總領事並請於檳榔嶼各埠增設副領事黃君懋材與薛欽使皆言設副領事就各島殷商紳董選擇此即西國所謂委辦領事稱職者賜以副領事之銜也竊謂如就各埠總管甲必丹之類擇尤授職較覺妥便然此亦在殷商紳董之列也蓋中國政體由內而外由本而末由大而小即設立領事一節已可概見矣彼西人烏知之

永福力　鈞初稿

流寓志

王榮和事略　兩廣總督張之洞奏派榮和赴南洋諸島周歷榮和於光緒十二年七月二十七日由粵起程次年七月回粵歷二十餘埠先至小吕宋爲日斯巴尼亞屬次新嘉坡次麻六甲次檳榔嶼次仰江皆英屬次日裏次加拉巴次三寶壠次泗里末皆荷蘭屬次新金山之鉢打穩次雪梨次美利濱次亞都

律省次衮司倫皆英屬其抵小吕宋也時土人聯名擬逐華工榮和到其議遂寢其抵新嘉坡也與原設領事左秉隆往見坡督各官禮意尚洽該處華民十五萬至麻六甲檳榔嶼兩處與新嘉坡相連又附屬石郎阿國之吉隆埠卑力國之錫埠均經保護華工其抵緬甸之仰江也榮和偏加訪察言地自英據後餉設戍密邇騰越他日必爲中國患其抵日裏也該處華工亦萬餘所業種烟製烟工頭任意虐待榮和告知荷官允爲設法整頓其抵加拉巴也該處華民七萬餘其附近之波哥內埠文丁內埠皆有華人聚處又三寶壠與疏羅及麥里芬泗里末惹加等處皆荷蘭屬地華人二十餘萬荷官橫肆暴虐榮和接見華商備言其苦其抵新金山之打鉢穩埠也華工三千餘雪梨附近華人萬餘美利濱埠旺加拉打埠必治活埠巴拉辣埠紐加士埠市丹搭埠均屬新金山外埠惟庇釐市檳埠係衮司倫之省城又有湯市威路埠波得忌利士埠及谷當埠每處華人自數百至千餘不等榮和皆勤加撫慰小吕宋近中國華民望切倒懸必須先設總領事擬派榮和爲駐劄小吕宋總領事緣

該處多閩人榮和籍隸福建穩練精詳究心洋務素爲閩人信服此次出差南洋親歷小吕宋各埠熟習情形深得竅要以之充當總領事人地相宜榮和檳榔嶼人嶼中人稱之曾任福建督標左營叅將周歷南洋時官至兩江副將總兵銜具此才略竟志以没惜哉

李道熙傳略　道熙早廢舉業客檳榔嶼久以貨殖起家積產十數萬金捐創海澄吾貫社學此錫五茂才所述者所居門榜曰李氏家塾考之禮黨庠州序里塾然宮室之制於大門東西

夾室亦曰塾此家塾所自仿歟道熙之創社學里塾也若家塾則優爲之矣道熙字焜燿福建海澄人中書科中書

邱忠波傳　忠波海外之豪傑也中年多病累月不起然其聲雷如其氣虹如其目光閃閃電如座上客滿隨問隨答書札積累寸支床展閱未見其疲也海外商務之大忠波爲最中國則上海甯波廈門香港汕頭海外則新嘉坡檳榔嶼滿剌甲諸埠其餘吉隆白蠟之錫鑛西貢仰光之舂米機器有輪船十數艘爲之轉運受腹心之寄任指臂之勞凡四五千人仰而食者則

不可數計焉足不下樓壁畫井井當世所推爲物望者至忠波前往往有踧踖之象所以令人敬服者可想矣其見識之遠信義之著爲英酉所服貨財交涉一諾立決不惟中國人重之也中國人購輪船自忠波始英酉乘間陷之法據例與爭酉褫職去聞者快焉自是西人愈偉視中國人生平自奉薄然凡善舉樂輸恐後中國海防水災振員勸捐極力報効好造就人才淩爲人負雖數萬金以情告不較也忠波雄才大略不可一世惜終老海外當事無爲之汲引者使得所展布當亦劉晏卜式之流歟忠波字如松福建海澄人十五客檳榔嶼卒年六十海防賑捐出力授候選道加三品銜

李灼傳　灼能詩能書能古篆篆能運腕神似鐘鼎文字臨石鼓亦得其大意嘗以篆法寫蘭筆筆藏鋒詩初學然力爭上流居檳榔嶼久故筆墨散見者多嘗手錄升菴詩題其後云升菴之論詩云詩之爲教六情靜於中萬物盪於外情緣物而動物感情而遷是發諸性情而協於律呂非先協律呂而後發性情也古人之詩一出於性情後人之詩必潤以問學性情之感

有邪正問學之功有淺深此皆存乎其人也又云緣情綺靡而温柔敦厚之意荒矣又云詩歌至杜陵而暢然詩之衰颯自杜始經學至朱子而明然經之拘晦自朱始非杜朱之過也效之者過也總觀所論探驪得珠眞駿在骨振古之學識一代鉅材也故所爲詩未嘗不緣情綺靡而仍不失乎温柔敦厚性情既正學問亦純意多風喻詞兼比興後世之詩足以繼風騷者升菴其巨擘也選其尤者錄爲一編升菴有知其亦許爲知言歟觀灼之論升菴詩可知灼之詩矣灼字秩軒廣東　縣人著有

秩軒詩草

魏望曾傳　望曾能畫尤精醫術家貧親老橐筆南游辛卯三月至檳榔嶼居八月入吉隆坡十二月歸舟至汕頭沈有救望曾上小舟者小舟覆卒死焉望曾性靜好學讀傷寒金匱多心得嘗言痙濕暍篇已括溫熱治法其論痙病云痙由津液不養筋第三節備言誤汗誤下爲致痙之故以汗下亡津液也第一節以惡寒之實證爲剛痙以不惡寒之虛證爲柔痙然其外皆發熱第四節言痙之病象如面赤頭摇口噤背反張皆熱也皆

津液爲熱鑠也末三節或用括蔞桂枝湯或用葛根湯或用大承氣湯藥之輕重視病淺深要不外清陽明之熱使津液不傷也而灸瘡難治亦以津液傷不能發膿則欲知致痙之由與治痙之法亦惟於津液加意而已其論濕病云濕由脾土虛寒未入陽明斷無下之之法其爲病也或身疼或發熱或色如熏黃爲濕家之提綱要皆不可下也或取其微汗或利其小便若頭中寒熱非汗與小便可解則有納藥鼻中之一法濕在外則脈浮浮則宜汗濕在下則脈沈細沈細則宜利小便至第十節云

虛浮而濇桂枝附子湯主之以下文小便自利之桂枝湯例之則用桂枝者必小便不利可知矣以上節與麻黃白朮湯發其汗爲宜例之則此不用麻黃白朮者必已汗可知矣雖發端有太陽病一語然指傷寒之挾濕者非濕家皆由太陽病始也而日晡所劇則寒熱化燥傳入陽明之候其方仍是麻薏杏甘以太陰脾土虛寒雖有中焦鬱熱無實證仍從汗與小便解非陽明有可下者比也然瘧病以承氣爲主方暍病以白虎爲主方而吳又可瘟疫論除邪在膜原用達原飲外汗以白虎下以承

氣至吐法亦有用瓜蒂者可知溫熱治仲景已示之的俟讀者之自領耳噫望曾之精於醫無知之者觀其所論固已升長沙之堂而入其室卒死於海哀哉所作畫嶼中多有藏者望曾福建閩縣人

右傳略

鈞案海外志書傳人物者惟王柳谷海島逸志然臚陳瑣事頗近叢談茲錄五人王榮和名宦也李道熙邱忠波貨殖也李灼魏望曾藝術也之五人者鈞所知也至生存未得立傳

及可以立傳而事實未詳者尚多也繼此勤搜博采傳其可傳他日志蠻夷者或有所取歟夫蠻夷入中國古有之矣今則中國之人散處蠻夷中是亦可以覘世變矣

島夷志略元初軍士征闍婆遭風於山有病卒百餘人不能去遂留山中今唐番雜處

明史元破爪哇其病卒百餘留養不歸後益蕃衍故其地多華人

東行日記聞檳榔嶼華人實繁有徒

檳榔嶼考島上居民中國人最多次則巫來由間有暹羅緬甸人歐洲不過六七百人而已

外國史略居民五萬一千日增月盛四方雲集福建人尤多居然都會國家所費有限而收餉過之

萬國地里全圖居民五萬四千丁其中有一萬係漢人

瀛寰志略居民五萬四千閩廣人居五分之一亦歸英吉利管轄

鈞案萬國地里全圖瀛寰志略皆云居民五萬四千疑志略

即據全圖而錄者志略作於道光二十八年戊申時居民似不止此數也

檳榔嶼紀略光緒七年辛巳人民一十萬零五百九十七口內有華人六萬七千八百二十計居檳榔嶼者四萬五千一百三十五居威烈斯烈者二萬二千二百一十九居頭頂者四百六十六其居檳榔嶼者計福建人一萬三千八百八十八海南人二千一百二十九客籍人四千五百九十一廣府人九千九百九十潮州人五千三百三十五土生華人九千二百零二其居

威烈斯烈者福建人二千六百八十海南人三百八十二客籍人二千三百一十二廣府人二千一百一十二潮州人一萬三千四百五十八土生華人一千二百七十五

天下戶口考光緒十七年辛卯稽查戶口時檳城戶口在工部界內男五萬九千人女二萬六千人合計八萬五千人工部界外東北境男七千二百人女三千二百人合計一萬零四百人西南境男一萬四千四百四十人女二萬二千九百人合計五萬一千八百八十人中境男女計三萬二千一百十八人北境男一

萬六千一百八女七千二百八合計二萬三千三百八以上統計二十二萬七千三百六十八人

鈞案西例十年一查戶口同治十年辛未嶼戶口十三萬三千零六十四人叻則九萬一千一百三十一人甲則七萬七千七百五十六人時嶼多於叻四萬餘人多於甲五萬餘人至光緒七年辛巳嶼戶口十九萬零五百九十七人叻則十三萬九千二百零八人甲則九萬三千五百七十九人時嶼多於叻六萬餘人多於甲九萬餘人光緒十七年辛卯嶼戶

口二十二萬七千三百六十八人叻則十八萬二千六百五十八人甲則九萬零九百五十八人時嶼多於叻四萬餘人多於甲九萬餘人就嶼戶口計自辛未至辛巳增六萬七千餘人自辛巳至辛卯又增九萬四千餘人觀戶口之增減即可知地方之盛衰鈞所考人數皆據西報光緒辛巳與紀略所載不同必有一誤俟考

叻報辛卯年實得力入口人數言是歲往檳榔嶼之人男子計二萬六千三百四十七名婦女計一千七百一十口小孩計八女二百五十一名共一千零六十三名

辛卯年英護衛司花冊檳城妓女一千一百八十人檳城之過港四十六人共一千二百三十三人而勾院則檳城九十九間檳城之過港七間共一百零六間

鈞案檳城一隅勾院至九十九間妓女至一千一百八十人有此銷金之窟何怪流落他鄉貧不得歸者之多哉

在戶籍

鈞案西人重戶口稽查極嚴據瀛寰志略道光戊申戶口五

萬四千檳榔嶼紀略光緒辛巳戶口十萬零五百九十七計二十四年增四萬六千餘至光緒辛卯戶口二十二萬七千三百六十八計十年增十二萬六千餘夫天下物力只有此數生齒日繁財源日匱此勢所必至也檳榔嶼一隅如此則海南羣島可推矣

檳榔嶼志略　卷之五

永福力　鈞初稿

名勝志

島夷志略句欄山嶺高而林密

明史交欄山甚高廣饒竹木

萬國地里全圖檳榔嶼在西北有高峯山水甚美

外國史略檳榔嶼有高山有溪地氣和暖山水甚美

瀛環志略麻喇甲西北海中有島曰檳榔嶼內有高峯山水清

勝

東行日記內多高峯山水清勝

釣案島夷志略明史皆言山高全圖史略皆言山水甚美志略新錄皆言山水清勝則檳榔嶼山水勝美著聞久矣張香濤制軍稱人才聰敏冠諸埠是亦地靈人傑之一驗歟諸君子生長其間勿負鍾毓之奇爲中國光則山川亦爲之生色矣

蛇莓山一名旗山輪船出入英人在山上升旗爲識故名

檳榔嶼紀略嶼中有高山名蛇莓子出海三千尺　檳榔嶼考島北有土吐羅牌利山高二千九百二十二尺土吐羅牌利譯言蛇莓或譯爲蛇床子因山有是草故名二草不同未知孰是

林載陽游旌旗山詩不辭鑿險更縋幽况有亭臺慫壯游巖隙日明千樹曉海門船載一天秋眼看破浪身逾健詩到登高氣倍遒遥望安南杳無際養雞時切杞人憂　吳春程游旌旗山詩細細苔斑匝地青山光淡蕩水清泠長歌不敢高聲唱怕有潛龍潮底聽路迴不覺入林深濃翠紛紛滴滿襟風送海濤

天自語浮雲舒卷却無心

蛇莓山瀑布俗呼石流水　檳榔嶼紀略嶼中蛇莓山有瀑布長百餘尺爲最勝處　宴遊紀略至山腰舍車而徒怪石屹立形狀不一古樹參天野鳥格磔水流石上如瀑布百尺倒懸奔騰而下英人於此鑿一池以鐵網蔽其上水味清且甘復循水勢用鐵管曲折引達通衢使居民便於汲食池之傍茅屋三椽有英差二人值宿防人在源頭洗濯者　力鈞蛇莓山觀瀑記噫此水也非嶼中數十萬人所資以生耶英人於水瀦處砌石

為池澄而清之注入鐵管以便用者計所用以取餉所謂自來水也西國皆然中國上海香港亦行之矣聞新嘉坡因小民譁噪將塞水源賴甲必丹陳金鐘爲陳利害事乃寢噫是英人之於自來水不惟便用者因以取餉已也夫嶼人皆有恆產視新嘉坡五方雜處者異然使數十萬人所資以生者驟而絕之其能晏然息乎吾於此水歎英人養生之善營利之工未嘗不感新嘉坡之事也吾知英人必知所以懲之矣　紀雪庵游石流水詩十里長途轉瞬間陰陰雲樹擁青山溪邊尚有桃花片劉

阮而今去不還

蛇莓山下公家園　西俗雜志公家花園極大種植各種樹木花草任人遊覽婦女兒童牽裳聯袂絡繹不絕有攜針黹就其中刺繡者團坐嘻笑旁若無人

鈞案公家花園西人隨地皆有使西紀程所謂洪家園爲闊廣人公地是也檳榔嶼公家花園在蛇莓山下石流水邊

海珠嶼　童念祖海珠嶼紀游序距檳城五六里西北山盡處有奇境焉曰海珠嶼嶼一名寶珠有祠祀福德神乙酉中秋邱君哲卿偕余往沿途花草紅綠相間過一村市板橋流水茅屋窣羅老圃老農樂天自適有不覺相形見絀者至則從漁家籬落穿過見磊磊大石橫臥波中潮來相激浪花滾雪作澎湃聲隨園老人過浙西七里瀧有鸕鷀到此都清絕不去啣魚看釣漁句眞極肖也前有虛閣瀕水游者憩焉邱君如南肅余入時林子巽齋壬水瑤圃載陽謝子芹邱子漢炎先至矣坐定有科頭跣足者走且言曰吾釣於海大魚吞鈎去視之則吳子浪仙因戲之曰子不鸕鷀若也羣拍掌笑邱顯承茂才後至出示

紀游舊作邀與同飲酒半雛姬奏曲管絃喧騰又與水聲相和答矣談諧方酣日已西下涼風習習不知人間有炎熱氣如南指數石言曰如此丈人不可不結文字緣當徵詩以紀其勝諸子然其言且訂後約屬余記之爲他日刻石之券云　吳春程海珠嶼游記乙酉仲秋余約同人游海珠寺北亭時也細雨散珠明霞垂黛俯仰旣寬行坐自適石漱流而噴薄亭凌虛而嵌崎况復長松展蓋細草敷氈樹影波影花香衣香短籬曬網漁父歌酣古寺課鐘野僧坐定默領靜趣別有會心旣臨風而舒

嘯亦選石而題詩然而浮生若寄勝會何常月圓易缺水盈必消騷人沈醉雛姬罷歌四座無譁孤影自弔觀游魚而知樂狎浮鷗而忘機不有佳作曷伸雅懷略紀勝游用示來哲他日好古之士覽勝而來摩崖鋟刻想象遺徽則蘭亭雅集傳之右軍赤壁名區託諸子美未可知也　力鈞游海珠嶼記至檳榔嶼次日主人招游海珠嶼距嶼數十武漁人之居相錯不知路之可通至則野廟一區巖覆其上中祠福德神僧寮在其右左一閣扃焉僧導余入謂可觀海波影鏡平中浮一島如對西湖孤

山斜陽一抹三兩短蓬如揚子江頭晚眺浪花噴石雷聲轟轟又如舟行建溪時南游六月無日不觀海今乃知海之變態有如是者步而坐坐而臥臥而起忽欣忽戚忽驚忽喜忽而騃立忽而狂舞忽而沈思忽而自語乾坤莽莽四顧無人幾忘身在異鄉也將行與山僧別僧睡矣再過漁人之居或歌或醉矣歸寓樓已上鐙因憶九年前是日長女生慰情勝無舉家歡慶越二年甲申辟亂入山舟泊竹崎波濤澎湃與寺前之水相似長女驚啼其母撫之徹夜不寐今則弱息候門亡婦在殯高堂白

髮無以爲歡獨倚闌干仰視雲漢牛女相望欃槍未掃誦白香山忽聞海上有仙山山在虛無縹緲間句爲之惄然誦杜少陵安得壯士挽天河淨掃甲兵長不用句又爲之憤然他日者倘得分山僧半榻持竿與漁人伍安見海外之果無釣臺哉辛卯七月七日記　孫伯楚游海珠嶼詩老樹盤危石天風吹海濤摩雲千嶂削而水一亭高勝地誰題碣清游自可豪蓬壺招手近人世等鴻毛古剎明斜日風高鷲背寒浪花翻石壁散作萬珠溥欲訪仙人宅蒼茫雲水寬扁舟散髮好何處覓漁竿　楊

毓寅游海珠嶼遇雨詩日暮烏鴉拍拍飛漁翁醉臥釣魚磯雨行濃翠波羅樹中有人家未掩扉　吳春程海珠嶼釣魚詩獨向水邊坐漠然無所求只知魚可樂長與鷺爲儔身世波濤闊襟期雲水悠勞勞徒自苦萬事付浮漚　僧心光遊海珠嶼詩咫尺靈山見得不未醒塵夢莫勾留閒看海上團團月疑是明珠夜不收　謝召勳游海珠嶼句風迅帆飛山却走雨狂濤吼石聯吟

寶樹巖　力鈞游寶樹巖記辛卯重陽林成德約余游寶樹巖

距巖里許路傾仄舍車而輿山半有亭亭有陳　孝廉協聯過數百武砌石爲階百數十級有亭翼然則寶樹巖也左一亭吳淡如觀察率其眷屬建者有碑記姓氏年月前有惜字爐邱杜二女子合造巖之顚羊腸徑曲有挑蔬者側足而下三五女伴泥首神前起而擲筊若喜若驚不知其何求也笑語之聲與流泉相和答俄而雨脚全收日光四射大海不波瑩澈如鏡成德出酒肴饗客席地而坐一望無際如在鼓山另前峯既醉而歸一步一顧石洞中蝙蝠拍拍向人飛彷彿方廣巖風景至舊路又舍輿而車車夫駕以俟余倦甚睡於車忽而人心譁甚驚醒已抵寓廬矣

天香山　清觀寺在天香山上有石磴千二百級俗名千二楼先是山有鬼人不得入粵人某往闢至山半宿聞鬼語曰主人至矣勿犯葉季允博士述　李秩軒游清觀寺詩辟蘿山徑御風行衣袖飄飄萬慮清纔向叢林深處出綠雲天際又相迎海天如畫樹如屏萬水千山到眼青忽地冷風吹夢醒花前低首拜山靈　李秩軒游清觀寺歸途卽景詩明發孤猿叫朝躋宿

雨收崖光空亘溢峯令翠交流鷁綬懸車側蠙衣徙道周松崦嫆碧這覽湧委紅穊霧濕花文掩林陰日氣浮抗埜高擢巘飛練下垂湫草暖眠鼻鹿泉香飲竹鷳絕蹊籐拓架飛棧竹分疇邱壑因依勝風煙吐納幽奔波隨物役放浪亦天遊道向鴻濛悶珠令罔象求青山可終老底事更夷猶

檳榔嶼城　檳榔嶼紀略城建嶼之東北英人名卓耳治城前臨海峽水闊而深可容大船停泊　檳榔嶼考碼頭在島東北名志呵楮爲全島要區礮臺卽在其上　李秩軒檳城晚眺詩一帆風飽趁潮來滿目塵沙撥不開最是令人腸斷處檳榔城上角聲哀　魏望曾檳城步月詩凉風吹鬢雨沾衣幾度言歸不得歸踏遍檳榔城外月夢魂遥逐海雲飛　童念祖抛毬場詩高盤螺髻小垂髫窄袖輕衫别樣嬌待到日斜新月上抛毬場外看歸潮

鈞案西人於礮臺外築圍牆卽謂之城檳榔嶼雖有城名實則礮臺滿剌加紀略稱海濱葡萄牙故城至其地亦一礮臺也聞吉德於姑林地方築城至其地亦一礮臺也毬場在城

畔

石山水

鈞案蛇莓山英人以爲升旗地山下瀑布則閩嶼自來水源所從出也公家園即在蛇莓山下瀑布邊檳榔嶼城在海峽城中有大礮臺城外即毬場然蛇莓山腦也檳榔嶼城咽喉也若海珠嶼寶樹巖則股肱也惟天香山爲脊背之地自來名勝所在往往險要寓焉此非深於山水游者不知也

偷閒閣　謝昌年和偷閒閣即景原韻海氣浮空雲影青山如環堵樹如屏游仙入夢迷三島估客偷閒共一亭興盡羨他飛鳥返句奇怕有老龍聽年來悟得浮生旨便學癡頑百不靈山腰雲滃佛頭青一望空濛著色屏遠岸椰林密如箐近街草閣小於亭恪思水族然犀見斧變泉聲駐馬聽兩樹菩提留美蔭要他常護鏡臺靈地老天荒海鏡青封茅前代亦藩屏豆分瓜剖無完土虎臥狼偵總不亭碁手罷彈甘守默琴心未喻強來聽請看億兆車牛賈畢竟華彝孰蠢靈儒冠誤我敝袍青枉說詩聯在御屏桑梓無家到荒服蓬萊有侶隔林亭蠻鄉漢俗憑

誰化鐳女吳歌勸客聽低首錢神三百拜一拳頑石幾時靈

鈞案昌年字壽田戶部主事江西人詩作於戊子仲秋鈞從檳城裱坊見其舊稿錄副藏焉至偷閒閣尋農部詩無知者原韻何人所作亦不可考

燕閒別墅　力鈞燕閒別墅記燕閒別墅陳儷琴司馬偕同志諸君子游燕地也左領事自檳城歸爲余言墅中朋游之盛觴詠之雅且盛稱司馬爲人至檳城鄭慎之觀察佑余墅中日與司馬處益信領事之言不虛余維墅以燕閒名蓋取仲尼燕居孔子閒居義也夫孔子一言一行不可以易而學況燕閒時哉然孔子不嘗有居夷浮海之思乎其告子張曰言忠信行篤敬蠻貊之邦行矣其告樊遲曰居處恭執事敬與人忠雖之夷狄不可棄也諸君子日與蠻貊夷狄之人處非求所以可行不可棄之故雖欲長此燕閒不可必也然果能言孔子言行孔子行以孔子之道化蠻貊夷狄此即孔子居夷浮海之思乎司馬固能用夏變夷者諒不以余言爲迂與

清芳閣　閩人游燕地王明德創　力鈞題楹聯清風明月皆

詩料芳草斜陽入畫圖

澄懷園　李丕耀別業　林瑶圃書澄懷二大字　力鈞澄懷園記余在閩習聞李君丕耀名至檳城君方攜妻子游東瀛既歸介廖錫五茂才招飲三日請記其園園大半畝亭而不樓窗而不壁花木環護香氣往來當門一水鏡如璧如時君從瀛上購校本四子書座客傳觀而林君振琦出禮記浅疏一卷視之則王制也余深幸先聖先王之道逾萬里而來半畝方塘與雲影天光相上下因想見朱子觀書有感時也靜坐既久但覺

方寸瑩然活活潑潑恍然曰此園所以名澄懷者其在是歟

僧心光游澄懷園詩海外叢林話給孤亭臺幽敞一塵無繫花著雨皆生意漸覺維摩病骨蘇菊花顏色入秋佳風送殘英落滿階經卷暫拋臨水坐一泓清影覺澄懷

長春塢　白蠟甲必丹鄭嗣文別業　力鈞游長春塢記鄭嗣之觀察約游長春塢具酒食戒車馬者三皆以事阻觀察知余將歸冒雨邀往花氣薰衣山光豁眼觀察爲余言曰故人邱君忠波來游輒留連不欲去此地幽靜宜讀書惜君行急不能居此數月噫事有令人思者不必大也語有令人感者不必實也以余四海浪游雖好讀書豈能長此閉戶哉觀察非不知余不能閉戶數月爲此言者蓋深知余性好讀書也余不忘觀察愈不能忘此塢矣由邱君識觀察觀察渾厚邱君豪爽皆生平所僅見者他日得偕邱君重游不知觀察樂更何如也

蘭圃別墅　宴遊紀略三月二十日船抵檳城在謝君德順蘭圃別墅停驂古木陰濃名花香馥內有活池灣環數曲水聲淙時嶼中苦旱得居此間勝服清涼散多矣墅距嶼三英里地名

浮羅知滑無囂塵近市之嫌陳設整齊雅俗共賞幾疑身在輞川中也謝君慷慨有俠風重意氣其恭敬之處從心坎發出非徒爲虛文者

友石廬　宴遊紀略亞逸維淡距嶼六英里山勢迴環雖曲徑如羊腸而塡砌極妙循之而上如步康莊許君心欽於此築廬顏曰友石就山架屋順水鑿池境致天然如神工鬼斧花果繁盛又其餘事山半有水磨六分前後作品字形以水貫車中水流車動不假人力唐詩云雲碓無人水自舂觀此益信

陶然樓　力鈞陶然樓記京師陶然亭去吾閩會館邇江郎中藻所建地高而爽可望西山輦下名公卿書畫悉備余在京師數日一至偕二三知好席地痛飲酒酣耳熱抵掌談當世事意甚豪也及游檳城温君旭初招飲寓樓樓亦以陶然名觀瞻之壯收藏之富朋游之盛觴詠之歡如在京師時余聞京師亭名取白香山詩更待菊黃家釀熟與君一醉一陶然而杭堇浦游陶然亭亦有六月陶然亭子上葛衣先借早秋寒句今余披葛衣啜家釀依稀春明夢裏况正當黃菊早秋乎然余行將歸明

年二月可至京師陶然亭斯樓則不知何時重來也辛亥仲秋記

浴沂園　園在水源左　魏望曾小飲水源酒樓約游浴沂園集句萬紫千紅總是春每逢佳節倍思親勸君更盡一杯酒看竹何須問主人只堪圖畫不堪行微覺尊前笑不成隔斷紅塵三十里水流花謝兩無情

怡和園　邱氏別業　李秩軒怡和園觀荷詩車聲隱隱忽如雷知有游人冒雨來地到南荒天氣暖迎春齊飲碧筩杯

退省廬　力鈞退省廬圖記李君開三出示退省廬圖請爲之記時余適讀彭剛直遺疏剛直蕩平羣醜小隱西湖有庵曰退省開三之名廬殆有慕剛直爲人歟開三自言早失父母賴繼母撫以成人比長多病有志讀書海外不得師思負笈歸中國俗事牽率卒不果而今已矣結屋空山率妻子以奉繼母退而自省期爲無過之人耳噫此修齊之要治平之原豈必章句訓詁始謂之讀書哉余更有感者剛直當越南議和上疏言兵防不可撤忠愛之忱溢於楮墨惜議不果行也剛直以一書生當

東南半壁開三才略優裕正當壯年雖海外不得師由修齊而治平他日能爲剛直之所爲斯廬可與西湖之庵並峙矣豈第無過已哉　林振琦退省別墅詩紅蓮初放綠蕉舒雨霽雲收水滿渠畢竟山林勝城市晚聽樵唱夜觀書

右園林

鈞案南洋園林多西式蓋耳濡目染爲習俗所移而不覺檳城尚風雅楹聯匾額所在皆有文人騷客流連景光亦多紀事寫懷之作茲錄有文字可存者餘容續增

道光四年重建光緒元年重修前後各有題名碑鑲西廡　魏
望曾遊觀音寺詩海外深冬不著綿熱腸無那百憂煎僧知篤
舊勤留客毋尚尸饔敢學禪道脈西來天竺水佛光南接普陀
烟欲留無計歸難決菩薩慈悲定惻然　林載陽檳城竹枝詞
紛紛善女拜神時合掌和南禮法奇纔向觀音亭裏去老爺廟
又伯公祠原註關帝曰老爺土地神曰大伯公　僧心光謁觀
音寺詩慈航泛海渡迷津指點靈山離俗塵我願心香供一瓣
蓮花臺下證前身　金光掩映寶華壇展拜羣生合掌看香火

滿衣雲滿地不知誰是腦門寒　圓通十二法門開流水行雲
自在哉花雨繽紛甘露淨曾從海上度人來
大生佛堂　楹聯云到此須帶幾分仙氣坐定便生一點禪心
　鈞案楹聯雅切不知作者姓名俟考
右寺觀
　鈞案清觀寺已載天香山下海珠寺已載海珠嶼下惟觀音
寺無所附大生佛堂亦供觀音者因特列寺觀一類

檳榔嶼志略　卷之六
　　　永福力　鈞初稿

建置志

檳城義學　義學借平章會館中爲閩義學粵義學二在會館
左右　檳城創立義學啟略粵城義館有獻地者香港講堂有
捐租者矧以檳城富庶義學之設誠不可緩某等欲衍中原之
聖教開荒島之文風暫借平章會館延師講學議撥醫院施茶
贈藥之資先成是舉　檳城義學規條略一初設義學借在平

章會館經費充裕隨於東西南北增設一義學首在擇師必求
品學兼優凡有嗜酒洋煙及事繁者勿聘例將規條送閱能如
約者方送關書一學生果係極貧而天資穎異者本醫院將另
設大義學以期他日大成一塾師並教禮儀進退應對一來學
先讀孝經次讀四書一每逢朔望日塾師須將　聖諭及孝悌
忠信諸故事明白宣講冀其心體力行一每義學學生以二十
名爲限
兩廣總督張之洞疏檳榔嶼一埠人才聰敏爲諸埠之冠宜添

設副領事一員與駐坡領事相助爲理益可以收後效其設領事之處就其餘款酌撥若干量設書院一所並購置經書發給存儲令各該領事紳董選擇流寓儒士以爲之師隨時爲華人子弟講授使其習聞聖人之教中國禮儀彝倫之正則聰明志氣之用得以擴充而愈開木本水源之思益將深固而不解從此輾轉傳播凡有血氣未必無觀感之思

歐陽炳榮備夷第三曰考取洋學以廣人才而供驅使也宜於南洋各島興立書院訓課洋學繙繹漢文考試一准內地生員

定制與以頂戴拔其尤者咨送總理衙門以備應用此後辦理中外交涉事件情形必能熟習措施必無乖違以及製造駕諸事取之洋學有餘較之特遣幼年子弟分投外洋學習實多人必其效何如

黃楙材南洋形勢論一曰考取洋學以羅人才查各國互市辦理洋務急需人才中華特遣幼年子弟分投外國學習爲數有限經費甚鉅不若於南洋各島興立書院訓課洋學繙譯漢文其經費由商民自籌每隔三年考試一次擇其尤者作爲生員

給以頂戴再至三年復試之擇其尤者咨送總理衙門學習儀節以備繙譯領事之用外國語言文字必須自幼學習始能精通內地學者不能兼擅而華人生長海外者又多解洋文而不諳華語求其中外兼通足任繙譯之事者頗難其選況夫領事之職辦理交涉事件尤宜暢曉洋文熟悉土語而後情形無所睽隔措施鮮有窒礙若專設一科予以登進之路彼旅居華人不致自外生成必皆踴躍從事而 朝廷聲教遠被遐陬尤足以維繫人心鼓舞人才因時制宜獲收洋學之實效矣

鈞案子告子貢兵食而繼以信子告冉有庶富而加以教知人不可不學張公之疏歐陽氏之策黃氏之論皆謂南洋宜興學但意各不同張公意在以中國聖人之學化南洋歐陽氏黃氏意在於南洋求西學人才要之二者不偏廢方爲有體有用之學

檳榔嶼紀略英設義學四十二所教華文者一教英文者五教巫來由文者三十二共學生三千三百零九名

右義學

鈞案檳榔嶼英設義學四十二所中國設者三所宜逼西學者日多知中國聖人之學者日少然而嶼中文人項背相望嘉言懿行時有所聞亦可見此心此理之同矣鈞閩人也嘗聞鄉先生之事閩故濱海荒地自宋朱子出而學與道統淵源媲於關濂伊洛則主持教化亦不可無其人也

南華醫院　在李氏家廟前院三楹堂室門屏一如中國制爲閩粵人施醫地　力鈞南華醫院楹聯靈樞素問湯液本草非完書節眞本脈經尚須校勘易水丹溪河間東垣多異說奉先

師仲景使得依歸　不爲相而爲醫諸君痛癢相關好扶元氣還天地以用兵譬用藥滿目瘡痍未復休蹙生機咎鬼神　南華醫院癸甲徵信錄序略醫院之設創自癸未夏所定章程仿東華醫院蓋嶼自西轄各商雲集倡之者惠莫大焉然而創始之際立說多歧某等謬以菲材濫膺鉅任祇有黽勉從事而利害公私有所弗計於是擇地鳩工堂室規模一如華夏彌月落成諸君子樂善輸捐計萬有餘員可見善心感發相與有成爲前人所不能爲從此拯疾病惠貧困贈藥贈醫凡所當行者量力行之迄今一載余等承乏其間於創建經費週歲用項刊錄分送用備觀覽凡捐題之姓氏釐訂之規條費用之豐儉來醫之多寡詳而著之所以昭信也嗣後總理遞年公舉屆期交代一秉至公所望任事皆賢廣大善門以天地爲心以帝王爲量俾檳城人同躋壽域而登春臺則某等有厚望焉　南華醫院乙酉徵信錄序略日用之間惟醫爲最香江有東華醫院粵省有愛育善堂維茲檳嶼僻處海濱江豚吹浪時有淒風石燕拂雲難消暑雨苟無醫院贈醫贈藥難保人無夭札　南華醫院

丙戌徵信錄序略海嶠僑居時有風邪之中荒山傭力難免烟瘴之侵或暑或寒症非一類宜補宜瀉治亦難齊於是設席延師分局就診　南華醫院丁亥徵信錄序略檳城流寓日多生齒日盛六氣之感七情之傷病者固所不免貧者尤爲可憐惟有率由舊章以期無忝厥職　南華醫院戊子徵信錄序略檳城醫院創已六年樂助隨緣王刺史俸錢不吝調元贊育孫眞人妙訣猶存　南華醫院己丑徵信錄序略創於癸未成於甲申陽衍陰伏燮理咸宜暑雨祁寒怨咨悉泯僑居海外雖無范

陸濟世之才小隱壺中幸有盧扁活人之術　南華醫院庚寅徵信錄序略本醫院倡建以來四診兼施辨寒暑陰陽之偶伏六經分治合溫凉燥濕而咸宜

右醫院

鈞案新嘉坡有同濟醫社檳榔嶼有南華醫院南華醫院實善堂也凡嶼中諸善舉皆醫院爲之倡蓋由風俗樸厚有爲之董率而信從者多至於醫院按年課考擇其尤者聘請主席立法善矣但地限一隅似宜開借書之例定月試之程則

醫醫之惠當更大於醫人

平章會館　閩粵人合建與觀音寺比　魏省中過平章會館感懷詩四海皆兄弟怡怡聚一堂粵閩舊接壤歐亞此分疆三島神仙窟千秋爭戰場堯天猶共戴百姓曰平章

右會館

鈞案南洋風俗隨地皆有會館粵人尤多有一府設一會館有一縣設一會館惟福建會館皆合一省而設滿剌甲吉隆皆有福建會館士文丹小村落耳工人休息之所亦署其門曰福建會館新嘉坡天后宮即福建會館合閩粵二省人共一會館中國天津有閩粵會館海外惟檳榔嶼也平章會館凡嶼中有事集衆議焉考之古得鄉約遺意如能舉行呂氏鄉約則更善矣

波知滑冢亭　鄭懷陔重修波知滑公冢記金盌玉魚腸斷冬青之曲白楊衰草心傷夜碧之燐况夫七洲遶客重譯孤魂莫正狐邱誰封馬鬣迢遞故國空贍萬里枌榆悽愴夜臺孰奠一盂麥飯閱滄海桑田之變切溝池道路之憂爰有仁人建茲義

冢敬恭桑梓呵護松楸波知滑葬地爲閩人客檳榔嶼者所購以公其同里自咸豐迄光緒歷年既久舊址漸蕪於是鳩貲修葺蠲吉興工拾其殘骸無使暴露芟其灌莽無使滋延除舊亭之積穢會葬可憩賓朋闢仄徑爲康莊祭掃暫容車馬擇人守冢器皿俱全編籬爲垣牛羊勿踐駕雙橋以通流水春潮無泛溢之憂植嘉禾以廣濃陰夏日有招凉之快凡茲締構具見周詳復有羡餘留儲支應是役也糜銀二千兩有奇凡六閱月而竣李君丕耀爲之倡而同鄉諸善長贊其成也嗟夫西伯掩胔

能作游魂之主文成瘞旅同爲中土之人今死者無非閩產何妨聚魂魄以相依而生者篤念鄉情宜其獲鬼神之默佑余因友人之請而樂爲之記云　林振琦過波知滑冢亭詩富貴窮華轉瞬空纍纍荒冢各西東平沙白骨埋荒草古樹青燐泣野蟲萬里招魂歸未得九京齎志恨應同可憐墓木將成拱猶在家人夢寐中

百年適成亭　寰遊紀略遊客株眼東觀閩人新購叢葬處山高草潤冢墓纍纍至此覺名利之心俱淡山前有一亭名曰百

年適成乃全閩之旅嶼商民共立者內有楹聯二一爲前四川即用縣何履亭撰一爲前江西學政陳寶琛撰文情並茂哀惻動人何題云片石表窮荒枯骨有知應喜一坏成樂土旅魂淹絕海故鄉何處仍從萬里盼歸喪陳題云遠適異國昔所悲更滿目蓬蒿逝者可傷重自念行有死人尚或墐況關心桑梓魂兮何託盍歸來二聯皆林仰西瑤圃書仰西耆學顏所書百年適成亭五字大徑丈尤似石庵臨東坡筆意　陳寶琛百年適成亭記上世之民聚於農近世之民散於商昔子輿氏論井田之善曰死徙無出鄉夫生則有宗法之相係死則有族葬之相依豈有安居樂業而情不聯氣不固者哉自海禁開閩粵閒民游貲海南者以億萬計所之既遠親故相失往往淪於異域而不能首邱氣渙情漠勢固然歟怡山僧微妙自檳榔嶼歸歎爲言逆旅主人之賢嶼有義冢葬閩客死者歲久不計吾商民屢謀廣之三易地矣最後得地於峇牴眼東校以中土丈尺可周八百五十八畝有奇闢路導泉築亭其側用銀八萬餘元恐後無考願得余文記之余應之未暇以爲也去年余爲鄉人延主

賑事海南羣島多輸金來助者而嶼之人與焉李君丕耀乃復以記請余惟桑梓之故無遠近生死一也觀諸君子之施惠生者不忘在遠如此況死喪之戚得諸目擊者乎且世之爲義冢止於掩骼埋胔而已而茲冢之設有塋莫隧隱然有同穴共患之意焉嗟乎其誠有不可解於中者耶抑亦吾先王睦婣任恤之澤所貽者遠雖殊方絕俗不能外是而自立耶吾又以爲井田廢而民生困於游食商務盛而禮義生於富饒聚不知誰何之人使之生有養死有歸熙熙然中外一家之樂天下大勢聚

而散散而聚雖曰運會豈非人事哉然則斯役也志世道者或有取乎是故樂爲之記云　力鈞遊百年適成亭記檳榔嶼福建公冢在峇柢眼東冢前爲亭光緒甲申創越二年丙戌成時距開嶼期適百年因名之曰百年適成深約百尺闊三其深之數基砌石而礎之柱鎔鐵而鏤之東西堂翼其後堂各數楹以憩婦女送葬者歷階而上公冢在焉冢限以地無使過葬者自下而上豎小石柱數千爲界地周八百五十餘畝縻銀八萬餘員結構既精陳設亦備又有書記園丁居於亭以董其事誠盛

舉也余去年入都居福州會館左爲野清明日約同人具牲酒祭之一盂麥飯滿眼蓬蒿誠有如葉文忠所云尋麥飯亭故址地僅一筵竟無人從而新之者嗟乎爭名於朝爭利於市客死他方其痛一也乃檳城如此京師如彼豈吾鄉在京供職者不逮海外諸君之好義抑其力有所不能歟是亭也李君不耀輸萬金爲倡餘捐者姓氏見題名碑

右公冢

鈞案檳城公冢閩廣皆有俟考補錄

檳榔嶼志略　卷之七

永福力　鈞初稿

風俗志

海島逸志中華流寓既多俗重風雅喜逢迎善褒獎窮困相投或通譜或瓜葛皆無異視童子見客揖讓爲禮此人情之古厚可愛也

海錄土番亦巫來由種類中華人在此貿易者不下數萬人然各類自爲風氣不相混也

鈞案檳榔嶼風俗甲於海南羣島民由守家禮重文教昏則六禮具備親迎不行於中國猶於海外見之至新婦入門合巹禮畢偕謁家廟此昏禮之近古者喪不停柩合踰月而葬之禮執紼必素冠婦女亦徒跣題主在山場虞祭仍凶服王漢宗葬其父用墓志此喪禮之近古者各姓有家廟如林楊邱李謝黄王胡梁陳諸族祭典極豐更有不復記憶者俟考得實擬輯檳城家廟錄春秋祭祠祭墓與中國同惟中元一祭家費數十金不無太過餘則祭禮合於古者多也

鈞案檳城文風日盛雖由山川鍾毓亦提倡之有人公設義學外楊氏家塾按年延師課其子弟每過黃氏家塾書聲琅琅更有李氏家塾爲李道熙故居觀其命名可知其用意所在矣此僅就耳目所及者言之至藏書之家以林觀察培元爲最謝曾煜次之餘則温震東林振琦林汝舟吳春程林載陽皆有儲蓄島居多暇時或徵詩會文爲樂客檳城時以文質者數人以詩質者十數人鈞固不學無似者傾倒如是倘得有道君子誘以聖人之道則道南大可望也

瀛海采問富家巨室類皆高其閈閎顏曰中憲第朝議第大夫第者甚多以皆膺有職銜故也

鈞案納粟之例在中國似不可行行之海外則甚善何也少年服賈進取無路思所以榮祖宗而顯父母惟捐輸可以膺職銜請封典前後海防籌賑動輸鉅款雖內向心殷未必無所爲也惜辦理不盡得法有輸數千金並未奏聞者有報捐二三品職銜給以實收而部照無處換領者張司馬振勳有見及此親造北洋領辦捐局此後可免閒散人員因以爲利

至失中國體統亦朝廷之幸也鈞更有望者能如黃君懋材吳君曾英所言增書院定考試給頂戴寵以尊榮則市井卑汙之見化範以禮義則蠻夷奇詭之習袪示以恩意則流寓愛戴之心固不費之惠收效無形當 事留心洋務此其要歟

右正禮

鈞案昏嫁喪祭禮之大者文教則禮所從出也官職所以序貴賤亦禮所在也

海島逸志夫妻反目聽其改醮死未周月由其他適

星報夫婦對簿往往婦棄其夫竊謂西人有保護婦女之例訟必得直此例似宜變通凡婦棄其夫之案交保良局查辦然後爲之定讞果屬不德則懲治其夫而婦仍不能驟得離異必俟其怙惡不悛始爲判之如是則婦女咸有畏心可以完全名節此不保護之保護也

林載陽檳城竹枝詞月老冰人說幾回多磨好事反成灰只因未合兒家意聘帖無端又退來原註俗議昏兒女自主往往父母不能強有既聘而悔昏者　下堂非僅買臣妻比戶司晨半

牡雞一見金夫躬不有白頭偕老幾眉齊原註婦有棄其夫者向護衛司告其供給不周及凌虐等事夫無所訴貧民罹此者多

鈞案南洋閩粵不脩緣在地婦女多巫來由族未諳禮法益以漸染英俗女先於男在新嘉坡時曾與左子興領事秉隆吳翼鼎觀察進卿商榷欲求所以補救之者訖無良策然漳州府志云施世燿妻苗氏馬辰港夷女也夫賈於其地娶焉夫出卒苗自縊死族爲招魂設主祀之此夷女之節烈者龍溪縣志云鄭氏戴娘番女也父娶於番生戴娘攜之歸適余詔詔卒母憐其少微諷之持不可家中聞其嫠中囈語稱引義拒母辭也姑患腸結病幾殆氏以計勾出之病遂痊氏初奩具頗贍時以恤其族黨後家日以落族黨無應者弗較也此夷女之節孝者海島逸志云漳城東門外深青社有蘇碁者經商南洋娶婦梅氏數載以不獲利而歸遂卒於家南洋婦聞其訃且知其家貧親老子幼乃孑然帆海至閩養姑教子以終其身其節義求之中華婦女尚不多得况荒服僻壤哉惜未詳其姓氏此夷女之節義者觀此三人是巫來由族亦有諳禮法者壬辰冬得晤楊遜志茂才鴻儒茂才生長檳榔嶼者述其外祖母李門林氏少年守節貧苦異常可知聖人之教無遠弗屆無人表彰往往久而湮沒擬具事實代請禮部題旌建坊立祠以資觀感或亦轉移風化之一助歟

每月統紀傳檳榔嶼亦英國管附乾隆年間英人開此地方作胡椒丁香園故息力檳榔嶼之屋不勝光耀

瀛海采問富者皆置花園啟廣厦車馬精良陳設珍異莫不以爲此間樂而無還鄉之志焉

海島逸志樓閣亭臺窮工極巧窮奢極欲以終其身不爲燕翼貽謀之計

海錄俗尚奢靡宮室衣服器用俱極華麗出入俱用馬車與明呀喇息辣各處相同

鈞案西人輕去其鄉以客爲家經商之地宮室車服窮奢極欲蓋其俗無父子兄弟之繫屬趨利若鶩去聖人之道遠矣南洋流寓染此習者多有一屋費數十萬金者有一家馬車

數十乘者不知極盛難繼徒長後人驕淫蕩佚之心一蹶不振良可歎悼試思萬里浪遊半爲饑寒所迫幸而致富則皆天地之佑祖宗之蔭也平日所爲皆善宜從而擴充之所爲不必皆善亦宜從而補救之陳篤生之於醫院吳進卿之於海防李道熙之於義學李丕耀之於公家功在一時名垂後世有志爲善諸君子念及中國時局之艱故鄉生計之蹙上而朝廷下而里黨爲所當爲猶恐不逮何暇及此無益之費哉

檳榔嶼紀略禮拜堂三間

海島逸志每七日一禮拜於巳刻入禮拜寺講經念咒喧半時許各自散去入園林游宴盡一日之歡不理事以供游玩車塵馬跡衣香鬢影相望於道亦一勝也

遊覽隨筆西人禮拜日官署不理事書館停教習店鋪不交易名勝處亦多封閉信教者至教堂念經不信教者或四鄉遊玩閉門飲樂七日一禮拜必房虛昴星四宿循環值之日月月西日或五日頗若中國旬日休暇然

鈞案七日一休息者西俗之最善也合於易所謂七日來復之義惜其溺於異端無舉周公孔子之道以告之如孟之於楊墨韓之於佛老者然登高覽勝足以遊目騁懷呼酒徵歌未免廢時失事果能按休息之期設宣講之會或　聖諭或故事取其事近感應義足勸懲者切實指陳互相傳述此亦用夏變夷之一道好善諸君子當樂爲之倡歟

檳榔嶼紀略西人客寓三間

西俗雜誌客寓最大亦極華美寓貲及飯食每人每日總須三五元大餐之房最爲美觀即不投寓者亦可往餐男女雜坐與

輪舟中無異

鈞案西人之奢即此可見然此何可久也

西俗雜誌信局最大爲國家業但向購票一角中土謂之鬼頭粘於信面投於筒中按時有人啟取照寄無誤遠近可達或預購多紙存於家內隨時應用不須接信之人出信貲也信貲較中土爲廉

鈞案西人郵政甚善

檳榔嶼紀略西報館一間

夷情記略澳門所謂新聞紙者初出於意大里亞國後各國皆出遇事之新奇及有關係者皆許刻印散售各國無禁苟當事留意探閱亦可覘各國之情形皆邊防所不可忽也

鈞案檳城亦有中國報館當日主筆爲浙江童念祖開設未久中止

星報德律風從電線悟出然非精於格致之學不能也製始於德國之古魯師初製爲傳聲始用薄銅作頁以鼓盪收送苦不能工因舍之用玻璃片質厚仍不能良因細爲考究用白鐵作板輕而易轉體柔用剛一攝一推適然合用傳聲之筒乃成德律風可達至七百邁之遠稍過則氣不貫兩吻開闔之氣有幾能攝而傳之至七百邁西人機器之精化學之巧有如此者聞英廷照會法廷欲以德律風傳遞兩國消息

西俗雜志傳聲之筒謂之德律風亦以電線通達可及四十八里之遙願置此器者彼此兩家先赴其館編明號數如欲傳音電知其館彼即電知其人但傾耳筒中即聞我向筒中所言之

事不啻親承顏色者然

鈞案檳城大商家多有德律風相隔不過數里然久不換藥水傳聲即不分明

西俗雜志麪包即饅頭大小不一其式有長至數尺者購歸截而斷之方能登几若上等人家及大客寓大飯店皆用小式者或長或圓或如勾月式

西俗雜誌以冰爲糕最爲適口製用牛乳雞子白糖等加水攪勻盛以薄鐵圓器置冰桶中頃刻可成

西俗雜誌加非如豆炒焦磨碎熬成濃汁所以代茶亦取其能消食之意然必加以餹塊餹末以解其苦味然後入口飯罷例飲加非一杯亦有飲茶者如飲加非必加以糖呼以稱或有再飲白蘭地酒一小杯者亦謂其能消食也茶館即加非館亦有兼賣肴飯者兼買酒點者加非一杯價值中土錢三四十文加非之杯不以飲茶茶杯不以飲加非皆磁器也酒杯分大小數種亦不以飲加非與茶皆玻璃也酒皆冷飲故以玻璃茶及加非皆熱飲故以磁焉

西俗雜誌酒有多種其名不一常飲曰紅酒曰皮酒曰香餅曰白蘭池席間每座必分列數杯次第斟之其杯亦不一色防錯亂也玻璃杯專以飲酒若飲茶及加非則必用磁杯磁杯之下必有托盆凡奉食物獻書札亦以盆托之以進酒之種類極多大率皆葡萄所製平時所飲惟紅酒一種價值最賤若香餅一種價目最貴一瓶值數元不等酒器皆用玻璃飲客具數種酒亦必具數種器大小之式不一每一種酒酌一種器不得紊亂飲酒之際彼此投契舉杯相碰硜硜作聲然後一舉飲乾乃祝

頌吉慶平安之意

　鈞案以上皆西俗

海錄土番亦無來由種類

每月統紀傳土番爲馬萊酉族類不識義理裸體挾刀下圍幅幔檳榔夾烟嚼

瀛海采問士民分兩種一爲巫乃由人一爲吉林人皆黑如漆吉林人尤陋所居亦卑污特甚大概從事工役及御車牧馬等務者居多亦間有貿易開肆者

　鈞案馬萊酉無來由巫乃由皆一聲之轉

西俗雜誌婦女或穿耳孔或不穿耳孔各隨其意故有戴耳環有不戴耳環者若臂釧則一例尙用

海島逸志其室如亭四面開窗無椅榻席地而坐房中地皆鋪席施帷幄牀亦不高坐褥茵軟枕疊如塔大小六七級坐則盤膝趺坐見客以握手爲禮以檳榔爲敬富者用金銀器盛之常人用銅唾壺大如花瓶用以盛吐檳榔之汁男女渾坐無禁忌也食不設筯以手掬之以牛爲烹不食犬豕女子腳不纏面不

脂粉首不簪花衣不帶領裙而不袴

明史蘇門劄剌氣候朝如夏暮如秋夏有瘴氣婦女裸體腰圍一布

外國史略竹葉爲簟食不用箸以手摶之飯惟魚蝦花椒等物

夷情記略食不以箸用刀叉匙

西俗雜誌夜溺以盂不以壺男女同之其盂亦可以盛水別用

　鈞案以上皆巫來由俗

右異聞

鈞案西俗異　中國西俗雜誌言之詳巫來由俗又異於西俗嘗輯南洋番俗考尚未成書茲錄見於紀載者以博異聞所望流寓諸君有以轉移風俗勿爲風俗所轉移則幸甚矣

永福力　鈞初稿

藝文志

林氏四書說二卷

鈞案四書說二卷卷端署姓名林字尚可辨下二字霉蝕辛卯九月得之檳城吉林人雜貨肆未諳番語與以三大銅錢吉林人頌焉購歸庋之行篋者經年展閱一過中多采閻氏釋地翟氏考異張氏翼註諸說鄉黨一篇全本江氏圖考雖少所折衷然非通漢學者不能如此精詳惜名不可考未知林氏所輯耶或出於傳鈔歟檳城林氏爲望族且多文人他日遍訪之或有所遇未可知也

左秉隆檳榔嶼紀略一卷

鈞案秉隆字子興廣東駐防漢軍人任新嘉坡領事十年多善政纂輯甚富海南羣島皆有紀略檳榔嶼尤詳余纂志略多取資焉

陳壽彭檳榔嶼考一卷

鈞案壽彭字繹如福建侯官人光緒己丑恩科副貢戊子由歐洲旋閩舟泊檳榔嶼有山到中原色始青句壽彭習心洋務閩余輯志出示檳榔嶼考數十條錄爲一卷此書可與左子興領事檳榔嶼紀略並傳

吳春程檳城風土志一卷

鈞案春程字子鵬又字閬仙居檳城久所輯風土志記時事尤詳屢索之不得卒爲人竊去豈書之顯晦亦有定歟據云意寓勸懲則尤有關風化也

力鈞檳城故事錄一卷

自序海南羣島皆有故事可考余於柔佛滿剌加各輯故事錄博采史書旁及各家紀載凡奏疏論說可資治理者悉錄焉最後至檳城檳城故吉德屬島考其沿革聊備一隅文獻之徵云爾

力鈞檳城異聞錄一卷

自序檳城有西報新嘉坡叻報星報多言檳城事怪怪奇奇不一而足而酒闌茶罷往往聞所未聞錄之不惟可資談助而涼薄之行慘酷之報亦足爲前車戒也

力鈞檳城佳話錄一卷

自序異聞錄有不可示人者嘉言懿行不忍任其湮沒特輯一篇用備觀覽世有聞風而興者則所裨不少也

左秉隆檳城游記一卷

鈞案左子興領事將假旋入檳城游足跡所至條記於冊屢索之靳爲蓋未經刪定不輕示人也故志略少引及之

傅日新檳城宴游紀略一卷

鈞案宴游紀略傅日新記左子興領事游羣島事也後至檳城余錄其在檳城作者此書與領事游記大略相似

力鈞巫來由方言二卷

自序吳君曾英之論南洋曰中西關鍵全在南洋今欲嚴中國門戶之防絕外夷覬覦之漸自經理南洋始然南洋之島數十其割據之國曰英曰法曰荷曰日其土著之民曰巫來由曰吉林曰繞阿曰烏土而言語以巫來由爲通行英荷法日經商南洋皆習之不習巫來由言語而游南洋聾然啞然

而已天下豈有聾啞而能幹事哉鈞游南洋玩其山川形勢考其疆土風俗知南洋之治亂安危與中國息息相關誠有如吳君之所言也況南洋數百萬流寓購田園長子孫往往有不通中國言語者夫經理南洋其綱有二曰撫流寓化土著不通其言語雖欲撫之化之不能其目有四曰示以信施以仁喻以義範以禮不通其言語雖欲示之施之喻之範之不能至南洋既固再能於黔滇固邊防閩粵固海防外拒西洋內援東洋居中而絕其遏振中國之威杜外夷之患其在

檳榔嶼志畧　卷之八　四

是乎英人於新嘉坡檳榔嶼滿剌加及諸附島設巫來由義學或數十所或十數所少亦數所惜中國欽差駐東西洋於南洋游歷未久無暇以奏聞者鈞讀吳君之論而有感因將華夷通語華夷融語二書略爲刪易與流寓中之曉官音者商校仿日本寄語朝鮮方言例輯成一書名曰巫來由方言雖音之輕重清濁未必合然習之既久自能吻合方今當事留心洋務是編或足備方言館之采歟若夫吉林繞阿烏土諸方言則俟之他日重游云

林培元天清閣書目二卷

鈞案培元字德水又字潤初福建廈門人候選道三品銜荷蘭授以紡裏甲必丹藏書甚富厚幣延師課其子女殆有志開海外風氣者滬上畫報稱有天清閣書目二卷

檳城溫氏鑒古錄一卷

力鈞鑒古錄跋溫君旭初好書畫收存之富甲檳城余旋里後更爲購宋元明人墨蹟又貽書都下同年生索行草數十幀物聚於所好吾知必有以海外書畫船目之者仿鄉先生瓜棚避暑錄退庵題跋例輯成一帙歸之旭初旭初名震東福建海澄人

檳榔嶼志畧　卷之八　五

林汝舟婦科雜證一卷

自序是集婦科雜症驗方專救胎前産後諸危症乃莆陽醫官朱紫庭始祖爲太醫時自內府得之舊跋云依此法製調理萬無一失又云此集若有一方虛謬者願遭雷霆碎擊是集共計一百零三方方方見效內第二十五方脫胎第二十六方脫胎下血一百零二方斷産此三方皆有傷和氣故特

删去增入受胎方產後風方乳風方及第二十一方第二十七方餘悉從原本云

鈞案汝舟字花瓚年十五客檳榔嶼今則蒼然一叟不以醫名聞其全活者甚眾婦科雜證乃家藏秘方手鈔一本見贈中如第三方胎前病痢用鷄蛋打一孔去白精納入黄丹一錢二分紙封煨熟食一次愈者生男二次愈者生女第六節胎病肚痛用甘蔗煎湯常服懷孕一月用一節按月照加第十五節跌傷胎肚痛下血吐血用砂仁二錢研末調淡鹽湯

服試之皆有驗汝舟意欲梓行余亦謂活人之方不可秘也

廖廷璋瘈狗驗方一卷

自序此方余丙子秋試所得也余不曉方書置諸篋中後鄰右有被瘈狗傷者出方以試藥到病除凡服而愈者四五人戊子南游閩因瘈狗隕命者多心甚惻然因與林君葆光言此方奇效林君志切濟人邀諸樂善君子鳩資印送以廣其傳服法原序已詳不贅

鈞案廷璋字錫五海澄諸生此方重刻於檳城方中得力在紫竹根一味閩醫有專治瘈狗用紫竹根獲效者紫竹郎市肆製生煙筒管所用者考之諸家本草皆未錄

南華醫院徵信錄序文一卷

鈞案南華醫院癸未年創立至今十年矣年有徵信錄癸未二年合一錄壬辰新錄未出辛卯舊錄未得計七錄錄各有序合鈔一卷諸君子樂善不倦之意亦可以見矣

南華醫院醫論一卷

鈞案醫論按年醫院課作惟庚寅有刻錄存之不惟見海南醫學日盛且幸羣島數百萬生靈有所託命皆諸善長之賜

也

力鈞檳城醫話二卷

自序醫不易爲海外爲醫尤不易限於醫限於藥亦限於病者中國習醫尙有儒者浮海而來多爲貧迫粗識之無貿然行道庸劣多則理不明限於醫一也素不知學因陋就簡鈔襲類方任意加減寒凉補瀉錯雜混施包治限期惟利是覩巧僞多則眞不見限於醫二也猥瑣齷齪奔競爲能取悅富

人下同賤役卑鄙多則品不尊限於醫三也一盲引衆謬種流傳黨同伐異肆口詆譭攻擊多則權不一限於醫四也夫十室必有忠信十步必有芳草余觀新嘉坡同濟醫社檳榔嶼南華醫院所刻醫論甚有通人諒無惡習然不能十全無失者過不在醫而在藥上焦宜散中焦宜丸諸花宜露諸皮宜膠六神宜麴陳皮宜醬兔絲宜餅桑葚宜膏古人立法具見深心入市而求皆未有備因服法異而不效限於藥一也柴胡用蜜竹茹用薑白朮薏米皆用土炒山梔杜仲皆用黑

炭因炮製異而不效限於藥二也四川厚朴代以浦城榛皮江南枳實代以福州桔乾參非上黨連非雅州因地道異而不效限於藥三也貝有川浙杏有苦甘茯苓皮心麻黃根節各同實異不可不知因物性異而不效限於藥四也藥無分包戥難再核琥珀眞珠價貴減少山查麥糵價賤增多因分兩異而不效限於藥五也枳殼書作只壳但取偏旁桑枝書作雙其竟同𠊱借方字多歧藥品易亂嘗見瀉白散桑白皮以丹皮代之銀翹散忍冬花以款冬代之名偶同調互相更

易物未備則隨意混充氣味異而不效限於藥六也然而海外風俗藥肆例有延醫醫生時兼賣藥學醫既多選藥必愼余所患者不在醫藥而在病者地屬英轄人狃西俗偶患沙詰卽問老公輕症而用重藥或致陷邪兼症而用專方亦虞偏勝此爲病者所限一也所娶娘兒本屬番族新挐輕瀉燥結不宜甘蜜辛溫熱症尤忌我剛議治彼又施方掣肘不知噬臍何及此爲病者所限二也南人好鬼海外尤甚降頭符藥庵公神丹燥烈之性易傷精液巫覡演法多就臥房跳擲

喧呶易擾魂魄刦陰越陽皆難施治此爲病者所限三也地近赤道時多夏令汗後濯水醉後飲冰飯後啖果茶後襲涼風濕傷衛痰涎壅膈法宜辛散喜服溫補留邪增劇實疑爲虛此爲病者所限四也地熱欲熾眞元必虧脾腎多寒肺胃多燥新感伏氣半在膜原失治傳變漸成腑病法宜寒涼喜服溫熱至於亡陽無可救藥此爲病者所限五也呂宋烟香法蘭酒旨人參性溫玉桂氣烈燔炙腥羶薑椒辛辣富人供養火毒早伏感濕愈溫感燥愈燥熱極而厥反疑寒象血溢

陽亡枉死無數此爲病者所限六也男子鴉片婦女檳榔十人而九精耗血傷精耗髮洩血傷病經補不敵破元氣難復此爲病者所限七也凡此數端病者之病艮醫難醫艮藥難藥目擊心傷以筆代口積之既久裒然成帙輯在檳榔嶼作者二卷就正有道舊稿尚多再容續錄夫治病必用藥用藥必求醫醫不易爲固也海外閲是書者或亦知爲醫之誠不易歟

童念祖文鈔一卷

鈞案念祖字彭夫江東人曾在檳城報館主筆以文字搆獄去與安徽葉懋斌游余從懋斌聞念祖名後見其舊報凡有關風化文字鈔而存之或亦檳城文獻之徵歟

畀春程駢文鈔一卷

鈞案春程駢文學庾子山時有清新語所作海珠嶼游記膾炙人口近頗頹廢惜哉

廖廷璋青藜書屋制藝一卷

力鈞青藜書屋制藝跋在新嘉坡爲左領事閲課文作者數十人以區君錫曾爲最惜未見其人至檳城以文質者亦十數人以錫五茂才爲最茂才文結撰處如管轀山發皇處如周犢山進而窺上他日爲吾閩樹海外之幟者其茂才歟

李灼秩軒詩草一卷

鈞案灼有傳詩諸體悉備篇什尤多倘假以年所造當不止此

童念祖檳城雜詠一卷

鈞案雜詠亦彭夫客檳城作其言雖俚亦采風問俗者所不廢也錄其可存者存之

邱顯承詩鈔一卷

鈞案顯承海澄諸生嶼中作者惟顯承可與李秩軒抗手顯承多擬古作

林紫霧學囀鶯詩鈔二卷

力鈞學囀鶯詩鈔序紫霧字樹齋年六十有一矣聞余名扶病來見者三時日有文酒之役卒未得晤最後貽書道款曲語極懇摯附寄舊作學囀鶯詩草索序造其盧茗椀爐香暢

談移晷紫霧老而好學臨行諄諄以文字相質語及相見何時余亦爲之泫然南旋後書札不絕詩長五古出語淡遠勸其學陶紫霧亦喜學陶也

謝兆珊宿秋閣詩草二卷

力鈞宿秋閣詩草跋兆珊字靜希原籍天津父宦閩遂家焉訪舊來檳城居數年貧不得歸授徒自給所作畫竹行書神似瑁樵詩長七古舊稿多佚存百數十首游戲之作私淑十硯老人感事憤時時出危語好用奇字又似有志學韓者

吳春程澄懷詩鈔二卷

力鈞澄懷詩鈔跋余從檳城歸子鵬寄澄懷詩草二卷屬爲校定子鵬詩多感慨然有直抒胸臆處揆諸敦厚溫柔之旨未知其果合否耶紀事諸作言之慨然亦有心人也子鵬背輯檳城風土志觀其寄託遙深知非無病而呻者噫文人不遇憤時嫉俗之心鬱而無所發往往託詩歌以見意豈惟子鵬哉

林振琦退省別墅詩鈔一卷

力鈞退省別墅詩鈔序吾閩唐始有詩宋始有以詩名家者至明始有派林氏故多詩人唐有名藻者宋有名泉生者皆能詩明則膳部鴻提倡十子爲閩派領袖我　朝濂浦文安父子叔姪鳳池來齋兄弟其最著者近文忠公之雲左山房集歐齋師之黃鵠山人集皆卓然名家他如廉叔子直諸先生未暇悉數也余將游檳城左子興領事葉季允博士皆言檳城多詩人及至窮搜博采輯詩話二卷林氏一家之詩入選最多一日林君振琦以詩質振琦與廖錫五茂才善詩有

經茂才潤色者眞率處近擊壤派惜相見晚而聚首之日無多不能翼以底於成檳城林氏爲望族有爲之提倡不難與濂浦鳳池媲美矣振琦勉旃

林屏周書隱廬詩鈔一卷

力鈞書隱廬詩鈔跋屏周原名瑤圃字仰西書學顏嘗見所作百年適成亭匾額大徑丈酷似石庵臨東坡墨蹟爲人沈重剛勁如其書余南游數千里未嘗輕投一剌顧三謁仰西而不得見及見又漠然余知仰西自命不凡爲厚之仰西久

亦知余之厚之也自是日日相見見則傾瀝肝膽及余歸仰西送至海濱臨別欲泣船既行猶見其駿立不肯去仰西詩不多作無有知其能詩者蓋爲書名所掩也茲錄其殘稿并贈余近作爲一卷夫詩者性情之事也讀仰西之詩者或可以見其性情歟

林載陽檳城竹枝詞一卷

鈞案載陽字和甫竹枝詞凡三十首言檳城風俗甚悉間有與童彭夫雜詠相似者擇其尤而存焉

僧心光檳城游草一卷

鈞案心光字月印長慶寺僧住烏石山精翠寺經案書床蕭然塵外心光曾游檳城所作詩寥寥數篇錄之聊志鴻雪因緣云爾

李開三退省廬題詠一卷

鈞案開三字邈泰以退省廬圖屬爲徵詩余既屬陳繹如同年爲之重繪題者十數人輯爲一卷亦海外韻事哉

右書目

鈞案右書目計三十一種四書說經也檳榔嶼紀略以下地志古附史部醫諸子之一散文駢文制藝文古近體詩皆集也荒僻無書風氣初啟略依四部次序錄存大略我　朝文教覃敷無遠弗屆亦可以見矣

黃春翹　冊治濕温不可發汗說濕温之脈陽浮而陰弱陰小而急知濕温未有不傷腎也蓋腎主閉藏宜苦淡不宜辛燥使疏其腠理而腎陰傷恐濕邪乘虛而入矣夫濕温之病或曰太陰司天其化以濕或曰冬傷於寒春必病温夫濕温不可發汗

以腎惡濕不宜重傷其陰然濕温與風温異風温入經絡屬三陽濕温聚骨髓屬三陰發汗則腎不能滋化源而精枯血竭不難起亡陽之症也然濕温與風濕亦異風濕聚皮毛在外而濕温聚骨節在內發汗則腎不能滋陰血而水虧火燥不難變戴陽之症也濕温原在於腎腎爲先天之原逼於肺而繫否本故腎陽虛者當密其腠理腎陰虛者當禁其疏泄腎水虛者當守其津液況腎開二陰不能內營外衛助其封藏豈可妄發其汗乎夫汗者一身之精血也經曰濕氣爲溺痺聚在腎尤當以苦

熱佐以酸淡而不可以辛熱發之豈可攻其火熱致令津脫者汗大洩瘀盛者汗自流哉治濕溫者亦利水而清熱可耳

鈞案南華醫院按年一考送香港東華醫院評閱前列例有賞格首次名次年延入醫院此次春翹冠軍辛卯秋余到嶼春翹適主首席梅君韻星屢言春翹欲一見余余讀是文心好之匆匆而歸半面無緣歉何如也

陳山泉　問治濕溫不可發汗說濕溫宜治三焦若發其汗溫氣從陽上升則傷陰化燥濕邪從陰下沈則傷陽變濁故治法

視傷寒之可汗而解者異若初感上焦則清涼疎肺中焦以苦味解熱下焦以鹹寒潤下再察其變症因其脈症治之但濕溫乃沾滯之邪任其傳變則有煩燥狂妄等症治不得法則眞陰脫於下而陽不能獨存矣大要養其陰液爲上不可輕發其汗所云少陰司天人多病熱而溫邪著人濕氣因之法宜清熱而燥濕究脈症虛實溫濕輕重而治之何可悞以汗解耶

鈞案山泉亦醫院所延請者林紫霧寄余近稿有和山泉原韻詩知山泉能詩惜未見其全稿

林夢樓　問治濕溫不可發汗說內經濕爲六淫之一在氣候則主司太陰濕傷於上仲景有可汗之文若濕而兼溫則有必不可汗者蓋濕溫爲病不一有從天氣得者如經云太陰司天其化以濕或兼前後母氣合而爲濕溫是也有從地氣得者如南方卑下多濕東南氣暖多溫之類是也有從人事得者如藏性本陽偶兼飲食停滯如酒客留邪之類是也但人在天地氣交中受其蒸淫之氣濕熱最易傷人故凡大江以南濕熱之病傷人獨多然治之之法必不可發汗大抵在河間必以三焦爲

主在吳氏必以濕熱二氣偏多偏少爲宗故治上焦宜辛溫辛涼中焦宜甘溫苦溫下焦宜淡滲苦滲苟強發其汗勢必胃津告竭三焦相火燎原莫制或神昏譫語或瘈或厥或耳聾目盲等症此所謂濕溫不可發汗也經云知其要者一言而終予謂濕溫之治舍辛涼苦溫淡滲無他法也

鈞案濕溫之說吳又可倡於前吳鞠通發於後近人王孟英溫熱經緯集諸說而折衷於是此作尤得肯綮

林香雲　問治濕溫不可發汗說溫者熱也夏盛熱氣流行上

蒸下鬱人在其中感暑者則爲暑温感濕者則爲濕温至病之初起邪自口鼻而入於膜原由膜原而直走中道令人神識昏蒙不飢不食舌滑脈緩分布三焦則見熱蒸頭脹身痛嘔逆氣機不靈若久羈於內流滞下焦則大便不通少腹滿硬是以上焦不治漸入中焦中焦不治漸注下焦若因熱之未清而爲發散之劑而邪似在表頭覺痛瘥汗之則徒傷其表邪不在裏渴無多飲汗之則愈竭其津邪阻氣分汗之則裏虛內陷空竅皆閉而不通弊不勝言矣濕家不可發汗發汗則液劫表虛況濕温乎治者宜先宣通氣分袪除濁穢濕行而邪自解不至久留而釀成熱甚之症也

鈞案香雲能詩乞巧及祀孤節二一作尤佳已入詩話

胡玉池　問治濕温不可發汗說濕在上宜發汗濕在下宜利小便是則治濕者發汗亦一法也特非所論於温耳夫温由感起而症亦與感略同惟此症忌發汗如麻杏甘石湯之類辛凉解肌庶爲妥適茲更合濕温論之其不可發汗者維何夫發汗則濕仍未清瓜隨而起亦發汗而温無從解瘂因而成日也黃

癉因發汗而濕鬱於皮毛發黏因汗出而濕著於肌肉此發汗之所以不可也故前人於濕温一症大書曰不可發汗則用辛凉清熱乃此症至當之用神明通變自不至有誤藥變症之慮矣

鈞案陸九芝先生陽明病釋謂熱病卽傷寒論之陽明病從陽明治法變化出之百無失一

黃穎脩　留別李秩軒詩灑潑風流筆一枝翩翩年少出塵姿趙歐專集墨鐘鼎蘇米名家擅畫詩小聚邦疑行李迫將歸轉恨識荆遲從今蹤跡分南北尊酒何時共賞奇

鈞案秩軒詩草有和黃伯純茂才韻穎脩字伯純

陳　秩軒詩草題辭海上仙人鞭巨石方丈瀛洲生咫尺銀臺金闕浮空中突兀煙巒落枕席拂變幻作赤城霞異彩奇光迷五色擲筆忽現滄海日萬丈光芒爭魄力先生大笑東海來青蓮死後無仙才餐霞飲露三千刼下視萬古皆塵埃示我一卷詩胸藏太古雪足踏滄江萬里流手向天邊追日月白雲片片開晴空滿天照耀金芙蓉人間無地堪立足騎鶴直上蓬

萊宮
釣案陳君名佚存其詩見當日傾倒秩軒之多也
趙訪莘　寄何曉初詩蕭條客裏獨沈吟天末何期惠好音萬
種牢騷名士恨一封珍重故人心懷中碧玉應無恙海外停雲
定可尋細把魚書自回讀知君情比綠波深
何清亮　和趙訪莘詩新詩讀罷更低吟錦瑟雲璈競好音小
別轉增知己感多愁況有惜花心梅逢驛使春聊寄桃滿仙源
路莫尋安得好風吹汝到一回渴想一回深

釣案清亮字曉初能畫
李菱舫　與何曉初論詩詩百鍊鋼成繞指柔聲情激越氣編
逌珊珊骨格知誰似柳自低垂竹自脩　牛鬼蛇神太好奇嘔
將心血究何爲天然生趣休雕飾初日芙蓉出水時　輓左文
襄公詩三朝顧命百官箴命托蒼生衆望欽出處動關天下計
起居恒繫九重心威名自昔傾中外惠愛長留感古今莽莽閩
南海門水千秋嗚咽響哀音
曾上卿　題畫山水詩小雨初晴日欲殘山青水綠晚楓丹短

橋幾折孤亭隱有客雲凹倚杖看　留別檳城諸友句論交海
內誰知己混跡天涯尚故吾　旅懷句風塵飄泊知非計詩酒
盤桓亦有緣
釣案上卿嶺南人精風鑑術
劉采文　題黃卓臣海天吟閣詩海天無際客身孤坐擁琴書
足自娛安得王維高手筆爲君擬作輞川圖
釣案采文字少華
戴賡南　舟中詩平地風波著足難環游瀛海喜平安高樓燈

火一聲笛知有幽人夜倚闌　旅懷詩天涯有客惜韶光共對
銅壺夜漏長風露漸深衣漸薄月光如水浸人涼
釣案賡南字弼臣
林詒甘　贈蔓嬰生詩聞名渴想已三秋潦倒風塵却自着爾
借階前盈尺地楊眉今始識荊州
蔓嬰生　和林詒甘詩知己天涯有幾人相逢何況正新春燈
前月下花如海默默無言獨愴神
釣案蔓嬰生不知何許人或云即童念祖

黃譜雲　品梅詩空山日暮春意橫生小橋流水野店江城騎驢客醉放鶴天晴萬木齊脫一鳥初鳴溪邊雪霽籬落月明紙帳夢破獨自含情　品蘭詩王者之香高標絕塵九畹試放萬花不春空山作操琴聲寫眞窮谷時見高人南陔潔養孝子常循有誰知己厥惟靈均　品桂詩月明如此金粟開矣花有奇分枝皆連理廣園一枝燕山五子獨秀龍門座中佳士秋露未晞金風乍起蹋木樨香皆大歡喜　品菊詩鞠有黃花與秋為期捲簾人瘦世外幽姿樊川雙鬢彭澤一籬重陽細雨三

徑微曦尋幽客至有酒盈巵南山在望脫帽看詩

鈞案譜雲字琴川

孫伯楚　檳榔嶼觀瀑詩塵境忽飛仙空山響潤泉孤亭依石脊老樹接雲煙啼鳥不知處蒼然風外天逝波不復返對此萬緣捐

鈞案伯楚字芷瀟福建侯官縣人與王芩周毓菁周永言詠陳雲窗宗適倡和有四布衣吟稿辛卯偕余游檳城

吳士珍　檳城晚眺詩沈醉發清歌風平海不波家山杳無際東望白雲多

鈞案士珍字錫卿三至檳城紀游詩頗多輯志時錫卿客新嘉坡僅記舊作二十字餘容續錄

廖廷璋　贈友詩命也竟何如半生遇偃蹇孑然蒲柳姿敢向風前展富貴等浮雲忍失廬山面此心如死灰豈望姓名顯餬口走四方筋骸喜粗健中歲遭亂離世事多更變用舊天一方相逢如雁燕書劍到窮荒此情誰能遣　太璞自堅貞豈屑卞和獻今日君子來樂酒歌歡宴

鈞案廷璋字錫五曾遭髮逆後又失偶故詩多憂鬱

楊毓寅　雨中詩春山排闥佛頭青瀟灑風篁韻一亭綠到鬢眉涼到骨焚香閒讀換鵝經

鈞案毓寅字賓亭

葛安女子李長容　感懷詩浮沈孽海望茫茫驚醒繁華夢一場夢裏語人郎姓葉三生話果應檳榔　蓮花出水脫汙泥不許狂蜂醉蝶迷一片情根都斬斷願依大士學長齋

鈞案長容自稱葛安女子余居吉隴閩前有詩妓本宦家妾

爲嫡所妬逃居此與永春士人某邇唱和甚歡爲謀脫籍後
同居檳城疑卽其人吉隴葛安聲近
右錄存
鈞案檳城詩文有全稿可選者十三種合輯檳城詩文錄大
要詳著書目下更有零篇碎句不忍割愛備錄之凡二十一
人

檳榔嶼志略　卷之九

永福力　鈞初稿

食貨志

海錄英吉利招集商賈逐漸富庶
檳榔嶼考嘉慶戊午有毋拉查者知此島可闢爲利藪遂奪而
有之今以新埠呼之每年入口之貨值百六十萬圓而出口之
貨可值二百萬圓一隅之地爲利若是可謂厚矣
外國史略越南國乘占臘國王內亂與暹羅分據其地直入其
國賴每年調兵船載糖貨赴新埠各港貿易

外國史略暹羅國產銀鉛錫象牙犀角烏木蘇木冰片降香翠
毛牛角鹿筋豆蔻燕窩海參海菜等貨暹羅土產之豐與旁葛
拉相等但暹羅米穀價更賤高地亦能種麥其木最堅美宜於
造船且料多而價賤較中國造船費惟值半價又多紅木或運
出新埠又多種白餹胡椒每年六萬餘石其白餹十萬餘石漢
泊買豆蔻降香樹膏藤黃各項顏色白糖紅木烏木檀香象牙
錫虎骨牛皮犀角並雜貨唐人之船亦載米糖實與南海各島

最多在新埠各海港

貿易通志東南洋貿易之盛者莫如暹羅及新嘉坡故凡紅毛船自灣門歸與自西洋至者均以此爲總匯此外麻六甲檳榔嶼等處亦英吉利公司所據而貿易有限不及新嘉坡三分之一

檳榔嶼紀略梯梯王颯之東有因丹克螺二處產錫最旺皆運至巴伶由模荅河販運檳嶼

鈞案以上所引各家說只得大略合而考之可見嶼之商務

所由興衰也欲求其詳須檢英酋歷年出入口報冊

星報光緒十五年己丑檳榔嶼入口貨直銀四十三兆一十八萬一千三百九十七元出口貨直銀四十一兆八十三萬三千四百八十八元

星報光緒十六年庚寅檳榔嶼入口貨直銀四十三兆七十八萬八千四百元出口貨直銀四十一兆八十三萬三千四百八八十元

鈞案計入口貨庚寅年坡一百一十二兆六十三萬三千九百六十元甲二兆二十二萬八千三百五十一元嶼比坡少六十八兆八億四萬餘比甲多四十一兆五億六萬餘己丑年坡一百一十兆零七十四萬六千五百九十元甲二兆二十七萬一千零七十四元嶼比坡少六十七兆五億六萬餘比甲多四十兆九億一萬餘嶼以庚寅較己丑入口貨多六億餘計出口貨己丑年坡八十八兆六十八萬三千一百七十四元甲二兆七十萬零二千六百五十九元嶼比坡少四十七兆二億五萬餘比甲多三十九兆一億三萬餘庚寅年

坡九十四兆十三萬一千八百零四元甲二兆二十四萬四千零九十三元嶼比坡少五十二兆七億九萬餘比甲多三十兆一億餘嶼以庚寅較己丑出口貨少四億九萬餘合而較之實得力三埠商務大略可覩矣

星報光緒十七年辛卯春季檳榔嶼入口貨直銀十兆零四十二萬七千三百二十元出口貨直銀九兆七千五萬三千五百五十元

鈞案辛卯春季入口貨坡二十五兆四十五萬一千三百六

十四元甲四十萬零一千八百十一元嶼比坡少十五兆零三萬餘元比甲多十兆零二萬餘元出口貨坡二十四兆六億八萬甲三十八萬九千七十九元嶼比坡少十五兆六億三萬餘元比甲多九兆三億七萬餘元嶼以入貨抵出貨多七億七萬餘元

星報光緒十七年辛卯夏季檳榔嶼入口貨較去年少一百六十萬零二千三百零八元出口貨較去年多二十五萬四千一百七十五元

鈞案右錄新報之文至夏季出入口貨若干核以庚寅季冊便得實數

右商務

工部局告白引自來水入住屋每墩餉銀一角計一墩作二百五千宜令申算如納餉四角則可得水一千宜令或引到碼頭及各水船或船澳公司者每一千宜令納餉銀八角或引入製造處者每一千宜令收餉銀五角至於鉗合喉管之物料皆由局置備要用者照還價費惟曲形之水喉裏及水管之轉灣處所需物料暨免貼費

遊覽隨筆西人取水法先擇敲潔者以鐵管置地中隨其高下旋折旁引曲達吸聚諸池池必高居自池布達各家外戶各家以鐵管引入皆機器爲之視居人萃集多寡爲機器大小必相稱取之無禁用之不竭中國之水賴江湖河井或激濁水而飲之欲不致疾也難矣故西人居中國者多往山中取泉以供飲濯夫刳竹透水中國山居恆有之然未能高下旋折自如也

工部局告白凡有房屋業地在工部局轄內者視其稅價之多

寡酌徵餉輸每年繳納兩次首期由西正月起至六月三十號止次期由西七月起至十二月三十一號止屆期並不發字通知各宜自行繳納或代理人亦可其接手收銀人給有收單爲據或有逾期不納工部局定必按律出字通知其通知字費銀五角如於十五天以內仍不交納定必出票查封票費銀一元即將其家器生畜變賣抵還欵或未敷再將屋業除國家物件不計外概行拍賣抵償倘有不願受其查封備抵者議將逐月稅項對交工部局收抵亦可至於有向之稅賃者則可至本局

查明物主曾否照章完餉以免拖累或典借亦然或屋或地每年必由局員會議一次估定價數記明部內期由局員擇定預登憲報及各日報俾有產業者知期赴報而局員於聚議之日均在座聽斷酌定何處地方可以起稅倘有不願依從者聽其到臬署理論其有局員不為估價之業概照舊收納

工部局告白凡屬易於兆禍生理及貨物有氣味者在局轄之內須到局報明給領牌照照章納餉方准開設茲將各項生理酌抽稅餉列左凡各牌照無論何時到領均在西每年十二月

滿限土油大宗生理准領牌十二個月亞答乾草生理三元峇勞煎十二元煤廠十二元染布房六元火炮店二十四元製鹽魚十二元煤氣火十二元灰窰六元自來火柴二十四元洗滌牲畜腸腹及煮熱血之店九元熬油九元大間土油棧二十四元小間土油店二元缸瓦窰二元碩莪廊十八元賣鹽六元屠戶十八元製雪文九元製糖六元煮蠟油九元矾牛皮二十四元柴炭店六元豢養牛馬豬羊之圈欄概免徵餉雞鴨祇許養至三十隻以內

工部局告白馬車餉每年繳納兩次亦以西正月起至六月三十號為上期七月至臘月三十一號為下期凡四輪馬車之有彈弓頁者每年收餉銀十二元兩輪者九元四輪貨車無論人畜駕御均收銀八元駕牛馬之貨車六元以人駕之貨車四元至於大小馬匹及騾每隻每年政餉銀二元皆由物主或看管人照章完納納餉期定到期之第一日即要交繳凡有置車牛馬須以西字據實報知如過三十天不報查出罰銀二十五元每年西正月及七月須有局印之格式紙令其自行寫明車式

及牛馬若干於一禮拜內交回局內備查違者罰銀二十五元或五十元不照期納餉者出通知字費銀一元若有別費亦歸物主支給越一禮拜仍不交完定必出票將其家器可以移動之物變賣作抵

叻報施制府巡嶼諸紳商詳訴瘈狗之害請立律除患制軍發電至叻命列輔政與諸議員酌行律政司文公言公未有護理督篆銜例不能辦輔政據情電覆施制府因會集檳城叅政司暨營造司共商電傳本坡議政局掌案吏多勿速搞文件遞往

檳城西報該處有司現已立新章由五月初九日起至十二月三十日止凡諸狗不准帶入嶼境有違斯律若被巡差察見將狗擊斃罰銀一百大元

工部局告白犬餉每年每隻一元伍角凡在工部局轄內者須報明備查其頸宜繫一皮圈由局釘列號數每年報期由六月一號起至五月三十一號止所有定例列左一每年徵收狗餉照一千八百八十七年所定第一百章第九節之律所云在轄內者每犬一隻屆期納銀一元五角二工部局員凡有經收犬

餉宜頒發局印收單及註明該狗形狀之牌照並銅製號數各一三畜狗之主人須與以皮圈或銅圈親自帶到局中報明或將形狀毛色書明英字到局者亦可四各狗若無圈號均可擊斃五局中大小人員有權可以稽查其有犯例者無論在山園道路捉擊自由

鈞案水餉用者所不免地餉居者所不免牌餉雖爲弭禍起見而作貿易者亦所不免馬車所以代步狗所以守夜二者有餉則爲富人設也惟鴉片一項統貧富而皆受其害茲將各餉詳載外鴉片餉另敘明著其害識字明理之人見之觸目警心互相勸戒可以節用可以延年嗟乎諸君流寓海外皆有不得已之故縱不惜此無益之費而獨不爲此身計乎

叻報嶼地烟酒公司擬請下屆烟餉由光緒十九年起至光緒二十一年止每月願增餉三千元查舊餉月納六萬七千元今增三千元則一月七萬元矣

鈞案檳城統計男女老幼二十二萬人年輸鴉片酒餉至八十四萬元是每人應勻七元矣然酒餉無多吸鴉片者不過

五之一是有引之人年約輸餉三十五元十年約輸餉三百五十元餉不過鴉片價三之一合而計之約千元富者耗此千元尚不足惜然以之創善舉濟貧人亦種福之一道況貧者流落他鄉歸計不果爲鴉片累者比比也平昔目擊中國親友患此者多曾輯鴉片原起並各大臣奏禁諸事爲一帙名曰烟海淚痕蓋痛之也茲錄數節附此區區之意閱者鑒之

粵東市舶論阿片一名阿夫容出英吉利屬國有公斑有白皮

有紅皮公斑爲上白皮次之紅皮最下明時始入中國雍正中年希堯刊集驗良方鴉片屢見就燈而吸自乾隆末年始嘉慶初食者漸多特奉明禁至今日而家喻戶曉俗不可挽日久中病應時而食名曰烟引引至不得食四肢頹然涕泗交下刻不能支煙入數口精神頓回名曰過引引深者日須三四錢少者以數分計

臺海使槎錄鴉片烟吸一二次後刻不能離暖氣直注丹田竟夜不寐人服此爲導淫具初時飲食倍進久則困憊於死

許原清戒食鴉片烟文凡食鴉片者皆謂能助長精神不知人之精神全在調攝得宜不使耗竭方能潛滋暗長並非藥物所能增益鴉片之力不過暫時提起人有精神猶家有蓄積也一年之蓄僅供一年之用若寅喫卯糧必致饔飧莫繼食鴉片者一日提兩日之精神一年提兩年之精神而欲延年益壽得乎試思常人黎明而起二鼓而眠偶至三四鼓並不疲乏食鴉片者日中方起黃昏已呵欠涕流支撐不住必待過引方有精神鷄鳴又須安歇計其操作之時反不如常人安在其能助長乎不可食一也此烟大半妓寮設局誑誘子弟以爲能壯陽氣恣意淫欲然犯此者少年已痿十有八九故子弟惑於色誤食上引至不能人道又有謂鴉片可以治病往往以此誘人然風寒痢瀉等症間有食此即愈者病發再食即不驗因此不起豈不危哉不可食二也天之生人各有行業以爲衣食之本士農工商與百執事竭半世之勤勞甫得一朝安享非易易也賴以仰事俯育一食鴉片添此一項費用引少者食二三錢引大者八九錢費反倍於薪米不惟行業小者不足自供即大者亦難自

給故犯此十有九窮不可食三也凡人未有不愛修飾衣冠儀容俊偉者一食鴉片始則面色黯白如灰有如浮腫漸而黑瘦最後則肉枯肩聳人皆目之爲鬼引鏡自照亦覺可羞不可食四也食鴉片者心虛畏人青天白日深藏密室一見正人藏頭露尾消沮情形甚爲可笑雖衣冠貴冑時爲小人挾持不可食五也凡人有所偏好一經陷溺未有不爲人所患吸烟常在家中小人藉此貪緣臥榻明燈故爲親暱因而乘間妻非不覺墮其術中遂致骨肉參商親鄰訐訟凡生平所不可言之語不肯

爲之事至此亦全無把握不可食六也人莫不願子弟之賢食鴉片者日夜不離子弟見其情形親其臭味欲不童而習之難矣自己既好則凡親愛之人見而欲之亦不能禁於是流毒蔓延至子孫不可食七也

林文忠戒煙方論人之喉管有二食管主飲食下達二腸氣管主呼吸周通五藏氣管清虛不受一物烟乃無形故可吸入呼出往來於五藏氣去而味仍留人之所以生者藉胃間所納穀氣循於經絡以培養精神食烟人藏腑慣得烟氣以剋穀氣常

人一日不食五穀不饑而戀食鴉片烟者視五穀猶可緩對時不食烟則戀正氣爲邪氣制也鴉片性毒而澀味濇而滯色黑入肝一吸透於肉筋骨髓之中一呼達於肢體皮毛之杪是以烟纔下咽自頂至踵均覺舒暢遂溺其中內而藏府經絡外而耳目手足必得烟氣而後安無則腎先告乏呵欠頻作肝因而困涕淚交流肺病痰涎並生心病痿輭自汗至時而起者脾主信也然溺而知戒不過困於一時滋而不戒則直徇以身命果其戒之並非難事立前後兩方一曰忌酸圓一曰補正圓凡戒烟者先吞忌酸圓三五日後以補正圓代之減一圓代以兩圓久則並補正圓亦不用矣此方歷試歷驗緣有補中益氣之藥每日減有烟之圓一增補正之圓二正氣日足邪無所容未有不斷絕者

忌酸丸方　生洋參五錢　白朮三錢　當歸二錢　黃柏四錢　川連四錢　炙黃耆三錢半　炙甘草三錢半　柴胡二錢　沈香二錢忌火　木香二錢忌火　天麻三錢　升麻一錢半　共爲細末入生附子七錢米泔浸透石臼中

擣如泥再入烟灰一兩攪勻入麪糊同藥爲丸如小桐子大丸成後共稱重若干計平時有引一分者每日所服之丸須要煙灰一釐一毫爲度必於飯前吞下否則不驗起初一二日或多吞些令其微有醉意則有煙亦不思食矣吞定三五日後每日減忌酸丸一用補正丸二頂換吞下

補正丸方各藥分兩俱照前方　生洋參　白朮　當歸　炙甘草　陳皮　柴胡　沈香　天麻　升麻　共爲細末用蜜和圓如桐子大以之頂換忌酸圓如初一減忌酸圓一

則代以補正丸二吞下至初二則減二代以四吞下餘可類推至忌酸圓減盡再服補正圓十日或半月後引斷矣如引重者一劑不能盡除即多服兩劑引亦必斷

忌酸圓加減法　紅白痢加黄芩白芍　夢遺加龍骨牡礪　諸痛加東木香元胡索　咳嗽加紫菀炙冬花炙枇杷葉去毛　咳甚加杏仁阿膠　熱痰加川貝母瓜蔞霜　寒痰加半夏南星　若覺下焦有火加黄柏知母　眼暈加丹皮白菊　小便短加豬苓澤瀉　水瀉加白茯苓車前　身體不虚者去洋參換沙參炙耆不必用如無頭暈者不用天麻氣短不足者加蛤介尾氣喘者加故紙併蛤介尾　以上或入鹽或湯煎送下

生生集救誤吞鵶片驗方　凡誤吞鵶片者忌日光照身急移陰冷地用木棉花四錢燒灰極透加鹽二錢和研細末冲開水半碗候冷調融連灰灌下勿遺涓滴少刻毒吐或瀉愈若吞烟久牙關閉者用竹節磁瓢開之切忌鐵器如不能開將木棉湯注入潔淨茶壺内將壺口向鼻孔徐灌自能到腹少頃牙關開再燒木棉四錢并鹽如法灌吞煙及兩餘如法灌無不回生然吞煙多日毒入下焦未易即吐即瀉須靜候木棉氣行自能從腹内消除其毒或一二日或四五日漸回生勿驚惶亂灌别藥以阻木棉氣力致誤性命宜散髮浸冷水盆中又面巾數條注水貼胸腹時換以拔毒氣自生三日内忌熱食茶飯宜緑豆粉山東粉甘草水等物冷食方不冲發若救誤食毒菰鉛粉水粉蛇蟲蜈蚣諸百毒皆驗惟用木棉花燒灰不加鹽此方活人不計好善者煸貲施送功德無

量亦有灌下不吐不瀉者但看腹痛漸安人漸精神者即係烟毒解化如不安心再燒木棉灌下亦可但勿令久卧漸歇一刻即要扶起坐立行動使氣血流通用竹板輕打背腹俾不得安寧或冷水噴面喘息出氣又用兩手撫摩胸腹引其呼吸鈞嘗用此方救活多人

鈞案自鵶片餉以下至此皆從拙著烟海淚痕録出夫咸同前事不必言矣以鈞目之所見耳之所聞實有不能已於懷者故居永福芹漈在萬山中甲子後移家陽岐凡十一年陽

岐一江郁耳諸貨之鋪十數間賣鴉片者稱是既而賣鴉片者日多賣貨者日少芹滐亦然一隅如此他可知矣夫吸食者其害緩其機隱生吞者其禍速其勢危而其可恨一也既錄勸戒之說於前附載驗方數條閱者有感於心而知所改則幸甚矣生生集救生吞鴉片方屢試屢驗人皆知之而林文忠公方亦斟酌得宜永無後患家君年三十三因脾痛吸鴉片烟止由是成引者十年然體日羸百事俱廢後服文忠公方而引斷今年六十九矣計斷引已二十四年矣不惟無

病且飲食起居大勝從前鶴髮童顏咸稱矍鑠親友中聞家君事而取法者甚多家君命輯勸戒鴉片說破例徵引但期於世有補耳

檳榔嶼紀略光緒十二年丙戌地方入款一百二十一萬六千八百八十九元八角二占出款九十一萬五千一百零四元五角二占

鈞案是年入出比較尚贏三十餘萬

星報光緒十五年檳城收釐印銀十二萬八千元十六年收十三萬二千元

鈞案光緒十五年坡收釐印銀二十一萬四千四百七十元十六年收十九萬三千七百元減少二萬餘元麻六甲光緒十五年收釐印銀一萬七千元十六年收一萬二千元減少五千元惟檳城增一萬五千元

星報檳城局紳呇文言實得力賦稅日繁可見地方漸旺惟地稅亦有加增由抽稅人員用強收取地稅不應將已種物出投致小民散居穆拉油各地現過港地方之人種墾蓋華工少諸

穆拉油人去而之他檳城叅政司麥君駁云檳城及過港地方未嘗強收地稅爲此言者未知東方一帶收取地稅之法耳實得力各種植家所抽地稅甚輕過港地稅有每年僅償二角者惟國家辦事因時制宜近來地價日昂每希葛地歲僅抽銀五角與國家批授地每希葛每年繳銀一元五角至穆拉油土產不過僅征什一較諸鄰國所抽直與無稅等至過港華工少者過港招工每名不過銀三十元日裏蘇門答臘等處每名七八十元且有至百元者彼此相較何啻天淵然欲國家概從種植

入所欲則甚難矣且過港之人他適者皆犯有命盜等案潛逭
耳
叻報光緒十六年庚寅實得力三府所收稅共四百二十六萬九千一百二十五元較光緒十五年已減十四萬零八百零二元緣領取人情紙費及檳城烟餉減也本年所收一餉虧銀十四萬九千九百七十七元中計三分之二係檳城烟餉三分之一因刪除當餉故稅不如前然自新例頒行每年約減收稅十萬元

右餉款

鈞案實得力三埠惟檳城餉款有增餘則日形支絀實得力因英京加餉會議時言光緒十五年己丑所存款尚六十萬元次年庚寅所入已少四萬九千元至辛卯年更少八十五萬元預核來年支款尚少二十萬元向來三埠入款年增至己丑年入款四百四十一萬自後遞遜庚寅年少入十五萬元辛卯年更少入二十二萬三千元合而計之三年內少入五十八萬九千元當戊子年實得力寄存英京款一百萬寄存印度款三十萬今則盡數以應軍費已無可籌之款況又少去稅項六十八萬餘元觀此情形則財源之匱不獨中國然也

英夷說聞粵人在彼種植以盡地利者不啻數萬阡陌田園一歲再熟即粵人所謂洋米是也

明史交欄山甚高廣饒竹木田膏腴收穫倍他國

島夷志略田瘠穀少

地理備考地多肥饒草木茂盛

海錄聞粵人到此種胡椒萬餘人然地無別產恐難持久也

外海紀程檳榔嶼出椒

萬國地理全圖集其土種植玉菓胡椒所出不少

外國史略開墾豐盛每年出胡椒二萬石丁香豆蔻價值銀十萬員

瀛環志略所產者金銀鉛錫犀角象牙胡椒玉菓降香燕窩翠毛佳紋席之類

檳榔嶼紀略產檳榔椰子甘蜜胡椒豆蔻丁香加非棉花藍靛

諸米糖錫等物

檳榔嶼考所產木料大宗次則椰檳胡椒甘蔗豆蔻丁香加非椰子栟櫚生薑荷蘭諸米穀桔柚芭蕉栗蒙果波羅蜜

外國史略對面之貲他島亦種甘蔗產物三萬石

鈞案明史云田膏腴收穫倍他國英夷說云一歲再熟檳榔嶼紀略檳榔嶼考皆云產米則島夷志略所言田瘠穀少恐元時開闢未盛也

鈞案嶼以檳榔名故檳榔嶼紀略檳榔嶼考皆言產檳榔檳榔樹初生若筍竿引莖直上旁無枝柯條從心生端頂有葉風至則如羽扇掃天狀又生刺重累於下以護其實熟剝其皮煮肉曬乾皮皆筋絲與大腹皮同檳榔瀉氣甚於枳實青皮入口由澀而苦而辛後乃微甘雖澀不敵苦苦不敵辛然始澀終辛是全乎金也如泄痢之後重小便之淋痛下而不達如奔豚逆行腳氣衝心上而不下如水穀停積痰癖癰滿膈氣不通二便閟閉審其病於升者大過降者不及則用茲味之金以和火可也然墜諸氣氣虛下陷者忌海南群島常

食如茶烟不知損泄眞氣多也

鈞案海錄外海紀程外國史略萬國地理全圖集瀛環志略檳榔嶼紀略檳榔嶼考皆言產胡椒今檳榔嶼產胡椒最旺商家亦以此爲大宗鬬英人以之塗壁其即椒房之遺制歟若中國人則惟服食用之然胡椒味辛大熱治寒痰食積腸滑冷痢胃寒吐水殺一切魚肉鱉蕈毒但因其快膈耆之者衆往往損肺走氣熾火走血損齒昏目則非陰氣至足者不可用也

鈞案外國史略檳榔嶼紀略檳榔嶼考皆云產丁香然藥之辛熱不少丁香爲甚以能發香之臭即就香臭致辛之用治脾胃冷氣諸證有殊功夫香固入脾胃者蓋氣熱而味愈辛味辛而香愈烈雖入胃而實先肺肺氣歸胃無所壅閼而下行入腎然不獨外寒能治有一女子朝食暮吐審爲中氣虛寒用丁香同參朮治之效丁香極辛而臭極香而熱從治之能開腠理宣榮衛有患血風疙搔者投以散風熱之劑不應易麻黃散而愈中有雞舌香也然辛熱而燥非眞虛寒切勿

泿用

鈞案外國史略檳榔嶼紀略檳榔嶼考皆云産豆蔻萬國地理全圖集瀛環志略皆云産玉果玉果肉豆蔻也下氣調中消食解酒逐冷除疫又能止虛瀉冷痢然病人火甚及瀉痢初起豆蔻溫煖脾胃治太陰虛瘧止嘔腹痛然熱嘔熱痛凡氣虛者忌

鈞案檳榔嶼考檳榔嶼紀略皆云出加非加非如豆炒研代茶詳風俗志

鈞案檳榔嶼考檳榔嶼紀略皆云出椰子椰之功用最大葉可蓋屋子可製油漿可充飲殼可作瓢

鈞案甘蜜辛熱甚於胡椒巫來由人多用之

鈞案外國史略檳榔嶼考云産蔗檳榔嶼紀略云産糖蔗脾果漿甘寒能瀉火熱煎煉成糖甘溫而助濕熱大抵助脾氣潤枯燥之説爲多其治嘔噦反食蓋治陰中之陽不足者此等證原不專屬熱也李時珍以爲甘寒引王摩詰詩爲證然先輩有謂共酒食發痰者又有謂多食發虛動衂血者閩中蔗性甘溫江蘇蔗性甘寒不可執一説也

鈞案明史言饒竹木檳榔嶼所在有竹然竹陽中陰也故葉則清心肺之陽爲胃熱嘔吐呃逆要藥其療吐血崩中者血生化於胃如産後煩熱小兒熱癇皆不離心胃爲治至傷寒女勞復亦治者經所謂臍下三結交者陽明太陰也臍下三寸關元也皆治陽明之虛熱故鮮刮者尤靈若以薑製失其用矣

鈞案瀛環志略言産金銀鉛錫檳榔嶼紀略言産錫實惟産

錫無金銀鉛也錫鑛亦中國人開采英人取其稅而已

鈞案檳榔嶼考言産栟櫚似即亞答亞答子可食葉可蓋屋至芭蕉果有數種有大如腕者有小如指者桔皮青味如柑柚香甜波羅蜜勝中國産栗未見蒙果亦名芒吃嶼考所載果名皆中國所有者然中國所有未載者如藕龍眼安石榴之類尚多更有紅毛丹類荔見朱一飛荔譜榴槤類波羅蜜見海島逸志宜補錄

鈞案檳榔嶼海錯與中國有者曰鱟曰獨脚蟶曰蝦魚之屬

惟鯿魚石斑魚與中國同餘則奇形怪狀不能殫述

右物產

鈞案中國所謂廣貨者多從海南羣島來當新嘉坡未開以前商務在檳榔嶼故所產尤盛擬遊遍羣島再輯海南物產考

永福力　鈞初稿

叢談

魏默深先生以交欄山爲檳榔嶼尤西堂侗箸外國竹枝詞交欄山云曾經元將造樓船篷箸桅檣出滿山畱下羽林生口在如何不掛片帆還原註元將征闍婆遭風於此山中叢林籐竹柁桿桅檣篷箬畢備有中國人雜處當時病卒百餘畱養不歸而傳生育也

左子興領事駐新嘉坡十年多善政李灼秩軒詩草有呈左子興領事次黃伯統茂才韻一律次聯云文章課士民猶子詩酒娛賓吏若仙尤雅切蓋領事曾創會賢社課士捐廉獎賞造就甚衆假旋時入檳城游賦詩畱別陳儷琴和韻有句云十年持節駐南州博采風謠載鶴游中國領事有保護之名而事權不屬領事有私印曰炎州冷宦伍星衢和句云何當冷宦滯炎州海上攜琴恣浪游紀實也

使西紀程檳榔嶼有副總督駐此亦名安生胡旋澤語釗閩人

王文慶經商檳榔嶼兼司招商局事遣人開之則挈其鄉六七人來見皆短衣番語居此已數世矣以停泊片時未暇登岸北岸爲威諾斯埋其地袤長而狹沿海約九百餘里有兵官段熙奕由威斯諾里附船歸國居民鼓樂觴一小舟送之郭筠仙侍郎嵩燾使西紀程作於光緒二年泊舟檳榔嶼時十一月初一日

星報閩怡山長慶寺自唐迄今剝蝕日甚光緒十三年蒙　今上頒給藏經隨由本省名公卿勸募重新邇者該寺住持僧微

妙攜簿南來竭誠勸捐各善信好行其德解囊傾助者必不乏人

微妙檳榔嶼所募計數萬金亦可見諸善信好行其德矣微妙三至檳榔嶼以光緒十七年辛卯八月圓寂嶼寓其徒負骨歸備錄長慶寺石刻於左他日考古者或有所采歟

王榮和題藏經閣東楹石柱云軼蕩九重天萬丈金繩隨詔下騈羅三昧海一枝如意聽經來旁署光緒己卯年季春吉旦立欽加總兵銜兩江儘先副將前署閩浙督標左營叅將王榮和敬獻

李丕耀題法堂中石柱云三千世界載書還看天家墨瀋猶新勝過瑯嬛福地十萬由旬航海遍觀梵宇經香不斷皈依曹洞正宗旁署光緒乙酉仲秋穀旦原籍泉郡同安縣僑寓檳榔嶼信士李丕耀丕俊丕淵同敬獻

胡獄東題法堂前楹石柱云大海祥飆回輪一葦漫天法雨彈指萬花旁署光緒乙酉仲秋穀旦欽加同知銜原籍汀州府永定縣僑寓檳榔嶼胡獄東率男汶宣明宣燦宣炎宣才宣饒宣

敬獻

邱允恭題前廊中石柱云蓮花開福地壇場輪奐一新佛日輝皇長慶寺荔子憶故鄉風味海天萬里旅懷棖觸大觀山旁署光緒丙戌年仲秋吉旦原籍福建漳郡海澄縣僑寓檳城邱允恭敬獻

林德水題法堂前廊西石柱云一鴿顫闌干驀驚惶云何我佛十牛挽石碰大法力了不異人旁署光緒乙酉仲秋吉旦原籍漳郡海澄縣僑居紡裏雷珍蘭林德水敬立

温言提題法堂前廊右石柱云善路廣開愛人以德慈航普度與物皆春旁署光緒乙酉年孟夏榖旦立紡裏甲必丹漳郡海澄温言提敬獻

胡甘氏題法堂前廊西右石柱云法雨慈雲心田受潤魚山鹿苑説教闡聲旁署原籍泉郡同安縣僑居檳榔嶼信女胡甘氏率男孫正敬獻

邱天德題法堂前廊東石柱云法界喜重新荔子雙株香火難忘桑梓地慈航神普濟檳榔一水詩禪闕證木樨天旁署光緒

丙戌年仲秋穀旦原籍福建海澄縣僑居檳城邱天德敬書

邱登果題法堂前廊東石柱云九天九地不須求步步鐵鞋是火一吸一呼無盡藏朝朝毛孔生雲旁署原籍漳郡海澄縣僑居紡裏雷珍蘭邱登果敬立

蔡有邦題法堂後楹中石柱云東渡結萬緣長護仁頻大樹西來成一笑正開荔子羣花旁署原籍漳郡海澄縣僑居檳榔嶼蔡有邦敬立

蔡有格題法堂後楹中石柱云海外有九州同登淨土佛前見三世一脈梵宗旁署原籍漳郡海澄縣僑居檳榔嶼蔡有格敬立

法堂前廊龍柱署光緒丙戌孟秋吉旦原籍海澄縣僑居檳嶼信士謝德順偕弟德利德泰敬獻

峇柢眼東冢亭三碑題名碑居中左一碑陳伯潛閣學寶琛譔書右一碑何翙卿明府履亨譔曾幼滄太史宗彥書閣學碑已入建置志明府碑當時未錄尚俟續登

閣學碑止於掩骼埋胔句止字刻作上字疑石工誤缺一筆而

校者未審近儒考據多援石刻以正板本豈知石刻亦不能無誤耶

波知滑冢亭亦有題名碑二首數行小引文亦簡絜惜未錄

觀音寺創於嘉慶五年有碑鑲門外東壁道光四年重建光緒元年重修前後題名碑四鑲西廡

蘊玉書樓壁間懸折枝橫披一幀筆極清逸神似甌香題云苦雨久不霽小窗琴絃潤兀兀坐哦松境逆受之順纔見梅花綻榴紅覺一瞬雙丸遞何速奔輪類馳驟秋禾慮泛溢民事懷饑

僅竹梢聲初歇蘭胎有芳訊鬱鬱怕垂簷香消撥餘灩何日攜
衣歸抛却冷銅印未署道光己亥麥秋苦雨作閒秋張式玲問
秋里居未詳細玩詩意似作於時將辭官而作不知何時流落
海外也
嶼中多畫家何曉初畫山水李秩軒畫蘭謝秉生畫花鳥謝靜
希畫竹吳子鵬畫梅菊辜吉甫畫山水此數人流寓已久辛卯
與余同客檳城有日本和田參州畫人物山水江西郭筱雲畫
梅廣東陳紫蓢畫山水福建魏省忠畫花鳥參州紫蓢皆作送

別圖贈余曉初秩軒靜希子鵬省忠皆能詩秩軒能篆省忠能
醫秩軒省忠已作古人曉初亦未知其近況也
一日於友人處見有閨思詩云明月復明月一輪空皎潔深閨
未眠人對影情離別昨夜卜燈花今朝報喜鵲莫是郎歸來鉛
華漫抛却寒衾冷於鐵殘燈滅復明夜深不成寐欹枕聞雞聲
臨別爲束裝既行轉悲傷歸期難預決夜夜夢漁陽前路多風
霜幾日到遼陽千萬自珍重未寒贈衣裳郎住在蕭關儂住在
京口儂爲郎憔悴不知郎知否人靜夜已凉孤影怯歸房却恨

多情月清輝照空床芍藥苦將離紅豆長相思妾愛合歡花灌
漑無失時妾愁春日絲郎恨簷前雪簷雪有時消春絲斷復結
此詩不知誰作或云邱顯承錄之以諗知者
徐鑑臣順德人在燕閒別墅供役見其手不釋卷心題之一日
呈一律末云剜肉醫瘡皆左計好培元氣福蒼生具此俊才得
逢蕭穎士不知樂何如也
在新嘉坡采得譚家女五言短句一首在吉隆闘有詩妓某檳
城詩人翬出豈閨秀獨無正始之音耶頃爲丁耕鄰學博校補

閩川閨秀續詩話遍搜舊篋僅存十四字云與我貌同原是鏡
爲郎腸斷不須刀此友人所述乃檳城某校書贈所私者
檳城竹枝詞大家愛學馬郊語結伴齊來老舉寮一望新街絃
管沸開廳陪飲坐通宵原註俗呼妓曰老舉疑女妓轉聲妓館
曰老舉寮寮聚新街妓多作馬郊語俗以狎妓爲學馬郊語宴
客曰開廳侍酒曰陪飲　打辮包腋正妙年茶烟酒果混登筵
護司從未編花籍也博交關白水錢原註妓女多打辮以小腳
爲包腋琵琶仔例只度曲妓寮門牌無名有混入妓寮者相好

曰交關私索曰白水　東洋兒女遍南洋夷語蠻粧易斷腸既打茶圍還選舞紅毛烏鬼總輕狂原註東洋妓善舞英吉利巫來由吉林諸夷多狎之讀此詩不能不望持色戒者

檳城竹枝詞少年走遍狹斜場花樣翻新興更狂最好車兒行緩緩長途安穩睡鴛鴦讀此詩不能不望講女訓者

檳城竹枝詞十二金釵列屋居操場再過忽爲墟多因誤畫齊知押盡室黎郎付子虛原註齊知番放債必數人作保不還則取償保人賣其家火以一番人搖鈴招買曰黎郎　頭家啖盡

報躬來竟日優游辟債臺貨殖傳歸孤老籍布衣徒步不勝哀原註商家折閱到官報躬入孤老籍人不得索例不得在本地經商如衣帛坐馬車著金碹人皆取償故俗以報窮爲恥讀此詩不能不望節財用者

檳城竹枝詞邪教流傳璟島周暹人術擅馬來由無端勾引癡兒女浪擲黃金買降頭原註馬來由暹人均擅降頭能蠱人婦女尤喜求其術讀此詩不能不望倡正學者

檳城竹枝詞義興建德黨人魁鄉曲橫行種禍胎偶過當年爭戰地黃沙白草掩枯骸原註義興建德二會聚衆萬人近爲英人禁絕讀此詩不能不望興文教者

檳城竹枝詞地無寒暑異唐山濯水餐風若等閒新客晝眠侵瘴濕肚皮脹滿足蹣跚原註謂中國曰唐山謂初來曰新客俗例早入水房濯熱晚到海邊食風忌晝眠體虛者多患腹脹腳軟病讀此詩不能不望通醫學者

星報檳城有楊氏子閩人也兄年八九歲弟僅五六歲家貧父業負販以貧故不能就學兄猶一丁不識然性純孝父母怒撻

之必跪受杖親疾手自煎藥侍膳問安不離左右是歲母病亟夜禱於天願以身代數日母病如失其弟視兄所爲兄嬉亦喜兄戲亦愛見者皆嘖嘖稱焉二兄弟聰俊異常斯蓋山川靈秀所鍾他日前程未可量也惟產於貧家未能培植爲可惜耳

叻報檳城日落洞地粵人張某妻邱氏辛卯八月二十一日生一子馬首人身四體作青黃色夫妻駭然氏受驚尤甚子三日殤氏亦斃命

星報出檳榔嶼羣島外有小島人跡罕至四周皆水中有山小

而高山麓有天后廟不知創自何年其神甚靈舫海客經此必具牲醴拜之辛卯三月有人由檳城往孟加剌船經其地覺頭目暈眩嘔吐欲死請於船主停輪往禱乃愈

光緒辛卯九月東瀛蓼洲漁者同客檳城作檳城送別圖記云溫君旭初海外之市隱者貌古而性介早輟舉子業性耆書儲蓄甚富待文人有加禮然脂韋媕鄙者則力拒之故所交殊寡余居檳城二月朝夕過從筆墨之緣最深一日偕福州力軒舉孝廉來視余時有他客匆匆而去既而旭初言孝廉將歸檳城

人不忍其別以詩送者十數人屬為之圖余與孝廉處未久觀旭初之禮待有加與檳城人所以戀戀之故則孝廉之為人可見矣嗟夫文人為世詬病久矣方其橐筆游四方奔走權勢之途不自重人亦無從而重之如孝廉者足以風矣時余有仰光之行倚裝作此并為之記藉報旭初未知孝廉以為何如耶

余游檳城歸以詩送者十數人舊稿散失僅存左領事秉隆林紫霧林屏周謝兆珊四人更有廖茂才廷璋魏望曾陳紫薌林振琦李開三林載陽楊明三謝梧亭邱克家諸作尚俟續錄

左子興領事送別詩五古八首錄六　翹首望鰲峯蒼茫阻雲樹嗟君與賤子何以能把晤虎嘯風自生龍起雲即附應知會合間冥冥有定數往歲得孫吳相見恨遲暮豈意萍水中復與君相遇信哉閩多才使我心欽慕　經義如淵海誰能窮其源醫理如牛毛誰能探其根許鄭已闕遠盧扁今不存常恐此兩途將隨煙霧昏惟君懷苦心朝暮細討論　十室有忠信好學者其誰聖門多高才參以魯得之吾愛力夫子性靜寡言辭終日伏几案樂此竟忘疲水滴石為穿誠至山可移大道豈難聞

努力貴及時　坐井而觀天天小如磨盤升高望九州乃知宇宙寬君今乘長風萬里效鵬摶既得江山助筆勢益飛瀾歸作南游記千秋合不刊　男兒生世間須據要路津豈以一第榮遂不復求伸願君策高足騁筆待楓宸佐我　欽明后安此中國民無為老蓬蒿獨自善其身　相見每恨遲相別每憾速自古莫不然豈君與子獨恩愛苟不忘天涯若比屋願君因好風時惠我尺牘

林紫霧送別五絕四首　追隨纔數日欲別更依依此去分南

北相逢不可期　同是遣游客吾盟君且歸臨歧兩行淚寄點
故人衣　未及話生平殷殷獨有情客中還送客愁緒柳絲縈
磊磊負奇才乘風破浪來檳城輯詩話文教待君開
林屏周送別七律四首錄三　翹首天衢意氣雄十篇文字慨
宸衷藝林風月添新草海國雲煙轉斷蓬衰鬢怕侵潮水綠醉
眸喜對夕陽紅他年倘上征西策歐亞封疆指顧中　不滅元
龍意氣豪蒼茫煙水泛輕舠新交緣證三生石闊別心驚萬里
濤海外風光儲古錦天涯秋思入吟毫知君無限憂時意歸向

空山讀六韜　蠻雲輕擁馬蹄飛半壁山川任指揮讀史擬增
端木傳登堂重著老萊衣海濱爭盼文星朗別後應知舊雨稀
世事升沈能徹悟不妨隨處學忘機
謝兆珊送別七律五首錄二　蟄從海上盼傳經天漢乘槎指
客星勝略南荒雙眼曠情深西顧一舟停移風隱抱鞭長憾畫
地詳諳米聚形中外機宜關大計幾人解建屋高瓴　滄波走
鐵滾飛輪澥鏡瑩瑩淨不塵李杜詩歌諳國事韓蘇嶺嶠寄吟
身新茶南燕秋餘韻香稻高梧詠入神何日王師雄破虜淋漓

大筆頌來賓
余從檳城歸故人見送別圖皆歎檳城人多情與旭初好事一
時題詠二十餘人同年陳繹如壽彭詩於檳城最有關係附錄
於此繹如曾作檳榔嶼考故形勢尤悉更有佳製擬合送別諸
作彙輯一編名曰檳城送別圖題詠
陳繹如題檳城送別圖云軒舉海上快游乎示我檳城送別圖
檳榔一島小於粟我且爲作檳榔曲海氛奔薄從西來海山蜃
氣蜯樓臺牛皮呂宋隱兵革萬丹瑣尾貪貨財甌駝人生馬來

泣十洲三島皆荆棘英夷自失美利堅努力東南事開闢烏脈
下連新嘉坡東來門戶相經過蛇莓高山應自笑百年興廢殊
曰科炎風吹動栟櫚樹孤帆渡口迷煙霧無如軒舉歸興濃豆
蔻丁香留不住丈夫得志行萬里輶軒采采風俗美不然橐筆
勤著書千秋志乘待綱紀愧我十年逼饑渴扶桑風月曾披抹
紅葉館中歌舞喧琵琶湖外煙波闊八駿西行亦陳迹余曩銜
西芳草碧惆悵巴黎五百人蒼茫鐵塔一千尺奔走可憐半天
下但收圖籍無圖畫今日倦游臥北窗驚濤空向夢中瀉軒舉

游踪郤獨奇王子洲邊日影遲令我披圖想欲別海波猶是銷魂時軒舉告我擬再渡藥裹一肩指征路誰將畫筆大如椽來圖南浦送君去

王漢宗以其父墓志拓本寄贈首篆書三行云皇清國學生授翰林院待詔國清王君墓志銘志銘楷書文甚繁節其要云公諱元清字國清又字玉湖派出右豐祖戊寅父辛乙母林氏序一世居同安積善里白礁社道光庚戌居檳榔嶼精陶朱術得自立焉咸豐戊午娶葉源成公女後由國學生授翰林院待詔

男子四漢鼎娶謝氏漢宗娶林氏漢壽娶邱氏漢墀出嗣三房未聘女子四素容素英素娥素珠俱未字孫男七學詩出嗣二房學和學凱漢鼎出學銘出嗣三房學勳漢宗出學榮學文漢壽出孫女一珍奇漢宗出道光乙未四月二十一日亥時生卒於光緒己丑年九月二十四日丑時壽享五十有五光緒己丑年陽月初一日未時葬峇抵萬漳福建新冢山穴坐酉向卯兼辛乙分金辛酉辛卯未署歲進士選用訓導宗弟福昌頓首拜撰并書

中國出使日記斌郎中最先郭侍郎次之曾侯次之李小池游覽隨筆雖非出使然亦日記也惟郭侍郎乘英國郵船取道檳榔嶼然停泊未久不及登岸故諸家日記於檳榔嶼多略同年鍾贊周比部爲槙出示薛叔耘欽使出使四國日記三卷所記檳榔嶼諸節深得肯要時志略排印已畢謹錄如左以俟他日補纂

出使四國日記云光緒十六年正月二十二日丑正到新嘉坡二十三日午正過麻六甲海峽蓋左麻六甲右蘇門答臘也二

十四日舟西北行午正在赤道北五度四十七分船右見山樹木葱翠洋人名之曰渭船左島上有塔燈乃蘇門答臘盡處鈎案檳榔嶼在赤道北五度十六分至三十分則四十七分者必檳榔嶼海面也法公司船例不泊嶼所見樹木葱翠之山疑即檳榔嶼旌旗山檳榔嶼西人呼庇能渭船庇能或一聲之轉又云新嘉坡麻六甲檳榔嶼全境英總名司曲來脫舍脫門此司曲來脫譯言海峽舍脫門此譯言埠也各國領事皆兼三埠中國則專司新嘉坡事緣設領事之初祗敘及兩埠然麻六甲

檳榔嶼華人有事亦有來告領事者但與英官辨論較多周折耳此事當俟機會更正之

又云中國應派領事官駐香港者擬調新嘉坡領事左秉隆任之駐新嘉坡者擬派使署二等參贊黃遵憲任之非僅爲新嘉坡一處之領事官並爲檳榔嶼麻六甲及附近各處之總領事官其檳榔嶼各處有應派副領事者俟審定後奏闓鈞案檳榔嶼各處領事之設實不容緩

又云新嘉坡領事左秉隆稟稱南洋英屬各地除香港仰光薩拉氏北嘉娘納閩文萊暨澳大利亞各埠暫置不論外其歸新嘉坡巡撫統轄者若檳榔嶼麻六甲皆全屬英者也若白蠟石蘭莪芙蓉彭亨皆歸英保護者也柔佛名爲自主之國實陰受英約束者也如欲設官統轄宜先與英外部議請先以新嘉坡領事爲新嘉坡檳榔嶼麻六甲暨其附近保護諸國之總領事並准其酌派領事或副領事等官大約檳榔嶼麻六甲應作一起辦法白蠟石蘭莪芙蓉應作一起辦法柔佛作一起辦法彭亨新歸英國尚可從緩檳埠宜派正領事麻埠可派副領事至

白蠟等國各有華商一人充當甲必丹如飭兼充領事或可允從鈞案此論與鄙見合不惟省費亦省事

又云英國官制駐新嘉坡等處者謂之猗物納猶中國巡撫也駐印度者曰猗物納萃乃蘭猶中國總督也巡撫管理新嘉坡檳榔嶼麻六甲全境鈞案叻報星報輒稱某制軍出巡嶼境似誤

又云查舊卷王榮和稟稱新嘉坡至麻六甲輪船十二點鐘海程又至檳榔嶼輪船三十六點鐘海程三埠相連檳榔嶼繁盛足與新嘉坡相埒嶼埠巨賈甚多兼通仰江米貨就近各小埠物產亦皆彙集於此即坡埠市面亦聽嶼埠號商信息也

又云南洋諸島各埠林立商務工務均賴華人爲骨幹統計約有三百餘萬而尤以新嘉坡檳榔嶼爲要衝

又云英國新嘉坡附近各島於光緒十一年定其總名曰海門凡海門統轄之地曰新嘉坡島曰麻六甲省與城曰丹定斯璧島曰檳榔嶼曰威利司雷省暨其屬部科科斯璧島內分二十小島以上各地共有四十二萬三千餘人華民內有十七萬四

千三百二十七名鈞案此舊數也辛卯稽查不止此數

又云南洋諸島國自古無傑出之人才蓋地在赤道以下有暑無寒精氣發洩終歲無收斂之時所以人之筋力不能勤神智不能生頹散昏懦無由自振大抵地球温帶爲人物精華所萃寒帶之極北則人物不能生熱帶之下人物雖繁而不能精而温帶近寒之地往往有鍾毓神靈首出庶物者則以精氣凝斂之故也鈞案此說與後說合參乃備

又云泰西諸國在今日正爲極盛之時固由氣數使然蓋美洲

之開闢後於歐洲歐洲之開闢後於中國而歐洲各國之中開闢又有先後故風俗亦有厚薄美利堅猶中國之虞夏時也俄羅斯猶中國之商周時也英吉利猶中國兩漢時也法蘭西意大利西班牙荷蘭其猶中國之唐宋時乎若法人意氣囂張朋黨爭勝則幾似前明之世矣鈞案此論誠確發前人所未發竊謂巫來由諸部殆無懷葛天之時歟

又云鎼律埠錫礦甚旺開礦華人約有三萬而屬粵人鄭貴者三分之一鈞案鄭貴名嗣文字愼之孝親友弟曾捐萬金創建

宗祠凡諸善舉樂施不倦渾厚老成鄉人稱之

遊婆羅洲記一卷

〔清〕佚名撰

《遊婆羅洲記》一卷，撰者不詳。撰於遊歷婆羅洲島時，其地北部屬英，南部屬荷，荒田甚多，有待開發。又記其地物產、種植、商貿之見聞，可考當地進出口關稅詳情及歐、華、印人於南洋務工情形。據《小方壺齋輿地叢鈔》本影印。

遊婆羅洲記

南洋之中萬島環列由呂宋西南視之有島居於午位曰婆羅洲而息力山橫亙其中山之西畔極北曰文萊山之東畔極北曰古達而英人近所欲墾之北般烏在焉余賦閒在港久擬作外埠遊以增見聞而豁襟抱適去月初聞鬬北般烏島有新闢口岸一事於是毅然束裝就道於八月初五早搭海南輪船由港啟行十二早始抵北般烏古達埠計船行七晝夜約一千一百餘咪每咪即華人三里三船中搭客共三十四名另西國二人途遇風雨一晝夜故船行頗緩將到埠之際約二三十里兩岸對時皆是森林一望無際及抵岸則見板屋茅寮四五十間另有新建甎屋八間尚未完善其瓦面牆壁皆赭色緣物料概由別處運來也在船早餐後偕同舟數人登岸遊覽見有粵人舖戶十餘間皆作小買賣內有新寧李姓數人於是進內攀談問其景況據云祇到此三四個月生理不多水土亦劣離埠七八里始有甜水取之殊難五六月間因傳染疫症死者頗眾但新時此患已除幸獲無恙本處出產惟有沙籐木料樹膠燕窩等物仍不甚多蓋因土人去埠較遠艱於販運故也埠上地基廣大遙望平原後有小山一帶亦不高海面則水深岸闊最合船艘停泊亦有小河可通內地現觀此埠不過甫闢數月規模粗具尚未壯觀但見英人之伐木焚林平治道路極意經營不遺餘力諒數年後或成一都會亦未可定八月十三日早船又動輪往山打根埠至十四日午刻抵岸余與友人伍燕南胡璟南謝國斌等暫寄寓於志興隆號內該號係香邑陳君志廷所開專做西國伙食生意甚利順厚陳君到此已四五年乃此埠華人初來之始性情慷慨西人甚器重之余居此多賴其週旋殊深感佩同船搭客則分住廣幫各號亦有暫寓於粵東會館者各適其宜差堪告慰按此埠草萊開闢已閱四載埠中居民約三千名內粵人約五百名閩人二百名歐洲人三十名其餘則巫來由及蘇祿土人而印度人在此當差役者亦有百數十名附鄰近各小埠及

內地各處共有蘇綠土人約三四十萬俱以覓採沙藤樹膠燕窩捕魚為業賦性懶惰不事種植故地上之物以人力出產者絕少言語則以巫來由族為通用識蘇綠土談者亦有之錢銀則不論何款但無印即可通行此埠坐北向南後枕高山海面寬闊山環水曲港口極佳絕無颶風之患現埠上鋪戶約有百餘家概係板屋葵寮并無甎瓦屋宇其中鋪戶半在水面半在山坡因平原地少又無甎瓦建造故不得不以此為暫居計也現已有人創建甎窰每月約出甎三四十萬而灰瓦二窰亦將次第舉辦令各商家已源源定買想不日土木大興將見樓閣雲連轉瞬便成一繁華佳境矣查此處出產以沙藤木料鮮魚燕窩樹膠冰片為大宗其餘海參魚翅珍珠殼膠菜黃蠟玳瑁象牙犀角等貨亦有之俱係土人由鄰近港口載來多有以貨易貨者余等未到之先其進口貨物皆由星架坡剌們二埠運來頗能獲利有閩人創設二店一名鴻源美一名金永發到此約三四年聞已獲資鉅萬此可謂先步獨登矣是埠水土極好其水清甜涼沁肺腑雖白雲山甜水無復過之因此居民於數年來疾病殊少說者謂埠上之山係鐵礦水由礦中出故得如是之佳未審確否天氣亦屬平和早晚涼風襲體夜間須著夾衣且無蚊蟲大可安睡惟日午頗覺炎熱週顛如是獨冬令則雨水略多消卻一切暑氣地土又極肥美無物不生過年均有出產因歲間中無有寒暑也有人攜粵中瓜果菜蔬等物植之見其質大味甘比粵產更覺適口料五穀皆能播種惟麥子及棉花不甚合宜二埠中伙食亦不甚貴大約每人每月三四圓便可足用蓋魚米柴三物極平祇惟豬牛羊雞鴨及零用什物則昂貴與常價比港地倍之以坐人販運故也埠上四週之山俱樹木深林舉目皆是內多產大木天矯聳直動長十丈外大可合抱採之不禁茲英人以闢地為急務特雇人將各處林木斫伐用火焚之余所見遍地堆積多是美木良材可勝大用者皆棄之如遺雖作柴薪亦不取之足見材木之多殊令人歎惜矣離埠數百里間有雀翼山燕窩巖金礦等類業經查得但未

開採耳又聞此刻已有多人買受荒地共計七萬六千餘畝案英一畝約華人六畝特爲種植之用其地俱係鄰近此埠將來開墾既成出產日盛則無難成一都會矣現埠中設例凡入口貨物除米麪麥及日用伙食無稅外其餘什貨則按報價值百抽稅五圓洋煙燒酒二物歸承餉者徵收出口貨則除海中所產各物無稅外其餘土產各貨以按值百圓抽銀十圓埠上地段出投章程則以地一段闊三十三尺深六十六尺每段以十六圓爲底地紙寫九百九十九年每年納地稅銀六圓如投得之人願作一次納足十年地稅者則自後可永遠免納開墾地段則任人擇地認領以英一畝計地價銀一圓永免地稅現在各人所取荒地雖其中樹木叢雜雇人斫伐所費亦屬不多然計英人一畝需銀五圓國人便樂於從事尙可得回多少大木或能稍資彌補也刻下埠中工匠人役均極爲稀罕最要者是做木泥水兩途計每人每日可得工銀六七毫其次則手作食力之輩如整道路開耕種伐材木捕魚介整船艇等工藝每日亦可獲銀三四毫至於商販營生則必須預攜資本方能有濟卽多少亦均無不宜蓋大者則闢地種植雖數十萬之資亦可動用其小者則帶貨入港與土人互易間有獲利數倍者

小方壺齋輿地叢鈔　第一帙

上海著易堂印行

白蠟遊記一卷

〔清〕佚名撰

白蠟遊記　解題

《白蠟遊記》一卷，撰者不詳。白蠟即今馬來西亞霹靂州，其地產錫，時爲英國殖民地。此敘其地理、物産及民俗等。據《小方壺齋輿地叢鈔》本影印。

白蠟遊記

闕名

南洋羣島中有名白蠟者或譯作霹靂聲相似也近接檳榔嶼由檳榔嶼對岸陸路可通其地綿亙數百里層巒疊嶂林密山深向爲穆拉油人所居今則屬於英國洪荒以來未經開闢同治間南洋傭工日衆始有至白蠟採錫者其地錫苗甚旺出產極多英人設關徵收稅項每年不下數十萬金通島分大白蠟小白蠟二境以一河爲界白司馬墩起溯流而上由是而篤亞蘭務邊夾版巴羅巴門密裏洞剌克沙瀝又由務邊而南至米棚織鵝絨彭亨大泥金山均大白蠟境也又由沙瀝綾羅口過河則葫蘆江素太平新港均小白蠟境也從前草創民舍多結茅爲之近亦有灰坭版築者土產檳榔椰山竹榴蓮波羅諸果此外往往有不識名者通島產錫惟彭亨兼產金顧天氣不時嵐瘴甚盛故名人亦所罕到錫米形如碎砂而黑沙瀝所產有重至數百斤者有巨石一方巋然危立土人名曰錫米王見者必死行人避途相戒不敢視前後死者不知凡幾十年前爲天雷所殛今則無矣島產五金煤炭玉石亦間有之然不常見數年前有粵人某流落其地採錫餬口一日於土中掘得巨石五色斑駁少去其角則滿中皆翡翠也鄭回粵垣得值數千金土番無部落不相統屬間有強酋亦自君其地不能兼轄他境國無官制亦無兵其酋與民一體無所區別居深山窮谷中鑿井耕田遷徙無常性悍戾好鬬一言不合拼死相持往往在僻處謀殺過客英人以其地爲遼東西梗阻雖有輪船往來不能駛入內河近擬開造車路俾東西南北四達周行矣

上海著易堂印行

義火可握國記一卷

〔清〕佚名撰

《義火可握國記》一卷，撰者不詳。義火可握居馬來半島最南端。此敘其立國本末及王宫之情形，可考英國於馬來半島之殖民經過。據《小方壺齋輿地叢鈔》本影印。

義火可握國記　國名

義火可握國在馬來半島南端蓋王國也英屬新加坡在其南邊距今前八十年英國購此島地於該王國價六萬圓此邊一帶之地多爲英屬保護國該國獨保其自主特立環國四面皆爲英屬地而此一小獨立國在其中也初英國取此等四鄰之地以爲己屬獨不及此一小國雖似可驚訝蓋有理存焉何也曰方英略新加坡一帶之時現該國王之生父某爲馬來半島中部王國一長官駐在義火可握國英人以爲奇貨可居說之曰今半島情形有如亂麻英雄割據互爲其長而無能統一者貴官獨奉王命遠巡在此不亦愚乎貴官若有雄心稱王之意則我英國請先承認上義火可握國王尊號於貴官於是該長官心爲之動遂從其言創興一王國英人從容謂王曰新加坡僻在國之南端一小島耳請王讓於英國以酬英人尊立貴王之勞不亦善乎王以爲然乃許諾焉英人遂出六萬圓購之且該王在世時每年出二萬四千圓爲其湯沐之費焉英人購得新加坡如是故其後雖併吞四鄰不復染指於該國以至於今矣然其政度簡樸不類朝鮮暹羅等受諸強國之干涉其王或出遊倫敦而爲英皇所優遇又或燕於新加坡別墅常往義火可握國宮殿宮女數人擁侍左右風流瀟落以自娛焉宮殿爲二層樓後閣紆繞庭前廣闊前控海峽與新加坡指呼相應門前有侍衛戎衣儼立以爲警護一揖門衛而進門內則有臣民數十人出見異客與口同音交相與言請爲嚮導而觀宮殿庭蓋欲得酬金也宮殿內有聽政室有延客室並爲美觀又有藏銀室（即金庫也）室中有數十函貯銀塊藏室均在下層樓房而於二層樓上有十二內房每房安置洋床寢每房懸掛所居妃嬪之小影各有衣服靴等色均用黃蓋此國俗尚似中國往昔之俗或曰以木德王或曰其色尚赤今王性好用黃故凡百器具亦繪黃色國王椅子價值甚昂其形狀如猛獅四脚如獅足王坐在獅背頭尾四足皆用黃金意匠製作亞極巧妙彫柱亦工王國[illegible]西邊一

十英里南北十數英里其國雖小亦儼然一獨立王國矣

真臘風土記一卷

〔元〕周達觀撰

《真臘風土記》一卷，元周達觀撰。達觀字達可，號草庭逸民，永嘉（今屬浙江）人。於元元貞元年（一二九五）隨使真臘（今柬埔寨），大德元年（一二九七）返國後，據見聞撰成此書。書凡四十餘條，備載其宮室山川、物産貿易、語言文字、宗教信仰、風土民俗等。據《古今逸史》本影印。

眞臘風土記目錄

眞臘風土記目錄終

眞臘風土記

元永嘉周達觀　撰

明新安吳　琯　校

總敘

眞臘國或稱占臘其國自稱曰甘孛智今聖朝按西番經名其國曰澉浦只蓋亦甘孛智之近音也自溫州開洋行丁未針歷閩廣海外諸州港口過七洲洋經交趾洋到占城又自占城順風可半月到眞蒲乃其境也又自眞蒲行坤申針過崑崙洋入港港凡數十惟第四港可入其餘悉以沙淺故不通巨舟然而彌望皆修藤古木黃沙白葦倉卒未易辨認故舟人以尋港爲難事自港口北行順水可半月抵其地曰查南乃其屬郡也又自查南換小舟順水可十餘日過半路村佛村渡淡洋可抵其地曰干傍取城五十里按諸番志稱其地廣七千里其國北抵占城半月路西南距暹羅半月程南距番禺十日程其東則大海也舊爲通商來往之國聖朝誕膺天命奄有四海唆都元帥之置省占城也嘗遣一虎符百戶一金牌千戶同到本國竟爲拘執不返元貞之乙未六月聖天子遣使招諭俾余從行以次年丙申二月離明州

二十日自溫州港口開洋三月十五日抵占城中途逆風不利秋七月始至遂得臣服至大德丁酉六月回舟八月十二日抵四明舶岸其風土國事之詳雖不能盡知然其大略亦可見矣

城郭

州城周圍可二十里有五門門各兩重惟東向開二門餘向皆一門城之外巨濠濠之上通衢大橋橋之兩傍各有石神五十四枚如石將軍之狀甚巨而獰五門皆相似橋之闌皆石爲之鑿爲蛇形蛇皆九頭五十四神皆以手拔蛇有不容其走逸之勢城門之上有大石佛頭五面向西方中置其一飾之以金門之兩旁鑿石爲象形城皆疊石爲之可二丈石甚周密堅固且不生繁草却無女墻城之上間或種桄榔木比比皆空屋其內向如坡子厚可十餘丈坡上皆有大門夜閉早開亦有監門者惟狗不許入門其城甚方整四方各有石塔一座曾受斬趾刑人亦不許入門當國之中有金塔一座傍有石塔二十餘座石屋百餘間東向金橋一所金獅子二枚列於橋之左右金佛八身列于石屋之下金塔至北可一里許有銅塔一座比金塔更高望之鬱然其下亦有石屋

十數間又其北一里許則國主之廬也其寢室又有金塔一座焉所以舶商自來有富貴真臘之褒者想爲此也石塔出南門外半里餘俗傳魯般一夜造成魯般墓在南門外一里許周圍可十里石屋數百間東池在城東十里周圍可百里中有石塔石屋塔之中有臥銅佛一身臍中常有水流出北池在城北五里中有金方塔一座石屋數十間金獅子金佛銅象銅牛銅馬之屬皆有之

宮室

國宮及官舍府第皆面東國宮在金塔金橋之北近

門周圍可五六里其正室之瓦以鉛爲之餘皆土瓦黃色橋柱甚巨皆雕畫佛形屋頭壯觀修廊複道突兀參差稍有規模其蒞事處有金窗櫺左右方柱上有鏡約有四五十面列放於窗之旁其下爲象形聞內中多有奇處防禁甚嚴不可得而見也其內中金塔國主夜則臥其上土人皆謂塔之中有九頭蛇精乃一國之土地主也係女身每夜則見國主則先與之同寢交媾雖其妻亦不敢入二鼓乃出方可與妻妾同睡若此精一夜不見則番王死期至矣若番王一夜不往則必獲災禍其次如國戚大臣等屋制度廣袤與常人家迥別周圍皆用草蓋獨家廟及正寢二處許用瓦亦各隨其官之等級以爲屋室廣狹之制其下如百姓之家止草蓋瓦片不敢上屋其廣狹雖隨家之貧富然終不敢做府第制度也

服飾

自國主以下男女皆椎髻袒裼止以布圍腰出入則加以大布一條纏於小布之上布甚有等級國主所打之布有直金三四兩者極其華麗精美其國中雖自織布暹羅及占城皆有來者往往以來自西洋者爲上以其精巧而細樣故人惟國主可打純花布頭

戴金冠子如金剛頭上所戴者或有時不戴冠但以線穿香花如茉莉之類周匝于髻間項上戴大珍珠三斤許手足及諸指上皆帶金鐲指展上皆嵌猫兒眼睛石其下跣足足下及手掌皆以紅藥染赤色出則手持金劍百姓間惟婦女可染手足掌男子不敢也大臣國戚可打疎花布惟官人可打兩頭花布百姓間惟婦人可打之新唐人雖打兩頭花布人亦不敢罪之以其暗丁八殺故也暗丁八殺不識體例也

官屬

國中亦有丞相將帥司天等官其下各設司吏之屬

但名稱不同耳大抵皆國戚爲之否則亦納女爲嬪其出入儀從亦有等級用金轎扛四金傘柄者爲上金轎扛二金傘柄者次之金轎扛一金傘柄者又次之止用一金傘柄者又其次之也其下者止用一銀傘柄者而已亦有用銀轎扛者金傘柄以上官皆呼爲巴丁或呼暗丁銀傘柄者呼爲廝辣的傘皆用中國紅絹爲之其裙直拖地油傘皆以綠絹爲之裙却短

三教

爲儒者呼爲班詰爲僧者呼爲苧姑爲道者呼爲八

思惟班詰不知其所祖亦無所謂學舍講習之處亦難究其所讀何書但見其如常人打布之外於項上掛白線一條以此別其爲儒耳由班詰入仕者則爲高上之人項上之線終身不去苧姑削髮穿黃偏袒右肩其下則繫黃布裙跣足寺亦許用瓦蓋中止有一像正如釋迦佛之狀呼爲孛賴穿紅塑以泥飾以丹青外此別無像也塔中之佛相貌又別皆以銅鑄成無鐘鼓鐃鈸與幢幡寶蓋之類僧皆茹魚肉惟不飲酒供佛亦用魚肉每日一齋皆取辦于齋主之家寺中不設厨竈所誦之經甚多皆以貝葉疊成極其齊整於上寫黑字既不用筆墨但不知其以何物書寫僧亦用金銀轎扛傘柄者國王有大政亦咨訪之却無尼姑八思惟正如常人打布之外但於頭上戴一紅布或白布如韃靼娘子罟姑之狀而略低亦有宮觀但比之寺院較狹而道教者亦不如僧教之盛耳所供無別像但止一塊石如中國社壇中之石耳亦不知其何所祖也却有女道士宮觀亦得用瓦八思惟不食他人之食亦不令人見食亦不飲酒不曾見其誦經及與人功果之事俗之小兒入學者皆先就僧家教習暨長而還俗其詳莫能考也

人物

人但知蠻俗人物麤醜而甚黑殊不知居于海島村僻尋常閭巷間者則信然矣至如宮人及南棚（南棚乃府第也）婦女多有其白如玉者蓋以不見天日之光故也大抵一布經腰之外不以男女皆露出胸酥椎髻跣足雖國主之妻亦只如此國主凡有五妻正室一人四方四人其下嬪婢之屬聞有三五千亦自分等級未嘗輕出户余每一入內見番主必與正妻同出乃坐正室金窗中諸宮人皆次第列於兩廊窗下徙倚窺覷余備獲一見凡人家有女美貌者必召入內其

下供內中出入之役者呼爲陳家蘭亦不下一二千却皆有丈夫與民間雜處只於顋門之前削去其髮如北人開水道之狀塗以銀硃及塗於兩鬢之傍以此爲陳家蘭別耳惟此婦可以入內其下餘人不可得而入也內宮之前後有絡繹于道途間尋常婦女椎髻之外別無釵梳頭面之飾但臂中帶金鐲指中帶金指展且陳家蘭及內中諸宮人皆用之男女身上常塗香藥以檀麝等香合成家家皆修佛事國中多有二形人每日以十數成羣行於墟場間常有招徠唐人之意反有厚饋可醜可惡

產婦

番婦產後卽作熱飯抹之以鹽納于陰戶凡一晝夜而除之以此產中無病且收歛常如室女余初聞而詫之深疑其不然既而所泊之家有女育子備知其事且次日卽抱嬰兒同往河內澡洗尤所怪見又每見人言番婦多淫產後一兩日卽與夫合若丈夫不中所欲卽有買臣見棄之事若丈夫適有遠役只可數夜過十數夜其婦必曰我非是鬼如何孤眠淫蕩之心尤切然亦聞有守志者婦女最易老蓋其婚嫁產育既早二三十歲人已如中國四五十人矣

室女

人家養女其父母必祝之曰願汝有人要將來嫁千百箇丈夫富室之女自七歲至九歲至貧之家則止於十一歲必命僧道去其童身名曰陣毯蓋官司每歲於中國四月內擇一日頒行本國應有養女當陣毯之家先行申報官司官司先給巨燭一條燭間刻畫一處約是夜遇昏點燭至刻畫處則爲陣毯時候矣先期一月或半月或十日父母必擇一僧或一道隨其何處寺觀往往亦自有主顧向上好僧皆爲官戶富室所先貧者亦不暇擇也官富之家饋以酒米

布帛檳榔銀器之類至有一百擔者直中國白金二三百兩之物少者或三四十擔或一二十擔隨家豐儉所以貧人家至于十一歲而始行事者爲難辦此物耳亦有捨錢與貧女陣毯者謂之做好事蓋一歲中一僧止可御一女僧既允受更不他許是夜大設飲食鼓樂會親隣門外縛一高棚裝塑泥人泥獸之屬于其上或十餘或止三四枚貧家則無之各按故事凡七日而始撤既昏以轎傘鼓樂迎此僧而歸以綵帛結二亭子一則坐女于其中一則僧坐其中不曉其口說何語鼓樂之聲喧闐是夜不禁犯夜閒至

期與女俱入房親以手去其童納之酒中或謂父母親隣各點于額上或謂俱嘗以口或謂僧與女交媾之事或謂無此但不容唐人見之所以莫知其的至天將明時則又以轎傘鼓樂送僧去後當以布帛之類與僧贖身否則此女終爲此僧所有不可得而他適也余所見者大德丁酉之四月初六夜也前此父母必與女同寢此後則斥於房外任其所之無復拘束隄防之矣至若嫁娶則雖有納幣之禮不過苟簡從事多有先姦而後娶者其風俗既不以爲耻亦不以爲怪也陣毯之夜一巷中或至十餘家城中迎僧

道者交錯於途路間鼓樂之聲無處無之

奴婢

人家奴婢皆買野人以充其役多者百餘少者亦有一二十枚除至貧之家則無之蓋野人者山野中之人也自有種類俗呼爲撞賊到城中亦不敢出入人之家城間人相罵者一呼之爲撞則恨入骨髓其見輕於人如此少壯者一枚可直百布老弱者止三四十布可得秖許于樓下坐臥若執役方許登樓亦必跪膝合掌頂禮而後敢進呼主人爲巴駞主母爲米巴駞者父也米者母也若有過撻之則俯首受杖略不敢動其牝牡者自相配偶主人終無與之交接之理或唐人到彼久曠者不擇一與之接主人聞之次日不肯與同坐以其曾與野人接故也或與外人交至於有姙養子主人亦不詰問其所從來蓋以其所不齒且利其得子仍可爲異日奴婢也或有逃者擒而復得必於面刺以青或於項上帶鐵以錮之亦有帶于臂腿間者

語言

國中語言自成音聲雖近而占城暹人皆不通話說如以一爲梅二爲別三爲卑四爲般五爲孛監六爲

孛監梅七爲孛監別八爲孛監卑九爲孛監般十爲荅呼父爲巴駞叔伯亦呼爲巴駞呼母爲米姑姨嬸姆以至鄰人之尊年者亦呼爲米呼兄爲邦姊亦呼爲邦呼弟爲補溫呼舅爲吃賴姑夫亦呼爲孛賴大抵多以下字在上如言此人乃張三之弟則曰補溫張三彼人乃李四之舅則曰吃賴李四又如呼中國爲備世呼官人爲巴丁呼秀才爲班詰乃呼中國官人不曰備世巴丁而曰巴丁備世呼中國之秀才不曰備世班詰而曰班詰備世大抵皆如此此其大略耳至若官府則有官府之議論秀才則有秀才之文

談僧道自有僧道之語說城市村落言語各自不同亦與中國無異也

野人

野人有二種有一等通往來話言之野人乃賣與城間爲奴之類是也有一等不屬教化不通言語之野人此輩皆無家可居但領其家屬巡行于山頭戴一瓦盆而走遇有野獸以弧矢標槍射之而得乃擊火於石共烹食而去其性甚狠其藥甚毒同黨中常自相殺戮近地亦有種荳蔻木綿花織布爲業者布甚麤厚花紋甚別

文字

尋常文字及官府文書皆以麂鹿皮等物染黑隨其大小闊狹以意裁之用一等粉如中國白堊之類搓爲小條子其名爲梭拈於手中就皮畫以成字永不脫落用畢則挿於耳之上字跡亦可辨認爲何人書寫須以濕物揩拭方去大率字樣正如回鶻字凡文書皆自後書向前却不自上書下也余聞之也先海牙云其字母音聲正與蒙古音相鄰但所不同者三兩字耳初無印信人家告狀亦有書鋪書寫

正朔時序

每用中國十月爲正月是月也名爲佳得當國宮之前縛一大棚上可容千餘人盡掛燈毬花朵之屬其對岸遠離二十丈地則以木接續縛成高棚如造塔撲竿之狀可高二十餘丈每夜設三四座或五六座裝煙火爆杖于其上此皆諸屬郡及諸府第認直遇夜則請國主出觀點放煙火爆杖煙火雖百里之外皆見之爆杖其大如砲聲震一城其官屬貴戚每人分以巨燭檳榔所費甚夥國主亦請奉使觀焉如是者半月而後止每一月必有一事如四月則拋毬九月則壓獵壓獵者聚一國之衆皆來城中教閱於國

宮之前五月則迎佛水聚一國遠近之佛皆送水與國主洗身陸地行舟國主登樓以觀七月則燒稻其時新稻已熟迎於南門外燒之以供佛婦女車象往觀者無數主却不出八月則挨藍挨藍者舞也點差伎樂每日就國宮內挨藍且鬭猪鬭象國主亦請奉使觀焉如是者一旬其餘月分不能詳記也國人亦有通天文者日月薄蝕皆能推算但是大小盡却與中國不同閏歲則彼亦必置閏但只閏九月殊不可曉一夜只分四更每七日一輪亦如中國所謂開閉建除之類番人既無名姓亦不記生日多有以所生

日頭爲名者有兩日最吉三日平平四日最凶何日可出東方何日可出西方雖婦女皆能算之十二生肖亦與中國同但所呼之名異耳如以馬爲卜賽呼雞之聲爲欒呼猪之聲爲直盧呼牛爲箇之類也

爭訟

民間爭訟雖小事亦必上聞國主初無笞杖之責但聞罰金而已其人大逆重事亦無絞斬之事止於城西門外掘地成坑納罪人於內實以土石堅築而罷其次有斬手足指者有去鼻者但姦與賭無禁姦婦之夫或知之則以兩柴絞姦夫之足痛不可忍竭其

資而與之方可獲免然裝局欺騙者亦有之或有死於門首者則自用繩拖置城外野地初無所謂體究檢驗之事人家獲盜亦可施監禁拷掠之刑却有一項可取且如人家失物疑此人爲盜不肯招認遂以鍋煎油極熱令此人伸手於中若果偷物則手腐爛否則皮肉如故云番人有法如此又兩家爭訟莫辨曲直國宮之對岸有小石塔十二座令一人各坐一塔中其外兩家自以親屬互相隄防或坐一二日或三四日其無理者必獲證候而出或身上生瘡癤或咳嗽熱證之類有理者略無纖事以此剖判曲直謂之天獄蓋其土地之靈有如此也

病癩

國人尋常有病多是入水浸浴及頻頻洗頭便自痊可然多病癩者比比道途間土人雖與之同臥同食亦不校或謂彼中風土有此疾曾有國王患此疾故人不之嫌以愚意觀之往往好色之餘便入水澡洗故成此疾聞土人色慾纔畢皆入水澡洗其患痢者十死八九亦有貨藥於市者與中國不類不知其爲何物更有一等師巫之屬與人行持尤可笑

死亡

人死無棺止以篷席之類蓋之以布其出喪也前亦

用旗幟鼓樂之屬又以兩柈炒米繞路拋撒擡至城外僻遠無人之地棄擲而去俟有鷹犬畜類來食頃刻而盡則謂父母有福故獲此報若不食或食而不盡反謂父母有罪而至此今亦漸有焚者往往皆唐人之遺種也父母死別無服制男子則髡其髮女子則於顖門翦髮似錢大以此爲孝耳國主仍有塔葬埋但不知葬身與葬骨耳

耕種

大抵一歲中可三四番收種蓋四時常如五六月天

且不識霜雪故也其地半年有雨半年絶無自四月至九月每日下雨午後方下淡水洋中水痕高可七八丈巨樹盡沒僅留一杪耳人家濵水而居者皆移入山後十月至三月點雨絶無洋中僅可通小舟深處不過三五尺人家又復移下耕種者指至何時稻熟是時水可渰至何處隨其地而播種之耕不用牛耒耜鎌鋤之器雖稍相類而制自不同又有一等野田不種常生水高至一丈而稻亦與之俱高想別一種也但糞田及種蔬皆不用穢嫌其不潔也唐人到彼皆不與之言及中國糞壅之事恐爲所鄙每三兩家共掘地爲一坑蓋其草滿則填之又別掘地爲之凡登溷既畢必入池洗淨止用左手右手留以拿飯見唐人登厠用紙揩拭者笑之甚至不欲其登門婦女亦有立而溺者可笑可笑

山川

自入眞蒲以來率多平林叢昧長江巨港緜亘數百里古樹修藤森陰蒙翳禽獸之聲遝雜其間至半港而始見有曠田絶無寸木瀰望芃芃禾黍而已野牛以千百成羣聚于此地又有竹坡亦緜亘數百里其間竹節相間生刺筍味至苦四畔皆有高山

出產

山多異木無木處乃犀象屯聚養育之地珍禽奇獸不計其數細色有翠毛象牙犀角黃臘麤色有降眞荳蔻畫黃紫梗大風子油翡翠其得也頗難蓋叢林中有池池中有魚翡翠自林中飛出求魚番人以樹葉蔽身而坐水濵籠一雌以誘之手持小網伺其來則罩有一日獲三五隻有終日全不得者象牙則山僻人家有之每一象死方有二牙舊傳謂每歲一換牙者非也其牙以標而殺之者上也自死而隨時爲人所取者次之死于山中多年者斯爲下矣黃臘出於村落朽樹間其一種細腰蜂如螻蟻者番人取而得之每一船可收二三千塊每塊大者三四十斤小者亦不下十八九斤犀角白而帶花者爲上黑爲下降眞生叢林中番人頗費砍斫之勞蓋此乃樹之心耳其外白木可厚八九寸小者亦不下四五寸荳蔻皆野人山上所種畫黃乃一等樹間之脂番人預先一年以刀斫樹滴瀝其脂至次年而始收紫梗生于一等樹枝間正如桑寄生之狀亦頗難得大風子油乃大樹之子狀如椰子而圓中有子數十枚胡椒間亦有之纏藤而生纍纍如綠草子其生而青者更辣

貿易

國人交易皆婦人能之所以唐人到彼必先納一婦人者兼亦利其能買賣故也每日一墟自卯至午即罷無居鋪但以蓬席之類鋪于地間各有處聞亦有納官司賃地錢小交關則用米穀及唐貨次則用布若乃大交關則用金銀矣往往土人最朴見唐人頗加敬畏呼之為佛見則伏地頂禮近亦有脫騙欺負唐人由去人之多故也

欲得唐貨

其地想不出金銀以唐人金銀為第一五色輕縑帛

次之其次如真州之錫鑞溫州之漆盤泉州之青甆器及水銀銀硃紙劄硫黃焰硝檀香白芷麝香麻布黃草布雨傘鐵鍋銅盤水珠桐油篦箕木梳針其麤重則如明州之蓆甚欲得者則菽麥也然不可將去耳

草木

惟石榴甘蔗荷花蓮藕羊桃蕉芋與中國同荔枝橘子狀雖同而酸其餘皆中國所未曾見樹木亦甚各別草花更多且香而艷水中之花更有多品皆不知其名至若桃李杏梅松柏杉檜梨棗楊柳桂蘭菊蕊之類皆所無也其中正月亦有荷花

飛鳥

禽有孔雀翡翠鸚鵡乃中國所無餘如鷹鴉鷺鷥雀兒鸕鷀鸛鶴野鴨黃雀等物皆有之所無者喜鵲鴻鴈黃鶯杜宇燕鴿之屬

走獸

獸有犀象野牛山馬乃中國所無者其餘如虎豹熊羆野猪麋鹿麞麂猨狐之類甚多所少者獅子猩猩駱駝耳雞鴨牛馬猪羊所不在論也馬甚矮小牛甚多生敢騎死不敢食亦不敢剝其皮聽其腐爛而已以其與人出力故也但以駕車耳在先無鵝近有舟

人自中國攜去故得其種鼠有大如猫者又有一等鼠頭腦絕類新生小狗兒

蔬菜

蔬菜有葱芥韭茄瓜西瓜冬瓜王瓜莧菜所無者蘿蔔生菜苦蕒菠薐之類瓜茄正月間即有之茄樹有經數年不除者木綿花樹高可過屋有十餘年不換者不識名之菜甚多水中之菜亦多種

魚龍

魚鱉惟黑鯉魚最多其他如鯉鯽草魚最多有吐哺

魚大者重二斤已上有不識名之魚亦甚多此皆淡水洋中所來者至若海中之魚色色有之鱔魚湖鰻田雞土人不食入夜則縱横道途間黿鼉大如合苧雖六藏之龜亦充食用查南之蝦重一斤已上眞蒲龜脚可長八九寸許鰐魚大者如船有四脚絕類龍特無角耳肚甚脆美蛤蜆螄螺之屬淡水洋中可捧而得獨不見蟹想亦有之而人不食耳

醞釀

酒有四等第一唐人呼爲蜜糖酒用藥麴以蜜及水中半爲之其次者土人呼爲朋牙四以樹葉爲之朋

牙四者乃一等樹葉之名也又其次以米或以剩飯爲之名曰包稜角蓋包稜角者米也其下有糖鑑酒以糖爲之又入港濱水又有茭漿酒蓋有一等茭葉生于水濱其漿可以釀酒

鹽醋醬麴

醝物國中無禁自眞蒲巴澗濱海等處率皆燒山間更有一等石味勝于鹽可琢以成器土人不能爲醋羹中欲酸則著以咸平樹葉樹既莢則用莢既生子則用子亦不識合醬爲無麥與豆故也亦不曾造麴蓋以蜜水及樹葉釀酒所用者酒藥耳亦如鄉間白酒藥之狀

蠶桑

土人皆不事蠶桑婦人亦不曉針線縫補之事僅能織木綿布而已亦不能紡但以手理成條無機杼以織但以一頭縛腰一頭搭上梭亦止用一竹管近年暹人來居却以蠶桑爲業桑種蠶種皆自暹中來亦無麻苧惟有絡麻暹人却以絲自織皁綾衣著暹婦却能縫補土人打布損破皆倩其補之

器用

尋常人家房舍之外别無卓凳盂桶之類但作飯則

用一瓦釜作羹又用一瓦銚地埋三石爲竈以椰子殼爲杓盛飯用中國瓦盤或銅盤羹則用樹葉造一小碗雖盛汁亦不漏又以茭葉製一小杓用兠汁入口用畢則棄之雖祭祀神佛亦然又以一錫器或瓦器盛水於傍用以蘸手蓋飯只用手拏其粘於手非此水不能去也飲酒則用鑞注子貧人則用瓦鉢子若府第富室則一一用銀至有用金者國之慶賀多用金爲器皿制度形狀又别地下所鋪者明州之草席或有鋪虎豹麂鹿等皮及藤簟者近新置矮卓高尺許睡只竹席臥於板近又用矮牀者往往皆唐人

制作也食品用布單國王內中以銷金縑帛爲之皆舶商所饋也稻不用礱止用杵舂碓耳

車轎

轎之制以一木屈其中兩頭豎起雕刻花様以金銀裹之所謂金銀轎杠者此也每頭一尺之內釘鈎子以大布一條厚摺用繩繫于兩頭鈎中人挽於布以兩人擡之轎則又加一物如船蓬而更闊飾以五色縑帛四人扛有隨轎而走若遠行亦有騎象騎馬者亦有用車者車之制却與他地一般馬無鞍象無凳可坐

舟楫

巨舟以硬樹破版爲之匠者無鋸但以斧鑿之開成版既費木且費工也凡要木成段亦只以鑿鑿斷起屋亦然船亦用鐵釘上以茭葉蓋覆却以檳榔木破片壓之此船名爲新拏用櫂所粘之油魚油也所和之灰石灰也小舟却以一巨木鑿成槽以火熏軟用木撐開腹大兩頭尖無蓬可載數人止以櫂划之名爲皮闌

屬郡

屬郡九十餘曰眞蒲曰查南曰巴澗曰莫良曰八薛曰蒲買曰雉棍曰木津波曰賴敢坑曰八厮里其餘不能悉記各置官屬皆以木排柵爲城

村落

每一村或有寺或有塔人家稍密亦自有鎮守之官名爲買節大路上自有歇息如郵亭之類其名爲森木近與暹人交兵遂皆成曠地

取膽

前此於八月內取膽蓋占城王每年索人膽一甕萬千餘枚遇夜則多方令人於城中及村落去處遇有夜行者以繩兜住其頭用小刀於右脇下取去其膽

俟數足以饋占城王獨不取唐人之膽蓋因一年取唐人一膽雜于其中遂致甕中之膽俱臭腐而不可用故也近年已除取膽之事另置取膽官屬居北門之裏

異事

東門之裏有蠻人淫其妹者皮肉相粘不開歷三日不食而俱斃余鄉人薛氏居番三十五年矣渠謂兩見此事蓋其用聖佛之靈所以如此

澡浴

地苦炎熱每日非數次澡洗則不可過入夜亦不免

一二次初無浴室盂桶之類但每家須有一池否則兩三家合一池不分男女皆裸形入池惟父母尊年在池則子女卑幼不敢入或卑幼先在池則尊長亦廻避之如行輩則無拘也但以左手遮其牝門入水而已或三四日或五六日城中婦女三三五五咸至城外河中漾洗至河邊脫去所纏之布而入水會聚於河者動以千數雖府第婦女亦預焉略不以為恥自踵至頂皆得而見之城外大河無日無之唐人暇日頗以此為遊觀之樂聞亦有就水中偷期者水常溫如湯惟五更則微涼至日出則復溫矣

流寓

唐人之為水手者利其國中不著衣裳且米糧易求婦女易得屋室易辦器用易足買賣易為往往皆逃逸于彼

軍馬

軍馬亦是裸體跣足右手執摽槍左手執戰牌別無所謂弓箭砲石甲胄之屬傳聞與暹人相攻皆驅百姓使戰往往亦別無智略謀畫

國主出入

聞在先國主轍迹未嘗離戶蓋亦防有不測之變也新主乃故國主之壻原以典兵為職其婦翁愛女女密竊金劍以往其夫以故親子不得承襲嘗謀起兵為新主所覺斬其趾而安置于幽室新主身嵌聖鐵縱使刀箭之屬著體不能為害因恃此遂敢出戶余宿留歲餘見其出者四五凡出時諸軍馬擁其前旗幟鼓樂踵其後宮女三五百花布花髻手執巨燭自成一隊雖白日亦照燭又有宮女皆執內中金銀器皿及文飾之具制度迥別不知其何所用又有宮女執摽槍摽牌為內兵又成一隊又有羊車馬車皆以金為飾其諸臣僚國戚皆騎象在前遠望紅涼傘不

計其數又其次則國主之妻及妾媵或轎或車或馬或象其銷金涼傘何止百餘其後則是國主立于象上手持寶劍象之牙亦以金套之打銷金白涼傘凡二十餘柄其傘柄皆金為之其四圍擁簇之象甚多又有軍馬護之若遊近處止用金轎子皆以宮女擡之大凡出入必迎小金塔金佛在其前觀者皆當跪地頂禮名為三罷不然則為貌事者所擒不虛釋也每日國主兩次坐衙治事亦無定文及諸臣與百姓之欲見國主者皆列坐地上以俟少頃聞內中隱隱有樂聲在外方吹螺以迎之聞止用金車子來處稍

遠須臾見二宮女纖手捲簾而國主乃仗劍立于金窓之中矣臣僚以下皆合掌叩頭螺聲方絕乃許擡頭國王特隨亦就坐坐處有獅子皮一領乃傳國之寶言事既畢國王尋即轉身二宮女復垂其簾諸人各起以此觀之則雖蠻貊之邦未嘗不知有君也

真臘風土記終

使緬録一巻

〔明〕張洪撰

《使緬録》一卷，明張洪撰。洪（一三六四—一四四七）字宗海，號止庵，常熟（今屬江蘇）人。永樂四年（一四〇六），緬甸阿瓦宣慰使那羅塔劫殺孟養宣慰使刁查及思欒發，併佔其地。其時洪爲行人司行人，受命出使緬甸，調解紛争。書中詳述與緬甸宣慰使那羅塔交涉過程，所收致那羅塔六函，爲研究明代中緬關係重要史料。書中所記往返沿途及在緬之親歷親聞，皆可徵信。據上海圖書館藏《棣香齋叢書》本影印。

使緬錄

棣香齋叢書

張　洪宗海著　　後學邵廷烈子顯校

永樂四年夏六月予往遼海諭祭鏈耙報歸詔俟於朝是年閏七月十三日命持節往諭緬甸宣慰使那羅塔即日就道九月至金齒整點護敕官軍行在者舉家慟哭謂去皆必死無有生還予則示之閒暇不急於行哭送者不知其期亦稍懈乃疾啟門馳出抵諸葛營而止哭者不得相送行者殊無悲慘時內官雲仙在麓川宣慰司病軍接迹於道見者皆戚及至麓川雲內官要予入營穢不可坐實

由軍士遺便於營外天氣鬱熱故也行次拱章即緬之江頭城緬人既併孟養地復遣陶孟東妙聚兵於此以防中國之救予佯爲不知遣人詈曰我至日本其王來迎舟檣遍海爾曾不滿二三萬人來接是輕我也速備船送爾本小夷吾不汝尤既入舟召通事卬添保訪問緬人事情及前使得失通事曰緬蠻甚倨傲聞朝廷使臣來別搬草樓北面以迎之使至入城閉其從人於外使之徒行延登草樓緬人則南面與之語率以爲常前使皆姑容之且其風土甚惡至之夕病者居半明日盡病三日以後死者相繼而十無一還公宜慮之予入其境遣通事諭緬人撤去北面之樓且告以中國之禮爲官者出行者皆避路否則箠之宜告緬民避路毋遭箠也乃選敢死士廿人膀刀執杖將入城予立馬於城下叱緬人闢門不聽遂箠之排其門而入至宣慰之廷緬人列象百餘夾道而立以鼻勾縮請使臣下馬即命拔刀斫象鼻象始開馳至其樓迎敕書南面呼宣慰以下北面聽受畢使者西向坐數其失禮并擅殺鄰境宣慰罪那羅塔不能答但云請就館明日回覆既還緬人殺牲以供具悉麾出命易生牢來饋舊聞夷緬間

有木曰金剛纂狀如棕櫚枝幹屈曲無葉剉以漬水暴牛羊渴甚而飲之食其肉必死雖饋生牢必俟三五日無毒然後烹痛掃除營內毋容穢惡於營外百步許爲厠滿則實之以土更爲別厠三日軍無病人心始安彼常以瘴癘怖我故前使畏死求急還莫敢與之較以予觀之瘴癘雖有亦當調攝食肉不許太過飲酒不至於醉居處無臭穢衣食以漸增減饋獻遊行必防其毒緬人嘗畜淫婦誘我兵卒犯之必死謂之人瘴予朝夕誨之曰汝等來時父母妻子哭送拜禱神明望爾生還今以人瘴而死妻必改嫁

父母何歸衆皆感泣不敢近人瘴或有病瘧子以平胃加柴胡治之多愈去時馬步七十人歸時六十九人惟一人朱官音保歿於彼卽命官旗焚收骨殖檢點隨身行李送還其家緬人以軍無死傷稱爲神明使事畢還至騰衝府旣脫瘴癘安養軍士數日夷人饋牛酒悉以享士死者亦預祭振旅入金齒歡聲動地人得生全皆以爲異事夫何異乎在於誠心愛人耳無誠心則疾痛不干己雖數視之亦無成效也

阿達曼群島志一卷新志一卷婆羅島志一卷

〔清〕學部編譯圖書局編

《阿達曼群島志》一卷《新志》一卷《婆羅島志》一卷，清學部編譯圖書局編。阿達曼群島位於印度洋北端，緊鄰孟加拉灣。婆羅島即今加里曼丹島，位於馬來群島中部，爲世界第三大島。《阿達曼群島志》記述阿達曼地理位置、居民、氣候、地質、動植物、歷史等；《新志》記述林木、土著等情形。《婆羅島志》記述婆羅島山川、氣候、礦產、動植物、居民、華僑、荷蘭界域、歷史沿革等。據上海圖書館藏清光緒三十四年（一九〇八）排印本影印。

阿達曼群島志　新志　婆羅島志

阿達曼羣島志 坿新志

婆羅島志

阿達曼羣島志

光緒三十四年秋
學部圖書局印行

阿達曼羣島志

阿達曼羣島位於孟加拉海灣中。去恒河呼格里河口五百九十地輿里。去緬甸尼格來斯角一百六十海里。此爲大陸至近該島之距點。去蘇門答拉島之極北角三百四十海里。界乎尼格來斯角及阿達曼羣島之間。尚有二島羣。一曰迫里巴利斯 Preparis 一曰庫庫斯 Cocos 界乎阿達曼及蘇門答拉之間者。則爲尼古巴羣島。此諸羣島者。實一脉相連。特起伏於海面耳。其形如弓。而經線之貼近尼格來斯角及蘇門答拉島者。實爲其絃。此如弓形之羣島。長約七百英里。海面之界於弓與絃之間者。至寬者不過九十英里耳。精於動物學者考緬甸及蘇門答拉之動物。謂當時尼格來斯與蘇門答拉北之亞珍實有陸地以相連也。

此羣島有大島四。首尾相接甚緊。故歷來皆以爲此四島者。實祇一島耳。此四島之中軸綫與經綫方向略同。蓋幾幾成正南北形也。軸長一百五十六制里。島之至北者曰北阿達曼。長五十一英里。次曰中阿達曼長五十九英里。次曰南阿達曼長四十九英里。次曰羅得蘭長十一英里。四島之間有三海峽。其最南之二海峽。一曰馬克勿生海峽。一曰中阿達曼海峽。此二峽雖極狹。然可通舟。界於北中阿達曼兩島之海峽曰阿達曼峽。此峽當淺潮時淺而磯濁。雖小舟亦莫可渡。以上四島人稱之曰大阿達曼。然此羣島中之至南之島曰小阿達曼。此島與大阿達曼各島相距較遠。中有特卄海峽以間之。此海峽寬二十八英里。羣島中尚有一大島曰音德微島。Interview譯即晤會之意也。此島位於北阿達曼之西。四圍尚有極多小島環之。羣島中高山當以北阿達曼島之馬鞍山爲最高。出海平三千尺。自此以南。餘山均不足道。

(居民)阿達曼羣島者。居近諸大國文化之地。且適當各大國交通水程孔道。似應沾染文化。乃其居民至今日尚爲極野蠻之民。吾人於其島之情形風俗。蓋初得之亞拉伯人之著述。其書疊經繙譯成英文。而英人始知之。其言曰。阿達曼人有食人之風。其膚色黑。其髮卷曲。其目光灼灼。面容可怖。居民裸體以行。足不著履。遇生人。則生啖之。舟行被風。或淡水缺乏。舟人上島取汲。則往往爲土人所殺。云云。歷來著述家叙其人之風俗者。皆謂其人喜食人。然土人堅不自認。而英人近闢其地爲殖民地。凡親至其地者。亦不信土人有食人之風。至土人殺破舟難人。則確有其事。不獨在昔爲然。即近至英人殖民其地以後。亦所常見。尼古巴島之土人。亦常刼殺遭難之舟人也。

島民爲東方之尼革羅人種。或曰先是有斐洲黑奴之舟。遇風而毀。中得生者。泅水至島。島人卽其苗裔也。此說至不足據。馬留土股及斐律濱羣島中。有一種人與之同類。或言大尼古巴島之腹地。其居民亦與島民爲同種。近有人言婆羅洲中亦有與島民同種之居民。有民種學家謂澳大利亞島之南塔斯馬呢亞島之土著。（今其人種已滅）亦與島人爲同種。據是以觀。則阿達曼島民之人種。古昔實至繁夥。凡亞洲大陸東南各島中。幾盡爲其種人所生息之地。然上所言各種人爲同種之說。未嘗按諸實驗。不過據各人所見之言耳。阿達曼島人之面貌。

在歐人意想之中。必以爲極鄙醜。擬之爲與斐洲土人。然細察之。蓋非厚脣削額。如尼革羅者也。且其足亦非如古昔旅行人所言。謂其大而無當。凡此不過昔人好言奇怪。以矜其所見之廣耳。島人耳小而有狀。髮短分爲綹結作圈形。緊附於首。然並非如亞拉伯記載之卷曲如羊絨也。唔會島中之居民。有長髮者。聞羅得蘭島中亦有之。此種人軀幹較長。蓋其人嘗與遇風破舟之外國人混種。故而有此特異之發達。島人膚色黑而澤。男子尤多膂力。然體短長不及英量五尺。惟較之世界人種最矮之薄斯欺角 Cape Bosch 人爲稍高耳。至昔人紀載中言島民怪妄之風俗或狀態。經近人親考之。皆謂言之過甚。倭文教師嘗考島人頭骨。謂其中無一處足以證其人爲斐洲之尼革羅人者。島民無衣服之制。男子則以植物之絲縷束其額項及肘。婦女則有時編葉爲短裙。或編植物筋作尾形以遮其私而已。即此尚爲近時之新制。蓋與英人相處。自慚形穢。而始有此耳。男子成丁則文其身。或曰。此非人人皆然也。男子至八歲。則文身之事發端。此後逐漸加增。至成丁則遍體畢現花紋矣昔時以火石爲文身之具今則以破瓶之琉璃代之文身既遍而此男始可議婚男女皆剃其髮僅留狹髮一條自額以至於後項即此亦務割之令極短男子少鬚睫毛甚稀其人無享大年亦無極康健者其人以能活至四十歲者爲上壽其民最多之疾病爲熱病傷風及肺疾三項至腸病頭痛牙痛瘠瘉及風癱亦所常有其地本多豐草之林經英人淸除以後其地卑濕多生瘟氣歐人及土人均患之土人染瘟則以泥和鱉油爲膏以塗其身土人有喪亦以膏塗之身上以誌哀又患蚊或避日毒亦以此膏塗之近來土人亦和金鷄那精爲治瘟妙藥矣

土人不知稼穡結樹葉以爲蓋爲避風雨之計夏令則捉鱉取野蜜及野菓食之土人取野蜜之法其術甚精至雨季則取波羅密子食之在熱季雨季之間則以野豕肉爲食品大宗不獲野豕則以魚鱉代之島人極健胃餐可食魚六磅少停則又思食矣島人食肉竟則委骨於所居之帳中至臭發不可耐則另覓居以避

之。曼尼大佐偶見一島人棄帳。高十五英尺。直徑五十英尺。其中蚌殼盈焉。蓋土人食蚌後。委殼帳中。至不可居人而后去之。土人自待極溫和。有友誼極厚者。雖其人易怒性成。然未有蓄仇之念。其人不知畏怯。善於發弩。其弓長五六英尺。以堅木爲之。發矢力大而有準。常發矢射魚。亦能徒手獲魚。有手網。捕鱉則有特製之網。島人俗尚單娶。男子俟娶者則食一種類星魚之魚以爲誌。女子及笄者則掇一種特別之花以爲記識。男子將娶婦。若素業獵者。則一歲不食豬肉。若素業漁鱉者。一歲不食鱉肉。然蜂蜜一項。則不論所操何業。凡屆候娶之一年中。皆禁不食。凡爲人婦者。責司結屋編薦。及烹調汲水捉蚌負重。爲其夫薙髮飾身。夫有病則侍疾。凡爲人夫者。職司保護其妻。製刳木之舟。及造軍器等事。有時亦出而覓食。然此事大多屬之未娶之男子也。島人珍視其所生之子女。然夭殤者頻多。如成丁之人死。則速葬。舉族他徙。以避其凶。至一月之久。始歸故地。葬後數月。則發其骨。凡其家人咸佩帶一骨。中以頭骨爲最重。故亦爲至親之人所佩。島人遇其親之喪。則以泥塗其耳。頂上塗泥尤厚。日塗一次。一月乃已。居喪不言笑。戒紅色。謝脩飾。節食而尤貴不食猪肉及蜜。惟日擲蜂窩一塊。入火焚之。

島人最奇之俗。則爲哭泣一事。與仇人言和則哭。與久別之友重逢則亦哭。紐西蘭之島人遇友亦哭。聞南美之巴塔哥尼亞人亦有是風。設阿達曼兩族人久別相遇。則新來之族必先哭。哭必以婦女爲之首創。男子繼之。而地主之屬。然後大哭以和之。哭亦婦女爲首。有時哭期甚長。數日方休。哭已則跳舞。其人不信神。無未來之思想。惟西米斯大佐所言與此說忤。蓋土人之宗教。吾人尚未甚悉也。或曰。其人畏惡鬼。謂凡人有疾。皆惡鬼有以致之。又信人死爲鬼。故甚畏之。

島人嫉視外人。舟近其島或登其岸。不以奸謀死之。則用强或發弩以逐之。此事或原因於前此有人登陸。獲其人爲奴。故島人恨外人次骨。英人殖民其地。建拍來亞鎭。設砲台。其中土人仇之。至五年以後。仇恨始已。刼盜之風盛行。孤行林中。往往見殺於土人。英人殖民其地後。置屋於居留地之四旁。令土人居之。近且設一育嬰院於其中矣。

島人善泅水。划其刳木之舟至爲靈敏。其人製舟極良。據摩阿德云。舟中備有張帆之具。故能遠出海濱。不僅沿岸而行也。據大尉韓密而登云。十七世紀中。阿達曼島人曾駕刳木之舟。絜衆至尼古巴羣島與之仇殺。此事尼古巴島祖遺之語中。亦有之。似可信以爲實。然料其渡海之時。必在西歷四月至五月之間也。此時兩羣島中間之海極淺。故能以小舟逕達。

島中土著人數。究不知有若干。或云僅三千。或曰有一萬。甚有謂其人數在一萬五千之上者。一千八百五十七年。摩阿德乘汽船環阿達曼島而行。島人羣聚海濱。圍而觀之。故摩阿德謂島人甚多。決不止三千。然阿達曼島人僅沿海爲家。內地實無居民。故海濱聚觀者雖多。不足爲其島居民甚多之證也。島民自別爲族。每族不過三十人。又各分界而居。甲族侵佔乙族之地。則必爭。故知其區界至嚴。每族有其聚會之所。族人患病。則舁至會所。並公積食物於會所。以爲殘廢疾病者之食料。

舊籍言阿達曼島民爲明苦披種。近人有疑之者。島人語言未嘗詳考。其字語至單簡。方音亦絕不同。小阿達曼之人。不能解中阿達曼人之語。居近英人居留地之島人。近以英語及印度語雜入土語以用之。島人不知數。無一二三四等代表數目之字。昔有人言。島人無名姓。今知其不然。雖小兒在母腹。即爲之命名。故其名無男女之別。惟名僅有二十左右。故每人必有一外號加之名上。以爲別。其外號或以其所居之地。或以其人之狀態而取意焉。

（氣候）阿達曼島氣候極潮。西南風發時。島中受風至烈。而至秋季則東北孟松風又至。此時島中多雨。一千七百九十六年大佐奇德爲島中居留地長。因不慣其氣候告退。其言曰。島中一年僅有四月無雨耳。後此往其地者。所言亦與之相同。島人分一歲爲三季。一曰乾季。自西歷二月至五月。一曰雨季。自西六月至九月。一曰和平季。自十月至正月。其實島人雖分季爲三。而氣候仍至不齊。拍來亞居留地。自千八百六十九至七十二等四年中之雨量。列表如下。

一八六九年	一五五·七寸
一八七〇	一一九·九
一八七一	一〇〇·〇
一八七二	一〇三·〇二

常年平均熱度。爲法倫表八十一度。

（地質）此島自海中望之爲一低聯山。上多高而且密之樹林。其地質今尚未詳。島上地面波折不平。又地面狹窄。故無河流。島中無積淤之地。有數處童石露於地面。南阿曼島近英人居留地之處。其地爲灰色沙石。與阿拉干之地質相似。此種沙石最合於造屋材料。間有數處得煤。然煤層極淺而範圍不大。故開採無利。拍來亞之南海濱之上。產蛇紋之石。羅得蘭島中亦產之。自拍來亞起。北東北而至中阿達曼島之東濱。有一種綠坭。然已變硬而爲石矣。島之四圍皆有珊瑚島以圍之。島勢向西而斜下。故東面之海深於西面。西面海中之珊瑚島較大於東海之珊瑚島。島中某處有人曾支帳而居。今有人於其支帳之舊址中。覓得白瑪瑙屑。可知此島必產是物。韓密而登大尉曾言有一人自言在阿達曼島得水銀售之。因之獲利。然考地質學者。未嘗言島中產水銀也。島中石層之中或土中均無古昔動植物遺跡。

（植物）島之東部。林木高茂。樹幹挺直。平均高度可一百尺。惟西岸之樹。其高不及此。每年一解葉之樹。島中全部皆有之。故當島中盛夏時。屬熱帶之植物暢茂悅目。而夾以此解葉之植物。則景象爲之呈露不悅之色。此等解葉之木。不可爲材。中以印度種之木棉爲多。島中又富於竹林。高三十尺至三十五尺不等。竹林之中又雜以他樹。其高過於竹之高度。自遠望之。即可見也。竹樹似最宜於島中綠色之垙。沿海島灣多生印度之曼格魯夫樹。樹上多有寄生之花。曼格魯夫樹之後。則有棕樹。類別殊多。不能一一記載。大戟類之樹。銳頂之栢樹。及一種極大之鳳尾樹。皆生於沿岸之地。山麓之上。皆多林木。有一小島曰哭母克里。上生一種盞形之植物。其葉長三十尺。惟無幹耳。內地之植物。無人能知其詳。惟其間樹林之中。少攀繞之植物。而林木亦較之近海者爲整齊。有多數小島上無植物。風雨之來。毫無可以遮蔽者。島中植物情形。大概類於緬甸。惟島中無流水。故植物不及緬甸之美耳。野菓中之可食者甚多。島中無哥哥棕。惟與之相近之尼古巴及庫庫斯島中則產之至多。島中景物佳麗之處甚多。

（動物）全島動物極少。而尤以乳哺類爲最。有一種小豕。其肉爲島人之食品。此豕與產於尼古巴島者相同。有鼠一種。形狀大小如常鼠。惟其毛如箭豬之毛。硬而銳其末。有一種食菓之蝙蝠。或曰島中有野猫一種。然未可甚信。全島無四手類動物。島中鳥類有數種爲其所特有。據白列斯言。島中之特別鳥。無與隣島之鳥同者。惟遠地之鳥。與之相同者則有之。即如島中有數鳥。與遠在瓜哇之鳥相似。而與隣近之馬留土股或印度之鳥反異是也。島之海濱石穴中。海燕多巢其中其窩可食運往中國以售之鴿捕魚鳥及啄木鳥島中多產之爬行類動物種類殊多蛇類有八種蛤蚧類亦有數種此類中有四五種爲是島所特有印度種之蝦蟆極多海濱產鱉甚多常運往印京爲食品魚種亦極多亦有爲島中所特有者總之此島未經銳意開闢故其誌未能盡詳

(歷史)希臘地輿家多洛眉言有某某島名後人以爲即指阿達曼島未知是否然此名實始見於亞歷山大時之地輿書中也九世紀之亞拉伯書中言此名甚晰馬哥普羅亦嘗稱此島其名曰阿噶曼尼其名似譯自亞拉伯音馬哥於舟中見此島並未登陸也古時傳言謂島人具狗頭一千四百四十年有尼古羅者謂島之名義即產金地之謂尼古羅又言島中有湖其水可治病(土人自言大阿達曼島中有一大淡水湖)後此遊歷其島之人皆言土人仇視外人未及其他一千七百二十七年韓密而登遊歷其島著一書文理鄙俗然言事殊詳一千七百八十八至八十九年孟加剌政府欲闢其地爲發配軍犯之所遣二員一日科

而白洛克一日拍來亞者往測其地且令繕具圖說歸報一千七百八十九年九月拍來亞立居留地於大阿達曼東南海灣中之喀珊木島中此居留地今名拍來亞鎮地當時則名爲康華列斯鎮地鎮立以後人多患病閱二年政府徇康華列斯所請移居留地於阿達曼之東北且欲於此立海軍軍械廠然犯病而死者仍極多政府遂罷殖民之計一千七百九十六年盡遷其人返印一千八百二十四年印度政府與緬甸用兵英人以拍來亞鎮爲屯海軍之所一千八百三十九年英印政府遣德人黑而弗往測量其地登陸後爲土人所殺一千八百四十四年英有載兵艦二艘被風吹至島濱膠固不可動舟人爲土人所殺者無算其後遇難舟人之見殺於土人者仍時有之一千八百五十五年印政府又擬建殖民地於島上而以軍犯往居其地犯人之將發配是島者聞信先亂旋即平復然自是政府欲闢該島爲發配軍犯之用之心愈亟蓋以犯人日多非如此不足以防範也故印督坎甯於一千八百五十七年又遣委員往測其地且令報告委員長

曰摩阿德前見仍以拍來亞舊址爲最善惟言前此所以多病者以逼近一鹽澤今去鹽澤稍遠疫氣當減一千八百五十八年第二次居留地又立政府命名拍來亞以避複雜一千八百七十一年島中犯人共七千六百零三人然病死之數仍甚大一千八百六十八至七十年大佐亨利曼將鹽澤掩蓋又盡除莽草而疫氣大殺近來牛之入口者甚多又闢草萊爲花園菓樹種至數千種之多中尤以檬菓橘文膽婆羅密雅克菓等爲最得宜一千八百七十二年印督至島爲一奉回教之軍犯所殺一千八百六十九年英政府以尼古巴島人屢爲舟人之禍據其地設理事官於拍來亞鎮兼筦尼古巴島今加而各打之汽船每月至阿達曼及尼古巴島一次

阿達曼羣島新志

光緒三十四年秋
學部圖書局印行

阿達曼新志

此羣島位於孟加拉海灣中去緬甸之尼格來斯角一百二十英里島之最南者曰小阿達曼島（長二十六英里寬十六英里）與羅得蘭島相隔以寬三十一英里之海峽羅得蘭島長十一英里爲大阿達曼五島中最南之島羅得蘭島之北曰南阿達曼（長四十九英里）羅得蘭島之北十七英里有島曰巴拉湯南阿達曼之北曰中阿達曼長五十九英里更北曰北阿達曼長五十一英里界於北中阿達曼之峽曰奧斯登峽界於中南阿達曼之間者曰霍姆勿里峽界於南阿達曼及巴拉湯之間者曰中海峽或名阿達曼海峽界於南阿達曼及羅得蘭之間者曰馬克勿生海峽此四海峽中惟此峽可通海行巨艦島四圍之海不易行舟幸大阿達曼多港灣隨在可以休避且自一千八百八十九年以後海圖改良舟行較易一千八百八十三至八十六年全島地面業已詳加測量又制一寸與二英里比之地圖一幅而近於拍來亞左近之地亦經制有詳圖

(測候學)阿達曼島所處地位.最合於測量氣候.一歲風行方向.以及其勢力之大小.皆可於此預算.爲益於印度洋之航海.實非淺鮮.一千八百六十八年.英人設測候所於拍來亞鎭.阿達曼島之氣候.實可爲各熱帶島氣候之代表.同一地也.每歲得雨之數.至殊.拍來亞鎭者.爲全島最稱乾燥之地.今錄其五年中之得雨寸數報告如下.

一千八百九十五年得雨一百二十五寸百分之六十四.

一千八百九十六年得雨一百零七寸百分之二十八.

一千八百九十七年得雨一百三十六寸百分之四十一.

一千八百九十八年得雨一百二十七寸百分之二十二.

一千八百九十九年得雨八十七寸百分之一.

一千八百九十五年四月.陰地熱度最高之平均數.爲法倫表九十一度十分之

一.一千八百九十七年四月.陰地熱度最高之平均數.法倫表九十四度.一千八

百九十九年三月。熱度最高之平均數。法倫表九十一度十分之八。一千八百九十五年二月。熱度最低之平均數。法倫表七十度十分之九。一千八百九十七年正月。熱度最低之平均數。法倫表七十二度十分之五。一千八百九十九年二月。熱度最低之平均數。法倫表七十一度十分之二。自一千八百八十年以後。拍來亞立有有一測潮所。

（林木）大阿達曼島富於林木。其中可爲材者極多。而種類又復極夥。惟苦於人工缺乏。故不能盡其利源。近印度林木院設分院於島上。於拍來亞左近鬫地方一百五十六英里。爲林木試驗種植塲。其中作工者皆屬犯人。近歲島中木材。有運往印京者。亦有運往歐洲者。阿達曼之巴度克木。在歐洲極有聲價。以其可代紅木也。島中近又廣種茶樹。其事亦爲犯人所任。一千八百九十五年。出茶十四萬五千二百零三磅。一千八百九十七年。十二萬一千零五十六磅。一千八百九十九年。十五萬四千零四磅。

(動物)自英人殖民其地以後。自印度運往之牛。山羊。驢。狗。等物。與其地頗相宜。而馬則自至其地以後。不肥亦不瘠。胡羊則殊與其地不宜。

(土著)自英人殖民其地以後。竭力謀所以銷弭土人仇視外人之心。四十年來。未嘗稍懈。故今者。除小阿達曼西隅及南隅以及北生鐵乃耳(譯巡邏之意也)島之外。其餘各處。舟人登陸。可無慮土人之仇殺矣。土人戶口殊不可計。然其數自來不多。老於該島情事之人。懸擬其人數必在二千五百至三千五百人之間。或曰自英人殖民其地以後。土人日見銷滅。其實惟逼近居留地左近土人。逐漸遷徙他處。土人仍無少減也。島人雖皆出於　種。實分十族。每族有其限定之地。語言亦各族互有方音之不同。習尚亦小有區別。每族冉分爲支。支與支亦有特異之處。族人自遇。殊有情愫。他族之人。爲其所識者則相待亦頗和善。惟素所不稔之人。則無論爲阿達曼或外人。皆所不容。上法乃以其分族而爲之類別。另有一法。則以其所處之地位而別。一曰海濱居民。土人之名曰阿里奧土。一曰林莽居民。土人之名曰愛倫塔嚕。兩種之民。俗尚與智識殊異。蓋由其習見使然。非有關於族類也。尙有一法可以類別土人者。則爲觀其跳舞弓弩刳木舟裝飾品語言之異同是也。土人男子高約四尺十寸。女子身長約四尺六寸。島人任性已慣。故不耐饑渴失睡等事。土人皮色。或深黑。或紅棕色。其髮有黑如煤灰者。有深棕者。有淡棕者。亦有紅者。其髮結成圈形。初視之似結爲椎。其實蓋勻舖於頭上也。男子肌肉結實。體段勻稱。面色亦頗不惡陋。鼻樑一統者。亦不乏其人。男子中之年輕者。風貌亦殊美秀。其身體上有一種人爲之殘缺。則爲頭上有一凹是也。此蓋因土人每以頭頂重物而行。日久其骨成凹形。女子之貌。秀麗不及男子。其體態碩健而笨。且多凸牙。殊不適觀。然性情喜樂。富於天眞。且無社會之拘束。所享權利亦多。女子薙其髮。男子則以其髮作種種怪狀。土人以紅黃之色。和油而后塗於身。以肖文身之紋。文身之法有二。島南之人。以婦人司其事。法以碎玻璃劃肉作波折之縱線。北部之人文身之事。男子司之。法以矢簇深劃肉中。作橫綫。男子至十五歲長足。約二十六歲則娶婦。至四十則入老境。壽長者。所存六十或至六十五歲之間。女子年壽亦相同。惟嫁夫之年則與男子娶婦之年有異。男女未婚嫁者。亦可通往來。惟限於規制。以防苟且。婚姻或不生子女。即生亦鮮有多逾三次者。夫妻離異之事極少。婚嫁之後。男女復與他人私好者亦鮮有。亂倫之事則絕無。有同支之人不結婚。而同族之人則喜互爲婚嫁。島人在幼年時。則頗聰穎。然其進步有限。稍長即止。長成之人。其智慧程度。如文明國中十一二齡童子。島人性極悅樂。處己事極勤。行獵殊矯捷。喜獨立。無倚賴心。又極寡慾。然一觸其怒。則殘忍嫉娼。奸詐謀復之事。無所不爲。島民無政治思想。每支有一長。其權有限。年幼者禮敬其長。一人犯罪。則由苦主定其罰。產業爲社會所公有。私取他人之物。不謂之犯竊。且亦無罪。然私取他人弓矢猪肉及火者。有罰。土人不知取火之法。故常川然物。令其不滅。得火至不易。故取之有罰。同族之人有極單簡之交易。其宗教僅爲畏木神海神病魔及祖先之靈。又相戒不敢犯其素所畏懼之物。

土人有一神道，形如常人，職司萬事，然土人並不須祀奉之。土人亦知死後魂必有所歸，然無天堂地獄之說。土人極信夢兆，又有巫覡之類。土人佳會，爲一種夜舞，然尚有他種作樂之事。各族各有其特異之弓，惟矢則僅有二種而已。一種矢較長，爲尋常射魚之用。一種爲短簇，上附以木，爲射豕獵獸及攻人之用。弓絃採樹皮之絲爲之。編竹爲筐，鑿木或截竹爲盛水之具。土人舟行海上，僅恃海濱以識方向，未嘗以日或星爲辨別方向也。其刳木之舟，不合於行海，且不經久。故昔人所信，以爲阿達曼島人挈眾划舟至尼古巴島事，甚不確也。成丁之人，死後爲人所敬。其屍置於樹上，並不埋入土内。庄中死一人，則全庄他遷，三月始歸故地。其語言音節至可聽，無文法之制，又無書契，且其語至單簡，若欲書爲文字，必稍改之乃可。土人相語，往往以手作狀，以助其語之不可達者。前科而白洛克嘗以英字譯其島人數語，其第一字即明科披。蓋土人自名其所居地也。後此歐洲人即以明科披名其人種。大約明科披三字，必爲島人一族之名，然是否未可知也。

英人殖民其島以後。設法欲教育其人。而至今無效。又於居留地之傍築大室一。以備土人來居。今土人惟以此爲公共遊憩之所。不願居此也。近英人決意不再干涉土人。任其率性而已。

（軍犯羈留所）印度政府將凡罪人之得終生監禁。或監禁期限之極長者。充至阿達曼島令操作持身。遷爲善人。又設法以鼓勵罪人之遷善。操作滿十年。即予一文憑。令其自食其力。不必寄監中。惟不得離島他往。又不許閑居。至少須執一業。罪人品行。有爲長官監守所許可者。則二十年二十五年以後。即可釋出罪籍。歸其故里。犯人在軍藉之中。雖其公權剝奪已盡。然仍有公堂以爲之理其曲直。與未犯罪人相同。且犯人在彼。執業正自無窮。其中有數局廠。規模頗極完備。製瀛機之工匠五百七十四人。造磚廠每日出磚七萬二千張。且犯人之在工者。又毋須多人監督。監督之人。即爲莞犯人之官。故其官必精於其業者。始可充當。島中設總理事官。下設監督及監察官。以上皆英人充當。下設副監察官。印人充之。

再下之監察員。則即以犯人中之良者充之。島中戍兵。英人一百四十人。印人三百人。尚有寓居該島之團練兵數人。警察六百四十三人。成一陸軍聯隊之制。近來犯人日有減少之象。一千九百年約有一萬一千人。島中人常合犯人監卒工頭牧師執事人及執事人之家屬并計之。共得男子一萬三千人。女子二千人。監寄犯人之監舍。共四所。另有十九分段之寄監。至不居監中自食其力之犯人。分居於三十八村中。犯人之子女。政府施以强迫教育。有醫院四所。每所置一常駐醫士。此四院歸印度醫部所管轄。犯人有疾就院受醫。不取其費。拍來亞港口有浮鐘。以警行船悞觸淺灘或暗礁。且港口設有渡船多處。以便行旅。羅斯島上設一燈房。光及十九海里。燈房上又置傳號之旗。此事由警察司之。島中設有郵局。然無電信。與印交通之郵件。爲時至不整齊。近印度政府欲用無綫電以通該島。尚未實行也。童子之就學者。計有二百六十五人。計犯人赴官求給成婚執照者。有八十八起。中經允許者四十七起。一千八百九十八年。全島進餉（一中以林木之利爲多）計值英金三萬六千三百五十九鎊，而一千八百九十四年之入餉，則僅有二萬七千八百二十六鎊，而一千八百九十七年則有五萬零四百二十一鎊，較之一千八百九十八年尚多也。一千八百九十八年之支出欵，則值英金十萬零三千八百六十一鎊。一千八百九十四年，則僅有英金九萬三千九百六十三鎊，而一千八百九十七年，則支出欵又較之一千八百九十八年者爲大。計有十一萬二千一百七十鎊。由此觀之，則一千八百九十八年，印度政府須出金六萬七千五百零二鎊，以補不足。計政府供給犯人之費，約人需六鎊二先零。至每年進餉之所以如此懸殊者，蓋島中進餉大半恃林木，而林木又非時時可伐，且林木以售與倫敦者爲多，該島去倫敦絕遠，木價不能應時收到故也。

婆羅島志

光緒三十四年秋
學部圖書局印行

婆羅島志

婆羅島爲世界大島之一。位東印度羣島中。適當赤道下。北至北緯七度。南及南緯四度二十分。西起東經一百又九度。東至東經一百十八度。全島成一不整之六角形。面積約二十八萬九千英方里。大於英倫三島者兩倍餘。全島少灣曲。故海濱線較諸鄰近諸島爲短。雖島之北岸有馬路都 Maludu 西岸有薩拉瓦克 Salawak 兩大海灣。然水淺不能容巨艦。海邊淤泥壅積。漸成新陸。至今有加無已。如康但山 Kandang 西之蘭代克 Landak 王國。全爲近四百年來淤泥積成之新陸。前時環列島旁之諸小島。至今漸有連接此島陸地之象。因諸島與此島間之海峽。除東方一隅外。餘則水日以淺也。

(山脈)此島內地之形勢。因未經詳攷。故言之不能親切。特島內山嶽聯亘。而絕少高峻之峯。中央陸地全爲高原。與全島山脈直接或間接相連。島中最大之聯山。自島西岸北緯二度五分二十秒之達土 Datu 地角起。蜿蜒北行。橫斷大陸。

爲全島之分水嶺。山之西北。地形狹長。其東南之地較大。此山通名色拉土斯山。名目繁多。隨地而易。如克林般 Krimbang 如巴塘盧葩 Batang Lupar 如邁迭 Madi 如晏割晏割 Anga Anga 其中以島西北角之聖彼得堡山 St. Petersberg 亦名乃婆羅山。Kinibalu 爲全島最高之山。曾經艦長白而吉 Belcher 用三角術測量定山頂高出海平一萬三千六百九十八尺。後於一千八百五十一年。始經陸和 Low 與約翰 St-John 二人登山測算。云此山實高九千五百尺。第二聯山。爲巴達克山。從晏割晏割山起。蜿蜒西南行。至島之西南角。則多挾谿壑。第三聯山。名美里哈特山。亦自晏割晏割山分支。先向東南迤。隨折向至南。止於島東海濱之南境。則名默拉土山。Melatu 第四聯山。名田巴洞山。其主要之處名薩庫羅山。Sakuru 向東而行。止於島東部之卡尼旺干地角。Kaniungun 此島在羣島中有一至特異之處。爪哇 Java 島中噴火之活火山甚多。而此則今已無之。山頂僅留有噴火之穴。似從前亦曾爲活火山者。今則其穴已均成鹽湖矣。山爲白石沙石黑石

（即用作寫字板盤者）蠻石所成。山頂多花綱石。白石山間多有空穴。燕巢其中者甚夥。土人取其窩以售於人。獲利頗巨焉。

（河流）島中河流極多。約可分爲五部。其中以克列般山與乃婆羅山。即聖彼得堡山之西北部。斜坡間之河爲最短。河水皆流入中國海。其重要者爲薩拉瓦克河。巴塘盧巴河。塞列巴斯河。Seribas 勒强河。Rejong 勒强河可通航一百四十英里。巴蘭河 Boram 河口廣約半英里。來比恩河 Limbong 亦名婆羅乃河。Bruni 泰瓦倫河。Tewaran 奔土路河。Bintulu 泰帕薩克河。Tampasuk 奔土羅與泰帕薩克兩河。發源乃婆羅山西南部。最大之河爲卡浦亞斯河。Kapuas 此河發源於島之中部。東經一百十四度之間。流長而灣曲甚多。經曼巴瓦 Menpawa 與蘇卡達納 Sukkadana 兩地。西向入海。此河入海之口。計有八道。中間流經新富城。Sintang 收受默拉威河之水。Melawi 默拉威河者。卡浦亞斯河最大之屬流也。廣一千七十二英尺。深自三十六英尺至六十六英尺不等。南部之河。則以巴里託河 Barito

爲最大。發源於庫鐵拉麻湖。Kuti Lama 由東經一百十四度處入瓜哇海。其上流屢爲石阻。故成小瀑布甚多。下流河身寬廣。可以行舟。河之兩岸。地力頗饒。此河橫分支流。與迤西之模童 Murung 及卡哈仍兩河合。更西則有曼道威河。Mendawi 薩僻德河。Sampit 按輿圖有卡亭干河與此河地位相當特以去西名太遠故仍譯用原名 偏邦河 Pembuang 又名秀林河。Surian 科大林金河。Kota Waringin 其灌溉東南部者。皆爲短而小之澗水。其最大者爲馬哈罕河 Mahakkan 亦名庫梯河。Kuti 發源於賴森士來山。Lasson Tula 屈折向東南急流。分多口入馬加撒 Macassar 海頸。北部地狹而支出海外。除色加河 Sebuku 百牢河 Berau 古農忒白河 Gunong Tebur 布瑯玕河 Bulung-an 尚爲人稱道。餘皆細流不足指數。突色加河發源噴丁根山。Pentyeangan 至忒默林根 Temelingan 入海。

（湖）婆羅島中之湖。以乃婆羅湖爲最大。湖近乃婆羅山。其他與此相伯仲者。尚多丹腦林湖 Danau Sriang 傍卡頗斯河。Kapuas 據馬丁斯 Martens 言。此湖較之德國西部之康斯登司湖尤大。在班遮邁森河 Banjermassin 流域中有倍別 Babi 派明格爾 Pamingir 兩湖。派明格爾亦名泰來吉 Telaga 產魚甚富。居民賴之。在新當境內。慨頗斯泰彎 Kapuas Tawang 有汪洋一片之巨湖。一千八百二十五年。始爲人所查得。其名稱不一。或名露亞湖 Luar 薩排湖 Sumbah 默來莠湖 Malayu 亦有名愷泊稜湖者。Capellan

(氣候)婆羅島地位雖在赤道下。而天氣尙不致炎熇逼人。且有多處頗爲溫和。如旁提安挨克 Pontianah 地正當赤道下。其寒暑之中數。僅爲法器表八十二度。早辰則自七十六度至七十九度。即在亭午。亦不逾九十二度。至乾雨兩季。亦難判然畫分。終年常潮溼。在乾季時。亦時有雨。而在雨季時。亦未必長雨不止也。雨季自西歷十一月迄五月。最後數月。雨水頗多。風亦猛厲。全島面積頗廣。氣候必各地不同。在天氣與人身康健上驗之。尤爲顯明。如迭別 Dibi 之天氣。於人身最不相宜。然自荷蘭之國籍上觀之。（即記居民生死戶口與營業遷徙之籍）歐人之居婆羅島者。與居瓜哇無異.至土人疾病之多.皆由於起居飲食之不潔.患瘰癧者全境皆有.脚瘋症惟居海濱者有之.天痘痢疾瘧症爲最平常之天行.居民常爲目疾所苦.有時此疾盛行.全部之人幾無不傳染者.有數地之居民病癬者甚多.肺疾亦時得之.

(鑛產)婆羅島富於鑛產.種色多而且備.如鑽石.金.白金.水銀.硃砂.銅.鐵.錫.安的摩尼.石油.硫黃.石鹽.雲母石.煤.蘭代克旁提安挨克爲鑽石之佳產地.三巴司 Sambas 蘭代克民特拉多 Montrado 與婆羅島本部則產金甚多.每年出產之數.尚難確定.但以一千八百七十年出口之數計之.凡値五千七百八十九元.煤之佳者.產於班遮邁森河.馬哈罕河.格能武白河.麥拉威河.及薩拉瓦克河諸流域.馬哈罕河流域之煤鑛.在薩馬林達城之上游.於一千八百四十五六年間.始經查得.自得此鑛後.復沿此河尋覓.又得多鑛.其支流所及之地.亦覓得數處鑛地.其譬拉倫 Pelarang 一鑛.前雖開采.今已無人掘取.其在栗姆克代 Riamkiva 之攀

家倫 Pangaron 煤鑛。每年出煤之數爲九千噸或一萬噸。婆羅島本部之煤鑛。於一千八百四十六年。讓歸白魯克關采至一千八百六十八年以後。又歸入大東煤鑛公司。然不能獲利。安的摩尼爲婆羅島大宗之出產品。一千八百二十五年。始經輿地大家澗羅弗爾查得其始運載之新加坡土人僅以供鎮舟之用。後遂爲出口貨之大宗。其出產最多之鑛。則在薩拉瓦克部之別迭。

(動物)婆羅島獸類極多。尤以四手類之動物爲島中主重之獸。烏拉蕩土人呼爲米斯 Mias 此獸獨產於薩抹缺拉島 Sumatra 之低地中。其地與大野克 Dyak 相隣。鼉鼊 Wawah (待考)爲吉朋別種。餘如長鼻金黑色猴。長腿猴。皆產於此島中。食肉之巨獸。島中皆不生產。以故各食芻獸得蕃息其間。不爲所害。小豹與弗立司冒克魯洸列司 Felismocrocelis (待攷)皆屬猫類。爲島中食肉獸之至巨者。虎則僅聞諸風傳。從未見其跡兆。蜜熊極多。犀則產於島西北部之海濱。島中素不產象。今島東恩生角 Unsang 隣近所有之象。皆中國與葡萄牙人携來。聖達

Sunda 種之野牛。絕不多見。野豬與尋常者微異。頭之左右。有毛外凹。結隊游泳。全島皆有。大野克人嗜之。常獵以供食。鱷魚產於大河中。亦常吞食此種野豬。鹿有三四種。其一爲馬留種之鼠鹿。身小而麗。爲人所稱。松鼠箭豬麝貓鼠蝙蝠四足蛇類均甚多。蛇則種類極夥。自大蟒以下均有之。澤中多蛙與螞蝗。螞蝗常爲行人之害。飛蛙自華來司氏始行覓得。前此不知也。島中鳥類亦甚多。最著者爲鷹。禿鷹獵鷹貓頭鷹角嘴鷹鷺鷥雉鶏鸞鶏。尤爲知名。此外尚有竹鶏鴉鳥鸚鵡啄木鳥鴿燕等。燕類中尤以作窩之燕爲最夥。其窩可食。即所謂燕窩也。蚊與沙蠅爲害虫中之最甚者。島中有數地。此物大爲人患。有虫名火蟻者。噬人甚痛。害與蚊蠅等。蝴蝶均極多。形色種類。紛繁不一。生物大家華賴司嘗於一夜中捕得百二十種。島中林木甚多。故又多甲虫類。河湖及各海濱。產魚甚富。白里克爾旅居是島時。曾作書記之。彼所知者。已共有一百七十六種云。家養之畜。此島中種類不多。因無合宜之地。可作牧畜場也。愛姆朋 Ambong 隣近之地。有白拉明 Bralmin 種之闊牯牛。其高約十三手。水牛用以代耕。胡羊山羊。島中皆有。貓與狗亦爲家養之畜。馬則絕少。惟歐羅巴之富人養之。僅見於班遮邁森及薩拉瓦克兩地。

（植物）島中植物極富。無地不草木青葱者。最大之樹名曰泰噴。Tapan 獨幹高聳。旁無橫枝。亭亭如蓋。密聚成林。此樹之材以建酋長宮室。鐵樹質極堅緻。土人用作屋柱。亦有出口至中國者。林木可作建築材者。約有六十種。惟每種中出料之多寡。各有不同。棕樹類種尤至夥。如羽毛棕椰菜棕扇棕椰子棕洋秈米棕椰子與洋秈米。土人用以供食。樹膠樟腦肉桂丁香荳蔻薯蕷檳榔皆出此島。熱帶最多之菓品。爲芒果蘭晒德 Lansat 倫婆吞 Rambutan （待攷）波羅密家姆般 Jambon 白林般。Blimbang （待攷）白林般味絕佳。華來司氏嘗豔稱之。至謂雖自歐洲來此一嘗此味。亦斷不惜。此果極巨而外多硬刺。當果墜地時。行人値之。必致受傷。餘如甜薯西瓜南瓜黃瓜波羅果香蕉胡椒甘蔗棉花淡巴菰島中皆有種植。惟不甚廣耳。島之東南部。荷蘭轄境內。於一千八百五十四年出口之補多至一千七百九十五担。野棉產於婆羅島本部。質亦甚佳。多有出口者。植物之吐花者多鮮豔奪目。如夾竹桃寄生花。豬籠草。豬籠草在島北部之乃婆羅地新產者更奇。寄生諸花。在他處亦能獨立。至此地皆變有寄生植物之性質。如風蘭一物。生於近地之樹枝上。花則累累下垂。幾抵地面。鳳尾草極多。特不如瓜哇所產之形色離奇。然華來司已收集至五十種之多。

（居民）婆羅島中之居民。種類極雜。系脈各異。而文化之高下亦不同。其最多者為大野克人。馬留人。中國人。與白根尼斯 Bugines 人。而握該島之政治權者。惟亞拉伯與荷蘭人耳。

（大野克人）大野克人或名大野克爾人。為一種之生番。其中種族甚多。名稱亦各異。咸以其所居之地與其所居地之河流之名以為名。未嘗自呼為大野克人也。馬留人之視大野克人種。頗輕蔑。彷彿若異國人者。殊不知馬留人實亦屬此種族惟分支已久故不知爲同種耳克塞爾 Kessel 嘗因其種族之天然親和力分大野克人爲五大支第一支爲島西北之一支如賽岩 Sadong 薩拉瓦克三巴斯蘭代克泰盈 Tayan 米林腦 Melionow 聖果 Sangow 諸種因其同用一種言語與同隸馬留王管治之下故合之爲一支第二支名爲馬留人因此種人之性質大分似馬留人也居於島北海濱之策町 Banting 巴斯盧葩勒強與卡浦亞斯河流域之一部第三支亦名怕林支 Parian 屬於庫的河與巴塞爾河 Passir 之大野克種其語言甚與馬加撒人所操之語相似第四支名被野翹斯 Beyadjoes 居於班遮邏森河流域第五支在大野克人中人格最低居於曼克吞斯 Mankentans 與磓能斯 Punans 其人仍事游牧不解耕種大野克人身體視馬留人爲長較之歐羅巴人則少短雖不甚壯健然靈敏能耐勞苦五官清整支體勻稱顴骨隆起鼻視歐洲人爲平額高眼灰而髮黑皮膚純爲紅棕色女子之膚色與中國女人相似男子鬚髯均極少惟非全種皆然衣服形色極不一致自外國人入居

後。土人有模仿其式者。故益形龐雜。其本來之裝束。極爲簡陋。僅以布幅圍於腰際。色皆以藍。女子束窄裙甚緊。步履時幾若不能舉其足者。土人極愛裝飾。人以黃銅釧二雙束手腕及足股上。亦有彎藤爲飾者。頸上懸白或黑之菩提子串珠。耳環極大。彎作半月形。土人大半文身。頭則常裸。有時以華麗之巾裹之。性嗜檳榔。人懸一儲檳榔之囊於腰際。視若必不可少之物。軍器惟鉤刀與長槍。不知用弓。然中有數種。善用吹箭筒。其製筒之法。甚爲精巧。遇有戰爭。則人被堅甲爲抵擋敵人兵器之具。戰勝則取敵人之首級爲戰利品。蓋欲在社會中得佔勢力。必多得人之顱骨始可。故年少之土人。常伺間殺人以得其顱。今文化漸次輸入。此風亦稍衰矣。大野克人性靈敏。記憶力亦絕佳。一覽則不復忘。彼無書籍文字。而竟有種種之技術。傳教之士。常豔稱之。大野克人之道德心。視曾受文化之馬留人爲高。其至誠好客。與宅心之忠篤。實已造至極高地步。其宗教之迷信。種各不同。外人亦不能明其故。俗無廟宇。亦無僧侶。幷無祀神之所。惟各族之長。率其家屬。每日禮其所奉之神而已。俗認其一爲至尊貴之神。餘則凡屬世界之事。各有司此一事之神。祭品或以牲畜。或以果品。至有求於神。或特別致敬時。且以人爲牲。凡遲疑之事。進退不能自擇。卜於神以取決。或得罪犯。以藥或以他法死之。亦惟神所示。且堅信有數多惡神。時降災害死喪之禍。故有病則以符祝治之。愈則以牲酬神。土人中與馬留人交通者頗多。因倡有回印兩教相和之雜教。故有數種頗信生死輪迴之說。有數種篤信天有數層之說。此皆傳自印度之白拉明教者也。土人死後。葬式亦不一致。有土埋者。有火化者。有豎高架置尸其上者。俗無紀年之歷日。惟記其爲第一月第二月。以次遞推而下。記時惟視日球去地之高下。亦無記里之法。設問某地去此幾遠。惟答以日至何處。可達其地。種植航海製造之術。今已漸有進步。有數處已解用犁治田。然其多數。耕田仍用鋤鈀。農事則一年兩稔。一稔爲米。餘或種粟或蔬菜。其地既藝一次。必荒廢八年或十年。始復耕種。布則自紡自織。且以自產之靛青染之。鋼鐵製煉極精。而煉鋼尤精極。歐洲製者。遠所不及。以之製刀。堅韌而銛利無比。築屋多以竹。屋必有樓。去地絕高。建築物中之至可驚嘆者爲浮橋。或以跨河。或架兩峭壁上。以通往來。歐洲人之見之者。咸驚其膽之壯而技之巧云。

大野克人語音分有多種。大半不甚可辨。其居瀕海之數族。語中含馬留語甚多。沿用既久。甚至亡其本來之名稱。美國教士曾研究島西海濱蘭代克等處人之語言。島之南部。亦經德人攷驗。哈特倫曾以耶穌教經文。用普魯譬泰克語譯出。Pulu Petak 且以德文合大野克語著一字典。一千八百二十四年。婆羅乃土酋曾游歷新加坡。據闍陸弗言。此酋所屬之野番。凡四十族。土酋既歸。下令所屬。效馬留語。其中八族已悉更改。餘五族亦有數部分效之。愷盈種人 Kayans 之音。爲最純淨中之一種。其音與羣島中他族所操之音。十字中常八九相異焉。

（中國居民）婆羅島中雖有馬留種人雜居其間。然當別詳一門。其尤當特別注意者。厥惟中國居民。文明人之與婆羅島交通者。以中國人爲最早。攷中國史在西國七世紀時。島東北部之土酋名拍拉 Pla-la 者。已入貢於中國。及至十五世紀時。中國以公文諭土酋。移民居其島中。據馬留人與大野克人相傳之古語。謂此事甚確。且婆羅島之居民。大分爲中國人之遺裔。攷蘇祿 Sulu 史。謂中國人之入居婆羅島。始於一千五百七十五年。據此數端。則十六十七兩世紀時。婆羅島之發達。實中國與之貿易交通之故也。在十八世紀時。中國在島中植民事業頗盛。後經土酋虐待。其數漸以減少。後有馬留人之爲彼地土酋者。招致中國人經營鑛業。因之三巴斯旁提安挨克民特拉多與其餘諸地。有中國居民甚多。惟不得事農商業。且禁挾槍與火藥。一千七百七十九年。荷蘭人來居此島。勢力甚張。陵駕居留之他種人與其土人。且禁他國人之續來此島者。於是新自中國來者。大受其困。然人數仍漸增加。深入內地。尋覓新鑛。其後聲氣漸盛。且與大野克約盟。又謀統治之便利。團聚居留之中國人。結成一會。漸成政治上形式。其後則居然一小聯邦矣。此事實使中國人在婆羅島得獨立不搖之基礎。其發起之初。荷蘭植民地政府。及薩拉瓦克王曾力抑之。卒爲中國人所勝。維時中國人之在婆羅者。實爲該島生產文明之原質。蓋其人勤儉聰明。且有學問。其不能作書識字者。絕難得見。且彼等雖居留異地。亦以設立書館爲第一要事。其居島西海濱之一大部。皆廣東廣西北界之人。性粗野而殘忍。且喜滋事。其自厦門來者。則皆極守禮法。其視兩廣之人。意頗輕蔑。界畫頗嚴。土人呼兩廣人爲克驅斯 Kehs 呼厦門人爲矮陸斯 Ollchs

(居民總數)婆羅島之居民。其實數頗難明悉。內地居民。數似甚少。蓋大野克人身體雖健。且知窒欲。然其生殖力甚爲薄弱。故人數不見增加。生物大家華來司曾經攷驗。因其女子自幼勞動過甚。損其生殖之力故也。荷蘭領地內之居民。據一千八百七十一年之調查。居西部者凡土人三十三萬五千六百七十七。歐洲人一百三十一。居東南部者土人凡八十四萬七千八百四十六。歐洲人三百二十。總爲七十萬又三百八十六人。但此數實與懸揣者無異。倘其言果能近似。則全島居民亦祇在一百萬與二百萬之間。前日之號稱三百萬者更不足信矣。

(界域)婆羅島分爲婆羅島本部。亦名婆羅乃。薩拉瓦克亦屬此部。又分蘇祿王轄境。及荷蘭領地與保護地。婆羅乃爲自主之國。有土王以轄之。名爲君主專制政體。而實權則在土王所屬之諸酋長中。各自治其本部。儼如爲此部之王者。所屬之民。咸爲土王與酋長之奴役。不獨己身爲然。即其妻子家產。悉聽土王與酋長之配置。以回教爲國教。京城即名婆羅乃。爲島中廣大繁盛之城。城中民數之多寡。自來各執一說。據最近之調查。則云三萬或四萬人。全國爲二十二萬五千人。通商之國頗多。如麻六甲 Malacca 新加坡中國三巴斯列倭 Rio 旁提安埃克以及荷蘭諸領地。國中漁業極盛。居民以魚爲大宗食品。漁人在國中亦佔一位置。餘則有治銅治鐵治金以及織工等業。製造品以製金線及以銀線繡物爲最佳。薩拉瓦克及蘇祿之界域。則另詳別篇。茲以贅及。

(荷蘭界域)荷蘭屬地分爲西部與東南部。西部由荷蘭辦事大臣統轄。又分西部爲旁提安挨克與三巴斯兩境。辦事大臣自治旁提安挨克三巴斯則以幫辦大臣與三巴斯之土王共治之。旁提安挨克又分爲蘭代克人仍 Tajan 曼巴瓦 Mampawa 新當薩林堡 Selimbon 北卡浦斯民特拉多諸城。分屬三巴斯者。爲派巒壳德 Panangkut 色明聶司 Seminis 兩城。東南一部。又分爲東部南部。其屬南部諸城。爲科大林金徧邦薩辟特大大野克小大野克俾控配 Bekompai 達仍班遮邁森吞孽老德。Tanah Lout 屬東部者。爲吞孽辦步 Tanahbumbu 庫森巴來爾庫的三比林 Sambndiliung 格能忒白布琅玕三比林格能忒白布琅玕三地。又幷稱貝魯。Berou 狄冬 Tidung 諸城。在北緯一度三分之吞孽辦步境。自色辦般 Sebamban 至經甯干。Kaniungan 爲荷蘭政府直接之轄地。其西部之領地內。曾築有運兵之路數道。境內寶藏亦藉此發現於外焉。

（歷史）婆羅島之土地。非一國所有。居民亦不自知所居者爲一海島。即其所操之言語驗之。境內諸部。亦從未嘗交通。島中無文字。故無確鑿之歷史。於十六世紀時。歐洲人之航海者初次發見此島。或云係一千五百十八年葡萄牙人勞倫蘇 Lorenzo 始覓得之。又云一千五百二十六年曼納碩司 Menezes 始至婆羅曼納碩司亦葡人也。故未久葡人即與島中土人通商。其始惟在婆羅乃一城。後則沿海各地。無不有商業矣。於一千五百七十三年時。西班牙人亦思與婆羅乃土人交通。久無所成。後土王被島民所逐。土王求援於西班牙。及一千五百八十年。土王復位。其國始與西班牙人通往來。然主客不能相安。時有戰爭。一千六百四十五年。西班牙督兵攻京城居民。以居民常出刼掠。故思一重創之。西葡兩國人之居留是島。於島中之文明程度進化甚少。又思力變其宗教。後以發起傳教之嫛通孽倭 Antonio 問鐵密格列挨 Ventimiglia 教士死。此事亦遂終止。是時英人與荷蘭人亦先後至該島中佔一地位。一千六百又四年。衛阿衛克 Waerwijck 始經營商業於婆羅島之西海濱。一千六百又八年。荷蘭政府以白露美德 Blomae-rt 為駐蘭代克與蘇卡達納 Sukkedana 之幫事大臣。英人以一千六百九年始至。

及一千六百九十八年。英人始得一重要之居留地於班遮邁森。後爲荷蘭人勢力所逼。英人遂棄之而去。以一千七百三十三年。荷蘭人經土王予以轄境內之專買權。故不許他國人在其地經商。是時荷蘭在婆羅東南兩海濱。勢力極大。蓋般吞土王以己之主權。亦託之荷蘭公司也。英人乃轉注意於島之北方。其地爲蘇祿土王所轄。於一千七百五十六年。英人亞力山大 Alexander 得土王之允許。得有巴蘭邦干島。Balambangan 幷婆羅島東北之地角。建有屯兵之堡。後於一千七百七十五年。英人所經營者。悉被王屬下之酋長達士司 Dutus 率土人毀之。蓋不滿意王之讓地於外人也。經此擾亂。則一千七百七十四年。與婆羅乃土王所訂之約。已成具文。然未及此世紀之終。英人權力。終復伸張於是地。同時荷蘭人亦以治理不善。爲土人所怨。連遇失意之事。至一千八百九年。馬歇而乃決計棄其居留地而去。沿海之土民。常出海刼掠他國商人。鄰島土民復助之爲虐。以故諸文明國人。咸不願再涖其地與通商販云。

一千八百十一年。班遮邁森之土王。遣使求援於瓜哇之英國政府。英人乃命亞力山大爲使。且爲駐彼地之幫事大臣。亞力山大得一大地於土王。乃移民於彼地。大興農業。又督兵攻三巴斯。築軍堡於旁提安挨克。一千八百十八年。荷蘭人亦復來。是島重申前約所得之利益。乃以島中隙地隷於荷蘭政府。維時荷蘭派來之使人步克好而次 Boekholtz 奎別司 Tolios 罕拉溫 Halewijn 諸人。心手敏活。辦事極得手。不久而居留地之基趾益固。且得有最大之權力。至一千八百二十三年。班遮邁森土王以國之半付於荷人之手。後二年。其子嗣位。愈又增益之。是時摩勒爾 Muller 以庫的土王之認可。攷查島東海濱之地。自此庫的王國。亦在荷人勢力範圍之內。後此事似又翻悔。故不久摩勒爾即爲土人所殺。時荷蘭因有瓜哇戰事。不專注意於婆羅島。島中海盜因此益甚。新加坡商部既與婆羅乃薩拉瓦克諸地之交通益繁。英人時以護商爲要事。於一千八百三十八年。英人白露克 Brooke 極注意於東印度羣島。因至婆羅島處置海盜。於一千八百四十一年。遂得婆羅乃土王之許可。有絕大權力於薩拉瓦克諸地。又得英政府之助。不及數年。地方之秩序漸整。海盜亦被禁絕。事見薩拉瓦克志而商旅以安。一千八百四十七年婆羅乃土王。與英人訂約。有所轄疆土。非得英女皇之許可。決不以此割讓他人之文。於是荷蘭人統一全島之望始絕。乃移其靈敏之手段於他地矣。一千八百四十四年庫的土王認荷蘭為保護國。同時荷蘭與巴塞爾亦立此約。自一千八百三十四年之後。格能忒白呑干Tai'gang與布琅玗諸城。名為歸順荷人。然其勢力終不能踰此而北。蓋英人此時在北島之基礎已固。以故荷蘭勢力僅得增長於島之南部也。

光緒三十四年二月印刷
光緒三十四年七月出版
每冊零售（定價銀元一角二分）
編纂者 前編書局
印刷兼發行者 學部編譯圖書局
總發行所 京都正陽門外五道廟街 學部圖書局售書處

蘇禄考一卷

〔清〕王錫祺輯

《蘇禄考》一卷，清王錫祺輯。錫祺（一八五五—一九一三）字壽萱，别號瘦髯，清河（今屬江蘇淮安）人。廣搜各國行政之書、輿地之記、遊覽見聞等，編爲《小方壺齋輿地叢鈔》。其中有錫祺自撰十九種，《蘇禄考》即其一，以諸書記載多有出入，乃詳爲辨證。據《小方壺齋輿地叢鈔》本影印。

蘇祿考

清河王錫祺輯

蘇祿在中國東南與朝鮮琉球安南暹羅西洋緬甸南掌皆隸吏部主客司○大清會典云遣陪臣爲使奉表納貢來朝今則自主行將折入於英矣考續文獻通考曰蘇祿國地在東洋海中其俗少粒食食魚蝦螺蛤短髮纏皂縵煑海爲鹽釀蔗爲酒氣候常暑其產竹布玳瑁珍珠明永樂十五年國東王巴都葛叭答剌西王巴都葛叭蘇哩峒王叭都葛巴喇卜各率其妻子來朝貢獻珍珠玳瑁諸物三王中惟東王爲尊歸至德州卒命有司營葬並爲樹碑封其長子都麻含爲蘇祿東王十九年遣使來貢明史曰浡泥於古無攷宋太宗時始通中國太祖洪武三年其國爲蘇祿所侵頗虛耗又曰永樂十五年蘇祿國貢大珠重七兩有零海國聞見錄曰息利大山之東爲蘇祿蘇祿吉里問文萊三國皆從呂宋之南分籌廈門由呂宋至蘇祿水程不過一百一十更瀛海番域錄曰蘇祿分東西峒有三王明永樂十五年東王巴都葛巴叭答喇西王麻哈剌吒葛剌麻丁峒王巴都葛巴喇卜並率其屬三百餘人來貢方物各給印誥封爲王東王歸次德州卒命葬以王禮令其子都麻含還國留次妃葛木甯次子安都祿等守墓歲支米七十五石萬歷中裁其五世孫安守孫奏復之○國朝雍正間遣使至閩貢方物求內附以其險遠未之許也海錄曰蘇祿國在文來北少西再由文來小港順東南風約七八日可至風俗土產與文來同貨多運往蔑甸馬神售賣二國同據息利大山東北半面山中絕巘崇巖荆棘充塞重以野番占據不容假道故與西南諸陸路不通船由廣南往者出萬山後向東南行經東沙過小呂宋又南行即至蘇海口由吉達往則須向西南行至細利窪入小港轉西北沿山行經文來然後可至其國西北大海多亂石洪濤澎湃故雖與古達比鄰舟楫亦不通也地理備考曰婆羅州又名文萊在南洋之西通島分而爲三一屬荷蘭國兼據一歸蘇祿王兼據一不受別國管轄其不受別國管轄者數國大者曰婆羅曰巴普爾曰哥的曰

蘇祿曰比亞加何月統紀傳曰近呂宋之蘇祿嶼小有巉巖之嶺其極南爲石崎山犀角蠔珠池其土產爲珍珠玳瑁燕窩蘇木荳蔻鸚鵡降香類因島嶼繞海內有珍珠商船至彼其土番採珠獲小者不計外獲巨珠則賤十倍福建人多往生理土番爲回回與婆羅洲芒佳瑟民結友爲海賊除呂宋兵船無人管束之永樂十五年間其國王率妻子朝貢中國雍正六年間公使至閩貢獻呂宋兵帥攻其嶼二次不能服之此與婆羅洲中之蘇祿地皆蘇祿國王所轄雖非同島而共一國也外國史略曰近婆羅洲最著名者曰蘇祿洲共六七里北極出地六度偏東百二十度以婆羅東北向與中國通商入貢所居多漢人廣開墾出蠔玳瑁穀雲母殼珠每年值銀一萬五千兩海菜桂皮冰片烏木胡椒沙藤香蔻等貨其土民各異與蘇來由悉崇回回教與附近各島通商此時除西洋夾板船居民悉海盜爲商船害尤與呂宋是班牙國爲仇二國調兵船以討之瀛環志略曰呂宋羣島之西南婆羅洲之東北有小國曰蘇祿接連三島島俱渺小而戶口頗繁本巫來由番族悍勇善鬪民俱習爲海盜西班牙既據呂宋欲以蘇祿爲屬國蘇祿不從西人以兵攻之反爲所敗其海產明珠玳瑁山產蘇木荳蔻降香藤條又產鸚鵡地磽瘠食不足糧於別島廈門商船時由呂宋往貿易由廈至蘇祿水程一百一十更海國聞見錄謂蘇祿與吉里問文萊共一土係屬錯誤海國圖志曰婆羅洲爲南洋第一大島西洋人稱爲蟠尾阿即浡泥之轉音陳資齋海國聞見錄謂息利大山繞其中外吉里問文萊朱葛焦剌馬神蘇祿五國環而居今考蘇祿在馬神東方乃海中三小島與此土不連又曰由廈門放海首小呂宋次琉球西則蘇祿文萊馬辰等又西南則婆羅大洲天涯聞見錄云蘇祿國在重洋外壤與呂宋國接有明以前從不通商雍正四年遣其臣阿石丹進表敘貢表文一道明珠一顆燕窩一觔玳瑁一匣金花支踏一匣竹布一匣上幼牙三十一匣上幼咭芊一匣蘇席二領番刀一對白花幽劍一對番標一對活猿一對其表文有二摺一係番文一係漢文出使

英法義比四國日記云北般鳥係英國商人丁地等聯集公司於光緒七年與般鳥島王議定將北般鳥三省之地割歸英公司管業每歲納般鳥王地租洋銀一萬五千餘元又與蘇祿王議定將東般鳥一省之地割歸公司管理開埠種植每歲納蘇祿王地租洋銀五千元以上諸家所紀有謂蘇祿爲三島者有謂蘇祿與婆羅洲同一島者聚訟紛紛莫衷壹是不知三島之蘇祿其王實兼轄婆羅洲之蘇祿也惟何時三王併爲一王莫可考詰耳近來歐洲以商滅人國如芬蘭波蘭基法印度緬甸越南暹羅均闢域廣袤不二十年復亡接踵區區蘇祿碁子彈丸爲強英所垂涎兼轄之婆羅洲既難瓦全孤懸之三島能終鼎峙耶昔徐松龕謂蘇祿南洋小國獨喁喁慕義累世朝宗當西班牙荷蘭虎視南洋諸番國咸遭吞噬蘇祿以拳石小島奮力拒戰數百年來安然自保殆番族之能自強者噫此特道光中情勢耳茲者臥榻之旁有人鼾睡其患不中於西蘭而中於英初非當時意料所及此余考蘇祿而慄然懼慨然嘆者矣況如蘇祿者更難更僕數也

噶刺巴傳一卷

〔清〕佚名撰

《葛剌巴傳》一卷，撰者不詳。葛剌巴即今雅加達，此記當地物産、地理、民俗，從荷蘭殖民其地歷史可窺當時歐陸局勢；并簡述歷代華僑開發其地之情形。據《小方壺齋輿地叢鈔》本影印。

葛剌巴傳　闕名

呀瓦即葛剌巴也產米胡椒燕窩翠羽白糖棉花咖啡蘇木木料等貨蕉子椰子檳椰柘榴柚子波羅菠蘿子芒果橙桔等果多鱷魚鱗蛇有火山頻數地震火出燒樹屋土番名呀瓦囘囘種也（呀瓦即瓜哇之音轉）人甚樸實勤勞耕田性溫和戒爭鬬惟人觸犯之則必讐怨乃已又好賭博輸田屋子婦賣身爲奴偷盜誑騙莫勝其害於呀瓦洲爲惡俗禮日之時設虎與水牛相鬬或死其一乃息山內多虎土番射獵向來數土酋分治此洲奉天竺國佛教明天順間囘囘兵征服之自後居民敬奉穆罕默德教萬歷間荷蘭於其海口建葛剌巴城爲市埠漸乃征其土產服其民人迫令輸貢又別開砥利文蘇拉圭呀鈸馬廊各埠頭並荷蘭公班衙主管貿易倉箱充實不知荒歉惟其分官窮極奢侈不顧貧窶自雍正以後尚無大釁隙間有土番倍叛時煩征服康熙乾隆間荷蘭公使朝京都嘉慶間佛蘭西王勝服荷蘭祖家遂派人爲葛剌巴總管是時英國方與佛蘭西連年征戰故英國總管助荷蘭攻呀瓦洲獲勝其地仍歸荷蘭道光間土酋土匪謀廢荷蘭之公班衙荷蘭王遣將統領兵船大費財力始征服之唐人（諸洋番稱中國人爲唐人）之到呀瓦大洲立埠頭者自明朝始及至順治年福建同安人多離本地往葛剌巴貿易耕種歲輸丁票銀五六金此後每有廈門巨艚船載萬餘石赴葛剌巴及鈸馬廊埠頭但因水程甚遠沙礁無數必有西洋夥長用渾天儀量天尺較日出時刻離水分度用羅經刻漏沙以風大小順逆更數始知爲某處近日中國人口浩盛往此地何啻十餘萬故荷蘭總管禁革新唐令隨船囘然漢人流寓富貴者甚多荷蘭兼用漢人爲甲必丹理國政掌財賦此外毗於呀瓦之島多是馬萊西土番所居兼海賊無數若地本島及池門嶼皆有荷蘭與葡萄亞建城鎮守產檀木蜜蠟等貨

国家出版基金项目
NATIONAL PUBLICATION FOUNDATION

海上絲綢之路文獻集成

總主編　陳支平　陳春聲

歷代史籍編 43

主編　范金民

海峡出版發行集團
THE STRAITS PUBLISHING & DISTRIBUTING GROUP
福建人民出版社

本册目次

印度劄記二卷

〔清〕黄楙材撰

《印度劄記》二卷，清黄楙材撰。楙材字豪伯，江西上高（今高陽）人。光緒初入京師同文館學習。光緒四年（一八七八），四川總督丁寶楨以西藏密邇印度，英人佔據獨吉嶺，與衛藏逼近，奏派楙材遊歷印度察看形勢，繪畫輿圖以資考證。楙材於是年七月由蜀起程，次年閏三月抵孟加拉，遊歷印度西北諸部，凡六閱月。歸國後以所撰輿圖行紀進呈，其往來行程具詳所撰《西輶日記》中。是編則因居留孟加拉一埠最久，乃就見聞所及，隨時劄記而成。所記印度地名，多據譯人之辭，音字未免舛訛；所考古代地名，稍有附會牽合。據上海圖書館藏光緒間刻本影印。

印度劄記小引

自到印度遊歷半年輪船飈車日行千里而孟加拉一埠留住最久姑就見聞所及隨時劄記瑣碎件繫編成二卷一以地理爲主期於實事求是不敢有所穿鑿附會於其間至於一切制度規模政教風俗與歐洲各國大抵相同近日使節往來具有紀錄無俟贅述云

印度劄記卷上

上高黃楙材豪伯述

卡呢格達（一作甲兒古他）爲西南洋第一大碼頭也建於巵枝黎河之右南北袤八邁（每邁當華三里）東西廣四邁有奇層樓聳日傑閣連雲闤闠街衢縱横交錯不可數計水陸舟車百貨輻湊富商豪估侈靡相尚歐洲各國之人悉萃於此粵人居此者亦有千餘多手藝營生納土女爲室建關神天妃二廟爲會館惟閩人有五家洋行貲本較鉅若永豐振豐勝茂豐寶萬益俱開設十數年

英國設大帥一員統轄五印度全權大臣便宜行事每歲夏秋二季則移駐新拉（在中印度德列部內）以避暑遇有大事仍由電報請命焉雖相距三千餘里然往復甚捷無異面談至九月以後乃回駐卡呢格達其衙署規模宏廠出入儀衛亦與他酋迥別凡緬甸漾貢及南洋諸島悉歸其節制又有副帥一員駐紮於獨吉嶺今歲因與阿富汗搆兵二帥皆在新拉調度機宜故九月尚未回來

印度諸大員皆幼年從英國遣來學習土話優給俸祿分任職事苟無大過則終身不易其位惟微員末秩及外官親理民事者可以參用土人多由富厚之家捐授其職

總管刑名者曰幹角如中國之臬司民間詞訟先由波利

司審訊其案情重大者乃申詳於斡角凡鞫獄有議紳十餘人與官同聽之兩造皆延狀師代爲剖訴必衆紳畫押始可定讞間有一二人未畫押須待再訊刑之重者予以圜首即絞死也其餘多判罰鍰以贖罪不能繳罰款則監繫於獄另有專管錢債之官凡欠債者查抄家產以抵償若貧無可抵亦判繫獄視所欠多寡以爲久暫然債主必給以飯食之費一日不給則釋之矣總之經官索債縱能取償不啻耗去太半焉

印度風俗頗好構訟大抵利歸於狀師爲狀師者明習律例兼擅辯才多由狀師以入官或官退仍爲狀師更有所

謂國家大狀師者其權力可知矣

分職任官各有專責既無冗員亦免叢脞大官但提綱而挈領庶司不越俎而代庖無公牘轉移之繁文無堂廉睽隔之流弊故官皆親理庶政而不甚劬勞事必衆謀僉同而不得專擅俸祿之厚足以養廉莫不愛惜聲名府史胥徒足以自贍不必兼營他業其進之也循序而升其任之也歷久不易惟信賞與必罰乃守法而急公

街道之中設有鐵柱空其中凡冤抑之事准民投入三年則遣大臣巡視以察官吏之賢否民情之向背

新報館每日至公堂錄取訟案刊印以供衆覽夫是非曲直既經衆紳會議於前復經新報傳播於後則耳目昭彰訟者不能譸張爲幻聽者不致蒙蔽滋弊

街衢之中俱設煤氣燈徹夜光明其自來之水則於相距四十里之地曰麻力坡置大恆升車汽機二千馬力挺桿提桿長逾十尋圍大三尺旁甃數池汲起之水經過池中砂底則澄清潔淨用大鐵管引至卡呢格達足供數百萬人用之不竭人家各以小管接入廚中或高樓亦可街中則遍植鐵柱以供貧民之取汲此水火二項俱由公班衙辦理按戶收稅又溷廁去穢之事亦公班衙爲之余僑寓之時三項之費每月出路畀銀十八敦盍准房租以核計

也

海船入口百貨有稅惟煙酒二物特重查出走私受罰亦最酷他如地稅房稅招牌稅畜牲稅水火稅百工技藝皆有捐一馬一牛必征課種種名目不勝枚舉夫賦稅如此繁重而民無怨言者何也蓋昔之土官番酋率多殘刻不知愛民誅求無藝以視英人今日之政不啻出水火而登衽席又所入之財仍爲本地之用除官俸兵餉而外一切修治道路橋梁輪船颺車電綫煤燈學堂醫院之類民多便之

畫學館有學徒二百人英人爲之總教習凡學畫者一切

人物鳥獸花草器皿之類皆有式樣或以木刻成或摶土爲之故刻工塑工繪畫之工悉萃於一室焉初入門之徒用石板學畫界綫規矩準繩皆本幾何之理漸知用筆之法則置一物於中令十數人環坐睨而畫之或坐一人於中而寫其像雖同繪一人一物而所畫各自不同蓋各隨其方向各准其眎法俾色揣稱精緻纖密總以酷肖爲工耳既能刻肖各物之分形而後講求結搆之全局淺深濃淡遠近疏密傳神阿堵之中或圖畫山川風景或摹寫勝蹟名區大抵事多徵實意鮮步虛展卷瞭然不啻身入其境矣至於臨摹古本脫胎換骨縮小舒大無不如志則用

界綫格子比例算法是猶中土書法家之有九宮也

印度多良馬高六七尺雄姿颯爽毛鬣豐潤用以挽車或雙或隻追風逐電蓋道路砥平時灑以水雖肩摩轂擊而纖塵不起車製精緻可坐四人每當薄暮日入雨後新霽或攜眷屬或約友朋攬轡縱遊多至河干納涼及花園球場寓目騁懷洵所謂車如流水馬如龍矣又有肩輿製如櫃形獨木爲扛人臥其中四人舁之以行然較之中華擡轎甚勞殊不雅觀最便者惟火車駕駛日行千里凡有名區勝蹟相距數百里之遙乘輿而往可朝發而夕返焉天氣和暖惟冬季稍涼可服夾衣餘三季俱暑雨蒸熱土人

用白布一幅蔽其下體復自後繞至前留數尺用以蒙首有戴白帽者有纏紅布者有塗畫眉稜額角及印堂山根胸膛等處者大抵皆雕題文身之舊俗歟食物以手爪攫取舉重承之於頂無肩挑背負者其商賈富民多效英人裝束中國人居此者亦皆短衣圓帽惟薙髮編辮知其爲華人耳

東南隅曰亞力坡有苑囿廣數里豢養禽獸之類四虎二豹四獅各以雌雄相配獅身長八尺黃質黑章雄者鬈毛修鬣鉤爪銀齶與內地所畫無異雌者名曰狻猊吼聲雷震百獸聞之觳觫圈內置大鐵球終日撫弄不輟犀牛尤

鉅鼻端生一角渾身之皮厚如堅甲勁悍無敵最惡象與馬見必觸而殺之故獨居一塘內性喜近水也熊類乎豬豺等於犬有一巨狼其鬣似驢獰猛可畏羚羊掛角而睡鼯鼠豎尾而飛最奇者有獸名庚格盧產於澳大利亞洲身短而頭小足高七八尺頸長尋丈頂有昂頭天外之概鹿有多種若牛若馬有角無角易以馴擾北方之民用以挽車號曰使鹿之國惟猴之族最爲繁盛大者如人小者如鼠有尾曰猿無尾曰猱或繞項多鬚或遍體長毛嘯聚悲吟聲音淒楚有一種體大而聲洪終日牢牢不休或云猿中之王攫其同類以爲糧殆所謂狨者耶猩猩多智西

人測其腦六十度幾與阿非利加黑人相等矣大屋兩楹用作鳥籠四面織鐵絲爲網中植樹木百鳥飛翔飲啄雖在牢籠之中不失山林之樂珍禽數百種其名不可得而悉數其善鳴小鳥別有一院院內遍置盆景瑤草琪花目迷五色氤氳馥郁撲鼻妙香耳畔萬種鳥語如管弦絲竹之竝陳到此眞令人應接不暇矣最大惟駝鳥足如馬蹄不能高飛而善走波斯諸國使之馳遞信札卽漢書所謂馬爵是已印度多靈鷲形類於鶴而喙長及尺性慈良而好靜惟栖公署及廟宇之上百姓敬之如神見其來必以肉飼之聞其喙可值數十金能解百毒英官特申厲禁不

准戕害犯者必受重罰他如鸚鵡孔雀仙鶴錦雞白鷺青鶖鸕鶿鳧雁畫眉綬帶鵁鶄鸛鴿之類與華產無別此外巨蟒大龜鱗介蚌蛤水陸百怪詭形殊狀不可殫述

博物院曰印丹妙孫譯言印度所出土產也院頗寬厰皆玉石珠寶及五金之礦儲以玻璃盒不下數千萬種任人縱觀以資博識有多種禽獸之骨從土中挖出年深月久已變成石考其形狀非今世所有可知造化生物隨時變遷或古有而今無或古無而今有未可一概論也有地圖用木鏤刻地形高低山水曲折一目瞭然又有瓷器地圖亦如之黃金之礦有生成大塊重十餘觔者

銀錢曰路畀重三錢二分小者四分之一或八分之一上鑄英國女主像前爲科頭近歲乃加之以冠蓋印度之皇冕乃各部酋長所奉加尊號之意也藏地通行路畀至打箭爐而止然多係一千八百六十二年以前之舊製新者未有也銅錢有二種大者曰哈夫安那每路畀值三十二文小者曰拜士每路畀值六十四文四拜士爲一安另有公班衙銀票交易通用其數自路畀十枚起以至數十數百數千不等票上花紋精緻必經數手印造以杜弊端印度之民分爲四等其上品曰婆羅門凡各部酋長職官皆此族爲之以下爲兵爲商爲工役各世其業不相婚姻一

出其類謂之忘本則父母國人皆非之婆羅門雖極貧窶而下品富者見之必加尊敬莫敢相抗甚至取其濯足之水而飲之且不與賤者同坐同飲食

大官衙署及公所監獄等處常有巡兵手持洋鎗聯肩排行更番往來日夜不輟街市之中亦有兵役分段巡查悉統於波力司其煤氣燈徹夜明亮宵小之徒難以潛蹤故盜竊之案稀有且禁一切游民不准沿門乞食其孤老廢疾別置一院以養之

中國之政必先便於貧民西國之政則獨優於富室蓋其俗以貧爲恥故民皆爭利急功趨於勤而不敢惰國勢以

商賈爲重賦稅多富民所輸是以任意行樂無所束縛也公班衙壟斷牟利無孔不入挾國家之勢集富商之貲雖日多財善賈然侵奪小民之利者多矣

鴉片爲印度大宗公家之地募民栽種給以工資四季有之陸續不斷所收鴉片概入公司必隔年而後售之其利點滴歸公無能走私孟加拉所產者爲公班大土孟買等處所產者爲白皮小土印度之人名爲波畢其初但知生啖之今時亦效華人吸煙且多酷好之者將來數十年後必漸盛行夫鴉片一物始自印度而流及中華吸煙之法復由中華而傳至印度此中循環之理有非人力所能爲

者矣

五印度自古著名之區其列代沿革不可悉攷前明建文年間賽馬爾罕王諦毋爾（元駙馬帖木兒之裔）兼併西域諸回部遂南侵印度歸入版圖號曰大蒙古（地理備攷作莫臥爾即蒙古里之轉音）其國廣袤二萬里歲收賦稅二萬二千四百萬各國皆景仰焉正德時有葡萄亞人初至西邊海隅貿易既而荷蘭英吉利法郎機西班牙等國之商接踵而來然大蒙古之王威權重大人皆畏之其後衆子爭權內亂亟起各部酋長乘間跋扈四分五裂國勢漸衰乾隆二十年孟加拉土酋與法人密約將境內之英人及兵弁霍威廉等盡行禁錮斃其太半英人欲雪此仇調傾國之師遣大將律記利夫統之駛入安額河竟獲全勝於是東印度各酋長望風歸服乘勝席捲中南諸部乾隆三十年復又背叛盡戮英人英遣薩伊姑底奪復疆域嘉慶十年盡驅法荷兩國駐印度之兵以據其地自是以後英人遂操五印度全權建立亞加拉孟買曼打拉薩諸鎮以資控馭而悉統於孟加拉之大帥額設英軍三萬分駐各鎮內有太半稱爲倫敦祖家兵者乃雙分口糧本地敘跛兵十八萬一千五百有奇或輪調各鎮駐防或派充工程及衙門支差街市巡捕其人半係釋教半係回教分門別戶彼此如仇互相牽制免

其同心謀叛撥此兵數併緬地南洋諸島皆在其內也大約各鎮駐紮之兵多不過一二千少或數百而已

萬歷初年荷蘭人至印度開埠通商大獲利益英人慕之遂於萬歷二十六年稟求國王飭立公班衙嚴禁本國散商之赴南洋者合貲本十五萬次年增至二十六萬獲利皆三倍屢與荷蘭據地爭權萬歷三十八年開埠於穌拉順治十年開埠於曼打拉薩康熙二年葡萄亞以孟買讓於英國於是他商復於孟買立新公司兩公司相傾軋康熙四十年乃合而爲一并借國帑銀一千萬元歲息八十萬從此印度公司大盛乾隆年間數次用兵征服土酋驅

逐他國之兵印度全境太半歸其囊括道光十三年國人會計公司貿易無利虧空公帑甚鉅始散公司聽散商自運人人皆悅而印度地方歸於國主管轄然公班衙之名尚存一切建置興利之事皆其所主

華人以痕都斯丹爲印度之總名其實專指中印度也蓋西域回語稱國王所居曰斯丹從前大蒙古之王建都於中印度之德希城故易以回語至今相沿不改

印度大小數百部落有與首城同名者有與首城異名者記載之家或舉一部之名或舉一城之名或一地而誤分數國彼此參差前後繁複紛歧譌舛莫可究詰兼之軥輈

桀格轉展繙譯言人人殊依稀近似初無正音考訂殊爲難耳

葱嶺迤西回部如霍罕布哈爾機窪等盡爲俄羅斯併吞與北印度僅隔興都哥士一山其山在巴達克珊國境內即元太祖避暑行宮所在也俄人覬覦印度之富嘗懷攘奪之謀遣人學習印度言語煽惑民心聯絡波斯阿富汗諸國密約詭計英人力爲防閑重兵駐守隘口不敢稍懈昨歲聞俄軍游獵縛芻河一帶印度大帥傳諭克什米耳土酋預爲設備俄人甚怪其越俎代庖也兩雄並峙勢若秦楚龍爭虎鬥日尋干戈俄攻土耳基則英扼之英征阿富汗則俄尼之外雖和親結盟而內實相猜忌也

俄羅斯慫恿阿富汗與英搆難前後數十年征戰不息幾乎疲於奔命去歲俄遣使臣駐喋甲布城而英國使臣至則拒而不納從此啟釁大興兵役始因天寒地險英軍屢挫旣而大獲勝仗直擣甲布阿王挾其宮眷輜重退避俄境留其子阿古柏監國不久阿王病殂古柏襲位不得已降志議和割地酬餉業已立約罷兵而民志不服忽於七月間戕害英之大員古柏之弟復因民心起而爭位古柏進退維谷內難外寇一時交攻乃讓位於其弟夫英人之力非不足以滅阿富汗特留之以爲藩籬藉蔽西印度一

面耳竊觀俄羅斯所爭者不在阿富汗而在克什米耳其東境與後藏阿里毘連北境與和闐葉爾羌接壤亦宜先事籌備固吾疆圉也英人與阿富汗搆兵兩載又進軍阿非利加之急境勞師靡餉不可勝計日久尚無成功今歲復與緬甸齟齬五六月間檄調兵眾至漾貢不過虛張聲勢而已其籌餉之途惟恃印度一區悉索敝賦頗形支絀不但富室殷商按戶勒捐下至小民牛車每輛議征路畀五枚幾至激變乃減至每輛一枚夫英吉利占踞之地非不多然東西數萬里零星散漫處處設防未若俄羅斯地跨三洲聯屬不斷但思恃强以攘人不虞他國之偪已是

以英法普墺諸國合縱連橫幾等六國之備秦昔日黑海之盟既未可恃今茲巴黎之約豈能久守乎

西刻一作塞哥在北印度嘉慶年間倫亞昇王瀛環志畧作林日星所立國也此君之祖曾取釋教回教二者參合爲一以宇宙萬物之主宰爲萬國之眞王盡絕神佛自爲一教至倫亞昇王兼併克什米耳諸部又逾印度河割阿富汗數城募歐羅巴人操練兵法鄰國畏之道光十九年倫甍宗孫嗣立亦頗雄武屢越境侵擾英之藩屬道光二十二年復大舉南侵乘英人不備一戰而勝英軍死者甚眾力拒旬月始破西刻之軍直入其國都拉合城一作勞爾乃割地請盟

焉先是英吉利攻滅孟加拉乘勢脅降諸部值西刻兩世賢主國治兵强故英人止戈修好未嘗措意其後昏庸在位間隙可乘遂連年征伐侵割其疆土太半矣

後漢書天竺國一名身毒在月氏之東南數千里俗與月氏同從月氏高附國以西南至西海東至盤越國皆身毒之地有別城數百城置長別國數十國置王雖名小異而俱以身毒爲名其時皆屬月氏月氏殺其王而置將令統其人張騫使大夏見邛竹杖蜀中產也國人云市之身毒和帝時數遣使貢獻後西域反叛乃絕至桓帝延熹二年四年頻從日南徼外來獻世傳明帝夢見金人長大頂有光明以問羣臣或曰西方有神名曰佛其形長丈六而黃金色於是遣使天竺問佛道法海國圖志以西海爲地中海謂條支安息古皆西印度之境愚按天竺身毒皆印度之轉音大月氏即今之阿富汗高附與甲布譯音相近所稱西海蓋指印度洋非地中海也由印度河順流而下西南至於科曼海灣爲西海若以地中海爲西海則當云從月氏安息以西不當云以西南矣

三國吳時扶南王范旃遣親人蘇勿使天竺從扶南發投拘利口循海大灣中正西北入歷灣邊數國可一年餘到天竺江口逆水行七千里乃至焉積四年方返其時吳遣

中郎康泰使扶南及陳宋等具問天竺土俗云佛道所興國也人民敦龎土地饒沃其王號茂倫所都城郭水泉分流繞於渠壍下注於江左右嘉維舍衞葉波等十六大國去天竺或二三千里共尊奉之以爲在天地之中也梁天監初其王屈多遣長史竺羅達奉表愚按扶南爲今之暹羅國其發投拘利口疑爲摸兒緬漾貢等處循海大灣中正西北入蓋由孟加拉灣入恆河口也灣邊數國者柯枝盤盤及大小葛蘭皆在阿拉干一帶也古時天竺國都在亞拉哈巴距海口實止三千餘里

梁書言西天竺與大秦安息互市海中多大秦珍物其南

徼國人行賈罕有到大秦者愚按大秦爲歐羅巴洲之羅馬安息爲波斯國及土耳基之境其與印度交市必在波斯灣及紅海一帶斷不能越阿非利加而至地中海也自古地中海形勢阻隔非舟楫所通迄今千有餘年鑿開穌彝士一河而後太西之舟可以東駛矣明職方外紀云印度有五惟南印度尚仍其舊餘四印度皆爲莫卧爾回國所併莫卧爾國甚廣分爲十四道象至三千餘隻近百年內吞併鄰國甚多嘗攻西印度其西印度王統兵五十萬馬十五萬象二百每象負一木臺可容二十人又載銃千門及金銀五十巨罌以禦之不勝盡爲莫卧爾國王所獲

愚按西印度即阿富汗國莫卧爾爲蒙古之轉音賽馬爾罕王本元駙馬鐵木兒之子孫是時兼併印度建都於德希城號曰大蒙古是也至道光初年蒙古王乃降於英吉利食租衣稅徒擁虛號而已

海國圖志及瀛寰志略皆言俄羅斯與英吉利血戰於興都哥士大雪山此傳聞之誤也考道光末年英俄兩國交綏水軍則在黑海及波羅的海陸軍則在土耳基之境與印度風馬牛不相及邇歲以來俄人兼併機窪布哈爾諸部漸闢而南英人侵割本若俾石哇諸部漸闢而北中間尚隔阿富汗克什米耳兩自主之國及巴達克珊迦畢試邊達哥數小部落其興都哥士一山固爲印度大界限俄人雖有覬覦之志究未嘗顯然越境相侵也即如今歲英軍與阿富汗搆難實由俄人挑釁而阿王屢次乞援於俄終不能出一兵以相救論者皆謂阿愚而俄狡惟道光十八年波斯與阿富汗爭晞烈之地（一作黑魯一作亞加業坦即明史哈烈國也）俄人則主謀波斯英人則左袒晞烈印度之軍與波斯交仗實在興都哥士山中土傳聞之訛或由於此歟所稱沙蘇野者疑爲人名非國名未審爲晞烈之君乎抑爲阿富汗之君乎

印度公司種茶於亞山之地僱募閩廣茶師訓導土民頗著成效日漸興盛每年所產之茶約值十萬金其地與三藏毗連因仿打箭爐川茶之式成砧成包由獨吉嶺運入藏中腳費既省價值亦廉竊恐將來洋茶一行奪我打箭爐茶商之利不可不設法預防也（曩閱新報有亞山茶商聯名稟請印度大帥修建鐵路已經批准）

唐宋之世中土請經求法之僧踵趾相錯至今相沿稱華人曰唐生中國曰支那（支音沮）英語則轉爲齋那又稱華人曰齋利士（洋文字母有二音曰伊曰唉蓋西伊合音爲支西唉合音爲齋也）

從前泰西商船必繞行阿非利加大洲之南程途迂遠或由地中海阿勒薩城登陸剝運火車至蘇彝士地方復下

船至紅海瀛寰志略所謂亞細亞阿非利加二洲相聯一綫之地佀不用刀截斷者即此也爲埃及國即麥西元史作密昔爾所轄咸豐六年有法國人勒昔勃斯創議開鑿運河與埃及土酋商定乃回國鳩股集貲每股五百佛朗五佛朗當英洋一元於戊午年春間興工用濬機七十具事畚揭者日常二萬人至戊辰年冬月告成歷十有一年費銀二千萬元成河二百八十七里寬二百尺深三十尺自是地中海與紅海相通輪船往來捷近二萬里其征收稅鈔每磤二元船身大小所容貨物以磤計之船中之客每人二元永享其利法君嘉之特錫勒息勃斯以三等之爵初法人興此大役英人嘗竊笑之

以爲兩岸砂礫隨開復塞決難成功苟非法君之專任弗疑不爲謠啄所動與勒息勃斯之堅志定力始終罔懈曷克臻此偉績哉夫英人於西南洋商務爭先恐後獨此利權讓之法人歲在乙亥英太子東巡印度道出此河埃及大酋藉以結歡進四百股爲太子壽英人始得預焉竊思運河既開之後英人實受其益如亞丁在紅海口毛栗在印度洋錫蘭諸島印度緬甸瀕海諸市埠與夫南洋之檳榔嶼麻六甲星加坡皆輪船所必經添煤寄碇商貨流通貿易興隆以視法人稅課之利奚啻倍蓰方今英人又議從西印度修建鐵路經俾路芝土耳基以達於地中海俄人則欲從高家索修建鐵路沿裏海南岸經波斯阿富汗而達於印度無非壟斷牟利使天下商賈皆欲出於其途耳

印度劄記卷下

上高黃楙材豪伯述

五印度部落

五印度幅員遼廓東起亞山偏西二十三度西至阿富汗偏西四十八度南起哥摩林角北緯七度北迄葱嶺北緯四十度其間大小數十國從古不相統一今時歸英吉利所轄者十之八九或設官置吏夷爲郡縣或輸賦納貢降在藩服沿革分合多所變更不但漢唐諸史古時國名不能符合卽海國圖志瀛寰志略諸家所載亦參差互異楙材繪印度全圖從英吉利語譯出悉用今名耳目所及略

述梗概至於列代掌故佛氏遺蹟未暇詳考以俟博雅君子教之

東方之省

孟加拉部孟加臘榜葛剌明呀哩本告耳卽東印度英語稱曰羅威兒博羅運司譯曰東方之省也廣袤一千五百里所轄十八郡平坦膏腴汊港繁多會城曰卡呢格達甲兒古他爲印度大帥所駐北極出地二十二度三十三分北四十餘里曰麻力普爾爲屯軍之所東北四百餘里曰姑斯替城臨安治士河商賈繁盛疑爲明史古里瑣里國又東三百里曰達喀亦大埠也俱有鐵路通行火車會城之東曰勢他加纖工所萃其南港口曰固支黎卽厄枝黎江口有製造廠此外若磨耳士利得巴若妙兒塔若布利亞若地勒支普爾皆名邑也

大吉嶺幅員百餘里三垂高山天氣涼爽西界廓爾喀北界哲孟雄東界布魯克巴爲入藏孔道土酋降附於英居民數百家語言風俗與唐古忒相似英人修築碉堡駐劄洋兵設領事一員曰夕格里得拉其孟加拉副帥每歲夏秋二季亦移駐於此富商大賈多建別墅以避暑余觀英人不惜重費新造鐵路又令閩廣之人住居其地無非垂涎於藏地通商耳藏地稱英人曰披楞稱孟加拉曰甲噶爾

亞山部一曰阿賽密在孟加拉之東北四境多山長一千五百里廣三四百里不等惟蒲蘭布達江兩岸平壤沃饒居民由中國遷來者皆老撾猓夷之族性行樸實勤力耕作崇信佛教英人開闢其地種茶栽桑日臻富庶首城曰若爾合得商貨雲集輪船往來其南有路可通緬甸孟拱孟養而達於騰越徼外約二十日程然崇岡疊巘崎嶇難行又東北有一路歷怒夷俅夷至江卡而達於四川徼外之巴塘尤爲險阻人跡罕到其里數無可考蓋東北二面皆貉貐野人衞藏圖志所謂獵猓烏魯爾甿族是也又名老卡止脣割數缺塗以五色穴居巢處生啖蛇蟲英人以

利誘之亦漸馴服
亞山之西北有數小部曰固只必哈爾曰箇押兒巴那曰路亞幅員一二百里不等其南有數小部曰格路時曰各士亞曰的北亞曰正得耳曰孟奈普爾界連緬甸山嶺迴遭林深谷邃民俗勇悍土酋分轄附庸於英羈縻而已

拜哈部（巴哈爾）東界孟加拉西界厄納特南界工窪納北界呢泡耳長一千里廣八百餘里所轄六郡如來御世五十載居此國最久遺跡甚夥城臨但刺河阿堵世王所建王舍新城是已西北百餘里曰帕特那（八旦拏）東臨恆水印度人所稱聖城古巴連弗邑法顯元奘常住此寫經所產鴉

片多聚於此

西北之省

痕都司丹（溫都士坦　忻都士丹）古稱中印度厄納特國為四方適中之地東恆河五大源交滙於此平衍沃壤民物殷富前明時大蒙古王建立國都傳二百餘年至嘉慶以後乃併於英築亞加拉城戍以重兵鎮以巨帥稱為捋威博羅運司譯曰西北之省也

阿拉哈巴部東界拜哈西界亞加拉南界馬爾窪工窪納二部北界烏德國長千餘里廣五百里所轄六郡首城曰阿拉哈巴得一作厄納特珂克在閻那河安額河交會之處有大軍局其東三百里有丕那勒城南臨恆水即古之波羅奈亦印度人所稱聖城也東北亞心格爾歌鹿普爾兩郡瀕於岡噶江毘連廓爾喀

亞加拉部東界阿拉哈巴及烏德國西界亞日迷南界馬爾窪北界德列長九百里廣六百里所轄五郡亞加拉城東北臨閻那河蒙古王所建甚堅固尚有宮殿古蹟又北四百餘里有得希城（一名台里）蒙古王之故都也其後裔猶居此英人給以歲祿

德列部東界烏德國西界亞日迷南界亞加拉北界古爾瓦勒廣袤六百里所轄六郡其德列城及被勒眉城慕那

得巴城皆繁盛著名之區東北屬境曰古摩雲距後藏阿里甚近山深林密居民無多東南有城曰巴勒里嘉慶十九年為廓爾喀所據後讓於英人

古爾瓦勒部東北界後藏阿里南界德列西界新拉原所轄三郡長五百里廣三百里首城名西里那都土酋所治其東二郡割隸於德列

新拉在德列之西北四境高山風景幽雅孟加拉大帥建築行館每值夏秋二季移駐於此其他富紳豪賈亦多置別墅為消夏之會時而登山射獵遊目騁懷

烏德國

烏德國澳地烏訥古揚摩羅國舍衛城郎波斯匿王所治也東界拜哈西界德列南界阿拉哈巴北界廓爾喀長九百里廣五百里都城名盧角腦建於幹得江岸其烏德城北臨殑伽河衰廢已久南門外有祇洹精舍遺跡西南五十里有賚薩巴城居民繁盛此外若幾那巴若畢索亞若巴來支若丹達等城皆商賈會萃之區土君世襲英國遣兵帥鎮守併遣大臣司其會計

本若省

本若省一名西林德昔屬塞哥國一作西刻後割隸於英東界德列西界阿富汗國南界剌日布得北界克什米耳廣袤二千里首城曰勞爾一名那哈爾塞哥王倫亞昇之故都也臨拉維河之陽附河兩岸八煙稠密市埠如林西北隅有亞叨克城俾石哇城西南隅有慕兒丹城皆修建鐵路通行火車

剌日布德部一名亞日迷爾東界亞加拉西界信地南界古支拉德北界本若省長一千五百里廣七百餘里北境砂磧曠渺南境地土腴饒所割九部惟首部亞日迷爾割隸於英其餘諸部土酋分治

腹內之省

腹內諸部英語稱爲仙得剌博羅運司譯曰腹內之省也

半置郡縣半隸土酋

新的亞部一名哈那歐替在印度之中央其地形散裂不相聯屬而與賀兒架爾折那哇爾諸部犬牙交錯

賀兒架爾部葛爾加耳與新的亞麻爾哇諸部參錯相間土酋分轄

麻爾哇部馬盧襪在新的亞之南幅員五六百里首城曰英朶耳

本的勒看部邦德爾干在新的亞之東長六百里廣五百里所轄五郡首城名札德普爾

波保爾部在閬爾披達江之陰幅員三百里山深林密民俗剛勇

來格普爾部那哥布耳東界俄力薩西界麻爾哇南界伯西耳加北界阿拉哈巴長一千五百里廣九百里首城名來格普爾爲通商大埠

岡都亞那部一名工窪納東界俄力薩西界刋代施南界尼桑北界阿拉哈巴長一千五百里廣一千八百里爲英國兼攝者只東北二方餘皆土酋分治首城曰倭巴耳布

俄力薩部東界孟加拉海灣西界工窪納南界斐薩乾北界拜哈廣袤一千三百餘里所轄六郡首城名科塲克亦大都會也山內之民但聽本宗約束不服他人

以上五大部落統歸孟加拉大帥所轄自西北而東南長六千餘里廣三千餘里約得印度之太半

曼打拉薩兵帥所轄

德干部一名尼桑東北界來格普爾西界伯日普爾南界加爾那德長二千里廣一千三百里所屬凡五部首城曰海德拉巴希答巴英軍一萬二千屯之其境內多高原產頁麥土酋世襲朘削平民嘉慶時屢與英人搆難後乃決計取之雖鎮以重兵尚時時反側不安

加爾那得部東南界海西界達來番科耳暨賣索爾北界尼桑長二千六百里廣一千三百里所領十郡其會城曰

曼打拉薩南印度兵帥駐劄於此雖瀕海口而無泊處沙泥梗阻船難到岸天氣炎熱文武員弁淸晨治事畢各歸山莊水榭以度長宵其內地有旁牙羅城英軍戍守又有西令牙巴坦昔爲土君之都城地形險要嘉慶之初與英人血戰連年滅之南方海濱有補落伽山卽釋氏所稱普陀岩也高一千五百丈谷內酷暑難堪而山頂積雪未化若由址及巔覺四時之氣咸備於一山矣

哥英巴都爾部東界加爾那得西界馬勒巴爾南界馬都拉北界薩林長五百里廣三百里所領二郡

馬勒巴爾部東界哥英巴都西界海南界科靑北界加那拉長七百里廣二百里海濱有市埠曰卡里古得曰丹那曰邦那里

達來番科耳部東界丁利肥里北界科靑西南界海長五百里廣二百里首城名特來番得郎土酋所轄其海濱通商之埠曰波爾架曰魁瑱南方有地形斗入海中者所謂哥摩林角是也海船至此轉舵風濤甚猛內地有米瑣邑山水秀麗果木尤佳此部土酋前爲荷蘭所逐居民亦多遷徙今隸於英

科靑一作固貞又曰可陳幅員百餘里在達來番科耳西北昔爲荷蘭所據今隸於英

南加那拉部東界賣索爾西界海南界馬勒巴爾北界是摩加長五百餘里廣二百里所領五郡首城曰蒙加羅耳瀕於海岸又有北加那拉部歸孟買所轄

賣索爾部東界加爾那得西界加那拉南界哥英巴都北界伯日普爾長八百里廣六百里所領十郡有土王居賣索爾城其通商之埠曰邦加羅耳曰色林甲巴丹曰故喇曰幾得拉皆繁盛之區

巴剌加部東界加爾那得西界加那拉南界薩林北界尼桑長七百里廣五百里首城名北那里爲火車鐵路四達通衢

伯西爾加部一名薩卡司東界孟加拉西南界加爾那得北界峩力薩南界海長一千五百里廣二三百里不等東有齊家湖西有詞林湖所領四郡曰憨沙曰諳展曰斐薩乾曰那咤面

以上諸部落爲南印度境所謂地形如箕舌斗入南洋者也或有土君世傳其位或部民公立酋長治之其山內之民尚仍其舊俗崇奉釋教而皆降附於英歸曼打拉薩之兵帥所統轄

孟買兵帥所轄

凹隆加巴部東界德干西界海南界伯日普爾北界刋代施廣袤六百餘里所領十郡其會城曰孟買（網買）三面瀕海初爲葡萄牙所據後讓於英人遂建大鎮駐重兵爲輪船往來所必經居民殷富商販遠方粵東所謂港腳白頭回子也華人亦多至此貿易有大船廠常造戰艦商舶

伯日普爾部東界德列西界康肯南界賣索爾北界凹隆加巴長一千三百里廣七百餘里所轄五郡

康肯在孟買之南一名鹿那乍里卽海錄之盎几里也東界高山西瀕大海長五百餘里廣僅數十里首城曰勒剌志里其東南山後有固那普爾稍挖耳二部爲葡萄牙所屬

刋代施部（根地士）東界百剌爾西界古支拉得南界凹隆加巴北界麻爾哇長六百五十里廣五百里所領二郡首城曰高爾那

古支拉得部東界麻爾哇西界海港南界刋代施北界亞日迷長一千四百里廣六百餘里所領四郡首城曰蘇拉特其港口通商之埠曰開拜卽科曼之轉音自此以西統謂之科曼海灣也海港之西北有亞米特巴部民多刼盜英人征服之設兵戍守境內多佛氏遺跡

日瓜爾部一名佳得低哇東北界亞米特巴郡餘三面濱海中央岡巒絡繹廣袤五百餘里首城名包來丹那土君所轄沿海市埠亦夥

叩齒（加支古治）在日瓜爾之西北信地之東南四面海水環之長四百里廣百餘里土磽民貧往往地震有英軍駐此

信地國東界沙漠南界叩齒灣西界俾路芝國北界阿富汗國及本若省長一千里廣六百里所領六郡其會城曰海得拉巴此外通商之埠若塔塔若格那齊若勞社那若戒易坡俱繁盛著名之區其印度河經流國中分爲多派入海藉資灌漑五穀豐登昔時土君甚富饒貨賄山積藏於塔塔城道光二十三年爲英人所滅印度諸軍惟此部人號爲勁勇且可募爲水手狎習風濤

以上諸部歸孟買兵帥所轄

錫蘭島

錫蘭島古獅子國也東西六百餘里南北千餘里中央則層巒疊嶂自八百尺至六千尺最高者曰亞坦之峯產獅子本土庚低之人居於山內四圍海濱皆由印度遷來者土產珍奇夙稱寶渚中華商艘亦往來不絕明初爲天方回教所據土君因與葡萄牙聯盟盡逐回人遂爲葡人所據崇禎時又招荷蘭以驅葡人而荷蘭復奪其市埠至嘉慶元年英吉利兵船襲而取之自後全島悉歸於英其會城曰可倫坡在西方海濱築礮臺以護之其北境山谷內

路徑不通土酋酷虐近時乃由庚低開通一路直達東北海隅復由庚低修建火車鐵路二百餘里至可倫坡每年所收賦稅二百萬

葡萄牙屬地

峩亞一作科襪東南界加那拉西界海長二百五十里廣一百二十里所領三郡首城曰邦靖其北有新開闢之地長三百里廣一百餘里內分十郡

達蒙在開拜海灣之旁幅員四十里

的玉在信地國內地方狹小然便於泊舟

法蘭西屬地

本得支黎在加爾那得部內幅員三十里加黎架兒亦在此部內牙那安在百西爾加部內商得爾那哥在孟加拉部內馬黑在馬勒巴爾部內不過一城一埠寄屯貨物而已

大尼屬地

西棱普爾在孟加拉部內賀格黎河之左達郎給巴爾在加爾那得部內

克什米耳國

克什米耳爲北印度古罽賓國也唐書作迦濕彌羅元史作乞石米耳皆一音之轉也昔屬塞哥國倫亞昇王所轄

後將本若一部割隸於英僅餘克什米耳其幅員尚二千餘里東界後藏阿里西界阿富汗國南界本若省北界葱嶺都城曰色令那加建於谷內四山環繞形勢險要高於海面六百丈最高之峯一千七百丈然國富兵强民物繁庶自古稱爲大國新頭河卽印度河上源曲抱其三面瀕河有屬部曰辣達克古之囉達國也懸渡在其境內東北至和闐東南至阿里俱兩月餘程其人奉回教修髯偉貌遠遊服賈南路八城及三藏之地處處有之藏中稱爲纏頭回子漢書罽賓王治循鮮城東北至都護治所六千八百四十里東至烏秅國二千二百五十里烏秅卽烏萇一作烏仗那當在今之德列威聊

等部自皮山以南更不屬漢之國四五歷大頭痛小頭痛之山赤土熱身之阪又有三池盤石阪道陿者尺六七寸長者徑三十里臨崢嶸不測之深行者騎步相持繩索相引二千餘里乃到懸渡云此即晉法顯北魏惠生所行之路也至唐元奘則由西北博羅爾（即邊達哥亞）過印度河魏氏源反移懸渡於下游巴達克山境失之遠矣

廓爾喀國

廓爾喀一名泥泡耳唐書作泥婆羅明史作尼八剌藏中則稱為畢棒子舊分三部一曰布顏二曰葉楞三曰庫庫木雍正十年俱奉金葉表入貢乾隆時廓爾喀族最強併

而為一擾及後藏福文襄公征之乃納款定貢期十二年一次迄今猶為恭順其國東界哲孟雄孟加拉南界拜哈烏德國西界德列北界後藏長約二千里廣四五百里不等其都城曰加得曼都一名陽布又名巴勒布即古之白布國也所屬之地在南方則有那力丹巴若摩岡普爾若哈利哈普爾在東方則有喀當若札言普爾若域丹支在西方則有馬各得若廓爾喀若巴兒巴若卡薩皆通商繁盛之區迤北一帶則峻峰疊嶂綿亘數千里統謂之希模黎雅大雪山其入藏之路有四曰濟隴曰聶拉木曰絨轄曰喀達乾隆時所定隘口建立鄂博置兵戍守

唐貞觀二十三年長史王元策征天竺檄召鄰國之兵吐蕃以兵千人來泥婆羅以七千騎來元策部分進戰茶鎛和羅城（今烏德國）三日破之明洪武十七年命僧智光齎璽書綵幣往尼八剌國并使其鄰境地涌塔國各遣使隨入貢此外不見於史其地風俗無異唐古忒喇嘛亦多當英吉利併吞印度之時鷹瞵虎視各部酋長望風歸服而廓爾喀仰仗　天威幸能自保抑其地形險塞民性勁勇有足多者聞前此有統兵大臣名藏克巴都長於戰陣名震四鄰　中朝曾加封爵英吉利亦賞寶星時有小部落曰拉克弄為英人所逼乞援於廓爾喀於是藏克巴都乘機遂

併其地今之柄國政者乃其弟耳

哲孟雄部

哲孟雄部一名西金介於廓爾喀布魯克巴之間幅員百里民戶五六千南界獨吉嶺西藏之人來此通商其北境有白木戎（即朱巴爾）柞木郎諸小部落毘連後藏定結定日二汛之地

布魯克巴部

布魯克巴部一名布屯西界哲孟雄南界亞山東界貉貐野人北界前後藏長一千餘里廣五六百里雍正年間赴藏投誠其會城曰塔西蘇登（西藏志作札什曲宗）為藏商往來之孔

道西南距獨吉嶺二日程東北逾嶺三日程至帕克里又三日程至江孜汛其地氣候温和出產五穀俗重紅教喇嘛有唐時賜印篆曰唐師國寶之印其北境尚有數路可通前藏及工布等部

新陽趙元益校刊

印度國志不分卷

〔清〕學部編譯圖書局編

《印度國志》不分卷，清學部編譯圖書局編。是書係當時爲開啓民智所編教科書，不分章節。概述印度位置、境界、形勢、山川、流域、河系、五穀、風景、物産、工商業、礦産、教育、報章、税收、民俗、歷史等情形。據上海圖書館藏清光緒三十三年（一九〇七）學部圖書局排印本影印。

論畧

印度國志

印度者亞洲一大國也全部區省十有二土府一百有五十其十二省受治於英政府而一百五十土府則第認英爲主國而已縱橫一百五十萬方英里人丁二百四十兆故其面積戶口方之歐羅巴一洲幾相埒而較之俄國則尙少昔羅馬 Rome 盛時英人葛璞 Gibbon 核計其所屬人民有一百二十兆之多今印度且倍之矣

釋名

古稱印度曰巴拉德瓦牙 Bharata Varsha 巴拉德瓦牙爲印度最古文字散斯克烈 Sanskrit 之名稱蓋由當時月族國王巴拉德 Barata 三字之聲轉也（案古印度王有日月二種分治其國巴拉德者月種之王也）顧古文散斯克烈亦如歐洲之拉丁 Latin 久非印度通行之文矣歐洲地理家所稱之興都斯坦 Hindustan 本於波斯 Persian Origin 文其義卽興都族 Land of Hindus 之地亦如阿富汗斯坦 Afghanistan 之謂阿富汗人 Land of Afghans 之地是也（興都當是身毒）推當時所稱之名係專指文得亞 Vindhya 山

以北之地而言。或名恒河 Gangers Upper 上游通行興迪。Hindi 方言之區。則尤確切。東印度 East Indies 之名。正與西印度 West Indies 相對。似不恰當。大約起於航海覓地之時。近議院文件。猶有仍其名者。至今日所稱之印度。爲散斯克烈文興度二字之轉音。自英人併其地後。即沿用斯名云。

印度半島也。形似三角。其頂陡出海面。自地圖上觀之。正與歐羅巴之意大利半島 Italy 相對峙。其底據喜馬拉雅 Himalaya 山。而其東西二部則各受孟加拉 Bay of Bengal 灣及阿剌伯海 Arabian Sea 之灌注。位於北緯線八度至三十五度之間。距赤道甚近。故其地酷熱異常。都城曰加爾各荅 Calcutta 在北緯二十二度三十三分。英天文臺東經八十八度二十三分。當印度六點鐘日入。正英國中午甫過。而紐約埠 New York 曉日初升時也。東西南北以最長最寬處計之。均約一千九百英里。惟其形弧曲。似桃梨。漸南漸尖。直至南端科馬林角 Cape Comorin 英人於西歷一千八百五十二年間。復兼幷孟加拉灣東岸之地。名曰英緬

境界

甸 British Burmah 自是而印度之幅幀益廣矣。此外近如錫蘭島 Ceylon 孟加拉灣之阿達曼 Andaman 與呢古巴拉 Nicobars 羣島。遠如紅海之亞丁埠 Aden 壤地雖未相接。而政權均隸於印度之英政府。惟印度沿岸尚有法蘭西 France 葡萄牙 Portugal 二國之屬地。而英之界線遂爲其所間斷。惜哉。

印度北倚喜馬拉雅山。山中有酋長國二。一曰不丹 Bhutan 一曰泥泊爾 Nepal 而山之陰則爲衛藏 Tibit 高原。西北界克什米爾 Kashmir 而東土耳其 E. Turkestan 更接其北。西瀕阿剌伯海 Arabian Sea 西南則傍印度洋 Indian Ocean 自南端科馬林角（北緯八度四分二十秒英天文臺東經七十七度三十五分三十五秒）折而北。則以孟加拉灣之海岸線。爲其東界。印度北負之喜馬拉雅山有山脉二。一由西北隅折而南向。一由東北隅迤而東南。其由西北隅折而南向者。（北緯三十五度英天文臺東經七十四度）曰蘇佛科山 Sufed Koh 曰薩利曼山 Sulaiman 劃印度於阿富汗。而印度西徼與俾路支 Baluchistan 則更以蜿蜒南趨之山曰加特黑 Halas 者爲界。再南爲呼布河 River Hab 而界綫止於河口之莽自角 Cape Wonze（北緯二十四度五十分英天文臺東經六十六度三十八分）其由東北隅（北緯二十八度英天文臺東經九十七度）迤而東南者。曰亞巴山 Abar 曰拿加山 Naga 曰拔底閣山 Patkoi 曰巴雷爾山 Barel 劃阿薩密 Assam 及孟加拉 Bengal 於自主緬甸 Independent Burmah 稍折而南。（北緯二十五度）有山聳入雲際者。曰藍山 Blue Mountain（北緯二十二度三十七分英天文臺東經九十三度十分）高約七千一百尺。再南界上下緬甸者。曰絨麻山 Yo-mas 復自此紆回南行。層巒疊巘。矗然高出者。曰麥安梅覃山 Wyen-Mateng 山高四千七百尺。（北緯十九度三十分）自麥安梅覃之麓。英印度之界綫。即折而東趨。分薩潦瓦諦河 The Irawadi 上下二游之河領。（下游之地在英緬甸境內而上游則在自主緬甸）再自薩潦瓦諦河口。轉而東南界別地那悉林 Tenasserim 部於暹羅。而後徑達地那悉林之南端。曰維克多利亞 Victoria Point 而止。（北緯九度五十九分英天文臺東經九十八度三十二分）

按新誌緬甸分上下二部。下部包阿剌干 Arakan 擺古 Pegu 地那悉林 Tenasserim 諸部。久隸於英。亦稱英緬甸。上部自西歷一千八百八十六年間。

始兼幷故以前皆稱自主緬甸。

形勢

喜馬拉稚山

印度風景異態。物產富饒。山陵之高。河領之廣。罕有其比。蓋天然自成一洲。豈惟國焉而已。設乘汽球上升空際。下視全境。則見其地包有界限分明絕不相混之三部。一爲世界最高之喜馬拉雅山。環抱如壁。屏蔽北徼。二爲發源於喜馬拉雅山三大河之流域。三爲三邊形之高原。其界址北至文得亞山。東倚東高止 Eastern Ghats 山。西據西高止 Western Ghats 山。幾占全部之半。而東西高止山又各循其東西海岸綿連南趨。遇於科馬林角相近之處。故其地多崇山峻嶺。雜立其間。

喜馬拉雅山與其南延之支山。即前節所言三部之一也。其名本於散斯克烈 Sanskrit 文喜馬譯言雪。拉雅譯言屋。蓋謂冰雪所積之區也。山勢高峻。爲世界諸山之冠。形若曲劍。循印度北邊袤延一千五百英里。印度東北隅之狄漢 The Dihang 河承衞藏藏布。Tsampu 河。貫喜馬拉雅山軸而後再接阿薩密之布拉馬普得拉 Brahmaputra 河。而其西北隅之印度河。The Indus 亦貫喜馬拉雅山軸。而後折而

南流以達於旁遮普 Punjab 其河流詳細情形當於後頁記之
喜馬拉雅山山徑崎嶇。多不能通行旅。更無新式兵隊能行之徑。而中國營哨。亦
止能至距加德滿都 Khatmandu 之北之原野。高六千尺之地而已。加德滿都尼泊爾都城也
然此足以威嚇尼泊爾故西歷一千八百十六年敖克忒蘭氏 Sir Ochterlong 自孟
加拉平原行至該城。誠歷史上可記之事也。古時交通貿易。商貨常由旁遮普踰
一萬八千尺之高之嶺。以至東土耳其及西藏等處。其最著之山徑。爲麥塔夫即雪山 Muz 山
喀拉科隴即黑山 Kasakoram 山與長慶茂 Changchemmo 三路云
喜馬拉雅山。一獨保障印度北徼。而其東西兩端迤邐南行。以成東北西北二部
之屏蔽。其在東北隅者。曰拿加曰拔底閣則屏蔽文明之英屬。以拒上緬甸 Upper Burmah 之野族。稍南曰絨麻山可通行旅之山徑。曰安格 Angoran 高四千六
百六十八尺從前謂四千五百十七尺其最著者也
其在西北隅者。遵印度西岸陂陁南行直達於海。其間銳然特出之山有三。曰蘇

佛科曰薩利曼曰加特黑山而尤以薩利曼爲最距海面高一萬一千三百十七尺當其向南轉折處有一山峒加普爾河 Kabul 即經由斯峒以達於印度者也加普爾河在阿富汗其都邑加普爾臨河而城其旁更有數處山徑曰加泊 Kyhber 高三千三百七十三尺稍南爲古蘭 Kuran pass 在德勒義斯馬伊爾汗 Dera Ismail Khan 境者曰瓦雷爾利 Gwalari 在德拉合西汗 Dera Ghazi Khan 境者曰達爾 Tal Pass 更南則爲卜蘭 Bolan 約高五千八百尺皆爲阿富汗入印度之門戶而介乎印度俾路支之間復有孛雷福 Brahui 卜蒲 Pab 諸山然不及前列者之高峻矣

流域

發源於喜馬拉雅諸河之流域亦前所區爲三部者之一也案恆河布拉馬普得拉及印度三河均發源於喜馬拉雅山其境界東臨孟加拉灣西至阿富汗與阿剌伯海土地肥沃人烟稠密爲全境冠古時有他族自東方及西北邊界闖入印度者緣河而進乃驅先入者於南境而自據其地故今日居於此區及環左右而家者約一百五十兆之多凡孟加拉阿薩密西北諸部之烏德旁遮普信地 Sind 剌日不德拿 Rayputana 及

他諸土省均在流域界內。

灌溉印度北部之大河系有三。其一發源於喜馬拉雅山之北。屈折西流。經山之西嶺。以達於旁遮普者。曰薩特里日河 Sutley 曰印度河。（薩特里日河其源在西藏近布拉馬普得拉河源而於北緯二十九度處與印度河札接）其二曰布拉馬普得拉河。亦發源於喜馬拉雅之北。距薩特里日及印度二河之源甚近。然前二河西流。而此則東流。經山之東嶺。（喜馬拉雅山之東西兩端譯爲東嶺西嶺）以抵於阿薩密孟加拉等處。三曰恒河。即印度神河。其源在喜馬拉雅山北緯三十一度東經七十九度。與亞爾干奈帶得 Alknanda 河流分支後。始名之爲恒河。流向東南。而後各分支河流入於孟加拉灣。

此印度北部三河分流之大畧也。而三河中尤以印度與布拉馬普得拉二河爲較長。蓋二河之源均在山北。雖其流向各異。而均能受喜馬拉雅山南北坡之雨水。以輸之於印度原野。而恒河則僅受南坡之水。由此觀之。則喜馬拉雅山所容積之雨水。均能及於印度北部。而地土之肥沃。亦由此而成也。

五穀

印度北部，凡三河河領界內，地土肥厚，歲可二熟，甚有數處能三熟者，然所收雜糧，非必取給於一地，蓋土脈最肥者，十二月之間，多有二熟，而孟加拉南部，荳、扁豆、蠶豆、蘇，及能榨油之植物，春即收穫，而九月間乃刈旱稻，其他雜糧及正熟之米，則稔於十一十二二月間，迨晚秋既畢，即須預備次年春種，故孟加拉農人，除五月間天氣炎熱，正待雨澤之時，少能休息，此外則胼手胝足，終歲勤勞，第米稻一項，能植之面積有限，故以米爲日食之品者，僅占少數，凡稻田無溝洫之利者，其每年所需之雨量，至少三十六寸，而在印度諸部，則需五十或六十寸，方能滋養禾稻，以助其長而成常植，故於印度境內，當以巴哈爾 Behar 爲界，巴哈爾 Behar 以北之人，恆食麥與小米，而稻米不易得也，至印度西北，固多卑窪之地，與地之有溝洫利而甚宜於稻植者，惟其出產强半爲有力者所購取，或有販賣出口者。

風景

印度物產充牣，不勝枚舉，其詳當於農功一門記之，茲不備載，若其山川風景，誌書中必不可省。今約畧述之。印度北部。地勢陂陀。阡陌縱橫。村落相望。居稠民富。甲於通國。芒菓樹、連枝交柯。欝欝葱葱。春華時。芳香聞數十里外。及夏乃結實纍纍。楠樹枝幹倒垂。盤折入地。俄而茁茁。俄而蕭蕭。故植楠處。輒成森林。無花菓木棉。諸植。尤蔚然蓊然。樹之高者若喬梓。自四十至八十尺不等。樹之速長者。若皂角。他如池塘之蓮芰。四時之嘉卉。紛紅駭綠。各呈異態。而瀕河之區。地稍平。多種禾稻。環植綠竹。棗椰。檳榔。芭蕉之屬。故其地居民櫛比。驟望之。若無村落也者。蓋皆隱伏於深林中。而不可見也。

且印度植物。隨地而異。在北部者。爲麥。粟。大麥。及其土植。濱河之區則爲禾稻。若蔗。麻、芥、芝麻、草麻、木棉。煙草。靛。薑黃。薑。胡荽。花椒。茴香。與他種香料染料之類。恆殖於西北部。孟加拉以及卑濕之地。藥材自著名之蘆薈。草蔴油。下至燈草粗籐。無不具備。松香膠漆之類。及一切商品。莫不密布叢林。彌漫隴畝。他如民生日用所需之蔬菜。或產自本土。或運自歐洲。瓜菓茄薯之屬。或播布於園圃。或蔓延於

高南原

屋脊。西北諸部。與阿薩密之叢山處蓄植茶樹而孟加拉南部則桑麻遍野。至罌粟一品。尤爲印度出產大宗。故環恆河下游班拿勒斯 Benares 與巴德拿 Patna 二屬。遍栽此物。而野蠶蟲膠。作紅染料用 則自生於山林。又有所謂乳油者。亦產於野林。爲山族食品。且可釀酒。此外輪舟鐵路廈屋高樓需用之大木。亦極富饒。總而言之。凡可以爲衣食以及爲貿易之物品者。大有用之不盡取之不竭之概。誠樹藝之大利也。

印度區爲三大部。南高原者。亦其一也。古名台干 Deccan 包有中印度比拉爾 Beraros 麻打拉薩 Madras 孟買 Bonbag 賣索爾 Mysore 尼桑 Nizam 新的亞 Sindhia 哥爾加 Holkar 等部。西歷一千八百七十二年查攷丁口。共有九十兆。但人常言一百兆。而流域界內亦實無一百五十兆之多。持如是云云者。爲易於記憶也。而其境界北自尼巴達河 Narbada 南至奇斯得那 Kistna 河。介乎二河之間者。始稱台干。顧以土人名台干則自文得亞山以南之地。均屬焉。其間三山鼎峙。北爲文得亞山。東西爲高止山。且二山盤紆起伏。直達科馬林角。

文得亞 Vindhya 山者。數山所成之總名也。其山脈自東徂西。東西各有高峰。相距八百英里。西起者。曰亞蒲 Abu 爲阿拉勿利山 Aravalli 之孤峰。懸崖峭壁。高倚雲天。上有監領神祠。素以瑰麗精壯聞。距剌日不德拿 Rajputana 平原高五千六百五十尺。東起者。曰巴拉斯奈 Parasnath 峰。亦有神祠。高出恆河流域四千四百尺。蓋二峰遙相對峙者也。顧以新地理言之。則文得亞山自古直拉德 Guzerat 迤邐東行。經剌日不德拿之南。以成尼巴達 Narbada 河之北隄。而河之南岸則爲稍特不拉山 Satpura 其山脈亦由西而東。北臨尼巴達河。南面塔普提河。故二山東端皆彙於印度中央之高原。再東曰凱茂 Kaimur 山。止於孟加拉南部之西界。而鄰於恒河之拉日馬哈山。則更接其東文得亞山。高自一千五百尺至逾四千尺不等。屏蔽三邊形之高原。阬谷窪隆。古木蒼蔥。雖其間現已芟除榛莽。開闢道路。兼營鐵道以速行旅。然昔時叢林邃密。人跡罕至。實爲一大障礙。蓋不得使南北聯成一氣也。

東西高止山

東西高止山 Eastern and Western Ghats 自文得亞山東西二端。陂陀南行。而交於科馬林角。西高止山緊接海濱。保障孟買 Bombay 其高之均率。約三千尺。而孟買界內之山峰有高四千七百尺者。迨與東高止相遇之處。則甚有高至七千尺與八千七百六十尺者。而東高止則彎曲特甚。當彎入內地之處。山麓距海濱較遠。輒成廣原。且山峯錯出。形若鷄冠。計其高之均率約一千五百尺。故二山山勢自海中望之。有多處絕壁巉巖。陡起空中如石樓者。

西高止山

台干 Deccan 地勢墳起。距海面自一千至三千尺不等。崇岡峻嶺。環立其間。在麻打拉薩界內者。曰奈爾格烈司山 Nilgiris 曰俄太開蒙得山 Utakamand 高出海面七千尺。稍南東西高止二山相交之處。曰篤帶不太峰 Dodabetta 峭壁倚天。古木蒼蔥。高約八千七百六十尺。自西海岸逾山至台干內地有數徑可通。一曰捕加的 Bhor Ghat 在孟買城東南。約四十英里。高一千七百九十八尺。地峻而險。

古時視此地爲台干鎖鑰。有一夫當關萬軍莫入之勢。嗣英人鑿石積土。闢一新路。以通軍隊。而亦以控制孟買。現更建造鐵軌。往來輪車。惟山徑彎曲。且重岩疊壑。迴複其間。故輪車繞越而行。而彎曲特甚。勢不能繞之處。則轉其方向。二曰休加的 Thall Ghat 在孟買之北。現亦闢路造鐵道矣。稍南尙有一著名之徑。乃通汛地貝爾古木 Belgaum 與文戈剌 Vingeula 口岸者。凡上所言由海入內地之山徑。皆崎嶇難行。石之大者。幾經風雨以後。凸出山前。宛如圓形礮臺。旁護石塔。當麻哈太時。Marhatta（麻哈太者與都種族也居印度中央與西部當十七十八世時兼幷甚廣自治其地現已多屬於英矣）用以爲護。多資其利。自海至孟買之南。森林蔽天。爲虎豹野牛之窟宅。再循西岸南行。山勢斜入倍爾加的窪谷 Palghat 谷廣約二十五英里。最高之處。距海面亦僅一千五百尺。自海濱入內地。經由此路。頗稱坦夷。現已有輪車往來。自拜普爾 Beypur 經此路以達於麻打拉薩

東高止山

東高止山。蟠踞東岸。自麻打拉薩海濱入內地之路甚多。平廣坦直。不似西高止

南部雨量

之險峻。高原南半部雨水。恆由此流入海中。而其北部與文得亞山容積之水。則流入恆河而尼巴達塔普提二河。受文得亞山及稍特不拉山南陂之雨水。以輸之於康木拜灣 Gulf of Combay 惟自蘇拉特 Surat（北緯二十一度九分）至科馬林角（北緯八度四分）其間既無自內地徑達印度洋之大河。而西高止連綿不斷。又為障礙水道之物。故孟買海風所致於西高止之雨水。自高奔注。繞巉巖越壑谷。經印度南境。屈折東流以入於孟加拉灣。由此觀之。麻打拉薩之三大河。一曰哥達維利 Godavari 一日奇斯得那 Kistna 一日加惟利 Kaveri 均發源於西岸之山。必先流經高原全境。而後入於東岸之海也。

南部東西濱海之區。其治化之隆汙。風俗之醇薄。係乎二高止山者甚著。傍東之地。土脈衍沃。文明易布。故古時王南部者。恒都於東。而西岸緊接山麓。地勢窪隘。居民距東迢遠。而文明程度甚低。其間自治之土府。迄今尚有一婦多夫之俗。足徵其地風俗鄙野。知識愚暗。此外惟山族間有是風者。而他處無聞焉。但西岸雨澤沾足。非內地東岸所能比。蓋致雨之雲。常爲貿易風吹蕩。與西高止山相抵觸。而大雨乃沛然下降矣。故自根的士 Khandesh 至馬拉巴爾 Malabar 陂岸一帶。雨量恒自二百五十至一百寸不等。迨凝積之雨强半已降。而貿易風始逾西高止而東。故南部中央如邦加洛爾 Bangalore 等處。僅得三十五寸而已。東岸亦自有貿易風。但鄰海數處。雨量稍足。此外如麻打拉薩全境。雨水稀少。常不及四十寸。而麻打拉薩沿岸瀕河之區。地土固多沃饒。而高燥之田。則惟利用溝洫。使雨水與三河貫輸之積水。得注於其地。

物產

芟除榛莽。勤施農功。而土脈以饒。故台干高原之地。菜畦麥隴。一望彌野。稻粟煙草木棉蔗荳之屬。播布極盛。且其黑色土質。素稱沃壤。而西高止沿海一帶尤富產菓品雜糧。其土脈之衍沃。方之孟加拉南部不多讓焉。而東岸瀕河之鄉。自古以產米著名。惟內地稀雨之處。易成旱象。故農夫多資溝洫。以灌其地。或汲之於井。或導之於池塘。或鑿地爲渠。引河水以濟之。故數月間貿易風所致之雨水。輒

鑛產

以此法貯之以爲終年之需居民食雜糧麥粟之類木棉與孟買之麥爲出口大宗而馬拉巴爾產胡椒尤盛此外薑香料染料藥材諸物亦各充牣

南部五金鑛產甚富其東北鄉產煤尤旺故煤鑛爲工業上一大部孟加拉及中印度亦所在多有鐵石灰鑛已有數處開採將來必旺無疑尚有多處專產巨石（造屋之石）雲母石與紅色土質可製爲磚者惟銅及他五金類則不甚饒金沙由河底淘汰自古已然而麻打拉薩與賣索爾兩處 Mysore 現用新法試採金礦至一切礦產交易情形當詳於後

總論

印度既區爲三大部而三部之種族政教迥乎不同喜馬拉雅山者踞印度之北徼爲考知印度歷史與人種之樞鈕也流域位印度之中央爲古種變遷之舞臺模範全部之政教者也而南部三角形之高原其性質與前二者大相逕庭而其人民之發達自成一部簡言之則喜馬拉雅山爲杜爾蘭族所家流域界內仍爲阿利安族聚居之地而南部高原久成北來之族與特拉佛田 The Dravidian 族

之戰場矣。

英人自印度外。復兼幷薩潦瓦諦 Irawadi 河下游。與孟加拉灣東岸之地。名曰英緬甸。介乎薩潦瓦諦與沿海之間有山縱亘南北。其間最著者曰絨麻山。山上多樹。密而茂。峰高逾四千尺者不一。惟藍山 Blue Mount 最高。約七千一百尺。山徑亦甚多。可通往來。其最著者。曰安格 Alngoran 距海面四千六百六十八尺。山麓左右。地勢衍沃。多爲稻田。而所產煙草氣味極佳。故緬甸人無問男婦老幼。皆吸煙。阿剌干 Arapan 擺古及沿河海之區。富產石油。地那悉林 Tenasserin 北界。薩潦瓦諦河口。南至與暹羅國 Siano 接壤之維多利亞 Uictoria 爲濱海之省。形長而狹。其地富於鐵錫礦。產品質精良。不亞瑞典產。惟金銅石灰則甚少也。緬甸出口之貨。則以米木兩項爲大宗。且其民亦以米爲常食。因絨麻山下。一片沃土。盡屬稻田。其面積。若幷地那悉林而言。爲八萬八千五百五十六方英里。丁口約三兆。係西歷一千八百七十六年所查者。

喜馬拉雅山

論地質

爲考察地質起見。印度當劃爲三部。一曰喜馬拉雅山。一曰印特監吉的 Indo-Gangetic 一曰不尼宣拉 Peninslaru

喜馬拉雅山絕崖巘谷。榛莽翳密。多有人跡所不能到之處。如不丹尼泊爾二酋長國。歐人至今。尚無有至其地者。故其地質情形。複雜煩難。勢不能如夷平之地之易悉。且地理家若非躬履其地。詳審細測。則滋疑之端。必不能渙然解釋也。喜馬拉雅山最古之石。爲片麻石。（石之層結而含有千層石明瓦非利得司巴者）究竟幾經歲月。亦不得而知耳。惟其性質與在緬甸阿薩密及不尼宣拉者大異。在喜馬拉雅山者。色灰白。其所含之非利得司巴。（含鋁二養三矽養二並鉀鈉鈣鋇）爲正劈石。（鉀養鋁養六矽）與阿勒倍得石。（即白色非利得司巴含鈉鋁矽者）且函千層石貝形石甚富。而不尼宣拉 Peninsular 之片麻石。其色則淡紅。其所含之非利得司巴。則爲正劈石。與倭力哥克雷斯石。（性脆體巨白而透明之石）雖亦有千層石。貝形石。第所函甚少。惟其間顆粒形石英。（如砂石無異但團結較堅固耳）及确石。（墨綠色含鎂鈣鋁者）

北喜馬拉雅嶺

則常見耳。

北喜馬拉雅山 North Kimalaya 又曰拉達克 Ladaph 其山軸之片麻石。亦常具硝石明瓦石英等。其性質與前所言者無異。大都爲海水澄沈之滓渣。幾經歲月。次第更變。以至於此者。而片麻石之積於山之中部者。其形性與常類等。第有花剛石者。貫雜其間。有數處高峰。純爲斯石。惟以年代久遠而論。則以山之南端者爲最。而在北者次之。且山腹間所儲積者。密布兩行。中有幽谷窈然深藏。形若巨盆。化石土精層積疊累互相組織。而以其所結成之次第。各名其時代。曰希路連。曰加卜尼否拉。曰脫拉稅克。曰鳩勒稅克。曰格里達西阿。按地殼層次愈深年代愈久故考各種動植物跡可知各層土石生成之時地質家乃別爲時代以記之曰希路連者即脊骨動物時代加卜尼否拉者植物盛長時代煤層所由成者脫拉稅克者紅砂石積層之時鳩勒稅克者昆蟲發達極盛之時格里達西阿者亦昆蟲時代且爲層結白石粉者蓋所以代表岩層之名目也。惟此等岩層逐次遞積。絕無明顯異跡。自積格里達西阿石以後。於其物理地學上始著變更。又有一種貨幣石形似錢之旋轉者有浮積於其較老之岩層上者。而拉達克山軸間之希路連片麻石亦富函斯石。

下喜馬拉雅嶺

拉達克之南。名曰下喜馬拉雅嶺。Lower Himalayas 廣約五十英里。山脊參差不齊。高自五千尺至八千尺不等。最高者及一萬二千尺。其地面累積之岩層。常崩裂甚廣。且有上下全行翻騰之時。而老片麻石反覆積於滓渣所成之石之上者。職是故也。森姆拉 Simla 左近層積之地殼。爲貝形石。顆粒形石英砂石泥板石等。固上疊於片麻石者。顧時以崩陷。而更埋於其下矣。其岩層之名。曰哥羅。曰印夫勒哥羅。曰孛勒尼。曰印夫孛勒尼。皆依其遞降次序而稱之。哥羅岩層。富於灰石。(即鈣養炭養二)屬於加卜尼否拉時代。而孛勒尼與印夫孛勒尼二岩層則屬於希路連時代者也。

小喜馬拉雅嶺

下喜馬拉雅嶺之界。止於薩特里日河。其南則爲小喜馬拉雅嶺所函者爲得底亞利石。又名曰斯韋利克石。Siwaliks 與大山軸平行屹立。(案歐洲地質家新別地質歷史爲五大期其期內所結之岩層即以此名之謂之某期石每期又分爲數時代即前所言希路連等等是也得底亞利爲其第四期距今不甚遠)山之岡陵有

鹽陵

二中介溯谷平而廣。其南坡面印特監吉的平原最崎嶇墝埆。然因高以望。則印特監吉的 Indo Gangetie 平原村墟城郭。歷歷在目。且其斯韋利克岩層。儲積已絕滅之胎生動物極多。（斯韋利克石即得底亞利期內所積之岩層）而信地之曼吉哈岩層亦於同時富函此種胎生動物。而曼吉哈下層。與斯韋利克最低之那漢層相對。而上積於廡倭森時代之加吉層。（得底亞利期內所函之時代）由此觀之。最低之斯韋利克岩層。似不能更古于廡倭森時代。而斯韋利克之高層。與希臘匹克米之胎生動物岩層。地質家柏蘭福氏 H.T Blanford 則均視為孛列倭森時代之物也。（孛列倭森在廡倭森之前亦得底亞利期內者）惟匹克米岩層所累積之化石質物。多與斯韋利克者相同。第其基礎間。有孛列倭森時代之海屬介殼。而曼吉哈與斯韋利克二岩層。則強半為淡水根源。

旁遮普西北之山陵曰鹽陵。Salt Range 土脈美富。若論其地質情形。更有特別可異之點。故為印度全部中最宜注目之一區。蓋其地富有希路連與其以後時代所成立之岩層。與歐洲同時所藴積者無異。惟成立此等岩層。需時甚久。而鹽陵岩層。經此甚久年月。而其間無雜質及崩裂之形證爲可異耳。又希路連時代之鹽瑪而拉。（含鈣養之土）及高層之斯韋利克石在在皆有。此外岩石有發現於此處者。有富積於彼方者。或斷或續。徧於全境。至鳩勒稅克脫拉稅克及加卜尼否拉三時代所成立之化石岩層。（化石者合動植諸質所積成者）則僅蘊于鹽陵之西部。而他處無有也。

印特監吉的平原

印特監吉的平原。面積約三十萬方英里。其廣幅自九十里至三百里不等。兩邊自海漸漸高聳。而介乎旁遮普諸河與恒河間之最低地點。高出海面僅九百二十四尺。若自此點泝流而下各綳一直線。用以測量。則此之低點距恒河河口約一千另五十英里。而距印度河河口爲八百五十英里。故平原自中央至海。其傾斜之均率。每英里僅爲一尺。推近海處斜勢較少。而距海愈遠則愈甚。恒河與印度河中間。地勢廣衍。無崇高之地脊。而平地畧有震動。則上河之水乃轉入他河矣。

冲積壤

前乎得底亞利時代。印特監吉的平原。是何景象。無從考證。第亦有數端約畧可知者。鳩勒稅克及格里達西阿二時代之海岸綫。當已經孟加拉灣之北。而今日所占平原之面積。彼時亦已高出海面者甚多。決可知也。恒河汊口之西。有拉日馬哈山。Rajmahol 其鳩勒稅克時代之級形石。（爲非利得司巴與硐石之合質形似臺階故名）大約與在西黑德 Sylhet 者。已相銜接。（西黑德在恒河汊口之東）而平原之本來邊界。當無鳩勒稅克與格里達西阿時代之海屬岩層。且亦無伊烏森時代者。（海屬岩層由海水沈澱而成者伊烏森乃得底亞利期內最先之時代）蓋在伊烏森時代。海界直達旁遮普。而於厤倭森時代。方成爲陸地也。（厤倭森在伊烏森之後）

平原之冲積壤。（冲積壤乃由河水冲積而成者）若加爾各答地方。有爲流水蝕浸成穴者。是爲經得底亞利時代。地面漸窪之證。而樹木土煤。即潛長於其間。（土煤乃叢草枯根腐朽而成者）以與碎石泥砂。交互而雜積。河流汊口之冲積壤。不知其厚。而在加爾各答者。約四百八十一尺。然此不過積壤中極小一部分耳。至汊口以外。臨近孟加拉灣之處。有極深者。其初周回僅自五法生至十法生不等。（一法生合六英尺）第末幾時深逾三百法生矣。蘇格蘭人福格生氏言其地之滓澱雜質爲流水漂淨。而鄰海之底乃逐漸塡積。果如所言。則沖積壤之深至少亦有一千八百尺。或更有深於此者。

印特監吉的平原與喜馬拉雅山。大都萌芽于伊烏森時代。當倍利烏佘克及稅干得列二期內。（倍利烏佘克爲五大期之第二期稅干得列又名米索烏什克爲第三期其首期曰阿其安四期曰得底亞利又名森奴索克五期曰怪得佘利首期時甚長初無生物及後漸有單簡式之動植物可名爲太古期第二期可名爲上古期第三期爲昆蟲發達之期可稱中生期第四期可稱晚生期歐洲三分之二陸地爲此期內現於海面者其餘高山多爲此期所成立第五期可稱新生期）即今日所稱印度北部之地面。時有微小震撼。而其大震動。因之以成立喜馬拉雅山彙者。乃在伊烏森時代之岩層。固積以後。迨柏烈烏森時代之岩層成立後。更復現極大震動（柏烈烏森爲得底亞利期內最晚時代）爲。惟以小喜馬拉雅山而論。則其伊烏森時代之岩層。崇積於倍利烏佘期內未經裂陷之石。自二岩層既疊併以後。石崩巖墜。盤旋逆入。當得底亞利中期。其震撼之勢向東。且愈東愈甚。有跡可尋。而向西震動之時。則以後所現者也。

然山陵之高聳與夫印特監吉的平原之窪陷似相密切者若懸地圖一幅詳爲審視必能證明斯言凡圖中大山其曲線往往與冲積平原之弧線緊接大抵二者皆同時因地殼震動之所致近今震動之勢力較古時大減第仍不能盡絕故喜馬拉雅山一帶地震常見惟印度南中二部則甚少耳

不尼宣拉

不尼宣拉 Peninsular 最古之石爲片麻石函此石之地有三一自孟加拉經麻打拉薩以至錫蘭一爲阿拉勿利 Aravalli 山一爲邦德爾 Bundelkhard 而三地之中尤以邦德爾之片麻石爲最古因阿其安期內成立之古石（名曰特蘭什宣石）尚積其上而前二地亦同具此古石第其性質已易蓋雜函片麻石中之花剛石也再繼古石而層者爲文得亞石屬於倍利烏佘克期但最先之文得亞石未層積以前而古石受地殼震撼久已轉扭崩裂易其本性更後復有震動故岩層因震動而顯異形者在在可見惟多處之石有僅微感其撼力者總上以言則不尼宣拉地殼之震動其時代最遲撼力最廣者當在文得亞石尚未成立之前而文得亞岩

層與其更老石層細爲攷察間有明顯痕跡分其層次而哥達惟利河 Godavari 一帶之新舊岩層若渾然似一絕無殊態蓋二者形雖同而性質則異也

文得亞石

文得亞岩層可分爲上下二級均自孫河 The Son Valley 起點分支南行一至摩達巴 Cuddapah 一達北日不爾 Bijapur 其長均逾七百英里惟下級所占地面甚廣性質稍異厚約二千尺而上級所占地面較狹然厚及一萬二千尺其岩層爲砂石泥板石及石灰石（鈣養炭養二）諸質積疊精密惟其間無動植物遺跡且其層累有多處毫不更變故不能確悉其時代細考形情大都屬於倍利烏忝克期內者然甚可異者絕無動物形跡耳若其地純爲淡水根源亦應函有水族遺蹟及鄰地生物也

岡都亞那岩層

岡都亞那岩層其組織積疊情形多有爲不尼宣拉全境中之最特別者其源純爲淡水地質家有分爲數級者茲僅別爲上下二大級上級厚約一萬一千尺下級爲一萬三千尺計其所占面積北界尼巴達孫河二河南至奇斯得那 Kistna

河。而其西部則多處已積有新岩層矣。惟下級岩石之最低一層。其性質處處相同。而下級之上層。已多變易。若上級岩層之性質則隨地而異。且更明顯焉。當上級未成立以前。地殼已震動多次。故下級因感撼力而異其性。亦勢所必然也。

岡都亞那所函之化石岩層。頗甚新異。蓋其間植物。多長於臨河之區。因大水橫流。浮沈而下。遂積於港汊河口及冲積壤之間。而其成立岩層。需時極久。故植物情性已屢經變易。下級所函者。爲鳳尾草。金松。及他種植物。而鳳尾尤富。而函於上級者。亦有此二種。第以金松爲多。而鳳尾草則寥寥無幾。此外尚有三種花卉。上下級皆有。

論岡都亞那之地質。其間有一石質。最宜注意。其有基礎間所現之紋石也。（在達爾尖岩層）形圓體巨。恒雜藏於精細泥砂中。亦有層積於他種紋石上者。此等岩層。大約成於冰力之作用。蓋歐洲西部之貝米岩層。（貝米層名）前經英人蘭摩瑞氏 Ramray 考得成於冰力之證據。核其時代。正與此合。故此亦爲冰力所成。可無疑義矣。第其冰力現於酷熱之地。且距海面不甚高。爲可異耳。

岡都亞那之下級。區爲三層。其中層曰達摩達爾。爲煤石大源。煤產之富甲於他層。又有名庫哈爾巴里者亦煤層。但二者相較。不及前層遠甚。蘭木格 Raniganj 地方煤礦。達摩達層厚約八千四百尺。而在稍特不拉山一帶者。及一萬尺。然上下爲煤。而其中層則悉爲泥鐵。

蘭木格煤礦

蘭木格煤礦。南北約十八英里。東西三十九英里。故其面積爲五百英方里。再東則爲紅坭。（製紅磚用）與冲積壤矣。其地有達摩達爾河流經其間。循岸而上。即自加爾各答至班拿勒斯之道路。近且通行鐵軌。晚近葆爾曼氏 H. Baulrman 測量其地。及其煤層。報告政府。自是深悉其詳。本誌中亦多採其說。以其地位頗有關繫。故較他處尤致意焉。其東部上層。（厚五千尺）所函者有十一層。共厚一百二十尺。而在西部者爲十三層。總厚一百尺。煤層均率自十二至十八尺不等。然偶亦有厚自二十至八十尺者。而其下層曰巴拉克哈。（厚二千尺）函有煤積四層。共六十九尺。若與英煤較。則此煤性質甚劣。因其夾雜灰燼。且多有未成煤質者。然總上下各層較之。則猶以下層爲彼善於此。近巴拉克哈 Barak har 河之杉克托里 Sanktoria 地方。有甚合作焦炭及煤氣質用者。

庫哈爾巴里煤礦

庫哈爾巴里所產之煤。爲印度中之最佳者。其層積更先於蘭木格煤礦。屬於岡都亞那最低之達爾尖層。惜所產甚少。因其面積僅十一方英里。共函三層。厚自九尺至三十三尺。其最低一層更佳。與英煤無異。現已强半開採。爲東印度鐵路公司之產業。價尤廉。故公司頗得其益。印度之煤常含燐養。故鎔鐵之力大減。

達摩達爾鐵礦

達摩達爾岩層。不特爲印度產煤之源。且富於鐵礦。煤積於上下二層。而鐵則在中層。第半爲坭鐵。半爲鐵養。常雜燐質。故爲品質精良之鋼則不可得。英國約克雪之北。曰克里夫蘭。其地之鐵礦。亦具此弊病。故難爲用。嗣有礦師欲設一去燐之法。以採鍊克里夫蘭之鐵礦。乃經多年考究試驗。始稍有成效。而其法亦甚省便。將來如能合式。則印度之礦。倣而行之。大得其利矣。達摩達爾河之南。爲米達麻弗克岩層。日久變遷。故常有極佳鐵礦。而其間紅坭亦可用爲鐵礦。惜坭質多。而淘汰不易。所好者。燐質尙少耳。

印度鎔鍊鐵質。而鈣養炭養二之不易得。似一憾事。故於河底及冲積壤等處。收聚凝結之鈣養炭養二。以備煆冶之用。但不能純淨。且有時所函甚少。冶力亦減。至佳者能得百分之七十。

台干級形石

不尼宣拉之地質。多爲級形石。組織而成。台干級形石又名巴所得石爲火煆所成圓柱形色黑包哇盎得非利得司巴二種石及磁石粒等○哇盎得石色黑或綠火山多有此石 其所占地面。約二十萬方英里。已較昔日少多。最厚之處。約有六千尺。高山之巔。此石甚多。皆純然不雜。攷成立此石之火山。迸裂於格里達西阿時代。而綿延至伊烏森時代。可謂久矣。

紅坭

紅坭爲泥鐵雜質之石層。厚自三十至二百尺不等。常積於級形石之上。然他處亦有凡產是石之地。土多磽脊。孔竅甚密。雨及地即深入。紅坭可區爲二種。一曰高平。一曰低平。高平紅坭。不知始於何時。大約經時甚久。始能成立。且必有極古者。占巴所得高原甚廣。福狄 R.B.Forte 氏頗信此石爲級形石化分之結果。而片麻石上。亦往往層積甚富。大約轉展運搬所致。低平紅坭。富于砂性。與碎石相雜。多因感雨水空氣之力。而成今日之狀態。而在沿岸者。則以海水之運動而然。西自孟買東自俄里薩。直達科馬林角。或斷或續。層疊兩岸。而隆而狹者。有廣而衍者。蕃累積之多寡。本不能一致也。印度所出之煤鐵。及他種五金礦產。其貿易情形。詳見後頁商貨一門。茲不復贅。以上論地質一節。多採托伯里氏 Mr.Topley 之說云。

空氣學

印度北負崇山。南臨大海。風雨晦明。別具景象。英人柏蘭福 H.F.Blandford 氏。於西歷一千八百七十五年。特爲考察。詳著於書。言賅而簡。故撮其要者如左。標其目曰空氣學。以資考證。

喜馬拉雅山

自印度河口至狄漢河口。即布拉馬普得拉河相距一千四百英里。而以綿連之喜馬拉雅山爲分河界。故山北之水。均注二河上流。而薩特里日河。則起自克拉斯峰南麓。穿山東流。乃分喜馬拉雅爲二。西短而東長。山高均率約一萬九千尺。與空氣下半相等。而山徑之高不及一萬六七千尺者甚少。踰山而北。爲西藏高原。其地乾燥。空氣流動不息。日勁夜緩。然其流動踰山而南。無足信者。若其最高之處。爲目力所不及者。或然耳。惟夜間發自南坡之凉空氣。恒於河口覺成勁風。而尤以早晨爲然。故鄰山平原溫度稍降。半因此故。

印度河平原

印度河平原。北界山麓。南臨於海。平廣萬頃。多爲冲積壤。其西部半爲印度河冲積地與窪濕之開治。又半屬日薩爾迷爾 Jaisalmir 及比加尼爾沙漠。故地土磽薄。Bikanir 而東則爲盧尼河 Lunai 所灌溉。較爲肥沃。其地燥旱。恒經年不雨。惟東界阿拉勿利山左近一帶。與旁遮普北部。則稍多。每遇西南貿易風起。及氣候稍涼時。即雨。稍南希薩與穆里坦二處。每次雨量。亦無逾七寸者。

監吉的即恆河領河平原

旁遮普之冲積壤。與在恒河間者相接。其地貿易風。夏季自東南而上。冬則由西北而下。亞洲海岸多此風其所現地面有緯線四十度之廣冬令者爲燥風夏令者爲濕風更勁故孟加拉灣之水氣。隨風而至。積爲雨雪。降於喜馬拉雅之西山高巔。而其全境地土衍沃。生殖甚蕃。物產之饒。遂列世界之首。蓋有由焉。東南隅雨量約一百寸。而特里 Dehli 及亞加拉 Agra 二地則漸減至三十寸矣。而平原南北相差均率。自十五至二十五寸不等。

孟加拉之東有二山嶺。上連喜馬拉雅。下接叢山之在緬甸者。其間有二區冲積地。一爲布拉馬普得拉河與阿薩密之窪谷。長而狹。北界喜馬拉雅山。南接加羅 Garo 開希 Khasi 拿加 Naga 三山之低原。一廣而短。强半爲草澤卑濕之地。分劃加羅。開希。拿加三山。於大貝剌 Tipperah 路雪 Lushai 二處之山地。氣潮濕。二區相埒。雨水恒綿連不斷。尤以山之南坡爲甚。西查爾 Silchar 與希稅加爾 Sibsagasr 之氣候。更覺特別。每逢午後。風雨表日有變差。而彌魯特 Rurki 與拉合爾 Lahore 及近喜馬拉雅山西部之諸地。其變差尤爲明顯。而平原曠野之間則所差無幾。

中央高原

中央高原。北界監吉的。即恒河河領位於北緯二十三度之內。有山自西徂東。橫亘其間。爲其地之分水界。山北之水。注於尼巴達河與恒河。而山南者。則流入塔普提哥達惟利馬呼努的 Mahanadi 等河。故論其地之空氣。此山頗有關係。蓋有此山與尼巴達搭普提二河。而中央高原之風。或東或西。各有定向。隨季而發。且當西南貿易風起時。又能凝結極大之雨量而致於其地也。

自山而東。爲孫河。西。爲尼巴達河。介乎二河與恒河河領之間者。曰馬盧襪 Mal-wa 曰邦德爾地勢高峻。西爲阿拉勿利山山脈南起於亞麥達巴得 Ahmadaloi 陂陀延袤。以達特里鄰境。間有石筍嶄然銳出者。即亞蒲峯也。高踰五千尺。第此山亦關係於風之方向。與其地之雨量。故東麓之亞日迷爾與亞蒲之間。多西南風。而雨亦隨西南貿易風而順時下注。然自山之西麓至加比尼爾。一片沙埌。雨澤甚覺稀少。且不可定。

南高原

自稍特不拉山以南。地勢阜然高聳。形若三角。即南高原。亦曰台干。東西高止山環拱左右。其地固爲西南貿易風所經。然非待越西高止不能徑及其地。故捕拿及蔽於山巔爲風力所不能及之地。雨水稀少。稍東則畧濕。已成定例。若其雨爲東風所致者。則高原之雨較稍特不拉山以北之地。應遲三四星期。蓋其時值十十一兩月間。南風已止而東風吹自孟加拉灣故也。

東西高止山相交之處。有一地隆然特起。亦成一三角形。其間之山曰奈爾格烈司 Nilgiris 山之南則爲達拉王哥爾 Jravancore 之恩尼馬勒斯 Anamalais 勃爾尼斯 Palnis 諸小山。介乎奈爾格烈司與其南諸叢山間。有一窪谷。廣約二十五英里。名曰倍爾加的 Palghat 其最高之點。距海面僅一千五百尺。爲風伯出入之路。蓋以處處爲高止山所阻。不得徑入也。窪谷以東之地。受西南貿易風之雨。當東北貿易風起時。船之經拜普爾者。輒遇自陸發來之風。其風之勁厲。爲馬拉巴爾 Malabar 沿岸一帶所無者。據老於航海之牛波爾 Wr. Newbold 言。疾風勁雨。來自孟加拉灣者。恒經南印度以後。再由此谷突出。而達於海洋。高止山下。地勢低窪。

緬甸

氣候溽暑。雨水恒連綿不輟。種植蕃庶。然多爲熱帶之物。而山上人工未施之處。往往森樹成林。榛莽葳蕤。

環阿瓦之郡縣。及緬甸北部多山之處。常患地震。西歷一千八百三十九年。阿瓦地震。被毀甚巨。而其山脉河流。多以南北。故地面之風亦隨其方向而定。據恩特爾生氏 Dr. Anderson 所考察。則其地恒有自西南而來之風。幾乎經年不斷。伊洛瓦底河（舊譯薩潦瓦諦）下游。卽其河領與鄰擺古省諸處。大雨常見。惟氣候溫和。冷煖適度。且四季無甚殊別。而其上游一帶。卽擺古徼北地。土燥烈。雨較稀少。而草木亦不豐茂。

測量空氣臺

印度緬甸及阿達曼群島。共設立測量空氣臺一百另三處。高低不等。最高者爲勒與吉克勒搭地方之臺。各距海面一萬一千五百三十八尺。及七千五十一尺。最低者。設於那加巴特南木高十五尺。而在騷格爾島者。高出海面僅六尺而已。

（騷格爾島在呼格里河口）

空氣寒暑度

印度八十三處空氣寒暑度。其每年均平中數開列於下。其中數以三年或四五年核算

下列四處。每年均平中數爲華氏表八十二度。

德里支那波勒 Trichinopoli 八十二・八度。維薩哥巴坦 Vizagapatom 八十二・七度。麻打拉薩 Madras 八十二・四度。馬都剌爲 Madura 八十二・二度。以上四站均在麻打拉薩省地。其次最高之中數亦列于左。

那加巴特南木 Negabatam 亦在麻打拉薩 八十一・九度。庫台克 Cuttack 八十・五度。

樸底孛勒爾 Port Blair 在阿達曼群島 八十・五度。福爾司旁底 Falu Point 八十・二十度。

般日木 Goa 七十九・九度。可陳 Cochin 七十九・八度。騷格爾島 Island Sagar 七十九・五度。地薩 Deeser 七十九・四度。加爾各答 Calcutta 七十九・二度。

孟買每年中數度爲七十八・八。較之加爾各答麻打拉薩爲尤涼焉。

最低中數之在山谷間者。亦列於左。

空氣壓力

答吉陵 Darjeling 五十三・九度。森姆拉 Simla 五十四・四度。猛剌 Murree 五十五・八度。吉克勒塔 Chakrata 五十六・一度。介乎以上諸站及其次涼間者。爲爾蘭尼開底 Ranikhet 六十・四度。拔曲馬爾哈 Pachmarhi 六十八・七度。而拉烏爾奔的 Rawal Pindi 每年中數爲六十九・四度。此外每月最高之中數。穆里坦英六月九十五度。特里六月九十四・三度。占西英五月九十四・一度。雷各腦德 Lucknow 六月九十三・六度。最涼之山站。每月最低之中數。猛剌英正月三十七・七度。二月三十九・四度。森姆拉正月三十九・六度。二月四十一・一度。吉克勒塔 Chakrata 正月四十・八度。二月四十二・九度。答吉陵正月四十・七度。二月四十三・二度。而勒地 Leh 一處。其中數正月爲十七・六度。十二月爲二十四・四度。

西歷一千八百七十七年。考得印度七十二站。每年空氣壓力之中數。除麻打拉薩外。均以加爾各答爲標準。而加爾各答較英國克育地方更高・○十一寸。英國

雨量

旁遮普

以克育Kew為標準其地有天文臺名曰中央天文臺以下所列者。均本此表。

吉克勒塔二十三・二七四。答吉陵二十三・三七一。爾蘭尼開底二十四・〇五八。拔曲馬爾哈二十六・四一六。邦加洛爾二十六・九三二。

空氣壓力其最大中數數處。並列於左。

那加巴特南木二十九・八六二。麻打拉薩二十九・八五六。孟買二十九・八二二。福爾司旁底二十九・八二一。

印度每年雨量為西歷一千八百七十七年所考察而得者。其均率之數列左。

雨量最高者。為達木薩拉 Dharmsala 一百二十三・二一寸。蓋其地位在山坡間能受貿易風之全力。其次為森姆拉六十八・六一寸。而雨量之最低者。為舒柔亞巴德 Wuzaffargarh 約六・一六寸。穆里坦 Multan 六・九三寸。德拉合西汗 Dera Ghazi Khan 七・三五寸。德勒義斯馬伊爾汗八・二三寸。以上諸處均在旁遮普境內。受貿易風之力甚緩。因有薩利曼山蔽遮於前也。

中印度與剌日不德拿

中印度及剌日不德拿最高之雨量爲日宣不爾約二十・二七寸。最低者爲亞蒲峯六十・八五寸。

西北部

印度西北部之雨量。以拿尼達 Naini Ja'l 九十四・一七寸。與德希拉 Pehra 七十・〇六寸爲最多。二處均在山坡地勢高峻。而最低者則爲亞來格爾 Alig arh 二十四・三二寸。馬特拉 Muttra 二十六・一八寸。亞加拉 Agra 二十六・四六寸。伊大瓦 Etah 二十六・七四寸。以上四處。均在平原。

烏德

烏德省中以蘇爾坦普爾 Sultanpur 四十六・七四寸爲最多。而阿勒巴爾里 Rai Bareli 三十九・九九寸乃最低者也。

孟加拉

孟加拉諸處。均牽雨量逾百寸者列左。

日爾貝喀里 Jalpaigusi 一百二十二・一六寸。答吉陵 一百十九・二五寸。

庫什貝哈 Kuch Behar 一百十九・〇五寸。以上三處均在山麓。羅克哈里 Noakhali 一百另七・五二寸。浙地港 Ghittagong 一百另五・六一寸。以上二處在孟加拉灣東北岸。

雨量之最少者亦有三處。如抽普剌 Chapra 三十七・〇六寸。巴德拿 Patna 三十八・二一寸。加雅 Gaya 四十一・三八寸。而孟加拉全境雨量以均平之數計之則得六十七寸。

阿薩密省惟查拉朋吉一處 Cherrapoonjee 雨量之多足冠全球。自西歷一千八百七十三年起至七十六年止三年間。均平計之得三百六十八・四一寸。西歷一千八百六十一年。共有八百另五寸而其中三百六十六寸。僅英七月一月間所積者。西歷一千八百五十年。哿克氏 Hooker Dr 記其地之雨量有二十四點鐘得三十寸之事。而是年六月至十一月半年間。共積五百三十寸。西歷一千八百七十七年九月九號至十二號。四日間得五十六・一九寸。此外雨量次多之地。如西查爾 Silchar 一百二十一・〇七寸。西黑特 Sylhet 一百五十三・八寸。帶孛魯加 Dibrugarh 一百十六・四三寸。杜勒 Tura 一百十五・七六寸。最次者。爲薩馬哥聽 Samagutmg 五十二・五八寸。哥海德 Gauhati 六十九・二三寸。以上二處。均在西查爾與阿薩密中間之山北。

印度中央

中央雨量最高者。爲拔曲馬爾哈八十二・二寸。伯爾高底六十四・一一寸。最低者。爲汗特瓦三十二・二六寸。貝特紐四十一・二一寸。

孟買

孟買有三處雨量均數逾二百五十寸者。如班威爾 Matheran 二百五十六・七五寸。馬哈貝列希瓦 Malhableshwar 二百五十二・二五寸。包爾拉 Baura 二百五十一・八寸。有三處不及二十寸者。如曼德加 Mandargi 十二・九九寸。都利亞 Dhulia 十七・二五寸。哥夾克 Gokak 十九・九三寸。而孟買 Bomboy 全境雨量之均率則爲六十七寸。

信地

信地雨水極稀。如拿哥里 Negor 十六・三一寸。烏墨科特 Wmarkot 十一・七八寸。什克普爾五・○九寸。雅科巴巴得 Jacobobad 四・二八寸而已。

麻打拉薩

麻打薩拉之屬地。雨量列下。堪南那好 Cannanore 一百三十五・六寸。莽哥羅爾

Mangalore 一百三十一・九一寸。特里周爾利 Tellicherri 一百二十五・六三寸。加利客的一百十三・六二寸。可陳一百十二・一五寸。以上五處。均在西海岸。爲其地雨水之最充足者。此外如巴刺里 Bellary 十六・○六寸特底高林 Tuticorin 十八・五寸。加鐵 Gutin 二十・八五寸。哥英巴都爾 Coinbatore 二十・九寸。以上四處。地勢低窪。而特底高林與巴刺里二地。更爲高止山所蔽。故較他處尤稀。至東海岸一帶。均率之數。約四十一寸。而麻打薩拉全境均平計之。則爲四十四寸。

緬甸沿海一帶。雨水甚大。如散多威 Sandoway 二百十八・五八寸。達阿依一百九十五・四七寸。穆爾豈 Maulwaiu 一百九十一・三四寸。厄開培 Akyab 一百八十九・二三寸。遙克非酉 Khyaukhpyu 一百七十・七六寸。而其最少之處。如賽厄迷倭 Jhayet Myo 亦有五十一・○四寸。普羅美 Prone 爲五十九・四六寸。然此二地。均爲絨麻山所掩護。而其雨量尚充足如此。至阿達曼群島之樸底

喜馬拉雅種

孛勒爾 Port Blair 雨水亦勤。其均率。恒及一百十六・二五寸云。

植物

印度植物情形。絕無特別之點。而其別異于南非洲墺大利亞洲者亦以此。蓋印度植物性質駁雜不純。與其鄰境波斯 Persia 地中海 Mediterranean 東南方面。西比利亞 Siberia 北部中國西徼及馬來 Malaya 東南隅等地者相互參雜而成者也。印度郡縣之土植。各有其特異之情形。茲不詳叙。惟撮其大畧別爲四類。以資學者。

喜馬拉雅山麓。有馬來種植物蕃生於西北邊徼所占區域甚窄隘。其情形詳見于後。自山麓以上。溫帶草木生殖繁密。迤東一帶者可稱爲中國北道之植種。漸漸西趨。則有形似歐洲種者。如含笑花。枝葉滴綠。經冬不凋。花燊美麗。其種類甚多。奧克巴葉常綠。不黃落。性輭而堅。似皮革。果實纍纍。紅黃相間。亞貝利阿。即忍冬之一種。生近熱帶之處。花色麗都。又有司克米。不詳其類。以上數種。長於喜馬拉雅東山者。乃中國種類也。而茶樹亦有中國種者。其種植區域甚廣。阿薩密一帶。遍地皆茶。而山之東西。均有松杉。而他項松類。如朗吉夫里亞。自山中至西部興都庫什山。彌望皆是。愛克稅爾薩。類似歐洲希臘地方山上之便士松。(松類)除西金外。無處弗有。亞貝司。杉類也。枝葉嫩小平而扁。色綠不凋。自山間迤西至阿富汗一帶。生殖甚密。又有所謂韋皮菴者。生殖之地。多在高處。距平原八千至一萬二千尺之山麓。尤茂密。自不丹至克什米爾一帶。已森然成林。而杜松扁柏亦雜生其間。金松本阿富汗山間。及喜馬拉雅山西北之土產。近于大西洋及塞普洛斯島 Cyprus 之利班奴山 Lebanon 尋得塞特(松類)松。而其外形與金松無異。(塞普洛斯在地中海東角島極大)是數處植物。漸趨於同也。長青橡樹。(以其葉常綠故名)爲地中海沿岸特別之植。而喜馬拉雅西山亦生此樹。更足爲二地植物連合之證。自喜馬拉雅山上坡。踰山而北。漸及西藏高原。其間生殖最繁庶者。卽西比利亞溫帶之植物。此等植物。多屬溫帶者。故北半球溫帶界內。生長更茂。喜馬拉雅西嶺上坡之植物。多與

西北部種

歐洲種相雜。如哥侖巴。山查子等是也。自此愈東則愈少。至古曼以東。絕不可見（古曼在西北部尼泊爾西藏交界）矣。按哥侖巴。（鵶瓜類花瓣有五管三葉連疊成一如芸香草）信地旁遮普二部。氣候燥烈。而雨量均平。計之恒不及十五寸。土脈雖肥沃。然播種全資溝洫。其地植物種類極少。大都與波斯阿剌伯南部。並埃及等處者相類。草木中具有特別之性質者。如隱花類。花瓣甚多。宜於熱帶者。皂角類葉有二瓣多刺。形若荊棘。又有薩爾韋陀類似荊棘。葉片相對。花瓣有四。形若圓錐。丹木列司克。高自五尺至十尺不等。枝輭有細毛。葉似魚鱗相層疊。花長約一寸。色白或淡紅。楊柳類。荊棘類。葉多管紋。如羽翼相覆。又有蓮萱等。統計信地植物有十之九。爲非洲土產。凡上所言燥地植物。向東南延生者甚多。遂與印度西部者相交雜。恒河流域。亦間有長此類者。而別處高燥之地。亦有數種。生殖蕃廡。

阿薩密種或馬來種

福克氏 Sir Hooker 以此種爲印度潮濕地之植物。如馬來半島。阿薩密。開希山。喜馬拉雅山麓間之叢林。以及布拉馬普得拉河。至尼泊爾一帶。馬拉巴爾海岸。錫蘭島等處皆生殖此等植物之地。惟此等植物蕃生於寥闊不相聯屬之大地。其種類固不能同。第自其外容言之有互相類似者。則其屬於一本足可無疑。今舉其數種言之。如潑丘樹。（葉卷似瓢有微竅出流質味酸邊上有汁似蜜蟲食蜜往往溺於流質內融化後以供植物之滋養品）婆羅島 Borneo（南洋群島之一也）中。最多。然新嘉坡 Singapore 開希山。Khasi Mownt 錫蘭島 Ceylan 等處亦有此植。而印度西部則無矣。狄替羅加皮。（乃熱帶內植物花瓣甚多汁似脂膠葉斤相疊花若圓錐芬芳觸鼻）蕃殖於馬來群島叢林中者。而錫蘭及印度南境亦有惟自具特別之形耳。此外如新嘉坡籐黃與產于錫蘭島者。無甚區別。橡皮樹中。（即擦墨跡之物）具特別之性質者。如亞婆塞尼斯。（熱帶植物花瓣有五彼此分列汁似乳味辛辣）生於婆羅島及阿薩密二處。而著名之弗克司伊拉斯替。（亦樹膠類）爲阿薩密及爪哇 Java 群島之土產。而此數處所有之各種棕類與塞開斯。（形似鳳尾草莖幹無枝其葉似羽翼自頂尖向內作卷形南半球產此甚多）則與印度西部所產者不同。馬來群島之麻栗。印度北緯二十五度以內所在多有。且性耐乾燥。較他植爲甚。

印度西部種

西部植物其性質不易區別所占地面較爲乾燥而雨量恒不及七十五寸福克氏考得其情形有與非洲熱帶中植物相關係者如風呂草（風呂草莖幹滑潤枝節處較大葉片偶對花瓣不整形亦互異）一項爲印度西部與非洲熱帶間二地公有之植而松杉橡樹諸植盛生於馬來半島者而此二地均無同類之種每歲植物生長於雨季者種類繁多如錦葵印度靛等非洲與都斯坦皆有且生殖極爲茂密而棕類一項則二地均不甚多印度南部最著者爲野棗非洲欔樹及椰子等此外樹木可作材料者如印度杉（樹甚大色紅棕皮性濇）薩爾（樹大色棕黑性堅硬且韌分量甚重鐵路枕木及建舟車大厦多用此木）薩丁（性堅固色似榲欂有香味）等以上數種長於燥地者爲多檀楠鐵木麻栗之屬亦甚富饒而檀楠之產於賓索爾者尤異於常物以上植物一節由戴爾氏印度植物考一書摘錄

動物

獅

印度走獸種類衆多獅其一也興度斯坦及旁遮普二處古時已有視爲尋常之獸弗以爲奇今惟見於古直拉德荒漠之地近年其地發現一獸形似獅而無鬣

毛。是否獅類。尚未考定。

虎者殘掠同類之獸也。自喜馬拉雅山至散得爾班濕地一帶。無處不有。英醫士韋爾利爾氏言印度之虎。死後量其長度自其鼻至尾尖有十二尺長者。自開墾之事日興。芟榛莽闢萊蕪。而野獸遠遁。加以獵戶頻頻掠取。致虎逐漸稀少。然不能絕滅也。其窟穴多在隣喜馬拉雅山瘴癘之地。與恒河汊口。地勢窪濕。絕無人烟之處。而印度中央。樹林叢密。虎亦恒宅其中。其所喜食者。爲麞鹿野豕。若麞鹿野豕衆多。足供其饕餮。則不思及家畜矣。印度土人播種五穀。常患野獸蹂躪。而虎見野獸即捕食。而五穀因得以不傷。故農人多以此德虎。然虎向不知人血之味。一經嘗食。而貪性勃發。則其殺掠之慘。甚屬可怖。食人之虎。多屬年老者。因其力已衰。不能掠捕他獸。乃積其餘威。以逞於人。非僅爲食而已。聞印度之虎。有三年中殺人至一百另八名之多者。有每年所捕殺人口均數。不下八十人者。凶暴異常。人不能堪。甚至有十三村因避其患。同時荒蕪二百五十方英里之地。而他徙者。西歷一千八百六十九年間有一虎傷一百二十七人。人多遠避。而路斷行旅者數月。尋獵戶英人偶以事至其地。乃獵殺之。患始絕。以上所言。因非常見者。且已事過境遷。然約畧述之。亦足以見印度土人患虎之深也。獵虎之法。成白象背射之。或自叢林中高處刺之。印度中央以步獵。阿薩密以舟擊。而喜馬拉雅山。則設阱敷膠以誘之。（膠名曰烏膠性甚黏得之於樹皮歐人用以捕鳥者出膠之樹西名曰何利葉長綠有刺樹不高生長亦極緩菓實似珠色黃朱不一）政府嘗懸賞購虎。惟賞之多寡。則以時以地與以其事之緩急爲等差。西歷一千八百七十七年一年間。報册中所列。死於虎者。人八百十九名。牲畜一萬六千一百三十七頭。而是年獵戶殺虎一千五百七十九隻。獎賞英金三十七百七十七磅。

豹

印度豹多於虎。遍於全境。於人之生命物產。爲害甚巨。其身量最長者。約七尺六寸。南印度及爪哇島產黑色豹。頗麗都。亦不常見。獵豹爲台干之特產。土人馴養之。以爲獵豐之用。與常豹殊異。其色黃褐。間雜黑點。腿尾均甚長。毛粗爪鈍。且不能伸縮自如。其外形類犬處。較多於類貓也。獵戶攜之出。置於車上。見獸乃縱之使搏。行走迅速。故他獸恒爲所追及。若一擊不中。不再試其二。即返依主人。蓋其天性如此。印度虎豹類甚多。有所謂雪豹者。色稍淡。班點亦不甚分明。毛較長。而其尾長且厚。有名雲虎者。又有大野貓。叢林貓等名目。與虎無異。惟略小耳。

豺狼

印度境內。凡曠野荒原間。輒爲豺狼所家。而崇山茂林中。反不多見。喜食綿羊與兔等物。往往伏於隱處。伺其過。乃突出而捕之。且常出傷人。西歷一千八百二十七年。一村之內。幼孩爲狼所虜者。多逾三十。昔羅馬有棄孿生兒於河中。爲狼所乳。因而得生者。今之事適相反矣。案羅馬史中載某孿生二男投於河中爲狼所乳適一牧羊者見之乃取之歸養於家中詢知二兒爲某王之甥男更優過之乃取名長曰羅馬拉士次曰利麥士後長者爲王羅馬城即其所築且以其名名之其弟因爭城名爲兄所殺印度之狼。毫毛淡紅微白。稍雜褐色。而毛尖有黑色者。博物家乃贈以他名。以區別之。喜馬拉雅山以北。與西藏交界處。狼有紅色白色黑色三種。

狐犬

印度狐甚稀少。而狐犬則處處多有。喜夜號。其聲可怖。歐洲人特廣畜獵犬以搏

逐之。因少則不敵也。此等野犬西名曰甲克爾形似狐又類犬尾多毛長約其體三之一較狼畧小色灰黃上深下淺印度此等犬甚多而眞狐實鮮

野狗

凡印度深林叢樹中及阿薩密英緬甸諸地。常產野狗。性好群。故出則結隊而行。多至三十。不吠亦不號。若遇虎或鹿。則必圍而困之數日不已。迨其敵力憊而後止。野狗亦可馴養。教以獵事。第不易純然熟習耳。

緬甸加侖山別產一種野狗。黑白相間。大如中等獵犬。性好鑿地穴。成倒行而入。竟日居穴中不出。惟眼鼻留於穴口。故人能見之耳。印度野狗類中。尚有名巴利亞者。乃異種相交而別成一形者。好野遊。半多餓斃。南印度所產之狗。有巨體無毛者。人恒畜之。以助玩戲。而獵犬體長而柔。眼敏足捷。故爲獵事上品。此外不丹西藏產者。名曰麥司替夫。善守夜。又有鬣狗。性懼狼。常居於無狼之地。而其爲害於孩提牲畜則較狼尤甚。案鬣狗膽怯好盜壙食敗肉然亦掠生物前腿較長齒牙極利能碎堅骨體有斑紋

熊

凡巖石愈幽。林木愈密。而熊之窟穴亦愈多。熊類不一。而黑色者最常見。胸前有

白色馬蹄形之跡。故易區別。喜食螞蟻蜂蜜菓品等物。若戲侮之。亦噬人。且其性好撲頭面。遇之甚爲危險。喜馬拉雅山與西藏所產之日熊。自旁遮普至阿薩密循北一帶。無地無之。（日熊首短而闊舌甚長毛短黑）當氣候炎熱時。深藏山巖積雪之區。迨冬令寒冷。乃徙居於五千尺以下之地。其同類中。有馬來日熊。英緬甸常見此獸。又有較小者。有極大者。其大者。與美洲所產之褐色熊。無甚差別。

印度處處產象。惟西北部闕然。近年印度之象。常家於山巒間。而平原勿居。且山上又必在崇岡峻嶺間。而窪谷亦勿居也。其體量性質。與非洲產者迥異。印度北界鄰喜馬拉雅山一帶。產象甚多。而南印度逐漸較少。現惟庫爾格 Coorg 賁索爾 Mysore 達拉王哥爾 Travanohre 及俄里薩 Prisra 數處。深林中。尚有象跡。此外則否然不可見矣。印度東北。並阿薩密與緬甸交界之處。山勢幽窈窅不可測。爲現今產象之大源。象有二種。一曰剛達。一曰麥克那。剛達有牙。而麥克那無牙者也。有言印度之象。極高極靈。多不足信。蓋其最高者。約十二尺而已。捕象之法。

有用步擊者。第其皮厚而韌。彈丸不易奔入。而致命之要害。能受彈者。又僅有數處。頗不易致。且其事亦甚危險。故常法。恒以巨木作欄柵。堅固如墉垛。獵戶伺隙驅群象入其中。乃清野閉戶。乘其饑餒而降服之。至設阱坑。上覆以物。誘而陷之。其法甚虐。而土人亦勿用也。近年印度以捕象之事。政府自爲專利。禁人勿得捕。若象有傷及生命物產之事者。必先經政府許可。頒給憑照。始能從事捕捉。西歷一千八百七十九年。特訂一律。名曰衛象章程。內載凡捕殺或傷害一象而無政府許可憑照者。若爲初犯。應罰盧比五百。一盧比合英二先零若再犯者。除罰盧比五百外。應監禁六個月。西歷一千八百七十七年至七十八年。在阿薩密地方。共捕獲象二百六十四頭。政府得英金三千六百磅。而西歷一千八百七十三年至七十四年間。有杉得牲氏者。共捕得五十三頭。時杉氏爲賣索爾總管。頗研究印度象產。同時又有英人名曰貝克者。考察錫蘭島之象。均著書詳論其性質形體。印度產象雖逐漸減少。而求之者則甚多。政府木商恒用以轉輸貨物。而土酋亦出重價購致。第飾作觀瞻而已。

犀牛

犀牛有四種。一角者二種。二角者二種。最常見於散得爾班及布拉馬普得拉河。河領者西名曰恩尼亢訥斯。僅一角。皮厚成縐紋。裸露無毛。有高至六尺者。而其角踰十四寸者甚少。土人出重價購其角以作藥材。性喜卑濕陰蔽之地。轉旋泥淤中。如豕猪然。不覺其汚。相傳犀牛與象互有憎惡之性。似出於臆度。爪哇島亦產獨角犀牛。身量較小。而其皮亦無前者之厚。而蘇門答拉島所產者有二角。鬃毛如刺。自浙地港以南經緬甸一帶所在多有。而耳毛蓬勃之犀牛惟僅於浙地港獲得一次耳。

野豕

畋獵野豕。極動觀聽。盖獵者恒以槍刺其頸。截斷其大血脈管。事不易爲也。印度野豕常往來阡陌間。踐蹈禾稼。村人甚患之。尼泊爾與西金一帶有一種矮小野猪。不常出見。一日土人於阿薩密地方槍斃其一。度之高僅十寸。而權之不及十二磅。

野驢

野綿羊山羊

鹿

印度野驢。多居於信地開治沙漠之地。膽怯。行甚速。見人則疾遁。故不易近。

喜馬拉雅山上。爲野綿羊與山羊窟宅。種類不一。各異其形。有名阿麻者。婆里者。似西藏種。而非印度種也。(此等名皆印度字無從查考且種類繁多只好譯音)育里亞爾。與休布。乃野綿羊之同類者。見于拉達克薩利曼二處峯巒間。然育里亞爾羊偶亦至高距海二千尺之區。而休布羊則一萬二千尺以下之地。未嘗一見其跡也。藍綿羊。及馬克嚇。泰爾山羊(馬克嚇與泰爾均印度山羊之名)棲息於喜馬拉雅山上。(馬克嚇角似螺旋形甚長大泰爾角短厚堅實前半有毛)而伊貝客斯。(山羊也高約二尺餘寸角長二尺向後彎曲前面似齒錯列日則隱山巖積雪間夜則下山食草)則常居山巔。而南印度最高山峯。亦有此種山羊。羚羊與薩勞。(薩勞羊上體色黑兩旁微紅而肚腹則爲白色)自喜馬拉雅。至阿薩密緬甸一帶。息生蕃庶。

印度鹿類。寥寥數種。比之非洲不及十之一二。最常見者。惟鹿與麢等數種耳。其窟宅多在鹽地。如俄里薩古直拉德沿海郡縣皆有。而牝者曰麀。出則侶行。多至五十。恒有一麢伴其羣。(棕黑色者角似旋螺形甚長乃雄麢也)麀色與麋無異。第無角耳。麢色上部

鹿

棕黑。肚腹則白色。角似螺旋形。僅三四轉。而長常及三十寸。其肌肉乾燥。味惡劣。然土人食之彌甘也。又有一種犛屬。名曰訥爾噶。古直拉德與度斯坦均極多。其體壯健。犛毛甚短。而前腿較長。色似石板。惟首與四肢微帶黑色。角極短。稍彎曲。喉間有毛一撮。此牝者之形狀也。若牡訥爾噶。形亦相若。惟其色獨具深黑耳。與度斯坦土人以其狀類牝牛。視爲神物。故傷害禾稼。無敢顧問者。此外尚有三種。一曰葛土爾。卽麖屬。狀貌雅麗。行走輕疾。其雙目以黑大著稱。一曰蒯的康。有四角。又名四角犛。一曰朱魯其。牡者角長堅實。形似瑟。惟喜馬拉雅山高阜間有此耳。

鹿族中著名者有三種。一曰散孛哈者。羣鹿之長也。家於林木幽深之山。其色深褐。頸項有毛。叢然似犛。身高近五尺。角長約三尺。經角上又有支角。如樹幹分枝。卽作藥料之鹿茸。二曰巴拉森哈。乃鹿之次大者。喜居濕地。阿薩密孟加拉南部。隨地皆有。三曰吉塔爾。短尾長角。身有白色斑點。羣鹿中之最美麗者也。此外尚

有霍克鹿形如散孛哈惟畧小耳猛替甲克鹿角甚長無枝叉又有鼠鹿不詳其狀而麝西名曰麥斯克則第產於衛藏交界之間而他處無聞焉

野牛

印度野牛類中亦有著名者數種一曰加爾體碩大色深褐如咖啡角扁短甚堅實一曰拜生肩脊較後部高聳色棕黑如栗卷毛蒙茸在首項間者更長以上二種產于西高止中印度阿薩密及英緬甸山林間自肩至足有高及七尺者而角與頭殼均甚大其性猛厲又恒居深山叢莽間故獵事之險無異搏虎也與加爾本同而形異者名曰葛爾顙扁角短微黑全體均褐色獨四肢白色西北隅山間多有土番馴養之以爲祀祭之用又有產於緬甸者名曰替森不詳何狀

野水牛

野水牛與家畜者無異惟稍碩大凶悍耳阿薩密與緬甸產者最良牡牛之角較牝者畧小但較堅厚耳其首之外周量之有及十三尺半者而身量最高者常及六尺其色似石板皮厚毛稀野獸中惟此物最馴良然雖畜於家者亦勿悅于歐人也

學部圖書局

鼠

鼠類大小不一種類繁多其最巨者曰班的科形狀醜惡有長至二尺重逾三磅者（連尾計算）窟穴室中傷害菓木家畜故印度土人頗患之樹鼠產自孟加拉長僅七寸常於椰樹脩竹間爲巢棲息田鼠孳生蕃密傷害禾稼農人時時設法殲除之以保其物產

禽鳥

印度禽鳥雖其種類或不及他處熱帶地方者之繁多然亦有具特別之形狀彩色而爲別處所罕見者禽鳥中有性德純良文彩彬彬者有碩大雄壯凶悍有力者如鸚鵡以華麗稱而鷹隼則以悍厲著其類繁多固不能一一枚舉也屬於鷹類者如鷲如鷙均不及歐洲之金鷹屬於鶻類者如比里格林巢於山巖飛翔急疾如宣頴如拉加皆猛厲有餘而文彩不足土人畜之教以捕捉弱小之禽鳥鶻屬中若鵰若雀鷹若鷂亦各具厲性者鷺鷥及各種金費雪鳥人多悅其毛羽而弋之（金費雪鳥啄尖直兩旁光潤尾較翼短能躍入江河中捕魚爲食亦有巢於林木間以食昆蟲者歐洲金費雪鳥上部色綠微帶藍下部栗色喉間黃白色）印度人所最喜者爲噪林鳥置之籠中教以淺易語言頗能倣習水鳥類亦甚

豸

無足之蟲

多。如野雁。其味甘美。以其不易得。故價值頗貴。竹雞。飛集成群。弋射甚易。一日間。有能獲百餘隻者。鵖。鳩。鶬。鶉。鸕。鳰。海邊鳥。鴨。蹼足水鳥。鳧。雁。等皆禽鳥中之常見者。孔雀。山雞。其味均甚劣。而印度無山雞。惟緬甸產白色者一種。

印度蛇類頗多。羣集於園圃。值陰雨連綿時。常紆行入住室中。有不爲害者。有能傷人者。印度蝮蛇最毒。葡萄牙人謂之大帽蛇。因其頸項間之皮。能張大成帽兜形也。長約三尺。最長者亦不過四尺。厚約一寸餘。首甚小。前覆巨鱗。背脊灰褐色。肚腹則淺藍色。微帶白。或黃或灰褐。亦不一。又有爾拉稅里蛇。長四尺許。色灰黃。有蛋形斑點。錯列其間。其中央色深褐。而其周圍則白色。能傷人致命。技術家（如變戲法演習馬戲等皆此等人爲之）携之遊行四方。能令其盤旋耍舞。以博笑樂。且自炫其制蛇之術。實則蛇之能毒人者齒耳。彼捕獲時。即已取棄之。固無他術也。大凡印度鹽水之蛇多毒。而淡水者則否。已屢經考驗者。韋爾利爾醫士言。爲蝮蛇所咬者。若蛇已長大。毒齒已鋒利。而被傷時。又無衣服阻礙之。則其毒已深入。無法可療。然無

鮮介

論何等形情。被傷後。卽於患處注入亞摩尼。（卽淡輕三）或有挽回之希望。亦未可知。印度人以此傷生者。不知凡幾。思之惻然。顧欲稍減其害。而不可得。若欲殲除淨盡。雖英國亦勿能得。且印度尤有難者。一則此等毒蛇甚多。遍地皆有。二則其地山林茂密。不易設施。而土人又懷疑觀望。有此三因。所以較英爲難也。西歷一千八百七十七年。喪於毒蛇者。統計一萬六千七百七十七人。而死於虎者。僅八百一十九人。則毒蛇之猛於虎可知矣。政府乃懸賞購捕。是年遂殺蛇十二萬七千二百九十五條。而賞銀共計英金八百十一鎊。自此以後。始漸有成蹟。而蛇患亦稍減。印度鱷魚鼉龍之屬。雖能傷人。然其狀態醜惡。見之已令人生佈遠避。蠆尾蟲類。則以蠍爲最多。

印度河海池塘間。魚產甚富。土人設種種方法。以捕得之。故魚業甚盛。貧戶資以爲食者。無慮千萬家。顧印人多食鮮者。因鹽價昂貴。而醃漬之法。亦不熟習。近年於哥弄達卽布拉馬普得拉與恒河二河合流之區。始設立公司。經營醃鹽之法。

惟漁人常以方生之魚。亦一網打盡。又以隄閘妨礙其交通。而魚產因之減少。於是議設保護之法。而亦格不能行。惜哉。印度之魚。如鯉屬貓魚。皆甚良。（貓魚因其出水輒作貓呼聲故名）然漁人則視麻薩爾魚爲最佳。（印度魚不詳其狀亦鯉類）阿薩密。旁遮普。及南印度。凡旁山之河。均產此魚。一日捕得一尾。權之得六十磅。可謂巨矣。印度江豬。卽河豚。其形其性。均與常所見者不同。長自六尺至十二尺不等。其色黑如煤炱。鼻長而窄。類羹匙。球形首田鼠目。其耳竅幾小于針眼。而齒牙亦參差不齊。游泳甚緩。常在河底泥中轉側。偶亦至水面呼吸。恒河印度河上流。及旁山之支河。均有此物。自加爾各答千里以上。始見其踪跡焉。凡河豚。鯨鯢。獨角魚等。皆別爲水族獸類。因其與他鱗介異也。河豚之油。可用與否。現正事考察。

昆蟲

昆蟲一類。索悉難數。卽專論蟲類之書。亦不能言無遺漏也。蟲有毒惡者。有光彩美麗雖畫工不能肖其狀者。印度螫噬之蟲。如蚊蚋等甚多。蟻蛾亦惡毒能噬人。蜂。蠶。及漆蟲等。爲蟲類中之最有用者。蝗不常見。然見時往往彌漫原野。傷害禾稼。凡經過之處。一片荒漠。綠草雜植。無幸免者。英人巴吉亞南氏言其一日自麻打拉薩往賣索爾。中路見飛蝗蔽天。長約三里許。仿彿一縷紅雲。盤旋空際。聲若瀑布。其大皆如人之中指。未幾南風大起。遂向北飛去。止於喜馬拉雅山嶺。

人民

人丁

印度丁口。若兼英緬甸而言。共二百四十兆。倍於羅馬及其屬地人丁之半。爲葛璞所攷察前已言之當羅馬隆盛時。凡克服之土地。若其酋長治理妥善者。勿奪其治權。惟遇有重要之事。則須稟承羅馬政府。今英人亦以此法施於印度。故印度之土地。有三之一。仍在世襲土酋之手。共有人民五十二兆。而實徑治於英政府者。土地僅三之二。人丁一百九十一兆而已。賣索爾暫屬於英者亦計在內

戶口册

印度自西歷一千八百七十一年。始設册清查戶口。所查之數。尚近確實。從前亦偶舉其事。大都辦理草率。故其數互異。不足憑信。且聞有多處。並未挨戶檢查。不過約畧計其近似而已。如孟加拉阿薩密二屬。初次約計爲四十二兆。嗣後政府

面積戶口總數

於其稅項徭役。恒案此數計算。乃西歷一千八百七十一年。攷查戶口。稍近覈實。竟有六十七兆之多。較前數幾增半倍有餘。一省如是。其他可知已。此次攷查戶口。除比拉爾屬。已於西歷一千八百六十七年。旁遮普屬西歷一千八百六十八年。烏德屬。西歷一千八百六十九年。甫經清查不計外。凡英政府經轄之地。賁索爾在內均經一律辦齊。惟其事。起始於西歷一千八百七十一年十一月。而次年八月卽已畢工。其間相隔窵遠及蠻族未化之地。稍稽時日外。餘均辦理迅速。不免有不能滿意之處。以後又經本地官員考察。果有多寡失實者。當開始從事時。有數屬。專任檢查之人。給以辛俸。但一切事權。均付於各郡縣土人。佐以巡捕地主。故凡英屬之地。統計所開銷者。僅英金二萬二千二百零三鎊。可謂省矣。鄉愚不知其事。以爲政府將有新樣捐稅。按戶勒派。故先行查考。於是因疑滋懼。群起爲難。故事之因此而推諉者。亦理之所必有也。

英屬印度。凡面積得八十九萬八千三百八十一方里。內共有丁口一百九十一兆九萬六千六百另三人。每一方里間。均勻計之約二百十二人。若除邊省阿薩密及英緬甸外。則一方里。約有二百四十三人。而數處土酋轄境。其面積得五十七萬五千二百六十五方里。人丁四十九兆十五萬五千七百四十六人。是每一方里。均率計算僅八十五人。然其數。强半得於推度。不足信也。此外法蘭西屬地。面積約有一百七十八方里。人口二十七萬一千四百六十名。葡萄牙有屬地。一千另八十六方里。共得人丁四十萬七千七百十二人。總而計之。則印度全境得面積一兆四十七萬四千九百一十方英里。人口二百四十兆九十三萬一千五百二十一名。即每一方里均勻計之有一百六十三人也。

印度面積戶口全册。成於西歷一千八百七十二年。後二年。即西歷一千八百七十九年。乃將英屬者。區別行省各記以方里人口總數及土酋之地。亦一併開明彙列一表。呈於英議院。嗣後雖微有更改。然其數目。非待第二次舉辦。不能大易也。表列於左。

印度英屬各省面積戶口表

	面積方里	戶口	每方里人數
總督轄境			
Ymir 亞日迷爾	二七一一	三九六八八九	一四六
Berar 比拉爾	一七七一一	二二二七六五四	一二六
Mysore 買索爾	二九三二五	五〇五五四一二	一七二
Coorg 庫爾格	二〇〇〇	一六八三一二	八四
巡撫轄境			
Madras 麻打薩拉	一三八八五六	三一六七二六一三	二二八
Bonbay (Melmding Sind) 孟買同信地	一二三一四二	一六三四九二〇六	一三二
都統轄境			
Bengal 孟加拉	一五六二〇〇	六〇五〇二八九七	三八三
H. .H province 西北部	八一一四〇三	三〇七八一二〇四	三七八
Punjab 旁遮普	一〇四九七五	一七六一一四九八	一六八
總管轄境			
Pudh 烏德	二三九九二	一一二二〇二三二	四六八
Central Kroline 印度中央	八四二〇八	八二〇一五一九	九七
Brltiok Burmale 英緬甸	八八五五六	二七四七一四八	三一
Assam 阿薩密	四五三〇二		九九 甲
總數	八九八三八一	一九一〇九六六〇三	二一二

印度土郡縣面積戶口表

	面積（方里）	戶口	每方里人數
總督轄境			
Centrol India and 中印度… Bmsdel Khand 邦德爾	八九〇九八	八三六〇五七一	九三
Rajputana 剌日不德拿……	一三〇九八九	一〇一九二八七一	七七
Hy deraba l (Haidarabad) Nizam's (Pominion) （海得拉巴）尼桑	八〇〇〇〇	九〇〇〇〇〇〇	一一二
Baroda 巴羅達…………	四三九九	二〇〇〇二二五	四五四
Mauipur 曼尼坡部………	七五八四	一二六〇〇〇	一六
Mder Bengaloe			
屬于孟加拉者………	三七九八八	二三二八四四〇	六一
屬于西北省者………	五一二五	六五七〇一三	一二八
屬于旁遮普者………	一一四七四二	五三六七〇四二	四六
屬于中印度者………	二九一一二	一〇四九七一〇	三六
屬于麻打薩拉者……	九八一八	三二八九三九二	三三五
屬于孟買者………	六六四一〇	六七八四四八二	一〇二
總數	五七五，二六五	四九，一五五，七四六	八五

[註]賣索爾將於西歷一千八百八十一年。交還土酋管理。爲德將與西北省聯合爲一。因由甚多。而文化未進之野地。未計其戶口。而其面積方里。亦不入於以上諸部之均數中。

印度全境方里戶口表

	面積方里	戶口	每方里人數
英屬轄境	八九八三八一	一九一〇九六六〇三	二一二
土郡縣	五七五二六五	四九一五五七四六	八五
葡萄牙屬地	一〇八六	四〇七七一二	多在城鎮者 3
法蘭西屬地	一七八	二七一四六〇	
總數	一四七四九一〇	二四〇九三一五二一	一六三

論戶口稀密〇英國戶口冊。據西歷一千八百七十一年。官署所報。（英國設有專官。凡民間產業嫁娶職業生歿。均記于冊以備查考）凡大省每方里。有人丁近二百者。即包有礦業製造及工藝等城邑。而印度居民稠密。凡大地方。每方里恒有及六百人者。較英已多三倍。惟其民全資農功。如巴哈爾之北。薩爾蘭 Saram 地方。面積二千六百五十四方里。其間城邑戶口。無有逾五萬者。然每一方里。均率計算。約七百七十八人。多以農爲本者。恒河緣岸一區。上自塞爾蘭普爾起 Saharanpur 下迄加爾各答。（塞爾蘭普爾在北緯三十度東經七十七度四七分）若作爲一部而言。每一方里。約計五百人。較英之戶口稠密。已增二倍矣。

凡上所言戶口繁密之處，並無許多名城巨鎭，及製造工藝薈萃之區，英屬印度，約有四十九萬三千四百四十四城鄉，其間居民逾五萬者，僅四十四城，自一萬至五萬間者有三百七十四城，自五千至一萬者，有一千另七十城，其餘則更鮮矣，故居民逾五萬之四十四城，總而計之，則其人數逾五百五十萬，幾占英屬印度全部戶口百分之三也。

英吉利與威爾斯 Hales 有三十四城，亦逾此數，而其戶口總計之，近七百五十萬，占全部戶口百分之三十二，今再以英屬印度之小城鎭言之，居民逾二萬之城邑，英印度有一百三十九，其總數則爲八兆四十八萬四千另六十六，卽占全部戶口百分之四又半者也，此外商埠名城，其居戶之數逾十萬者另表於左。

居民逾十萬之城邑表列于下

Calcatta	加爾各荅	七七六五七九	Ben; aloe	邦加洛爾	一四二五一三
Bonbay	孟買	六四四四〇五	Amitsar	阿木利昔爾	一四二三八一
Madras	麻打薩拉	三九七五五二	Lohoe	拉合爾	一二八四四一
Lwcknow	雷各腦德	二八四七七九	Cawnpur	科尼普爾	一二二七七〇
Benares	班傘勒斯	一七五一八八	Pona Poona	捕傘	一一八八八六
Delhi	特里	一六〇五五三	Ahmaoboa	亞麥達巴得	一一六八七三
Patna	巴德傘	一五八九〇〇	Rongoon	仰光	一〇八〇〇〇
Agra	亞加拉	一四九〇〇八	Surat	蘇特拉	一〇七一四九
Allahabad	阿拉哈巴德	一四三六九三	Bareilly	巴勒里	一〇五九八二

［註］加爾各答與環鄰城郭之處。均計在內。但霍爾拉不計。蓋霍爾拉亦加爾各答鄰城之大埠也。孟買。麻打薩拉。特里。拉合爾以上四地。鄰城之處。均計在內。

居戶

英屬印度。共有居戶三十七兆四萬一千二百五十九家。若平均計算。則每方里。約有四十一家。至稠密者。如烏德。每方里得一百另二家。而英緬甸僅有六家。可謂稀少矣。每家丁口平均計之得五·一五。全境一律。無甚參差。惟城中居戶之丁口。其數恒少於鄉居者。英國則反是。蓋印度商賈。經商城市。而其家屬仍居於鄉者多也。凡上所言居戶三十七兆四萬一千二百五十九家。聚合於四十九萬三千四百四十四城鄉。均勻計之。則每一城鄉。得七十五家。約三百八十六人。而每一城鄉所占之面積。爲·五五方里。均平計算人烟最稠密者。爲孟買所屬之城鄉。每一城鄉。得六百十四人。最少者。爲英緬甸所屬者僅有一百九十五人。

男婦與年歲

英屬印度。共計男婦丁口。一百九十一兆九萬六千六百另三人。其間九十八兆五萬五千三百八十一人爲男丁。九十二兆五十八萬另八百八十六爲女口。其男數與女之比。爲一百與九十四。而餘剩四十六萬另三百三十六。則爲未成丁之幼孩。英國女口多逾男丁。其男數與女之比率爲一百與一百另五。而其所以多餘之故。實男丁他遷者衆也。印度人他遷者甚少。故女數必不多于男數。然將來男女丁口之數。必有相等之一日。如孟加拉、麻打薩拉二省。男數所多者。不及每百分之一。但烏德之男數。則較女者爲多。約每百多七。孟買多八。西北部多十二。而旁遮普竟多至十六矣。然其所以較多之故。則或由於印度男女之間。不能如他國之一律平視所致。今舉其二因。一溺女之風頗盛。現在此風稍殺。然女嬰生命。仍不甚着意。二冊籍所缺。多屬女子。蓋生女有匿而不報者。自西歷一千八百七十年。政府特頒一律禁革此弊。一日於彌魯特地方、Meerut 北緯二十九度 東經七十七度 查得一族。男孩有八十。而女嬰僅八口。乃又出令曰。凡有男孩一百。而其女孩不及五十四名者。當照章議罰。自是以後。而薄俗澆風。始逐漸移易。今再攷印度自十二歲以下之童。約六十六兆九十六萬九千七百六十四人。十二以上之成人。約一百二十三兆二十萬另二十二名。下餘者。爲九十二萬六千八百十七人。故十二歲以下者。與十二以上之成人。其比率爲五十四與一百。其比率最高者。即十二歲以上者爲一百則十二歲以下者爲六十二爲中印度。其地土番至盛。最下者。爲即五十與一百西北部。而孟加拉一省。細爲考察。其土人生息較之興都族。更爲蕃庶。若將以上所言成人之數。一百二十三兆二十萬另二十二名。再區別其男女則六十二兆二萬二千四百六十一爲男丁。六十一兆十九萬七千五百六十一爲女口。由是觀之則男壯丁與及笄之女口其比率爲一百與九十九。再以上節男女比率之大畧一百與九十四者。兩相比較。即得其概矣。至十二歲以下者。共六十六兆九十六萬九千七百六十四人。其中男童占三十五兆七十八萬七千五百六十四。而女童僅得三十一兆十八萬二千二百名。即一百與八十七之比也。

教派

英屬印度人民。多奉興都回回兩教。興都教即印度舊教婆羅門佛教與他教變合者大約二十人之中。必有十九人奉此二教者。而二教中信奉興都者尤居多半焉。

英屬印度各教人民表

宗教		人數	每百人數	奉教最多之地方
Hindu	興都	一三九三四三八二〇	七三・〇七	南恒河上游一帶
Mlhamtans 穆罕默德	回回即	四〇八六七一二五	二一・四五	信地旁遮普東部 孟加拉西北部
Buddhistmd Jains 佛教與監穎教		二八三二八五一	一・四九	英緬甸
Sikhs	稅克教	一一七四四三六	・六二	旁遮普
Christians	耶蘇	八九七六八二	・四七	極南
Plters	種古教	五四一七三〇四	二・六八	印度中央與孟買
Msheezied	未定者	五六一〇六九	・二二	

種族○印度人民種族不一。欲詳爲分別。頗非易事。今準方言區爲五類。

(一)特拉佛田族。Pravidiau 居印度南部。凡用丹密爾 Tamil 德柳古 Telugu 馬來雅蘭 Malayalam 及干拿爾里斯 Kanarere 方言之人民。與方言相同。而散處於朝大拿哥波爾 Chutia Nagpur 山間者。均屬焉。北緯二十三度四十四分 東經八十四度三十分

(二)中印度山族查孟買之璧爾族 Bhil 與孟加拉之杉得爾族 Santal 均屬焉。其形容似非洲黑人。其方言。日科拉里恩。

(三)印度支那族。Indo Chinese 居喜馬拉雅山南

坡緬甸全境及阿薩密等處而孟加拉北境所稱爲半興都之下等民族似亦屬於此族者。案興都斯坦以婆羅門教律分社會爲四級其要者曰僧道即屬婆羅門教者曰兵士曰農商曰工藝師此外尚有不列爲等級者而上等下等亦由此而別也

(四)高等民族之興都即阿利安族之一支也其方言宗教族名濡染於印度者甚盛。

(五)穆罕默德教下之勝族阿剌伯阿富汗蒙古波斯等總計其全數爲全部戶口中之最占少數者。

印度人民種族表

種族		人數	最多之地方
與都			
婆羅門即四級之首者		一〇一三一五四一	西北部烏德孟加拉麻打薩拉
刺日不的即二級之裔		五六四一一三八	西北部孟加拉烏德旁遮普
不列入等級者		八七一二九九八	麻打薩拉
野族		一七七一六八二五	孟加拉印度中央阿薩密
本地耶蘇教徒		五九五八一五	南與西
穆罕默德			
蒙古		二一九七五五	旁遮普
阿富汗		一八四一六九三	旁遮普
Sayyid	稅伊得	七九〇九八四	
Shaikhs	蟹克斯	四七〇〇三二〇	
外國人			
Parsis	巴什司	六九〇〇〇	孟買城蘇拉特
Napalis	尼泊力斯	三一〇〇〇	孟加拉
Maniparis	曼尼坡爾里斯	一二〇〇〇	阿薩密
Arab	阿刺伯	八三〇〇	孟買
Persians	波斯	三五〇〇	孟買
Armenian	阿米尼亞	一二五〇	孟加拉
Chinese	中國	一三三〇〇	緬甸
Malayas	馬來島	一五〇〇	緬甸
Jews	猶太	七六〇〇	孟買
Eurosians 同度印葡萄牙	猶來西亞	一〇八〇〇〇	加爾各答麻打薩拉孟買
歐洲		一二一〇〇〇	其中七五七〇〇爲英人

按剌日不的。即與都族之一支也。自謂三級民族之遠裔。居剌日不德拿。而地之名。亦以其名而名之也。

穆罕默德

案當七世末葉即西歷七百年間及八世初始時。波斯人有逃往印度。以免穆罕默德教難者。現其裔孫稱巴什司仍居印度。信奉舊教。

印度奉穆罕默德教者。共四十兆二十二萬七千五百五十二人。約畧別爲四族。一曰蒙古。約二十一萬九千七百五十五人。居旁遮普者。幾占强半。二曰阿富汗。約一兆八十四萬一千六百九十三人。因其壤鄰印度西北。故居旁遮普及羅希爾干德 Rohilkhand 者甚多。羅希爾干德在北緯二十八度二十三分東經七十九度三十四分三曰稅伊得。Sayyid 爲巫筮之嫡派裔孫。印度有專言神事之人即巫覡之類共有七十九萬另九百八十四人。四曰蟠克斯。Shaikhs 約四兆七十萬另三百二十人。其餘者不詳何族。惟尙有數族。特列于下。以資考證。孟加拉地方。奉穆罕默德教者。强半與下級之興都同族。而又自分爲多類。專注意於世襲職業。故與興都族不易區別。近年維新之風。忽盛行其間。蓋欲令彼等棄其與興都同一迷信之多神俗也。旁遮普地方除鄰境阿富汗人外。伊斯蘭木 Islam 爲本土戶口之大部。穆罕默德者信從伊斯蘭木稱又戶口册籍中。甲特族。Jats 約一兆三十萬。剌日不的。七十萬。葛甲爾斯。Gujars 四十二萬四千人。以上三種。均屬穆罕默德教者。然其與興都族亦無甚區勿也。俾路支 Beluchis 亦近界印度。故居旁遮普者有二十三萬五千人。居信地者。約十四萬五千人。俾路支有二族其一即卑路支也孟買地方穆罕默德教徒。有特別者三族。均專營海商。一曰門莽斯。其數約四萬九千。多在信地一帶。二曰波爾拉司。Borohs 約八萬六千人。居古直拉德。三曰科甲斯。Khojahs 將近一萬八千人。半居孟買島中。而南印度。即印度南部別有一族。名曰德克漢尼。Dakhani 其數甚多。此外尚有二族。一曰麻不拉斯。Moplas 數近六十一萬三千人。一曰拉貝斯 Labbays 約三十一萬二千人。均家於南境瀕海一帶。操航海業。爲阿剌伯人裔孫。古時阿剌伯人。經商至其地者。多家於此。年代久遠。遂成巨族。當土酋赫特亞里氏 Hydrali 與其子鐵布 Jipu 倡亂時此二族。曾隸兵籍。自願隨從者固有。而迫於强勢者。亦居其半。案赫特亞里一生於徼賤西歷一千七百四十九年始入賣索爾軍中至西歷一千七百五十九年遂爲賣索爾酋長一千七百六十六年竟僭稱王號次年英人聯合中印度麻哈拉德族 Maharatt 擊之竟爲所敗至西歷一千七百六十九年遂議和後其子鐵布立英人再戰始敗之乃於西歷一千七百九十二年割其屬地一半與英始罷兵 蓋麻不拉斯族。素以勇敢稱。時有從亂之事。不僅此役也。

印度河河領。上自白沙瓦 Peshwar 下迄喀喇蚩 Karachi 其間居戶。奉穆罕默德教者。甚衆。而孟買信地二屬之戶口。每百分中。奉穆罕默德教者。幾占七十八成。旁遮普有五十三成。而白沙瓦邊境。幾及九十三成。至西北部。及烏德等處。雖爲彼教數百年立國之舊地。然無有逾二十三成者。孟加拉南部。及布拉馬普得拉河領間。其居民信奉伊斯蘭木。即穆罕默德教之支派也 尤久而彌篤。總計孟加拉全境人數。屬穆罕默德教者。每百分中。占三十三成。而波刺格 Bogra 拉日宣赫 Rajshahi 二處。拉日宣赫在北緯二十四度三十分英天文臺東經八十九度 竟有八十成。而其隣境之臯爾 Gaur 拉日馬哈 Raymohal 達喀 Docca 及謨書帶攞得 Murshdabod 四處。原爲彼教之城邑。昔日其地之長官均為穆罕默德教中人其間人居之信奉其教者，反不見多，惟有農田之地，民居稠密，多為半教化之野族，似甚願信奉穆教，蓋此等半化野族，不列於四級之中，無興都教徒之權利也。

宗教

稅克斯教

印度人屬稅克斯教者，僅旁遮普一隅之地，其人數僅全部戶口每百分中之六成半耳。其所居之城邑，在拉微 The Ravi 與薩特里日二河之間，而拉合爾 Lahore 阿木利昔爾 Amretisar 翁巴拉 Ambala 遮蘭達 Jalandhar 四城，亦屬焉。然其奉稅克斯教之人數，無有逾十七成者。案稅克斯教於十六世間那那克倡始於旁遮普之拉合爾城那那克生於西歷一千四百六十九年死於一千五百三十八年即拉合爾人也

耶蘇教

印度屬耶蘇教者，共有八十九萬七千六百八十二人，其中二十五萬為歐洲人，而麻打薩拉一部，有教民五十三萬三千七百六十人，其中四十一萬六千人為羅馬教徒，十一萬八千人奉波羅推斯担的。案波羅推斯担的亦耶蘇教之支派也第不認羅馬教皇之權力而已創

於德人路德而丁那威勒一邑。Tinwclelli 則有耶蘇教民全數五分之一。此外馬都剌 Madura 貪昭爾 Tanjore 德里支那波勒 Trichinopoli 及南干那爾拉 S.Kanara 數處。信奉此教者。亦繁有徒。以上數處均在印度南部麻打薩拉境內故教士傳教之力。惟印度南部一處獨著。且其地知耶蘇教已數百年矣。因近麻打薩拉城。有一古教堂碑上載有伊爾蘭文。Iran 伊爾蘭即阿利恩族所居之地其地之方言曰貝爾韋今之波斯阿富汗卑路芝均屬焉言波斯耶蘇教徒居此地東西海岸情形。而古傳亦敘述尙馬斯氏 St. Thomas 在麻打薩拉丁那威勒。及馬拉巴爾等地傳教之事蹟。印度南部。如馬拉巴爾。達拉王哥爾。及可陳三處。之敘利亞教會。Syrian Church 爲崇信耶蘇教之最先者。其次則爲羅馬教。而波羅推斯坦的新教。近年始知其名。然是時而後。進步甚速。現已遍於國中。孟買一屬。有耶蘇教徒十二萬六千另六十三人。其中屬於羅馬教者。爲印度葡萄牙人。約八萬三千。而孟加拉僅有九萬另七百六十三人。但近數十年間。朔大拿哥波爾之山族。頗多信從者。蓋耶蘇教士宣教甚力。得此果效也。西北部信耶蘇教者約二萬二千一百九十六人。旁遮普二萬二千一百五十四人。中印度一萬另四百七十七人。賣索爾二萬五千六百七十六人。庫爾格二千四百十人。其餘均散處於阿薩密。比拉爾。及亞日迷爾等處。英緬甸約五萬二千二百九十九人。較他屬爲多。然半爲加倫山族。轉入耶蘇教者也。以上所言數目。均指英屬印度而言。此外土郡縣。亦約有七十萬人。合而計之。則印度全境共得耶蘇教徒。一百五十萬有奇。

當西歷一千八百七十一年。清查戶口時。曾考察男丁所執之業。但終不能得其詳。今將大概數目。粗列於左。印度已成丁之男人。約六十二兆。其中二兆二十三萬二千人。（約百分中之三。六成）執官事者。三兆八十四萬四千人。（每百分中約六。二成）執私役者。三十四兆八十四萬四千人。（每百分中約五十六。二成）爲農。三兆二十二萬四千人。（每百分中約五。二成）爲商。八兆十二萬二千人。（每百分中約十三。一成）爲工藝。七兆六十二萬六千人。（每百分中約十二。三成）爲雜工。而無一定執業及不能生利者。約二兆十萬八千人。（每百分中約三。四成）

殘疾人數

印度殘廢之人。雖亦同時清查。然不能得其確數。大概計之。患瘋癲及有心疾者。心疾指人之愚呆不知事者約六萬七千人。每二千七百人中一人較英國少八分之一患聾啞者。約十三萬四千人。每一千三百四十八人中得一人較英國少半瞽目者。約三十五萬四千人。每五百人中得一人較英國多二倍有癩疾者約九萬六千人。每一千八百七十五人中得一人

凡英屬地面人民生死率。均已查過。城中由工部局主之。而鄉間則用巡捕以辦其事。然所考得之數。亦未必恰當。衛生官查印度人生命。均率計之。得三十年八個月。而每年死率一千中約三十二·五七。西歷一千八百七十七年。歲凶。查麻打薩拉一埠。死率每一千得五十三·二。而生率每千中僅十六·三。足以知凶歲之害人矣。是年又查歐洲兵隊之在印度者。其死率每千中約十二·七一。而印度兵隊約十三·三八。牢獄中每千得六十一·九五。而在麻打薩拉者。則及一百七十六·〇一。

農功

印度土人，多業農，國家以地稅爲進款大宗，故重視農功。一村之中，農人以外，習他業者亦繁有徒，均於農有關係，而且多資農爲生者。城市之間，商賈工藝，各自有其田地，以養其家。故農之爲業，莫不相需而利賴之也。照西歷一千八百七十二年所查戶口及職業冊籍，印度業農壯丁，共有三十五兆，每百分中約占五十六·二成。若再加以七兆半佐農之工人，則專資田地爲生之人，其數有四十二兆半，已逾通國壯丁三成之二，而與農事間接，及偶爾相助爲理之工人，尚不屬焉。農事雖爲國中恒業之一，而其耕種培養之法，往往守其祖父之遺訓，不知所變通。惟農人胼胝手足，均能習勤勞，而不荒蕪其田。若再因時制宜，講求農術，則物產之饒，不言可知矣。土人所闢溝洫，亦有甚利便者，至壅糞一層，非不知其利益，蓋常限於財力，不能隨地皆用耳。惟擇禾稼中之稍貴重者，培以糞料，此外則略爲點綴而已。輪種之法，農人不知其理，第試驗已久，而消耗同一土質之五穀，亦不接植於一地，即播種亦不能茂盛，故其地今年植麥，明年必易種他物，蓋知其然。而不知其所以然也。膏腴之區。歲能二三熟。但不能常遇。且不限於一地也。台干地脈衍沃。取用不竭。且天氣無論如何乾燥亢旱。而其土脈。永能潮潤。故論地球上田地土質。無出台干右者。且濱河之區。水所沖積之肥料。儲積甚富。足以代糞。勿必另壅他料也。

印度久知禾稻之利。第限於土質。不能遍植。除大河流域。及西邊濱海之地以外。宜稻者。寥寥無幾。凡種稻之處。一切雜糧。播布甚少。英緬甸一屬可耕種之地約二兆八十三萬三千五百二十畝。西歷一千八百七十七及七十八二年間。種稻之地。約有二兆五十五萬四千八百五十三畝。每百分中占九十成。而自主緬甸。絕無稻地。民間所食。多運自英緬甸。孟加拉一屬。向未詳查。今以隆普爾一邑而言。共有地一兆七十五萬畝。其中一兆五十萬爲稻田。即每百分中占八十八成。俄里薩一省。及哥達惟利奇斯得那加惟利三河流域內。多植禾稻。而低窪之地。如達拉王哥爾馬拉巴爾干那爾拉康干等處。稻田亦占八九十成。西北部及烏德諸省卑濕之區助以溝洫多能植稻惟所產不富饒不敷甚巨仍仰給於孟加拉以上數處均爲產米之鄉此外惟阿薩密近接孟加拉河流之利故稻田尚多其餘諸部稻植甚稀雖播種亦不能如以上數處占地之廣也自庫爾格至喜馬拉雅山一帶凡山谷低濕之地亦間有種植者孟加拉稻田每畝所產均牽計之約淨米一千二百磅西歷一千八百七十七及七十八二年印度南境歲凶自加爾各答運往之米共計十六兆亨得威的（亨得威的英國權數合一百二十磅每磅合中國十二兩）有奇英緬甸禾稻歲僅一熟其稻粒色紅質粗而每畝出產較孟加拉者爲多有數處竟及二千磅或二千五百磅之多每年出口之米約十二兆亨得威的

麥

小麥一物幾於無地不種惟台干以南之地及禾稻茂植之處麥不興發印度麥產最富者爲旁遮普西歷一千八百七十七及七十八二年旁遮普一屬種麥之地約七百萬畝而西北部及烏德二屬種麥之地數亦相同巴哈爾與孟加拉恒河以南之地亦繁植小麥是年中印度所植小麥面積百百畝耕種之地約占二

十三畝。而荷申加巴得。Hoshangabad 拿森普爾。Narsinhpue 及騷格爾。Sagar 三城。尤以麥爲緊要之植物。孟買麥田每百約占五成。而信地則占十二成。總計印度全境。麥地所占面積。與美國相埒。而每畝出產之多。亦以旁遮普爲最優。均平計之約有十三斗。然較之法國每畝能產十五斗半者。尚不及遠甚。其品質亦甚良。而其價值較墺國及加里夫利所產者畧低。（二處之麥品質最良價亦稍昂）故小麥一項運往歐洲頗能獲利。自西歷一千八百七十七及七十八二年。歲凶。而其已立之商場。遂爲美國所攘奪。故印度近年。必設法競爭。以保其固有之利權也。（墺國即墺大利亞加里夫利在美洲金礦極富其地自北緯三十二度三十分至四十二度英天文臺西經一百十四度至一百二十四度二十五分）案照植物分類言之。則印度小麥。列爲春季植物。四五月間。始能收穫。凡其地能造溝洫者。無不爲之。以資灌漑。而麥得此亦可以芃芃茂發矣。

小米

小米一物。結粒最繁密。而於熱帶地方。亦甚相宜。印度民間所食。若以全國言之。實以小米爲大宗。而米麥價昂。貧者不能得也。自南境廡打薩拉起。北至剌日不得拿。除專植禾稻之地外。其間地畝多種各項小米。而他雜糧寥寥無幾。小米中之最常種者。有二種。一種散斯克烈文稱爲鳩爾。一種結穗甚大。印度北方稱爲貝吉拉。而南方則呼爲朱蘭者是也。賣索爾與其隣境所植者。名曰拉吉。播布最早。以上各種小米。依厖打薩拉植物分類表言之。均列爲乾植一類。蓋其灌溉僅資雨水。無需溝洫也。播種之時。均在貿易風期內。（印度貿易風自四月至十月曰西南風自十月至四月曰東北風）而厖打薩拉以北之小米。則列爲秋季植物。正與小麥相對。一春一秋。各有定時也。恒河上游之區。及旁遮普喜馬拉雅山谷間。遍植大麥。而雀麥一項。近年歐人亦有試種者。鳩爾拉吉二種。價甚廉。故牲畜食料。多用此物。

油類

印度榨油植物。種殖甚多。以其用處極廣。故無地不種。凡食品燈燭。莫不需油。近年運往歐洲者。亦日漸加增。尤以法國需用爲最多。故印度土人視爲利源。人人爭植。幸榨油植物。均能於禾稻收穫以後播布。故不致妨礙正穀。其最要者。如芥子。胡蔴。草蔴。荳屬等四種。盂加拉及西北部所產者。專供外國需求。而胡蔴一項。

則多由麻打薩拉出口。緬甸雖亦有外銷者。然爲數不多。

蔬菜

印度巨城大鎭。及各處園圃中均種植蔬菜。以作食品。茄。薯。椰菜。白菜。紅蘿蔔。葱。蒜。蘿蔔。芋。及各種葫蘆之屬。無不具備。而蘿蔔。薯。白菜。三種。近年始種植。凡英國蔬菜。印度土質。均甚相宜。惟必須加意培養。始能茂發也。薯類植於高地。如開希山。奈爾格烈司山。喜馬拉雅山坡。及賣索爾高原等處。尤能生長蕃廡。而低窪之地。亦可種植。惟不能十分茂密耳。印度從前不知此物。至西歷一千八百三十年。始自他處移種於開希。自是遂遍於國中。人皆視爲緊要之植物矣。每年由各處運至加爾各答市上者。數逾七千噸。約値金鎊五萬。

菓木

印度菓木。爲人工所種植者。如芒菓。芭蕉。波蘿蜜。石榴。番石榴。柚。橘。蘋梨。無花菓。及瓜。檸檬。香橼等。種類繁多。不能悉數。據歐洲人所言。凡印度本土所產一切菓實。均不及英產之佳。惟孟加拉屬之馬爾答 Maldah 地方。及孟買。穆里坦。三處。所產之芒菓。開希山之橘。均甚著名。而麻打薩拉之波蘿蜜。用法密製。藏於罐中。其味彌甘。雖日久不變也。

香料

香料中以薑黃花椒二項用處最廣。故種者甚多。且製咖喇。亦須此物。（咖喇似醬油印度人好食）薑。胡荽。茴香。黑茴等次之。胡椒一項。產於馬拉巴爾海岸。及干那爾拉。至達拉王哥爾一帶。而加得莽。（味辛辣芳香）Cordamoms 亦產於印度南境。及喜馬拉雅山。尼泊爾左右。又有一類胡椒名曰。比得爾里夫。土人多有種植者。惟須時時培養。然其價値昂貴。足以酬種者之勞費也。檳榔常植於土植相宜之地。如孟加拉濱河之區。及南印度高原。所在多有。

案比得爾里夫乃胡椒之屬。印度土人取其葉與檳榔同食。

櫻屬

櫻樹類中。除檳榔外。如椰樹。野棗等。均生殖森密。而椰樹宜於沙土。及氣候潮濕之鄉。故在印度西邊海岸者。生長尤茂。環加爾各答四周。及打麻薩拉東北隅一帶。棗樹最多。製爲黑糖與飲料。售與本鄉。孟買隣境。與麻打薩拉東南隅。所殖之巴姆爾拉。Palmyra 亦能爲酒。第其性稍猛烈耳。黑棗一樹。惟長於信地。他處則

糖

甚少。

甘蔗與棗。均能製糖。但二者所產。尙不足供本地之需用。西北部通溝渠之地。所植之甘蔗最良。但勞費甚大。又須勤加培植。利息雖薄。而一年之內。不能收其利也。孟加拉向來運糖出口。近年製造頓減。惟所屬之熱索勒 Jessor 地方。用棗製糖。生意頗旺。而獲利亦厚。印度製糖工業。除麻打薩拉屬之根遮木 Ganjam 城。與賁索爾二廠外。其餘均屬土人。此二廠之名。一曰亞斯喀。一曰亞蘇丹葛爾姆。均以甘蔗製造。質良味美。歐洲賽會。曾得嘉獎文憑。

木棉

印度木棉。自古卽已蕃殖。足敷通國需用。而前百年間。東印度公司。以其所餘。運往外國。然爲數不多。自美國戰事起。蘭克休爾 Lancashire 商場一變。而印度棉花。遂增聲價。故出口物產。木棉最占多數。西歷一千八百六十年以前。查生棉一項。每年自印度出口者。僅值三百萬金鎊。而是年以後。頓增數倍。至西歷一千八百六十六年。竟值三千七百萬金鎊之多。未幾美國戰事息滅。復見太平。印度出口棉花日即衰落迄今每年運往他國者約値金鎊八百萬有奇而已蓋印度所產者製爲紗布不及美棉之精良故其已成之商務終爲美人所奪迨印人見棉商微敗已達極點乃起而改良以保其固有之利權而今日不致全爲美貨所攘者賴以此也

殖棉之地如古直拉德巴羅達 Kathiawar 台干高原印度中央比拉爾深谷等處均甚合宜而古直拉德巴羅達二地所產者在英國利物浦市上已得蘇拉特棉之名蓋久已著聞於外也印度中央與比拉爾所產之棉質尤精良已移植於孟買之根的士亦甚茂發美國紐奧里恩 New Orleans 之棉素稱精細數年前印度政府購其子種試植於官地竟不能生長僅孟買所屬之達瓦 Dharwar 一城試種已著成效近且逐年加增而土棉遂無人顧問矣西歷一千八百七十五及七十六二年孟買一省殖棉地面共有四百五十一萬六千五百八十七畝信地及土郡縣在內亦計產棉花二百十四萬二千八百三十五亨得威的惟其中五十八萬三

千八百五十四畝。即每百分中占十三成。爲紐奧里恩及印度中央子種。約產棉二十四萬八千七百六十七亨得威的。印度之棉。均平計之。每畝約出五十三磅淨棉。以古直拉德信地二處所產者爲最優。而以南境麻哈拉德所產者爲最少。是年印度出口之棉。共計三百八十八萬七千八百另八亨得威的。値英金一千另六十七萬三千七百六十一鎊。西歷一千八百七十七及七十八二年。印度中央一省。產棉之地。約有八十三萬七千另八十三畝。而那哥不爾。Nagpur 勒普爾。Raipur 及瓦得哈 Wadha 三邑居其大半。每畝均平計之。約出五十九磅。運往孟買者。（比拉爾所產者亦包在內）約有三十萬亨得威的。値英金六十七萬二千鎊。是年比拉爾一省。播種二百另七萬八千二百七十三畝。占通屬耕種之地百成之三十二。以所屬之亞庫剌克 Akola 及鄂木老烏的 Amroati 二城。爲最多。每畝能獲淨棉六十七磅。總計出口之棉。値英金二百三十五萬四千九百四十六鎊。均由火車載運。麻打薩拉所殖之棉。以巴刺里。Baeeory 克奴爾高地。及奇斯特拿。Kistna

黄麻

及丁那威勒低原四處最廣。其餘屬邑播種甚鮮。共有一百五十萬畝。西歷一千八百七十五至七十六年。出口之棉。約有七十三萬三千四百二十亨得威的。值英金一百六十五萬二千八百四十九鎊。孟加拉一屬。種植極少。統計不過十六萬二千畝。約產淨棉十三萬八千亨得威的。其中薩爾蘭有三萬一千畝。浙地港山谷間有二萬八千畝。庫台克約二萬畝。其餘八萬多畝。亦零星散植。尙不敷本地需用。故常由西北部。及隣境購運。以補不足。西北部及旁遮普二省所產。足供鄉間織紡之用。西歷一千八百七十八至七十九年。總計由印度各埠出口之生棉。約二百九十六萬六千五百六十九亨得威的。値英金七百九十一萬四千另九十一鎊。而已織成之紗布及他種棉貨共值二百五十八萬一千八百二十三鎊。

印度絲紋植物。播種最廣者。爲木棉。其次則黄麻。木棉生殖之地甚廣。而黄麻僅北部及東孟加拉二屬。恒河之北。自佩尼亞 Purniah 至哥爾巴拉 Goalpasa 一帶與布拉馬普得拉河兩岸。其土質無不宜麻。農人種植多寡。視市上能暢銷與否爲斷。歐洲人常購運印度黃麻。故東孟加拉土人。獲利甚厚。西歷一千八百七十二年。價值翔貴。乃徧植於十六城邑。其地可耕種者。約有二十三兆畝。而麻地竟占一百萬畝。是年由加爾各答出口者。計七百萬亨得威的。值英金四百十四萬二千五百四十八鎊。自是以後。價值漸跌。而種者亦日少。至西歷一千八百七十八及七十九年間。麻價復漲。計是年出口之生麻。共有六百另二萬一千三百八十二亨得威的。值英金三百八十萬另四百二十六鎊。而麻所製之貨。亦值英金一百另九百八千四百三十四鎊。

顏料

印度靛業素盛。雖其物不能如稻粱菽麥之貴重。然其爲用甚溥。故歐人種此者亦繁有徒。孟加拉一省。爲產靛之區。商場頗旺。自近年以來。種植之地面頓減。英人之業此者。乃舍棄其所辦之呼格里。巴格那斯 Parganas 達喀。佛尼得波勒 Faridpur 隆普爾。普布拿 Pobna 等邑之業。其地製靛之廠甚多。事雖廢棄。而遺址猶存。惟奴底亞 Nadiya 熱索勒謨書帶擺得及馬爾答四城。仍照舊栽種製造。第自西歷一千八百六十年因靛事紛起爭端。及一千八百五十九年頒行地律弛禁農人以後。終不克復前次之盛。沿彌德拿普爾 Midnapur 一帶山地專造顏料。其品質極良。此外植靛最廣者爲巴哈爾北鄉。總計由加爾各答出口之靛。而巴哈爾居其半。印度植靛之地。究有若干。無詳細册籍。可以稽考。惟摩蘇佛普爾 Tirhut 一處。已有大行廠五十六所。分廠七十處。每年製顏料二萬莽德。（每一莽德合七十四磅另十兩）其他如薩爾蘭有大廠三十。分廠二十五所。每年出一萬二千莽德。而吉木佩蘭 Chanparan 有大行七處。亦造一萬二千莽德。計巴哈爾北境一屬。靛業中人每年所費者。無慮英金一百萬鎊。西北部土人。靛業亦甚廣盛。旁遮普一省。所產頗富。尤以所屬之穆里坦舒柔亞巴得及德拉合西汗三邑栽種爲最多。麻打薩拉之靛業。盡屬於土人種植之地。約有三十萬畝。悉在東北自奇斯特拿至南亞科特 Sovctrarcot 沿海一帶。與內地克奴爾摩達巴 Cuddapah 等處。西歷一千八百七十八及七十九年間。印度出口之靛。統計十萬五千另五十一亨得威的。値英金二百九十六萬另四百六十三鎊。

罌粟

印度種罌粟之地。有二處。一在恒河左右環巴德拿及班拿勒斯一帶。一在中印度高原。其地與馬盧襪相對。土質肥沃。多爲酋長轄境。故栽種自由。惟裝運出境。經過孟買之時。照章完稅而已。而在恒河左右環巴德拿及班拿勒斯一帶者。一切栽植曬製。均歸官經理。設總局於加西普爾 Ghazipur 及巴德拿二城。另派二人專辦其事。民間不得攙奪擅種。此外如剌日不得拿。旁遮普等省。亦有種植者。第所產。僅足供本境需用。絕不外銷。其餘諸部。均一律禁止栽種。蓋恐妨害民食也。西歷一千八百七十二年。官地所種罌粟面積。共有五十六萬畝。出售之烟土。計四萬二千六百七十五箱。値英金六百六萬七千七百另一鎊。除一切耗費外。淨獲利四百二十五萬九千三百七十六金鎊。其貨物。均由加爾各答。運往中國。及斯脫雷底稅得爾文的二處。Strait Settlement 而酋長轄境所種烟土。均由孟買出口。其數相等。故印度全境。總計出口烟土。約值一千二百萬金鎊。均平計之。政府每年能淨得七百五十萬金鎊。實爲國家大宗進項。査西歷一千八百七十八及七十九年間。共售烟土九萬一千二百箱。值英金一千二百九十九萬三千九百八十五鎊。而政府實得七百七十萬金鎊。

孟加拉屬種植罌粟規則

孟加拉一帶罌粟。（即恒河左右環巴德拿及班拿勒斯周圍之地）均由官辦。政府選派二人。總理其事。更於巴德拿加西普爾二城。設立廠局二所。招人領地栽種。而種植之多寡。及願領種與否。悉聽其便。當播布仔種時。先支銀錢若干。迨收割齊備。呈交總局考驗。局員驗其品質。權其輕重。再定價值。領種人種植若干。所產若干。均須全交。勿得有所私匿。土質優劣。各有定價。官家亦不得上下。每年約四月間。即可收刈。總局俟收齊後。乃從事配製。作成圓球形。七月間方能畢事。然此時土質尚不能乾。非待十月間。不能裝封箱中。載運出口也。

烟草

印度土人。多吸食煙葉。故烟草無地不種。而地土氣候。亦極相宜。惟土法曬製之烟葉品質甚低劣。歐洲人無有顧問者。植煙最廣之地。爲孟加拉所屬之隆普爾。摩蘇佛普爾。孟買所屬之克拉 Kaira 麻打薩拉部之哥英巴都爾 Coimbatore 馬都剌及哥達惟利河河領諸處而著名之德里支那波勒煙捲。即係哥英巴都爾。與馬都剌二邑煙草所製造。印度烟葉之銷售於歐洲市上者。僅此一種耳。孟加拉北部所產烟葉。多售於英緬甸。因緬人好食烟葉。本地出產不敷甚巨也。西歷一千八百七十六及七十七年間。由各處運至加爾各答之烟葉有四十萬亨得威的。而隆普爾一邑居其大半。共値英金二十六萬一千鎊。浙地港山地亦植煙草。專供外銷。而摩蘇佛普爾之烟。多銷售於西方。計種菸之地約四萬畝。而氣味品質則以其所屬之塔日普爾 Tarlpur 所產者爲最佳。西歷一千八百七十五年。資本家設立一烟草公司。官爲保護。製成烟捲。專運往歐洲銷售。栽菸之地僅有數頃。一在西北部之加西普爾。一在摩蘇佛普爾城所屬之布薩 Pasa 西歷一千八百七十八及七十九年間。約種二百四十畝。共產菸葉十六萬磅。雇用英美

咖啡

二國精於製煙者五人司其事。運往英國者。爲煙捲約少半。而售於印度市上者。乃雜葉。居其大半。此等雜葉。專供軍隊需用。故已傳至奧國。頗爲外人所稱許。是年出口之煙。約値英金十二萬八千二百三十九鎊。然該公司所以能著成效者。蓋因經理得當。而配製之法。亦極精良也。

印度植咖啡之地。僅南境傍西高止山一帶。北自干那爾拉起。南至達拉王哥爾爲止。而庫爾格全境。賣索爾所屬之加得爾 Kadur 赫杉 Hassan 二邑。及奈爾格烈司韋那得二山 The Wainad 均包在內。故地面頗廣。近數年復於薩爾姆 Sale m 之蘇阜爾羅山 Shevarog 與馬都剌之波爾尼山 Polni 二處。栽植咖啡。此外如英緬甸。孟加拉所屬之浙地港。亦有設法試植者。

印度人之植咖啡。非歐人所創始。相傳馬拉巴爾地方。久與阿剌伯通商。故其人民信奉回教者甚多。二百年前。有一教民名曰貝貝巴丹。以教事往米喀（阿剌伯京都北緯二十一度二十五分英天文臺東經四十度十五分）歸途携有咖啡。乃試植於賣索爾之山間。竟能茂發。

今土人呼此山曰貝貝巴丹蓋記其事也自此印度始知咖啡然種者甚少西歷一千八百四十年英人某築一園圃專植咖啡獲利甚厚於是隣境之曼鳩爾拉巴德 Manjarabad 及韋那得等處遂有相倣效者自是年至西歷一千八百六十年此二十年間傳延甚緩自西歷一千八百六十年以後種者忽日漸增多未數稔遂徧西高止一帶而昔日之叢林榛莽處皆成爲利源而土人至今日猶各處試種講求未已也茲將近年栽種咖啡地畝出產數目開列於後西歷一千八百七十七及七十八年賣索爾所屬之加得爾赫杉二邑共種十二萬八千四百三十八畝麻打薩拉約有五萬八千九百八十八畝以馬拉巴爾薩爾姆及奈爾格烈司山三處爲最多而庫爾格一屬亦有四萬五千一百五十畝以上三地已合二十三萬二千五百七十六畝而達拉王哥爾所植之地尚不在內每畝均平計之約產三亨得威的西歷一千八百七十八至七十九年出口咖啡共計三十四萬二千二百六十八亨得威的值英金一百五十四萬八千四百八十一鎊

印度茶業之興起。原始於政府。乃晚近數十年間事耳。西歷一千八百八十一年間之人。均能道其事。其業多歐人爲之。而土人素不顧問。現在愈推愈廣。足與顏料業相頡頏。昔年遊歷印度者。言茶樹爲喜馬拉雅山南谷之土產。蓋誤印度之烏稅烈尼貝林塞斯樹爲眞茶也。而眞正茶樹。實蕃生于阿薩密。及布拉馬普得拉及巴拉克 Barak 二河中間山地。且其樹有甚高巨者。故人皆以阿薩密爲茶樹原產之地。未有歷史以前。已由其地進入中國也。西歷一千八百五十一年。阿薩密之茶。始有人講究栽種。迨西歷一千八百五十四年。政府頒行荒地之律。而業茶者。遂大得其利益。至西歷一千八百五十九年。私家所藝茶園。已有五十一處。而其茶業亦漸行推廣。其初僅在拉克興普爾 Lakhimpur 北緯二十七度十五分英天文臺東經九十四度三十分度 及希稅加爾。Sibsagar 後及布拉馬普得拉河領內之干姆拉不 Kamrup 等處。西歷一千八百五十六年。在巴拉克河流域內之西查爾 Cachar 地方。發見茶樹甚多。歐人即於其地開辦茶業。是年復將茶樹試種於隣境之答吉陵。

又獲成效。於是各茶行互相屯積。抬價爭競。至西歷一千八百六十九年。始漸復其舊。自是以後。茶業進步甚速。孟加拉所屬之地。如浙地港。朝大拿哥波爾之山坡。不丹特瓦爾 Bhutan Pwass 之低林。及阿剌干。奈爾格烈司山等處。均與咖啡駢植。而收成多寡及品質優劣各處不同。此外宜茶之地。未經試及者尚多。現在仍孜孜研究。將來印度茶業。不但能與中國並駕齊驅。且必遠勝中國矣。今將西歷一千八百七十七至七十八年。印度種茶地畝。及產茶數目。開列於左。

阿薩密一部。及布拉馬普得拉與巴拉克二河領內。共植茶樹七十三萬六千另八十二畝。其間五十三萬八千九百六十一畝。土質最宜。園林有一千七百一十八區。共產茶二千三百三十五萬二千二百九十八磅。若長成茶樹。均平計之。每畝能出二百八十六磅。孟加拉一屬。共有六萬二千六百四十二畝。其中二萬另四百六十二畝之茶樹。已經長成者。而答吉陵所種之一萬八千一百二十畝。亦在其內。共計園林二百二十一區。共產茶五百七十六萬八千六百五十四磅。成熟之樹。每畝約出二百八十二磅。西北部所屬之古曼加瓦爾。Garwal 計有園林十八萬七千六百二十五區。產茶五十七萬八千磅。而其中三十五萬磅。則在印度市廛售予中亞細亞商人。西歷一千八百七十一年。德希拉一邑。植茶二千另四十二畝。約產二十九萬七千八百二十八磅。旁遮普一屬。有一萬另四十六畝。多在于干格爾拉 Kangra 一邑。約產一百十一萬三千一百另六磅。每畝得一百一十磅。麻打薩拉所屬之奈爾格烈司山。種三千一百六十畝。由此省出口之茶。共約十八萬三千一百七十八磅。值英金一萬九千三百另八鎊。除麻打薩拉一部外。印度之茶。均由加爾各答上船出口。幾全往英國。査西歷一千八百七十八至七十九年。由加爾各答出口之茶。共計三千四百八十萬另二十七磅。值英金三百十七萬一百一十八鎊。其中阿薩密之茶。有二千六百萬磅。孟加拉有八百萬磅。西北部約有七十八萬七千磅。而旁遮普約六十八萬四千磅。西歷一千八百七十七年。旁遮普一屬。運往中亞細亞者。約一百二十一萬七千八百四十磅。

值英金十八萬一千六百三十四鎊。較前一年。已經減少。

印度緊要植物。所占面積。表列於後。

西歷一千八百七十至

英緬甸	賣素爾	比拉爾
二,五五五,〇〇〇	五四〇,〇〇〇	三一,〇〇〇
	一一,〇〇〇	五二五,〇〇〇
	三,四〇〇,〇〇〇	二,七六〇,〇〇〇
		一八〇,〇〇〇
一五,〇〇〇	一三〇,〇〇〇	四六〇,〇〇〇
一〇,〇〇〇	一五,〇〇〇	二,〇八〇,〇〇〇
一七,〇〇〇	一九 〇〇〇	一七,〇〇〇
七〇〇		
四,〇〇〇	一三 〇〇〇	五,〇〇〇

七十八年印度各項緊要植物所

孟買	信地	旁遮普	中印度
一,一九五,〇〇〇	五一二,〇〇〇	四〇〇,〇〇〇	四五五〇,〇〇〇
五六一,〇〇〇	三五四,〇〇〇	七,〇〇〇,〇〇〇	三六〇〇,〇〇〇
五,八〇〇,〇〇〇	九三四,〇〇〇	六,〇〇〇,〇〇〇	五一四〇,〇〇〇
八三〇,〇〇〇	一一五,〇〇〇	三,二〇〇,〇〇〇	
六二八,〇〇〇	一八〇,〇〇〇	八〇〇,〇〇〇	一,三六〇,〇〇〇
一三五〇,〇〇〇	七〇,〇〇〇	六六〇,〇〇〇	八四〇,〇〇〇
三五,〇〇〇	六,〇〇〇	八〇,〇〇〇	四八,〇〇〇
一四〇〇〇	一〇,〇〇〇	一一〇,〇〇〇	
五〇〇〇〇	四,〇〇〇	三八〇,〇〇〇	一〇〇,〇〇〇

占地面畝數表

	拉薩打麻
稻米	四,六〇〇,〇〇〇
小麥	一六,〇〇〇
小米及次等雜糧	一〇,六〇〇,〇〇〇
荳類即莢殼植物	一,六〇〇,〇〇〇
油類植物	八〇〇,〇〇〇
棉	一,〇〇〇,〇〇〇
煙草	六〇,〇〇〇
顏料	一二〇,〇〇〇
甘蔗	二一,〇〇〇

金雞哪霜

印度向不栽種產金雞哪霜之樹。西歷一千八百六十年。克里滿馬漢 Mr. Clement Markham 氏。始自南美洲移其秧植於印度。培養得法。所植之樹秧。無不茂長。克氏乃製成藥紛。以備療治印度人之患熱病者。而以所溢之金雞哪霜售於歐洲。所獲之利。數倍於資本。栽種之地。在奇爾格烈司山一帶。政府旋亦於其地試種一千畝。已長成之樹。約五十七萬株。自是之後。政府每年將其子秧。分給民間。令其試植。故現在私家所有之園圃。其面積已與官產相等。而人人皆視爲貴重之產業所產之皮亦有不製藥粉而生售者金雞哪霜之樹種類繁多最常種者約二種其餘數種亦有人試植迨民間種植已著成效政府欲減少官家所有之地畝現在馬都剌之波爾尼山韋那得山及達拉王哥爾諸處亦已布種甚廣而政府又於庫爾格所屬之美爾喀拉 Moskera 賫索爾之貝貝巴丹山及緬甸省之瑞丹 Sitani 諸處建築場圃從事栽種亦著成效惟孟買所屬之馬哈貝爾蘇瓦 Mahabaleshwar 北緯十七度三十分英天文臺東經七十四度五十分 與阿薩密所屬開希山之朗格羅 Nongkloa 二地試種不宜而答吉陵官地所試植者亦芃芃茂密足與奈爾格烈司山之植相頡頏其爲土質之宜可知故種植之地逐漸推廣現已及二千餘畝政府派人於其地設局製造金雞哪霜第各處所植之樹皮色紅案金雞哪霜爲樹之皮所製多鹼質而眞正金雞哪甚少別有一種名曰開列稅牙者爲諸植之冠惜不易蕃生現已設法廣爲播種不知成效若何耳茲將西歷一千八百七十七至七十八年政府所有二處場圃出產金雞哪霜價值數目開列於後

奈爾格烈司山。共產十三萬八千八百另八磅。運往英國者約十三萬二千九百五十一磅。而餘者均供麻打薩拉及孟買二省藥局需用。共售英金三萬五千八百七十五鎊。除一切費用六千九百七十七鎊外。淨獲利二萬八千八百九十八鎊。答吉陵共產樹皮三十四萬四千二百二十五磅。均交與製藥之人。計製藥粉。五千一百六十二磅。約售英金九千七百另七鎊。其中六千一百八十八鎊。售於官局。而三千五百十九鎊。售之於民間者。計資本所費。共合英金八千五百五十四鎊。其間五千七百九十鎊。費於場圃。而二千七百六十四鎊。費於製局。外淨得利金一千一百五十三鎊。俟將來所植之秧。均已長成。每年足可獲淨利四千英鎊。

絲業

印度絲業。向不興盛。中國日本與地中海諸國。絲產甚富。已握歐洲市上售絲權利。近年生絲入印度者。已逾其出口之數。東印度公司。乃設法鼓勵。頗費心力。西歷一千七百六十七年。其時孟加拉一省之財政權。賜予公司者。已二年。該省巡撫。革利爾斯氏。乘各屬民長因事會於謨書帶攏得之便。親爲勸導。令各屬提倡鼓舞。並將桑秧廣爲播種。至西歷一千七百六十九年。復聘用意大利匠人。來印度教授繅絲方法。一切情形。均照羅瓦 Novi 意大利之城邑 絲廠辦理。其第一次所出絲樣。即於西歷一千七百七十二年。運往英國銷售。自此以後。而孟加拉之絲。遂爲出口商貨之一大宗。西歷一千七百九十三年。麻打薩拉地方。亦仿照孟加拉。振興絲業。試辦已及五年。旋以他事中止。賣索爾酋長。鐵布亦於其轄境內養蠶繅絲。竭力經營。興旺多年。嗣以蠶患病症傳染。迨徧。其時適有一意大利人。新携日本蠶子至賣索爾。而酋長不欲再辦。而絲業自此遂日即衰落矣。故論印度絲業。惟孟加拉最稱繁盛。當西歷一千八百三十三年。東印度公司停止貿易時。計孟加拉一屬。共有織絲總廠十一所。繅絲分廠若干所。鄉人將繭交與分廠。成絲後。再供總廠。其時由加爾各答出口之生絲。歲約一百萬磅。據西歷一千七百七十九年。爾連尼氏 Mr Rsnnel 所報凱森巴塞爾 Kasimbazar 一處。銷於歐洲人絲廠之絲。約有四十萬磅。西歷一千八百另二年。韋林希亞氏 Valentia 言監吉普爾一 Jangipur 區為東印度公司產絲最盛之地。計有鍋爐六百處。人工三千人。自東印度公司絲業停止交易後。其一切植桑育蠶等事。均有私家照舊接辦。現在植桑之地。惟孟加拉所屬之貝爾德溫 Bardwan 及拉日哈希 Rajshabi 二邑為最廣。其事由農人經營。或將蠶繭交與本土繅絲作坊。俟成絲後。再用手工織機製為綢帛。或徑售與歐人大廠中。用汽機織為各種絲貨。運往歐洲。此外如波格剌。馬爾答。謨書帶擺。得貝伯漢姆 Birbhum 彌德拿普爾等處。桑田雖亦甚多。然均不及貝爾德溫及拉日哈希二地之盛。各處桑田。究有若干。無冊籍可查。惟僅知拉日哈希一邑。共有八萬畝。印度之桑。專供蠶食。其樹矮小。而其種類與英國所植者不同。蓋英國之桑。所結之實。其味甘美。可作菓品也。

印度除食桑之真蠶外。尚有數種野蠶。多在野林間。食各種樹葉。有可取歸馴養者。阿薩密一帶。有品質粗劣之絲。即此等蠶所產。製成綢帛。另別其名。曰台薩。居民常以爲衣。然始於何時。無從稽考。朝大拿哥波爾之野蠶。形似毛蟲。在叢林中時。一切草木幾皆可以爲食。若畜之於家。則專取亞杉飼之。（亞杉印度樹名蕃生甚廣不詳何狀因原文係印度字無從查考）且須加意看護。以防鴉雀捕害。土人恒於野林中搜覓所成之繭。一年中能成三次。八月十一月及五月。而以十一月所出者爲最佳。印度中央孟買及喜馬拉雅山南陂一帶。均產野蠶。近二十年間。曾設法擴充其業。以期運往歐洲銷售。然出產之富。固可預决。但所難者在改良絲質。合於歐洲製造家之用耳。阿薩密所製之絲。有二種。一曰伊爾拉。一曰馬加伊爾拉。係食草麻之蠶所產。此種蠶。一經養熟。無異常蠶。而產馬加絲之蠶。形體甚大。生於叢林中。若取巽木架爲林。置蠶于其中。可以携行他處。（巽木印度樹名不詳其狀）査西歷一千八百七十八及七十九年。印度出口生絲。共計一百五十三萬四千七百一十五磅。値英金六十二萬三千八百七十一鎊。又絲貨共値英金十九萬五千八百九十七鎊。

蟲膠

印度野林產膠之蟲。（此等膠係一種蟲所產可以作紅顏料）甚蕃。從前番族。曾採取其膠。以作顏料。

農事

歐人欲闢利源。曾經試辦。但成效甚微。印度各部有森林之地。無不有蟲膠。然運往外國者。以朝大拿哥波爾所出爲最多。阿薩密及西北部所屬之默察普爾Mirzapur 二處所產者次之。而他部蟲膠。絕無外銷者。以上三處之貨。均由加爾各答出口。西歷一千八百七十九年。約有九萬一千九百八十三亨得威的。値英金三十萬另七十二鎊。

印度農事。向守舊習。政府欲改良其事。乃劃地一區。用歐洲新法耕種培壅。以爲模範。使民間仿效。雖竭力經營。而成效未能遍著也。

[註]孟加拉。阿薩密。旁遮普。及西北部諸省。均劃區地畝。試習新法。而效果均微。孟買一屬。計有地三區。印度中央一區。種植五穀。而所產甚歉。惟麻打薩拉城左近。稅塔布底Saidapt 之田。乃西歷一千八百六十五年。該省長官威廉德尼孫氏所試辦。持之以恒心。出之以毅力。遂得佳果。以後九年。係洛貝爾孫氏經理。至西歷一千八百八十一年。已占地面二百五十畝。環以圓籬。試

種各項植物。有所產甚富饒者。即此可以考察其地之土質。宜於何物。而改良方法之事。亦有進步。現已試得尋常乾植。一年四季。均能播種。以作牲畜草料。他如地中陰溝。耕耨深淺。各種肥料培壅之能力。以及溝洫之利用。無不研究試驗。又於稅塔布底地方。及隣境。均設立農工學堂。試驗場。以期所學所驗之農術。普及更速。西歷一千八百七十七及七十八年。凡學堂試驗地畝。及一切雜用。計費英金六千鎊之多。

牲畜

印度牲畜。豢養雖多。而體質均不碩壯。蓋一則牧場稀少。二則種不選擇。而氣候地土之不宜。又居其半也。國內各屬。除信地旁遮普及西部外。均用牛耕地。近來墾闢事興。放牧之草地漸少。而牲畜之窘況。更不堪注目。現在可希望者。僅有將各種畜料。作爲常植之一法耳。惟牲畜中頗有佳種。如賣索爾之麻哈爾馬。聞該省酋長。赫特亞里自他國購來。用於軍中。今爲政府所有。麻打薩拉所屬之納羅

水牛 駱駝 馬

里。Nellore 克奴爾。二城。英國官長。創牲畜比賽會於其地。優者嘉獎之。劣者勗勉之。故近年其地土畜。大有進步。印度中央有一種具特性之牛。已經閹割。奔馳甚疾。故多用以駕四輪車。而古直拉德與旁遮普所屬之折遮烏特尼 Horiana 二邑。則產雄壯美麗之牛。能任重致遠。更能負行於沙漠之地。印度大河領地內之牲畜最劣。然有地頗多水牛。廝哈爾良馬之名也

水牛體壯力健。係牝黃牛與野牛相交而生。其乳油質最良。英緬甸一省。約有水牛七十萬頭。其數與家畜牝牡黃牛相等。

自印度河西岸。及拉日不德拿沙漠之地。耕種之事。農人常以駱駝代牛。旁遮普一省。計有駱駝十七萬頭。

自英人握印度政權後。地方日臻平靜。以故軍隊用馬漸少。而馬產亦自此敝壞。孟加拉與廝打薩拉二省。幾不產馬。惟孟買所屬之台干。及巴羅達二地。尚生育蕃庶。蓋政府維持馬政。禁止閹割也。旁遮普向為產馬之區。軍中馬隊。多自其地

騾

採買現計有八萬匹大馬五萬匹小馬當十八世紀初年設立羣騸院飼養馬匹以備孟加拉軍營需用嗣以該省長官梅俞氏辦理未甚得法旣糜帑項又無成效可覩遂撤其事現在所需之馬惟向市上購買而已然政府在旁遮普仍畜牡馬一百三十匹以資蕃生其中六十匹購自英國而四十匹則爲阿剌伯產印度西徼一帶俾路支族畜養之馬最良而曼尼坡部緬甸不丹諸省之駒亦向著名印度歲有馬市四次各處之馬聚集一地互相比賽如欲購買亦可於此時選擇其聚賽之地一在拉烏爾奔的 Rawalpindr 一在仍 Jhang 一在德拉合西汗一在德勒義斯馬伊爾汗西歷一千八百七十七及七十八年比賽之馬有四千五百匹費獎銀英金一千三百鎊本地軍隊馬匹定價每匹僅合英金十七鎊

旁遮普一省近年頗加意騾產以備軍營中需用自西歷一千八百七十九年至八十年用兵阿富汗深得其利故騾之聲價愈高政府畜牡驢五十頭以期孳生蕃庶其中四頭來自西班牙二十八頭爲阿剌伯產十二頭爲波加哈剌 Bokhara

象　綿羊山羊　豕

種最高者約及六十寸。

現在捕象之業。政府獨操其權。惟馬拉巴爾。及達拉王哥爾二處。仍聽民間爲之。產象之地。多在東北邊界。介乎布拉馬普得拉與巴拉克二河間之山嶺。波加哈刺在阿富汗之北其都城亦名波加哈刺在北緯三十九度四十八分英天文臺東經六十四度二十五分

印度畜養綿羊山羊者甚多。貨其肉與屠戶。售其革與製造行。頗能獲厚利。賣索爾一屬。現在設法改良其種。令綿羊與細毛羊。西班牙種毛質精細雜處。以傳其種。麻打薩拉之稅塔布底城。已辦有成效。

猪豕體質麄大。印度下等社會人。常豢之以爲食。

西歷

爾拉比
一四〇〇〇〇〇
六五〇〇
二六〇〇〇
一七〇〇〇
三八六〇〇〇
二七〇〇
八九〇〇〇
一一五〇〇〇

六十

學部圖書局

一千八百七十七至七十八年印度

旁遮普	印度中央	英緬甸	賣索爾
六五七○○○○	五二○○○○○	一七四○○○	二三○○○○○
‥‥‥‥‥‥‥‥			
‥‥‥‥‥‥‥‥		六六二○○○	
八五○○○	一二○○○	五八○○	四九○○
五二○○○	八二○○○		一四○○○
二九○○○○	二二○○○		三七○○○
一七○○○○	七		
‥‥‥‥‥‥‥‥		一三二四	
三八五○○○○	六四一○○○	二○○○○	一五九○○○○
	一三二○○○	一○二○○○	三二○○○
九八○○○	二八六○○○	一九四○○○	八三○○○
一七四七○○○	七六四○○○	二九三○○○	五五八○○○

森林

礦產林木.為兩間自然之利源.而印度林木.尤幽森茂翳.所在多有.從前任人採

牲畜農具大畧數目表

僅舉數省	麻打薩拉	孟買與信地
宦牛……………	三五〇〇,〇〇〇	三三〇〇〇〇〇〇
牝牛……………	三 〇〇〇 〇〇〇	二,三八〇,〇〇〇
水牛……………	一 三三二 〇〇〇	一六三〇,〇〇〇
馬……………	二一 五〇〇	一五〇〇〇〇
駒……………	一八 〇〇〇	
驢……………	一二八 〇〇〇	九〇〇〇〇
駱駝……………	四五	……………
象……………	六〇四	……………
綿羊……………	四 六〇〇 〇〇〇	三,三〇〇〇〇〇
山羊……………	二,七〇〇,〇〇〇	
猪……………	二五〇,〇〇〇	
車……………	二八四 〇〇〇	三八〇〇〇〇
耒耜……………	二 〇二三 〇〇〇	一〇八〇〇〇〇

伐。或取爲樑櫁。或燒作木炭。絕不禁阻。政府於種植之事。固甚留心。而各處荒地。從不顧問。訃以生齒日繁。鐵路亦漸交通。需材甚廣。而林木之利。始稍稍言及之。至近年歐洲各國無不講究樹藝。况樹木能興風雨。其關于地方空氣者。又甚巨。故政府亦深悉保護山林。遂爲政治上必不可廢之一事。且其利甚溥。其勢必須設法以保其餘。并將業經蹧蹋者。更爲補植。雖所費不貲。亦不能惜也。西歷一千八百四十四年及一千八百四十七年。孟買與麻打薩拉二屬長官。先行開辦。西歷一千八百六十四年。印度政府乃設樹藝局。簡柏蘭狄斯氏爲總辦山林之官。次年卽訂定章程。至西歷一千八百六十七年。乃遣生徒往德法兩國學堂習學栽種各項植物。及所以培養之法。以備任使。不數年間。逐漸推廣。規模大具。凡一切採伐。及有害於林木者。均行禁阻。昔日山族常焚燒森林。以其地播種雜糧。現在山林既歸官保護。故山族焚燒之地。自某處至某處限定地面。不得逾越。而山林之地。亦另劃界址。以便識別。

〔註〕官所保護之山林、別爲二種、一曰禁林、一曰公林、禁林爲樹藝局官員所經理、視爲國家產業、經營保護、以期逐漸發達、爲國家貯將來之利源、其地丈量後、更定界址、山族播種牧畜及採伐木料、均屬禁之、凡有妨害草木、則鋤去之、若公林則稍異於此、公林中應保衛之大樹、僅有數種、其餘則不甚加意也、尚有第三種林地、講求種植、歲費甚巨、惟以上所言之山林、其效果若何、一時未能斷決也、西歷一千八百七十二至七十三年、查禁林之地、已有六百萬畝有奇、較初辦時已增二倍、是年計進英金四十七萬七千鎊、除所費資本約英金二十九萬五千鎊外、約溢淨利十八萬二千鎊、至西歷一千八百七十七至七十八年、進款已增至六十六萬四千一百另二鎊、其中十六萬三百另八鎊英金、爲英緬甸出產、十二萬六千一百六十三鎊、出於孟買、是年出口之木料、麻栗樹一項、已值英金四十萬六千六百五十二鎊、蟲膠及紅顏料、值三十六萬二千另八鎊、橡皮約八萬九千三百八十一鎊、樹

膠十八萬三千六百八十五鎊。以上所言數目。不過約畧核計。究竟勞工若干。利益若干。不能詳言。然從前培養巨費。當可逐漸收回矣。

山族遊牧之地

山族播種雜糧。迴異常法。而於林木尤有妨害。凡印度高大山林。在阿剌干中央印度西高止一帶。與夫在阿薩密漸地港之東北界等處者。均以番族播種禾稻木棉等植。波害及之。而麻塔加斯哈 Madagascor 地方亦久已盛行此法。而其簡便合宜。可稱農事中最初最易之法矣。緬甸東北邊界中印度喜馬拉雅山西高止山諸部。其番族種類原各不同。而其所習播種之法。無甚別異。大概將林木焚去一段。即於其地播布子種。或畧爲耕耘。亦有絕不耕耘者。居西海岸一帶番民。用鍬鏟。分裂其已焚之地。有幾處則僅以小刀將土壤微爲翻掀。或有絕不耕犁。惟散布子種於地面。不施農功。聽其自生自長而已。此等土壤。有接植二年至三年者。然番農往往今年植於此地。次年又移種新田。以故損害山林。不知凡幾。不惟棟樑巨材。盡成燼餘。而火焰所至。赤地千里。故凡於木料能售賣之地。政府即嚴禁焚燬。有違犯者。重懲之。行之一年。保全甚大。由此觀之。凡政府應有之權利。固不可放棄哉。

[註]山林之利雖大。然尚有許多地方。不但其勢不能禁阻土番。勿令播種。且禁遏更不能有利也。蓋土番以此法施於其地。其出產有較以犁耕者尤巨也。一片未經耕種之地。灰燼所層積。肥料所培壅者。不知幾何寸。熱帶雨水所灌注者又甚足。故其地若植禾稻。出產之多。有不可思議者。此外如小米木棉榨油植物等。將其子同時播布於地。旋即各按其生長之期。陸續秀茁。人皆視爲美景。無論男婦少壯。均願一律工作。惟於貿易風期先。必須伐樹焚林。以清除其地。此則樹藝局員所不欲見者耳。

溝洫

溝洫灌溉之利。無論何處。均賴水積充足。地勢平坦。自剌日不德拿山間至印度河河領一帶沙漠之地。關乎溝洫灌輸者。較中印度河山錯雜之處相需更殷。而印度河以西。頗宜溝洫。現已營造成功。辦理頗用心思。信地與旁遮普南境諸邑。

則全賴印度河之水。如埃及地方之利賴尼爾河無異。然二者相較。則埃及受尼爾河之益更大何也。蓋信地雨量歲僅十寸。地土乾燥。多爲砂磧。而印度河河水氾溢。所流經之地面。又甚廣。非僅限於兩岸臨河相近之地。且其水勢猛急。不能伏制。故利害居半。而尼爾河則有利而無害。蓋其事已經營多年。而人能用其水利。以供種植。其成效又可預計。不致一經氾濫。漫無限制。此二者。所以情境相同。而其實在利益。不能相提並論也。總而言之。則信地一屬。若無溝洫。無論何等雜糧。均不能種植。現在計可耕種之地。約三百萬畝。無不依賴人工所營之溝洫。然無印度河以爲水源。雖有巧工。雖有溝洫。亦無如之何。故不賴印度河。而其實仍賴印度河。不過爲間接之利已耳。自印度河引水之溝渠有二道。一爲洪水渠。當印度河水漲氾流時始用之。一爲常年渠。建築堤壩。隨時可以宣洩洪水。洪水渠大約昔時政府所建置。或爲田主所築。亦未可知。而常年渠。自英人得印度後。始行築造。而已經廢棄之溝渠。亦設法利用之。印度溝渠。如在信地等省者。歸官經理。而別處數省。則有民間自行鳩資營造者。

西歷一千八百七十六至七十七年。信地開通溝渠之田。約九十萬畝。歲得地稅進款英金十九萬鎊。所有溝渠工費。均於地稅項下開支。不敷之欵。則以存貯之資本補之。是年又開通四十四萬五千畝。約增進款七萬五千鎊。其餘孟買所屬之地。溝渠較少。多爲民間自行集資建築。康干沿海一帶。小河甚多。而雨量亦頗足。每年河水泛濫。足敷灌注。故其地能植禾稻。無須溝渠。古直拉德之田。常資井水。而台干則藉池塘。一旦雨水缺少。立成旱象。易致歉收。政府現正經營溝渠。工程浩大。均照常式。於山間水源之地。建築隄壩。成一大池。再開通水道。引水灌田。有極長者數處。西歷一千八百七十六至七十七年。孟買一省。除信地不計外。政府開通溝渠之田。約十八萬畝。歲增英金四千二萬鎊。是年共用工費二十三萬五千鎊。而信地所營之工程。亦計在內。其中六萬五千鎊爲特別費。十七萬鎊爲尋常費。

旁遮普一省。有數處與信地無異。亦非溝渠不能種植者。第水源較信地為多耳。接喜馬拉雅山一帶。及臨河道之區。掘地十尺至三十尺。便能得水。其傍西數屬。河流頗多。且常氾溢。故灌輸甚易。而居大河中間之高地。則惟資政府所建常年渠之水。以為灌溉而已。查西歷一千八百七十七至七十八年。已耕種之田。共計二千二百六十四萬另八百九十四畝。其中五百萬另四百八十一畝。所資之溝渠。係民間自造。而官家建造者。亦有一百六十一萬八千八百五十四畝。共計資溝渠之田。為六百六十一萬九千三百三十五畝。約全數地畝。每百分中。已占二十九成。國家所開闢之河渠。如西朱木拿河。巴里道勒河 Bari Doah（在薩特里日與拉微二河之間）舍爾信特河 Sirhind 等。皆關係水利最為緊要者。而舍爾信特工費尤大。迄今尚未畢工。至西歷一千八百七十七及七十八年間。已費英金三百六十四萬五千一百八十九鎊。是年一年。計進英金二十六萬三千另五十三鎊。其中十七萬一千五百另四鎊。為直接進款。而九萬一千五百四十九鎊。為間接進款。除本年工費二十二萬四千三百十六鎊。其中十四萬六千四百十九鎊爲修理費。而七萬七千八百九十七鎊係利息外。共獲淨利三萬八千七百三十七鎊。惟西朱木拿一河。除一切開銷外。能得淨利八萬三千一百十二鎊。

西北部臨巴里道勃河一帶。即介恒河與朱木拿河之高地。雨水頗足。第溝渠未成之先。亦常罹旱災。乃自政府鑿濬河道。旱魃不能爲厲。利被西北。厥功最偉。信地一屬。萬不可無溝渠。而孟加拉南境。則無需乎溝渠。至諸大河流域內。溝渠之利有二。一則備變以濟民。一則貴重之植物。昔日所不宜者。今亦可以移植矣。民間藉井灌田之法。無甚新奇者。政府所鑿之河渠。其要者。如監吉士渠 Ganger 東朱木拿河 Jumna 亞格拉渠 Agra 及下監吉士渠 Lower Ganges 而下監吉士之渠工。至今尚未告成。至西歷一千八百七十七及七十八年。已費英金五百六十七萬三千四百另一鎊。是年一年進項。共計英金四十三萬八千一百三十六鎊。其中三十三萬七千八百四十二鎊。爲水稅。而十萬另二百九十四鎊。爲地稅。

除工費開支英金十四萬三千九百八十四鎊外。實贏餘淨利二十九萬四千一百五十二金鎊。此間資溝渠之田共計一百四十六萬一千四百二十八畝。而監吉士渠所灌溉者。約居三成之二。其中四十一萬五千六百五十九畝爲小麥。十三萬九千三百七十四畝則植甘蔗。

烏德一省。政府尙未於其地開鑿河渠。蓋本地雨量霑足。每年河水氾溢。流被頗廣。而低窪濕地又甚多。有此三利。若非旱象極著之年。無不豐收。其地共有耕種之田八百二十七萬六千一百七十四畝。聞民間自造溝渠之田。約有二百九十五萬七千三百九十七畝。第此數於天然輸灌之低地。亦必計在內也。

孟加拉一部。無需溝渠之地。約居大半。第數處亦有偶患亢旱之時。政府憂之。乃設法建造溝渠。以備不虞。若恒河與布拉馬普得拉河及沿海岸一帶。水患更甚於旱魃。則築隄岸以防之。工程局共建築隄岸二千八百英里之長。查西歷一千八百七十七至七十八年。已費英金七萬九千一百另五鎊。孟加拉北部與比拉爾介乎喜馬拉雅山及恒河之間者地面廣闊旱患甚鮮然人煙稠密一遇旱患更爲危險惟薩爾蘭一邑必須稍爲設法以利用公都克河之水 Ganges 總計孟加拉一屬有大渠二式樣各異(一)在俄里薩渠身廣長仿照加爾那的海岸溝渠之式 Coromandel（加爾那的爲東海岸與馬拉巴爾西海岸相對但譯音稍差耳）意在除去旱潦二患兼可駛行船隻一舉而備三利惟其地雨量六年之中霑足者常居五年播種米稻頗能豐茂而稻田之多亦印度惟一之地故雖鑿溝渠而於灌溉一層之利益非所希望若能使西歷一千八百六十五及六十六年之水災不再見於後日則此興築之巨欵方不慮糜也(二)在比拉爾西北隅比拉爾南境值孫河氾濫水勢洶湃實當其衝自建築機關以來稍殺此間孫河之水患移注恒河南岸較形乾燥之地土如此一舉兩患既除大利同被故此項工程爲國家謀將來之利益計尤爲民間除目前之大患設也然工程雖尚未告成而其地即尋常年歲（指非大旱潦之年）亦須溝渠業經明驗至西歷一千八百七十七及七十八年凡孟加拉所屬一切溝

渠水道。已費英金四百六十五萬三千九百另三鎊。是年進英金四萬九千四百七十七鎊。而工費則約七萬另二百八十六鎊。又利息一項按長年四釐半計算。共需英金二十萬三千九百七十一鎊。二項共費英金二十七萬四千二百五十七鎊。除進欵抵銷外。尚不敷英金二十二萬四千七百八十鎊。孟加拉一屬共計資溝渠之田。約四十萬畝。因借欵興工故須利息

麻打薩拉一部。山河岔岔易爲溝渠。若能縱橫交錯。而農田胥蒙其澤。五穀之專資雨水者。別其名曰乾植。乾植之中。以各種小米爲最多。而米稻則僅能植於可通溝渠之地。惟此間雨量。除馬拉巴爾西海岸一帶外。處處稀少。不足以資灌溉。故滋養農田之水。均仰給於河井池塘。總計麻打薩拉一屬。資溝渠之田。僅占百分中之十五成。而其餘之地。悉隨貿易風以定豐歉。民間設種種方法。貯積雨水。以爲田間不時之需。並候河水汜流時。引以濟田。其法用無數隄壩。橫亘河中。再鑿極長水槽。分接田間。即導其水入槽。輸灌甚廣。而高原之地。則鑿巨浸。以備荒

旱。然不知其法創始於何時耳。現在此項工程。多歸政府。每年修理之費。所費甚巨。而進欵則僅於地稅一項。稍爲加增。現行地稅。大約有溝渠之田。均勻計之。每畝約九先零六便士。而未通溝渠者。每畝僅二先零三便士。故政府於相宜之處。輒興溝渠。不獨政府之本分。亦政府之利益也。至哥達惟利。奇斯得拿。加惟利。三河流域內之地。近年建築溝渠。羅布如網。不致再憂凶歲。而他處近亦互相倣效。私家設立一公司。政府爲之擔保。承辦一較難工程。以便利用通加不得拉河之水。Tcmgabhadra 以灌溉田地。據最近册籍查得。麻打薩拉利用溝渠之田。約五百萬畝。共出地稅。約英金二百萬鎊。其中一百六十八萬另一百七十八畝。爲八大渠所灌注。共進地稅七十三萬九千七百七十八鎊。而此外有小塘渠三萬五千處。跨河之隄壩。約一千一百四十處。

賣索爾一省。民間於乾涸之河底。鑿爲池井。以資灌溉。然用此法種植之地。其數較麻打薩拉爲少。自西歷一千八百七十六及七十八二年。迭遭凶荒後。政府乃跨河建築隄壩。以備不虞。印度中央之溝渠爲私家所營辦。其地可耕種之田共有一千三百六十一萬五百另三畝。而其中八十萬四千三百七十畝。爲民間各自以溝渠灌溉之地。惟尼馬爾（屬印度中央北緯二十一度四十五分英天文臺東經七十六度三十分）一邑之巨塘則屬於政府者。英緬甸亦築隄岸以代溝渠。蓋防水患也。近數年政府共費英金三十一萬八千鎊。而循薩潦瓦諦河一帶低窪稻田得此。不致再罹水潦矣。

自西歷一千八百六十八年起。至西歷一千八百七十八年止。十年間。印度政府。於溝渠一項。共額外費英金一千另四十五萬七千七百另二鎊。同時於鐵路一項。計費英金一千八百六十三萬六千三百二十一鎊。西歷一千八百七十八年一年間。溝渠一項。進英金四十九萬五千一百四十二鎊。一切開支。約英金三十七萬另七百四十七鎊。而鐵路一項。約進英金五十四萬八千五百二十八鎊。一切開支。計英金四十二萬另七百五十四鎊。

鐵路

當達爾霍希 Lord Dalhowse 公爵在商部時。正英國鐵路商務興盛之際。故深知路政。關係國計民生甚巨。迨握印度政權。始倡建設印度鐵路之議。至西歷一千八百四十三年。馬克唐納爾氏 Macdonald 遂計畫其事。而於設立東印度鐵路公司一事。馬氏亦與有力。第其時以經費不足。循因觀望。不免稽遲時日。又經十年。至西歷一千八百五十三年。自孟買至稅那 Thana 之鐵路。始行告成。計長約英里三里許。嗣後軌道四通八達。而孟買商務日臻興旺。遂成大埠。達爾霍希氏所手定路線位置。頗爲詳備。今日印度鐵道。悉按其原議興修。惟西歷一千八百六十九年。梅俞氏稍將原圖更改。達氏之圖。有幹路數枝。縱橫其間。而通國大城巨鎭及軍隊駐紥之地。又設支路以聯絡之。造路之法。所有幹路。均歸私家公司建造。其應用經費。五釐行息。由國家承認擔保。而國家另向公司索酬報之利益。自此遂漸動工。至西歷一千八百七十一年。而孟買至加爾各答及麻打薩拉者。均已交通。梅俞氏擬經營之路。重在振興商業。凡物產充牣之鄉邑。均行建設較狹鐵軌。案歐洲鐵軌相隔寬狹各有尺寸寬者約七尺曰寬軌狹者四尺七寸半曰狹軌其一切經費工程。由國家相助而成。鐵軌相隔甚狹。故價格亦較前者爲省也。

國家擔保之路線。及西歷一千八百七十九年。由東印度公司移交國家之路。詳列於左。

東印度線路。自加爾各答又名霍爾拉起。循恒河流域。直達特里爲幹路。而其支路。則至日貝布爾 Jabalpur 此路自阿拉哈巴分支至日貝布爾日貝布爾或卽昭布爾因音稍異不敢確定故另譯此名

大印度線路。自孟買起。分爲二路。一向東北。抵日貝布爾。而其支路。則達那哥不爾。一向東南。至麻打薩拉邊境。

麻打薩拉線路。自麻打薩拉城起。亦分二路。一至拉周爾 Racchnr 與大印度路相接。一至對面海岸之拜普爾。而其支路。一至邦加洛爾。一達巴刺里。而烏德與羅希爾干德之路。自雷各腦德與摩拉達巴的 Moradabad 起。均與班拿勒斯。及科尼普爾相交通。

自孟買起。北行至巴羅達。又自巴羅達。經古直拉德。剌日不德拿以達特里。而信地。旁遮普特里三地。亦包有三段。一在信地。一自特里至拉合爾。一自拉合爾至穆里坦。

南印度綫路。軌道窄狹者只此一段 自科馬林角。至麻打薩拉城。而東孟加拉之綫路。僅經過恒河流域最爲富饒一帶之地而已。至國家所造之路。散布者多。不及詳載。在西北者。自拉合爾達白沙瓦。現已修至熱倫。Jhelum 暫行停工。又自穆里坦經赫得拉巴 Hyderabad 以至喀喇蚩之路。近亦告成。故自旁遮普至海口喀喇蚩 Karachi 可以徑行交通。西歷一千八百七十八年始開車路 在東南者。則自仰光起。循薩潦瓦諦河。至普羅美止。此外土郡縣出貲營造之路。尚有數段。但不甚長耳。

西

淨利英鎊
五〇〇二〇二八
一九五七八七
五一九七八一五

歷一千八百七十八年

貨物噸數礦產在內	牲畜數	總進欵項英鎊	總費欵項英鎊
七一六六二〇五		九五〇三七二一	四五〇一六九三
一〇〇五四一二		九〇一〇三二	七〇五二四五
八一七一六一七	五九四二四九	一〇四〇四七五三	五二〇六九三八

印度全境鐵路表

	英里數	資本英鎊	搭車人數
擔保路線	六〇四四	九五四三〇八六三	三二二〇六五七〇
國家路線	二一七一	一九六二八五九一	六二八九一七三
總數	八二一五	一一五〇五九四五四	八三四九五七四三

照以上所表鐵路道里。均勻計算。則英印度所屬地面。約每一百另九方里。有鐵路一里。若以印度全境計之。每一百七十九方里。始有鐵路一里。而建路工料費。均勻計之。約造路一里。需英金一萬四千鎊。凡書中里數均是英里國家擔保之路線。及所有大枝幹路。均係寬軌。爲五尺六寸。而國家之路線。則照狹軌建修。係三·二八一尺。

自鐵路既興。而道路平康與否。似關係較輕。今以陸軍而言。有鐵路。則征調迅速。號令朝發。兵隊夕至。現軌道已四通八達。如歐洲各國無異。而孟買一城。恍如英國之卜斯墨司港。爲兵隊出入必由之途。凡兵隊自海登陸者。即由孟買至台干所屬之烏勒里站。少爲休息。再自此乘火車徑達欲往之地。雖道路窵遠。亦不覺其煩難也。印度最平坦之道路。即自加爾各答循恒河流域。徑達西北邊境一路。爲十六世時。阿富汗王蘇爾沙 Sher Shah 所創修。以後佐治貝汀克 George Bentinck 公爵。乃畢其工。現在兵隊往來。均乘輪車。而此路多已廢棄。然鐵路軍務商務。固關係最爲要緊。至平常旅行。及輪車不能通行之處。則仍須注重道路。至修造道路。爲地方官專責。印度現有數路。如在旁遮普境內者。接續白加爾各答至西北之幹路。他如喜馬拉雅山徑。及西高止山。奈爾格烈司山山徑。均需修理平康。以利行旅。斷非鐵路所能代者也。且道路又與地方居民。大有利益。不獨交通便利而文明日啓。抑亦地方潔淨。疾疫少侵。從前印度以騾驢負貨。人力遞信。自歸英人管轄後。乃以車代之。既速且便。然此又非道路平坦。不能爲力矣。案卜斯墨司港爲英國著名之軍港在北緯五十度四十八分英天文臺西經一度六分

凡修造緊要道路。均用干卡灰石砌塡。若其地無此等灰石者。如孟加拉南部。及恒河流域一帶。則用碎磚。其法將磚燒煅杵爲碎塊。用以砌路。印度窄狹溪川。架橋度人。其基礎多用石。而橋樑則常以鐵爲之。而大河則架浮橋。當乾旱時。以船橫亘河中。遇水氾濫時。則代渡船濟人。道路兩旁。均栽種樹木。既可蔭蔽日光。又可伐作木料。凡印度大路之政。均歸工程局經理。所有支路。卽小路則各歸地方官

辦理。而地方官。又以關於銀錢之事。專依本地董事。以資襄助。英屬印度。共有修造之路若干。及養路費幾何。無從查考。故不詳。干卡印度之石灰名內地航路。惟四大河最暢。即恒河。布拉馬普得拉河。印度河。及薩潦瓦諦河是也。此四河流域甚廣。凡內地物產。均由四河載運至海。自古已然。於今爲盛。恒河以南無一河可以駛行船隻者。蓋雨水期內。河水汜溢。波濤疾滾。若雨澤稍稀。河隘如綫。或成瀦而不流之沼浸。而尼爾巴達與哥達惟利二河。水量雖大。第巖石錯布處。急湍怒波。船隻不能往來。雖曾經設法施工。亦不能去其險。而哥達惟利一河。已費英金一百五十萬鎊。而其阻止航路依然如故。巨欵虛糜。人工難施。莫此爲甚。然河運究能爭勝輪車與否。實不敢決。自東印度綫路開通後。而恒河輪船。停止航業。迨穆里坦至喀喇蚩之鐵路告成。而印度河之小輪船。亦逐漸停歇。惟布拉馬普得拉。及其支河巴拉克。與薩潦瓦諦三河。輪船仍逐期往來。以與輪車競爭。而恒河汊口一帶。航業尤稱發達。其居民水陸咸宜。家家皆有船隻。若値雨

河渠

期。無一村落不可以用船往來。而車業反絕。且恒河。布拉馬普得拉河。及其所通之大支河。舟楫隨時可以暢行。無或間阻。而所有溪川。値雨水時。山水暴發。水量陡漲。村民各挾其平時積貯之貨。放舟而下。爲數甚多。査西歷一千八百七十七及七十八年。孟加拉所屬之某站。註册貨船。共計四十萬一千七百二十九隻。此項貨船。均屬內地貿易。故約畧記之。亦可以見一斑矣。

孟加拉所屬河道。多勿庸政府經心。惟僅管理航路。令暢通商貨而已。故延工程師多人。常川駐紮其地。視河底淤塞與否。及疏濬河流。勿令障礙航路。並時時報告水之深淺。此其專責也。西歷一千八百七十七及七十八年。此項費用。共計英金九千五百二十二鎊。而是年河道稅項。計收英金三萬二千四百九十四鎊。

印度境內。凡人工所鑿之河渠。可分爲二類。一類專爲駛行舟楫。一類專爲灌溉田地。第一類之渠。最緊要者。多在南境。蓋馬拉巴爾及加爾那的海岸之地之介乎高山大洋之間者。最爲低窪。故開鑿與海岸平行之河渠。易於施工也。馬拉巴爾之鹽水湖。面積袤廣。若再開鑿數處。自加爾喀底 Calicut 埠。至科馬林角之水道。當可通暢。而東海岸之伯金漢 Buckinghan 渠。自麻打薩拉城北行。達奇斯得那河口。現已開鑿畢工。毫不爲難。此外孟加拉屬。亦有數渠。非近時所開通者。其最著稱者。曰加爾各答渠。曰東渠。皆天然自成之河道。不過畧施人工。加以深濬。以便舟楫往來。經過散帶斑姆。（在加爾各答東南地勢低窪積水成塘）至西歷一千八百七十七及七十八年。政府於此數渠。計已費英金三十六萬三百三十二鎊。而是年所進之欵。僅英金四萬四千一百二十鎊。若除去修濬費及四釐半行息外。淨得贏餘英金八千七百四十八鎊。而彌德拿普爾地方之哈吉里渠。與呼格里河交通。是年亦得淨利英金三千一百七十一鎊。

印度南北河渠。其大者。既可灌溉田地。又能駛行船隻。當開鑿時。早已相定地位。一切詳情。前已言之。茲不再述。惟麻打薩拉之河工局。於通加不得拉河工程。初辦時仍不能駛行船隻。至西歷一千八百七十九年。始通航路。現在孟加拉政府。

正商議開通彌德拿普爾與俄里薩二地之河渠，而後向南開鑿經吉爾喀湖 Chilka 以達於根遮木 Ganjam 如是則自加爾各答至根遮木四百英里之水程，一葦可航矣。

商務

印度商務約分四類，一曰外海商務，專與各國交往，二曰海岸商務，專在本國口岸貿易，三曰邊界商務，多逾喜馬拉雅山經營商業，四曰內地商務，專在國境以內懋遷有無。

印度海岸雖袤廣，而口岸寥寥無幾，加爾各答一埠，不獨握孟加拉南境商權，即恒河與布拉馬普得拉河流域界內之商務，亦均集於此地，而古直拉德台干及印度中央之農產，則由孟買出口，喀喇蚩爲印度河商貨出路，而仰光則爲薩潦瓦諦河之商埠，此四埠，自鐵路交通後，商業更盛，印度南部沿海一帶，多與外國通商，其西海岸自般日木至可陳港埠相接，而東海岸則無一港灣，堪泊海船，亦無航路暢通之河道。故船舶往來。常於距厤打薩拉海岸甚遠之處。或別擇相宜之地。投錨停船。大概近河口者爲多。總計印度外海商務。加爾各答與孟買二埠。各占百分中之四十成。厤打薩拉占六成。仰光四成。喀喇蚩二成。而其餘八成。則爲他處口岸分占者。故加爾各答與孟買二城。可謂商貨聚散之中心點。而世界各國。無有似此之商埠。而二成商業之興旺。亦卽印度全境之代表也。

印度四十年

口貨之均數		
商貨	貨幣	進口貨與出口貨價值抵除餘數貨幣在內
一四·一四	〇·四八	（十）四·一七
一五·六八	一·三二	（十）四·七九
一九·〇二	一·〇〇	（十）四·一七
二四·九三	〇·九二	（一）一·〇〇
四二·一五	一·〇二	（十）二·一一
五五·八六	一·八〇	（十）八·三四
五六·二五	一·五九	（十）一六·五四
六〇·三二	二·八一	（十）一四·九一
三六·〇四	一·三七	（十）六·七五

間海外貿易數表按五年計算

西歷	時期	進口貨之均數 棉貨	商貨	貨幣	出 生棉
一千八百四十年	至四十四年	三·一九	七·六九	二·七六	二·三四
一千八百四十五年	至四十九年	三·七六	九·一四	三·〇七	一·六八
一千八百五十年	至五十四年	五·一五	一一·〇六	四·七九	三·一四
一千八百五十五年	至五十九年	六·九四	一五·五八	一一·二七	三·一一
一千八百六十年	至六十四年	一〇·九二	二三·九七	一七·〇九	一五·五六
一千八百六十五年	至六十九年	一五·七四	三一·七〇	一七·六二	二五·九八
一千八百七十年	至七十四年	一七·五六	三三·〇四	八·二六	一七·四一
一千八百七十五年	至七十九年	一八·八九	三八·三六	九·八六	一一·五二
大概均數		一〇·二七	二一·三二	九·三四	一〇·〇九

［註］末行（十）字符號即算式中之加號指出口者之多於進口貨値也而（一）字即算式減號指進口者之多於出口貨値也

此表係西歷一千八百七十九年印度政府經理商務者所造今擷錄於此俾知印度商業之情形表中均平數目係按五年計算蓋偶有意外商業陡然增減一二年間無從比較故以五年爲期愈久愈妙以免此弊查表中西歷一千八百五十五年至六十九年此十餘年間貨幣進口及生棉出口增加甚多大都因美國戰事與兵士作亂之所致而進口棉貨與商貨及出口商貨亦較前數年驟增是四十年之間進口棉貨價値已增六倍進口商貨增加五倍而出口商貨則增加四倍有奇

今將西歷一千八百七十七至七十八年一年間商業表列於下以資考查是年印度南境年歲雖歉而商務仍甚興旺計外海貿易所値英金鎊數至逾一百二十六兆之多其間進口貨之歸國家用者値英金二百十三萬八千一百八十二

鎊。出口者。值英金三萬六千六百十五鎊。而進口商貨。值英金三千九百三十三萬六千另三鎊。貨幣值一千七百三十五萬五千四百六十鎊。以上二項。共計英金五千六百六十九萬一千四百六十三鎊。而出口商貨。值英金六千五百十八萬五千七百十三鎊。貨幣值二百十五萬五千一百三十六鎊。以上二項。共計英金六千七百三十四萬八百四十九鎊。凡上所言之數。相提並較。則出口貨值多逾進口貨值。（貨幣在內）約合英金八百四十九萬四千二百五十鎊。而進口貨幣則多逾出口者。約英金一千五百二十萬另三百二十四鎊。而是年來往船舶。計有一萬二千五百三十七隻。共合五百七十五萬四千三百七十九噸。均勻計之。約每隻合四百五十九噸。其間英船。占百成之七十六成。英印度占七成。印度本地者占四成。而其十三成。則屬於各國者。而以美國意大利。及法國者。爲多此皆由海道運載者也。至由陸地邊境載運者。數亦甚巨。共計進出貨值。約英金七百七十五萬鎊。其進口貨值。四百二十五萬鎊。而出口者三百五十萬鎊。是西歷一千八

百七十八年總計外國商務由海陸二路貿易者其價值共合英金一百三十四兆之多

西歷一千八百七十七至七十八年英印度進口出口商貨價值數目及其總數再詳細分列於左

西歷一千八百七十七至七十八年英印

價值	商貨數目
英鎊　英鎊 五五七五九七 一〇〇七九三二 二八五〇四〇三	六〇一一五九 三六一九四一二五
一一五六二八五三 二九三六一〇九 二四五四一〇三 三六九二四八	九九二五三七五七九 二一五六二四三六〇 一五〇五四八七一三
二〇一七二七一六 四四八二二八	
三一三〇七〇 六四七六六一 四三六〇二〇 四八〇八	一三二八〇七七 七三七七一四 四九六七三三 一四一六〇
一四〇一五五九 八五〇九九七	二五七六六八四
一四九八一七五 一四三五五六一 六七一七二八	三二〇一〇三 二四三七七二一 三三〇七八九
三六〇五四六四 八五八七九七	三〇八八六一三
九〇七〇〇二 四〇一三六五 六七八〇六九 八〇四八八三 四八八八八四 七九八〇三六 七八二七八一	二五四二三一 二一〇二九三〇 八三二八七一六 三三一二三一三七 四七五一〇五 七〇六九六九三
三九三三六〇〇三 一七三五五四六〇 二一三八一八二	
五八八二九六四五	

西歷一千八百七十七至七十八年英印度進口貨物價值數目表

貨物	單位
服飾	
煤與焦炭	噸數
棉與線	磅
棉貨	
灰色	碼
白色	,,
彩色	,,
雜色	,,
棉貨總數	
鐵器與利器等	
酒	加倫
大麥酒皮酒巴德酒即黑麥酒	,,
火酒	,,
葡萄酒與力高酒(法國酒)	,,
別種酒	,,
酒液總數	,,
機器等	
五金	
銅	亨得威的
鐵	,,
別種五金類	,,
五金總數	,,
糧	
鐵路材料	
鹽	噸數
生絲	磅
絲貨	碼
香料	磅
糖	亨得威的
絨貨	碼
雜貨	
商貨總數	
貨幣	
公貨即歸國用者	
總數	

商貨數目	價值(英鎊)
三三三〇〇六二四	一三三八四九九
三八七四一六六二四	九三八三五三四
一七五四六五九一	四四二二八六
一五六〇〇二九一	六八二〇五八
一二〇六〇五	三四九四三三四
七三五八三八	四〇六六六〇
一八四二八三八六	六九五〇二七六
六三四〇一五〇	二八五六九九〇
八七九八〇六	三二六八三四
二五六四八三四二	一〇一三四一〇〇
二二九一六三一七	三七五六八八七
五四五〇二七六	三五一八一一四
	七七一一二七
九五〇七五	三三三〇三九
	三七一五五二
九二八二〇	一二三七四三五五
三八九〇〇二	三七九〇〇二
七一九八九一八	四二二四四二九
三一九三四八八	一九一八四三八
一一五八八〇二	八四八二二六
六三五八一三	三六九一九一
一二一八七〇二〇	七三六〇二八四
一五一二八一九	七〇三五四九
一五三五四五八	一五一〇八〇
一三八〇五〇三五	二二六五一五
八四四一二五	七四五八五一
三三四五九〇七五	三〇四四五七一
五六九三九	四〇六六五二
一一一〇二二三三	九三〇三七
二三〇七五三二三	九四三六四五
	二〇七八七三
	一八七四九二九
	六三一四三五三三
	二〇四二一八〇
	二一五五一三六
	三六六一五
	六七三七七四六四

出口貨物價值數目表

咖啡	磅
生棉	,,
棉貨	碼
棉線	磅
(顏料)靛	亨得威的
各項顏料	,,
五穀	
米	,,
小麥	,,
別種糧食	,,
五穀總數	
皮革	張數
生麻	亨得威的
麻貨	
蟲膠(除紅顏料)	,,
油	
煙土	箱
硝	亨得威的
子	
胡麻子	,,
蘿蔔子	,,
金吉力子	,,
別種子類	,,
子類總數	,,
生絲	磅
絲貨	碼
香料	磅
糖	亨得威的
茶	磅
木料	噸
煙葉	磅
羊毛	,,
絨貨	
雜貨	
印度物產總數	
外國商貨	
貨幣	
公貨	
總數	

進口貨

觀印度進口貨之多最宜注意者有二物。即棉貨與貨幣是也。前四十年間。棉貨占百成之三十三成。即全數三分之一。而貨幣則占三十成。其次爲五金。（銅較鐵稍多。因印度銅匠需銅甚廣也。）爲國家應用之公貨。如兵器。船隻。酒。軍衣。及鐵路材料等。而酒一項。以歐人銷用者爲多。煤炭則用於鐵路。及磨坊局廠等處。鐵路材料。則係擔保鐵路公司所用。再次爲糧食。機械。絲貨等。觀以上所記。是歐洲所造之貨。除曼吉斯得一埠外。Manchester 無印度土人銷用之物。蓋其用於新政者居多也。且除銅鐵鹽諸物外。亦無他項生貨。

棉貨

英國出口之貨。來印度者。以棉貨爲大宗。茲畧述其棉貨所以增多之歷史。當十七世初年。英國棉業。尙未萌芽。凡國內所需棉貨。則由印度進口。因印度織棉之工藝。其時早已風行。西歷一千六百四十一年。曼吉斯得Manchester布貨。仍以羊毛製造。第仿照印度棉布印花布之式樣而已。至西歷一千六百七十六年。英國始創製棉貨。乃迭頒規則。禁止民間衣用進口之棉貨。以鼓勵本國棉業。迨亞克爾拉底氏。創造新機。及用汽機分棉子之法。日益精進。而曼吉斯得棉業。遂日見其盛。利源日增。而昔日保護之法。則悉行删除。至近百年間。蘭克休爾Lanckshire棉業之盛。更勝其所仿效之地。自西歷一千八百四十年至四十五年。此五年間。印度歲入之棉貨。約值英金三百萬鎊。以後每五年間。逐漸增多。迨西歷一千八百七十七至七十八年。進口之棉貨。已達英金二千萬鎊。爲從來所未有者。是四十年之間。驟增六倍之多。可謂速矣。

印度進口貨中。貨幣一項。數亦不少。但其物並非銷用。烏有蓄。仍能永留於國中者。當此四十年間。其進口之貨幣。除抵銷出口者外。實值英金三百十九兆鎊之多。以通國二百四十兆人民計之。每人約得一鎊。六先零六便士。有奇。其間雖以銀者居大半。而金貨亦不甚少。蓋至西歷一千八百七十五年。此十年間金銀價值相差尚不甚遠。計進口之貨幣值英金九十九兆鎊。（即九千九百萬鎊）而六千二百五十萬鎊。爲銀物。三千六百五十萬鎊則爲金貨。是金貨已逾全數三分之一。其由進口金貨中再販運出口者。僅百分之七。而銀者則占十九成。如是約而言之。印度進口之金。一年中足值英金三百萬鎊。其金多由中國。錫蘭島。不列顛（Britain 即英國）墺大利亞諸國入口。此後銀價賤跌。致進口之銀驟增。而出口之金亦驟增。西歷一千八百七十七至七十八年。其時銀價最低。雖印度喜積金貨。而出口者計值英金一百萬鎊有奇。而進口者仍有英金一百五十萬鎊之多。除二者相抵外。尚餘五十萬鎊之進口金貨也。

吾輩再將表中出口貨。一爲考覈其間變遷之關係。亦有宜注意者。自西歷一千八百七十七至七十八年。生棉一項。初次降居出口貨之次等者多年。蓋爲五穀

生棉

總數所攘奪也。油子一物。亦爲棉花之敵。黃麻勝於靑靛。而茶則更居其後矣。棉貨之價值幾與咖啡相埒。惟進口之糖。較其出口者爲多。此乃論其價值。若言其數目。則出口者反較多也。若生絲一項。出入相差者無幾。而出口之香料。計值英金二十二萬六千五百一十五鎊。比之進口者。約少二倍。

印度出口之生棉。忽增忽減。屢次變遷。當前棋末年。（百年曰棋英文曰森鳩里譬如稱第十九森鳩里即介乎一千八百年至一千九年百之間之時）棉花一物。由印度至英國者甚少。大都爲印度中央所產。在默察普爾地方收齊。運至加爾各答。裝船出口。而產於古直拉德者。即運往蘇拉特出口。西歷一千八百另五年。自蘇拉特出口之棉。約值英金十萬八千鎊。是年查英國貿易册載。印度之棉輸運至英國者。僅二千包。若論均數算計。則此數缺少甚多。因西歷一千八百十年。運往英國之棉。增至七萬九千包。迨西歷一千八百十三年。仍僅二千包。後五年。即一千八百十八年。乃忽增至二十四萬八千包。增減之無定。未有若是之奇者。孟買一埠。至西歷一千八百二十五年。始與棉貨交易之事。自鐵路建設後。凡中央印度所產之棉。均可由輪車載至孟買。故孟買遂獨操其貿易權。當西歷一千八百三十四年。印度商務初次開通之時。生棉出口者。計三千三百萬磅。自西歷一千八百四十年起。後四十年之間。分別比較。第一期五年。均勻計之。出口之棉。歲值英金二百萬鎊。又三分之一。即二百三十三萬三千三百三十三鎊。以後雖有增加。然其數甚微。至一千八百五十八年。始達英金四百萬鎊之數。自是年以後。增漲仍緩。迨西歷一千八百六十一年。美國出口之棉。爲戰事所阻。價忽騰漲。而印度遂乘其機。得獲利益。惟其出口之數。與棉質二者均不能與增價相副。爲可惜耳。其出口值價最多者。爲西歷一千八百六十五年。約值英金三千七百五十萬鎊。磅數最多者。即次年。（西歷一千八百六十六年）約八萬三百萬磅。（即八百另三兆磅）自此以後。復逐漸衰落。至西歷一千八百七十八及七十九年。其價值數目之低少。較之興旺之年。已相去甚遠。查是年出口之生棉。值英金七百九十一萬四千另九十一鎊。棉線與貨等。值英金二百五十八萬一千八百

黃麻

二十三鎊。近年運往英國及歐洲各埠者。數亦甚少。

次棉而列者爲黃麻。經營黃麻貿易。不過三十年間之事耳。當西歷一千八百五十一年。英倫敦賽會。麻絲之爲用。尙未知之。亦未試之。其時皆注意於中國之葛布。考求織造之法。雖至今日。亦無省簡之法。可以仿製也。印度東孟加拉窪濕之地。久殖黃麻。製爲粗袋。甚有爲衣者。然不知始於何時耳。西歷一千七百九十五年。洛格斯柏夫氏。Roxbargh 始注意此植。乃栽種於加爾各答之植物園。植物園乃專試種不知質性之植物而研究之與常園異而名之曰鳩的。從其俄里薩老圃之言也。孟加拉文字稱此植曰科斯塔西歷一千八百二十八年至二十九年。出口之麻。僅三百六十四亨得威的。値英金二六十二鎊。自是以後日漸增多。至西歷一千八百四十七及四十八年。已增至二十三萬四千另五十五亨得威的。嗣後克蘭米亞 Crimea 戰事起。卽俄國與土耳其英國戰于克蘭米亞俄國福發休爾 Forfarshire 出麻之源阻絕。而印度之鳩的麻。遂大暢銷。自西歷一千八百五十八年至六十三年。五年間出口之麻。均勻計之。歲得九十六

米麥

萬九千七百二十四亭得威的。自西歷一千八百六十三年至六十八年。此五年間。均勻計之。歲約二百六十二萬八千一百亭得威的。以後五年。即西歷一千八百六十八年。至七十三年。其均數。每年爲四百八十五萬八千一百六十二亭得威的。其間最多者。爲西歷一千八百七十二至七十三一年。出口之麻。共計七百另八萬九百十二亭得威的。值英金四百十四萬二千五百四十八鎊。而西歷一千八百七十八至七十九年。一年中。共計出口生麻。值英金三百八十萬另四百二十六鎊。而麻貨則值英金一百另九萬八千四百三十四鎊。

出口之五穀。總計之。較棉爲多。而五穀之中。尤以稻麥爲大宗。英緬甸。孟加拉。麻打薩拉三部。均產米出口。然英國市上。皆謂之緬甸米。每年出口者。約一千二百萬亭得威的。值英金三百萬鎊。此等米糧。自緬甸運載出口。在印度貿易册所記。係專交英國者。其實不過先至福爾麥司 Folmauth 領取憑單。而後再分往英國。及歐洲各口岸。惟歐洲米市。印度已握有貿易權。當米糧出口之時。印度政府。收

油子

取稅釐。每一亨得威的。約收便士六枚。麥稅亦照此抽收。惟此項稅則。已於西歷一千八百七十五年間刪除。自是以後。出口之麥。年增一年。當西歷一千八百七十四及七十五年。僅一百萬亨得威的。迨西歷一千八百七十七至七十八年。已增至六百二十五萬亨得威的。有奇。值英金。近三百萬鎊。次年凡產麥之處。均遭歉歲。幾無出口者。旁遮普。雖爲印度產麥最盛之省。而輸出者甚少。但出口者。多爲西北部。及烏德之麥。先運至科尼普爾。再由火車載往加爾各答裝船出洋。查西歷一千八百七十九年。印度出口五穀。計值英金九百八十萬二千三百六十三鎊。

印度出口油子。亦於西歷一千八百七十五年免稅。十年前。運往外國者。均勻計之。每年約四百萬亨得威的。自免出口稅後。又適值歐洲需求增廣。而出口之油子。遂驟增三倍。計西歷一千八百七十七及七十八年。出口者有一千二百十八萬七千另二十亨得威的之多。值英金七百二十五萬鎊有奇。其中七百七十九萬九千二百二十亨得威的。爲孟加拉所產。而孟買亦占三百十七萬九千四百七十五亨得威的。油子中以胡麻子與蘿蔔子二項。幾全往英國。而金吉力子。（譯音）（因印度字故不知其爲何物）則專售與法國。西歷一千八百七十八至七十九年。計出口油子。共值英金四百六十八萬二千五百十二鎊。

印度靛業。較他項顏料爲優勝。西歷一千八百七十七至七十八年。出口之靛。共計十二萬六百另五亨得威的。值英金三百四十九萬四千三百三十四鎊。爲數之多。爲從來未有。其中以孟加拉所產者爲最多。約占九萬九千四百另二亨得威的。而麻打薩拉。則僅占一萬六千八百九十九亨得威的。西歷一千八百七十八至七十九年出口之靛。計十萬五千另五十一亨得威的。值英金二百九十六萬另四百六十三鎊。蓋運往英國者。日益減少。而輸送於他國者。則仍如故也。至出口顏料中。紅顏料一項。亦大減少。現在惟中國及日本。尚需此製胭脂。而此外則別無所用。查西歷一千八百七十七至七十八年。出口之紅顏料。僅三千六百九十八亨得威的。値英金一萬四千八百八十一鎊。印度尚產一種可作顏料之乾果。自俄國與土耳其戰事起。小亞細亞所產之五倍子。與橡子之可作染料者。均已阻絕。而印度之乾果。遂大暢銷。計西歷一千八百七十五至七十六年一年。出口之乾果。爲二十八萬六千三百五十亨得威的。至次年西歷一千八百七十七及七十八年。驟增至五十三萬七千另五十五亨得威的。値英金二十三萬另五百二十六鎊。大概全運往英國。而薑黃一項。是年出口者。計十四萬六千八百六十五亨得威的。値英金十二萬三千七百六十六鎊。亦較前增多。銷於英國者及半。而其餘則分售于歐洲各埠。惟蟲膠所製之紅顏料。則年減一年。查是年出口者。計九千五百七十亨得威的。僅售英金二萬九千另九鎊而已。

茶

印度出口之茶葉。十年間。增至四倍之多。逐漸增進。非如他項出口貨。忽增忽減者可比。查西歷一千八百六十七至六十八年。出口茶叶。僅七百八十一萬一千四百二十九磅。迨西歷一千八百七十二至七十三年。已增至一千七百九十二萬另四百三十九磅。西歷一千八百七十八至七十九年。更增至三千四百八十萬另二十七磅。值英金三百十七萬另一百十八鎊。蓋從無一年退減者。印度之茶在英國倫敦市上現已立定腳步。且其價較之中國茶每磅更昂貴四便士。惟他國除澳大利亞外。則多不認印度之茶。

咖啡

咖啡一物。不增亦不減。當前十年間。出口最多者。即西歷一千八百七十一至七十二年一年。計有五十萬七千二百九十六亨得威的。而西歷一千八百七十七至七十八年爲最少。僅有二十九萬八千五百八十七亨得威的。值英金一百三十三萬八千四百九十九鎊。次年出口之咖啡。共計三十四萬二千二百六十八亨得威的。值英金一百五十四萬八千四百八十一鎊。

棉麻貨

印度所製造之棉麻貨。雖多半銷售於本國。而出口者。亦頗不少。查西歷一千八百七十八至七十九年。出口之棉貨。計值英金一百六十四萬四千一百二十五鎊。比之西歷一千八百七十四至七十五年所運往者。約增三倍。而棉線與棉紗二項。乃孟買機廠所製。西歷一千八百七十四至七十五年。出口者。約三百萬磅。而後二年。即增至一千五百五十萬磅。計値英金六十八萬二千另五十八鎊。其中以運往中國者爲最多。約有一千三百七十六萬二千一百三十三磅。亞丁次之。計一百十八萬一千一百二十磅。而阿剌伯更次之。僅占三十九萬三千三百七十一磅。查西歷一千八百七十八至七十九年。計出口之線紗。共値英金九十三萬七千六百九十八鎊。棉貨分爲二類。一爲彩色布。係手機所織。每年由麻打薩拉運往錫蘭。與斯脫雷底二處者。約値英金二十三萬鎊。共計八百萬碼。西歷一千八百七十七至七十八年。灰色棉布。由孟買紡織廠。運往亞丁。阿剌伯。賽什伯爾。Zanjfar 及米克爾闌海岸者 Mckran 逾一千萬碼之多。値英金十四萬一千五百另九鎊。麻貨一項。爲加爾各荅機廠所製者居多。如粗袋粗布及繩索等。無不編製。其出口之數。所增頗速。而其價値則飛漲更速。近五年間。已增四倍。查西歷一千八百七十七至七十八年。計出口麻貨。値英金七十七萬一千一百二十七鎊。次年卽漲至英金一百另九萬八千四百三十四鎊。至麻袋一項。專備裝米麥及羊毛諸貨之用。是年計出口之袋約二千六百五十萬枚。值英金七十二萬九千六百六十九鎊。其中值二十九萬八千鎊之貨。乃至墺大利者。此項麻袋較精細故價亦較貴至斯脫雷底者。約值英金十六萬二千鎊。至美國者。約值八萬鎊。至埃及者。約七萬七千鎊。往中國者。計三萬二千鎊。而其餘之八萬一千鎊。則分輸於他國。尤以英國居多數。西歷一千八百七十八至七十九年。出口麻袋增至四千五百三十三萬三千三百三十三隻。約值英金一百萬鎊。而粗布一項。查西歷一千八百七十七至七十八年出口者。近三百萬碼。值英金三萬五千六百一十鎊。而運往美國者。幾占十成之九也。次年乃增至四千六百六十六萬六千六百六十六碼矣。繼索出口者。約有四千四百二十八亨得威的。值英金五千四百四十三鎊。案賽什伯爾在非洲東部爲英國保護王國

左列之表。由印度商務册中摘錄於此。凡進口出口之貨。於其所來之源。所往之

地。並不詳敍及之。不過與印度直接通商之國。表其大畧而已。英之倫敦。實爲世界最先之東方市廛。且商業之盛。莫與之京。凡歐洲各國之商家。均集於倫敦。以求其所需。德人購羊毛。法商求麻。而他國或收取香料染料。或採買藥材。無不取給於其地。自蘇伊士河開通後。沿地中海一帶城邑。雖得稍分其昔日獨操之商業。然英國通商最早。航業興盛。而倫敦又爲財貨薈萃之地。故他國與之通商。亦各有其利便者在也。今印度之於英國。考其表中所列。獨盛於他國。亦勢所必至也。

西歷一千八

要數種出口

麥	靛
五七三一三四九	五一六四一
一一一六六七四	二九九九九
	六六一八
	一三九二
	九八三二
	一二四一七
	四一四八
一五四八八八	

百七十七至七十八年印度緊生貨表均以亨得威的計算

	棉	麻	米
英國	一四四〇,〇〇〇	四四九三四八三	一〇四八八一九八
法國	六一一,〇〇〇		八〇一一七
德國	一〇九,〇〇〇		六八八三九
墺國	四〇七,〇〇〇		
意大利國	四三四,〇〇〇		
美國		八四五八一〇	
埃及國			
波斯國			二一六八二四
墨利帖			一四六一九三一
中國	一二九〇〇〇		
斯脫雷底稅得爾文的			一〇二二四三一

西歷一千八百七十七至七十

中國同香港	斯脫雷底脫得爾文的	錫蘭島	墨利帖
鎊數	鎊數	鎊數	鎊數
一四〇三六七三 一二六三四九三五	一〇七九七〇二 二三四三二八五	五三〇五五五 二四九六三二三	六四二四七一 一一一七九七五
一四〇三八六〇八 一三	三四二二九八七 三	三〇二六八七八 二•六	一七六〇四四六 一•四

八年印度與各國貿易出入價值表

墺大利亞	美國	意大利國	法國
鎊數	鎊數	鎊數	鎊數
二九八二九八 四四九七四〇	二七九七一七 一九三〇三四〇	三四九二二九 一八六七六九〇	四五一一〇五 五九六三〇五七
七四八〇三八 •六	二二一〇〇五七 一•八	二二一六九一九 一•八	六四一四一六二 五

蘇伊士河商務

自西歷一千八百六十九年。開通蘇伊士河後。凡有關係之商業家無不增其精神。擴充其商務。而印度於初數年間。則無甚變遷。然此路開通。其於進口之貨。一向數少價高者。今必首覺其利便。可決然者。查西歷一千八百七十五至七十六年。進口之貨。除貨幣外。自歐洲埃及運來經過蘇伊士河者。約百分之八十五。而是年之出口貨。僅二十九成。迨西歷一千八百七十八至七十九年。進口貨之數。

（貨幣在外）

	英國
	鎊數
進口貨	三二二一一三〇三
出口貨	二九二九八一五二
進出共數	六一五〇九四五五
總數中之百分數	四九

仍與前不甚差別。而出口貨則驟增至六十四成。是印度之大宗商貨。如棉麻五穀油子等。至是始分受其利益也。而西歷一千八百七十七至七十八年一年。商務最稱發達。計進口貨値英金二千九百萬鎊。出口貨亦有二千三百萬鎊。蓋蘇伊士河未通以前。而倫敦至印度之水程。必須繞好望角。以抵東方。路遠費巨。商貨往來。諸多不便。今此河開通。減少航路。利便交通。其爲益於世界。豈獨商業而已哉。

海岸商務專指本國口岸互通之商務

査西歷一千八百七十三至七十四年。凡涉於海岸貿易。出入之船舶。共有二十九萬四千三百七十四隻。計一千另三十七萬九千八百六十二噸。進口出口各貨共値英金三千四百八十九萬另四百四十五鎊。而其中二十八萬另九百十三隻。計四百八十四萬三千六百六十八噸。爲印度土船。多屬孟買與麻打薩拉二省者。而孟加拉與緬甸二部之貨。則均用英國輪船載運。西歷一千八百七十七至七十八年。是年適値歉歲。往來船舶。更較前增多。共有三十一萬九千六百二十四隻。計載重一千五百七十三萬二千二百四十六噸。進出各貨。共值英金六千七百八十一萬四千四百四十六鎊。而其中以糧食爲最多。統計一百十三萬七千六百九十噸。值英金一千三百萬鎊。均有海岸運入內地。散於被災之郡縣。其次則爲生棉與棉貨二項。生棉共計三十八萬七千四百三十八亨得威的。值英金九十五萬七千九百鎊。惟多半貨物。僅於孟買一省。由此埠易船運往彼埠而已。棉線棉紗等。約有一千七百四十二萬五千九百九十三磅。值英金九十六萬五千另三十八鎊。而其中自孟買運至孟加拉。及麻打薩拉者。又占多數。而棉貨一項。共值英金六十二萬另八百六十六鎊。其間有灰色棉貨二千四百萬碼。各以一半。自孟買運往孟加拉。與信地二處。又有彩色棉貨。約二百萬碼。自麻打薩拉運往者。印度糧商日興。而麻布袋亦隨之增多。自加爾各答運出者。約值英金九十六萬鎊。檳榔一項。近四千四百萬磅。值英金五十萬鎊。有奇大約產於孟加拉者。多銷於緬甸。產於麻打薩拉。康干。及般日木者。則多運往孟買。然孟加拉之梹榔。亦至孟買。第其數較少耳。糖有二類。一粗雜。一細潔。値英金九十萬鎊。其中以孟加拉製造者居多。至貨幣一物。海岸貿易。亦有五百萬鎊之多。其中有特別增多之銀。因麻打薩拉曾購緬甸之米。故運往緬甸償米價之銀。亦甚鉅也。

邊界商務。乃專與鄰國貿易。茲將西歷一千八百七十七至七十八年進出貨値。表列於左。其他詳情。不再備載。

印度邊界

總數	出口貨
鎊	鎊
一三八九〇〇〇	七一八〇〇〇
一〇〇四〇〇〇	三七四〇〇〇
一六八七〇〇〇	六三三〇〇〇
一〇七〇〇〇	三〇〇〇〇
三四二六〇〇〇	一七六二〇〇〇
一二六〇〇〇	五七〇〇〇
七七三九〇〇〇	三五七四〇〇〇

貿易簡表

進口貨	
	鎊
阿富汗與相鄰之山族	六七一〇〇〇
克什米爾,拉達克,與西藏	六三〇〇〇〇
尼泊爾	一〇五四,〇〇〇
東北邊境之山族	七七〇〇〇
自主緬甸	一六六四〇〇〇
暹羅	六九〇〇〇
總數	四一六五〇〇〇

內地商務

世間邦國。不論其大小若何。若優勝于蠻野者。其內地商務。必較外海者爲尤盛。第其貨物。共有若干。價値共有幾何。勢不能計算恰當。卽其貿易大概情形。亦不能言之適合也。內地商業。有與外海商務相連者。如薈萃千百村庄之農產。而貯積於數處大市廛。而後再轉運於海口。此其係於出口貨者。若其於進口貨則載

商賈

運製成之商貨。分布於各處。即此一轉輾間。不知經若干商人之手。故內地與外海之商務。實一而二。二而一者也。至土產與土製之貨。或隣與隣相交。或省與省相易。皆需商賈爲之經營也。印度水陸貿易。皆主自由。而興都人尤有天然經商之才幹。彼等往非洲東岸。及深入亞細亞中部。開通商路。以此徵之。足以見其善於懋遷矣。從前識見卑陋之政府。不用其才。而反種種縛束之。自英人併其地後。始刪除一切無意識之禁令。俾興都人得盡其所長。而擴充其商業。豈不盛哉。

印度內地商業。多在土人之手。惟船舶往來。及大行棧出入貨物之事。則爲歐人經理者居多。此外如出口貨中之稍涉貴重者。如麥。棉。麻。油子等。所有大批採買輸運等事。歐人亦有承辦者。若分布商品。以供給需求之人。惟熟習土人性情。及深悉其所需者。能優爲之。故雖巨鎮大邑。凡零售貨物之店鋪。多屬土人之業。印度第三級人民。（即商賈）僅存其名。而其地位已爲數種土族所佔領。西海岸一帶巴什斯族。經營商業。頗有毅力。追踪英國富商。不讓分毫。孟買內地之商。約分二種。

一爲古直拉德之班尼阿斯族。一爲刺日不德拿之馬瓦烈斯族。各信奉其特別之教。班尼阿斯所奉之教。曰韋勒巴直里。而馬瓦烈斯所奉者。則即監頴教也。而此二族。在台干之地位。爲南來之林格阿蚩族所攘奪。其崇奉之教。即興都教之別派。現尙散處於賣索爾。及麻打薩拉以北地方。但東海岸一帶。最著名之商。別有二族。一曰吉鐵伊斯。一曰古曼鐵斯。而孟加拉一省。第四級人民。多有專心於商業者。即馬瓦烈斯族。亦有自刺日不德拿與西北部至此經商者。其總商局。在謨書帶擺得。而其分地承辦之人。自布拉馬普得拉河領。至與中國交界之處。在在皆有。而野族聚居之地。亦往來交易。傳聞能自營買賣者。惟僅開希一山族耳。西北部與烏德之商賈。爲班尼阿斯。在旁遮普者。曰開得利斯。自以爲印度第三級人民之遠裔也。查西歷一千八百七十二年。印度戶口册載。營商業之人民。計三百二十二萬四千人。即占全數壯丁。百分中之五·二成。

凡城邑巨鎭。均設市廛。懋遷有無。而郭外鄉村間。尋常市墟。每星期一集。商場稍盛者。則年集一次。此外又有行商往來貿易。蓋鄉間農人。胼手胝足。勤勞經年。乃以其物產貨售於人。而己之所需。爲物產所無者。不得不轉市於他處。然農人於通都大邑。足跡未至。向不習熟。故恒望經商者。近至家門。以供其所求也。每一村落。至少有一常駐其地之商人。凡賣布借欵及採買五穀等事。常歸此一人兼營。而鄉間之財源。又胥賴其通融。故此等商人。或目爲盤剝重利之流。而其實不過爲鄉愚中一善於居積之人耳。若無此等商人。則農人無處稱貸。除每年秋收外。竟無所依賴矣。凡播種豐富之處。農人常將其物產售與行商。而行商復售與糧局。如此轉輾遞售。而後歸於承辦大宗貨物之行棧。裝運出口。故大商家輒於大埠巨鎮。及商貨薈萃之區。設立支行。或分遣經理人。以承其事。惟印度城邑。多有特設市場。以經營此等買賣者。而其地其時。均已限定。大都藉敎事。如中國迎神賽會等事鄉間多有春秋二廟期以集四方商賈凡民間嫁娶所需恒待廟期給辦者頗多以集四方商賈。即尋常小販。亦各以雜貨。背負肩擔。麕聚其地。而隣近鄉人。凡家事所需之物。莫不取給於此焉。

內地貿易情形。及商貨若干。固不能詳考其數。若取一省一邑。以概其餘。亦可約畧言之。今試以印度中央一部。將其前數年所册記之數目。分別於左。足徵其商務之發達。有加無已焉。查西歷一千八百六十三至六十四年。中央印度出入之貨。凡進口出口之貨。係專指一省部而言。即運往他省者。亦謂之出口貨。計十萬二千噸。值英金三百九十萬九千鎊。西歷一千八百六十八至六十九年。自日貝布爾鐵路通行後。則增至二十九千噸。值英金六百七十九萬五千鎊。至西歷一千八百七十七至七十八年。是年印度南部歲歉。而中央印度出入之貨。竟有六十三萬五千噸。值英金九百三十七萬三千鎊。是十四年之間。貨物增多六倍。而價值則增多二倍有奇。惟價值增多所以不及貨物者。葢由馬盧蕿運來暫時經過之煙土。不計在內也。今再以旁遮普比拉爾二省言之。查西歷一千八百七十四至七十五年。旁遮普出入之貨。共計六十萬噸。值英金一千六百萬鎊。大約計算過多矣至西歷一千八百七十七至七十八年。已增至九十萬噸。值英金一千七百五十萬鎊。比拉爾出入貨物。當西歷一千八百七十七至七十八年。共計值英金一千六百萬鎊。今再取巴德拿一邑而論。夫巴德拿實爲內地商務最要之中心點。則其關係於他處。亦甚鉅。其地位正居恒河上游。距孫河與哥格拉河滙流處甚近。而哥格拉又爲往來尼泊爾商貨之航路。故貨物自水易陸。卽於其地裝載輪車。分運各埠。查西歷一千八百七十六至七十七年。巴德拿一埠。出入商貨。政府專利之煙土不計在內此外不計者尚多共值英金七百二十五萬鎊。今將大宗貨物約舉數端于左。歐洲貨品。計值英金一百二十一萬七千鎊。靛值英金七十八萬九千鎊。油子值英金五十五萬七千鎊。鹽值英金三十八萬九千鎊。糖值英金二十七萬四千鎊。雜糧值英金二十五萬八千鎊。皮革值英金十八萬五千鎊。硝值英金十五萬六千鎊。

製造

印度爲農國。而非製造之國也。然亦有工藝實業。不得謂爲全無。惟一切工業。不能會萃聯合。固不能與英國之蘭克休爾工場相比。蘭克休爾在英之西北爲濱海之地煤產甚富絲絨麻棉之製造廠亦甚盛而尤以棉業爲最故稱製造之中心地包利物浦曼吉斯得二城至礦產雖饒。而業其事者。亦寥寥無幾。蓋緣近世工藝發達。均本格物之學。借煤電之力。以運動機器。工速價廉。而印度濡染未久。尚不克及此地位也。若論手工之製造。其技藝之敏巧。足與英國相頡頏。興都族社會。近令各村落。均應習練有用之技藝。如紡織陶冶五金工作等。以維持舊有之業。當西歷一千六百年間。歐洲商人。初至印度沿海一帶。見墨爾司Moors尖杜司Gentoos二族。尖土司卽興都族於工業一道。頗能進步。且有文明氣象。而其時印度人之紡織絲棉。及金銀珠玉之雕琢。無有勝其巧妙者。但近百年以來。東方之工藝。有退無進。當此工商競爭之際若無進境卽與反退無異而西方則汲汲講求。愈出愈精。其進步之速。爲亘古所未聞。此東西優劣之相去。所以愈遠也。自英人兼併印度以後。創設行廠。廣用汽機。以製造土貨。而土人之手工。遂漸失其利。雖欲爭競。亦徒勞無補。然印度將來之製造工業。必日盛無已。風氣所趨。而紡織之人。無事可爲。必轉而爲耕種之農夫。其他種種手藝。因此歇業而他謀者。又不知凡幾。雖製造

鄉村之實業

興。而國必富。惟哲學之士。於手藝之巧工。一去世界。不能復返。而不能無耿耿耳。

印度實業中之最重要。最可念者莫如各鄉村之工藝。今以興都族言之各鄉村之組織。基於分工。與其基乎世襲之貴賤四級族制無異。凡織工。陶人銅鐵匠。及搾油者等。各爲其社會之一部。且能各世其業。而彼等更有妥實之市場。以銷售其貨物。故生事簡易。而職業恒久。彼此相交。各以其誠。洵盡善焉。若東北邊界及緬甸一帶之山族。其工業則次於興都。凡一切衣布。均各家婦人。自任其紡織。然印度城鄉。間有少數織工銅匠等聚居一隅。能以其藝出衆著稱者。而雕刻象牙。緣飾金線等工藝。更擅優勝。但現已逐漸衰敗矣。孟加拉。與加爾那的沿岸一帶。當東印度公司與歐洲之商人初至時。招集織工。散處其間。故所屬鄉村。已成工業興旺之城鎭。爲印度從來未有之商場。自西歷一千八百三十三年。東印度公司。舍棄其製造之業。後而此會萃工商之中心地。亦即彫零衰落。未幾時。而世界著名之棉紗。亦爲曼吉斯得之貨所攘奪。惜哉。

印度自古以來。已能紡織棉布。有花素兩種。男婦均以此製衣。惟阿薩密緬甸二部。則好用綢帛。當歐人初至印度時。常將棉絲各貨。運往歐洲。嗣英人又多寄寓蘇拉特。加利客的馬斯利巴丹木。Masulipatam 及呼格里等處。織業最盛之地。以經營商務。印度棉布組織精密。顏色工勻。而其品質式樣。又光潔美緻。足可與世界之棉貨相抵制。惟價值不及曼吉斯得所製者之廉。故未能與之爭競也。

西歷一千八百七十年。據麻打薩拉戶部所報。該省一屬用手機織布之數。今錄於左。查麻打薩拉一省。共有人民三千一百萬有奇。計紡織手機二十七萬九千二百二十具。其中在鄉村者。占二十二萬另十五具。而城鎮間僅五萬九千二百另五具。較之西歷一千八百六十一年間。已增多數。培蓋裁免機稅以後之效果也。再查棉線銷數。共計三千一百四十二萬二千七百十二磅。是每一織機。占一百十二磅。且總數三成之一。來自他處。而本地所出者。約有三之二。凡織成之棉貨。值英金三百五十萬鎊。每一具織機。占英金十二鎊。十先零。惟此數尚不甚確耳。是年鄉間所製之布運出口者。約值英金二十二萬鎊。印度中央計有人民八百萬名。其地手工織機。亦甚盛行。共有機具八萬七千五百八十八架。織工十四萬五千八百九十六人。每年出貨值英金八十二萬八千鎊。查西歷一千八百七十八至七十九年出口之棉貨。值英金十六萬二千六百四十二鎊。孟加拉一屬。用手機織布之法。漸不如往日之盛。通省所銷之貨。均勻計之。約合每人五先零。而自加爾各答。運來之歐洲棉貨。散於各屬者。約每人得二先零五便士。惟貝爾德溫。彌德拿普爾。及奴底亞等處。其本地之織工。仍照舊維持。勿使衰落。而孟加拉東部數屬。銷用歐洲布疋。逐漸增多。均計之。約每人得二先零七便士。幸此數屬出口之貨。如蔴米油子等。數亦不貲。故尚可相抵。而印度全境最受其虧者。莫如孟買。自創行汽機紡織以後。始漸復其舊。孟買機廠所出之棉綫。本處織工多購用之。而運往中國者。亦甚多。今以蘇拉特言之。當西歷一千八百年間。出口之棉貨。每年值英金三十六萬鎊。至西歷一千八百四十五

絲貨織業

年。忽落至六萬七千鎊。迨西歷一千八百五十九年又漲及十三萬四千鎊。而西歷一千八百七十四年僅值英金四千一百八十八鎊而已。

印度織絲工業。國中推行甚廣。頗可獲利。阿薩密與英緬甸等處。尋常衣服。均用絲綢裁製。各家婦工皆能紡織。緬甸所用生絲。多運自中國。而阿薩密之絲。則爲樹林中二三種野蠶所產之繭。印度通國用桑養蠶之法。惟孟加拉一部。故所繅之絲。質尤精潔可愛。運往歐洲。人人爭購。各土郡縣所產之絲。或銷於本地。或由恒河運至西北一帶。此外自中國進口之生絲。則銷於孟買者爲多。印度絲貨共分二種。一種純爲絲質。一種則半絲半棉。（經線用棉緯綫用絲）然二種常緣繡金銀諸線。凡穆罕默德教徒。均用絲棉相雜之綢。蓋其教律不准服純絲之衣也。紡織之處。如旁遮普。信地。亞加拉。台干之赫得拉巴。德里支那波勒。及貪昭爾諸邑。均極興盛。純絲之綢。又有花素兩種。花者如錦緞。及各色花緞等。惟班拿勒斯謨書帶擺得。亞麥達巴得。及德里支那波勒數處。能織。而蘇拉特所織之印花綢。專爲巴什與古直拉得二族婦人之用。自近年孟買創用汽機後。所出之綢。多運往緬甸市上銷售。統計印度出口之絲貨。以綢巾爲最占多數。而台薩絲（即野繭所繅者）所製之貨。則寥寥無幾。惟近年絲商頗不興旺。查西歷一千八百七十五年至七十六年出口之絲貨。共計二百四十六萬八千另五十二碼。値英金二十三萬八千鎊。迨西歷一千八百七十七至七十八年。僅有一百四十八萬一千二百五十六碼。値英金十四萬七千鎊而已。然西歷一千八百七十九年出口之絲稍增。計値英金十九萬五千八百九十七鎊。由此觀之。自西歷一千八百七十四年至七十九年。此五年間增減不定。而較之往年似已蕭索矣。

顧繡業

顧繡之業。印度有專嫻其藝者。所繡之物。或爲絲棉。或爲絨緞皮革。而顧繡之法。或用機器組織。或以針線刺繡於綢緞之上。達喀巴德拿及特里諸處。有用金絲線刺繡之紗羅。信地與開治地方。有各種彩色之繡貨。而古直拉德則有專繡皮革之業。地各不同。藝亦互異。若台干之安琅加巴得與古爾巴各二邑。繡業更盛。

氈墊職業

惟以金繡絨製爲帳幕傘蓋及馬象之鞍褥（非常用之鞍褥每逢慶典之事始用錦鞍）者爲多印度繡事凡金珠寶玉各技師均需襄助爲理也

地氈褥墊等類分爲棉製絨製兩種（絨即羊毛所製者）孟加拉及印度北方一帶專織地氈爲本地原有之工藝而絨氈一物更爲英人所喜悅購者極多印度監獄中所製之物能銷售於市上故此等絨氈價值甚廉而物亦精美傳言織氈之藝爲穆罕默德教中人所流傳此外如克什米爾旁遮普信地亞加拉默察普爾日貝布爾烏隆戈爾馬斯利巴丹木及馬拉巴爾一帶均爲織業最盛之地方班拿勒斯與謨書帶擺得二城製造絨氈而貪昭爾與薩爾姆二地則製絲氈當西歷一千八百五十一年英國倫敦賽會時最精緻之褥墊卽爲印度烏隆戈爾所製者其地西距赫德拉巴八十英里爲安特拉朝古都此等褥墊針縫縝密每一方尺約有一萬二千針而顏色亦十分勻潤每一方碼價值約英金十鎊左右而尋常之褥墊爲拉合爾日貝布爾默察普爾班拿勒斯及邦加洛爾諸處監獄所織者甚

學部圖書局

珠寶工作

多。運往英國。每一方碼。僅售七先零六便士。貨物之優劣如此。

金銀珠玉。東方之人。喜以爲飾。以其色光耀。而價貴重也。中印度與喜馬拉雅一帶山族。雅能製造銀飾。如項鎖。胸針等物。藝頗精工。(胸針懸於胸前者)臂環釵釧之屬。製法平易。大都用金絲紾繞而成。更無別項花樣。又有一種古飾。現已不甚通行。製法以金一塊。鍛爲立方體。或八面體之式。中有空者。有實者。貫爲一串。列於紅色緞上。金碧輝煌。亦頗可觀。近惟古直拉德一省。尚有爲之者。而他處無聞焉。珠寶工藝之最擅長者。爲德里。支那波勒。庫台克。特里。及克什米爾數處。而印度南境舉屬所篤好之飾物。名曰斯環木。(印度字不詳何狀)上有興都教神肖像。鑲像之法。或用螺旋。或用釬藥。然亦有以模範錘印其面上者。開治。雷各腦德。及達喀諸地。有作銀箔之法。聞傳自荷蘭人。金匠之藝。用於繡業者爲多。而印度所製之金銀綫絲。尤爲精緻。聞一盧比之銀(盧比印度錢名)能造長八百碼之銀線。可謂巧矣。寶石玉器用之甚眘。業其事者。尤致意於物之光瑩。且此等工藝。亦精巧絕倫。

鐵器工作

印度各屬鄉鎮鐵匠。多以製造一切農具爲其第一義務。而城市間。鐵工有廣造兵器者。至今技藝仍極精美。

印度之刀製法互異。或刀口有齒如鋸。或刀上範獵事景象。或銘日期名字。各有取義。旁遮普信地。孟加拉之蒙赫爾 Monghyr 及麻打薩拉之維賽拿格侖 Vizianagaram 諸處。專有製造火器火槍用火繩之槍之城邑。克什米爾刺日不德拿與開

甲冑槍炮

治數屬。仍有治甲冑者。其精細如錦繡。聞其藝傳自波斯。而孟買所屬之挨彌得奴格爾 Ahmadnagar 則爲著名造戈矛之區。且印度之兵刃火器。恒飾以金銀。嵌以寶石珠玉。金碧輝煌。狀極麗都。誠印度特別之兵器。爲東方各國所無。至克什米爾。古直拉德。及旁遮普省之西哥特 Sialkot 地方。專習鑲嵌鋼鐵之術。而尼桑省之比德爾一城。則亦有嫻於其術者。惟五金嵌鑲。藝雖一致。而各有擅長也。

銅作

凡鄉間銅匠。專造農家各種應用之銅器。而圓盆一項。因印度通國。皆用爲沐浴之禮器。故欲製者尤衆。其式樣文飾。傳自古代。至今未改。班拿勒斯之銅作。首著

大名。而南部之馬都剌。與貪昭爾二處。及西部之捕拿。亞麥達巴得。與拿希克諸邑。皆擅長銅藝之區。孟買銅業。甚爲興盛。惟所需之生銅。多運自他埠。而業其事者。又均屬土人。印度祠廟之鐘。其聲無不宏亮。足徵製法之精妙。故各屬銅匠。於參雜質色及緣飾文繡之法。均有獨得之秘。惟其銅多有以銀鎔合者。而函有金質者則甚少。謨書帶擺得之銅器。富於銀質。故較他處所製者。尤爲寶貴焉。

印度陶器。幾於無村不製。小者如庖廚所用之罐。大者若貯糧食什物之缸。偶値溪川汜濫時。更可用之以濟渡。第陶業雖盛。而操術未極精工。不足以及美術。信地一省之陶人。向能推求製造之法。故得獨擅其長。聞其藝術。傳自穆罕默德教徒。信地陶器。約有二種。一爲蠟畫術所製之瓦。一爲日常所用之物。二者之色相同。或銅綠深藍。或黑紫金黃。晶瑩光亮。允冠全國。而蠟瓦一物。與波斯土耳其者。同本一藝。常於印度之荒墳敗寺間見之。蓋當穆罕默得時代。凡建造墳墓及回教之禮拜堂。（清眞寺）工程。均用此等瓦片。故猶有遺存者。今其工藝。惟塞得普爾。Sadpur 及伯不里 Bulri 二城。尙有習之者。此外如赫德拉巴。喀喇蚩。加特黑。塔達 Tatta 及旁遮普之拉合爾。穆里坦諸處。陶藝亦甚精巧。馬都剌所製之物。顏色旣窮富麗。而式樣亦復雅緻。而西北部一屬。更有一種黑陶器。上飾白色花紋。用五金爲之。與他處以模範印花卉者。迥乎不同耳。

雕鏤鑲嵌之藝

雕刻之藝。以琢石爲最古。今佛教中之碑像遺蹟。猶可考知其概。惟當時所傳之石工。皆龐然碩大。嗣佛教雕工。得希臘石物式樣。乃舍舊謀新。倣製甚佳。但婆羅門教復興。而興都雕藝再衰。雖其藝仍存。亦第爲敎事。而非所論於美術矣。古直拉德及他省數處之屋宇。多以木料所造。而前列者無不飾以雕鐫。鐫木之工藝。有謂傳自荷蘭者。此亦推度之言。未必眞確。現在印度西部。其業最盛。而亞麥達巴得與蘇拉特二城之雕工。尤爲精細。木料如烏木檀楠。最適於用者。干那爾拉。西高止及賣索爾一帶。富產檀楠。而孟買地方。有各種嵌鑲之術。聞自波斯之希拉士輸入。乃近百年間之事耳。凡錫絲象牙鹿角烏木檀楠等。皆能製成各種式樣。而麻打薩拉所屬之維薩哥巴坦。亦有此等工藝。惟鑲嵌之物多以象牙鹿角爲之。且物之邊稜間恒作捲軸形。蓋以投歐人之所好也。西北部曼普里之木器。如匣箱等事。則緣飾銅錢。以爲雅觀。若雕刻象牙之業。如班拿勒斯。謨書帶攏得。達拉王哥爾。及阿木利昔爾諸邑。最盛。大者如輿車。（此係印度輿車僅容一人另有二人舁之以行）小者如梳篦。無不可製。而雷各腦德。捕拿。及孟加拉之克里蘇拿加爾。（克里蘇拿加爾爲奴底亞之首邑北距加爾各答六十英里）更能埏土象人衣以服飾。捏塑甚工。遠卽之與生者無異。

前數年間。印度汽機製造大興。推行甚速。如棉麻綢緞等物。各用機器紡織。皆歸歐人經理其事。西歷一千八百五十四年。孟買首先創設機器紡織公司。專造棉紗布匹。以後他處亦逐漸仿效。迨西歷一千八百七十九年。考查印度通國。共有機器紡織公司五十八所。織機一萬二千具。工匠四萬人。男女孩童均有。而孟買一島。獨有三十所。已占全數之多半。今遊其地。見烟囱高聳。雲霧彌漫。已成製造最盛之區。蘭克休爾之景象。庶幾近之。古直拉德產棉之地。計有十四所。加爾各

棉紗紡織廠

答與其隣境六所。麻打拉薩三所。西北部之料尼普爾二所。印度中央之那哥不爾一所。苛爾加之印度爾一所。及赫得拉巴一所。（在尼桑省境內者）統計五十八所。惟近年商務稍衰。而孟買之棉貨。頗受其累。

印度汽機製造公司。幾無一不以合股創辦。而土人占股甚多。惟經理之人。則雇用英人之嫻習其事者。現土人亦從事習學。以備他日效用。公司中所用之男婦工人。每月庸貲均較他等工藝爲優。西歷一千八百七十七年。孟買之童子。每月能得自十四先零至一鎊之傭金。婦人自十六先零至一鎊。而男工則自英金三鎊至六鎊十先零不等。故丁口稍多之家。常有數人同傭於公司中。每月有得庸十鎊者。作工之時間。每日自早晨六點鐘起。迄下午六點鐘止。惟中間休息一小時。俾工人可以午膳。及飲吸茶煙。西歷一千八百八十一年。立法院商訂條規。限定童子及壯男工作時刻。及免機器危險之法。然此時尚未頒行也。

公司所出之貨物。除供本國外。餘則銷售於外國。尤以棉紗棉綫爲大宗。自西歷一千八百七十二年。至七十九年。孟買出口之棉線。逐年加增。初僅一百八十萬二千八百六十三磅。值英金九萬七千一百六十二鎊。迨後增至二千一百二十七萬一千另五十九磅。值英金八十八萬三千六百六十五鎊。幾增貨物十二倍之多。價值九倍之鉅。進步之速。無與爲比。而當此八年間。灰色棉布自孟買出口者。亦蒸蒸日上。初計四百七十八萬八百三十四碼。值英金七萬五千四百九十五鎊。及後增至一千四百九十九萬三千三百三十六碼。值英金十九萬八千三百八十鎊。大都棉綫棉紗。運往日本與中國者居多。而棉布則銷售於阿刺伯及非洲沿海一帶。近年印度沿岸貿易。亦日見興旺。查西歷一千八百七十八至七十九年。自此埠以達彼埠之棉綫。共值英金八十萬四千九百九十六鎊。棉布值英金六十五萬四千五百五十三鎊。（手機所織者亦在內）西歷一千八百七十七年。倭康洛爾氏 O'conor 考察印度商務後。乃著一書詳論棉業將來之情形。倭氏謂印度出口之商業。能維持勿令衰落與否。固不敢必。至棉貨一項。即再倍五十紡織公司

蘇葛製造廠

汲汲製造。亦必有銷售之路。可斷然無疑。若於工藝上再求精進。則數年以後。自曼吉斯得輸入此間之粗貨。必爲我所攘奪。又勢之所必至者也。

孟加拉之汽機織蘇公司。忽然勃興。將與蘇格蘭之丹地相敵。（按丹地在北緯五十六度二十七分英天文臺西經二度五十八分爲蘇格蘭製造蘇葛等貨最盛之地）但其資本家多屬歐人。而印人則寥寥無幾。環加爾各答四周。及呼格里等處。機廠林立。而稅拉日干亦設立一廠。（稅拉日干在布拉馬普得拉河口素爲產蘇之地）查西歷一千八百七十九年。印度通國製造蘇貨公司。共有二十一所。而孟加拉一省則占十九所。自是逐漸加增。商業日盛。孟加拉北部土人素嫻織蘇工藝。尤以佩尼亞 Purniah 與的拿吉普爾 Dinajpur 二邑爲多。惟織成之布極爲粗劣。哥曲 Koch 拉日班希 Rajhansi 及貝里 Pali 之半化山族。則恒用粗劣者。製爲衣服口袋。然口袋需用甚廣。故他處製者。亦繁有徒。西歷一千八百七十七年。稅拉日干機廠所製之口袋。自普布拿 Palva 運入加爾各答者。約有三百萬隻。統計是年由加爾各答水陸兩路出口之粗袋。約八千萬隻。而其中手工所製者。不及六百萬隻。陸路由東印度鐵路。運至巴哈爾。及西北部之巴德拿。科尼普爾三處者。計二千萬隻。因以上三地。爲印度米市。故銷用較多。而運往旁遮普之納的亞納 Ludhiana 埠。亦有一百萬隻。若由海道出口者。計逾五千七百萬隻。其中三千二百萬隻。乃銷於本國各口岸。以英緬甸與孟買銷數爲最多。緬甸約一千二百萬隻。而孟買則占一千六百萬隻。而其餘二千五百萬隻。則載往外國。凡以上所言之麻貨。先會萃於加爾各答。而後再分往各埠。故加爾各答城。實爲印度商務樞紐之地也。

印度麻貨行銷於外國者。數亦甚巨。查西歷一千八百七十二至七十三年。麻布麻袋兩項。輸往各國者。計値英金二十萬六百六十九鎊。而西歷一千八百七十八至七十九年。則値英金一百另九萬八千四百三十四鎊。是六年之間。已增五倍之多。而同時運銷于英國者。亦逐年增加。如麻袋一項。初僅二萬一千二百隻。値英金五百八十五鎊而已。迨第六年運英之口袋。竟有七百萬隻。値英金十八萬四千四百鎊.可謂盛矣.茲將西歷一千八百七十七至七十八年印度運往各國口袋銷數.比列於下.墺大利亞約用口袋值英金二十九萬八千一百八十六鎊.斯胞雷底稅得爾文的.(即麻剌甲新嘉坡等處)值英金十六萬一千七百七十二鎊.美國値英金七萬九千七百九十五鎊.埃及値英金七萬六千七百二十六鎊.中國値英金三萬二千一百二十一鎊.

酒業

近來印度酒業.喜馬拉雅山一帶.最稱興盛.現計通國業酒者.有十七家.內有五家.即設於旁遮普西北部二省.其餘則分設于猛剌森姆拉摩蘇爾里.Kasauli Masuri(北緯二十八度二十分英天文臺東經七十九度三十三分)拿尼達及開薩利諸地而麻打薩拉之俄太開蒙得與巴剌里.亦各有一家.西歷一千八百七十七年.共釀麥酒二百十六萬二千八百八十八加倫.(加倫量酒器約容八升)次年僅釀一百五十二萬二千七百六十九加倫.是年因摩蘇爾里一家酒行.與軍需局所訂交易麥酒合同業經滿期.故其數驟減.查西歷一千八百七十七至七十九年.印度進口麥酒.共三百萬加倫.

政府。占二百萬加倫。而其餘一百萬則銷於私家者。由此觀之。是本國製造之酒。僅占三分之一。不敷供通國所需者。甚巨也。森姆拉進口麥酒。每打（即十二瓶）售先零十八。而本處所製者。十一先零。能購十二瓶。至蛇麻樹所釀之霍柏酒（霍柏譯音）則運自外國。印度尙無有試辦者。前數年克什米爾之酋長。曾築一圃。廣約一百畝。栽種蛇麻。至今未見成效。而外來者則寖寖日盛。西歷一千八百七十五至七十六年。霍柏酒之輸入者。不過一千五百二十九亨得威的。次年卽增至一千八百另七亨得威的。而西歷一千八百七十八年。則更及二千一百三十五亨得威的矣。

紙業

印度用土法造紙之處甚多。穆罕默德教徒。最嫻其藝。自加爾各答與孟買二城。設立汽機造紙廠後。而內地紙業遂卽窳敗。而不可復振。蓋手工所製之紙。質極粗劣。而機器紙出現。兩相比較。自無人顧問矣。

皮革業

政府近於科尼普爾地方。創立一皮革製造廠。規模宏大。凡鞍韉鞭鞘。及他項軍需均能製造。製成之物。亦極精美。烏德與西北部二省。原爲本處硝皮工藝最盛之區。故常講求製法。以爲抵制英貨之計。

金石礦產

印度地大物博。著聞世界。而五金礦產。蘊藏尤富。自英人至印度後。以爲天地自然之利。胡爲不取。乃首先開採。初辦時。竟有多處徒耗貲本。毫無成效。惟英人心有成竹。虧累雖巨。終勿棄置。不數年間。而果闢莫大之利源。今日基礎已立。而礦產工藝。已占國中重要之地位。豈無故哉。

鐵礦

印度鐵產富厚。而質亦純淨不雜。自阿薩密。古曼之北。至廠打拉薩極南。袤延二千餘里。無地不有。而傍山之處。蘊積尤饒。故土人開採者頗多。而冶鐵之法。各處一致。蓋自古相傳。至今未嘗更改。所煉之鐵。質亦精良。甚適於本國製造之用。惟木炭耆費過巨。工庸雖廉。而較量價値。仍不能與自英國輸入者相敵。歐人以印度礦質之良。傭値之廉。乃創設鐵廠。以承其利。第試辦多次。一無成效。如廠打拉

煤礦

薩。印度中央。古曼。及蘭木格。諸處均經試驗。現在製造礦鐵。僅惟本地之冶匠。且所製極少。故此等工藝。因不敵英貨。亦日即彫落矣。印度冶鐵一事。第一所難者。卽覓取配料燒料等質。而其次則煤中灰質過多。而冶爐有壅塞之弊也。

印度煤礦。自西歷一千七百七十四年。人始知之。西歷一千七百七十五年。始有試採者。現在通國業經開辦者。已有五十八處。歲約出煤一百萬噸。蓋自近年以來。煤礦鐵路。逐漸推廣。且二者又相輔而行。煤地無鐵路。則轉輸濡滯。而其業不能興。輪車無煤。則跬步難行。而其事何以舉。故煤礦之盛衰。以鐵路有無爲衡。而輪車之省費。則又以煤價昂廉爲斷也。近來印度煤業之興旺。日進無已。自西歷一千八百二十年。蘭木格煤礦。首先開採。接辦至今。查西歷一千八百七十八年。共出煤五萬噸。然二十年間。別無新礦繼辦。迨西歷一千八百五十四年。東印度鐵路公司興起。自是以後。歲增煤礦二三處。而增數最多者。則爲西歷一千八百七十四年一年。計續辦七處。至西歷一千八百七十八年。查煤礦與東印度鐵路相連屬者。已達五十六處之多。不獨鐵路所需者。取給於此。即加爾各答之機器織麻廠。以及航行孟加拉河道之輪船。亦無不取給於此。西歷一千八百七十七至七十八年。該鐵路共用煤三十萬八千噸。而同時運往加爾各答者。亦有此數。均為該公司所辦之哈赫巴利 Karharbari 與斯爾蘭普爾 Srirampur 二地煤礦之物。是年由海道運入加爾各答之煤。僅八萬噸。由此觀之。是加爾各答地方歲用本國之煤。已占百成之八十。而用外國輸入者。則第二十成而已。惟孟買與麻打薩拉二埠。則全賴英國之煤。印度中央亦有二礦。所產之煤。專供大印度鐵路之需用。一曰瓦羅拉煤礦。為工程官局所辦。一曰摩班尼煤礦。則已租與尼巴達煤業公司矣。總論印度煤業。以蘭木格之礦為最佳。而其積煤區域有五百方里。現計歐人所經營之公司。已有六處。而土人自辦者。更不知若干。初則開挖上層。以後愈鑿愈深。現已深及數丈。惟煤層絕無氣質。不虞爆裂。非如英國煤礦。常須預防。一經轟發。勢必傷及性命。此間礦工多招用番衆下等民族。尤以杉得爾與

鹽

葆爾列司一族爲最古。多數一族所執之器各異。杉得爾習於鈎刀。而葆爾列司。則善使斧叉。且其性好飲。月得傭金。除衣食外。輒以所餘者沽酒。礦主以其人馴良耐勞。故樂用之。工資雖較重。亦勿惜也。印度煤質尚良。第富離灰燼。是一恨事。大約百分中。灰質居十四成。至二十成不等。而英國之煤。所函灰質。僅占百分之三。至多者亦不過六成而已。印煤既具此性質。故於冶鐵。及作他項汽機燒料。頗不適用。現經人考驗。若有合宜之冶爐。又運以精巧之手藝。則一百三十磅瓦羅拉煤之功力。方能抵得一百磅之英煤。倘無此二者。則需煤當更費也。

食鹽一項。爲飲食中必不可少之物。而鄉間需用尤廣。印度產鹽之源。除自歐洲輸入者外。約有三處。一海鹽。孟買與俄里薩沿海一帶均有。尤以加爾那的。及古直拉德沿岸爲最旺。二內地湖鹽。海鹽謂海水所蒸湖鹽謂湖水所蒸如拉日不得拿之密爾塔湖。Sambhar 所產尤饒。三石鹽。取諸山石者凡旁遮普東北一帶山巖間皆有。層積之廣。鹽質之淨。尤冠全球。

石鹽

石鹽蘊函最富之地，則爲鹽陵，（因其產鹽最多故名之曰鹽陵）自熱倫河岸起，逾熱倫，蘇巴普爾，至楚耳屬 Bannu 之喀刺巴格城 Kalabagh 而印度河前之科哈特 Kohat 及喀特拉 Kaugra 邊界之曼的山鄉間 Mandi 均蘊積富厚，而科哈特之鹽，則有紅綠二種，此外若狄烏尼岩層之紅瑪而拉，（即含鈣養之土）與沙石中亦有鹽可取，而雜鹽沃饒之地，則更用法開採，若論出產之旺，厥惟熱倫所屬之吉科拉一礦 Keora 耳，總計旁遮普一省，歲出之鹽約五萬噸，共繳國課英金四十萬鎊有奇，查西歷一千八百七十七至七十八年，國家所進鹽課列下，鹽陵交英金四十二萬六千鎊，科哈特，八千鎊，曼的六千鎊，此印度石鹽之大畧也。

南印度海水蒸製之鹽，銷行通國，而東孟加拉則用自吉休爾 Cheshire 輸入之鹽，（吉休爾在英國西部北與蘭克休爾交界）此等英鹽，因裝運之費甚廉，故售價亦不昂貴，或載至加爾各答，或徑抵別處口岸，卸貨之時，即須完納稅課，若孟加拉西南部，與俄里薩，則土鹽英鹽二者均能暢銷，惟土鹽乃日光蒸晒海水而成，故凡敎事及祭祀皆用土製者以爲潔淨。往年印度硝業甚盛。歐洲各國。多用印度硝。製造火藥。幾同專利。硝雜鹽質。常成白色細粒。現於地面。所在多有。而恒河上游一帶尤夥。當製煉時。乃去其鹽質。而餘剩者。即爲硝。巴哈爾北積硝頗富。故業其事者。麕集其地。製硝之法。簡便易習。此等工作。均那尼亞族人爲之。以其能耐勞習苦。故承辦之人多樂用之。（印度工藝如開礦煉硝等事多由資本家出資營辦從前應用工人則另有人包攬如中國造屋建鐵路包工相同）東印度公司。曾自營硝業。迨後一切私家商務。均已契置。而硝業亦歸歐人接辦。惟內有因價值驟落。及他事阻礙而自行停止者。查近年自加爾各答出口之硝。歲約四十五萬亨得威的。其中運往英國者。幾及一半。而此四十五萬亨得威的之硝。爲巴哈爾吉木佩蘭摩蘇佛普爾及薩爾蘭諸邑所製。運至加爾各答者。約占三成之二有奇。自科尼普爾阿拉哈巴德。加西普爾。及班拿勒斯四處運至者。已不甚多。而旁遮普則更微乎其微矣。

印度積金之處頗多。當波斯王達烈斯。Darius 隆盛時。附庸諸國。（達烈斯係紀元前五百二十一年登波斯王位其時屬地甚廣而印度西部亦爲該王權力所及之地）歲獻貢賦。惟印度一國貢品。則純用黃金。希臘史家希羅杜得。Herodotus 曾言其事。（希羅杜得生於紀元前四百八十四年殁於四百二十四年爲希臘著名史家）足徵其地多金。印度南部中部。以及東北西北邊界。凡傍山之溪河。皆以土法淘洗。且得金頗多。淘洗之業。甚形勞苦。惟貧民無所事事。則藉此以爲生者。亦實繁有徒。近年考得南部地方。層積之石英。富含金質。尤以奈爾格烈司山之韋那得與賣索爾之古拉爾二處爲最饒。其形情與墺大利亞之金屬石英相類似。故欲設法提取。以盡地利。此間又素習淘洗之業。自古相傳不衰。又足以見昔日其地金業之盛。

自西歷一千八百七十五年至一千八百八十年間。常有人於印度南境用土法試驗石英。聞所函金質成數。較諸墺大利亞石英更爲富美。均勻計之。大約每噸石英能提取淨金七本訥威的。（本訥威的衡數名約合中衡三分七厘五毫）蓋其間有不及四本訥威

銅

的者有達至十一本訥威的者多寡固不能一致也西歷一千八百七十九年政府自墺大利亞聘得一精於礦務技師至印度考驗此事據稱南境石英積廣累厚且函金極富而古拉爾一地之石英每噸足有一益司淨金（英兩名曰益司與中兩所差無幾）云云於是政府乃令民間租辦每畝繳盧比五枚（合英國十先零）以後毋庸再納稅課以期開闢利源迨西歷一千八百八十年因承辦其事者未能精細故尚無功效可覩若以精良機器極力試辦果如該礦師之所言則印度南境之金礦必成工業上之要部可無疑也

印度銅礦隨地多有而喜馬拉雅山麓自答吉陵起西至古曼一帶蘊藏尤富其所現形式爲銅硫二鐵硫二之礦雖有常函鐵硫二者惟密藏於石板坭片諸石間而不現其眞脈耳此間礦業多屬土人而開礦工役則爲泥泊爾人歐洲人以相隔窎遠故無投資承辦者現考察其地業經開採之礦區域甚廣可見此項銅礦開鑿已久非近年始興者礦層所函銅質成數若以最佳者計之較英屬康韋爾 Cornwall之銅礦爲優。若尋常礦層。亦僅百分之五而已。礦中鑿石除土。成一曲徑。形如兎穴。第較大耳。礦工所用之器。爲鐵錘鏨刀。而亦有用斧之時。迨鑿取礦石。乃一一杵碎之。淘洗之。而後再事鎔化。合計銅價每磅約十便士。朝大拿哥波爾之森格漢木 Singbhum 地方。銅礦亦甚富。且極純淨。往年曾經開採。故渣滓雜質。堆積甚厚。西歷一千八百五十七年。有人創設公司。更辦原礦。出產雖優。惟得不償失。無利可圖。遂於西歷一千八百六十四年閉歇。同時麻打薩拉屬之納羅里地方。亦有人仿辦銅礦。亦無成效。

鉛

旁遮普之北界喜馬拉雅山一帶。藏鉛甚多。惟所現之形式。則爲鉛硫礦。近有一處。已經英人集貲開採。尚稱興旺。

錫

印度錫礦。聚於緬甸一隅。而地那悉林屬之達歪依 Tavoy 與墨爾階 Mergui 二處。亦稱富饒。大約每百分中能得七十成。淘冶之工。多中國人爲之。而其法極粗劣。絕無學理。近有歐人細加考驗。始悉錫礦蘊積雖廣。而不甚深厚。即用善法。亦不能久享其利。

銻

旁遮普、賣索爾及緬甸三處均有銻礦。（銻色白似銀，性脆，可作藥材及顏料之用）土人多用作傅粉。近查得剌日不德拿金石礦中有一種鈷質，可作瓷油之用，但目下尚未考定。

石油

擺古、阿薩密、旁遮普均產石油，而英緬甸一省尤多。環伊南園村 Ye-Nang-Yang（在薩潦瓦諦河岸，屬上緬甸）左右一帶，有井百餘處，深及二百五十尺，其中石油層出不窮，歲可產一萬一千噸，運往他處者約居强半。他如厄開培、遙克非酉及賽厄迷倭三處亦有石油井，西歷一千八百七十七年間英人投資開辦，頗獲效果。拉克與普爾之南與煤地相鄰之處，石油亦頗旺，西歷一千八百六十六年歐人創立公司承辦石油，並開採煤礦。而旁遮普屬之拉烏爾奔的二處之石油井則爲公家所辦，西歷一千八百七十三至七十四年共出石油二千七百五十六加倫。

灰石與他種石料

石之最多而最有用者，則莫如印度之干卡（即鈣養炭養二），其形式參差不齊，且多孔節，所函石灰質亦不純淨。凡臨河之處，層積甚多，印度修造道路普用斯石。

鑽石 即金鋼鑽

若造屋需用之石灰。則有二種。一即業經煅煉之灰石。與干卡。一爲草澤中富積之介甲。阿薩密屬之開希山礦。所產之石灰。名曰西黑特石灰。（西黑特地名）與班古爾拉 Bankura 之蘇杉尼亞礦。二處石灰最良。多運往加爾各答。而恒河汊港。及沖積壤諸地。絕無此等灰石。即能精製磚瓦陶器之泥質。亦不易得。惟近年歐人於貝爾德溫所屬之蘭木格地方。開一大廠。製造各種陶器。約有工人五百餘名。印度中央及山鄉之區。多有造屋石料。質極堅美。土人習用已久。此外石之最精緻者。則爲刺日不德拿之淡紅雲母石。台干之級形石。哥達惟利與尼巴達二河之砂石。及印度南境之花剛石。而端石（即石板石）礦。更布滿全境。近來歐人。亦有出資承辦者。若干層石與滑石之礦。亦有人開採。然僅作飾物而已。俄里薩與朝大拿哥波爾山間。家用器皿飾物。有以堅固肥皂石雕琢而成者。亦一特品也。（案千層石色光燦性韌能剖成極薄輭片亦可代玻璃用滑石含有鎂養光滑似有油然）

印度寶石。潛結幽藏。經時既久。積累自富。當穆罕默德王印度時。鑽石一物。視爲國帑財源之一。而亞克貝爾 Akbar 之世。賓內 Penna 之礦。更歲獻英金八萬鎊。案亞克貝爾生於西歷一千五百四十二年歿於一千六百另五年乃蒙古人繼其父王印度西部都特里 Delhi ○賓內在邦德爾境內北緯二十四度四十分英天文臺東經八十度十五分哥爾康達 Golconda 在尼桑境內距赫得拉巴約七里正在赫邑西北素產鑽石。久已名聞世界。即業磨琢者人數之多。技術之精。亦以此地為最。聞此等鑽石。取諸砂石岩層。自哥爾康達起。經尼桑東南境。直至麻打薩拉屬之根遮木。及哥達惟利一帶。均為產鑽區域。此係昔日情形。現在考察其地。凡寶貴之石。業經取盡。所遺留者。不過數種頑石而已。馬呼努的河上游之蘇木布爾普爾 Sambalpur 地方。當日富產鑽石。西歷一千八百十八年間。有人於其地覓得一石。權之約八十四格命。格命英衡名二十四格命合一本納威的一本納威的約合中國三分七厘五毫値英金五百鎊。而朝大拿哥波爾。亦為出鑽之地。今亦已矣。惟賓內一處。現仍有人搜覓鑽石。且以此為恒業。常鑿土開砂。深及數層。然往往得不償失。以故歐洲資本家。亦不願虛擲其金錢。以冀必不可得之利也。

珠玉

旁遮普所屬之穆里坦地方。產一種玉石。（西名曰托奎司。為波斯玉。色藍微綠。即鉛二養三燐養五。稍雜鐵養銅養。）雖遠不及波斯玉。（即波斯所產之托奎司）然晶潔光潤。亦頗可愛。而自主緬甸。亦富有各種寶玉。近有人復於緬甸暹羅接壤之處。覓得藍寶石礦。於是同業中人。更極力搜羅。以期遇之意外。康木拜灣。與馬都剌沿岸。向為產珠之區。惟近年所產頗少。故印度之珠。來自錫蘭島。波斯灣者。約居多半。當西歸一千七百年間。有荷蘭國人。租得馬都剌沿岸一帶網珠之權。而後轉租與土人之操舟為業者。聞每年轉租之舟子。約有七百人。每舟納租費六十伊克。（伊克錢名。合三佛郎克）可謂善於居積矣。古直拉德。所屬之康木拜城人。頗精雕藝。尤善於雕刻瑪瑙。凡其隣地爾拉丹普爾（Ratampur）所出之各色瑪瑙。均送往康木拜。未雕之先。必須用法煆製。而瑪瑙中以色紅者為佳。黃白者次之。印度北部山間。亦產青金石。惟用以裝飾廟宇墳塋而已。

菑害

印度農業之豐歉。半任天運。非人功所能為力。大凡民居稠密。交通阻絕之國。若遭旱潦兵燹。或蟲蝗諸患。蒙害必甚。故無論何地。一經罹災。疾疫饑饉隨之。而其被害之輕重。則以其地農田受荒之廣狹。居民之疎密。以及交通之利便與否。爲斷。

歲凶之原因

印度凶歲之原因。固多。旱災實居其首。而貿易風應期未至。則受害之區域更爲袤廣。蓋印度凶荒之年。恒因於旱。凡雨澤稀少之地。輒蒙其害。人雖知之。亦無能防之。甚至頻年亢旱。餓殍盈野。更覺慘不忍言矣。農人固多有積貯。非專資本年之收獲。然連年不成。亦必難以爲繼。若小遇偏災。或發其自藏之倉廩。或貸諸同村積穀之商人。尚可支持。最苦者。惟日資傭金之雜工耳。

水源

印度諸部。既多以旱涸爲患。則其地之水源。亦不可不畧爲一叙。各處需水多寡。固非一律。而其水源。終不外乎雨水。江河氾溢之水。與夫溝洫導引之水而已。然印度通國。一年之間。能雨水調勻。而其所降之雨量。又適合於植物之所需者。不過數省。如西高止山左右之地。自孟買至科馬林角一帶。孟加拉北部。傍河之區。

荒年　自西歷一

以及緬甸阿薩密等處。每歲雨量。恒逾百寸。故其地。無須溝渠。亦不致遭遇旱災
以上數省。實爲印度播種最宜之地。而其餘諸部無有不患旱者。第輕重不等耳。
雖然。雨水固甚要矣。然亦有可以輔雨之不及者。如俄里薩。歲得雨量六十餘寸。
而仍罹饑饉。信地歲僅雨量十寸許。自英人治理以來。而竟免於凶歲。由是言之。
苟其地可通溝渠者。暫遭旱魃。亦不爲害。如恒河流域。及麻打薩拉屬諸河以東
之地。（以上所言之雨量均指其本處所降者）無不利賴溝渠。若其地距河窵遠。艱於運水。則其農田
之運命。一惟聽之於天而已。孟加拉南部。與烏德之農田。專資雨水。及河流氾漲
之水。信地一省。多資溝渠所引之印度河水。旁遮普與西北部。則藉井。而台干及
其以南之地。則賴池塘。凡此所云。皆以人功補天者。若頻年患旱。則江河亦將乾
涸。又何有於區區之池井耶。至用機器自遠處輸水之法。（即自來水）固可以保全通國。
然不獨工費浩大。無此財力。而工程師之藝術。亦不足以達此也。
西歷一千八百七十六至七十八年。印度南境患旱災情之重。爲從來所未有。歷

千八百七十六至七十八年

時最久。而被灾之地。亦最廣。西歷一千八百七十五年。賣索爾地方。以雨澤未足。先受其害。而次年夏間。西南貿易風所致之雨。未能如期而至。遂致台干全境。自捕拿至邦加洛爾一帶。均患亢旱。而是年秋間。東北貿易風。亦甚闕少。故麻打薩拉屬之東南一隅。五穀亦不能登。糧價遂驟然昂貴。西歷一千八百七十六年冬。官長見餓殍盈野。慘不忍覩。始言政府。應設法拯救。以保民命。爰議以工代賑之法。自本年十一月起。至西歷一千八百七十八年七月止。凡十八月。令灾民之年壯有力者。均從事工作。而婦女幼孩。及殘疾衰老不能力役者。則振撫之。距西歷一千八百七十七年夏季之貿易風。仍不順利。幸是年十月間。秋季貿易風應時。稍可補救。至西歷一千八百七十八年六月。乃渥沛甘霖。既渥既足。而民間重難。至是始蘇。然歷時已四年之久。而饑饉困頓之慘。不待言矣。當南境猝遭凶荒之時。凡民間所需之糧。多運自北部。爲日既久。積穀漸闕。而亦同受其敝。且西北部。旁遮普。刺日不德拿。及印度中央四省。自西歷一千八百七十七年夏間起。亦患旱雨年。故其情形。更覺窘迫。惟阿薩密。孟加拉。及緬甸諸部。幸不茁及。然無論何等災害。或旱或潦。癘疫隨之。而傷失人口必多。蓋災情過重。無法保全也。查此次巨災。政府發帑施賑。共計費英金八百萬鎊。而賑撫賣索爾之欵。及一切所損失者。尚不在內。而費於工程者。爲數亦甚少。今以麻打薩拉一屬受賑之民。舉其人數最多者一次言之。即西歷一千八百七十七年九間。共計二百五十九萬一千九百人。其中名爲役于工作者。僅六十三萬四千五百八十一人。而其餘皆待食之人也。是次麻打薩拉一屬。死於虎哥拉者。（虎哥拉即霍亂吐瀉之症）約三十五萬七千四百三十人。賣索爾屬。五萬八千六百四十八人。而孟買則爲五萬七千二百五十二人。茲將麻打薩拉衛生局員高尼希氏查得凶荒數年之人民生死率。比列於後。

當西歷一千八百七十六年。災象與虎哥拉初現之時。麻打薩拉一屬生數得六十三萬二千一百十三人。而死率約六十八萬另三百八十一人。西歷一千八百七十七年。其時荒旱已甚。生數僅四十七萬七千四百四十七人。而死率增至一百五十五萬六千三百十二人。西歷一千八百七十八年。生數三十四萬八千三百四十六人。而死率則爲八十一萬九百二十一人。迨西歷一千八百七十九年。生數計四十七萬六千三百另七人。雖較前加多。然仍不能達平常之數。而死率則已減至五十四萬八千一百五十八人。以上所列數目。雖不確實。而大致亦所差無幾。足知此次之菑害。誠亘古未有之浩刼也。

印度前數年之旱潦兵燹

印度數年前之大災。最重者爲西歷一千七百六十九及七十年。恒河下游一帶之灾。先患荒旱。繼罹水潦。人民死者。約有三成之一。計賑米自浙地港。與貝哈干日（貝哈干日在達喀境內臨恒河港口處）二處運至加爾各答及謨書帶攏得者。約有數千莽德。而官家未聞有設法援救者。其次則爲西歷一千七百八十至八十三年。加那鐵克（Carnatic 自科馬林角起沿東海岸直上至北緯十六度爲止名曰加那鐵克乃十八祺年時所稱之名）兵燹之災。蓋其時。赫特亞里氏。結連法人。與麻答拉德族。突攻加那鐵克。勢焰甚盛。到處焚掠。故其地受害極重。嗣麻打薩拉政府。勸集捐款。以救濟灾民。印度自此始有常年濟民社。以恤土人之窮乏者。而西歷一千七百八十三及八十四年。興都斯坦地方。亦患荒旱。歷時頗長。當瓦倫海斯丁 Warren Hastiny 氏任印度總督時。案瓦倫氏英人生於西歷一千七百三十二年歿於一千八百十八年當西歷一千七百七十四年時任印度第一次總督建議廣造倉廩預積穀米。以備荒年。聞巴德拿城之倉。自建設以來。永未動用。直至西歷一千八百七十四年歲凶。乃發積穀振撫飢民。迄今其倉尚存。西歷一千七百九十年至九十二年。厤打薩拉一屬復遭饑饉。政府乃使災民從事勞役。以資糊口。此次以工代賑之法。爲印度之創舉。故可念也。且印度頻患旱潦。動經數年。閱歷固深。而迄無妙法以善其後也。西歷一千八百六十及六十一年。西北諸省荒歉。政府費英金七十五萬鎊。救濟災民。至五十萬之多。至西歷一千八百六十五及六十六年。俄里薩之災。政府雖議舉辦工義之賑。而其後二事。均無成效可言。計俄里薩一屬。死亡之數。約居全部戶口四分之一。蕩析流離。瘡痍滿目。此因其地倉無餘粟。而又素絕交通之故也。西歷一千八百六十八至七十年。西北諸省及剌日不德拿。又遇災異。歷時三年之久。至西歷一千八百七十三及七十四年。巴哈爾地方。復經年不雨。旱象已現。民間騷擾不靖。政府見此情形。乃及時設法賑撫。以救灾黎。而各處善士。亦踴躍輸將。共表同情。計費英金六百五十萬鎊。賑米一百萬噸。是役也。所費雖鉅。而所保全者亦甚大。固由辦理諸人。急公好義。布置美善所致。而亦其地適當航路鐵軌交通之孔道。輸送便益。且受災區域較狹。故得以成此亘古無二之奇功。若近年印度南境之灾。政府非不極力救濟。且所施賑欵。更多於前。而灾區之人民。仍不能免於患難者。何哉。蓋此次南境被災之廣。數倍巴哈爾。更無預先警告。迨三季不雨。灾象已成。死亡枕籍。雖欲補救。已緩不濟急。聞當時賑恤之米糧。堆積痲打薩拉海岸。及印度上部傍鐵道之處。不知若干。朽腐霉爛。不能載運至境。惜哉。西歷一千八百七十七年。孟買一省。凶歲被灾之地面。約有三萬四千方英里。其間居民有五百萬人。闡是年六月間。有一次受賑之人。至五十二萬九千名之多。而其中役於工賑者。約居強半。自外輸入灾區之米糧。十二月之間。計有四十三萬四千噸。其中二十六萬八千噸由輪車載運。而其餘之十六萬六千噸。則來自海道。統計政府費賑欵一百五十萬英鎊。（內有一百萬鎊日後仍歸還政府）孟買爲水陸交通之商埠。轉運利便。故人謀易施也。

政制

英國議院頒定之律。凡印度最大之立法與行法二權。均歸印度總督或樞密院任之。而受成於英國政務大臣。（按英國此等官職有五。一管理國內政務。一外交政務。一藩屬政務。一印度政務。一軍務。）故凡立一法。行一令。皆樞密院之首領（首領即總督）署名。而總督遇有數事。亦可獨操其權。（如遇緊要之事而關係於國計民生者及地方治安與有利益等事總督可獨斷獨行）

行法司

此等樞密院。分爲二司。一曰行法司。除總督外。更有參議六人。其制度。與立憲國之內閣無異。（按英國官制內閣一部爲國中官位之最高者至少須有十一員而以首相爲領袖凡國中要位均此十一人任之聞現已增至十七人矣而前所云之五項政務官亦此十一人內所任）間常一會。舉一切內政外交。無不於此時決定。並預籌立法司之事。而國中要職。如外交。財政。兵政。工程等項。亦此六人分握其權。二曰

立法司

立法司。其參議即行法司之六人。與印度各省之巡撫。而麻打薩拉孟買二屬在官人員之代表。及土人與歐洲商民之代表人亦與焉。若遇有應辦之事。即開會商議。議定之條律。先呈送大省政府評閱。習以爲常。而後則將其原稿刊登官報數次。俾衆周知。（印度有數大省派廻撫管轄亦稱政府）至印度總督一身而兼總統首相之職。故其威權特重。（其權幾與民主國總統相埒）若論印度最高之裁判權。絕無整齊畫一之制度。麻打薩拉孟買西北部。及孟加拉四大省。各有一高等裁判衙門。凡民間一切詞訟。小者如戶婚田產之爭執。大者如犯法鬥毆之重罪。統歸管理。而亦可上訴於英國之裁判院。此外中省如旁遮普。設立一裁判衙門。有刑官三員。印度中央烏德賣索爾及巴哈爾四省。各有一問刑委員。而阿薩密。英緬甸二部。亦駐一委員專理詞訟。且有至大之裁判權。

印度裁判衙門所行之法律。今舉其大者四種。㈠印度立法司頒定之律。（即前所言之立法司）及其所前有者。㈡英國議院之法律而行於印度者。㈢興都與穆罕默德法律之行於本族者。(四)專爲特別民族及特別等級之人民所設之俗律。(自古習俗相沿久而成爲律例故名之曰俗律)樞密院之首領。(即總督)雖有統轄印度全國之名。而於各處行政之權力實非一律。蓋英屬印度。分爲數省。各有一政府。管理省屬尋常政務。儼如小朝廷。而印度之土郡縣。則恒附屬於其壤地相接之省。故此等行省。各有應享之主權。(即自主之權)而其主權之等差。則以其地方之文野爲衡。如麻打薩拉與孟買二省所享之主權。原與孟加拉齊等者。仍有甚多自養師旅自有政權。且有立法行法二司。其職任與樞密院之二司無異。而統治二者之長官。則稱巡撫。歸英國簡派。由此觀之。是該省已有立法之權。故印度總督。於一切政務干預絕少。若孟加拉南部或孟加拉西北部。及旁遮普諸省。僅各設官一員。職如都統。(較巡撫之職位稍小)而無行法司糾正於後。(總督巡撫雖位居樞密院之首領然樞密院亦得糾察之)獨孟加拉尚有一立法司。保存其昔日優異之名號。而其地方長官。亦有立法權。故與前二省不同耳。其餘諸省之大吏。或爲都統。或爲總管。多由國務官員中選充。能行法而不能立法。故其權限稍異。此印度劃省而治之大畧也。今以境界而言。印度總督治下。必須劃入數省。如亞日迷爾。比拉爾。庫爾格。及賣索爾等處。則英國轄境之區域方爲完備。（亞日迷爾由剌日不德拿分割比拉爾爲赫德拉巴酋長讓交庫爾格在印度極南賣索爾則於西歷一千八百八十一年復交還土酋）且印度政界上更有一互異之點。即新律未定以前之舊法律是也。惟其關係於今日之情事。不若昔年之甚耳。原其修律之意。固欲普行通國。嗣以文化未進。及俗尚殊異之地方。時時格不能行。遂即中止。而制度參差不一之弊。亦由是而起。葢此等朴野之民。性質既別。似治法亦須有別。必不能文野同律也。

無法律之地方

凡無一定律法之地方。其長官於聽訟徵稅諸端。有特異之裁制權。引徵例案。在所必須。而行法與執法之權。又多集於一身。（執法指問刑官而言）不惟行政之權而已。即用人之權亦然。凡其僚屬。均許自爲選用。更不限於文武。故此等地方之長官。其名曰宣政使。Deputy Commissioner 而其權則如總管。今印度中央與英屬緬甸。爲無法律之省。而孟加拉與西北部二省亦有此等郡縣。均以宣政使治之。蓋印度地方。無論其爲有律無律。而其行政起始之區域。均爲郡縣。單位地方故爲郡縣者。或稱榷稅使。有律郡縣之官吏或名宣政使。無律郡縣之官吏名稱雖異。而其獨擔一郡縣之責任。則一也。

[註]印度政治之隆汚。係乎爲郡縣者之才力品性甚大。而其一身政事之繁密。責任之重要。固足驚駭局外。即其所屬之人之行事。無論爲歐產。爲土著。胥賴郡縣官之模範爲轉移。若論其地位。與法國之伯利斐的法官之名與英之郡守相類相似。而其實事。則有大不同者。蓋印度之郡守。非以備位充數。承奉上官顏色者。凡關於民生休戚。及地方利弊。諸要端。皆須事事躬親。故其最要職任有二。一財政。如徵收錢粮及他一切雜稅之屬。二刑政。如聽斷大小詞訟之類。此外如巡警學務路政衛生醫藥監獄諸端。無一非日常應辦之要政。公餘之暇。更周歷四鄉。考察其地之山川景物風俗人情。由此言之。一郡守耳。

不惟爲律師。爲紀室。爲會計。且須知農學。知計學。以及機器等諸學科。而其政事之繁重。較之英國國務大臣更有甚焉者也。

英屬印度。共有郡縣二百三十八。幅幁之廣狹。人烟之稀密。彼此互異。且有相差甚遠者。如打麻薩拉所屬。有六千六百十二方里者。而最小者。如烏德省屬之郡。僅有一千九百九十九方里。通國之郡縣。均平計之。各得面積三千七百七十八方里。而各郡縣人民之均平數。則爲八十萬二千九百二十七人。最密者。爲麻打薩拉之郡縣。有一百五十萬八千二百十九人。而最少之數。則屬於緬甸。僅十六萬一千五百九十七人。故麻打薩拉之郡縣。幅幁最廣。而人烟亦最稠密。印度各直省。除麻打薩拉外。凡所附屬之郡縣。區爲數道。名曰狄佛薰。（即一段一區之意合數郡縣爲一狄佛薰故面積更大）各設一官。以統屬之。（此等官職西名曰康密薰訥爾）惟此等狄佛薰。非行政之單位地。不過單位地之積耳。省吏於距離窵遠之郡縣。有所設施。鞭長莫及。故狄佛薰之區劃。僅爲便於監察起見也。印度郡縣。又分爲地面較窄之附屬區域。而其名稱。

與其區分之法。省各不同。有稱薩孛狄佛薰者。有名達塞爾者。而其官名亦異。稱 Assistant magistrate 者。任薩孛狄佛薰之事。稱 Deputy Collector 者。則任達塞爾之事。大都薩孛狄佛薰之名。爲孟加拉特別之區域。而達塞爾則屬於麻打薩拉。二處之稅務。轇轕紛紜。故須年年加意也。此外尚有數等區域大畧相同。惟其名稱職任互異耳。

裁判權（即裁判一切詞訟亦曰執法權）所及之境界。與行政徵稅二者之界限相等。然高等裁判官之權。亦有多於一郡縣者。至無法律之地方。執法與行法之權。恒一人兼任。前已言之。

印度地稅一項。爲國家進款之大宗。故榷稅之事。亦爲政界上之重任。且其事情之奇異。與辦法之紛紜。更無若地稅者。故久居印度之英人。尤深悉其原委。今將地稅之大畧。及各省辦法之異同。聊舉於左。以資考證。查印度國家取各省土地物產之一份。爲財政之大源。久已爲通國所承認。惟現今執守地產之制度。推其原始。大約起於阿薩密之軍役。及緬甸之人稅。而其發達。則因於農業之興盛。與政府之策畫。二者而已。往者興都鄉村之地產。並非箇人所私有。乃一小村社之公產。其應繳國課。亦非箇人之私責。乃代表該社首領之責任。故物產收穫以後。該社首領。於未勻分之先。應歸政府之一份。卽預爲提存。此等俗尙由來已久。雖經離亂。而興都鄉村。守其遺風不變者。不知幾何。若論其情理制度。恐別項稅務。未必有如是之公平。此地稅辦法之大畧。今日英屬印度。及土酋轄境內。類此之地方尙廣。而穆罕默德。（卽指此敎之人）未克印度之前。想已普行是法矣。自穆罕默德旣入之後。貪心甚熾。而其榷稅之法。亦嚴酷無比。惟蒙古亞克巴爾氏。（按亞克巴爾氏於西歷一千五百四十二年十月十四日生於信地西歷一千六百另五年十一月廿五日歿於亞格刺西歷一千五百五十六年嗣其父王印度都特里善政甚多相傳爲其子監漢吉所酖死）王印度時。僅取地產所出三分之一。專任稅官。居間辦理其事。故今日地稅制度。均本於蒙古。當時有一種承辦之人。稱爲什明達爾者。爲穆罕默德之創名。其初原爲一徵稅之吏。議定於其付托之地方。共交賦稅若干。而日久年遠。

遂易初制。蓋東印度公司。始握印度政權時。絕不考察地稅所關之交際情形。而村落之社會。與種地之農夫。亦不自表其事。故公司知什明達爾。又知其能事。而幷能守其成約。案國家付托地產時訂立之約議定共繳賦稅若干按期完繳者。自是而什明達爾稅吏之地位。遂與業主之權利相混。而公平經久之村落制度。無人顧問。如在孟加拉及麻打薩拉者。遂日即墮敝矣。蓋英政府堅實不撓之目的。專欲立箇人之私產於印度。若賦稅不誤定期。則亦不更其志願也。案什明達爾專承攬地稅包收包繳於中漁利至國家歲取諸通國地產之稅。有如英國之遺產稅者。案英國向有遺產稅凡業主已死有人承受其產業必須納稅而納稅之多寡則以承受之人與死者之親疏爲衡大約愈疏遠者稅費愈多自百之一至百之十不等其稅既納。則註册之業主。即有買賣之權。若以種地之佃戶而言。往往遇有不公允之事。故於其承種長期之地。亦必許其應享之利權。查當時之地產。在種者之農人。不過爲養生之源。而於國家爲其賦稅之所由出。今則轉輾相謀。變爲商場圖利之物。此則印度地產之制。未能進乎文明之域者也。

印度估榷地稅之法。省各不同。如孟加拉之地稅。僅榷估一次。而後卽永以爲例。而他處則多有時時舉辦者。且其稅則。亦隨地而異。大都每一鄉村首須量其面積若干。次及田地之面積若干。估稅官乃再考察其地土之性質。植物之種類。溝洫之有無。交通之便利與否。卽地土將來之發達如何。與別種情形之能豐美物產者。亦無不預計及之。而後按其等級估定稅賦。並關乎農功之事。詳誌於農書。呈報政府。（此等農書西名曰陀美斯得凡地主之姓氏田地之面積產業之價値以及牲畜與轉租者之人數均詳書於册以備查考）以爲稽考之本。

孟加拉南部。與其相隣數郡縣。（有在西北部者有在麻打薩拉者）之地。已定爲恒稅。當西歷一千七百六十五年。東印度公司。握孟加拉省之財政權時。尚未知上節所言稅地之法。故所行者。皆穆罕默德舊制。其時與什明達爾訂立之契約。載明於其經管之地。繳稅若干。而訂定之年限。或一年或數年不等。若什明達爾允許之稅價。不能滿意則別選承辦人。以代之。惟其地力能出之詳數。絕不聚計。且亦不能爲也。當瓦倫海斯丁氏。任印度總督時。曾允准此等契約接續二十餘年之久。Warren Hasting 案瓦倫海斯丁氏生於西歷一千七百三十二年歿於西歷一千八百十八年嘗一千七百七十四年時任印度總督 而其時專主恆稅爲優勝之說者甚多。佛蘭塞司氏者。Francis 亦其一也。案佛蘭塞司氏生於西歷一千七百四十年歿於西歷一千八百十八年當一千七百七十四年簡爲印度樞密院之官 故至西歷一千七百八十九年時。遂將孟加拉之農事。詳加考察。較爲確實。迨西歷一千七百九十三年康瓦烈斯氏。乃照此次考覈之情形。更定規則。作爲恆稅。案康瓦烈斯氏生於西歷一千七百三十八年歿於西歷一千八百另五年當一千七百八十六年時任印度總督 而其時什明達爾之地位。則成爲地主。有移遺其產業之權。移者轉予於他人遺者留遺於子孫 惟須擔賦稅之責任。如違背定約。則以其地售與出價最多之人。其地稅總額共計英金二百七十五萬鎊。約合盧比二千八百五十八萬七千七百二十二。查西歷一千八百七十一及七十二年共收稅金三千五百二十萬八千八百六十六盧比。地產面積如舊。而進款則增多六百六十二萬一千一百四十四盧比。因往年籍故匿稅之地產頗多。今則概包在內也。國家應取於什明達爾者。既已永定爲例。而什明達爾其所屬於租戶。租戶即領種田地之人亦立契約言明交租若干之權利。亦應有相等之界限。惟租戶執業之權利。如領租之田若無他故不得增租之類並不詳載。殊覺偏枯。且所定租價。酷無情理。而西歷一千七百九十九年及一千八百十二年。二次所定之章程又甚嚴厲。租戶若拖欠租銀。許抄沒其家產。并拘禁其人。故爲租戶者。一聽地主之命而已。同時又許一種新什明達爾承買產業。其於租戶之間。絕無流傳之俗規。而其宗旨不過欲於新置產業中。謀圖利益耳。

租戶爲地主所刻待。既認重租。更遭苛暴。故於西歷一千八百五十九年。頒定律章。於地主之權。加以限制者數事。然印度稅律所許之人。僅有什明達爾。故什明達爾。創爲恒久之租契。而以其田地之事轉付於人者甚多。惟契約允許。必須繳費。既成之後。承租之人。雖轉賃多人。亦勿能阻止也。孟加拉一屬。雖已定恒稅。未嘗經合法之測量。近三十年間。始將全境測畢。更定各村界址。頒發地圖。用四寸爲里之分率。第此次測量。僅及境界之事。而其境內之風俗人情。與地土之性質

雷倭瓦里稅地之法

腴磽。仍未詳考。且當時每村樹立之界號。漸已彫落矣。界號即界石惟西人勿僅拘於石之一種

印度恒稅。僅行於孟加拉。巴哈爾。與俄里薩三省之地。俄里薩一屬。自西歷一千八百另三年。得之於麻哈拉德族後。俄里薩本爲麻哈拉德所佔據英人於是年克復其地 即定爲暫稅。而三十年之期限。須至西歷一千八百九十七年始滿。其權稅之法。則與西歷一千八百三十八年所定者相同。蓋先將田產之容積。與業主謂執有地產之人 及租戶之權利。詳加測量。而後決定其稅則者也。雖然。地稅之事。惟與業主直接。而無與於租戶。故其權利。亦孟加拉之租戶等耳。若阿薩密之稅制。尤簡而易舉。其全境耕種之地。劃爲多段。各段設一土官。或一什明達爾。每年由什明達爾。核其所屬之田。實已播種者若干。然後按其地土之肥瘠。而以預擬之稅則權之。

案雷倭瓦里之法印度有行之者而農人與國家可以直接完稅如不欲再種無論何年即可告退惟告退時必須在正月間耳 印度麻打薩拉地方。現行之稅法。曰雷倭瓦里。其情形與孟加拉之用什明達爾相仿。不過直接完稅之人。彼以什明達爾。而此則以農夫也。當此稘初年。英人兼併加那鐵克時。

於其所屬地方之稅賦。與辦理之法。尚無閱歷。故見孟加拉。用什明達爾徵稅之法。不致悮期。心頗善之。爰令麻打薩拉長官。與什明達爾。商立經久之約。若無什明達爾其人之處。則別選勇於任事者承辦。詎其事之結果。除其地之什明達爾。適為有力豪長之代表者外。無不一敗成約。麻打薩拉之北。與其極南之處。此等豪長。尚有數家。（豪長乃昔時為首領者之裔）而其所執之產業。歲有常貢。且按嫡長子之權利。世世相傳。不得分析。（案歐美二洲從前均有此律凡祖父遺留之產業只許長子嗣業世世相承而兄弟姐妹均不得分沾現在英國尚存此律而他國早已刪除）此外麻打薩拉地方。既無什明達爾收稅之事。亦無此等名目。嗣後以尚馬斯孟羅氏 Thomas Munro 之力。實行雷倭瓦里之法。政府專與農人直接。年年承種。別無什明達爾及他項土官居間經理。而國家自擔地主一切之責任。惟當時麻打薩拉之雷倭瓦里稅法。係本土官核計之畧數權定。而其全境未曾詳細測量。故多失實。自西歷一千八百五十八年以後。特設一測量部。該省屬地。重行詳測。凡舊時稅則。均照新圖考訂完密。

麻打薩拉之雷倭瓦里稅法。最爲周密。第一一縣地方之面積。無論地之可耕種者。與不可耕種者。均已詳加測量。第二每井田地之物產。無論其爲天然所生。與爲人工播布。亦一一精計。第三每井田地定一稅則。大約取出產三分之一。故一縣之地。所定不同之稅則。有多至三十五等者。每畝自六便士起至英金一鎊四先零止。多寡不一。（上所言取出產三分之一係指一切耗費未經除去而言若耗費已除則取淨產之半）既定之後。則以三十年爲期。惟一縣之總租。於此期限內。必有商酌更易者。如承種新地。或棄置舊田。以及遇有他事。每年應由稅官開會商議。決定當時農人應繳之稅。此等會議之事。路人不察其故。卒謂重徵賦稅。其實於農人已經執業之地。絲毫未增。不過遇以上所言諸端。不得不年年考察更易耳。

往者孟買一省。英人素無賦稅制度。雖至今日。尚有舊法。雜亂其間之地方。西歷一千八百三十八年。捕拿一縣。始仿行榷稅新法。自是以後。遂逐漸推廣此種新法。名曰測量稅地法。因每井田產。須先行審量。而後按其土質與植物之情形。估定賦稅。期以三十年。不得更易。如古直拉德肥沃之田。最多者每畝稅四先零六便士。而康干之瘠地。每畝至少亦有十便士。

孟買之地制。最爲簡明。以田地爲權稅之起點。而稅律認可之人。又實行承種之村農。當承種期內。一徵一完。農人國家各已熟悉其事。而其已定稅則。則於三十年後。可以更易。且其地制。於租戶亦甚公允。其所執之產業。可轉讓於他人。亦可留遺於子孫。若租戶於更易之稅則已經允許。雖契約屆期。仍能接種也。

西北部與旁遮普二屬。稅地之法。同於孟買。而其村社之制。較他處尤爲完全。故政府不認什明達爾。與農夫之產業。而獨認其鄉村爲權賦之起點。西北部之村主。兼什明達爾之名。而旁遮普所屬者則否。二省之地產。其守執情形。雖微有不同。而政府不問其村主爲一人。爲多人。爲商人。爲公會。則一以村社爲主。與之商約。若測量之事。更較麻打薩拉與孟買爲巨。除細測境界及估計農功外。尚須將各村應有之權利及產業分執之辦法。詳記於册。所有賦稅。則獨責成村主擔任。

而不旁及他人。二屬均以三十年爲期。惟政府村主及涉及地產之人。其應享之權利。各有界限。不得侵越。西北部之地稅。均勻計之每畝約二先零十一便士。而旁遮普則每畝僅一先零。四便士。

烏德之達拉克達爾。如英國之地主及孟加拉之什明達爾相似。其初多爲食邑之公卿。既富且貴。案達拉克達爾乃印度土人之貴者享有管理一邑之權歲獻貢賦自兵變後權利猝減遂至今日之情形麻打薩拉烏德及他省尚有此輩 自西歷一千八百五十七年印度兵變以後。遂至今日之地位。凡達拉克達爾。各擔任其食邑應繳之賦稅。所貢賦稅若干。永定爲例。而國家更賜以長子世世承業之權利焉。其餘未屬達拉克達爾之地產。或以業主。或以什明達爾則均循常法辦理。以三十年爲期。而烏德全境業經詳細測量。

印度中央一部之地產。執業之法甚多。上自食邑之公卿。貢賦極微。下至鄉村之社會。稅循常法。惟其地民居稀少。農事楛劣。故地稅處處減色。其測量之事則仿行旁遮普。以村社爲稅地起點之法。現定之期。亦限三十年。至西歷一千八百九十七年始滿。

賦稅總數

西歷一千八百七十三及七十四年。英屬印度全境田產稅徵收英金二千九十一萬九千二百五十六鎊。若加以他項地稅英金一百七十四萬八千八百八十八鎊。則共合英金二千二百七十六萬八千一百四十四鎊。照此均計。是每畝得九·四便士。每人計二先零四·七便士。最多之數爲孟買。每人約三先零十·四便士。而最低者。則爲孟加拉與阿薩密。每人合一先零二·七便士。

鹽政

印度國家進款之大宗。除地稅以外。郎爲鹽課。故製鹽之處。監察之事。亦爲政治上之一重任。稅鹽之法。各處互異。自古已然。而巡緝之關卡設立甚多。連成一線。幾劃印度爲二稅界。西歷一千八百七十八年。斯德拉吉氏J.Strachey更定新章。凡稅課重者。減之。輕者增之。通國一律。交通自由。而昔時畸重畸輕及苛刻朘削之弊。捐除淨盡。自此旁遮普與剌日不德拿二省之鹽法。如孟加拉南部無異。不過將鹽之輕重一權。而後按數徵收。等齊劃一。極爲簡便。孟買一省現亦於古直拉德地方設一大廠製鹽工費甚微管理之法既善且密而東海岸自俄里薩至科馬林角一帶則煮海爲鹽者所在皆是雖亦爲國家而製然均謂之私業惟孟加拉一省製鹽之業與植罌粟無異已成專利且爲之保護人之製鹽任聽其願不加强迫而又重視鹽竈應享之權利故國家選謹愼監察之員以期干涉少而得利多也現行之鹽法幾近百年閱歷既深遂日漸發達製鹽之人與尋常農夫齊等第其境況較爲優勝耳蓋其職業有傳遺之權利有一定之價值當其交鹽與國家鹽棧之時即付以價值非如印度他項工業進增以漸也此等定價大約每莽德即八十二磅又七分之二計一安納五・八派司案安納印度錢每一安納合盧比十六分之一派司印度最小銅錢合安納十二分之一而鹽局一切費用如監察等事計每莽德約三安納五・六派司近年麻打薩拉政府所定售價爲二・八〇盧比一莽德二者相除而其所餘者即爲利息二・八〇盧比一莽德即合英錢七先零一亨得威的至鹽稅一項通國一律均爲七先零一亨得威的西歷一千八百八十一年間凡麻打薩拉孟買西北部及旁遮普所

土產稅

屬之地方。均照此價徵收。惟孟加拉稍多。爲八先零一亨得威的。然亦暫時行之。非已定之規也。英緬甸一部。銷用本處之鹽。每一亨得威的僅徵六便士。若運往邊界過境之鹽。則按値百抽一徵收。

印度之土產。稅法如鹽政無異。國家不獨徵其稅。且亦管理其事。專享利益。蓋政府之意。雖在榷稅。亦爲阻遏銷路起見。此等應稅之土物。僅烟酒及激烈之藥材數種。各省辦法。雖微有不同。而稅務大綱。則通國一致。大抵製造與售賣二者之權。均操自政府。雖商家欲攬其事。亦須由政府允許。訂明辦理。如蒸釀火酒之業。或許與出價最高之人。或指定區域。准於限境內開辦。而其售賣之權。亦許與出價最高之人。惟須决定一次能售至少之酒數若干。歐人酒業。近已開設數處。每一加倫。繳稅六便士。獨印度之山族。與化外遺民。以米麥蒸釀之皮酒。向不徵稅。亦不加以禁制也。激動神經之藥材。其最著者。如鴉片烟。斑格等。亦徵稅。案斑格爲印度麻苎類之葉所製葉內有一種致睡之膠汁其葉晒乾後可作煙能醉人亦可作睡藥 而印度本境需用之鴉片。均由政府專利。其製烟之廠。則在巴德拿。及班拿勒斯二處。製成後。則發與小販售賣。多銷於緬甸阿薩密及旁遮普三處。斑格一物。由印度麻類植物之花葉所製。其種植之地。僅限於拉日宣赫孟加拉及喜馬拉雅山谷之間而已。蓋其爲害甚大。而人之因此得癲疾及以此犯罪者。頗有所聞。故政府設法。大增小販之稅。以爲阻止銷路之計。所謂不禁之禁也。印度煙葉。現不徵稅。農人隨地栽種。專供自用。從前印人自治時。亦如他項物產無異。均須納稅。嗣英政府。以稽察匪易。遂捐棄之。

市區

印度地方。分劃市區。原爲少減縣官之責任起見。非原於本地之選舉院。蓋當時之選舉院。爲與都族人最所銘心而不忘者。而其院長。即行政官爲之。凡村落社會。及四級民族之訟事。皆由此院管理。而商人承令組織商會。其一切章程。雖未在會之歐商。亦應遵從。惟與都村社之制。自蒙古人王印度時。多已解除矣。現在市區之員紳。則由政府選派。且助稅務官。辦理新舊稅務。凡道路巡警及衛生三大事。在區境以內者。均爲區市員之專責。而其權利。則賜自稅務官。若在區境以外者。則由稅務官。（此稅務官即上章所言之榷稅使亦管地方政事）或其屬員。自行管轄。然此等市區之制。除大城邑以外。不能謂已具科伯拉的之性質。（科伯拉的譯音合多人爲一會治理本地之事之意）惟將來教育普及。學業修明。地方自治之制度。必從此發達。而今日之市區則爲其萌芽也可也。查西歷一千八百七十六年時。英屬印度除三大都以外。（即孟買加爾各答與麻打薩拉三城）共計市區八百九十四。約有人民一千二百三十八萬一千另五十九人。而市區員紳。共七千五百十九名。內歐人一千七百九十四員。印度土人五千七百二十五員。此七千五百十九員中。由於選舉者。一千一百四十四人。由政府派充者。四千五百十二人。而其餘一千八百六十三人。則以其職位而得者也。至被選舉之員。幾限於西北部。及印度中央二地。而他處無聞焉。

印度財政煩雜。欲列示一簡確明白之表。勢不可得。一則其出入之數。雖需核算。然由官報告者。往往誤英之財政家。蓋其計畫之法。本於此意。以爲英國有無限之專權。管有全國地土。而其應爲者。乃一文明富翁之責任。且於罌粟食鹽二物。

更為商賈之事。凡以上所言者。皆足以大增出入二者之數目。若細為分別。意外之數。應勿列入此間。查西歷一千八百七十八年。英屬印度。稅民之實數。約有英金三千四百七十五萬鎊。若以全境戶口計之。合每人三先零八便士二。則近年管理公款之法。屢有變更。甚至使欲比較。而無從着手也。

左列之表。係西歷一千八百七十七及七十八年。印度進出之款。今自議院錄出。惟其數目得之于稅賦者。究有若干。得之於產業人口者。更有若干。無從分別。前已言之。即今之出入數目。欲與前幾年者相比較。亦不能辨。茲僅表列其大概而已。

款
英鎊
二五三一三二五
五三九八五八
二六六一二六六
二三三〇九〇二
一六四六〇九三
五〇二八三一八
一八〇五三六八
三三一九六七三
五四二二〇二
一五八〇三九
六一一一八一九
四六八九七五
二一五八二三七
七三八〇二〇
四二五六四四
一六五三三七七
一六六三九七六一
五三四五七七五
二四七〇三四
三六七六二七四
七九一六〇一
六五七二九五五
二六一九八七二
二三八八英鎊

進	款	出
	英鎊	
地稅	二〇〇二六〇三六	地
貢輸	六七五一一二〇	鹽
森林	六六四一〇二	罌粟
土產稅	二四五七〇七五	雜項
雜稅	八六一一〇	條約之款
各省捐稅	二三八五〇四	國債利息
		行政
關稅	二六二二二九六	訟獄
鹽	六四六〇〇八二	航業(外海內河
罌粟	九一八二七二二	教會
證印稅	二九九三四八三	醫藥
鑄錢廠	四四三八五九	
郵政	八四七六九四	政務(公署)
電政	三五八四三〇	巡警
		學校
訟獄	八一三二二一一	紙筆墨及刷印
尋常工程	三七一五三九	易毀虧失者
溝洫	四九五一四二	兵費
鐵路(國家)	五四八五二八	賑款
擔保鐵路(淨)	六一二九七六五	撥與各省之款
雜項	三五五五五九三	尋常工程
		能生利之工程
總數英鎊五八九六九三一一		修養費(工程)
		利息與溢利
進款與出款比較不敷者計		雜款
金英三五四三〇八七鎊		總數六二五一

凡表中所列之數。畧一考察。則知印度國家多數之進款。非得之於捐稅明矣。工程與鐵路二者。歲收英金七百五十萬鎊。已居總數百之十三成。若更加以郵政電報二項。則幾占百之十四矣。罌粟一物。約得英金九百萬鎊。若除去費用。則淨獲六百五十萬鎊。然非稅諸土人。乃由中國人自願輸此巨款於印度也。僅此數者。已將及總數三分之一。此外取之於地者。正二千萬鎊。已逾總數三分之一。此尚是年歲歉收之數。若遇豐年。當更多於此。故不可忽畧。惟此等取之於地之款。稅耶。租耶。究竟應稱何名。乃計學家應擬定之問題。然無論爲稅爲租。第行之已久。已爲國家應有之財政矣。表中所列各省租捐與雜稅。爲數甚微。且隨時變易多寡不定。姑置之勿論。而其餘最爲緊要者。卽土產稅。關鹽。鹽課。與證印稅。四種。共得英金一千四百五十萬鎊。（占百之二十五成得總數四分之一）而以鹽課爲最巨。約英金六百五十萬鎊。（百成之十一）今英屬印度共有丁口一百九十一兆。而國家歲入總數爲五千九百萬鎊。均勻計之。是每人出六先零二便士又八分之一。若以地稅獨計之。

每人合二先零。一便士又八分之一。而土產關鹽證印四者。共計之。則每人合一先零六便士又四分之一。今再將凡屬於租稅者。如地稅。土產稅。雜稅。省捐。關稅。鹽課。及證印稅等。合而言之。如西歷一千八百七十八年。共進英金三千四百八十八萬三千五百八十六鎊。是每一人合三先零七便士又四分之三。而西歷一千八百八十年。租稅收數較旺。故每人約合四先零矣。

印度土產稅。與證印稅。均自英人創辦。而土產稅。專捐及醉人之酒與有害之藥。無論製造批賣。均須納稅。其辦法各省互異。而其事正與英國此稅相同。出于自願。故重壓下等社會之人。而其所不同者。則以印度故高其價以期阻礙銷路。則其稅源。似不能擴充矣。燂葉一物。已無捐稅。至證印稅一項。亦如英國相同。函有二義。故所收之款。取之於詞訟者居多數。而得之于蓋印者甚微也。英字證印稅二字函有二義一凡一切合例契約均須徵稅二另有幾種貨物交納稅金國家蓋用印花以爲已繳稅之憑證關稅分出口進口二種。近年二者之稅。均不見旺。將來能否持常。尚未可定。西歷一千八百八十一年。進口稅。按値百抽五計算。各項貨物。以棉貨爲較佳。而出口之稅。現已除免。僅留米一項。尙須抽稅。歲可得英金五十萬鎊。係每一莽德稅三安納。卽合英幣六便士。一亨得威的。（値百抽十之數）印度緬甸均產米。多運往歐洲。已成專利。故米稅一項。取於需求者。甚於供之之人也。鹽課較他稅。尤爲緊要。亦尤覺難辦。蓋稅人生日用必需之物。及重累貧寒之人。乃犯國家計學之公例。故鹽爲人人所共需之物。而其稅之之法。處以公允。乃爲最要。自近年鹽政改良以來。捐棄一切任意苛擾之弊。且平減價値。通國一律。誠善法焉。

出款

印度國家歲銷之款。最要者。如養兵。國債利息。救荒工程諸費。以及易兌耗虧之款。而兵費一項。歲約英金一千六百萬鎊。其中供印度者。計英金一千二百萬鎊。供英國者。僅四百萬鎊。而兵士之有傷疾不能任事者。英國需二百萬鎊。而印度則不及七十萬鎊。印度軍需約英金七百萬鎊。糧食約二百萬鎊。而英則一百萬鎊而已。西歷一千八百七十七及七十八年。印度國債。計英金一百四十六兆半。

約每人合十五先零。四便士。利息約五百萬鎊。而所費於工程（仍可得利之工程）債款之利息。尚不在內。查西歷一千八百四十年時。所有國債。僅英金三千萬鎊。迨西歷一千八百五十七年。已增至英金五千二百萬鎊。嗣以國內兵變。四年之間。又多增四千二百萬鎊。自是以後。歲有所加。但不甚巨。至西歷一千八百七十四年。其時歲又大歉。工賑兼施。忽又驟增新債。直至今日。愈積愈巨矣。凡近年所增多之債款。多在英國籌措。然此十年間。銀債之增。僅一千萬。惟金債則增至二千八百萬。故印度戶部之受重累。無有甚於凶荒者。查西歷一千八百七十四年。與西歷一千八百七十七及七十八年。二次之災。國家費於義工二賑者。約英金一千五百萬鎊。可謂巨矣。易兌虧耗之款。近年始著。因賤值之盧比。在英國易金還債。大受虧損。每一盧比。僅作二先零。任意計算。絕無定值。故此項鎊虧之數。非眞正用於國家。不過費於會計之一特別方法耳。西歷一千八百七十六及七十七年。此項鎊虧。多至英金一百七十五萬鎊。至工程所費之款。其來源有三。一私家公司之母財。而由國家擔保者。二建造鐵路溝渠之債款。三常年進款。擬用於工程之非直接生利者。西歷一千八百七十七及七十八年擔保鐵路公司。共集母財英金九千五百五十萬鎊。獲淨利五百萬鎊。頗爲滿意。而此十年間費於生利之工程者。計二千九百萬鎊。其中一千九百萬鎊。用於邦國鐵路。而一千萬鎊。則用於溝洫。西歷一千八百七十七及七十八年進款內之款。費於尋常工程者。近三百七十五萬鎊。惟所有出款。有用於印度者。有用於英國者。而用於英者。則必須預備金鎊。故必須分爲二部。查西歷一千八百七十七及七十八年。共計出款六千二百五十萬鎊。其中用於印度者。四千八百五十萬鎊。占百之七十八成。而用於英國者。一千四百萬鎊。卽百之二十二成。鐵路公司之擔保利息。亦在內也。

印度各省本境。另有進出度支。與國家財政。不相關涉。卽與省垣政府所用。歲由戶部移撥之款項。亦不相干涉。其進款。以地稅爲大宗。而其出款。則以修造輕小工程爲大宗。查西歷一千八百七十七及七十八年。進出之款。各約英金三百五十萬鎊。

市區財政

各屬所分之區市。亦專有度庋。如加爾各答。麻打薩拉。及孟買三大市區。西歷一千八百七十六及七十七年。共進英金六十六萬八千四百鎊。其中取之於稅者。計英金五十一萬九千三百二十二鎊。約每人合七先零。尚有小市區八百九十四。共有人民一千二百三十八萬一千另五十九名。共進英金一千二百四十萬六千九百七十四鎊。而其中得之於稅捐者。約英金九十七萬九千另八十八鎊。每人合一先零七便士。惟三處大市區之進欵。以房捐爲大宗。而其餘小市區之進款。除孟加拉外。則以城門稅爲大宗。（凡貨物入城即稅謂之城門稅如崇文門稅務之類）至出款一項。大約用於巡警道路。及河工者居多數也。

兵制

印度舊有兵制。分爲三鎭。曰孟加拉。孟買。及麻打薩拉。現在仍沿其制。其兵士。土人歐人均有。各有統將僚屬。惟孟加拉一鎭之統將。可以節制餘二鎭之將士。又第四鎭。名曰旁遮普邊防軍。雖亦屬於孟加拉一鎭。然該省都統。可以直接節制。

現在政府。(即西歷一千八百八十一年時)將全軍組織之法。正商議更改。

西歷一千八百

全軍	士兵		
總數	總數	幕僚等	步隊
一〇四二一六	四〇二八三	八五四	二九四二〇
四七〇二六	一二七三三	六二八	八二七一
三八三五五	一七七一〇	三三九	八二七一
一八九五九七	六四七二六	一八二一	四五九六二

七十七及七十八

歐洲				
衛隊	總數	砲隊	馬隊	工程隊
一二●二	六三九三三	六八七九	二八九八	二三二
八●	三四二九三	二八一一	九六六	五七
七二●	三八三五五	二五四九	四八三	六八
				官是盡
二●○二	一二四八七一	一一二三九	四三四七	三五七

年印度全軍兵制表

	印度兵士			
	砲隊	馬隊	工程隊	步隊
孟加拉	七四八	一三〇一六	一二四一	四八八〇六
麻打薩拉		一七四三	一四六一	三一〇八一
孟買	一五三	三五八七	五三七	二二二九六
總數	九〇一	一八三四六	三二三九	一〇二一八三

巡警

英屬印度巡警。照西歷一千八百七十七年所調查。警官警兵。已共有十五萬七千九百九十九員。均勻計之。每七・二五方里及每一千另九十六居民。得巡警一人。歲費英金二百五十一萬一千七百另四鎊。其中二百十六萬五千另七十三鎊。由國家及省垣進款內撥用者。若以面積戶口均計之。則每一方里約費三鎊。每一人約六便士也。每一警務官月俸七盧比。即歲得英金八鎊八先零。印度各屬村落。尚有支更者甚多。然皆作爲支部。而不屬於正部巡警也。

監獄

西歷一千八百七十七年。調查英屬印度各處監獄。及繫押所。共有六百三十六所。而是年及前一年所留遺者合之。共有監犯五十八萬七千二百八十八人。大約每八百六十八人男丁中得一男犯。每一萬七千二百四十四女丁中得一女犯。若男女幷計。則每一千六百十八人中得一監犯。英屬印度軍流之處有二。一曰阿達曼島。一曰呢古巴拉島。其地設立軍流所二處。均勻計之。日有犯人九千一百四十五名。此亦係西歷一千八百七十七年所調查之數。

學制

考印度歷史。自古至今。絕無一時期。爲全非文明之國。狄瓦奈格里字母。雖非印度創始。然自古已失其源流。而上古銅石之銘刻。祠廟棕葉之紀載。以及中世盛行製造之紙張。流傳至今。不獨示其書法。卽當時之學術。亦可概而知也。婆羅門民族。（卽四級族制之民族）所保存之文學。或傳之於口。或筆之於書。其文字之古雅。無與爲比。迨穆罕默德之徒。至印度時。更輸入史乘家之專業。學術湛深。雖當時比之歐洲。亦不多讓焉。印度政府雖經變遷。然凡大村落之貴遊子弟。則無不以方言教之。而於斑拿勒斯及奴底亞二處。更教授散斯克烈文之哲學。蓋追踪雅典Athen與亞歷山大里Alesamdra之學堂。迨今弦誦之聲。徧於通國。與歐洲諸國無殊。蓋佛門僧徒。傳教之力也。英人振興學務。若本本地已立之規模。則其效往往甚著。

現在印度之學校。多資政府。普助經費。督察勤慎。皆政府之責任也。

當東印度公司設立之初。振興學務之事。非視爲政府之責任。迨瓦蘭海斯汀氏。

任印督時。乃創辦穆罕默德學校於加爾各答。更施相當之教育於興都歐洲之生徒。而韋里斯里氏。除爲英國官員設立學堂外。別無擴充。案韋里斯里氏生於西歷一千七百六十年歿於一千八百四十二年英名將威林頓之兄也西歷一千七百九十七年任印度總督功業甚著加爾各答之散斯克烈學堂。乃西歷一千八百二十四年爲亞茂司底氏。Amherst 任總督時所創設醫學堂。爲西歷一千八百三十五年貝汀克氏 Bentinck 所立。而呼格里地方之穆罕默德學校。則爲西歷一千八百三十六年印度某富紳所辦。他如班拿勒斯之散斯克烈學堂。成於西歷一千七百九十一年。亞格拉學堂。則立於西歷一千八百二十三年。而近年教士。不特於宣傳福音專心致力。即印度土人之方言。亦極力研究。二百年以前。南境馬都剌地方之教士。所出丹密爾文之著作。至今印度學子。皆視爲佳本。而加爾各答相隣之希爾蘭普爾 Serampur 地方當時其地之浸禮教會。首以孟加拉方言列入文辭方言一類。蓋教士向以振興學務爲已任。未嘗或息其習方言也。爲翻譯聖經。及傳教時。足以使土人領悟其意指。而其課授英文也則以爲非教門之學之途徑。

當英人兼併印度後。於課授英文與印度文兩事。意見不決。爭論甚久。旋亦罷議。而自是政府。遂力任學務之責。西歷一千八百五十四年。烏特氏自英倫寄到論興學之公文。故今日之學制。始於是年。且本烏氏之旨組織。當時於加爾各答孟買及麻打薩拉三省各設大學一所。各郡縣均立學堂課授英文。而政府資助經費。自大學以至次等方言及女學堂。專習印度土文無不普及。各省更設學務公署。派監督檢察諸員。管理其事。現在學校林立。教育徧及。下自鄉閭之村學。上至最高等之學堂。無一不受國家資助。亦無一不由國家考察。惟經費一經籌足。則來學日多。而貧窶之子弟。亦有入大學之路矣。查西歷一千八百七十七及七十八年。英屬印度各種學堂。共有六萬六千二百另二處。而學生總數。則爲一百八十七萬七千九百四十二名。牽扯計之。每十四方里得一學堂。每一千人中。得學生九人。是年共用學校經費英金一百六十一萬二千七百七十五鎊。其中七十八萬二千二百四十鎊。由省垣政府所認。二十五萬八千五百十四鎊。則出於地方之租稅。而各市區所集之款亦有英金三萬二千另八鎊。以上數者皆國家之進款。故謂國家資助之經費。此外得之於捐輸者。計英金十萬五千八百五十三鎊。學費與罰欵。約英金二十七萬七千另三十九鎊。而常年之贈欵。亦有英金三萬七千二百十八鎊。蓋國民有普通之知識。公德漸著。而私家之有力者亦爲之鼓舞欣羡。聞孟加拉一省。現在自願輸將之欵。其數目已與歲由國家所資助者相等。由此觀之。當國者固不可不於教育上加之意哉。

西歷一千八百五十七年。加爾各答孟買及麻打薩拉三處之大學。仿照英倫敦大學之制。聯成一體。作爲考試之地。有正學使一員。副學使一員。暨大學會員多人。有賜學子學級之權。如藝師。如律師。如醫士。如工程師等。而管理員即爲副學使。與大學會員中數人。近年復於旁遮普之拉合爾地方。設立一第四大學。與前三者同制。故大學雖非教學之區。而實司考驗高等學業之權。凡入校考試。公諸

高等學堂

國民第考取之學子。欲研究高等學術。必須自行列入高等學校。自西歷一千八百六十七至七十七年。十年之間加爾各答大學入校考試之取中者。九千六百八十六人。麻打薩拉六千三百八十一人。孟買二千六百十人。此外試而未取者尚多。至入高等學校者。更寥寥無幾也。再查此十年間。加爾各答大學卒業之生。九百五十二人。而得文學士之名者。僅二百五十四人。麻打薩拉卒業生四百九十六人。而得文學士者。僅十四人。孟買卒業生二百十七人。而得文學士者二十八人。惟加爾各答習醫律二科者多。而孟買則習工程者居多數也。西歷一千八百七十七及七十八年。共計四大學費英金二萬二千另九十三鎊。

高等學堂。分爲二類。一授大學課程。一授專科學術。其經費有全出于國家者。有稍得國家津貼者。而教會之學堂。則附於津貼學堂內。查西歷一千八百七十七及七十八年。已經設立者共八十二所。而醫業工科與穆罕默德諸學堂。均計在內。學生共有八千八百九十四人。孟加拉占學堂三十五。學生三千八百

童學堂

四十八人。麻打薩拉學堂二十一。學生一千四百四十八人。是年用經費英金十八萬六千一百六十二鎊。每一學生約歲費二十一鎊。

童學堂等級甚多。所授課程既非一律。而國家之資助亦多寡不同。高等諸學不獨有英文一科。且以英文爲最重。其目的專以培植欲覓上等政事職業之人。與能與大學入校考試之程度爲止。各縣有國家所立之學堂一區。名曰縣學堂。亦曰高等小學。其餘縣屬之學堂。政府畧爲津貼而已。中學堂其階級在小學與高等學校之間。多設於村鎮。而其應習之課程。則以有用於中等國民爲度。有授英文者。有專習印度方言者。西北部屬各市區中央所設之學堂。亦歸此類。西歷一千八百七十七及七十八年。高等與中等學堂二項。共用英金四十七萬八千二百五十鎊。此外尚有初等小學及小學堂。連前者共爲四級。凡自本地村學起至省會方言學堂。其成學之階級。皆此二者之所有事。故小學實爲諸學之基礎。惟各省辦理參差。不能劃一。往者孟加拉一屬。於小學一道。向不注重。自西歷一千八百七十二年。康貝爾氏。更改舊章。使國家津貼之費。及於村學。而孟加拉地方。始稍稍注意小學。西歷一千八百七十一及七十二年。調查通國小學總數。僅二千四百五十一處。學生六萬四千七百七十九人。迨西歷一千八百七十七及七十八年。已增至一萬六千另四十二處。共計學生三十六萬另三百二十二人。六年之間。驟增六培之多。歲需英金七萬八千鎊。其中出於國家者。僅二萬七千鎊。於此見政府提倡補助。足以鼓勵私家之捐輸也。西北部學務之進步。乃該省都統。尙麥牲氏之功。尙氏具有開創之才。畧政蹟頗多。不獨於學務一端已也。尙氏除創設中學外。更於各屬中央村落設立小學。以爲左右小村落之幼童。就近肄業之所。以後又逐漸推廣。然經費難繼。故於地稅一項。稍爲加徵。卽以溢款定爲學堂常年之經費。孟買之小學。亦就地籌款。如西北部相仿。英緬甸一部之小學。多歸佛僧辦理。國家毫無資助。凡僧學堂。僅收幼童。但無識之敎員。亦有准幼女入校。相雜成班者。緬甸地方。絕無官立之學。故近有數敎士。經營其事。以補其缺。

女學堂

並稟明政府籌給官欵以補不足現在厤打薩拉一省由教士專辦學校之地方頗多西歷一千八百七十七及七十八年英屬印度初等小學與小學二項共用英金四十萬六千一百三十五鎊

印度女學之設不過近年間事耳雖不發達然究有裨於婦女大勝於無也其事之創始皆教士之力如厤打薩拉屬之丁那威勒阿薩密屬之開希山與緬甸之加倫族等處已有女學此數地之民頗信教士故教士之力足以破其偏見此外無論何處甚至通都大邑與能操英語之士夫語以興女學以瀹民智罔不嗤之以鼻故西北部一省地富民稠之區總計婦女一千五百萬人查西歷一千八百七十七及七十八年入校肄業者僅六千五百五十人孟加拉一屬論其女丁更多西北部二培而入校者尚不及一萬二千人今將西歷一千八百七十七及七十八年厤打薩拉英緬甸孟買與旁遮普四處女學之總數開列於左其餘則自鄶而下無待贅述女學堂總數共二千另二所女生六萬六千六百十五人童子

師範與專科學堂

幼女雜有之學堂二千九百五十五所。學生九萬另九百十五人。共需經費英金七萬八千七百二十九鎊。其中二萬七千鎊。專用於孟加拉女生一萬二千人者。西歷一千八百七十七及七十八年。印度師範及工藝學堂共一百五十五所。學堂六千八百六十四人。歲需英金五萬四千二百六十鎊。每年每生約需英金七鎊。凡男女師資。均肄業於此工藝學堂之最舊者。即麻打薩拉一所。係西歷一千八百五十年。亨替爾氏所創設。迨西歷一千八百五十六年。移歸學務公署接辦。此所工藝學堂與在加爾各答孟買二處者。辦理頗著成效。故印度工業尚稱發達。印度省會與著名大邑。均設博物院。其餘學堂。爲歐人及他國居留人而設者。政府亦與聞焉。查西歷一千八百七十七及七十八年時。此類學堂共一百另四所。學生九千一百二十一人。歲需英金八萬另一百九十七鎊。每生每年約需英金九鎊。而山鄉間尚有濟孤學堂。專教英國兵士之孤子。設於猶太開蒙得及散那瓦爾 Sanawar 等處。乃洛爾倫斯氏所辦者也。案洛爾倫斯氏西歷一千八百另六年六月生於錫蘭島西歷

（一千八百五十七年七月歿於印度之雷各腦德英之名將軍也當一千八百五十七年印度兵變時洛氏在雷各腦德守城時受傷而卒）與學事相輔者。厥維圖書報章二端。印度報館日漸發達。報紙書藉。刷印棊忙。英教士首先延用印度文人。組織本國文報館。第一次所出之報。係用孟加拉文。乃西歷一千八百三十五年間。希爾蘭普地方之浸禮會所辦。惟多年以來本國文報館。多主爭論神學。保其本旨而婆羅門薩馬吉教門。與興都族之教徒。皆反對英教士。互相爭辯。至西歷一千八百五十年時。報章之論教事者。尚較論國政者爲多。而晚近二十年間。本國文之報章。程度漸高。至今日議論國政之有力者。允推此報。通計數種本國文之報數。已達二百三十。而刷出張數。據雷司李力吉氏 Lethbridge 所調查。約有十五萬張。則閱報者。當更多於此也。孟加拉印文報之利益。頗爲英文報所攘奪。惟英報中其主筆其館業。全爲土人者。亦屬不少。西北地方。自雷各腦德。至拉合爾一帶。用歐都語言之報章。無慮百分。（案歐都方言即興都斯坦尼始于十一世紀其時穆罕默德教入戰勝印度軍營中與已克服之興都人來往交通悉用歐都其文多用阿剌伯與波斯之字）且其中辦理善美者。

書籍

極多。足以代表大邑土人之意旨。孟買之日報分二類。一用麻哈拉德文。一用古直拉德文。而在麻打薩拉者。則用丹密爾與德柳古二種方言。但多論教事。絕不涉及國政。

印度用各種土文。刊行之書。以孟加拉爲最多。旁遮普孟買次之。西北部麻打薩拉又次之。西歷一千八百七十七及七十八年。註册所刊刻者。共計四千八百九十部。其中五百四十四部。爲英文。三千另六十四部。爲印文之一種。七百十九部。爲印度古文。而其餘五百六十三部。則用二種文字。再印文書中。主教事者有七百另九部。言詩曲者。六百六十三。論文者三百三十。講科學者。一百九十五。而小說亦占一百八十一部。此外如律學。一百四十六。醫藥九十五部。

歷史

古番族

非阿利安種族

印度太古時。爭於其地者。有二族。一屬阿利安種統系者。自西北山徑入印度。其崇拜者。曰和平威武之神。一爲下等之民族。久居其地。迨新者來。遂驅之入山。役使爲奴焉。現在此二族之純裔。其數相若。各約一千八百萬人。而其雜裔之傳自尤爲魯野之種族者。則成印度戶口之大部矣。

下等民族之人。來歷不明。又無種名。故謂之非阿利安種。或稱古番族。彼等之紀載書籍。一無遺傳。蓋不知文字爲何物者。雖至淺之象形符號。亦不識也。其手製之物。流傳於今者。惟粗石環與石片耳。蓋同歐洲之古人。用此以覆死者也。由是而推知此種民族。當時然不能確知其時期必知由陶土造圓形瓶罐之法。其爭戰之刃刺。必以鐵。而其爲緣飾者。必以銅金二品無疑也。以後復於其墓中覓得羅馬錢幣。觀其古墓情形。則知造墓之人與太初種族相屬甚密。當此族未來之先。印度中央。早有居民。惟此等居民不識五金。而畋獵戰鬥諸事。均用磨光石斧與精製之石器。狀類歐洲之北所掘得者。而前乎此者。更有一族。以瑪瑙爲小刀。以火石爲槍刃。尤爲粗笨。尼巴達爾河一帶。往往見此等遺物焉。

古番族之爲新來阿利安種所敗。前已言之。而其相爭之勝負。則以其名稱知之。當時勝者。（即阿利安種人）呼前族曰搭西阿斯。曰搭塞斯。搭西阿斯者。譯言敵。而搭塞斯則譯言奴也。今孟加拉下等之民族。猶仍搭塞斯之名。而阿利安則自（即由西北新來之族）誇其爲貴種。三四千年前。其詩家歌頌神聖之功德。謂神能殺敵保種。（即指阿利安種）使黑膚之人服從於阿利安種也。（黑膚之人即指古番族阿利安種人之膚色較美故常自傲所著之詩西名曰烈格韋德）更以己之軀幹脩偉。極詆番族矮醜粗魯。自誇爲隆準。譏彼爲無鼻。爲扁鼻。（古番族鼻扁故云）而韋德詩詞所載。侮慢太初民族蠻野之行。謂食生物。謂無律法。無禮儀。無祭祀。無神道者。不勝枚舉。迨後番族被逐。入深山叢林間居之。既久。而阿利安之詩人僧人。詆之愈醜。幾視爲魔鬼怪物矣。千年以還。亞歷山大氏率師至印度時。其幕僚中亦有評論此等惡狀者。

雖然。彼等非盡蠻野者。考散斯克烈之紀籍。阿利安種人與番族之王。有聯盟之舉。其後歷史出現。載印度最強盛之王國。有爲其裔孫所治理者。且亦非無禮儀。

無祈禱諸事者。其於死者。附以衣衾。銜以飾物。想其爲此。必以備死者來世之需用。今由其墓碑下。掘得之物。製自金銅者居多。番族既爲阿利安人驅出平原。故匿跡潛聲。有老死於巉巖幽壑之間者。後世博物之士。覓其遺跡。如絕種之獸蛻無異。故印度成爲一種族之博物院。而人類演進。自淺至高之階級。吾儕可於此研究焉。

人類中之至魯野者。莫如阿達曼之島夷。（此島在孟加拉灣）阿剌伯與歐洲之航行其地者。咸以島夷爲犬面食人之物。西歷一千八百五十五年。英官往島。劃設租界。既登其地。見一羣狀貌猙獰。身體裸露之怪物。圍繞左右。其俗遇喜樂時。塗紅埿。居憂時。服橄欖色之衣。作大聲如哭。以示其愛友歡忱。彼等以上帝爲凶神。能致疾降禍者。英人開闢地界。彼等遂用弓矢極力抵禦。相持五年之久。以後英官於居留地之旁近。爲之蓋廬舍。俾蔽風雨。更施醫藥食物。以惠窮黎。歲月既久。漸亦向化。

痲打薩拉南境之阿那曼利山。爲散族藏身之地。有一族狀貌粗野。毛髮甚長。名曰拍爾里亞者。約五村。食小鼠。及能捕得之獸。而野生之植物。亦時時採食。崇拜邪神。又有一族曰孟搭瓦爾。與世不相往來。居無定所。率其牲畜。飄遊巖谷間。棲息草廬中。無留住逾年之時。又有名曰凱特爾族者。矮身厚唇。爲高等種族之遠裔。以畋獵爲生。且能施權力於他種山族。故又稱之爲山王。現在阿那曼利山。居民稀少。惟巨石遺碑甚多。皆太初種族。當時覆葢死者也。印度西南境之訥爾斯族。尙行一婦多夫之惡俗。凡一人之產業。勿遺諸己子。而付與其姊之子嗣。而喜馬拉雅山族。亦有尙此俗者。

西北部之番族。已成戶口大部。更有數縣。其居民屬番族者。及五分之三。而最著之族。曰剛特。現已日進文明。不若古初之蠻野。惟性情粗鈍。仍居山林間者。尙復不少。此輩多以獵爲生。用火石爲箭頭。其愚可知。而痲里阿斯族所用之弓矢。尤爲笨重。兩足踏弓。而以兩手扣弦。此外又有一族。曰痲爾里斯。刈草爲廬。居處其中一見面生之人卽避匿不出凡野林物產應獻之貢物則每歲由酋長派使往取使者勿逕入第於村外擊鼓而後避之番族聞鼓聲知使者至乃逡巡出置其貢物於一選定之處事已急奔歸草舍蓋其性畏怯如此

印度東北之俄里薩有極苦之番族其數不過萬人稱鳩安格又稱拍塔阿司譯言衣葉之人也從前婦女無衣無褐惟結繩數條纓於腰際前後蔽以樹葉如此而已西歷一千八百七十一年英政府於所轄屬之番民均令着衣不得裸露而土酋長所統屬者亦勸令照辦此等野族不識五金其土語中亦無銅鐵之字迨後西人至其地始稍習知五金之爲用惟其地富有火石兵器故鳩安格可爲用石時代之遺民也（西人案古人之利器分其時代用石者曰石時代用銅者曰銅時代）據一熟悉其事之官紳所言謂其廬舍最小長約六尺寬八尺較犬穴稍大而已一家家長與其婦女聚居一室幼童與壯男則另寓一大舍凡一村壯男公處一室之俗不獨此族爲然而印度他方之番族同此風俗者頗多也俄里薩之康搭族遇祭祀仍有用人爲犧牲

之酷俗。西歷一千八百三十五至四十五年。英人始令革除。孟加拉西境之杉得爾族。於西歷一千八百五十五年間。杉得爾居加爾各答西北北緯二十四度四十分英天文台東經八十七度崛起草昧。足爲非阿利安種族。强盛興發之式樣也。

喜馬拉雅山之坡陵間。族類繁多。其人狀貌。悉猙獰可怖。身量短小。肌膚漆黑。食常不飽。往者。輙刼掠阿薩密之良懦。藉以果腹。自英人治印度後。此輩遂漸不搶奪。其野蠻最著者。爲自主之阿巴爾族。現用之爲巡捕。以守邊境。歲給布米及耒耜。以酬其勞焉。阿薩密之亞哈斯。分爲二族。各有名號。一稱千竈之食主。一稱棉地之匿賊。顧名思義。可以知其爲何種人矣。

三千年前。當阿利安種人入印度時。已有番民部落。至今散於國境者。尙復不少。然彼等胡自來乎。既無紀籍可稽。而其口傳之遺事。又甚鮮。惟以他事證之。疑其來自北方。而當時野居崇山之陰之情況。尙有傳言者。則其地非孟加拉流域之南者。可知也。杉得爾族。且以大山爲種神。而他族亦有崇拜之者。中印度之剛特。

非阿利安種之方言

據其古傳所載。則其族。原始於諦瓦拉格烈峯之麓。（此峯在喜馬拉雅山間約北緯二十九度英天文臺東經八十四度）而其埋葬死者。常令足向北。以爲北歸老家之意。至今尚仍其俗。細考非阿利安種之方言。可粗知其族之秘密源流。蓋其紀載往事。流傳於後。究勝于石銘銅篆耳。印度太初之民。原屬三大種。一曰鐵貝陀波曼。（鐵貝陀卽西藏波曼卽緬甸）二曰古拉爾廉。三曰特拉佛田。鐵貝陀波曼族。自印度東北山徑。入居喜馬拉雅山邊徼。與其東北支山間。當太古時。（指未有歷史之時）彼等曾聚居中亞細亞。與蒙古支那之古人爲隣。今孟加拉東部之山族。其方言。仍有存蒙古支那之字者。如阿薩密之那加斯。於三水二字。照舊沿用。統計鐵貝陀波曼一部。有土語二十種。譯列其音如左。

一曰西查爾里。又稱波陀。二曰德里布拉。又稱穆爾朗。四曰鐵貝担。又稱布希亞。（鐵貝担卽西藏布希亞卽不丹）五曰古爾朗。六曰磨迷。七曰尼瓦。八曰利不加。九曰牡爾里。十曰亞加。十一曰米希默。十二曰德麻爾。十三曰干那瓦里。十四曰買克爾。十五日新福。十六日那加。十七日古哈。十八日波米斯。（即緬甸）十九日克燕。二十日曼尼坡利。

古拉爾廉

古拉爾廉。卽三大種之第二族。大約自東北山徑。入居印度之孟加拉。現則散處於北境。及南高原之東北沿邊一帶。而特拉佛田族。則似有自西北徑突入旁遮普者。現在居印度南境。直至科馬林角一方。（即三邊形之高原）觀其情形。一若二族。一由東北。一由西北。會遇於中印度。而後彼此互經其地。惟特拉佛田强勝古拉爾廉。將古拉族衝散四方。而卒其大枝。徑達于南境也者。自是以後。南方之特拉佛田聚族而居。愈久愈稠。而古拉爾廉族。則鋒鏑餘生。各自散處。歲月旣邁。遂忘其爲一本。如杉得爾。爲古拉爾廉族之最大者。近居中印度（亦三邊形高原）之極東。柯格斯。亦古拉爾廉族之一也。則居於距離四百英里之西郊。中亘崇山森林。無徑可通。更有特拉佛田。與阿利安種。橫阻其間。故隔絕已數千年矣。此二族。雖無古傳。論其同源。惟今日柯格斯之語言。與杉得爾者。差別甚微。他如稅瓦爾斯。據伯林尼與都里米二氏所言則曾爲古拉爾廉之大族今已式微且居處靡定多爲麻打薩拉及俄里薩二地之樵蘇而中印度之深處與剌日不德拿之西部亦見其散族焉

古拉爾廉一部最要之方言九種茲譯其音於左

一曰杉得爾里二曰孟得爾里三曰賀四曰榜默吉五曰科爾瓦六曰加里亞七曰鳩安格八曰柯古（即柯格斯）九曰稅瓦爾（即稅瓦爾）

特拉佛田族

南境之特拉佛田族雖以後阿利安種人闖入其間爲所克服然固結團聚從無如古拉族之散爲多部者惟其後裔亦有散小部落第南境同言語之人已達四千六百萬之多矣太平洋數島之民其爲特拉佛田族之來自印度者抑同源之族而早經居其地者此博於方言學者所當推求之事甚於已定之民種學也壤大利亞之西南二部其土民稱汝我伊及汝等我等伊等諸字與麻打薩拉沿海之漁人無異其所用兵器則與麻打薩拉之山族相同而其餘互同之處尚多焉

茲將特拉佛田一部之方言爲主教柯爾德威氏所認定之十二種。照譯於下。

一曰丹密爾。二曰馬來雅蘭。三曰德柳古。四曰干那爾里斯。五曰杜留。六曰古搭科。七曰都德。八曰科泰。九曰剛達。十曰康特。十一曰育爾龍。十二曰拉日馬哈。

此等民族。當古初闖入已有居民之印度。及以後遍處於國中。想其逾越積雪之高山。驟進熱帶之森林。以覓新宅。殊非易事。而今日散處之部落。其人類演進之階級。宛如三千年前。葦德詩家所論者無異。其種族有逐漸滅亡者。如阿達曼之島夷。僅有一家。於西歷一千八百六十九年時。尚有三子。亦有興發甚盛者。如杉得爾族。已倍增其人數。若以半興都（其言語俗尚習興都族者）一部。合計之。則其總數。已有一千七百七十一萬六千八百二十五人。等於英吉利威爾斯戶口四分之三。惟番族中。有當時服從阿利安種而自集一處者。現已與興都合成大部矣。（興都爲阿利安種之一族）

居孟加拉與阿薩密之番族分爲六十種居於西北部按西歷一千八百七十二年之戶口冊則分爲十六種其居于印度中央者約一百七十五萬人然剛特族於麻哈拉德未起之先爲中央高原之酋長時其數已達一百五十萬人緬甸之加倫約三十三萬人而番族之在烏德者則以屢經拉日不的與穆罕默德二族之風潮遂亡其國基此外雜於興都文明之族者則爲等級最低之民與無等級者二種至今仍有守其特別性質之事如遊族如術士及業占卜與編織筐籃等事者故訥特與般底牙司及他遊族（遊族謂居無定地之族棲息於帳蓬隨地可住）皆與隣近之興都居民異派也

印度平原尙有一種番民爲世傳之罪族自興都穆罕默德以及英人之世皆稱是名昔時原聚成一大盜黨會自設立巡警以來遂散爲穿窬小賊惟此輩仍轄於西歷一千八百七十一年所定之罪族法律且於印度之北限以一定地方以爲居止

非阿利安種之山族。自古以擄掠攻刼爲生者。現已息其凶焰。改務正業。當穆罕默德之世。彼等勢焰甚熾。每遇秋稔以後。突出山林。焚掠村落。滿載而歸。自英人治理初年。其橫暴一如往日。以後設法招撫。嚮化日多。誠善舉焉。往年克里夫蘭之山族。近日畢爾期與厤列司二斯。皆舍其擄族掠業。或歸農夫。或充軍人。蓋感化之速。其最著者也。今英人更以此法。施於印度深山邃林之野族。并爲之寬籌出路。優裕生計。而後隨之以嚴刑峻罰。故雖欲爲匪。而不可得矣。其人之性情。固迴與馴良者別。然其忠信誠實。與其勇果之氣。恒足使英人欽注。故曾經管轄其地之官員。無論時之久暫。莫不佩服。且深信其人之能爲善也。

興都族之初始 案興都即阿利安之支族

印度劃分三區。前已言及。其南北二區。卽喜馬拉雅山與三邊形之高原。今仍爲非阿利安種聚居之地。而大河流域。則自古爲貴種阿利安演進文明之劇場。阿利安種。又稱印毒日耳曼訥。而婆羅門剌日不的。及英人皆其支裔也。案婆羅門爲興都族

（制之第一級自詡傳自婆羅門教主故又曰聖級）大約古初時。聚居於中亞細亞。以後阿利安之支族。有自此分往東西者。其往西之支族。有創立波斯國者。有創雅典與雷斯狄莽。（雷斯狄莽即斯巴達之古名）而成希臘國者。更有遠至意大利。造城于七山而後名羅馬者。（羅馬城有七山故名七山城）他如西班牙之銀礦。於未有紀籍之前。已爲阿利安種人開採。而英國古初時。亦有其族。以柳爲筏。漁於江河。且採鍊康韋爾之錫礦。而其往東之支族。有越喜馬拉雅山徑。以入旁遮普者。以其勢甚盛。故散布印度頗廣。其最著者即今所稱爲婆羅門與剌日不的者是也。

凡阿利安種。自中亞細亞分往東西方者。所至之地。雖先有居民。亦必爲之長上。而其散布最廣最先。故歐洲之古史。即阿利安種人居于地中海四周時之歷史。而今日所稱爲新文明者。即其西支族之文明也。反觀印度亦然。所謂印度進化之歷史。即指其東支族之居印度者而言也。至其文字之及于西者。如歐美及南太平洋之英島。其方言皆本于阿利安。而東方之興都教。佛教。即其支族之教也。

阿利安種家於中亞細亞之情形

崇信者已達人類之多半而其風尙文事且貫亞洲以至中國日本之境界漪歟盛哉

當阿利安種居中亞細亞之時吾輩不甚悉其事今自其文字之流存于歐洲印度二處遠裔之文中者詳爲推求則知當時阿利安種人游牧草地耕種五穀以爲生活之資其于五金與紡織之業亦稍習知且食熟著衣與野番之情形迥乎不同其性不耐溫暖故居印度熱帶之人求禱長壽者必以百次冬爲祝也希臘羅馬英國及興都之先世原同居亞洲同操一種方言更同拜一神第年代既遠遂各分列故歐洲與印度之文字初見之似絕不相類而其實皆原於阿利安不過變其形式已耳今以同音之字證之如父母兄弟姊妹等字與阿利安之文字多有同者無論言者其地或在恒河或在太畔河或在替吾時河（太畔河在羅馬替吾時河屬英國）皆無絲毫之異也

歐洲與印度之古教出於一源而其教中故事皆二一地先世比居中亞細亞時所

習知者。韋德（案韋德爲婆羅門最古聖書之總名即婆羅門所予之名稱也）之神。多有與希臘羅馬之神相同者。故今日神明之本於阿利安者。同爲加爾各答之婆羅門。韋斯明斯德之婆羅推斯担的教士。及秘魯之天主教士。（秘魯民主國在南美洲韋斯明斯德在英倫左邊）所崇拜者也。

阿利安支族之往印度。及其家於新地之情形。韋德聖詩已詳其大畧。而最古之謌曲。亦言其聚處加泊山徑之北。（加泊山徑屬加普爾）及以後進止恒河之事。故其東來之情况。能於韋德紀籍中。步步推求也。當入居印度之時。其地之最著聞者。則爲薩拉斯瓦諦。及特里沙得弗底二河之間。（此二河名乃古名即所稱爲聖河者是也）或今之所稱爲沙蘇底河與相距一日程途之加格爾河者。即其舊地也。（沙蘇底河在旁遮普近賽尼薩爾）雖地方面積。縱不過六十英里。横不過二十英里。然平衍沃饒。氣候適宜。故彼等視爲神地。以誌上帝所賜之意。迨後生齒漸蕃。復循喜馬拉雅之麓。東趨孟加拉一帶。而佔居之地面。囊括旁遮普屬之五河。及朱木拿河恒河上游之流域。自是取水既便。乃舍其游牧。而爲農夫。韋德詩人。遂讚美諸河。蓋此一級。爲種族演進之要點。若無水利。不能令彼等棄舊謀新也。喜馬拉雅山。爲其入印度之路。而山之南端。又爲其久居之地。故韋德詞人。亦有詞曲歌頌其德。且久遊印度而山北之老家。爲其神聖祖先之所在。勿能忘也。

烈格韋德。詳載阿利安種。居旁遮普之情形。故吾儕今日能悉其顛末者。賴有此也。惟述書之時代。則不能知耳。與都人。以爲紀元前三千另一年。即距今五千年前。已有此書。此臆度之言。非有可據之証也。歐洲學子。有言紀元前一千四百年者。然亦非確語。總之吾輩所可知者。韋德之敎。於紀元前六百年。佛敎興起之先。久已宣傳。則其爲最古之事可知矣。古聖詩更有言阿利安種在印度西北邊境方將遠行時之事。當紀元前四百年末。希臘使臣米格斯陝尼氏。未至印度之先。

案米格氏爲希臘著作家。乃紀元前三百年間人也。曾著書一册。詳論印度政敎風俗。

其權力已及于相隔一千五百邁之孟加拉。以後則至印度之極南。

烈格韋德。爲極古之詩。約一千另十七首。爲句一萬另五百八十。其中言神者居多數。而餘則紀阿安利種人之事。謂阿利安人。聚居印度河左右時。分爲數族。或自相爭鬬。或合拒野族。（即前所云黑膚之族）其時。印度尚無四級之族制。故家之長者。爲一家之僧。而族之首領。則爲一族之僧。凡遇祀典。首領必擇精於祀禮者。承辦祭祝之事。而首領亦似人所舉選者。其俗尊重婦人。而最雅麗之詩詞。有爲婦人所作者。婚嫁亦以教禮。既婚之後。而夫婦爲家之主。凡有祈禱。則必偕詣神前。韋德詩所紀對於嫠婦之言一節。後世婆羅門教人指爲有夫死焚婦殉葬之惡俗。而其實。當時絕無此風。蓋婆羅門。誤解其義。亦未可知也。

阿利安人古初時。已識五金。甚多有能作鐵銅金三品之匠人。此外尚有木作。薙髮匠。及他種工藝。其戰事。則以車與馬。絕無用象者。迨後居地既定。始習爲農。以犁耕地。亦有依其游牧爲生者。蓋以牲畜爲生財之物也。其往來河道。則用舟楫。更習造巨船。似已知有海洋矣。而其俗尚又與今之興都異。用牛酒祀神。自亦能啖。酒爲沙買樹所釀。性頗烈。當阿利安人自北東人。而其後來之同種人踵至。凡經過黑膚人所在之處。無不望風降服。
阿利安種人。既自誇爲貴種。優勝於他族。而又信其神。亦上駕乎他族之所信仰者。然其自負之志。實大有造於國之成立也。其所崇拜者。則上爲天。稱天父。下爲地。稱地母。與環垂之眞空。此外尙有多神。若按詩傳之次序言之。則以雨神爲第一。蓋播種五穀。其物產之能豐收與否。全資雨澤。阿利安人已習農事。閱歷既久。愈知雨暘時若之可寶貴。故遂拜雨神。且歌頌功德之詩甚多。其次爲火神。以其能生財也。再次爲大風雨神。以其有大力撼山岳裂森林也。再次則爲黎光神。以其爲日出之先聲。催生物以興起理事也。再次則爲日。爲風等。總計三十三神。位天界者十一神。居地界者亦十一。而其餘十一神則在空際。
近世興都教。有所謂飲血神者。考韋德之世。尙無此等習俗。惟用牛祀神。則有耳。古籍所傳。當韋德之前。尙有以人爲犧牲之惡俗。第以後此風早已革除。乃祀之以馬。聊代生人之血肉耳。興都教更有特別之神三。一曰稅維亞。亦稱毀壞神。一曰婆羅門。亦稱造物神。一曰維蘇紐。亦稱守護神。然韋德時。未聞有此三者之名。惟聖詩所言之路特拉神。（司飇風者）及宣發曼麥底（司天空之黎照）神。或即與興都所稱之稅維亞。及維蘇紐者相類乎。而加利。（女神稅維亞之妻稱爲暗黑神）斗架（有十臂强有力故孟加拉歲有慶節十日即祀此神也）等諸神。韋德詩中。亦無有道及之者。

古初喪葬。以粗石爲碑。瘗死者於地下。此古番之俗也。前已約畧言之。至阿利安種。則用火葬之禮。印度希臘。意大利三處。同行此俗。以爲元神離軀之無上妙法也。當火焚時。親友環視。祝其徑往極樂世界。與其所善之先歸者。重聯舊情。蓋阿利安人以人之初生。由於父母。再生由於盡教職。而火焚使魂別軀殼者。則爲完全其三生。然其時。尚未知有輪迴之說也。

阿利安種人。初居印度河左右之地。次則東趨朱木拿河。及恒河上游之區。以後生齒日繁。而新阿利安人。亦陸續繼至。其勢不得不再前進。故其所占之境界。西起旁遮普。東至烏德。及亞拉赫巴得。北依喜馬拉山。南界文得亞山。萬頃沃壤。盡

四級之族制

屬範圍。惟起始克服如此廣袤之大地。似在韋德末葉之時代。且必經營多世。而後成立者也。迨後其種。自散沙之族制。演進爲數部組織善美之國體。各統屬於中央之政府。垂立四級之族制。而操此王權者。即强有力之教僧也。

阿利安種。由散族演爲王僧及四級民族之國體。已歷多世。當其聚居印度河之時。已有家之長者爲家僧。族之長者爲族僧之制。凡遇祀典。則由酋長（即族長）選習於其事者辦理。此等司祀祭之人。皆爲同族所尊仰。故韋德時代有二學士。一曰佛蘇蘇薩。一曰佛斯瓦米德拉。各欲舉爲祭司。遂起極大之爭競。其時尚未識書紀。凡祭祀之禮文。皆以口授。父傳諸子。子傳諸孫。故熟悉祀禮之家。迭次舉選。成爲世襲。凡遇重要之祀典。幾非專家不辦。既經選派。則祀禮中之事。如唱軍歌。如懺悔。祈神。呵護等詞。皆其人專責。而烈格韋德。亦視此爲最重大之事。詩中頗尊祀僧。謂爲人民所欽仰。神靈所保護。其俸祿則王所賜賚。其室宇則精美嚴肅。而出行則更居王前。蓋其尊崇如此。一族之人。既無不以祈禱爲有效驗。而祀禮所用之諷詩。遂爲專精此道者之寶貴產業也。韋德詩更言人之輕忽祀典者。神必怒之。（言輕侮婆羅門）若有侮謗者。則菑害必及其身。凡此皆所以鄭重其事。故當時既習禮文祝辭之人。欲使祀典嚴肅。繁文縟節。極力討論。久之執役之人數遂愈增多。其首列。爲僧與其副者。專司預備祭地。修飾神壇。及宰牲灌酒等事。次爲唱韋德歌詩之人。再次爲誦他項祝文之人。而最上之僧人。則居於後總視一切。及改正不合之儀注。環立壇間。躋躋蹌蹌。洵盛典哉。

當此時也。阿利安種。既以僧爲貴。遂居四級之首。而其餘三者。亦以漸而成。方其自印度河東遷也。凡以力所取之地土。分賜同族兵士之所得。必倍於他人。其地勿庸自種。而役使降服之番族。爲之耕刈。故積日既久。獨成一部。專任護衛酋長。預備戰事之責。而無與于農功也。此等兵士。在當時阿利安種。似爲緊要之一部。而其歐西之支族。亦必同具此情。今日印度之小朝廷。尚有實行其制者。其古時之名。散斯克烈文。稱爲薩脫里亞。即爲王家相屬之義。今名刺日不的。義與前同。

迨後阿利安種定地甚廣名曰中地（其界址已詳前節）遂成强國此部兵士人數漸多權勢亦漸盛而黑膚族或被俘爲奴或驅諸喜馬拉雅及文得亞二山之中干戈既息遂有解甲歸農及專事於太平職業者印度中地氣候鬱熱勢必減其北方剛勁之氣且閒居日久性躭安逸而其中好習戎馬爲軍人者則仍遠戍邊境以防敵人惟此等征役農人爲之似不及古時之便易蓋初時農田境界正與敵壤相接今則相距窵遠故別需一部常備之兵士而舊日王之衛士與新募最有膽畧者合爲一級如是則阿利安種已區爲三級第一級爲僧即婆羅門第二級爲兵士與王之護衛第三級則爲農人農人古時之名曰維斯亞當韋德時代時則指全國民人而言也此三級民族各不相混以後漸分門戶遂勿通婚嫁且各守其祖父之職業世世繩繼惟均認爲阿利安同種逢國家大祀典均能與會崇拜一神其第四級曰蘇得拉斯即番族之被虜者役爲奴隸凡國家祀典宴會之事概不能與聞且永不克除籍凡一切賤業及農田中最勞苦之事均令彼等操作印

度四級民族。而其人數增進者有三級。阿利安併地愈廣。虜俘愈多。而兵士亦愈增。若師旅遠征。既得新地則遷殖之民暫爲軍人。而其子若孫。遂自命爲薩脱里亞。故今日之稱此級者。人數頗多。更有番族中之酋長與其軍校。未經敗服。而與阿利安聯合者。亦須稱薩脱里亞。據吾輩所見類此者。頗不乏人。而婆羅門一級。似亦有雜合薩脱里亞之最著聲望者。迨後番族之標爲婆羅門者。則更有其人矣。惟維斯亞則無所增多。蓋農夫乃一齊等之民耳。除困頓無聊之蘇得拉外。未有願列入此級者。方古初時。韋斯亞極欲列入較有榮譽之兵士級。乃以後反與蘇得拉爲伍。混而爲一。至今日印度有多處韋斯亞幾不能別成一級矣。然印度自古迄今。其最顯明者。則爲阿利種之僧與兵士及番族之餘俘。顧印度之薩脱里亞。有其種族似異於婆羅門者。或阿利安之別族。抑或另爲一種。曰沙什亞（沙什亞種原居黑海之北岸）者。則無從知之矣。蘇得拉級既爲俘奴。絶無權利。故自此亦勿爭競。獨僧與兵士。則於應享之權利上。彼此爭攘甚久耳。

若欲知僧兵互爭之原理。則必上溯僧兵同爲齊民之時代而後可。古初作爲德詩。及承祭祀者。均名曰爾烈息斯。而僧級婆羅門。卽原於其家。故後來印度民人之屬於婆羅門者。無不托爲七爾烈息斯之裔孫。（爾烈息斯甚多然向稱爲七人後世視此等人若聖賢因許多古詩傳均爲其所述也）顧作韋德詩之人。亦有願爲著名之兵士者。當婆羅門初欲列爲最上之地位。薩脫里亞已似勉許。乃得步進步。更宣言。非婆羅門不能屬於僧級。薩脫里亞聞之譁然。遂反抗其要求。此初始時。彼此力相爭競之情形也。迨後世之婆羅門。將其特權所藏之紀籍。（此等紀籍曰聖書均在婆羅門手中）凡涉及二級爭競之事者。全行刪除。乃言彼之等級由上帝所賜。古初時。卽已許爲僧職矣。然其事已見於韋德詩與散斯克烈文人焉度哉。

［註］此等爭競之事。已先有榜樣。如佛蘇蘇薩。與佛斯瓦米德拉二氏是也。佛斯瓦米德拉氏。爲王家兵士之代表。欲承辦公祀之事。而代表婆羅門之白衣佛蘇蘇薩氏。則極力反對。然卒爲佛斯瓦氏所得。而婆羅門尚以他言解釋

之謂佛斯瓦氏之能列入僧級者。以其有溫良莊肅之品德也。佛斯瓦氏既屬婆羅門。則亦能任僧之職。

且佛斯瓦氏者。不惟環連僧俗之界。而亦爲神凡學科之大鍵也。上古所傳之書多言神道故稱聖籍與尋常凡學有別僧級亦屬神道一類故與他三級不同佛斯首作戰術。而其子薩斯魯福繼述醫藥。是印度兵醫二學。爲其父子所創始。足補婆羅門神學之缺。印度古時之爾烈息斯即古時詩人之名有名曰維撻哈維亞者。亦列入婆羅門。他如巴拉蘇爾拉麥氏。兵士級之裔也。而爲婆羅門之護俠曼紐。亦兵士級也。而爲婆羅門之立法官。雖然。此前事也。自婆羅門聲勢既立之後。雖爲王族。彼等亦不願其列入其時有一王。名剛訥喀者。其問學優勝於在朝之婆羅門。然多方懺悔。以爲列入之地步。然其如願相償與否。古傳中亦無有確言其事者。其他者尚不勝枚舉。足以見婆羅門界限之嚴也。以後有高撻麥伯哈氏者。薩脫里亞之裔也。即今所稱之佛。於紀元前六百年間。創立新教。遂覆婆羅門至尊之權焉。

僧屬之人。欲獨享至尊之等級。而勿許他級列入。然於同種之阿利安。其勢有不能限制者。惟先居印度河西岸之阿利安。屏在四級族制之外。而居中地（即其國名）之東。與南。爲後來阿利安之裔孫者。則亦勿能全得也。但中地與西都特里。及東邊之大邑。曰班拿勒斯。曰亞角特哈數地之婆羅門。歲月愈久。固結愈堅。而其權力亦愈大。且多有學識。著作散斯克烈之文章。而其文字宗教律法三者。遂爲印度通國後世所遵循之準則。其責備不受彼等範圍之人。及醜詆未入等級之阿利安爲敗族。尤不留餘地。故當時之婆羅門。不獨欲行其威權於同國强盛之兵士。而亦欲伸及於未全受族制之阿利安。然聲威之樹立。必以漸而致。匪一朝一夕之所能爲。而來日互爭之惡果。其或種因於此歟。

婆羅門之律法

婆羅門。欲以其宗教哲學。及天人相與之學（即神學）爲專科。而以他之科學藝術。爲神學之輔科。至其社會之無上權。則更頒法律。以固其樹立。此婆羅門通籌辦法之條理也。其最先之法律。名曰德麥稅斯替拉。爲蘇德爾拉之一部。（案德麥稅斯替拉爲興都全律內分三段一行誼律一判裁律一刑罰律曼紐氏與亞那韋爾亞氏爲纂律之首領○蘇德爾拉亦爲律法包函甚富而其最大之二部。爲興都律法所本者。乃後來所修輯。其第一部曰曼紐之律。約紀元五百年前。國中已通行此等彙集之俗律。蓋自婆羅門既爭得無上之權勢。遂行範圍交際律法於孟加拉之中地。且謂其源出於神聖。顧其事實乃北印度婆羅門一方向日之風俗例案。刪繁就簡歸成一書。婆羅門因而用之。固族制而抵佛教。藉以保其權利。其第二部曰亞那韋爾亞之律。屬於佛教既立之時代。而行於婆羅門所範圍之地方。計其時。約在西歷第二稘世之間也。

此等條規。關乎興都律者。約三大端。一人民之權利責任。二刑官之裁判庶獄。三滌禮與刑罰。滌禮乃敎會潔身之禮凡昔日阿利安社會之習俗往事。用以律身家通交際者。勒爲條規。永著爲令。惟其表面若專爲婆羅門之興都社會而設。非盡範圍印度各種種族也。然究竟恰符該社會之俗律與否。則尚在疑似之間。因其成立此律之意。似純爲保固婆羅門之權利。故於民人之事業。劃以界限。各級有各級世襲之職業。有各級婚嫁之通例。不得互相混雜。更設嚴刑峻法禁止上級人與下級者相宴飲相交往。若下級人先犯以上所言之事。及以他法侵其權利者。則刑罰隨之。且較加於上級者。尤爲殘虐。第所言之輿都社會。古本四級。即僧兵農奴。然不克盡歸於實際。雖北印度之阿利安亦然。蓋人民未經列入四級者。若追其原始。其出於不合例之婚姻者甚多。北印度之古婆羅門社會。其所函者。首爲阿利安。別爲僧兵農三級。自命爲貴種者。次爲勝服之蘇得拉。三爲瓦那散克拉。瓦那散克拉云者。猶言雜族也。其級數甚多。爲前所認四級之雜裔。（案印度四級之制僧爲一級兵爲一級農商爲一級而第四級則爲奴爲工然四級之外尚有雜級甚多如皮革匠爲皮革級鞋匠爲鞋級均各世其業餘可類推更有高等級下等級名目）此皆律法所自表露者也。此等區分。今昔無異。查西歷一千八百七十一年之戶口册。孟加拉屬之各種種族等級。不見其減少。而西北部之輿都戶口。約可列爲二百九十一特別之等級。此外雜級之多。合英屬印度而言。當無慮三百也。

當婆羅門勢力。自中地漸趨東南。而其所訂之律法。亦隨之俱往。其書約有五十六本。而興都之法律學堂。亦由是分立。故德亞伯加翻譯之律。行於孟加拉。而米達蘇爾拉註釋之律。則行於麻打薩拉。及印度西南二部。（所註釋之律即亞那章爾亞氏之律）但以後興都新輯之律法。皆本於古律。惟此等古律。據我輩所見。不過紀載北印度一方婆羅門之習俗耳。且紀載本種之事例。亦未見其盡善也。婆羅門見印度人民濡染興都教者。日益增多。則所有律法。範圍民間之權利職任。及社會交際之事。似覺太狹。故興都立法之人。以後復訂地律。及各族種各地方之俗例。自阿利安種既用古律。聯結同族。合爲一統。更爲所屬之民庶。按其文野之階級。風俗之醇薄。別設條規。俾資遵循。而於教事。亦同一律。蓋婆羅門用此等規條。遂將印度種族。合爲一體。即所知爲興都者是也。

興都教既賴此等條規。籍以固結。然英人之爲政者。則往往忽視。查英屬印度之種族。文野異級。風俗殊途者。頗多。若奈爾斯 Nairs 多夫之俗。及科林婆羅門多婦之例。（科林婆羅門爲高等婆羅門有娶多婦之權利往往藉奩豐厚立成巨富）其最著者也。其工業之組織。自緬甸之遊牧。至孟加拉之地產。隨地殊異。孟加拉之地產。自地主至佃戶。其間尚有多數中人。經辦此一事者。至人類文野之階級。若印度中央之野族。以畋獵爲生。而古直拉德。則有商會以謀公利。興都立法之人。以爲此等異級之交際社會。必各自有其習俗同守之律法也。故章列赫司貝底氏 Vrihaspati 之言曰。凡律之爲各地方各種族各級人所習用者。必須保守。否則致亂之道也。狄瓦拉氏之言曰。凡其地所崇信之天神。同習之風俗律法。無論其情形如何。總不得忽略。而瓦拉哈米赫拉氏。則言地方之風俗通例。首當考究者也。

英人既握印度政權。乃告印民曰。凡關於刑政之事。吾必從俗。以順民情也。惟高等刑署。則仍參用婆羅門之舊律。故孟加拉屬其下級民人。有休妻再婚之俗。今於此事。皆依興都法律辦理。而有學識之刑官。近於麻打薩拉地方。更證明今日所據之興都律。實與當時民間之習俗例案歧異。蓋此等習尚變遷無定。既非專律。不過將前事暫據爲例而已。興都之律。多尋常俗規。極爲繁雜。而興都律師又據此以爲正鵠。且其事更有難者。蓋三百級各異之興都族。欲其所行之習俗。勒爲一定之例。勢有所不可。若舍棄其一。則其事已不公平。大凡一代。必有一代之天然能力。以齊一其相需之私律。而於風俗未成爲法典之民族。尤顯然可見。是以慣習之俗例。其有宜於英國之新政法者。仍能留存。其非宜者。則聽其自滅。惟事之歸於天擇者。其淘汰也必以漸。而非一蹴之所能就。此著名法律家所公認者也。婆羅門不獨爲收藏聖經哲學科學及古興都法律之主人。即當時文學。亦出於婆羅門之手。故於韋德之學術。獨握專權。而其宗旨凡一切學問智識。則均歸原於韋德。

婆羅門之文化

婆羅門聲勢煊赫。權傾同儕。且久而不覆。今欲知其故。必先知婆羅門實一盛大之文學級也。婆羅門分別儕級爲他級之冠。爲人攻擊者屢矣。經歷數百年之久。而始傾覆。其權勢之大可想而知。然爲興都王族庶民之師傅。約歷二十二稘之久。考興都歷史之最關緊要者。即攻擊中地之婆羅門也。而攻擊之事。約分六期。

伯哈氏之時代自紀

第一期。為半歸婆羅門之阿利安族。向居中地之東。於紀元前六百年。因宣傳佛教而起。至西歷初年。勢力甚盛。迨西歷八百年間。遂化入今日之興都教。第二期。為非婆羅門之阿利安族。向居中地之西。於紀元前四百年。與希臘同時侵犯。直至西歷三四百年間始已。第三期。為印度之非阿利安族。及非阿利安種之下級民族。聯成一氣。聲勢甚盛。而於西歷七八百年間。成立非阿利安族之王國。第四期。為抵制僧紱之苛騰。及下等信教之事。其主動力。則原於杉喀爾咴查爾亞氏。蓋杉氏於西歷八九百年間。倡希革替教派。專以哲理教人。而西歷一千二百至一千六百年間。又代出偉人。而其教派。遂發達極盛。第五期之攻擊。則為穆罕默德。自西歷一千至一千七百六十五年。故為伊斯蘭之時代。(伊斯蘭即穆罕默德)第六期。即英人攻略印度。爭為雄長。而西歷一千八百及九百年間。民間亦因此震動。突起風潮。

伯哈氏之事略。分舉三端。一本身之地位。二一生之歷史。三與人類關係之教派。

元前六百年至西歷八百年

（伯哈英字音即中人所稱之佛氏）論佛氏之地位不過古印度一講道之人耳而其歷史則甚富雖累幅不克竟其事在門弟子中則尊佛氏爲神師在興都族中則視爲維蘇紐之降世而耶蘇教堂中似亦尊列爲先聖若言其教則信從之者較他教爲尤多自佛氏降生至今二千四百餘年間已達五百兆之多占世界人民三分之一有奇今請先略言佛氏在印度之歷史佛氏既歿葬於拉日格列哈左近弟子來會者五百人乃裒集其遺言別爲三類一誡言（專誡弟子者）二教法三教理此爲佛門弟子第一次之聚會百年後再會於維稅里來賓七百人爲平同門之爭端蓋弟子中有誠心信從者有信從稍次者爭端既平乃定悔罪條款十則自是佛弟子分爲兩黨視同仇敵而後又別爲十餘派（約有十八派）各執一是紛紜擾攘尤無既極

佛教傳布之廣

自佛教倡始以來二百年間已傳徧印度之北紀元前二百四十四年麥加特哈王亞蘇咖氏（麥加特哈即巴哈爾之古名）深信佛教（亞蘇咖氏王旁遮普巴

哈爾。及烏德一帶。爲希臘王國。）極力讚揚而教勢爲之一振。聞亞氏建造廟宇多所。養僧人六萬四千名。故亞氏所王之地。今日猶稱僧寺國。蓋誌當日之事也。亞氏既信佛。欲以佛爲國教。（國教即通國所認之宗教。羅馬皇帝君士坦丁氏。首以耶蘇爲國教。君氏生於西歷二百七十二年。歿於三百三十七年。以君士坦丁。爲羅馬之都城。事見羅馬史。）乃同舉五事。以助成其志。一召集臣工。以定宗教。二特沛綸音。宣揚至理。三設立公所。專司教務。四分遣教士。宣傳佛教。五選派士官。編輯聖書。是年亞蘇咖氏。復會佛門弟子於巴德拿到者千人。先是印度。有一種匪人。著黃色袈裟。假託佛門。自傳邪教。至是始得更正。而佛教之及於亞細亞南部者。亦此會之力也。亞氏復刊印佛教原理。布告通國。更將會前所布告於民者。並銘於山間之柱石。以垂久遠。今自白沙瓦之豫瑞富稅河起。經興都斯坦南至巴羅達。印度中央。東及俄里薩一帶。猶見其遺蹟焉。傳言亞氏所立之紀念柱。約有六萬四千。足徵王言傳布之廣也。是年又設立公署。簡派大員。凡傳教勸人諸事。是其專職。而尤注意於番族。故分遣教士。極力誘導。以期嚮化日多。亞氏以爲內地民族。於其關乎境詣之利益。若不爲之綢繆保護。猶未足以動其心。故鑿井栽樹。以便民生。又於國中及其所兼併之地方。徧立醫院。以療疾病。（錫蘭島亦在內）他如立學堂。以教婦孺。設獸醫。以惠禽獸。而於庶民之行誼公德。更派員監察。以敦厚風俗。可謂盡心焉耳矣。

亞蘇咖氏之諭旨

亞氏以爲用柔法化導愚氓。乃國家應盡之義務。故各處所立之石柱。曾載亞氏遣派教士。深入內地。與野族雜居傳教之事。而教士奉令宣教。又無間中外。無分賢愚。雖貴如婆羅門。賤如乞丐。無不以善言相誘勸。所謂以德化人。而不以力化人也。自亞氏提倡以後。佛教勃興。允冠全球。而至今流傳不衰者。蓋其誘掖獎勸。感人之深也。亞氏慮佛氏遺言日久散失。復用巴哈爾之麻加特哈方言。爲之譯輯成書。爲南方佛門弟子之法典。已垂二千餘年矣。自佛氏歿後四百餘年。康尼蘇喀氏。復開第四次大會。其時康氏。王印度西北一帶。而其日期。則不能確悉。若

佛僧宣教之力

以錢幣及銘勒之言證之。大約在耶蘇降生四十年之間。其行政之中心點。則在克什米爾。以後其境界自牙干特 Yalkand 與古康 Khokan 推至亞加拉。及信地一帶。康氏此會。又編輯佛經三册。而後日所成立之藏經。（或稱北經）半本於此。惟北經中所包函之事理。有曾為亞氏所纂輯者。而其所用之文。則為散斯克烈。或因當時與會之克什米爾及北地之僧人。屬於別城一地之阿利安族。而於印度新發達之方言。關係甚少故耳。是以康氏此次克什米爾之會。其關乎北方及西藏之佛徒。正與亞氏。巴德拿之會之關乎南方。及錫蘭者相若也。

亞氏分遣教士。到處宣傳。頗著功效。自巴德拿開會之次年。其子馬森都氏。率教士多人。並携帶新輯之佛經。親至錫蘭島講經。而未幾。其女弟牲嘉密泰氏。亦領女僧隨往。而六百年後。即西歷四百十年至四百三十二年間。復將佛經。譯成巴里方言。（南方佛徒以巴里為神聖方言）西歷四百五十年間。教士自錫蘭至緬甸。自此佛教。遂及於緬境。惟緬人自言。當紀元前二百另七年。已有二教士至擺古之事。又有謂紀元前二百四十四年。巴德拿會後。即有至其地傳教者。且指介乎西當江。（前譯瑞丹）與薩爾溫江。（即怒江）江口之薩頓圮城。爲當日傳教之舊址。暹羅之歸佛教。爲西歷六百三十八年。瓜哇則直受之於印度。約在五百年與七百年之間。而蘇門答臘與波利之佛教。則自瓜哇輸入者也。（波利在瓜哇之東）至南佛教。自印度經中亞細亞。以入中國。聞佛入中國時。雖在紀元二百年前。第爲國中所認立。則始于西歷六十五年耳。印度旁遮普。及其左右地方。曾屬格里科白克脫。Greece Bactar 王國。嗣沙什亞族人。亦接王其地。佛教頗盛。今於阿富汗一帶。掘得古時遺跡。多屬佛教。自康氏一會。而佛教之勢力。又爲之一振。故西藏中亞細亞南部。及中國一帶。已成北佛教教士傳道之路。而高麗亦於西歷三百七十二年。同被佛教。西歷五百五十二年。更由此延及日本。此佛教徧被東方之大畧也。而西方則爲格弗斯族所傳布。遠至裏海而止。

佛教與婆羅門教

佛教雖興。然於婆羅門教。則絕不相惡。故二者並立。垂一千餘年。同爲人民所樂信。(自紀元前二百四十四年起至西歷八百年間止)而今之興都教。則又由前二者化合而成者也。印度佛氏。自王者相繼崇信。而其教遂駸駸日昌。而婆羅門。則自亞歷山大氏以還之事證之。亦未見其衰落。(紀元前三百二十七年)紀載亞歷山大東行之史家。及希臘使臣米格斯陝尼氏。(紀元前三百年)之印度政教紀。均言亞蘇咖氏以前。婆羅門之興盛。而印度古傳銘石戲曲及散斯克烈之書籍。亦言自紀元前二百四十四年。至西歷四百年。此六百年間。婆羅門之勢力猶在人間。若西歷四百年以後之事。則證之於中國人之往印度者。蓋中國之信士。以印度為佛氏誕降之地。故西歷三百九十九年至四百十三年間。有法善者。Fa Hsian 自阿富汗入印度。遊歷恒河以抵孟加拉灣。見婆羅門與佛門二教之僧徒。同為人所尊崇。而二教之廟祠。又多並建一方。後有溫昌者。Hwen Tsong 自中國。迂道中亞細亞而入印度。故所紀西歷七百年間二教之情形。尤為詳確。溫氏自西歷六百二十九年起。至六百四十五年。十餘年間。徧歷印度。而所至之處。

輒見二教爭結人民。蓋其時婆羅門。已欲滅損他教。以自益其勢力也。方入旁遮普邊境。即見亞康二王所立之碑。與稅維亞及畢麥之神廟。而西北部一帶。更見有一羣異教之人。圍繞佛寺僧人。國內政柄。亦各分執。惟佛門之王。較有大權耳。昔有一王。崇信佛教。曾統治阿富汗十國。（王國也壤地褊小）而白沙瓦向有康氏所建之佛剎。今雖廢棄。而民間之信仰如故。克什迷爾之君民。皆虔奉佛氏。寺廟約有五百處。僧衆五千人。而與日普爾相隣之地方。其居民則專務異端。尤喜戰爭。（日普爾。在剌日不得拿境內。北緯二十七度。英天文台東經七十六度）

北印度之佛教。當西歷七百年間。其勢力似集於恒河與朱木拿河中間之平原。温氏遊抵岡腦吉地方。（岡腦吉在北緯二十六度。英天文臺東經八十度之間。近雷各腦德）知王其地者。名曰稅拉狄督亞氏。尊尚佛氏。權力甚大。西自旁遮普起。至孟加拉東北。北自喜馬拉雅山起。至尼巴達爾河。縱橫千餘里。皆爲稅氏勢力所及之地。寺廟無慮百處。而僧衆多至萬餘。惟王之長兄。近爲印度東部。素不喜佛之某酋長所殺。是時遂別建廟宇二百所。專祀婆羅門之神。而王爲之保護。王之性情與亞氏無異。極致力於傳教施濟二端。乃於西歷六百三十四年開一大會。附庸國君到會者二十有一人。而佛僧及婆羅門之最有學術者亦與焉。第其爲會之事。不能專注於佛教。而無所爭矣。印度教事顯別爲二。第一佛徒與婆羅門。聚議散克哈及章稅斯亞之學校。（散克哈及章稅斯亞學校均講哲學各爲一派）第二爲南北佛弟子之爭辯（在南者習南佛經在北者習北佛經）故教派既離。而民間之教禮亦因之而離。爲會之首日。先設佛像。次日爲日神。而第三日則立稅維亞像。蓋各有信奉之神也。

稅拉狄督亞氏性好施與。每五年一散其財帛。故溫氏書中。曾載王大會附庸國王及民衆宴樂於近阿拉哈巴德之平原約七十五日。且攜其宮中積貯。散給民間。凡婆羅門佛徒寺僧及一切信奉異教之人。絕不歧視。而宴會畢日。復以衣飾珠寶。分賜路人。溫氏又言西部王國。威拉巴赫地方。王每年開會七日。分給僧衆及隱士。衣食藥餌外。有珍什七事。及他種價埒罕見之寶物。既與之後。旋以倍値購回。世人以是稱王爲大爾里納希愛宣。(爾里納希愛宣者。猶言棄舍一切之意也)聞王智力極薄弱。嗣後奉佛之王族亦有同此善舉。以誌先德。巴哈爾之那蘭帶地方。有極大僧刹。爲修學之地。計學校十八處。新舊僧衆萬人。專治神學哲學律醫諸學科。及練習教內之事。而其常年經費。則由國家擔任。

溫氏自旁遮普。行抵恒河口。自此更徧歷南印度。所經之地。見二教無不混雜。加雅一處。本爲崇尙佛教之地。現已易之以婆羅門。阿薩密素無佛徒。而呼格里河口之丹洛克。婆羅門之神廟較佛寺多至五倍。惟俄里薩及麻打薩拉沿海一帶。佛教甚盛。而信仰亦甚堅。總觀南印度全境。佛教雖與婆羅門相爭競。而其勢力似仍優勝於彼也。

二百年來。婆羅門教。日趨興盛。當時有婆羅門教徒三人。一名柯馬利亞。一名貝塔。一名山哈亞卡亞爾。此三人者。專與佛教反對。互相衝突。然自吾輩觀之。佛教之衰。似出於自然。及阻於新教之興起者爲多。而非全由於壓力也。蓋佛教衰。而興都教興。二者適遇於同時。而舊教之勢力。遂日以縮小。故至西歷一千一百年間。猶依舊信奉者。僅克什迷爾。及俄里薩等處耳。當穆罕默德未入印度之先。佛教業已墮地。雖然。此不過衰落於佛氏誕降之故鄉耳。至其散布於外國者。則方興未艾。而其得勝之功績。且遠逾於故鄉。計今日信奉佛氏之人民。約有五百兆之多。占全球人口百成之三十五。其感動人心之力。何如哉。往者阿富汗。尼泊爾。東土耳其。西藏。蒙古滿洲。中國。日本。東方羣島。（即爪哇。蘇門答臘。斐律濱。婆羅島等。）暹羅。緬甸。錫蘭。及印度本境。盡屬佛力範圍之內。而佛龕寺廟。自裏海以至太平洋。更自俄國邊界。以至赤道羣島。接立如綫。二千四百餘年以來。優勝强敵。存於世界。而爲今日宇宙三大教之一。且從教之人。尤多於耶穌回回二教也。印度佛教。雖已掃地。然其勢力。猶有存者。不惟別成一派。且爲後日婆羅門。自族制。進演爲國體之教之基礎。而其影響於興都教之因緣。後當見之。顧前所謂

希臘羅馬時代希臘攻印度

別成一派者。卽印度之監頴教是也。印民之奉此教者。其數約有五十萬。（據西歷一千八百七十二年。所調查之戶口册。印度佛教。信奉者計四十八萬五千另二十人。而緬甸一部。獨得二百四十四萬七千八百三十一人。除喜馬拉雅山間數處。及孟加拉東南一方外。印度奉佛教之人。卽奉監頴教者人）

印度外史始於紀元前三百二十七年。希臘之侵攻印度與意大利以東諸國。（如希臘埃及）似自古已通間接貿易。詩人何茂曾知印度之錫。及他項商品之以散斯克烈名者。耶穌聖經中。表列印度物產甚多。惟希臘史家首詳印度事者。則推紀元前五百四十九年至四百八十六年間之赫克替阿斯氏。而侯羅鐸達斯氏之所知者。僅止於印度河一隅而已。（紀元前四百五十年間）迨紀元前四百另一年。有醫士克得亞氏者。自波斯擕回印度動植物。如顏料麻布。猿猴鸚鵡等類。然寥寥數事。不能概其餘也。歐人審知印度河以東地方之情形。則自紀元前三百二十七年。隨從亞歷山大氏之史家。及學士始。雖其紀載。今已亡失。然猶

亞歷山大氏

能散見於史德拉波 Strabo 栢齡尼 Pling 及亞里安 Arrian 三氏之文。嗣米格斯陝尼氏於紀元前三百另六年至二百九十八年間。寓居孟加拉中央。經時頗久。得以詳細考察。故希臘與羅馬人之能熟悉印度者。實賴紀元前三百年米氏所著之書也。

亞歷山大氏於紀元前三百二十七年。至印度。渡亞德各以上之印度河。自此前進。越丹稅爾至熱倫河。絕無抗拒者。（泰克斯即杜爾蘭之一族。拉烏爾奔的地方。最先有之居民也。其旁近有一城。名曰丹稅爾。亞歷山大山氏以此城為印度熱倫二河間最富庶之地方。）亞氏見旁遮普一部分裂為數小王國。互相嫉妒。且多願聯敵。惟間有一酋長名曰葆拉斯氏者。率其兵士拒守於熱倫之要隘。而其兵力與今世之旁遮普王曰拉日鐵森氏者相埒。希臘史家柏拉得阿克氏曾據亞氏手書。詳記其戰狀。今撮其大略於下。馬其頓將軍。（馬其頓即亞歷山大之國。）先於熱倫河邊西距芝里瓦拉 Chilianwola 十四邁地方。部勒兵伍畢。

乃傳令踰河。葆拉斯氏、卒其戎車進禦。適是夜風雨甚急。兵車陷於埿中。進退不能自如。既交戰。葆氏復出象衝敵。距象皆返奔。多被踐踏。兵卒潰散。而葆氏亦受傷而逸。其子則先已潰敗。勢窮力盡。遂降亞氏。且結爲至友焉。（芝里瓦拉在熱倫城西南約三十邁。今日英兵與印度亦戰於此地。柯威爾氏謂希臘人所言敵之兵力似未能盡確。蓋葆拉斯氏爲印度西部酋長之一。據有旁遮普一方。傳聞當時兵力有象二百頭。戎車三百乘。馬四百匹。步卒三千人。惟此數據卜尼司氏所言。則謂與拉日鐵森氏者相同。不過拉氏無戎車。而以砲代之耳。又據客尼漢將軍所著當時之戰紀。謂亞歷山大之兵力有五萬人。內有五千。由丹稅爾相助者。）

亞氏建二城於其所勝之地方。以作記念。一在熱倫河西岸。近今日之日拉普爾城。名曰卜斯福里亞。從其戰死愛馬之名也。（亞氏有馬名曰卜斯福里亞。非亞氏不能御。平時甚愛之。因戰死於是役。故誌之。）一在河之東。名曰那希亞。即今之莽格也。亞氏既克葆氏。乃道經其國。向東南直進。行次阿木利昔爾。復折而西。與加希阿族戰。於散格拉。敗之。遂抵皮阿斯 The Beas 河。皮阿斯河在拉合爾東南五十邁。與薩特里日河相連。）駐兵於蘇字拉倭相近之地方。蘇字拉倭爲一小地名。距拉合爾東南四十五邁。英人曾敗稅克斯族於此處。）（亞氏入印度之路由客尼漢氏之印度地圖第五幅最詳。）亞氏雖欲徑至恒河。第部下士卒已困憊不堪。而時値夏令。旁遮普炎熱異常。又時起西南風颶。故精神爲之疲倦。不得不稍事休息。距未幾時。而後路之土族四起。響應相與爲難。亞氏不得已回顧後路。惟此時亞氏及其所部處於進退維谷之地。薩特里日河旁遮普東部及朱木拿河。介亞氏與恒河之間。一經戰敗。勢必全軍覆亡。故熱倫河一役。若非亞氏得勝。希臘之人無一能生還阿富汗邊境者。旋以部卒鼓噪。亞氏遂率領退至熱倫城。其地早已備有船隻。令兵士八千人登舟下駛。而餘剩之兵則分爲二隊。循河岸前進。

是時西部地方通國爲敵。亞氏所據者。僅當日紮營之地。乃進兵穆里坦與厰爾里族。血戰一次。人人奮勇。遂據其城。而亞氏亦負夷傷。當日兵次旁遮普五河匯流之處。駐紮休息。并建造一城。名曰亞歷山特里。即今之烏則是也。自此四周鄰近之部落。懾於威武。降服者日多。乃留兵一營。統將一員。以鎮撫其地。且爲他日立定勢力之基礎。亞氏復創設舟師。以備大河水戰。經營既畢。遂率之南行。經信地。循印度河。直抵洋面。更於河口建築一城。名曰巴德拉。即今日所稱之赫得拉巴者是也。印度河口漲潮之奇觀。亞氏初得見之也。亞氏分其兵士之半。令尼客氏統之。進至波斯灣。而自率其餘衆。經俾路芝之南境與波斯。而於紀元前三百二十五年。始抵蘇薩。然中途缺乏飲料。兵士喪亡極多。

亞氏在信地旁遮普二處。爭戰二年之間。一無所得。第與酋長聯盟。建立城池。及駐紮兵營數事而已。而其所得之土地。多讓與酋長及他聯盟部落之附於己者。故每一小朝廷。必有希臘政黨。而各處留駐之軍隊。自阿富汗邊境至皮阿斯河。

麥加特哈王國

又自喜馬拉雅山麓至信地河口一帶在在皆有以爲穩固歸路之計此外如丹稅爾北旁遮普之那希亞南旁遮普之亞歷山特里信地之巴德拉及他所經由之地方均置營汛選派希臘兵士或聯軍守之而另留大隊駐守白克脫里亞 B-actena 迨紀元前三百二十三年亞歷山大氏歿其國分裂而白克脫里亞與印度二國遂入希路客尼開多 Sgria Seleucus 氏之手希氏者即創立敘利亞 Nica-tor 王國者也(敘利亞爲亞洲一國其境界自地中海東起至育勿雷持河 Guph-raues 與阿剌伯之沙漠又自埃及北至緯綫三十六度止白克脫里亞亦在亞洲與阿富汗甚近希路客尼開多氏原爲亞氏之部將迨亞氏歿遂據有東方數部)

是時印度復有一人崛起草昧勢力甚盛併兼數部另立國號其人名曰康特拉加撻氏出身微賤惟機遇甚佳當亞歷山大氏營於旁遮普時印度人之有膽略者輒聚於營中各懷雄志欲乘隙滅敵而得土地康特拉加撻氏者亦其一也康氏意欲誘脅希臘人謀攻東南數省旋以事忤希臘統將遂亡去時紀元前三百

二十六年也。無何。亞氏歿。地方離亂。康氏率亡命盜黨。乘時蜂起。於紀元前三百十六年。攻奪麥加特哈。（即巴哈爾爲那帶朝王地）更進據其都城。巴得利布脫拉。（即今之巴德拿地方）國基既立。乃强令西北部諸酋。不論希臘士人。均須一律歸誠。認康氏爲君主。自亞氏歿後十一年之間。希路客尼開多氏經營敘利亞。而康氏則專力印度北方。均能樹立成國。惟希氏王敘利亞。在紀元前三百十二年至二百八十年之間。而康氏之王北印度恒河一帶。則始於紀元前三百十六年至二百九十二年而止。

先是希路客尼開多氏。既克復貝字倫。Balylon（在育勿雷特河旁北緯三十二度三十分英天文台東經四十四度三十分。欲於白克脫里亞與旁遮普二處。大伸其權力。迨至旁遮普見希臘勢力已衰。而亞氏所留於丹稅爾之兵士。又雜有印人。故印人乘間起。殺希臘統將。而馬其頓人亦仇殺印人。希氏遺至之新將。更謀殺旁遮普酋長。葆拉斯氏。時康氏聞信。率兵馳至。乃逐新將於境外。而希氏因

米格斯陝尼氏

與康氏爲敵。突啓兵端。嗣希氏無所成就。以爲徒結仇怨。不如因而聯盟。尙可互相扶持。乃相約罷兵。希氏割讓希臘人居留旁遮普一部之地。及加普爾流域一帶。以報贈象五百之惠。又以其女妻康聯爲婚姻。遣使臣米格斯陝尼氏駐北印度。（紀元前三百另六年至三百九十八年）自是以後。遂成友邦焉。

［註］米格斯陝尼氏。居巴德拿時。曾著一書。詳論紀元三百年前印度之政教風俗。自米氏以前。印度之事。不能甚悉。希臘史家。謂印度人有二種。一爲山族。居阿富汗之北。在考開塞斯山下。（又名興都科蘇。自英天文臺東經六十七度至七十度。）一爲海族。居俾路芝沿海一帶。若以今日印度之地輿言之。印度河以外。則希臘史家。一無所知矣。故西人知印度河以東地方之情形。實自米氏此書始也。米氏分印人爲七級。不僅四級而已。一哲學家。二農人。三牧夫。四工藝師。五軍人。六監視官。七國王之閣臣。又分別婆羅門。與薩曼尼之不同。自此學子中。有言佛教之薩曼尼。當亞蘇咖氏。佛會未開之前

五十年。爲獨立之級者。然薩尼曼亦包函婆羅門之學子與隱士二者而言。而哲學家亦婆羅門也。至第六級之監視官。即與亞蘇咖氏之廡哈馬脫拉。及佛教之監察德行官相同也。希臘使臣見印度婦人貞節。男子勇敢。而又無奴僕之制。頗爲詫異。印人之豪勇。允冠亞洲。且誠實無詭言。農夫勤儉。百工精巧。且訟事絕少。而轄于酋長之民人。安居樂業。頗有揖讓之風。王國之政法。本於曼紐。而其閣臣兵士。則皆爲世襲之級。印度通分爲一百十八王國。其間如康氏所王者。則統轄之屬國頗多。而村落之制。恍若一自主之共和。米氏又言農人勿庸從戎。而一切公家征徭。亦一律免除。此外如印度物產。若顏料麻布。及動植礦石。亦詳列於書。至農功之事。則全賴時雨。故婆羅門一見雨澤愆期。輒預積穀。以備荒缺。此皆米氏所述之大畧也。

格里科白克脫王國

紀元三百年前。希康二王。極致力于北印度之婆羅門教。自紀元前三百十六年。至二百九十二年。康氏王東方。經營二十餘年。而國本立。再後數十年。而亞蘇咖氏出世。（紀元前二百六十四年至二百二十三年）亞氏。崇尙佛教。故傳布甚廣。自阿富汗。以至中國。更自中亞細亞。以至錫蘭。幾無一地不奉佛氏。而是時。希氏王於西。則專揚希臘之勢力。故格里科白克脫之地界。延及旁遮普。迨希氏之孫。名曰安鐵倭客斯。於紀元前三百五十六年。又與康氏之孫。曰亞蘇咖者。訂立條約。自是以後。復經數十年。白克脫里亞之王。（白克脫里亞即格里科白克脫）曰尤克雷太持氏。率師東進。直抵亞歷山大氏所建其巴德拉城。更分師至開治與古直拉德二處。此紀元前一百八十一至一百六十一年事也。又有一王名曰明奈德爾者。則深入印度西北諸部。今於加普爾地方。覓得其錢幣。或明氏當時。曾遠都於馬特拉一帶也。（馬特拉臨朱木拿河。北緯二十七度三十分。英天文臺東經七十七度。四十五分。）東方自佛徒亞氏興起。而北印度之宗教。爲之一變。西方自希氏以後。崇尙希臘。而興都之學術工藝。亦爲之一易。蓋風氣所趨。日漸月摩。勢所必至者也。

希臘藝術

自希臘人至印度遂輸入西藝故婆羅門之天文學北佛教之彫鏤術多有原於希臘者今印度之博物院尚存希臘彫琢之人物而當時阿偻尼族所居之旁遮普地方亦能覓見純素之表樣自此以東則希臘之風尚漸衰其外形多飾文彩而技藝家之彫壕女像日趨于聳胸高髻更於頸際嵌鑲珠寶格里科之藝術亦傳流甚久然古時此等工藝與今日大異距俄里薩海岸之卡那拉克地方有一日神廟爲西歷一千二百年間所立足以知雕壕之精美也

異族之勢力

印度一地異族相繼爲王故運會所趨影響及之惟自格里科白克脫時代起至穆罕默德克印度相間一千二百年之歷史仍賴銘勒錢幣私紀及傳流之言以爲考事之據故第詳其大勢而已而王者啇人之日期事蹟畧而勿言總計其時代分爲四大期一曰活克蘭梅狄替亞二曰薩卡三曰希路稅丹四曰巴鮮安前所言之格里科白克脫王國若自錢幣證之其境界僅至朱木拿河之馬特拉而止然散斯克烈文則謂其王有經婆羅門之中地以抵烏德首邑薩開泰及巴哈

沙什亞與非阿利安種之勢力

白克脫里亞朝陵替

爾之巴德拿者。當紀元前二十二年。至二十年間。印度使臣。曾齎國書於臬格斯撻斯氏。而其文字。則書於皮革上。即此一事。而希臘之風尙已超越婆羅門。且推行之廣。亦可想見。而耶蘇未生之前一稘。沙什亞族遂漸殺格里科白克脫在旁遮普之勢力而代之。

紀元前一百二十六年。白克脫里亞之希臘王朝。爲韃靼族所驅除。而旁遮普境內格里科白克脫之居留地。亦爲杜濟族所覆。迨沙什亞族。（前譯塞什安）入印度。至康尼蘇客氏。國勢甚盛。乃于西歷四十年。開第四次大會。佛教自此更爲昌明。而王亦爲北佛教之首領。故沙什亞族。在北印度之歷史。甚有關係。當康氏與其嗣王之世。與亞洲中央及東部之佛教國。互相聯合。而其事蹟。至溫昌氏時而尙存。聞距皮阿斯河西十邁許。有一小邑曰支那拔的。卽康氏當日選爲支那人留質之地。印度以馬祀神之風俗。聞亦原於沙什亞族也。（據愛德華尙馬斯氏。Thomas 所言。其事實爲角武而起。預擇一馬。先令遊行一年。任其所至。馬保亦隨往。迨年終歸國。若經過之地。均爲所勝。則凱旋時。大開盛會。以誌歡幸。）

佛氏之族。原出於沙什亞。往者。曾經詳考。而其所屬之支族。則爲薩吉牙斯。中國紀載。謂佛氏生於孟加拉。而中亞細亞地方。疑爲佛氏之祖國。當紀元前六百二十五年。有一族沙什亞。徧遊亞洲西部。而後徑入印度河之巴德拉城。卽後日亞歷山大氏（紀元前三百二十五年）選爲駐紮大營之地方。而今所稱爲赫德拉巴者是也。沙什亞旣居巴德拉。而其中一股。復相率西行。經波斯灣。以至亞沙利亞 Asyria 又一股。則向東北。入恒河。而成開伯臘韋斯多之薩吉牙斯。佛氏卽此族之裔也。佛氏臨歿時。遺囑一切葬禮。必須循其族之舊例。故覆土成墓。形如圓塔。惟依沙什亞之俗。亦行毀屍之法。第與印度阿利安之火葬異耳。

沙什亞朝

沙什亞族。王印度北方。勢力頗盛。自西歷四十年康氏之會後。北印度之佛教。遂漸及興都斯坦。以後六百年間。康亞二氏之佛教。互相爭競。迨西歷六百二十九年至六百四十五年間。中國人之信佛者。遊抵印度。見南北佛教。氣勢甚盛。互相傾軋。乃於支那拔的居住十四月。紀載烏德巴哈爾。及巴羅達等處。二派相爭之事。沙什亞族之教力固勁。而其國力亦然。觀當日之錢幣。與印度治於沙什亞之族名。如薩加斯亨斯。及那加斯等。則其勢力之範圍。已遠及印度中央矣。

東西學子。頗信沙什亞族之入印度時。其數必甚多。方足以驅逐先居之人。而據其地方。旁遮普一省。甲持族約占全數戶口之半。與吉枝族同出一源。而其支族之大者。如狄。如德伊。皆頗著名。史得拉波氏。謂此二支族。原居裏海沿岸一帶。自威爾孫氏。至客尼漢氏。及著名之考察家。多主此說。東甲持與狄族。既出於吉枝。德伊。當古初時。曾隣居亞洲中央。迨白克脫里亞國衰替。沙什亞大舉入印度時。彼等亦相將同來。似旁遮普此部最衆最勤之居民。其始實同出于沙什亞。而刺日不的族。亦然。史家托德氏。且力持此意。甲持與刺日不的二族。曾有聯合之處。第不能深證其事。據銘言所傳。當西歷五百年間。二族曾互通婚嫁。然柯韋爾氏。以爲刺日不的。傳自沙什亞之語。實不足憑。惟現所搜集之証據。又在柯氏之後。

沙什亞敗退

而所據以言甲持與剌日不的之出於沙什亞者。乃本於散斯克烈文。及其地方之考查。且沙什亞更有關於非阿利安族之原由。後將見之。

當沙什亞族。聚居印度時。並非一無爭端。紀元前三百一十二年至三百六年間。白克脫里亞國。攻取印度。勢焰甚銳。康特拉加撻拉氏自恒河悉師抵禦。而其勢自此衰替。迨後沙什亞族。侵畧印度。蟠踞甚固。而其時印度之英豪。亦有極力抗拒者。育臨國王活克蘭梅狄替亞氏。以擊敗沙什亞敵人而得聲譽。故自紀元前五十七年爲始。謂之散木瓦的。以記活克氏之事功。第其時日。似與古傳所述耶蘇降生後第一世紀。活克氏戰勝康尼蘇喀氏者不同。然自其名稱觀之。足以傳當時相爭之事。其所稱曰活克蘭梅狄替亞薩加里者。猶云沙什亞之敵也。當活克爲王時。稱爲散斯克烈文學之奧格斯丹時代。（古時羅馬有一王。曰奧格斯丹。其時文學最盛。故後世。文學興盛。即稱爲奧格斯丹時代。英王安尼時。亦稱此名。）而數百年來。印度最高之學風。均歸功於活氏朝之詩學哲學諸人。康特拉加撻氏。除希臘人之患。保全印度。故有編爲戲曲。以頌其功者。而活克氏。亦受同等之盛譽。以傳令名。顧其所成就。非能解救印度。不過傳其與敵相持甚久之事功耳。

印度舊時朝代

印度尚有一時代。稱曰薩卡。始於西歷七十八年。乃記念南印度王。薩列章哈那氏。敗沙什亞族之故事也。自西歷七十八年以後。七百年間。印度北西二部。有三强國繼立。一曰薩斯。一曰加撻斯。一曰威拉孛希斯。據錢幣銘言所傳。蘇拉蘇特拉之薩斯朝。其時期。始於西歷六七十年間。迄西歷二百三十五年以後。其次爲西北部岡腦吉之加撻斯朝。即古時婆羅門之中地。其時期。則始于西歷三百十九年。治理北印度。及遠至西南之巴羅達一帶。約一百五十年。而西歷四百五十年。至四百七十年間。爲外敵所覆。似即由西北新入之亨斯。或韃靼族也。自加撻斯覆後。繼之者。爲威拉孛希斯朝。自西歷四百八十年。至七百二十二年。管轄開治孟買之西北部。及馬盧襪一帶。中國教侶。遊抵印度。曾記載威拉孛希斯朝之事甚詳。（西歷六百三十年至六百四十年）其時。奉佛氏爲國教。而信仰他教。如婆羅門者。亦甚繁多。佛徒又自分南北二派。迨西歷八百年間。威朝亦亡。大約爲攻克信地之阿剌伯人所滅。

印度西北三國。關於沙什亞族之情形。不甚明悉。沙什亞。頻入北方。而薩斯加撻斯。及威拉孛希斯。無不與之抵禦。且相爭甚久。頗有証據可言。第一切重要之事。究竟發現於何日。迄未能確定。而穆里坦所屬之高路爾地方。曾經大戰。沙什亞族。傷亡甚衆。然此役之日期。有言西歷七十八年者。有言西歷五百四十四年間者。（西歷七十八年爲民間所認之日期。以爲薩卡期之記念。而福格牲氏。則指爲西歷五百二十四年。與五百四十四年間之事。）然其事實。似在耶蘇降生後六百年間。沙什亞族。在北印度時盛時衰。其戰敗也。原非一次。而其傾覆印度土朝也。亦非一次。紀元前五十七年。沙什亞之在印度。其事之大者。證之於活克氏。自紀元前二一年至西歷八十七年。則證之於康尼蘇喀氏。而自此至西歷五百三十五年。則有柯斯馬斯氏之紀載。惟柯氏。頗信印度加撻斯朝。於西歷四百六十五年至四百七十年間。爲白亨斯族所覆滅。而於高路爾與墨蘇爾里二地之戰事。則指爲西歷五百二十四年至五百四十四年間之事。當西歷五百三十五年。柯氏經商紅海。謂亨斯族。乃北印度之强國也。

非阿利安族之朝代

自紀元前三百二十七年起。至西歷五百四十四年止。九百年間。希臘與沙什亞二族。於印度之北。擴充勢力。孜孜未已。其時勢力之能影響於印民者。尚有一族。即非阿利安種也。其情形前已言之。惟此族。早居印度。而阿利安族來時。不過驅之於山林間而已。非能全服其族衆。故今日在英屬境內者。其數仍達一千八百萬人。而自稱純爲阿利安種者。則約一千七百萬人。非阿利安族之方言。幾徧各省。而南印度一部。受其方言之民。則有四千六百萬人。旁遮普五河流域之地。曾爲阿利安種人所居。迨後生齒日繁。必須漸拓新地。輒芟除山林。驅逐非阿利安族。印度屢行此法。故西歷一千六百五十七年。與都酋長建築巴勒里城時。首先戕伐林木。繼逐開稅烈亞族。古時婆羅門所稱之中地。在西北部。與烏德一帶。而居於四圍者。均屬非阿利安族。然印度最強盛之王國。有爲此族所創立者。如那帶王巴哈爾。其勢甚盛。嗣爲康特拉加撻氏所滅。然那帶非阿利安種也。且爲蘇得拉（卽第四級）或有謂康氏爲那帶所出者。然乎否乎。不得而知之也。非阿利安族之聯入印度國法。佛敎之力爲多。當印度英豪力拒白克脫里亞及沙什亞時。此等番族。或爲同盟。或爲敵人。必極有關係者。迨爭端既竣。時該族方居北印度最善之地。烏德。及西北部。所屬之郡縣。多有非阿利安族之城邑堡壘。物雖廢圮。然據地方傳紀所載。則當西歷五百年至一千一百年間。歷有其人。治理北印度一帶。迨穆罕默德攻克印度。始有西歷一千年以後之歷史。其時非阿利安族。尙據有郡縣。後乃漸失也。印度此等民族。遺蹟繁多。故隨地考察。頗能悉其往事。今聊舉數端於此。當亞歷山大氏。自西入印度。其時拉烏爾奔的地方。爲泰克斯族所佔居。（又名丹克亞克斯。）故希臘後名其地曰丹稅爾。即從其族之音也。此族居民。大約始於紀元前六百年間。沙什亞東行之時。迨紀元前四百年間。其居留之地。似已由阿富汗之巴羅攀米山嶺。拓至印度之北。而其城邑之在旁遮普者。則以丹克亞稅亞。（或丹稅爾）爲最大城。在印度熱倫二河之間。亞歷山大氏於紀元前三百二十七年。曾駐兵於此地。而西歷七百年間。旁遮普之首邑。曰丹企。或亦由此族而名。有言薩列韋哈那氏者。亦爲泰克斯族之裔也。又有以所稱之大蛇種。曰丹克亞克斯。又名那加斯族。出於沙什亞之丹克亞克斯族者。而此族於散斯克烈之文學藝術中。頗占聲價。今日印度之那加斯族。猶存其古名。考散斯克烈文義。那加斯與丹克亞克斯二字。均言蛇也。顧丹克亞克斯。又與沙什亞之泰克斯同源。而那加斯。亦與韃靼教侶。那加斯氏相屬。那加斯氏者。伊爾汗之次子也。由此觀之。似此二名。乃散斯克烈文家用於印度一種非阿利安族。而其教又純與阿利安相反者。當蛇王丹克亞克氏。居漢得瓦山林間（漢得瓦在北緯二十一度四十六分英天文臺東經七十六度二十一分）嗣爲班圖弟兄所逐印度古史馬哈孛哈拉德頗詳其事班班可考且此二族崇拜蛇樹而其教禮及其物象常藉彫鏤營造之藝而傳於後世中國紀籍曾詳言印度那加斯族之地界更枚舉該族强有力之王國而其地又多有信奉佛氏之人中國史家於那加斯一族之王分爲二類一爲佛教一爲非佛教

加喀爾斯族

紀元三百二十七年前希臘人攻畧印度之北其時烏拉爾奔的一邑爲沙什亞之秦克斯族所有迨一千三百年後穆罕默德至印度則其地已屬加喀爾斯族矣西歷一千另八年穆罕默德都各什尼時曾爲加喀爾斯所困幾陷於危地（各什尼在阿富汗境內北緯三十三度三十四分英天文臺東經六十八度十四分）福利蘇撻氏謂加喀爾斯行同生番性尤殘鄙其俗一婦多夫溺殺嬰兒習爲固常迨穆罕默德侵入印度時聲勢甚盛而加喀爾斯族仍堅守其地西歷一千二百另五年復殺穆罕默德首領哥烈氏於帳中更於旁遮普至拉合爾一帶

大肆焚掠。相持甚久。終不屈服。至西歷一千五百二十五年。蒙哥王巴貝爾氏。許以土地。始歸順焉。自是遂居旁遮普。爲蒙哥之藩服。二百年來。極效忠誠。而於抵禦阿富汗僭王一役。厥功尤偉。故其勢力亦日益隆重。迨西歷一千七百六十五年。乃敗於稅克斯族。加喀爾斯首領。遂率其族。棄其平原。退守猛剌山間。仍力保自主。直至西歷一千八百三十年。復血戰一次。始爲稅克斯所滅也。西歷一千八百四十九年。英人幷兼印度。烏拉爾奔的。及稅克斯疆土。同隸英國版圖。四年後。加喀爾斯族離叛。西歷一千八百五十七年。聲言欲攻猛剌城。時猛剌爲旁遮普之首都也。現在此族之人數。僅一萬一百五十三人。英官頗貴其種族。謂其內剛勁而外儒雅云。

巴爾斯與璧爾二族

非阿利安種。久居印度。其情狀勢力。已擇烏拉爾奔的之居民。表而出之。故於他處之種族。概從簡畧可也。自旁遮普而東至西北部。見佛氏之文教。爲非阿利安種所覆之遺蹟。今以巴勒里言之。當西歷千年以前。亞爾斯族自北入璧爾自南入其西則爲巴爾斯族而已發達之阿利安社會似爲此三族所驅除西北部之東部及烏德所屬之地方古時石工之遺物頗多非屬於古代之佛教卽屬于中世之巴爾斯族當佛教陵替時巴爾斯族似據有恆河以北之地方而其國境幾包烏德一省當時建築之堤堡古木蒼葱今雖廢圮然觀其遺址藉以悉其城邑之所在彼等精於營造故鄉人常以其地之工程凡崇大高巍者爲彼族所遺其在西部之權力傳言西歷一千四百年間爲遮翁普爾Gaunhur之夏爾企朝所傾覆（遮翁普爾在西北部北緯二十五度四十分英天文臺東經八十二度四十分）而東部數邑證以鄉人之口碑則巴爾斯之譽望仍甚尊重故曾經設法追求其歷史俾知往跡當紀元前數百年番族賽拉斯與巴爾斯族似曾於哥爾克波爾地方破敗阿利安之文明惟其事之詳情末由知悉而此後彼等聚居東南臣服巴哈爾佛國迨西歷五百五十年間國權陵替巴爾斯族遂復自主焉西歷七百年間中國人之遊印度者於其地之寺院碑塔評論甚多而碑塔之建立

大都爲與巴爾斯族爭競之記念。惟此族覆亡之期。約在西歷七百年與一千年之間耳。

庫什族

吾輩自西徂東。抵孟加拉之境。見非阿利安族。於有歷史之時。已雜入於興都戶口。且其數約居戶口之强半。孟加拉之北。干姆拉不地方。原爲阿利安族王國。西歷一千四百八十九年。爲孟加拉之阿富汗王所滅。嗣有庫什族者。遂於干姆不拉舊址。自建國號。而名其故里曰。庫什貝哈。（干姆拉不在北緯二十六度十五分。英天文臺東經八十九度二十分。庫什貝哈在北緯二十六度三十分。英天文臺東經九十一度）現在其隣邑之人民。庫什子孫。與他非阿利安族。二者最占多數。顧亦有舍其本族。以從穆罕默德者。蓋欲避其微賤之種原。而得伊斯蘭所許於人類之平等交際也。其餘則雜於興都。而聲言彼等出於治人之種族。屬於蘇脫里亞級者。亦復不少。故自稱爲拉日班希斯。其名正與印度西部之拉日不的相對。而庫什貝哈之酋長。欲飾其傳自番族之名。更誇言其族。原於神聖。故涉

阿姆斯族

及庫什族之紀事。必審慎去之而後已。

自孟加拉再東行至阿薩密境。其地又有一族。握治權之非阿利安。名曰阿姆斯。西歷一千三百五十年間。自東南入阿薩密。至西歷一千六百六十三年。其權位已固。以後漸濡興都教。迨一千七百五十年至一千八百二十年之間。遂敗於緬甸之敵人。其時阿薩密一帶。已隸英屬。阿姆斯既爲緬人所破。其治權立盡。而其國中教侶。約其數有十七萬九千人。咸令耕地土。以爲生計。然阿薩密之人民。番族與浸爲興都族之子孫。仍居多數。而純乎傳自阿利安者。則不及六萬五千人也。

殑河以南之非阿利安族

前所言者。乃大河以北之種族。今踰河而南。則見處處有非阿利安之遺事。或曾握治理之權。或爲地方戶口之基本。邦德爾一部。有此等民族。曰邦德爾斯。久居于此。故其地以族而名。邦德爾斯者。半番族之裔孫也。再南至印度中央之高原。則爲非阿利安族聚居之地。如高烈斯。如那加斯。如剛特斯。及亞爾斯等族。相繼握治權於稍特不拉之平原。而孟加拉南部。各種非阿利安族之居民甚多。或轉入下級興都。或受穆罕默德教。以爲得交際平等之利益。雖變其信仰。然於其種族之別異。絕無關係。故麥稅爾曼（卽信從穆罕默德教者）與阿富汗。其種之不同。正如下級興都之與婆羅門。蓋種教兩不相混也。印度南境。其居民幾全爲非阿利安族。成特拉佛田之方言。今習其語者。約有四十六兆。

穆罕默德之時代

穆罕默德攻印度

印度佛教。爲婆羅門所攻。日就衰替。其時阿剌伯之穆罕默德新教方出。而新教之勢力。且將遍布於印度全境也。穆罕默德氏爲伊斯蘭教之創主。西歷六百三十二年。歿於阿剌伯之米的那 Mediua 城（米的那在北緯二十四度三十分。英天文臺東經四十度）其時中國溫昌氏。尙遊歷未歸。穆氏歿後三十二年。其教徒。始侵犯印度。聞旁遮普一隅。頗遭擄掠。然無所成就。穆罕默德。攻取印度。先陷信地一省。自其地勢觀之。與俾路芝沙漠相接。西歷七百十一年。穆罕默德。開

各什尼王麻摩氏攻印度

興氏。率阿剌伯兵入印度。征服信地之興都人。是年適沙拉森斯。（信從穆罕默德教者。亦稱沙拉森斯。）覆哥司斯 Gatha 王羅狄爾烈克氏於西班牙。惟印度之剌日不的。與婆羅門二族。一勇一忠。爲國之長城。故尚勝於歐西之哥司斯也。西歷七百五十年。興都人叛亂。乃共逐穆罕默德暴君。而地方得以休養一百五十年者。此役之功也。

穆罕默德結連各什尼王麻摩氏。再犯印度。麻摩氏之先世爲土耳其之奴。其父。名曰薩北撻金氏。麻於兄弟居長。薩氏既據有科拉薩及阿富汗之地。乃建國號。以各什尼爲都。（科拉薩。北界亞俄。東界阿富汗。）西歷九百七十七年。敗拉合爾之興都酋長吉貝爾氏。以旁遮普爲藩屬。歲納貢賦。麻摩氏於西歷九百九十七年。嗣其父爲王。在位三十三年。開拓疆土甚廣。東起波斯。西至恒河。聞率師至印度平原。以窺腹地。無慮十七次。故麥稅爾曼中以力征他國。名震亞洲者。以麻摩氏爲最也。西歷一千另一年。麻氏敗吉貝爾氏。虜吉爲俘囚。而國亦隨之末幾吉氏之子。亞那特貝爾氏。克復主權。再興宗國。乃於興都斯坦。約聯剌日不的。募集兵士。戰於白沙瓦。以報前怨。麻氏得土耳其騎兵之助。又勝之。自此旁遮普一屬。遂爲穆罕默德之郡縣。惟中間稅克斯族。曾握該省治權。第爲時甚暫耳。西歷一千另二十四年。麻氏再擊印度之古直拉德。自攻略印度以來。以此舉爲最著名。其興師之宗旨。則在沙木那斯 Somuatle 所供奉之薩瓦神廟。傳言麻氏欲避信地沙漠。乃取道亞日迷爾。比時興都人聞信。已集于入沙木那斯之隘口。以衛其神聖所在之區域。血戰二日。興都人勢不能支。遂各潰散。剌日不的。逃往船上。而婆羅門之僧侶。則退保神龕。麻氏乘勝追入。僧侶力求勿毀神像。且願獻金以贖。麻氏勿聽。因舉棍擊像。而寶石迸出。蓋沙木那斯之神廟。素以富麗著稱者也。迨西歷一千八百三十九年。英人攻阿富汗時。至各什尼。見麻氏之墓旁。尚存當時碎像之棍。及沙木那斯之檀木門。現在其棍已失。而檀木門。爲將軍瑙特氏。携回印度者。則已非眞物矣。麻氏爲人。不特勇於保教。且并尊崇文學。惟國祚未永。

其嗣孫僅傳至十四代而止。共歷百有餘年。而事功赫赫。足以榮國家。光史乘者。絕無一人也。嗣厖氏王室。又與阿富汗之各爾王。互起爭端。西歷一千一百五十二年。各什尼之王。巴爾蘭木氏。爲各爾之亞拉額亭氏所覆。而各什尼城亦剷爲平地。廬舍財帛悉付一炬。獨厖摩氏之墓。不遭殃及。蓋各爾人特赦之耳。巴爾蘭木氏之子。格司路氏。逃至拉合爾。始建穆罕默德朝廷於印度。後傳於其子。亦名格司路。西歷一千一百八十六年。仍爲各爾朝之摩哈默哥烈氏所滅。而格司路氏且爲俘虜焉。

阿富汗之各爾朝。既滅各什尼之土耳其王室。權勢益隆。創業者。名曰伊石亭赫森氏。亞拉額亭之父也。亞拉氏有二姪。一曰嘉牙司額亭。一曰麥尼什額亭。麥尼什又名宣哈孛額亭。而史乘則稱爲摩哈默哥烈。爲穆罕默德攻勝印度者之第二人也。西歷一千一百七十六年。麥尼氏取穆里坦與烏則等處。西歷一千一百八十七年。復克拉合爾。西歷一千一百九十一年。往擊特里。初雖不利。旋卽獲勝。

奴隸朝

因其時，與都斯坦一地，劃分爲二刺日不的王國，一都剛腦吉，一都特里，麥尼氏既敗，乃設計離間二王，使互相猜忌，彼乃從中圖事，故能達其目的，戰勝攻取，所向披靡，至西歷一千一百九十三年，其國境已遠及班拿勒斯，是年潰敗之刺日不的，羣徒山鄉沙漠之區，卽今所名之刺日不的拿是也，西歷一千一百九十九年，麥尼氏之裨將名曰拔克鐵亞兒者，率兵入孟加拉，設計將奴底亞之興都酋長驅諸境外，故印度北境，自印度河起，至布拉馬普得拉河，悉就穆罕默德範圍，惟麥尼氏喜居各什尼舊都，雖以事至印度，亦未嘗久駐，而印度地方之政事，均由其愛奴柯撻伯亭氏經理，麥尼氏僅遙爲節制而已，西歷一千二百另六年，麥尼氏駐節印度河岸，一夜正在營帳中臥息，猝爲加喀爾斯族人所刺殺，麥尼氏既歿，特里遂爲穆罕默德之都城。（以前都各什尼此後始以特里爲都）

麥尼氏既歿，柯撻伯亭氏遂自號爲特里之王，卽世之所稱爲奴隸朝者是也，自西歷一千二百另六年至一千二百八十八年，幾歷百年，今故都雖圮，惟當時所立之得勝柱。高際雲霄。巍然獨存。上鐫柯撻氏之名。今尙顯明可見。傳言柯撻氏。武畧政事。均頗可觀。而柯撻氏以後之王。則碌碌無所表見。故史乘中亦不詳其事蹟。

特里之奴隸朝享國百年。始覆於法羅寺氏。西歷一千二百九十四年。法氏之姪。亞拉額亭開列吉氏。弒其叔自立。亞拉額亭氏。曾將兵入印度南部。刼掠中印度所屬璧爾薩之廟宇。印度佛氏之廟。以此爲最盛。至今人尙稱道勿已。復率騎兵一小隊。自此南行。抵台干之狄烏格里。侵掠麻哈拉德之都城。故亞氏素以武勇聞。迨既篡取王位。大有幷吞全國之志。乃選派將士。同時分路經畧。第一軍。亞拉夫汗氏率之。至古直拉德。遂逐安納爾瓦之剌日不的王。攻取其地。（安納爾瓦。又曰班丹）麻里哈福爾氏。統率第三軍。深入印度南部。麻里氏叛興都教以附。而爲亞氏所嬖愛者也。特拉佛田族。素不習武。聞敵入境。四散遠颺。麻氏乃搜索各處寺廟所積儲之金銀珠寶。無一幸免。今日馬都剌地方之鄉人。猶記麻里氏之勢焰。及其誣毀神聖之事蹟。而亞拉額亭氏自將第二軍。侵入剌日不德拿突攻吉都爾之石堡時剌日不的族。率其婦孺。咸避匿於此地也。

亞拉額亭氏者。爲穆罕默德攻取印度之第三人也。歿於西歷一千三百十六年。維時台千古直拉德二地。業已歸附。其子孫繼亞氏而王者。三人同時握權。甫及五年。猝遭杜科拉克氏之變。杜之先世原爲土耳其人。時方巡撫旁遮普。西歷一千三百二十一年。遂叛亞氏。自尊爲王。號杜科拉克朝。歷七十年而爲帖木兒氏所覆。帖木兒者。爲穆罕默德攻勝印度者之第四人也。杜氏王印度北部。無他奇蹟。惟自特里遷都於東距特里四邁之地。名之曰杜科拉克巴德。其子名曰摩哈默杜科拉克者。自西歷一千三百二十五年嗣位。至西歷一千三百五十一年止。二十六年之間。弊政繁興。伊爾斐斯呑氏謂爲最有才幹。而亦最爲暴虐之君。今舉其事蹟數端。可以知其爲人矣。

當蒙哥族侵入旁遮普時。摩哈默氏。乃以其父所積之金銀。悉獻於蒙人。以求退兵。敵雖遠去。然國內金銀短絀。不敷周轉。摩氏復强令民間。通用銅品。藉濟荒乏。以致圜法益敝。而全國商務。胥蒙其害矣。

召募士卒。往攻波斯。嗣又用兵侵畧中國。乃軍抵喜馬拉雅山徑。慘遭覆滅。遷都台干。强令特里人民。徙居於相距七百邁之狄烏格里與督拉撻巴德。故興都斯坦一方。尤被虐政。

摩氏作爲。大都類此。嗣其位者。爲其堂兄法羅寺氏。性情相若。非更立新都。若不足以饜其心。乃擇北距特里數里之地。另建都城。而以其名名之。維時窵遠之省。將叛王自立。西歷一千三百三十六年。孟加拉之阿富汗王。首倡自主。時摩哈默杜科拉克氏。尚在王位也。亞拉額亭（又是一人）氏。創巴曼尼朝於台干。約在西歷一千三百四十七及一千三百五十七年之間。而柴發爾汗氏。則於西歷一千三百九十一年初。簡爲古直拉德巡撫。時卽自號爲亞麥達巴德之王。此外相繼離叛者。尙有數人。凡此自侮其國。皆爲帖木兒攻取印度之先導也。

帖木兒攻取印度

西歷一千三百九十八年。帖木兒侵入印度。鮮有抵禦。杜科拉克朝之王。曰摩穆者。拒於特里郭外。一戰而敗。遂竄往古直拉德。蒙人入城。慘屠居民。其戰蹟。與其殘虐之行。已詳於馬耳弗直鐵木烈一書。嗣伊里烏氏。編輯印度史時。已將原書譯載第三卷。學者讀之。當知其畧也。帖木兒既克特里。未幾仍由加普爾舊徑返散馬爾干。（散馬爾干在北緯三十九度。四十分。英天文臺東經六十七度。爲帖木兒都城。）摩穆氏旋亦自古直拉德回特里。後繼摩氏者。爲稅伊得朝。據有特里。及周圍數邁之地。歷四十年。而爲貝羅利氏所滅。貝羅利者。阿富汗之洛狄族也。洛狄之子孫。遷都亞加拉。自是遂爲皇城。西歷一千五百二十五年。帖木兒之第五代嗣王。曰巴貝爾者。以旁遮普長官之慫慂。襲攻印度。與洛狄朝之王。伊伯拉希木氏。戰於班尼伯的。（班尼伯的北距特里五十六邁。）勝之。遂定蒙哥國基。至西歷一千八百五十七年。始亡。此爲穆罕默德攻勝印度者之第五人也。

印度南朝

蒙哥歷史。詳見於下。今先畧叙印度南境情形。俾資考證。初印度極南一部分爲四國。一曰開爾拉。一曰班特瓦。一曰科拉。一曰其爾拉。四者統一曰特拉佛田國。內種族。均以丹密爾爲方言。此四王國中。班特瓦最强大。馬都剌大約紀元前四百年間。已定基於此邑也。科拉之都。爲康貝康納木與貪昭爾（後遷於此）其爾拉則以賣索爾之托喀特爲都。特其城基。已爲加惟利河之沙漠所湮。而不可見矣。馬都剌之史傳。載班特瓦二朝帝王之表。第一朝傳七十三王。第二朝傳至第四十三王。巳拉克拉麥氏。遂爲穆罕默德教徒。麻里哈福爾氏所滅。時西歷一千三百二十四年也。穆罕默德素不樹權於印度極南。故與都族人相繼治馬都剌直至西歷一千八百年間始已。而物拉佛田之王國。國祚之永長。未有若馬都剌者。其爾拉國相繼五十王。而科拉則有六十六王。此外尚有多小國。各在南境。畫地自治。顧與都世譜。不足多信。而特拉佛田太初之歷史。亦僅見於殘腐之棕葉。與差堪憑信之銅石銘篆耳。故史傳之眞確可據者。始於十二世紀至十六世紀間。與都佛日秧那加爾（又稱那森哈）治理印度南部全境之時。而佛日秧

台干之穆罕默德朝

那加爾之城基則建於西歷一千一百十八年第五世佛日秧氏之世其宏廣之廢址猶見於巴剌里之通加不得拉河右岸自西歷一千五百六十五年遭穆罕默德擄掠後城中迄無居民橋梁堡壘以及寺廟之遺址徒見荒草叢蓁爲野獸毒蛇之所窟宅而已當佛日秧那加爾國勢強盛時與台干之王屢和屢戰未嘗稍損威武故王南印度而建無敵之威者約三百年之久以後抵禦穆罕默德奮勇無匹尤見民人忠國之眞誠焉

台干最初之穆罕默德朝名曰巴曼尼乃西歷一千三百四十七年（或西歷一千三百五十七年）亞拉額亭氏所創者也初建都于古爾巴各繼遷於比德爾二京之宮殿淸眞寺尙存遺址足以知其宏麗西歷一千四百年間巴曼尼朝亡台干之地遂裂爲五國各自主治一曰亞狄爾宣赫朝都北日不爾西歷一千四百八十九年倭托曼王亞槃拉斯氏之子所創者也（倭托曼即土耳其之支族）二曰古塔宣赫朝都哥爾康達西歷一千五百十二年土科曼族人所創者也（

土科曼。亦土耳其種。）三曰尼桑宣赫朝。西歷一千四百九十年。創于一婆羅門。背佛日秧那加爾而自立者。都挨彌得奴格爾。四曰比拉爾之伊梅特宣嚇朝。乃一興都族人。於西歷一千四百八十四年。亦背佛日秧那加爾。而自建都於伊烈克普爾者也。五曰。巴烈特宣赫朝。以比德爾爲都城。建於西歷一千四百九十二年。或言其創主。爲一土耳其人。亦有謂佐治安族之奴者。此五朝分王之大畧也。其詳細歷史。非是書所能載。姑闕勿詳可也。西歷一千五百六十五年。五國之師。共擊佛日秧那加爾之興都王。戰於托律科撻。佛王敗績。死之。而佛日秧那加爾雄國。遂滅。穆罕默德士卒。掠城後。亦未南進。維時。佛日秧那加爾之訥克斯（卽封建之諸侯）聞君亡國滅。各守地自主。今日南印度之巴里加爾斯。及賣索爾之土酋。皆本納克斯而傳者也。佛日秧那加爾之王室。有一逸至昌特拉吉利地方。西歷一千六百三十九年。其子孫以麻打薩拉一部。讓與英人。而自於逃往之地建國。仍統舊日主權。又有一王裔。則於佛日秧那加爾左近。自立。延至今日。卽所稱亞那監的之王者是也。（亞那監的即尼桑赫得那巴之封邑）是時雖內亂迭興。惟台干薩爾丹（薩爾丹。土耳其之皇號）之主權依然隆崇。迨十七世紀後半稘。始見滅于蒙哥王奧蘭格什孛氏穆罕默德朝。王亞麥達巴得一帶垂二百年。（自西歷一千三百九十一年至一千五百七十三年）嗣爲亞克巴爾氏所覆。而同時孟加拉之阿富汗王。建都臯爾。自西歷一千三百三十六年至一千五百七十三年。亦自主二百餘年。

當西歷一千五百二十五年。巴貝爾氏。攻印度時。强半疆土。已屬穆罕默德。其時阿富汗之洛狄朝。方都亞加拉。巴氏於班尼伯的戰勝伊伯拉希木氏之後。號印度皇帝。聲勢之盛。無異乃祖帖木兒氏。惟帖氏克特里後。即還舊都。而巴氏則欲久居興都斯坦平原。藉蒙哥士卒之力。圖創新國。故首以拒敵戡亂爲事。以謀擴其勢力。時吉都爾之剌日不的。欲重興興都舊國。遂進兵亞加拉之稅克利巴氏擊敗之。未戰之先。巴氏矢誓戒酒。故戰以是傳。未幾巴氏卒。時西歷一千五百三十年也。其子哈麻呷氏。嗣位。蘇沙爾率阿富汗人版。蘇氏。爲孟加拉土人。未幾時。據有興都斯坦全境。哈麻呷氏。被逐至波斯。道經信地荒漠。及至育麻各德堡壘間。適其子亞克巴爾氏產焉。蘇爾沙氏。旋以攻開林加爾之石堡陣亡。哈麻呷備歷艱苦。而後於拉合爾與特里之間。得以復其權勢。

亞克巴爾氏

西歷一千五百五十六年。哈麻呷氏卒。子亞克巴爾嗣位。時亞氏年僅十四。疆域既蹙。而四面强敵。又虎視眈眈。若有不可終日之勢。豈知戰勝攻取。爲開創二百餘年蒙哥國基之眞主耶。亞氏生於西歷一千五百四十二年。在位四十九年。正與吾英后伊里什貝斯同時。（英后自西歷一千五百五十八年。至一千六百另三年）登位後。與師傅貝蘭木汗氏。擊阿富汗之離叛者。貝氏。博達克宣人。（博達克宣在中亞細亞北緯自三十六至三十八度。英天文臺東經自六十九至七十二度）精韜畧善戰。蒙哥之復王印度。貝氏之功爲多。亞氏首拓權勢於旁遮普。及環特里。亞加拉一帶。故初七年之間。頻事戰爭。西歷一千五百六十八年。攻吉都爾之剌日不的城堈。又克亞日迷爾。西歷一千五百七十年。取烏德。及格瓦律倭爾二省。（格瓦律倭爾約在北緯二十五度英天文臺東經七十八度之間。）西歷一千五百七十二年。亞氏自率兵至古直拉德。敗亞麥達巴得之自主薩爾丹。改其地爲蒙哥省治。是年其部將。驅阿富汗人於孟加拉境外。而以恒河下游之地。劃歸興都斯坦。數年之間。印度之地。多半已屬亞氏。拓地愈廣。威勢愈盛。開前人未有之宏業。偉矣哉。惟斯時亞氏之壯志。猶未已也。西歷一千五百七十八年。其部下興都將軍。托達麥爾氏。更取俄里薩。附屬於孟加拉。而後測量全省境界。釐定賦稅。西歷一千五百八十一年。降加普爾。一千五百八十六年。收克什米爾。而信地與康達哈爾二省。則於西歷一千五百九十二及九十四二年歸附。（康達哈爾省。爲阿富汗斯坦屬地。首邑亦名康達哈爾。北緯三十一度四十二分英天文臺東經六十五度三十一分）亞氏見北部已定。乃圖穆罕默德所王之台干。僅取比拉爾一部。而南服餘地。則俟奧蘭格什孛氏。爲之經營也。

使亞克巴爾氏之歷史。僅傳其戰勝攻取之武功。其名譽之隆崇。當必首列於人人所欽仰之英豪間也。惟印度所以懷亞氏而垂其姓名于今日者。則以亞氏爲一行政之官耳。蓋印度地賦。國家取出產三分之一之制。創自亞氏。當時通國地賦。徵英金一千六百五十萬鎊。或銀或物。均聽農家之便。不爲限定。若以亞氏所王土地之面積。與今英屬者相較。則亞氏於三百年前。能得一千五百五十萬鎊者。今日英政府。僅有一千三百五十萬鎊。是蒙哥朝取之於民者。較英爲多矣。亞氏之軍制。亦若封建之法。凡附庸納貢之土王。必監之以蒙哥之公卿。自其理言之。乃一公卿共治之政體。本之於軍伍之號令者。而實欲於穆罕默德專制之政體。聯合剌日不德拿世襲之土酋也。其時。麥稅爾曼與興都人。最高之官職。曰亞米爾。而常所聞知者。僅稱曼稅孛特爾。即統帶若干馬匹者也。亞氏末年所注意者。則爲改新宗教一事。然頗難確言其詳。其妻一爲剌日不的之公主。一爲耶蘇教徒。亞氏之曼稅孛特爾。已銘記其姓氏者。有四百十五人。而興都則居五十一

監漢吉氏

人也。初亞氏拊循剌日不德拿之驕將士。頗經其難。故其爲人。自壯年已公允毅忍。嗣以激於輿論。漸乃究及所世奉宗教之眞理。其友阿伯爾夫爾氏。復極言之。而其意。又正與神道最全能威權最至尊之義相符。故以後。遂創立新國教。布告通國。其教原於自然神學。（專論上帝）而包括他教之所習知。而最善者。亞氏自爲教堂之首領。每日晨興。必禱祈太陽。以神靈發光於世界萬物得以生活。太陽乃其代表。故崇拜之。而國內愚民。則又崇拜亞氏。恍如神靈焉。

亞克巴爾氏。於西歷一千六百另五年卒。年六十三歲。葬於亞加拉之希干特拉村。（在亞加拉西北五邁）陵寢壯麗。墓覆碑石。爲亞氏存時所樹立。亞氏令名。既傳於今。故其塋墓。亦爲人所尊仰。西歷一千八百七十三年。印度總督英公爵洛斯孛路克氏。贈布覆墓上。以致敬意焉。

亞氏之子。監漢吉嗣位。自西歷一千六百另五年至一千六百二十七年。王印度二十二年。無甚功蹟。所可異者。即其寵妻。訥爾麻哈爾氏。行威權於其夫之一事耳訥氏。攬權行政。人聞其名。莫不驚異。卒後。葬於新都拉合爾。其夫之墓旁。亞氏自特里遷都於亞加拉。而監漢吉則又由亞加拉遷至拉合爾。英人之營業於蘇拉特。及遣使於蒙哥朝。皆自監漢吉氏始也。

監漢吉氏卒。子夏甲汗立。監氏曾叛其父。而夏氏亦叛其父。父子如出一轍也。當夏甲汗之世。印度之蒙哥疆域。雖未極其廣。而國勢已甚顯赫矣。夏氏建特里新城。至穆罕默德居民。猶稱特里曰甲汗那巴得也。夏氏復於其地。築造宮殿。窮極宏麗。然平時喜居亞加拉。而其姓氏。亦將與其地之大吉馬赫爾。並垂不朽矣。一大吉馬赫爾。爲夏氏所建牌樓之名。工程極浩大。一夏氏喜興土木。然建造之物。工程之巨大。塗飾之華美。則莫如爲其寵妻莽塔士麻哈爾氏所造之陵寢。已則爲穴於其旁。聞造陵時。用工人二萬名。二十年始告成功也。亞加拉舊都。除大吉馬赫爾外。尙有皇宮及回教禮拜堂二處。均爲夏氏所營。而留爲今日好名勝者之瞻仰也。夏氏有四子。父在時。以繼儲互相爭殺。奧蘭格什孛氏。遂以詐計覆諸

奧蘭格什孛氏

兄弟。而於西歷一千六百五十八年。自尊為印度皇帝。時其父夏氏尚在也。

奧氏之世。自西歷一千六百五十八年。至一千七百另七年。歷四十九年之久。雖際極盛之時。然陵替之象。亦於是萌端矣。繼奧氏之後者。非沈湎醇酒。即形同木偶。此國勢之所以日蹙歟。奧氏既為王。乃首克台干之薩爾丹。始得行其權勢於印度之極南。維時有二興都國。各新起於厤哈拉德及稅克之間。迨奧氏卒。台干。烏德與孟加拉三部之那瓦孛。（那瓦孛印度副酋之稱）各以其地自主。奧氏雖拓廣疆土。而實未嘗鞏固根基。故一死。遂為強者所乘也。其父之世。奧氏方為台干北半部之總督。（此半部自亞克巴爾時。已隸入蒙哥版圖。）已蓄志欲攻北日不爾。及哥爾康達之穆罕默德王。蓋自佛日秧那加爾亡後。北哥二王。已為南印度之霸主。然奧氏之志。經多年戰爭而始償也。

厤哈拉德興起

沙韋嘉者。創厤哈拉德聯邦之主也。時為北日不爾王室之外藩。守高止石壘。名為北日不爾。而實則欲乘機自奮。嗣與奧氏為敵。互相爭競。果用詐謀。以遂其捷足先登之計。惟沙氏於西歷一千六百八十年歿。其子薩北赫甲氏。繼業未久。爲奥氏所得。置之死地。自此一蹶。麻哈拉德興起之權勢。爲之少挫。而蒙哥之兵士。得以經營台干之東部。西歷一千六百八十六年。奥氏始克取北日不爾。而哥爾康達。亦於次年降附。南印度悉定。惟其間尚有永勿歸入蒙哥之酋國。如巴里加爾斯。訥爾斯等而已。奥氏登位之初。以特里爲都。而因其父夏氏於亞加拉自西歷一千六百八十二年。將兵入台干。及其卒。未嘗一返特里。故當時歐洲人士之至印度者。觀奥氏在軍之情形。咸以奥氏爲好周遊之君主。而其國。又以行軍大路。四通八達。聯絡一氣。即無異兵力爲之固守也。東起達喀西。迄拉合爾。蕩平周道。横亘印度之北。造之者。或即阿富汗僭王蘇爾沙氏歟。若自亞加拉南乂之路。至蘇拉特。博漢普爾。及哥爾康達者。必蒙哥朝之所經營無疑也。路之左右。皆植樹鑿井。並建休息之路亭。自京都至各處窵遠之城邑。均設專足。以通消息。較之驛馬傳遞。尤爲捷便。交通商貨。則以宦牛專有一級人任之。聞其業今尚不衰云。

西歷一千七百另七年。奧蘭格什孛氏卒。國勢猝蹙。奧氏以後。雖相繼十君。然一無事功可傳。其子伯哈德爾宣氏在位僅五年。伯氏三子相繼王印度。合計之亦僅五年有奇。西歷一千七百三十九年。波斯王訥狄爾宣即穆罕默德攻勝印度者之第六人也。將兵侵興都斯坦。勢如旋風。不可卒禦。繼掠特里城。自是以後。蒙哥之君。雖相繼御世。第僅存虛名。而一國之政權。已歸穆罕默德及廝哈拉德之將若相矣。彼等既秉國鈞。乃乘蒙朝瓦解之勢。自建新國。直至近年。始爲英人所兼併。是時麥稅爾曼（穆罕默德教徒之稱）勢雖强盛。然自奧氏以後。敢稱皇帝。或薩爾丹之名號者。除鐵布外。絕無一人。爲印度那瓦孛之官職。似始於蒙朝。今日所賜於穆罕默德者。以此職爲至大之崇銜。亦如賜於興都者。以廝哈爾拉日爲最大者焉。那瓦孛初設時。僅見於名邑要地。如蘇拉特達喀等處。有審判尋常詞訟之持權。若訟之關乎刑罪者。則柯忒瓦爾任之。（柯忒瓦爾印度官名）

其時。尚有相等之官職。如薩孛亞特爾。及福日特爾。諸名目。然自國權陵替。薩孛亞特爾之職。亦漸廢棄。而那瓦孛則成爲疆域之名號矣。奧氏歿後。暗殺詭謀之事。接踵而起。當紛紜擾攘之際。時有奉穆罕默德之外客二人。猝躋顯位。握政兵之權。而卒移大權於其子。一曰慶科里克汗氏。亦名亞蘇夫甲而人則常稱爲尼桑阿爾麥爾克氏。其先爲土科曼族。屬於穆罕默德之森尼教派者。西歷一千七百十二年。於台干之赫德拉巴地方。自建主國。一曰薩塔亞里汗氏。波斯人故屬希亞一派者。（希亞。亦穆罕默德教之一派。波斯國人盡屬此派。）西歷一千七百二十年。簡爲烏德之薩孛亞特爾。斯時蒙哥朝廷雖存。而繼世之君。亦以君臣之誼相責。然赫德拉巴與烏德二省。自是以後竟勿納貢賦。而麻哈拉德則據西部全境。及印度中央之半。獨孟加拉一省。自西歷一千七百另四年。創於謨希科利汗氏以來。統治于世襲之那瓦孛。地富民良。至今仍獻貢賦也。特里政府。自西歷一千七百三十九年。遭訥狄爾宣氏之變。被擄之物。計自八百萬。至三千萬鎊之鉅。故特里之情形。迨未能規復舊觀。近則麻哈拉德。環逼特里。阿富汗人。伺於西隅。特里之危困愈甚矣。西歷一千七百六十一年。亞麥特宣都蘭尼氏。戰勝麻哈拉德聯邦。於班尼伯的一役。又予穆罕默德以主治之機會。但亞氏勿欲自建新朝。而是時英人之在孟加拉者。亦無幷吞土地之志。故仍令蒙哥阿拉木宣氏。於特里嗣位爲王。惟一切政權。均歸馬哈撻吉氏之手。而阿拉木宣氏。不過一傀儡而已。

蒙哥朝亡

蒙哥王。自阿拉木宣氏以後。繼之者。爲亞克巴爾氏第二。以英人爲護主。亦徒存虛名而已。亞氏傳伯哈德爾宣氏。（與前王同名）西歷一千八百五十七年。以與背叛者同謀。流於緬甸。蒙哥遂亡。歷三百三十年。

歐人最初之居留地

穆罕默德。攻畧印度。無一不自西北而入。而近年來者。非由海道。則進自南方。自亞歷山大氏。至韋斯科德加麻氏。千餘年來。歐人與東方交通絕少。嗣遊歷者。歸自東方。極言民富國强。惟是時。陸有荒漠羌戎之間阻。水無輪舟航海之可通。而

韋斯科德加麻氏

商務雖不盡絕。然僅地中海沿岸之意大利諸城邑。及薈萃於利萬德一帶而已。（利萬德在意大利以東之地。直至育勿特雷河。）當十五世紀之時。歐人實未親履印度。第懸想綦切。極欲尋覓其地。凡涉及印度情形者。均由博特烏得氏採入紀籍。其書成於西歷一千八百七十九年。故此篇多本其說焉。

西歷一千四百九十二年。哥侖布氏航行大西洋。以覓印度。舟中懸西班牙國徽。又攜有與韃靼里王之書。五年後。又有韋斯科德加麻氏。（韋氏葡萄牙之著名航海家。）自葡萄牙京城力士奔動身。繞好望角。閱十一個月。始抵加利客的時西歷一千四百九十八年五月二十號也。初韋氏雖與沿海貿易之墨爾斯族（即阿剌伯）為敵。繼而與馬拉巴爾之興都酋長交往甚洽。維時。王特里者。為阿富汗之洛狄朝。而王孟加拉者。亦一阿富汗。此外。如古直拉德之亞麥達巴德。如台干之古爾巴各北日不爾挨彌得奴格爾及伊烈克普爾。皆為穆罕默德自主王國之都城。而佛日秧那加爾之興都王。則王南印度全境。為當時最強之國。若

葡萄牙經營印度

蒙哥。與麻哈拉德。尙未見於政界間也。

韋氏。居馬拉巴爾一帶。約六箇月。仍由原路歸國。呈什墨爾林手書於葡王。（什墨爾林。乃馬拉巴爾與都酋長之稱。）其書云貴邦大夫韋某惠臨敝國。欣幸何如。肉桂。丁香。椒薑。及寶石諸物。土產甚富。而予所求於貴邦者。則金銀與珊瑚耳。韋氏至葡京。舉國歡迎。如當時歡迎哥侖布歸國。無異致焉。若西印度。因首先覓得之故。而隸西班牙。則葡萄牙。亦可援此例。而取東印度。故葡國之人。貪得土地之心。與營商傳教之念。雖夢寐之間。莫不縈懷于東土也。

葡萄牙人之初至印度者。非商家。亦非探險家。乃水師提督。奉王命以謀取土地。及宣傳耶蘇教。爲事者也。西歷一千五百年。葡國復命開卜雷爾氏。統師船十三艘。兵士一千二百人。前往。并諭以宣教爲事。如其不成。則繼之以兵力可也。既行。途遇風飈。漂至孛雷什爾。Brazil 海岸。經歷多日。始抵加利客的。遂於其地及可陳二埠。設立局廠。雖土人極力抗禦。而開氏不顧也。西歷一千五百另二年。葡萄牙王奉教皇亞歷山大第六勅命凡伊什倭比亞（在埃及之南）阿剌伯波斯及印度四國其航業商業及征伐之事悉歸專主是年韋斯科德加麻氏復率師船二十號駛至東方旋與可陳及康訥洛爾之酋長（康訥洛爾在馬拉巴爾境內北緯十一度五十一分英天文臺東經七十五度二十二分極緊要之海口）聯盟攻擊加利客的之什墨爾林更以巨砲轟其宮殿西歷一千五百另三年阿爾伯奎克氏自葡國率師至印度又二年遣亞爾米達氏統舟師二十二艘兵一千五百人抵印度旋簡爲印度總督此葡萄牙設官之始也西歷一千五百另九年阿爾伯奎克氏繼亞氏任總督開闢土地大張權勢攻加利客的未下乃取般木日以爲葡屬印度之都城繼又以舟師繞錫蘭襲取馬拉哈 Malacca 遂與暹羅及斯北司 Spice Islands 羣島通商蓋馬拉哈爲航路印度羣島之鎖鑰也阿氏得馬拉哈後乃更西行入波斯灣紅海而後返般木日西歷一千五百十五年歿於其地西歷一千五百二十四年韋斯科德加麻氏三至印度亦歿於可陳自

西歷一千五百年至一千六百年葡人獨享東方商業之利權約歷一百年之久也

［註］自日本斯北司島起至紅海好望角止沿海一帶操其權而分其財者其惟葡人乎更益以非洲沿岸及孛雷什爾等處之屬地則已成一極大海國矣然葡人絕未經心于必需之武備及防守維持之策畧雖握商權而不知預籌振興之方而舉國所措意者則惟與墨爾斯族爲俗人之爭而已見異言異教之人莫不視爲葡國與耶蘇之仇敵焉葡人尋覓印度及其征取之歷史其殘暴謬戾之跡斷非未讀其史者所能推度其萬一也時阿爾伯奎克氏獨撫慰土人並交歡興都諸王而興都諸王亦喜隣葡人而與爲盟其願屬於阿氏之心較之屬于阿氏所克服所驅逐之穆罕默德爲尤善方阿氏任總督公允仁恕使葡國在東方之權勢既固且昌即此撫綏之能事不亞當日戰勝攻克之武功也故阿氏歿後興都人追念舊情常修葺般日木之

塋墓。以表敬意。又於墓前怨訴繼阿氏者之不仁。乞援罕於上。帝默即穆德。亦展拜恐後焉。蘇雷什氏。希奎爾拉氏。米尼稅斯氏。韋斯科德加麻氏。及以後數總督性殘忍虐遇土人。使絕希望。故挺而走險。西歷一千五百六十七年。遂有西印度諸王聯結一氣。共拒葡人之舉。未幾時。而亞慶之王。亦相約同盟矣。惟印度烏合之衆。未經訓練。不足以抵葡國節制之師。馬拉哈一戰。葡人以二百精銳。敗敵一萬五千人。西歷一千五百七十八年。亞慶王圍攻馬拉哈。葡人又以少勝衆。亞慶兵傷亡及萬人。巨砲舟楫蕩然無存。西歷一千六百十五年。及一千六百二十八年。馬拉哈城。又迭爲亞慶軍所圍攻。勝負相埒。然土人屢與葡國爲難。更番迭擊。伺隙以乘。葡人疲於防周。權力遂漸夷凌。增兵雖繼至東方。而財力民力兩俱難堪矣。

西歷一千五百八十年。葡王稅貝斯宣氏卒。葡國與西班牙合一。統於斐律伯氏第二。由是葡國之東方海權商權。又爲之一蹶。雖葡人致敗之由不止一端。而最甚者。則因葡國在亞洲之利益。不敵歐人在西班牙之利益也。西歷一千六百四十年。葡萄牙復獨立。惟其時。荷蘭與英吉利二國。已遊弋東海。尚未與葡人爭攘。而葡人印度之商業屬地。已日即零落。自西歷一千五百九十年。至一千六百十年。此二十年間。葡之商務。最稱發達。然其政權。已漸歸荷人。當日葡人商船。自般日木往康木拜。或蘇拉特者。往往聯帆而來。多則二百五十艘。少亦百五十號。今自力士奔至般日木者。歲僅一艘而已。印度葡國之屬地。現所存者。僅西岸之般日木丹曼及狄路三處而已。合計面積。有一千另八十六方英里。戶口四十萬七千七百一十二人。查西歷一千八百七十一年之戶口冊。流寓英屬印度之葡人。約四百二十六名。此外非純葡種。所稱爲弗爾林吉斯者。孟買有三萬人。孟加拉約二萬人。多居於達喀及浙地港相隣之地方。而此族之膚色習俗。與其所雜居之土人。無甚區別。惟所異者。則尚沿歐洲姓名。與所奉爲羅馬加蘇列克教耳。

印度荷蘭之居留地

歐洲人攘奪葡國東方之商權者首惟荷蘭人乎當十六世紀時孛路吉斯 Bruges 安脫瓦不 Antwerp 及亞姆斯特丹 Amsterdam 三地均相繼爲商埠凡印度土産爲葡人所運入者必由此分往日耳曼與英吉利諸國初荷人效法英人欲以舟師繞歐亞之北海岸闢新航路以往印度統之者爲威廉巴倫斯氏試行至第三次而威氏竟歿於中途焉荷人之首繞好望角以往者爲高尼利阿氏於西歷一千五百九十六年行抵蘇門答臘與班丹木（班丹木爲瓜哇之海口）自是以後荷人於本國創設私家公司與東方交易商務之處甚多迨一千六百另二年聯合爲一名曰荷蘭東印度公司隸屬於議法院數年之間荷人於印度錫蘭蘇門答臘波斯灣及紅海等處建設局廠經營商業而是時墨勒喀斯島亦歸荷國矣（墨勒喀斯島即斯北司島）荷人初以亞波伊那島爲東方屬邑之行政地嗣於一千六百十八年築巴塔維亞城於瓜哇始移政府於此（亞波伊那爲墨勒喀斯羣島之一十六世紀時爲葡人所定一千六百另五年荷國取得

之在南緯三度四十一分。英天文臺東經一百二十八度。十分之間。）同時。荷人又覓得墺大里亞之海岸。而北美洲地方。又建新城。名曰新亞姆斯特丹。又名曼漢丹。即今之紐約是也。當十七世紀間。海權之强盛。無與荷人若者。西歷一千六百二十三年。亞波伊那之亂。英之東印度公司。遂乘機自東海移至印度大陸。而兼併印地之事。已於此立其基。以後荷英兩國之水師。惡戰海上。爲時甚久。至西一千六百八十九年。奧倫吉之威廉氏。合王兩國時。始各罷兵。（威廉氏爲奧倫吉之藩王。）荷人經營東方。獨執霸權。葡人之屬地。取之殆盡。西歷一千六百三十五年。佔化墨薩（卽台灣 Formosa）一千六百四十年。取馬拉哈。自失此地。而葡之勢力愈孤。不能再復。一千六百五十一年。又於好望角開埠殖民。往來東方。即以此爲中途之停息地。一千六百五十八年。克錫蘭之日夫那巴丹木。亦葡屬之堅城也。一千六百六十四年。凡馬拉巴爾海岸一帶產椒之地。皆葡人先所寄寓經商者。至是亦歸併荷國矣。此葡國東方之屬地。漸隸荷蘭之大略也。至印度荷人之勢力。

其敗也尤速。蓋其貿易政策。毫無遠見卓識。印度地處熱帶。產辛香物品最富。荷人操專賣之權。自始至終。國家不爲之籌畫。若古之費尼薰人。雖有攘其商業者。亦置之圀圖而所與雜居交往之土人。又不能輸己國之文明以化之。而期躋於同文同軌之盛也。西歷一千七百五十八年。英人克里夫氏。將兵擊慶蘇爾拉。更益之以舟師。攻圍甚急。强荷人投降。（慶蘇爾拉北距加爾各答二十四英里在呼格里河口。一千六百五十六年。荷人取得之。至一千八百二十四年。割讓與英人。）自是以後。荷之霸權日弱。當西歷一千七百八十一至一千八百十一年。法國戰事之際。英人遂將荷之屬地。一一併兼。惟瓜哇於西歷一千八百十六年仍歸荷國。而蘇門答臘則於一千八百二十四年。始易馬拉哈。今日印度大陸。絕無荷人旗幟。獨屋宇溝渠之在慶蘇爾拉、那加巴特南、木日夫那巴丹木、及在加爾那的、馬拉巴爾兩岸者。尚存焉。西歷一千八百七十二年。查荷蘭人居印度者。僅七十人而已。

英人航海覓印度

初英人欲由西北航路以至印度西歷一千四百九十六年英王顯理第七始令開卜氏先覓其徑並予以文憑開卜氏乃以舟二艘携其三子同行（一子名曰稅貝斯宣（覓得牛芳蘭島又沿美洲海岸自拉孛拉特爾駛達佛吉尼亞（牛芳蘭島在英屬北美之東岸拉孛拉特爾即在牛芳蘭島之南佛吉尼亞自北緯三十六度三十一分至三十九度二十七分英天文臺西經自七十五度十三分至八十三度三十七分）而已而印度之航路終勿能得迨西歷一千五百五十三年蘇佛洛伯氏更欲循歐亞二洲之北闢新徑以往東方豈知功未成而中道云亡留以待今日瑞典之博學士耶蘇氏既歿幸其副常綏羅爾氏駕舟抵白海之口即今之阿昌吉爾也復自此登陸深入內地至墨斯科（即俄舊京）某公爵之署議創俄國公司經辦印度波斯波加哈刺與墨斯科由陸地交通之商務然自西歷一千五百七十六年至一千六百十六年四十年之間屢覓西北航路而夫洛孛希亞 Frobisher 塔佛斯 Davis 赫特杉 Hudson 及貝弗 Baffin 四地

亦此時所發見者。西歷一千五百七十七年。夫蘭塞司特雷克氏。環歷地球。歸途抵墨勒喀斯羣島之斗那替島。島酋與夫氏相約。願以其地所產之丁香。盡貢諸英國。而印度之地。亦始終未到。故英人首先履印地者。則自西歷一千五百七十九年。尙馬斯替弗氏始。惟麥爾米斯伯里之威廉氏曾記西歷八百八十三年。沙希爾麥斯氏。奉英王阿爾弗雷特之命。賚禮物至羅馬。贈教皇。遂由羅馬抵東印度。謁聖尙馬斯氏之墓。（聖尙馬斯氏。爲十二耶蘇弟子之一。歿於印度。）於麻拉波爾。（在麻打拉薩）迨歸時。復携有印度珍寶及香料植物也。按尙馬斯替弗氏。幼肄業於英奧格司福特之高等學堂。嗣爲稅爾稅替基督書院之總掌教。聞尙氏致父之書中所云云。頗激動英人欲與印度直接通商之熱心。故西歷一千五百八十三年。有英商三人。一曰拉爾夫弗曲。一曰佶姆斯紐伯里。一曰利持。自陸路至印度。首冒險危。以闢商務。葡萄牙人見英商至。甚爲妒忌。乃禁錮於奥麥士之獄。繼又囚之於般木日。以後佶氏即於般木日爲商。利持氏入爲蒙哥差

英國東印度公司

事而拉爾夫弗曲氏則遊歷錫蘭孟加拉擺古暹羅馬拉哈及他東印度城邑考察甚久而後返國

自西歷一千五百八十八年英人擊敗亞麻帶其時（亞麻帶即西班牙人）西班牙與葡萄牙二國雖已聯合然使英人乘銳氣以圖海權即此一勝之功也自西歷一千五百九十六年高尼利阿氏繞好望角以至葡人獨享利益之印度得以成功而東西之交通愈形便捷矣

英國東印度公司其造始之原由茲記於下當西歷一千五百九十九年已在印度營立商業之荷蘭人故擡胡椒價值以制英人每磅自三先零至六先零八先零不等倫敦英人遂於九月二十二號會議於芳特爾堂首座者爲京尹某氏議定自設商會與印度直接交易英后伊里什貝斯乃遣米爾登霍爾氏至印度蒙哥朝要求設立公司又畀以憑照至西歷一千六百年十二月三十一號英之東印度公司始以成立集商股一百二十五股母本英金七萬鎊迨西歷一千六百

十二年。已增至四十萬鎊矣。寇丹氏之商會。亦名亞稅達商局。乃西歷一千六百三十五年。創設於麻塔加斯哈者。但彼此爭競甚久。遂於一千六百五十年。歸併倫敦公司。西歷一千六百五十五年。又有商人自康木威爾氏之手。謀得憑照。剏立商會。與印度貿易。二年後。亦歸該公司。自是以後。又有一英公司。成於一千六百九十八年。存母本二百萬金鎊。有大力者爲之保護。與該公司爲敵。較前二者爲甚。據伊夫凌氏西歷一千六百九十八年三月五號日記所載。謂老東印度公司。以議院投票。不敵新英公司者。十票。蓋一虎。爲羣犬所噬。故友人往觀者極多云云。觀此數言。足以知彼此爭競之烈。然至西歷一千七百另二年。即有公爵戈督爾奮氏。出爲判斷。兩家和好如初。迨一千七百另九年。始合併爲一。名曰英國與印度經商之合衆公司。是時。乃集債三百十九萬金鎊。長年每百三釐行息。蓋自好望角至麥格蘭海峽。一切地方。均得有經商之特權也。

自西歷一千六百年至一千六百十二年。東印度公司。分班營商。孟班十二。凡商

印度英人居留地

貨運輸一次。簽名者。各自出費。而利羸亦全歸出費之人。十二年之間。除第四次外。無不興盛。獲利且利息多逾百成。自一千六百十二年以後。始代以公共母本焉。

英國印度商業公司發達之歷史。茲據博特烏德氏所報者。詳引於左。初英人處處受葡人反抗。如當初荷蘭人無異。自西歷一千六百另二年。佶姆蘭開斯德氏。首次航海經商成就。得與亞慶王。約定通商於蘇門答臘之孛里亞曼及墨勒喀斯羣島。次年更於班丹木設立商會一處。西歷一千六百另四年。英公司二次航海經商。統之者。爲顯理默特里敦氏。推廣商務。而班帶與亞波伊那島亦由是交易矣。維時私家商人見公司已二次成功。利益溥廣。均欲共分其商業。而西歷一千六百另六年。佶姆斯第一。以憑照予愛德華米吉爾坡氏及他商人。令與加薩(在亞洲之東。中國之北。)中國。日本。高麗。及康木拜亞等處營商。然愛德華氏等。既行至東方。勿效法東印度公司。謀擴商業。乃繼葡人之舊軌。專於印度羣島中刼掠土商爲事愛德華氏雖以此法得贓甚富孰知英人之聲譽大損而班丹木公司之事亦因是大生阻礙也西歷一千六百另八年管帶默特里敦氏統率船艘航行第五次爲荷蘭人所阻勿克達班帶僅於蒲羅韋地方載得貨物是年霍金氏乘尼林管帶第三次出航之船銜佶姆斯第一及東印度公司之使命自蘇拉特往蒙哥朝時蒙王監漢吉氏歡迎霍氏故霍留亞加拉城三年西歷一千六百另九年夏比伊氏之第四次航海得亞丁埠自由貿易之准許又在孛里亞曼載運胡椒甚多是年公司建造船隝於英之德化特始增置巨船西歷一千六百十一年顯理默特里敦氏於第六次航行抵康木拜灣葡人阻之顯理氏乃攻擊葡人又自土酋手中獲得緊要之地方而近一二年間有希滂氏者管帶第七次船隻得以達馬斯利巴丹木及暹羅地方遂於以上二處與馬來島之巴丹尼埠均設分公司經理商務而又立製造廠於彼的坡里

西歷一千六百十四年貝斯的氏統帶東印度公司之船艘爲第十次之航行不

意於斯瓦里地方。爲葡人重兵所擊。（斯瓦里。爲蘇拉特一海口。正在塔普提河口。）連戰四次。葡人潰敗。土人觀之。異常駭愕。自此乃謂英人勿能敵者也。英人既勝。乃設總商廠於蘇拉特。而於哥格刺。Gogra 康木拜及亞麥達巴得三邑。分設支廠。又與波斯灣交通商貨。是年蘇拉特廠之愛德華氏。分設一廠於亞日迷爾。次年佶姆斯第一命倘馬斯爾羅氏至蒙哥朝。約定公司可於蒙屬境內經商。自是英之商務日益增多。而蘇拉特之總廠。卽爲公司之政府。管理印度西部。至西歷一千六百八十五年。始移至孟買。西歷一千六百十八年。英人方於墨册地方立廠。（墨册。爲阿剌伯一海口。岸北緯十三度二十分。英天文臺東經四十三度十三分。）荷蘭人乃逼令英商棄其一切所要求者。轉歸斯北司島。而是年公司欲設法與德卜爾。Dabul 貝鐵科拉。Baticola 及加利喀的諸處通商。旋以其地之什墨爾林。毫無信實。事遂未成。一千六百十九年。英人建設一廠與一堡壘於波斯灣之加斯克。

英國與荷蘭爭商權

西歷一千六百十九年。英荷訂定互相保護之約。以免兩國公司之爭競。當和約宣布之時。兩國水師。懸旗鳴礮。互相致敬。息干戈而講玉帛。惜僅一時間耳。而公司之爭攘如故焉。維時。英公司之於印度。除蘭托爾 Lantore 一島外。（又名大班帶）絕無一處屬地。能行其主權者。而蘭托爾地方。亦僅設一商務委員管轄全島事務。其屬下有歐人三十名。專執書識稽查及棧守等役。又有馬來兵二百五十人。以爲保護彈壓之用。如此而已。英公司在班帶蒲羅爾路及魯森金諸小島亦設有局廠。每處派經理人十員。此外麥喀薩爾 Macassar（南緯五度八分。英天文臺東經一百十九度二十四分。）亞慶等處。或派經理。或設廠局。均歸班丹木所轄。此英之東印度公司。欲與荷人並駕齊驅。分爭商權之始基也。惟荷人經營已久。而印度羣島之屬地。基礎已立。堅固難搖。故西歷一千六百二十年。荷人竟不顧年前所訂之約。將蒲羅爾路與蘭托爾之英商。驅諸島外。而寓居班丹木者。亦於次年被逐。英商乃議定於浦里夾及馬斯利巴丹木二地。先自立定基礎。

終因梗於荷人。未能遂願。是年。葡人亦攻擊英之舟師。時英之統帶官。希林吉氏。一戰破敵。葡人喪亡甚衆。自此土人崇信葡人之心。漸移於英人矣。公司始於亞加拉與巴德拿二邑。分設支廠。西歷一千六百二十二年。英人連結波斯人。共擊葡人。克取奧麥士。又請於亞伯斯宣氏。(波斯王)獲得戈木孛路之海關。(戈木孛路。爲波斯一海口岸。與奧麥士相對。在北緯二十七度十二分。英天文臺東經五十六度二十分。)同時公司即將馬斯利巴丹木之行廠。重復設立。此英人初與葡人爭競之情形也。

自西歷一千六百二十三年。二月十七日。英商遭亞波伊那島之慘殺。荷人遂爲蘭托爾及隣島之主。而印度羣島之商務。全歸其掌握。直至西歷一千七百九十三年。英人戰敗荷國舟師。克復島嶼。而後荷人之勢始衰。當西歷一千六百二十四年間。荷人之權力方張。英人不能抗敵。故馬來暹羅日本及印度羣島諸地。英人已設之商廠。幾至全行撤去。惟尚有數商回至杉達海峽之雷剛帝島。嗣以水土未宜。仍棄而他去。（杉達峽。即分蘇門答臘與瓜哇之海道。）

西歷一千六百二十五及二十六兩年。英人設商廠於加爾那的之亞梅哥。仍屬馬斯利巴丹木。至一千六百二十八年。英人以馬斯利巴丹木地方。土官苛刻。暫為棄置。專經營亞梅哥。故其地備礮十二尊。而管理商業者。約有二十三人。次年又重興班丹木之商廠。作為蘇拉特之支廠。西歷一千六百三十年。亞梅哥地方。又益兵二十名。歸隸蘇拉特。西歷一千六百三十二年。馬斯利巴丹木之商廠。以奉哥爾康達王勅書。故再設。此等勅書。名曰金詔。西歷一千六百三十四年。英公司得蒙哥朝二月二日之勅書。許英商於孟加拉一省貿易自由。別無限制。惟英之商船。僅能聚泊於俄里薩之璧璧利一地而已。是年葡人被逐。均出孟加拉。西歷一千六百三十四及三十五年。班丹木又作為自主。故立商局於其所屬之塔撻。一千六百三十七年。寇丹氏之商會。（一千六百三十五年允准給憑照。）分派經理人往般木日貝。鐵科拉卡瓦爾 Karwar 亞慶及拉日普爾等處。惟一千

英國呼格里商廠

六百三十六年。寇氏商會之船。在蘇拉特及低猷島地方。刼奪土船一事。頗辱英公司名譽。蓋蒙哥官長。不能分別。孰爲公司船艘。孰爲商會船艘。故公司蘇拉特之商務。緣是損害。而荷人反由是而益興盛矣。一千六百三十八年。英人以亞梅哥一地。不宜商務。乃棄去之旋於次年移至麻特爾拉斯巴丹木之霍陜佐治（霍陜佐治爲佛蘭塞司狄氏所建之城堡）霍陜佐治。初屬班丹木。迨西歷一千六百八十三年。則列爲伯里璽德希。（凡有屬邑可轄之大地。常稱伯里璽德希。如孟加拉。麻打薩拉。孟買。均稱此名）西歷一千六百四十年。英公司設支商於布蘇爾拉。又於卞瓦爾立一商廠。（布蘇爾拉。距波斯灣五十五邁）公司之商務。從此日益擴充。德化特之船。隝過小。不足造多數之船。乃於孛拉克瓦爾地方。購地建隝。後成一船。名曰皇家佐治。可容一千二百噸。即其時英國最大之巨艦也。

西歷一千六百四十二年。設立巴拉索爾。與呼格里二地之商廠。一千六百四十五年。英外科醫士卜洛敦氏。爲夏甲汗王。診愈病症。王以特別利權。允許公司。一千六百四十六年。孟加拉巡撫亦以卜氏愈己。酬謝公司。故巴拉索爾及呼格里之商業。益致鞏固。一千六百四十七年。寇氏商會。闢新界於麻塔加斯哈之亞稅達。西歷一千六百五十二年。康木威爾氏。以荷人頻損公司。立與宣戰。一千六百五十三年。公司撤回雷各腦德之商廠。但不知其設於何時耳。一千六百五十八年又立一廠於凱森巴塞爾。是時。凡在孟加拉境內之商業。均隸屬於霍陝佐治。而勿歸班丹木矣。

英國得孟買

西歷一千六百六十一年。葡人以孟買畀英國。爲加寨爾林氏粧奩之助。（加寨爾林。葡人。爲英王之后）名雖讓與英人。而實則仍葡人守之。於一千六百六十五年。始行交割。至一千六百六十八年。乃移交東印度公司。西歷一千六百八十五年。英人將蘇拉特西部行政之樞紐。移往孟買。其時。公司所立於東印度之商場。如班丹木。與其所附屬之佶木皮。Jambee 麥喀薩爾及他印度羣島之地方。

如霍陜佐治與其附屬商場之在孟加拉及加爾那的一帶者。如蘇拉特與其所隸屬之孟買。此外在印度西部者。如孛羅曲如亞麥達巴得等處。在波斯灣及育勿雷特河者。如戈木孛路布蘇爾拉等處。蓋英之商業已寖寖日盛矣。一千六百六十一年又設一商廠於伯利亞巴丹木 Biliapatanr 惟巴德拿巴拉索爾。及凱森巴塞爾三地。已設之廠。則於一千六百六十三年。一律停息。而專注意於呼格里之商務。迨一千六百六十四年。蘇拉特一埠。爲沙韋嘉氏所刼掠。英人佐治奧克稅木登氏。捍衛商廠甚力。故蒙哥皇帝嘉其行誼。許公司免稅一年。

西歷一千六百八十一年。孟加拉與厤打薩拉分界。霍佶斯氏。簡爲孟加拉東印度公司之領袖。駐呼格里而所分設之商廠。在凱森巴塞爾巴德拿巴拉索爾馬爾答及達喀等處者。均歸統屬。另派忠誠武弁一員兵士二十名。爲霍氏之護衛。且以防私商也。西歷一千六百八十三年。霍陜佐治列爲伯里璽德希一千六百八十四年。簡莊恰爾特氏。爲印度水陸軍提督。而以莊韋卜嬴氏。爲副水師提督。

署孟買巡撫事。一千六百八十五年。以孟買爲伯里壐德希之首地。一千六百八十六年。孟加拉巡撫屢苛朘呼格里之商廠。而公司商務又以蒙哥與麻哈拉德之戰事。常被其害。故英王派莊恰爾特氏。爲總督。畀以全權。或和或戰。命其准理酌情辦理。並令其查察公司所經營孟加拉。及麻打薩拉二省之商埠。以保治安。而固利益。是年十二月二十號。公司領袖與其議員。去呼格里。而歸蘇丹納鐵（加爾各答）而台格那巴丹木地方。亦始於是年遷殖至西歷一千六百九十一。及九十二年。乃大定。西歷一千六百八十七年。英公司。移孟加拉商廠於麻打薩拉。而於般古倫開闢霍的約克之居留地。西歷一千六百八十九年。維薩哥巴坦。及馬斯利巴丹木二處之商廠。爲穆罕默德所據。佔而廠中經營之商人。均遭屠戮。於是公司。欲設法行疆域主權。以固地位。俾與蒙哥麻哈拉德交涉。得以自秉政柄。故議定以下主意。以爲地方自治之先導。

一增益賦稅。最爲緊要。稅之多寡。一視商業之盛衰。

一必需養兵以保商務。

法蘭西與丹國之商業

一吾輩在印度。必需作爲一國。否則不過英王憑照所准之私商一羣耳。僅能營商於無人相與爭攘之地也。故荷人書約法十章。論政事武備之策。及增益稅賦。講求戰事。均預爲計畫。獨論商務者。僅一章而已。此吾輩之所見也。

歐洲各國。時時設法。欲與東方通商者。除英葡荷外。尚有數國焉。惟葡人從未設立公司於印度。第以東方之商務。爲其國家所專賣之利益而已。故印度有歐洲人之公司。自西歷一千六百年。英人所設者始。越二年。荷人繼之。然荷人在印度所征得之地方。作爲國家之殖民地。而非私家之產業也。再其次則爲法國之第一東印度公司。成於西歷一千六百另四年。其第二公司。爲一千六百十一年所設。而一千六百十五年。立第三公司。一千六百四十二年。及四十四年。第四。第五。二公司。亦相繼成立。至第六之公司。則成於西歷一千七百十九年。即法國東西印度。森尼格爾。及中國各處之公司。所聯合者。名曰印度之公司。（森尼格爾在非洲西部。）而公司應享之特別權利。至西歷一千七百六十九年。以奉法王之命。暫爲停止。迨一千七百九十六年法國國會。竟將公司除撤。此法蘭西通商印度之情形也。丹人初立之東印度公司。成於西歷一千六百十二年。至西歷一千六百七十年。又設一公司於印度。而一千六百十六年。則以希爾蘭普爾及特蘭奎巴爾。二邑闢爲居留地。嗣於西歷一千八百四十五年。售與英人。此外如馬拉巴爾沿岸之卜拖羅烏愛特杜瓦。及霍爾吉利。均爲丹國屬地。至蘇格蘭人於西歷一千六百九十五年。所創之公司。可稱爲無生氣之物。而西歷一千七百三十三年。西班牙王。所聯設於斐律賓島之公司。與印度絕少交涉。惟奧國皇帝一千七百二十三年。所辦之烏斯登公司。雖爲時甚暫。然較蘇格蘭西班牙之公司。尤爲重要。而其公司之經理人。亦多爲荷英二國公司中之舊人。但奧國海權薄弱。維也納政府。見逼於强國。乃於西歷一千七百二十七年。將公司商業暫停七年。烏斯登公司。以奧政府之意。原冀共分東方方盛之商利。豈知經歷多年。左支右絀。幾難自存。西歷一千七百八十四年。竟至虧累難償。嗣於西歷一千七百九十三年。英東印度公司。更新執照。重訂章程。而烏斯登公司。遂終以消滅也。歐洲之瑞典國。與印度通商最晚。當烏斯登公司。暫停貿易之時。其中經理人。故多失業。然居東方久。頗悉商情。時有顯理康尼者。欲利用之。乃於西歷一千七百三十一年。六月十三日。請得創辦瑞典公司之執照。至西歷一千八百另六年。復行設立。總上所言各國與印度直接通商者。日益增多。今據西歷一千八百七十一年。所報之外國人數。開列於下。其時在英屬印度之歐商。約八千人。惟其中確知其國籍者。亦不過二千六百二十八人而已。且商於孟加拉者爲多。德國人七百五十五名。法國人六百三十一名。葡萄牙四百二十六人。意大利二百八十二人。希臘人一百二十七名。瑞典人七十三人。俄國七十二人。荷蘭人七十名。瑙威五十八人。丹國人四十五。西班牙三十二人。比利時。二十人。瑞士十九人。土耳其十八人。共得二千六百二十八人。

英屬印度自西歷一千七百六十五年迄一千八百八十一年之歷史

英國在印度之政治歷史始於十八世紀與法人加那鐵克之戰英人最先有之屬地即爲霍陝佐治係西歷一千六百三十九年尙馬斯狄氏所經營者爲麻打薩拉之中點其周圍面積長約五邁寬僅一邁許購自昌特拉吉利之土酋酋葢自稱爲佛日秧那加爾之興都王所傳之後裔也以後法人經營本地治里Pondicherr於西歷一千六百七十二年闢爲殖民地其地在加爾那的東岸以下一百英里故英法比隣貿易已歷多年尙無貪土地擴商業之思想也而麻打薩拉之英人似極順服土酋與在孟加拉者無少差異時奥蘭格什孛氏已併印度南部英人歲輸蒙哥租金五百鎊且常被圍困以巨欵賄統將使解圍而去之事亦有二次焉

西歷一千七百另七年奥蘭格什孛氏歿南印度一部遂離特里自主而尼桑阿爾麥爾克氏乘機自建朝廷於台干以赫得拉巴爲都統治南印度全境然徒擁

虛名而已。蓋其時。治理加那鐵克者。爲尼桑之官。即亞科特之那瓦孛也。謀世襲其治權。再南之德里支那波勒。爲興都酋長之都城。而貪照爾亦興都之邦國王之者。乃沙韋嘉氏之子孫也。如他賣索爾。亦漸爲興都所有。而各處土頭目稱爲納克斯。及巴里加爾斯者。所據之山堡城郭。爲半自主者。又不勝枚舉焉

英法比居營商。日不相能。至西歷一千七百四十五年。愈將決裂。時本地治里長官。爲邱必烈克斯氏。而英人克里夫氏。尙年少。在麻打薩拉。爲書紀。英國舟師首至加爾那的海岸。邱氏聞信。乃說亞科特之那瓦孛。請爲居間調停。以阻戰事。次年。法水師。亦抵東。統將爲拉波敦納司氏。尙未攻擊。而麻打薩拉已降。所留與英人者。僅台格那巴丹木一地。在本地治里之南。相距數里。克里夫氏與他避難者數人。暫匿於此。至是。那瓦孛始挈兵萬人。往逐法人於境外。以保其公平之政策。詎法人僅以健兵四百。砲二尊。大破那瓦孛。迨西歷一千七百四十八年。英提督卜司開文氏。率水師至。圍攻本地治里。而洛爾倫斯氏。又以陸兵助擊。後洛氏與

克里夫氏齊名頗著功績。然法人拒守甚力。終擊退英兵。嗣以亞什斯拉吉貝爾之和約告成。彼此罷兵。法人仍將麻打薩拉交與英人。時西歷一千七百四十八年也。（亞什斯拉吉貝爾在布魯士國。北緯五十度四十六分。英天文臺東經五度六分。）

查英法首次衝突。若爲歐洲大戰之先聲。（以後英法在歐洲大戰。）而其第二次之戰。則因印度國政而起也。初邱必烈克斯氏。見法兵成功之速。乃欲倚穆罕默德現有之權力。爲法國建一外藩於印度。蓄心已堅。正無機會可乘。適赫德拉巴及亞科特。以嗣位相爭。邱氏欣然喜。以爲事機湊至。急以己名代表二處王位。未幾執印度南部最大之裁判權。邱氏識見果決。又嫻于東方外交術。曠世無偶。惟不諳兵事。而又與天亶智能之克里夫氏爲敵。故不易成功。時麻打薩拉之英人。激於自保主義。亦扶持一人。置于亞科特之王位。以爲反對邱氏之計。其人曰。穆曷特阿里氏。而史記所稱爲瓦雷扎者是也。英法既弗洽。遂各挾所聯盟之土曾突與兵戎其戰事之始末詳具奧木氏印度史中可勿再述此戰之最著名者爲西歷一千七百五十一年克里夫氏攻守亞科特之一事偉績宏謨震鑠印度較之伯拉希之役尤爲難能（伯拉希北距加爾各的八十餘英里）自此英兵豪勇之名譽徧傳於印度矣無何克里夫氏因疾歸英國然戰事則相持多年始已也後英人聲威既建而其勢力已遍加那鐵克全境其代表穆曼特阿里氏亦堅守其亞科特之地位維時台干之法人尚握大權故能取沿海岸之北塞加爾斯以爲屬地也（北塞加爾斯自北緯十六度至二十度之地方）英法末次之戰則延至西歷一千七百六十年時英將科鐵氏（科鐵以兵起家後官至提督又名伊爾里）於萬特瓦蘇擊敗法統將雷利氏乘勝圍本地治里（萬特瓦蘇在亞科特隣近）旋於西歷一千七百六十一年正月本地治里糧盡降英越數月金吉之山堡亦降故奧木氏之歷史有曰是役也歐洲二强爭加爾那的之戰事告終而印度之地無復有法人國旗矣

加爾各的

英人經營孟加拉之地。最先者。爲俄里薩之壁壁利。西歷一千六百三十三年。始准東印度公司。於其地經商。較麻打薩拉早闢六年。壁壁利地旁河道。後以河水泛溢。竟成澤國。故彼時英人聚居之地方。今不可知矣。西歷一千六百四十二年。英人設廠於巴拉索爾。及呼格里。迨一千六百八十一年。孟加拉一省。改爲伯里璽德希。然仍隸麻打薩拉。維其時。加爾各答之名。尚未聞知。至一千六百八十六年。有呼格里頭目蔡諾克氏。爲蒙王奧蘭格什孛氏之官所逐。徙居河之對岸。與氏許以三村之地。曰蘇丹納鐵。曰各賓特普爾。曰加爾各答。（字異音同。即今之加爾各答。）西歷一千六百九十六年。蔡氏於加爾各答地方建築一砲臺。名曰霍的威連。

孟加拉

西歷一千七百另七年。奧蘭格什孛氏歿。時孟加拉之那瓦孛。曰謨書特科里汗氏。歐洲史記稱嘉發爾汗氏。原爲婆羅門。既長。爲奴於波斯。習與都治國之才幹。然背馳本教。其時。孟加拉之省城在達喀。凡葡萄牙與阿剌干人之由海來私攻者。易於防遏也。謨氏乃於是時移厲謨書帶擺得其地。隣凱森巴寨爾。爲恒河商務之要口。英法荷蘭。各設有商場於其地。如在達喀馬爾。答巴德拿等處者。無異。惟英人以加爾各答爲商業總處。法人以昌答爾那加。而荷人則以慶蘇爾拉。此三城者。均臨呼格里河邊。互接壤地。而河道能暢行大舟。故頗宜於商場。以後謨氏治孟加拉垂二十一年。極稱興旺。謨氏歿後。乃遺其權位於其孫及婿。迨西歷一千七百四十年。阿利瓦狄汗氏代謨氏爲那瓦孛於孟加拉。至是謨氏世襲之權位遂斬焉。當阿利瓦狄汗時。痲哈拉德之馬兵。頻來肆擾。英人請於政府。造土砲台一座。於加爾各答。以自衛。至今猶稱爲痲哈拉德之坑云。西歷一千七百五十六年。阿氏卒。孫蘇拉日多拉氏。繼其位。時年僅十八歲。性情放縱。任事未及兩月。遂與英啓釁。先是蘇拉日多拉氏有一親屬某。以事與蘇齟齬。某懼蘇報復。乘間遁去。蘇聞之。竟率大兵追至加爾各答。英人見勢洶洶。乃避匿舟中。解纜下駛。而其餘未及逃逸之英商。與蘇兵畧一抵抗。即歸降。蘇氏待若俘虜。囚置於霍的威連之軍營監牢中牢屋。約十八方尺。僅有二小窗。又圍以鐵欄。因室內暗淡無光。故又呼爲黑穴。時値六月。熱帶之炎熇尤厲。頗不堪耐。一日晨啓牢門。見一百四十六人。存活者僅二十三人。餘俱死矣。

伯拉希之戰

克里夫氏。時已回麻打薩拉。又値水師提督華德生者。統舟師亦駐節其地。二公聞加爾各答之變。立刻調集所有之兵士。駛至恒河之口。登陸一戰。而克加爾各答。那瓦孛。蘇氏。願悉復公司利權。及賠償所失產業。彼此修好罷兵。若無英法決裂之事。此案必可和平了結。乃適値二强。業經宣戰。故克里夫氏。移兵擊昌答爾那加。下之。時蘇拉日多拉氏。以英人侵中立之地。怒甚。遂聯法敵英。克里夫既取昌答爾那加。乃師法邱氏。另置一人于王位。以爲代表。而自率所部歐兵一千。印度土兵二千一百人。大砲九尊。馳抵伯拉希。時敵人有穆罕默德步兵五萬。馬兵一萬八千。大砲五十尊。顧其營中有一間諜。名曰穆爾甲發氏。爲前那瓦孛阿利瓦狄汗之妹壻也。兩軍交綏。互用砲擊。數次後。蘇拉日多拉。即敗遁。時西歷一千七百五十七年六月二十三日也。英人於是役。頗振聲威。而權勢亦因以固立。故英之史記。以是日爲東方藩國建立之始。歲歲設會。以誌慶賀焉。

伯拉希之戰。雖勝。然當時之效果甚微。繼此以後。更有數役。較難取勝者。而英人竟勝之。孟加拉人始服英人兵力之雄强焉。自是聞英兵至。未有敢抗拒者。克里夫氏。請於蒙哥朝。得一授職敕書。令穆爾甲發氏。爲謨書帶擺得之爵。以代己。又以穆氏得官爵。向索巨金爲價。戰後公司開所失產業。索賠欵盧比一千萬。而加爾各答廣居之英人印度人及亞米尼亞人。則各需償款盧比五百萬。二百萬。及七十萬不等。此外水陸二軍。各需二百五十萬盧比。參議員及將佐。如德雷克氏。克里夫氏。各索二十八萬盧比。如貝克爾氏。華士氏。葛爾巴得律克氏。則各得盧比二十四萬。總計以上數款。共合英金二百六十九萬七千七百五十鎊。英人迷於貪心。以印度富厚。猶懷奢願。一經查考。始知庫藏空虛。不足厭其無涯之求。乃謀得所約者之半。於願已足。然而費盡艱難。始得陸續繳齊。除五十八萬四千九百另五盧比外。餘或珠寶銀幣。以充其數。惟參議將佐等之款。獨得其全也。同時。
那瓦孛。又以環繞加爾各答之地。許公司有什明達爾之權利。其地今所稱爲廿
四巴格那斯之邑者是也。計其面積約八百八十二英方里。應付常租英金二萬
三千鎊。初公司收租稅英金五萬三千鎊。而十年之間。乃增至十四萬六千鎊。然
公司受地之始。不過有一什明達爾之權利已耳。而收正租之主人。仍爲那瓦孛。
惟是時。那瓦孛之於特里君主。雖爲所統屬。僅存虛名。故特里之君。於西歷一千
七百五十九年。將此權利。悉與克里夫氏。而克氏遂爲主人矣。蓋此時。克氏已列
爲蒙哥朝之貴卿。統帶步兵六千。馬隊五千。後英國。頗研究克里夫所執之產業。
迨克氏殁。始歸公司。故公司什明達爾之職。一變而握地主之業矣。
西歷一千七百五十八年。克氏。簡爲孟加拉之巡撫。管轄公司所有之地界。適值
多事之秋。然克氏深諳方畧。不難制勝。時西有藩王阿拉木宣氏。（後爲帝）率阿
富汗。及麻哈拉德之聯兵。而烏德之那瓦孛。又爲之助。以謀索孟加拉之地。而南

英東印度公司之勢力

則有法人雷利與卜希二氏統法兵頻擾麻打薩拉之英商克氏際此艱局卒能成就豈非優於謀畧者歟當阿拉木宣氏兵圍巴德拿時穆爾甲發氏欲以金賄去之値克氏親率歐兵四百五十印兵二千五百赴援尙未交綏而蒙哥之兵士已潰散矣是年克氏又遣守備福特挈兵南行取馬斯利巴丹木於法人而英之勢力乃大振於北塞加爾斯及赫得拉巴之朝嗣又移兵擊荷人荷人者英之强敵也一戰而水陸均敗自此荷人慶蘇爾拉之殖民地受制於英矣

當西歷一千七百六十年至一千七百六十五年此五年間克里夫氏在英國而孟加拉英人之歷史可記者甚鮮且克氏雖去而留貽於孟加拉者無他政制也惟用英人之威名或可要索無涯之金銀於土人之口碑耳故西歷一千七百六十一年英人忽思及穆爾甲發氏蓋穆爲英人所置於謨書帶擺得之那瓦孛也以爲去穆之位而以其壻穆爾凱森木氏代之利莫大於此者斯舉也英人除私所餽獻者外又得貝爾德溫彌德拿普爾及淅地港三邑計歲出租稅英金五十

萬鎊。然穆爾凱森木氏之爲此。出於本志。且懷自主之夢想也。故得那瓦孛後。即自謨書帶擺得馳往蒙赫爾地臨恒河。天然鞏固。且能扼東西惟一交通之路。穆爾氏。乃於此地練兵。一切營制器械師法歐洲。又密與烏德之那瓦孛。商議結爲黨援。未幾遂與英啓釁矣。先是東印度公司之執事。要求在孟加拉省私營商務之利權。并欲免一切稅釐。此事一行。而那瓦孛之關吏。常與商人齟齬。因此等商人皆謂爲公司執事者經商。顧莫辨其眞僞也。那瓦孛告知加爾各答商會。以爲如此而行。則彼之治權。處處墮地。豈非可笑。會中諸議員。多不聽其言。時巡撫萬塞太爾鐵氏。同議員瓦蘭海斯汀氏。欲設法調和。但决裂之勢已成。無能挽回。而那瓦孛之將士。突用砲擊英船。孟加拉之人。亦處處蜂起。全境棼亂。有英之印度士兵二千人。在巴德拿被殺。而英商二百人散於各省者。亦爲穆罕默德所虜。均遭屠戮。無一倖免。迨英人以兵搦戰。穆爾凱森木氏。竟難取勝。初率其所練之卒。與亞丹密氏激戰。一敗於吉利阿。再敗於額特那拉。乃避匿於烏德。蓋烏德之那瓦孛。素有約。故不肯交出也。維時。阿拉木宣氏。已繼其父爲帝。乃約烏德那瓦孛。蘇日倭多拉氏。欲以聯兵。先攻巴德拿（時巴德拿已爲英人克復。）以爲恫嚇之計。而英人又値更危險之事。營中土兵。（即印度人）謀叛者甚衆。聲勢洶洶。英少將。孟羅氏。查得其爲首滋事者。二十四人。以大砲轟之於營外。事遂平。西歷一千七百六十四年。孟羅與聯軍戰於巴格賽爾。勝之。克烏德。虜蒙哥帝歸營。加爾各答之會員。久欲將孟加拉之政府。售與一新那瓦孛。今已得有機會。方擬辦理此事。適次年。克里夫氏。抵加爾各答。（時克氏已封男爵）再奉巡撫孟加拉之命。兼妥定與土酋交涉之事。克氏條陳二策。一欲用蒙哥帝之勢力。以得土地之實權。二欲淸公司之執業。禁非理之營牟。即此二策之細目。繼任之官。無有力行之者。然英人印度之國基。始於克氏伯拉希之戰勝。而英人印度之治權。亦始於克氏孟加拉之再任也。時克氏自加爾各答急至阿拉哈巴德。經營土地之事。烏德一省。仍交還那瓦孛。僅令其賠兵費英金五十萬鎊。而阿拉哈巴德及科拉 Kora 二省。成德伯 Poahstce 一大部者。（介於恒河。與朱木拿河。中間之地。稱爲德伯。長約五百英里。土脈甚肥沃。）則交還阿拉木宣帝。阿氏。乃以孟加拉。巴哈爾。俄里薩。三處之財政權。及北塞加爾斯之政治權。許公司以報之。惟謨書帶擺得。尙存一那瓦孛。歲受金五十萬鎊。而以其半與阿拉木宣帝。作爲孟加拉一省之貢賦。故孟加拉。遂成二政府之制。獨地方一切租稅。歸英官徵收。而英人得以養一軍隊。以爲保守邊界之用。至訟獄庶務。則猶那瓦孛執掌之。自印度文字言之。公司爲狄萬。而那瓦孛乃尼桑也。（狄萬。彷彿國之首輔。而尼桑則國君也。）英人雖管稅務。然經理徵收之權。尙操之於土官。數年而後。始歸英人自辦。此克氏經營疆土之第一策也。若整頓公司積弊之第二策。其事更有難於此者。蓋當時公司中之官役。無論文武。沾染惡習已深。歲予薪俸甚薄。獨准其私營商業。收受土權貴之饋遺。故在事員役。輒以此法謀利益。無不什百於辛俸。今猝聞整頓之信。乃出全力以阻之。勢亦固然。當時有武員二百人。以及執事員役。結聯鼓噪。

瓦蘭海斯汀氏

其勢洶洶。克氏絕無顧忌。毅然行之。凡以上所言之弊端。如私自貿易。及收受規禮等事。一概禁革。另於食鹽專賣項下。撥出一款。各增其辛俸。此克氏整理公司之情形也。

西歷一千七百六十七年。克里夫氏去印度。而瓦蘭海斯汀氏。則於西歷一千七百七十二年至印度。此五年之間。孟加拉無他要事。惟一千七百七十年之荒災。據官家報告。人民死亡者。約有三成之一。洵巨災也。克氏所定雙政府之制。已試無成效。且因此而誤政事。故以瓦蘭海斯汀氏。爲孟加拉巡撫。以行預先商定之新政策。瓦氏原爲東印度公司之執事人。閱歷頗深。而東方之情形。亦極熟悉。才識明練。迥出常輩。商會之新策。蓋欲自爲狄萬。將管理賦稅。及整頓徵收之權。概歸己執掌。而無與於他人。瓦氏欲實行此策。乃將謨書帶擺得之財政部。移至加爾各答。簡派歐人爲徵稅官。監察其事。此爲歐人初次辦理印度之稅務也。惟其時外有與國交涉。內值商會之衝突。紛紜雜沓而來。而此等地方之要政。竟爲所阻。使瓦氏勿克竟其事。幸而公爵康瓦烈斯氏。繼其任。而得終成之也。

瓦蘭海斯汀氏。於以上所言之新政。及改良食鹽鴉片二物徵稅之法。居常以此自詡。然其外交政策。措置裕如。而心果力銳之名譽。當垂諸史傳而不朽矣。自西歷一千七百七十二年。至一千七百七十四年。爲孟加拉巡撫。自一千七百七十四年。至一千七百八十五年。爲印度總督。領袖議會。瓦氏與議會官員。皆英議院所選舉。非出於公司也。（時印度總督。徒一虛名）瓦氏於所籌畫之內政。常爲佛蘭塞司氏。所反抗阻撓。不得行其志。獨言及與烏德。麻哈拉德。及赫特亞里等。外交之事。則瓦氏輙能自主。而佛氏第承諾而已。瓦氏與烏德之交涉。於印度史畧無甚關係。故勿詳。而瓦氏之政蹟。則詳於他卷。毋庸再叙。惟處置麻哈拉德之政策。是不可忽。今欲考其始末。必先言此族之歷史。

當西歷一千六百八十年。奥蘭格什孛氏。尙在帝位。而沙韋嘉氏。方殁。時沙韋嘉氏族中。或爲麻哈拉德聯邦之領袖。都于薩達拉。或爲康拉普爾。及貪昭爾之酋

第一次麻哈拉德之戰

長。尚相繼勿絕。未聞有垂大名于宇宙者。卽其爲首酋。亦虛名而已。而一切實權。已歸一婆羅門大臣某氏矣。某氏於十八世紀起始之時。自建朝廷於捕拿。世世繼襲。嗣有麻哈拉德將軍數人。雖認某氏爲君。而仍各畫疆土。自建主國於印度各部。其中有距麻哈拉德聚族所居之地甚遠者。將軍中之首領。卽古直拉德。新的亞馬廬薇之苛爾加。及比拉爾那哥不爾等處之酋目。未幾麻哈拉德之聯邦。勢力甚強。幾將北印度之穆罕默德。驅諸境外。豈知西歷一千七百六十一年。班尼伯的一戰。阿富汗人大勝。而特里之朝廷。得以安然無事。自此以後。麻哈拉德兵力之強。雖猶冠印度。而各部酋長。則不復同心戮力。共謀公益矣。惟於所轄孟買之地方。英人已闢租界。頗有兼併土地之念。英人自西歷一千六百六十一年。得孟買一島。後至西歷一千七百七十五年。始與麻哈拉德首次開釁。然中間一百餘年。西岸之地。除孟買蘇拉特外。英人別無經營之屬地。

初孟買政府。效法孟加拉與麻打薩拉二省之故事。欲置一私人於酋長之位。以爲捕拿朝廷。樹立威勢之計。其事成於西歷一千七百七十五年。蘇拉特之條約中載明洛格亨那羅氏。（卽爲酋長者）以己復位捕拿。故願割稅爾稅的及巴森二地畀英。時瓦蘭海斯汀氏。任總督。頗不以蘇拉特之約爲然。且要求管轄孟買政府。事未就緒。而干戈隨之。瓦氏以孟加拉全軍。決戰。部將哥答特氏。自海道往。直取古直拉德。兵未血刃。而地已得。又一將。曰波漢木氏。則攻破格瓦律倭爾之砲臺。地勢險固。與興都斯坦之屏障。英人有此二勝。足以雪西歷一千七百七十九年華各姆條約之辱矣。惟此次戰事。延至西歷一千七百八十二年。稅爾伯和議告成。始各罷兵。一切均如舊境。古直拉德。亦交還。惟稅爾稅的。及他數小島則歸英人執掌。而洛格亨那羅氏。亦勿任捕拿酋位。其事乃定。

第一次賣索爾之戰

麻哈拉德之和議方成。而賣索爾之戰端又起。惟敵人之橫厲較甚。故瓦氏平之。亦非易易也。初麻打薩拉政府。於政治上。頗不措意。故賣索爾之赫特亞里氏。與台干之尼桑。遂起戎心。而二酋又爲印度最强有力之麥稅爾曼。欲連結麻哈拉

重印

德。同拒英人。幸瓦氏用外交之妙策。說尼桑與那哥不爾之厤哈拉德酋長。棄赫氏歸己。然赫氏雖失助。而其兵力尙盛。自率所部。突攻加那鐵克之英屬。如疾風勁雨之猝至。而英之守備隊。統於貝里氏者。竟覆於坡律洛爾。賣索爾之騎兵。乃乘勢刼掠。直抵厤打薩拉城。一無阻抗。任其縱橫而已。時科鐵氏。卽戰勝萬特瓦蘇者。奉命由海道。悉師救厤打薩拉城。而守備比爾斯氏。則自陸南行。藉示威於比拉爾之酋。及尼桑之計。兩軍旣遇。激戰甚厲。時科鐵氏年已邁老。而賣索爾之兵士。訓練頗精。軍裝亦充。而赫氏父子。益以法部勒之。已成精銳之師。故不易敵也。西歷一千七百八十二年。赫氏卒。一千七百八十四年。英人乃與其子鐵布氏議和。各返所得土地。始就約息兵。此孟加拉激於瓦蘭海斯汀氏之毅力。再保英人名譽之功績也。

康瓦烈斯氏

英國印度之外藩。創其基者。克里夫氏。奠安而整理之者。則瓦蘭海斯汀氏之功也。瓦氏任印度總督。十有三年。較他人繼其任者。爲時尤長。其時英人在美國之屬地已失。幸在印度日起有功。而聲威亦大振。倘可相抵。嗣繼瓦氏者。爲公爵康瓦烈斯氏。英人以爵封出任總督者。自康公始。自西歷一千七百八十六年。至一千七百九十三年。康公治印度能垂令名於不朽者。有二事焉。一定孟加拉永遠之地賦。一爲寶索爾第二次之戰事。葢瓦氏草創治權之始基。而潤色恢宏之績。則康公續之也。如刑獄裁判之權之託于歐人。設至高刑署。于加爾各答分刑官稅務官之責任。犖犖數端。皆始自康公。以後麻打薩拉。與孟買二部之土地。已得其主權。即將孟加拉所定之政制。移施其間。然康氏治印度之事功。則以定孟加拉之地賦爲最蓋康氏以前。徵收賦稅之法。多沿蒙朝舊制。其時什明達爾之職任。幾成世襲。而收稅于農人之權利。已爲世所公認。顧其事無定制。稅無常額。而所徵之實數。歲各不同。瓦氏固壓迫什明達爾爲主者。惟兵事及他國政之關係緊要者。籌畫甚繁。無暇顧此耳。然於地賦一事。似頗有閱歷。欲待將來定一劃一之數。以爲標準也。特其時。主國家取稅。宜立一永久之法者。甚多。而佛蘭基司氏。

即其一也。亦有以此意。陳之於英之政府者。一則欲保固印度之財政。一則欲使什明達爾。與地主合而爲一。故西歷一千七百八十七年。康氏奉政府之命。令辦理此事。自西歷一千七百八十九年起至一千七百九十一年畢事。專估計稅則。而於田地之廣狹出產之多寡。猶未考察。惟應納之賦稅若干。則據舊日所交之數。勒爲常額。初辦時。擬定十年一更。故謂之十年稅。自西歷一千七百九十三年始。布告國民。永著爲額。共計盧比二千六百八十萬另九百八十九。約合英金二百七十五萬鎊。常賦之事。行之者。雖爲康公。然一切毀譽。關乎細目諸端者。則必莊頴蘇爾氏任之。莊氏後稱丹墨司公爵。熟悉孟加拉情形。當時執政諸人。無出其右者。

賁索爾第二次之戰

西歷一千七百九十年。至九十二年。賁索爾第二次之戰事。茲舉可紀者二事於左。總督康瓦烈斯氏。自率英軍。一切軍需供給。極其奢侈。此一事也。台干之尼桑與庥哈拉德之聯邦。爲土酋中之最强者。同盟助英。此又一事也。迨康氏舉兵環

韋里斯里侯

薄都城。鐵布乃降。願割其土地之半。分畀同盟諸國。又允英金三百萬鎊。以償兵費。約定。乃各罷兵。鐵布氏雖照約辦理。然其報復之懷。時焚於中心矣。

西歷一千七百九十三年。至一千七百九十八年間。莊頴蘇爾氏。任總督。無他要事。至一千七百九十八年。公爵毛尼吞氏。世所稱爲韋里斯里侯者。抵印度。奉國家命令。謀拓疆土。毛公。璧鐵氏之契友也。觀其治才之敏捷。及憎惡法國之感情。似私淑於璧鐵氏者。毛公初爲政。即握定英人當爲印度無上之權之宗旨。其地之土酋。僅能擁統治之名。而一切實權。則歸之於英。故此後印度政界之歷史。皆毛公政策逐漸推行之事實也。至西歷一千八百七十七年。英后維多利亞嗣位。時毛所定之方畧。已如願而償矣。

毛尼吞氏。尤善於外交。時法人勢力方張。拿波崙駐兵埃及。慕亞歷山大氏。力征兼併之雄風。欲有所圖。而其移師何方。固無人能預知其意向。然侵畧印度。事在意中。故毛氏藉預防之名。籠絡土酋。以爲之敵。葢法兵在赫得拉巴。威嚇尼桑。而新的亞之兵所稱爲厤哈拉德聯邦之冠軍者亦由法人教練統率而鐵布氏則與法之秉政者密通信函且於其境內許以自由行動墨利帖與卜爾榜二島（均在印度海）適爲法人密謀國事及聚合師旅之地方凡此種種皆關係於軍事故毛氏不得不首先注意於尼桑之屬境幸其政策漸施其間尚無阻難嗣值赫得拉巴之法兵俱已解散自此尼桑遂勿納歐人因有約在先若非英政府允許凡屬歐人概勿任用自是英人與土酋訂約者無不列入此條以限制外權也毛氏於尼桑之事既辦理周妥乃以全力注於鐵布蓋鐵布氏自被康瓦烈斯氏懲創後時懷舊怨惟與法人往來之密謀雖已敗露而英人初欲依之爲助不咎已往仍欲結爲友國而鐵布勿從毛氏見事不成乃馳抵厤打薩拉部勒兵伍一由厤打薩拉城進賷索爾而以尼桑之軍爲助一由西岸前進兩面夾擊鐵布畧一抵抗即退往西林加巴坦英兵乘勢追攻都城鐵布力戰死之自伯拉希一役後戰功之印入土人腦際而驚爲未曾有者莫此次之取西林加巴坦若矣事聞

麻哈拉德聯邦

於英王將軍赫里斯氏得上等爵位而毛氏則晉阿爾蘭之侯爵鐵布既歿毛侯區劃鐵之國土極其公允賓索爾之中部歸還一輿都酋長之代表某氏蓋爲赫特亞里氏所廢者而以其餘之土地歸尼桑麻哈拉德及英人同分而當時又將亞科特那瓦孛所管轄之加那鐵克一省及貪昭爾等處則劃歸英人治下故麻打薩拉遂成爲伯里璽德希而今日之界域如往時無異焉

英人用兵賓索爾麻哈拉德名爲英之同盟而助之者二次然未嘗奮用其實力以助之也即其聯結英人亦未能如今日尼桑附英之堅也其時麻哈拉德有五邦共認捕拿之酋爲首領治理西高止山一帶即其種族發源之地也古直拉德素號膏腴惟時被巴羅達之騎兵騷擾而印度中央則有格瓦律倭爾之新的亞與印度之苛爾加二酋目輪握大權至印度東方自比拉爾至俄里薩一帶爲那哥不爾之波斯拉土酋所統轄波斯拉土酋與沙韋嘉氏同種此麻哈拉德權力分握之大畧也故韋里斯里侯欲設法將此數小邦約爲已助西歷一千八百另

英人與新的亞苛爾加及那哥不爾之戰事

二年。捕拿之白蘇瓦。（白蘇瓦。即土酋之名號。）爲苛爾加所敗。（苛爾加。爲麻哈拉德之家族名。新的亞。乃一朝代名。）逃入英之屬地。勢處維谷。遂簽巴森之約。除英國外。無論歐人土酋。均不得與之交往。且讓地與英。以養輔軍。英人得此。乃在孟買大擴其勢力。然麻哈拉德二次之戰事。亦由是而起。蓋新的亞與那哥不爾二酋。以白蘇瓦自棄麻哈拉德主權。情何能忍。故不得不相見以兵戎也。

此次麻哈拉德之戰事。爲印度歷史中英人用兵以來未有之榮譽。當軍務方起。關乎餉糈之事。及帷幄運籌之策。皆韋里斯里氏主任之。而統兵之將。一爲阿塞韋里斯里氏。一爲雷克氏。（阿塞韋里斯里氏後封威靈吞公爵。而雷克亦封公）威靈吞經營台干一路。數月之間。一勝於亞稅。再勝於亞格姆。（亞稅爲赫德拉巴之一村。在北緯二十度十八分。英天文臺東經七十五度五十五分。）乃乘勢攻取挨彌得奴格爾。而雷克則規畫興都斯坦。雖史家鋪揚少遜。而其功績。實與威靈吞公相伯仲。

蓋雷氏於亞來格爾及拉司瓦利二役（亞來格爾在北緯二十八度英天文臺東經七十八度拉司瓦利距特里七十八英里）以少勝衆又克亞加拉及特里二城聲威大振而新的亞之法兵亦相將散去雷氏入蒙哥都城保護蒙帝西歷一千八百另三年新的亞與波斯拉酋均願求和罷兵新的亞朝以朱木拿河以北之地割與英人故老而瞽目之帝阿拉木宣氏自此又歸依英人而波斯拉酋長則以俄里薩畀英蓋英兵早已據佔其地也尼桑亦得比拉爾一部自尼桑附英對於英之政府甚爲慇懃每從軍有功必有所得時三酋既服其二獨哥爾加尚未歸降其部下之兵日以刼掠馬盧襪及刺日不得拿爲生英人辦理經年激戰數次亦無所成就裨將孟松氏撤兵時經由印度中央又値事機不利乃追念華各姆之約及貝里氏之軍覆於赫特亞里氏之事又深滋不悅然巴得普爾之圍雷克氏竭力保守擊退敵人足爲英兵勇於自奮之記念也

韋里斯里氏之政策欲望既奢而用兵多時猶未能息故英之秉政諸人不復忍

待西歷一千八百另四年乃遣康瓦列斯氏再任印度總督其時以哥爾加尚未克服故命康氏相機議和勿拘定見惟康氏年已衰邁又患疾病冒雨至印度西北部未及十星期竟歿於加西普爾

佐治巴羅氏

康瓦列斯既卒繼其任者爲佐治巴羅氏佐治原爲公司之執事員既代理是缺別無主見惟實行其主人之命令而已故減少英屬疆域之面積自有總督以來獨佐治君爲然耳且舍棄剌日不的之首領歸於哥爾加及新的亞二酋尤背定約而麻打薩拉土兵潰叛於維洛里之事亦在佐治總督期內雖撲滅迅速然通國震驚搖動幾致不可收拾矣

明都氏

自西歷一千八百另七年至一千八百十三年明都公爵任總督將韋里斯里氏所征得之地聯爲一氣以固根本又自將部兵奪據墨利帖及瓜哇二島惟印度中央紛紜擾攘仍未一律平靖明氏到後設法阻止不假兵刃之力而事已粗就矣東印度公司曾令明氏遵守勿干預與國及屬國政事之政策而明氏乃行之

穆爾拉氏

以已意。然無損於英國之威名。故印度英政府。遣派使臣與外國交往。自明氏任總督時始。其時。出使者三人。一至旁遮普。一至阿富汗。一至波斯。三人者皆由韋里斯里學堂出身。於政治外交。頗擅其長。故能使不辱命。且爲政界增光寵也。往拉合爾之蘭日的森朝者。名曰梅加富。往波斯者曰馬爾科墨氏。而愛爾斐斯敦氏。則在白沙瓦。覿見阿富汗之王。此次三國使事。其於永久之效果如何。固不易言。然使英人得此新外交。而能擴充其勢力範圍。則其有裨於英人者。豈鮮也哉。

自明都氏後。任印度總督者。曰穆爾拉氏。又稱爲海斯汀侯。自西歷一千八百十四年至一千八百二十三年。在官九年。其時有極關係之戰事二。一與尼泊爾之戈喀司。一卽麻哈拉德第三次之戰也。查戈喀司族。爲現在酋長之同族。本與都人之入尼泊爾者。自謂其源出于剌日不的。（按戈喀司本居剌日不德拿爲穆罕默德所逐。日近尼泊爾之地。後竟入據國權。）而尼泊爾之土人名曰尼瓦爲印度鐵貝坦種。（鐵貝坦卽西藏。）崇奉佛教。戈喀司族之王尼泊爾。始自西歷一千七百六十七年。是年所佔據之地。不過加德滿都一方而已。其後權力日盛。遂徧尼泊爾山鄉之地。而其立國若本軍制封建之法。故經營數年。威震四鄰。東至西金西及古曼而南則入恒河流域。且以英民爲犧牲。被其害者。甚巨。其勢不得不設法阻止。以遏其鋒。佐治巴羅與明都二督。頻爲勸戒。置若罔聞。逮穆爾拉氏抵任。戈喀司愈形凶暴。除用兵外。別無他法可施。乃於西歷一千八百十四年。開始戰鬪。頗不利於英兵。蓋嵐瘴之氣候。險阻之巉巖。兵不交綏。而志氣已餒。迨後印度土兵進攻。尙不畏此天險。然數戰數敗。因戈喀司人多奮勇。而其所用之兵器既重且利。故印兵難於抵禦也。西歷一千八百十五年。將軍敖克忒蘭氏自將精兵出薩特里日河。將山間砲台逐一猛攻。節節進取。始得逼令尼泊爾來營求和。喜馬拉雅山間。猶有山堡遺存。今已歸旁遮普政府管轄矣。次年。敖將軍自巴德拿至距加德滿都城數里之希高里地方。議和。開列前所棄置之條款。約成而歸。自和議後。英人與尼泊爾交往。直至今日。戈喀司亦如約撤退西金及西喜

品特赫列斯

馬拉雅下層山陵之守隊。而適於體氣之地方。如森姆拉。拿尼達摩蘇爾里等處。均讓與英人。

其時。印度中央之地方。紛紜騷擾。年甚一年。麻哈拉德酋長。雖知爲太平之王。勝於盜匪之渠。然背法犯義之事。彼已樹之於先。而新盜賊。遂效之於後。且益甚焉。此羣新匪。曰品特赫列斯。而其橫暴情形。原與麻哈拉德不同。蓋麻哈拉德。究有國體。受範於聯邦之政制。而品特赫列斯。則爲一羣無法度之兵。與歐西中古時代之自由徒黨。無甚大異。不同族類。不同宗教。凡印度散族。及無法律之亂民。均納入其黨。如阿富汗甲特。麻哈拉德。咸有其人。其總營在馬盧襪。而其掠刼之地。則不僅在印度中央已也。有時數百成羣。時有多至數千者。策騎出。搶掠各處。甚至遠及馬拉巴爾。及加爾那的海岸。而匪黨官職中之最強者。名曰亞迷爾汗。其部下。有節制之兵多營。巨砲數尊。又有二頭目。一曰吉都氏。一曰加律穆氏。聞一次交納新的亞贖金。多至英錢十萬鎊。西歷一千八百十七年。海斯汀公爵。選集英兵之最精銳者。約十二萬人。從事剿洗。惟品特赫列斯之行爲。凡麻哈拉德之酋。無不共表同情。助之以力。海斯汀既受任。乃先威刼新的亞。而後及亞迷爾汗。亞氏要約丹克之主權。始允解散部兵。亞氏既平。而其餘之品特赫列斯。被海斯汀氏攻擊。或投降。或潰敗。加律穆氏。亦歸降求赦。吉都氏。則逃入山林中。旋爲虎所殺。

麻哈拉德第三次之戰

西歷一千八百十七年十一月。即品特赫列斯剿平之月。捕拿那哥不爾。及印度爾三麻哈拉德聯邦。同起叛英。而白蘇瓦貝吉羅氏。以西歷一千八百另二年巴森及一千八百十七年捕拿二次之條約。久懷忿怒。而捕拿之約。於依附英人之上權。尤訂之堅固。時愛爾斐斯敦氏。駐節白蘇瓦之朝。觀其舉動。知有發難之意。乃馳抵口爾吉 Kirree 部。勒歐洲兵卒。事方就緒。而白蘇瓦之全師。即於次日火愛氏居室。追至口爾吉。圍攻甚急。幸愛氏守禦有方。卒擊退之。白蘇瓦知事不能成。竟自逸去。那哥不爾之計畫。亦頗類此。幸印度土兵。捍衛稅達貝爾狄之山。奮勇異常，得以保全英國名譽，而咢爾加之軍隊，則於十二月間米希特普爾一戰敗績，諸路悉定，惟追索逃亡及辦理善後和議而已。然馬爾科墨氏於此二役居功獨多也。白蘇瓦降英，其疆域劃歸孟買，而別以科尼普爾相近之比鐵赫爾地方準予居住，歲給恩餉英金八萬鎊。其繼子名曰那那薩希孛者，素負惡名，故另覓得沙章嘉氏之裔孫，置於薩達拉之王位，以代表白蘇瓦，且爲痲哈拉德聯邦之首領焉。咢爾加與那哥不爾二部，各置一幼童爲酋長，歸英人保護。其時剌日不德拿亦有數部，同認英爲上國，而自居藩封之地位。海斯汀氏所區畫之印度疆界，逮達爾霍希氏時，尚無變易，而海斯汀氏與馬爾科墨氏則拯數千萬生民於痲哈拉德及品特赫列斯暴虐之手，而躋之於太平治世循良政制之下，豈非善歟。

亞茂司底氏

海斯汀侯去後，繼其任者，爲亞茂司底氏。當亞氏未抵任以前，亞丹氏權理數月。自西歷一千八百二十三年至一千八百二十八年，亞茂氏任總督五年，而傳於史傳者。有二事。一爲緬甸之戰。一爲攻取巴得普爾城也。印度東北邊境。緬甸土人滋擾已經數年。緬甸地接孟加拉灣。循貫伊洛瓦底河。其民種。曰。鐵貝土支那。（鐵貝土卽西藏。支那卽中國。）其國。非純爲自主。而亦自有歷史。同於印度。相傳其早年文化。爲他族民人。自加爾那的海岸輸入。故今日此族居民。猶保守其德倫之原名。（又稱德柳古。）蓋佛教。自印度久已傳入緬甸。而緬人迄今崇信甚虔。南則暹羅。北則山戎。頻相侵入。據地守土。異常殘暴。然佛氏之文化。則亘古常存。不隨離亂而俱滅。且其道日益盛行焉。當十五世紀間。歐洲遊客。親至擺古及地那悉林二部。稱爲海商極盛之市。廛迨後葡人。雄長東方。阿剌干一部。幾成歐洲冒險家。聚集之地方。而阿剌干之土人。得歐人之助。漸擴其權力於內地。强据浙地港。故當時恒河口港一帶。無不畏之。西歷一千七百五十年。阿爾洛費亞氏。（又名阿洛孛拉。）創建新朝廷。以阿瓦爲都城。迄今猶治理自主緬甸一部。自阿爾洛費亞氏以後。繼其位者。多喜功。既克服緬甸全境。及阿薩密一省。其時。

阿薩密。尙爲自主王國。聲勢甚强。貪心未已。乃遂漸侵佔英之屬地。英官先以善言勸告。冀可和平退讓。均置若罔聞。亞茂司底氏。迫於情勢。遂於西歷一千八百二十四年。宣戰。

緬甸第一次之戰

緬甸烟瘴之地。用兵匪易。英人分三路進兵。一派砲艦。自布拉馬普得拉江上駛。至阿薩密。一由陸路。經漸地港。抵阿剌干。因孟加拉土兵。不願由海道往也。而別選精銳一枝。自麻打薩拉航海至伊洛瓦底河口。（卽薩潦瓦諦江。）是役也。兵連禍結。相持二年之久。喪軍八二萬。費軍需一千四百萬金鎊。阿瓦之王。始允於楊德布議和。畫押約定。退讓阿薩密。並割阿剌干地那悉林二部。時英人已以兵力佔據其地矣。自伊洛瓦底河流域。下至仰光。則仍歸阿瓦王自主。而英人不問也。

拔巴得普爾

西歷一千八百二十七年。康貝米爾氏。攻拔印度中央之巴得普爾城。足以雪西歷一千八百另五年正月。雷克氏。敗於此城之恨。時巴得普爾以繼位事。自相爭

貝汀克氏

競。英人乃得乘機以圖。然城垣堅大。純以坭築建。砲失其用。後穴地道。城崩。始得攻入。而永不能克之堅城。從此失其名譽矣。

自亞茂司底氏之後。繼爲印度總督者。曰威廉貝汀克氏。彼於維洛里兵鬨之前。已任麻打薩拉巡撫二十年矣。雖調任總督。自西歷一千八百二十八年至一千八百三十五年。七年之久。絕無開拓土地及戰勝攻取之功績。足以顯揚於後世者。然而設施新政。漸移默化。而使印度土人對於外來之主人。既敬且畏。心誠悅服。故英人在印度之新歷史。言秉政者之仁惠。而以利澤及於土民爲心者。則自貝汀克氏始也。今據馬科雷氏所銘加爾各答貝氏偶像之言。可以知其槪矣。貝氏革殘虐之典禮。除貴賤之階級。予國論自由之權。更以勤學詔國民。俾善其智德。此皆貝氏善政之大端也。自緬甸軍興。財政頓困。故貝氏抵任之初。首先注意此事。俾復當日情形。而其辦理之法。則減少歲出常費共計英金一兆有半鎊。增入避匿之地賦。及馬盧薇之烟土稅。互相損益。以均其數。又許土人之有問學者。

嫠婦殉夫之俗

執事公司。貝氏類此之新政。頗多。而陸軍之員役。及執契約之司事。頗不滿意。然貝氏。素爲英之自由黨。及秉東政者所袒護。亦無如之何也。

貝汀克氏之政績。有最可念者二事。一革除嫠婦自焚殉葬之惡俗。一剪滅陰殺黨之刺客。此等野蠻習俗。於其敗壞興都社會之情形。吾輩頗難定其等次。歐人考察其事。謂韋德詩中。於嫠婦殉葬一事。爲出於上權者。誤解其義也。但其習俗相沿數百年。深入興都人腦際。且以此爲盡宗教之典禮。故爲之而勿怪也。聞亞克巴爾帝曾懸爲例禁。亦無效果。而英人秉政之初。亦不敢以人民相沿既久之教規。猝加禁遏。故因循迄今。西歷一千八百十七年。僅孟加拉一省。生焚殉葬之寡婦。多至七百餘名。興都之聖地。今猶見極小白碑。布滿其間。皆記念殉葬之事也。貝汀克氏。不顧歐人土民。極力反對。毅然禁之。乃於西歷一千八百二十九年。十二月四號。將議定章程。布告民間。凡有輔助及慫慂自焚殉葬之殘俗者。則科以殺人之罪。

刺客黨

剪滅刺客黨之事非僅貝汀克一人之力而守備斯利曼氏與有功也考印度陰殺黨實爲興都教中非理之贅疣其徒黨各以信誓結合成羣同奉加利女神神蓋以殘殺飲人血著者也西歷一千八百二十六年至一千八百三十五年英屬印度地方共捕得一千五百六十二人或殺或流均盡法懲治而此黨遂逐漸除滅矣。

貝汀克氏任總督時尚有相關者二事西歷一千八百三十三年東印度公司重請新執照期限二十年但約定棄去商業且許歐人任居境內地方是年又於總督議會中添設一官復派員修訂律法即以馬科雷氏充議員兼任修律委員之領袖西歷一千八百三十年取賁索爾隸英國版圖至一千八百八十一年仍歸土酋管轄西歷一千八百三十四年以庫爾格土酋失政遽起兵端爲時雖暫戰事甚厲土酋既敗英人許其退居班拿勒斯而其山鄉驕悍之民則自議歸公司管轄。

梅加富氏

查理梅加富氏。繼貝汀克爲議會員長任事雖未久。而予報章以自由之權。創其議者。固前人而施之於事實者。則梅加富氏也。是時印度之輿論與英國秉政之意見。於續行貝汀克氏之政策。咸以梅氏爲最適宜之人。然其事非一時可就。必一任總督期內。而後可以從容辦理。乃黨事甚急。遂簡奧克蘭特氏。繼其任。自此兵連禍結。垂二十年之久。奧氏以前。一切頗見平靖。迨其抵任後。急欲顯其才幹。故擬將蘇日宣氏。置於加普爾之王位。（案宣字爲波斯國王號之稱。）而其結果則由於辦理不善。而布置于該城之守備隊。亦殲滅無遺。自阿富汗之變起。英人卽以兵力取信地。旋有旁遮普緬甸之戰事。而軍士鬨亂一案。亦隨之而起。當時之名將軍。如戈富如奈比爾及科林康貝爾氏。等皆卓著聲望者也。

阿富汗之歷史

阿富汗王。亞麥特宣都蘭尼氏。於西歷一千七百四十七年。開拓疆土。勢如風捲。蓋自各什尼。及各爾之薩爾丹以來。未有如是之盛者也。因波斯王。訥狄宣爾氏。歿後。國事紛擾之際。故亞麥特宣都蘭尼氏。乃得乘隙以圖也。當西歷一千七百七十三年。亞氏未歿之先。已克服地方甚廣。自希爾拉得（希爾拉得。乃阿富汗。與波斯交界之地。在北緯三十四度二十二分。英天文臺東經六十二度九分）至白沙瓦。又自克什米爾。至信地。統隸阿富汗矣。而西歷一千七百六十一年。又干預班尼伯的一役。乃大敗麻哈拉德。而聯邦力征兼并之風潮。爲之一縮。亞氏。乃更置蒙哥帝於特里。惟亞麥特宣都蘭尼氏。不願長居印度。而間常往來於其舊都。加普爾。及康達哈爾之間。然都蘭尼王。多子嗣。因繼位故。互相爭殺。迨西歷一千八百二十六年。巴雷克瑞族之首領。曰德斯摩曼特者。遂自爲加普爾之主。而都蘭尼王室之子孫。兄弟二人。逸去。居旁遮普之路特哈愛那邊境。歸英人保護。始已。自韋里斯里公爵以來。英之政府。頗注意於阿富汗之事。其時什曼宣方王拉合爾。故韋公深恐其效訥狄爾宣之所爲。侵畧興都斯坦。迨後拉日鐵森朝（又名蘭日的森。）之稅克王國。日益强盛。而此等未來之恐怖。遂消滅無形。至西歷一千八百另九年。值法人攻印度。明都氏。乃遣愛爾斐斯敦氏。往約蘇日宣氏。共任保守之責。詎其時。蘇日宣被逐他徙。而其第三弟曰摩穆宣者。已繼其位。西歷一千八百三十七年英人始起干預阿富汗。而德斯摩曼特氏。僭位加普爾。勢力已固。惟其志則欲自稅克手中克復白沙瓦土地。時奥克蘭特氏使亞歷山大卜尼氏至其都約與通商。德斯摩曼特言彼若能得白沙瓦則英人之要求無不事事允許。顧奥克蘭特之所志更有大於此者。其時。俄人經營亞細亞中央又助波斯軍圍攻希爾拉得。而俄之使臣適與卜尼氏同抵加普爾。故卜尼氏於白沙瓦之事。不能滿德斯摩曼特之求。商議無成。遂返印度至是奥克氏始欲別置較能輔助者一人於加普爾之王位。用强硬手段以助成其事。乃選得蘇日宣氏。即流寓于路特哈愛那兄弟之一也。當斯時也。旁遮普與信地。均為自主王國。而信地較弱。故英軍護衛蘇日宣經信地出卜蘭山徑。以入阿富汗。英軍保護蘇日宣氏。抵阿富汗康達哈爾降英人又猛攻各什尼克之德斯摩曼特氏。逸出經興都庫什他去蘇日宣氏。遂於西歷一千八百三十九年八月入加普爾之巴拉希薩爾城事既就緒。英軍駐守阿富汗二年。西歷一千八百四十一年十一月。猝遭事變。卜尼氏在加普爾被刺卒。時戍兵統帶爲愛爾斐斯敦將軍。（非前次使加普爾之愛爾斐斯敦氏也）而威廉馬克訥汀氏爲政務參謀員。然愛爾氏年已邁。不克肩此重任。而威廉氏因覲見阿富汗酋德斯摩曼特氏之長子。亞克巴爾汗時。竟爲人所誘殺。英軍又留戍兩月。正值隆冬。乃越嶺踰山。滋歸印度。當其起程時。有戰士四千。隨營雜役一萬二千人。迨行抵稅爾所守之扎拉拉巴得時。僅有伯拉敦氏一人。而其餘之衆。自經扣特加普爾及扎格德拉克等處地方。或死於阿富汗之火槍。或因嚴寒凍斃者。亦復不少。尚有婦孺職官之爲虜俘者。均被虐待。蓋因亞克巴爾汗之命令。故遭此横暴也。（愛爾斐斯敦前譯伊爾斐斯吞氏）

愛倫葆拉富氏

自阿富汗事變之警報傳至加爾各答。未及匝月。政府即命愛倫葆拉富氏繼奧克蘭特氏之任。愛氏於撤退扎拉拉巴得及康達哈爾軍隊之策。得以安行無事。

取信地

故名譽頗隆。其時。葆洛克氏。方出旁遮普。救稅爾。中途奉政府命令。其直入加普爾。而瑙特氏。亦自康達哈爾撤兵還。經加普爾。二軍且戰且行。於西歷一千八百四十二年九月。遇於加普爾境內。所定之地方。乃將大街市付之一炬。所有被虜之人。均經收回。事畢同返印度。任聽德斯摩曼特氏再取其王位而已。是役也。愛倫氏令將各什尼王麻摩氏之墓門。攜回印度。以作報復沙木那斯之記念。故愛倫氏之告示。頗誇大其事也。

愛倫葆拉富氏喜武功。嗣後又有戰事二次。以饜其欲。西歷一千八百四十三年。信地之穆罕默德酋長。以彼爲自主之王國。勿願歸降。因此之故。遂爲英將查理奈比爾氏所覆滅。麻亞尼一役。英兵僅三千人。而俾路支人則有二萬。然英兵以少勝衆。足以垂光譽於印度之歷史。（麻亞尼乃信地海得拉巴之一村落。）惟英人無故以信地隸入版圖。實無可原之情也。是年格瓦律倭爾地方。以爭繼立故。致起兵亂。而此滋事之兵丁。卽許新的亞朝所練之陸軍也。自麻哈拉吉普爾。

顯理赫亭吉氏

及班尼阿疊獲勝。仗亂兵潰敗。地方旋即平定。而麻哈拉吉普爾之戰。愛倫葆拉富氏親往督率也。（麻哈拉吉普爾在亞加拉南五十一邁。英將戈富氏敗麻哈拉德於此。）

西歷一千八百四十四年。英政府召回愛倫葆拉富氏。因其所行政策與政府意見多不相合。且遇事游移。故不敢深托。乃以顯理赫亭吉氏。接其任。赫亭吉氏曾從長島之戰。林尼一役。折一手臂。故其戰功可念也。是時內外之人。皆以稅克與英人之戰端。已近在眉睫矣。（案西歷一千八百另八年至一千八百十四年。英國。西班牙。葡萄牙。三國聯軍。同戰法國於西班牙。葡萄牙。及法之南境等處。將法人逐出西葡二國之境。此次戰事。即稱長島戰事。林尼亦在歐洲。）

［註］稅克之興起。（其教曰稅克斯）稅克與麻哈拉德。異麻哈拉德。乃一邦國。而稅克則非邦國也。不過一教派而已。然同教之人。勒以軍法。合從固結。如一國之民。羣無異也。稅克之教。原於那那克氏。那氏於十五世紀間。生於拉

合爾左近之地方。其時。蒙哥與葡萄牙。均未至印度也。那氏。乃一新宗教家。以革除貴賤等級之制。（即印度四級民族之制）統一上帝及引人潔身自修。爲宗旨。自那氏以來。弟子受授相傳者十人。至西歷一千七百另八年。傳至戈文森氏而止。顧其教。雖頻受穆罕默德朝之摧殘。而堅忍自保。未嘗稍自餒怠。迨蒙哥朝去印度後。稅克教。始握有疆土之權。然拉日鐵森朝未興之先。而稅克之支族。已各舉一人。以爲薩帶爾。（薩帶爾。即如一軍之總統。）自立聯邦之制度。環居于薩特里日河左右岸一帶。尚有傳至今日者。

創立稅克王國之拉日鐵森氏。生於西歷一千七百八十年。方二十歲時。奉阿富汗王之命。任拉合爾巡撫。由是拉氏。即欲藉稅克之教。自建一專制之政體。凡教中之人。部勒成軍。統以歐洲武員。而軍人堅毅雄憤之志。自康木威爾氏之鐵軍以來。尚無其匹敵也。（英人。康木威爾氏。於西歷一千六百四十三年。招募教中人。練成一軍。謂之模範隊。氣甚勇。人勿能奪。故稱之曰鐵軍）拉氏開拓土地自其都拉合爾起南取穆里坦西克白沙瓦而北定克什米爾獨東方則限于薩特里日河而止蓋河之東岸於西歷一千八百另四年已為英人勢力範圍之地也當西歷一千八百另九年時拉氏與梅加富氏曾訂約條故謹守此約直至西歷一千八百三十九年拉氏卒始終勿渝拉氏歿後子幼不能秉政拉合爾乃大亂而强有力之將軍大臣及王后遂分裂其地然最强者則為凱爾薩軍（凱爾薩軍即稅克教所部勒之兵）自阿富汗事變後極欲與英軍一角其力其時法國之統將二人業已屏去乃別舉稅克教人分握兵權

稅克之戰事

西歷一千八百四十五年稅克軍六萬人携砲一百五十尊渡薩特里日河侵犯英界英軍統將戈富氏與印度總督聞警報率師馳往邊境三星期之中血戰四次一在麥特企（距拉合爾六十七英里在東南向）一在斐羅什宣（亦在旁遮普）一在亞律瓦爾（薩特里日河邊之村落北緯三十度五十五分英天文

達爾霍希氏

臺東京七十度。三十分。）一在蘇孛拉倭。（在拉合爾。東南。四十五英里。）英兵每戰傷亡甚多而末後一戰大獲勝仗始將稅克兵逐出邊境踰河而遁而拉合爾。旋亦投降英人英人至拉合爾。議定和約。一同認拉日鐵森之稺子名曰杜律伯森者。爲土王。二介乎拉微及薩特里日二河之間之地曰遮蘭達德孛 Jalandhr Doab 者則割歸英屬。三限制稅克兵數不得多練。四英國簡洛爾倫斯氏。駐守拉合爾。五英軍戍守旁遮者則以八年爲期此和欵之大綱也西歷一千八百四十八年。赫亭吉氏歸英國賜上爵焉。

赫亭吉氏。去印度總督之任繼之者。爲達爾霍希氏。自西歷一千八百四十八年。至一千八百五十六年。在任八年。施行要政。卓著成效蓋自克里夫氏以後。未有若達爾霍希氏者也。達氏性好和平。而旁遮普。與緬甸之事。迭次用兵。勢不得已。雖戰勝攻取。拓地甚廣。即那哥不爾。烏德及他數小部。亦相繼隸入版圖。武功之盛。已越前人。然達爾霍希氏。則尤傾心於地方風俗之轉于湻厚。實業之進乎良

稅克第二次之戰與定旁遮普

美也。故旁遮普既克之後。地方善後政治。本極繁難。卒能鼎新革故。漸臻郅治。以成前人未有之功。而緬甸一部。自經諸英員管理以來。亦日即興盛。此固洛爾倫斯氏兄弟二人。及襄助諸員措施之力。然追原溯本。達爾霍希氏實居功首焉。其時印度所辦之新政。達氏無役勿從。見溝渠道塗之汚穢也。乃設工程局。以經營之。知商貨交通之濡滯也。乃議建鐵路。以便利之。此外置電線。以靈消息。設郵政。以輕信資。而其事之尤大者。則莫如開鑿監吉士渠（即恒河渠）之工程。凡此種種。皆裨益於國計民生者也。乃印度土人。以達氏經營兼并之地。欲乘機報復。遂釀兵鬨之亂。致使達氏之惠澤。不能印入世人之腦中。此則達氏之不幸也夫。

達爾霍希氏至印度未及六月。而稅克又啓釁端矣。先是有二英官。在穆里坦。爲人所刺殺。時顯理格爾倫斯氏。歸英養疴。惟副將愛德華氏（後稱希爾孛爾氏）在印度。時值暑月。英軍將士多休息。未備戰守。倉卒赴敵。愛德華獨力支持。豈能有濟。故星星之火。遂成燎原。至是。凱爾薩軍。又聯成一氣。初與英人戰。尚勝負相當迨智利安瓦拉一役。（智利安瓦拉地近熱倫河。在北緯三十二度四十五分。英天文臺東經七十三度三十五分）英軍損失將士二千四百名。砲四尊。及三營之旗幟。然愛國者。猶稱爲平戰也。（猶言勝負相均。）英政府聞警。即派查理奈比爾氏。自英國統率師徒。星夜赴援。師未抵境。而戈富氏已於古直拉德。大破稅克。殺戮無遺。一雪敗師之辱。維時穆里坦已下。而德斯摩曼特氏。所統阿富汗之騎兵。則爲英軍所逐。遁入土山。頗爲慙愧。蓋阿富汗騎兵與稅克世有嫌隙。今以惡英故。乃捐其舊怨也。英人既戰勝。乃廢土酋杜律伯森氏爲庶人。命居英國之腦爾夫克。歲給英金五萬鎊。以資用度。以旁遮普爲行省。使達爾霍希及二洛爾倫斯氏。改革該省政制。及辦理善後事宜。故三君抵任。首令軍民繳出器械。以保治安。計收各種戈矛刀槍十二萬件。次乃重訂地賦。凡境內村落。逐一估定。其數不及稅克原取者遠甚。再次則頒發民刑二律。律法簡寬。措施公允。又派羅孛奈比爾氏。任修造道路溝渠之責。（羅孛奈比爾氏。後又稱爲麥格達拉公爵。因

緬甸第二次之戰

西歷一千八百六十八年。奈氏攻克非洲之麥格達拉城。故封此爵。其地在北緯十一度二十二分。英天文臺東經三十九度二十五分）自此英員之權力漸及遠邊。而地方亦綏靖鞏固。故西歷一千八百五十七年印度兵變事起。如西北諸部。歸附英人已歷五十餘年。猶且聞風響應。乘勢離叛。而旁遮普一省。隸英版圖。僅八年耳。際此紛擾之時。獨能竭忠效順。固結勿貳。豈非有官守者布政宣德拊循得法。有以致之歟。（達爾霍希氏。又名蘭摩瑞。）

西歷一千八百五十二年。緬甸之戰。實因薄待歐酋及無禮於遣往抗爭之艦長而起也。兵端既開。數月之間。自仰光至普羅美一帶流域。悉爲英師所據。旋以阿瓦王。匆就和議。始將其地并入西歷一千八百二十六年所得之阿剌干及地那悉林二部。名之曰擺古。自歸英屬後。仰光之居民。驟增十倍。現在印度富庶之口岸。仰光列居第三。惟較之加爾各答與痲打薩拉二城。爲稍遜耳。印度封建之酋長國頗多。而達爾霍希氏處置土酋之法。亦特異。達氏以爲人君之立。不過爲厚利民羣耳。立君惟賢。昭垂古今。若土酋國中積年失政。秩序墮地。或其土酋已死。下無儲子者。均不應保之容之也。達氏守此宗旨。以行政。故其視印度土酋。爲有害於公理人羣之物。如蘇格蘭人於西歷一千七百四十五年後。以世襲之政權。爲非宜者。同一用意。故必設法去之而後已。考興都私律。凡螟蛉之子。與己所出者無殊。辨理父喪。承受父業。及繼續死者一切事理。毫無別異。此乃私家爲然耳。若論酋國儲君。其事之輕重。相去甚遠。豈可同論。而爲其上國者。亦不能承認此等權利。蓋此權。用之一或勿慎。或出之以詐僞。是以億兆民人之幸福。付之於一不知誰何之微賤人也。危乎殆哉。且人君之立。既爲厚利民羣。則英之惠政。被於生民者。豈不較虛妄假託之土酋更遠且大哉。由是觀之。除土酋之無嗣。尤及其有合例之嗣子者外。固不得不以此法處置也。印度藩邦之因此而首先并入英國者。則爲薩達拉。（西歷一千八百十八年。當白蘇瓦（廝哈拉德之酋目）傾覆後。薩達拉。再建國基。海斯汀氏之力也。）其次。則爲代表沙章嘉氏者。西歷一千八百四十八年代表者歿無子嗣臨終時雖納他人子然格於此議勿能立也惟是年剌日不的之加洛里（剌日不德拿所屬北緯二十六度三十分英天文臺東經七十度）部則幸免乎此蓋英倫秉政諸公出而抗論以附庸與保護之盟邦二者當有區別也西歷一千八百三十三年西占之命運亦如薩達拉無異而那哥不爾一事於實行此理最為顯明那哥不爾之波斯拉朝某氏歿於西歷一千八百五十三年既無嫡嗣亦無承繼之子也是年海得拉巴之尼桑惑於人言乃以比拉爾地方讓與英人以擔保未清之欠欵至是英之政權遂及於比拉爾數邑此外尚有三酋國亦同時而斬其祀惟於英人之疆域仍無所增益耳印度南境之虛擁名號者如加那鐵克之那瓦孛及貪昭爾之土酋歿後皆無嗣子而職銜俸銀亦與之俱亡惟家屬恤銀則仍舊支給以矜孤老印度北境之貝吉羅氏即前任白蘇瓦者於西歷一千八百十八年廢立後仍歲領恩俸英金八萬鎊至西歷一千八百五十三年歿後始已其繼子那那薩希孛氏僅能襲其父之

餘產。(卽累年所餘之款項。)而別無他項利益矣。

英併烏德。其原因甚異。烏德一省。自西歷一千七百六十五年。克里夫氏。給還那瓦孛。蘇日倭多拉氏以來。雖爲自主之國。而外敵內訌。莫不惟英是賴。而英人亦以保護自任。故歷代那瓦孛。以己無責任。相沿成習。遂致政事荒怠。百弊叢生。而其猶可原者。獨忠順英之政府。始終勿貳之一事耳。近今一史家稱烏德爲印度園圃。(史家愛爾文氏印度園圃一書。卽詳言烏德之歷史。)蓋欲抉示印度政治之窳敗。莫甚於烏德者。然無論如何情形。占恒河膏腴之地。民居之稠密。全球之上。凡面積相等之地方。莫能與京。故遭此弊政。蚩蚩之氓。嘆息咨嗟者。已歷數世矣。惟烏德既爲英所保護。則歷任之總督。聽其破壞。同負責任。故屢次警告那瓦孛。必須整飭紀綱。振興庶政。(自西歷一千八百十九年後。那瓦孛已稱王號。)而那瓦孛若勿聞也。仁惠如貝汀克。武勇如赫亭吉。彼二氏者。第以威嚇之而已。迨達爾霍希氏。抵任。知那瓦孛之不悛。始決定主意。其時英政府。又力助其成。

嵌尼格氏

故西歷一千八百五十六年。達氏命駐紮雷各腦德之將軍。倭德爾蘭氏。（雷各腦德。卽烏德之都城。）卽取烏德政權。蓋達氏之意。以億兆生民。胥被秕政。英政府若再因循保護。是助紂爲虐。同一罪戾也。其時。烏德王。爲韋吉特阿里氏。雖以英人此次放逐爲不公。然見英軍勢强。不得不降。故被廢後。往訴英國。事勿就。乃歸居加爾各答郭外之加丁里曲村。歲受恩俸。英金十二萬鎊。英人乃以烏德爲郡縣。不復另置酋長。

西歷一千八百五十六年。達爾霍希侯爵。辭職。年甫四十四歲。歸時。身已有疾。西歷一千八百六十年。遂卒於英國。查英之政務官。因經營印度積勞病故者。除康瓦烈斯氏外。以達氏爲首焉。達氏去任。繼其後者。爲其友嵌尼格氏。方其赴東方時。英之諸政友。設宴餞之。嵌氏。卽席言曰。予此次銜命撫印度。深願終予之任。地方平靖。無他變故。惟予所不能忘情者。則以印度此時。雖天宇澄淸。絕無纖翳。然而一拳薄雲。或驟現空際。愈變愈大。尋至漫天匝地。決裂破壞。而吾輩之利益。亦

印度土兵叛亂

同陷其中。未可知也。云云。詎知次年。孟加拉土兵叛亂。恒河一帶。東自巴德拿西至特里。四起響應。草木皆兵。危哉危哉。

印度兵鬨一事。各種主動力之原因。若不足以饜歐人之心。而其致亂之由。似因印度土人。懷憤已久。又以深信讕言。遂突起暴動。以保其所疑懼也。故第一端。即達爾霍希氏之政策。爲土人所深惡而痛絕者。如立學堂。設電線。與汽機。及屢次兼併地方。何一非以英之文化。潛易印度之兆端也。孟加拉之土軍。自以爲身歷戎行。其見識所及。必較他人爲遠。故英人之舉動。已窺其深處。當時高級之民族。多募自烏德之軍人。懼國籍之將亡。悟并吞之狡計。況平定旁遮普。及印度全境。得以安靖無事者。皆彼等之力也。因怨生忿。流言四佈。各懷貳心。而廢位之酋長。與儲子寡妻。不知凡幾。莫不乘此危機。以圖報復。且聞克蘭米亞之戰。俄英結仇甚深。彼等又富于財帛。極欲賄買幫手。同舉義旗。以淸外敵。已覺有得而無失矣。當此事機緊急之際。政府諸君。毫無政界見識。孟加拉之營汛。謠言蠭起。謂所用之子彈火藥。必塗以獸膏。與都。穆罕默德。同蒙汚穢。此言一出。土軍鼓噪。無法慰解。自是以後。夜火營房。凌辱官長。平日之信義。已歸烏有。惟徒存外表之軍式而已。西歷一千八百五十七年五月十號。禮拜日下午。彌魯特之土軍。首先叛亂。呼號叫囂。若癲若狂。大非平時馴謹守法之性習。破獄釋犯。奔入營汛。凡遇歐人。無不殺戮。旋至特里城。聳動戍防之土兵。及犯罪之人民。聯成一氣。共尊蒙哥廢帝。爲首領。大舉起事。查彌魯特。爲印度陸軍雄鎭。歐洲步騎兵丁。駐防甚多。大砲器械。亦甚充實。似其兵力。於叛軍未入特里之先。足以撲滅。豈知叛軍。突起無意識之暴動。而英之官員。種種游移。毫無決斷。其無意識。與叛軍無殊。方驚電傳至特里。其夜。絕無所事。迨次日早晨。特里之穆罕默德。亦同聲起叛。而此時歐人所能爲者。惟轟燬火藥倉而已。然特里爲叛者所據。已得地勢。遂如野火流布。倏忽之間。遍及西北部。烏德。下至孟加拉南部矣。各處叛亂。其情形。大致相同。惟各有特別之因由。或官長預無警誡。或抗論忠義。相率叛去。凡歐人及耶蘇教徒。悉遭殺

稅克之忠義

戮。雖婦女幼孩。遇之亦無能幸免。擄掠財帛。破獄釋囚。而後集於特里。連合前叛之土軍。其勢愈盛。隱若敵國。獨旁遮普一省。洛爾倫斯氏。及其副將。愛德華及尼科爾孫二氏。預爲布置。繳軍械。嚴約束。故際此紛擾之時。而該省得以平安無事。豈偶然哉。

稅克之民。性果決。勿稍涉游移。其兵自阿富汗山上來。皆願列兵籍者。故旁遮普一省。不獨無危險之虞。而特里之圍。且出師助力焉。孟加拉南部。土兵多叛去。散於四方。而麻打薩拉。及孟買之土兵。尚無變動。至印度中央之酋長。則從叛者甚多。惟各有遲早耳。獨赫得拉巴之穆罕默德國。對於主國。其忠順一如往日。此則其首輔薩拉爾吉氏之功也。

叛軍之戰事。惟科尼普爾。雷各瑙德。及特里三城。最甚。而科尼普爾一邑。戍防土兵。又最多。其隣地比得赫爾。則爲丹圖班斯氏。宮室所在之地方。故聚集尤衆。丹圖班斯。又名曰那那薩希孛。即前白蘇瓦已廢之儲子也。初對英人頗効忠順。及叛軍事起。遂爲該軍首領。且自立爲麻哈拉德之白蘇瓦。其時。科尼普爾之歐人。婦孺居多數。而能戰之士則甚少。自築濠壘。備戰守。時値六月。被圍後。炎暑烈日中相持十有九日。旋以那那氏允許保護至阿拉哈巴地方。勿加傷害。歐人始以守地出降。共計四百五十人。趁舟自恒河下駛。

科尼普爾之殘殺

歐人四百五十名。方在河岸分乘船艘。起身。忽土兵麕集。縱火焚殺。悉罹於難。而乘亂逸出者。僅有四人。游泳至對岸。爲一素所友善之土王所保護。故得生還。故土詳述其事。此外歐洲婦孺一百二十五人。稍遲數日。亦同死於難。時。海瓦洛克氏之援軍。方將抵境也。

雷各腦德之防守

顯理洛爾倫斯氏。任烏德總管。居雷各腦德。知禍亂之將至。故及時建堡壘。儲糧食。孜孜講戰守。凡歐洲人之僑居該省者。均令入雷各腦德。尚有一營英國弱兵。亦於七月二號。調紮該城。事甫就緒。而叛軍已圍攻城池。後二日。洛爾倫斯氏因守城受重傷。英兵覩此情形。無不奮勇爭先。竭力防禦。勢甚危迫。至九月二十五號。海瓦洛克及奧特蘭木二氏之援軍至。始獲救免。然瞬息間。叛黨繼至。愈聚愈衆。海奧二氏。亦陷入重圍。幸科林康貝爾氏。（後稱克雷特公爵）親率精銳。於十一月。馳抵雷各腦德。破圍而入。而合城兵民。及海奧援軍。方得救全也。

英軍圍攻特里

叛黨自彌魯特竄入特里。盤踞甫及一月。而英將即於本年六月八號。統兵圍之。惟其時英兵僅有八千。而城內之敵。則三萬有奇。迨八月中秋。尼科爾孫氏始自旁遮普率兵抵特里。然尼科爾孫將軍親至戰地。較增益兵力。尤可寶貴。九月十四號。乃自統攻城隊。大舉攻城。血戰六日而城破。尼科爾孫氏。亦歿於陣矣。騎兵將霍德森氏。饒有膽畧。入城追虜蒙哥老帝伯哈德爾宣氏。復手鎗其子焉。特里爲叛黨老巢。英軍既解雷各腦德之圍。又克復特里。雖各處用兵。至年半之久。始得蕩平。而大局則至是已定矣。

戡平亂黨

烏德。及羅希爾干德二部之民。因烏德之公主巴勒里之那瓦孛。及那那薩希孛三人至。激於公憤。遂連結叛徒。同抗英軍。惟印度此數部。叛亂者民也。非兵也。科

英國東印度公司

林康貝爾氏自任烏德剿撫之事。而尼泊爾之監貝哈吉爾氏亦統戈喀司軍。援助兵力益强。乘勢攻取。經營兩冬之久。始將城邑堡堌。逐一克復。至西歷一千八百五十九年正月。叛黨渠帥。逃往邊界。事遂粗定。維時富戈羅斯（後稱司徒斯那爾頴公）氏。別統一軍。自孟買進抵印度中央。戰勝攻克。功績爛然。蓋富氏之敵人。如占西廢后某氏。及丹希亞托比氏。皆勇悍善戰著稱。即那那薩希孛氏戰守之韜畧。亦私受於彼等者。廢后自率所部。奮戰多日。於西歷一千八百五十八年。陣歿。而丹希亞托比氏。則在印度中央往返數四。卒爲他人所賣。乃於西歷一千八百五十九年。四月。力竭被虜。

印度土兵之亂。雖歷二百五十餘年之東印度公司。亦同受其殃。查該公司。奉英后伊里什貝斯氏之允准。於西歷一千六百年。創於印度。嗣遵西歷一千七百七十三年。瑙斯公爵。諸政員議定之憲章。始握政權。及創立印度政府。孟加拉之巡撫。亦於是年。改爲印度總督。增設參議員四人。作爲隸屬督署之議院。凡修訂法

東印度公司之政權轉歸英王

律章程。及制度之大權。均歸主持。而厤打薩拉。與孟買二部。關於和戰之重事。亦由總督管轄。又於加爾各答地方特設一至高之裁判署。而問刑官。則由英王簡派。此初次議行之規模也。至西歷一千七百八十四年。又以壁鐵之印度條議。始設立專部。掌理印度事務。而孟加拉。統治他部伯里璽德希之權。亦增其勢力。惟公司經營商務之專權。則遵西歷一千八百三十三年所定之律革除。是年。又議准增設議員。勿限定於公司執事中選充。僅於修訂法律章程時。至院與議。他勿過問也。又選派修律委員。及予孟加拉總督以管轄他省。關於政治武備之權。此印度續增之制度也。東印度公司。於西歷一千八百五十三年。復請得新憑照。未定期限。惟聽命于英國之議院而已。自是英國管理印度之議政會員。人數已較前減少。而公司選派官吏之權。亦同時革除。

西歷一千八百五十八年。爲修明印度政治起見。欲將公司之政權。全歸英王。新章一出。經管理印度之議政員。及議院黨論抗辯數四。始得定局。新章中議定。印度治權統於英王。一切政事。經由政務參謀部辦理。（英有五政務參謀部。管理印度事務者。亦五部之一也。其領部之官。卽稱國務大臣。）設議員十五人。隸於參謀部。以資襄助。公司之歐洲兵。計有將士二萬四千人。歸併國家。而印度水師。則悉行裁撤。西歷一千八百六十一年。印度議會決議之新章。總督轄下。及麻打薩拉孟買之議院。（卽樞密院）均增設議員。無論歐人土著。均可選充。然僅與議立法之事。而他項政務。則勿能預也。是年又於已立無上之裁判署外。分設高等裁判之署數所。

印度自經叛軍騷擾。地方糜爛。嵌尼格氏。適逢其時。故戡平禍亂。籌畫善後。責無旁貸。嵌氏辦理此事。雖禍亂方熾。勢甚危險之時。而鎭靜堅定。毫不慌張。惟處事公嚴。致毀譽互見。而世以慈恕之名加之。誤矣。西歷一千八百五十八年十一月。一號。阿拉哈巴地方。大會時。將英后統治印度之諭。當衆宣布。此次諭告。稱爲印度人民之馬加拿吉泰。（馬加拿吉泰。卽西歷一千二百十五年。諭英民自由之文告也）諭中言英后甚願政尙公平期臻郅治且許信教自由此次之變除殺害英民之兇犯外餘悉赦免西歷一千八百五十九年七月八號事已平定又諭告通國其冬嵌尼格氏往北部數省考察地方迎曾效忠義之親王首領且擠保隸英之權利印度自平兵亂後驟增國債四十兆金鎊而變易營制亦歲增餉金十兆庫藏空虛英王乃派吉姆斯佛爾森氏爲財政官吉氏抵印度後重訂關稅制度創辦進款稅牌照捐又行用國家鈔票西歷一千八百三十七年馬科雷氏纂訂之刑法至一千八百六十年與民法同著爲定律

嵌尼格氏於西歷一千八百六十二年去印度抵英未及一月病卒英后以愛爾吉氏爲總督至次年十一月亦以勤勞過度歿於喜馬拉雅之丹馬稅拉（丹馬稅拉在北緯三十度英天文臺東經七十六度之間）卽瘞於其處繼其任者爲莊頴洛爾倫斯氏以救全旁遮普頗獲榮譽者此次任印度適遇不丹用兵及俄里薩凶荒二事西歷一千八百六十九年梅俞氏繼任印度督注意于德育體育

西歷一千

及印度實業之進步。翁巴拉之會。（翁巴拉在旁遮普地處鐵路孔道。）同認希爾阿利氏爲阿富汗之亞米爾。雖洛爾倫斯氏已創其議。而梅氏不過繼其未竟之事。然其事之成功。實梅氏之威力也。梅氏爲人。威重堅定。感情深厚。故與歐洲官商及土酋交際。頗能水乳交融。而其任事。又耐勞苦。以身作則。見者無不感奮。西歷一千八百七十二年。巡察邊境。行至阿達曼群島。爲一刺客所殺。洛斯孛路克氏繼任總督。注意財政。西歷一千八百七十四年。孟加拉南部。歲大凶。政府設局振撫。又興工程役用災民。雖所費甚巨。而救全實多。西歷一千八百七十五年。以巴羅達之酋。政治敝敗。不能忠順。廢位。而其所轄之地方。則仍歸伊族之子嗣。西歷一千八百七十五年至七十六年。正值冬令。威爾斯親王遊歷其地。西歷一千八百七十六年。賴敦繼洛斯孛路克氏。爲總督。西歷一千八百七十七年。正月朔日。英后維多利亞。尊爲印度皇后。其時開大會於特里。宴會之盛。亘古無二也。西歷一千八百七十六年。印度南部。致雨之貿易風愆期。一千八百七十七年。雨

學部圖書局

八百七十六年至七十八年印度南境歲歉

澤亦稀少。地方久旱。五穀不登。遂成歉象。初僅台干。至科馬林角一帶。繼且侵及北境。自英人治理以來。印度受害之深。灾區之廣。未有甚於此次之旱荒者。當時。雜糧食物。航海輪路。絡繹輸運。不知幾何。政府振撫之款。又費至十一兆金鎊。人力可謂盡矣。然死于饑困與死于疾疫者之數。計之足令言者傷心。聞者酸鼻。蓋自一千八百七十六年。至七十八年。二年之間。人民死亡之數。無慮五百二十五萬名。而其死率約得百之四十。慘哉慘哉。

西歷一千八百七十八年至八十年阿富汗之戰

西歷一千八百七十八年。秋。南印度之旱患方舒。而阿富汗之警報又至。先是希爾阿利氏尊爲阿富汗之亞米爾。梅俞氏之功爲多。乃希氏不知感德。反密結俄人。以謀英。英使往。堅拒勿納。而俄使至則郊迎以禮。種種倍謬。英不能忍。遂宣戰。英人分三路進兵。一由加泊。一由古蘭。一由卜蘭。皆入阿富汗之山徑。軍抵敵境隘口。暢行無阻。希爾阿利氏逃往阿富汗之土耳其斯坦。未幾死於其處。英人與其子牙古柏汗 Yakubkhan 定約於干特麥克。Gandamak（在加普爾之東一村落）允許英之邊境。以山徑裏口爲界。而加普爾城。亦允英人。遣官駐紥。約成。英官路易凱瓦訥里氏。使居加普爾。方數月。突爲阿富汗人背約殺害。護衛兵丁。亦同及於難。事聞於英。乃再用兵。英師抵阿富汗。據加普爾。放牙古柏汗於印度。而以都蘭尼王室之阿富汗酋位置於康達哈爾政府。號爲瓦里。（瓦里亦酋長之稱。）當此印度軍務吃緊之際。英國適行選舉。賴敦氏。與守舊政黨同時辭職。英政府於西歷一千八百八十年。乃命律滂侯繼其任。未幾亞育孛汗。率希爾拉的兵擊敗英軍於康達哈爾與格里緜得河之間。（亞育孛汗爲希爾阿利之子）將軍夫里特律克洛卜鐵氏。聞信自加普爾。悉師往救。馳抵康達哈爾。於西歷一千八百八十年九月一號。一戰而殲亞育孛汗之軍。而代表德斯摩曼特氏之長嗣。曰阿孛斗拉曼汗者。自此遂認爲加普爾之亞米爾。

自西歷一千七百六十五年。至一千八百五十八年。東印度公司。轄下之總督姓名。開列於左。

西歷一千七百六十五年。公爵。克里夫氏。
一千七百六十七年。海里韋利爾斯氏。
一千七百六十九年。莊穎卡曾爾氏。
一千七百七十二年。瓦蘭海斯汀氏。
一千七百八十六年。公爵康瓦烈斯氏。（後稱侯）
一千七百九十三年。莊穎蘇爾氏。（又稱丹壘司公爵）
一千七百九十八年。亞柳特克拉克氏。
一千七百九十八年。毛尼吞。（又稱韋里斯里侯）
一千八百另五年。康瓦烈斯氏。再任。
一千八百另五年。佐治巴羅氏。
一千八百另六年。伯爵明都氏。
一千八百十三年。穆爾拉伯爵。（又稱海斯汀侯）

一千八百二十三年。莊穎亞丹氏。
一千八百二十三年。公爵亞茂司底氏。
一千八百二十八年。公爵威廉貝汀克氏。
一千八百三十五年。公爵查理梅加富氏。
一千八百三十六年。公爵奧克蘭特氏。
一千八百四十二年。伯爵愛倫葆拉富氏。
一千八百四十四年。子爵赫亭吉氏。
一千八百四十八年。伯爵達爾霍希氏。(後封侯)
一千八百五十六年。伯爵嵌尼格氏。
自西歷一千八百五十八年至一千八百八十一年。英王簡任之總督。姓名。
開列於左。
西歷一千八百五十八年。嵌尼格氏。

一千八百六十二年。伯爵愛爾吉氏。
一千八百六十四年。公爵莊潁洛爾倫斯氏。
一千八百六十九年。伯爵梅俞氏。
一千八百七十二年。公爵洛斯孛路克氏。
一千八百七十六年。公爵賴敦氏。
一千八百八十年。侯爵律滂氏。
（以上所稱公爵。西名曰勞特。與五等之公爵曰的有克者。異英國貴族。常稱勞特。亦一榮銜也。）

印度國志終

光緒三十三年五月印刷
光緒三十三年七月出版
（定價銅元九十枚）

編纂兼
刷印者　學部編譯圖書局

總發行所　學部編譯圖書局

国家出版基金项目
NATIONAL PUBLICATION FOUNDATION

海上絲綢之路文獻集成

總主編　陳支平　陳春聲

歷代史籍編

44

主編　范金民

海峽出版發行集團
THE STRAITS PUBLISHING & DISTRIBUTING GROUP
福建人民出版社

本册目次

俾路芝志一卷馬留土股志一卷紐吉尼亞島志一卷西里伯島志一卷附新志一卷

〔清〕學部編譯圖書局編

《俾路芝志》一卷《馬留土股志》一卷《紐吉尼亞島志》一卷《西里伯島志》一卷附《新志》一卷，清學部編譯圖書局編。俾路芝位於今巴基斯坦境内，南鄰阿拉伯海；紐吉尼亞島即今新幾内亞島；西里伯島即今印尼蘇拉威西島。是書概述四地地理位置、人種、氣候、植物、動物、宗教、貿易、歷史等。其中《西里伯島志》附《新志》，記其地理、河流、人口及政府等。據中國國家圖書館藏清光緒三十三年（一九〇七）排印本影印。

俾路芝志　馬留土股志

紐吉尼亞島志　西里伯島志坿新志

俾路芝志

光緒三十三年夏
學部圖書局印行

俾路芝志

俾路芝者。亞西亞洲一海國也。其海岸接於印度土股之西北部。北界阿富汗。東界信地。南界阿拉伯海。西界波斯。波斯俾路芝間之邊界。千八百七十年經哥爾斯密所統率之英國委員會繪爲自瓜大爾灣（約在英天文臺東經六十一度三十六分）直北至北緯二十六度十五分。又折而東。至尼欣河。隨河流東北而前。約至英天文臺東經六十三度十二分。復轉入北。直行至於加克準是爲定。則俾路芝約有面積十萬六千五百方英里。北緯起二十四度五十分迄三十度二十分。英天文臺東經起六十一度十分迄六十八度三十八分。自極東至於極西。長五百英里。闊三百七十。

海岸外形大致甚整。自東迄西。幾作直行。自信地邊界之蒙蚩角起（在北緯二十四度四十六分之稍北）至德什特河近處之白尼角止。海濱形勢率皆屹巉。然皆不甚峻。且有數處爲平沙。深及內地。然全省形勢。其內地皆較之濱海爲高。其沿海地角之表表著者。自東至西首曰蒙蚩角。或曰那斯摩雷爲松彌安尼灣中東方地角曰高拉不信曰那斯阿盧巴曰那斯羅皆瓜德爾灣中西方地角。曰拉斯朱尼爲瓜大爾灣中東方地角。曰細津角在其西陲。其海岸綫雖延長約六百英里。而苦無良港。惟有地絕穩固而有遮蔽可爲泊舟地者數處。其間以松彌安尼灣疴爾馬拉及瓜大爾爲最。瓜大爾有一小邑。一礮壘。並同此名。又有印度歐洲綫之電局一所。亞洲古代歷史之傳載及此者。蓋絕無而僅有。夫就其國之貧困與夫形勢之險土民慘暴之性觀之。似其抵拒外族之來賓。直與阻絕敵軍之侵逼相若。自阿雷安以約而實者紀亞歷山大行軍之經由此域。最初之明晰紀載。吾輩始從之而得。是地也。阿雷安氏名之爲俄利台。或曰加特俄西國。阿氏紀此孤僻區域。殊極精審。謂其地多燥。欲得水者。必掘地及泉。居民以魚棗爲食。肥饒之區。間只一見。木叢脞而馨草芬芳而茂蓊焉鬱焉。亦甚發達。美克蘭省西偏暴風之來。勢極猛烈。又謂其國難容大軍。緣當亞歷山大遠征時。隨從人畜。曾傷殘過半也。八世紀之初。是地曾經同教王凱立夫之軍橫截而過。

英國本從俾路芝種人得名。而布拉翬人則爲其地之主族。故其國君恒由是族選任。至布拉翬人何所從來。則不可知。惟知俾路芝舊爲印度族人所筦。布拉翬渠魁寬波率衆逐之。遂奄有是土。俾路芝人乃另有種族。至此國時。必在後期。殆一小團體。有來自敘利亞。亦有來自亞剌伯者。何以證之。類如吉海利有一異常美麗馬種。可見確爲亞剌伯血胤。且也此兩種人社會上之區別。可於布拉翬汗糾集其衆以與敵戰之事觀之。布拉翬人恃其强權。必索麥粉以爲日餼所需之一。俾路芝種人之隨征者受些須粗糲穀食。名曰約瓦爾 Jowal 此外又有波斯殖民。稱爲低瓦爾人。又有大多數之印度人。由信地盧斯美克蘭爲巴革達德之回王所逐。遷於布拉翬山。蓋爲此山最初之遷僑云。

欲研究俾路芝最初民族之問題。吾輩可斷其自上古時代卽增進他方遷入之僑。並自亞歷山大至奈低爾王歷次凱旋師團所遺丁壯。蓋奈低爾王曾取道俾路芝或其鄰境往復印度也。職是之故。吾輩可知居格雷西亞平原之沙卡種族。

美克蘭邊界之古基特戕西亞種族暨邊徼益西之大和種族悉爲亞歷山大從征之軍嫡裔並知此等種族皆隨軍自裏海岸而來其居薩拉灣者吾輩知其爲壽裴拉種族普利尼又謂居近屋克塞斯河者尙有一種族曰薩拉帕來匪直此也波蘭關北極有平原曰特什梯比到列扣特種人居焉其名抑吾輩所熟聞蓋馳譽之古國也者其他諸種族之名本可臚舉以信前說惟盡此問題則篇幅之占未免所需太廣矣布拉翬俾路芝兩族皆遜尼派之回教人

布拉翬種族之攘得是國主權其確實時期殆難細考大都約在二百年前先是印度朝末造某君患苦某阿富汗酋長部屬游賊侵擾國土勢且隳其國祚於是迫而乞援於山野游牧並致其渠寬波意固藉之以遏亂也寬波欣然受命不數年間奉命往剿之賊悉平乃自爲陸軍部長尋廢其君而篡其國

寬波襲位之後其國歷史仍模糊影響與印度時代無異畧可知者惟其國實似由寬波四傳而至阿不度拉汗汗本一勇而好名軍人思欲滅取開治滾達瓦其

地時爲諸小酋長所治。而此諸酋復受號令於信地之拿威伯酋。厥後又經數役。寬波之裔卒操有主權於其國沃壤之大半。並奄其首邑曰滾達瓦彼時正值大戰。乃極有名譽之奈低爾王由波斯進而侵入印度奈在滾達瓦時。又分遣軍隊入俾路芝而植其勢力於彼也。阿不度拉汗雖由奈氏之命仍繼國統。尋以與信地之拿威伯戰。遂爲所斃。嗣其位者。爲其長子曰海及摩訶墨汗其爲人淫暴已極而又以苛斂失民心。先是阿不度拉汗之次子名諸西爾汗者。從奈低爾征印度之特里有戰功。爲奈低爾所信任。至是歸國。適國人困其兄之暴政。群思擁戴之。諸西爾初不允。入勸其兄當脩德以安民。兄慢置不聽。諸西爾乃刺死之。諸西爾汗乃踐其位。民心大悅。隨以事之顚末報告於奈低爾王時奈低爾營於滾達瓦附近。聞此消息。甚爲滿意。當由原差齎詔回。爰勅諸西爾汗統轄俾路芝全部。茲事之成。在千七百三十九年。

諸西爾汗本一神明英武之君。既殫精竭慮力復其國。各部又修治克勒特城而繕其炮壘之備。至千七百四十七年。奈低爾王薨。諸西爾汗乃轉屬於喀布爾之王號曰阿曼阿不度拉王者。至千七百五十八年。諸西爾汗遂決意宣告獨立。阿曼王乃遣軍使一大臣統之來攻。諸西爾汗亦以兵應之。盡敗阿富汗之衆。阿王既聞敗北之信。立即親率生力軍來援。剋期再接。諸西爾汗遂潰。汗爰整旅退至克勒特城。而追者亦至。就以全軍圍困其城。汗守備臻至。防堵極嚴。直至王攻城之師爲之挫折。王始提議講和。和約遂定。約中載明王取汗之伯叔之子爲婚。汗免納朝貢。惟遇有徵調。汗仍當索賦助兵。而收半餉。後汗恒以喀布爾戰功顯著。王又賜之數邑。俾世其封。以爲酬報。其國嗣又大亂。亂首爲其猶子畢海蘭姆汗汗卒討平之。此賢明之君得年甚高。卒於千七百九十五年。遺三子五女。繼其統者。爲其長子摩慕特汗。時甫十有四齡。此君在位柔闇殊甚。土崩瓦解。國勢阽危。守令之人。紛紛叛離。而克勒特汗所有轄地。亦愈趨愈狹。終餘僅一小部分。故從諸西爾汗者。千八百三十九年。英軍經波蘭關向阿富汗進取之時。統轄俾路芝者爲彌勒勃汗。其爲人奸詐殊甚。嘗勒索阿富汗酋長貢獻。且言將盡其保護之責爲辭。至是英軍遂分其印度軍千五十人。命將軍威爾解爾往攻克勒特門由快炮攻入其城及郊壘。亦不數分鐘即破。是役也。俾路芝國人死約四百。彌勒勃汗與焉。生禽者共二千。嗣後英人始知欲與英人爲梗者。不爲彌勒勃汗而爲其大臣摩懽哈生並諸酋長之與之連盟者。凡英軍在開治滾達瓦及波蘭關等處之被要擊。皆彼等之意也。特此奸詐之大臣。又能令英國統治之官。輕信其言。謂此事實創自彌勒勃汗。今彼已死。足儆辜矣。要其目的所在。固甚利其主之被害。而自擅國權。蓋彼灼知彌勒勃之嗣。乃一乳臭兒也。至其何時達此目的。則史策載之明矣。明年克勒特又易其主。英設總督治之。守衛甚弱。故卒爲土人所乘也。是年終。英人復占其地。屬於將軍諾特。至千八百四十一年。英人認已故彌勒勃汗之幼子諾西爾爲汗。不久遂去其地。

自千八百四十三年由先將軍沙爾奈披爾指授方略。以英軍克服信地馴至千八百五十四年。英俾兩國絕無國際交涉。足以紀錄。千八百五十四年。先將軍約翰耶哥伯三等男爵其時正任信地邊繳監司。兼總兵之職。由其總督先侯爵德爾皓西委令與墨爾諾西爾汗之代表酋長議定。克勒特國與英政府之條約。是約成於千八百五十四年五月十四日其文如下。

（一）一千八百四十一年由少佐屋特蘭姆代英政府與克勒特主墨爾諾西爾汗所訂之攻守條約悉廢置不論。

（一）凡與英政府爲敵者。墨爾諾西爾汗及其嗣子並繼統之君必合極力反對。無論何所設施。均當與此政府合力共作。而服屬之。如不得此政府之允許。終不得與他國締約。

（一）克勒特轄境之內。無論何地。或有必需敷設英國軍隊者。該軍隊即可占據其地。總期合於英將領視爲得宜。

（一）凡俾路芝人民之在英國境內或其隣境者。俾路芝酋長當禁止其民。不得有侵掠情事。

(一)凡商旅之過其境只能照附載入約之所訂條目征取關稅。其酋長尤必保護之。如以上所列各節。舉能以誠信盡責則其酋長每年得從英政府收回補助費五萬盧比。（即五千英磅）

以上條約所列各款。墨爾諾西爾汗奉守唯謹。至終其身。卒時千八百五十六年。繼之者為其弟墨爾賀達達汗即今王也。年少僅十有二齡。其未得位之先。曾經諸叛酋之亂。頗歷艱難。始底於定。初諸叛酋本推戴汗者。以所受於國庫之賞。未能饜欲。爰欲廢之而致位於其從弟解爾地而汗。當千八百五十七年之季。印度亂勢方熾。特里城猶在亂黨之手。英政府曾簡派一英官（佐領韓雷格林）為使。與汗同駐克勒特聽命。於汗而助其轄治亂黨。自是相安無事者有年。直至千八百六十三年。使臣佐領買爾課爾姆格林恰值暫假。賀達達汗遂因其酋長之誘使。輕騎而出。而為從弟解爾地而汗所擊。受創甚重。既賀達達汗逃至英界逼近之地。群乃擁戴解爾地而爲汗。而布告正位焉。解爾地而汗之臨御時期甚促。蓋於千八百六十四年之初。以往克勒特而在滾達瓦關被弑。於是復推賀達達爲長。所奇者其推賀達達之人。卽前陷賀達達於敗之人。亦卽後之倡議弑其從弟之人。賀達達鑒於既往。則守此無定之位。倍益艱難。蓋賀達達既無此才力。素仰英政府之助而治其悍民。英政府復漠然不相顧恤。其國大勢遂寖久寖隳。終底於亂。厥後千八百五十四年所定約中各欵。亦多破壞。於是英與克勒特通使之好乃絕於千八百七十四年之終。

俾路芝全境地土。今區分如下。　札拉彎。薩拉彎。克勒特。美克蘭。盧斯。開治滾達瓦庫黑斯坦。

此國地面皆崎嶇崇峻而枯瘠少水。形勢最爲奇特。其山嶺萃集之區。因以爲俾路芝之一部曰庫黑斯坦。或曰多山部。界乎都城克勒特北緯二十九度一分三十八秒東經約六十六度三十九分及迤東平原曰開際。或曰開治滾達瓦之間。係累靑石而成。嶺嶺相若。行列距離。彼此密邇。蓋皆由北之西北至南之西南一脈而下也。其寬闊處約五十五英里。此脈原出阿富汗由波蘭關之北約在北緯三十度東經六十度三十分之地曰侯布峩者入俾路芝境。既又一脈東行至塞灣會印度河。然後得其名曰哈喇山。在阿拉伯海之蒙嵬角。喀喇嵬之西。北緯約二十五度。東經約六十六度六十八分。直處共長三百英里。是嶺之最高峯自東而約略北指。距克勒特八十五英里。高於海面萬二千英尺。侯布峩群嶺西脈之屬俾路芝者。地皆不毛。並無木植。所見僅布拉翬游牧部落。每近冬季。則遷入開際之平原。侯布峩山在波蘭河及波蘭關之北為峯巒險峻之群山所亂。其山自東西向而與蘇里蔓山遇。約在北緯二十九度五分東經六十九度三十分。是地也。北界悉威斯坦。居其地者。幾盡為摩雷種人玻格梯種人及其他種族之為俾路芝盜賊者。此嶺之南為沙漠地。當北緯二十八度二十七分接於信地邊境。克勒特之東有自俾路芝之庫黑斯坦直瀉而下之大河流二。曰波蘭河馬拉河波蘭河起於克勒特東北約六十英里。馬拉河起於北緯二十八度十九分。東經六十六度二十九分。約在安戒拉城之南四十五英里。二流皆流入開際平原。波蘭河約在北緯二十九度二十八分五十一秒。東經六十七度二十六分。入達都爾境。馬拉河約在北緯二十八度三十三分四十一秒東經六十七度二十六分入滾達瓦附近之科特拉。是二河流皆裕有源頭活水。終年不息。清澈異常。流入平原大爲灌溉之利。每値雨季時節。風雨驟至。附近山水暴發。自中央亞細亞至印度。有最平易二道取名於此二水。馬拉河之南爲加曰河。水入平原。亦爲農利。那拉河則由開治滾達瓦西北隅扣鳩克附近之處流入平原。約在北緯二十九度三十六分。東經六十八度二分。其水道經阿富汗之悉畢省時。尋常亦爲種植之利。特至多雨時期。水由山下輒至隄决汎濫於開際沙漠之間。占地甚廣。且自此而南。

自克勒特之西至東經六十五度三十分。群嶺半皆平列。性質亦與自克勒特東往之嶺相似。惟山形較險。界限較清亦較低耳。介乎群嶺之間有谷焉。谷之寬闊自五英里至十五英里爲差。中無樹木。河流率皆自北至南。依山爲道。每值淫雨。則水流直入阿拉伯海。然按之常例。其水未至海濱之先。而已先涸。其所以然者。或爲灌溉所用。或爲極燥之沙土所吸。其中著名之河曰德什特河曰摩爾安尼河。

俾路芝氣候省省互異。地土率皆磽确。惟開治滾達瓦省尙稱肥沃。其地獨擅膏腴。而爲人艶稱。至謂其地若施種如法。並能遍植。則所穫可供俾路芝全部而有餘。金銀鉛鐵錫銻硫礬硝阿摩尼鹽各種礦鹽其國所在多有。可貴金類之已發達者。僅知取鐵與鉛。鑛在瑠斗城附近。約距克勒特南之西南百五十英里。其他各種礦物統計甚富。克勒特所有園圃出產菓實多種。售價甚廉。如黃梅桃葡萄杏仁榧子蘋果沙梨李葡萄柑櫻桃萬春果無花果石榴。桑椹波羅蜜瓜番石榴之類。各種穀類。凡見於印度者。俾路芝各省亦植之。並富有園蔬。亦產丹參木棉。

與靛。靛產視孟加拉所出更佳。美克蘭省所最注意。尤在棗稼。俾路芝所有家畜。爲馬。騾。驢。駱駝。水牛。黑牛。綿羊。山羊。犬。貓。此外尚有雞鴿之屬。惟無鵝鴨火雞。野獸則虎。豹。鼴貔。狼。山狗。山貓。野狗。狐。兔。蒙鼠。野山羊。羚羊。麋。紅大鹿。野驢之類。禽類則幾兼歐洲印度所有而全。

俾路芝所有通都大邑。列之如下。全國都城曰克勒特。薩拉彎省城曰模斯通。札拉彎省城曰科斯達爾。百喇省城曰百喇。美克蘭省城曰怯折。開治滾達瓦省城曰巴格。達都爾。滾達瓦。又開治滾達瓦之屬邑也。

都城位於高地。高出海面七千英尺。西偏一角爲肥沃原野。約長八英里。寬二三英里。中建園囿。並圈作他用。城建爲長圓形。三面皆以土牆爲衛。高十八或二十英尺。城上每距二百五十碼有郭以爲之翼。一如牆制。並穿成雉堞。爲守陴之用。其一面則鑿開山之西偏。依以爲固。其上亦多建築。並置宮殿於其巔。所以便於統馭全城及其鄰境也。汗之居既在山上。故山之北面亦有土牆圍繞。並附以郭。

乙

所從入之道。在其西南隅。闢門凡三。一如城門之制。守陴之士。恆居其上。其城及城內碉堡。皆有群山環匝。故轉覺無險可以禦砲。城內居民共二千五百餘家。而居郭外者殆過此數之半。屋皆半燒磚或架木爲之。而墁以灰泥。都中街衢較他邑之路爲闊。街旁多有隙地以備徒步人行。惟中有透露地溝一道。穢臭難當。蓋凡汚濁之物背棄於此。而雨水汙積。亦注於此也。屋之上層往往橫街而過。以故伏處其下之地。遂致晦暗陰濕。此製殆仿乎波斯及喀布爾勸工場之制。克勒特街市宏闊。百物充牣。舉凡日用所需。無有不可購致。而價亦持其平。城中所用甘美飲水。係從一山泉而得。泉在半山。山之對面爲一平原。水曲折而流。其一邊爲城市郊原。又一邊爲園囿。所奇者。此泉經由極小河身。潺潺直瀉。而水之溫度甚高。惟日出以後。迄乎終日。則驟變而爲極寒。

精核俾路芝民數。吾輩無所據以爲定。以臆度之。約得四十萬之數。其俾路芝布拉輩兩大種族。又晰爲無數種族。由其語言狀貌。彼此區別甚清。俾路芝種人之語言大都得自波斯。然其音節則因雜有土人口吻而大異。布拉翬種族不然。其於波斯也略不相似。而合於古印度語言之處則彷彿甚多。緣此種語言。一經擊入耳際。輒覺與旁遮普所操土音相類之甚。俾路芝種人大率皆軀偉貌長面形隆起。布拉翬種人反是。骨短而濁。面團而平。

俾路芝人乃一秀穎種族。雖身力不富。然能與天時地候之變遷相習。且耐勞苦。其性生好刦殺。故凡慘酷殘暴之舉。皆悍然爲之而略無顧忌。顧刦奪雖其本性。有時亦儼然而爲好客之人。亞洲西南部風俗。凡遇旅客之借宿其家者。則頗盡地主之誼。然有旅人一出其門。則爲之主人者。復可恣其刦殺矣。其人率皆游惰。非嬉戲鬥毆。不能有所感動。非迫於急務。不能有所作爲。其光陰全消磨於晏安放蕩並驕縱惡劣之樂。爲其力所能致者。如游蕩賭博吸食菸葉麻葉並嚼食鴉片。由其宗教規戒。或由其貧不能沽。故此種之人幸無沈湎於酒。其重要食品爲各種牛乳。家畜之肉。駝肉。此外尚有獵獸之肉。並野驢肉。野驢肉尤其嗜食之品。

饕餮本其性成。故每得肉食。縱其數至多。亦炊至半熟大嚼而盡。亦以穀食作麵包形。而製法殊異。尤喜以辛辣之品。如葱蒜椒實者爲調和食物之用。惟其好惰。故凡其力足以畜養若干婢僕者。恒盡其力以致之。婢妾成行。面首供奉。固數見不鮮矣。下品之人。妻妾之奉。有至八數者。或爲正妻。或爲所歡。其數之增而愈上。則視其人之爵與富爲衡。妻以貨得。貨之之法。以牛或牧產所有各物易市。婚禮之成。由摩喇 Moollah 即其教士。男子之爲面首也。亦同此禮。習俗相沿。漫不爲怪。蓋以與利未法律固甚相合。類如此邦之人（阿富汗人亦然）可俟其兄之死而取其孀是也。人之死也。賓朋鄰里。必群集而守其尸。至歷三夜之久。所以消磨此三夜者。則藉劇飲爲樂。一若以喪禮爲尋樂之時也。

布拉翬人尋常服制。爲藍白二色。粗布襯衫。環頸密扣。長可過膝。褲亦是類粗布爲之。亦有取材於一種條紋之布。名蘇西者。Soosee 於踝際則疊而束焉。首戴綿小帽。或綢或布。形製皆與頭顱絕合。腰纏一帶。名曰古摩帶。Knusmurbandt 色與帽同。俾路芝人服制亦大略相同。惟首束以帛而褲之下筩。又釋而不縛耳。其酋長並其戚屬。每至冬季。則衣花布裡衣。實以木棉。而縫作行列以爲顯別。稍貧者則出戶時始以外衣自裹。衣係布製。布由山羊綿羊兩種毛質雜織而成。婦女之服與男子極其相類。惟褲製絕大。或以絲綢爲之。或絲棉半焉。

夫惟其國權之屈伸無常。以故克勒特政府之性質亦難確定。當諾西爾汗在位之時。全國所轄。幾可謂統治於一完全專制政體下矣。然各部酋長享有完全自治其部人之權。故偶然遊歷其國者。見其國一若爲武事之聯合國焉。各部之人皆操有自選酋長之權。汗亦有權可以進退其酋長之位。惟此權永遠無能實行。殆僅有其名耳。克勒特汗可以代表俾路芝全體。而與他國宣戰書。亦立盟約。惟可徵令各部酋長親身率兵入伍。當寬波朝最初數君中。有某君者。曾制定一例。謂凡關於裁判之一切管理權。胥由政府領袖之人操之。故其酋長雖亦有權可以於其所轄一小部分之民。裁判鬥毆盜賊之事。並於各項細故評其曲直。然遇有重大案由。必上訴於克勒特汗而受讞焉。

克勒特汗所享受之賦稅。爲數無多。俾路芝與布拉翬兩種之人。以屬於操權種族也。故不納正稅。又其人皆貧而其性好質。故間接輸出之賦亦不多。其入欵所從來。約有數端。一由城邑田野皆汗爲之地主。一由阿富汗人低瓦爾人郯特人之爲之農者。皆按所獲納賦。而無或梗命。一由商賈之正稅關鈔。此外則由於一切掊克聚斂之爲。凡東方各國君長所恃以爲彌補庫儲之術者。波庭格懸度其數。謂約在三十五萬盧比。墨森又多方由其國語得有各種報告。謂其額約在三十萬盧比。以今觀之。即千八百七十五年則其數至多。亦無逾三十萬盧比或三萬鎊。似此賦稅之額。其不能贍養常備軍隊較然甚明。墨森於此問題曾極意研求。而據其所得報告。則謂彌勒勃汗曾以己財養士。而兵額幾致盡闕。小有緩急。不得不迫而乞靈於所屬各部。於是聽其令也惟各部。不聽其令而忽變初念。便宜自處也。亦惟各部。據波庭格統計。謂其國共有可戰之兵六萬人。而終彌勒勃汗之世。曾未能徵集軍士數逾一萬二千。至其末路之爭貧爭權爭存。其兵額且不及三千人。今（即千八百七十五年）其國之兵若同時並時徵召。似有可用之兵四萬人。但汗力所能徵集者。最多亦不過萬人。總之汗之能召集部兵之多寡。全視汗之國庫之豐嗇威權之大小以及戰事之順逆以爲斷。俾路芝軍人皆身環重鎧。手盾肩鎗。並佩帶刀劍。波庭格謂其人極精射。並稱其練成此種精枝專爲臨戰不受近逼。然觀其與英人戰。則往往故爲近逼。若示人以自失也者。岷里之役。俾路芝國中曾無一布拉翬種人與我兵爲敵。亦無一俾路芝種人與我兵爲仇。惟自信地之阿彌爾所起之兵。則皆信地俾路芝兩種人。然此所謂俾路芝種人。亦久居信地者。其兵率步卒居其大半。亦有騎士。然不甚多。用駱駝者。僅俾路芝西界各部。用以資刼殺云。

俾路芝志終

乙

馬留土股志

光緒三十三年夏
學部圖書局印行

馬留土股志

馬留土股。亦名蔴剌甲土名塔那巫來由譯即馬留之地也。地處亞洲之極南。北與緬甸暹羅相連。其相連之處曰克拉土頸。在北緯十度。自此向南繼又轉向東南與蘇門答臘平行。直至羅馬尼亞角。在北緯一度二十三分。去赤道僅九十五英里耳。此土股自克剌土頸至羅馬尼亞角凡長六百英里。其寬狹亦至不同。克剌土頸寬四十五英里。至北緯七度三十分之塔蘭地。又極狹。與克剌土頸相等。至北緯五度之披拉克。則寬可二百零十英里。至北緯三度二十分之沙拉我Selargor則寬一百五十英里。全地面積約七萬方英里。其居民至少亦六十五萬人。其地西界孟加拉灣及蔴剌甲海峽。東界暹羅灣及南海。以地勢及人種而言之。則此土股似應列於南洋群島。而無與於亞洲大陸。近常有人擬於克拉土頸之處開一運河。設河果成。則馬留土股遂成一大島。而天然列於南洋。馬留西亞群島中矣。以廣義言之。則此土股實起於暹羅灣之盡頭處。與暹京曼谷平列。然土股之地界於北緯十度及十三度三十分之間者。就習慣上言之。則作爲屬於暹羅本部及緬甸兩國。故馬留土股之極西北界。則以巴克啇河之下流爲止境。以與地那悉林間隔。惟巴克啇河以東則暹羅本部之地。實無天然及行政界以別於暹羅在土股上之領土。總之暹羅領土在西岸及於北緯五度三十三分之摩達河。而在東岸則及於北緯四度之彭亨小國。土股濱海之地。大致平衍。曼格魯夫樹叢生其上。延及內地至五六英里之遠。且海濱之外。小島纍纍然環圍之。其稍著名者。西岸則有薩蘭蘭喀華。檳榔嶼等島。南岸則有新加坡巴唐及本定等島。東岸則有湯塔林木 Tantalem 及巴爾地亞 Bardia 等島。凡此環岸諸島。約共有面積五千方英里。其昔均與大陸毗連者也。

馬留土股雖在十六世紀之初年已爲歐洲人所知。然皆不過沿海一百英里以內之地。其餘內地則漠然不知其情狀。一千八百七十九年。特蘇撒爲英政府繪一馬留土股之圖。亦不詳細。其繪山嶺。未能遠及其發脈之處。且其所繪之山。僅

丙

局於吉達 Kedah 之南。他處則付闕如。其於河流方向以及行政疆界。大都出之擬造。至其中有多數之高峯。亦未提及。然自此以後。則有多數詳細之測量。從此其中之河流山脈以及地質。皆可略知之矣。其地面大致多山。而地勢亦頗高。與昔人之意想大相左。且全土股之中央有一聯貫而不整齊之連山。如其地之脊骨然。此聯山實與地那悉林及阿拉干諸山相連者也。惟有此山在中央爲全土股之分水山。故其河流東西分流而入於海。又此間之山雖與阿拉干及地那悉林諸山相連。而其高僅三千尺。遠不若前兩處山之高。除此大連山外。其兩旁尚有支山分出。亦南北行。又有孤立之山峯高可與大連山相匹。土股全地既不甚廣。而又爲大山所據。故高原平原以及谷地無可位置。因而全地罕有平曠之地。惟東岸之丁噶奴彭亨及西岸之沙剌我等地爲平原耳。全地最高之山。以界於披拉克及吉達之間之地地邦沙嶺爲最高。(七千英尺)餘如古農伊那斯高五千英尺。古農巴蒲高五千六百五十英尺。古農烏魯高六千四百三十五英尺。此諸山者皆附近披拉克河之左右岸也西林木山高自六千尺至七千尺位於披拉克之東南古農拉雅山高六千五百英尺此山在大連山中恩道河（在土股之南）流域之中有一峯高七千尺而昔人以爲土股極南之山名古農利丹高三千八百四十九尺者爲最高實則此山幾兩倍其高度也吉連丹部之西有一峯高自八千五百尺至九千尺實爲全地最高之山惟其地未經詳細調查故尚未足爲據耳此諸山之中未有一處可通人之道惟地恩常言彼自吉達至巴大尼踰大連山時曾遵一樹林中之鳥道而行或云自東岸之白爾那木河 Bernam 流域有鳥道踰大連山以通彭亨小國

全地狹而多山故雖有河流而皆極短且河口有淤壩或珊瑚島壩故其河流僅能爲灌溉之用無航運之利便然有數河尚可通輕舟一千八百八十一年地恩常乘小舟溯白爾那木河而上至距河口七十六英里之遠至此再易輕舟行九英里至新班至此則雖輕舟亦莫能行矣此河併其支河計之凡得通小舟之水

岸之地較爲康適惟其氣候炎熱空氣中含鹽甚多爲多數人所不耐自西歷七月以至九月東南孟松風之勢極大汽船爲之不前

(植物)島中大半植物尙爲具有東印度群島植物之性質惟沿巴布亞灣及其內地其間植物則已具澳大利亞植物之性質矣卽北至亨博而德灣其植物尙有爲澳洲種者島之東北樹林稠密卽高在數千尺之山中亦然其樹本亦極長可爲佳材惟樹之種類不及他東印度群島之多耳樹林之中亦多生爬籐繞於樹上樹林之下尙生短小之莽林因之蔬菜之類不能展發曠野及淺澤之中又多蘆葦豐草他種短小之樹則有紅木寄生香料(如薑白荳蔻等)冬青檳榔(有野生者有家植者)番石榴波羅蜜砂仁棉花等此皆生於平地者也山上則產橡夾竹桃等經人種植之樹則有香蕉巴巴埃櫨甘蔗高粱蕷粟芋大薯荷蘭薯南瓜米等物椰實到處皆有洋西米棕則野生於淺澤之地西北山族之民倚此爲大宗食品又有一種棕曰撒里其樹之頂及樹心與洋西米無異島之內地

產極佳之菸葉。據土人自言。島中產菸至早。相傳有女曰希瓦者。以果投地。卽化爲菸草。

（動物）紐吉尼亞乳哺動物極少。據華來司言。島中舍一種特別之豕外。有鼠類數種。翼步類獸數種。袋獸四類。均澳種。又有棘皮類獸二種。島中鳥類多而且豔。沙而法多利子爵曾言有一千零二十八種之多。此一千零二十八種之鳥。可剖爲三百二十一類。大半鳥類。具有澳洲性質。惟略有不同。亦有多種爲馬留種。天堂鳥獨產於此島及其隣島。其外尚有吸蜜鳥。捉蠅鳥。鸚鵡。魚王。斑鳩。等鳥。惟與他處者略異其狀耳。食生之鳥。爲數不多。禿鷹。雉雞。啄木鳥。及黃雀則絕無有。華來司言。島中美羽之鳥。佔百分中之五十。蛇類有二十四種。壁虎類亦有二十四種。水陸雙棲類。有八種。蝴蝶種類多而且豔。甲蟲類亦然。華來司言其地之甲蟲。其豔麗惟其島中鳥羽足以匹之。

（居民）島中居民。種族至夥。各自爲生。不相融洽。其狀貌旣殊。語言亦有異。文化

丁

土人名之曰蘇門答拉風。以其風自蘇門答拉所吹至也。而東則當孟松風期內。有暴起之旋風。

全島除有灰石（卽白石）之處外。餘地悉不膏腴。且島中石質。爲期較新。尙未腐爛。故不能多種穀米以供本地之用。然雖不合於種植。而全島熱帶植物滿之。其中最有用者。則爲樹膠。樟腦。紅木。蘇木。籐。花梨。竹。尼本 Nebung 及尼巴棕等。然島人不知愛護其木。而中國人之爲礦工於其地者。往往伐佳木用爲柴薪。以鎔錫鑛。果品之佳者則有 Duriang 及 Mangosteen 等。種植品則有穀米。甘蔗。棉花。菸草。大薯。甘薯。椰實。及檳榔等樹。披拉克及沙剌我兩河之岸。可種茶及咖啡。島之土產則有一種爬籐之靛花。及一種野荳蔻。至眞正荳蔻。肉桂。及丁香等品。則傳入其地已久。生殖亦盛。

土股中之動物。種類極富。然觀其種類之性質。實宜歸併南洋群島。而不應屬之亞洲大陸也。此間有獨角犀牛。塔披爾。象。及野豕等物。狀與產於蘇門答拉島者無異。此間有一種小熊。狀與產於婆羅洲者相似。又有爪哇之異他牛。另有兩種野牛。則爲馬留土股所特有。然亞洲大陸之虎。則蔓延及於全土股。甚且波海峽而至新加坡及隣近諸島。至四手類獸。則有九種。如伸般西庫甘黑白恩加。惟無猩猩。然猩猩之名。則土人亦有用之者。但不以名眞猩猩耳。鳥類之最著者。則有犀牛角嘴鳥。爪哇鶴。及鉛筆痕之雉。天堂鳥。八哥。日唇鳥。嚶嚶鳥。魚王鳥。捉蠅鳥。鴿。斑鳩。及他種鳥類。多至不可勝載。土股中復時有一種燕來。其巢可食。此間蝴蝶類及甲虫類亦甚多。昆虫種類亦繁。蝴蝶中有一種極大而美觀者。曰鳥翅蝶。昔人以爲此蝶。僅產於婆羅洲也。土股四周海中產鮫人類動物數種。中有一種土人名之曰 Duyong 而歐洲仿其音而用其名。惟改其字爲 Dugong 寔係誤也。

以行政界上言之。土股之地。有直接受治於暹羅或英國者。有爲半自主之王侯所治者。此等小國。不爲英之附庸。則爲暹羅之附庸。暹羅領土包有土股北部至

丙

於北緯五度三十五分。由此而界綫偏向東南至於丁噶奴南界。北緯四度三十五分之處。由是而界綫折向西北橫截土股而至於吉達。此爲暹羅屬地之南界綫。其間之地。或直接爲暹羅所治。或由藩王治之。而王又轉治於暹羅。自此界綫以南。則均屬之英國。其地併隣近數小島合成爲海峽居留地。然其間亦有土王自治之小國在其間。惟此等小國皆英之附庸耳。下列一表。顯明土股之行政分區。

暹羅行政系

一曰里各爾 Ligor 及森哥拉 Sengora。此兩省包含克剌土頸。北自北緯十度南至北緯七度。其西面海濱長二百六十英里。東面海濱長二百四十英里。面積一萬七千方英里。居民約五萬人。

一曰吉達。此省界於里各爾及披拉克之間。北起北緯七度。南迄北緯五度三十五分。西面有海濱長一百二十英里。面積三千六百方英里。居民三萬人。

一曰巴大尼。或名拉曼。界於森哥拉及吉連丹之間。北起北緯七度南至北緯五度三十分。東面有海濱長五十英里。面積五千方英里。居民三萬人。

一曰吉連丹。界於巴大尼及丁噶奴之間。北起北緯六度南至北緯四度。東面有海濱六十英里。面積七千方英里。居民二萬人。

一曰丁噶奴。及契馬曼。界於吉連丹及彭亨之間。北起北緯五度三十分。南迄北緯四度。東面有海濱長八十英里。面積六千方英里。居民五萬人。

英國行政系

一曰披拉克。界於吉達及沙剌我之間。北起北緯五度三十分。南至北緯四度。西面有海濱長八十英里。面積六千五百方英里。居民三萬人。

一曰沙剌我。及喀蘭。Kacang 界於披拉克及麻剌甲領土之間。北起北緯四度南至北緯三度。西面有海濱長一百二十英里。居民一萬五千人。

一曰柔佛。爲土股最南之地。北起北緯二度四十分。南至羅馬尼亞角。面積一萬

丙

方英里。居民二萬人。

一曰彭亨。界於丁噶奴及柔佛之間。北起北緯五度。南至北緯三度。東面有海濱九十英里。面積三千五百方英里。居民二萬人。

一曰內地各國。如日勒蒲 Jelebu 生肌烏窮 Sungie Njong 施里米南替 Sri Menanti 啓普耳 Jumpol 孰河耳 Joho 蘭堡 Rambau 日賴 Jelai 西噶馬德 Segamat 或名模亞爾等。凡此諸國。悉位於北緯四度及二度之間。其初與今英領之麻剌甲領土相連。總名曰尼格里三比蘭。Negri Sambilau 譯即九地之謂也。每一小國。各有一小侯以治之。其初諸小侯附庸於麻剌甲之索丹。繼又附於柔佛之索丹。今則九國合而爲一聯邦。附於英國。此諸國者。東界柔佛。北界彭亨。西及西北界沙剌我。總共面積不滿五千方英里。居民約五萬人。

一曰海峽居留地。包含披拉克之一區。麻剌甲檳榔嶼及新加坡島。總共面積一千四百四十五方英里。居民於一千八百八十一年。有三十一萬四千人。

除中國人克林人布其人及他僑居之民不計外。馬留土股之民可分三種。一曰泰人。卽暹羅人。曰馬留人。卽巫來由人。曰尼革里土人。純暹羅種人居於土股之北部。其居也結小社會而散處。其南界直至東海濱之森哥拉城。（在北緯七度十分）有一種馬留與暹羅雜種之民。名曰撒木撒木人。此種人佔里各爾及森哥拉兩省居民之多數。其人之語言宗教習尙雖已悉從暹羅。然自其面貌上觀之。其人蓋近於馬留人種而非暹羅之泰人種也。顧此種人所居之地。與暹羅人密邇。故視暹羅較親於馬留種人。十九世紀時。此種人曾助暹羅人以與隣近之馬留人戰。

其餘土股之地。北自北緯七度以至羅馬尼亞角。則純爲馬留種人所居。土人亦自命其地曰塔那巫來由。（見前）然此間之馬留人種。究爲其地之土著。抑自蘇門荅拉島遷來。民種家辯論不一。有從下說者。則謂當十二世紀之時。米南加坡及巴隣旁之馬留人種。實常遷徙其居地。其意以爲彼等卽遷居於馬留土股。且

丙

謂爪哇之馬留人種遷居。較之上兩處之人尤早。可以證馬留土股之人。必自南洋島中遷來。或者則謂馬留土股在昔與蘇門荅拉及其隣近諸島大陸相連。並無厤刺甲海峽以隔之。而其時蘇門荅拉及馬留土股則皆爲馬留人所居後此蘇門荅拉與馬留土股有海峽以阻隔。兩地之人。實未嘗彼此遷居。故兩地之有馬留人種。有於兩地未分以前。而非有於兩地既分以後也。或有謂馬留人種。實北方蒙古種人之分支。其人向南遷居。初至馬留土股。其時大陸與蘇門荅拉尚未有海峽阻隔。即往其地而居。因謂南洋群島中之馬留人。實自馬留土股遷往。而反對其說者。則謂馬留人種爲南洋群島之土著。並非客民。當大陸與蘇門荅拉未分以前。南洋群島之馬留人。即遷居於馬留土股。又謂馬留土股之馬留人實自南洋群島之馬留人遷往。其說不一。莫有定評。

馬留土股之馬留人。程度不一。其文化較高者曰倭蘭巫來由。倭蘭譯即人。言馬留人也。其文化較低者曰倭蘭白紐阿。譯即土著人也。馬留人崇禮回教。有文化。

似從蘇門荅拉遷來而土著人自初古已居於此實爲其地馬留種人之土著然細考其地之民種似土著不止此一種人昔人曾有著述謂其地尚有一種尼革里土人狀與阿達曼及斐律賓之尼革里土人無異米克魯曲馬克留之言曰吾細考馬留土股之民種其中蓋有一種米蘭尼西亞人在焉其人雖與馬留人種雜居及通婚嫁然今已日見衰耗彭亨及吉連丹兩省之山中其居民似確爲米蘭尼西亞種人

馬留人稱尼革里土之土著曰撒喀而稱馬留種人之土著曰色曼然雖有二名以分別之其實似兩種人已無可分別蓋兩種土著雜居已久語言習尚業經同化尼革里土人之本來語言久已失眞而習從馬留土著人之語言此種馬留語言自土股之極南至北緯六七度之人皆用之惟稍有方音之異耳自北緯六七度以北則其人之語言皆爲暹羅語矣兩種土著其人閧已不滿一萬而支族極夥其最著者曰雅公人多居於南部曰倭代曰巴西西曰撒冰巴曰民朁拉（或

丙

名曼忒拉）曰哈拉等。此等人文化極低。遠避深山。以獵爲生。能以毒矢射鳥。然文化較高之馬留人亦分支派。如有名愛納克亞珍（亞珍之子孫）及施里魯馬米南加坡族者。卽其族名。可知其人本自蘇門荅拉遷至。

別種人之居於馬留土股者。有西里伯島之布極斯人。此種人在昔日爲土股西岸之强族。又有摩亞爾卽亞拉伯人。克林人來自印度。其人專居於海港。爲貿遷之人。有土巴斯者。乃蒲萄牙人與馬留人混合之種也。又有少數歐羅巴人。巴塔人。及斐洲黑奴。最多者爲中國人。現土股已幾爲中國之殖民地矣。其人已得其地之鑛業農業小商店及內地航運之專攬權。他國之人不易揷身其間。

古歐洲人雖隱約知馬留土股。而稱之曰金地 Aurea Chersonesus 或又稱之曰海盜地。Regis Latisnum 然在十三世紀以前。未有可信之歷史也。據本地著作家言。謂一千二百五十年。有旅人自蘇門荅拉巫來由河濱遷居其地。築居留地於新加坡拉。（譯卽獅城之謂也）其後爪哇王馬雅拍希德逐其人出新加坡。於是於一千二百五十三年被逐之人又築城曰麻剌甲者於土股之西南岸自是以後蘇門荅拉奉回敎而有文化之馬留人速即徧居全土股立多數小海盜之國至一千五百十一年蒲萄牙人至佔取麻剌甲此時馬留人南見逼於歐羅巴人北又不容於暹羅人且暹羅勢力日即南下馬留人本務海盜不守法律見逼既甚遂亦不復立國家相沿至今猶如此也蒲人佔麻剌甲凡一百三十年其後爲荷蘭人所得時一千六百四十一年也而荷蘭人復於一千七百九十五年以之讓與英國至一千八百二十四年荷蘭人盡棄其土股之領土以與英易爪哇之班庫蘭檳榔嶼及新加坡早爲英人所佔平其地之海盜而又傾覆前此數專賣之商人而易以自由通商法又與隣近諸國訂立條約從此馬留土股遂日見其興盛矣

馬留土股志終

丙

紐吉尼亞島志

光緒三十三年夏
學部圖書局印行

紐吉尼亞島志

紐吉尼亞島者。或名巴布亞。除澳大利亞外。爲世界第一大島。其島適位於澳大利亞洲之北。南北界乎南緯圈度二十五分及十度四十分之間。東西界於英天文臺東經一百三十度五十分及一百五十度三十五分之間。其長一千四百九十英里。最寬之處。可四百三十英里。其面積約三十萬零六千方英里。

當密倭新時代。紐吉尼亞尙與澳大利亞相連。兩島中間有討勒斯海峽。其平均深度僅八九尺。其至深之處。亦僅二十英尺而已。且此海峽距離面積四分之三爲珊瑚島所佔。此等珊瑚島。卽澳大利亞東海珊瑚島之所延長。其島四周之海。不便行舟。故其地之氣候居民以及其海濱情形。罕有知者。至其內地雖幅幀極廣。然未嘗經人詳細查明。故亦無有知之者。島之西北端有深入內地之海灣。名曰麥克爾灣。M'cluer 因之其地遂爲一土股。長二百英里。寬一百十五英里。而界於麥克爾灣及阿古納灣 Argona 之間者。則其地名倭甯幾亦成爲一土股。島之南岸。東自婆羅角起。向西一帶。大半皆面海石壁。高數百尺。石壁之後。即爲多山多林之地。有數處則不見石壁。而現淺澤。而石壁罅處。則有河流出海。此等河之兩岸。近海之處。則均有淺澤。麥克爾海灣之中。有多數菌形之島。其近海之處。爲海水所蝕。故覺根細而頂大。形如木上之菌矣。

島之北岸。有數處地皆平坦。如沿幾耳文克海灣。以及安白奴河口之三角島。又瓦而克納 Walckena 及亨博而德兩灣之岸。更東而至特拉土爾 Della Torre 角。及休翁海灣 Huon 等是也。其餘北岸則皆極峻。有時石角支出海外。至二十或四十英里之遠。北岸中亦有數港灣極佳。海濱之外。無屏障之島。海岸缺處。每遠遠望見高山。島之東部諸山。層累而上。有高至一萬三千尺者。大陸之上。無活火山。惟普威而言非尼斯的爾山斜面之上。有海絨石。(火山所產)北岸亦時遇地震。且離岸之二十英里或四十英里以外之海中。有一帶之火山島。島之東端。有東忒爾喀斯多群島。高七千英尺。上多樹木。又多鹼質之泉。婆羅角者。實卻而斯魯意聯山之支出於海者也。此處聯山高一萬六千尺。自遠望之。似山頭時有積雪。自婆羅角迤東。則聯山漸低。海中望之。不見其頂。且其地海水極淺。岸平而曼格魯夫之短樹。密生其上。樹罅之處。河流潺出。河中含有淤泥。直至巴布亞灣。始更一氣象。此處有河曰弗拉乙 Fly 阿爾白鐵斯自言曾乘汽船上行至五百英里。據云河之兩岸。不似熱帶之樹木暢茂。乃一無樹之平原。平原之上。間或突起孤峯之小山。其狀態一如討勒斯海峽中之孤島。此間無樹平原。情形大類澳大利亞。兩島初本陸地相接。迨後來討勒斯海峽之地。爲水所掩。而此諸山不爲海水所掩。故其上之植物。仍與澳洲無異。至山之四圍平原。當時亦爲海水所沒。其後海水日淺。而平原復又高出海面。熱帶植物即生其中。過雷德斯加 Redscar 角迤東。其間地勢又高。情形亦與澳大利亞相似。其山上覆以草。山之斜面。樹木疎散而生。直達海岸。海岸之外。有帶形之島。以包圍之。此島有時間斷。則可爲舟子避風之所。此沿海之情形也。若入內地。則見有樹木極多之小山及山谷。山谷之中。

有河流。其地亦肥饒可施種植。更北則有倭文斯丹列聯山以障其北。此山高一萬三千尺。山之東極。分支如叉。此分支之山高亦二千英尺。

(地質) 紐吉尼亞之地質。知之至不詳。島西北之阿法克 Arfak 山爲片蔴石。近幾耳文克海灣之處爲暗白石。密倭斯諾木島 Miosnom 爲火山島。海灣中近岸處。常有珊瑚島突出海面。河水下流入海。挾有砂石之鵝卵石。亨博而德海灣中。麥克爾灣左近之雅喀塔河 Jakata 中。及拉喀希亞島中。Lakahia 均產鐵石。拉喀希亞島及噶里倭海峽中之小島中。均產煤。巴布亞海灣之東岸。其沿海之山爲新白石。討勒斯海峽中之群島。或爲高出海面之珊瑚島。或爲砂石層之島。又有火山島。

(氣候) 海濱氣候。至不康適。此間之孟松風期候甚長。然極不整齊。因其間有高山故也。島之西部及北部。當西北孟松風時。雨水至多。而暑熱因以稍殺。東南孟松風時。亦多雨。而此時受雨至多之處。則莫如島之南部及東部。討勒斯海峽沿岸之地。較爲康適。惟其氣候炎熱。空氣中含鹽甚多。爲多數人所不耐。自西歷七月以至九月。東南孟松風之勢極大。汽船爲之不前。

（植物）島中大半植物。尙爲具有東印度群島植物之性質。惟沿巴布亞灣及其內地。其間植物則已具澳大利亞植物之性質矣。卽北至亨博而德灣。其植物尙有爲澳洲種者。島之東北。樹林稠密。卽高在數千尺之山中亦然。其樹本亦極長。可爲佳材。惟樹之種類不及他東印度群島之多耳。樹林之中亦多生爬籐繞於樹上。樹林之下尙生短小之莽林。因之蔬菜之類。不能展發。曠野及淺澤之中又多蘆葦豐草。他種短小之樹。則有紅木。寄生。香料。（如薑白荳蔻等）冬青。檳榔。（有野生者有家植者）番石榴。波羅蜜。砂仁。棉花等。此皆生於平地者也。山上則產橡。夾竹桃等。經人種植之樹。則有香蕉。巴巴。埃。櫑。甘蔗。高粱。蘋粟。芋。大薯。荷蘭薯。南瓜。米等物。椰實到處皆有。洋西米棕則野生於淺澤之地。西北山族之民。倚此爲大宗食品。又有一種棕曰撒里。其樹之頂及樹心。與洋西米無異。島之內地。

產極佳之菸葉。據土人自言。島中產菸至早。相傳有女曰希瓦者。以果投地。卽化爲菸草。

(動物) 紐吉尼亞乳哺動物極少。據華來司言。島中舍一種特別之豕外。有鼠類數種。翼步類獸數種。袋獸四類。均澳種。又有棘皮類獸二種。島中鳥類多而且豔。沙而法多利子爵曾言有一千零二十八種之多。此一千零二十八種之鳥。可剖爲三百二十一類。大半鳥類。具有澳洲性質。惟略有不同。亦有多種爲馬留種。天堂鳥獨產於此島及其隣島。其外尚有吸蜜鳥。捉蠅鳥。鸚鵡。魚王。斑鳩。等鳥。惟與他處者略異其狀耳。食生之鳥。爲數不多。禿鷹。雉雞。啄木鳥。及黃雀。則絕無有。華來司言島中美羽之鳥。佔百分中之五十。蛇類有二十四種。壁虎類亦有二十四種。水陸雙棲類。有八種。蝴蝶種類多而且豔。甲蟲類亦然。華來司言其地之甲蟲。其豔麗。惟其島中鳥羽足以匹之。

(居民) 島中居民種族至夥。各自爲生。不相融洽。其狀貌既殊。語言亦有異。文化程度亦極差異。然其至高者。尙未能與普通太平洋群島之文化比肩。島人無專名以自名其島。且各處之人稱之亦不一。惟對於他島。則稱己島曰大地而已。且亦不知島之大小也。巴布亞之名。原於馬來語。意即作捲形。以狀島人之髮也。民種學中有所謂巴布安人種者。當以此島之民爲其代表。全島除極東之一隅外。餘均爲巴布安人所居。然一種之民族散居於如此大地之上。又不互相通問。而又逼處於隣島之間。故種人特色不無少有歧異。種人至要之特色。則爲適中身材。多肉而又非肌。顏色深淺不定。大致不外煤棕色。較之馬留人種爲稍黑。其額高狹而削。鼻平而廣。然亦有作鷹嘴形者。常見有凸出牙床者。然非人人如是也。脣厚而銳出。故其欵似內縮。顴高髮黑而蜷。其大致狀態。絕類尼革羅種人。尤與亞丁對岸斐洲之民相似。島西北之阿法克山以及北岸及隣近數島中居民。人格極低。且又傴小似侏儒。此等人或爲其地之最古土著。未與外來之人混種。猶之斐律賓島中之尼格里土斯人也。阿而白替斯言弗拉乙河岸之民。有兩種絕不相似。河上流之居民。與島東偏之民相似。而其間又有一種人以其語言狀貌及習尚而言則似屬於面色較白之波列尼西安人。然此等民族又可决其曾與他種人混種。故北岸中有數處之居民。靈智較敏。而狀貌較美者。卽此故也。島西部濱海之民。爲半文明之民族所居。蓋其地有馬留及布極斯人居留其地。與隣近諸島通商。而居民遂沾其化。至馬留人所與通商之各島。其沿海之居民則爲馬留種或馬留與土著之雜種。一至內地則仍爲巴布安人種。與大陸（指紐吉尼亞島）居民無異。且西岸民族。回教盛行。此亦有關於其人之文化也。惟西部尙有多族之人。每逢兩族爭戰。獵頭及食人肉之風仍不稍減。其實紐吉尼亞島中。無處無食人肉之風也。至島民之所以仇視外人者。實緣外人常至其地擄其人爲奴。而行商其地之人。又騙詐百出。故島民極不信託外人。此亦理勢所必然者也。島民各族。風尚及生事至不相同。西北部山中之喀倫民族。短小精悍。不務耕種。採野菓而食之。其婦女以竹代鑊。而煮食物。凡日用應需之器具如刀與飾

丁

事等皆仰給於外人或逕刼取之或以其子女爲人奴以易之然其隣居之基巴爾民族能自種蔬菓產菸極佳以之售與安木白爾巴奇人此族人居於濱海不好爭戰而亦勤於治生此間濱海之民鄙夷山居之民謂其性粗暴而亦奇窮然苟山中民族人數較多而性復喜戰則情形正相反如島之西部及南部居民濱海之民則畏懼山民滋甚山民復時時刼其財而奴其人

亨博而德海灣之居民其人雖性情無常又好刼殺然外人與之通商則尙樂爲之與此種人性質相同者則有迤東之阿斯忒魯拉卑之居民更東之非尼斯的爾山民頗知耕種且知灌溉之法西南部有多族之居民似時時遷徙無定居馬利安公主海峽之居民其人甚野裸體赤身居於樹杪其地之樹潮漲時幹沒於水討勒斯海島之民歐人僱以入海獲蚌而取其珠阿盧及怯義兩群島中之民有秩序井然之基督教會東南土股之居民性情和善藹然可親蓋具有波列尼希安人之特質也常有數英國人深入內地而迷其途向經其人領回故路而仍

歸海濱。其人舉止亦稍雅馴。待婦女亦稍稍有禮。不若他巴布安人之視婦女如奴也。然其人少靈警。而又無藝術之能事。至其人子女之就業於教會學堂者。亦頗聰穎。

與巴布安相類之人種。自紐吉尼亞起。經的摩爾佛羅里兩島馬留土股之高原中。延至印度之特甘。皆有之。其人蓋東方之尼革羅種人也。且其人有數特別之處。與斐洲之尼革羅人大似。不獨其人之髮及身上之疤相似已也。即如信用巫言預兆。及以木石爲去病之法。無前顧後慮。終日嬉嬉。聲嘈嘈然。又無競高之思想。凡此種種。皆極類斐洲尼革羅人者也。以上種種習尚迷信。澳大利亞土人亦然。澳洲土著雖其文化更遜於巴布安人。而兩島之人。實至相類。塔斯馬尼亞土人（今已絕種）亦與巴布安人同類。

全島社會之組織。皆絕單簡。其程度稍高者。有世職之制。其程度等下者。其酋長無大權。部內大事決之於部人之議會。此一節與波利尼西安人之重視門閥世

丁

職大相反。巴布安人之宗教。更爲單簡。其人無專拜之神。故亦無經制之祭師。犯罪者。事無鉅細。皆科以罰金。島人極愛美貌。故英國教會中人以米蘭尼西亞種人爲土著之教師。土人極鄙薄之。而以波列尼西安人爲之教師。土人則從而敬禮之。卽此可以想見巴布安之婦女。較之波列尼西亞之婦女。則以巴布安婦女爲稍知貞操。

（宗教）據荷蘭傳教會中人言。紐吉尼亞西部居民。有神道之思想。神道中之最具大力者。曰馬奴音。居於林中。一曰那武日。居於雲中。一曰歐爾庫尼格。主殤小兒。一曰法克臯克。居於濱海石中。主起大風。凡此諸神者。皆爲土人所敬畏。其祛之之法。則虔敬擇一樹。以其木雕爲象。祝其新喪長輩之靈。入據其象。然後求其保護。俾不爲前四神所毒害。象高約一英尺。頭極大。不稱其體。男象手執矛盾。女象則手握一蛇。以爲記識。土人凡有出行或創一事。必先卜預兆。以占吉凶。逢凶兆則止。另擇日再占。土人有以巫或呼風喚雨之事爲業者。獄不決。則請神斷之。

島之北部及西部均有廟宇其造法一如常屋而較大樑柱悉彫粗惡之象椽與屋脊飾以四足蛇及鱷魚之象東南部民既不造廟復無神象惟間有綴小木象於身以爲袪邪之用耳且其人之宗敎思想尤爲萌芽然其人極畏鬼而尤畏內地仇人之鬼又有一普通所畏之鬼法塔謂其能致人病及致人於死

土人葬禮至不一謂人死則靈不卽離其屍或暫埋入土中待肉腐已盡取其骨而淨之然後藏之屋中或屋之近處亦有置屍於樹杪而聽其腐者亦有置火爊屍令乾透而藏其臟至數年之久者有時喪家親屬藏死者之頭骨或牙床骨以爲記念之物墳上置食物若死者爲小兒其母以瓢盛乳供之墳次又自墳次開一道通海以便其靈就浴於海然土人雖厚禮死者而又畏之謂其不利於生人天甫黃昏人無敢野行或就海而浴者有時以木範小屋置諸林中而令鬼居之俾不爲人害新婚夫婦或婦人懷孕忌見墳墓及居新喪之室凡彫象既成或新婚凱旋生產更名或小兒初次薙頭之時則跳舞歡飲以誌樂

丁

（疾病）島中最普及之疾病則爲疥疾。有數處居民三分之一皆染是疾。又有痲瘋。水癥脹等症。此二者。歐人至其地亦常患之。凡近海濱有珊瑚島之處尤多溼熱之症。他如傷風。瘡癬。楊梅等症。亦常見而亦爲歐人所能沾染之症。

（食物）島人食物除蔬菜外則獵野豕及他小野獸而食之。其獵之之法。用狗追逐而得之。其捕鳥則設機檻。或以膠黏其翼。海濱復多魚。土人釣之。或以火引魚而用鎗擲之。亦有用網者。或築壩於河絕流而漁。或用藥投水中令魚昏悶而獲之。鱉亦爲食物要品。有一種大蚌。去殼權之可二三十磅。以及他蚌屬亦均食之。狗。飛狐。四足蛇。甲虫。以及他種昆虫亦爲食品。有一種坭亦可食。土人食之。

（衣服）土人衣服以樹皮及樹葉爲之。腰束帶。臂有釧。釧以籐或樹條爲之。土人最忌雨。故每出必帶雨衣。以爲之備。雨衣以樹葉爲之。

（飾事）土人自製之飾品則爲項圈耳環及手釧。等物。此三者。以珠母獸牙或樹筋爲之。又以鴕鳥及天堂鳥之羽。橫穿鼻之中央隔脣而過。捲髮則飾以花葉鳥羽。或竹梳等物。島東隅之民。有文身之俗。其文無定。則共摹英人仿單招紙上之花樣而仿之。以烙其身。婦女以文身爲修飾所必需。男子則必俟殺人後始得文其身。此指東隅顏色稍白之民族也。若黑色之民族。挖肉成疤。使墳起以爲適觀之助。或曰。其人胸前及臂上之疤。即表明其曾經幾度放洋。每一次海行。則增一疤。

(戰具)東方各民族。不知用弓箭。其矢以人骨或駝鳥之硬羽管爲鏃。又有鏢鎗及盾等物。石錘石斧等物。大都民族不知用鐵。惟其運用石斧則極形便利。土人能以石斧伐樹之對徑二十英寸者。又能刳木爲舟。男子必有石斧。而每一村中必儲有一大石斧。其刀以竹爲之。先以竹向火。令微焦。而竹性變堅。以之爲刀鋒。利倍於常竹。掘地則用銳末之杖。

土人以捏鼻按胃爲行禮之狀。北岸之民。訂交則殺一犬。有數處二人訂交。則彼此各帶青樹枝以爲記。島南岸之人訂交。則彼此互以水淋頭上。此俗科克船主。

丁

於紐西白列地斯島中 New Hebrdes 亦嘗見之島人往往畜小豕以爲玩物婦人且以己乳乳之

巴布安人數目字大概以五爲終數者居多阿斯忒魯拉白灣之居民知有六數其程度最低之民僅知有三而已討勒斯海峽中之居民有僅能知有二者若其數爲三則曰二加一蓋以二爲終數也

(房屋)島人房屋皆仿馬留式而造於台上此不獨濱海之居民爲然即居於山麓者亦如之島人有時築小屋於樹杪以避其仇人或凶神然或有緣避疫而爲此者每村之中必有一屋造於樹上以爲望遠及防衞全村而設尋常房屋築於台上穹其屋頂上覆以棕樹之葉形長圓如覆舟屋之大者長五百尺自外視內黝然如火車穿山之穴尋常之屋長以六七十尺爲度中央爲過道兩旁則隨意分間大小悉如所用每一屋中有家長之室較常室爲大其餘則處小輩或奴才屋之築於水上者有橋以通陸屋之近旁往往特建一屋以處寡婦若孕婦及未

婚之男子亦處以別室屋之臨海者其海面之遊廊則爲男子日間消遣之地其面陸者則爲女子所燕處屋角上捲而彫花其上屋內繪動物之象懸之又置軍器及鱷魚或狗或野豕之牙於室中以爲陳設北海濱近阿斯忒魯拉白之居民其房屋不造之台上其壁以竹或棕樹之枝爲之其屋之制極低屋角彎而下垂幾及於地門首設欄俾豕與狗不得入屋外設桌及長榻專爲男子用膳及午睡之用島之東部屋有二層下層惟儲物不居人屋中陳設僅有埏碗飲器木枕及瓢等數色惟彫刻至佳地上鋪薦壁上懸軍器及用具其淘器範埏而成以火力使之堅固

（交易）紐吉尼亞西部每年出口品有洋西米荳蔻兩種樹皮（藥材）鳥羽海參玳瑁珠毋其與荷蘭人之交易每年約值英金二萬鎊滅索爾島（在東經一百三十度南緯二度）中產以上各物最齊備撒拉瓦底（在前島之東北）產洋西米獨多出口品以運往西蘭島以及西里伯島者爲多以易其銅鐵器棉花靛青

丁

刀鏡玻璃珠及椰子酒等怯義島人善於造舟島中內地山民及濱海居民互爲交易內地之民則以其地之所產而與濱海之民易魚及珠毋之飾事島之西北村村人往往以半年之功夫入林採取馬索伊樹皮而其餘諸日則以漁爲業各村各有其專業或製刳木之舟或製珠毋飾事或爲陶器或製穿鼻之簪島人常合大羣划小舟行海上或盜或掠或爲商隨事機之宜巴布安人之爲海盜者舊爲航海之所畏其人往往繫數十小舟於一處上鋪以板而築屋於上海行至數月之久其刳木之舟小者僅容一二人大者則用爲戰船雕刻亦至富麗

東西部島民皆頗精於種植其法皆沿東方古制其所種者亦皆東方之品有數處土人堆土於山之斜面成平台而播種其上且園圃四周築籬以防野獸之闖入植花木以爲飾品凡一族之人可以任意墾治其本族之地惟一經死人一二則餘人悉避去而其地遂荒廢爲林木之地矣島西部之海濱形勢極峻峭不宜種植故其地居民渡海至隣近小島而施種植土人於種植之主權界限至淸卽

林中花果以及河海中之魚各自有其主他族之人不能任意採取

(歷史)自回教傳至摩鹿加群島以後彼中小島酋長遂歷認紐吉尼亞爲其屬地巴珍基壁(均摩鹿加群島中之小島)兩島之馬留酋長先後以紐吉尼亞爲其屬地其後狄多里島之索丹又以紐吉尼亞爲其屬地荷蘭人初至其地卽聯絡摩鹿加島之數有力酋長助之以兵俾其得遂雄長他島之志而已復從中圖商業之專權今者荷人助狄多里之索丹以爲巴布亞四王國(所謂四王國者卽魏九 Waigiu 撒拉瓦底滅索爾及威噶馬是也)並紐吉尼亞西北之數小島之長以上數處之酋長必經狄多里索丹授意於德爾那德荷政府再由荷政府簡放其酋分三級曰拉雅曰馬由曰新噶日或名庫拉奴

撒拉瓦底及滅索爾兩島之酋以紐吉尼亞海濱之附近其島者收爲屬邑然狄多里之索丹時時徵貢其地貢物或爲洋西米或爲馬索伊樹皮甚有以其人爲奴者職是之故土人大憤回教徒以爲此苛政皆奉回教之索丹所爲前紐吉尼

亞之海盜。嘗與摩鹿加島人聯合。以期逐出回教徒。後荷蘭來主其地。仍沿舊制。准狄多里索丹徵貢如前。而令索丹轉爲荷蘭藩王。今索丹將紐吉尼亞島自東端起至東經一百四十度四十七分割歸荷蘭。然荷人雖名爲其地之主。實則行政之權。未能及於如此之遠也。幾而文克海灣中。有道勒者。荷人屯煤之所也。至濱海多數酋長。雖升荷旗。而未知命意之所在。蓋不過以爲一種新式之飾事耳。然荷人雖得其地。未常殖民其間。蓋其氣候至惡。航行亦不便。而土人復極懶。且又時時作亂故也。荷蘭教會在幾而文克海濱及灣中小島之間。多設學堂。學生亦稱極盛。然亦不過稍能改變其强暴之性質。及稍增其平日之康適而已。

紐吉尼亞島於一千五百十一年。爲達白羅所望見。然未登陸。歐洲人登陸之第一人。則爲葡萄牙人喬其特米尼失斯。此人於一千五百二十六年獲罪。自古阿Goa被逐至德爾那德。舟行遇風。避險於伊斯拉佛爾西雅Isla Versija（後人謂此地卽魏九島也。）後二年。西班牙人特撒佛特拉亦至其地。一千五百四十六年羅達至紐吉尼亞之北岸繪其數處之圖命名曰紐吉尼亞自是以後凡歷十六七八三世紀雖屢經遊人至其地然其情形仍不可得知也其所以然者一因航行之不易二因荷蘭人其時已佔據摩鹿加群島視該群島迤東之諸島皆爲已有故禁人不得至其地三因歐洲冒險家知更南海中尚有大陸（即澳洲紐西蘭等）故舍其北而圖其南因是而紐吉尼亞等處之情形遂無復有知之者矣其後英人無賴但木比爾及他同夥屬至其地與荷人爭而英東印度公司又遣人往其地覓取生香料之島而荷人禁人不許至其地之籓籬遂撤一千七百九十三年英東印度公司竟遣兵佔取紐吉尼亞凡前爲荷蘭屬地者亦盡據之一千八百十五年英與荷言和英遂將西半島讓出於是荷人測量西半島英人測量東半島且各遣教士至其所領地中以導土人英人佔地之中有巴布亞灣其地產珠蚌及海參凡此屬地悉隸於澳洲之坤士蘭政府近來有某大國欲圖得地於此澳洲英人大懼乃請於本國政府將紐吉尼亞東半島悉隸於英

紐吉尼亞島志終

丁

西里伯島志

光緒三十三年夏
學部圖書局印行

西里伯島志

西里伯島者。東印度群島之一也。西有馬加撒海峽。與婆羅洲隔。東爲摩鹿加海峽。其島位於英天文臺東經一百十八度三十分至一百二十五度四十分。南北位於南緯五度四十五分至北緯一度四十五分。其面積大約爲七萬方英里。島之形狀至不整齊。有人擬其狀似星魚。而缺其西面之角。此島以四大土股而成。特其分股之中心軸地極小。與其所分之股似不相稱。四土股之中。其最北者爲東北方向。次北者爲東向。更次北者爲東南方向。最南者爲南向。此四土股之間。有三大海灣以隔之。其至北者曰㐌彌尼灣。亦名哥龍塔羅灣。其次南者曰土買基灣。亦名土羅灣。其至南者曰波尼灣。三海灣之中。以㐌彌尼灣爲至大。其他二灣雖入大海之口徑較寬。而灣入內地不若㐌彌尼灣之深。島中尙有數小海灣。其至要者。北岸則有亞模𤨏寬當同㐌里等灣。西岸則有葩剌斯佩里佩里等灣。東岸則有肯達里 Kendari 或名伏斯美爾 Vasmaer 等灣。全島大半之地均未經詳細調查。其大致爲多山之狀態。每一土股之中。皆有整齊之聯山。有數峯亦頗高。四土股均極狹。故天然無大河流域。惟其濱海之地。往往有平衍之草原。此不獨海濱爲然。即內地山中亦時有之。島中山石均火成石。其中以黑石爲多。而有數處亦有炭石層。最北之土股中。尚多火山。且時患地震。他土股則不然。米那哈薩一省之中。有火山十一處。尚有熱泉泥水泉多處。然此事他處亦時見之。至全島河流。其稍稍可通航運者。爲數極少。而每河口之間。必有淤壩。島中湖泊大而且多。其最著者。爲湯巴龍拉巴雅。位於東南向之土股中。處南緯三度三十七分。深約三十英尺。中多水鳥遊魚。全島風景極佳。變態百出。華拉斯（生物學家與達爾文齊名）之言曰。吾於東印度群島中。周歷其形勢。然未嘗有風景之佳。如西里伯者也。馬洛斯一地。高崗峭壁。深谷蠻石。層巒疊翠。景象雜出。有時峭壁插雲。高可六七百尺。然壁面仍多植物。攀附而生。如障壁之幕。然島之數處。尚生極古植物。而尤以土羅灣之四旁爲最多。其樹爲短林。彌望無際。羊腸小徑。多不可辨。間有數處。則林木清閑。而村落在焉。

西里伯島雖處於東印度群島之間。而其動物則有其特異之處。其動物類別雖少。而其多類却與他島動物不同。即如島中有鳥二百種。而有八十種爲其島中特異之品。乳哺動物僅得十四種。而有十一種爲專屬於西里伯島者。其最奇者。爲一種猿。名曰馬卡格斯尼革爾。專產於八珍 Batchian 又有一種類牛之四足動物。名曰阿奴亞地迫來昔可尼斯。處於西里伯之山中。又有一種動物。名曰巴比魯撒者。猶馬留土股之豬鹿也。全島無大食生動物。象犀塔比爾均無有。野水牛。豕。及山羊。均極夥。家畜之獸。則大半均有之。土人畜牛之法不良。而牛茁壯。島中產馬有聲。昔時每歲出口至爪哇之馬。年可七八百匹。今其馬產日少。出口亦無如昔日之多矣。

島中昆蟲。其與他島昆蟲不同。猶其動物也。計島中蝴蝶有四大類。一百十八種。其中八十六種。爲西里伯所特有。甲蟲有三十種。而十九種爲其島所特有。然亦有他東印度島之所有，而爲西里伯島之所無者。有數種昆蟲，反與遠在斐洲之昆蟲從同，此亦一異也。

島中植物極富，然大樹不多。植物中之爲人所可食者，爲米、高粱、蘋粟（即珍珠米）、咖啡、椰實、洋西米、薯、饅首果、枸果、檸檬、橘檬、菓、野李、胡椒、豌豆、各種瓜、甘蔗等物。柚子則產於低下之地。靛青、花菸草及棉花，亦均爲種植品。竹與籐、棕產於林中。樹之稍大者，有檀香樹、紫檀、蘇木、麻栗等木。棕樹種類極夥，土人用其汁以製糖，其葉與皮以爲繩。有一種棕汁，土人製爲酒。

全島除荷蘭人所經營之土外，土人均不知有種植之一業。其製造之業亦不廣。土人婦女織棉布，其稍細者費工甚鉅，且自歐布入口以後，土貨遂日見銷滅。土人之屋，以木或竹爲之，至不堅固，遇大風則偏倚或傾覆。島中鑛產之重要者，則爲金與鹽二物。島中產佳鐵，土人製爲器具。煤之不甚佳者，已有數處發見。產金之鑛，以最北之土股中爲多。然近年所出之金，爲數已不能如前此之多矣。金鑛皆爲土酋所開。荷政府令每酋納金。歲有常數。然近年土酋以金出不多。每每不能貢其年例。有數土酋。荷人已罷其歲貢矣。金鑛大約深自十二英尺以至於七十五尺不等。然布汙耳及同它里兩處之鑛。有深至九十英尺者。有數金鑛之中。氣候極冷。如安喀火魯巴其亞馬及普巴撒土等是也。且鑛中多含硝之水。鑛工日坐其中而探金。殊難堪也。

全島幾盡爲荷蘭政府所掌。有數處荷人直接治之。而內地尚有多數土王。其內治荷人並不干預之。全島行政分三治。名曰駐理官。一爲西里伯駐理政府。一爲馬拿多駐理政府。一爲德爾那德駐理政府 Ternate 首二政府在西里伯島。其最後之政府。則兼摩鹿加群島而筦之。

(西里伯駐理政府)西里伯駐理政府昔名爲馬加撒政府。其筦理權被於波尼海灣四圍之地。其分治如下。(一)馬加撒(二)北部諸邑。(三)南部諸邑。(四)布里坤巴及波太音(五)色列葉爾 Saleyer 及其附屬之諸島布屯森巴哇及比馬等島.

馬加撒一治.爲荷人在此島佔據最早之地.此治之首府.亦名馬加撒.位於南向土股之西岸.處南緯五度七分四十五秒.此城爲東印度群島之一大商務總匯.居民約有一萬五千人至二萬人之譜.此治中之居民.爲馬加撒人及馬留本部人.又有佛羅里島遷來之恩迭尼斯人.及隣近瓦逐王國移居之民.至外國僑寓於此島者.則各有其甲必丹以筦理.馬留人則有一大祭師以筦理之.馬加撒本部之人.則爲島中居民之重要者.其人爲馬留種人.支體勻稱.膂力過人.膚色爲暗棕色.面部極寬.目小而黑.光灼灼然.廣顙平鼻.口大髮黑.披於肩上.女子身體輕靈.頗聰穎.和樂可親.昔時有鬻女之風.索價極昂.其男子好勇.無陰謀.惟好大善妬.復仇之心.久而不忘.其人不好飲酒.惟賭博鬭雞之事.則極嗜之.其人尤兇暴.稍不如意.輒以刀剚其仇.荷人初本募之充兵.繼因此而盡黜之.其人尤喜體操.舉凡鞦韆.比力.跳舞.騎馬.射獵.諸事.視爲極樂之趣味.其人雖自命爲回教徒.

實則雜有拜偶象之教也。其語言爲馬留爪哇語。馬加撒人用此語者。約有三十萬人。其餘如哥阿德羅。二拉波尼土拉替亞布里坤巴湯拉里里等處之人。亦皆用此語。然此語行用雖廣。猶不若布其尼斯語之甚。其語無普通可用之事。其語中間有梵語。馬留語。爪哇語。葡萄牙語。然不多。盖近二三百年來。土語改變之少。當以此語爲最。他種土語已雜有他處語言矣。其文字亦至奇。十七世紀以前。尚有一種文字。今文特此文改易而成耳。然無論爲古文今文。皆非用梵文字母也。其教師則名爲用亞拉伯字。其實亦鮮有能書者。其文詞至陋。盖僅有馬留之數種小說而已。其經卷則用亞拉伯文。其本文所著之書。則有哥阿德羅及他西里伯諸小國之歷史。又有一書曰拉邦。係集古聖賢王之詔旨及箴言而成。亦用布其尼斯文也。至近來用布其尼斯文字所成之書。則有尺牘。法律。詩。之類。詩中有極饒佳趣者。

北部諸邑之分治。舊名馬羅斯。盖以其首府之名而名者也。此分治位於馬加撒分治之北。共分二十六邑。此分治之中。有河曰馬羅斯河。以資灌漑。此河景物殊美。多瀑布兩岸多小灣。此分治中之鑛產。有黃金。雲母石。磁器泥。及白煤。然其地之富源。則藉米田。此河上有衞堡曰法耳登堡。且自一千八百五十九年以後。全治築有孔道以通輸運。去馬羅斯鎭五英里之處。有鑛質溫泉曰阿馬蘭。此分治共有居民十二萬人。其最通行之語言。爲布其尼斯語。然馬加撒語亦甚通行。南部諸邑之分治。亦名塔加拉。位於馬加撒分治之南。此分治之中有三拉波尼之小獨立國在焉。故此分治遂隔爲二半。其居民約有七萬人。其語言爲馬加撒語。此分治中有邑曰格立松。其間居民善於航海。一千八百六十三年。土拉替亞歸併於此。因之版圖較大。土拉替亞者。舊爲三小國名平塔摩。邦喀拉及來康者所在。其民慣爲海盜。且屢擾及荷人。故荷政府收而隸於南部諸邑分治之下。其人之語言。蓋雜合馬加撒及布其尼斯語而成也。

布里坤巴及波太音分治。與土拉替亞相隔僅一替奴之河。此分治中。戶口稀少

戊

面積多山。中有山峯名波太音峯。高可一萬一千尺。甚爲著名。其土氣最宜於植咖啡。其居民喜安居。品行亦良。然其人之教育及文法。則不若前列數分治之民甚遠。此分治舊屬於馬加撒王國。

此分治之北。則有波尼王國。（此國另有專誌）此國之北。爲瓦逐王國。兩國之間。有青拉那河以隔之。兩國素不相容。相持不下。瓦逐國有海濱綫長五十英里。此國有酋長四十。分列而治。各自有其徒衆。然公認一王爲之長。其國之重要執事。往往掌諸婦人手中。其人極重譜系之學。而輕視農業。多有移居隣邦而爲商賈者。其都城舊爲土索拉。沿青拉那河而列。此城頗大。周圍有碉堡以護之。碉堡內之地。圓徑可數英里。

瓦逐國之西南。爲蘇本國。此國與波尼久爲秦晉之國。其土地頗肥美。年出稻米甚多。其京城舊瀕海而立。名如其國。嗣後其國王移都於田佩湖濱。名曰生岡蘇本國於一千八百二十五年。奉荷爲上國。其居民約一萬八千人。

蘇本國之北。爲阿札湯加蘭之境。此境之中。有薩丹河貫注之。(薩丹或譯薩珢)此河爲流入馬加撒海峽中之極重要者。

沿波尼北岸之王國曰魯武。Luvu 其國居民極多。產黃金佳鐵。然民不堪弊政。魯武之西南。有烏蘇及勒勒伏 Lellevau 兩邑。此兩邑之南。有國曰貝孔卡或名明庫庫。其京都曰平蘇來。沿波尼灣而城。此國中之地勢。未嘗詳細探訪也。明庫庫之土人。極類婆羅洲之大約克人。且亦有獵頭之風。如大約克人然。其語言類布其尼斯語。

東土股之極端。有波林倫比亞邑。其東北與拉伏伊相接。此小邦沿土羅海灣而列。爲波尼王國之附庸國。拉伏伊有肯達里灣。此灣中有極佳之海港。此中小有商務。瓦逐人常來此爲商。

(德爾那德駐理政府) 其餘沿土羅海灣之地。屬於德爾那德駐理政府。與拉伏伊國接壤者爲託木布古小國。此國中林木極多。調查尚不甚詳。有世襲之土酋

戊

以治之。而土酋則受制於德爾那德之索丹。其居民大率居於內地。一千八百五十二年。有居民一萬五千人。其人無錢幣之制。以布條爲交易代價。其人之語言。亦與他處不同。其沿海而居之民。能製五金器具。且陶業亦極精。其舊日之京城曰蘭奴那。惟自一千八百五十六年以後。遷都於薩別塔土羅灣之盡頭處。爲土美奇邑。其地有河。名亦如之。沿土羅灣之北岸者。則有邦格伊及巴蘭替兩邑。巴蘭替邑出材木。每歲有出口者。

（馬拿多駐理政府）治它彌尼海灣之土地。則屬於馬拿多駐理政府。其分治一曰密拿哈薩。或名馬拿多聯邦。一曰哥龍塔羅。其餘尚有數小國。如葩力吉布汙耳等是也。

此諸分治之中。以密拿哈薩爲至要。此分治所以稱爲馬拿多聯邦者。蓋因其地本有三十六小國。而布蘭土王時時覬覦其地。因之三十六國聯其勢力。且求荷蘭爲保護。以與布蘭王抗。遂稱爲馬拿多聯邦。此分治位於北土股最東之處。復分爲五區。曰馬拿多。曰奇馬。曰同塔拿。曰亞模蘭。曰布瑕。全島以此爲火山最多之地。且有數山於晚近時期中曾經潰裂。其最要之火山曰克喇巴特。高六千五百六十尺。曰撒普丹。高五千九百六十尺。曰恩極龍。高四千零五十尺。曰羅孔。高五千二百四十尺。曰迫魯馬干。或名馬哈蒲。高四千三百尺。曰基馬梵。曰巴迫拉木烹干。一千八百零六年。同古古火山噴出灰石。日爲之暗者二日。山之四周。有積灰厚一英寸。廣數英里。其地滾泉冒水泉極多。荷蘭屬地之在西里伯島者。當以此地爲差强人意。蓋當十九世紀初年。其地居民尚爲野蠻。分裂爲無數小族。互相爭殺不已。其方音亦至夥。一村之人。與他村人語。不可盡曉。一千八百二十二年。荷人察其山之斜面宜種咖啡。於是將咖啡種攜至。今土酋筦理種植。其效果至美。蓋不獨令其地頓成富庶。且其民之文明程度。亦漸漸增高。荷蘭人設傳教會於其地。效果亦至迅速。一千八百五十九年。其地有教會所設之學堂一百零二所。學生八千九百九十六人。同時有政府所設之學堂十二所。學生一千零

戊

四十九人村塾二十八所學生一千六百十人學塾中講授均用馬留語故前之方音均化爲齊一之馬留語其村中亦至潔淨其房屋造法亦良道路修整路旁植陰木有數處可通馬車河上架以橋梁商務亦盛觀其情形將來必大有擴張交易之品以咖啡椰實海參爲多一千八百五十八年種咖啡之人家有一萬二千九百零九戶咖啡樹三百四十四萬九千五百十八株是年出咖啡二萬二千八百六十六担自此年以後政府之咖啡地及私家之種咖啡者年有增加此間咖啡能生於去海一千五百尺至四千尺之地上其所產之咖啡子透明而帶藍綠之色商人別其名曰馬拿多咖啡其價昂於爪哇之所產椰樹則西班牙人來此時已有携至者然直至一千八百二十二年以後始經人盡心種植蓋其時有荷蘭及中國人來此專心種植也自是以後椰實遂爲島中一大出產且移種於哥龍塔羅及桑吉爾島（在西里伯島北土股之北）特歲登豐歉無定耳馬尼拉蔴植於此者亦多而尤以亞模珉之四周爲最故荷政府設造繩廠於亞模珉便

於就近取材料也。荳蔻一物。雖至一千八百五十三年。始移種於此。而此物今已廣種矣。島中亦種菸。惟僅能爲本地之銷用。若菸之佳者。產於旁德克邑中。一千八百六十八年。密拿哈薩之居民。共有十萬五千五百十四人。

哥龍塔羅之分治。分爲哥龍塔羅。林木波土。布尼冰。討那。蘇哇哇。蒲琅古。阿訂古拉。蒲阿利摩。模通。葩力吉。掃蘇坡。索唐古。它卓。以及它吉安群島。哥龍塔羅本部。位於它彌尼灣之北。其居民大半爲奉回教之馬留人。其中有回教師約二百人。大都均不識一字。其都城大而且富。商務亦盛。其中有荷蘭碉堡一。有基督教之學堂一。其間湖河之中。產魚至多。每一人家皆有小池。得魚則畜之池中。林木波土爲一小國。居民六千人。自一千八百六十五年以後。始歸荷蘭節制。其國界內有寬當海港。且有林木波土。蒲拉土。及蘇拉默塔等著名金鑛。模通亦有數金鑛。其中有一巨村。亦名模通。位於北緯二十三分。東經一百二十一度三十分十八秒之處。模通之北。沿海濱而列者。有巴里里。布汙耳。及同它里三小國。而以布汙

戊

耳爲最要。蓋布汙耳境中。有大河流經其地。且有多數著名金鑛。而洋西米樹亦盛生其中也。其中居民當一千八百七十年。時有土著四千二百二十九人。自哥龍塔羅及林木波土遷來之民七百二十六人。自開伊里遷來之民四百六十六人。布基尼斯人二百三十人。同宅里人八十四人。印度之曼得哈爾 Mandhar 人三十八人。亞拉伯人二十二人。同宅里舊爲海盜之窟宅。自一千八百二十二年以後。爲荷人所逐滅。

哥龍塔羅之南方面。爲葩力吉國。此國方域。北起安壁巴戶。南至度拉古河口。其土地極肥。與葩剌斯敦加剌以及宅彌尼灣之諸邑及新加坡各處通商。其出產品爲馬黃金。椰實香蕉。以及一種樹膠。名達馬爾者。一千八百五十年。葩力吉認荷蘭爲上國。然仍爲自治之國。有一王及數酋長以治之。其首府則爲葩力吉地阿塔斯。

西里伯島之西岸。有敦加剌。葩剌斯。及開伊里三小國在焉。敦加剌位於葩剌斯灣中有酋長以治之一千八百二十四年奉荷蘭爲上國葩剌斯爲一獨立酋長所治其國頗有興盛之象葩剌斯鎭位於南緯五十七分東經一百十九度三十四分之處其鎭有孔道以通葩力吉及波尼兩處其居民海陸上均有商務開伊里之王國有一時屬於德爾那德之索丹後爲馬加撒人所戰勝而得後復於朋加和議之時馬加撒人以其地反諸德爾那德索丹索丹於一千八百五十四年贈與荷蘭其土地宜於種植出口貨有咖啡椰實兩項曼達爾王國地處更南有七酋分治之七酋之名號皆以其所轄地中之河而名一千八百五十四年認波尼爲上國其語言與他處不同其民之居近海濱者則名爲奉回教而其居內地者則仍爲異教其人善於行商常乘舟赴爪哇班庫蘭蔴剌甲新加坡及馬尼拉等處土拉迦者位於內地之一小國其人拜偶象與他國不通往來或謂其人爲島中之眞土著

西里伯島於十六世紀之初年爲葡萄牙人所探獲或曰其年爲一千五百十二

戊

年也。至西里伯之名。並非島之原名。至所以名尾用多數者。（Celebes 西里伯斯s即多數也）以昔人咸以爲四大土股。皆成獨立之島也。當葡人初發見其島之時。島中十國以馬加撒爲最强。德爾那德索丹及隣島摩鹿加王。欲得其地。而馬加撒人卒能拒之。一千六百零九年。英人欲得之而未能。至荷人何時入其島。則殊莫得知。大約在十六世紀之末年或十七世紀之初年也。總之一千六百零七年。荷人始與馬加撒人通市。一千六百十一年。荷蘭東印度公司得有在布屯島行商之專權。一千六百十八年。馬加撒人內亂。荷人遂藉辭以兵力干預之。遂得土地之權。一千六百六十年。荷人樊丹以舟三十三艘兵二千七百人。佔馬加撒。一千六百六十六年。土人與荷人又起衝突。明年爲荷人所敗。立約於朋加所有與戰與約之土國。皆認荷爲其主保護之國。凡各國有爭論。悉聽荷人爲之裁判是非。一千六百八十三年。西里伯之北部。悉爲荷蘭所得。轄於摩鹿加巡撫之下。一千八百二十四年。樊敬攻波尼國勝之。重訂朋加之約。而荷人權利又大拓。

自是以後。荷蘭與土人之軍務僅爲波尼之叛而已。此亂事於一千八百五十九年平之。荷人之得西里伯島也。舍馬拿多以外。餘實無利可圖。然此島富源。日漸啓闢。可知將來必有大價値也。

西里伯島志終

戊

西里伯島新志

光緒三十三年夏
學部圖書局印行

西里伯島新志

西里伯者。荷蘭東印度四大巽他島中之一也。其面積幷隣島計之。（如桑吉爾大老德色列葉爾布屯等）共有七萬七千八百六十五方英里。北土股之東部。則多火山。其西部則多片麻石之山。西南向之土股中亦有一火山。有某某輿地家咸謂西里伯南北諸大土股。古時均爲獨立之島。至米索淑克 Mesozoic 時代之末年。諸島始合而爲一。密拿哈薩者。實一高原。而爲多數火山分裂爲無數小高原。北高原西部之內地。亦爲一大高原。其面海之方面。有沿海之山包圍之坡索湖左近之山。形勢較高。湯木辟古山高約五千英尺。湖之西面及南面諸山。其普通高度。約五千四百五十尺。其峯頂則尤高於此。極南之土股中。有兩聯山。一沿東岸。一沿西岸。成平行綫。沿西岸之聯山。較高於沿東岸之聯山。其普通高度。約三千二百尺。其南端與邦大田（卽波太音）火山相接。此火山高一萬零八十八尺。西岸山向海之麓。有一條廣自七英里至九英里不等之積淤地。而東西岸兩山之間。則爲瓦拉尼河之流域。此河北流而入於西敦倫湖。東土股之山勢。則尙未經調查也。

（河流）西里伯四土股。皆多山。其間之河。皆多急流。或瀑布。同的奴河發源於同的奴湖。流至馬拿多而入海。拉奴伊阿坡河者。流經孟拱度之高原。而入於亞模琅灣。普亞噶爾河發源於一不知名之小湖中。龍木巴敬河者。流經絕深之澗中。波尼河者。以瀑布之勢。瀉行於哥龍塔羅之平原中。適當蒲蘭古河口之處。蒲蘭古河有運河以與林木波土湖相接。以上諸河。僅有土人木筏可行其中。然即此亦祇得在河口數英里之內。過此並木筏亦不能行矣。西里伯中央軸地之中。有庫地那河。流入坡索湖中。復有開來那河流入波尼海灣。坡索河自坡索湖發源流入它彌尼海灣。此河可通土人刳木之舟。南土股中之河流。航行可以稍遠。瓦來尼河流入田佩湖。湖以北則爲任拉那河。或名天拉那河。（即青拉那河）此兩河中。可通小舟。天拉那河流入波尼灣。薩丹河者。（即薩琅河）有支流無數。流入

己

西面之海。此河可以通舢板之舟。近內馬家河絕寬。可以通小舟。西里伯之海岸。均爲積淤之地。然有時古石突出。直達於海。列淤泥不復存積。其有淤泥之處。土性肥美。居民亦多。特海岸之外。有或泥或石之壩。故絕少港塢。

西里伯全島無處不受海風影響。其氣候蓋屬於熱帶濱海之地也。其普通寒暑之距。爲七十七度至八十度。寒暑之距僅三度耳。至冷不減七十度。至熱不逾九十度。惟高山之上。入夜或至五十四五度。北土股之在赤道以北者。得雨較少。每年可得一百零二英寸。若赤道以南之土股。每年可得雨一百五十七英寸。此較多之雨。蓋由西北孟松風挾至。故西岸受雨較多於東岸。島中植動各物。則界於馬留、澳大利亞之間。西里伯所產之米。遜於西面之諸島。而優於東面之諸島。其林木之產。歲有不齊。自八萬磅以至十六萬磅不等。西里伯之出口品。以材木居其半數。密拿哈薩之咖啡。一千八百九十七年產數九千担。漁業則有海參。鱉。及珠蚌。哥龍塔羅有歐人在彼採黃金。然所產無多。南省煤鑛。雖經竭力勘求。然未能查得佳鑛。東土股中產錫。鐵。及自然銅。亦僅能敷土人之用耳。

西里伯島行政分爲馬拿多駐理政府。及西里伯政府。及其附庸。東土股則屬於德爾那德駐理政府。馬拿多駐理政府分爲三邑。一爲密那哈薩。一爲密拿哈薩迤西之諸小國。一爲哥龍塔羅。以及北土股沿乇彌尼北岸之土地。其總面積有二萬二千一百四十七方英里。下表顯明本駐理政府居民之類別及其人數。

邑名	歐洲人	中國人	亞拉伯人	東方他國人	土人	總數
密那哈薩	八三六	三五七四	二八六	一	六	二九六，六一七	三〇一，三二九
洛大倫加（羅塔龍哥即）	一一五	五〇五	一三三			二四七，〇五六	二四七，八〇九

此駐理政府之居民密率。約每方英里得二一．七或三人。密拿哈薩邑每方英里有十六．二人。而馬拿多屬地每方里僅得一．五或二人。馬拿多居民最多之城。一爲亞模埌。居民三千人。有監察官駐其地。印度某汽船公司來島時。必寄椗於其地。惟其碼頭殊不堅固。馬拿多有居民萬人。此城爲馬拿多駐理政府之首

府。亦爲荷蘭傳道會總會所在。其商務每年約可二十萬噸。同荅拿有居民一萬二千人。其中一萬人爲奉基督教之民。此城位於與其同名之湖岸上。其地高出海平二千尺。加倫大洛爲西里伯一極要之城。與新加坡及歐洲直接通商。其餘北土股沿海之城。或爲小國之京。或爲印度汽船公司之船來島時寄椗之地。其居民往往僅有五百人至一千人之譜。

西里伯政府及其附庸。又分爲政府土地。附庸土地。（附庸即波尼及德爾那德也）及聯盟各國土地。下列之表。顯明其居民之類別。及其人數。

	歐洲人	中國人	亞拉伯人	東方他國人	土人	總數
西里伯政府及其附庸	一四一四	三七三八	五五四五	四	一,四四二,九六二	一,四四八,七二二

此政府及其附庸之土地。居民密率每方英里得三·七或四人。馬加撒及土地之直接被治於荷蘭者。每方英里得十四·七或十八·四人不等。而附庸諸國

之民每方里僅得二·二或三·七人若爲歐洲範圍所不到之地其居民每方英里中僅得一人或不及一人耳其地居民之執業全視其所處之地位而異今將西里伯政府居民執業之異同以與馬拿多駐理政府居民執業之異相較列表以明之

	商人	水手及漁人	畊人開鹽	造船匠人	金銀匠人	造軍械匠	染匠	雜業
西里伯政府及其附庸	六七五三	一三,四一九	六〇四	二四八	六五三	一三八	二二六	六三七五
窩拿哈薩	二二五	一,四三一	二七		四二			一四九
加倫大洛	一〇五五	一,五八三	一〇七		三七	二九	三六	一五三二

南土股中之諸大城鎮皆濱海而不居內地若馬拿多駐理政府則有多數城鎮在內地者也葩剌斯有居民三千人其港口亦佳佩里佩里有孔道以通田佩湖馬加撒爲巡撫駐節之地又爲荷蘭東印度群島東偏諸島商務之總匯一千八百三十二年荷蘭開放馬加撒爲自由商埠而商業遂大盛本年全埠商務僅値

己

十二萬五千磅。至一千八百九十五年。增至一百二十五萬磅。城中有居民一萬七千九百二十五人。中有歐洲人九百四十八人。中國人二千六百十八人。亞拉伯人一百六十八人。餘則爲土著矣。南岸之邦大田（有居民四千人）及東岸之巴龍厄巴者。皆列於重要城鎮中者也。他如布屯島之布屯城以及色列葉爾島之色列葉爾城。則爲印度汽船公司汽船所到之地。而亦爲該島行政之中心點。

西里伯島新志終

己

光緒三十三年四月印刷
光緒三十三年五月出版

（定價銀元一角五分）

編纂兼刷印者　學部編譯圖書局

總發行所　學部編譯圖書局

阿富汗土耳基斯坦志一卷阿富汗斯坦志一卷阿富汗新志一卷土耳基斯坦志一卷東土耳基斯坦志一卷

〔清〕學部編譯圖書局編

《阿富汗土耳基斯坦志》一卷《阿富汗斯坦志》一卷《阿富汗新志》一卷《土耳基斯坦志》一卷《東土耳基斯坦志》一卷，清學部編譯圖書局編。是書均按歷史、古蹟、地理、城邑、居民、政治、兵力、氣候、動植物等逐一介紹，以普及常識。據上海圖書館藏清光緒三十三年（一九〇七）排印本影印。

阿富汗土耳基斯坦志

光緒三十三年秋
學部圖書局印行

阿富汗土耳基斯坦志正誤表

頁數	行數	誤	正
一	一	其	基
同上	二	同上	同上
同上	四	同上	同上
同上	四	阿富汗斯坦	阿富汗土耳基
同上	六	其	基
同上	二十四	同上	同上
二	二	同上	同上
三	四	同上	同上
五	六	同上	同上
同上	八	同上	同上

同上	二十	同上	同上
八	七	同上	同上
同上	十	同上	同上
同上	十一	同上	同上
同上	十四	同上	同上
十	四	同上	同上
同上	六	同上	同上

阿富汗土耳其斯坦志

阿富汗土耳其斯坦近爲喀布爾阿米爾（阿米爾爲阿富汗斯坦王號）所轄痾克蘇河流域諸地之名稱。巴達克山及其附庸今亦爲阿米爾領土。故有時亦即以阿富汗土耳其斯坦名之。然今茲所論僅限於阿富汗斯坦一隅，與巴達克山及其附庸無涉也。

阿富汗土耳其斯坦東境諸部，曰昆都斯 Kundaz，曰庫爾模 Khulm（一名塔什庫爾干 Tashkurgan），曰波爾克，曰亞克查 Akcha，西部各省曰撒里普爾 Sar-i-Pul，曰什貝爾昆 Shibrghan，曰安庫伊 Andkhui，曰邁美奈 Maimana，而總名曰吉哈佛拉雅德 Chichar Vilayat，譯言四領地也。自此之外，猶有黑碩拉人所居，與都庫什及其支山以北之地，總之阿富汗土耳其斯坦實佔有痾克蘇河流域之南半部。東自巴達克山起，西迄木耳加布 Murghab 河之上游，北即以痾克蘇河爲界。東至英天文臺東經六十九度半，巴達克山河合流之所，西至英天文臺東經六十五度庫吉薩里渡口 Khoja Salih Ferry 之近處。然後界綫去河而沿突古曼沙漠。而止於木耳加布流出之所。南則全以高山爲界。昆都斯以南。高出永雪界以上之興都庫什山發脉於其間。其山徑之高度。猶去海平一萬二千尺至一萬三千尺以上。庫爾模及波爾克以南。則興都庫什分支之庫伊罷罷山在焉。其山徑之高度。不減於興都庫什間者。惟其高峰。則較興都庫什爲低爾。此山西向凡分三支。一名庫伊轄。Koh-i-Siah（即黑山）趨格剌特河之南岸。一名庫伊薩弗。Koh-i-Safed（即白山）間於格剌特木耳加布兩河之間。其第三支則入木耳加布河之北岸。此外又分一大支。即薩弗特庫山也。爲阿富汗斯坦之北界。詳見阿富汗斯坦志中。是諸山脉。余輩未能確知。惟據旅行家弗列爾言。彼於一千八百四十五年之七月。凡四日間。踰大山三。以中嶺爲最高。山徑間積雪極夥。南首一嶺。高度遜於中嶺。而北嶺則更低矣。

（河流）阿富汗土耳其斯坦之河流。詳叙於下方。惟痾克蘇河別有專志。今不列入。

痾克蘇河屬流之在阿富汗土耳其斯坦者。當自東而西。次第詳之。第一支曰昆都斯。亦名阿克賽賴 Aksarai 河。又名蘇克亞布 Surkhab 河。其他名稱尚夥。茲不備舉。此河之源。名巴曼河。河水來自庫伊罷罷山間。爲許多之急流。會合阿克樂敗忒 Akrobat 山徑。及黑碩拉山間之水。此諸山之谷中。有所謂刀谷鉄匠谷眼色谷者。相傳其得名皆有故實云。在山谷之極東。巴曼河又受一同體積之河水。其水來自哈吉噶克 Hajjigak 山徑。此徑在喀布爾與痾克蘇河流域之間。踰山至巴曼。然後道西干 Saighan 庫倫 Khurran 與赫巴克 Haibak 可達痾克蘇流域之庫爾模。其地有火山。以分巴曼河諸流。山上有故城遺址。名曰執哈克 Zohak 此古跡與波斯史所載者。頗符合云。

此後河水遂折而北流。經歇克愛利人 Sherkh'Alis （歇克愛利人爲黑碩拉人種之一）所居之地。緊傍與都庫什山而流。約至去執哈克東北四十英里之地。

此河自左岸復受兩河流。其大小與本河相伯仲。一名西干河。一名一喀馬特河。Kamard 此兩河皆發源於巴曼之西。橫斷自巴曼至庫爾模之要道。河至此地。遂名蘇克亞布河。其後復自右岸受一大河之水。河名曰音得爾阿巴 Andarab 發源於音得爾阿巴山谷。其匯合處。在杜歇 Doshi 東北。去孰哈克凡八十五英里。哥里 Ghori 山谷頗廣大。而爲世知名。中爲淺澤。多豐草。彌望無垠。去哥里不數英里。有地曰索姆里 Thomri 其地有橋。橫跨河上。爲莫臥兒末主奧倫錫白 Aurangzib 所建者。河既經索姆里。又右收巴格蘭河之水。Baghlan 此水發源於拿林 Narin 與庫斯德山 Khost 然其最要之合流。直至昆都斯城之南。始行會合。名曰堪納巴得 Khanabad 亦間有以其兩屬流之名法羅喀爾 Farokhar 本基 Bangi 以名之者。法羅喀爾河亦名塔列干 Talikan 爲最東之河。發源於巴達克山此地之界綫。即沿河左岸之分水山而過。本基河亦發源於音得爾阿巴以東之巴達克山高地。流經庫斯德而合於堪納巴得。第三屬流曰索剌布 Shorab 河。索剌布者。鹽也。源出拿林以北。挾愛斯克麥什克 Esk-Mushk 高山間之水而下。蘇克亞布河即昆都斯河。河水入痾克蘇河之所在昆都斯城西北三十二英里。其地爲遊歷家所未至者。此河之長。除細小之支流不計外。長凡二百二十英里。

自哥里而下。山谷之兩邊。悉爲山嶺所限。惟皆不甚高。山間皆被以草。間有松樹。其地之景象。與巴達克山相似。而與庫伊罷罷西向支山間諸地之荒涼不毛者。迥然不同。

昆都斯城所處之地位甚低。去海平不及五百英尺。近城處有數山徑。橫亘淺澤田畝間。其左近之平原中。農業極盛。居民亦甚稠密。惟時有極多之豐草間之。且氣候極不適於人身之康健。此原雖儘寬廣。然亦有山嶺間隔。自昆都斯以至痾克蘇河流域。其間頗無西部荒瘠之狀。有數部分甚適於種植。中有小林村落。有數部分則爲肥茂之牧塲。

自此而西。爲痾克蘇河之第二屬流。名曰庫爾模河。旅行者自巴曼北行。必先渡此河。下喀拉庫武爾 Kara-Kotal 其間有一地曰杜阿布轄拍生特。Doab Shahpa-sand 高於海平五千英尺。有兩河源在此匯合。爲至土耳其斯丹之孔道。道沿此河而行。直至痾克蘇平原。河道始分。其間山嶺重疊。自庫伊罷罷至庫爾模。均此類之童山。山間之谷。狀如帶溝。可施種植。沿谷兩面。皆峭壁。其狹處若將與行人之頭相接。過此即可達庫爾模。惟在赫巴克間。山谷頗寬闊。然未及至庫爾模之前。則又復狹。既達痾克蘇。始驟離山之窄口。如初自砲台中出者。試一回首猶見二千五百英尺之高垣也。其地去痾克蘇河二十英里。庫爾模河水雖入痾克蘇河。然未及至會合之所。已爲灌田者取用殆盡矣。

庫伊罷罷支山之在庫倫間者。高於海平凡一萬一千或一萬二千英尺。此山在庫爾模窄路之西。自巴曼至庫爾模者。至此已及半道矣。弗列爾氏於七月七日。道出此山。猶覺寒極。中有積雪云。（地近北緯三十六度）

再西爲波爾克河。亦名代哈司。Dehas 其源不遠於蘇克亞布河。亦不遠於格剌特河。發源處名曰本地罷罷。Band-i-Barbar 或名罷罷壩。Barbardam 傳言中有古蹟。莫能究詰。約喀蘭 Yekalang 山谷。在此河之上游。原高於海平七千英尺。孔臘留 A. Conolly 氏曾至其地。云地質甚肥。灌漑亦便。民居其地者頗衆。地長約十五英里。廣爲一英里四分之一。或二分之一。其曾渡此河者。唯遊歷家弗列爾氏。彼自言涉水而渡。水勢頗急。此河之情形。所可知者。惟此而已。河長不減於蘇克亞布。既逾上文所言之高山。有小山向波爾克愛布 Balkh-Ab 上有稠密之樹林。山谷既廣。河流亦寬。地頗肥沃可耕。大山谷間皆平廣之牧地。豐草蘩生。人力開掘之河頗多。其在痾克蘇平原中。河水所從出之山峽頗狹。兩旁有高山對峙。波爾克城之故址。及園圃等。在離山六英里之處。城去河稍遠。沿城無一處能見河流者。且河水至近痾克蘇河之所。水量已少。不能見流動之迹矣。

此平原自波爾克起。斜衍而下。至痾克蘇止。土質堅白。地無青草。有楊樹如帚。及他小植物。土質雖瘠薄。然有水漑之。則不論何時。植物皆能生長。

其次爲痾克蘇河最後之屬流。且不直接入痾克蘇河。河入灌溉突古曼沙漠沿邊兩小部之地。一名什貝爾昆。一名安庫伊。此河合細流而成。其未匯合之先。資撒里普爾邁美奈兩地之灌溉。兩流既合。乃注於安庫伊。一入沙漠。則河亦無有矣。河水味極惡。土人已習飲之。他處之人。絕不能飲也。

最後之河。爲木耳加布。位於庫伊罷罷兩支山之間。庫伊罷罷或名帕洛拍密塞司。Parpanisns 游歷家中惟弗列爾氏曾一至河之上游。然彼未嘗研究此河。惟言其間爲一平原。四周皆有山圍之。中廣約百二十英里。灌溉極便。故種植極盛。居民屬蒙古黑碩拉種。奉多神教。即古迦吉斯坦 Garjistan 境之一部分也。將弁愛兒掘勒特朴丁格爾 Eldred Pottinger 曾於沙默轄特 Shah Mashad 與此平原之中間渡河而過。然未嘗見其報告。故知之不詳。自此而下。河沿木耳加布巴拉 Murghab Bala 山脚而過。其地爲自邁美奈至格剌特之孔道。河流極急。而山谷亦狹如窄徑。扁舍得 Panjdeh 在木耳加布之下三十五或四十英里。河乃自此流入一堅土之山谷。谷之左右。爲兩高沙原所限。直至謀夫 Murv 平原。地始開展。至此則阿富汗斯坦之境已窮。至其界如何分劃。則亦不能確知。去扁舍得約一百英里。河流即入於謀夫。其間有一巨壩。壅水以資灌溉。其地即古馬其納 Margiana 中之沃壤也。馬其納爲布哈爾阿米爾麥撒姆 Massam 所殘毀。盡虜其民爲奴。時約西歷一千七百八十五年也。河流既逾謀夫。則入沙漠。而河亦尋止矣。

（行省及知名之地）阿富汗土耳其斯坦諸地之區劃。阿富汗人如何布置。不能盡悉。或仍循舊日酋長之分地而轄治之。且酋長中間亦仍有權力者。惟須受治於阿富汗人所設之土耳其斯坦總督耳。至巴曼西干及諸高山谷。則別屬於一專轄黑碩拉種人之官。今將自東而西之各省。逐一詳之。

第一爲昆都斯省。東爲巴達克山。西爲庫爾模。北爲痾克蘇。南則興都庫什。至昆都斯省所屬諸地。復分列如下。

（一）昆都斯爲斯省之首縣。渥特氏 Wood 言此地極惡劣。有泥屋五六百家。錯雜草舍間。此外則厄司敗克人 Usbek 之行帳。園圃。及米田而已。堡以泥爲之。築於高阜之上。(二)喀斯勒特伊曼 Hazrat Iman 在肥澤之痾克蘇平原。其城在中古時。名曰阿罕 Arhang 城之大小。如昆都斯而稍完好。四周皆潮濕之溝。(三)巴格蘭。(四)哥里在蘇克亞布山谷中。山谷低下。潮濕如澤。(五)杜歇亦在蘇克亞布山谷。而稍北。即音得爾阿巴河匯合之地也。(六)喀列蓋 Killagai 與貇疆。近音得爾阿巴河之下游。(七)音得爾阿巴。即羅馬王亞烈山大時史家所稱阿掘拉普薩 Adrapsa 者。城在吐兒 Tul 哈瓦克 Khawak 兩山徑間。踰徑即越與都庫什山矣。十世紀時。波斯及土耳其斯丹王薩曼尼特 Samanid 嘗即此地鑄錢。殆因其地與巴養 Paryan 銀鑛近也。(八)庫斯德位於音得爾阿巴及昆都斯之間。此名在巴白爾及其繼嗣諸王之史時常見之。(九)拿林及伊什克密什 Ishkimish 位於巴格蘭之東。在巴格蘭河源。及昆都斯河之支流索拉布 Shorab 河源之間。索拉布河似即前日之意什克麥什克河。Eshkmushk 渥特氏言其地有一高山。名與古河名同。(十)

法罕 Farhang 及卡兒 Chal 在巴達克山之邊界。無名於世。(十一)塔列干亦在巴達克山之邊界。頗爲世所知名。因其地當昆都斯法撒巴得 Faizabad 間之孔道。且爲巴達克山之都城也。然在今日。已成荒瘠之地。惟昔時嘗爲名區耳。昔成吉思汗西侵圍此城頗久。而著名旅行家馬哥普羅 Marco-Polo 亦曾至其處。稱其地曰泰干。Taioon 當麥拉特敗格 Murad Beg 王昆都斯時。嘗設政府於此。其時巴達克山亦屬於此政府。(十二)堪納巴得 Khanabad 傍堪納巴得河。其地在昆都斯低原。較爲高爽。自昔至今。其酋長築離宮於此。以避暑焉。

第二爲庫爾模省。位於昆都斯及波爾克之間。今就其所知之屬縣。列於下方。(一)塔什庫爾干。庫爾模之舊城。在狗克蘇平原。城之四周。皆灌溉極便。出產極盛之園圃。惟其地無險可扼。屢遭昆都斯厄斯敗克人之酋長克列契爰里 Killich Ali 侵擾。乃遷居於塔什庫爾干。地當山徑之口。南去舊城凡四英里。其間村落零落。極少佳趣。屋以泥土塗爲圓頂。屋周皆場圃。其外周以泥垣。居民以少數計。凡萬五千人。商業亦頗盛。(二)赫巴克城頗湫惡。四周皆碉堡。建於高阜之上。屋頂皆圓。狀如蜂窩。其地爲庫爾模河山谷之開展者。土質極肥。河之兩岸。有果木蔭之。此城舊名薩曼干。Samangan 爲最古諸城之一。在波斯古諺中頗著名焉。據旅行家言。其地有古墓。土人呼之曰塔克忒。Takht 或稱路司塔姆寶座。Rustam 殆古佛教徒之藏龕之塔也。(三)庫倫沙敗。Khurram Sarbagh 即合庫爾模河上流窄道間二村之名以名之也。

第三爲波爾克省。波爾克本部。居民甚夥。灌溉亦極便利。其間有人力開掘之河十八道。引波爾克愛布河之水以實之。沿波爾克愛布河岸有村落三百六十所云。

敗克缺拉者。昔日繁麗之地也。今已頹毁。無恢復之望矣。弗列爾氏言。其地見掘自地中之古磚甚多。上有三角形字。而世界之評騭家。咸不信之。晚近自印度得有學識之回教徒之報告。言敗克缺拉子城之內。有一石座。此座不知爲誰氏之遺蹟。無從攷據矣。城之遺址。周圍凡二十英里。城中惟留回教禮拜寺。及剝蝕之古墳磚而已。欲求穆罕默德當日之遺物。則皆渺不可得矣。內城之垣。周圍約四五英里。今亦毀滅無迹。惟城外間有少數居民。在一千八百五十八年時。穆罕默德愛弗碩兒可汗 Mahommed Afzal Khan 代其父特司德穆罕默德管理土耳其斯坦時。移其居民治所於塔克塔普爾 Takhtapul 設兵備焉。其地東去舊城約八英里。今爲阿富汗所轄䖊克蘇之首都矣。

往庫爾模大道間。有地名馬沙里沙列夫 Mazari Sharif 意即貴神之座。土人傳爲穆罕默德之壻阿里 Ali 藏屍之所。此語殊可哂。來此進香者。年常如是。代姆白雷氏 Vambery 言墳上產玫瑰。其色與香。他處無與匹者。

沿波爾克河諸城之在山間者。無從稽攷。今略之。

亞克查在波爾克之西四十五或五十英里。其地未爲阿富汗佔領之前。爲厄斯敗克部。地雖甚小。然灌溉頗便。居民亦繁盛。城中有兵備。且有內城。居民或言爲

厄斯敗克人。或言爲薩拉克突古曼人。Sarak Turkomans

第四即上言四領地也。(一)什貝爾昆在亞克查西二十英里。前爲厄司敗克人之小部落。有居民一萬二千。爲厄司敗克及帕雪旺種。城有子城而不設武備。四周皆佳圃。農業極盛。惟灌溉之水。則仰給撒里普爾。二地之民。常爭鬭。而撒里普爾人。則設防壅水以困之。弗列爾氏言其地天氣極佳。民情亦頗勇悍。此地在馬哥普羅遊記中名薩泊爾干。Sapurgan (二)安庫伊在什貝爾昆西北約二十英里。乃沙漠有水之處。藉撒普爾邁美奈聯合諸河以爲灌溉。此地昔爲繁盛之所。有居民五萬人。自一千八百四十年爲格剌特王雅穆罕默德所毀。迄今不能恢復。游歷家摩爾克洛夫忒 Moorcroft 於一千八百二十五年卒於此地。其墓在波爾克同游諸人。以缺里敗克 Trebeck 之死爲最後。死即葬於馬弱。Mazar (三)邁美奈去波爾克百五英里。西南去安庫伊五十英里。自首都外。有村鎮十一二所。居民凡十萬人。物產工藝商業。亦稱繁盛。厄司敗克人有勇敢。當兵最優。其酋則專事販奴。(四)撒里普爾。此部之地。全在波折形地之內。地居邁美奈之東。波爾克之西南。民之聰明材力。與邁美奈相若。而人數則少於邁美奈。其間有三分之二。爲厄司敗克人。其餘則皆黑碩拉人。歲貢其奴於愛米爾。女之喪夫者。則視爲官有之物。估價售之。城中房屋。建於山坡之上。團聚而不整齊。山頂則建有有武備之堡。其外有住人之棚帳圍之。弗列爾氏嘗估料其民。合屋居帳居者。至多爲萬八千人。下此之山谷。則灌漑頗便。園圃米田。極繁夥焉。

(居民)據阿富汗斯坦之民册。阿富汗土耳其斯坦民數。凡六十四萬二千。然其間實含有巴達克山居民五萬五千。若減去之。則實有居民五十八萬七千。其如何調查。雖不可知。然以六十萬計。當不致甚誤也。

阿富汗土耳其斯坦最古之土著民族。當以伊蘭血胤之塔吉克人爲代表。彼輩居於波爾克之數縣。及昆都斯山谷中。而尤以庫斯德爲最多。若通計人數之多寡。當以厄司敗克人爲首屈。此外尚有數土耳其族。阿拉伯遺種。似亦甚多。阿富汗人。則居於波爾克及庫爾模者爲多。印度及猶太人。則散處於各城中。

（物產製造）阿富汗土耳其斯坦之天然物產。及人工製造品。不能淸晰以示觀者。茲特就所知者言之耳。石鹽產於巴達克山邊界之卡兒及邊界以外之地。椎實產於昆都斯諸山地及毗連巴達克山諸地。每年出產極多。印度中央亞西亞及俄羅斯所需者。皆自此地運往。果實多而美。而庫爾模波爾克兩地產數尤旺。安庫伊所產之黑山羊皮及綿羊皮。名曰愛司缺拉干。昔日頗爲名產。今則悉就凋弊矣。是間畜駝頗繁。購者亦極多。昆都斯所產之良馬。名喀塔干。售之市。其價甚昂。邁美奈亦以產馬名。出口售之印度。地毯及羊毛駝絨織物。皆突古曼扎姆歇提 Jamshidi 之婦女所製。販奴一事。最爲是地惡習。今亦漸議禁革。基窪一地。今爲俄羅斯所佔取。或能一革其惡俗乎。

（歷史）波爾克古名敗克缺拉。爲中央亞西亞最古諸城之一。波斯祆教主孰魯司忒爾 Zorooster 曾於此傳教。蓋敗克缺列愛納 Bactriana 爲波斯愛且門宓帝國之一省也。其間居民。以屬伊蘭種者為最多。西歷紀元前約二百五十年時。敗克鈌拉總督地倭杜忒司 Theodotus 離母國而獨立。因此有希臘敗克鈌林諸王朝。Greco-Bactrian 惟其歷史。則絕無所知。彼之版圖。曾一次擴至錫爾達里亞河邊 Syr-Daria 一名夾克沙而忒司 Jaxartes 及印度之開治 Cutch 海灣。其後帕新人 Pathian 首與發難。而自亞西亞內部來之游牧諸族繼之。蓋以此地為希臘領土之孤懸他境者。故羣思侮之。時則紀元前一百二十六年也。諸國與於狗克蘇者。中國名之為月氏。Yuechi 魁歇旺 Kweishwang 藥殺 Yetha 吐火羅 Tukhar-os 等。名目頗繁。而西部亞西亞歐羅巴諸國。則知為庫山司 Kushans 哈阿賽拉 Haiathala 愛非哈力替 Ephihalitœ 或白轟司 White Huns 與土卡里 Tochari 而已。其地佛教頗盛。佛寺佛像塗金塔等。徧狗克蘇。皆是將來諸遺蹟。發現尚不可知。今惟於巴曼見有極巨之佛像焉。據古亞拉伯史言回教徒蹂躪阿富汗時。見有祀異教神之廟於波爾克。彼輩名之曰奈倭別哈。Naobihar 而樂林生 H. Rawlinson 謂即佛寺也。奈倭別哈之名。今波爾克人力所開河邊。有一村猶仍此稱。蓋踰數百年而印度教之影響。猶留彼居民之腦中也。中國佛教徒玄奘於七世紀之初西行。所歷國境絕多。此由拓克哈拉司 Turkharas 帝國解紐。遂生此多數之小國也。最可異者。前日諸國名稱。至今相合者猶頗多。如波爾克巴曼庫爾模庫斯德巴格蘭音得爾阿巴與其餘諸地。其音至今皆不甚相遠云。

回教徒自昔至今。惟知此地爲哈阿賽拉。或土喀列斯丹。此地政治上之遭遇。與哥剌森相似。同遭成吉思汗之慘戮。故至今猶不能復其元氣。且踵此而起者。亦復時有。特里莫臥兒帝有此土者約百年。其後乃入於厄司敗克人之手。十八世紀時。又爲愛默特可汗特倫尼及其子帖木耳之領土。迨帖木耳之子。兄弟相殺。厄司敗克酋長始乘機自立。其間以昆都斯之喀塔干柄權最久。其酋麥拉特敗格之轄境。曾北踰疴克蘇河而至庫拉布。Kulab 其南則自波爾克之近地而至帕米爾云。

西歷一千八百五十年。阿富汗人得有波爾克與庫爾模。又五年。得亞克查與西四部落之地。一千八百五十九年。幷昆都斯。復思進兵略巴達克山。而巴達克山酋長。適於此時修朝貢於愛米爾。乃止不伐。北境以千八百七十二年。英俄之條約。以痾克蘇河爲阿富汗土耳其斯坦之邊界。於是疆界遂定。

（古蹟）阿富汗土耳其斯坦之古蹟。所知頗不詳盡。其間最著名者。爲巴曼之大佛像。及其相接之幽杳山洞。其城爲成吉思汗所毀。有大堡名撒約達巴得Saya-dabad及執哈克故址。赫巴克有山洞甚多。與巴曼所見者相似。波爾克雖無甚表見。倘穿地覓之。則發見必多。巴達克山山谷中。可資攷察之蹟。當必甚多。惜知之不詳。而所藉以攷證之書。又多模糊影響。無甚價値。大將弗列爾氏曾於黑碩拉山峽間。見石刻之佛像甚多。撒里普爾以南。有有奇趣之山洞無數。自此迤南。多有此類巖洞云。

阿富汗斯坦志

光緒三十三年秋
學部圖書局印行

阿富汗斯坦志

阿富汗斯坦 Afghanistan 之名。其源出於波斯 Persia 波斯東部。印度西北之地。皆屬之。其間居民。皆屬阿富汗人 Afghans 阿富汗人及不名阿富汗之同種人。在亞細亞歷史中。頗佔位置。此種人以阿富汗得名。始於不久即滅之愛默特 Amed 可汗皇朝。事在西歷十八世紀之中世紀。然阿富汗人自稱則別有名謂。初不自名阿富汗人也。若論其國境。則應括有黑碩拉 Hazalar 之一部分於其內。

阿富汗斯坦之地勢。爲一四角高邊形之高原。以學術家語。尋常高原。中間雖高。而原之四旁。必漸次低下。今此高原之四邊。仍高出海平甚巨。故名曰四高邊形高原。地當英天文臺東經六十二度至七十度。北緯三十度至三十五度之間。舊有各省之地。其名稱今悉加以更改。阿里埃 Aria 今改名侯勒特即格喇特 Herat 堀林根納 Drangiana 今改名塞伊斯坦 Seistan 帕落拍密賽提 Paropamisadoe 今改名喀布爾 Kabul 阿拉庫西埃 Arachosia 今改名堪達喀爾 Kandahar 根大列鉄斯 Gandaritis 今改分兩部。一名白沙威爾 Peshwar 一名幼蘇弗碩 Yuzufzai 根大列鉄斯一地。以民種論。故屬於阿富汗斯坦。然白沙威爾今已屬英領。至幼蘇弗碩則至今猶無主也。

阿富汗斯坦之界域。以知之未審。祇能舉其大略。界域之內。尚有自主及半自主之部落甚多。知此始可以言界域。其北以自東來之興都庫什山嶺爲界。Range of Hindu Kush 嶺爲喜馬拉耶山之西支。劃分阿穆達爾 Amu Daria 河即痾克蘇河 Oxus 與喀布爾河格里綿得河 Helmand 諸流域。至英天文臺東經六十八度處。界綫仍復沿興都庫什山之分支名庫伊罷罷者 Koh-i-Baba 而西山至此分爲數支。作平行線向。包有格喇特河木耳加布河 Murghab 間之山谷。半自主之黑碩拉人居於諸山之間。且蔓延及阿穆達爾河流域之下方。以故此處之界。頗難劃清。惟有强定界線。仍沿薩弗特庫山嶺 Sufed Koh 而已。薩弗特庫山一名白山。White Mountain 爲格喇特河山谷與謀夫河山谷之分界。

其東界沿東蘇里曼山 Sulimani 分支之山麓與其他諸山東蘇里曼山者所以限印度河 Indus 西岸之地與山間之低谷此山之西麓爲印度與阿富汗斯坦之分界西麓以東屬印度以西屬阿富汗斯坦至白沙威爾省以北以印度河爲兩國之界過此則阿富汗與大特 Dard 種人之間其界線不能淸晰矣

其南界無天然界限東境爲自主諸族孰爲阿富汗斯坦境孰爲俾路支 Biluch 境實難分晰惟英天文臺東經六十七度之駭兒 Shal 則屬俾路支之克勒特 K-elat 西境以洛剌河 Lora River 之山谷及格里綿得河爲限而終於北緯三十度之塞伊斯坦湖此爲阿富汗斯坦南端之界線如是俾路支疆域之廣袤自阿富汗斯坦之南界起以底於海其間約有五度之地惟其地終年少雨乾旱異常耳

其西界自北緯三十度處之格里綿得河起微向東屈將湖東岸地之一分劃出然後至近英天文臺東經六十一度處復橫跨此湖而西界線始直向北行至哈里拉特 Hari Rud 城與北境之薩弗特庫山相遇或至格喇特河河去哈里拉特

凡七十英里。

以上所舉之界域。北方之地。猶未列入。若舉阿富汗轄地統計之。其西界當自哈里拉特城。更展至北緯三十六度處。北界亦當自此緯度沿突古曼 Turkman 沙漠邊境。包有安庫伊 Andkhoi 至靠吉薩勒 Khoja Saleh 之地。而以阿穆達爾河為界。阿穆達爾河源出於帕米爾 Pamir 故其北界亦沿河而至河源為止。據此界域而論。則黑碩拉山族。與阿富汗土耳其斯丹 Afghan Turkestan 及巴達克山 Badakhshan 與其屬地。咸屬於阿富汗阿米爾 Amir（阿米爾者阿富汗斯坦王號也）權力之下矣。

阿富汗斯坦之大地。以前舉之界域言。東西凡六百英里。南北凡四百五十英里。若舉全境而論。則自南而北。亦六百英里。然大小兩界域中。均有阿富汗政府權力不到之地在內。其間亦分二種。一為對峙不相下者。一為兵力所至暫為降服者。第一類為白沙威爾以北之幼蘇弗碩西北各地之冒曼特 Momand 阿弗利迭斯 Afridis 乏吉利斯 Vajiris 高山谷中之赤特拉爾 Chitral 或名克什噶爾. Kathkar 與居於興都庫什支山巖石間之自主配根人 Pagans 亦名愷弗爾人. Kafirs 第二類之在東部者.爲庫斯德 Khost 與庫倫 Kurram 之一部.極東南部者爲克克爾 Kakar 在西北者曰愛默克 Eimak 與黑碩拉諸種.及巴達克山與其附屬諸地.

阿富汗斯坦之地.出海面頗高.假令海水陸長至四千尺.亦決不能入此高原中.惟喀布爾河山間之低地.與近印度河之少數地.又有一三角形地.其角頂爲西南極端之塞伊斯坦湖.其底線適經格喇特堪達喀爾兩城.又支出西南兩方界線之外.此三角形地若海水果長至此數.亦不免被淹.然其特高之所.則仍能露於水外.其間以塞伊斯坦湖爲最低.僅高於海平一千二百八十英尺.格剌特高二千六百五十尺.堪達喀爾高三千四百九十英尺.

設海水竟長至七千英尺.阿富汗斯坦高原中仍有二百英里之陸地.自興都庫

什山之庫三山徑 Kushan 起。沿喀布爾城二十五英里以西。畫一虛綫。直至奔噶克。Bangak 線介喀斯那 Ghaznai 與堪達克爾大道之間。此二百英里內之地。尚不致爲水所淹。另有一地。又與此地地位相等。長可二百五十英里。與前線成一直角。此線在喀斯那南約二十五英里。地較前地爲大。然其在黑碩拉山境內之地。則未嘗詳察。不可得知矣。

阿富汗人自分其地爲二部。一爲喀布爾河流域。自此流域之外。其餘諸地。咸名之曰哥剌森 Badakhshan 其所以分爲兩部者。始因歷史上與天然界限之故。蓋喀布爾流域。與印度交通已久。其在西十一世紀時。此地尚爲印度轄境也。

（天然地理之分段）阿富汗斯坦各地。以喀布爾河流域爲首屈。次爲高原之中心。喀斯那喀拉替基爾賽 Kalat-i-Ghilzai 與古阿拉庫西埃高原。Arachosia 均屬於此。三爲上格里綿得河流域。四爲下格里綿得河流域。包有吉里什克 Girishk 堪達喀爾及塞伊斯坦之屬阿富汗斯坦者。五爲格剌特河流域。六爲東部高原。

其間小河無數。河水注印度河。而漲涸不時。

(喀布爾河流域)喀布爾河流域。北界爲興都庫什山所限。興都庫什本僅以名對喀布爾城常年積雪之峰。及其山徑。今則自帕米爾南端以西諸分水山。悉以此名名之。此山即亞力山大王時之歷史家所稱爲高加索山者。Caucasus 山之巔恆在冰雪界內。即山間之徑。亦終年有雪。且時見冰河。山之高度。人無能確指之者。後經老特 Lord 測驗。最高之峰。至少高出海平二萬或二萬一千英尺。即庫三山徑。高亦一萬五千英尺云。

喀布爾河舊名庫弗斯河。Kophes 爲阿富汗斯坦河流中之最重要者。此河在喀布爾城東三十英里。始成一完全之河流。因有他河流與之會合。乃成一大流也。惟其會合之所。則諸旅行者。均不能指定。今但舉其流系於下。(甲)爲喀布爾河本流。發源於后納山徑。Unai 流向格里綿得。既過喀布爾城。與沿喀斯那高原北來之落加河相合。Logar (乙)爲自高本特 Khorband 帕旺 Parwan 本吉歇爾 Panjshir

諸山谷而下之河。即興都庫什山間之淵水也。灌溉肥沃之達曼伊庫 Daman-i-Koh 平原。其間小河縱橫。葡萄園花園及小堡叢集甚多。此河舊名巴倫 Baran （丙）爲塔蓋倭 Tagao 河。發源於克弗爾 Kafir 之興都庫什山間者。

再東三十英里。有自賴格曼 Laghman 之愛里三河 Alishan 自其左岸入此河及其支河。在賴格曼之上。加非哩斯坦 Kafiristan 之西流域。全資其灌溉。更二十英里去扎拉拉巴得 Jalalabad 不遠之地。復自左岸收受一屬流。其長與喀布爾河等。此屬流在舊輿圖中名曰克默河 Kama 因其合流之所有地名克默也。今人多名之曰庫腦爾河 Kunar 因其下游。有地名庫腦爾也。再上則名克什噶爾河。亦名俾勒姆河 Beilam 殆即前人所稱爲庫斯迫斯 Choaspes 或默勒曼德斯 Malamantus 者。河水發源於近帕米爾境之小湖中。西南經克什噶爾境。克什噶爾者。爲一自主之小國。地當羣山之間。高於海平六千英尺至一萬一千英尺。此河之全長。凡二百五十英里。較之喀布爾河。自源至口之全長。猶多八十英里云。

喀布爾河流域之北端。爲泒格曼 Paghman 山嶺所包圍。此山爲興都庫什山之分支。劈分喀布爾河與格里綿得河流域爲二。喀布爾河源流經喀布爾之所。爲自阿富汗斯坦至土耳其司丹之要道。經一小地。而至格里綿得河流域。其間山徑名曰后納徑。高於海平一萬一千三百二十英尺。行旅往來。尚稱便利。然後逾庫伊罷罷或興都庫什西嶺中之哈吉噶克 Hajjigak 諸山徑。而至巴曼 Bamian

喀布爾河流域之南界。爲薩弗特庫司賓噶爾聯山 Safed Koh Spingar 所限。此山亦名白山。然與西部之薩弗特庫山異。山峰之最高者。名雪塔拉姆。Sita Ram 高一萬五千六百二十二英尺。其東趨之分嶺。沿亞德各 Attok 與亞德各之下方而至印度河。此山分支諸山間之蹊徑。在喀布爾與扎拉拉巴得者。最爲險惡。一千八百四十一年至四十二年間。所出危險之事最多。克巴爾徑 Khybar 在扎拉拉巴得與白沙威爾之間。亦著名險惡。薩弗特庫山爲喀布爾河流域之南分水嶺。其去河之近。較北部爲甚。故屬流雖多。而均不甚長。

喀布爾河受庫腦爾河流之後。復東流六十英里。始出向被包圍之諸山。入白沙威爾平原。而受蘇瓦特 Swat （舊名蘇斯忒斯 Soastus ）與班夾庫勒 Panjkora （舊名哥里厄斯 Guræus ）兩河匯合之水。此二水以自幼蘇弗實之兩大山谷而來。故即谷名以名之。二流既合之後。阿富汗人名之曰蘭代新 Landai Sin 譯言小河。以別於印度河也。印度河阿富汗人名曰愛敗新。Abba Sin 言大河也。但喀布爾河之下游。亦以愛敗新呼之。二流既入此平原內。分支甚多。彷彿若三角島狀。其間以人力築成貧灌溉之河。亦甚夥。卒乃併成一河。至亞德各窄口之上。而入於印度河。

喀布爾河最下端之淺水渡。最爲惡劣。地近扎拉拉巴得。惟乾季時可通行人。河流既聯合庫腦爾河之後。始深而大。惟白沙威爾下方之納倭歇拉。Naoshera 有以船聯成之橋。餘僅藉渡船以通往來。水流激急。不便行舟。惟自扎拉拉巴得以下之河。能任載重五十噸之舟。土人常紮木爲筏。以皮作帆而行。此河之全長。自后納山徑間之細流起至亞德各凡二百五十英里若自落加河或本吉歟爾河起至阿拓克凡二百九十英里若自克什噶爾河源起至亞德各凡三百七十英里

扎拉拉巴得之上方近干達馬克 Gandamak 之所地勢陡然而低自中數五千英尺之高度驟降至二千英尺此爲喀布爾河流域之天然界限厄姆不牢罷白爾氏 Emperor Baber 有言曰人自高地下達此低原耳目所接如又一世界其間樹木既異而所産穀物亦絕不同動物亦異甚至居民之風俗習慣亦迥然有別白爾恩氏 Burn 初次旅行是地見扎拉拉巴得之麥已將成熟前至干達馬克麥苗去地纔及三寸兩地相去僅二十五英里而植物遲速差異如此可知氣候不同之甚此地殆印度與他地之天然門限與干達馬克以上之地在盛暑時日熱甚大與歐洲溫帶富饒之處相似過此以下爲熱而低狹之平原其間天氣與諸植物直有印度景象矣

歐人之論喀布爾者。言人人殊。不足取信。有謂其粗惡荒絕。山徑幽峭可怖。黑色裸石。嵯峨屹突者。有謂花園錯雜。綠草遍地。山谷明媚。細流縈迴者。實則兩象皆具。而各人所至之地。有不同耳。興都庫什與薩弗特庫兩山間。徧生杉橡與其他山生諸樹之巨林。其繁密鬱茂。正與喜馬拉耶山相仿。惟下方則童山濯濯。寸草不生。而山底則溪流灌注。土地肥沃。景象妍麗。與上所言者無異。蓋地本肥美。得諸童山爲之襯托。更覺鮮明可愛耳。

阿富汗斯坦之天然形勢。自河流外。雖難悉數縷陳。然其大畧。猶可得言。全國自喀布爾流域外。餘皆名哥刺森。其間絕無喀布爾河流域所有之險徑。高山間無林木。山谷間亦無蔬菜。惟東北部與薩弗特庫山相接之所。尚有少植物。然有數特別之地。如格刺特者。農業仍富厚無比。但其大致則爲多沙礫之高原。間以石山廣漠荒廢。一望無垠。西南部全屬流沙。雖在耕耨可施之地。亦絕無樹枝。秋稼之後。仍一望荒涼。絕無葱綠之狀。天生之樹木。惟見於阿富汗斯坦西部之格爾

Ghur 及適當熱帶之格里綿得河口之三角島與格刺特城以南之格刺特河岸諸處樹則肥皂櫻柳及其相類似者而葉則甚稀少

（河流）次於喀布爾河者爲格里綿得河河視喀布爾爲寬長亦過之介底骨利斯 Tigris 印度兩河間之諸河以此流爲最大最遠之河出於喀布爾巴曼 Bamian 兩河間之庫伊罷罷沠格曼諸山河流所經之地皆世人所不審者惟黑領拉人窟居於是河之全長凡六百餘英里歐人所未經見者殆居其半蓋吉里什克以上皆爲人迹不到之地然欲自格刺特至堪達喀爾者必於吉里什克渡河而始得達蓋兩地之要道也自吉里什克以上四十英里間此河尙屬山澗水自山罅石上流出間有巨石矗立水盤石旁而下至去吉里什克四十英里處始流入平地河底多鵞卵石河流至此始有灌溉之利自吉里什克四十五英里以下此河收受一大屬流名曰阿爾干達布 Arghand-Ab 此流發源於基耳賽 Ghilzai 之高處經堪達克爾而滙於格里綿得河自此河流始大廣自三十碼至四十碼深

自九英尺至十二英尺。然此惟水盛時爲然。非四時咸若此也。河中多淺灘。逐段間隔。直至去河口百英里之朴拉列克 Pulalik 而止。河之下游。左岸漸近沙漠。最後之百五十英里間。去沙漠僅一英里又四分之一耳。沿岸草木繁茂。頗有熱帶景象。昔日民居於此者。似甚繁夥。而自吉里什克百里以下之地。農業亦盛。然今日已極蕭瑟。殆由農事之不能發達乎。

格里綿得河自發源處。迄塞伊斯坦。其流皆偏向西南。及至近英天文臺東經六十二度處。乃轉而向北。又流七十或八十英里。始由各口注於塞伊斯坦湖中。格里綿得河之全長。約爲六百十五英里。自吉里什克下至河口。四時皆可行舟。惟彼處船隻甚少。惟以笨重之木筏。供行人之渡而已。

阿爾干達布河爲格里綿得河之支流。然爲人所攷知者。亦僅其下游一段。上流則未能明晰。此河發源於喀斯那西北之黑碩拉境。河水甚淺。盛夏每致乾涸。若河中有水三尺。流即迅急異常。不便行舟。其下游頗富灌溉之利。所灌注之山谷。

農業頗盛。居民亦夥。惟水稍鹽澀。河之全長。凡二百三十五英里。

阿爾干達布河。是否昔日所稱之阿拉庫忒斯 Arachotus 河。抑即其重要之屬流塔納克 Tarnak 此事至今尙屬傳疑。此兩流會合之所。約在堪達喀爾西南三十英里。自其左岸入兩河之流。略爲平行綫。包裹基爾賽高原。塔納克河流較短。長約一百九十七英里。廣亦稍遜。此河流域中有地名歐蘭樂敗忒者。Ulan Robet 中有故城廢址。未知是否昔時之阿拉庫西埃城。有湖名愛別乙司塔達 Ab-i-is-tada 或即舊日之阿拉庫忒斯湖。湖與塔納克河源相近。惟水不流通耳。塔納克河流。因便灌溉之故。逐段築防以蓄水。一至夏季。水常乾涸。沿河農業極盛。而村落絕少。行人自喀布爾至堪達喀爾者。必取道於此。或言塔納克河。即古阿拉庫忒斯河者。非無因也。是地之居民。常苦旅行者之煩擾。故皆避居於路之遠處云。

洛剌 Lora 爲阿富汗斯坦最南之河。屬格里綿得河流域。然洛剌河之水。是否入格里綿得。則不可得知。此河發源於蘇里曼山分支之堪德 Kand 軸巴 Joba 二

學部圖書局

峰相近之所。向東而流。經比升 Pishin 大山谷。水流深下。不便於灌溉。河流長約二百英里。廣亦稱是。而常乾涸。幾無一星期之久。不可涉水而渡者。河在英天文臺東經六十五度間。蓄拉瓦克 Shorawak 之地。灌溉之利頗富。終乃注於沙漠邊境之湖中。

屬塞伊斯坦湖與格里綿得河下游諸流域中之河流。爲哈魯特 Harut 喀什魯特 Khash-Rud 法拉魯特 Farrah Rud 克什魯特河。發源於雪哀科山 Shah Koh 之南麓。雪哀科者。土語言黑也。此山爲格剌特山谷之南障壁。河水南流。汎濫時。河水可達塞伊斯坦湖。然因灌溉農田之故。常被洩以盡。此河之名因塞伊斯坦湖流域中之喀什村 Khash 而來。在乾季時。無論何處。皆可徒涉。而水漲時。陸行商人。往往爲彼所阻。數日不得渡焉。

法拉河之源。與喀什魯特河同出一地。汎濫之患亦同。而河流則較前河爲大。廣凡一百五十碼。平時水深約二英尺。流湍而疾。堪蘗庫夫河 Khanikoff 當汎濫時。

亦與此河相似。水挾泥沙。翻浪作黃色。勢甚汹湧。經斗峭之河岸而入鐵弗利斯 Tiflis 之雪拉司 Cyrus 河。

哈魯特河發源於格剌特之東南山中。入塞伊斯坦湖。長約二百四十五英里。其間以人力開挖之河極多。以灌溉薩白司瓦 Sabzvar 與晏那大拉 Anardarah 兩平原。其數凡十五道。故其地之形狀。甚似三角島。且有沼澤。植物如楊柳鳳尾松等極多。哈魯特河在此平原中。收受一大屬流。名曰克什克克河。Khushkek 前人每以哈魯特河與格剌特河訛而爲一。蓋格剌特河水入塞伊斯坦湖。而希臘古輿地家討勒梅 Ptolemy 氏誤以阿里挨拉克司湖 Aria-lacus 當之。故輾轉相傳。沿訛甚久云。

格剌特河亦名哈里魯特 Hari-Rud 由兩大流滙合而成。發源於黑碩拉高地。去波爾克 Balkh 河源不遠。西流百餘英里。而至扎倭爾 Jaor 村。其地去海平凡數千尺。至此水驟下流。形如瀑布。仍向西進行。而至鄂畢。Obeh 其間吸受細流甚多。然人之取用者多。且支流横分。故水量亦不加多。更流六十五英里。而經格剌特城之南。河與城相去僅三英里。此地有道通堪達喀爾。故横建一橋於河上。凡二十六孔。其隣近有人力開成之河十五道。以灌溉田畝者。去格剌特城而下數英里。河流轉向西北。經林木叢集之地者。又若干英里。林間多可獵之獸。格剌特王之園囿在焉。此地古有喀生 Kassan 城。今毁滅矣。河去格剌特城七十英里。其始直向北流。此河吸收之水量雖極多。然以多分支流。用之者又衆。以致格剌特城以下之河。時患涸竭。迨既過喀生。復有新流來合。名曰麥須 Meshed 自是河向沙拉克司 Sarakhs 而進。遂漸歸宿矣。然此河之究竟。至今仍不能了了。以晚近之地圖攷之。則此河自經沙拉克司之後。復流二百五十英里。而止於與達曼伊庫 Daman-i-koh 相連之大淺原中。原在突古曼沙漠之邊界。

喀布爾河以南。入印度河之諸河。其大者爲庫倫河。Kurram 哥模爾河。Gomal 庫倫河發源於薩弗特庫之南麓。其山谷之中央亦名庫倫。灌溉利便。居民繁多。

且有有兵備之小村，與花園疏林，其後方有稠密之林，與薩弗特庫高山，山嶺常被積雪，其天氣之佳，風景之麗，嘗爲莫臥兒 Mogul 特里 Delhi 皇朝所稱許，而沙碩汗 Shan Jahan 之花園，至今在焉。此河經英人領地而入布奴 Bonu 數英里以上之平原中，此處河身極寬，河底皆沙與鷲卵石，至近伊賽克爾 Isa-Khel 而入印度河，計其所經之地，自發源處至此，蓋二百餘里矣。庫倫山谷間之道路，爲自印度至阿富汗斯坦諸路之最佳者，一千八百五十七年至五十八年時，麥翹楞登司 Major Lumsdens 曾督兵經由此道云。

哥模爾河發源於蘇里曼山，其長寬雖與庫倫河相等，然所受諸屬流之水量，則視庫倫河爲多，河水在冬季始見流行之迹，過此則水漸涸，而成爲小河，至英十二月，則水又復長，河流經地拉吉德 Derajat 平原，其地之土，嘗常築壩以壅水，使不宣洩，故非在甚雨時，此河水斷不能流入印度河，河之入口在近地拉乙司美兒干 Dera Ismal Khan 去山不遠，此河復受一大屬流，名曰樹白 Zhob 大小與哥模爾河相若。其源在英天文臺東經六十八度處之堪德軸巴兩峰之近處云。

（湖）洛剌河水。歸宿於湖。上文已詳言之。然阿富汗斯坦諸湖。一則不知其處。其稍大者。爲塞伊斯坦湖。又大半不爲阿富汗斯坦所有。此二湖外。所餘者惟愛別乙司塔達湖而已。此湖位於基爾賽高原。在喀斯那西南六十五英里。其地高於海平七千英尺。荒涼不毛。一望無人迹。湖周約四十四英里。蓄水甚淺。湖心之水。亦僅十二英尺而已。其吸收之水。最大者爲喀斯那河。據阿富汗人自言。此湖水外洩復成一河。此言殆不可信。蓋湖水味鹽而苦。實爲瀦水之確據。且喀斯那河中之魚。入湖後得病而死。其水味之鹽澀。亦概可見矣。

（城邑）阿富汗斯坦諸地。於政治上分爲喀布爾扎拉拉巴得堪達喀爾格剌特。與阿富汗土耳基司丹。有時以基爾賽與黑碩拉加入之。據此而觀。似將未受王化之東部高原。如庫倫庫斯德等地。全行遺失。蓋歐人於此事。尚未攷查確切。故不足據爲信史也。

喀布爾喀斯那堪達喀爾格剌特於下文專條論之其餘阿富汗斯坦諸地則殊不足當城邑之稱也。

扎拉拉巴得地處平原。在喀布爾河之南。高出海平一千九百四十六英尺。去喀布爾城一百英里。去白沙威爾城九十一英里。自此城通白沙威爾有克巴爾 Khybar 與他相聯諸山徑。通喀布爾有扎達拉克 Jagdalak 科爾得喀布爾 Khurd Kabul 等山徑。此地自來未有歐人足跡。自一千八百四十二年。普洛克 Pollock 督兵進剿。歐人始至其地。尋攷知此城有垣二千一百碼。居民僅三百家。土著凡二千人。城垣爲一不整齊之四方形。外狀亦頗頹敝。城外圍以房屋花園。又有古城遺址等。藉以屏蔽外兵。扎拉拉巴得城垣尋爲普洛克所毀。然今已修繕完好矣。

據握特 Wood 言此地實爲一農業極盛之平原。長約二十五英里。廣約三四英里。地之中間。有村落堡寨。與花園等。水源亦極繁富。

扎拉拉巴得全省。長約八十英里。廣約二十五英里。又兼有喀布爾河以北之大地賴格曼及河南之南格尼哈爾。Nangnihar 賴格曼應呼作賴格罕。Langhan 因此字原本於古時之賴配其也。Lampagoe 而回教徒謂此地前有愛國者名賴麥且。Lamech 其地因得是名。此則謬誤殊甚。而回教徒則深信之。以爲其人之墓。至今猶可辨認云。南格尼哈爾之名。則由普什土 Pushtu 與阿拉伯語。雜和而成。譯言九河。而攷其字義。則言河多處也。雖然。此字實出於古印度城名納加拉哈拉。Nagarahara 蓋回教未興之前。其地本有是城。古希臘輿地家討勒梅氏所謂納加拉 Nagara 或定素普列斯 Dionsopolis 城。殆即是此。山谷中多佛氏遺跡。然諸建築物。不知何時悉已毀壞。昔巴白爾 Baber 嘗築花園於此。其孫扎拉路廷阿克巴 Jalaluddin Akbar 因築扎拉拉巴得城。城中居民。印度教徒居其大分。有大佛寺一所。是地之歷史。惟洛白忒首皃 Robet Sale 守城一事。最爲著名。其事始於西歷一千八百四十一年英十一月。而終於次年四月云。

伊斯塔里佛 Istalif 城位於科達曼 Koh Daman 境。在喀布爾河之西北。其城於一千八百四十二年九月二十九日。爲大將慨司克兒 M. Caskill 之兵所攻滅。以城民攻殺察里喀爾 Charikar 戍兵。又納謀斃白恩納斯 Burnes 之凶黨。故罰之也。其地幽秀入畫。野屋築於山間。迴環層疊而上。形如埃及之金字塔。山頂有佛龕。隱林樹間。山趺環以流水。水潔而流迅。兩岸葡萄架與花園。錯雜其間。出達曼伊庫。有大平原。林木農業。均極繁盛。望遠之堡。錯列若黑點。平原盡處。則石山矗峙。與終年積雪之興都庫什山相接。凡家屋中幾無不有花園。園中建望樓。當果熟時。家人咸登樓守護。村中家家均閉戶矣。城中戶口。幷附屬之七村計之。約得人一萬八千云。

察里喀爾有居民五千人。位於伊斯塔列夫北二十英里。科達曼之北。有巴倫河之支流高本特河以資灌溉。據斯得來布 Strabo 與普林尼 Pliny 之言。此地有三道。可通敗克缺拉 Bactria（即波爾克）其間有稅關。以收與土耳其斯丹貿易品之稅。科歇斯坦 Kohistan 行政官亦駐紮於此。科歇斯坦亦稱喀布爾山地。與北方通貿易之地也。時英人派麥翹愛兒特朴丁格爾 Major Elderd Pottinger 偕將弁可特林呑 Codrington 與霍呑 Houghton 督噶爾喀 Gurkha 兵隊。駐防於此。朴丁格爾以守格剌特着名。後遂以爲行政官。一千八百四十一年。土人內叛。駐兵與戰極烈。數戰以後。朴丁格爾等思退駐喀布爾。惟朴丁格爾霍呑與一印度兵得脫。然霍呑猶喪其臂。餘兵則全被遏絕。迨此城克復之後。其兵隊仍被收復云。

喀拉替基爾賽不得稱爲城邑。僅爲有關係之堡寨。在塔納克河之右岸。地居喀斯那及堪達喀爾孔道之中。去堪達喀爾八十九英里。高於海平五千七百七十三英尺。一千八百四十二年。克雷其將軍 Craigie 督印度兵逐其地之阿富汗人。此爲英人與阿富汗斯坦劇戰之一云。

吉里什克亦祇可謂爲堡寨。若名以城邑。殊微小不稱。地當格剌特與堪達喀爾間孔道之要區。堡能控扼此道。與格里綿得河水乾可涉之處。蓋是地之河當盛夏則水全涸。行人可徑渡也。西歷一千八百三十九年至一千八百四十二年之秋。地爲英人所佔。其最後九月。英人頗多困難。時惟勇猛之印度兵巴爾溫信 Balwant Singh 督土兵防守其地云。

法拉 Farrah 屬塞伊斯坦湖流域。位於塞伊斯坦河畔。並自格剌特至堪達喀爾之大路間。去格剌特一百六十四英里。去堪達喀爾二百三十六英里。其地四周繚以土牆。上置城樓。牆外圍以寬廣之壕。雨時亦能蓄水。且有甬道可資防守。甬道自南而北。成平行邊形。僅有門二。蓋亦軍事上之要地也。然地殊不適於人居。以地面計。足容民居四千五百家。而一千八百四十五年。弗烈爾 Ferrier 居彼地時。僅有居民六十家。及一千八百五十八年。柏里 Pelly 往時。亦未見增益。法拉城爲一最古之城。弗列爾嘗攷其地之古記載。與父老相傳之語。謂今日之城。實在舊日大城之內。舊日居民。悉爲成吉思汗所屠。所餘子遺。亦皆徙之他處。更北行一小時。其地有殘毁之物無數。遺下巨磚長廣各一碼。磚上鐫有尖形之字。可知此地之殘毁。實遠在成吉思汗未至以前。而成吉思汗之來。乃其被殘之第二次矣。自中世紀沙挨巴斯 Shah Abbas 屠滅此城之後。奔避之民。逐漸南歸。此城復又興盛。其後又遭納迭爾沙 Nadir Shah 之刼掠。自是常被攻擊。日見凋敝。西歷一千八百三十七年時。留遺之民數約六千。盡移居於堪達喀爾。而此城遂永陷於可慘之地位矣。

賽白斯瓦爾城 Sabzwar 其名出於古波斯字伊斯弗弱 Isphizar 譯言牧馬場。亦一軍謀上之要地。去格剌特九十三英里。在法拉北七十一英里。其凋敝之狀。絕似法拉。西歷一千八百四十五年時。其他有小市一區。居民百家。此城蓋前日大城中之子城。今大城已殘毁過半矣。其間開小河甚多。引哈魯特之水以入之。不僅以便灌漑。且藉以限敵兵。資保障也。

乍尼 Zarni 城在著名之格爾境內。而格爾之內容則未能詳知。城居格剌特之東爲格里特 Ghurid 王朝發祥之地。格里特既代蓋時尼代伊特司 Ghaznevides 朝之後。版圖益擴。略有阿富汗斯坦全境者垂數百年。據弗列爾言。謂乍尼實格爾舊日之京城。圮敗之物極多。城亦甚小。城垣亦半殘圮。惟所處之地。頗稱樂土。境內河流縱橫。多淡水。中所產之缺老忒 Trout 魚。山勢環抱。中多林樹。葡萄繁茂。子實離離下垂。如綴碧珠。在西歷一千八百四十五年。是間居民約一千二百人。最可異者。其中有其白爾 Gheher 種人。且最古之波斯人種薩里司 Suris 與塔麥尼司 Taimunis 亦佔多數。

（氣候）阿富汗斯坦之氣候。各地不同。如喀布爾北部之高原。與位於原麓之干達馬克。冬季極爲寒冷。而以阿拉庫輿 Arachosion 高原爲尤甚。在喀布爾積雪。經兩三月不解。居民不能出戶。常臥火爐之側。以避嚴寒。在喀斯那冬季積雪。過春分猶不盡融。寒暑表常降至華氏冰度十度或十五度以下。稽其古語。謂喀斯那之居民。爲雪潮所壓而全斃者。蓋已不僅一次矣。

扎拉拉巴得冬季之天氣與印度相若而在熱季常有含毒之雪門 Simum 風吹來夏季之酷熱阿富汗斯坦境內各地皆然而以沿印度河一帶之地爲甚熱度最高之地爲塞衛 Sewi 與格里綿得下游及塞伊斯坦諸地堪達喀爾全部夏熱亦烈雪門風亦常吹至哥剌森之一部經夏季時更令人不能禁受常有沙潮盤旋地上風熱如火其地復多頑石山山上寸草不生日間既易收日熱夜間又易散熱故哥剌森地雖已入夜仍酷熱異常吉里什克一地據弗列爾言當西七月間雖在陰地寒暑表猶上升至華氏一百十八或一百二十度喀布爾夏季之日熱與印度相彷彿且有自興都庫什山折回之風能調和其熱度夜間亦頗涼爽巴白爾言喀布爾人雖在盛夏之夜睡時必以羊皮自溫此言殆不可信堪達喀爾平原中及低山間雪不常有間或雨雪亦即時融解云

格剌特出海之高度雖僅低於堪達喀爾八百英尺而天氣則溫和之甚在亞西亞洲中實可稱爲天氣良好之地弗列爾云其地在西七月熱度絕未有逾華氏

寒暑表九十八度者。即至九十一或九十三度時。亦少有之。自西五月至九月。西南風甚烈。橫經堪達喀爾。冬季亦甚溫暖。雪花隨降隨融。雖在山間。亦不久積。弗列爾居彼三年有餘。未見堅冰可資窖藏者。而近喀生 Kassan 之喀弗爾喀拉 Kafir Kala 去格剌特不遠。高度亦復相等。相傳西歷一千七百五十年時。愛點特沙 Amed Shah 所部軍隊。自波斯退歸。道經此地。一夜間凍斃者凡一萬八千人云。

夏間之雨。偕印度西南孟松風而來。蓋風吹向喜馬拉耶山之南麓。折而向喀布爾山谷。風力即弱。亦當至賴格曼而巴翹爾 Bajour 與班夾庫勒及薩弗特庫山之東支嶺。受此影響尤大。庫倫山谷。亦同時得雨。此風直至蘇里曼山之南端。始爲其西被之界域。至其餘阿富汗斯坦諸地。則與亞西亞西部之地相若。惟冬季得雨甚多。春季雨雖較冬雨爲少。然利於農功。則較冬雨爲甚。惟春季雨雪。則不甚相宜耳。總之阿富汗斯坦爲天氣乾燥之國。一年中四分之三之日月。常爲日光所爍。故夜間之天氣。恆較日間爲美。冬夏溫度之相差。固絕遠。即晝夜間寒燠亦甚殊異。且地方微易。則天氣又截然不同。巴白爾言喀布爾境內。苟自某處永不見雪之地。前行二句鐘時之久。即可至一積雪永不消融之地。可見隨易一地。其溫度高下。迥然不同矣。然如克克爾上方之拓巴 Tobah 與薩弗特庫高原之阿富汗人。常以其地天氣之佳。誇傲於人云。

阿富汗斯坦之天氣。雖明媚乾燥。而居民之疾病。仍不能免。間三日二日之瘧疾與痢疾。時有流行。秋痢則往往致死。因天氣佳。故民於夏夜。常臥於屋頂。故易受感及得神經病。喀布爾之庫達曼天氣雖佳絕。然在西七月至十月間。瘧痢等傳染甚多。土人嗜食菓品。饕餮無節。亦其致疾之由。得石痳與眼病者頗多。患楊梅毒者亦夥。頗爲人所懨惡。堪達喀爾之地。患疥瘡者尤夥。其源亦中於楊梅。據排羅氏 Bellew 言。土人每二十人中。不患疥者不得一人云。

(天然物產)(鑛質)阿富汗斯坦之鑛質極富。然開采者甚少。金產於賴格曼之河中及其近地。然所產頗少。著名之銀鑛。在興都庫什山之本吉歇爾 Panjshir 山谷。此鑛舊已開采。精鐵產於自主之巴翹爾境。在白沙威爾西北。鑛質爲含磁性之鐵沙。鍊之可得精鐵。鐵沙亦有出口者。鐵鑛之產於喀布爾省者。在泊麥里 Permuli 地居庫倫哥模爾兩高地之間。此鑛產鐵頗多。鐵鑛至多之地。爲通巴敏山徑之近處。與興都庫什山之數部分。銅亦各處皆有。惜絕無開挖之者。鉛產於庫倫之北奔噶什 Upper Bangash 與薩弗特庫支山間之興瓦利 Shinwari 及克克爾諸地。傳言近格剌特之地。鉛鑛尤多。惜開采者絕少。鉛與安的摩尼見於阿爾干達布之近處。去扎拉梯格拉碩西北三十二英里。又產於瓦達克山 Wardak 山去喀斯那北二十四英里。又產於喀布爾之北之高本特山谷。及接英領地阿弗里提 Afridi 今阿富汗斯坦所用鉛。多來自黑碩拉其鑛苗切近地面。采取甚易云。高本特山谷中之弗林格爾 Feringal 有舊鑛一。聞其內開鑿之處頗廣。而礦內遺規。亦頗可觀。安的摩尼得於堪達喀爾以北三十英里之沙麥克塞特。Shah Maksud 而所產甚多。

鋅硒養三產於克克爾境內之樹白地方。鑛質團結成塊。用以塗附刀劍。光亮可愛。

硫黄產於格剌特。結成小塊。自泥土中掘出。其大宗則來自黑碩拉與塞伊斯坦境內之泊爾克斯里。Pirkisri 相傳其地有火山口在焉。阿莫尼鹽亦產於塞伊斯坦境內。石膏則產於堪達喀爾平原。自地面之脆性珊瑚質堆中取出。其量頗多云。

煤產於庫倫哥模爾兩高地間之碩麥德 Zurmat 與喀斯那之近處。

硝多產於阿富汗斯坦西南部之土內。地溝水內亦多含是質。

（植物）阿富汗斯坦諸大山中。產具特別品性之植物甚多。此類植物惟生於大山及其直接之分支中。其山勢垂盡之所。則童山濯濯。絕無此類植物云。

小麥栽種地。居全國之大部分。爲居民大宗之食品。米亦栽種極廣。而尤以自主之司滑德部爲最多。米之佳者則產於英屬之白沙威爾庫倫一地。亦以米爲秋收之大宗。東部之山地中。以珍珠米爲重要之食物。英國及印度花園中之植物。亦栽種極多。蘿蔔有數地所產極富。常以飼牛。

甘蔗植於肥饒之地。木棉植於煖地。然木棉織物。則皆自他國進口者。

甜瓜西瓜及他種瓜類。亦爲農植中最要之品。而近城邑之地所種尤多。故瓜熟時。農家亦視爲一收穫期也。

丹參爲喀斯那堪達喀爾農人之春季收穫品。西部諸地亦常植之。而皆售於印度。聞此物獲利頗豐。種後三年始熟。番紅花亦爲一出口品。蓖麻子則到處皆產。故國中出蓖麻油極富。淡巴菰產於堪達喀爾。年可得葉二次。故產數頗旺。販售於印度及布哈爾。Bokhara

路生 Lucerne （紫花荳類）爲西部諸地之重要乾草料。若加以灌溉。則割而復生。年可割至十次或十一次之多。又有永久不枯之草。名曰哥模爾。Gomal 產於喀斯那山地，蕃滋極廣，黑碩拉至格剌特之間，亦徧生是草，土人乾之，藏以禦冬。其尋常儲備乾草之法，則就大小麥未結穗之前，割而乾之，麥被割，又能復長而結實如故，絕無所傷害。今將排羅氏所記堪達喀爾人種植之法，錄於下方，便學者覽焉。

英十一月間，堪達喀爾人以大麥子播之地上，至次年三四月間，割之兩次，儲爲乾草，至七月，麥穗仍結實如故，麥既收穫，其地加以耕治，而播淡巴菰子，年可收葉兩次，收已則栽蘿蔔，至英十一二月，而實熟矣。

果實成熟時，爲阿富汗斯丹人一大收穫期，其間凡歐羅巴種諸菓亦皆備具，或供鮮食，或製以爲脯，爲居民食品之大宗，菓乾出口者甚夥。在喀布爾山谷中居民以桑葚爲乾，盛以皮囊，以備冬季之所需，或屑葚乾爲餅，以禦冬。

葡萄栽種極廣，而種類亦甚多，葡萄藤不承以木架，惟築土高八尺或十尺，以支柱之。樹葡萄之園，以堪達喀爾之村落中爲最夥，城之四周，纍垂彌望，故產數頗旺焉。

喀布爾流域中有人掘之河甚多。東阿富汗斯坦之地亦然。而西部則僅有地溝。聚若干泉源及地間通流之水。注之窪地。以資灌溉之用。愛兒賓斯通氏 Elphinstone 常聞有一地溝。長及三十六英里云。

（動物）阿富汗斯坦之有脊骨動物。具有歐羅巴亞西亞 Eurasion 愛雪倭賓 Ethiopion 印度喜馬留 Indo-malayan 三帶間動物之性質。然其大半。仍具歐羅巴亞西亞性質云。（愛新倭賓。爲埃及以南之舊國。今其國已亡。僅以此爲埃及迤南一帶之地名而已。）

（乳哺動物）排羅氏言幼蘇弗碩及喀布爾河流以北諸地。猿猴極多。至屬何種類則不可得而名云。

（猫類動物）小豹全國皆有。亦產常豹。虎則產東北諸山中。

（狗類動物）夾格爾爲野狗之一種。以格里綿得與阿爾干達布產者爲最多。他處亦間有之。狼產荒避之境。常結隊遊行雪中。攻牛而食之。有時且傷及單騎過客。海乙納亦甚多。常獨出掠物。有時以獨力制牛。此物與狼同爲羊羣之害。阿富汗斯坦南部之少年。恒喜獨力與鬥。而捕之殺之以示勇。愛爾賓斯通氏言其地亦產一種野狗。印度狐亦甚多。

長身食肉類動物中有水獺。獴鼠。獴鼠有二種。一種身有龜甲紋。阿富汗人養之。以食蟻。熊有黑色暗黃色二種。

反芻類動物有野羊與印度鹿。鹿產於東南部山中。

野猪產於縻里綿得之南部。野驢常見於西南諸沙地中。象與犀牛。近阿富汗斯坦數百里間。即行絕迹。然十六世紀間。曾有人在白沙威爾獵得犀牛一頭。可見其地初未嘗無是物也。

田鼠類亦有數種。有屬印度種者。有屬歐羅巴亞西亞種者。

蝙蝠亦有數種。其間有兩種。爲自英倫至印度間所常有者。

嚙物動物類有松鼠野兎等。

（鳥類）阿富汗斯坦之鳥類。艦長虎呑 Hutton 氏雖條記甚多。然未盡舉其種類。就彼所記者。凡得一百二十四種。其間屬歐羅巴亞西亞種者。凡九十五種。屬印度者十七種。兼屬歐羅巴亞西亞與印度者十種。春季有屬他種之鳥來此哺卵。至冬季。則惟有屬歐羅巴亞西亞之一種矣。

（兩棲類動物）阿富汗斯坦有有尾之兩棲類。田雞有數部分屬歐羅巴亞西亞種。有數部分屬印度種。惟魚亦然。惜不知其詳爾。

（家畜）駱駝之爲用。較印度之象爲佳。故豢養亦頗注意。雙峰駝亦有時見之。惟非本地產耳。

馬則出口售於印度。其佳者產於邁美奈 Maimana 及哥刺森與突古曼諸地。負重之馬。名薙白。力大而肩博。高凡十四手。用以運物。有時人亦騎之。此馬善走。而不能馳。且不能受熱。阿富汗斯坦王特司德穆罕默德 Dast Mahommed 嘗欲改良馬種。不准以幼馬駝物及出售云。

堪達喀爾與塞伊斯坦所產之母牛。出乳最多。此牛屬駝背牛種。然今其背已平。與常牛彷彿。其乳土人壓之使乾。製爲腐乳。名曰克拉忒。其製法與名稱。均蒙古人所授也。

胡羊有二種。尾皆肥大。黑色白色。各爲一種。白色之羊毛。多售諸波斯。近由孟買Bombey出口至歐洲亦甚多。遊牧人種之貧富。恆以羊羣之多寡爲斷。至秋季則殺羊極夥。剖而擦之以鹽。置日光下。乾而儲之。牛肉駝肉。亦以此法製之。

胡羊之毛多屬黑色。然間有雜色者。此羊爲一種。出毛最佳之羊之變種。

阿富汗斯坦之天氣。豢狗最爲適宜。獵狗產於喀布爾省內之科歐斯坦及扎拉拉巴得之北部。體壯力大。善嗅。甚似班牙之重鼻獵犬。亦產長鼻犬。其馳逐之敏捷。與英國次等之獵狗相彷彿。坎提亦獵狗之別種。獵時使驚鵪鶉之屬。俾起而致之鷹喙。甚爲得用。惟其種不純耳。

（物產）阿富汗斯坦之物產。未能發達。蠶絲產於喀布爾。扎拉拉巴得堪達喀爾與格剌特諸地所產多供本地製造之用其佳者則售諸旁遮伯與孟買。地毯之佳者。光亮柔軟。五色斑爛。且堅密耐久。爲格剌特之名產。其售於印度。常冒稱波斯產。氈之佳者。合山羊胡羊駱駝諸毛組織而成。羊皮所製之裘。土人自用外。復出售於旁遮伯。爲英兵禦冬之用。裘不去毛。莘皮作黃色。使極柔軟。其製皮之料。以安石榴皮爲一重要之品云。

數珠爲堪達喀爾之製造品。珠以蜜蠟爲之。其最佳者。色似乾稻莖而半透明。多出口售於麥加。Macca

（商業）阿富汗斯坦無可通航路之河。陸地又無車道。所在多極深且狹之山徑。或荒寂之平原。故惟以駝馬爲運貨之具。雖印度與亞西亞西部及歐羅巴貿易之商品。可由海道輸運。然有時仍須以前法經阿富汗斯坦諸道。今舉其商販所出之道如右。

一自波斯經麥什黑特 Mash'hed 至格剌特。
二自布哈爾經煤夫至格剌特。
三自布哈爾經卡歆 Karshi 波爾克與庫而模 Khulm（即塔什庫爾干）而至喀布爾。
四自旁遮伯由白沙威爾與韃鞳拉 Tatara 或愛白干納 Abkhanah 山徑而至喀布爾。
五自旁遮伯經高斡拉里 Ghawalari 而向喀斯那。
六自信地 Sind 經布蘭山徑而至堪達喀爾。
自東土爾其司丹經吉鐵勒兒可至扎拉拉巴得或由迭而 Dir 而至白沙威爾。
惟其間之商業。恐亦絕無而僅有云。
阿富汗斯坦出口至信地之貨物。或經阿富汗斯坦轉運之貨物。其最重要者。爲羊毛。菓品。蠶絲。丹參等。堪達喀爾之出口貨爲乾菓。營販馬之生業者。大抵爲辟與之司雅特人 Syads 克克爾人卜克鐵雅列人 Bakhtiyaris 與俾路芝人。司雅特人嘗營販奴之業。大抵以黑碩拉人爲其販賣之資料云。

白恩納斯氏嘗預料印度西方諸地羊毛一業。必大興旺。今則果如所料矣。此物出口之數。近年大有所增。西歷一千八百七十一年至七十二年間。自卡拉契 Karachi 舟載出口者。凡二百萬鎊。其進口至信地之商業。悉入雪加坡 Shikarpur 商人之手。阿富汗斯坦南部諸地諸商業。悉入印度人之手。麥什黑特格剌特與堪達喀爾間之商業。則悉入波斯人之手。其運入阿富汗斯坦者。爲蠶絲軍器青藍寶石馬氈等。其運歸者。爲羊毛皮毳與羊毛製造品。

自印度經白沙威爾而入阿富汗斯坦之重要貨物。爲木棉羊毛織物與綢緞。自英倫來者。爲粗布糖靛青花緞金綫花帶搭膊巾生牛皮雜貨藥材等。白沙威爾出口者。爲布哈爾所產之生絲與綢。俄國之金銀絲馬杏仁松香菓品狐皮羊皮及成條未鑄之金銀。

一千八百六十二年阿富汗斯坦與印度貿易之數列表如下。

	出口至印度者	進口自印度者	進出口貨值之總額
自白沙威爾	十五萬六千五百十三鎊	十二萬〇六百四十三鎊	二十七萬七千一百五十六鎊
自高斡拉里山徑	十三萬鎊	十六萬四千鎊	二十九萬四千鎊
自布蘭山徑	三萬一千八百七十鎊	一萬八千五百三十五鎊	五萬七百六十二鎊
總數	三十一萬八千三百八十三鎊	三十萬三千五百三十五鎊	六十二萬一千九百十八鎊

除上表所列外。尚有自布蘭山徑以南諸道運輸之貨值。未嘗列入也。

阿富汗斯坦經營商業之法。仍沿路罕尼阿富汗 Lohani Afghan 商人之舊。此等商人。人名之曰泡文達斯 Povindahs 彼輩專以成羣之駝馬往來於印度哥剌森布哈爾之間。常持兵器結隊而行。否則必被盜與關卡所苦。而喪其資本。彼沿途應付若輩之法。或以糾纏。或以鬥毆。或繞道規避。或以賄賂。每年往來兩次。均以此術自全。彼輩夏日。每在喀斯那喀拉替基爾賽高原中牧放駝馬。至秋乃下蘇里曼山徑。而至印度。其未入英領地以前。咸藉軍器以自衛。一至印度。即無慮此矣。於是彼留其家屬與駝於旁遮伯平原。挾其貨物售之恆河左右之諸巨城邑中。或以帆船或汽船載其貨。至卡拉契與孟買。雖遠至阿薩密與仰光。亦常見此種商人焉。其人軀幹壯健。神宇岸然。一望可辨。不僅其髮之粗。與衣服之穢。爲其表見也。至英三月。彼輩乃率其家屬。復反基爾賽高原。而分回喀布爾布哈爾堪達喀爾與格剌特。至秋則又結隊復出矣。是等商人。每年貿易之值。約爲十五萬鎊云。

（居民）阿富汗斯坦之居民。當分爲阿富汗與非阿富汗兩種。以人數權力及聲名論。則當以阿富汗人爲主。

阿富汗之名。乃外人所加者。阿富汗人初不以此自名。據排羅氏言。其間包含種類甚多。惟同居一地。同一風俗。同用一種語言。而道德體魄。亦無不相似。彼輩自名爲帕生 Pashan 人。本居於蘇里曼山。及其東向之分支中。今亦不能悉舉其名。

以來告者言人人殊。不可究詰也。其間有一種人名曰瓦達克人 Wardaks 居於喀布爾以北。其形狀性質與帕生人相類。又有其他種族。與上二種亦大致相似。語言風俗。悉與阿富汗同。獨其狀貌稍異耳。總之阿富汗人中。非僅帕生人一種。猶有他種人在其間。類如庫倫之忒里人 Turis 扎吉人 Jajis 是也。

阿富汗本部之人可分十二大種。其分支甚多。今舉其重要之大族。詳列於下。

達倫尼人 Durranis 本名愛白達列人 Abdalis 今茲之名。因其同種之闔人愛默特沙而得。其居宅在阿富汗斯坦之南部全境及西南部。

基爾賽人爲阿富汗人種中之最有强力勇敢者。此種人在十八世紀時。曾力服阿富汗斯坦而爲乙司拍罕王。居於堪達喀爾以北之高原中。幷東向而侵入蘇里曼山與喀布爾河以北。幷踰喀布爾而至扎拉拉巴得。有時且踰此界而曼延於他處。當英人侵入阿富汗斯坦時。此種人拒之甚力。盡忠於素所仇恨之特司德穆罕默德。協力以禦英人。當西十世紀與十一世紀時。亞拉伯古輿地家。謂基爾塞之地有一民族曰克列吉司 Khilizis 實爲土耳其種與莫臥兒朝之特里諸王 Dehli Kings 同其種族者是則基爾賽人與克列吉司實同屬一系矣至欲致阿富汗他種人之來源則不可得知云

幼蘇弗碩人居於白沙威爾以北之山及山谷中白沙威爾平原亦佔有其一部分除屬英領之白沙威爾界域外其餘悉屬自主故雖阿富汗人亦常苦爲其擾亂云

克克爾人至今仍爲自主之部落居於阿富汗斯坦之東南拓巴 Toba 山分支與蘇里曼山之間地與俾路芝國接壤其內地情形則至今未能盡知也

非阿富汗人向與阿富汗人雜居其人數最多與最重要者爲塔吉克人 Tajiks 錯雜普徧於阿富汗斯坦全國而其主要之地則在國之西境彼輩爲此國最古之土著爲伊蘭 Iranian 高原種自稱曰帕雪汪 Parsiwan 操波斯語言身體壯健容貌端好衣服風俗與阿富汗人同人皆土著從不移徙大半從事農業其居於

城邑者。則事工商業。此阿富汗人所不爲者也。彼輩以阿富汗人爲主人。絕不與之牴牾。安分無大志。絕無欲得政治上權力之思想。其人供阿富汗斯坦王之兵役者甚夥。亦多有入旁遮伯英國兵隊者。熱心於太陽教。惟居喀布爾境內之達曼伊庫之塔吉克人。則性喜擾亂。好復仇。

克碩而罷歇人 Kizilbashes 今雖名爲波斯人。然實土耳其人之被波斯教化者。與今波斯王族及波斯人之大多數同等。克碩而罷歇人所操皆波斯語。彼輩之入阿富汗斯坦。在納迭爾沙王在位時。約當西歷一千七百三十七年。其居於城邑中者。爲醫生鈔胥及經營商賈之業。平心而論。其人格教化。實較阿富汗斯坦尋常之居民爲高。其在喀布爾。克碩而罷歇人之充阿富汗斯坦王之砲隊馬隊兵者甚多。且有充英領印度之馬隊者。惟此項馬隊。不列入常備軍額之內。其人性質靈敏。且善於乘馬。奉歇哀教。Shaih 故阿富汗人常以異教目之。

帕雪灣人與克碩而罷歇人。勤於工藝。爲阿富汗斯坦濬闢利源之人。然常自處於卑下之境。不敢儕偶於阿富汗人。

黑碩拉人居於阿富汗斯坦本部西北之荒僻山地中。及興都庫什山西端之曠地間。今輿地家呼其地曰。帕洛拍密碩斯。Paropmisus 所居地之高度。去海平自五千英尺以至一萬英尺。

黑碩拉人貌似蒙古人。言者每謂其狀醜陋。其言不無失實。然謂其爲蒙古人遺裔則無可疑者。當成吉思汗之兵隊。自東方來此居此不去。遂成此種。然黑碩人內。亦尚有他種人羼雜其間。據將弁李區 Leech 言。基爾賽人呼黑碩拉人曰莫各兒。另一種則直稱蒙古兒。其音猶頗清晰。且其人今猶操蒙古語言。此種人居近謀夫河源之所。并遠及格爾山之南麓。而普通黑碩拉人所操之方言則純爲波斯語。攷成吉思汗所編蒙古軍隊。每萬人名曰土曼司。每千人名黑碩拉斯。後人因疑此名。蓋即原於當日軍隊之名者。愛姆地堪尼科夫 M.de Khanikoff 言。此名見於紀載者。最早爲波斯葛仁克汗 Ghazan Khan 之御書。此書出於回教主

穆罕麥德逃於麥地拿後之六百九十四年即西歷一千二百九十四年至九十五年之間也

黑碩拉雖爲阿富汗斯坦貢獻之國然非施以兵力則貢亦不至彼輩所佔之地極大幷有阿爾干達布及榙里縮得之兩上流域與興都庫什山之兩麓東向至音得爾阿巴 Andarab 之經線及巴曼山地與波爾克謀夫哈里魯特諸河發源之所合而計之約得面積三萬英方里或云黑碩拉人於倫常一道極少講求與昔日之默薩其梯 Massagetœ 相似此言頗甚可信即非其全部如此然其某某部分則固嘗如此也黑碩拉人善製火藥槍彈所居之地雖極崎嶇不平然其善騎如故即在峻阪間仍馳行極速彼輩每被人掠賣爲奴得値絕昂每至冬季則爭赴阿富汗斯坦尋覓工作亦有至旁遮伯者惟居近喀斯那之黑碩拉人頗有土地村落其餘之居阿富汗本部者常自下於阿富汗人所奉者悉歆哀教惟實特納德黑碩拉人 Zeidnat Hazaras 則從回教此種人居於巴特吉斯 Badghis 地

在格剌特之北.

意抹克人 Eimaks 與黑碩拉大致相似.有專事遊牧者.有半事遊牧半定居者.所居在黑碩拉人之西.切近格剌特之北.此種人其初名四意抹克人. Four Eimaks 若欲指明何者爲黑碩拉人.何者爲意抹克人.則不能確切分晰.惟意抹克人爲伊蘭血脉.而黑碩拉人爲土耳其種而已.意抹克人所奉者爲回回正敎.其種人之一部分.已屬於波斯.

亨特克人 Hindks 爲印度人之播散於阿富汗斯坦者.其人之階級.屬古印度之軍士類.今則以商爲業.無論所居在城在村.此種人皆佔居民之多數.國中之銀行事業.皆爲此種人所經營.故大宗生業.亦均入此種人之手.阿富汗人於彼輩之人口稅.征之極重.且有數種利權.不令同享.然彼輩仍發達如故.居阿富汗斯坦之扎忒人. Jats 自拉火爾 Lahore 至卡拉契之間.生息甚蕃.爲其地居民之大部分.然其先則已不可攷矣.其人軀幹壯健.色黑而貌美.人衆而窮.多爲農家傭.

與樂人及薙髮歸街之役以自活。
俾路芝人 Biluchis 多居於格里綿得之南。性凶而野。信回教。而不守其教律。鬼神之迷信甚深。有仇必復。視若至重之例。能耐大熱。不以飢寒爲慮。雖甚力作。亦不思飲。如駱駝然。然以勇敢與靈敏論。實視阿富汗人爲高。當其入波斯爲盜時。敢冒險深入。其勇武有足多者。
其居喀布爾河以北之山地者。種類尚多。所操之語亦至不一。語有泊拉克列鐵克性質。其知名之種。如科歆斯坦人。賴格曼尼人。帕駭人 Pashais 等。猶有喀布爾流域土著之裔。素奉回教。其人與不信回教之卡弗列斯坦諸種。Tribes of Karfristan 及赤特拉爾民族。或大特人種同爲一族。此諸種人。皆居阿富汗斯坦境內之印度河之北。
印度參謀官麥克骨勒高爾 Macgragor 欲悉心估料阿富汗斯坦晚近之民數。據彼所料。凡得四百九十萬一千人。惟彼將不應列入之阿富汗土耳其斯丹與赤

特拉爾愷弗爾及自主之幼蘇弗碩民族幷計在內故欲確知阿富汗斯坦之民數應將此項人數除去而眞實之數始可得也今列其表於下

麥克費勒高爾所料阿富汗斯坦居民之總數……四百九十萬一千人

阿富汗土耳其斯坦人……六十四萬二千
赤特拉爾與愷弗爾人……十五萬　}合…七十九萬二千人

相減得……四百十萬九千人

今將阿富汗斯坦各種居民之種數約略分列如下

薏抹克人與黑碩拉人……四十萬

塔吉克人……五十萬

克碩而羅歇人……十五萬

亨特克人與扎忒人……五十萬

科歇斯坦人等……二十萬

自主幼蘇弗碩人……四十萬

阿富汗人與孤生人……一百九十五萬九千

總數　四百十萬九千人

阿富汗斯坦之政治風俗。與他回教國相若。然亦有其特別之處。

阿富汗斯坦之居民。若不計氏族。可分爲二大部。一爲遊牧之民。一爲土著之民。但此項分派。與種族上絕無關係。惟以所住爲房屋或行帳以爲別耳。蓋其間有數大種族。其一部分事遊牧。一部分則爲土著。如達倫尼人 Durranis 與基爾賽人者是也。

無定居之阿富汗人。散處於喀布爾流域。惟其索所設帳之地。則在阿富汗人所稱之哥剌森大平原中。此種人民。惟以羊羣之蕃滋與否。爲其生計之絀裕。鮮有從事耕耨者。彼輩對於喀布爾政府。亦負納稅之責。惟經酋長轉納。亦有當兵之義務。或編入常備軍。或投身義勇隊。然彼輩之於政府。關係殊少。非售其出產品。輕易不入城邑。其人咸受治於酋長。無一定科條。有大爭端。則詣彼聽斷。小事則受評判於年老之人。依阿富汗歷來沿習之規則而處斷之。此等無定居之民。視竊盜如一生業。故有數種人。當生子命名之際。穴屋宇之牆。自孔推兒入。幷自其上鳴槍以驚之。蓋預以竊盜之行詔之也。

有定居之阿富汗人。其居於村中者固多。即在城邑間。亦爲居民之大部分。以力田爲重要之生業。其次則爲兵。蓋阿富汗人在阿富汗斯坦中爲主重之國民。故在軍隊中亦佔其大多數。彼輩所居之地。往往爲其自置之產。或自耕。或傭人以耕之。蓋其專業。惟農與兵二者而已。至習工藝設店舖之事。則阿富汗人絕不爲之。惟爲行商及爲人運載貨物者。則頗多焉。

阿富汗人貌美而體强。鬚髯甚美。鬚色則或黑或棕。鮮有紅色者。面部頗具邱壑。頭髮自頂至額。悉行薙去。留者皆拳縮而散垂於肩際。步履整然。狀甚驕傲。與人殊不欵曲。

女子則豔麗如猶太人。雖男子亦然。面色白皙。有時或作紅色。編髮作二辮。辮端以綢結之閨範極嚴肅。然犯姦者亦常有之。有數處凡已締姻而未成婚之男女。彼此得相面。以重情好。與英屬惠而司之舊俗。頗相似焉。

阿富汗人自幼時即使之習慣流血之事。故不以死爲畏。而搏擊極饒勇。然一遇敗衄。則心亦易灰。性好擾亂。不善守國法。及及軍律。當有求於人時。外狀似頗坦白。且善交接。若所求不遂。則亦粗暴狠惡。絕無人理。善設僞誓。而奸詐虛嬌。貪瀆無饜。復仇必逾其分。且極殘忍。務求快意。雖擲己之生命。亦所不惜。定律極嚴。雖小過亦獲嚴譴。犯法之易。他處無可比者。然犯者亦不常治。設或科罰。則罰極嚴厲。在阿富汗斯坦諸民族中。以阿富汗人最好爭鬩。且詭詐無信。陰行離間。及與人毆鬥。視若常事。設遇行人於道。其所欲至之地與時。輒匿不告人。其狡詭如此。至其天性之慘刻。殆如食鳥之鶚。阿富汗人之舊習。凡旅人行至其家。必妥爲將護。令彼輩爲習俗所格。凡客其家者。不敢公然刦掠。輒示意於鄰人。以客之可圖。或俟其去。尾其後而刦之。國家科罰征稅之舉。彼咸目爲暴虐。平日嘗以世系與獨立及其戰績。自豪於人。以彼阿富汗人。實爲第一等國民。即不有所加上於人。然心目中常自以爲阿富汗人也。至其聞一凶惡之行。彼則又鄙之曰。此惟阿富汗人乃爲此耳。彼輩能忍饑寒。然當富有時。其飲食之奢侈。亦足令歐羅巴人驚絕。然惡酒堅忍。則又阿富汗人之普通性質也。獨至其高等之人。反常以酗酒及作諸不端之事。爲其人一生之汚點者。

阿富汗人於初見歐羅巴人。意殊親暱。而於自印度來者尤甚。外狀頗正直。似剖心相示。尤慇拳好客。禮貌頗恭。然不久即露其本性。見其前此所爲。皆僞飾者。其詐飾之舉。又不如印度人之渾涵。而可慊則甚於印度人也。

以上所言。阿富汗人之性質。皆就弗烈爾氏所言者。他著述家言亦然。其言皆得之親歷。似可無疑。然其間豈無善類。未必人人有此汚點。愛兒賓斯通氏與白恩納斯氏之言。則與弗列爾氏之大相徑庭。阿富汗人容貌之大概。愛兒賓斯通氏已詳言之。即寫阿富汗人品行之處。亦不專道其壞處。因彼所遇之阿富汗人。頗與交好。且隨地照拂。受其惠頗多也。而久居阿富汗斯坦之愛特華德氏 H. Edwardes 則謂愛兒省斯通氏所言。其譽阿富汗人。未免太過。試質之曾駐阿富汗斯坦之武員。當知余言非虛也。且其論阿富汗人之斷語曰。他且勿論。而論其狀貌。則無美於阿富汗人者。至論道德。則亦無惡於阿富汗人云。

近有多事。足證阿富汗人之將就衰落。前日人多直道。且快樂。好客之風極盛。有尚武獨立之精神。嗜鬥力及畋獵。容止亦頗尊嚴。而今皆爲貪暴所中。雖前日美俗。未能盡行屏棄。然悉以虛詐行之。醇樸之風殆盡矣。

（政治）阿富汗斯坦之政治。爲極單簡。且不聯貫之自由法律。國民分四大類。相傳此四類之民。出於弟兄四人。其後人各自爲一類。今則形迹已泯。惟徵之譜系而已。每類又各分數支。各支四散居處。而各戴其酋長。今各類中。惟名稱血胤與公同之目的。尚相同耳。

阿富汗人之遺規。今惟近英領地之自主種族中。尚存舊觀。彼輩堅持民主主意。

以單簡之法律。聯合單簡之社會。此等法律。人皆知之。不特遵守極嚴。且互相監察。有犯之者。如侵陵已有之自由。每一氏族。或一部分。皆各有酋長。遇有事故。酋長亦不能專決。須預商於所屬之民。使各悉其意見。議既定。乃得表其意於公會云。每村有分段。段之長各就其段衆。酌定意見。然後達之於全村之公會中。村衆之議既定。復達之於團衆。復由團衆舉其長。表其意一族之公會。會議時亦每起風潮。其反對者。惟勸諭之。勸諭之不聽。則亦無他術處之矣。或則兩黨勢力。或人數有强弱多寡。則勢强而數多者。可以力强弱少者使之聽從。至一經公會議決。則遵守極嚴。其約違者。罰至重。而酋長亦有强迫其部民守約之權云。讞堂多在城邑中。讞員依回律處斷。其律甚不完全。且無成書。阿富汗人僅口耳相傳。人人具知此戒律而已。此律土人名爲普克通華里。Pukhtunwali 即風俗之所禁而沿爲例律。蓋未有民政以前所有之禁令。猶草昧時代締結之條約也。

阿富汗俗有一最奇特之律。名曰南納挖塔。Nanawatai 譯言進門律。律無論何人。

至其家有要請之事。主人即當應允。即於己有身家性命之關係者。亦不能不允許之。至行人求宿其家。主人必供應其飲食安息。阿富汗人視報仇爲最重之舉。無論受傷受辱。無不圖報。即戚族中有被侮者。亦必代爲報復。若不得主仇之人。必畢生根尋之。竭其詭詐凶暴之術。務獲之而後已。若有不盡其應盡之義務者。必辱之於衆人之前。而有仇不復者。則辱之尤甚。以故蓄仇者當時若不得報。其子猶爲報之。其子不能。候諸其孫。或其後裔。雖甚遠久。其志不懈。仇家如欲免其報復。惟至一族之公會中。納貲於被殺者之家。以紓其憤。其貲名曰血價。阿富汗人刑律之最重者。爲規避兵役。及不服從一族公會所定之公約。犯者均置之重典。

阿富汗人爲穆罕默德的傳之教徒。惟有數族奉歇哀教。（歇哀爲回教中之別樹一幟者。）此數族殆非眞阿富汗人也。阿富汗人咸隸於摩拉 Mullah 之下。摩拉者。回教中牧師也。有罪之人。尤專屬摩拉所轄。其歧視歇哀教。視他教爲甚。故尤疾視波斯人。以其同源而異派也。至其排除外教。則又不若他回教徒之甚。惟值兩教爭戰。則虐殺亦滋甚耳。阿富汗人所最畏者爲符籙。徵兆星象之事。而信之亦彌篤。所最虔奉者。爲本土古昔之聖賢。每山之巔。皆有祀此等聖賢之所。其地爲墳墓狀。或中置石堆。四周繚以短垣。相傳此皆爲聖賢墓道。實則皆疑塚也。且彼輩所謂聖賢者。其生前無事迹可攷。死後則羣奉之爲神。此等神墓。以喀斯那四境而計。已不下一百九十七所云。

阿富汗人最嗜畋獵。而縱鷹搏獸。尤其所好。常逐鹿於平原。且嗾狗以毆鶬鶊。設媒以誘雉兎。亦爲其行獵之別調。彼輩素善騎。而所用土製之槍。施放咸中準的。

阿富汗人常團聚以行樂。其聚也。非以貿易。闠闤。惟讙呼作樂而已。或較刺擊。或競射賽騎。或作各種無律之野樂。以爲樂。又有無法之跳舞。名曰阿丹。Atan 賓朋雜遝。紛亂甚至。傳聞克克爾族中。常合男女而共相跳舞云。

（政府）阿富汗斯坦自昔至今。常戴一王之下。然攷其體制。實亦非王。乃一迭克透忒兒而已。Dictator（攷羅馬史。凡有軍事時。別舉一才望素著之人主持其事。名曰迭克透忒兒。其人權力如國王。而事畢則退。）蓋阿富汗斯坦之王。其權在統率兵將。甚似羅馬之迭克透忒兒也。惟阿富汗斯坦王。則任此終身。而轄此武職貴族。且治理少數之事。愛兒賓斯通氏則謂其政體與中世紀時之蘇格蘭相似。有數事則與荷蘭相似。雖其地相去甚遠。而政體頗多暗合。惟彼二國無阿富汗斯坦之村族公會而已。村民咸受治於其地之武弁。（即前言之村長。）各武弁又各以己意爲治。彼此相傲相忌。且好擾亂。其王之所以能制馭之者。以其分而不合也。彼武弁既不知合羣。又不謀久長之策。凡事惟意所適。而無法律以規定之。故事常歧出。稍有間隙可乘。則羣起背叛。蓋野人之性。以爭鬥爲樂。常若無可尋之釁。兵弁當戰爭時。時棄其將領。而轉而之他。在平時亦然。絕無羞畏疑忌之心。

愛兒賓斯通氏。嘗於一老人之言。得悉阿富汗人之性質。與其國建設之精神。愛氏嘗語之曰.苟欲得和平與保護之益.宜奉一握權之王.老人曰.余願處擾攘.願受驚恐.且願流血.惟終不願有王耳.

(稅餉)西歷一千八百五十七年時.特司忒穆罕默德可汗所得之稅餉.凡四百萬羅比.約值英金四萬鎊.此蓋自格剌特外.餘如阿富汗土耳其斯坦之餉.亦列其內矣.格剌特非阿富汗斯坦王所轄.故其稅不入於王.而其數年約八萬鎊.或言不止此數.近年可汗進餉之實數.凡得七十一萬鎊.而須支出養兵費四十三萬.此事所聞既不完全.且多失實之處.其稅自土地者.則銀錢與物產兩種.而園圃且有特別之稅.凡非阿富汗人.須納房稅五羅比.而阿富汗人所納之稅.則別立名目.且爲數甚少.至印度人.且須納人口稅.馬稅則養者賣者.皆需納之.

稅餉雖極輕.而阿富汗人仍以爲虐.然稅既完納之後.而額外之需索.仍不能免.有數地之稅餉.須挾兵力以收之.其初或數年不納.俟需款時.則遣兵往.盡徵其數年之積欠.必淸償乃已.

喀布爾與堪達喀爾之稅例。征僅百分之二分半。然常稅之外。額外之需索甚夥。馬匹出口時。征稅極重。貨物之稅。則以運載貨物牲口之大小爲準。一駝稅六羅比。一驢稅一羅比云。

（兵力）阿富汗斯坦本行通國皆兵之制。族長卽爲之帥。居其分地而供其役。然當征調時。所部之兵。往往逃至敵人之所。近日之王。欲平均其勢力。設立常備兵額。西歷一千八百五十八年時。有常備步兵十六旅團。團各八百人。馬兵三隊。各三百人。且有重砲數尊。野戰砲八十尊。兵之口糧絕薄。且不時給。而罰則甚重。兵卒不爲不佳。惜其招練之法。極爲腐敗。凡强有力之人。不問其願爲兵與否。悉驅而致之伍。亦有不入常備之洋槍隊與馬隊。極多兵費。有出自王家者。有由其酋長給之者。至其間有若何之區別。則亦不能確知矣。

（語言文字）非阿富汗所操者。皆波斯語。阿富汗人之有學問者。亦解之。阿富汗人素所行用之語。名普什拓。Pushtu 或曰普克拓。Pukhtu 乃譯音之誤也。或言普什拓語所以能流通者。以其含有色麥鐵克語（色麥鐵克人種名也）性質之故。此語似不能無誤。故通人屏不取。而謂其語爲愛林種 Aryan 人語或印度波斯語。蓋普什拓字彙中之字。猶留古字之形。且又與今所不用之別種愛林語。有相關之處也。

普什拓語。惟不行於格剌特約而言之。則自格里綿得以西。悉不用此語也。

阿富汗斯坦之文學最古者爲駭克抹里 Shaikh Mali 戰勝蘇瓦特之歷史。以普什拓文記載。其事在西歷一千四百十三年至二十四年。又一千四百九十四年。喀吉克汗王其種人。在位時征服布納爾 Buner 與班夾庫納全地之史。亦記以普什拓文。然此書爲歐人所未嘗見。愛克巴 Akbar 王在位時。有一聞人曰巴野雪特恩賚里 Bayazid Ansari 者。人咸尊之曰畢里魯三 Pir-i-Roshan 譯言光明之聖人。嘗自倡一教。所著書悉用普什拓語。而其勁敵愛孔特大威碩 Akhund Darweza 所著書亦然。愛孔特大威碩者。亦阿富汗人所目爲聖人者也。

文學中最富者爲詩。西歷十七世紀時。阿白大拉曼 Abdarrahman 爲最著名之詩人。他如衆所愛戴之庫駭兒可汗 Khushal Khan 亦善爲詩。其人在莫臥兒王朝之末王奧倫錫白 Aurangzib 時。以善戰爲喀塔克人之長者也。其家屬中善作詩者頗衆。愛默特沙爲有此國之祖。其人亦能作詩。詩之外。歌曲亦頗多。

（歷史）阿富汗斯坦之歷史家。稱其人曰本尼以色列 Bani Israil 本尼以色列者。亞拉伯言以色列族之苗裔也。系出於掃羅王。King Saul 即回教徒所稱塔拉德者也。Talut 掃羅王之子曰雅里米 Jeremiah 雅里米之子曰阿富汗納 Afghana 阿富汗納之屬爲巴比倫王納孛喀尼弱 Nebuchadnezzar 遷之於格爾山與格剌特東北之非羅弱。Feroza 後穆罕默德既倡教之九年。阿富汗納族聞之。遣聖慧之卡司 Kais 往麥地拿偵探。卡司奉其教以歸。令國咸入其教。卡司有三子。今阿富汗人云皆其遺裔也。

此段歷史在阿富汗斯坦記載中。說亦不一。其最古者。出現於十六世紀。以上則無可攷據軍將拉物兒透之譯本阿富汗係掃羅門王 Soloman 所建並無爲納字喀尼弱遷於格爾之事而波斯歷史家弗列什塔 Firishta 所見之阿富汗史言阿富汗人出於埃及之法老王族而排羅氏援引其歷史之最流行者謂卡司以前有俾魯 Bilo（俾路芝人之祖）厄司敗克 Uzbek（厄司敗格人之祖）與阿富汗納此三人者本爲兄弟云云當穆罕默特厄司敗格 Mahommed Uzbek 可汗曾以其名加一韃韃種人後遂有厄司敗格人云此可汗在位適當西歷十四世紀殆因此而有與俾魯阿富汗納爲弟兄之說與世界各國皆有一普通之歷史則自謂其國之宗教文化皆來自他國是也除毛門教之言不計外即以英國之現狀而論績學之士猶堅謂英國民族爲以色列族之遺裔此等著述猶然汗牛充棟較之阿富汗爲更多也然惟以阿富汗人爲以色列族其言頗有可采因有多數有學之武員久居阿富汗斯坦者均堅信此說雖無的據可憑然即以阿富汗人面貌而論亦甚似猶太種此其理殊不可解

然克什米爾人與巴達克山塔吉克 Tajik 人之面貌。亦均與之相似。白恩納爾 Bernier 則謂克什米爾人殆即以色列亡失十二族之一云。

在大列厄司黑司泰司迫司時。（時當西歷紀元前五百年）Darins Hyslaspes 今日之阿富汗斯坦爲波斯愛且門甯 Achœmenian 行省長官之轄地。其名薩倫勤斯者。Sarangions 今之塞伊斯坦也。阿林者。Arian 格剌特也。薩塔勾廷斯者。Satta-gydions 上格里綿得高原與喀斯那高原也。所謂達迭細者。Dadicæ 即塔吉克人也。阿帕累梯者。Aparytæ 討勒梅氏以爲即薩弗特庫山族也。根大里者。Gandarii 即下喀布爾流域。帕克梯司者。Paktyes 即傍印度河或近印度河之地也。

亞歷山大王東征時所至之阿塔庫納。Arlacoana 爲阿里挨 Aria 之京城。或疑即格剌特之地。其後至乍倫其 Zarangæ 即塞伊斯坦也。又至傍愛透摺特爾 Etym-ander 河之歐其梯。Euergetæ 愛透摺特爾河者。即格里綿得河也。及既至阿拉庫西埃然後至一積雪不毛之地。其地有印度人居之。殆即喀斯那與喀布爾間之高原也。自此復至高加索 Caucasus 山麓。居帕落拍密賽提以度冬。嘗築一城。名曰亞歷山大列埃。Alexandria 此城與埃及之亞歷山大列埃同名。在今小亞西亞境內。然後自敗克缺拉折回。由喀布爾之北而入印度。斯缺拉波氏所謂愛林納者。即今之喀布爾。惟西南兩界。似踰於今日所定之界線也。

斯缺拉波氏又言西歷紀元前三百十年。塞勒克斯 Seleucus 嘗因婚約以聖掘羅攷式斯 Sandrocottus 地歸於印度。地居印度之西。向為印人所居。且兼有喀布爾流域之一分。後六十年。希臘人嘗即敗克缺拉建一王朝。傳襲者數世。然無歷史可攷。惟就地中掘得之古錢。以資攷證。可知其權力。曾擴充至喀布爾流域。有時且及阿富汗斯坦全境。蓋有古建築物於克什米爾。有穹頂之屋於旁遮伯。及許多雕鏤之物於白沙威爾山谷。此可證希臘威權之所及者遠也。達麥缺列厄斯 Demetrius 自敗克缺拉被逐之後。仍稱王於阿拉庫西挨時則西歷紀元前一百九十年也．巴白爾 Baber 自撒馬兒罕 Samarkand 被逐之後．仍稱王於喀布爾．夾斯訂 Justin 氏謂歐克拉鉄特 Eucratide 於西歷紀元前一百八十一年．曾與印度人大戰云．古錢得於喀布爾者爲最多．自此錢行後．愛林語亦與希臘語雜糅而流行於此地．蓋彼時希臘王朝．欲植其權力於山南．故聯絡其地之居民也．在黑列倭克兒斯 Heliocles 王時．帕生人 Parthians 曾侵愛林納 Ariana 後．乃戰勝而入於印度．此事當在西歷紀元前一百四十七年．及紀元前一百二十六年．時麥能特兒 Menander 亦侵印度至朱木拿 Jumna 河．或云至印度河口之三角島云．即錢紋而攷其後之王．有名麥米厄司 Mermaeus 者．似爲異族人之繼王此地者．攷本土及中國之歷史．咸謂有斯雪生 Scythian 人侵入敗克缺列挨其最重要之人種中國歷史家名曰月氏．（Yuechi 音譯尤且攷之輿地似即漢唐之月氏姑仍之以待攷）時在西歷紀元前一百二十六年．斯雪生人建國於索極迭納．Sogdina 且分建五支於嬀克蘇河．至近耶穌誕生之年．中有一族曰庫山 Kushan 者最强。并五族而一之。且攻取與都庫什山以南。及信地并阿富汗斯坦。而闢一大領土。此即希臘著述家所稱爲印度斯雪雪挨人 Iudo-Scythia 者也。佛教在喀布爾流域中。頗佔勢力。居民信之者頗多。即自外攻入野蠻氏族。亦咸崇奉其教。佛氏遺跡。流傳甚多。而尤以扎拉拉巴得及白沙威爾兩平原中爲最。而喀布爾之四周亦有焉。

各野蠻民族稱王於此者。彼仆此興。更易不一。其間惟堪尼什噶 Kanishka 王朝。最爲著名。堪尼什噶亦名堪納克司 Kanerkes 彼之戰勝而有此土。約在耶穌誕生之時。其權力遠及於痾克蘇河之上流域。及喀布爾白沙威爾克什米爾而直至印度。彼之聲名。亦遠及於後世。而在佛教中流傳者爲尤甚。中國僧人玄奘之入印度。去彼去世時已六百年矣。然猶能聞其遺德。即至十一世紀時。世稱大哲學家大旅行家大輿地家之回教徒愛波列罕愛兒畢倫尼 Abu Rihan Al-Biruni 亦於佛教歷史中而知其名。蓋此歷史印度莫臥兒王朝奉之爲經典者也。

玄奘入藏之時，約當西歷六百三十年及四十五年之間，維時阿富汗斯坦有印度波斯兩王朝，興於喀布爾流域，子孫相繼爲王者凡數百年，後回教徒攻喀布爾不得入，然塞伊斯坦阿拉庫西挨兩地，則已早入回教徒之手矣，至十世紀之末，印度王朝始爲土耳其人賽敗克泰勤所覆，Sabaktgin 而遷都於喀斯那，賽敗克泰勤卒，其子穆罕默德襲位，聲譽甚著，自此子孫相繼者凡數世，直至十二世紀之中葉，其首都嘗爲亞細亞之名城，其後又有一威權極盛之王朝興，人均信此王爲阿富汗人，其言果信，則阿富汗人有國，實始於此時也，但歷史家謂此王族之世系，實出於執哈克 Zohak 凡精於譜系學者，以爲此非阿富汗人也，此王朝之始祖，名阿拉廷 Alauddin 爲格爾之酋長，因其弟昆爲巴拉姆 Bahram 所虐殺，彼乃屠毀喀斯那城以雪讐，其侄轄哈白廷穆罕默德 Shahabuddin Mahommed 嘗侵印度，深入至班拿勒斯，Banares 所得之地，悉以所釋放之人治之，然自轄哈白廷穆罕默德徂謝之後，悉擁地自立，此即一千八百五十七年，英人所滅回教大帝國之所由來也。其後有一短期。阿富汗之地。爲喀拉時姆（即喀拉庫穆）王 Kharizm 扎拉路廷 Jalaluddin 所轄。此王曾力抗成吉思汗西侵之師。爲世所稱云。

弗列什塔氏謂阿富汗人向居蘇里曼山。當穆罕默德遜於麥地拿之一世紀間。世人已知有阿富汗之名。又歐鉄畢氏著穆罕默德索丹 Soltun Mahommud 史時。曾將阿富汗與克列吉司二名同見於史籍中。其書約成於一千三十年至十三及十四世紀中。印度史亦嘗載阿富汗之名稱。其後屢次侵入印度。代有特里王朝者。人咸目之爲帕生人。實則代王者不止一種。帕生人僅居其一分耳。蓋自一千二百八十八年至一千三百二十一年間之特里王朝。爲克列吉司人。自一千三百二十一年至一千四百二十一年間。爲搭拉克司人。韃韃種之卡倫納 Kar-anna 族也。惟一千四百五十年至一千五百二十六年間之魯迭司人。Lodis 乃爲眞帕生人。其後蒙古人攻入阿富汗境。有阿富汗治權者凡百餘年。至十四世紀之中葉。本地有克爾忒人 Kurt 崛起於西阿富汗斯坦。後乃廣其權力於格爾發剌特與堪達喀爾。而蒙古人之有阿富汗斯坦。其歷史已無可攷。惟其影響之留於阿富汗斯坦者甚著。試一攷其地名。其間多蒙古名。而阿富汗人語言中亦雜有蒙語也。

鐵木耳 Timur 佔取阿富汗斯坦全境之後。他地次第失去。惟喀布爾尙爲其子孫世守。至西歷一千五百又一年。又三年始爲索丹巴白爾所滅。Sultan Baber 一千五百二十二年。巴白爾復堪達喀爾於阿爾干。Arghun 阿爾干爲蒙古族遺裔。世有堪達喀爾者也。是時巴白爾又佔領興都斯坦。Hindustan 蓋一千五百二十六年四月二十一日。班彝拍忒 Panipat 之戰所得者。喀布爾與堪達喀爾兩地。遂爲巴白爾所建特里帝國之領地。特里帝國人亦稱之爲莫臥兒朝。即蒙古兒朝之譯音也。西歷一千七百三十八年。喀布爾爲納迭爾 Nadir 所攻取。堪達喀爾則常爲莫各兒（亦蒙古兒譯音）Moghul 與波斯之薩發物司人 Safavis 互爭之地。此失彼得。爭奪無已。惟自一千六百四十二年至一千七百又八年。堪達喀爾為波斯人所有。時波斯虎興 Husain 王在位。基爾賽人苦波斯總督桑納瓦士可汗 Shahnawazkhan 暴虐。乃奉密爾瓦斯 Mir Wais 為首而逐波斯人。自此密爾瓦斯遂王堪達喀爾。波斯屢遣兵攻之。而悉為所敗。然不久而密爾瓦斯亦死。死時為西歷一千七百十五年。

密爾瓦斯之子名穆罕默德。極勇敢敏捷。能繼父志。攻波斯久之。虎興沙 Shah Husain 率其從官獻冕及佩刀以降於基爾賽。時西歷一千七百二十二年冬十月也。後二年。穆罕默德痼發而死。波斯之管理權於是遂失。

西歷一千七百三十七年時。納迭爾沙略有堪達喀爾與喀布爾兩地。而頗為阿富汗人所信服。願充其卒伍者甚衆。其間有一勇將。年甚少。名愛默特可汗 Amed Khan 而姓沙駝碩 Saddozai。愛白代里種也。Abdali Clan 於一千七百四十七年。刺殺納迭爾。阿富汗各酋長。乃奉之為首領。居於堪達喀爾。尋立國於納迭爾帝國之東部。上徽號曰特里特倫。Dur-i-Duran 言珍珠時代也。於是愛默特遂以特倫尼名其種。此爲阿富汗人立國之始。愛默特在位二十六年。强勇善戰。闢地甚廣。西至開斯瀕海岸。東則屢勝印度。一千七百六十一年一月六日。復與方張之瑪拉人 Marattas 戰於班孥拍武。以孤軍抗巨敵。覆其全軍。惟此戰殊與國家無甚効果耳。愛默特素多病。至一千七百七十三年。遂以病死。死後遺其領土於其子鐵木耳。此領土不僅有阿富汗斯坦全境。實并有旁遮伯克什米爾信地俾魯支與哥刺森。北迄土耳其斯坦。而以狗克蘇河爲界。

鉄木耳即位之後。自堪達喀爾遷都於喀布爾。在位二十年。力遏叛黨。綜其生平。與叛黨相終始。遺子凡二十三人。其十五子名碩曼密碩 Zaman Mirza 以帕杏達 Payindah Khan 之援。得嗣父位。帕杏達者。亦愛白代里種而巴拉克碩氏 Barakzai 之長也。自碩曼密碩即位之後。兄弟因爭位作亂者多年。其間碩曼沙 Zaman Shah 轄吉厄而默而克 Shuja-ul-mulk 與穆罕默德相繼在位。穆罕默德之嗣位。得法塔可汗 Fatteh Khan 之助者爲多。其人長於治民及戰術。爲帕杏達二十一子之長。餘子亦材武。故官於各省者極多。穆罕默德有不肖子曰康倫 Kamram 凶頑狠賊。陰間穆罕默德君臣。初毀法塔可汗之目。其後復處以非刑而致之死。其主謀發端者。皆康倫也。

法塔可汗之昆季。憤其兄無罪而以讒死也。乃盡逐沙駝碩之族之在喀布爾喀斯那及堪達喀爾者。沙駝碩之族。備極艱苦。始逃至格剌特。時西歷一千八百十八年也。康倫既失國。惟喀布爾一區。尚爲所有。而一千八百四十二年而康倫死。未幾。喀布爾亦爲其權相雅穆罕默德所竊。而餘地則盡爲巴拉克碩氏所分佔。後巴拉克碩氏有特司武穆罕默德者。材能稱最。乃幷有喀布爾至白沙威爾與印度河右岸之地。自一千八百二十三年。納倭歇拉 Naoshera 戰後。悉入於雪克人 Sikhs 之手。阿富汗人領地之最後失者。惟旁遮伯一隅。然此時亦失之久矣。至若克什米爾。失於一千八百十九年。信地則自一千八百又八年之後。亦已脫韁而去。土耳其司丹。則失之尤早。於鐵木耳死後。已歸自主矣。

西歷一千八百九年時拿波侖於波斯有陰謀。英廷乃遣名譽員夢子泰瓦愛兒賓斯通氏 Mountsteware Elphinstone 往說阿富汗斯坦王轄吉 Shuja 時轄吉猶在位。相見於白沙威爾。此為英倫與阿富汗斯坦通使之始。而一千八百三十二年。軍佐白恩納斯氏 Burnes 往布哈爾。因一至喀布爾云。一千八百三十七年。波斯攻格剌特。而俄羅斯亦有擾亂之意。印度總督乃遣白恩納斯氏往喀布爾說其王特司德以合縱之策。而特思德不允。英人遂思復轄吉之位。轄吉者本阿富汗斯坦故王。而遜於印度者也。倫吉德信者 Banjit Singh 旁遮伯王也。允與英人合謀。其後又不許英兵假道。斯時英人印度河軍隊凡二萬一千人。祇得駐於上信地。時一千八百三十八年也。其後約翰肯 John Keane 率之冒險自布蘭山徑而進。雖頗艱苦。幸無抵禦之者。時堪達喀爾之庫罕迭兒可汗。Cohandil Khan 已逃於波斯。一千八百三十九年四月。英人遂據其城。而使轄吉就其祖父所建之禮拜寺中加冕焉。是年七月二十一日。英兵至喀斯那。工程隊以砲洞其城門。猛撲而入。時特司德見已軍已亂。乃逾興都庫什山而遯。八月七日。轄吉遂入於京城。戰事既畢。約翰肯留兵八千。使麥克納呑 W. Macnaghten 留駐其地。白恩納斯副之。遂整旅歸印度。英廷嘉其功。授子爵焉。

轄吉既復位。藉英兵聲勢。奄有喀布爾與堪達喀爾。英軍之偵探隊。直及痾克蘇河流域之賽岡 Saighan 及塞伊斯坦平原之摩拉罕 Mullah Khan 時特司德降。英人送至印度。仍善待之。然自轄吉復辟之後。內亂屢起。而新政府大意不爲備。一千八百四十一年十一月二日。民黨乃暴發於喀布爾。聲勢極盛。殺白恩納斯及他員弁甚多。英軍與王宮咸爲所困。軍儲亦毀壞略盡。大將愛兒賓斯通氏爲彼輩支解而死。驚駭擾亂。輾轉不已。且無一事不含惡意。時特司德子愛克巴可汗爲阿富汗民兵之長。十二月二十三日。麥克納呑請與商救亂之策。而愛克巴於就會時。手刺殺之。次年一月六日。和約既署押。遂將英軍盡行撤退。時僅餘四千五百人矣。其間歐羅巴人凡六百九十。兵退時偕行者凡一萬二千人。是冬寒甚。兵士擾亂如羣羊。遂不能拘以禮法。多所殺掠。十三日。集于達馬克。僅餘槍二十桿。去喀布爾至扎拉拉巴得者。僅白雷騰一人。Brydone 已受重傷。將半死矣。其後放還之俘虜凡九十五人。其在喀斯那之軍。以十二月十日。被逼而降於民黨。惟大將腦德 General Nott 固守。堪達喀爾大將守兒於民黨肇事時。守禦甚固。後乃自喀布爾而至扎拉拉巴得。

英人思興復仇之師。自印度摒擋軍實。是年四月十六日。以大將普洛克率之行。踰克巴爾 Khybar 山徑而救扎拉拉巴得。既至。駐軍久之。至七月二十日。始統軍以進。軍事頗迅利。以九月十五日。得喀布爾。後二日。腦德亦毀喀斯那城。備統兵來會。釋英軍之被俘者。咸大喜。自巴曼歸。於是毀喀布爾之內城。十二月。率大軍去阿富汗斯坦而還。

英軍既退。轄吉王遂爲民黨所殺。特司德仍復王位。而愛克巴爲之相。後愛克巴以一千八百四十八年死特司德則死於一千八百六十三年。阿富汗斯坦此後之歷史祇可約略記之。一千八百四十八年雪克人作亂特司德惑於浮言且利其以白沙威爾見歸也遂聽之越境攻阿拓克阿富汗人以馬隊助歇爾信 Sher Singh 以禦英人而一千八百四十九年二月二十一日古者剌特 Gujerat 之戰阿富汗人亦陰相之英將滑忒拉里夫吉而白忒 Waeter Raleigh Gilbert 乃窮力追之入於山徑特司德以良馬遯故追之不及。

一千八百五十年。阿富汗人收復波爾克

一千八百五十五年一月特司德與英政府通好訂約於白沙威爾

一千八百五十五年一月特司德之異母弟庫罕迭兒可汗卒於堪達喀爾特司德乃收其分地屬於己明年波斯來攻取格剌特英人遣兵救之次波斯灣 Persian Gulf 一千八百五十七年一月英人老倫司 Lawrance 會特司德於白沙威爾。約助之軍器兵餉以禦波斯英人因有此約復遣將弁倫斯騰 Lumsden 前往堪達喀爾助之。適印度有亂。而阿富汗之民。遂謂有機可乘。思叛英。此時極易證特司德之爲英與否。而特司德竟能鎮定。倫斯騰猶能安於其位。明年五月。始返印度。

一千八百六十三年。特司德率師往復格剌特。攻之十月。乃下。城下後十三日而特司德卒。時六月九日也。其子歇爾愛里可汗 Sher Ali Khan 嗣位。弟侄輩起與之爭位。至一千八百六十七年。幾盡失其國土。惟波爾克與格剌特兩地存耳。比至次年之秋。爭亂者皆蕩平解散。歇爾愛里復襲喀布爾王位。一千八百六十九年四月。歇爾愛里往會麥遙伯爵 Earl Mayo 於翁巴拉 Amballa 彼蓋繼老倫司之任者也。歇爾愛里雖甚歡迎。而意有所慊。以老倫司曾允以英金十二萬鎊助阿富汗斯坦。前雖已略給之。賸以軍械而代者。雖亦微以餉械見助。然未滿所允之數。故情不能甚洽也。

歇爾愛里可汗今日所轄之地。爲阿富汗斯坦全境。及阿富汗土耳其斯丹巴達克山亦爲其屬土。自一千八百七十二年。英俄兩政府講解之後。俄國允撤去在阿富汗土耳其斯坦之勢力。以阿克蘇河源之雪列高爾 Sirikol 湖起。迄波爾克之西境。爲阿富汗斯坦之邊疆。

（古蹟）阿富汗斯坦之古蹟。亦僅能略陳梗概。喀布爾河流域。有佛氏遺蹟甚多。喀布爾以北之庫達曼。有數古城遺址。其最巨者名敗格倫 Beghram 城中得古錢凡數千。此城殆即羅馬亞歷山大王所稱爲尼西挨者也。Nicœa 喀布爾有圓頂古屋極多。而尤以去城數英里以南之山間爲最。扎拉拉巴得山谷中。此樣之屋亦甚多。白沙威爾平原。及其相連之高地中。有數古城。及有垣之村落。除圓屋寺院及山谷間之佛龕外。尚有多種古蹟。可資人攷證者。城中之彫琢品。似成於希臘美術家之手。足證希臘勢力。亦嘗及此地也。傍印度河之麥哈賓 Mahaban 山殆即希臘人所稱之阿奥奴斯山。Aornos 環抱白沙威爾之小山間。有多遺址。狀似砲台。旁班吉庫拉 Panjkara 河之塔拉什。Talash 亦有此等遺址。蘇互特亦相傳有數古城。塔納克 Tarnak 有古大城故址。一名歐蘭樂敗忒 Ulon Robat 疑即昔日之阿拉庫西挨城。格里綿得之吉里什克有大土堆。及他建築物之遺跡。塞伊斯坦平原中。亦有大城數座。堪達喀爾寺中。有古石器一具。相傳爲釋迦牟尼所用之缽。此缽或即五世紀時藏於白沙威爾者。喀斯那城爲穆罕默德及其子姓之京城。除穆罕默德之陵寢及磚成之尖塔外。餘無可觀者。

阿富汗斯坦及其近處。得古巨錢甚多。作者惟聞而志之。不復能攷其詳矣。

阿富汗新志

光緒三十三年秋
學部圖書局印行

阿富汗斯坦新志

阿富汗斯坦之情形。至十九世紀之最後二十五年中而益明。西歷一千八百七十八年至八十年間。阿富汗之役。得乘間依科學之規則而從事測量。又於一千八百八十四至八十六年。阿俄勘定邊界時。復詳加測算。嗣後又得印度測量會中之土人。四出勘測。而分界之約。於一千八百九十三年十一月在喀布爾畫諾。旋於一千八百九十七八年間。又因邊界而起爭端。於是阿富汗斯坦全國邊界之規模。已大具矣。因此爭論之結果。喀布爾政府不僅領有阿富汗斯坦全土。即阿富汗斯坦印度間之疆域。亦大有所增。雖其地悉爲自立之部。然居民則皆阿富汗人。與喀布爾政府所轄者。固同一語言同一宗教者也。

（諸河流域）阿富汗斯坦地理之以河流山脈分者。在一千八百七十八年。英阿交戰以前。已略知之。其後新發見之地。則見於新輿圖中。今且更有所增。然以行政之區域而分。毋寍分以河流之較爲明晰。故今但以河之流域區分之。（一）喀布爾河及其支河之流域。(二)印度河屬流之來自邊界自土各地者。(三)痾克蘇河流域。(四)格里綿得河流域。(五)侯勒特河流域。Huri Rud (即格剌特河)喀布爾河發源於后納 Unai 山徑之麓。此徑為踰興都庫什分支之勝格拉克嶺。Sanglakh 而達巴曼與阿富汗土耳其斯坦者。自河源達喀布爾。若以鳥道論。(鳥飛取直徑。故捨彎曲而取直徑曰鳥道。)僅四十五英里。河水甚少。恒為灌溉所盡。以水量與河流之長短論。猶不及路加河。路加河與喀布爾河聯合之所。去喀布爾不半英里。路加河發源於喀斯那境外之哥爾庫山麓。Gul Koh 山之高度。凡一萬四千二百英尺。屹峙於喀斯那平原之西。河之細流。灌溉肥饒之路加與瓦達克 Wardak 山谷。流一百餘英里之地。始自轄溝巴倫忒 Shakh-i-Barant 山口而出。至平原中。與喀布爾河合。此平原至布塔克山 Bulkhak 而竟。路加山谷。在阿富汗斯坦各地中為最沃。且風景最勝之地。兩河會合之後。經喀布爾平原。(原去海平六千九百英尺)迅流出一險而窄之山口。至低於喀布爾平原之杜阿巴。Doaba 河流自喀布爾拉塔本特 Lataband 之大道北首經過。自此河與道分。至扎拉拉巴得而河道復合。當河流經杜阿巴時。有塔蓋倭 Tagao 河水來會。故水量頗大。塔蓋倭河源挾興都庫什東麓。自哈瓦克 Khawak 山徑（一徑高於海平一萬一千六百四十英尺）之本吉歇爾 Panjshir 河源。至高本特河源間諸水。匯而爲塔蓋倭河。且喀布爾以北之庫達曼 Koh Daman 及科歇斯坦之一部分間之諸細流。亦均入此河。故杜阿巴間之河水。較在喀布爾爲大也。高本特河源在近興都庫什與庫伊罷罷兩山聯合之所。而科歇斯坦者。即加非哩斯坦之西部。喀布爾河流未至扎拉拉巴得以前。又自北方受二河聯合之一大屬流。一曰愛林加河。Alingar 一曰愛里三河。Alishang 兩河在賴格曼 Laghman 平原中匯合。既合之後。仍名愛林加河。而二河之源。則均出興都庫什嶺以南之加非哩斯坦中。并聯合喀布爾人力所掘之大河。以水之廣而淸。殆未易知其源即在近處山間也。至二河流域面積之大小。則絕不得而知。其間亂山重疊。諸山徑間。阿富汗政府防守極嚴。其愛林加山徑之下。山谷稍寬之處。皆繁盛之村落。賴格曼爲昔時自喀布爾至印度之孔道。初不經南骨拉哈爾 Nangrahar 與扎拉拉巴得道。沿喀布爾河源。經喀布爾平原。而入庫腦爾 Kunar 山谷。然後至巴翹爾 Bajaor 任踰一邊界諸山徑。即達白沙威爾平原。而今日則以克巴爾 Khybar 一徑。爲阿印兩國交通之道矣。喀布爾河之南方諸屬流。頗渺小無用。惟自北來之二屬流則甚大。一名赤特拉爾河。（或名庫腦爾河）一名蘇瓦特 Swet（前譯司滑德）河。與其屬流本吉可拉。Panjkora 查蘇瓦特河之長。自興都庫什嶺上之喀倫巴湖 Kuman-bar 起。迄扎拉拉巴得。凡二百七十英里。然在阿富汗斯坦境內者。僅喀布爾河全長之三分之一耳。今日政治上之界限。在此山谷中之阿納衞 Arnawai 而橫斷。阿納衞在加非哩斯坦之巴什哥兒 Bashgol 河與赤特拉爾河匯合之近處。自此點以上。赤特拉爾河介於阿富汗斯坦與克什米爾之格爾格忒 Gilgit 省之間。自此點以下。則以河之東分水山與巴翹爾相隔。河之流域。其狹異常。自巴什哥爾外。無他屬流來會者。其間有巖石嵯峨之山嶺。東嶺在本吉可拉與赤特拉爾之間。（亦在本吉可拉與蘇瓦特之間。）嶺之高度。雖達一萬二千至一萬五千英尺。然山址之廣。猶不及二十五英里。至赤特拉爾之正東。有一極高之峰。屹立於本吉可拉河源之南。及格爾格忒河源之東。峯之高度。約達一萬九千英尺。蘇瓦特河與本吉可拉河兩流域。即東阿富汗自主部落之地。其西北方近始開闢。進步頗速。此兩河大致與庫腦爾河 Kunar 相若。惟河源則遠在庫腦爾之南耳。上格爾格忒河流域之南。有分水山。山勢環抱。有多細流。自其橫嶺間出。未及與此有關歷史之二大河相合。水勢亦已盛漲。二河之北流域間。有地曰大勒兒 Darel 曰湯格爾 Tangir。位於格爾格忒之南。其地至今尙在探察。自有歷史以來。蘇瓦德下游之本吉可拉與庫腦爾諸流域。向爲喀弗爾人所居。其佔地之廣狹。頗易分別。蓋其人不尙佛教。故無寺院遺址。其四周則佛氏遺跡頗夥焉。

阿富汗斯坦東部。除喀布爾河及其屬流外。餘爲印度河流域之一分。惟其地屬阿富汗斯坦者甚少。僅哥模爾河上游之屬流所灌溉之地而已。然印度河流域之屬東阿富汗斯坦自主部落者。土地頗大。且於政治上極有關係。哥模爾河發源於瓦悉利斯坦 Warziristan 與喀斯那間之混雜。Hunza（即堪夾忒 Kanjut）地多冰河。爲混雜河發源之所。約新 Yassin 與上格爾格忒兩山谷。地皆狹長。與印度河相近。其地亦時名科歇斯坦。阿富汗斯坦自主部落之轄境。爲印度河北流域中之一分。而於喀布爾支流之流域無涉。再南則爲印度邊境上之庫倫河。土基河。Tochi 及哥模爾河。與其他小河錯雜其間。繁博不能悉舉。諸河皆自阿富汗邊境而來。流經自主山谷間之狹地。而與印度河會合。此山谷爲地極窄。兩旁高山矗立如屏云。

阿富汗斯坦東部之地。均照地理測量一過。其地多不聯屬之河流。密聚如網。皆屬印度河之西流域。地居亞德各與哥模爾之間。此地之圖。以印度測量會出版者爲最詳細。印阿邊境諸山谷之地質。分隸兩種。絕不相似。地低而四周斗削如壁。其間水流極急。且零落無大股之水。河底墳漲極速。雖以迅流之冲刷。而漲者如故。層累而上。作階級形。故遂成淤積之平原。原之形勢。自河岸而上。逐漸增高。迄於阿富汗高原。如庫倫土基 Tochi 二山谷。即此種淤原所成者。自邊境入印度河諸河流。皆自阿富汗高原橫經邊界諸小山。而至特拉夾忒 Derajat 平原。諸山皆作平行線。起伏不定。山勢皆平衍。自山頂至坳。形如階級。或如斜坡。諸河發源於淤原最高一級之西。或以外之高原中。直經硬沙石或白灰石之山嶺間。自深窄之山口衝出。其時諸流之屬流。自窄長而橫之山谷中。挾地面之軟泥硬石。成直角而與之會合。助其與所經之白灰石山峽相摩切。印阿邊界上諸小山。自哥模爾起至庫倫而止。山間皆有極狹之山徑。阿印交通。必從諸徑經過。而自哥模爾以南。欲至此諸山間者。亦必由此徑云。

阿富汗斯坦諸流域之最要者。屬於中部諸河之流系。近今查明其河皆不通海。且有有關於河之趣事甚多。惜檢查者未嘗刊以公世耳。侯勒特河。亦名格剌特河。河止于開斯瀕海鉄道以南。謀夫以西之沙漠間泰近特 Tegend 淺澤中。其源則在庫伊罷罷山之西麓。此層山在喀布爾以西。與興都庫什山相接。河水西向直行。經一狹槽。自達拉他 Daolatyar 而至鄂貝 Obeh 此河位於中央阿富汗之大分水嶺與狹分水山之間。大分水嶺在其北。木耳加布河 Murghab 即發源於此山中。狹分水嶺即本地巴安 Band-i-Baian 與庫伊薩弗特 Koh-i-Sufed 在河之南。爲法拉魯特 Tarah Rud 與他塞伊斯坦流域諸河發源之所。侯勒特山谷地極低窪。當河水汎濫時。自泥沙間挾來之肥料。時時存積於此。故其下游去格刺特五十英里以西。自鄂貝至庫生 Kuhsan 間地極肥沃。而上游則平沙一片。荒瘠不毛。河流惟紆迴於荒寂之阿富汗斯坦中央之高地中。侯勒特河下游之水。未至盛夏。已爲灌田者取用殆盡。且地勢驟高。四面之分水山反覺低下矣。格刺特以北之山。爲中央分水山。土人呼曰錫哀波波克 Siah Bubuk 而他人恒以帕落拍密塞司 Paropamisus 呼之。意藉此以保存歷史所傳之古名。實則此名昔人以名興都庫什山者。此山山勢極平衍。山脈將盡之處。惟畧現彎曲之形。即行車其上。不加塡砌。亦可徑過。格里綿得河亦發源於庫伊罷罷。而較佚勒特河源爲西源頭之細流。自伊拉克山徑 Irak 而至后納山徑。此兩徑爲往來之孔道。自喀布爾至巴曼者。必取道於此。河自發源處至相距五十英里之所。業經探明。再下五十英里。尙未確切調查。及至北緯三十二度之處。則河流入碩明達瓦 Zamindawar 省。（地居堪達喀爾之西北）而止於塞伊斯坦澤中。其間地勢極低。高於海平僅一千七百英尺。多受北來之水。如格剌特河法拉河 Farah 克什河 Khash 其最著者也。諸河皆自察哈爾艾馬克 Chahar Eimak 人所居之塔曼尼 Tamai 高原而來。法拉河之上游。位於一肥沃之平原中。中有一地曰塔瓦拉。Tawara 河水四周繞之。蓋即古高爾 Ghor 王國之首都也。塔曼尼 Taimani 高地中。諸山最高之峯。在海平一萬二千英尺以上。塔瓦拉以東二百英里。有大片荒瘠之高地。爲黑碩拉人居住之所。其間高山。約在海平一萬一千至一萬三千英尺以上。格里綿得河北流域之一部分。亦歸入此高地之內。其地爲吉實倭 Chizao 人所居。且爲南北之通衢。然其間知名之地。則絕無焉。塞伊斯坦澤。所受自高原中北來之水。其河面之寬廣。水勢之平穩。皆勝於格里綿得河。然此河自向南轉之後。則亦寂靜平穩。兩旁亦無支流來會。此河曾經一絕狹之山谷。頗肥沃蔥鬱。且多古村落遺址。蓋前屬喀安尼 Kaiani 王國者也。（此國舊都在喀拉法司 Kala Fath ）其後河又轉而北向。北轉之後。前日曾設多法以灌溉其西數百英方里之地。然今已荒廢。都盡矣。塞伊斯坦澤當水盛漲時。佔地極廣。塞伊斯坦京城之南北兩方。全爲水所包圍。此水自人力所開之歇拉格 Shelag 河。注於一更大之高提碩勒 Gand Zirreh 澤中。此鹽澤低於前澤約一千英尺。去格里綿得甚近。其間有一斷續不平之地脊。當水盛漲時。他處之與塞伊斯坦交通者。均出此道。且塞伊斯坦得與格里綿得以南之沙漠聯貫。亦僅藉此地脊。今其地咸屬阿富汗斯坦。愛米爾轄領。痾克蘇河流域之屬阿富汗斯坦者。爲帕米爾高原之一分。與巴達克山。及阿富汗土耳其斯坦。而巴達克山境內有二大河。曰可克扎。Kokcha（亦名法撒巴得 Faizabad 河）曰堪納巴得 Khauabad 以有二城在此河之岸故即以城得名。可克扎河未與痾克蘇河會合之前。爲山間之溪澗。無他大河自阿富汗來與之匯。及既與痾克蘇合。乃成爲平原中之河。而遠至喀密阿布 Khamiab 其地爲非阿富汗斯坦境。且亦無自阿富汗來之大河與之匯合。惟塔什庫爾干 Tashkurghan 河本提爰密爾 Bandi Amir 河（即波爾克河）什貝爾昆河安庫伊河諸水。均入此河。諸河之水。蓋自庫伊罷罷與本提土耳其司丹 Bandi Turkistan 山間之雪。至春而融解傾瀉以來者。此融解之雪水。亦入諸人力所開之河中。以灌溉波爾克平原。水流自高而下。支派繁細。狀如馬尾。然無論冬夏。曾無涓滴流入痾克蘇河以南之沙地中。以資種植之用者。蓋因地勢稍高。且水行沙上。被吸都盡。故無灌溉之利。其在水所能至之處。則種植頗盛。然痾克蘇河本流。除河旁兩狹灘外。均無益於種植。此狹灘於本地關係頗大。詳見痾克蘇河本志中。在阿富汗土耳其斯坦之西界.木耳加布與侯勒特兩河.均止於謀夫泰近特淺澤中.木耳加布河發源非魯硇庫 Firozkhoi 高原（即加則斯坦 Karjistan 高原）既逾此原.先爲東西流.繼復轉而北向.經極峭之山峽.而至巴拉木耳加布.Bala Murghab 最後至近扁舍得 Panjdeh 之處.與庫什河會合.巴拉木耳加布山谷.地頗寬廣.至秋而 Chul 之兩旁.則皆爲黃土.河流過扁舍得.則入於葉列坦 Yulatan 之沙漠中.

（山）脈阿富汗斯坦中之主山.爲與都庫什嶺.其西支之在喀布爾西北者.爲庫伊能能再經非魯硇庫高原.而至帕洛拍密硇司.又橫經侯勒特而至馬什得

（地質）據地質學之歷史.則阿富汗與印度間之地質.相去絕遠.當白灰石層時期.印度土股與馬大夏斯加 Madagascar 南阿非利加陸地相聯.阿富汗斯坦及俾魯支斯坦波斯之地.僅一部分微出海面.然時爲水所淹沒.及至白灰石層時期之終.地球因火山之噴發.受從來未有之激烈振動.噴出之石屑.又受非常壓

力乃成今日拔出海面二萬尺高之喜馬拉耶山迨至第三時期（即沙石層）之前後阿富汗斯坦陸地始高出海面海水乃全入中央亞西亞而成今日之印度洋

（氣候）以阿富汗斯坦疆域之廣且地形又多波折高下相去絕巨其氣候之不同固已在人意中其在諸高地中氣候無大差異寒煖中數與喜馬拉耶山低處相似約在法畣表五十度至六十度之間最可異者其在寒暖兩極度間升降之差頗甚在阿富汗斯坦北部之冬每日升降之數尙相差不遠一至夏季則日夜熱度之差相去極其懸殊在格剌特北部諸地自西五月至西十一月每日差數約有法畣表三十度而在至冷之正月纔相去法畣表十七度耳冷浪來時常數日不止極冷時直至圈度下十二度即極熱時猶在冰度下十七度候勒特河之極東至冬必結堅冰急湍平流一律凍結人行其上如行道然而在夏季則炎威亦酷而尤以痾克蘇地爲尤甚即在陰處寒暑表升至一百十度或百二十度以

爲常。阿富汗斯坦。爲孟松風勢力所不及之地。故風雨表尙不至如印度之時有更變。惟自冬及春。有自西北來之冷風。盤旋於印阿邊界。如羊角風然。其冷甚厲。觸之則僵。西歷一千八百八十五年四月。派往阿富汗之勘界委員所遇者。卽此風也。

（行省）上文所言界綫內之重要行省。爲喀布爾碩布爾 Zobul（卽堪達喀爾）格剌特與阿富汗土耳其斯坦。喀布爾省之界域。不能逐一劃分。僅能約言爲喀布爾河流域與魯 Roh 而已。蘇里曼喀巴 Khaibar 兩山。凡帕生人所居之地皆得以魯名。所佔之地頗遠。北自巴翹爾起 Bajaor 而南至比升與西壁 Sibi 東自印度河起。而西至喀斯那與可扎克 Khojak 魯字義卽庫。Koh 土語言山也。魯種山族。卽歷史上所稱魯赫拉 Rohilla 人者也。依晚近所定之界綫。魯人之一部分。已離阿富汗斯坦而自立。然魯人之名稱。凡在英領印度及阿富汗斯坦間（卽阿富汗斯坦自主各部落）之中立國（卽兩强國間之甌脫。爲萬國所保護者。）人。

皆可以此名名之。碩布爾之名。土人以名阿富汗南部之地者。今英人呼其地曰堪達喀爾。在地理上已成習慣。即土人亦習知之矣。此名兼有塞伊斯坦之地。且格里綿得流域。亦包括在內。格剌特約言之為俟勒特河流域。至阿富汗土耳其斯坦。則含波爾克與巴達克山兩地於其內云。

（名城）阿富汗斯坦政治商業之中心點。為喀布爾。堪達喀爾。與格剌特三城。其他如波爾克。（土人名此曰衆城之母）喀斯那。皆昔日之名城。馬撒爾 Mazar Sherif 則以有關宗教而著名。塔什庫爾干為阿富汗土耳其斯坦之狷克蘇諸省之商業中心點。邁美奈安庫伊堪納巴得 Khanabad 法撒巴得皆著名之地。有城垣官長。及繁盛之貨品陳列所。以商業言。阿富汗土耳其斯坦實較阿富汗斯坦南部之格剌特堪達喀爾等省為興旺。蓋南部地方遼闊。無一繁要之城鎮在其間。西部亦北盛於南。然如法拉薩白碩瓦 Sabzawar 亦為西部之要區。阿特拉斯干 Adraskand 與硜 Kin 及邊境上諸村落。亦為工藝之小社會所在。倘得一鐵道以資交通。則其地之繁盛。有可斷言者。

（自主各族）阿富汗斯坦與英領印度間自主各族之地。雖窄狹如帶。然究地理者。不可不注意于此。蓋其地爲昔日阿富汗特倫尼帝國之一分。旁遮伯信地之一大部分。昔亦隸于此帝國中。自一千八百九十六年以後。始劃阿富汗邊境自主各部爲中立之獨立國。故其地不劃入旁遮伯紅線以內。此局能否久持。雖不可知。然終不致再入阿富汗人之手矣。

中央分水山興都庫什以南之山地。即興都庫什諸迴環幽寂之分支所成。南達白沙威爾之邊境。西迄於阿富汗斯坦。東踰印度河至喀干 Khagan 山谷及克什米爾。此廣大荒寂之山地。實包含阿納衛以北之赤特拉爾流域。約新 Yasin 喀巴（或稱阿什庫曼 Ashkuman）及轟頑 Hunza（亦名堪扎忒 Kanjut）諸山谷。皆爲格爾格忒流域之一分。契拉司 Chilas 塔可忒 Takot 兩城。及科歇斯坦大拉兒湯格爾各峰。與布納爾 Buner 山谷。爲印度河山谷之一分。蘇瓦特本吉可拉迭爾巴翹爾諸山谷及冒曼特之一分．凡此諸地．無不爲此山地所包含．然其地不盡屬阿富汗斯坦．有爲克什米爾之所轄者．有純爲自主者．地皆荒山．或狹而多石之山谷．而山間鳥道．或斷或續．惟羊或可通行．人則殊難分別也．地之南部．於地理固有奇特之現象．於政治上亦有困難之問題．邊境之居民．呼自主各地曰約歘斯坦．Yaghistan 南部人數最多及最有權力之居民．爲阿富汗幼蘇弗顧人格爾格忒與本吉可拉兩流域間．小山極多．皆發脈於興都庫什．而爲此兩流域之界山．此山在格爾格忒突起一高逾一萬二千尺之障壁．橫絕赤特拉爾約歘斯坦赤特拉爾堪扎忒諸山．則橫絕帕米爾高原與印度．且北方諸山．亦無經各自主部之荒地而入印度者．山皆屹峙北方．阻絕印度與北方之聲氣．如印阿間之加非哩斯坦．然如不於山間開鑿一廣坦之道．則永永無交通之一日矣．

喀巴路之南．接自主各地者．爲阿非里提高原．原爲薩弗特庫之東支．自此原而南爲庫倫山谷及不整齊之山嶺其間居民皆歇哀忒列人 Shiah Turis 與扎吉人 Jilis 英領印度之界綫在白沙威爾之横嶺間與阿富汗界相遇其情形與在弄地喀納 Lundi Khana 者同庫倫山谷則前爲英人駐紮土兵之地其後則界綫入於崎嶇不平之自主部落中其地爲喀土 Kaitu 河所灌溉在庫倫與土基之間至此則英領印界又與阿富汗之界綫會逾此而南爲邊界之瑞士 Switzrland 至瓦悉利斯坦則以地理人種論皆與諸邊界有異自喀巴至哥模爾間一帶之邊境山谷較平廣山勢亦較平衍至哥模爾以南則山勢微現彎環之狀而已

（民種）阿富汗之名僅以名阿富汗斯坦中諸色人之一種其人生齒既衆復最有權力然其得此國權已在十八世紀之中葉愛默特沙戰勝納迭爾之後特倫尼帝國建立之時

阿富汗人自言爲以色列族遺種相傳其先卽爲奈波恰特尼弱 Nebuchadnezzar 自巴拉士丁 Palestine 逐於米地亞 Media 者亦嘗言與操普什土語之他種人

同祖．然不認他種人爲同種．以他種人皆非阿富汗也．彼輩與他種人之愛力．僅爲同一語言．且同守一默識於心之普克通華里律．其律與古希伯米 Hebrew 律性質相似．惟已經回教徒之竄改耳．其風俗則又與印度之拉吉普忒 Razput 人相似．

阿富汗人自獨立於阿富汗斯坦之後．自稱特倫尼王朝．住居之地．以堪達喀爾爲主．後散居於塞伊斯坦．及格剌特山谷之邊境．又東踰阿富汗境而至庫扎克以北 Khojak 之托巴高原．居是間者．稱曰阿恰克碩 Achakzar 族與沙駝碩 Sadozai 族．居喀布爾者曰巴拉克碩族．Barakzar 即愛米爾所自出之族也．曰抹門特碩族 Mahmundzar 即冒曼特人也．幼蘇弗碩人則居於山間及喀布爾河巴翹爾蘇瓦特布納爾以北．與白沙威爾平原之一分．依近日新定之界綫．如白沙威爾以北之自主各地．與赤特拉爾以南．及格爾格忒流域．其間居民．亦爲阿富汗人之居於阿富汗斯坦界外者．

權力之次於阿富汗人者爲普克通人。Pukhtun（亦稱帕生人）普克通人中種類亦極多。有數種則系出印度。非阿富汗之帕生人多居於英領地之近邊。阿弗里提育瓦克 Iawaki 及奧拉克碩 Orakzar 諸種。則居於喀巴及白沙威爾南方之高地中。庫倫之忒里人。Turis（信回教旁支之歇哀教）土基之達瓦里人。Dawaris 與瓦悉利斯坦之瓦悉利人。Waziris 均在哥模爾以北之帕生山中。科哈特 Kohat 之喀塔克 Khattak 及奔噶什 Bangash 族。亦爲帕生人。故印阿南北兩方之邊界中。均有此種人焉。此種殆即希臘大旅行家赫魯度忒司 Herodotus 所稱之拍克梯 Pactyæ 阿弗里提或即彼所云之阿迫里梯 Aprytæ 蓋既無刋印之歷史。又無可徵之譜系。故此繁多之帕生人之來源。終莫可得其究竟。惟冀自赫魯度忒司之後。以迄今日將彼種遷流分合。詳爲研究已耳。帕生人所居之地。既與印度邊境相聯。則此種遂爲邊境上之重要人種。惟於政治上及工業上。終不能與居阿富汗斯坦界內之基爾賽人立於同等之地位耳。

基爾賽人亦以帕生人名。而其源則實與阿富汗人不同。其所以與阿富汗人相維繫者。實惟宗教語言之故。初不自承爲同種也。或謂基爾賽人之先。即土耳其種之克而吉 Kilji 族。前居於色爾達里雅河之上游。且彼輩亦堅謂種人之先。有沙巴克勤 Sabaktegin 者。突厥種也。於西歷十世紀時。始遷其族於阿富汗斯坦云。然今日基爾賽人之在阿富汗斯坦中。不論於政治上商業上及他諸事上之力量。實居絕等之地位。且爲風儀偉岸。舉措有理之民族。其間亦分數派。有所謂蘇里曼克兒 Suliman Khel 者。有所謂納悉兒克兒 Nasir Khel 者。有所謂嚓魯鐵斯 Kharotis 者。派別頗繁。商人中之名泡文達者。多屬此種人爲之。是等行商。惟往來於基爾賽與印度平原之間。天氣初涼時。驅其重載之駝行。未及至夏。即還居於山中。當冬季之數月中。凡印度土股間。是等商人無慮數千。雖在僻遠之地。亦往往遇之。彼之來也。雖未必即令人驚駭。然常滋生亂事。其自印度泛洋至奧大利亞營商之帕生人。實非基爾賽種。乃屬於帕生之喀克爾人 Kakur 爲俾魯支斯坦居民之一分。基爾賽人之酋長在本地固爲其部之首領。即對於喀布爾政府。亦有極巨之權力焉。

在阿富汗人種中其權力之次於阿富汗與基爾賽人者。厥惟塔吉克人。其人爲波斯人之佔領阿富汗斯坦者之遺裔。故至今日彼輩仍操其祖國之語言。至喀布爾之克碩兒罷歇人。Kizzilbashes 喀倫 Kharan 之納倭歇汪尼人。Naoshirwanis 則純爲波斯種。而塔吉克則僅以名亞拉伯與波斯混雜之人種。如代瓦爾 Dehwar 者。此種人爲當人之奴。任伐木擔水之役。在鄉爲農人。在城鎮則爲鈔胥舖夥。塔吉克人之爲帕生人奴。亦猶亨特克 Hindki 人爲印度河平原人奴。（亨特克人亦爲波斯人與亞拉伯人雜和之種）然塔吉克在喀布爾。亦曾有興盛之農業。而在一千八百七十九年與八十年。阿富汗之戰。亦曾勇猛殺敵。克碩兒罷歇人之在印度軍隊中者。數雖不多。然亦可用之兵也。

次於塔吉克人者爲蒙古兒黑碩拉人。所操均純正之波斯語。所奉教爲回教旁支之歟哀教。其人皆成吉思汗植民武員之後。佔有阿富汗斯坦中高地之全分。與格里綿得之上流域。且蔓延於喀布爾格剌特之間。又繁滋於喀布爾以北之興都庫什嶺麓。傍邊境之狹地。其在西部各地者。名察赫爾艾馬克。此名實兼有黑碩拉人扎姆歟特人 Jamshides 塔曼尼人非魯時火人 Ferozkhois 在內。至其在他地者。則皆因地異名。彼輩皆純一之蒙吉人。從未與他種人相混。蓋他人均不願與之混合也。語言風俗。悉仍蒙古人之舊。從不爲四旁之風氣所移。而昔日哈碩拉扎忒 Hazarazat 與高爾 Ghor 人所居之地。今悉爲黑碩拉人代而有之矣。其人有軍人資格。兼有發明事理之能力。愛米爾所用之各工程師。均惟黑碩拉人中選之。而所練異種人之軍隊。亦惟黑碩拉人最稱猛勇焉。

在阿富汗土耳其斯坦中。見有塔吉克人與土耳其人相雜之人種。即厄司敗克人與突古曼人也。書之論突古曼種人者。至繁富而多趣味。謂其先爲亞西亞之突厥種。有數民種學家。謂其人與昔日之紅色拉吉普忒人爲同類。當日之輿地家名之曰斯克司 Skyth 而察其狀態則似與圖頓 Tenton 人同源蓋決非蒙古種人也其讐恨蒙古人不減於巴白爾在位之時（巴白爾亦名碩赫爾魯廷穆罕默德 Zahir-u-din Mahommed ）此突厥人嘗攻入印度而建特里帝國即世所稱莫臥兒朝者也突古曼人之在阿富汗治權之下以道拉塔巴得 Dauletabad 安庫伊間之阿拉利 Alieli 與邊痾克蘇之克衞吉沙拉 Khwajasalar 厄塞利 Ersari 人爲多其初專事刼盜今則悉事種植矣

喀布爾以北科歇斯坦之毗連加非哩斯坦者有操波斯語之混合人種如孽姆楷 Nimchas 沙非 Safis 等人是也羣沿加非哩斯坦之中央山嶺之幽谷以居數繁而種類亦不一總稱之曰喀弗爾人語言龐雜種類亦不可得攷或言爲古敗克鈌拉遺裔與希臘人之與印度種混合種被驅而入此深山中者然加非哩斯坦諸民族終不能得其詳而深有待於攷求至喀弗爾人之爲希臘遺裔則攷之下巴什高爾 Lower Bashgol 之堪達什 Kamdesh 人種與爰林歷史中之古孽新

人。Niceeans 而益多徵驗。將來或藉學問之進步。於喀布爾以南諸地之希臘遺種之淵源。或可益加發明耳。

（統計）阿富汗斯坦近今之民數。及其盛衰之迹。俱無記載可憑。大約在愛米爾轄境內者。爲四百或五百萬人。其人大都以農業爲生。

農業中有地主佃戶傭工奴役四種。其治業之精勤。實爲亞西亞諸國之冠。可耕之土。絕無遺棄。灌溉之法。亦極精巧。基爾賚人之治地溝。尤爲擅長。阿富汗斯坦年可二稔。第一稔爲穀類大豆蠶豆。至夏而穫。第二稔爲稻米大麥黍稷粟。至秋而穫。土產以果實爲尤夥。自堪達喀爾喀布爾兩道。運售于印度。阿魏爲西部特產。出口貨之大宗也。

製造近年亦不甚發達。羊裘及山羊胡羊駱駝諸毛所織之帳。仍產于阿富汗斯坦之北部。帳之以羊毛織成者曰巴拉克。以駝毛織成者曰喀拉克。格刺特與堪達喀爾。則以綢名。綢與繡貨。氈地毯。雖聚于格刺特市中。然自東西兩土耳其斯坦來者爲多。（東土耳其斯坦卽中國之新疆省。西土耳其斯坦現爲俄人領土。）格剌特產小地毯一種。其產于阿特拉斯干者。Adraskand 較常毯尤佳。惟視波斯東部及突古曼之本吉代 Panjdeh 左近所產者。仍無能比並耳。

阿富汗斯坦中之諸行族。仍以遊牧爲生。故格剌特堪達喀爾之南部。以產羊毛名。且今日移民實邊。卽邊界上之工藝。亦漸興盛。多量之羊毛與絲果實丹參阿魏諸物。均自堪達喀而銷于印度。

阿富汗斯坦之商業。以無計籍可稽。故不能得其確數。其自喀布爾出口至印度之貨。在西歷一千八百九十二年至九十三年間。凡値二百二十一萬羅比。在一千八百九十九年。凡値二百十七萬餘羅比。此數年內。以一千八百九十七年數爲最下。出口之物。爲馬牛果實五穀羊毛絲生牛皮淡巴菰藥材及他食物。布哈爾本爲重要之商道。今以愛米爾重征此口之稅。悉改而出喀布爾矣。其自印度進口至喀布爾之貨物。在一千八百九十二年至九十三年間。凡値六百十一萬羅比。在一千八百九十四五年間。則減至二百七十四萬羅比。一千八百九十九年。始微增至二百九十四萬六千羅比。進口貨之重要者。爲茶。糖。及棉花織物。其自堪達喀爾出口至印度之貨物。在一千八百九十八年至九十九年間。凡值三百三十萬羅比。自印度由堪達喀爾進口者。凡二百六十四萬羅比。其値四分之三爲棉花。八分之三爲生羊毛。而出口貨之與相抵者。以乾果爲至多。此路之商業。欲以近年與往年比較其盛衰。頗不易易。蓋俾魯支斯坦與波斯之貨。亦混合而由此出口也。然無論他國貨物之分合與否。而西部之商業。實未見有進步。自基達塞伊斯坦間之道通。商業益當興盛。惜愛米爾所見頗短。致阿富汗斯坦之商業。全爲所束縛耳。

阿富汗斯坦爲君主政體。君位亦世及。全國分五行政區。曰喀布爾。曰土耳其斯坦。曰格剌特。曰堪達喀爾。曰巴達克山。每省各有一納布。Naib 即一區之行政長官也。納布直接受治于愛米爾。納布之下。有貴族與地方裁判官。裁判官所判之

案即作定讞無申詳覆訊之事如西國所謂封建時代之制然遇事隨訊隨結辦理極迅凡兩造相爭則各判以應得之過失其裁判之法蓋往往如此也

阿富汗之軍隊約爲五萬人其駐兵之所爲格剌特堪達喀爾喀布爾馬撒爾扎拉拉巴得亞斯馬爾 Asmar 及邊印度境之守衛兵愛米爾之造兵工廠在喀布爾每日得彈子二萬枚來福槍十五桿每一禮拜得砲兩尊自此之外猶購之他國以充軍實云

阿富汗斯坦之財貨之用于行政工程軍隊者自來無足用之日而可計者視若理所應然絕不籌補救之法其實阿富汗雖不能成一富厚之國即以土地之所出供人民之用亦斷不致不足惜其愛米爾於商業上之政策所見殊短不然以近二十年之太平無事即商稅一項已可將所負之國債悉數理清矣其國之歲入無可信之載籍以資稽攷若就大致而論每年可得英金一百萬鎊而赫爾阿里在位之時減短至七十萬鎊印度政府歲給阿富汗之補助銀一千二百萬羅

比。而自一千八百九十三年訂界之後。又加增至一百八十萬羅比云。

宗教則全國崇信回教。其信教之篤。自土耳其外。此爲第一矣。阿富汗人大都奉正宗之回教。然其旁支之歇哀教。在阿富汗斯坦亦頗佔權力。如中部之黑碩拉人。皆崇信此教者也。喀布爾之克碩兒罷歇人與庫倫邊境之忒里人所奉之教。雖同源異派。然其門戶之攻擊。則不如印度宗教家之甚。加非哩斯坦山地中之喀弗爾人。獨爲非回教徒。而陷弱於多神教。其教有希臘教性質。而亦似波斯之祆教。且猶有菩薩教。蓋其間之居民。自各方面而來。遂各奉其素所崇奉之教。馴致有今日之異象也。居民之在加非哩斯坦與他地毗連者。近亦崇奉回教。其迷信之篤。如狂如脊。非他回教徒所及。喀布爾爲阿富汗文明之中心點。故察錫教徒 Chazidom 尙少。而在西部及堪達喀爾之左近。即多此等教徒。至碩明達瓦則此教人更多。每二人中必有一人爲察錫者。察錫教徒。務以殺戮滅絕他教。而張己教。亦回教之一宗。

阿富汗斯坦之學校。皆爲最初級之教育。其合於貴族富商子弟肄習之高等學校。則絕無之。而村塾則設立甚盛。行道者隨地可得見焉。教幼童者爲村牧師。其課程除讀書寫字之外。惟授以宗教載籍。故小兒受其影響者甚深。教法惟令學童大聲背誦。與印度同。令人聞而生懨。可蘭經文。爲各種學科之本。高等之阿富汗人。必習波斯言文。蓋阿富汗斯坦政府。以此爲官話。故居喀布爾者。聞波斯語多於普什士語也。自此以外。小兒惟注意於體育。教之乘馬擊刺。其高等學問。則專屬牧師與醫生。然國人從事此業者。卒居少數也。

（歷史）欲攷阿富汗斯坦十九世紀之歷史。須知沙駝碩人與巴拉克碩人。Barakzais 實爲特倫尼族之分支。此族在阿富汗斯坦。能佔高等地位者。則由於建立沙駝碩王朝之愛默特可汗。時垂及十八世紀之末矣。自是其後人世守阿富汗。都於喀布爾。爲一王國。其間亦屢經變更。此至一千八百十八年。愛米爾殺其權臣法塔可汗。法塔可汗者。巴拉克碩人也。於是巴拉克碩之族。乃起而逐沙駝碩王轄吉而法塔可汗子特司德穆罕默德。遂即喀布爾王位。轄吉遂遯於旁遮伯。時東鄰旁遮伯王倫吉德信方以武功立國。阿富汗斯坦之國是。乃大受其影響。因其內亂。攻取克什米爾。又於一千八百二十三年。與阿富汗人戰。獲白沙威爾印度河右岸之地。仍用阿富汗酋長治之。後十年。沙駝碩王轄吉欲圖復辟。爲特司德穆罕默德所敗。卒不得返國。而倫吉德信則又乘間逐其白沙威爾之阿富汗酋長於山中。而自領白沙威爾。

時阿富汗斯坦復有英俄兩國之交涉。自是國是皆受牽制。不僅愛米爾有所變更而已。然兩國亦因互有掣肘。在亞西亞所用之政策。爲之一變。一千八百三十三年。轄吉得倫吉德信之助。益以英印度總督本汀克 W. Bentinck 之唆使。又圖復位。事雖不成。然自是英人密謀阿富汗之策。遂爲俄人所知。俄駐波斯公使。因嗾波斯攻阿富汗斯坦之格剌特及西北邊境之砲台。(今此邊境屬酋長自主)一千八百三十七年。英公使之駐波斯者。力阻之。波斯不聽。卒圍格剌特。及英人遣軍來援。自波斯南方海岸登岸。波斯始懼。於一千八百三十八年。撤兵去。自是而英俄互制之狀。遂顯露於表面。此進一步。彼亦進一步。如棋局之此着彼應然者。英人密籌得阿富汗斯坦政治上之權力。非爲轄吉謀復位不可。且特司德穆罕默德之所爲。頗不便於英人。於是英印度政府與倫吉德信及轄吉訂三方面之約。督兵自布蘭山徑進。攻堪達喀爾得之。復北趨喀斯那。以猛撲入其城。至一千八百三十九年。遂抵喀布爾。時特司德穆罕默德踰北山而逃。轄吉因得復其故位。

以兵納沙駝碩氏於國。不僅冒昧失計而已。實貽後日擾亂之種子。蓋以他國兵力而置一孱王於自由民族之上。則王必孤立而無助。將設兵以固王位與抑撤兵而聽其傾覆。與英人於此。必審擇其一焉。而阿富汗斯坦諸酋長。以王借外兵入國。則己之權力。必立見減削。且必失其自主之地位。於是羣起要挾。索官求俸者。紛至沓來。尋知其王既藉英援。復欲徵兵爲自衛計。而羣酋則多方以敗其謀。

必無使成功。蓋稅餉無着。則國事一無可爲。一下征餉之令。則必激成民亂。因此而阿富汗斯坦政府所需之人與財。不得不仰英人之接濟。轄吉之孱弱。且不得民心如是。除託庇英軍隊外。別無自全之策。而阿富汗斯坦之貴族與平民。其仇視異種異教之心甚摯。兩年以後。大亂遂作。而所以納轄吉於國之願望空矣。亂民猛厲善戰。英軍大敗。一千八百四十一年之冬。英軍自喀布爾退回扎拉拉巴得。途間復被攻襲。全軍盡覆。英軍之名譽顯榮。喪失都盡。幸扎拉拉巴得尚悉力死守。而大將腦忒亦堅守堪達喀爾。次年。大將普洛克督兵來援。復入喀布爾。陸軍之名譽始稍稍恢復。於是盡撤阿富汗斯坦駐兵。時特司德穆罕默德爲國事犯于印度。遂使歸襲王位。自是英阿相安者垂四十年云。

英國于阿富汗斯坦之希望。常願其與英國和好。保存其領土。與自主權。于俄領中央亞及英領印度之間。毋使兩强國領土有犬牙相錯之患。自一千八百四十九年後。旁遮伯一地。加入印度之內。則英人領土之西北邊界。已直與阿富汗高原相接。而俄人仍東南沿痾克蘇河推廣其領土。未有已時。則兩國領土相去日益以近。是英人欲免與俄疆相接。不能不注意于爲屏蔽之阿富汗斯坦。而一千八百五十六年。波斯之圍格剌特。尤英人所注目。特司德穆罕默德時雖已與英盟。然已于一千八百六十三年卒。不幸其子又以爭位而肇內亂。直至一千八百六十八年。而王位始屬其子歇爾愛里 Sher Ali 時則布哈爾一隅已入俄人之手矣。英人于此。雖欲不干涉阿富汗之事而不可得。于是英印度總督麥遙 Mayo 會阿富汗愛米爾歇爾爰里于恩巴拉 Umballa 使兩國之交益親。而盟約益堅。且使阿富汗政府中央之權集。而國勢亦益固。此爲英人對于印度西北界外政策之最注意者。時則西歷一千八百六十九年也。

一千八百七十三年。俄人復佔基窪漸及阿富汗斯坦之北境。于是愛米爾歇爾爰里大懼。乞援于英。英人未明以兵餉相助。又歇爾爰里之與波斯爭塞伊斯坦也。英人亦未助之。于是歇爾爰里疎英。塔什干之俄人知其故。遂乘間入餂以利。

歇爾爰里忻然受約。然在一千八百六十九年。俄政府嘗以阿富汗斯坦。非俄國勢力所加之言。告英相克拉倫登 Clarendan 而一千八百七十二年英俄兩國又會訂阿富汗斯坦西北兩方面之邊界。東至于維多利亞湖。然塔什干之與喀布爾通使也如故。且于阿富汗斯坦西北邊界以外之地。日漸擴張其勢力。一千八百七十六年。英人乃決意以敏活之政策。施諸阿富汗斯坦。然愛米爾之怨英人。曾不少減。而仍傾意于俄。窺愛米爾之意。固欲兩國權力適相勻稱。不願其有所偏勝也。一千八百七十七年。英印度總督奉英主之命。與歇爾爰里訂聯盟之約。而歇爾爰里不納。且不願使人入阿富汗斯坦。于是議乃中斷。

俄國于一千八百七十五年。爲抵制英人在阿富汗斯坦所行政策之故。遣兵屯扎于君士但丁堡 Constantinople 以挾阿富汗。而遣使與愛米爾訂俄阿協約。英人知之。亦遣使于喀布爾。而愛米爾不納英議。阻使人于阿富汗之邊境。英印督以阿富汗之不納英使也。西十一月。遂與阿富汗斯坦宣戰。于是第二次之英阿戰事又起。董納兒司泰瓦德 Donald Stewart 督兵自布蘭山徑。道俾魯支斯坦而趨堪達喀爾。軍旅所過。無阻之者。另一軍則自喀巴山徑而得扎拉拉巴得與通喀布爾之道。弗勒特列克樂白式 Frederick Robert 所統之軍亦踰高山之徑。經庫倫而入阿富汗斯坦內地。在白瓦里山口。Paiwar Kotal 敗愛米爾之兵。獲韃他噶騰 Shutargardan 山徑。得此則可經落加山谷。而直入喀布爾矣。于是愛米爾歇爾爰里去其京城。而逃于北省。以一千八百七十九年二月。卒于馬撒爾。此後六閱月。土人與英軍搏戰甚多。意欲得英軍所佔之地位。而英軍屢敗之。然因此而英軍之勢力亦不能推廣。且慮軍行日遠。則退兵益難。于是英人一變其政策。欲亟擇歇爾爰里諸子中之能守疆土。與願與英政府聯合者立之。時約庫白可汗 Yakub Khan 以在喀布爾即位來告英軍戰地民政官少佐喀乏納里。Cavagnari 約庫白可汗者。歇爾爰里子也。于是英人遂與訂一千八百七十九年五月之約。認約庫白可汗爲阿富汗斯坦之愛米爾。以阿富汗斯坦境外之地。屬于英人。一切外交悉由英人主之。而英人則許以永不受他國侵蝕之利益。而派駐使于喀布爾之議。亦於是時見允。是英政府于阿富汗斯坦軍務政事上之計畫。可告全功矣。當歇爾爰里在位。嘗與俄政府訂聯盟之約。且接受俄國之公使。而其子則與英政府訂聯盟之約。而接受英國之公使。可謂一反乃父所爲矣。然英人亦正惟成功之速。致遭後來之禍。其年九月。魯意喀乏納里與其僚屬與衛兵。在喀布爾爲阿富汗人所戮殺。而英阿新聯結之約。遂以分裂。於是復遣弗勒特列克樂白忒領一新軍隊。經轄他噶騰山徑。往伐之。敗阿富汗人于近喀布爾之察拉西挨 Charasia 以西。十月。入其京城。約庫白可汗降歸之印度。英兵遂駐於喀布爾之附近。至一千八百七十九年十二月。民亂復起。英軍與印度之消息中斷。時英軍之駐阿富汗者。地位極爲危險。迨民亂既平。而已經無數惡戰矣。時董納兒司泰瓦德始終未去塔達喀爾。率兵自喀斯那而至喀布爾。沿途擊散亂民極夥。董納兒既至。遂以兵符屬之。然民情仍擾亂不已。自英軍所駐之地外。全國依然無主。故英人欲於退兵以前。預立一能自主。不需他國挾植。而又能與英人聯合之政府。蓋阿富汗斯坦當日之情形。直與一千八百四十年以前之旁遮伯與信地相似。其不同者。上兩地現已歸入英國版圖。而阿富汗斯坦則至今仍自立耳。

愛白杜拉曼者。Abdorrahman 前愛米爾歐爾愛里長兄之子也。當特司德穆罕默德卒時。嘗以爭位。與歐爾愛里戰。不勝。被逐。踰痾克蘇河居俄境者十年。其狎俄也久矣。至一千八百八十年五月。復渡痾克蘇河而歸。入主阿富汗斯坦北境。英印督聞之。亟遣駐喀布爾之使臣往說之。欲以機巧之手段。與訂聯英之約。而愛白杜拉曼不允。是時愛白杜拉曼已主阿富汗之政矣。英人乃首認彼爲愛米爾。而不許其與他國交涉。凡事須承命於英政府。苟遵約者。則此約一日不解。則英人願永遠擔任其保護之責。而不使受他國之侵伐。堪達喀爾者。喀布爾政府之一行省也。英人割之。以立錫打歐爾爰里可汗 Sirdar Sher Ali Khan 如一自主國。

而服屬于英。蓋錫打歇爾叐里可汗。亦巴拉克碩族人也。

于是英軍第二次定阿富汗斯坦之亂矣。詎料一千八百八十年。復經一番擾亂。如一千八百七十九年者。距愛白杜拉曼在喀布爾即愛米爾位之後數日。忽得一警報。愛育白可汗 Aynb Khau 者。歇爾叐里之少子。自歇爾叐里之死。愛育白可汗。即堅守格刺特。聞英人以堪達喀爾授歇爾叐里可汗。發兵欲攻堪達喀爾。英人遣兵禦之至納周得 Nakhud （亦名默旺 Maiwand ）爲愛育白可汗所敗。徑圍其城。弗勒特列克聞警。自喀布爾急率萬人。馳三百十三英里而至堪達喀爾。攻愛育白可汗軍。以九月一日破之。于是英人在阿富汗斯坦南境之聲威以復。時軍事已定。英將思撤兵去堪達喀爾。歇爾叐里知勢孤。不能抗外兵。遂辭位而遜於印度。而使愛白杜拉曼嗣領其地。時愛育白可汗已逃歸格刺特。聞英軍以一千八百八十一年之前半年退歸印度。乃募新軍。復趨堪達喀爾。七月。得吉里什克堡。堡在格里綿得河岸。有兵駐守之。愛米爾出禦之師。又爲所敗。至七月之末。愛育白可汗遂得堪達喀爾。愛米爾愛白杜拉曼之治軍也。迂緩無紀律。今聞城破。則大奮。親督兵自喀布爾來救。與愛育白可汗軍會于城下。與戰。大破之。時西九月二十二日也。愛育白可汗喪其巨砲輜重。軍實遺棄略盡。向格剌特而逃。既聞其城已爲愛米爾之將所踞。遂亡于波斯。自是厥後。愛白杜拉曼在阿富汗斯坦之權力始鞏固云。

一千八百四十四年。英俄兩政府復有修訂阿富汗斯坦北界之舉。此事極難。而爭辨必極多。至次年之五月。英印督特弗林 Dufferin 與愛米爾會于拉烏爾奔的 Rawolpindi 聞班夾台 Panjdeh 有警。班夾台者。向屬阿富汗斯坦。爲俄人垂涎之地。故俄人攻之。逐其守兵。是役愛米爾之兵頗多喪失云。時事機甚急。恐不免于決裂。後幸以外交術彌縫之。訂界之舉。得不中止。遂定兩國邊境。以痾克蘇河爲界。俄國不得踰河而南。阿富汗亦不得闌入河北。界約自是遂定。

自一千八百八十年之後十年間。愛白杜拉曼擴張鞏固其勢力于全國。地方雖間有民亂。愛米爾以權力鎭定之。時國內有大亂二。一爲愛育白可汗自波斯入國。一爲愛米爾之族弟叛于阿富汗土耳其斯坦。此次之亂。覩愛育白可汗入國時尤甚。而愛米爾仍力平之。至一千八百九十一年。而愛米爾之權力。已遍于全國。國勢之盛。遠邁其祖父時。一千八百九十五年。愛米以兵加加非哩斯坦。其東北方悉爲山族野人所窟宅。自來加兵于此者。鮮不失敗。而愛白杜拉曼固能漸降服之。是時阿富汗斯坦之北境。沿痾克蘇河屈折而東。與中國邊境接壤。此界綫爲英俄兩政府所公定。即東界之與印度相連者。亦將界綫劃定。英阿兩國。亦訂有分界條約。愛米爾因此年得巨數之扶助費于英國。且得軍械甚夥。又許其自購英國軍械。自印度輸入阿富汗。既得英政府接濟。又不虞他國之侵伐。於是得擴充軍事上之權力。以壓服其好亂之種族。蓋是時愛米爾得出貲以募常備軍。而練成西式軍隊。故喀布爾朝廷之威權。得以至此也。愛白杜拉曼征收各種稅則。至爲苛重。惟不似前日之駁雜無章。稅之所入。藉以供給軍隊。阿富汗舊制。

愛米爾分其土地以賜酋長。酋長各抽其部內之民以衛王室。凡國內之兵。均自酋長處抽撥而來。未嘗有王室自募者。故兵權不一。而王室以卑。自愛白杜拉曼設常備兵額。兵由政府招募。以稅餉之所入用作軍費。于是兵權握于中央政府。而王室始張矣。愛白杜拉曼又擇其素所疑忌之人。悉與誅戮。或加以屏斥。制律既嚴。而行法又極酷。因是得除土酋專橫之弊。而行旅之出其地者。亦稍安矣。然征稅既重。則商旅重困。商業因之以衰。綜而論之。自愛白杜拉即位之後。阿富汗斯坦政治。實大經改革。蓋阿富汗為積亂之國。軍亂民變。層見疊出。而愛白杜拉曼運其威權。以壓服沿邊半自主之凶暴諸族。而成一武人專制之國家。是皆愛白杜拉曼所創行者。彼歿于西歷一千九百一年。其子哈畢布拉 Habibulla 嗣位。而遺烈猶未泯。蓋亞西亞諸國之中央集權。與夫常備兵之設立。其能支久與否。均視管理者之能力幹濟何如。阿富汗斯坦自愛白杜拉曼以前。全仗國民好戰與排外之性。及豪酋大族自主之精神力量。以與外兵相抗。今則土酋之權已削。

而種族之團體已移。設常備兵有背叛之舉。則阿富汗斯坦全境。皆將爲擾亂矣。
阿富汗斯坦所轄之疆域。因政治之變遷。而時有不同。愛白杜拉曼之轄境。則介在俄羅斯波斯印度三大之間。以地理學上之界限而論。則阿富汗斯坦高原之東界。應止于向印度平原斜迤之山坡間。其界綫當在今日所定界外。蓋其間居民。以言語風俗及性質論。皆類於阿富汗種也。惟據一千八百九十四年所劃之界。則阿富汗愛米爾法權所及之地。已割去東邊一帶。其地前固認阿富汗爲主國者。然實皆不可教化之自主部落也。地居英領印度與阿富汗斯坦之間。約言之則北起於赤特拉爾部之南。沿印度之西北境而南。至俾魯支斯坦國界而止。
自印度通阿富汗諸山徑。咸在此甌脫之內。故其間有數重要之地。英人曾設防或募土兵屯駐之。其民頗自由而凶暴好鬥。無歷史表見於世。即或有之。亦屬諸阿富汗民族而已。此族自古窟宅於此山谷。及印阿交通諸徑之高山間。自來邊界有事。此民種咸與其列。即英阿有戰。亦嘗助阿富汗以攻印度。甚著效焉。彼輩之視阿富汗人爲彼所受治之人。而不以爲主人。如他阿富汗人然。自一千八百四十九年之後。英人以保護印邊起見。常駐兵於彼族所佔之山內。而彼族不允。嘗兩經久長之惡戰。而僅克之。一在一千八百六十三年。彼族嘗與英駐紮山內之大軍鬭力戰始勝。一在一千八百九十七年至九十八年間。蘇瓦特人倡亂。而愛弗里提人繼之。盡滅英人駐克巴山徑之土兵。亦劇戰而後平之。一千八百九十四年之後。喀布爾愛米爾自願捐棄管領此山族之法權。英人以地連印度。遂漸募土人爲警衛兵。駐其界內。且又參用他術以管轄之。此地自歸印度接管之後。政府對於印度西北界外之軍政民事。蓋無困難於治理此山族者。

土耳基斯坦志

光緒三十三年秋
學部圖書局印行

土耳基斯坦志正誤表

頁數	行數	誤	正
一	一	司丹	斯坦
同上	三	同上	同上
二	七	土耳基司丹	西土耳基斯坦
同上	十二、十三	同上	同上
同上	十四	同上	同上
同上	十五	同上	同上
同上	十七、十八	同上	同上
同上	十九	同上	同上
三	三、四、五	同上	同上
同上	七	同上	同上

學部圖書局

同上	八	同上	同上
同上	十	同上	同上
同上	十一	同上	同上
同上	十四	同上	同上
同上	二十	同上	同上
四	一	同上	同上
同上	二十四	同上	同上
五	七	同上	同上
六	七	同上	同上
同上	十五	同上	同上
同上	十八	同上	同上
七	五	同上	同上

同上	二十一	同上	同上
八	七	同上	同上
同上	十六	同上	同上
九	一	同上	同上
同上	九	同上	同上
同上	十七	同上	同上
十	七	同上	同上
同上	十四	同上	同上
同上	二十二	同上	同上
十一	二	同上	同上
同上	八	同上	同上
同上	十四	同上	同上

同上	二十	同上	同上
十二	一	同上	同上
同上	三	同上	同上
同上	十一十二	同上	同上
同上	十四	同上	同上
同上	十五	同上	同上
同上	十六	同上	同上
同上	二十	同上	同上
同上	二十三	同上	同上
十三	四	同上	同上
同上	六	同上	同上
同上	十	同上	同上

同上	十三	同上	同上
同上	十八	同上	同上
同上	十九	同上	同上
同上	二十三	同上	同上

土耳基司丹志

裏海之東。西比利亞之南。波斯阿富汗西藏之北。有極大之地。治輿地者。或稱之爲中央亞西亞。或稱之爲土耳基司丹。一似此二名任人所用。毫無區別者。此大地中土地之高下。氣候之寒燠。民種之駁雜。至爲不一。當十九世紀初年。此大地有名之曰高原韃靼利。或稱之曰內地亞西亞。迨一千八百三十一年。亨博而特 Humboldt 之遊歷記。名中央亞西亞之旅行記。出。而後中央亞西亞之名。行用始廣。然亨博而特於定中央亞西亞之界限。似乎太拘。彼謂中央亞西亞者。蓋亞洲之地。包含於北緯三十九度三十分至北緯四十九度三十分之間者也。且謂中央亞西亞之山脈。皆直縱直橫。無斜行者。此說亦徒託之意想。其實並非然也。李杷託芬曰。中央亞西亞之名。似宜加之於塔里木河 Tarim 流域。及澣海兩地。澣海亦名戈壁。從前實爲海底。如歐洲之地中海然。李氏所定中央亞西亞範圍。蓋將戈壁以北之草地。東至西比利亞之拜喀勒省 Transbaikalia 及大金汗山 Great

Khingan 諸地。悉闌入範圍以內。此兩地天時地性。與塔里木河流域大有區別。不得以中央亞西亞之名槪之。又李氏未嘗以中央亞西亞本部歸入範圍。（中央亞西亞本部卽西土耳基司丹）此部地質之成。與夫其間氣候動植物品居民歷史。皆與塔里木河流域大致相類。然一地之區域。不得以河之流域而定。李氏之意。以爲塔里木河之水。不歸於海。故定其流域之名爲中央亞西亞。果爾。則烏拉河 Ural 及窩瓦河 Volga 兩流域。以情形論之。似亦可稱爲中央亞西亞矣。故定一地之區域。不能以河流若何而定其界限。必察其地之地質氣候動植物相同而後界限始可得而定。據是則不獨塔里木河流域可命名曰中央亞西亞。卽裏海以東之大地。北界愛克塔甫阿爾泰山。Ektagh Altai 東界東戈壁南界考爾高原 Khor（卽阿爾天山及崑崙山）與都庫什山 Hindu Kosh 及庫貝大甫山。Kopeb Dagh 此四至以內之地。亦可命名曰中央亞西亞。此地雖極博大。然其氣候居民及物產自與亞洲他處不同。今將中央亞西亞各部分分別論之如下。

（大亞西亞高原）亞西亞大陸有兩大高原。為全大陸之脊柱。一曰東亞西亞高原。其形如三角。其底為喜馬山。其頂為西比利亞極東北之楚科斯奇角。Tchukushkii 一曰西亞西亞高原。自印度河至於黑海。此兩高原之中為興都庫什山。亞西亞大陸以此二高原之地質為最古。二高原之北。均有大山環之。東亞高原之北。則有天山。阿爾泰山。薩彥嶺 Sayan 及威提穆山。西亞高原之北則有一大聯山。總名曰庫貝大甫山。此山與高加索山一脈相聯。

（西土耳基司丹）東西兩高原之中間有窪地。此即西土耳基司丹。其東南界為興都庫什山及天山。其西南界為伊蘭高原。其西北及東北界為厄斯德歐爾德高原 Ust Urt 以及鹽海之分水山。山之北。則為西比利亞矣。此窪地自東北至西南。長一千一百英里。又自西北至東南。廣九百英里。故西土耳基司丹不獨包有兩高原中間窪地。即兩高原以北山間谷地。亦兼而有之。此間得高山之陰。水草豐足。土人或耕或牧。悉遂所生。此間氣候。與夫動植居民。皆與他處有異。西土耳基司丹復可分爲二部。近裏海者地低而苦旱。是爲喀斯冰部 Transcaspian 其餘爲高原。是爲土耳基司丹本部。帕米爾高原。其間動植物與產天山者相類似。亦應歸併西土耳基司丹。然西土耳基司丹全部。近被俄人佔據者不少。布哈拉 Bokhara 基發 Kira 等部。雖名爲自主。實則早爲俄國附庸。迨自裏海至謀夫 Merf 及撒馬兒罕 Samarkand 之鐵道通後。則布哈拉部可以全屬俄國矣。故西土耳基司丹亦可名俄羅斯土耳基司丹。以示與東土耳基司丹或支那土耳基司丹有別耳。

（東土耳基司丹）中央亞西亞之第二大部。曰東土耳基司丹。試披閱近代地圖。可見東亞西亞高原中。亦有一低窪之地。西界帕米爾高原。南界西藏高山。即崑崙及阿爾天泰山是也。北界東部天山。東界西部戈壁。適所云低窪之地。蓋處衆高原而覺其爲低。實則此低窪之地。尚高出海平三四千尺也。此低窪之地。中國人名之曰瀚海。太古時實爲一內地之海。今則四面皆成砂磧。僅餘羅布淖爾一湖矣.Lop Nor 塔里木河注入之地湖之四圍.均沙漠.居民絕稀.此沙漠之名稱極多.如小布哈拉 Little Bokhara 阿爾替沙爾 Alty Shar 喀什噶利亞 Kashgaria 等.然名謂不一.可以東土耳基司丹之名概之.然大戈壁及準噶爾等處.則又非東土耳基司丹一名所能涵蓋.以此二地自有其歷史.其居民以及其地之天然形勢.與東土耳基司丹各部不同.

今將中央亞西亞所包涵之各地詳列如下.

(甲)西土耳基司丹此部包有天山高原.巴勒哈什湖 Balkash 平原.鹽海及裏海諸低原.其政治上之分界則有俄國土耳基司丹(此中包涵土耳基省 Turkai 及亞克摩林斯克省 Akmolinsk)支那庫而雅 Kulja 裏海部.基發布哈拉以及阿富汗土耳基司丹之一部.

(乙)東土耳基司丹.此部包涵塔里木河流域.東及羅布淖爾湖.

(丙)準噶爾 Dzungaria 即今迪化府.此部之東北界爲塔爾巴加泰 Tarbagatai 阿

爾泰腦羅 Altai Nauru 伊爾定烏拉 Irdyn Ula 阿爾察卜圖 Artsa Bogdo 等山。

（西土耳基司丹之天然形勢）西土耳基司丹之四界前已表明。此部有面積一百六十八萬方英里。居民八百五十萬。其中帕米爾高原情形至爲寂寞。天山高原。其峯皆在冰雪界以上。高出海平四五英里。山間冰河極大而多。山既高出雲表。故山間谷地極深。氣候亦寒溫俱備。植物則兼寒溫熱三帶而有之。有數處谷地之至深者。甚且低於海平。沙漠中之風。有時其熱似火。亦有其冷如冰者。然皆燥烈異常。此間天氣賴此風以爲調和。

（高原部）西土耳基司丹可分爲兩大部。其東多高原。故名曰高原部。其西北多平原及沙漠。故名之曰平原部。高原部長約一千英里。廣二百七十英里。高原部之北曰天山。此高原之四圍。皆有山以圍繞之。十九世紀中葉以前。世人無有知此高原者。其時治輿圖者。於中央亞西亞之山脈河流。皆出自臆造。近來俄英兩國之探地者。曾數次測量其地。故其山川形勢可以言之較切。與都庫什山高自一萬八千尺至二萬尺。實爲土耳基司丹高原之東南界。此山方向蓋由東北至西南。及於阿富汗之喀布爾 Cabul 據最近俄國人之測帕米爾高原者云。興都庫什山之極東北境。在北緯三十七度四十五分東經七十五度之塔須庫爾汗 Tash Kurgan 山之西北。即爲帕米爾高原。有面積約三萬七千英里。帕米爾高原之上。有圓頂平斜之山嶺。高出高原自四千尺至五千尺不等。其方向爲自東北至西南。各山皆成平行線。山間谷地廣而方底。極深者不過去高原頂一萬尺。極淺者尚高出海平一萬四千尺也。

去興都庫什山一百五十英里之西北。爲帕米爾高原之西北境界。以忒蘭斯阿爾泰之高山。Trans Altai 此山之頂。在冰雪界以內。去海平四英里。遊人自山南以覘此山。不覺其爲極高之山。以山之南爲高原。本高出海平一萬三千尺。而山之南麓。又緩緩平斜而下。故更不覺其高矣。惟自山之北面以觀。則見山峯峻峭。危危入雲。有如極高之長城。此山之谷地。賴奇昔耳蘇河 Kizil-su 以資灌溉。此河會阿穆達里亞河 Amu Daria 入鹽海。此山之北更有阿爾泰大甫山。其山巔亦在冰雪界。惟入夏即鎔耳。今日最精之地圖。繪忒蘭斯阿爾泰山爲一單純之山。長一百二十英里。究不知其爲天山某分支之聯山。故帕米爾高原之西北界。終未能定。

（山部）帕米爾高原之外。有山部一大區圍繞之。廣自一百五十英里至一百八十英里不等。山部羣山。皆成平行線。與高原亦成平形線。其高亦不等。有一萬一千尺者。有一萬七千尺者。最高者有二萬尺。諸山之間。皆有絕深之山谷。有數山峯在冰雪界以內。且有極大之冰河。殼克蘇山 Kok-su 一帶之冰河。尤爲著名。此山爲質最古。其勢爲東北向。然山中共有四處爲後成之石質。其勢爲西北向。在北緯四十七度之處。宋加利亞淺原亦蔓延及此。此間有高岡名塔爾巴加泰與青吉師 Tchinghis 及喀喀拉林司克 Karkaralinsk 諸山相連。此數山爲西比利亞及土耳基司丹之界山。

(天山湖底)天山高原之中。有極深之湖底。如包而克 Balkh 勿爾噶納 Ferghana 乙昔格庫耳 Issyk-kul 庫而雅等。乙昔格庫耳低窪中有乙昔克耳湖。此湖高出海平五千尺。其餘諸湖底。皆已乾涸無水。此外尙有無數小湖乾底。見於山之高處。中皆頑石滿之。高山流水必歷過數山而後始達平地。設遇前山阻其流。則此水遂溢而爲湖。水既盈壑。然後覔罅再出。如是者屢次。而後始達平原。故山中有如許湖底者。卽此故也。

(低原)土耳基司丹高原。往往四周皆有平原圍繞之。此種平原。高出海平自一千尺至一千五百尺不等。平原之外。復有更低之低原。高自一百五十尺至四百尺不等。甚有在海平之下者。此等低原。約有面積六十五萬方里。有數輿地家分此平低兩原爲二部。平原曰巴勒哈什平原。此平原卽巴勒哈什及阿拉克而 A-la-kul 兩湖之流域。其稍低者曰鹽海裏海低原。此低原佔全面積三分之二。俄人麥什奇託夫命名曰土蘭凝 Turanian 低原。此兩原之間。有喀拉討 Kara-tau 爲之界。巴勒哈什平原。高出海平一千尺。有伊犂河及他河之流入巴勒哈什者。以資灌漑。其地富於牧場。爲庫爾吉師族人所居。平原之西南。土味稍鹽。地面多沙。不生草木。沿伊犂河而上。有稍腴之地。直入山中。至庫而雅水鄉之處。沃土最厚。另有一極低如槽形之地。亦深入山間高地。直至愛別淖爾湖 Ebi Nor 及愛雅爾湖之處。且與伊爾鉄什 Irtish 低原會合。漸漸高行。直至中央亞西亞高原。此槽形之地。名曰宋加利亞門戶。高原游牧之民。每至水草枯乏之時。必由此道下行。覓水草於西比利亞之草地。故有此名。土蘭凝低原。有小山蜿蜒。自東北至西南。起於乙什木河 Ishim 發源之地。迄於裏海之東南角。此低原中地之腴瘠。至爲分明。凡近山麓之地。皆可施灌漑而資種植。其外皆爲沙漠。此間氣候乾燥異常。惟山峯有積雪之處。能使雲氣凝結者。始稍有雨水。其餘他處。一年中僅得數次急雨而已。此低原中僅有色爾達利亞及阿穆達利亞兩河。其水能流經沙漠而達於鹽海。此二河舊有之數支流。早已乾涸。不通大流。其中有名實拉夫商河者。

Zerafshan 一出高原之境即已乾涸。不通。餘如忒人 Tejen 默爾噶伯 Murghab 及安達庫等河。Andkho 一入忒古曼 Turkoman 平原亦即乾涸。故阿穆達利亞之支流爲數誠不能多矣。至色爾達利亞舊有之支河名秋河 Tchu 者以及秋河之支流名薩里蘇者。Sary-su 今已乾涸。去大河數百英里之遠矣。此間沙漠極其亢旱。故一遇流水即行吸入。故河流之源。必極大者而後能流入內地諸湖。不然未有不半途即乾涸者。

(西土耳基司丹地勢地形之改變)西土耳基司丹全部。近來其地形大有改變。舊有之河流。今或乾涸。或已改其舊道。而舊有之湖沼。今亦變其面積及形勢矣。地質學家往往於距現存之湖沼數百英里之外。得螺蛤之殼。可見前時湖沼面積極大。今已縮至極小。又於沙漠中發見舊日河流之底。且逆料此河流之乾涸。去今未及數千年也。古時巴克忒里亞 Bactria 布哈拉及撒馬兒罕等部。文明甚著。而今日所以消耗者。正坐河流及湖沼之乾涸耳。在昔鹹海之西南界及於沙利喀密什 Sary Kamysh 今則佔地不多，僅有二萬三千英方里之面積。即今日其水尚日見淺涸，其速度至足駭人，每隔十年，必有一極明顯之改變。鹽海之愛蒲吉爾灣 Aibughir 當俄人佔領其地時，尚爲海面，今已乾涸矣。西土耳基司丹全部，本有湖沼數千，惟其氣候亢旱，且燥風時行，故僅存無水湖底於沙漠間，惟春日急雨之後，及冬日積雪鎔化後，始見有淺水耳。

（氣候）西土耳基司丹氣候亢旱，其地雖與地中海之西西里島及法蘭西之利翁埠同一緯度，然其夏令則酷暑如波斯，其冬令復嚴寒如腦威。夏時遮陰之處，寒暑表常升至一百度，且其地一望赤沙，日光返力尤大，令人更難忍受。至冬季則寒至法倫表十度，甚有降至圈度者。色爾達利亞河下流之地，冬令雨雪，爲期凡數月之久，幸有朔風爲之吹散雲氣，否則即雪車亦難通行，消息將因之不通。色爾達利亞河下流，每歲結冰之期，有一百二十三日之久。河流之近披魯扶斯克 Perorsk 者，結冰之期爲一百日。塔什干城 Tashkend 每歲積雪至二閱月之久。

寒暑表降至圈度以下十度。一千八百七十六年十月二十四日。其地所種植之杏樹葡萄棉花等樹。皆爲大雪所埋。塔什干城以少雨水著名。雖四郊山上大雨時行。而降至塔什干城者。每歲並雨雪計之。不過十一英寸。阿穆達利亞河下流。每歲得雨不過三英寸。裏海以北之地。每歲僅得一二次急雨而已。下列表可以一覽土耳基司丹之氣候。

	緯度	高出海面	寒暑中度 每年	寒暑中度 正月	寒暑中度 六月	得雨寸數
亞克摩林斯克	五一°/一二	一〇二〇	二八°•八	〇°•〇	六九°•二	九•二
色彌巴拉敦斯克	五十°/二四	五九〇	二七°•〇	一〇°•七	七二°•五	七•七
伊爾吉斯	四八°/三七	三六〇	二一°•八	三°•四	七六°•二	六•一
喀薩林斯克	四五°/四五	一六〇	四五°•五	十°•六	七八°•〇	七•九

亞歷山特魯扶斯克	四四°三三′	低於海平三十尺	五一°·二	二五°·○	七八°·○	
庫爾雅	四三°五一′	二千一百	四八°·七	一四°·四	七六°·五	
牛古斯	四二°二七′	二一五	五三°·○	一九°·四	七九°·六	二·九
拔特魯亞歷山特魯扶斯克	四一°二八′	三二五	五五°·○			二·四
塔什干	四一°一九′	一四八○	五八°·三	二九°·○	七七°·五	一一·三
克拉司奴夫特斯克	四十°○○′	低於海平七十尺	五九°·八	三六°·三	八三°·二	
葉爾羌	三八°二一′	四一二○	五四°·二	二一°·二	八一°·七	

(動物)士耳基司丹動物屬於北亞之大動物部。惟尚有數種動物。昔時徧於老世界大陸周圍。至今則偪處內地之高原。獨此與他處有異耳部中復有喜馬山界動物。爲北亞動物部所無。帕米爾高原中有動物曰倭微斯波利。Ovis-poli 或

謂此動物乃尋常胡羊之老祖．最初發見此動物者．爲馬哥普魯 Marcopolo 帕米爾高原有此羊巨萬．喜居高山峭壁平地上極罕見之．產羊最多之處．地形如梭．其兩端一在西南．一在東北．至那林 Naryn 北部．其數已不多．色耳蘇 Sel-su 河以西則絕無矣．帕米爾高原以北之天山谷地中．往往於地上見有羊角羊髑髏等物．然此地之羊與前言者稍有異．乃另爲一種也．前數百年．波蘭常見之野馬．近有迫里日瓦里斯奇 Prejevalsky 者．發見之於準噶爾高原之中．戈壁阿拉香部之南高原中．產野駝．然未有人論及其性情狀態也．其餘土耳基司丹各動物．與北亞動物大致相類．喜馬山種大熊．多產於帕米爾．又有一種白爪之熊．短小精悍．產於天山石部．帕米爾本部平地上之動物．僅有野羊野兔草鼠以及長尾之土撥鼠．其產於山中高原者．則有土豬獴獖野狗常狐黑耳狐及六種利齒獸類如黃鼠狼者．可薩克狐則居於平地．又有野猫二種．虎則僅阿穆達利亞河下流之處．始產之．有時虎因逐鹿．亦有遠至高原部者．草地之上．復有野狗狼狐畏之爲所逐去。野兔有數種之多。尋常土撥鼠及長尾土撥鼠兩種。均產於山下草地。松鼠之類有四種。常鼠有二種。䶅鼠有三種。跳鼠五種。產於草地。以上皆齕食或肉食之種物。食草之動物。除土產數種胡羊之外。有野胡羊一種。此物初僅知產於喜馬山中。今知土耳基司丹部亦產之。野羊有中國種。釋迦種。西藏地名均產於此間草地。餘如西比利亞野羊。西藏牛。印度牛。常牛。單雙峯駱駝均產之。河湖之濱。蘆葦豐處。產野豬。冬季則藏身於此。夏季則遷往高山。平原上復多產刺蝟與箭豬。

此間鳥族。約有三百八十五種之多。大致與歐羅巴地中一帶鳥族相似。其中有數種皆非土產。或來自喜馬山或波斯。亦有來自亞洲東方者。其最常見者。亦常見於歐羅巴。此間昆虫與產於喜馬者大致相同。法國某游歷人於此發見一種大蝶。此蝶今世上僅北美氣候極寒之拉布利達Labrador產之。此蝶宜於寒地。大約爲堅冰時代之遺種。

（植物）土耳基司坦所有植物，皆屬中央亞西亞大植物部，其範圍至大西至俄羅斯之大草地，然中央亞西亞植物，可復分爲二部，一曰中央亞西亞本部植物，一曰戈壁植物，其中雖有數種與西比利亞及俄國東南部之植物相同，然此間植物，自有其特異之性，以此間天氣亢旱，土質改變，而植物亦因之以異，當堅冰時代末年，天山植物與高加索山北部植物相同，且兼有歐羅巴阿而迫司山及亞洲阿爾泰山植物性質，其產於草地者，則與產於俄羅斯草地上者相似，當石器時代，此間居民皆藏身於楓樹椎樹及蘋果樹林中，其後以氣候乾燥之故，土質磽瘠，他種之合於此氣候者，遂遷植於茲，而歐羅巴種及阿爾泰種，遂漸漸澌滅，故今日土耳基司坦植物性質至爲不同，皆隨地而易，帕米爾高原及鹽海裏海草地上之植物，至爲不同，然植物之處於兩地之間者，性質復逐漸變易，要皆以地之高下燥溼爲別。

帕米爾高原，無大樹，惟河流之濱，則有楊柳，然無論在山在谷，皆生細草，形如禾穗。絕少見有他草。近水之處復多生（Ryang 待考）有數處則產蒜頭。他如治冠草山芥萊蒲公英甘菊以及數種豌豆類植物。亦均產之。西部北部。多生俄羅斯草地之司的巴草。Stipa 土人牧業賴有此耳。山間夾道以及多水之區。產蔬菜絕夥。除上列各植物外。尚有多種之菊類。高恒六七英尺。阿爾泰山之北麓。林木稍多。自平地以至高出海平一萬二千尺之間。皆產杜松。土耳基司丹高原之面北者。其間樹木以鳳尾松及樺木爲最多。又有短小之樹。爲歐羅巴所習見者。如夾竹桃菊花金銀花山查以及（berbery rowang 均待考）等。均雜生其間。其極東及極北部。產土松樹。低窪之處產柳樹黑白鳳尾松垂絲柳野橄欖淡黃刺樹覆盆子黑刺樹以及杏樹等樹。

上列諸植物爲天山高原常見之品。天山南麓。氣候亢旱。無成材之樹木。其向北之山面高處。僅產杜松一種。餘皆爲草地。稍低多產松杉。土人以其木爲材。或用爲柴薪。更低則植物種類較多。有椎樹鳳尾松楓樹等木。更有矮樹多種。雜生其間村莊四周有杏樹蘋果等木草地之產蔬菜果木尤夥然有數處地質不佳者則產物驟減且有多種外來植物以能耐其地之氣候而佔地頗多更下則有豐草之地其間土產之草與外來之競爭生存再下則爲低原及沙漠其間草木皆帶憔悴枯乏之狀惟近水處有楊柳鳳尾松等沙漠之中往往行數百里不見樹木即有之亦屬殭萎之樹根土人尙取之以爲柴薪然一至春季若其地非爲流沙則亦能生綠草布哈拉有波斯種植物遷移至此

（植物出產）土耳基司丹天氣南北互異亞克摩林斯克及色密爾葉輕斯克 Se-mirjechensk 兩省凡俄羅斯中部所產五穀皆產之七河省 Tchu 及色爾達利亞省之南其居民皆以種菓木爲生活其間雖產蕎麥及麥然居民終以種蘋果羊桃者爲多土人亦嘗試種葡萄塔什干及撒馬兒罕左近之地以及庫爾雅背陽之處石榴無花果杏子均產之葡萄棉花間亦產之庫仁 Khojend 及佛爾哈納省兩地氣候較爲溫和葡萄與榧子產徧山麓農業及園業甚爲發達蹊斯比恩

省（亦名裏海省）曾試種茶樹。極爲得法。

（農藝）西土耳基司丹全部之地。惟五十分之一可施灌溉及種植。其餘或爲草地以供畜牧。或爲赤瘠沙漠。回教法律。凡有水泉之處。農民毋得獨佔。必勻給各農人。故農圃兩藝均極發達。其種植之地每歲兩稔。麥。大麥。高粱。蠶豆。扁豆。米。黍。棉花。及（Lucern 亦苜名然未審係何苜故闕以待質）等。皆爲極通常之植物。萊菔。瓜。草髓。及葱。種之極多。蕎麥。雀麥。（即小米）產於喀薩林斯克 Kazalisk 及庫巴爾 Kopal 其地之米。爲出口品。此間灌溉地畝。皆藉人力。故無粒粟不登之年。回人屋旁菜園。部署至爲美備。荷蘭薯惟俄人種之。種棉之業。近頗推廣。一千八百八十六年。有三萬二千英畝之多。蠶桑之利亦大。佛爾哈納省以蠶繭爲大宗。牧畜之業。亦甚大。僅俄國土耳基司丹一部中。近查得有駝四十萬頭。馬一百六十萬匹。牛一百二十萬頭。羊一千一百萬隻。以上之數不過大約。實則不止此數也。牧畜家之大者。往往不省其自有馬牛之數。牛馬瘟病亦時有所見。近時有一次牛馬大瘟。土人因飢而死者甚夥。生牛。生牛皮。駝毛。牛羊油。氈。熟皮。皆為此間出口品。

（礦物）土耳基司丹礦物極富。挾金之沙甚多。然含金極少。淘之無利。銀鉛鐵礦業已查有多處。然其地無柴薪及煤。故不能鎔鍊。庫爾雅煤礦極富。尚有他處亦為產煤之地。然皆未見大加開挖。每年僅出煤一百十二萬鎊。佛爾哈納省之石腦油井以及色蘭淖爾 Sairan Nor 之黑鉛礦。均未嘗大加採取。石膏。青礬。磁器坭。白石等亦極富。佛爾哈納。色爾達利亞兩省均有鹽井鹽湖。亞歷山特魯夫山中有鹽礦。然皆不敷本地之用。賴進口之鹽以資接濟。

（工藝）土耳基司丹無以機器製物之工廠。所有者僅有少數蒸酒之坊。及彈棉花廠耳。然商務極盛。一千八百七十六年。各處運往塔什干之貨。以駱駝二萬七千九百頭運之。觀此可見商務極盛之一班。塔什干及布哈拉為土耳基司丹商務總匯之所。其輸往俄羅斯之物產。則為棉花。絲。及牲畜。俄羅斯貨之入土耳基司丹者。則為製造品。且與烏魯木齊及中國通道。經庫爾雅及阿克蘇 Ak-su 兩地。

（民種）土耳基司丹居民，以屢有遷徙且疊遭變亂，故其居民至爲紛雜，其間愛林及蒙古兩種人均有之，愛林人種則大半爲有定居之民，若蒙古人種則遷徙無定，逐水草而游牧，土蘭凝種亦名烏拉阿爾泰種，爲數最多，此種復分爲數小種，曰突古曼 Turkoman 曰庫耳吉斯 Kirghis 曰厄司白格 Uzbeg 曰沙德 Sart 突古曼種人居忒蘭斯喀斯泳部，（即裏海部）民數不過百萬，又有喀拉喀而拍克種人，Kara Kalpak 其人數之在土耳基司丹者，約有五萬，其散處俄羅斯帝國全部者，亦不過三十萬人，種人歷史，人罕有知之者，種人之在土耳基司丹者居於色爾達利亞部，係自窩瓦河中央布而加里亞 Bulgaria 遷來者，其人言語性情與庫而吉斯種人相彷彿，近二百年，種人始知種植之術，種人不喜戰，故庫而吉斯種人常刼奪其貲財，種人初避居宋加利亞，繼又爲其所逼，歷遷居數次，至一千七百四十二年投入俄藉以避之，然自此以後，庫而吉斯種仍逼之出鹽海裏海左近之草地。而入於近阿斯忒拉干之地。Astrakan 西土耳基司丹全部之主人翁。實爲庫而吉斯種人。此種復分有兩派。曰可殺克庫而吉斯。曰喀拉庫而吉斯。厄時貝格種人當土耳基司丹未入俄羅斯版圖以前。曾享有其地之治權。種人係突厥韃靼種。其語言爲純淨之撒加塔語言。然種人現已與波斯庫而吉斯及蒙古三種人混合。種人分有支派無數。以遊牧爲生。其人最尙自由及誠實。尙不脫突厥人性質。種人之有定居者。名曰沙德種。此名蓋由其執業而名。非按諸名種而名也。沙德人之居於庫爾雅者。佔其地居民五分之二。一千八百六十五年。種人敗準噶爾人而執其政權。庫而吉斯種人嘗犯俄國邊界。不利。則倚沙德人爲保護。俄政府知情。遂有一千八百七十一年併庫爾雅入俄國版圖之舉。然不久仍以歸之中國。準噶爾人其源流未能確審。其人數約二萬。居於庫爾雅之伊犂。亦有居俄國之土耳基司丹者。其人奉回教。近已習中國風俗。蒙古種人之居於土耳基司丹者。爲喀而默克 Kalmuck 及討爾各德 Torgod 兩種。居於土耳基司丹之東北及庫爾雅與蘇龍 Solon 西蒲 Sibo 及中國人雜居。愛林種之塔雅克 Tajak 種。本爲土耳基司丹沃地之土著。後經突厥蒙古人種逐去。避居高山。今已更名爲加而却種矣。Galtchas 此種人爲土耳基司丹居民中之至有智數者。且爲可耕治之地之主人翁。厄司白格種人則爲此種人所服役及爲勞動人種人崇奉回教。舍此以外。他愛林人種之居土耳基司丹者。則爲少數之波斯人。此波斯人大槪均係被釋之奴。又有少數印度人。其人以貿遷或權子母而來居於此。又有波蘭人及俄羅斯人。此間之俄羅斯人可分爲二項。一爲可薩克人。居於庫而吉斯邊界。且習庫而吉斯之風俗。一爲俄國農人。其人本爲至伊犂殖民而來。今漸漸推廣。至於南面。土耳基司丹之俄人。除兵士不計外。有人數七萬五千衆。其三分之二居於色密爾葉輕斯克省。

（城鎭）土耳基司丹重大城鎭極多。雖屢遭變故。然尚不失其商務重要之位置。且有數城於歷史上殊有關係。如佛爾哈納省之浩罕 Khokand 瑪爾戛蘭 Margelan 南曼干 Namangan 安迭降 Andijan 等城。又色爾達利亞之塔什干庫仁城。又塞拉佛山省 Zerafshan 之撒馬兒罕城。以及自主之布哈拉及基發兩城。均如有自三萬至十萬之居民。

（通常情形）土耳基司丹部中大城。皆有倣亞拉伯匠術而造之夏屋。又有古時城鎮圮毀之遺跡。又有前爲溝渠今已乾涸者。復有亞拉伯文之石碑。讀之令人知土耳基司丹今日情形。較之在昔爲遜。當部人初奉回教之第一百年中。文明事蹟。均極發達。然今則但存遺跡耳。昔日崇煥之禮拜寺。今均圮毀。昔時部人於天文之學。甚有心得。今則無有信仰宗教之心。今亦遠不如前。教中職事。皆以謀利爲事。富室子弟。耽於聲色。無有恆業。惟鄉閭農民。人尙誠樸。亦甚勤作。土耳基農民。無論在亞在歐。均有此佳性質也。土耳基司丹一都。爲戰場者已數百年。焚掠殘殺。精華已盡。又教中分黨。各自稱雄。爭戰不決。則乞援外國。此回教文化之所由衰隳。而俄羅斯得以遂其蠶食之志也。

（俄羅斯勢力）今日地球各國有大問題曰。俄人佔有土耳基司丹以後。能否使其居民日就開通。而復其故有之文化否。然觀之東俄羅斯及喀山 Kazan 則俄政府實未能敷設文教於其地。故其居民於歐亞兩洲文化。皆未沾潤。其野蠻習尚。猶之數百年前時也。其地之民。以奉回教者爲多。回教法律有云。凡土地皆屬諸穆罕麻德。故人雖爲地主。不得視爲己有。凡地上溝渠。皆須與鄰人共之。毋得獨佔。因此之故。土耳基司丹之回教徒。雖其地雨水稀少。未嘗因水而啟爭端。方俄羅斯之佔有土耳基司丹時。亦嘗思予地主以地之主權。如歐羅巴之地主。然迨後審知回人法律。知其能維持農務。乃仍改用舊制。然部中役奴之風。自歸俄國領土以後。業已廢絕。部中內爭之風。亦漸次銷滅。基發一城。素以嚴酷之刑處其囚犯。今亦禁止勿用。回教中長老雖忿俄人之得權。謀集教徒以與俄戰。然未有應聲而起者。俄政府在土耳基司丹倣行歐洲公堂聽訟之法。學堂亦按地分設。然土人子弟享其權利者絕少。而俄國官商之子弟。則獨得優待。塔什干城近設有一女醫院。備回婦之貧者。得入而問症。勿取醫費。

東土耳基斯坦志

光緒三十三年秋
學部圖書局印行

東土耳基斯坦志正誤表

頁數	行數	誤	正
一	一	司丹	斯坦
同上	二	同上	同上
同上	八 九	同上	同上
同上	十	同上	同上
同上	十九	同上	同上
同上	二十一 二十二	同上	同上
同上	二十四	同上	同上
二	三	同上	同上
同上	七	同上	同上
同上	八	同上	同上

學部圖書局

同上	二十四	同上	同上
三	七	同上	同上
同上	十六	同上	同上
同上	二十	同上	同上
同上	二十二	同上	同上
四	二	同上	同上
同上	四	同上	同上
同上	十六	同上	同上
五	十四	同上	同上
同上	二十一	同上	同上
同上	二十四	同上	同上
六	六	同上	同上

同上 十一 同上 同上
同上 十二 同上 同上
同上 十五 同上 同上
同上 十六 同上 同上
同上 十七 同上 同上
同上 十九 同上 同上
七 三 同上 同上
同上 五 同上 同上
同上 七 同上 同上
同上 八 同上 同上
同上 九 同上 同上
同上 十 同上 同上

同上	十二	同上	同上
同上	十五 十六	同上	同上
同上	十七	同上	同上
同上	二十四	同上	同上
八	一	同上	同上
同上	二	同上	同上
同上	三	同上	同上
同上	五	同上	同上
同上	七 八	同上	同上
同上	十六	同上	同上
同上	二十一	同上	同上
九	一	同上	同上

東土耳基司丹志

(界域)東土耳基司丹者.爲東亞西亞高原中一極大低窪之地.其西北爲天山.其西南及正南爲帕米爾高原及西藏高原.其東南爲阿勒騰塔格山.直至羅布淖爾湖爲止.其東北爲一不知名之聯山.自天山支分而出.其方向爲東南向更東則有庫魯克塔格嶺.Kuruk Tagh 及哈順戈壁 Gashun Gobi 之峭壁.在羅布淖爾湖之處.塔里木低原(即東土耳基司丹)僅寬一百英里.至東經九十八度之處.戈壁之峭壁與南山 Nashan 之分支山相合.此地之稱謂繁夥.有湯各德平原 Tangut plain 西戈壁阿爾鐵沙爾 Alty Shar 小布哈拉及喀什加里亞等名目東土耳基司丹計有四十六萬五千方英里之面積.然居民則僅有一百萬人.

(形勢)東土耳基司丹地勢亦頗高.如葉爾羌城高於海平四千一百二十尺.喀什噶爾高於海平四千尺.然其地之性質則絕不似高原.其地東部稍低.往西則漸高.至低之處.高出海平僅二千六百尺.其高低之折中數爲三千一百尺至三

千七百尺。近邊界之地鄰於山者。則有四千二百尺。全地無山。一望皆平原。而山之圍繞其周者。往往其頂皆在冰雪界以內。帕米爾高原之峭壁。以塔噶爾瑪峯 Taghurma 爲最高。計高出海平二萬五千三百六十尺。帕米爾高原之北。有高入冰雪界以內之庫克什而討 Kokshaltau 及庫而吉斯甯阿拉討 Kirghiznyn-ala-tau 兩山。繹絡成一聯山。此聯山高出海平二萬四千尺。其山之南麓。爲一極大之高原。即葉爾度時 Yelduz 高原是也。中多湖沼。此地爲鐵木耳發兵至宋加利亞會兵之所。故於歷史亦甚有名。東土耳基司丹之南。崑崙山及喀拉庫倫山 Kara Korum 之中。有達伯三峯者。Dapsang 爲世界至高山峯之一。更東則有阿勒騰塔格及南山。亦爲亞洲之高山。此兩山界於蔡塘高原 Tsaidam 及東土耳基司丹之間。由此觀之。東土耳基司丹之高原。實四面爲高山所環繞。不與他地相通。其間雖有數山峽可通。然亦高至一萬四千尺以上。惟其東連戈壁沙漠。地勢稍平衍。東土耳基司丹地極僻遠。歐人素未詳稔。然其地爲中國至西土耳基司丹之孔道。歐人自中國公文中約略知其梗概。又前馬哥普魯及數景教徒嘗經其地歸而述諸國衆。否則歐人直無有知之者。古時中國行商者。常以駱駝載物經行東土耳基司丹至巴勒哈什湖佛爾哈納及阿穆達利亞河一帶行商陸程經戈壁沙漠至宋加利亞或自戈壁經喀什噶爾越太里克達凡山峽 Terek Davan 而至佛爾哈納省此二山徑在中央亞西亞極爲有名其第二山徑尤以險僻著名中多冰河行人非持雪鋤不能動一步。

（塔里木河）東土耳基司丹僅有一塔里木河及其支流灌注其地此河乃合許多支流而成緣東土耳基司丹西南北皆山成半圜形故小河之發源於諸山者絕夥。一曰喀什噶爾達利亞河發源阿爾泰山在彼處之名曰克昔耳蘇河。Kizil Su 一曰葉爾羌達利亞河發源於崑崙及喀拉庫倫兩山中間之高山谷此支河亦合數小流而成者併流出崑崙山則流向葉爾羌水泉以灌漑其地之田地園囿。一曰庫丹達利亞 Khotan Daria 亦發源於以上之高山谷中惟其源頭之地較之前河在東，亦穿崑崙而出。其兩支流名喀拉喀什 Kara-kash 及烏龍喀什 Nrung-kash 者，均以產黑白兩種玉著名。此河惟夏季一時能達塔里木河，發源於天山者有數河，皆併入塔里木河。然其中某某支流今已不復能達大河，其中如克昔耳孔吉 Kizil Kunghei 自灌注烏日吐魯番後 Uj Turfan 其水為沙所吸盡，不復流行。又阿克蘇河 Ak-su 則流入庫丹達利亞而併歸塔里木。又如貝度各耳 Baidu-gol 及庫察 Kutcha 兩河之水，則流入巴巴堯耳 Baba-kul 及撒里喀木什 Sary Kamysh 兩湖，亦即不復再流。發源於葉耳度司 Zalduz 高原，有海度各而河。此河經過喀拉沙爾 Kara Shar 而流入巴格拉此各耳湖 Bagratch-gol 復自此河流出，更名曰孔察達利亞 Kontcha Daria 流入羅布淖爾淺原。前人屢疑羅布淖爾及巴格拉此各爾兩湖，實屬相連，然未有的據以證之。今觀此兩湖之間，實有孔察達利亞河以連絡之，故此兩湖之連絡，已無可疑矣。塔里木河自葉爾羌河及庫丹河兩流併入大河之地，至羅布淖爾，均可通汽船。然東土耳基司丹雖有此數河灌注其地。終未能令其土性改而肥饒。此間情形以及土性。實與鹽海裏海低窪之地及蒙古戈壁相同。地面波折。如水上之波。上覆石子及粗砂。其砂之細者。則爲風力所攝去。駝馬之經其地者。每苦傷其蹄。一年之中。惟春季地上生草。沙漠之中間亦有積泥之地。泥上生鹽。夏令地堅。可以行人。雨後即成澤國。不通道路矣。又有極大鬆沙原。遇風則鼓蕩空中。遠望之如雲氣。又有積砂而成之山。遇風亦能遷移。農家莊稼。往往爲所掩沒。此等情形。遊人於斐洲之撒哈拉大漠及伊蘭高原之東部。皆有所見。而在東土耳基司丹。其猛烈之勢。亦不稍減。庫丹之北。有大砂漠。曰塔克拉馬甘 Takla Makan 佔面積九萬三千英方里。與英倫三島幾相埒。羅布淖爾湖近處之地。其出海面時期。爲時較晚。此間情形。荒慘尤甚。地爲流沙。行旅尤艱。羅布淖爾湖。今有兩湖面。其大者較之瑞士之幾尼瓦湖 Geneva 大四倍。雖然。實未能以湖之名稱加之。因此湖水極深之處。不過二十英尺。而蘆葦則高出水面亦二十英尺。彌望皆然。此間地勢雖高。然以地質論之。則出海時期實未古也。當（Tertiary 待考）地層時代。此地尚爲一內地海。迨至（Post Poleocere 待考）時代。尚爲一大湖。然觀於芬蘭及瑞典之高原。可見日晒之力。土地至易爲所改變。塔里木河流域之地。亦緣日晒之故。能使出海未久之地。變而爲高原。其故亦由是也。在昔東土耳基司丹一部。並非如今之盡屬沙漠。今人於沙漠中發見古城甚多。中有東羅馬及格里司古錢。又有一古城中發見佛像一。可見前時居民較之近日爲多。迨後土質漸即磽瘠。居民乃遷徙他處。當西歷紀元第一百年中。亞洲人之遷居歐者甚多。或亦緣是故歟。

（氣候）東土耳基司丹氣候。寒暑均酷。冬嚴寒而夏酷暑。春季略有雨水。夏秋兩季則絕無一星之水。以沾潤其土地。空氣中常挾細沙。風大則甚挾有粗砂。

（植物）東土耳基司丹植物。甚屬寥寥。與西土耳基司丹所產者相若。其地砂山之上。產少數楊柳及砂磣子。然即此少數植物。尚時爲土人斫作柴薪。沿河之處。有萎小之鳳尾松。此樹生植於此。圖生殊不易。土既磽瘠。毒日炙其枝葉。大風驟起。木葉盡落。散諸砂中。乾河之底。多生蘆葦。爲野豕窟宅之地。鷙掌草類之草。蔓延極廣。砂子之地。春季亦徧生綠草。饒水之區。所有植物。與西土耳基司丹沃土所產之植物相同。木本有桑桃梨蘋果羊桃橄欖蒲萄等。草本則有棉花大米蕷粟高粱麥子等。昔有旅行人名蜜騰道夫云。東土耳基司丹砂漠之外圈沃地。則有至富之植物品與夫至佳麗之花。今日尙如是也。然一出水泉之地。則陡生荒慘情形。熱風挾沙。細砂之可施種植者。則被風所吹散。又居民以沙漠瘠不殖產。往往有築台以資種植者。然麥米之類一經收刈。根出而土鬆。亦常爲風所吹坍。有時風挾砂起。形如長柱。狀至詭異。（動物）沙漠之地。乳哺之獸。本屬不多。此間動物與產天山者無異。地少植物。野獸無可容身。故此間動物僅爲歐羅巴家養動物之初祖。野驢野馬。產之極多。蔡丹高原。產野駝野印度牛及西藏牛。

（生業及鑛物）此間出口品大宗爲生棉花及生絲。織成之布。僅絕粗者一種。發往色蜜爾葉輕斯克售與庫爾吉斯人。其餘庫丹產綢及地氈。葉爾羌產熟皮貨。

阿克蘇產銅器。庫察產鐵器。土人以牧畜爲大宗生業。牛羊驢駝。蓄之極夥。其地鑛產亦富。然採取之法尚極窳拙。吉利亞 Kiria 積淤之地產金沙。喀什噶爾產煤。庫丹產玉。烏什土魯番產硫磺及硝。

（水泉）東土耳基司丹惟高山之麓。有植物化成之泥。且山中亦有水流出以灌溉土壤。其地始有居民。似此有水泉之地。皆沿天山及崑崙山之兩麓。喀什噶爾位於天山及崑崙山兩山所成三角形之頂。楊吉希剎爾 Yanghi hissar 葉爾羌庫丹吉利亞諸水泉皆位於崑崙山之麓。烏什土魯番阿克蘇貝 Bai 庫察庫爾拉 Kurla 喀拉沙爾及土魯番皆位於天山之麓。此兩行之水泉中有大漠以隔之。以上各水泉之部。皆以其著名之城而得名。各部自治。不相統屬。然其中如庫丹葉爾羌喀什噶爾及阿克蘇皆先後以其威力統轄諸部者也。今日惟葉爾羌及喀什噶爾兩部爲重要。葉爾羌城今有居民六萬人。城有牆以護之。更有衛城之碉堡。築於城外。名曰陽吉布剎爾。葉爾羌之四郊。有舊時村落之遺址。今已不復有居民矣。居民皆以牧牛爲生。中國人之貿遷其中者甚夥。其地產大小麥米豆黍桑以及多種菓木。喀什噶爾城之四圍。有村落極多。地爲商務要區。以此城實握至乙昔克庫耳 Issyk-kul 湖之要也。城之四郊。衛堡極多。其一適處葉爾羌河及喀什噶爾河會水之地。庫丹城當中國漢時居民極盛。今已彫落矣。此城以其所產金沙白玉及麝香而著名。製造品有黃銅壺地毯絲綢及氈等物。葉爾羌及庫丹中間之地。有水鄉無數。皆位於崑崙之麓。其中之最著者有三育 Sanju 有居戶七千 幾涼 Kilian 披阿而馬 Pialma 古馬 Guma 喀爾噶立克 Kalgalyk 普斯汗 Posgan 等。那亞 Naya 吉利亞吉拉 Tchira 等水鄉。皆位於發源於崑崙山之小河。迤邐東行。至於吉爾輕 Tchertchen 水鄉爲止。此水鄉今僅有居戶數十家矣。天山麓之水鄉。有烏日土魯番阿克蘇貝庫察沙亞爾 Shah yar 布各爾 Bugur 庫爾拉喀拉沙爾及土魯番等。此間居民種穀極夥。且多蓄牛羊。其出口品之大宗。爲羊毛雞鴨及鹿角。塔里木河下遊。有數小村落。其民以漁爲生。尙能勉强爭存於此極荒涼之地。又其地多古城遺跡。足證古昔此地。不若今日磽瘠也。

（居民）東土耳基司丹居民。乃合愛林及土蘭凝兩種所成者。帕米爾高原斜坡之中近沙利各耳 Sary-gol 之處有波斯種之噶而察族 Galchas 居焉。庫而吉斯及喀拉庫而吉斯兩族人居於天山之斜坡。部之東北。有喀而默克族人。Kal-rucks 部之中央有土耳基種之沙德厄斯白格以及波斯之塔約克 Tajak 等族之人居之。以上均爲愛林人種。部之東北。則居民爲蒙古種者多。部人語言屬土耳基與西土耳基司丹人語言相同。然中間雜以多數之中國語。部人大概皆具寒苦之狀態。雖奉回教。而無華麗之禮拜寺如撒馬兒罕及布哈拉者。房屋皆以不燒之磚造之。其民之服飾。亦與西土耳基司丹人相同。然性情習尚則略有不同。此間婦女所享權利。皆視他回教國爲優。此間婦人可以隨意遊行街市。而無須帶面罩。且少女有婚姻之自由。總而言之。此間女子所處地位。較之他回教國爲獨立。而少倚賴。此事古之旅行人已早見之矣。東土耳基司丹之總人數。有謂五十七萬五千者。有謂一百五十萬者。然此數係在西歷一千八百二十五年之估計也。現今估計（一千八百八十七年）得總人數爲一百萬。苦魯巴金估得一百二十萬。福爾昔斯 Forsyth 估得六十萬。部中大城之居民。估得如下。葉爾羌六萬人。喀什噶爾五萬人。庫丹四萬人。三育三萬五千人。阿克蘇二萬人。吉利亞一萬五千人。陽吉希剎爾一萬人。喀爾噶立克一萬人。庫爾拉六千人。

（歷史）當人類初有歷史之時。（約在五千年前）東土耳基司丹似爲愛林人種所居。爲今日斯拉夫及條頓兩種人之初祖。其時塔里木河流域之文化。與巴克忒利亞 Bactria 之文明亦相捋。然此部之歷史風俗。以及山河形勢。爲歐羅巴素所不稔。直至西歷紀元後第一二百年中。始稍有知之者。其時匈奴種方强大。紀元後一百七十年時。佔有蒙古。逐其土著尤杞族人 Yue-chi 出境。此族人乃分兩股。一股侵印度河山谷。其他一股則入東土耳基司丹。逐其地之沙西族人 Sacæ 至天山而入於伊犂。故當西歷紀元之初年。東土耳基司丹之居民。已有愛林人種及烏拉阿爾天山人種雜居其間其人民或業農或遊牧不等部中復有數自主之城中以庫丹爲最著愛林人種中有一股遷至帕米爾高原之瓦甘 Wakan 十八世紀中中國治權被於東土耳基司丹至喀什噶爾爲止然近多有叛而去者當五世紀末年時東土耳基司丹之西部爲白匈奴種人所佔其東部則受制於湯各德種人今日近羅布淖爾湖一帶之地尙爲中國領土佛教入東土耳基司丹爲時極早部民亦有奉景教（即波斯教）及馬尼教者（即巴比倫古教）其地商務皆賴駝馬以爲轉輸政教本諸中國然亦有格里司文化滲和其間部之西南佛教盛行貝葉經文遐邇諷誦自二世紀以至於七世紀之中葉歐人所悉於東土耳基司丹之情形者甚微蓋僅有佛教徒之旅行記而已三百三十九年法顯至其地五百十八年宋雲至其地六百二十九年玄奘至其地各人皆有著述歐人即藉以略覘其部情形之一班據云庫丹有大寺百所僧侶五千衆所誦經典悉屬梵文然其時佛法已稍有衰落之象據所言塔里木河流域情形亦已非繁盛之地庫丹之東當宋

雲遊歷之時。尚有繁盛城邑極多。百年以後。即為瓦礫。其居民西遷而去。相傳哥老倭羅察城。Go-lao-lo-tsia 昔為一極巨之沙潮所掩。其眞偽未可知也。當七八九三世紀中。東土耳基司丹一部。實為歐人所不深悉。七世紀中。西藏王斯龍藏 Srong btsan 約西土耳基部人合力攻之。得塔里木河流域之西部。八世紀中。回軍渠魁名庫太巴者。Kotaiba 先以兵犯西土耳基司丹。取撒馬兒罕佛爾哈納塔什干及浩罕等部。復進窺東土耳基司丹。直至土魯番及中國邊境而止。然中國勢力之在東土耳基司丹者。並不因此而稍損。未幾中國有內亂。西藏乘虛佔其西部諸省。自是中國與東土耳基司丹之消息間隔。而必取道他處始得達宋加利亞。西歷紀元後。東土耳基司丹全部盡屬西藏。然根基未能鞏固。故九世紀中。東土耳基司丹已入河西部人之手。Hoi He 然河西部人來源歷史。均未之悉。據中國文告中言。部人實自西冷噶 Selenga 遷徙而來。然他東方國人言此部人實即魏哥爾族人也。Uigurs 據俄國人格里各里夫 Grigorieff 言東土耳基司丹之西部不爲中國領土以後繼起而爲其地之主人翁者爲卡羅克突厥人 Karluk Turk 其治權直被於西南之喀什米爾而其時塔里木流域之東北部則爲魏哥爾族人所佔至十一世紀蒙古種之喀拉契達 Kara Kitai 族人侵入東土耳基司丹旋復寇西土耳基司丹據其巨城基發十二三等世紀中成吉師汗馳騁於中國東西土耳基司丹印度波斯俄羅斯匈牙利等國一千二百二十年喀什喀利亞亦爲所取然此蒙古王國立基不堅其所利於屬土者不過思得其貢獻物耳然喀什噶利亞（即宋加利亞）自經蒙古筦理以後王事遂日漸有進步其地回民漸收斂其橫暴之舉動女子享有較優之權利亦始基於此時且許信仰自由而耶佛等教遂暢行無阻十四世紀託格拉克鐵木耳 Tughlak Timur 擴張其治權於崑崙山鐵木耳信奉回教遂禁其地居民不得信仰他教鐵木耳本都阿克蘇至是乃遷都喀什噶爾建離宮於乙昔克庫耳湖濱其子再遷都於撒馬兒罕未幾鐵木耳蘭 Timur Lang 倔起戰勝東西土耳基司丹因惡天山族人時來入寇土

耳基司丹乃於西歷一千三百八十九年。提兵至宋加利亞。此事在歷史上甚有聲名。然東西土耳基司丹自被鐵木耳蘭所佔後。居民乃大受其殃。回教之在東土耳基司丹凡兩盛。然塔里木流域。卒未能獲其倖福。當十四十五兩世紀中。布哈拉及撒馬兒罕兩城。爲回教文化最盛之區。學堂林立。其國之通人碩彥來此者。亦實繁有徒。一千二百五十四年。羅白魯格斯 Rubruguis 遊歷東土耳基司丹。又自一千二百七十一年至七十五年之間。馬哥普魯亦屢次旅行其地。見其地之居民。有信仰之自由。然其後有布哈拉之摩拉人種 Mollah 侵入東土耳基司丹。自是信仰自由又被推折。而回教信徒之勢力乃大增。其後此等回教徒常釀內亂。史稱黑白山種人之戰是也。十七世紀時。喀而默克種人立聯邦於宋加利亞。拓其治權於伊犂及乙昔克庫而湖流域。其京城曰伊犂。即建於伊犂河上。勢甚鞏固。黑白山種之人久戰不息。乃兩族先後求助於喀而默克聯邦。於是葉爾羌允助黑山族人。其時中國政府乘其內亂。乃出而干預之。喀什噶爾及白山族人願爲內應。一千七百五十八年。中國兵入宋加利亞。殘僇甚多。或云被殺者至百萬之多。宋加利亞之喀而默克人咸逃出境。而宋加利亞遂爲中國所得。戍以旹蒲 Sibo 蘇龍 Solon 達貨爾 Dahur 等民族。而中國之罪人及奉回教之宋加利亞回人亦令居其地。以行其殖民政策。其後東土耳基司丹有自由黨起倡議不承奉中國號令。於是中國復以大兵西征。所到之處。殺人無算。徙自由黨人一萬二千五百人於伊犂山谷。回教人咸逃入浩罕。集其殘卒。思與中國兵再戰。一千八百二十五年。一千八百三十年。及一千八百四十七年。嘗屢敗中國之兵。然回兵勢力。終不能鞏固。一千八百四十七年。回人七黨紛爭。以後。喀什噶爾葉爾羌及阿克蘇三部之民。逃奔西土耳基司丹者。有二萬戶之多。其中死於途者數尤極夥。一千八百五十七年。回兵又亂。然不數月。中國兵已尅復喀什噶爾。其詳見喀什噶爾志一千八百六十四年。宋加利亞人叛。乃脫中國之覊勒。一千八百七十二年。雅庫伯不格 Yakut Beg 稱王於喀什噶爾。越五年。中國兵復至。雅庫伯戰敗。而東

土耳基司丹再隸中國

學部圖書局

光緒三十三年九月印刷
光緒三十三年十月出版

定價銀元四角（每冊零售）

編纂兼印刷者　學部編譯圖書局

發行者　學部編譯圖書局（京都正陽門外五道廟街）

總發行所　學部圖書局售書處

海外紀事六卷

〔清〕釋大汕撰

《海外紀事》六卷，清釋大汕撰。釋大汕字石濂，號厂翁、石頭陀，吴縣（今江蘇蘇州）人。康熙初主持廣州長壽庵。康熙三十四年（一六九五），應安南國阮福週聘往説法，於一月末至安南，先後遊歷順化、會安等地，越歲而歸，因據往來見聞撰成此書。多敘安南之政治得失、風俗人情、山川人物、草木蟲魚等。據中國國家圖書館藏清康熙間刻本影印。

海外紀事

嶺南長壽石濂汕禪師著

板藏寶鏡堂

大汕（字石濂）吳縣產，遷謫棠，已命至粵城爲僧，得罪山勅勒，遷孫役鬼神，安南王聞其異，遣使禮聘至國，大加崇信。居數歲歸，獲金寶鉅萬，修粵城西長壽寺，極花木之盛，多與貴豪醻接。後爲臬使許興嗣杖遣回籍，蓋王樹勳之先聲也。

辛丑嘉平月杪，摩西識。

陳迦陵《填詞圖》亦大汕作，撫琴科頭旁坐美人，欲留圖卷題跋不下，作一夫人，又善秘戲圖。

屈翁山初與大汕同學相善，後惡翁山詩，遂成隙，翁山花怪文爲大汕作。

序

自昔名人登臨山水必有題詠之作長篇短句體製不同要各狀其景物之佳勝如子厚適柳州無詩而有記少陵入巴蜀無記而有詩皆稱寫生絕構余讀石和尚海外紀事一編喜其兼擅兩家之長而又發爲經世名言於山川形勝風土謠俗一一能詳其曲折而定其規模豈徒

海外紀事　序

鋪張奇詭誇海外之大觀已哉考其數月之間經二萬里絶域當酬應繽紛往來倉卒之際乃揮麈而談數千萬言立就筆搖山嶽而氣吞溟渤非胷有慧珠

能敏給神妙如是耶且遊迹所過導揚

聖天子德化俾享王未接之邦咸知向風慕義欲以中國之紀綱一變遠方之習俗卽此一視同

仁莫非聖賢民胞物與之意耶此書流傳宇宙可以補山經海志職方記王會圖之所不及向使經綸巨手得以一試其奇視彼雄霸扶餘開疆日本者直俯

同培塿耶若潢汙焉耳吁和上老矣抱天人之畧負匡濟之心以菩薩願力幻迹禪林樂道之餘託文章著述以明志而卓犖不羣之槩可想見也已

旹

康熙己卯孟春甬江仇兆鼇拜

題於端州旅次

紀事序

余於甲子春閒子假南還往羅浮采藥憩迹五羊始得晤石公和上於客座間聆其緒論清言娓娓而雄博恢奇之氣溢於眉宇固謂其異人殆有託而逃於禪者也忽忽十有五年重至珠江衆傳有人天師初從海外古安南國回其國王受戒居弟子列爲施布地之金新建寶閣於

粵秀山之西飛軒構雲重簷射日接以紺殿珠宮綴以嵩丘蘭若無異洞天中瓊樓玉宇因歎給孤化樂重現人間而天親菩薩舉世未有不知誰演三車而

結此勝因於震旦也亟攜筇步至而扣禪扉聞清磬一聲導從出迎則固吾石和上也膜拜已畢執手歡然共話十五年間事似上元夫人與麻姑相見說蓬

萊清淺也和上因出海外紀事與諸集見示文章則蒼凉奔放時而電擊雷轟時而山飛海立時而健翮摩空時而疾風掃籜詩律則藴藉清新離奇雄渾兼

而有之使人不可端倪而雄博恢奇之氣較昔年更勝葢得於海外者尤多也余老矣歸田以後憔悴行吟舉向日之勝情狂思消融殆盡如拘葉寒蟬惡聞

鸞鳳之聲響振林木安得不俯首健羡固知宇內人天之師自不同於枯禪窠臼視彼驢背推敲與唧唧如寒號蟲者相去誠何如哉

吴江法弟徐釚頓首拜譔

序

大而化之之謂聖神而明之之謂奇天下英偉非常之士隨所處而以奇見英雄崛起布衣雄世黃冠緇服之流人不一類事不一途總以造乎其極者爲奇當其事未成名未立言動舉止逈與人異庸夫俗子多有竊伺而擬議之卽其已成矣已立矣猶必有所擬之議之以爲驚世

駭俗者此無他人卽無奇鮮有不欲炫其奇欲炫其奇而實無奇鮮有不駭人之奇而轉疑人之奇甚矣爲庸夫俗子易爲懷奇超世者難也了翁和上生而

奇者也童眞入道博覽五明諸論及陰陽星算妙達吉凶周遊天下聲名洋溢曁于中外秉長風破巨浪赴大越國王之召所歷山川形勢風土習俗亦旣詳

哉言之而高論卓見弘綱鉅典一試經綸大手詩文雜出悉典麗高華彙三教之精微成一家之傑構縱橫變化之妙在在匠心噫眞大海之一奇觀也奇人

始有奇文有奇文者必有奇事免龍朝使神護皆奇之見端也甚而驅風遣雨感通幽渺如廣明大士之死而生識者固知其圓通妙契彷彿寶誌曇超豐干

圖澄之三昧不知者則以爲誕而擬議者有矣而不知鉢底生龍口內光放實有其奇者在無如恒見之不廣也於未見鉢底生龍口內放光則可耳若夫龍

已見之鉢中光已吐之口內乃其道力所至猶以爲誕而詫之者殆未知圓通之道之妙也孫登有言火生而有光而不用其光果在於用光和上之奇和上

之光也不觀夫舟行海若消伏鰲濤神鳥導前巨鰌退跡是亦和上之用光也而常人卒然和上冲然則和上果在于用光乎試即海外紀事而論無枯禪氣

無學究氣其表揚德性纏綿慨至無非忠孝節義俾益世道人心之言博大昌明不異吾儒有本之學故能感動海域向化

天朝以中國之紀綱變殊方之習

俗以恒河之金沙建不朽之崇
剎喬喬皇皇有爲有守堂堂正
正不詭不隨豈非用奇而不戾
于正圓通而不失之誕哉吾是
以服和上之用奇而神明莫測

如是也夫
旹
康熙巳卯八月晉陵毛端士拜
題

本師海外紀事叙

大越彈丸負山環海斬蓬蒿驅
犀象而奠居者累十三世矣寡
人不敏弱齡纘緒常懼隕越以
遺前人羞兢兢業業日與二三

臣工商所以子惠元元之道有
年而政不加修辟土疆而兵輿
無時肅官箴而簠簋弗飭務休
養而鮮飽猶聞翳惟余辜也間
考往籍知爲治之要在於得人

秦得百里奚於虞晉得由余於戎丕豹公孫枝於楚二國遂覇由是言之任賢致治自昔爲然如在寡人今日殆有甚難者夫弓旌爵祿寡人無或愛惜亦庶

幾野無遺賢獨士生兹土大抵限於方隅局於聞見一官一職儘足以効能稱任求其道德深純經猷素裕語默動靜堪爲千秋師法大有爲者非中華聖賢

佛祖之鄉不可旣禮無越境之招地有中外之隔又非識鑒超方不爲世網拘牵者不可噫得賢難得師尤難矣長壽本師老和上余自居儲來積慕有年先

王書聘至再弗顧甲戌秋欲受菩薩戒法繼志敦請果適我願從乙亥春抵國迄丙子夏供養親近靡間晨夕禪論之餘大而綱常倫紀小而事物精粗莫不

條分縷析理明詞暢若人從幽暗中挈諸青天皎日之上其爲裨益政治實多錄其一二裒然成帙總名海外紀事歸帆之日出示命叙自顧無文何堪斯役

或者殊方言事耳目不經讀者疑涉荒唐欲取一言爲徵信將以附文獻之末歟至佛法文章才情道德吾師開化三十餘年著書二十餘種行世既久自有定價非贊歎所能增益矣雖然大千世界塵沙刹土盡從香水海裏結成寡人方與老和上同遊戲於華嚴香水海中何處分爲内外今既相隔大洋以廣東

而記大越行事即謂之海外紀事也亦宜

旹

丙子蒲月大越國王阮福週受

菩薩戒弟子法名興竜頂禮

譔於西宮覺王內院之淨名
方丈

海外紀事卷一

嶺南長壽石頭陀大汕厂翁譔
記室弟子興雒較訂
隨杖侍者界培如編集

甲戌之春余將有事北征爲
上人召也選徒御戒行李卜以二月初吉啓行巳而脾患大作轉念常住經閣構築伊始土木紛挐纂輯燈待百卷較讐未竣權藉積疴欲緩北行商之當事宛轉辭之而得暫止遂閉門謝客日擁殘編丹黃甲乙間或澆花種樹俯仰行吟庶幾優悠晨夕免事風塵矣拒八月初四日知客叩門稱大越國專使至見之使閩人也捧黃封甚謹拜而將命享禮南金花藤黃絹奇南之屬獻畢跽而請曰大越國王馳慕老和上有年今特焚香遙拜奉尺書聘於獅子座前伏乞道駕往化允行則國之福也余法嗣興蓮字果弘者亦爲致啓係王所拜國師也計自前王有書弁今凡三次矣請至於三爲巳誠也旣未北行適有餘暇盍縱覩海外新其耳

目或者山川風土人物更有出於尋常聞見之外者乎臘底告行於當路縉紳白社知已隨卽開春讌者餞者饋盤餐供物玩者序而送者歌詩贈行者從朝至暮卜行一不果而再再不果而三上元燈夕始登舟於西濠時駕海艨艟已放關候於黃浦矣是夕潮退濠涸幾十人挽舟不能達珠江與隨杖諸子坐西瓜艑茶食果餌以充夜饍細雨微濛船頭牡丹花二缸缸數十朵含意欲放適風前有倚樓長笛隔江度曲者偶憶開元遺事玄宗當

日酌葡萄對妃子尚欲製新辭以全勝事今名花去國寂寞懷芳得無一辭用相慰藉耶因題絶句擬清平調云

白紵春歌與未闌天香元是獨禁寒世人見汝渾如夢誰共醒眸徹夜看

月沉煙雨上元宵相對名花聽夜潮萬頃滄溟誰可渡一枝猶得伴迢迢

暖入園林百卉香衆中偏汝獨稱王繁華春色來南國還欲芳名海外揚

二鼓潮生出珠江溯流至東敵樓泊焉雞鳴潮退順流而下平明達黃浦山漸低海漸闊遠望艨艟汨沒於風濤浩渺間須臾並舟樓船進早饍樓船余所坐以往還端江者向視之龐然大也今並攬海船之側仰視海船龍肋梯而後上則渺乎小矣顧語隨杖諸子曰凡物之不可自大而欲於無佛處稱尊者庶幾其有悟乎船上四五百人貨物塡委相隨僧衆五十餘人行李稱是船主人相顧莫知措處將客貨退轉羊城余亦半分僧衆行李從

二船繼發俄頃始決於是搬運上下器物縱橫人語讙讓一時耳目爲之改觀分布得四馬籬闊者容五六人窄亦三四人尚餘露處者過午開船風正潮隨兩小船探水引路雙帆插花滿挂巾頁高懸前脣後送齊張目無畱岸南海神祠隱映平林指顧相失爲詩曰

番禺看地盡四瀆有神祠碧落連滄海紅垣蔽綠滋混茫收禹甸靈異紀韓碑此日揚帆過安瀾爲爾祈

斷續岡巒小東南海氣驕中流多曬網曲徑少歸樵梅欖依村樹春煙鎖板橋王維圖畫似記取靜來描

薄暮碇船雨氣空濛虎門幾點南浮白水一痕塔影東挂雲端詢之爲東莞縣治是夜宿東莞界中也馬艙促狹不能轉側仰臥申旦細雨廉纖露宿數十人擠逼神前尋丈之內喧爭終夕余念爲法南行偶然跼蹐尚所不堪彼估客之挾重貲以冒風濤逐十一而終身不覺訏云拙矣曉起行李半

爲雨濕隨杖各鬱悒欲道宵眠之苦視余默然而罷舟子料理停頓目前得少淸楚近午放船風潮順利舟行若飛將近虎門里許舟忽淺溢沙阜遊移舵公自用不依引導小船蹊徑也舵挂於下船不能行風壓於上篷不及卸霹靂一聲半邊欹側颭水衆㫄皇失色謂船必壞急落帆人盡立上風用三小艇數十百人曳拖不得動余預備有四小旗上書吾秉釋迦無上法王慧命下書曰大雨暫止曰順風相送曰諸神擁護曰龍王免朝急呼豎諸神擁護旗旗張而舵自墮船復正是非人力也究前聲響處爲夾舵輔板折斷尾閭亦微有裂縫卽時修補假此少停得久覽形勝與虎頭相對兩㫄小山皆童砠斷連倚伏唯大虎小虎二石昂立水中拗曲而上若虎距而昂首狀石赭鐵色小虎左岸一炮臺臨水涯依山脊銳上俗名阿娘鞋爲形似也一帶小山之麓人家煙火悉漁戶鹽場非耕作之民矣凡高險處俱設戍臺控海山背殆壆門云作虎門望海七律二首

白馬靈旗帶晚霞風濤萬頃走龍蛇通宵不夜非關月到處行空可是槎天上有星分野外眼前無地說中華樓船事往皆春夢千古還因漢使嗟

遥聞颭沓鐵衣聲玉破珠殘壓亂傾風捲一山天際落濤驚萬鼓水中鳴陸沉城闕蒼煙出蜃市樓臺白晝生魯漫零丁俱在望七州洋外不知名

停舟夜半北風驟作波濤溏洛纜索欲絕水手皇

怯不敢下三板拋第二錨衆詬罵懼而往獲稍安念彼輩所得亦不過十千而遽以生死等之蜉蝣世之貪富貴而履危機者其視水工亦若是而已比曉風雨連天余命豎大雨暫止旗少項晴霽遂度虎門沙磧上蠢蠢如狗子項之一人坐小舟來乃粤海關差收稅票者停舟重加整頓駕小船往山溪取淡水水櫃皆滿載引路兩小船遣去衷小脚船載之舟中便復張帆水面浮山猶數重未遽盡也是知東粤形勝港口稠密富庶爲有由矣向

晚纜定阻烏豬山山上有茶不由樹藝可治瘴癘爲漁人之利矣水碧綠舟師用櫻索繫鉛測深淺綠苔長徑尺挂索上爲苔菜云味腥鹹可食白鮫成羣狀如豬白色有起者伏者有立水面移時而沒者皆少見而多怪矣聞有角帶井相傳伏波征蠻時軍士渴乏置帶一圍令軍士向帶中汲飲悉甜淡得不困至今稱角帶井如鏡光游移水面一二里間見者吉祥云是說爲無稽矣遠近漁船數十艘張帆往來到處山坳濃煙浛浛爲鹽場蓋瀕海魚鹽所以足百粤而貲南贛者咸取給乎此也船上器物安置停妥洗刷鮮明鳴金擊鼓獻牲酌醴一巫青衣長袖戴藍多羅彌雪帽著紅腰纏執朱木棍拜舞婆娑仰神號呼每一闋輒鳴鉦鼓以助之吾輩雜估客環視巫忸怩不自勝急節舞罷欲去祝者挽而詬之抒袖再一舞而入泊後船上不復聞金鼓矣是晚天氣爽朗雲鋒嘡嘡明星舟人偃臥縱橫於微月星光之下四顧旁皇微吟絕句五首以貽知巳

北多平陸南多海乘馬乘船有慣家惟我北南無住處間從鞭鐙問乘槎

無水無舟秖強名何曾筋骨不分明長檣鐵鹿滄溟去萬斛舟同一葉輕

大海風漂斷壑哀濤聲徹夜響奔雷天空雲暗歸漁火亂點滄波作雨來

孤島遙看青一痕經過此外總無垠披衣獨坐蒲團月無定風濤定裏翻

故人別我上元燈應料安南到未曾誰道烏豬

山港外艨艟還坐白頭僧

次早食巳起船竟日始抵極望之島而止島名魯漫山相傳海外鸚鵡過此山不死即飛去爲伏波所放云同泊一舟差小往趂加喇巴者人各屏息波濤沏湃船之首尾低昻播蕩漸有暈眩不能坐起者余以飽食獲安然亦非昨宵興致矣是月十九夜也二鼓風雨大作臥聞舟師耶許聲未久如千丈瀑泉飛灑於長林斷壑如暴風驟雨吹落於蓮葉蕉林又如鐵衣介馬馳驟於沙塲戰壘天崩

地裂蛟龍飛舞而來至此一切境遇委之自然益徵人定力矣乃憶大藏記云有明楞嚴法華經旨之比丘行于山林鬼神呵護所經湖海龍王必朝遂呼豎龍王免朝旗船即駛而安及起篷窓窺視始知陰凝不雨惟水與天連淼然一葉獨駕混茫草昧之初四顧無垠絶無攀緣倚恃此中境界有非可喻人者嘗謂江北之山無丘垤培塿所見皆大陸高陵今海洋之波類是漣漪尺浪無復淪淪矣水色藍如靛著衣彌月不乾殆知古人稱海淀爾雅謂藍汁可染曰澱爲有見也船上寂然惟水手船主數輩坐守其役亦穆穆有敬懼之容餘多嘔吐狼籍行止飲食如常者兩三人而巳余苦脾氣疲而後往否或顛仆居平北風乍起橫渡楊子江逡巡不敢今乘萬斛之舟駕長風破巨浪何大觀也然後知萬斛之舟非長風巨浪不足以成利涉所以跅弛之士苟遇興王擾攘皆足以建功名處之清平庸主適成衝決之患莊生所謂置杯焉則膠者乎駭神奪魄不敢久視啖青欖數枚掩船

扉伏枕而息成渡洋歌寄懷琅公石大司馬

正月十九夜半北風起舟師大聲疾聲呼不止聲勢砰磅不敢看端坐船艙側兩耳忽如烈風暴雨迷大麓長林葉葉皆披靡百丈懸崖瀉瀑泉飛沫奔流激石齒又如鐵衣介馬夜歸營萬弩齊張飛羽矢海鰍目電隱無光蛟龍潛寐鼉鼉死此身逐浪任低昻那知一息幾千里曉來所見非故物俯仰旁皇天與水陰氣僭越神物尊鳥大如箕不敢指云是祝融海使回不然大

洋之中焉有此此間七州曾陸沉寃魄至今憑海底時出水面弄兵仗白日與人相角抵洵知深山大澤多怪奇一種鮫人與山鬼不見西北太華高高三萬六千丈胡爲於此成坎坱無平不陂理或然坐令對此增惆悵洪流不洗世間心胷中潔白無塵侵何不人寰洗穢濁八荒清淨無齷齪否則天河洗甲兵蚩尤涿鹿無交爭安瀾海若辨和會鶩濤平伏消鯤鯨平生本事水雲鄉曾穿吳楚淩齊梁洞庭水闊河淮長大

江亦得絲繩量唯是滄溟汨南極鵬飛不盡天莅莅需之有孚占利涉濟川才重作舟楫屹然砥柱定中流瀾狂颶怒人無憂懷公建節南交州吾意與海同悠悠

如是兩晝夜每凌晨有箭鳥從波中起繞船一匝向前飛去舟人曰此神鳥乃護和上而道所往之不差者也廿二日風息氣頓暖僅可單衣一層由巳抵瓊州安南界故熱不關風色云自後每日順風止二三時餘俱泛泛洋海中船雖動而行緩洶湧之勢少止矣廿四船主大書於柱曰先見山者賞錢一貫人人稍宇俱開喜慰可知矣先是船上有水工阿班者安南人年不滿二十壯健趫捷每挂帆即上巾頂料理纜索往來如履平地方在目前仰視已據桅巔上下跳躑毫不芥帶識者謂先見山者必是人矣時有羣燕飛繞檣上越三日尚渺無山影至廿七將午有大呼桅頂曰山在是矣果阿班也舉船鬨然大笑然未嘗有同見者也注目凝神移時而見者百中之一矣又移時見者十

中之一矣於是舵工謀所向船主賈客欲收會安港便貨賣僧衆欲收順化港便見王相持而質成於余余曰諸公皆急思到岸否曰急矣余呼豎順風相送旗而曰今看風信宜何如宜會安則會安宜順化則順化顧無所擇也衆曰善而操舟者終以會安爲偏向時風正滿帆便于會安少頃風漸橫逆便于順化水手又卸帆不行望去山痕猶盈盈百十里之外詰朝復往審覩山勢從西來迤運如鉤曲橫水上大越國於鉤股上作都邑人民聚

落也早飯畢余問曰今收會安風耶收順化風耶皆曰順化順會安逆余笑而曰若是則當收順化矣操舟者知不能撓各目顧方決向順化乘風一息遂入山環爲尖碧蘿山云漸而見其峰巒起伏矣漸而見其平野斷連矣樹林之喬木茆屋之參差矣厥土白黃坡坂爲潮汐漂灑瑩淨如銀鉤又成却月岸矣發巨炮數員使沿邊者知到有海船也口子仍非瞻矚所及惟海面一線微動俄頃一帆如鉞斧背夕陽來比到巳人暮矣俯視其人裸

體披髮以布絲纏掩其前間有椎髻便操作者侏儷黑齒非奉命而來不敢上船人有下其舟者亦不受惟王差兩番僧與之語既而禮辭以纜綴下其舟馳以報王繼來一舟有官亦披髮跣足張燈坐守不去徹夜囂嘈臥不能寐平明四面舟如蟻赴番人充斥扇帽鞋襪之類不問即攜去尤愛雨傘辰時有兩戰艦王所差國舅相迓者並二僧復來作禮即促登舟言國舅祗候舟中矣令數十水軍舁余以下鳴銅鼓棹謳而去舟內外皆丹漆瑩

可鑑髮左右各二十五楫水軍丁壯艙門雕雲龍文赭漆上葢藤文簟下鋪青綠細草蓆爐爇奇南金盒盛檳榔蔞結涼枕唾壺具焉到公堂泊岸公堂即稅館也茆葺一椽而已果國師暨王舅請余登陸陳王迎幣於前有奇南輪珠金銀之屬拜言曰王以國政未能遠迓特備禮命某奉迎王出宮門數里外以延道駕惟老和上量而攝受焉巳而行李撿齊洋船主作別四舟聯發兩岸平疇綠苗厭厭含花待放詢之始不糞而歲三穫亦上錯與

滿望樹林碁布茆屋竹籬爲鄉落矣樹多竻竹波羅椰子檳榔山石榴花則丁香木蘭番茉莉暖氣浮動香透籬藥獨不見桃李梅花耳土俗民風煥然一新作初抵大越國詩六首

巨洋寒雨滿征帆到岸初春著夏衫墟上蠻歌
聲瀝瀝庯中調笑語喃喃番軍雜沓沙千里王
使來迎書一函自古東南傳地缺落霞仍有萬
山銜（庯土音坡即海口市賣也）

相看峋嶁冷丹臺銅柱分茆隔海服人物却疑

新氣色衣冠猶似舊時裁金刀出戶從輿去銀燭通宵照客來入市當壚皆婦女臨風舞袖賣花回

瘴氣頻蒸漠漠天木蘭風度滿溪灣近村人語煙中竹隔岸雞鳴雲裏山書槳水翻紅袖去奇南香贈綠衣還官家幾處傾椰酒歸路松燈照醉顏

漢唐開拓貢前朝幾代雄圖卽次消定遠歌殘關塞月伏波聲震海天潮春深野草紛紛合夜

靜靈旗往往飄曉望長林爭岸出山川一半是漁樵

郊外黃煙野月微林邊白霧轉霏霏漁郎散髮頻牽網草屋臨流半掩扉海岸多風鷹眼疾沙田無雪麥苗稀蛇人曲唱高綿調薄暮橫騎乳象歸

却月隄邊紫翠浮打魚瀫舍（瀫舍船名）聚沙頭天清艾嶺雲爭起花覆盤江水倒流日午春光渾似夏晚涼海氣更如秋不辭異國輕行役自愛吟

情尚遠遊

時正月廿八日也夾岸行人女多於男衣尚紅綠將近王府漫無城郭周圍種笏竹爲垣竹內列茆房房架銅炮自數百斤至數千斤工鑄精巧硃砂翡翠斑駁光芒蓋歷年久遠摩娑之功所致若作爐瓶一類顧爲鑑家什襲之珍價不知幾何矣炮後再圍笏竹內有矮紅墻方廣一二里許王居在中也過不遠舟人報潮涸國師起白曰須此登岸矣一時官民男女聚觀雜沓輿不得進轉兩三山

坡聞竹林裏鳴鐘擂鼓國師迎至殿中坐半晌禮足者絡繹通事曰某官某多不辨識領之而已方與國師謀將息數日乃及王相見既而內監官跽請曰王仰慕老和上非一日今咫尺不得會必通夕輾轉爲之不寐見明日卯日後日卽卯月王不肯於卯月日與老和上初相見也卯素所忌用云使者相望於道國師強余一往以慰王心輿蓋從中門直至殿上王迎於東階乍見如宿好攜入宫中金相儼然旛幢魚磬與叢林無別余曰王可謂

不失舊物矣王視而笑余禮佛王自掌磬炷香已而設香案以師席奉退居弟子列拜起送余中坐國師左而自處右寒暄慰勞外立而請曰弟子心慕老和上道風亦既有年今幸不我遐棄願垂開示得正所從余曰王之道其在治國安民乎道無不一而所居之位自殊苟在有國家者遺棄一切政令紀綱而強求清靜是不知清靜者也誠能如是澹然無欲泊然無營虛靈中處則隨事順理因物付物雖日應萬幾曾無一事一物之攖是以國

治民安將見端拱無為道成無上清淨又何有帝王佛祖之過為區別乎王稍解曰今日始得聞所未聞獨惜語音彼此不甚相通入理深談多有未明我意者惟此一著為可恨竊觀外國之王富於春秋而賦性聰敏氣度寬弘言貌端莊足見享國王位之不偶而孳孳留心內典非乘宿願再來人之不能也進淨饌多不知名數半為蕉漿調冷食至夜分猶依依不容別去國師曰老和上船中勞頓從此盤桓正有日耳歸至禪林已三鼓矣王隨

以供養自錢米燕窩以至醯醬油鹽蔬蠏之屬蔬果鱗集畢備尚有候見者辭至明晨相會浴已就寢未明而官民男女塡塞階下見必攜銀錢檳榔鮮果禮拜已頂戴而獻俗謂之賀云洎是彌月不絕獨所居之室暗隘不可以容十人午猶秉燭出戶便是生客早春已滿身熱痱矣作上王啓一通詩四首

伏以大王之國開創不同順化清化統四十七州八鎮三江之勝槩貴國之王守成更別建平

新平屬百六十郡千山萬水之雄圖狂瀾砥柱中流滙洋作宅法苑長城永固輔梵秉時恭惟大越德主銀安殿下茆分南甸位亞北辰處居在要荒滇川粤閩之間峰如礪而浦如帶列土當緊汎爪涬暹交之界任愈重而思愈深紹求修身誠意之源私淑內聖外王之道堯典禹謨湯誥命允執厥中唐詩晉字漢文章從吾所好朝堂由是整肅仍無赫赫之威民俗漸次更新况有休休之度聰明天縱氣貫微垣孝弟性成

枝連花萼漢代無出其右楚莊莫擅於前謀有賢豪如黑稍將如白衣相左右無非良弼閒消煙雪或歌楊柳或賦梅花唱酬正際芳年秋月照西河沙石化成金玉聚春星射東海風濤亂湧寶珠來龍護彤宮鳳飛朱邸豔聲麗色絕無貴態凡情錦馬名刀揮起慈心道念君師並作殺活全彰事葢一時韻流千古老僧脫胎多病不宜戀在塵中割愛辭塵趂早逃歸物外冷灰心地麤行頭陀孤笻遠卓花田雙鯉頻頒穗石

豈非宿世同途曾有約交肩錯過而各行所以此生異轍想前因覿面相逢而發笑誰道儒門澹泊每從尼父增光深慙佛法凋殘終恐瞿曇見責式微自顧欲挽無能鐵笛起疎林葢賞音而不易瓊樓豎小草亦信道以維難喜遇故知細談底事不忘靈鷲護持囑付王臣合值閻浮流布任分旗鼓何妨髮垂瓔珞妙轉神機弗待衣挂水雲方能彈指伏願信深學海智勇名疆梁宋武徽宗教兼通豈無來歷裴李將相行解一致本有家傳非獨扶佛日以綿長實爲扇皇風而浩蕩復祈經綸大展擴先人不盡之基仁惠旋施普蒼生再造之德奉敕封於廟廊之上金闕傳書示週巡於遠近之間寶車引路愧衲浮杯河瀆經過異島奇川感王容膝蒲團安坐水邊林下里言四首有愧賸雲小啓一通聊爲話月

離方正位古交州千里光華一帶收英主規模垂奕世雄疆聲教壯金甌臺高日出瞻朝漢海

闊煙消入共球自是太平深德化相看何事不千秋

凌波戰艦流飛電卷日牙旗拂曙雲虎旅獸銜金鎖甲滄溟龍戰水犀軍六宮瞻禮歸三寶列國威名仰大君幾度春風來海外仁聲吹動四天聞

昨歲瑤緘到五羊羣稱重道出殊方輕杯敢負三生約大海眞成一葦航香飯抄雲還共白南金布地總成黃國王已向人中貴更向人中禮

法王

大鑑當年庾嶺回于今吾道又南開譯華未共鳩摩至應現聊隨寶誌來君作越裳歸白雉我慙獦獠接黃梅海洋相隔人還合始信靈山屬未灰

二月初一早命內監駕船請見將午進府王候於西便門相見如前僧衣道妝不復冠裳加和悅焉余陳詩啓并庭實逐一審視歎賞久之出其服御器玩每舉一物必問佳否中華有否有誇炫意大

都多金銀珍寶雕鏤之器雖非文雅樸素然陸離絢爛駭奪人目别有爇王一種富貴風味飯畢請曰老和上前得以歌舞供養否余曰十供養中音樂其一也王曰告過始敢隨命出宮女四五十人悉粉白黛綠文衣曳地戴金冠狀如七佛冠子或執樂器半與華同惟腰鼓長二尺許中小兩頭平大用手拍之聲雄響如銅鼓又一器如箏方平中虛張四絃有徽抱膝上按彈之韻清越冶容雁行衆音並奏歌者遲其聲以娟之舞袖飛揚似采蓮情態歌其曲調也演罷出帑錢五十千與余賞小侯小侯卽梨園之稱亦雅名歟語中常以東京爲念言東京原本國疆土其先世乃安南贅壻分藩於兹後轉強盛猶晉之曲沃風人所由咏椒聊自此割踞本國因是改稱爲大越云問答每爲通事錯謬是日不復多言問居亭安否答以狹闇不爽快許以初三日著人起葢新方丈遂别歸成禪林

卽事詩五首

迷離海霧暗華宮坐臥人同意不同異地空天

應有月深林長日自生風千堆白骨荒煙外一帶青山暮雨中世事那能無變態陰雲忽放夕陽紅

細雨涼風望遠天青蒼浮處起炊煙案山樵徑明猶滅土阜人家斷復連清磬一聲來竹戶流泉幾道下坡田尋詩正欲乘幽興不奈王臣奉供錢

椰樹波羅繞徑深天涯鐘鼓碧沉沉金繩路出東洋月錫杖雲開大越陰目盡乾坤惟半榻境

岧湖海卽高林漁村酒肆皆禪席自有空明一

片心

禪林卓立板橋頭横出山岡細路幽象踏沙分

芳草去鳥銜花落石泉流薜蘿影裏容僧臥梵

唄聲中散客愁休問滄桑今古事一瓢明月且

優游

丈室三間覆白茆高丘半畝入青郊門前沙浦

無蔬甲戸外圍墻盡竹梢善病任他塵事擾避

喧猶恐志人嘲歸期風信占河洛卜得重離第

六爻

竊謂遲一兩月將得安居矣至次日三鼓鬧外面

諠譟聲乃内監官一人工部官二人領軍工盈千

來蓋房屋平明竹者木者夾茆者削藤者鍬者鍤

者乘屋而呼穴坎而下者連昏達曙三日夜而成

方丈五間三十二楹四圍走廊梁桷板壁地板整

截鶱舉又庫寮五間二十楹同時告竣因詢知國

中百工皆軍人每歲三四月時軍人下鄉括民年

十六以上體質強壯者充軍械以竹枷如梯子稍

狹頸從軍令專學一藝藝成分撥戰船中操演有

事卽戎無事役於官府未六十不得還鄉與父母

妻子相見所親歲爲衣物就視而已故餘民皆尩

羸殘疾少壯健者父母恐拏軍垂髫卽送爲僧庶

可以免所以緇流甚多而佛法由斯混濫不獨禪

宗絶無聞問卽律論二事亦束之高閣致使圓頂

方袍穢行甚於閭閻俗子及稱知識爲人師者亦

至無救無歸深負王臣舉國敬信之心旣在見聞

不容隱默特爲開導直說椄諸山門云

三教聖人開化世間表裏精粗自有章程法度

非可已不已龐侗假借而爲人師者所謂道有

淵源學有師法也儒道二教各有師承且置弗

論吾大雄文佛教化娑婆總以慈悲利物智慧

接人開權顯實教分三學以便後進之趨向耳

不見藥山祖云律有律師論有論師到我這裏

更說甚麽如宗師不明禪旨律師不知戒相論

師不解經義舉止無端言行不次恣意杜撰殃

及後學欺誑龍天虛消信施爲法門第一種魔

孽維摩經云供養汝者不名福田受供養者墮三惡道况去聖時遥魔強法弱之際每稱大僧者類皆外託佛祖門庭內行魍魎活計虎皮羊質狐免成羣賴佛逃生到處鼓弄初機十差九錯嗟乎一盲引衆相牽入塹目覩傷心故老僧於中華國內開法三十年來持一條拄杖横敲直打頭頭剿絶處處追窮專與稱知識作大師欺世盜名者爲究竟素不肯互相瞞頇以老實修行四字取齋公婆媽之稱頌相依俗人起見

自小道教閉塞法門務要闢大爲規捄魔辨異扶正驅邪以報佛恩今蒙本國國王見召遠來受王恭敬禮拜義同骨肉且闔國大臣軍民四衆人等各各信向三寶紹隆佛法誠樂善之邦甚爲難得者也何忍身披如來法服蕩滅佛祖儀制與佛爲寃與法爲讐與僧爲害老僧既見而不言縱魔爲佛罪莫大也且負王臣四衆信向美意是以畧舉三端明破其弊無致緇衣混亂國中淸信男女受其塗毒邪正莫辨而已

佛設戒律卽孔聖之戒愼恐懼克巳復禮所謂非禮勿視非禮勿聽非禮勿言非禮勿動明乎誠意正心脩身之本在于戒懼也故我文佛度世恐人習氣深重貪瞋癡愛沉溺無歸示以沙彌比丘菩薩戒法在家菩薩有五戒八關戒發明條律統細行三千威儀八百要人端正身心收攝妄想依此修行直至菩提特設三壇大戒上列三師七證嚴結壇儀對八部龍天雲集四衆令求戒者自將生平所作所爲有過無過發

露懺悔尤必三壇羯磨四次審難淸淨法器方許攝受至有過重而不許進戒者近有一等魔師與人授戒竟使身不登壇不經三師羯磨七證證明宿業不經發露懺悔戒律不經授讀訓論搭衣展具持鉢威儀不經教授演習不管是僧是俗但要香貲寄到便可買取戒牒衣具藉手傳來使無知求戒者恬然自謂得受三壇大戒究竟傳戒者不識受戒何人受戒者不識傳戒何師如此害法害人佛制竟成虛設戒律漸

至論彝此所以不能不言者一也
佛初現盧舍那身演華嚴廣教談偏斥小歎大褒圓傾腹而說奈天龍海衆聞者如聾是知衆生迷惑難與接引故曰我其不說法疾趨於涅槃既而三七思惟終以權巧方便入鹿野苑開阿含會從生老病死法作種種儔類種種音聲隨其根器而導之使各得饒益蓋佛爲覺義覺者非止自覺而覺世也不見儒教亦云使先知覺後知使先覺覺後覺將以此道覺此民是知世出世間佛祖聖賢其利人接物之心一也除無知庸流置而弗論苟擔荷法門而爲人師者接待四衆無論若精若粗若表若裏若大若細若理若事凡肯虛心來問者便當爲之指陳開導去其蒙蔽令知趨向即不知來問者若在見聞亦當宛轉調達微言苦口訓之諄諄斷不辭倦中止務要令其知覺轉其邪見歸於中正而後已所以教由積漸學由習熟久久自然暗與道合也近見一等詭秘欺人之師禪教戒律茫

然不識昏天黑地假然自大下視愚蒙詐爲放言欺瞞後學一則曰難與分說不則曰縱說彼亦不知障人自障一切經論教典不知何物自負爲明將如來禪置之度外總不提起即平常行履亦槩置諸不理不論之列止圖名聞利養安閒自便旁若無人高心空腹而已矣要知人唯上根上智始能入五濁塵勞不假維持而自不至汙染中等根器全賴師長殷懃陶融昔佛於涅槃會上百萬億衆一時悉得契悟非古今人不相及由平日調度薰陶者訓習而有方也今觀本國之人信根堅固梵宇相連僧衆林立豈乏根性靈利衲子何獨於宗律論三學無一人開示悟入卒悠悠汨沒於情癡匪僻中縱使習俗迷惑亦必有一念回光之時奈爲前輩師長者非獨不爲激發向上事且家規不整訓誨無端糊塗泛亂極好究其已往逆料其將來一槩擯斥現在不與維新大抵人情向上者逆而難就下者順而易苟不爲之觀機逗教應病發

藥委曲提持反令復順其匪僻積習正所謂爲淵毆魚爲叢毆爵責將誰歸耶是以從上古錐專爲起倒不常者添設淸規條約以繩其後左右激勵不至流蕩忘反使學者外藉師誨內運肯心而率由於法化中矣不奈禪林下衰淳風不聚竟有草鞋未穿一雙山門未跨兩重一旦出爲人師恐人覷破裝成低眚合眼矯強詐僞說淸高做解脫嫉妒慳貪外是內非要人稱其老實修行以爲得計耳使不知者終於不知吾

恐汝之自負爲知者甘心在黑山鬼窟裏作活計欺誑世俗撥無因果如此忝列沙門無慙無愧假借佛祖名目往來商販法中大患皆由是也無怪其坐視後昆淪陷不救先自救不了抑至助魔害法到處狼籍深爲痛憾此輩在佛謂之斷滅慧命立朝謂之竊祿苟容居鄉謂之鄉愿賊道非佛慈悲非法建立非僧心行輒敢受人天瞻禮四衆歸依居然法主冒爲人師豈不濯泥犂之報耶余雖老朽不才無裨法門深知

末法緇流戒不持教不明病在於斯不得不言者一也

佛在靈山拈花示衆海衆茫然惟迦葉頭陀破顏微笑佛云正法眼藏涅槃妙心付囑與汝永護流通無使間斷自此立宗名曰教外別傳要人直下薦取明心見性遞相授受西天四七東土二三至曹溪大鑑祖止衣鉢以心法雙傳始分青原南嶽遂成二派五枝一潙仰二臨濟三曹洞四雲門五法眼五宗分化弘揚震旦殆至

於今從來道成法立法藉人興故祖祖師師設立叢林懸鐘挂板集衆安禪正使內絕邪念外杜非爲單提本叅如喪考妣時刻提持多方煆煉歲月研窮以悟爲期直造至萬花叢裏過一葉不沾身事來事應理來理應千頭萬緒四面八方來四面八方應無位眞人不曾動著些子所謂何其自性本來淸淨須親到此始可入廛垂手與人解黏去縛願與一切有情齊成正覺觀萬物與我一體必勞來匡直提撕警覺而不

忍忘世克巳爲人者非深具婆心秉佛祖願力不能矣夫佛爲先覺之衆生衆生乃未覺之佛所謂凡夫具聖人法凡夫不知聖人具凡夫法聖人不曉聖人若曉聖人卽是凡夫凡夫若知凡夫卽是聖人要知佛與衆生互爲接引始可彼此度脫爾可度我亦可度浩浩塵中懷妻抱子之人無不可度亦無不可以度人况圓頂方袍之佛子豈不可度人乎惜不能自空衆生界爲佛界自空衆生名爲佛名由此生死關未曾

打破耳常人被五濁漂流七情汩沒四維恣縱八風吹墮生死關也學道者守住這邊不透那邊透過那邊不來這裏生死關也等而論之所言不可行所行不可言背覺合塵妄想顛倒一念不了卽是一重生死輪廻於三界二十五有中無有休歇縱使披緇宿習所蔽知見氣度仍如俗漢自不能度焉能度人也哉總之不識修行未開正眼痛癢護短一切瞞頂自累累人矣此輩處平地尤未穩當况恃在萬仞峰之絕頂

皆由不到高山安知平地見同螻蟻而誇遠經一培塿以爲越過太行若臨華山岩雲摩漢直矗天外之蓮花峰頂必去不得有不望崖而退耶昔韓昌黎素自居高賈勇一登華山雲梯之上回視之則魂飛目眩發狂痛哭投書與家人訣別邑令百計下之夫昌黎排佛斥老樹文章之籓籬作一代文人師表其平生位置自巳未嘗不在華山之上也及乎親陟華山而反魂飛目眩平生之位置安在蓋一往用意識卜度實

未親履其境縱非欺世巳成話餅耳既爲佛祖兒孫當堅自巳願行開人天覺路指迷破暗反妄歸眞豈細事者哉應念佛苑春殘祖庭秋晚法門寥落之時曷可互相以訛傳訛使遍國僧人不知出世學道爲何事大家混在醉夢鄉中老僧焉堪容忍默默自藏不避口業直言相告

大越風土氣候大約陰長陽消百物發生於秋冬作事用夜女慧於男亦其驗也歲春夏常苦旱長夏停午烈日如焚赤地千里草木爲焦國師以余

隨杖食指繁無蔬菜爲憂國中左右丞相四大屯營及國元老東朝侯學士豪德侯王兄醴泉侯詔陽侯諸大老數與接見聞余在中華有出賣風雷祈雨之舉欲啓王請祈一壇適有將開導直說抄奉王覽者王亦傷其國中佛法混濫無正知見且立國規模政教紀綱所當張弛欲一一虛懷咨訪遂於十五夌晨延進府中談至夜半娓娓不倦隨論及祈雨事余默然良久答曰不消祈禱老僧遠來感王信心聊以風調雨順國泰民安八字相報

王罔測因隨口占一聯面呈云佛心慈願先保國泰民安方有法輪轉處王諱福週坐享風調雨順合當吾道行時歸而書貼禪林連日風雨亦不自解其言之中也且爲擔板漢教王撥置政務一味念佛修行求生西方者故起句及之言僧不守戒律將行牌各府拘僧徒到老和上處求受三壇具戒給與戒牒方免其身役稅鏹老和上宜出報單通知四月初一至初八爲三壇圓滿可也吾統眷屬文武諸臣凡信心者俱求攝受爲菩薩戒弟子乞賜法名道號焉適老和上言教通事雖述不能委悉願一一書以示我遂告歸條上大越事宜以進

老僧薄德無能叨王格外之知數千里專使虔請感此誠心渡洋來見雖涉波濤如履平地非爲好勞愛王實深也到國以來將二十日三次造朝見王眞誠問道加禮隆重即后宮戚屬文武羣僚一體歸依非積代樂善之邦豈易有此然老僧方外也秉佛慧命繼往開來闡揚道法

王國主也統一疆宇委任賢良鎭撫軍民事雖不同而道則一也若出世之道不可以爲治世之用是道有二也天下無二道佛聖同一心夫道一而已矣孟子之言豈欺人哉今王國中邊防嚴密將相明威軍戎強盛戰艦鮮明不但今時不能多見即使古來立國規模遠大亦不過如此或者關隘守禦必得良法名位聲援必期正大選養軍士並濟恩威以及王朝壯觀軍器利用一切護國保民至計其中不無尚可擬議

者在王君臣識見高明深謀遠慮自有良策但竊念古云愚者千慮必有一得旣受王請而來或知而不言是負王也抑知而不言是自負也敢摘數端開陳大意以效芻蕘之獻獨恨語音不相通曉卽通事人亦未必明理一經翻譯十不能三四致老僧胷中無限欲言之事不得宛轉調達於王前未免覿面千里兩相辜負無已形之紙筆疏陳于後惟王採擇焉

一修貢中朝以正名號我朝

康熙皇上統九州十五省延袤數萬里甲兵之強千百萬而王國境土與廣東密邇誠能遣使通好督撫將軍然後拜表修貢疏請封王正其位號以廣東聲勢相爲犄角使旁國小寇自然畏服不敢窺伺誠名正理順坐享太平萬全之美舉矣所謂不戰而屈人之兵者此之謂也其中通欵王行當詳陳之

一設奇戍可以固邊陲本國與東京諸國地相連接止隔一水沿邊界口設兵戍守之處必多兵少則恐其衝突兵多則力難數分兩者甚費籌策老僧據觀山川關要處儘堪減兵設奇而有固守之法王用而後聞

一愛惜軍士以作忠勇古時用武兵民不分國家無事安居井畝得盡力耕耘至有征伐則掌之司馬布列行伍每歲農功旣畢時其訓練講明尊君親上之義教之武藝擊刺之法令無事仍享室家之樂有事知愛主之忠以之禦敵自然勇氣百倍民樂從軍敵王所愾矣今聞國中

之民編入軍籍則終年役於官府永不還鄉與父母妻子相見身雖畏法不敢背違竊揣其心得無怨恨盍無令軍士各輪流操演每歲或半年或一季在官服役訓練更替還鄉耕作與家室完聚倣古軍屯之制至於有事興師動衆然後悉起從戎民豈無心不戴我王哉如此則人思感奮爲王前驅安有兵不益強民不益富耶其中節目另爲條約

一設學宮以育人才孔聖爲萬世師表四書五

經備載修身治世心解力行方能處事合理今王當立國學府學崇祀孔聖藏貯儒書請理學名儒爲師講明聖道自王世子大臣子弟民閒俊秀入學聽習考課程別殿最薰陶日久自知綱常倫物正大治道漸化爲文明之邦矣比者老僧到國不久形勝未及周知利弊未能遍識事不盡言言不盡意無過就見聞所及者約畧萬一餘俟詳悉再陳以副王心葢欲國中綱紀整肅禮法悉備内足以保境息民外足以

威敵制勝四境仰服就齊家治國正好留心修身正因治世出世道兼兩足可謂不二云

王於廿六日延余進新方丈國母設齋王兄公主拈香請據室法語别錄有他船從廣東來者詢知後船爲客貨未齊當遲數日放洋然竟杳無音耗踰期不至深以爲慮隨杖僧衆不服水土患病幾半余以泄瀉胃熱口破苦飲啖且有嫉妒國師流言與謗謂素性糊塗法門事理不經常住錢穀王家送供老和上者多爲渠僧行侵漁隨杖知事告絶糧人情未諳言語不通國師漠漠大衆茫然時方獨坐茆堂看浮雲之變幻聽鳥語之侏離喟然曰孔聖陳蔡往事信有之與吾德不逮古人而同其遇矣走筆成詩二首

終日坐茆堂霏霏細雨涼刺盤非我意苦瓠爲人傷遠雁乖來信廚煙斷晚糧栖栖如杜宇舌破未還鄉

海外春雲薄飛空繞檻明入林原有約於我竟無情幻景時多變虛窓夢亦淸門前誰荷蕢孤

磬試傳聲

禪林内無料理致一時稻糧失濟余爲王所奉重大小臣工后宮貴戚莫不齎銀幣請謁非親送者風俗以爲不恭必却不受初到未諳兼人事倥偬一切餽遺登貯未及撿視至是始别出非親到送者悉修書遣侍璧還稱謝一日有大學士記錄豪德侯命其子持七律詩一首并所璧銀幣來見雖未可以言風雅然頗知聲韻理解爲此邦威鳳靈著者子亦彬彬秀逸夜來與國師閒論此中方人

名士有文采風流可邀爲白社倡酬者否國師首
舉其人因出其詩閱之云
聞說禪林遡派洪俄承澤及細流通杳壇希映
摩訶月梅牖薫來般若風將色即空空即色抑
蒙求我我求蒙同心異國相思杳喜向虎溪三
笑中
詩寫性情句體工拙可以弗論但摩訶月對般若
風不無斟酌遂次來韻幷報書論其詩中數語
某到貴國槩不往謁非故倨也道人不欲以世

套待諸公若泥首階前媚於高明則令旁觀笑
倒矣所以韜光答白居易詩云白雲乍可來青
嶂明月難教下碧天正見方外人不因先趨爲
貴耳衲雖道德荒涼豈不以居易待君子乎公
郎枉顧復頒隆貺特賜佳章捧讀一遍信口流
出字句絕無詩人煙霞丘壑而煙霞丘壑之意
存於言外杜工部所謂自是君身有仙骨世人
那得知其故大雅見惠不啻十斛明珠喜出望
外厚儀斷不敢濫叨也一面讀詩一面復札正

思無詩酬謝及細吟哦佳句中用摩訶月對般
若風似白壁帶疵惜未全美冒忝道義知愛直
敢以摩訶易菩提二字葢般若風乃子贍作贈
佛印菩提月係居易作贈烏巢老僧不堪齊驅
窠印明公足與白蘇並駕矣鄙意如斯未識有
當萬一否奉和原韻錄呈教我幸甚
學海才華兩自洪應知儒佛教元通聞聲久識
趨庭日題咏先將采國風寶鏡我提因有象泉
源君發正初蒙報言但恐摩訶月誤照維摩不

二中
客有惠州來者述紫詮王使君刻下擢巡川南奈
余客羇海外缺爲面送白社知已遠隔天涯賦詩
以寄意云
憶昔循州蒞任來草堂古梅花正開繪空軒中
脫衣帽澂心亭上坐蒼苔風流太守生寶坻自
幼學劒並學史立心爲政不要錢辭賦翩翩衆
莫比素性愛與方外交月無富貴何英豪多才
雅士滿江海笑談往往空人曹公餘閒釣豐湖

月秋風煙雨湖岸黑張燈就樹復登樓倚樓憑眺吟憶雪子瞻後身還勝前使民無訟衆稱賢羅浮新亭覲子日招余結社共談禪濯足臨流遥盛地合江夜靜江聲細劃然長嘯莫能知相對無言深有意苦勸老僧爲酒民解袍易酒不辭貧五羊屢過必枉顧十年一日情最真不期潦倒作洋客回首飛雲一片白通聞天詔巡蜀中路出瀟湘過大別君不見峨嵋山丹崖翠巘不可攀又不見淸涼臺蘿徑煙霞撥不開應憐

名勝久寂寞停車揮翰題劒閣紆廻窈窕凌霄梯丈夫陟歷始爲奇懸巖曲竇參差出飛泉亂灑碎琉璃陰岡陽阜多瑶草前進峰巒愈覺好峰廻不斷石粼粼從玆行盡難行道君緣蜀道千仞峰我乘靈槎萬里通安南遥隔炎州外伏波故道滄溟衝人生聚散千萬里去住不由豈得已君之登山山是山我之涉水水是水一爲法道浮杯中一因節使繼文翁山水錯落雖異勢雄奇譎怪將毋同懷君祈月之玉斧羡君瓊兕之金弩重君治化之絛陳展君惠我之詞譜海上讀之春色殘反令凄凉不忍看東風亂捲楊花落花下春愁日未闌旌發珠江黃鶴去白白瞿塘流灩澦啼猿深樹亂山間夕霧朝煙不知處七盤九坂折羊腸公爾王遵前叱御天涯有夢亦徒然不得臨岐握手語縱教瓶鉢轉艨艟鐵鹿長檣駕海風海風風信卽迅速歸時人已分西東未期後會更何日聊寫驪歌紓寸東

海外紀事卷二

嶺南長壽石頭陀大汕厂翁譔

三月初旬王旼作宮內招提出居水殿無延客之所相見時稀十方求戒僧投單巳有六百餘人自寮舍起居至日用器物一無所有知事商之國師止得容易二字戒子期以十五日進壇讀律演禮後船仍不見到職事僧及一切莊嚴旛供未齊縱無意外之虞結期迫近不免盼望徘徊波羅椰葉之下作客中遣興詩二十七首

三月花垂盡七洲人未過虹消分野雨日湧巨洋波夏至相將近春風正不多吹來林外笛可奈爾愁何

邊地歸南極朱垠賸一彎沙明却月岸雲起碧蘿山澱舍爲漁戸公堂但草菅不須來問禁獨許放僧頑

稻苗正月半夾岸巳含花南畝年三穫冬衣暖一紗波羅供客饌勞竹作人家何處來調笑嫣然春日斜

落日半窻明空庭散髮行鄉思逢暮切詩意惜春淸鳥啄丁香碎蟲書椰葉輕坐深忘異國非復客中情

海浪連天拍山根匝地牢風雷空徹夜林木轉增高犀角文生月仙禽雪上毫水雲元不定隨處得吾曹

一水隔西東村莊半釣翁路痕沙草旼井脈海潮通人出山邊雨門開竹下風三餐民不足男婦趂庸中

威重排銅炮奸虞密竹圍折巾知武弁（武官戴騌高巾折其半於後）長褐辨文衣（衣文長武短）山海皆官府招提卽禁闥國王修梵行不惜爲民祈

畨官親近語彼此意難明豈不共還往其如半草荆愛吾非有假斂慮巳無生轉覺林間籟紅飛綠放聲

人世何曾異於人自見嫌入喧原不礙守拙敢云厭玉麈供談笑霜華入鬢鬚夜來香（花名）滿架風細度疎簾

春歸猶作客短杖伴孤行世外依塵俗心空玩
物情魚鳴風漸起象嘯月初生相對難通欵人
都無姓名
荒荒明海日到處郎爲家白盡數莖髪紅殘幾
樹花無營隨逐鹿有夢且乘槎織女徒勞贈支
機石浪誇
近榻凌高節蕭疎影若秋彎雲偏窈窕巧鳥更
啁啾竹密何妨水溪陰欲枕流虛堂宵不掩月
上正當頭

遺民皆老弱少壯盡從軍八口憑中婦微軀屬
大君木蘭空委露茆屋破藏雲苦矣閭閻事何
因達上聞
人家居水屋四面占潮頭小草當春日遥山似
晚秋此中如有得方外總無求偶向沙邊望煙
青出蓼洲
蠅頭書尺牘劈劃寫虛空小大平舒卷薰蕕任
異同幾稱王蟻穴誰闘富龍宮錢重開元字通用
古錢中華當廢銅

停午風猶熱朝昏海氣涼濤聲當夜靜雷殿在
山陽屋角喧魚市庭陰列象房寺後皆象牢宵分仍
過客通事欵茆堂
一鉢浮游遍他鄉每自知衲無投謁朿囊有寄
懷詩花影風生帳蛙聲雨到池老僧健行脚最
喜太平時
高情非敢忽稱物貴知心過眼草初綠閉門山
自深鮑魚曾有肆鍾耳久無琴欲謝成連子煙
波何處尋

商賈皆紅粉官民總綠衣檳榔開錦帨閣喒坐
斜暉青絲披髪軟素足踏花稀未解周南意難
同江漢歸
萬水來南國千山拱北辰飄颻能作客經濟豈
無人鳥過風生翅龍騰雨帶鱗看來中外象天
地息烽塵
盧祖歸庾嶺宗風日向南芝蘭吾豈敢蕭艾爾
何堪盡變終成五重離貴疊三學深無擊叩海
燕自呢喃

玉顏仍黑齒笑倚竹門開席地頻畱客紅盤低作臺蔗漿調淨饌椰粉滑流杯歸路防鐘響雙雌象伏來（捉生象用兩馴牝象夾之而行先路鳴鐘辟人）

謾謂海無底交州地獨偏隄邊開相府門下纜軍船日久竹生米春寒樹産綿民風反淳厚所賴國王賢

尚口窮多致言行遠在文素襟終浩浩花葉正紛紛奇字無人問名香秪自熏菴摩羅果美飽食過宵分

坏土濤聲裏爲都面面通帆飛知海闊雲斷見山窮過雨鼉鳴處殘花鳥語中形骸原自適何必問春風

新美桑陌女晴日曳羅裾結草箕爲笠編繩網作輿方春搴砌菊轉棹折芙蕖天氣邊南暖專榮獻歲初（正月蓮菊偏開）

野衲雲遊慣禪餘亦好吟才疎甘白首身健值黃金世路憑他險侯門任爾深虛名眞不尚何必入山林

初十晚王差內監來稱賀云適才地方報老和上後船已抵尖碧蘿山下王命澂舍船先接老和上人物不日卽到矣十三夜入至順化港次早僧衆到面目黎黑泥垢滿爪言從二月二十日放洋僅得一晝夜順風播蕩於七州洋波中者半月見諸怪異每有大箭鴉飛繞檣上尾羽若帶矢狀又浪上竪小令旗或紅或黑乍浮乍沉一枝過去一枝復來續有十數枝相顧駭異莫敢言說者謂見船見則不利云風濤奮發雲霾滾滾有烏龍蜿蜒出

船左燒硫黃雞毳亂以穢物揮灑得不近傍一夕陰雲晦昧星月無光忽有火山從後起光燭帆上如野燒返照漸與船並水工羣以木扣舷不絕響約兩更次後審知舵挂其體船稍橫開始隱不見蓋海鰍目電云然不知魚之大爲何如矣飄蓬既久奇怪疊見睇望大越杳無踪影南風大作人人面如土色西堂虔禱得順風又爲夥長不諳取道再遲兩日水米俱絕將索某等於蜃樓海市間矣言之悲喜命且休沐而退是時求戒僧已盈千而

戒期內所應用者國師殊無擔荷適公主到以其事告之主曰老和上卽繪圖開單某持以告王可立辦耳次日王請余領後船僧赴齋一一詳問立時批令各營官分任寮舍限三日落成桌椅器物限十日完繳於是左則雲厨禪堂雲水堂右則侍寮齋堂讀律堂菴主寮中爲戒壇連宵達旦不三四日而工竣其餘器用逐日蟻負於路雲水戒子二千餘衆各供其職國師設小食請懸鐘板整飭規約并題山門聯曰安南國土不二門莫錯過去

順化禪林第一步向這裏來齋堂聯曰砂鍋裏活煑佛呑有這般手脚始受得國王供養盋盂中生擒祖嚼無那樣肚皮怎能消閻老飯錢戒壇聯曰釋氏持律儒者履中總要修身誠意自然敬直乎內義方乎外君子敕幾禪人習定同歸見性明心端由戒愼不睹恐懼不聞至廿四日戒子進堂威儀馴習莊嚴刹土闔國來觀莫不歎喜歎未曾有大學士修啓疊前韻一首專使賫至來啓云

本國學士記錄事豪德侯某謹稽首拜書于上國長壽石翁老和上大圓覺座下曰揚宗風于鹿苑導覺路於鶴林集衆風馳隨方草靡恭惟大圓覺意舍五忍心注八流丰儀凝秋月團圓法中威鳳氣質靄春風和煦世上祥麟寶筏弘開珠林重麗方便父智度母好看金鉢東來慈悲子法喜妻快覩木杯南渡智水從來滚滚慧燈到處明明某生忝偏方學慚僻說興詩立禮何曾趨鯉之庭摘句尋章遽巳移鴻之志步步思由正路兢兢恐惑他岐禹之功旦之才彼一

時也此一時也孟之嚴孔之恕古何人哉今何人哉雖觀海難則涯涘然十室必有忠信曩受施來厚貺本懷共處之芝蘭聊將引見薄儀豈議相交之桃李尚擬鹿鳴有日豈期雁幣無緣難免自慚但推兼愛幸得訂訛之字再承續雅之詩彰慧日於文江便識竿頭之有路煥祥雲於學海敢銘五內以承恩曷勝希慕之懷不覺舞蹈之至竊聞古詩之作可以興可以觀多取草木禽獸之名不過咏性情思無邪而巳所貴

者忠厚之意所賤者浮薄之文不可以文害辭以辭害意也況菩提摩訶般若本來無一物也如摩訶無物是無月也菩提無樹豈有月乎般若無帆豈有風乎詩人所作不過以淸涼比風圓明比月以形容性之一字色色空空而已豈有眞月眞風而論菩提摩訶般若爲當否哉古人云摩訶本眞如之體大無外小無内天不能覆地不能輿光明普照無處不周又云摩尼之現五色淨月之起毛輪此直指全提之說非駕

一偏空說也摩訶之月特以是耳茲承教政不得不辨未知是否幸勿見怪賣水於灘也素聞大圓覺高風度世善道濟人敢陳譾譾之辭庶允休休之量嗣容踵叩飫聆玄提未爲晚也餘情縷縷不宣

儒釋源流兩箇洪非相關處亦相通慈航釋載圓明月經楫儒持正雅風懸鏡梵門高衆見回瀾泗派洗塵蒙遠來將以利吾國信有因緣大化中

啓中詞意宛轉抑揚頗韻惟摩訶眞如之論牽合未當不能無一詞相告也遂和疊韻復啓曰

某合十復啓大學士勳侯閣下伏以惠風和暢沛霖雨於蒼生慧日澄鮮樹屏藩於繡甸軍民同慶遐邇具瞻恭惟大學士翁記錄座右現世神龍行空天馬才兼文武羅象緯於胷中爵列圭璋統旬宣於閫外握春王之管弭筆丹廷懷霽月之心簪纓紫府重以學儒識佛從格物致知直探性命大源兼之講易見天自畫爻觀象

上遡陰陽無極有如張無盡作相臣會頌德山托鉢還似李遵勗爲都尉能知谷隱家風殆欲銳志上乘豈肯甘心外道朱之博程之深未見其人曾聞其語參之唯回之愚徒懷于昔竊歎于今老僧愧未讀書敢云識字行來五岳謾擕笠裹乾坤渡去一杯偶挂杖頭風雨本擬法調狂象原思鉢制獰龍網布漫天奈焦冥蟲未堪入眼竿垂曲月雖赤尾鯉難許吞鉤緣世出世間貢高日甚久無吐握之風有人有我去聖時

遥莫問滿盈之器造廬絕跡倒屣無聞乃辱書聘於賢王更拜嘉貺於國士大人曾未利見先逢令子阿戎空谷尚杳足音早奉佳辭幼婦自顧邯鄲學步謬同引玉拋磚相見大巫妄擬點金作鐵無非欲就教君子豈不應請正方人竟承高論懸河幾令瞿曇杜口竊惟六經載籍古聖已發性道之淵涵諸子遺書往哲悉闡微言之祕奧傳之於後作之在前方當佩服不遑焉敢研窮稍解故師心創作聖人尚且不居準古

憲章賢者庶幾可勉况幸生明備應使一事一物考其來由旣奉典型必教一文一辭求其出處觀六臣之解文選始知字字定有從來讀道元之注水經愈曉段段皆歸典確是以學譏杜撰書戒無稽良有以也如言詩三百篇之後必及四唐唐詩必稱李杜試即二人詩中用風月字摘一二句言之如李白古風云蟾蜍薄太清蝕此瑤池月則本沈約詩白雲自帝鄉含吐瑤池月又長安一片月則本徐陵片月窺花簟又

我來圯橋上懷古欽英風則本北山移文張英風於海甸杜甫前出塞詩云已去漢月遠則本張正見詩霜樓明漢月又中天懸明月則本相如長門賦懸明月以自照又山深苦多風則本魏文帝谿谷多風從來漢魏後人用字用句未有無本而創作生澀者如此不能悉舉略見一斑至於菩提無月之月般若非風之風非耳目所見之眞風月惟可默契不可以言說也若以清涼圓明比擬空活闊略而稱性是未透性關

教家義理不過學究見解豈可便爲直指全提以此爲是不知早已曲鈌了也此老僧不能無說者况將天不覆地不與一句搕頭語強作主宰便欲瞞頇掃蕩不顧殃及他人蓋未明正偏回互玄要縱奪之旨儱侗禪流十箇五雙深乖妙密全提願明公毋爲此論也吾家宗旨有權有實有照有用坐斷兩頭中間不立故合處有分分中有合分合自然又非強合強分爲極則如水銀落地大者大圓小者小圓分者合者走

者住者同則同而異異則異而同一一相別而各各相到如是方可稱大無外小無內此亦權下明言畧爲標指儻置指端之明月依先總不是也據摩訶般若菩提三者各有名分若槩以本來無一物爲定論則落偏空無記之斷見矣本來無物之說吾大鑑祖因秀公妄以身心爲菩提樹明鏡臺故直示無樹非臺破其執有執有既非執無豈是不審之乎且般若風菩提月乃香山省山作詩贈粲印二公之所來也考之

摩訶月於事理法喩內外典籍皆無出處焉敢自欺而不直陳以至開罪執事乎梵語摩訶此云廣大二字西域贊揚廣大之義眞如即發生萬有之性體故古人云摩訶般若是贊揚智慧之廣大非以摩訶爲眞如之體苟是則頭上安頭性體豈有兩箇差之毫釐失之千里吾終不敢曲從摩訶月爲諦當也使論詩止取命意不考核其辭徒思取其大而不周於小幾曾見太虛中空空色色有一不布置精詳者哉然此舉其可知者言之未暇深談也來教詩也在詩言詩便可即詩言禪離詩言禪不可以言詩愈不可以言禪而言詩耶疊韻佳章字字珠玉領益良多獨第四句經楫二字老僧學淺未明出典倘用散宜論註云經制未諳如舟無楫係論經制假舟楫作喩若以經楫連用爲詩則累於詩亦累散宜之論二者皆莫解矣或用譬彼涇舟蒸徒楫之則當用點水旁非糸旁未知是否更望有以教我覼縷荒言疊瀆高聽聊盡野人之

見用酬國士之知將來向往籍西心或可恕老僧饒舌知公過量定獲見原方擬虛懷以承雅教戒期既近良覿非遙復和原韻二章祈爲斧政

大荒浩渺鼓波洪萬里梯航往聖通蔥嶺自西空榔屨尼山人詠舞雩風寒原仍有靈根在古道相將蔓草蒙深愧我來無所事聊爲指月海雲中

呼吸滄溟氣勢洪千川何處不流通詩成國士

窓前月花落空天座上風人負才華稱傑出自憐年老學童蒙于今仁義尤難語惟有消歸一笑中

四月初一傳沙彌戒王設放堂齋表禮親到拈香請上堂法語別錄先日除道凌晨有紅盔軍辟人於一二里外道從無他執事左右排金槍金刀長五六尺乘螺蛳轎如騾轎狀輦軍十六人獨高大散髮赤身止一繩纏腰挂片絹掩其前編爲繩夾於臀後腰間求戒土僧伏迎山下國師兩序迓於

山門余候方丈王戴冲天翅紗帽玄道袍剪絨涼鞋不襪入殿上香禮佛已顧繞戒壇鋪設大喜歎曰得老和上來方信法門廣大莊嚴爲非虛也進叅方丈國舅蟒袍金刀侍進茶果素食不御內監攜茶自給談多佛事軍匠寺垣外兩重外重長大虬鬚鬢少或假飾之戴揣金紅木盔紅緞襖魚貫接踵執金槍立內重精悍少年裹紅多羅尼巾綠剪絨襖執金刀如外立刀槍衣柄漆櫻桃色王出殿則轉面內向入則側立無參差者籬外數千軍

座中惟葉聲鳥語而已陞座時王炷香禮畢設平座西向靜聽微笑如有領畧意及下座見當機皆中華僧及余隨杖兩序謂其本國僧曰汝等平日多有自負明佛法了大事者今日人天衆前何無一人臨筵決擇箇箇目瞪口呿如木偶從此休得妄矜詡矣有怒意余曰王勿異也法座之下棒不容情即行脚老叅久親名宿於本分工夫有幾分見地尚向座前納敗闕豈可責之初發心戒子乎且不獨學人當此酬唱爲難即堂頭長老毋論其

法語見地何如登座時容貌聲音已非容易必法眼圓明手脚便捷得無礙辨才而又須具威德相乃能舉度安閒吐詞明亮垂手接人令當機者言下領悟每有承當知識乎時手眼通方一登寶華王座頓然神衰氣薾哽嚅不能發言者爲未具威德也不然人天供養四衆禮拜豈細事耶王聞而怒解坐談過午欲觀傳戒國舅三逮王乃起身復曰弟子自幼聞佛法二字便生敬仰每逢緇衣便生歡喜不知前世元是何人來作何福業於異國

爲王願爲詳示使宿命不昧身佩慈德始辭去因走札報云

本欲只作不相知大家説些春風客話轉見新鮮覺有一番生趣忽然問及不知前世原是何人來可謂曲終人不見江上一峰青若將此中情弊直告未免逆耳也不然自巳來歷何反不知莫非被富貴兩箇字結成三尺暗堆在眼睛前遮瞞過了以致降本流末尚可全推隔陰之昧乎不見蘇東坡自知爲五祖戒後身賦詩云

前世德雲今我是依稀猶記妙高臺東坡亦功名富貴中人何不隔陰昧却凡天下居大位享大名高官厚祿之人前生無不坐破幾片蒲團而其不得卽入果位葢因道心有時間斷世心不得盡淨偶一失照依境轉念不覺投入世網內今之使順風扯滿篷者皆由願力少堅功行有漏改頭換面忘其本來日遠日疎漸漸沉溺及欲復歸蒲團再整初心不可得耳苟能將歸蒲團之人雖處順風不扯滿篷視王侯如草芥珍寶如瓦礫麗聲如惡臭美色如穢腐身居塵中心依物外孜孜慕道求師友提攜如雲與雲似水與水自然合成一氣分拆不開此其不違本誓直至證果而後巳也否則蔽斷菜根踏破草鞋有何滋味勝得過食前方丈姬妾成行輿葢軒昂繁華靡麗而人肯舍此以就彼哉咦實與言之在昔與我同發足來不意你走錯路頭又向他家形山打箇轉身却在這裏做國王反問幾世修來到王位並忘了不以一佛二佛三

四五佛而種善根乎至此樂則樂矣但恐十使八風吹入萬丈泥窩裏一脚陷下去急忙拔不出來甚爲此慮所喜不曾深墮七情五欲坑中猶記舊時影響想到廣東尋訪老僧何異坡公依稀猶記妙高臺今日覿面相逢還認得否苟若認得便認得自巳本來面目不待指月而自明也夫神龍之爲神龍以其能伸能縮飛騰變化不可端睨將來王之變化飛騰反本歸元肯讓神龍耶故老僧特贈法名與龍別號天縱道

人從茲向後惟願藏其首而顯其尾將來大轉法化則從上佛祖于常寂光中莫不加額矣豐干饒舌有隱乎爾哉

初六日傳比丘戒國母王兄設齋法語别錄王宮梵宇落成索額聯爲題曰覺王內院大殿聯曰等覺地爲妙覺地誠心明心同入三摩智慧眞如藏阮王宮建梵王宮在世出世總成一片仁慈大道埸前殿聯曰海水淵涵滌世界塵煩囂風起清涼月殿蓬山疊翠奠邦畿作磐石花深潔淨禪天殿

前柱聯曰月面雍容不倦夜明簾靜裏森羅萬象日輪照耀常瞻金色相光中普現千祥後殿聯曰十身調御應現人王合作佛心德主萬德莊嚴自成寶所坐深香海宸居羅漢堂聯曰天台山上乘涼袈裟忘記石梁橋撞碎虛空豈是分外作用香積界裏應供草鞋錯落蓮花國踏翻水月無非箇裏神通殿前門聯曰佛德及羣生淑氣氤氳結寶光於慈室王猷周八表祥風披拂開覺路以端門王就內院結壇佛誕日率國母公主后宮眷屬同受菩薩戒王自爲一壇是日酷暑體胖跪久汗透重衣引請語王少坐應禮時則跪拜王曰吾年少戒範乃所樂不以爲勞也跪受訖起復作禮求開示老僧累驗其信根堅固求道眞誠因喜而囑王永爲護法金湯書卷示之曰

世出世間道無二致儒教唐虞言中孔子言一中庸言誠名稱不同而根源則一一者何卽心而已得乎一而心正則以之修身而身修以之齊家而家齊以之治國而國治一切用人行政

兵刑禮樂若粗若細無有不知之明而處之當者所以天得一而清地得一而寧君得一而天下平正此道也惟我大雄世尊爲人世自巳分中有一着未了的大事特設以教則脫盡根塵不立文字直指人心見性成佛以心印心故西天東土五宗分門無非要使了明這一着子遮相印證所謂歸源性無二方便有多門也儒者道在建立作有爲法於這着子存而弗論佛趨無上於這着子論而不立是以世尊說法四十

九年未嘗道着一字殆爲此也觀王聰明仁恕度量寬洪統理庶政體恤臣民濟人利物遠近貴賤無不各被恩澤又能孜孜以出世大事因緣爲巳任豈非應以國王身得度卽現國王身而爲說法應以比丘身得度卽現比丘身而爲說法二者於王分而不分者矣獨爲向上這着子特請老僧開示若論這着子人人具足箇箇不無又要何開又用何示可奈大地衆生無始劫來識情障却展轉輪廻不能脫離曲勞世尊

於正覺山前夜半覩明星震聲曰奇哉一切衆生俱有如來智慧德相皆因妄想執着不曾證得可謂賣肝剖心難逢售價人也茲者喜王身居王位不昧靈元依然衲子行履皆由宿生般若種子熏習深厚故於少年極富貴最樂塲中便於此事信得及此一信字爲斷除煩惱本直入如來地苟於這一着子如是信得及把得定決不肯受人瞞頂必要究竟到透頂透底老僧別無巧妙惟請看箇話頭無夢無想如何是我

主人公不得將意識卜度不得將義理詮解把這箇沒滋味沒下手的話頭頓在心頭晝三夜三日憤悱地定要討箇着落無論坐朝理政事時炷香拜佛時乃至飲茶時喫飯時喜時怒時與羣臣相接時侍奉母親時與妻兒聚會時行時坐時臥時觸境遇緣時或好或惡時獨居暗室時不得須臾放舍莫道沒滋味沒滋味中正絕好滋味莫道沒下手沒下手處正絕好下手看來看去日久月深驀然囫地一聲摸着娘生

鼻孔方知原來在面上到此田地不妨將唐堯虞舜孔子子思以及西天東土佛祖五家宗師一脚踢倒扶起衆生作箇過量大人何快如之雖然如是長壽拄杖子亦未肯點頭在何故千聞莫如一見今王皈依老僧受持菩薩大戒成就闔國僧徒皆秉金剛心地具足戒爲功德主建大道塲作大佛事修大功行解大法義是故佛以金湯護法付囑國王大臣王旣身作佛事自他普利又於向上這着子務要了明以求開

示老僧因以紫羅衣一頂書此爲他日悟道契劵惟王護持自肯方親不負老僧拭目之望

王拜受謝曰老和上開示某不敢忘自愧宿習深重不能通達向上事恐負慈旨耳余曰昔靈山會上原以外護付囑國王王但從信根證入將來解悟自有期也踴躍作禮而退暮返禪林爲王兄醴泉侯韶陽侯并該伯衆官傳菩薩戒次日爲衆戒子圓菩薩戒王兄公主諸戒子設齋王命元老東朝侯齋禮請上堂法語別錄越三日率國師兩序

領新戒子行古佛乞食法於國中兼謝王成就功德王搭紫衣兩僧持加持錫具侍迎於西便門幢旛引道兩序僧并新戒一千四百餘衆各搭衣持鉢步立整齊同音稱謝王莞爾喜勞延兩序入供齋待新戒茶添鉢錢三百貫米一百石着軍人袞至禪林寺戒牒悉鈐王印別歸次日腹患大作王

聞差內官持書訊慰卽復曰

來札云老和尚之勞精壯後生亦當不起在暮年人焉有不病惟願安閒調息爲慰覽此極知道愛之深然勢有必不能撒手也老僧亦謂在家人不能清閒自在出家人正當以此受用不覺出家做了和尚莫說受用自在連箇閒字更討不得何故修造叢林忙煞接待往來累煞應酬筆墨苦煞調御衲子難煞撞着魔業氣煞拉扯不了笑煞到此地步焉得清閒以己度人吾恐大越國王亦未必有清閒自在耳在世出世同一忙字但忙中畧有不同在家之忙自天子至庶人莫不因功名富貴妻兒老小所謂爲己

也出世之忙必因佛祖法道接引後昆所謂爲人也殊不知爲己的都爲了別人爲人的正爲自己此猶克己復禮爲仁展轉之機同鼻孔出氣也要知己私也禮公也己與禮公與私四者一箇也所貴能克己復禮者背私向公全私卽公仁也不能克己復禮者向私背公全公卽私己也故不患乎仁不仁患在克不克所謂爲仁由己而由人乎哉到此始有工夫做矣老僧之忙就與一日克己復禮天下歸仁此中轉一轉

則爲人正爲自已所以自肯累出病來終無厭倦如世人之忙乃爲他人作嫁事衣與自何益吾不做箇清閒自在人肯累到今日與病作對頭不亦是箇眞老獃子乎昔維摩示疾文殊往問一默而開不二法門今老僧抱病德主差監官持書慰問不覺瑣瑣且道維摩之病與老僧之病一默一言是同是别請下一轉語

十三日差太監頂禮云明日王出演武塲操象半月始還欲請老和上一觀允否余諾至十五日黎

明内監速登舟水淺三五晨星高林雞唱宿霧將收去棹逶遲十許里微聞煙際噭嘈内監報曰至矣比至男婦觀者匝四五里軍監辟人前導王爲臺當中旁一廠居王象象獨高大左右皆布列屯營象廠芰蒻蕉把具焉臨發十象爲偶西立背馱丹漆木鞍狀如斛三人紅金壓綠剪絨襖執金鉤槍立肩坐一奴執鉤東五百軍執刀槍火具去一二里與象對先縛蒻爲人如軍狀樹于後臺上號旗招動諸軍輪刀槍奔象前火器齊發煙燄迷空

象兀不動須臾銅鼓連響軍奮前觸象奴以鉤斲象首武士鉤其股羣象騰踏直趕軍退走伏避象各以鼻卷蒻人而還稍後則鉤槍並下皮開血出甚至困仆不能起者畢以此分殿最焉王具言本國山中羣象成羣要拘生象用兩馴牝象誘夾之以大纜絆其足於樹間使不得動飢渴之數日奴漸迫近之飲食之少習兩牝挾而歸撥於某官曾下五十軍供給演習年來東京占城之捷多象功也先王時有一象摧鋒陷陣主將爲敵所殺鼻其

屍奔山谷中瘞之回身奮怒觸突縱横軍乘之大勝收軍後長跪帳前導人收主骸歸葬遂不食死至今義象塚存焉因問中朝演兵操象事余爲細陳演武之法作操象行懷拜將軍云

國王一一修供養艤舟晨請看操象曙色林煙未辨花淺瀨蘋風吹蕩漾十里已到演武塲四邊人立如堵牆袞龍高坐披髮主錦袍侍衛神飛揚大越象師冀北馬肉蹄蹴踏常被野遺熟驅生雖制雄飢之渴之鞭捶下調來荏苒經數

旬國家養象勝養人日食豆粟各一斛刈芻軍士還苦辛先期半月出點視長牙短牙牝牡異五十鑾兵擁一頭進退坐作趨人意今朝四月日方長紅盔白刃揺波光背上鞍馱三武士手執戈矛森列霜東偏十象排作隊西軍五百與之對白旗招動軍向前火器連空初發攝白旗落下青旆升象奴斲象勢雲崩擒回芻俑有遲疾官奴以此論降陞須臾操罷別優劣無限皮傷腦出血何堪困憊臥沙塲奴受鞭笞官受黜

稱述昔時一象勇且忠官軍觸出當先鋒主人陷陣格鬬死鼻卷遺屍瘞山裏回身直突敵重圍軍士乘之莫能抵歸營長跪大將前倩人收主骸山邊從此不食竟飢斃至今象塚畱荒煙王曰中華武備可得聞爲陳嶺海拜將軍登壇廉頗眞老將部分熊虎如煙雲將軍較士不專武生平仁義爲干櫓身與士卒甘苦同軍亦親之爲父母功成獨屏大樹間輕裘緩帶何翩翩棄人用獸猛不取刀斗不設高牙閒盛朝有象

占太平天子郊天馱寶瓶立朝御象將軍倖渾身錦韉垂珠瓔時將此物戒官吏應念焚身因有齒

生平最苦熱一日溽暑廻憶故山此時林花正放坐澂心亭剝菱削藕受四面荷風誠爲快事偶見案瓶蓮花一朶命行人徧覓鮮藕絶不可得盡道蓮但花葉而不長藕因知花葉藉水而生藕必資土始長此中一片浮沙無怪乎緣花問藕之無得也彼樹德不弘而致飾於外者其大越芰荷之謂

乎隨有道余嗜水果者皆爭以鮮果獻庫寮充滿狼籍大都波羅蜜西瓜香蕉檬果之屬濃甜非所好一日王以竹簍實檬果差內監相遺稱上品佳果特供老和上心竊易之細視覺差圓大用利刀薄去其皮片削之入口香美淸甜與他所遺自別更與粵東生則酸熟則爛者迥殊乃知藏典所載菴摩羅果此爲正本歟今輿記稱菴羅果而遺摩字俗稱檬果全改其名雖名稱固有差訛而物亦自分優劣然則因物而不遡其名者旣非由名而

槩信其物者亦非也三日前韶陽侯以鉶盒饋荔枝十數枚厚皮大核與粵之新出糖膞相似巳是此中之絶少者將欲上擬黑葉進奉尚邈乎不可得安所望凝冰桂綠乎以檬果與粵較此爲最以荔枝而與粵較則瞠乎後矣推此則人固不可一長自矜用人者所當節取也歟因食荔枝成懷張方伯五古一章

我來古交州苦熱日瘦黑空階步夜凉舉頭近南直睇望紫微垣迢迢不可即耿睥帝座旁餘

光照薝蔔芰荷花露泫池魚躍月汐託根脩樾間弱荔終能植況復含生倫豈不獲休息召伯久巡行甘棠遍南國交州隔大洋又爲南最極前朝入版圖郡縣定法式在昔黃尚書布按有威德後人措置乖無由安反側悠悠數百年至今成絶域縱懷向化心遽敢修貢職一聞禮教論輙起自嗟啣獨恨華彝音聆之各不識言貌妙有神翻譯胡可得波羅味過甜檳榔花澀嗇不及荔枝香五月遞相憶清泉浸玉盆從容公退食趍此好南風歸帆駕雙翼

王卜於廿四日延隨杖十衆熏修大悲陀羅尼懺一期一爲今年請余到國雨暘時若物阜民康仰酬佛祖龍天之恩一爲五月十八誕辰預祝遲恐朝務紛綸不能清淨如意先期齋戒訪及應行事宜余曰齋者非徒潔口體思慮而已必舉家國上下清理整齊無一人一事不得其所始滿王齋戒分量既承延訪當清冤獄釋繫囚賑貧乏起幽滯弛厲禁恤商惠工濟人利物之政一一舉行至壇

儀所用供器及僧衆衣具花香等物另開單製備其日將領衆入宮適一婦人執紙號訴叩之言其夫曾文老閩人也犯重罪當死繫獄待決水飯絶餓而先斃妻備棺草殯置諸壑籍覆之五日後爲羹飯往奠微聞棺中呻吟聲迫而哭呼之曾知其爲妻也告曰吾罪未當死閻君放回且語以往求廣明大士吾當活矣妻馳報地方官開驗氣奄奄焉未絶也爲糜飲之仍繫以待王命竊忖老和上大明人從廣東來所謂廣明大士殆其是乎可以

活吾夫矣萬乞垂慈哀懇切至方言中華皆稱大明惟知先朝猶桃源父老止知有秦也余允而去以其事告王立爲查釋因而罪輕者悉放重者減等善政舉行而頌聲作矣於是布挂旛幢羅列珍玩香煙馥郁花氣氤氳自成國王供養僧衆沐浴進壇自頂至踵皆易新服梵音嘹喨儀容粹穆觀者皆恂恂起敬信之容每一進王必於外壇修禮與僧衆同臥起不少懈請余宿內院作證明暇則商確古今理論政治所以導之緩刑尚德愛軍厚

民通商薄斂不一而足悉開顏信受自恨其年少寡聞也坐談間忽一內監從外來稟番話幾句王遽出閫外殿鼓三通經久王始入猶喘息不定余怪而問之王曰適軍營失火倉卒往救致失陪奉耳曰王親往與對曰然不待駕矣吾到庶官軍齊赴救也余曰惡是何言也千金之子坐不垂堂況千乘之君上關宗廟社稷之重下繫生民萬姓之安而輕身湯火雖云德被羣黎然保無曠夫怨卒窺伺行徑或故縱火以誘王出驚犯駕前不亦殆

哉所以王人出入警蹕非無謂也王聞失色曰然則奈何國盡茆房歲有火患動延數里不救則民其纍矣曰是有道焉王當設令箭國中急事須王行者命內監同軍官奉令箭往令到卽王到矣令到官軍有不赴者罪無赦如是則兩無所妨矣王悅曰非老和上愛我將不得聞此言凡累日所談及聞見中有爲國爲民之政願求一一開示將鐫之朝門永與臣民遵守也閒臨池垂釣或蕩舟採蓮邀余騎象各乘一頭囊沙令象抛擲國有象刑

罪犯重者發象抛起數丈仰齒插之洞胷穿腹須臾糜爛勸之爲除此刑啖口之夕部洲壇儀鋪設已定陰雲四布風雨不止王仰視躊躕云安得一夕晴明使法師放食如意作圓滿佛事便妙耳余以王一期功德費數千金精誠備盡遂爲祈禱卽持穢跡金剛神咒一百八遍化符兩道稍歇再爲持咒四十八遍風雨漸息已而雲鋍露出青天頂之斜陽返照鴟吻之上徹夜星光皎潔王踴躍禮謝欲學此符咒余曰學則容易要須靈應必以歲

月修持感格而通始得隨機應用王曰願求授持次日辭歸更乞余將日逐所談政治一一錄示因陳立國政約十八條皆借軍愛民便商利國紀綱法度一應禮節語繁別錄王閱甚喜語掌事內官曰吾國法度民情素失大體今蒙老和上爲我以中華禮法開列條敎十八則當刻榜府前曉諭文武軍民人等知悉另設牌二十四面分類標明如有違條犯法者許被害抱牌進告無論王親國戚文武軍民按法問罪永爲國政云

海外紀事卷三

嶺南長壽石頭陀大汕厂翁譔

余以暫假南來北行有待常住修造未了大衆懸望決計六月即理歸帆客有以此意達王前者王惘然曰此雖下國荒涼老和上旣惠然肯來縱不堪三年五載亦勉留一二年畧盡遠迎供養之心何遽言歸忍棄人煢煢孤獨也次日延進宮深談款曲記自初見時首勸之入貢請封以正名位至是將歸言及我朝

太祖

太宗忠厚開基

世祖皇帝仁慈丕創鴻業又能崇信三寶延供玉林木陳和尚于蕉園　御書敬佛二字并遵梵網經具戒比丘爲出世人不應跽拜天子王侯須行墨刻一卷銀鉤鐵畫足爲後世楷模好讀書手抄古文數尺佛相伽藍俱七寶莊嚴送兩和尚還山無一不令人歎仰

今皇上復神聰天縱文明武備蕩平海宇久道深仁

賑濟飢荒豁免數省錢糧天下萬民畏威懷德尤爲不世出之主文武羣臣仰體君心玆兩廣總督將軍提督司道諸公皆清廉正大坐鎮百粵爲政以德法令以嚴溫厚和平不怒而威軍民稱頌深得封疆大人體段誠熙朝有道之時王當進表歸極無復遲也王曰今聞老和上親述始得其詳然某偎處海隅素昧禮教向化之心雖有爲小國從未請命通貢設使驟然拜表邊界大臣未必便肯齎遣上達則徒費往返矣老和上旣不允淹畱下

國還山後將某情陳述於粵中當事許貢信來備就土物而後修表舉行斷不爽約也并問中朝內外老成柱石以及清華英俊之彥余據內大臣及閣部諸君子一一舉所知以對晚歸禪林爲寄丁常侍洽光榷使五古一首

眺攬大越勝曲如折釵股沙磧耀銀光蒼山堆翠羽美人行不來野色自終古眠花犀象多齒角亦可取孔雀啄花藤龍腦奇楠樹以斯貨四方因之集商賈田稻歲三收不糞任沃土笋竹當城垣驅象作軍伍雖不明綱常尚復知臣主問我中朝彥承恩近誰溥爲述丁黃門奉　命來大庾耳目寄親臣邊關託肺腑衣賜御袍新天廚分玉脯本朝清華士如此不多數浩浩恩波長行將及海澨使來正釆風旦暮還入輔大越請貢心歸爲陳縷縷

國中風俗民最苦土田甚稀穀不足以贍土著順化會安一帶俱仰粟他境土音喚飯爲甘不易得飽或以魚鰕蔬果當飯饔飧無常期也依山阻海

稍有平沙卽爲民居隨戶口多少爲一社社有該有長有田則種稻輸於公者七八私得二三而巳餘但漁樵所得歸於該長給還而後敢取然猶歲納身稅錢十二千竹木鹽米綾絹一切物料各隨上貢王有公事該社差撥往役裹糧以從市肆買賣皆婦女無內外之嫌風俗節義蕩然矣每視其民亦非愚頑不可教化者皆由上人教養之政不行誠得聖君任賢分牧閑其一往邪辟教以孝弟忠信禮義廉恥使率循於大道十年生聚十年教

訓安在蠻彝陋俗不轉成華風樂土耶惜乎生民之不幸也感慨因懷陳廣州

昔日五仙騎五羊今朝五馬駕黃堂仙人雖去歲常稔太守自到民乂康廣州覈縣一十七連山杭海雈苻竊當宁經營數十年閭閻耕鑿事粗畢忽逢大水天降災我公此日下車來淋漓露冕往安集中宵蒿目空徘徊稻田穀熟浸糜爛亦無荔枝與龍眼尚傳寶玉此鄉多使槖金裝上魚貫石門泉脉草離離明珠翠羽至今悲

幾度經過動懷古清風長匝大夫祠誰道古人不可見君與吳侯成一片別來歲月嗅咻深士習民風定丕變憶君眞切爲生民數採荒唐及野人飯我維摩香積供還承移贈篋中珍荏苒相違更五月日南邊鄙嗟雕結安得如公敎化開一變蠻風同百粤

世界無所謂華彝自聖人出而分之耳草昧之初茹毛飲血不識不知與禽獸無別迨生聚日繁奸頑者遂以權術相雄長究竟非以道德服人也於是天生聖人不忍同類者相傾相軋等於禽獸爲之兵刑以定暴亂禮樂以化奸邪政敎漸興城郭宮室宗廟祭祀尊卑貴賤莫不蔚然有秩有序遂成文治之世是華亦自聖人而得名也若夫山海間阻聖王征討所不及聲敎難通自爲君長久安於鄙陋朴僿之習不復講求乎等威度數雖成定分然勢力相服首不免於戰爭獨士卒甲兵衆人長技至取威定霸非設奇神變何由自立於不可勝以制人之可勝乎故國中多談武備不尚文德

余到大越有四朝元老東朝侯最初請見與若子文職世男皈依老僧此中人喜詐僞惟東朝喬梓與人交素心平實不以動名富貴矜詡冲澹有華夏風亟以數學奇門遁甲等殷殷請益余曰方外朽人未嘗從事於此曰否則老和上在王府作佛事圓滿時何能立止風雨素聞結茆華山曾遇異人秘授求之再三言及五行衍遁元爲救時方便之法每因荒旱祭風禱雨偶一爲之世人所傳者此耳今不難舉以授公但可傳者法而用法在人

必精誠專一歲月修持使法成在我方能變化無窮臨機不爽不然徒守其法而形幻多端安能隨機應用無所窒礙耶時彼拜求懇切不休言老和上大慈肯傳弟子誓辦一副肯心不論十年五載必求其法感格相通而後已將盡此生形壽奉爲濟民利國之事斷不敢損人利己取罪上天也余念其誠懇篤信聊輯五行衍遁祭煉日時尅配度數大槩與之并爲序

大凡人耳目意想所能及謂之常耳目意想不

能及謂之異奇則神明不測尤異中變幻倏忽莫可端睨能奪造化之權轉生殺之用而宰制於先者也蓋自陰陽既判秩分五行於是權在造化尅制限定而不可移惟奇則直取混元一氣之機在鴻濛無朕之始驅陰陽破五行爲造化之權所不能制然其爲類多端上而天下而地中而人其間若法若理若事若物各分門類凡動靜取舍行止進退一切從此出入自然出人意想之外而常足以制人卽造物亦所不能

限所以有時而衍則布散無窮有時而遁則消歸無有有時卽衍卽遁則滅多爲少有時卽遁卽衍則雖無實有轉衍歸遁則以生用殺轉遁成衍則全殺皆生故衍中有遁遁中有衍神明變幻不可窺測者非同奇門也要以方位之陰陽五行有定而生旺死絕因之年月日時之陰陽五行有度而孤虛旺相屬之當生旺之方又值旺相之度全衍全遁雖可取勝尚恐機或差之毫釐當死絕之方值孤虛之度惟卽遁卽衍

卽衍卽遁可以制吉尤貴機轉於眉睫其法貴運用之妙存乎一心而能取混元一氣之機者信非其人不可所謂有治人無治法此也今分門別類以傳其人修持者其慎之與其慎之與

聞大學士豪德侯閲余論詩談道復啓亦雖歎服終以摩訶爲眞如體之不謬知彼認病作藥自以爲是既在見聞何能隱默不以忠告發明因再書與之曰

前辱華翰戒期在邇草率報謝未盡私衷茲細

由繹大敎如坐春風和靄中也昔李都尉有天雲瓶水之作與藥山莫逆諸方傳爲美談今君侯高吟見惠般若風摩訶月更以淸涼圓明之論不讓李公於前矣士君子中求一畱心吾道者豈但星中月雞中鶴直如火裏蓮花得不並駕李公而稱雙美乎若皎然靈一諄諄以聲律辭華受知嘉祐長卿輩又何足與君侯道哉夫位至三公權衡六部不離七情五欲勢利聲色之鄉而置身澹漠不爲富貴汩沒非於無量千

萬佛所宿植靈根深抱艮知而再來安得至是耶老僧幸叨錯愛不揣自愚竊謂尊作中所云摩訶乃歎大之稱般若係智慧之種摩訶原無定體般若本有來由素聞般若風未見摩訶月卽使以摩訶言大月而對般若風雖字是義非句到意不到也况近體七律律法應嚴忝在道交代易菩提月對般若風不亦穩當前報小札未盡言者以君侯爲慧業文人自有會心也不意來翰復示以摩訶爲眞如之體圓明比月是

則是矣不知將眞如作何物而可以摩訶爲其體請此一會始不惑他岐路正好百尺竿頭進步也不然直饒言言歸體句句朝宗盡屬一偏空說矣老僧直陳左右實愛君侯不從他人口角取涎特立識見劈空硬指古人云三字此一副雄毅膽量儘足承當本分大事爲佛國一座干城惟恐不能保重自是其是不恤路人指摘且喜能容忍而不動心故爲冒昧相激耳昔韓信遇淮陰少年受辱胯下子房遇圯上老人受

辱進履此雖庸人女子所不能忍者張韓受之而後遂志康時輔成王業始見丈夫氣量由是觀之世非無英雄爲王者師惜不遇黃石蕭何使其人鹵莽自用消滅英雄而不見也荊山之玉卞和始識伯牙之琴子期方知每多明珠暗投寶劍沉沒深歎相知不易而方外相知尤難得也况吾宗接人從來指東話西不盡明破正要激人自己發明明其本明無明不明庶不被一切語言瞞過眼睛所以云我無一法與人惟

是爲人指路也君侯留心有年植學有本富於詩書六藝兼閲內典三藏豈不知眞如端的而復作此說噫必要使老僧不能以古人位置君侯故意自我作古看老僧從何下口欲取鼓掌一笑耳但自古及今所有說禪者莫不臨機敲唱雖語有精粗工拙或取成句爲擊節未有將經論明文強立名相以爲瞞頇天下人之器具非獨佛法禪道中不可即賦詩作文寫字圖畫皆不可以臆見僞置所貴不落勉強造作得心

應手自然入妙世出世間從無兩箇道理試就詩文字畫與禪者說禪其體段作用無不相同者合而較之彼秦漢以上且勿具論即六朝唐宋以來諸名公約之如臨濟興化趙州普化一輩說禪與陶靖節詩柳子厚文張顛字米南宮畫其眞樸閒曠生趣流動意與勝而到者爲氣勢同也洞山雪峰德山雲門一輩說禪與李青蓮詩蘇眘山文顏魯公字仇十洲畫其清標高致酣暢堂皇情理勝而到者爲神品同也至大

慧圓悟高峰一輩說禪法式詳明準繩大備則與杜少陵詩韓昌黎文王右軍字王摩詰畫其精微淵博周匝傳神意與情理俱到者爲體用調度同也若夫峭拔處如波浪兼天湧奔騰處如風雲捲地來幽韻處如蘭谷竹溪清香並至驚人處如海立天崩傾湫倒嶽霹靂火閃電光交加而來此皆不容一毫牽強捏撮古人作畧今人縱能摹擬髣髴斷無其全副精神氣力却不如自我作古之爲愈矣近之學儒學佛者皆

從外邊攻進去誰知古人都在裏面打出來是以見地學地事事分明而出身有路也到這裏吾又知君侯不耐聞宗有宗旨教有教源話成兩段遂不分別而以教說禪未免指摩訶爲眞如體混作天不覆地不載欲換人眼睛言人所不言爲人所不爲焉肯在裏面打出來務要外邊攻進去自成一家居士禪老僧不啻游夏讀春秋敢措一辭乎昔王荊公問張文定公云孔子去百年而有孟子孟子之後絕無一人何也

定公以儒門澹薄收拾不住答之諦觀儒門未甞澹薄惜定公不曾遇君侯輩若遇之有不收其語而答荊公乎葢君侯豚肩不掩衣不曳地瘠已肥國械樸作人能令老安少懷博施濟衆雖古人不可爲者爲之誰謂不足以繼孟子之絶學哉君侯名滿海洋德被大越聲價彌高而久定矣苦老僧身無一長忝列法門三四十年又不肯甘作泛泛之鳧隨流上下亦宇宙間一離奇怪物君侯不肯訓誨則已反加稱許云法

中威鳳世上祥麟不使老僧愧殺抑令旁觀笑殺也仲尼聖人矣老子尚云去其驕態毀其淫志驕態淫志豈仲尼有哉而老子竟與言之其意葢欲借仲尼之所無爲不服之藥以藥石天下後世之果驕果淫者使攻其弊以勉勵于道故仲尼受之是知聖賢佛祖莫不以師友互相攻激始成千古提綱爲世出之師也今余亦以如是奉賫願祈敎我海天風雨伏惟爲國爲民珍重

去王宮里許爲國母府衙宇相望止隔一水門樓高敞洞然閒然清溪環帶綠樹陰濃旁蔭板橋脩竹叢匝不通雞狗園内波羅垂蜜椰實含漿花畦藥欄參差掩映孔雀馴遶其下麀鹿眠食其間中爲佛殿灑掃清幽蕭然物外别具桃源意兒長夏炎蒸凉生几席國母慈祥樂善爲人排難解紛施予好生低枝巢遍綠鳥見人不驚到國以來四次請齋皆極盡蠲潔雖珍玩器物余方注視卽舉以供聞將北歸瞻依不得永久向國師前每有愴恨

之色復盛齋餽請余及隨杖兩序拜言曰弟子生長遐方老和上中華佛祖洋海阻絶一旦得覲慈光叨收爲座下弟子不可謂非多生之幸惟是駐錫未幾便爾旋飛國中弗獲常蒙法化使弟子輩無所依怙將奈之何不覺泣數行下聞者亦爲之欷歔余慰之曰老朽無能蒙王與諸弟子如此皈依恭敬詎忍言歸今欲别去不止常住懸望身繫多端殊非得已也然亦不在形骸爲聚散國母但能常行善事一心念佛無有間歇卽長相親近也

若念起念滅征逐塵勞卽老僧鎮日對面猶隔萬里究何益哉聞言歡喜作禮曰老和上一席之談令人披雲霧而見青天乞書垂示俾草堂中常留法旨依教奉行也齋畢辭歸書自性彌陀說以示國母爲老僧辭歸故山特乞一言終身受持願生生世世常得親近也因曰修行捷徑無如念佛所貴諸緣屏絕六字單提心不散亂念必精誠朝念暮念直使不念而念念到無念念念不間念成一片莫不道合體同與天同高與地同

厚與日月星辰同明山河草木人物鬼神同消息同禍福同貴賤同男女同遠同近同去同來同飢餐倦眠同喜怒哀樂旣與萬物一體則彌陀原非別有就在不亂心中流出誰言彌陀在西方老僧在廣東國母在大越一念不生全體現也稍一散亂去彌陀十萬八千里離老僧四十五更路隔國母於大海卻月岸邊六根纔動被雲遮也舍此而論聚散見聞皆假合耳如目前園林中之翠竹黃花不自謂我是翠竹黃花

以眼合色色識見也猶蓮池內之風動水流不自謂我是風動水流以耳合聲聲識聞也乃至鼻舌身意香味觸法亦復如是須見色不染聞聲不住動靜二相了然不生遍虛空唯心淨土盡法界自性彌陀彌陀旣是自性老僧何曾離卻所謂一念普觀無量劫無去無來亦無住只要念着本名十方虛空自然答應到這地步何待老僧叨叨呾呾自知微塵世界自他不隔於毫端也但恐不信苟能于此信得及華嚴經云

信爲道源功德母長養一切諸善法故贈國母名爲典信再寫一偈聊爲證信契券云

天上雲流地下土大越國中阮國母一聲喚着一聲應西天東土別無祖不見秦國夫人龐道婆拍掌何曾用手舞不見黃鶴樓頭千佛名崔顥題詩張拙補不然爾之三昧我焉知貞慈二字難爲伍彌陀老朽不同時同時坐臥孰相離若謂相離互相失楚王之弓誰得之問在答處答在問邊三身不二賓主歷然南來北往總在

現前須知今日是何曰始信他年依舊年
陰陽者天地之正夫婦人倫之始顧易以扶陽抑
陰禮夫婦婚姻男先乎女男治外女治內夫爲妻
綱以順爲正者妾婦之道此不獨陰陽尊卑定位
亦以嚴閨壼之防使不致敗檢踰閑而生中冓之
嫌也大越風俗反是婦女任其所之往來貿易父
母夫子亦不以醜惡爲嫌以故釆蘭贈芍隨在俱
有慨此風之淫靡不獲聖人興起教化以轉移之
適有客述占城張節婦事婦張某女祖籍浙江人

居此數世矣少即修潔幽閒適徐某爲妻事姑以
孝聞丈夫從軍輒勉以忠義舉一子甫周歲而大
越與占城鬨敗沒夫死於海婦聞奔赴欲哀骸殮
葬無所從得晝夜號哭沙渚中忽浪決沙開半露
衣袂審視乃其夫服巳手所製也決沙而觀果赫
然夫也營殯歸葬每思自絕念堂上白髮之姑懷
中黃口黽勉苟活女紅以奉姑養子矢死靡他強
暴數不能奪非天地正氣凜然稟於至性何以山
海窮陬頹風淫蕩挺然節義獨立不回若是乎惜

無傳其事者余聞急爲表揚庶蠻夷中知此爲綱
常婦道之正聞言而自愧耶因作徵詩啓冀羣起
而挽流俗焉弁爲四言古詩
竊惟乾坤之正氣何以旣生中華還生外域旣
賦於男子而復鍾於婦人節義之弘綱乃竟有
在小戶非在大家有敗於白頭而特立於靑髩
雖屬因材而篤實由積厚以光抱金石於中藏
凜風霜於後勁志不可奪一身兼爲父爲師事
克有成千古歎完貞完潔全家沉水國骸骨誰

收孤淚滴秋閨宗祧自任此古巾幗僅見之婦
亦今鬚眉少有之人也祖居兩浙生長占城徐
輔公元配節婦張氏者身系民家婚聯壯士皎
皎海天之月亭亭栢舫之風十七歲絲定紅絲
由是殷勤奉母百萬頃波翻白骨毅然慷慨尋
埋夏令女守志惟甘不足多耳杞梁妻聞喪遠
奔庶幾近焉僱蛇鬼醸禍舍沙至郎君捐生蹈
海赫赫王孫公子多遭國破家亾蕭蕭裙布釵
荊詎肯玷身負節徒切鸞凰於碧漢飛巳失羣

無違夫壻於黃泉策當善後不知我者謂未亾人之尚存豈有他哉念邈諸孤之誰育保毀卵於覆巢之下守斷琴於冷月之中堪憐伯氏無兒虛茲世代從此良人有子延彼宗支地下愁心于今始釋天邊木鳳何日飛來顧國史之誰收慕芳聲而當白老僧馳驅洋海他邦歎息閨闈大畧魚軒不到處未遑請見於長安客舍獨吟時竟欲徵文於上國仰祈巨卿名士勿靳華衮璠章短或咏長或歌頌其貞嘉其行挑燈展

卷紛紛雪照松楸落紙揮毫陣陣香生几席文人被之絃管與明月梅花分韻野老播以詩詞爲西山薇蕨生榮抛方外之磚引案頭之玉表揚一婦足起九原倘太史之采風必先名節或後賢之興感益勵操修謹布膚言代爲傳述云爾

漠漠旻天萬形之斛苾苾九州太倉粒粟爰鑿爰疏安流平陸設以綱常用分人畜賢聖秩典禮嚴義肅體質成文彬彬彧彧豈必有方定中華目如彼占城皇輿要服犀象攸居榛莽爲屋家無吠尨林有樸簌壼範誰修女箴誰讀何爾頳邦生此貞淑雖祖浙江婦由是育旣下喬柯入于幽谷斯道冥冥長夜滅燭惟汝耿光見則任獨幼賦端莊于歸孝睦良人從軍忠義相勗霜杵流黃鳴雞盥線鴛鴦在梁歡未云足倏忽邊烽羽書馳逐伯也前驅王言焉宿匪爲封侯義奮中觸酣戰滄溟舟指可掬馬革不還誓葬魚腹全軍殲焉狗師奚錄杞梁無歸華州善哭

海水洋洋于何撈攎呼天告哀曹娥克續晝夜恨恨骸露沙覆誠動彼蒼獲非所卜返厝先塋同穴是祝回顧遺孤藐然誰鞠一死豈難忍先祀慼毀貌摧容拮据饘粥風雨危巢單雖依㲉日邁月征維哺維㲉矢死靡他嗟哉強暴並處淫風苦節自篤皎皎婺光日南瞻矚爾婺伊何麗在荒麓中國如斯量斗載轂偏令芳蹤孤標洋澳特倫常綱秉貞節軸詎乏盈廷脂葦覆餗朝楚暮秦容顏婢僕翻令鬚眉爲巾幗辱凜若

性成不緣習熟禮義同心如射準鵠無爲表章沉埋珠玉是用作歌與日爭昱

客窓風雨偶與隨杖諸子言及故山大衆正在懸念之際忽聞老僧還山或有普齋公䞋供養十方雲水可爲第一法喜功德也亦爾如侍者出禮請募供衆錢糧緣引乃作疏曰

廣東乃四海五湖雲水來龍口長壽係十洲三島沙門總馬頭是釋迦是彌勒莫不向這裏停機若羽士若禪人皆要從此方着足放下折袋

聖同叅凡亦同叅打開鉢盂朝要喫暮也要喫柱杖子只好各與一頓餬餅話爭奈不療衆飢雖云修行人法喜可食還在有力者信心之田變大地作黃金但聞斯語攪長河爲酥酪徒見其名弘曹洞道臨濟宗空腹那討實事養趙州茶維摩飯飽餐即是眞機齋僧勿論百千員計程約算二萬里奚絲越粟在中華自有中華施主圓頂方袍化外國豈無外國英賢體既三空事須兩足修慧還當修福利已必先利他縱使

巨海爲美滋一身安養不過獨善欲持須彌作供非衆家出手何以推移遠處呼而近處應此聲唱而彼聲和不拘鄭州秔盧陵米何分香積芥甘贊金赤仄青蚨般般拈來寶庫牛車馬載一一運上錂船直教肚皮脹穿管取日用酬畢

天地間何方無美才如生長中華聖賢佛祖開道既久而復處於通都大邑賢士大夫爲之楷模高人碩彥共相養長見聞廣遠日陶淑於詩書禮樂維持世道則有儒宗補化人心更有佛教其人志

行正大甚易至若生於山陬海隅向爲儒釋聖賢化所不及既乏嘉言懿行以爲儀型耳目習熟皆匪辟作僞之事即欲一人守正娼嫉者從而非議之摧折之非挺然出類氣骨鮮有能自樹立者矣到國來燕見文武士夫常留心物色如掌清東朝豪德醴泉該伯輩皆表表喬楚然此數老境遇猶順惟王三兄韶陽侯所處爲難孤行獨尚不肯詭隨流俗累爲風波挫抑賴王洞鑒得免終不以此改其操卜築臨流蕭灑茆屋數間旁卓草菴栽花

種樹掃地烹茶絶無一點貴介通侯氣態與人交懇惻謙和而胷中涇渭不爽於隨杖中屈指數人悉引爲知巳家甚貧有所得輒揮去屢空晏如也余到即往來親密一片素心依依奉使他往亦亟差人致候所往土產雖薄必獻貸於王得二百緡一席齋䞋散去備極珍美鋪設精嚴吉蠲半月知余不可留頻頻過寺言弟子一向孤立欲披剃爲僧數矣幸老和上來得所依恃今又棄我而歸將不復有意人間世矣弟子雖慕出世之道而賦性

愚蒙未能稍識其中旨趣不審日用如何用功方有趣向願不吝慈悲異日或得一知半解不辜皈依老和上爲弟子一番似此可謂貴胄中矯矯者不讓中華有意思縉紳達士後數日復有書來求開示既愛其人又嘉其志因復札示以奮勇直前而贈之以偈

來翰諄諄與老僧討一言半句作工夫下手之把鼻非大將軍有八面威風曷能身在世間心遊塵表而念兹在兹乎敬服敬服然老僧竟無一言酬答偶記得韓信破趙設背水陣陣背水使三軍進得退不得正謂陷之死地而後生也若未敵之前人人有一條可進可退可左可右之活路於胷中則炮矢相交之際無不向活路上逃走矣誰肯盡命奮前而力攻乎兵法如此學道人做工夫亦然先要令熟路生疎不怕生處不熟也今以高峰行過來那無夢無想主人公在甚麼處這箇話頭與吾公作破趙司命時刻提持無至走失若使活路上逃去了便不能

背水設陣矣老僧聊爲立箇漢赤幟就請努力向前

五月日南眞火裏青蓮尚爾出朱明譜聯玉牒朝中貴心向雲林教外淸八面威風名將意一溪碧水道人情等閒不唱滄浪曲珍重煙波別調聲

客有言歸帆風信須及立秋前後半月西南風猛一帆風順四五日夜便抵虎門處暑後北風漸起水向東流南風微弱不敵東歸流急難保爲穩便

矣葢洋海中横亘沙磧起東北直抵西南高者壁立海上低或水平沙面粗硬如鐵船一觸即成虀粉闊百許里長無算名萬里長沙渺無草木人煙一失風水漂至縱不破壞人無水米亦成餓鬼矣去大越七更路七更約七百里也先國王時歲差澱舍往拾壞船金銀器物云秋風潮涸水盡東涸一涯所湧即成百里風力不勁便有長沙之憂六月初三辭王定於十五日下會安料理歸程赴立秋風信王留齋每至話別輒悽焉哽咽言自老和

上到來果叨風調雨順國泰民安八箇字之惠况往年洋船所到多不過六七艘今歲十六七艘國用饒益咸賴福庇也未識此番還山肯一再來否半年熱鬧一旦寂寞令人何堪不覺零涕交頤道駕旣不可留乞諸隨杖中留二人於此俾朝夕盤桓如對師顏老和上之命某無不從某之願亦乞老和上曲爲俞允余曰王之皈依供養豈忍遽違然吾北歸勢不獲已常住公事粗完當再來握吐至隨杖衆中或自身抱病或尚有老親或年少未

可遽離師長既王心拳拳應回寺詢酌二人陪奉左右可也約十三日備餞贐歸遣侍告行辭謝於宰官檀越皈依四衆弟子半月內贐餞者絡繹一如啓行之在粵東焉惟國舅左太尉侍者踵門三揮而退懷剌以歸或閣者之弊因馳札告之

僧係曾人之義曾不爲人者爲僧可乎遂有求薦權貴無由自稱孤高欲趨聲勢不得以爲抱道至於裝淸作傲陽是陰非滿口修行通身詭譎如是秃頭之流欺瞞俗人失利於君子最賤

相辱沒佛祖法門寧不痛憾也哉老朽向在故山每爲當道愛敬必請再三而後赴亦爲修建叢林接待雲水萬不得已隨機酬應從不輕易造次自抵國來無論王親貴戚將相公卿槩不往謁即蒙先施者唯侍僧代答正避此嫌耳前者極承大士專使頒翰惠以金幣厚貺適在病中冒申不恭之却心殊抱歉終未走一札鳴謝知過量自能宥我於禮法之外不復區區刻下還山遣侍告行此人情之所不可無矣乃至府

上當管闍人却曰今日國舅公出槩不留帖或亦有之次日往投復却曰今日國舅與各官會集不理閒事吁嗟乎侍僧三次踵府皆以揮退不得達束於大士前深自悔而歎惜之且不獨自歎自惜已也昔者周公爲相禮賢下士莫不吐哺握髮於一沐一飯之勤故得稱爲聖人竊聞大士立朝有鋤奸扶正之明無人不交無事不經無言不慎無呼不靈不日金甌應卜則亦本國之周公矣惟是四海之士輻輳於門進之

出之權在闍人而使大士居周公之位不得吐哺握髮以繼周公之德其可歎可惜又當如何也不然豈闍人具服令進見者必賢揮而退者必不肖耶又不然必峩冠博帶之貴人不待到門則揖而進之枯槁無庸之侍僧則三揮而退之耶老朽雖方外廢人曾叨大士重愛尊札云久仰老和上慈慧度世日以賤冗尚未親詣座前專遣堂官代爲頂禮一芹奉獻惟祈哂存容當請益法誨不盡又聞大士每向同朝親友言

老和上不棄偏邦惠然肯來紀綱禮法道德禪宗種種垂教實吾國王臣之福細翫此語諄諄護持吾道斷非先恭而後倨如此也是知大士被闍人瞞蔽在老朽一束不傳不足爲輕重恐將來有高賢異士奇謀碩畫可以裨益軍國政事爲其所誤彼不肯再曳裾如海之侯門則受累非小矣然閽者焉識諸子百家中儘有出類之人又豈知儒不在章甫縫掖釋不在禿髮緇衣而天下之求儒與釋竟不能外此二者推求

人多錯認定盤星未免可歎者矣知我罪我畧陳忠告

數日商酌要留二人於覺王内院焚修所慮不易留亦恐難有當始終者大約此方原未深知道法惟是光頭漢不問青黃黑白便稱大師男女奔走送供已而終以財色喪其所守求確乎不拔者實難其人隨杖衆中兇多水土不服或因親老不能久羈海外惟後堂慶愚知客天雨二人可以綏歸遂訂留之十三日王仍無齎送意復往辭之兼語

留二人王甚喜至十五日大設供演戲凌晨命內監延入宮陳臚送庭實淨資等焚香搭衣禮拜獻日蒙老人不吝慈悲種種開示治政民情修身禮法深愧國土貧狹不足仰酬供養萬一惟金鉢杖奉供座前即某常侍左右耳本意曲留老人再住兩月稍待暑退涼生撥船相送既於二十八日決行不敢相強矣某預領闔國文武羣僚王親國戚同往海口候送蓮駕使中華聞之知國中奉重老和上如是聊盡此心耳齋畢別歸次日公主設齋

餞行演戲中席王攜小侯至重整筵席讓王小侯先唱演凡演戲主人置大鼓座側時或擊三兩聲亦古擊節遺意也是日王暢甚自槌鼓為節唱之聲調既殊舉止蹊徑復異彼中人看之津津余覺索然王先回余亟辭公主苦留言老和上尚有三四日在國中寧不留片刻稍慰眷戀之意乎復歌數闋余復告辭公主作禮懇求開示秉燭而歸書卷示云

令弟賢王虔請老僧來國奉重皈依精誠為道以為至已何期賢公主全身在富貴纏使中能求授菩薩戒復懇開示可謂信心極也然要知信心二字貴在一箇無字何故以有信則有不信以無信則無不信若使依他起信未免初心有退常住真心如在虛空退至何所故淨名云不信一切法是名真信心近時寺院沙門大衲全無眼睛凡見燒香禮拜人來有些布施便稱其為信心試問伊心是何物如何生信曾取口似磨盤盖不知心者能轉萬物萬物不能轉之

宗旨不為物轉方能處貴不驕處富不傲處鬧而靜處濃而澹得失不遷喜怒亦如今公主豈無男子根性不可便以國王之姊駙馬之妻作女流觀也大凡有此形軀者最怕癡情戀愛習染熟境是為水性水性即婦人也苟若情不癡愛不戀不住聲色熟境更能推此及人互相發大信心究竟本分事便是解脫解脫即丈夫也豈可區區以裙釵脂粉而分別是謂達不應生陷地獄而龍女不應頓成正覺矣金剛經云若

以色見我以音聲求我是人行邪道不能見如來此世間衆生之大患耳以聲色偏邪而沉溺生死輪廻皆由一念癡愛心不能舍離日用夢寐總被癡愛相牽念兹在兹直至老死臨命終時隨其癡愛熟境而變現之正在迷戀處忽化爲雷霆水火夜叉羅刹劒樹刀林以至猛虎豺狼毒蛇惡蟲一齊俱來齩嚼怕怖倉惶求脱無路始悔從前不應生此癡愛之念業巳習成悔之遲矣若想脱離此苦必須趂此色身少壯血

氣未衰及早將平日情愛繫戀抛棄一邊但信此心無生無滅決定成佛便有快樂勝過現前之樂百千萬倍隨身受用使莖草皆成瓊樓玉殿非爲奇特又勿謂此巳成佛之神通變現也夫世人昧却自心不向本性上立因作果受之道有不被情癡熟境迷戀乎卽試以莖草論之草係最輕賤之物籬落下道路邊何處不有自天子王侯士大夫并后妃公主以及貧富庶民無人無此草恐不肯作草芥觀苟看得破則有

棄三界之樂如草芥者有棄百年富貴繁華如草芥者有棄食前方丈妻妾成行如草芥者有棄一身四大五蘊如草芥者有棄郭家金穴鄧氏銅山如草芥者惟其能立心轉物空諸所有不癡愛于心外易腐爛之草芥孜孜以生死大事爲念將一切如草芥棄之成就自家不壞之安居便是隨身受用所謂一莖草上現瓊樓玉殿也又非自然得亦非從他得只將平日情癡欲愛一旦盡棄惟有自心本來清淨本來具足

一切佛果菩提皆從此心流出矣是故不信一切法是名眞信心公主以此寶重則吾孝順弟子也

十八日王先發舟出海口解自佩金刀命內監贈余爲戒刀道所持贈之意使得在老和上手中時時拂拭不至鈍置光芒透露願求斷絕煩惱也今文武俱隨王駕候送前途海口乃王都順化出而之他府門戶也蓋大越國土總是一山曲折起伏於巨洋中或向或背皆依山傍海而爲都邑山峻

水險樹木叢蘙多犀象虎狼各府無徑路相通凡從一港所入盡可通之地爲一府别府則另一港故適他府者必從外洋循山而入他港近岸則浪大難行遇好風信一日可達否則便爲半月十日之程洋艚從五月時放至會安會安者升華府屬自順化到會安陸路須經艾嶺卽輿記謂二三月時艾花開流入海魚食之化龍者是也山峻暑蓐度嶺惟艱將必乘舟沿海爲便至廿八日三鼓時分該伯監官撥紅船澱舍各八頭運載行李侵早

戒子四衆駢集衆軍執金槍刀排道國人聚觀者林立從寺門直至河津登舟之頃拜送衣袂揚塵對面莫覩鳴鉦解纜揮涕成雨至有號呼動地舟棹中流夾岸沿河而送直至路窮水遠佇立嗚咽目斷而返余亦不禁泫然念彼輩之不獲隨我而歸也船頭坐一官尾立一守舵者每船棹軍六十四人中設朱紅四柱龍架横擱一木如梆子一軍坐擊之棹聽以爲節船應左則左應右則右或耶許或頓足無一參錯者悉於梆乎命之乍聆者不

知所爲音節矣船長狹狀如龍舟昂首尾丹漆之不能容爨具竊訝多人飲食無所從出余攜茶食自給棹軍赤體暴烈日中惟貯淡水一缸渴則勺飲餒腹而用力不衰固堪悲其勞悴然亦足驗此軀無事過爲安養反令驕生而不能勞矣轉至大河數船雁列衆軍鼓勇行如矢疾注目兩岸莫辨馬牛將午抵河中寺極望瀰漫爲洋海奧區波濤衝激所不及淺瀨淤泥水草交加魚蟹蜃蛤之藪平隄柴柵水楊生焉菸蕩間有結茆半椽者殆海

利謀生之巢居乎寺處平壤三面臨水門外百步卽淤塗遠近蠔花爲隄楊柳蔭其上微風澹渚弱藻縱横鳥魚泥蟹寄生螺之所泳游行人折旋嬉戲歸輿放眸思何如也比至蒼松翠陰數百年古木國中諸山無非檳榔菴摩椰子各種雜植松則此僅見者矣穿松而入不築圍垣有方池環繞殿外與潮汐消長枕海地低所固然耳池中赤鯉無數隨行爭以象耳餅投之羣起嚵嚼往來自得絕不畏人蔬畦瓠架雜卉叢菊分布松根隙地殿後

一松大數抱虬枝古榦輪囷離奇自是千歲之物
上葉蟠鬱成毬傳記松尾成毬下必有茯苓琥珀
然不敢張其說以狀此美蔭矣該伯監寺延入殿
中供齋監寺戒子也齋畢還舟解纜回望紺殿朱
檐蔽虧於細柳高林與水煙雲日相照媚恍若蓬
萊閬苑矣咏河中寺詩
綠柳垂垂隱梵宮鐘聲迢遞滿河風竹籬草徑
浮嵐掩石甃霞樓倒影空候食紅魚吹水上啼
煙翠鳥落花中王家祠廟陰森處迥有靈光射
海東
水聲山色澹秋容翠拱南湖六七峰地湧珠林
金粟細風清香鬉碧雲重門前露壓千竿竹殿
裏濤生四面松焉得故山諸舊好月明都在小
橋逢
潮上蘆雞兩岸聞中流煙寺絶塵氛客來南國
傷青草僧在西窓夢白雲鳥語寂時清磬遠山
光斷處隔河分徜徉松下無餘事吟罷歸舟已
夕曛

暮至海口停船王已着人備饍相候矣去王行幄
尚里許夜暗未及相過各遣人致聲而已次早請
見棹舟往造王架水閣於中流四面戰艦圜匝爲
門以入既見喜不自勝言今日之喜即爲他日之
悲此番艮晤别後海天盈盈欲覲慈光未知何日
也惟望不惜頻頻遣侍師渡海庶幾如見老人道
容或者家山公事圓滿不辭跋涉肯一再來尤意
外之望也某亦居位數年世子長成堪理政事即
擇賢艮輔導傳之某將削髮爲僧了吾末後大事
既蒙明示亦覺宿世元係大明僧偶然失足至此
豈肯終身爲富貴聲色之汩沒而昧本來乎詔戀
篤摯訂明日備席于圭峰永和寺再餞周覽大洋
於此可以目送歸帆也至夕出涼桄西域磁針諸
細巧物相遺越日繩輿已夙駕河干矣該伯小隊
爲導朝靄斷連一阜纍然去不數舍曙煙未散人
隔尋丈但聞喧呼旭日隙光中有頬焉弁出而不
見其下者有雙足動踏而不見其上者沙路叢生
簑簩枳棘田多種薯居民有鋤薯而牽牛以食薯

蔓者薯大或徑三四寸蓋沙土鬆而宜此也夫至山麓徒御小憩始登不甚高稍陡峻以斯委折而上磴道隨土石爲之臨崕爲欄檻以防險仄悉掃除整潔多美蔭可坐僕夫揮汗喘息聞林莽鐘鼓聲甚近然窈窕離合猶移時始至寺踞山巓雖不弘壯亦牢固潔齊山寺規模則爾也諸官延入擺茶畢衆道出山門大地平衍可數十畝茂樹婆娑坐息其下時當午天氣清朗縱目一觀水天相接波濤射日銀山金𡷊卷地而來直撼山根響震林

表若怵惕其漂沒以去者不知距海猶數里也古人謂登太華則黄河直撼其下亦若是耶蓋太華高視遠疑近兹則海大勢迫若近爲不同耳詩四章

網輿十里到層峰半嶺風傳出谷鐘遥見人行雲外石忽驚果落寺前松上方細雨啼紅鳥下界飛濤挾白龍放眼乾坤舒一嘯望洋絶頂倚孤笻

宴會凌霄法界開離人去國重徘徊花明遠岫僧初出磬響高林鶴自回幽徑曲隨芳草引閒心遠爲探奇來行吟暫憩香臺畔短髮離披坐綠苔

招提鼎建永和年古殿憑虛滄海邊平地霧來山作浪半空雲起屋如船秋光遥映千村竹日影翻流一壑天貪看夕陽崕畔立沓僧禮我乞枯禪

蒼崕百疊路晴空應接林巒路不窮茆屋半開秋雨外煙霞斜鎖翠微中異鄉地盡雲依水近

海天低草戰風記取登臨當此日勝遊知復幾時同

圭峰突出海岍所見皆海右手一帶蒼山爲艾嶺沿山東北上爲會安港口舟行將來便徑云羣山皆崚嶒聳削獨幾點青螺如髻覆於羣山之下與粤東七星巖相似監官指曰此三台也寺居其中爲果國師道場矣因言此山多巖洞有如門者如牖者爲衢巷者堂者房者如釜鬵樊籠者莫不玲瓏爽塏可坐可臥可以彈琴咏詩琅然清圜聲響

答和顧老和上明日之所必遊矣余方以圭峰雖大觀而無幽邃巖壑可以撥求翫賞聞之恨不一時放舟以去矣齋後復出四覽作別還舟天色入暮欲造謝王并告開船適王兄諸公攜素榼攀話散時二鼓倦且欲寢矣平明王方與諸臣轉棹遊河中須候回面別況此中拳拳如飲醇醪令人自醉不能恝然便去也是日閒暇續成曉發祖湖抵海口詩四章

百槳蒼茫發五更舟師擊柝曉風生天邊月落

他鄉影海外潮流故國聲碧水旋翻雲樹暗金蛇天矯浪花明遥看宿草朝暾起野寺浮空晝可成

清秋撥棹疾如飃不覺篷窗過釣磯岸上馬鳴尋獵去湖中人語趂潮歸青山帶霧迎船出白鳥鷩風背水飛漠漠海天如疋練隔林小雨更霏微

征鐃銅鼓響沙邊漁火光吞水底天夾岸不分三里霧輕舟衝破一湖煙何方羌笛吹無盡待曉秋風影自姸縹緲疎鐘來渡口却疑珠浦問花田

舟行隱隱亂山依一路煙深似翠微芳草遠思隨畵舫水雲明欲上秋衣隄邊獨樹窺人立汐際游魚破浪飛露下烏啼天曉月懷鄉老客趂風歸

夜半始聞王還水閣詰朝國師來聞余欲往辭曰王多情老人若見彼又遲留不舍反致躭閣不如只管収拾放舟瀕行修書遺侍告別足矣某目今

一見王從陸路先去會安料理候老人駕也余曰然因令先行從順化送來四衆各慰勞遣歸傳衆船官軍決於今夜二鼓開船作留別長歌一篇修書着侍詣王辭謝云

老僧與王若非宿世願力相訂而來隔絶海洋萬水千山曷能有此格外之知一行隨杖五十餘人到國六箇月盡飽天廚妙供終日對高山坐春風賦詩作畫論古談新受無量逍遥自在之福有不戀戀於斯輒欲辭歸者乎葢故山破

院子有六七則公案未了同堂叅學僧有四五百本分未明兼開門七件事皆望老僧一身不得已竟擇六月廿九日長行曾於初三告辭感王相留甚切乃以衣鉢瓶杖沉香寶蠟名花異草種種供養使龍天歡喜緇白讚仰王家福田眞與尋常不同也自愧舌短言長不能以世套稱謝但對三寶合掌念誦國泰民安而已雖云師生名分何用區區終難恝然掉臂而去細撿行囊又無長物留别思思量量惟詩文庶可表

揚有道遂作七言長歌一篇壽山石章一方篆昔日中華僧今朝南國主十箇字亦取吾王不昧本來而贈之詩以頌德傳芳石以岡陵永固聊爲千里鴻毛置之案頭可發一笑耳解纜在即滿擬再過握吐一恐擾瀆國政一恐重煩遠送因以中止特遣侍者持數行代面老僧行矣秋風乍起冷暖自知伏惟道體珍重永爲海邦作主臨書致囑

故山别後行蹤失王在南天我在北我王出處世間殊一段靈光分未得不然萬里之外復大洋簡書胡爲至吾側欲赴長安病忽生將去還留豈人測到時正值花朝前花底初逢如舊識鳳脊虎頷面銀盆位正南離不自尊獨向袈裟開笑口銀安殿裏創祇園成就千僧具衣鉢戒牒寶印用無論身勞佛事不知倦聲色雖邇非心存宮中閒日垂紺髮不作人王作菩薩夜半聞鐘披七條不道老僧無佛法親率王臣眷屬求家珍信手傾筐篋支離自顧抱慚惶那解恩

情轉周洽香海團圞已半年忽憶家山未了緣相看詎忍言離别秋風一發無歸船問我何時許再見欲語不語殊悽然強留隨杖僧兩箇庶與晤對如我前王今眷屬皆佛子與王同居塵刹裏須識神光左右間詎隔滄溟一滴水暫時分手還相見觸境參商從此始幾回話别重流連深情於我終難止臨行解贈金戒刀無以報之心鬱陶長歌賦罷不成句窗前竹樹風蕭颼他宵月下遥相憶應知獨坐展揮毫

廿六午後人始從王處回報準備開船事忽西北風暴作揚沙偃木大雨如拳路上行人目不能展晕舟依岓而纜獨余傍岓一大座船為會客及隨杖坐臥之所余畏熱繫紅船於外便於晴明撤去圍閉纜索不牢為所漂蕩守舟軍力少不能抵岓軍見之赴水牽挽者四五十而暴風大雨鼓湧浪勢無能為力竟吹至中流沙淺始得稍定舉皆惶怖余固知風之所來縱漂漾也只至此故坐視晏如任一身之沾濕而已雨晴纜定隨有撮余從陸

為實落者亦有言澱舍為穩便者議論紛起多官皆微笑默然視余所指以卜愚智余曰諸公之言何其惑也余自發足時籌之熟矣決坐紅船下會安豈因一陣邪風盲雨便爾變易耶從路去五六十人隨身鋪蓋夫馬二三百已自勞民兄酷暑天時長途峻嶺現病者幾人能無慮乎若澱舍遲重難行曠日經久或遇風雨至如今日風雨非日日常有縱有亦在未申時分斷不在此夜我們今晚趂風便二鼓開船渡海平明入會安港午抵三台山寺但恨無今日風雨耳有不尤增一段景色耶諸公且休擬矣余殆守初志而不移者也眾官方合掌笑曰果然老和上所見卓絕也俟出海時方知紅船之妙耳然眾中終有移行李過澱舍者須臾具餱糧貯淡水供給軍人進晚膳犒舟相送諸貴臣咸曰此番聚首未知何日再覩慈容言訖眷戀依依揮淚而別

海外紀事卷四

嶺南長壽石頭陀大汕厂翁譔

七月初一海口發舟是夕也天色晴霽四野烟沉村燈漁火歷亂繁星別國離懷不禁其爲黯然者該伯鳴銅鼓三通衆船齊棹船中悉滅燈燭惟該官持火繩一條立於船頭或左或右或遲或疾皆視一星之火爲號令舵師應之不爽出至洋邊沙磧上泊定復撤去涼篷幢然一舟露寢其上候至二鼓銅鼓復鳴百橈撥動波浪如山震撼崖谷衆

軍奮力棹起鹹波盡成碧燄凝望海中轟雷掣電似數十條火龍飛度於岡巒之上身之蹇險殆不復知矣假寐片時東方既白披衣起視水色澄渟不知已入山環抱中沿海匯石碨礧嵯峨樹上白猿成羣嘯躑山花野果紅翠紛披跂望隔坡桅如聚矢詢知則爲粮船候風於會安港矣八舟俱到暫停港口沙平如鏡一望無際上有海漂消螺蜆殼紅的斑斕可愛復架涼篷坐臥因識紅船利涉爲人力強雖海濤奔湧而能殺其勢使平以隨舟

也轉出沙紫不移時到糧船泊處維舟兩岸人烟輳集行人負擔忽忽爲趁早市矣一紅船先在鎮土官來見蓋會安藩鎮云供早膳頗鮮備由是始知沿途具供候者行者皆按日時晷刻不少爽殆釋然乎了無變異之故而悉軍人用力之齊亦可見王令如山人莫敢易頑諳隨杖日修行薄劣何以當此而不折福乎戒了翁於此者及信向內衆皆持檳榔鮮果茶食禮獻飯訖銅鼓一響軍之登岸而炊者無問已熟而食或熟而未食或半熟或

接淅咸奔還解纜椰擊中流時而魚貫時而雁行時列而爲一時分而爲二時而頓足棹歌莫不秩然中節微風水而湛澹漣漪遠近平坡竹林曲渚既幸舟行之順利復計歸國之有期胷次悠然有未及名言者乘興作秋夜渡海曉抵會安詩三首云

秋生海國憶鄉關良夜歸帆一破顏人語却從天上下詩情多在霧中删疎星入水流千丈遠棹移燈出半山猶問會安何處是不知身到蓼

花灣
倒嶽傾湫亂雪堆還疑天上走轟雷　坐向
船頭望大水聲從地下來樹杪鹹波飛雹出峰
坳落月老龍迴番人送供煙郊外鎭土茆堂隔
岸開
老髩蕭疎逐客程煙波漠漠海中行風寒斷嶺
猿聲急浪捲新沙雲影横落託人皆疑慢世浮
沉吾不尚虛名此時歸去松門下正好看花步
月明

既而三台在望矣千峰迤邐皆土獨三台石阜穿
田特起兩山臨水一山差小遥視豐茸漸近仰觀
大木數圍從石罅生沿山溯洄見石有直矗而起
者倒垂而下者穴竅而深峭壁而峙者惟不見寺
初謂頽然無甚奇趣耳去山半里一僧立而熟望
卽返疾走從山背石隙穿去山前一墟墟前登岸
百武爲古寺寺僧鐘鼓具衣迎謁禮佛坐定茶新
香爇灑滌整攴竊訝其速乃知先時望而却走之
僧所爲准備也便欲供齋余曰且待登山後何如
杖策出門山在寺左肩環山皆細白沙堆阜高低
風吹成文若水波微皺石壁縫罅亦如波浪層疊
日射苔衣丹碧歷陸四望陡峻無登陟徑忽兩壁
劃然中開白石爲磴夾峙懸崖時有秀木挺出崖
表息蔭其下如坐函中凉風逢逢往來襲體令人
枕石欲睡升盡豁然平闊大樹茂密倚石爲殿不
甚高堅緻牢實可以經久國師化王所建也出殿
右一徑竟殿復左折兩崖漸高雜樹垂藤多蔓葉
洞口暗黑下階漸光階盡而皜日曈曈從天窓灑

下周洞平圓可容千人四圍嶄削透天數穴枝葉
交影獮猴攀緣俯首窺人叱之不去住僧曰人少
彼則羣來狎侮云一古藤從上石隙垂透地下粗
如盃口矯矯百尺直如弩弦東洋㮣曾以千金構
求不許云生平經遊洞壑頗多潔淨爽朗此其最
也惜布置神佛相惡俗爲兹洞之累茶未終席微
覺寒凜尋洞口而出經數巖竇一一果如登圭峰
時人所述者至山脊雙石聳峙如門中門望海廣
漠長風爭門以入不能正立矣紆廻右轉爲尼僧

菴曲徑通幽闃寂無鄰落花片片山蜂吟掠而已菴主延坐一茶即行殿階之左一徑委折下爲汲道數百步巨竹爲闌降盡爲巖巖盡雙流澌澌伏流地下綆索引汲清冽泠泠稍一盥漱冰齒寒骨陟而右折一洞高爽旁一石戶窺之冥冥有光從者曰轉入則窓牖從懸巖開闢矣時方坐磐石回憶半年猥處禪林日與纍纍墦冢相對有此一遊可謂從前耳目爲之一滌惜大好山主人不加剪剔令到處荒榛蕪穢蟲吟啾啾倘畧疎剔點綴則

樹石皆生趣秀發矣因歎山水之生有幸有不幸焉在中華一丘一壑亭臺樓館爭就映帶文人高士一經品題遂成千古名勝置之荒陬窮海雖奇峰秀石埋沒蓬蒿幸而爲樵牧之所謳吟牛羊之所跐寢一旦不幸爲俗人主意布置鄙劣點染惡濁反令山靈失色過客低徊者可勝道耶則今日之遊不可無詩且爲峰洞勒名也安知千載後榛莽之墟不爲都邑繁華啾啾蟲吟不爲觴咏絃管耶是則茲山之名自我而立詩且爲之冠矣有告

以下百丈梯從山背還寺者余曰且休矣不妨留連兩日以窮茲山之勝何急急爲還下院齋畢適國師網輿從陸始至訝船到之速云老和上且遊翫兩日某午餐罷先行吩咐會安該伯官整備停當駕後日始來可也方擬題名峰曰海湧洞曰華嚴作歌礱石鐫銘監官聞之乃告曰王令今日送老和上到會安遲恐某等有違君令之咎况軍人盈千此處糧食無所措處必請還舟暇日再來余惜山水勝遊造物亦且忌全耶隨登舟解纜行未

幾日巳夕由支河取徑捷潮涸爲糧船所梗諸軍下淤泥推挽不可動內監怒打軍人努力扛舟而渡二鼓抵會泊岸仍宿舟中作遊三台山長歌一章七律二首

歸帆欲趁西南風紅船送出祖河中多情國主重離別海口復餞登圭峰道是此峰夌海岸目送余舟轉粤東峰頂雲藏永和寺周廻林木何青蔥繩輿駕出當曉日刀槍金鍪排長虹逶迤導我披林莽前行沒脛沙鬆鬆平坡踏盡到山

麓拔地直抵滄溟衡海氣浮空但煙霧天風迢遞來疎鐘斷連仄磴懸樹杪僕夫喘息穿篠叢兩步一歇到峰頂水天冥漠開鴻濛身危若欲輒傾墜波濤蕩潏駭心胷此時天色漸清朗煙巒幾點浮虛空指說征途從此去三台更是蓬萊宫我聞發舟不待旦鹹波棹撥光游龍蛟鼉潛寐不知醒達曙忽睹三高崧嵯岈山根嚙海水草木石鎛偏豐革策杖登臨巳停午沙子日炙妨追從山前寺僧供笋蕨入座數朵青芙容

陰晴石壁異向背苔蘚翡翠丹砂紅行近雙崖迎面起轉側一線天忽通方圓亂石疊磴道勾枝仰視時相蒙如陟太華千尺峽看函崮可丸泥封豁然百丈開平衍應對倔強來山童告我巖竇一十七中有一洞誠天工何須坐此苦摇扇彼中六月長三冬微茫小徑繞殿後欹斜石立生衕衕到頭削壁闢扉戶岌嶪欲度心怦忡初行窅窱漸黮黯山鬼暗伏窺人踪薜荔沿崖牽客袂躡足葉響廻秋楓匆皇注目漏光影沒

階傠日方曈曨地平如潔若明鏡舉頭顯敞高穹窿笑看環堵坐翳䍐通天穴竅垂筠籠大石如房小如卵鬬湊整截成崆峒疊文波浪或冰裂闘窄起伏紛難窮古藤直挂三百尺渾身皺理龍鱗同幾回摩挲手不釋坐久便覺寒飆冲還尋洞口出周覽雲巖處處爭玲瓏登高縱目奔浩瀚陰泉赴壑流淙淙一樹一石亦幽趣惜哉勝槩生不逢渺無名題稱賞鑑縱横怪石埋蒿蓬翻遭俗物加點綴坐使勝蹟虧人功若然

置之通都與大邑名流觴咏殊春容不見山陰及峴首羣賢雅集羊公雄至今傳頌各不朽空山何致鳴秋蛩我將華嚴顏洞峰海湧長篇短作鐫石精磨礱山靈人事更否泰庶與日月齊初終同遊居士木瀞子記者別號乃丁翁

南溟一壑起雲幢海氣旋空絕壁蒼忽捲晴天飛霧雨倒翻大地射台光巖花曲引通霄路澗水分流散谷王洞口煙霞蘿半掩山精相逐老蛟藏

風雷響處湧層巒隔澗飛猿上翠千遙望浮天
青幾點平空踏玉白千盤高穿石竇蒼藤古細
挂雲簾碧乳攢繞徑蒸沙當日午偶來息影覺
秋寒
次早登岸住彌陀寺院宇偪窄不足以容大衆分
布於觀音堂各處謂少停幾日便上洋艚無事起
蓋房屋以重煩苦軍人爲也該伯內監終以王令
爲重翌日竹木並舉朝築暮成寮舍八九間中爲
一廠會客萾會安各國客貨馬頭沿河直街長三

四里名大唐街夾道行肆比櫛而居悉閩人仍先
朝服飾婦人貿易凡客此者必娶一婦以便交易
街之盡爲日本橋爲錦庸對河爲茶饒洋艚所泊
處也人民稠集魚鰕蔬果早晚趕趁絡繹焉藥物
時鮮順化不可構求者於此得致矣大約會安東
南北三面近海惟西邊一路綿亘連山接東京而
通西粵故西去數十里外設鎮土衙門狀如王府
防鄰警也客居既繁因之旅櫬無歸而遺骸暴露
者在在都有余聞之愀然動念囑國師語閩客爲

倡首募義塚地收掩孤骨是爲引
竊惟慶生悼死乃親友之常情掩骼埋胔實仁
人之厚德近見遺骸遍露多聞旅櫬無貲背井
離鄉置身何地不由代白莫可相成兹大越國
會安府者百粵千川舟楫往來之古驛五湖八
閩貨商絡繹之通衢間有財並陶朱豈無義同
鮑叔悲塡溝壑慘踏牛羊如其祖居山左難返
太行設或產自河南焉回衡嶽終年浪跡惟餘
兩眼含酸一旦危亾頓爾四肢落寞值眷絶親

疎之日況天遙海闊之方秋與怨俱深砧斷杵
殘孤魄淚夢隨家共遠風吹雨打濕燐燈骨尚
暴於煙郊信何傳於閭里利名興盡歲積體膚
勞腐朽誰埋路窮僮僕散孰料半途捐館堪憐
絶域棲魂雁斷長空那得尋聲遙赴閨中有待
還思滿載歸來憶昔歡歌慷慨之音竟同流水
只今俠氣周全之誼須藉路人顧范希文麥舟
之助古道猶存想徐孺子束芻之儀遺風可續
即一粒一錢之樂贈亦再生再世之弘慈得葬

高原招回故國之魂當圖結草但求坏土縱作他鄉之鬼亦賴脫驂非徒惠於無名勝矣素車白馬若施恩而不報悲哉芳草王孫欲舉義墳必需善士緣應首倡愧糠秕在前事必合尖須功德無量謾比鶴歸華表相將牛臥介山挂劒延陵埋琴子敬勿辭協力布告同心

是引郎書付緣首國師讀畢頂禮云今彌陀寺當此衝要爲往來雲水止息之處歷年久遠風雨傾頹某欲重建乞垂一言爲引進知老人以筆墨作

佛事現毫端之寶刹微情仰白必叨慈允也因作

募修彌陀寺疏

唯心淨土雖云處處現成自性彌陀謾說般般具足無爲必藉有爲而顯眞諦須憑世諦而周煉石補虛空終羨媧皇之手眼布金隆法會還推長者之神通奇功全賴人與勝事豈堪坐視惟茲梵刹創自唐朝寺在會安乃八郡三州之要道僧投大越實雲來水往之衝途頓開接引門便是安禪地十洲東望霞明連浡海蜃樓千里南馳花發映占城春色對艾山而煮茗儒容高士行吟瘠沙沼以栽蓮足可招賢結社洭洋常住凡聖同居道場旣啓於當年因果不泯於此日雖靈臺無變壞奈歲月有遷移昔者廢今者興佛面猶存人面改三日風五日雨戒堂零落食堂頹擎拳韋護欄不住泥塑金剛吐舌哼哈喝不定木雕彌勒香殘燭燼誰知苔蘚到廚生寒蠹暑侵至使法身露地立耳聞尚然動念目覩焉不關情爰有果國師慨思重建願與熱

腸漢協力同行若言西方十萬程當面錯過直饒苦海無邊岸回頭便登是宦是民趂早上慈航普渡善男善女何必待沒路思歸信意揮來總是箇中極樂乘時拈出並非分外機緣山門大殿須教指日告成寮室廊房都要斬新輪奐華屋頹起獨木難支順風而呼知音必應賣簫客幾多金白湘木傾流能事備矣棄家兒無數物從風雷運至厥功偉哉莊嚴該已熟聞福德無煩再述

到不幾日尚有衲子未及在順化登壇受戒者朝夕禮求洋船尚以客賬未起無能放關出港特代啓王批凡官軍所欠客賬限日完結始訂初十出尖碧蘿備薪水老和上十五六上船候風卽開也僧俗懇戒者不已因念未卽開船有十日之暇彼輩拜請篤切何惜三日之勞曲爲成就乎遂許初七日傳戒報聞遠近至期四衆戒子三百餘人悉爲成就命國師及後堂給牒仍走札與王用印天氣經秋尤然酷暑隨杖相踵傷暑發火瘢醫莫能

治惟食西瓜冷水獲愈矣寺之右有關夫子廟嵩祀最盛閩會館也主會預乞祝文漫爲走筆

迺聖迺神允文允武讀書明大義具法眼于一部麟經報國盡孤忠抱遺恨於三分鼎足但知有漢豈肯受孟德壽亭之封業巳無吳不妨爽子敬荆州之約秉燭達旦挂印辭金一生謹守臣心百代崇加天爵自古英雄稱帝稱王未有稱夫子猗歟超哉從來豪傑卽正卽直如斯卽聖賢蔑以加矣高人烈士動輒長揖傲王侯若美髯公之遺像在玆自然稽首孝子義夫無過一方隆俎豆乃普天下之昭承由是莫不感通處處山呼年年嵩祝某等躬逢上壽叩拜下風同志二百六十餘人獻爵五月十三吉日聖其降耳凜凜猶生神則饗之洋洋如在伏願河清海晏長浮蘋藻之香世足家豐共沐歲時之慶徹情敢告

七月十三日洋船移椿先將粗重器物付載船上然須十五始到尖碧蘿約二十日登舟候風王差

番官通吏道及僧鐵帆送余歸國十九侵晨監官備田姑船四十隻坐余紅船中午後解纜時余雖喜指日還鄉然謂風信水勢過期行未必果但不欲明言恐爲兆耳至港口夜泊候潮三鼓齊發平明抵碧蘿上洋船定十二馬籬爲偪窄以歸故可相忍矣王差人候問所需計無有缺轉恐風信延遲不妨多貯水米以備不時因書付差還報越兩日赤白米共四十擔運至詢其何速知者曰此間有象路爲王急使之徑一旦可達順化令到卽港

中糧船支發故快耳內監該伯告回船亦整頓財水專候舉帆隨杖在彌陀寺中無一不發熱出瘢者獨余最後將謂可免不意上船三日而寒熱起矣連日皆東北風雨色微濛山不見頂客老此者曰此作春也大越氣候歲以秋冬爲春夏秋冬時每陰雨連綿雲霧四塞諸溪水漲路斷行人百物騰貴束薪十錢不熟一炊居人預爲之備謂之做春斯時則羣山無影茫茫海中莫辨所向船不敢出口矣以故風雨因病轉添病因風雨增劇奄奄

一氣喘息船中差僧鐵帆棹還會安延醫兼報王風信不便狀至廿七過午漸晴徹夜星光明日白露交早卽速開船船主終以風信不便爲辭且謂差僧未還病無醫藥歸心如焚遂乃明燭燒香望西南起拜持咒禱風薄暮西南風起差僧亦至矣於三十日鳴鑼起碇數十田姑艇纜帶出口風正滿帆渴望得歸此樂何似是夕也木灣夢一人裘帶都雅夢中驚異何從得是人流寓此間者耶既而謂木灣曰汝曾讀愛誡子書當知在老和上不

鄭相助然有說焉手出革縧與之且曰爲我寄和上將來因緣在此也夢醒歷歷乃述與余不知何意是時船正疾行皆不理論而南吹漸微舟所進幾與所退相敵頃刻大雨北風猛作勢不可支舉船盡以長沙爲憂余披衣持咒久之東南一陣颶風陡起黑夜雲霾手不見掌各倉惶聽命總管見龍行隱隱飛舞于船左右約一更龍去從前北風所飄流之路須臾盡復風雨後海光天色照灼遠近至是而歸心始灰矣平明霽色見山痕澹澹不

數十里外仍是尖碧蘿也隨風竟返至山港舟人擊鼓賽神各加額曰餘生再造也連日風浪滔滔海邊小船盡推沙坂之上余時寒熱腹患漸止飲食不進況船上顚撲多日肌澤無存朽骨數莖而已木灣語亦爾侍者云今天氣風色如此勢不能開船歸國閒此山上有觀音堂何不且請老人上去一沾土氣運行血脈或可加餐乎適又聞述初六有大風邊海人風色素諳不可不信何若令老人病軀復受顚撲也亦爾不向余明言但一上岸

踏看卽駕兩小船來促登岸此時風浪漸緊矣觀音堂離數里不能往僦居草屋門檐低壓罄折以入行人數至摩頂蓋近海避風制唯爾也坐定風濤轉急入夜颶風怒號摧山隕石茆屋盡倒潮撼羣山聲勢凌厲碎人心膽余幸得片地棲身念船中諸子遭此危險生死間止容髮慄慄之狀不知何似然黑夜風濤將奈之何竟夕爲之不寐乍曉船上者奔至皆曰重生昨宵情狀可不言矣過日晴霽強起扶筇訪之方人乃知卽峋嶁山葛洪因

是而請爲令者然丹砂無復氣矣形勝殊佳地脈疑有靈焉洲島數峰環抱如几海中平橫一案東缺復兩山對峙爲塞中則洋船出入門戶也直接主峰之下有本頭公廟廟左百步有石泉清甘村人所汲男女浴者無虛候俗記好浴果不誣也山足平沙如半月落落茆屋不滿百間除老弱幼稚籍於官者猶三百壯丁生事漁樵二者而已醢腊臭腥比戶然也山皆石樹木蓊蔚遍山花果牧豎鼠雀之餘矣廟頗弘敞神甚靈洋船往來必虔禱

祀也命該社開扃鑰侍者上香一瞻神像讀封銜知卽漢伏波將軍本頭公國人所崇謚號云搴帷瞻像儒雅風流木灣恍然曰疇前之夜見夢者儼若人也始憶誡子書伏波所作華緣其佩韋義乎因緣宜緩老和上今歲殆不能還神人明相告也壁間粉板有徐孚遠七律一首字爲塵埃封掩拂拭讀之甚佳是以效顰作詩書壁

　濤聲滾滾石巉巉漢將神祠祀碧喦自昔茆分東下木至今人渡北來帆夢傳佩韋言三復預

報遲歸書一函千古威靈遺像在秋風落日照安南

先余數日放洋一船名馬艚亦是日還茲舟海上有名便利人力精銳至是三出皆返遂羣決壓冬之志壓冬者洋船他國度歲之名也歸輿冰釋鐵帆馳報王未返徜徉於濃陰磐石之上作峋嶁阻風詩十首

　巳去復還住秋高故國心念將身命重緣與島爇深孤嶼無猿果鳴皐有鶴音朔風連日起花

雨散前林
歲序秋將半安南始作春波濤聲徹夜雷雨勢
經句山色今朝綠泉流昨雨新輿圖記風俗好
浴果然真
田姑名船送出淺貫索帶艨艟鉦鼓喧晴日西南
正好風寧還崅嶁港復問本頭公欲假明神力
揚帆指粵東
留戀舟師意蹉跎白露時人情看既爾節候況
如斯微吹輕難進回波急莫支故山頻悵望不

獨我歸遲
開闢原漢代請令葛洪過服食無仙吏靈祠有
伏波丹砂空勞跡風雨在巖阿惟見漁樵徑煙
寒月下簑
病軀苦危浪磐折入柴扉海艫秋方盛衡茆夜
盡飛村燈微欲罷林烏濕難歸不寐愁諸子中
流何處依
強起看秋色扶筇傍澗隈沙明前渚月潮響後
山雷野果聞官禁飢猿向客哀片帆歸日落妾

子喜魚回
遠近皆漁舍中廚水族多居然充飯粟竟可委
田禾腥氣透帷入秋聲卷樹過渺余滯南國長
日盼滄波
缺月瀉茆屋危峰振海飈水雲迷舊國風雨正
生潮野鼠依山嘯寒黿駕浪驕病中眠數起竹
影對蕭蕭
道人遺菜把相逐笑顏開邊海那能得空山何
意來洋船留不返番使去忘回上下無交日鄉

心夢裏催
是日鐵帆迎船至矣午後返會安王差內監齎書
紅船亦接到便欲迎還順化供養奈病體羸弱不
任舟車復於彌陀寺結茆葺宇安住大衆庶就參
著藥餌調息精神怡情翰墨消此客中歲月聞上
順化見王而已不謂王聞不果歸粵先自慶慰語
人曰吾若留老和上不可得今風信爲我稽行豈
非龍天挽留老和上於我國宿世緣深耶亟促國
師來久雨潦溢泥塗未即行王遣命撤禪林方丈

另盍於天姥寺差人候請既而兩畨俱報余病未堪勞役乃續遣奉書并人參至感此眷眷之情往答未能暫裁書着侍報謝

前者老僧萬不得巳必欲還山悉在王之洞鑑中也時王苦留不住三年亦須一載稍盡供養自顧薄福抱慙忍别勞駕統領闔國文武貴官相送海口挽登圭峰設餞而後送過會安到尖碧蘿山前及上洋艚秋經白露船主夥長皆言北風甚急帆不能放老僧持咒祈請南風次日

西南風起擊鼓鳴鑼揚帆出海經兩晝夜北風漸作行莫能前於是再祈午後南吹滿篷正發巾頁疾行時忽然北風飛浪大雨傾盆龍騰蛟起地覆天翻幾乎有萬里長沙魚腹之患矣余惟默坐持咒正在慌忙無措處陡作一陣東風將船送回碧蘿山下諦想龍天亦有欺貧重富心不然何偏吹些不順風使老僧去不得以滿國王一年供養之願竟不曾我常住大衆厨庫絶糧王聞老僧不及歸乃歡喜曰天隨我願也即令内官發紅船接到會安亟欲來朝奈飛濤疊浪中拋擲二十餘日腹瀉頭疼寒熱交加隨杖僧衆皆然正在病中未得遣候爲悵不出半月疊來手札每送人參老僧抱痾正用得着在王殷殷之意極盡師生之情然事事累及使余中心覺難爲詞耳惟指海月天雲與吾天縱道人共相照耀也良晤非遠餘當面罄風雨深秋縷縷不宣

連時陰雨河水泛漲寺門棖闌維舟氣候漸涼侍

者從順化回言王見時親熱喜悅之狀細詢老和上飲食起居始知果病因道似此則隨老和上方便暫時將息俟稍平復訂來日期即撥夫馬應接幸毋留戀會安我之望老和上如望歲也況相隔涉一切供養難以周到於心怩然無容自安耶花郎布一疋副以綾緞爲老和上添冬衣其餘洋布絹素爲大衆各製一襲仍差内監同來祗候榻眼文職世男及王兄醴泉侯鄔陽侯三君聞余復還相慶忭俱差人持札候請各付書回報與文職世

男曰

老僧本是箇擺脫決烈漢到者裏却弄得去來不由也舊秋蒙王諄諄遠召自謂脚下紅線巳斷繫絆不住跳出山來上了洋船竟到貴國深叨王臣皈依正好與吾公朝夕盤桓不奈故山有箇大衆鉤子鉤在心上不得不回國王挽留縱以鍊子亦鍊不住定要還山誰知海外龍天要合王意竟不用鉤鍊只用幾陣北風吹了轉來去又去不得住又住不安一往還見道路開

闊近日被波濤顛撲了一番止息于會安養病大似老鼠入牛角要不得箇轉身處伸脚縮脚不是故山鉤子牽罣便是本國鍊子拉抯日來又被土人挨挨擠擠兼之內外魔鬼夾夾雜雜又要我費許多周折提防一時那得箇救脫菩薩直饒藥師佛來亦不能療我之病適有唐人送東洋小菜喫了兩碗薄粥放開懷抱想做幾首詩聊爲消遣左思右想總尋不出一句偶欲登厠在圊板上蹲了半日作得一首回到房裏睡在被窩中枕頭上摸摸索索又得一首意思再作幾首一并錄呈台覽同太翁家宴時作一撫掌笑具耳茲者手敎先頒不待詩完急急修候近履雖聚散常事不足爲念獨念別後未知吾公定省下可能謝絕外務靜坐讀書否年少光陰寸寸皆金非可容易多有人處此時看得金如糞土浪費去了深爲可惜如老朽自幼亦躭讀書名尚不知味方要學書學劒又因多病二皆無成遂從黃面老子學不立文字之道三

四十年來強稱知識主席開堂常有數百衆羅列座前到底自覺孤陋寡聞終以不曾讀書爲愧每想此時得如二十一二歲血氣精壯從新十年勤攻苦學到三十一二歲上出世行佛祖道不亦更有一番光彩乎天地間未有年老復少之人徒作此妄想時事已去七八追悔不及矣今喜吾公生長在禮義大家上有太翁爲朝中大臣左右有賢師友造就不消十年磨劒必期出海屠龍何慶快如之惟恐好光陰錯過因

以老朽自悔之言聊爲追風天馬旁加鞭影也愛公心切信筆直陳冒昧之罪知能見原

復王二兄醴泉侯書

急急欲歸悤悤作別大都事在怱迫中偏有礙脚絆手時承賢王昆玉遠送及到尖碧羅上得海艚巳經白露行了幾日南風不便去而復返也又蒙差員遠惠手札始知八月間加官陞祿不勝雀躍最感者廊廟功勳不棄方外老朽非吾公出人頭地乎遐想中秋佳節進爵時應唱

一曲受榮華富貴長春矣老僧當攜拄杖跨過山來與公說些在家有意思之學道人不被功名富貴埋沒就在富貴裏做工夫終不打成兩段始見處處綠楊堪繫馬家家有路到長安的落處將這些古今會討便宜開心快活話暢談十日一爲慶賀一爲叙懷一爲學道樣子一舉三美何樂如之今尚淹滯在彌陀寺者總因洋船上風浪顛撲許久一吐一瀉弄得筋疲力盡止剩得幾根硬骨頭不曾折斷日與病魔支撐

滿擬以病了事矣誰知病又不成病事又不成事如此半三不四自覺可笑極承寵問稍容幾日病去就來目下有無數欲言筆不隨口未能多及閒與面賦

復王三兄韶陽侯書

大士道體違和老僧亦在病途無能奮飛左右一候起居歉仄之懷未易名狀也日來風雨蕭蕭眠食俱廢方外人別無繫戀惟天涯知巳道誼相投未得問訊榻前不知尊候若何不由不

悵悵耳適接來札喜慰之至承教云世情冷暖變態非常誠古今同歎豈知盡世界只有一箇冷字暖字焉可得哉此必早在洞鑑中可發一大笑也嶽誕之辰老朽懵懂竟失嵩祝近日客窓病起潑墨作得一幅蒼松疊嶂圖跋一篇只在此山中雲深不知處的說話藉手獻之堂中聊爲吾公形容古道縱未能寫高懷亦盡老僧本色未審與美德真風有當乎草塞奉復不一

不一

一日病起茆堂客有過而問者謂春生夏長秋收冬藏此四時氣候之正惟大越國中反向秋冬風雨百物萼榮至春夏焦枯其故何也余曰天地至大難以名言然約畧亦一氣運行不息而已無春夏秋冬之殊無氣候正與不正之異皆自人習於其地而強立之名耳由一氣分而爲陰陽方輿定位東南爲陽西北爲陰西北山東南海山屬陽而生陰方木屬陰而生陽位是方輿之陰陽互爲體用也正見得奇爲偶之所本偶爲奇之所生獨陽

不生孤陰不長東南陽位多水爲陽質而陰用也由是分之所以水亦陰用而陽質鹹波夜濺盡成火光則其驗矣此邦極南環海純陰爲用而含陽質當秋冬窮陰之候土薄水盛陽質動蕩不能固藏而發洩蒸於上陰降爲雨澤滋榮百物陽方土暖便爾發生至如西北土厚秋冬之時陽氣伏藏陰凝於上陽不交通下爲霜雪百物凋謝此乃易知而可言者若夫造物無朕之初冥然漠然莫究其終始有神可得而會口不可得而喻者則非居士所得而知也已客唯唯而退因斯氣候不同北人稟質到此輒會生病加以不諳調攝竟成不起先數日古崖侍者江北人報寂於順化今恬波堂主山左人相繼圓寂於會安雖生死天命而轉展之權又在乎人然未始不爲南北水土不習所由來也荼毘之日藩鎮撥數百軍人服役刀槍旛幢排列前道會安傾衆執紼余爲舉火封龕法語別錄恬波本宗顯聖下兒孫嚼累有年矣大凡禪者八識未明六識觸境當臥病時不免痛苦呻吟殊有

不自勝之態余顧慰其疾書以示之

諺云世上萬事俱假不知連此身心亦從假合而生也夫有生則有老况經風雨晦明寒暑代謝喜怒無常飲食失度諸念雜沓四大難調稍一觸發百病頓作隨後就有一箇死字來不免手忙脚亂矣老聃云吾有大患爲吾有身古聖先賢視此身爲大患者深知五欲牽纏七情催逼一墮苦海千生萬劫無由出離所謂一失足爲千古恨轉頭便是異途人話到這裏寧不悲

痛乎惟有明道一路可求解脫孔子謂朝聞道夕死可矣豈徒然哉若非明道縱置身華樂天宮終爲衆苦煎熬所以金輪王之極樂極富貴大覺老子不屑爲而子夜越城雪山學道今郎將大覺老子之果位與我再來出世度生受人天四衆供養稱爲三界福田以我觀之猶見厠穢掩鼻閉目趨避之不暇肯厠身其間益有身是苦只這一箇身尚苦不了豈當再作一箇苦累不但老來龍鍾之苦少年無知便是苦不

但病來磨折之苦無病多欲便是苦不但死來離別痛楚之苦未死顛倒錯亂便是苦不但貧賤項尾求人不得之苦富貴驕傲輕薄縱情至放肆取樂總是苦嗚呼人世癡迷焉知樂是苦因知此是極苦之境界始能發心求道尋向這條路上來其不思解脫甘心苦趣者猶蜣螂抱糞以爲一生受用不了樂在其中任人夯敲正打只是不捨業識貪戀無救無歸此類竟可不必與之言矣在吾輩割愛辭親出塵離欲自必

學道求了生死大事爲急務不然披緇受具何爲耶則又不得不與言也或曰行脚參師專求明道奈愈求愈遠而難明年復年來看看老來病來衆苦齊來以至日暮途窮進退無地未識爲人導師者當何指示乎悲夫道不遠人人自遠之殊不知爾我朝同佛起夜抱佛眠飽暖飢寒何曾離却半步喜怒哀樂去來動靜經行及坐臥常在於其中只爲太近將謂別有未免對而千里何異世間常人日逐妄想孳孳名利背

覺合塵全無一念回光直至老病到來始見般般非樂頭頭是苦及求解脫手足無措矣苟真學道者必不以樂爲樂而苦爲苦老之一字正是我人之引進大師病是良藥死是醍醐若非老誰肯息念非病誰肯退思非死誰肯修行如老僧年來抱腹疾無日不與老病相對既不能免何妨就在老病中消磨歲月安心待死今雖未死而天下無有不死之人縱有不死者亦無非遠觀山有色近聽水無聲而已目下見在海

洋船上風濤顛撲發寒發熱又吐又瀉正病在
沒奈何時我却開一隻冷眼反存三十年前光
景從頭檢點將來要　此活氣全無却是箇死
和尚原來死了的最難得活以後一年畧有些
活意就作了箇活和尚可奈活了又難得死近
十年來覺有點子動蕩氣息反弄成一箇不死
不活的和尚拖這皮袋東來西去不管天攤地
塌有一日過一日過一事行一事聽憑今日要
死就死不死又到明日倘若今年不死還到明

年或明年又不死年年日日且如此過去雖然
不見死來却見老來作伴侶病來送藥石就此
得些逍遙自在又未免泰極否生便有一等無
知作祟吹毛求疵搬些是是非非來是非又不
明來多在背地裏鼓弄起不風之波以爽須有
夾雜嫉妬萋菲横加歪派將來總要使人過不
得以快其心誰知我却與箇不驚不怖一槩消
歸於無影山下大水灘頭付之東流去了幸藉
此淘汰得志慮益精行願益堅不亦愈磨而愈

不磷愈涅而愈不淄是知此輩逆行菩薩不是
嫉妬萋菲實係爲煅煉我之嚴師辣友也每待
死來死又不來趂此身未死且教此心先死先
令不死而死自知死而不死也恬波堂主不謬
吾言即當以吾自受用三昧刱起稍毛仔細體
貼一上若在堂中作得主何處不可作主莫說
老病來連死直闖到面前來一齊放下掀翻窠
臼正恁麼時將甚麼喚作生老病死苦集滅道
無非是成就我之大解脫場噫看到這裏滿目

逍遙通身慶快不獨無苦且有真樂焉恬波於
此豈不發一大笑也哉

越數日掌清左樞密計至掌清爲大越棟梁職典
樞要累四朝矣老成練達長厚沉毅勇畧過人當
占城搆禍時王命秉鉞南征連戰克捷斬將擒王
拓地數千里黑蠻蚍見聞之破膽所至秋毫無犯
大得人心奏凱還朝彼方至今懷德有五子皆官
於朝王方待用爲鎮土大將軍以彈壓邊境年六
十三一夕無病而卒王爲輟膳流涕遠近聞之無

不痛悼自余初到即來往依依竟受爲菩薩戒弟子許至亦不免爲王惋惜也遣副寺備賻儀往奠爲序詩輓之并書緫其五位公子序曰

竊惟丈夫七尺軀立功名於大越雖素帨蕩靈而生氣如在海洋百戰處爲保障之長城至加封贈謚而公論彌昭拜命生前聲聞赫濯圖形身後俎豆烝嘗拂衣之願未酬蓋棺之事已定誠可歌可詠之巨業實兼文兼武之能人茲大將軍掌滿阮公者一代元勳四朝尊宿降神在

分茆峋嶁之地鼓餘勇於伏波勵志即投筆授書之時騁高蹤於定遠眼底無八千子弟胸中有百萬甲兵開日着鞭不待聞雞而起舞臨風踞座還思捫虱以雄談抱一腔報國之心值四郊多事之際建牙開府秉鉞登壇擒王於占城爪選之間烏蠻不敢復反斬將於真臘浡蘇之界南顧從此無憂三翦定山渾身是膽涉間關而長勞汗血歷行陣亦每具風流洗甲灘頭共喜投醪惠效運籌閫外爭看露布書還入座賢豪揮麈彈棋將軍原有揖客洞瀾砥柱出將入輔德主豈無忠良正期訪赤松以遨遊何須屏大樹而晦蹟烏裏之神仙方集人間之至樂未央豈意將星忽墜於西乾遂令鶴影空歸於華表艾山淚碑猶在誰繼輕裘緩帶之風草堂繪像維新虛懸羽扇綸巾之度縱不傳人而傳事亦且多藝而多才幸世祿垂之後昆雲臺接踵光表章出之黃誥泉室增輝老僧一介水雲好讀烈士暮年之詩而壯心不已未臨疆域早聞

虵鬼破膽之日而豪興欲飛國乘曾未請觀梗槩幸先粗識竟爲裁詞巴里畧布私衷續成載道凱歌宣揚麾下莫笑毛錐鈍置仍從犀甲分光一家言未盡平生百將傳須添幾段鄙題鄙句不成美玉精金愈出愈奇自有雕龍繡虎鼓吹氣節草擬雄圖分壘文壇孰許稱爲勁敵歸功鈴閣吾當隨次安營匆雖紙上談兵聊寫江邊橫槊云爾

輓詩

伊維景會賢哲篤生嵩神申甫傳說星精光流日月重輪東升倬矣海邦君德休明莫用匪良濟濟羣英穆穆公孤桓桓干城樹人燕翼纘緒不更世臣故國喬木同榮四朝碩德寶維掌清維彼掌清華浪夯鯨折衝樽俎補闕調羹巽牛不喘瑞麥雙莖三登比歲夜尨不驚踞洋立國一柱天擎典于文治豈樂佳兵蠢爾烏蠻敢犯邊盟赫斯震怒整旅徂征禡纛臨河蕭蕭馬鳴好謀勝算奪魄先聲向無堅壘突陣縱橫義旗

攸指漿食郊迎依然歸市不變春耕軏止一人弔及蒼生獻俘宗廟飲至于京王嘉乃績酬彼兕觥荀氏五龍日陰銀璜世其模楷欽哉老成何天不憖棟折梁傾王聞輟膳涕泗填膺同僚後進歎失芳型庶民巷哭軍旅哀聲碑鐫舊業路誦銘旌勳澤在人感傷中情誼識君侯含笑泉塋子房辟穀李泌還衡終防輔國預鑑韓彭公胡如爾在道簪纓東方大隱老子周卿奄然報謝委脫蟬輕于今于古截起截行去從來所不虧不盈靈光一點嘁嘁長庚歌之詠之神聽和平

慰樞密掌清公子書

峋嶁阻風不得還山正臥病于彌陀寺中忽報掌清樞密公死矣乃皈依老僧之最莫逆弟子聞之合掌念佛無一毫惋惜悲悼也何故大越國中軍民男婦誰不知掌清太翁方正立身忠良輔國拯溺扶危好善樂道今當蓮花化身上品上生吾甚爲之法喜何悲悼之有哉然一旦

拋妻棄子賢公五位及闔府眷屬有不烏號痛切望空追影想念無由未免歸怨天道無知報應舛錯或以佛聖言教皆不足信嘗聞佛言善惡之報如影隨形聖言爲善獲福爲惡受殃理固如是事又不然莫能解矣還可信理而行使人不改其初乎蓋不知劫火洞然大千俱壞而佛祖聖賢靈光尚在至今照耀迷津如太翁爲國家梁棟梵苑干城建功立德繼往開來其靈光常存而不昧也且人生七十古來稀太翁六

十有三時至西歸功業在天下道德在天下樂善名聞在天下將來賢公輩龍驤豹變聲名赫濯一一在天下誰不稱之頌之感之念之則太翁死而不死此即天道分明而報施善人不爽也何佛聖言教之不足信哉是以老僧喜之不暇而不復爲悲悼也大凡悲悼者亦爲人世自已有不足處可悲可悼耳願賢公輩以父之道沒世不忘非獨章大孝並行大善於天下代代如此皆成不死之人矣話到這裏老僧病亦霍然還羨太翁生中得死老僧又在死中得生於此具隻眼縱去太翁十萬八千里無一絲毫間隔也且道即今面目在何處聊爲下箇註云若非羣玉峰頭見會向瑤臺月下逢特遣副寺僧持瓣香勺水畧叙輓歌申奠於太翁之靈并惟賢公節哀自慰餘懷縷縷未盡筆舌

海外紀事卷五

嶺南長壽石頭陀大汕厂翁譔

閩客饋片月糖一器稱花乳糖潔白瑩徹入口清甜比蔗糖差貴因叩之言占城東埔寨及東洋一帶有樹名丹椎木在草木之間微有疎節身似檳榔葉似蒲葵較大可爲席三四月時白花從葉根生一莖數十朵如禾穗與檳榔垂實無別從莖上扭爛白乳流出繫竹筒於破處經宿即滿熬而成糖花時始有否則乾猶婦人育而始乳云彼中漫山遍野竟不由栽種者可見天地間耳目未經何所不有如天地八陽經載雀壓油樹生酒但平常事耳土人既視爲常過客又無心於探奇紀異故物湮沒而不傳王又曾言高棉國山中有人尾長三四尺聲音笑貌並與人同一觸其怒即噬人唉食人莫敢近亦惡物也狩獵非藥涼夜初長風雨迍邅孤踪海外念生平白社散處天涯唱酬無侶率成拙懷詩六首以貽知交

病起虛堂聽海鳴入秋滿地水雷生誰來白社

尋支遁遥望青雲憶子荊蹤跡杳無鄉客識鬚
徵歸使故人驚多年不作雞窓夢此夕偏深風
雨情
久客思歸懷古樓夢回猶道越王州竹聲晴作
空林雨山色陰含老樹秋人愛孤吟來小院我
攜明月上扁舟芙蓉花放沉香浦惆悵年年結
伴遊
良夜空階偶影孤隔洋好友夢來無讀書終想
林高士作賦空懷楚大夫背井秋生鳴蟋蟀洞

簫風急起眠烏美人南國多離別誰復攜琴泛
五湖
記得春來又早秋西風吹動海潮愁青山欲斷
雲無斷碧水常流沙不流病客何堪花照眼懷
人況復月當頭紛紛落下砧聲起遠樹連天獨
烏投
海外音書不可附故山兄弟久離羣愁來南向
三更月夢去東林萬里雲徒抱幽憂難作客相
逢士子不修文悲歌慷慨因何事半為孤蹤半

為君
椎葉蕭蕭映紫霞白頭秋思尚天涯幾人海外
同為客何處樽前不說家遠嶠浮雲荒草合他
鄉殘笛夕陽斜春明風信須來早莫使歸帆到
落花
一夕天氣爽朗腹患初安扶杖獨步於廊廡之下
偶爾觸事甚有感發遂作一聯并書以警衆
九月終旬病起無聊夜來散步四宇岑寂所經
一寮竹門半掩燈火透亮側身窺之乃見兩人

俯燈對坐一人一手同作針線甚有自遣自催
深恐不及之狀於是回視各寮莫不沉酣熟睡
也諦思裁衣人止為妻兒老小長年衣食難至
情關切終是他人活計尚克勤如此想參學者
為生死大事全是自己工夫何反置之度外而
安心熟睡乎不覺感歎信口作一聯云裁衣人
手不停針眼不離線從朝徹夜做工夫六時有
用真堪愧殺參學者參學者身在這裏心在那
邊經寒度暑過日子一事無成豈不笑倒裁衣

人嗚呼禪人叅學不成者不患其無恒患在心不專於道而雜用也心專於道決定志向自然一日不明叅一日一年不了叅一年務以明道功成爲期則不待師友警策自不肯無恒而莫不精進矣余見人本非求道不過借出家學道四箇字作躲懶偷安究衣食之捷徑便不復知叅學爲何事生死爲何物管甚道明不明竟與了事人一般飢來喫飯困來眠無憂無慮在無事中中混過去極好說幾句高曠清閒婆媽修

行不通道理的話博他信施利養爲得計耳何曾想到衣綫下事未明生死不了爲急務耶然不惟不知求道并利養亦不知求若求利養更當明道要知道即利之本其本大獲利更大只怕道不明何怕利不得變道不變貧苦聖賢殆爲此輩說法也蓋因機設教隨其圖利樂之情引誘學道苟到道明自不貪利而以道爲樂利亦不待謀而自至矣試看裁衣人日無偷安夜不歇工念茲在茲通身精力俱用猶慮衣不成

難得工資究其所得能有幾何設或亦如叅學者之懈怠不肯任勞豈但妻兒老小全家失哺即一身一口無聊生矣咦今使叅學者皆有妻兒老小其妻兒老小之衣食仰給於叅學者且利養亦在叅學中不得不要道業速成而苦叅力學之狀有不同於俯首燈前自攢自催者哉如此精進不雜用工夫敢報諸佛菩薩一齊合掌跪拜下風矣何故道念若同情念成佛有餘吾當速改聯句讚歎贈之不暇何感歎之有乎

何感歎之有乎

王聞余病愈數遣使速還順化命意諄諄訂於十月初八日登程從陸往先走札諭慶愚後堂天雨知客在彼預備老僧行止

腹瀉頭痛纔愈口破舌爛又發仔細思量總之老僧薄福每多缺陷致常住修造工匠懸望隨杖大衆參差不一兼之宿生欠人口業債都要填還未免勞他太過以至是也然少病少惱亦非藥石可以醫治惟隨侍和順便是老僧安穩

之方不慮無水火使用但患無此妥當藥材日來精神色力總不如舊須得知道理人與我體貼一上心同氣合病不待醫而自愈矣況兼內外人事精粗是非皆要老骨頭支撑並及左右陶起氣來還要費許多脣舌與衆調攝吾之薄福固然豈非隨杖弟子輩之咎乎今說不得索性拖泥帶水勉強行去且看有那箇發心菩薩爲常住爲大衆爲老僧眞能爲已者話到這裏撑持法門之人若非將身命全舍安有不打退

堂鼓耶刻下國王又差內官持書請老僧上順化言方丈寮室廚庫園房從新造在天姥寺供應俱備專候行李此一片至誠供養心甚爲難得因允於月初八只得拽杖走一遭汝等在彼應先料理無至老僧大衆到時七起八倒也凡彼中官民落索世事一切勿與始見吾道人行履致囑致囑

初一日內監奉令先至撥檯軍三百名與馬備乘行李扎縛適值陰雨作寄駙馬右屯營書

聞大越國有樞密駙馬元公者品志賢豪爲霍驃驍一流人而深信禪那作吾教屏翰又非霍公所能望見知其人非一日也況千里蒞任出鎮之際方寸中尚有一遺世老頭陀在順化禪林特囑公弟持華翰以淨俸贈而溫語慰之可知其心矣既蒙厚貺竟蹈不恭之却私意必圖握吐而後領惠未遲奈抵國來諸公槩未往謁不得面教曷敢濫叨但願一識韓荊州豈不勝封萬戸侯哉然人之相知貴相知心吾謂凡謀

面而稱相知者恐非知其心耳管仲云鮑子不以我爲貪以其能利我爲知心也是則心屬利乎豫讓云智氏國士遇我我以國士報之以其能名我爲知心也是則心屬名乎以下而言無僞不交非親不黨舉世攘攘誰不言某某我之相知也相知則是矣其能於我之心果知乎眞相知而知心者如孔子生於唐虞夏商之後相去千餘年未嘗與三王五帝識面而知其惟微之道心如吾宗大智出自震旦蕭梁之時隔西

竺靈鷲甚遠未嘗與釋迦文佛識面而見其一會儼然未散誠可謂相知心矣老僧與駙馬至今未曾識面而未嘗不知駙馬重道之心知其心未見其人孰謂非相知者耶駙馬重道心在鄉黨在朝堂在順化出之與　路人之口碑尊札佳貺殷殷厚頒天下誰不知之也但愧無所見聞之方外朽人何以受過愛之知故聊以拙畫一軸拙錄一部奉覽難筆墨〻堪言句不文亦出老僧之心耳駙馬晒存幸〻不淺也是時

未及候駕　　歸又奈海風不便揚帆尚未還山暫止　　土差內使再四見召已備夫馬立候度嶺約十月望後准到天姥寺此番杷晤亦天假因緣自古知心聚首良非容易數行預布臨馳神往

初七日內監催夫欲先發扛余瞻風色明日必有大雨恐途中打濕行李須雨後發行初八果雨至十一始霽十二早起程通吏道領閣府耆長張繖旗攜榼擔鳴金遠送行者送者夫馬駢闐散漫數里秋雨新晴土物如春蒼山綠野刈稻〻秧紛〻壟畝將二十餘里與三台相望送者陳茶食具中膳畢辭回方欲紆道三台一宿始行監官不可復去數十里暮色沉烟林端月上遵海而南白水沙無數簑笠聲影颯沓宵露衣寒望去蒼茫一派素車白馬排空而至別為一種景色抵旅店而明燈進膳矣次早約十餘里橫渡一溪過小嶺再渡一溪為艾嶺之麓馬不可行悉易綱輿嶺下居民最苦官役一行既衆夫不備數逃竄者則沒其釜

於官應赴貧民癯形骨立披髮哀號顧之惻然余語催夫官各給還其釜叩謝而去過午登山石路嶒峴齟齬初行夾道叢篠漸上兩行秀木挺拔數丈無枝附卷曲由結根林中喬柯奪露故爾聳立安在其麻生蓬中也迴瞰海洋漁艇千帆蟻立不動乃知登高瞰下與仰觀三曜運行而無動相者一致也莊生謂視下猶此誠不誣矣企足高望嶺隱雲際惟瀑泉一道如疋練表雲衣而出之躋此為嶺之半云僕夫健捷足若不點地折旋於坎

壞苔石間倏忽已身入雲中矣左顧林莽蜿蜒乍度飀飀有聲如風行草偃謂蚺蛇云然莫見其形體矣行邊幽香斷續爲艾花殆無覓處也野果交垂山花爛熳至花上生花葉中結子非耳目所經者不可得而悉似焉茆屋幾間清泉環帶賣茶以給行旅者[illegible]嵐常閉迥隔人寰絶頂雲露飛空沾灑襟袖俛視木杪白猿成羣大如人長尾遷徙飛擲而振落涓滴也漸下聞洪洪淋淋聲望出山坳一片[illegible]者皆曰下至見海矣轉近始知爲雲也已而[illegible]陰晴石苔滑遍地青燐奇聲怪[illegible]人立觸處覿面杖拄鏘然乃石也茆店[illegible]方張燈遲客聞輿從至窟匿林阻恐拏夫也巨木爲橋者三結架牢固湍流激石噴薄澮浤乃前疑雲海濤聲也佇立橋上山湧月來空壑多聞淒神寒髮比下懸崖而迎軍列炬四照投店宵分矣名山秀木絶巘清泉在在可居何無卜築其上者且往來要道修理無人深爲歎惜適有戒子廣大躡嶺來迎聞余片言乃發心募

修嶺路特乞緣引遂疏云

惟此要區古稱艾嶺接順化西南之脈引會安東北之觀日邁時征歷過幾多歲月泉鳴木落驅馳千里風霜鎮夔關鐵陵橋十方分界占城國高棉寨八面通商何其崖谷摧殘可奈滄桑遷變欹斜凹凸空流出岫之雲傾覆縱橫目斷凌霄之磴草深苔滑翠濕煙寒荷擔僧叅學僧以彼修行有數中華客外藩客在他利益必經如履薄冰往往艱難履險似臨蜀道紛紛辛苦臨岐當補缺陷坑好教諸子百家雜踏再除荆棘嶺任使六凡四聖同登見泥掩泥尤超布髮承然燈之足隨地鋪地還勝買園償太子之金實進步之本因豈獨覺之小果茲戒子廣大乞老僧一言即據行走人多行方行便總要二字說云修善者少修前修後超出三途但從這條路上來免得那樣墮下去填半邊水鑿半邊山快哉到處逍遙釘幾丈椿築幾丈土樂矣輿工次第脚下要令端正心中須發眞誠或施力或

捨財何妨衆手齊舉當捐磚當助石曾教一徑
相通動步知歸尊名遠達
次早煙雨迷離盡日行霖潦中王差左右工部該
伯官駕紅船預待海口領隊軍五百接至中途跪
而請曰王着某祇候多時以天雨泥濘有失遠迎
言訖引導而行是夜凡三宿旅館矣明日五鼓登
舟廻憶下會安泊舟時王臣相送圭峰添翠路改
新流轉盼五越月也成道中書事詩十八首
三台常在望巖竇昔經過白鳥去無影青山奈

爾何王程催驛使野輿結煙蘿畱取天邊月今
宵照舊阿
紛紛納禾稼正復打新秧小雪畱殘暑單衫臥
網林沙墟喧夕照少婦剪檳榔行李勞軍士殷
勤奉汝王
三宿昇州道爲程半海邊銀濤驚拍岸水鳥沒
飛煙衣上露華滿林端月鏡圓征夫行照影簑
笠散平田
細草尚抽綠平臯十月中牧牛疑道者騎馬喜

頑童綵旆翻涼吹鳴鉦響遠空顧余堪發笑海
外任飄蓬
從陸仍經水西風撥棹輕煙波隨地出燈火隔
林生客有難歸思秋多作暮聲故山今夜月最
是石樓明
磴道蒼蘿裏盤旋紫翠重雲生三面海山盡一
聲鐘避世宜長住幽人不易逢夕陽新帶雨紅
濕半崖松
亂花明澗底石裂補莓苔疊嶂溪煙合深林鳥

道開虛空領幽異曲折上崔嵬忽聽潮初起寒
光到處來
老僧宜晏起況値晚秋天異國征前路中宵不
得眠雞鳴艾嶺下馬繫竹牀邊茆店猶昏黑軍
夫催着鞭
四過横木渡一上插天峰花落空聞艾雲深不
見龍蚺蛇行窈窕松鼠竄蒙茸絶頂何人屋煙
嵐盡日封
轟雷飛上岸立水激沙洲日色平西下濤聲自

北流海雲能作雨蠻樹不知秋過嶺崎嶇路青青又渡頭秋色紛紛改林香花氣屯山羊衹宿霧野象立荒榛客路山全異天涯鬢亦新看來當九月風物盡爭春一望天廻嶂幾層水繞田人盤雲樹杪日落鳥痕邊暖氣浮霜草荒郊胥爨煙當途有虎豹行戒况山川層巒陰秀木絕壑響淸泉野果嘗難遍山花記

不全獼猴挂秋樹空脆灑晴天物色憑誰賞分明炎海邊林深山月黑處處散青燐哀響聞猿嘯危峰逼獸蹲石苔愁徑滑網挾羨軍仁記取其中事明燈細細陳歸舟辭順化返坐會安車山影殘陽斷霞飛陡壁斜綠煙疑柳樹紅雨憶桃花投宿還鄉夢誰知不是家穿山夌海上高下勢參差歸燕無棲壘燕窩爲土人取

饑狐出斷碑洞門泉曲折薜荔翠紛披遲暮適陵谷占城能戰旗艾嶺舊與占城分界今屬大越因及之秋雨秋風急行行復暫停板橋西北路村落竹林青遠棹天邊下頹房石畔扃高岡一俯首漁火亂流星炎蒸分手地不道便重來潦改晴時岸崖添霜後旹使臣王命急冒雨戰船開獨愧無由報爲書尚未裁適木灣居士聞祝萬侍者言皆重巳輕人動稱我

輩及問我字落處彼又茫然大都我不知我因書以示隨杖諸子世間之稱我者以假我爲我皆非眞我也如富貴利達我有而樂彼有即不樂是貪爲我也設若一物吾所貪彼亦貪互相貪之得則喜失則悲頓起爭心是嗔爲我也以其爭奪嗔勝而獲利致貪戀營謀輾轉無厭足直至老死將來猶不知覺是癡爲我也明明放着一箇眞我盡被貪嗔癡冒名爲我置我無地使我不知作我淸

淨身中之蝨賊而我竟隨他昧却何止終身受瞞生生世世爲其役使還道此七尺能行住坐臥喜怒哀樂能動能靜計較思量竟認以爲我之全軀豈不大謬也哉然畢竟以何爲我須識眼中瞳子面前人一切無我則何物不從我有如居亭草木鳥獸昆魚其初不自知爲何物因我目之而著名焉則居亭草木鳥獸昆魚皆是我也珠寶金玉衣飾器皿其初自不知爲何物以我目之而分類焉則珠寶金玉衣飾器皿皆

是我也從父母而來我所自出由子孫而去我之所生世間一切事物道理纘承前人遺制則前人就是我也世間一切事物道理傳貽後人相繼則後人亦是我也廣而推之天我也地我也人我也以及日月星辰山海林泉分而各立合之無不是我亦無不是人也我人萬物一體同觀始能毋意毋必毋固毋我是故眞人無位無始以來本我良知蓋因一念存我執我煩惱妄生覺我空我無明自淨惟不住人我斷常等

見眞常獨露何處更容貪嗔癡假我用我悉我用渠渠即是我矣所謂但能轉物即同如來苟達此義不妨稱我我自識云知我者是渠知渠者是我渠我各不知分明燈是火

十五夜雨抵天姥寺寺舊王府也周垣古木門敞清流漁僧樵斧往來晨夕畫梁藻梲此中之傑構作詩二首

梵王宮闕阮王開玉殿朱門生綠苔一代榮光餘草木千秋花雨結香臺庭前雲影山連水檻

外桃飛去復回未識謫仙天姥賦夢遊可是此中來

當年王氣出中流霸業還歸梵貝修石闕不留秦歲月救書尚載漢春秋海潮沙界三千里風雨鐘鳴百八州佛火一龕燒栢子坐消寒月不知愁

次日王棱見吾慰孜孜各通思慕情愫遂問曰聞老和上常住經閣未成是否余曰經閣係石制臺朱撫軍領藩臬衆宰官同建諸料備矣惟大雄寶

殿粤西當道所許近聞別陞則大殿尚缺耳王曰所費幾何余曰若全須七八千金今幸木料已有三四更得五千金可成矣王慨然曰老和上到來某忝爲弟子毫無功德於老和上分中今大殿錢糧某歡喜肩任明年歸時如意創建費不我惜也因之逃中華梵刹滿天下少外國王鼎建者獨浙江法相寺係宋朝高麗國王所作至今傳頌不衰王若成就長壽大殿將與法相並美千古矣王忭躍許諾言長壽歷來興廢乞老人法言詳示倘常

住更有未完功德且便代爲轉募并使他日好知祖庭始末也至夜別歸作重建長壽因緣疏曰

須達布金創梵刹於當年其功猶超鑿海賢于插草豎瓊樓於頃刻此智還勝補天喜近水以安禪兕依林而憩錫猛虎深居奇險之巢穴尚可化作道場達磨東度初履之寶方豈不尊崇舊業紹隆大法古既如然佐闡正宗今何不爾惟茲長壽勅賜前朝區落三城之西襟帶百粤之秀歷皇圖六代衲子家鄉坐知識四員檀那信地機緣始啓乃唐盧祖手植菩提夢感中興實明按臺囊捐俸祿王御史晉芳勒銘炳煥精藍憨大師挂鉢哦詩指揮心要座臨五羊石門出白鵝潭竹木千行春到羅浮分翡翠波濤萬頃秋延庾嶺漾青螺物換星移人越幾朝王霸日風清月朗香生百里素馨田望中雞犬桑麻渾如太古定裏煙霞丘壑宛爾深山尚未埋馬跡車塵儘可容獅騰象踏雖則眞常不壞奈何世諦全非要至無聊招提焉繼椽檐上蛛網羽

絲遮不住飄搖風雨法身中燕泥鼠隙說不得燦爛衣珠村裏牧童竟來牽牛嬉戲路旁過客徒向斷礎吁嗟亦非臺階級都灰更欲登高何處百尺井泉流盡竭安知照影誰人豈龍天之呵護無靈抑道運之興衰有數愧修行綿力支法席惟心勉應衆紳衿同二十四保之召恐辜諸耆宿並公卿碩彥之誠難辭蚊蚋負山未免螳螂距轍驅馳三載不逮臨濟栽松躑躅九秋強效壽昌推石七絃纔奏萬指齊奔雖偏廡小

構粗成而大厦羣寮未備正殿配殿前後左右殿悉賴斬新禪堂齋堂寶鏡雲水堂諸所輪奐向懷此志敢告同心如曹溪如青原如南嶽遍中華佛祖庭從無外國主維持若顯聖若靈隱若博山惟浙江法相寺始有高麗王設立十年蓄意竟未得巨海全潮一念格人或可陟層峰絶頂渡河固當用筏覺岸就在回頭預把空手鋤待蒔秉時種畝畝耕而收粟易曲彔設而化門開覿面相呈知音幸遇一梁一棟須求眞實

良材片瓦片磚定要磨稜結角不比初期鹿苑分明别有禪心縱廣以兜羅界道高低以綵縷銀繩報土莊嚴福基作用謾云清淨體本自無形何消覆蓋須知功德幢元先有主必假修爲大越阮道者五千金直下承當粵東厂頭陀二八願晋教事畢紅玉階前白石磴隨他人往人來金香爐下鐵崑崙笑看花開花謝文壇士尋題勝跡走珠江太史公微吟嘉樹遊香浦壯觀詹蔔輝映訶林從兹設列一弘規自後永爲十

院無私利益種智同圓

王閱疏首肯曰明春老和上歸代我修建長壽殿堂得福蔭小國皆賴慈庇也乃訂　十一月初四延　二十四衆禮萬佛懺以四十日爲期午後[illegible]回天姥東朝侯差家人送[illegible]椰果[illegible]侯安曰主人聞道駕至理合恭迎奈[illegible]病[illegible]　親來面拜言致意遂回札問訊云

急切告行止到峋嶁山前北風[illegible]不能歸國王聞之接回順化一轉眼塡不覺[illegible]越[illegible]

專使先施始知大士違和然五蘊本空病從何有總之憂國憂民起見也[illegible]摩爲欲饒益一切衆生無病示病先令知夢幻泡影身大患恐怖生厭惡脱離之想而後說法身功德斷苦獲樂發其求進道心及乎衆生病愈而維摩病亦霍然大士以是病爲衆生作良藥也可奈今時衆生之病比昔更難調治莫因其不已而遂不已乎思念之至亟欲遣侍問訊雖有目連鶖子不堪問疾之任所未遣前正爲大士能以心照

瞿曇必知老僧耳目來道體想都平復顧此病亦成就人之所不免爲義廣且大矣堯舜病在博施濟衆衆生一日困苦一日思濟孔子病在老安少懷衆生一日顛沛一日不安老聃病在常樂我淨衆生一日憂患一日無寧釋迦病在指迷破暗衆生一日不明一日悲願不了是故聖人病于捨而克己凡夫病于貌而恕己病于名者矯于情病于利者短于行熙熙攘攘于乾坤六合間其來久遠若一處不病此一處不成

世界一人不病此一人不合時宜天下皆然則吾大士以一病而攻羣病又安可以已哉蓋病由心生一念未生時四大尚無名字心與病皆境緣假合豈眞有耶是知維摩不二法門開示多權大士之疾亦復如是數行修候好音報我爲慰

二國舅朱公爲該伯時余初抵國邸以厚禮枉顧今拜左丞相舉國稱頌作啓道賀

伏以中書須補袞上姓氏於金甌丞相實救時調陰陽於玉燭東方後載爲論道經邦之人席正端揆抽石渠天祿之秘公孤不缺冢宰有持恭惟首相閣下掌握權衡位尊文武聲名無愧志不在溫飽之間喜怒如常治豈出拜颺之下誦尼山於案上半以佐開創半以佐太平賚傅巖於夢中用汝作鹽梅用汝作舟楫允稱國柱特篤王心公爾忘私宰天下亦如是肉矣剛則無欲防民口猶甚于川平故擇相無逾於中華漢唐之規模而致君當臻於上古堯舜之風度

使主顏大悅如秉軸之得人況公輔多材宜舉賢而破格羣僚咸服百物維新老僧雲水庸流風塵外叟開高明愛我不襲諸方蹊徑一唱三歎而蕭灑自然且遠近知公從無些子強爲快口直心而溫良決斷三生石上曾經把手偕行十字街頭又得與君相會乘前願力薰成法苑干城以此心光散作寶坊霖雨伏惟日道月征早上千秋金鑑開來繼往永垂百代圖書宗社崇隆君臣道合臨啓舞忭合十神馳

一日岱隆侯專使持書爲問禪道何物悟爲何理
復札報之
來教云禪道某所素慕但未知道爲何事禪爲何物悟爲何理向聞究竟心甚留戀一聞佛字心卽不喜自不可解特請高明爲我詳示老朽讀此不覺歎曰善哉非佛心流露必不能問及也然未識居士所不喜者何佛以僧論之或有可嫌可憎老朽願與仁者同此不喜矣佛係我人同好惡之本心卽尊札云聞究竟留戀之心

也豈有以自己不喜自己乎且學道原求無事不聞但於事上通無事耶參禪原不依物不聞本來無一物耶若以離物求禪道便非禪道也倘謂人生於世有功名富貴妻妾男女得喜失悲生來死去皆事矣何無事乎如天地間山亦物海亦物日月星辰亦是物六凡四聖亦是物千七百則公案無非是物參禪人必一一消歸爲得不依事物耶要知禪貴自參自悟不在他人事物也不見龐公問馬大師不與萬法爲侶者是甚麽人師云待汝一口吸盡西江水然後向汝道且道此語是答其所問耶是另出一機耶是指不與萬法爲侶之人耶是有不傳之秘在其中耶試將此一一究竟又不得強自穿鑿妄以意識解會又莫以一切不立任自所見於豁達空裏過了去當在忙亦如此究竟閒亦如此究竟縱遇逆境交關不開處亦如此究竟管取生處漸熟熟處漸生又勿論能究竟之人與所究竟之話頭是一是二是有是無是凡是聖

是情是理是世法是佛法用心至此忽然撞着豁然大悟而大笑也至所言悟之一字如人有生死相關事約到某處聚會商量方能妥當絕清早起梳洗穿襪忙迫間穿了一隻腳那一隻襪竟不見了遂向除櫃箱籠中房屋牀壁間無處不尋到杳不可得只得放下氣來停思至極幽微處尤不可得忽低頭看見兩隻襪俱穿在一隻腳上伸手脫來穿去便是何等爽快方知原在自己腳下悟則如此所謂踏破鐵鞋無覓

處得來全不費工夫者此也雖根有利鈍悟有遲早愼勿隨一往偸心稍得一知半見就認是了未免走入路頭不是路頭七差八錯反不如居士而今總未知覺還好過半三不四之光景果要究竟必須究竟到透頂透底始不涉此岐路也若非將平日所見所聞若是若非一齊放下死心叅究一箇大定處不成渹蕩鑽亦是昏沌鏡自巳以爲本有光明都見得澄潭清湛無浪無波皓月空明無雲無翳恐吾如來藏裏無

如是法如不盡除一往見得透徹無有不是之習氣直饒你眞到此地步正謂死水不藏龍便是生死岸頭不了之事有志叅學人最忌之病總被箇明字障在眼前錯認病爲藥耳苟以本分事爲急務者管甚禪道事理留戀心喜不喜於此轉身則禪道事理留戀喜惡自然眼上揭去一層翳不爲明暗昧，否則佛之一字我不喜聞雲門道祖尤寸道不得直須親見一隻脚穿兩隻襪子的落處脫來穿去一任橫行直走

去始信老僧之言不謬也不然猶坐在飯籮邊叫肚饑勿嫌唐突容當再續

臥病會安時果公再四乞舉劉清爲管理洋貨該府之職偶誤聽作札薦之王批准用舊例應納國課銀一萬兩限十日完繳劉以王批四處強壓勒借逮余抵順化衆客船主紛紛歸怨備述其人素爲不端鑿鑿有據念薦賢爲國本係美舉若此其人將必剝商害民反爲厲階正擬明悉其弊且彼更欲懇余贊助速成然一誤不可可再誤乎遂却

之而果公甚爲不悅謀之近侍寵人仍稱老僧所薦究成其事日後傷敗罪過誰歸因與國王論用

劉清書

天下事可有時不得行道不可一日不明也事不得行權不在巳於我無損道不可不明言則由我於人有益故復因用劉清始末闡發詳盡且陳左右焉嘗聞國有忠臣家有諍子所以成君父之爲聖賢故都兪之朝不忘吁咈而承歡下不遺幾諫唐虞三代之告其臣曰爾有嘉

誤嘉猷則入告爾后又曰爾毋面從而有後言孔子於子路沒曰自由也死忠言不入於耳而歎天祝予古之聖人惟恐不獲日聞忠藎之言何也葢人君一身託處臣民之上喜怒好惡足以生殺貴賤於人而爲臣下者大都圖富貴貪生畏死之流多愛君憂國正言直告不避危亾者極少更有一種機深奸險輩結交君之私人與女寵宦官連成一片惑蔽人主耳目排抑正人拒絶讜論以便竊弄權柄援引奸黨圖已利

不顧其君所以忠義之臣見其如此愛君之情迫於不容自已初或婉轉規諷不從則繼以危言觸怒甚至以死諫以去就爭此豈不知邀君喜好以得富貴而必欲犯惡怒以取貧賤哉誠以忠愛素明以用人行政間務引其君於正道不肯苟且貪汚以遺君有後日之悔而已老僧開法中華三十年來飢食困眠冰冷方外亦時熱腸於國計民生居是邦必爲王侯卿士所泛愛時政之得失民生之疾苦每承咨訪知無不

言言無不盡輒中其要於事幾未著之先而當路公卿亦以余身居局外於世間事理了明洞達無貪利無懼害能於是非當否明目張膽切指情弊事或關係者以一言而決今日之在貴國與在中華立行無有二心也況今老僧與王名分賓師愛猶骨肉前日於劉清曾有一言之薦是老僧誤信國師也既聞衆口同詞備述其奸知爲不良之人辜恩負德其素性也當我朝掃清海上時無所依歸藍總兵止一面之雅卵

而翼之藍貧不能贍眷渠肩認貨船付之泛海營生恩德之於劉清不可謂不厚矣受藍厚恩不思圖報一旦相負去而不還累藍賠賍則國師今逆老僧爲渠竭盡心力維持擔認他日亦不難辜負勢必然也猶望其做好官爲國効勞以報王恩此萬無之理矣且昧心之人無權無勇尚藉他人威勢以逞暴肆惡設法夤緣瞞王殊筆點名強壓借債若一官到手軍士爲爪牙愈得濟其很毒之性又有同類一班睃昧鬼蜮

爲之主謀羽翼必致枝節横生殘害商民爲地方蠡賊兼借債爲官常分所入不足以供每年子錢之費母錢拖欠無所從出必在洋船商貨上百計誅求甚至敲骨剝髓船客歲遭其害將視此邦爲畏途而不敢來既斷商賈是貽害於國也又且傳播四方謂王國待客人苛刻其損德主聲名不更甚乎彼輩奸謀四布強者受其詭計囑託而不能言弱者畏其毒手而不敢言今日老僧不言更有誰爲王言者此所以極言

不諱而不欲王之用也豈容以三千金爲市欲余顛倒是非再加一詞贊許於王前以成其事不亦更可笑也哉不思老僧受王誠請皈依王之供養何事不隆重周全老僧卽有未完功德王必歡喜成就寧肯屑屑於錙銖汚穢之物試看老僧在王國中將一年矣從未有一事受人賄囑求王用情者初時不知誤薦于彼亦國師之愚非老僧意也不然前日數書何以如是激烈也王敬愛老僧者也敬則不忍人之輕視故

言豈待老僧不如婦人女子使王痛心也愛則不舍我遠離故言否則卽日下舍安度歲使王動情而勉從也所謂言不迫切則聽者不入也所謂以去就爭者也王既知而終用劉也王不肯遠國師也吾有以諒王之仍爲愛重老僧也何也國師係老僧法子王所供養因國師而得親近老僧此王厚德不違國師正深於愛老僧也昔孟子至梁惠王曰不遠千里而來亦將有以利吾國孟子則告以仁義利國老僧恐劉之

殘害地方是老僧以仁利王國也至以危言力爭欲挽其事之合宜是老僧以義利王國也以仁義進王正老僧深於愛王也老僧謂不可用劉言言切直老僧愛王之心盡矣王不違國師仍用劉亦謂老僧曾有一言之薦且不忘因國師得見老僧王愛老僧之心盡矣兩心交盡如青天白日絕無纖翳彼此無礙如秋水澄潭了無渣滓雖謂曾無是事且無是言可也然既如是又何妨果有其事且果有其言也獨惜國師

已成白首，此丘不念來日無多，急向自己分中料理，甘心於奸險輩，窮晝徹夜，用盡心術，策盡圖謀，冀王不從吾言，是欲吾道不行，弟子報師之心當如此耶。然吾道不行，爾道可行乎。行與不行，不見孔子云：道之將行也與，命也；道之將廢也與，命也。公伯寮其如命何。尤望國師於此回光返照，毋致終身不覺不知爲羣小所聾瞽，切念國王國師皆老僧弟子，不得不以深心相爲也。因不惜覼縷直言以告，惟亮不譴。

溯自上元登舟，月盡抵國，初住於順化禪林，再住於會安彌陀，阻風峋嶁，轉住天姥，泛大洋，度艾嶺，往復乎山海之間，荏苒年餘，日逐與王臣酬對，四衆盤桓，耳目既親，傳聞所屬，凡爲政治之得失，風俗之邪正，山川人物、草木蟲魚，縱所未經者尚多，然知遠之近，已粗悉其梗槩，非無分於臣細物不擇於妍媸，關要必書，奇異必錄，敢謂道行南國，有當君子之居，要使外夷土俗備聞見於中華，或者習俗遺風，冀轉移於異日云。若夫五嶽四瀆，誇經歷廣遠於予長蒻𧽚節竹，搜奇珍異產於博望，則吾豈敢。其間因事發言，綴之成紀，至抱病會安，養閒天姥，日月既淹，不無人事之應酬，與致之感發，觸境而生，因人而說，見索他人，吐露自己，或共得於一時，或分成於曠日，既無倫次，紀帙難收，另爲一卷，顧茲率爾荒唐，不堪問世，庶幾因言考意，得意忘言，間有當於筆墨支離之外者乎。續錄於左。

海外紀事卷六

嶺南長壽石頭陀大汕厂翁譔

客窗風雨兀坐夜深偶閱國士翁記錄論詩說禪語似是而非大都佛法文章賦詩作偈貴在打破意識從根本智流出自有自然落處徒使博學強記未免附會牽合也因書此與攝之黃居士一消寒雨并示諸子

書固不可不讀道尤不可不明眞明道人雖不習文字未嘗不通文字若不明道徒攻文字未免強

合雖言句了了義無落處每有之也子瞻學士之爲文筆隨意到如風入竅如水赴壑逆順莫不自在此即眞禪及乎作意說禪有舉空中書經跋金經一篇話竟不知是經非可以色見聲求者判爲止得半部此其強合也既自知爲五祖戒再來何又忘却本分事反問叅寮託山色溪聲方稱悟道此其強合也金山酬四大五蘊話輸却玉帶鎮山門往往鼻索落在他人手裏以其一向用意識卜度聰明義理實不曾於道上打破隔陰之障病在

恍忽葢未親見端的耳神秀大師在黃梅會下爲八百龍象之首領博聞強記誰不推爲第一座其說偈曰身似菩提樹梵語菩提此云正知亦云正見虛靈無質惟性圓明或可指月與身何似況離却正知正見所謂之菩提則菩提樹豈有眼耳鼻舌百骸四肢而可以比人之身乎此其強合也又曰心如明鏡臺不曾事理虛實明鏡下放一臺字作韻腳致鏡虛臺實所言時時勤拂拭是拂拭臺非拂拭明鏡即心如鏡已非心矣如鏡之臺又於

心何與西天四七東土二三皆以心傳心非以鏡傳鏡而臺傳臺此其強合也作詩文有起承轉合說法亦復如是諦觀偈以身心雙起結語勿使惹塵埃是單結明鏡失却菩提非徒攻文字而義無落處乎此其附會強合也夫一偈且不論道之是否即字句之間已患三病所以盧行者別曰菩提本無樹明鏡亦非臺只消本無亦非四箇字如迅雷於迷雲黑霧裏從空劈頭打下來電照分明臺樹之非不待揀別人有不豁然者哉然又恐人棄

之桌樹更認菩提明鏡爲本有故直示曰本來無一物何處惹塵埃尤向非臺無樹外重轟礔礰將菩提明鏡一并打碎要使人無棲泊處自尋下落此謂本來無一物非明鏡菩提若明鏡臺菩提樹現有三問物對可以言本來無一物忽欲當人究竟歸宿處也全妙在追問何處二字要他自已辨識何處惹塵埃始知本來無一物之落處本來具足本來清淨何勞拂拭若用拂拭鏡即不明待拂拭而明終爲認影迷頭所以拂拭鏡臺而忽却菩

提究竟與菩提明鏡何涉只在這一問直追何處頂門一針奪境奪人奪法縱奪並到殺活全彰我無一法與人止是識病豈欺人語哉凡我人之總要所貴明道道明又貴體貼則一法通法法皆道不信請看素不讀書之盧行者所見文字如此精微我以爲世所求道無如明道再能讀書不猶不勝過柵籬中行者幾籌也多見近來參學人道又不明書又不讀強欲說禪說道作偈作詩何異收足取大海水望其爲霖爲雨焉可得耶攝之括土

讀書中之道人嘗向長壽火爐頭探討吟眩不肯以文字聰明自出其心務要與予瞻出氣不爲古今老和尚舌頭顛倒是非惜此出道今夜奮前雨滴滴爲甚麼不落別處

示亦爾記室

覩師學道如投胎也生於貧賤之家自幼見開負戴謀生卑汙兒利薰習如此身心下劣無復言之矣生於富貴之家從乳哺中愛惜保重衣以錦繡食以珍羞種種調養惟慮不育漸漸長成教之詩

書六藝文釆聲華有不望其上進而繼祖宗之業乎惟恐英年子弟驕傲氣質豪放自用誤入岐路未免聰明浮忽知見偏枯學問無成功名焉造所以父師訓誨亦必朋友攻擊勉勵造就設一懈怠錯過日子後悔難矣學道人做工夫亦猶是也據老僧從幼多病不及書香舉業因投先杖人剃度參方未幾便明本分杖人遂以璲樓玉殿令小草擔荷自此以爲無事人矣雖見地粗定學地全虧拉拉扯扯壯壯撐撐將謂做知識究竟書不曾讀

一句字不能寫一箇兼之缺陷多端滿擬從頭造履日來月往光陰迅速不覺髩蒼鬢白嗚呼老矣轉思萃此現在身心失却當來種子只得一面行道一面習學撫躬追昔排覺不如少年色力記性悔之無及也近見後生爾子相貌魁梧氣體強壯若肯立志何難不可參道不可明終日悠悠忽忽虛度韶光誠爲可惜即有幾箇肯參學者而又妍媸莫辨皂白不分這邊挨挨那邊擦擦如此費盡草鞋錢行脚到阿逸多下生時無有是處也不知

參學二字先要分箇淸楚參當截斷一切階梯不向他覓豎起脊梁凝一段眞氣力就在自己屋內打出一條活路來謂之參至涅槃心易曉差別智難明於此不妨博覽古人典籍一一又從外面打進去夜明簾內得箇轉身使表裏精粗一貫擴充我人見鬧處事論理必到至善謂之學邇來禪者莫不守株待兔不思處處窮追終成擔板講教者日數他家財寶爲己有不顧衣裏之珍總之貪觀天上月失却掌中珠而宗教兩門要箇參學全人

甚難得也勿論范無入處之輩縱具無師智者自得一知半見脚跟未穩仍被境緣遷轉是必求師友互相激發庶幾穩當脚跟穩當更少不得師友淘汰何故不見云道德從師友有之不獨無師不可無友亦不可麻生蓬中不扶自直耳奈此世間眞師固少而眞友尤不能得試看目前之友連他都在無可吞處相對時只將一派阿諛贊許作好好先生不獨愚我壞我竟要斷送我只少殺我方將遠避不及而尚可親之哉若是眞友自能責善

斥非正言不諱纔是爲我愛我直欲成就我而肯以忠告告我故古人得一同志眞友勝於同胞者此也然又莫怪若大世界難尋眞師友今先要求一眞學道人就不可得縱有師友又不見有學人大都似些泛泛水中鳧只可隨流漂蕩若遇重波叠浪傾倒而來不消一觸汨沒無影矣夫苟眞學人深恐無嚴師辣友設有眞肯爲人善用鉗鎚煅煉之呵師循循誘之時時激之惡言毒語呵之罵之豈獨勞無辭苦無怨甚至逐之不離打之不退

愈逼迫而愈精勤愈折磨而愈發奮方見學人之自肯耳若亦儞從今志向篤切願力真誠不消用心四五年管取掀翻窠臼使無位真人堂堂獨露宗教事即那些隔礙一任呵風罵雨所謂應無所住而生其心也學道人最怕自欺自欺則意不誠意不誠則心不正心不正則聞聲住聲見色住色心依境住頭頭絆染處處隔礙以至心不在焉視而不見聽而不聞患在住境生心心不自在盡爲聲色有無所用用心于有無竟不知用心于無有

亦不覺但能心無所住住亦無礙住無所住乃見常住真心虛而寂靈而明能照一切物一切物不能蔽七通八達做箇出人頭地之丈夫到這裏始知發心學道即生我之父也真參實悟即成我之師也志願不違即益我之友也回顧父師朋友本非別有總在自已一箇堂中大家鼓掌曰誠不負男兒出世一番使老僧亦慚愧矣

與大越國右丞相朱公書

去年承顧重拜嘉貺自爾聞問雖通而晤言契闊

新正謁賀始獲登龍倒屣拂席欵接殷勤足見明公虛懷雅意不減元公吐握之風至促膝深談爲國朝宰輔身在世間首以緇流涸澀爲戚戚思以護生須用殺俾莠去而嘉穀興更見明公爲道中金城湯池屹然雄毅非願力再來人不能也老僧自抵貴國深以此爲痛恨方念吾輩擔荷佛法者之責獨駐錫日淺未能細察隱微況彼一向法化無聞從不知爲僧所作何事而遽以重罰繩之是不教而殺謂之虐非仁人惻隱之心得爲教化

之願力乎面答匆匆未及詳晰顧復將世出世間事殊道合者續而陳之今夫天地不能有陽而無陰帝王不能有賞而無罰叢林不能有提挈而無清規三者運用不同而出於仁愛之心則一也天地無言而二氣往來春生夏長秋實冬藏自有雨露爲之滋潤霜雪爲之凋零而百物之受形氣於天地者不無大小厚薄之差大者受氣厚藉雨露之仁而生依霜雪之威而息生息愈久而根荄日固枝葉日蕃遂以爲天地之愛之如是其篤也小

而薄者雨露之仁無以救其朽敗霜雪之嚴適以就其摧殘生息漸遠而根荄日削枝葉日衰遂以爲天地之戕之如是其酷也不知栽培傾覆天地止循其二氣往來之常而物之覆載其中者各成生殺之異用則不可謂天地之止生而不殺也至於九年之水七年之旱陰陽亦有偶乖其用之時此則氣數之變而非常者矣君者體天行道臣者奉君子民顧君臣各警日懼羣黎之未安爲田里樹畜以養之學校以敎之使率由於日用孝弟之

中秀良特出者則有鄉士遂士之薦干旄爵秩之榮遂以爲君相之愛之如是其至也卽奸邪貪戾初未嘗不爲之委曲化導終或頑梗不從乃移之郊移之遂聽其自新旣而匪辟之習日與性成害及善類始有放流之譴刑戮之加所謂殺一人以生萬姓遂以爲君相之棄之如是其極也堯舉九官十二牧而不諱四凶之誅文王惠鮮懷保而祟侯密伯有伐必明君良相虛公正大故能於善惡之倫舉錯不爽而天下日抵於平康設上蒙下訣

賄賂行公任一已之好惡爲愛憎正直守理之人怒其異已而排之譖諂贖貨之徒喜其附已而親之於是爵賞濫及於小人必致刑罰妄加於君子寖假譖邪滿路羅織爲奸蔽惑人主視聽政出私門上令下更民無信守政亂國危有不可言者所謂信賞必罰非明廷無欲之大人不可也迨夫衲子自披剃爲僧之日北面載拜而辭君親超然方外已爲世網所不及慈忍之權悉操於師長溯法行震旦以來三教鼎峙中華京省郡縣孔廟之建

與寺觀並祟以祝釐護國守土宰官延擇明眼宗師主持法席十方雲水視爲依怙堂頭與之嚴明戒律量才設授使各從本分體究潛行默用格外提攜以轉凡成聖根器正大者自然直取向上一路精進修行也然叢林僧海凡聖同居其中愚頑狂妄不能動循戒律敗撿踰閑者間亦有之於是設立清規輕則跪香求懺重則罰擯燒衣單甚則活焚以爲法門除害在慈悲廣大亦何所不容而於冥頑暴亂究不得已而以大忍行其大慈者正

以摧邪扶正不令魔業得以辱沒佛祖門風也若一種逆行菩薩行深妙密脫盡窠臼與世間假老實裝眞誠念佛修行者逈別如豐干蜆子濟顛蟮子之流應化聖賢不妨晦迹穢行橫提倒用游戲度生而自有出身作略具超方手眼始能辨識苟遇肉眼凡夫鮮不以爲非僧所爲亟欲殺之而後快者矣豈不爲冤哉故天地帝王叢林各有賞罰生殺之用而要歸於維持世教以正人心未嘗不同者此也蓋國家設立叢林非但造理衲子明教

外別傳直指人心成佛且以朝夕焚修默運虔禱以篤生聖明爲國君相使在朝皆賢良正直無不教以忠孝節義使天下知有爲善之樂四方烽息囹圄空虛於以調燮陰陽五行無愆雨暘時若羣生長育而無札瘥夭昏將見刑不用而人服殺不行而人畏有不熙熙皞皞而臻郅隆之治者哉今國王春秋鼎盛仗明公昆玉爲忠良擢之冢宰樞要之地而又戚屬渭陽爲所得爲正宜虛己禮賢集思廣益用正人行正事進正言建立學宮敬禮

師儒講明六經聖人之道自王世子及大臣子弟民間俊秀咸令入學聽講各府俱設學校教育人才不出十年舉國漸曉然於大人修齊治平繼往開來正大理學國中政事皆據理而行不以詐術陰謀相尚王每有令先與大臣商確於天理人情之公而後舉行至王令一出勢無移易庶威令尊嚴而大權不致旁落書曰王言如絲言一出而不復反也而匹夫一諾尚千金不移豈王人命令而是非曲直竟得以錢賄多寡囑託大臣瞞蔽人主

致一事而數經反復矛盾即如蔡清官死於貴國貨物資本業已啓王奉令三股分派付船主帶回交其妻子爲養廉始見至公無私仁正之邦誰不折服乎豈有王命既行復又借端違令橫行亂作竟與羣小互相默食使蔡清生死不白四境聞之則君命不如臣令不亦羞德主而輕貴國也哉竊念貴國開闢以來數十世大率草創因循一切綱常倫理禮樂政教槩置不問不過因陋就簡苟且偏安國主盛年而知求明公又以算商持籌而不

暇及無君相爲之倡國中自瞢然不知聖賢經理之道人皆背義從利故狐媚敢於縱橫豺虎得以當路而守正君子亦無能以杯水而救車薪之火也已抑更有進焉君侯昆玉皆位極人臣權總樞務老成舅戚勢處滿盈亟宜履謙抑損避謗引嫌令舉國臣庶盡諒明公潔己奉公引君正道而無覬覦之私行將與國同休社稷宗廟世世綿長芳聲傳於史冊不亦猗與休哉否或不能正心率物任奸回宵小以爲奔走腹心妨賢病國聚斂狥私

侵撓人主威福恐一旦時移事去勢同瓦解即欲求爲匹夫而不可得如漢諸呂唐諸武以及五侯七貴彰彰往籍大可寒心老僧叨王禮爲師見愛君侯承接席之歡輒發其不諱之論少効愚忠雖在高明廣遠不復顧此老僧常談尚期泰山不棄土壤益成其高河海不擇細流益成其大毋以鹵妄見呵則國王幸甚生民幸甚君侯幸甚

示去非禪人

提得起放得下便是慷慨漢子惟怕向舌頭上出兵空設天門陣虛磨雪刃刀則不特鈍置去非亦鈍置老僧兩相辜負也古云大悟十八遍小悟不知其數更不應以少爲足當棄小而就大矣苟要徹底掀翻千了萬當報從上莫報之德須具殺人不轉眼的手脚逢佛祖殺佛祖逢親友殺親友逢人殺人逢自殺自方得快便相應稍有瞻前顧後擬議將來好一把利刀反落在別人手裏不見瞿曇老子發心時何等奮勇錦繡江山一舍總舍父母妻子一割就割始有睹星大悟之日至今稱爲

天人師調御丈夫也子乃有氣骨人消不得自肯二字直下一揮兩段說甚臨濟赤幟不可奪曹洞司命豈不在掌乎雖然到這地步最怕以自爲是撒潑便行儘有差別智難明須要如喪考妣務將世出世間內外典籍前後秦漢晉人清談宋人理學細細讀過以及經濟權變之顯密機宜逆順之進退百家諸子一一涉獵方足補偏救弊莫似近時好做名士者書未曾讀三四卷物理一無所知遂要做晉人樣子特出翻騰不管先賢後達偏檢

最有意思人之極名言極善行一兩則逢人便舉僻說謬談糊判亂斷指摘不已貶駁盡情駡絶古今使人見他議論風生笑傲自居若有參天學問緯地經綸不怕不以名士才子稱之自此搖擺起來安然自大究竟書不曾開卷事不曾見面以此欺世盜名卽吾道中甚多此類嗟夫儒釋兩聖人之門何不幸而有此老僧非欲見聞奈生在世間搕着撞着不是假道人便是假斯文焉敢不以假面孔相待豈吾本心好爲之哉蓋因年來常住修

造公案未了只得隨宜宛轉但使叢林殿堂樓閣厨庫山門願力一完急急閉戶讀書作終身之計矣念汝尤在英年趂此精力強壯極好埋光下手謾謂於諸方奧過幾多鹽醬長壽辣棘蓬呑了多少吐却多少雖非與望煙尋食者同日而語甚勿以見過大海而自滿其水又莫以更有須彌而自小其山正宜高築牆謾稱王三年不鳴鳴必驚羣所冀他日鵬起南溟抑見吾佛祖脚下有人不幸老僧拭目之意所謂時至勿失今之時當何時耶餘不瑣瑣

爲酒過者說

人各有爲適情之具詩書六藝而外以及品茶飲酒釣弋聲色陸博凡所以引人耳目口體之交者不一而足葢血肉之軀頑然獨守使五官四支絶不與物接則氣脉鬱結不得流利天機亦將沉滯於枯寂而不復發揚是則適情之具外可以運行氣脉內可以發越天機而爲人之助者不少孔子獵較任公垂釣殆爲是歟世之人自已不能作主

不取適情而惟情是適一入其中遂致流蕩忘返以喪敗其血氣殄滅其天機竟爲吾身之大患所以毒藥砒霜用之恰好亦能生人不然卽參著附子用之過度亦能殺人卽此是也然人於諸具中或限於力或隔於地或缺於習縱欲爲之而不能至於酒則隨分可致由是古之因飲而成名者固多因飲而敗國亡身者亦不少邵子曰玄酒味方淡此言其最初者也寢假有儀狄之制禹飲而甘謂後世必有以酒亡其國者迨夫酒誥抑戒先聖

先賢自遭其失驗於已而鑑於人不自文飾備形醉態設立防圍以垂後世既詳且盡矣而後世一種聰明瑰偉之士就於其中弄出許多聲勢面目反令人見其醉中之妙不復以是爲嫌若淳于飲辯淵明飲韻嵇阮飲狂青蓮飲興於期飲勇數子者莫不各有所具於胸中不過藉此以寄其牢騷襟韻於是人得而稱之終非以其人之妙悉存乎此也故吾瞿曇戒飲酒而於蘗蜜醍醐釋子亦得少飲以培養其精神調和其血氣是瞿曇雖戒而

飲也孔子不戒惟無量不及亂不及亂則戒矣量而不亂人或能之無量而自不亂非聖不能要知瞿曇戒而飲孔聖不戒而飲皆不妨以我飲酒不以酒困而用我意未嘗不同也苟遺簪墮珥倒戴接䍦藉口於淵明嵇阮之流以放浪於形骸之外無古人之具而徒縱其情不將與庸俗拘欒之輩猶爲彼能得於此乎溯姑射之山有神人焉不飲不食而肌膚若冰雪顔色若桃李何嘗待此以培養精神調和血氣哉彼自有所爲飲食者存其於儀狄之尊不啻鵷雛之視腐鼠而已吾願世之人慎毋同猩猩之嗜好也夫

示阿矣知藏

阿矣正在得意英年繁華靡麗時一旦投老僧剃度以參學爲務是不待曲終酒闌而抽身非愚客也然參學一路行如矢求如金古之不用拂塵緣鑿蜀道挺身直進者固多而逆水撑船進一退十者亦不少要知此事猶登壁陡峻嶺無由階級而上始得倘謂工夫茫無把捉從何入頭不知但有

把捉便不是不由階級登峻嶺之旨矣若非從無階級而求登峻嶺安得有工夫哉故壽昌老祖云虛空有路虛空大但恐時人不解行行得上去非其人不能話到此處甚不易言除非死盡一往聰明心計較心義理卜度心孳孳一味以呆鈍心如老鼠齩棺材認定一處朝齩暮齩自然齩透一箇去就不至登峰無路望崖而退也如斯呆鈍者還勝於學人在一段公案一章書旨不明便認字牽合以聰明意識消繳去誰肯用面壁九年寒窗十

載以待呆鈍心中跳出佛祖聖賢來昔趙州開法問一答十忽遇問畧彴二字去不得七十而又行脚必以親到親見一回方休蘇子瞻千載文豪喜笑怒罵行於筆墨皆有明珠走盤之勢一到說禪便失本色是聰明計較無濟於道即此可驗耳今阿矣似聰明靈利不肯與呆鈍禪和爲伍又不以道爲實可明之事日逐紆廻於悠悠忽忽之間則聰明反致呆鈍而又不肯呆鈍自甘每向指月錄上討活計吾恐貪他一粒粟失却半年糧也殊不

知五位七事三句六相四喝四縱一十九門總不在方策內日用尋常穿衣喫飯紅塵浩浩無處不是但須親到親見始不被古人舌頭瞞却如不親見以爲我已會禪道宗旨明本分者何異長壽老僧閒坐在招隱堂前澂心亭上望阿矣何日得眞正發明底事與老僧一解悶懷及四五年來竟不見有些動靜影響因不見時每想像曰此時阿矣必閉戶謝客燒香禮佛也此時阿矣必蒲團靜坐究竟本分也而阿矣實不曾燒香禮佛蒲團靜坐

皆老僧意中思維阿矣固以本分肯如老僧之意中思維乎不然試看吾宗之書亦復如是其所載曰此潙仰宗此曹洞宗此臨濟宗此雲門宗此法眼宗亦曰即非潙仰非曹洞非臨濟非雲門非法眼何故以其有色可見有聲可求有語言文字可通從門入者不是家珍苟要親見從上諸祖落處阿矣本來面目須向指月錄諸策子未開卷時囫地一聲諸祖一時出現始見自已本來面目如是如是也可識這箇囫字否稍有未然勿輕放過

示可中侍者

本有箇好好的天眞佛不覺此生落在強盜窠裏被意識引誘漸漸薰染就弄得東張西望打村劫舍起來一入這夥內無救無歸也可中侍者斷髮出塵似能與強盜反夥棄妄歸眞之志矣相依老僧屈指十越星霜時中不知何處留心何事得力不妨將自已所知一一體貼看最初棄妄這一念非決烈男子聰利根性不能甚有造道之基與其日逐悠悠酌流忘源混混沌沌沉淪本有又莫如

仍舊入夥不亦免得望洋之歎乎大都有七尺軀之後生易偏在無憂無慮淸淸閒閒以致溺於情膠於愛汨沒於流俗自在呼之不返便爲可惜若處情不戀處愛不癡處得意順境不驕傲處失意逆境不衰志孳孳以衣綫下事不明爲急務始見丈夫氣度唯恐無恒因循過去又怕浮忽執滯四箇字躭誤了所以王陽明先生向及門弟子曰顏子是最聰明人凡聰明者多浮忽故其問仁時孔子答以克己復禮以眞實言專治浮忽曾子是最

履實人凡履實者多執滯故孔子特告吾道一以貫之以活潑語專治其執滯孔子設教因人而施也然謂因人而施信已顧顏子問仁才聞克己復禮就請入門之目是爲他人作引請孔子就其請而答正是打鼓弄琵琶相逢一會家顏子豈浮忽之人乎曾子才聞吾道一以貫之便能曰唯復告諸子言忠恕而已矣一貫之旨果忠恕二字便消得則曾子非執滯之人矣是知陽明之告門人莫不因人而施老僧舉此亦猶是耳有以賊爲事者

欲誘子授其業夜往一家引子入櫃鎖櫃竟回少時子亦歸問所脫之狀子告作鼠聲其家命僕開櫃放鼠乘虛而出父曰作得賊了也噫顏子問仁曾子曰唯非櫃中作鼠聲乘虛而出之所以哉雖未敢以可中上比先賢亦當知舜何人也予何人也今老僧因汝強盜窠裏逃來正好鎖在櫃中看爾作何擺布又勿乘虛而出須當另尋活路脫身始得設若擬議正好下手

乙亥春赴大越國請越歲歸帆已在初秋計

甲戌霪雨荔子少而味復不佳不飽餐者三年矣鄭子元居士由閩入廣食荔支每爲品評于其還也書此送之

海外還舟未十旬客中頻日送歸人羨君載得西湖月南北高峰作比鄰

黃柑十月飽經霜不及離支五月香幾度嶺南過夏至朧梅荔支名品滋味可曾嘗

冬日紫詮王大參招樊太史劉銓部暨白社諸公過集小院分賦得七陽

臥病訏相訪都忘三徑荒到來鐘渺渺坐久月茫
茫海疊階前浪花辭徼外霜松門過使節水木有
輝光

海外紀事卷六終

使西紀程二卷

〔清〕郭嵩燾撰

《使西紀程》二卷，清郭嵩燾撰。嵩燾（一八一八—一八九一）字伯琛，號筠仙，晚號玉池老人，湖南湘陰人。道光二十七年（一八四七）進士，選庶吉士，官至廣東巡撫、福建按察使。曾以禮部左侍郎出使英國，編次旅程見聞，撰成此書。全書起光緒二年（一八七六）十月十七日，訖十二月八日，記旅途所經新加坡、安南、暹羅、錫蘭、波斯、土耳其、埃及、摩洛哥、希臘、意大利、法國、英國等十餘國之地理位置、山川形勢、風土人情、宗教信仰等。亦記在港參觀學館、監獄之情形。據《鐵香室叢書》本影印。

丁酉臘八日

使西紀程

宋輝漢題

汭陽李氏鐵香室本

使西紀程卷上

湘陰郭嵩燾筠仙氏

光緒二年十月十七日甲辰爹華陀告知所定決麥席爾公司船十八日子刻開行二點鐘開至洪口城早登舟適賓客咸集公私料理備極匆皇管才叔周瀛士數百里枉送竟不及一答拜未刻由驛四百里拜發出洋日期一摺并開用關防及派招商局員黃惠和轉遞文報二片咨總理衙門南北洋大臣風雨并作至晚尤甚李勉林鄭玉軒派小火輪船送至洪口賓客送者十餘人時已十點鐘矣船主名巴拉得

十八日雨子正開行過浙江境大風顛頓隨行人等皆至嘔吐其能支持者劉雲生黎蒓齋德在初劉鶴伯四人而已予雖勉強起坐而頭昏眼痛鼻端作痛尤甚亦極狼狽矣

十九日過福建境遠望廈門諸山知臺灣已過風力逾勁困卧竟日不能起間從風浪中開牕一望微辨山色而已

二十日過廣東境汕頭碣石數百里間山勢縣亘相屬有英國鐵甲兵船尾追而至船主云水師提督賴得船也我船升旗來船見亦升旗我船隨下旗來船漸趨而近兩船並行相距可十餘丈來船船人皆升桅舟中樂作我船復升旗來船橫掠船首而過我船停輪候之遂揚帆駛去因詢船主升旗何也曰所以告也彼亦升旗何也曰報也猶曰公使在船已謹知矣下旗何

也曰既告則可以下矣彼船人升桅而立何也曰示敬也猶之列隊也升桅而後可以示遠樂所以作軍樂也以為列隊之節也掠船首而過何也曰趨而迎也停輪者以示讓也彬彬然見禮讓之行焉足知彼土富強之基之非苟然也

二十一日至香港在赤道北二十二度十二分視上海近九度有奇而寒燠迥異皆改著薄綿衣英國水師總兵藍博爾得來晤曾至總署一見所部飛游營兵船當回國留候予至即行矣香港總督鏗爾狄遣其中軍阿克那亨以四人輿來迎偕劉副使黎參贊及繙譯官乘坐所派十槳小船登岸礮臺聲礮十五大列隊伍作軍樂以迎廣東領事羅伯遜舊識也亦迎於岸次

為敘寒暄遂乘輿至總督署文武官集者二十餘人通名姓者水師提督賴德副提督閣倫布按察司斯美爾斯詢及學館適其地大學館總教習斯爵爾得在坐約陪同一游酒罷遂適學館并見其副教習法那鏗而兩君皆總司學事者也凡分五堂課中國五經四書及時文三堂課洋文一堂洋人子弟課五經四書者一堂每堂百人一教習主之課五經四書者中國教習也課洋文者西洋教習也堂分十列而空其前每列設長案容坐十許人以次向後層累而高其前則教習正坐相對亦有教習中坐而左右各分五列者要使耳目所及無一能遁飾其課五經四書皆有期限而於詩文五日一課謂之小課猶曰此術藝之小者五日一及之可也其規條整齊嚴肅而所見宏遠猶得古人陶養人才之遺意聞別有化學館方擬往視而阿克那亨告言岸次列隊相送已候久矣因即回船鐵甲兵船復聲礮十五作軍樂相款接法國兵船亦作樂以和之記同治癸亥由海道赴廣東巡撫之任所見香港房屋僅及三分之一十數年間街衢縱橫樓閣相望遂成一大都會居民十三萬餘人西洋人戶六千東西礮臺各一鐵甲兵船二一曰奧大喜阿斯一曰飛多爾日曼奴爾意大利君名也英人尊之取以名船是夕有英商輪船入泊直撞船艄聲如震霆壞後艙丈許有小船懸挂船尾遂成兩橛後艙稍高不及水使當船身危矣

二十二日以修船耽延一日香港總理鏗爾狄及羅伯遜來報見語及學館規模之盛歎曰是皆貧人子弟學習二三年粗能有得往往自出謀生所以能有成者少也因論西洋法度務在公平無所歧視此間監牢收繫各國人民之有罪者亦一體視之問可一往觀乎欣然曰可即顧阿克那亨以肩輿來迎而屬羅伯遜陪行其監牢設正副監督至則副監督達摩森導以入屋凡三層罪犯重者在上層下層一人一房上層三人一房禁錮者扃其門每屋一區或自為一行或相對兩行皆設鐵柵扃鑰之房設小木榻當中如人數衾褥毡毯巾帚盤盂畢具日疊衾毯榻上整齊如一不如式者減其食其所收繫有西洋人有

呂宋人及印度人通計三十餘名中國至五百一十四人別有罰欵二百圓至四五圓不等收繫久者五年七年少或五日亦有禁錮終身者辦法亦略分三等有錮閉者有久羈課以織毡毯者有運石及銕彈者運銕彈者三處一西洋人一呂宋人一中國人皆以兵法部勒之或五人爲隊或十人爲隊每日以兩時爲度運石者一處則所犯較重者也其禁錮者房設一銕軸令手運之每日萬四千轉有表爲記不如數者減其食人日兩食飯一盂小魚四頭收繫久者肉食飯亦精別有女囚一處皆人一房達摩森導令徧游各監牢運石及運銕彈處有至百餘人環立一院中舉手示之皆趨就行列或三列四列立處截然

齊一舉手加額爲禮卽禁錮室中啟外牢揚聲喝之皆起立當門垂手向外節度整齊可觀牢外設浴堂一人日一就浴中設禮拜堂一七日禮拜囚人環立聽講病館一以處病者一醫士掌之又收斂病故人犯堂一所至灑濯精潔以松香塗地不獨無穢惡之氣卽人氣亦清淡忘其爲錄囚處也藹在明云從前人犯皆督令工作築垣牆修補道路鏗總督乃始禁錮之不令工作運石若銕彈及轉銕軸皆所以苦之亦以勞其筋骨導其血脈使不至積鬱生病其刑具有鎖有杻皆以械足者有鞭用繩爲之五十鞭卽皮裂矣其變詐反復亂風俗者則刺其頸爲○驅而逐之不準留香港亦有用刀刎其○以膏塗之瘡愈而成斑亦經巡捕查獲執而囚禁之在罰當其罪而法有所必行而已

二十三日卯刻開行午正行九十五里在赤道北二十一度二十二分船主以沙漏定每時分數而繫尖木板於繩用轆轤轉繩而投尖木板海中計繩之尺丈每沙漏盡則引繩覘其丈尺以辨所行之里數據云每一點鐘行三十四里日以午正總計所行之里數而以量日機器測赤道遠近每日一牌示遥見捕魚船數十張帆一葉隨波上下知距瓊南萬州一帶爲近也

二十四日午正行八百三十一里在赤道北十七度三十分計當在瓊南二三百里船人名之齊納細猶言中國海也海多飛

魚約長數尺躍而上騰至丈許乃下左近拍拉蘇島出海夜亦產珊瑚而不甚佳中國屬島也係荒島無居民同舟英人拍得斯里西得方繞地球一周附船回國詢知專爲游歷蓋亦英國之富民也是夕雨而熱如盛夏不能蓋被

二十五日雨午正行八百五十二里在赤道北一十三度過瓦當拉山安南東南境也海名七洲洋馬格里出示英國一千八百七十五年經制所入中歷之乙亥年也倫敦約二萬一千餘萬印度約一萬六千餘萬澳大利洲約一千餘萬英人謂之新金山也新嘉坡三處所入約百餘萬惟香港所入十八萬餘而用費至十九萬餘

二十六日雨午正行九百三十九里在赤道北八度十分距西貢南四百五十里西貢者法人所距安南埔頭隸安南之嘉定府為瀾滄江入海口古眞臘地也自香港南行天氣日熱而雨亦多上海寒暑表五十三分至香港六十五分今則入熱度八十一分矣不能著綿舟人皆單衣

二十七日雨午正行八百三十五里在赤道北四度三分計當暹羅外海意大里人阿拉多尼同舟詢知在倫敦開設洋行亦由美利加至日本歷中國各海口繞地一周其在本國為世爵得受一等寶星西洋風俗以營商為重即此可見同行英拿吉哥亦意大里人

二十八日雨午初行七百二十里至新嘉坡在赤道北一度二十分早過一島曰浩斯白爾有燈樓浩斯白爾大西洋始尋地來中土者也馬格里告言揚武輪船已前至新嘉坡甫至而蔡提督國祥與其弟國喜偕黃浦人胡璇澤來見黎召民有信致胡君遂以交之英國總督哲威里遣兵官以二馬車來迎且請稍遲至四點鐘以憑傳令各營列隊乃約先詣胡氏園奇花異草珍禽怪獸及所陳設多未經見玻璃鉅匣函羚羊頭一雙角並存皆向下三盤乃伸而上野牛角犀牛角鹿角各二鹿角長三尺許魚鬚一長七尺許色如象牙盤結堅瘦魚腮一白蟻二用玻璃瓶貯水養之長約二寸有兩石卵藏之上鑿一孔通飲食剖卵乃得之謂之白蟻王也蛇鳥卵十餘大如斗蛇卵如鵝卵者四駝鳥二彩鸞二六腳龜一長逾三尺白殼龜二紫花斑文背中高如峯頭足色俱白狗熊一豪狗一袋鼠一頭及前二足似兎自腹至後二足則大逾數倍後足膝後折著地不能伸然視前足猶高逾倍尾長二尺行則躍起如飛腹下有袋故謂之袋鼠京師德國公使署曾見鳥獸異種圖有此隨偕劉副使黎參贊至總督署見哲威里與其夫人並其二女其意氣視鏗爾狄尤相親也夫人亦賢明慰問甚勤其領隊兵官名摩里雅斯歸過其礮臺蓋因山為壘凡二重其中將臺一兵房四每房可容百餘人家眷房二列以處官及兵人之有家眷者兵房後

為廚房藏兵器房二飯堂一習書堂一治養病兵房一大礮十尊皆有礮臺有火藥庫小礮置之牆端皆有架大千里鏡一具將臺前牆最高處別為一屋以便瞭望其制度規模與中國礮臺絕異兵有礮兵有步隊步隊習洋鎗以輔礮兵帶礮兵者曰米嚼爾斯帶步隊者曰林芝其職皆視遊擊兵分二等上者三日一洋圓合銀二錢四分次者四日一洋圓合銀一錢八分將官有家眷者俸薪足以養之兵人家眷洗衣縫紉自食其力此為山北礮臺下臨市肆山南尚有礮臺一

二十九日雨留哲總督又遣馬車來迎并派其繙繹必麒麟陪同遊歷先至揚武船兵皆升桅聲礮比登舟司教習英官拉克

斯摩指示一切甚詳并引至其學堂訓練學生二十八又爲演試礮兵指授陣法仍升桅開礮以相送必麒麟導至洪家花園閩廣人公地也花木成林有水一溪極清幽之致有虎圈一豹圈二並張鐵網爲外障狗熊二山狗三猨九有灰色者有紅面者身臂或長或短其種各異其一甚鉅而獰用鐵圈籠之黃毛長四寸許則所謂金絲狨也其豺貍黃鼠松鼠山獺之屬則製鐵網爲屋周環約三十餘所與雀鳥相間中植花木五色繽紛鸚鵡四種一白一灰色一紅一綠又有綠色而兩羽紅者鸚三種一白一蒼一灰色雉三種一彩文一蒼一棕黑色相間鴿種甚繁最奇者翠鴿異鳥如青鸞山雀水雀一種山雞彩文而頭

藍色或紅色善鳴一種似水鳧頭有毛一叢甚長而細而吾於其中得奇景三一羅漢松高數丈覆地如鐘披覩其中松身合抱枝皆盤曲而中空條葉外護乃極繁密一藤蘿障天如巨屏凡數所有曲折如九疊屏風者皆拔地直起高數仞四無憑倚花葉周環墻地一長松高入雲際凡十餘株距地尺許橫出五枝縣針周匝如盤每尺許輒出數小枝遠望如數十級浮圖羅列深林中皆奇景也又製鐵盤如轍引藤絡其上蓋新種者十年後必復成一奇景始知以上數者皆人力爲之究不知何以能然也至蒲葵張葉如巨扇植立則此間所在有之其諸花木來自各國及諸番者皆插牌標記足見此園魄力之大矣前至

香港有尋游花園者謂當觀覽其實政不以游賞爲娛今無意中得此奇景亦殊愜心回過按察司署任是官者栗里布方踞堂皇聽事哲與雲生列坐其旁堂高五尺如月臺其下列長案如弓曲抱兩造訟師及錄供者傳語者環坐向上兩旁設木闌二云待訊證者立其中設小几八待訊者坐候外施闌干待人觀聽無刑扑之威而規模整齊嚴肅不聞喧譁尚有大學館一小學館五內有女學館一以總督哲威里約三點鐘苔拜不及往觀新嘉坡約二十萬人西洋人二千番人及印度人盈萬餘皆閩廣人也而粵人較多据胡璇澤云廣屬人已至七萬之多總督所轄凡三處西爲麻剌甲再西爲檳榔嶼則海中之一島

也麻剌甲之西與檳榔嶼隔海相望爲威諸斯里并歸其所轄爲新嘉坡有英國兵船二一名儒那總兵波蘭管帶一名馬古稗副將安生管帶哲總督申初枉過即時開行

三十日新嘉坡西北行二百一十里過麻剌甲即西行出印度海英國公司輪船取道檳榔嶼稍折而北遠至百餘里船主以非西行正路不牌示薖在明見示倫敦代謨斯日報爲西歷十一月初十日中歷之九月二十五日也正當京師啟程之期屬德正初鳳夔九譯出申論滇案一段其中敘英總兵勒爾斯探北極事以一千八百七十四年四月起（爲中國之甲戌年）一千八百七十六年七月回國言至北極之八十二度尚見地土過此皆冰

海矣其始舟行積冰中測度冰之厚薄有至十六丈者再上則舟不能行鑿冰爲道凡兩船三百餘人牽倚以北每日約行三里許至北極高八十三度二十五分凡行兩月餘不見日者一百四十餘日死者四人凍折足者數人至是不復能前進乃循來徑而返其初議尋北極募能同行者得七百餘人遣醫視其筋骨血脉强固能任寒者三百餘人挈之以行歷二歲餘君主下詔褒美賞給勒爾斯頭等寶星

十一月初一日戊午巳刻至檳榔嶼（洋人名之碧蘭）距麻剌甲九百三十三里在赤道北六度有副總督駐此亦名安生胡璇澤語知閩人王文慶經商檳榔嶼兼司招商局事遣人問之則挈其鄉

人六七輩來見皆短衣番語居此已數世矣以停船片時即開行未暇一登岸詢知居民十四萬閩廣人十萬有奇餘皆番人其地山水明秀遙南皆高山樹木叢密聞有瀑布高十餘丈惜未一往觀也北岸爲威諸斯里其地袤長而狹沿海約九百餘里有兵官段熙奕出威諸斯里附船歸國居民鼓樂登架小舟十餘送之登舟必稍有惠愛留貽者申刻開行是夕風

初二日午正行六百八十四里在赤道北五度五十七分南望蘇門荅臘相距約四十里見大山綿亘如畫即所謂萬古魯山也蘇門荅臘遙長二萬餘里起息力之南橫出檳榔嶼西千餘里中間小島不可紀數荷蘭踞此數百年近年荷蘭衰弱荷官之居蘇門荅臘者撫綏無術方相與攻戰未已也是夕風雨大

初三日大風雨雷午正行七百七十四里在赤道北六度十六分至是始出大海所謂印度洋也俗名之小西洋是夕風逾勁船主見旋風起急停輪避之而方張帆以收風力帆急不可下船人上桅抉帆墜傷者三人旋風者閩廣人謂之颶風洋人謂之賽格蘇風勢盤旋而上陸地亦有之所謂羊角風也巨海盤旋或逾千里或數百里舟入其中掀騰回薄常至傾覆洋船見旋風起急以寒暑表之輕重制船之進退氣重而上升則去風漸遠可以免患馬格里言西洋諸大國皆設密的阿羅奇格阿非司以覘風力凡風起處一點鐘疾者行八十英里（每一英里當中國三

里凡二百四十里）而電報頃刻千里如英國風起即由電報通知德法各國俄國風起亦然得報即通知各海口洋船準備出入之節阿非司者譯言官署也

初四日風雨午正行五百四十六里在赤道北五度五十四分以先夕旋風停輪又値逆風不能依時計里船主云行海三十年未遇旋風如此亦無若此行之多風者予笑曰以吾薄德累及諸同行者船主改容謝之從行諸君吐嘔困憊多至廢食而鬱熱加劇夜臥顛頓揮汗如雨不能成寐者十餘日矣

初五日雨大風午正行六百六十三里在赤道北五度五十四分廚夫柳樹仁患病數日手面忽見紅癍召洋醫視之曰痘也

洋船最忌病證而痘尤甚有患此者懸黃旗禁舟人往來上岸醫院延病者別居必留二十日俟其無傳染也而後舟人得上下自由此去錫蘭兩日程當換船舟人皆恐船頭一小房爲予日間看書之所船主令病者遷居而閉其艙內所居之房禁同船人不得出入受累者多矣

初六日午正行八百六十四里在赤道北五度四十分又行二百一十九里抵錫蘭其地按察司路斯馬力闞總兵克拉爾克傳總督格雷戞理之命約至公館小住以舟中一切須檢理辭之泊船錫蘭之南盡西處一海汊地名高諾總督駐紮科倫布相距二百四十里醫院遣醫來視柳樹仁即令前赴醫館并遜

送茶水之陳炳祥一體扣留以防傳染僕從無多乃留二人錫蘭一應用費議定由公司行墊付俟抵倫敦歸還受累無可言者錫蘭渡船皆刳木爲舟有至四五間者每間僅容一人納足其中而身坐其上旁施橫木首尾各繫樹株束之舟上巨浪中亦無欹側蓋猶上古刳舟之遺制也

初七日辰刻過船名北夏窩爾視原船大逾倍而新造成甫二年船主懷德言北夏窩爾大替廓爾皆印度省名一在極北一在極南西洋名船多此類船務監督布萊司放船來迎路斯馬力闞克拉克爾迎於岸次礮臺聲礮十五西洋所以待頭等公使也至按察司寓處總督派中軍談布來此迎候因陪游近地

佛寺及按察司所管監牢并派土司狄習拉瓦爲之前導監牢不及香港規模而精潔則同大監八所每所監十七人日間督使工作罪犯重者禁錮別爲一院每房一人女牢二所亦爲一院每所亦十七人亦有病館佛寺二所一在山阜稍盤而上一在沙地屋皆卑狹中惟絜卧佛一尊侍者二尊僧施黃布以帷其身而偏袒右臂索經觀之皆貝葉文以繩貫其中而用錦袱襲之文皆作連〇式令寺僧誦之微近刺麻梵音而南無二字極明顯殿旁皆有白塔前列石幢樹旛其旁西洋并以釋迦生長錫蘭疑釋迦弟子文殊普賢皆謂別生一世界或此島文殊普賢所生而釋迦自生東印度今安額河東南流出孟加拉郎

佛書所謂恒河也如來生長固當在東印度錫蘭崇信佛教自是佛門弟子流傳如此椰子偏地成林寺僧剖椰子爲茶以供客云椰子充飲饌頭樹結果充食得此無憂飢渴其沙地者問其寺名曰瓦路喀拉馬問其何義曰謂此沙地僧人建寺耳旋至按察司處午飯有利如洋行商人毛里遜來見錫蘭島周迴千餘里高諾當其西盡處有礮臺一所兵四百人克拉爾克所轄也至此行遊半日不見中國一人矣狄習拉瓦指示一樓房曰此故王宮也近已鬻之商人問王宮何爲出鬻曰以貧故耳何以與民居錯雜曰英官管轄此地其王無權寄寓而已問其王安在曰不知所往西洋之開闢藩部意在坐收其利一切以

智力經營囊括席捲而不必覆人之宗以滅其國故無事以兵力取者此實前古未有之局也是日酉刻開行大風

初八日午正行六百二十四里在赤道北六度四十九分與禧在明談及荷蘭在蘇門答臘交戰情形其酋塞勒敦苦荷蘭之征求稱兵拒之因論及荷蘭所距南洋各埔頭專事苛歛以濟國用英國不然地租稅課取之其地即於其地用之即印度澳大利洲歲入至逾萬萬亦祇備用地方而已如開河修路及添設學館以本地之財濟本地之用而使其人民共之故無怨者蘇門答臘各小國樂以其地獻之英人而不願附屬荷蘭亦以此故吾謂西洋賦歛繁重十倍中國惟務通商賈之利營立埔

頭使其人民有居積之資交易數萬里損益盈虛皆與國家同其利病是以其氣常固荷蘭度支常苦不給塞勒敦一酧無能張皇大舉至久而不能定視英人戡定印度德列諸部固遠遜焉則亦國家强弱之勢然也

初九日午正行七百五十里在赤道北七度五十五分是日禮拜聽講者二十餘人彈洋琴作歌以禮天神洋婦章理勤歌聲清越婉轉悠揚歷一時許始散德國水師兵官拍森及格爾里默及發拍爾三人就談詢知凡二十一人游歷南洋推測天文海道及行船之宜兵頭一人督率之名阿爾阿塔船費出自國家仍月給辛力銀三磅香港廈門及澳大利洲各住一月或兩月星度海程所至推驗回國須一過考乃授官因問其國君威烈雅摩第一年八十丞相畢士馬年六十四將軍莫爾克年七十五兵部路得年六十五富國彊兵皆此四人爲之

初十日大雨午正行八百二十八里在赤道北九度五秒其地當值俾路芝回部在印度河之西是日爲西歷十二月二十五日相傳爲耶穌降生日也誦經禮拜亦彈洋琴作歌爲西洋大節日飲饌加豐禧在明得日報於錫蘭中論烟台條約一段令與劉和伯繙譯

十一日午正行八百一十四里半在赤道北十度十一分十二秒姚彥嘉見示美國林樂知所著中國關係論略四卷內載總

署照會各國教案章程八條亦嚴切亦詳明讀之慨歎往與文文忠公論天主教爲禍之烈黔蜀尤甚實由地方官辦理參差動爲所持積久而風習成遂至無可施治承天津教案之後會商各國妥議章程以爲善後之計或猶可稍圖補救文忠公言曾議數條會商各國皆置不理即此章程也查天主教創自摩西耶穌基督始立教名數百年而阿剌伯回教興又千餘年路得演立西教而耶穌教興希臘爲西洋文字之祖亦緣飾基督之教爲希臘教其原皆出於摩西而天主與西教同祖耶穌互相爭勝於是羅馬教主闡明天主教之原專以行教爲業以示廣大積久而奉耶穌者亦仿而行爲西洋主教或君民共守之

或君民異教各有所宗尚不相僭越獨中國聖人之教廣大精微不立疆域是以佛教天主教回教流行中國禮信奉行皆所不禁唐初已有景教流行碑所奉祆神僧景淨釋以爲天神謂其教起於拂菻則正摩西之遺也碑言縣十字以建極天主教建立十字架其原如此明萬歷中利瑪竇東來徐光啟舍家爲天主堂而其教徧行於天下未爲害也雍正初立法禁之則亦禁之矣近三十年天主教之禁既開而法蘭西實祖天主教以護教爲名恃其權力以庇之於是剽賊姦民竄身其中遂可以抗拒官法而教士之勢始張道光咸豐間黔蜀吏治敗壞已甚姦民骫法者衆教士乘之以逞是以二省之爲禍尤烈焉宜及

天津教案之後會商各國示以教堂縱庇教民各省皆然川黔之民遂至困於水火是以聞教士之名莫不懷憤訴譏乘便以求一逞即各處教堂收納姦民作奸犯科良民引以爲恥不獨有失立教之本意亦恐以此傳示各國辱莫甚矣急宜出示曉諭無論所習何教但涉官事即與平民一體處斷嚴飭各督撫責成州縣稍有出入立與參辦但一平教民之勢諸事自不勞而理也

十二日午正行八百七里在赤道北十度五十五分其地當略涉波斯印度海泛入之海汊名阿勒富海土耳其兩河之水注爲波斯阿剌伯夾海爲國亦名東紅海與馬格里論及船主測量之精因言西洋各國有商部大臣有船政學館學既成商部試之得高等乃令充當船主其次分司各職事皆有等第以次歷次之或至再三充船主者必高等也造船之家無敢私請船主者凡船出海商部大臣視其所載之貨所坐之人不至逾量否貨逾其船之數人踰其房榻之數皆禁制之違者罰凡造船商部大臣亦視其工程堅固與所用之木良楛何如必皆如式而後定其行海年限或十年或二十年不如式者禁不得行海違者罰其行海所募水手所帶食米必使足數以船身丈尺定人數多寡不如數者禁不得行海人日給米鹽肉食皆有程式不如式者罰船主出海則船人賞罰皆假以行一切聽命焉而

日記其所行於册其有辨爭商部大臣据其所記處分之西洋以行商爲制國之本其經理商政整齊嚴肅條理秩然即在中國往來船主皆能舉其職而權亦重所以能致富彊非無本也

連日風是日尤大

十三日午正行七百九十二里在赤道北十一度二十六分其地當屬阿剌伯馬格里言紅海口外英國屬島名蘇克得拉距亞丁一千五百里計程距此二百餘里海道廣闊不能望見又言入紅海三百五十四里有島曰畢爾林法使其至亞丁者言其國人尋得此島猶荒土也方謀据其地開墾亞丁以聞於孟買總督馳檄所部將官領兵十餘賃夜至其地樹旗逾兩日法

使至見英國旗幟廢然而返英人謀國之利上下一心宜其治然以興也船主愼德見示船單西歷本年正月起英船出入海口案朔排定北夏蓬爾船以西歷十二月二十五日由錫蘭開行今初七日當西歷十二月之二十二日蓋先三日程矣船凡數百往來各國海口其行度皆有期限歲首彙次而標識之以何月往何處當附某船以往按册稽之無或爽者條理之縝密乃至如此是日大風天氣稍涼可以著小棉襖

十四日午正行八百六十四里在赤道北十二度十六分早見亞得非山巳入阿非利加洲北境矣至是爲亞細亞阿非利加海道交界處由此一折而入紅海馬格里言西洋交兵不殺俘

擄其在官者皆有文憑佩之身被俘出示文憑則以官禮處之飲食居處以官爲差或與約不任戰事卽縱遣之被俘者不允所約則禁制之使不得逃俟戰事畢釋歸或允不任戰及歸又請領兵主兵者責其失信常至罷黜蓋各國常覘彼此所以相處之厚薄以爲報不欲失信於敵既允不任戰而又遣之戰則以後被俘者敵人皆引爲前鑒而不復縱遣之而承其害者多矣而又有失信負約之名故於此常不敢違亦見西洋各國敦信明義之近古也英國教士法林斯以病卒於舟次船主爲加棺斂而投之海其妻以距亞丁近乞葬之亞丁船主不允曰故事惟裹以衾棺斂以示厚也葬之土與葬之水均也爲持經誦讚而投之

十五日午正行七百七十七里在赤道北十二度三十八分又行一百四十五里半抵亞丁亞丁與阿剌伯地勢相連瀛寰志略誤爲一島瀕海一山皆石英人建礮臺山盡處東西各爲一山橫出海面中廣十餘里可以泊舟英人距此以爲紅海口外一形勝地也洋人環東山爲居山後海水泛入成一小蕩亦建礮臺凡礮臺三座海岸亦皆列礮兵官亨德來舟宜述孟買總督之意此地亦孟買所轄也居民阿剌伯八千餘人印度六千餘人阿非利加亦三四千人西洋各國百餘人與民在此任工作者千人而設兵至二千人有礮兵步兵馬兵之別大率爲印度人此地

本隸阿剌伯英人踞之爲往來海道停泊之所阿剌伯回教剽悍劫殺不可測故設兵宜多有兵船一名伯爾德管帶兵船者阿爾本也亞丁雨少晴多詢之亨德居此六年僅三見雨沿山爲小池導山流納而瀦之以供飲每雨涓滴無遺棄者地產駝鳥伸頸可長丈六尺卵容一斗羽毛供西洋婦人冠飾

十六日丑刻開行午正行四百二十里在赤道北十三度十分正當阿剌伯之木甲爲東岸海口最繁盛處地產加非販運英美諸國兩岸山皆赭色故以紅海爲名阿剌伯都城曰麥加回教所由起也亦瀕紅海是日禮拜誦經作歌禮天神西歷以是日爲十二月三十一日爲歲盡日中土謂之除日也

漢陽彭耀松校字
沔陽李世勛覆校

使西紀程卷下

湘陰郭嵩燾筠仙

十七日丙午正行七百七十一里在赤道北十六度四十六分阿剌伯所屬時見高山隔海為阿伯西尼亞蓋番土也紅海兩岸皆回教惟阿伯西尼亞奉洋教自為部落亦不與各國通市頃年以擄禁英人英人發兵征之入其滿克得林都城其王捫戰死為別立王而還主兵者勒比耳即今奇巴吝吝總督也是日為西洋元旦亦無慶賀禮惟聞印度以是日推衆英主為印度皇帝印度諸王皆集會北印度之德列城行慶賀禮遠至西域諸回部及布達拉廓爾喀布魯克巴克什米爾之奉佛教者

及南洋之暹羅并遣使稱賀而布建拉王親至為印度一盛會列象至千餘所轄地皆施放大礮歌萬年曲放煙火同舟英商斯諦文生言在印度種茶三千餘畝中國茶種每畝收二百觔印度可至三倍生値歲益加多近二十年歲出茶三千萬磅詢知種茶之地即孟加拉東北之阿薩密也瀛寰志略稱其歲得茶二十餘萬觔今已踰百倍之多矣

十八日午正行七百二十三里在赤道北二十度二十三分船主云紅海闊約五百里時見島嶼而不著之圖經瀛寰志略僅著馬蘇阿一島阿剌伯屬地也近年英人得畢爾林一島其間小島未開墾者甚多地無所屬西洋圖說亦無從列其名也過

亞丁後天氣漸涼以距赤道日遠之故紅海所以多熱者以南界阿非利加皆沙漠無人居日炙沙石爆烈爲南風所煽薰蒸之氣逼入紅海秋冬北風其熱自減崇地山宮保以紅海酷熱深冬不解爲言似稍失考新嘉坡得代談斯日報二紙錫蘭得日報一紙論中西交涉事宜各數則以屬德在初鳳藻九與禧在明繙譯洋情國勢事理三者均有關繫即此可以推知洋務情形而得其辦理之法乃令劉和伯張聽帆黃玉屏稍節其犯忌諱者錄成三摺南宋以後邊患日深而言邊事者附急褊迫至無以自容程子大儒論本朝五不可及一曰至誠待夷狄北宋以前規模廣博猶可想見孟子故曰以大事小者樂天者也

以小事大者畏天者也而引湯事葛文王事昆夷以爲樂天漢高祖一困平城而遣使和親唐太宗至屈尊突厥開國英主不以爲諱終唐之世周旋回紇吐蕃隱忍含垢王者保國安民其道故應如此以夷狄爲大忌以和爲大辱實自南宋明兩朝之季其效亦可覩矣西洋立國二千年政教修明具有本末與遼金崛起一時倏盛倏衰情形絕異其至中國惟務通商而已而窟穴已深逼處憑陵智力兼勝衍以應付處理之方豈能不一講求并不得以和論無故懸一和字以爲劫持朝廷之資侈口張目以自快其議論至有謂甯可覆國亡家不可言和者京師已屢聞此言召公之戒成王曰祈天永命祈天者兢兢業業克

抑貶損以安民保國爲心誠不意宋明諸儒議論流傳爲害之烈一至斯也劉和伯言談洋務者祇見得一面道理吾謂道理須是面面俱到凡祇得一面者皆私見也不可謂之道理所謂道理無他以之處己以之處人行焉而宜施焉而當推而放之而心理得舉而措之而天下安得位者效其職身任焉而不疑不得位者明其理心知焉而亦不敢恃尊主庇民大臣之責胥天下而務氣矜何爲者凡爲氣矜者妄人也匹夫挾以入世而人怒之鬼神亦從而譴之此足與言國是乎如是而去道理滋遠矣區區愚忱不惜大聲爭之苦口言之以求其一悟願與讀書明理之君子一共證之

十九日午正行七百五十六里在赤道北二十三度五十七分早過麥加距海尚一程即阿剌伯都城也南岸阿非利加已入努伯亞境亦回部也爲麥西兼轄之屬國自新嘉坡近距赤道日長如春秋二分時入紅海北行日長如故子午二時相爲贏縮視中國爭差一時許倫敦則差至兩時有奇蓋當地球極西見日宜稍遲也德在初查開各國旗式略錄其大概如美利堅旂長方橫分十三層六白七紅近桿處藍地繡金星三十七其國分三十七部所以爲旂識也其會同合心旂長方正藍周列三十七星俄羅斯旂長方前半正白斜橫藍十字後半橫分白藍紅三色瑞典旂正藍黃十字右角近桿處另一十字橫黃豎

藍鑲白邊十字中空處又各分紅藍二色日耳曼旂長方正白中横黑十字每畫又分五行三黑二白十字中心黑圜內一金鷲十字右邊上半近桿處另横分黑白紅三色中心又一白邊黑十字丹國旂長方正紅白十字法蘭西旂長方竪分三行前藍後紅中白英吉利旂長方正藍四分之一近桿上半加紅色白邊横斜兩十字如六出花西班牙旂長方横分五行三黃二紅與地利亞旂長方横分三行上下紅中白上行正中一金王帽圜以十二銀星中行正中另一方旂亦上下紅中白圜以黃邊意大理旂長方竪分三行中白左紅右綠中方另一紅方藍邊白十字葡萄牙旂長方左白右藍中一紅地畫一金王帽帽

下一小紅方黃邊上及左右七座小黃塔當中又一白小方中列五藍小方作十字形比利時旂長方竪分三行中黃左紅右黑荷蘭旂長方横分三行中白上黃下藍希臘旂長方横分九行四白五藍其上半近桿另成一方藍地白十字土耳其旂長方正紅近桿上半另一長方紅地白邊中一白星墨西哥旗長方竪分三行中白左紅右綠祕魯旗長方竪分三行中白左右紅埃及旂長方正綠中立白月牙波斯旂長方中白鑲綠中畫一獅黃色前左爪舉刀藍色背荷日帶金光日本旂長方正白中一紅日暹羅旂長方正紅中一白象瑞士旂長方正紅中一粗白十字羅馬教皇旂長方正白中一大花狀如兩鑰匙交成

十字上架一藍地金花帽下一橢圓金邊內分四鈍角二藍地金飾二紅白各二行上下左右相錯又下二枝花葉上灣長及鑰頭鑰下有穗帽與枝下亦有飄帶皆紅色其各國水師船旂商船旂又各不同水師亦視官品崇卑爲畫色多寡之等諸小國及各國屬部旂幟亦時有異同以難於辨晰不詳錄然要皆長方其長處爲横以桿竪則旂横故横當幅之長短而以其正幅爲竪横長約七八尺竪四五尺其桅頂常挂之旂竪長而横縮以桅頂受風其長處繫之於桿使不至爲風纏繞也兵船旂或用長幅末作兩岔如魚尾式亦有銳角者有三角者有三角之尖仍作兩岔者旂身皆方未嘗用斜幅作尖角式有惡病則

竪黃旗所至之海口候之卽以醫至禁舟人不得上下行海各國皆同此例因考周禮九旂有通帛者則一色者是也有雜帛者則錯五色者是也爾雅曰長尋曰旐繼旐曰旆鄭康成謂旐末爲燕尾則長幅末作兩岔者是也西洋不必師古而天地自然之文無中外一也九旗之等以丈尺爲差其制皆長方古旂無用斜幅者惟令旂尖角以便卷舒國旂尖角似不足式觀瞻竊意古旂皆有旒而今無之旒卽所以爲鑲也出使西洋自當避其所忌宜加紅帛爲旒而仿古制爲升龍降龍繪二龍於旂存此以備他日考定旂式之一助

二十日午正行七百二十六里在赤道北二十七度三十二分

至此海道漸狹兩岸山勢羅列時見島嶼距岸咫尺知已入麥西境西洋人謂之埃及海盡處分兩汊東出曰阿喀巴地屬阿剌伯西出曰蘇爾士灣地屬麥西兩灣岐分各廣數十里中有大山曰西奈山相傳爲摩西以十誡立教之地稍東卽土耳其之猶太唐書所謂拂菻也爲摩西生長之地西洋文物創始麥西猶太又教祖所從出東漢班超傳遣掾甘英往通大秦抵條支臨海欲度安息西界船人以海水廣大止之大秦卽羅馬國今屬意大里安息今波斯條支今阿剌伯也所臨之海卽今地中海是漢時此地屬條支而波斯西境直抵地中海漢唐以前西洋通中國者極羅馬而止而安息條支自西漢初已通中土

文教開闢最先聲息之所及其機先動而文物隨之以啟厄日多爲西土文字之原亦天地自然之機與

二十一日卯刻行五百一十三里抵蘇爾士灣口地爲亞細亞阿非利加兩洲一線相連處脈約三百里介紅海地中海之間同治三年法人賴賽樸以機器開河通舟楫廣六丈深不逾三丈凡七年始成費至七八千萬各國商人醵金爲之以地屬埃及鑿與三分之一往來徵船稅按成分收其利同治十三年埃及以千二百萬金鬻之英人於是英人合官民所出公費約得全股之半適有輪車赴蘇爾士爲埃及一市鎮距灣口八里偕劉雲生黎蒓齋劉和伯張聽帆德在初鳳夔九一往試之至蘇爾士洋行小坐行主特爾勒亦英人也洋樓及民居多土築屋皆平頂遠不逮西洋各口埔頭之繁盛也居民長衣無前襟自下籠其首而衣之婦人則冒其首以前傾當鼻用藤紐合之著於鼻端惟露兩眼於外卽乞丐亦然飲水僅一井法人於其地開造花園而用機器引水相距五里未能一往隨雇小舟回灣口見開河機器二具登視之其一兩船相並設機器其中高三丈許中爲鏟橋廣六七尺兩船相距適足容橋引橋上下可入水丈許取泥鐵筐三十餘環橋轆轤用轉如水車之龍骨橋頂承以鐵槽旁設鐵溝約五六丈橫出承以鐵柱兩旁爲鐵條交午若疏眼籬取泥轉至橋頂傾入鐵槽卽從鐵溝流出亦取土

機器之鉅觀也其一一船中設機器亦高三丈許旁設鐵梘極寬而短馬格里云此專取沙恐未然疑兩旁土不必遠出者用之蓋兩船相濟以爲用也左近立一石人高丈許云二百年前法人名瓦琛漢者始通兩海相距之遠立石以記之也紅海以兩岸皆紅土爲名夕陽返照見山色紅紫輝映如胭脂圖畫亦一奇景也

二十二日船主守候孟買衛尼哈船巳刻始至蓋輪船行程皆有限期衛尼哈船由孟買至亞勒散得其附船赴倫敦者於此過載故須一守候禧在明由輪車赴亞勒散得海口附船渡海至意大里之伯林的西由輪車三日程可抵倫敦卽時辭去接

倫敦公司船局電報金登幹得赫總稅司信已租定波克倫伯里司房屋一所需用器具皆備當付一信交禧在明持遞酉刻開行由蘇賽江口入新開河僅容一船中有湖數所來往船於此交互取道以相避沿江置計里牌以知行路之遠近而於江南岸安設電報每十里許設一木板屋以處司電報者江路側處或數里或數十里并於出入兩口懸球於桿大如瓜以爲表識船東至則報知西口懸球以示東行者擇地便處停輪竢之船西至亦報如前禁止夜行是以江僅容船而無擁塞喧嚷入夜停輪必於湖蕩寬處皆依成例以行無敢違者是日行三十六里泊小苦水湖

二十三日卯初開行入大苦水湖亦名鹽湖適報有船名那木坦已入西口停輪待之又過阿美大賽拉賓二湖入圳木薩湖又遇一船交首而過一名阿瑪諾爾林一名提格湖旁亦有開河機器船一具午過日斯麥里亞適當新開河之中輪車赴亞勒散得亦由此道市肆頗繁入蘇賽江口募一引水者至日斯麥里亞當換一人而不停輪甫望見市肆有小輪船迎至郎公司行所募之引水人也又入小江口有法王后宮同治九年新開河成埃及王傳報各國臨視意大里王奧王皆至法王遣其后至而設行宮江次今尚完好江路愈狹兩岸沙山高十餘丈舟行距岸不過數尺又多作灣迴之勢再過巴拉小湖至滿薩磊湖停舟是日禮拜行二百二十里

二十四日卯初開行五十四里至波賽北岸有開河機器一壓沙機器一南岸有開河機器二具取重機器一新開河故沙漠下游尼羅江積沙上壅歲淤數尺船主云海岸燈樓臨海今海潮積沙已至七百餘步故於新開河入海處兩岸累石爲長堤橫截海面以攔沙北岸約二百餘丈南岸又數倍之如速長橋遠浮海灣之中以沙地不可得石乃用機器積沙壓成之長方約七八尺寬厚二尺餘并摹英文其上以記累石里數一皆以人力奪天工波賽市洋樓鱗次詢知開河以後所新造江邊引水機器一南引尼羅江水以供民食者煤氣機器以市樓夜燈取給於此并爲圓墩置圓本紅桶其上圍數丈而煤氣桶另製

鐵架覆之市東山頭見風磨一具隨風旋轉如飛輪市盡瀕海處置燈樓一高五六丈形如方柱夜然燈以引海船有鬻埃及古蹟圖者得數幅中有克里阿卑得拿尼得爾圖兩幅蓋一石柱高七八丈四方方各七尺許馬格里得其前方劉雲生得其後左二方上有尖頭每方上層刻爲鳥形者三其下爲文三行行十餘字字體大逾二尺絕類鐘鼎文及古篆籀屬黃玉屏摹出之其中爲筐圖若石鼓文者頗多如囧圝圖之類而作圖之字一方中至四五見又有似鳥者作𠂨有似馬者作𢒼亦有竟作馬首者有似眉眼者作台或作㠯或作吕或作㠯有似爪者作𢒼其竟類今篆者如𠕁𡕒小朩ㄓ𠕁㔾𥁕皿爫其

柱不知始何時埃及流傳古有賢后克里阿卑拿以此石柱頂尖相與須識以爲克里阿卑拿所用之鍼尼得爾者譯言鍼也乃知文字之始不越象形會意麥西始制文字與中國正同中國正文行而六書之意隱西洋二十六字母立但知有諧聲而象形會意之學亡矣此石柱距埃及加意羅都城不遠闊亞勒散得海口尚多有之字體略同未初開行入地中海爲亞細亞歐羅巴阿非利加三土交界處自此盡地中海之境北界歐羅巴南界阿非利加而土耳其中東二土透西北二千里海與亞細亞西境相望歐羅巴人於此一海析分三洲之地亦天地之一大區限矣晚見南岸燈樓者再尼羅江凡分三口入海曰達

密也得曰羅塞得曰阿勒散得船主云阿勒散得相距尚百餘里

二十五日午正行七百八十九里在赤道北三十二度五十一分雨鬱熱亦時見日日西而虹東見長數丈地距赤道視上海遠至一度許而了無冬意船主見示波賽日報中言英俄各國公使爲土耳其會商塞也維兵事土主不允分國而大改國政一準西洋法度行之如設立民會選議政院及官有專責及民訟刻期斷凡數條尤要者用官不分別回人土人而民間習教或土教或耶穌天主一聽其便不爲禁制予謂土國蘇爾丹能有悔禍之心亂其有豸乎馬格里曰亦視所行何如耳非徒出一示下一令以求悅於民而遂可以已亂也其言亦殊有味自波賽西行北界土耳其南界的黎波里亦土耳其屬國

二十六日午正行八百四十里在赤道北三十四度四分大風顛頓至不可耐地中海島嶼回環風浪相激澎洄漩而力逾勁也船主懷德言英總兵勒爾斯尋北極至八十三度鑿冰行一千二百里遇冰山矗立無路可通或崎嶇行一里許凡一百四十餘日不見日隨行兵多病者計窮而返始知致病之由以無從得水果而咎兵部不多儲水果汁以行仍決計再往探之以窮竟冰海爲期言冰上亦有居民鑿冰爲屋以雪爲門入則封之獵魚獸爲食衣以鹿皮亦薦其皮以寢其獵魚鎚冰深至十

餘丈魚得冰竅以噓氣則羣聚穴中製鐵爲刃累長竿鉤取之用魚油爲薪夜則然以爲燈其居逐冰窟遷徙以濕獵取魚獸若蒙古之遊牧然亦窮荒之異聞也是日徑希臘而西東土耳其之馬海爲亞細亞分界地希臘橫出當其衝至是始抵歐羅巴境

二十七日午正行八百四里在赤道北三十五度二十四分希臘之西以阿尼羣島爲英人所踞其時希臘方屬土耳其因於土政畔而交兵英人乘間取之其後英法俄三國保護希臘聽其自立爲國又歷數年以以阿尼羣島逼近希臘礮臺皆內向希臘不能安也其地固非衝要英人亦所不爭因并以還之希

颿是日歷諸島而西至意大里境

二十八日丑刻行三百八十四里抵馬爾他島在赤道北三十七度北界意大里之西治里島其南與的黎波里都城正相值地形如臼中出一山四周環拱之長四十五里縱三十里橫出枝脚泊船灣曲四五中設機器局環列礮臺十一所英國地中海第一重鎮也初屬法蘭西英人據而有之各口兵船并於此修治其地總督思得洛班喜遣其中軍納爾洒多遜二人以馬車來迎礮臺聲礮十五過兩重礮城至總督署局勢雄闊街市整齊潔凈樓房高至五層六層櫛比相望迥非錫蘭亞丁等處氣象至則各官皆集水師提督詹阿得總兵葛蘭達二人官爲

尊思總督久處廣東年六十餘鬢髮浩白其夫人亦賢爲留飯陪遊左近一礮臺共礮一百二十門重十八噸者六尊每噸千八百觔計重三萬二千四百觔身闊逾丈許其中高礮臺一座踞山頂尚有巨礮三尊不及往看一重三十六噸其二各重二十五噸每礮一尊前置礮子數百若將臨敵者防兵共六千人鐵甲船三一曰得法思得深一曰合得思伯爾一曰陸拍爾得近因土耳其之亂調兵防俄羅斯鐵甲船駐希臘之臘比亞者二十有五總督署盤旋而上規模絕大有議事廳二其一張鏡其一懸線製洋畫巨幅十六每幅丈餘繡獅象異獸皆如生又一長廳藏古軍器刀劍鎗杵之屬懸挂四壁有始製大礮一尊鐵質而中有銅胎用繩絡之加漆

其上餘小礮數十尊其架鎗四枝狀如擡鎗長丈許熟鐵爲之後門納子軍器之稍近者然亦三百餘年矣知西洋後膛鎗已起於明之中葉又有石礮圓如斗者十餘而中置玻璃罩五一爲阿剌伯回部初强時與馬爾他番人戰敗所得刀斧一爲回人所用喇叭可回旋者一爲七百年前教師所誦經一爲馬爾他王印綬及册文其餘古磁器若瓶若捲筒若甕者無數皆作花紋質粗而輕自石級盤旋歷數廳狀如甬道兩旁架古軍士被甲執兵而立藏軍械廳亦然中有石象爲方柱而鑿人首其上法軍拿破侖第一之像也詢問島間大學館二所小學館三十四所監牢二其一專拘繫兵人以兵六千餘與土人錯居不

能無爭訟也船主催促甚急不能往觀思總督云此間古蹟甚多而無緣强留一二日相與一縱觀爲歉然也未刻開行

二十九日雨風午正行六百九十九里在赤道北三十七度二十八分南岸山勢聳起爲突尼斯國亦土耳其屬國也地勢突出地中海境內一山橫列海面下有伏洲僅中路可通巨艦洋船過此亦稱險境過此北岸已近接法蘭西矣

十二月初一日丁亥午正行七百二十里在赤道北三十一度二十分大風顛簸夜不能寐而鬱熱乃近春三月船主言土耳其與所屬之塞也維搆兵俄人意在挑釁而坐收其利英法德各國不利俄人之通海峽也力謀所以保護之蓋恃君士但丁

都城阨黑海之衝足以抵拒俄人英人尤所屬心撥調鐵甲兵船至馬海者二十餘俄人心懾英人之助亦不敢求逞近亦定議共平土耳其之亂當不至使各國交兵自突尼斯以西地勢北出連山相屬或遠或近海中亦時見島嶼以地道求之北界法蘭西南岸當巳入阿爾及耳境亦回國也今為法蘭西屬部

是日禮拜

初二日午正行七百二十三里在赤道北三十六度五十一分以經度計之此地正與倫敦相值中隔西班牙葡萄牙二國地勢略出大西洋海倫敦轉在其東故由法國馬賽車路赴倫敦非獨取道徑直實亦近數千里程也大風昏眩日苦不支上海十日勞勸過甚登舟後與病相守頃忽患牙齦腫痛牽及兩耳又胃脘氣痛頭昏怔忡百不能適遠望一山隱約船主指為西班牙馬格里云山名西艾臘尼瓦大其山尖峰聳起如鋸而積雪終年不消西艾臘者譯言鋸也尼瓦大者譯言雪也同舟葡萄牙人墨克里阿附船回國人頗文雅詢之官阿非利加東土之莫三鼻給按察司備人於此分立七部而設大會莫三鼻給統轄之晚見北岸燈樓忽明忽暗所過西班牙之加拉拿大有二埔頭曰亞爾美里牙曰馬里牙馬格里云燈樓之設有二義一為海口引船一為避險避險率用紅燈其引船之燈四面周轉或隨暗隨明或稍停皆以分數計之使人辨知其為何口海口相連者各為定式以示區別

初三日午刻行八百三十七里抵奇巴荅荅在赤道北三十六度七分有石山崛起高一千四百餘丈長七里有奇英人名之諾譯言大石也與西班牙之詭美阿非斯卑除山相望咫尺中隔一洲海水泛則別為一島瓜達爾幾河繞其右南與阿非利加之班布斯赫德并橫出海中對峙成海峽為地中海之門戶班布斯赫德者譯言猴子頭也英人踞有其地因山為礮臺號稱奇搆其地總督勒比耳近年攻阿伯西尼亞入其都城曰滿克得林因封滿克得林男爵遣其中軍卑勒斯以馬車來迎列隊岸次礮臺聲礮十五並如前提督薩馬斯得亦至詢其額兵五千分七營礮兵五營又有守礮臺兵五百皆工匠為之洋鎗隊千五百人別為步兵營營各立學館又有大學館一藏書四萬冊環山內一面建城臨瓜達爾幾河居民萬九千人總督勒比耳遣其統將狄隆陪游礮城皆石為之中加三合土外護小城二重以洋鎗隊拒敵之近攻者礮城環護山麓土施礮下列兵房每兵房一連皆於其旁依山建樓房以處兵人家屬礮大者十八噸子重至四百磅每噸一千八百觔每磅十二兩由礮城繞至奇巴荅荅山西一角觀所謂山礮臺者盡穿石為礮洞上下凡三層所置礮各重五千四百觔子彈畢具環山三面曲折為街石闉繞上下共南面臨海壁立千仞不設礮所至山西一隅而已閱其中鑿石為議事廳寬廣十餘丈又為石池一收山雨溜之足支礮兵一年汲飲合礮城列礮千

數百今皆改製新設後鏜礮已安設者五百三十五尊爲英國地中海口重鎮瀛寰志畧名海口曰巴拉爾大亦曰直布羅陀名英人所建之城曰義人呇呇皆此奇巴臘呇四字一音之轉引游礮城者將官莫爾斡引游山礮臺者礮兵官非爾丁也非爾丁指西艾臘山缺處曰圖陀有古營壘爲加非達額踞西班牙時與羅馬大將奔標力戰於此蓋當西漢之初距今二千餘年矣西艾臘山橫亙如垣瀰望數百里所見山勢之雄闊無及此者有德國兵船停泊海口其兵官喀伯來見酉刻開行出海口有燈樓船主云此海名得拉法爾根英官威德林以兵船與法王拿破崙第三鏖戰處也

初四日午正行五百九十四里在赤道北三十七度十四分過奇巴臘呇海口入葡萄牙境南對阿非利加之摩洛哥亦回部也其地猶屬地中海至是抵星于文生是爲葡萄牙南境盡處始出大西洋海洋人以山盡處爲炭水流當炭兩相激蕩浪益洶涌星于文生山石嵯峨横截海面舟行極爲顛簸而西班牙西境地勢微削而向北海方南趨爲地勢所遮過數十百里間淜湃騰沸洋船以爲至險晚見海口燈樓船主云里斯波亞海日葡萄牙國都也爲德人河入海之口是日鬱熱尤甚初聞紅海炎酷匪冬一如盛夏心甚畏之此行亞丁至蘇爾士盡紅海六日程天氣晴和風恬浪息爲行海最佳之景其餘三萬餘里多在風濤震撼之中至出大西洋而鬱蒸之氣轉甚紅海天時

地氣固有不可意測者與

初五日午正行七百八十里在赤道北四十一度三十分北過斗羅米虛二河爲葡萄牙西北都會兼兩河爲名再北又入西班牙西境晚過蓋濮非尼士特遠見燈樓波濤洶涌倍甚蓋西班牙向北盡處地勢深入匯成一大蕩與法蘭西壤地相接至羅亞爾江口又袤伸而出中廣千餘里海水奔騰而下驅入蕩中回薄澼激乃始折出南趨故此海洑千餘里稍一見風則洶濤激浪相助飛騰尤以蓋濮非尼士特爲至險蓋濮者譯言尖處也非尼士者盡也特者地也風雨晦冥顛危傾險鬱熱尤劇心氣痛甚此行上海患眼珠痛登舟而鼻準痛至十餘日已而牙齦痛耳痛又苦心痛盡五官之用而皆受患若此異哉

初六日雨風午正行八百四十六里在赤道北四十六度一分經度距倫敦偏西至九度五十二分出大西洋折而北稍迤東行至是益東西洋以智力相勝垂二千年麥西羅馬麥加迭爲盛衰而建國如故近年英法俄美德諸大國角立稱雄創爲萬國公法以信義相先尤重邦交之誼致情盡禮質有其文視春秋列國殆遠勝之而俄羅斯盡北漠之地由興安嶺出黑龍江悉括其東北地以達松花江與日本相接英吉利起極西通地中海以收印度諸部盡有南洋之利而建藩部香港設重兵駐之比地度力足稱二霸而環中國逼處以相窺伺高掌遠蹠鷹

揚虎視以日廓其富彊之基而絕不一逞兵縱暴以掠奪爲心其構兵中國猶展轉據理爭訟持重而後發此豈中國高談闊論虛憍以自張大時哉輕重緩急無足深論而西洋立國自有本末誠得其道則相輔以致富強由此而保國千年可也不得其道其禍亦反是班固匈奴傳贊有曰來則以禮接之畔則以兵威之而常使曲在彼處爭奪猶然而況其所挾持者尤大而其謀尤深者乎劉雲生自謂能處洋務至是亦自證其所知之淺而曰處今日之勢惟有傾誠以與各國相接舍是無能自立者鄙人爲時詬病多矣姚彥嘉詫以爲學識過人吾何足言學識哉宋明史冊具在世人心思耳目爲數百年虛憍之議論所

不一考求其事實耳往聞何願船談洋務深中竅要怪而問之答曰六經周秦古書下逮儒先論著準以歷代之史參考互證顯然明白世俗議論祇自褻耳何足爲據此之謂學識

初七日午正行七百三十一里在赤道北四十九度十一分過法蘭西羅亞爾部正當地勢斜伸入海處波濤激蕩尤甚西人名之曰琺勝有引路燈樓過此即與倫敦之哥爾奴瓦里斯部隔海相望至是始稍有寒意是日晚餐坐間十餘人捉胡桃爲戲有以頷觸之而碎者於是羣引頷撞之或碎或不碎而皆有聲擊有聲或橫一指其上引拳擊之立碎或納胡桃肘下伸掩舒掌拳一手拍掌上立碎見之咋舌日間常十餘人爲投石超距

之戲一人曲腰立其餘諸人相距十餘步以次疾趨按其腰張兩足一躍而過纔乃量地三尺投石爲記不准納足其中漸增至五尺則飛躍而過者兩人而已餘皆納一足石限內已而六七人曲腰立相距各五尺十餘人迭躍而過無一虛步從容嬉笑沛然有餘大率德國兵官也其人白哲文雅終日讀書不輟彼土人才可畏哉可畏哉船主出示船單北夏窪爾船以西歷十二月二十五日自錫蘭開行正月二十一日抵蘇士阿母致海口此次錫蘭開行實先三日程而云明日午正準至海口以日計之則正西歷正月二十一日也蓋自入紅海後稍減機輪之力以待孟買衛尼哈兩船行度相值中間稍有參差而其終

仍合也計此行所歷之國十八曰安南曰暹羅曰俾路芝曰波斯曰阿剌伯凡五國隸亞細亞安南儒教暹羅佛教餘皆回教也曰土耳其曰希臘曰意大里亞曰法蘭西曰西班牙曰葡萄牙凡六國隸歐羅巴法蘭西西班牙則地中海徑其東南出大洋海又徑其西一面土耳其回教餘皆天主教也希臘又自爲教爲天主教別派曰阿伯西尼亞曰努伯亞曰埃及曰的黎玻里曰突尼斯曰阿爾及耳曰摩洛哥凡七國隸阿非利加皆回教阿伯西尼亞又自奉天主教近年法蘭西據阿爾及耳爲屬部所歷英國屬部十四在南洋者六曰香港曰拉布灣曰新嘉坡曰麻剌甲曰威阿斯曰檳榔嶼拉布灣在七星洲南麻剌甲

與新嘉坡相連威諾斯里與檳榔嶼一島相對皆不停船在印度者五英人踞有印度全土而瀕海大部凡三曰孟加拉曰麻打拉薩曰孟買爲二曰錫蘭曰蘇克得拉停船者錫蘭而已麻打拉薩與錫蘭島相對餘皆相距遠而一海徑達其地可指望也在紅海者二曰亞丁曰畢爾林亦不停船在地中海者二曰馬爾他曰奇巴臘皆所在建耶穌堂番民皆習其教印度佛國乃習回教而孟加拉之訶利薩與錫蘭皆宗佛教以合掌爲禮孟買則波斯火教之遺猶有流傳西洋習教各有宗主波斯爲回部所踞禁其本教於是習火教者皆避至孟買南洋羣島分隸各國者過瓊州七洲洋與呂宋相望地屬西班牙再南過廣南灣西與西貢相望法蘭西所踞安南

嘉定省海口也東與文萊島相望地屬荷蘭再南逕西過蘇門荅臘亦屬荷蘭其附近小島不記相距遠不記各國海島歸所屬者不記

初八日未正行四百九十五里抵蘇士阿母敦過波子倫敦有兩燈樓極奇麗爲英水師屯泊之地入尼羅司海口有島曰阿路威得爲君主消寒地有行宮曰阿思本舟行擱淺又值大霧潮信稍晚故後一時許始至碼在明金登幹枉接舟次稅務司費力摸來傳外部德爾比丞相之意云早奉德丞相檄飭中國公使本日即到應免查稅又秘魯國領事計羅慕船務監督那坦上海管理字林日報慕斯滿均來見前天津領事居適倫則

所獲識也酉刻上輪車開行以是日禮拜僅早夜兩次開行歷柏性思多嗰及窩多兩處市鎮所過鐙燭輝皇光明如晝近倫敦處尤甚金登幹早爲雇備馬車相候道右街市鐙如明星萬點車馬滔滔氣成煙霧闤闠之盛宮室之美殆無復加矣換馬車歷一時許抵波克倫伯里斯寓宅留金登幹晚酌詢知君主前赴溫則行宮尚須由溫則行宮前赴阿思本行宮其倫敦所居有二一曰聖全愳爍斯巴雷司是爲正朝巴雷司者譯言宮殿也一曰柏金葛愳巴雷司是爲便殿正朝必禮服私朝常服可也各國公使駐倫敦者三等凡三十國頭等俄國普瓦洛弟法國達拉固德國閔斯達爾奧國傅斯達土耳其國莫拉射司

巴沙凡五國二等美國必洛爾日本國烏葉那歐斐真吶立西班牙國戛薩類各來西亞瑞典國賀什尺拉達荷南國德必蘭波斯國那賽木麻拉克木可汗王比利時國棨拉宛丹國畢婁葡萄牙國薩拉達哈秘魯國嘎拉衛司巴西國佩吶兜餘爲南美利加及阿非利加諸小國凡十八國其署公使者七國意大里國馬帡那歐亦以參贊署理者也參贊或一員或三員四員有以伯爵男爵充參贊者其外部德爾比丞相總理副以侍郎四人一定得敦一旁斯弗得一立斯得一得拉而英國大政一總之丞相畢根士非爾德其權勢視漢之丞相而上下議政院亦微分黨相攻居丞相之任曰特勒汋里必議政院附和者多

乃能安其位云上海兌銀三萬得八千九百三十九磅金洋一枚重二錢二分曰磅磅易小銀洋重一錢四分曰施令者二十枚值銀二兩八錢而已而所兌金洋抵庫銀三兩三錢有奇是已明耗二成矣略記其等金洋一磅曰色五倫易小金洋二枚曰哈夫色五倫又易銀洋二枚曰克洛恩另有一克洛恩易二枚者曰哈夫克洛恩不甚用又易小洋五枚曰施令另有重二錢四分曰洛福倫者易施令二枚又易亥小洋二枚曰薩力西盤司又易銅洋二枚曰佩泥又易中銅洋二枚曰海佩泥又易小銅洋二枚曰發爾英凡金洋二等銀洋六等銅洋三等其鈔票須自國家起金洋五枚至千百萬曰班克比拉

漢陽彭耀松校字
沔陽李世勛覆校

乘槎筆記二卷

〔清〕斌椿撰

《乘槎筆記》二卷，清斌椿撰。斌椿（一八〇四—一八七一）字友松，監生，漢軍正白旗人。初任山西襄陵知縣，遷内務部郎中。同治五年（一八六六），奉命率同文館學生德明（即張德彝）、鳳儀、廣英、彦慧往遊歐洲。自正月初八至八月二十日返抵香港，凡歷英國、法國、荷蘭、丹麥、瑞典、比利時、俄羅斯、意大利等十餘國。是書即此行日記，敘各國山川形勢、城郭建築、宫室人物、政教風俗、器用技巧、交通運輸等，凡身之所至，目之所見，皆排日記載。據《鐵香室叢書》本影印。

乘槎筆記

光緒丁酉冬

宗[illegible]題

汭陽李氏鏡香室本

地爲球體環日而行與五星同故五星皆地球也日居其位不動與三垣二十八宿諸恆星同故諸恆星皆日也日有若干地球環之則垣宿諸星每星亦必有若干地球環之以近推遠理當然也此說非西士所創也大雄氏所云三千大千世界蓋即指此已自周迄今二千餘年自天竺至歐羅巴五萬餘里而其說若合符節信有徵矣然而五星之世界目能望而見之身不能往而遊之也至垣宿諸世界遠極而隱心能億而知之目且不能望而見之矣而吾人所處之地球所有四大洲大小數百島舟車所通固不難往而遊也雖然遊必有福舉天下之人其足跡有不出一郡者矣有不出一邑者矣甚者有終身不出里

巷者矣適百里者宿舂糧適千里者三月聚糧又或婚嫁未畢或民社羈身茫茫禹跡能徧歷者有幾人哉又況九州之外數萬里之遙隔以大海浩汗杳冥巨浪如山有望洋而歎者矣即曰不畏風濤視險若夷而中外限隔例禁綦嚴苟無

使命雖懷壯志徒勞夢想耳故曰遊必有福郎中斌君友松少壯宦遊足跡半天下一旦奉

命往歐羅巴訪覽政教風俗遂得遊數萬里之外所歷十餘國皆開闢以來中國之人從未有至者各國君臣無不殷勤延接宴會無虛日宮庭園囿皆特備車騎令縱馳覽斌君之遊福可謂大矣于是斌君凡身之所至目之所見排日記之既恭錄進

星又刻以行世令讀其書者亦若身至之而目見之也然則斌君非獨一人遊率天下之人而共遊之也我聞修普賢行者能以神通力徧入大千世界又聞慧業文人多自佛門中來斌君殆華嚴會中人嘗修普賢行今現宰官身者耶宜其遊福之超越尋常萬萬也

同治八年冬十月海甯李善蘭序

乘查筆記卷上

長白斌　椿友松

同治五年正月初八日總理各國事務衙門行知斌椿奉命往外國遊歷采訪風俗飭將所過地方山川形勢風土人情詳細記載繪圖貼說帶回中國以資印證等因

初十日各國使臣赴總署賀歲知有差赴外國之行舉欣欣然有喜色

十一日徐松龕中丞贈瀛環志略一帙（公撫閩時洋人以互市集海濱公訪察各國形勢利病博采衆說彙集成書西人咸服其允當）

十四日恆子久少司空偕往各國駐京使臣寓館辭行

十九日正擬起程因聞大沽口復凍改期

二十日法國伯使臣送來馬塞海口照據一函

二十一日登程隨行四員同文館八品官鳳儀德明內務府筆帖式兒子廣英（均蒙賞加六品銜）同文館學生彥慧（蒙賞加八品銜）並僕從六人買車南下二十里出沙窩門又五十五里酉正至通州張家灣住是夜雪

二十二日卯刻開車十二里過安平鎮武清縣境第一鋪又十八里過馬頭又三十里午初河西務早飯又三十里過蔡村又二十五里酉初至楊村住

二十三日卯正開車二十五里過浦口又二十五里抵天津城

寓東門外客舍往謁通商大臣崇地山侍郎並至紫竹林暨粱家園拜客

二十六日往紫竹林時輪船進泊關下者南潯行如飛折蘭凡三舟皆精巧絕倫兼拜孟領事官 廿

二十七日定行如飛船明日開行

二十八日巳正登舟未正始解維時水涸酉初至可沽舟膠於沙住計水程一百七十五里

二十九日黎明開行四十二里過大沽兩岸炮台形勢雄壯誠北海之門戶辰刻出大沽十里許爲攔江沙所阻舟不能行候至午未潮長始得行洋人用鐵砣試水半時許至深一丈八九

尺乃得暢行無礙在船樓四望烟水茫茫渺無涯涘海天空濶之中但見檣帆沙鳥數點而已

三十日寅刻舟行尚有阻淺處卯初忽聞船底作霹靂聲者三舟客皆起登樓大霧瀰漫舟觸於石幸船底尚堅得無恙午刻過廟島大竹小竹鼉皮諸島相距不甚遠兩山相連形最峭拔者雙島也舟折而西見人家屋舍列於山之陽者之罘島也漸南檣帆林立屢市參差有亭翼然高峙者烟台島也遠見塔表矗立海濱者崆峒島也棟宇高聳雄踞一方者觀海樓也樓爲潘偉如觀察 霨 建抵岸登眺移時酉刻還舟已見滿街燈火光映水湄登舟卽開行

二月初一日午後大風陡作舟蕩甚乘舟者半嘔吐薄暮風愈狂震搖終夜

初二日午後風漸平登桅樓四望海天空曠波濤無際遠望數十里外有淡烟一縷約二三寸許舟人以遠鏡窺之乃三桅輪船也自大沽口至此水程逾二千里僅見此一舟耳酉刻風息甫見新月戌刻海中霧作駐舟計水程烟台至此已一千五百里而遙

初三日卯正三刻陰霧漸開始起錨行辰刻過沙尾島至此折向西北行 卽楊子江入海處 巳刻望見吳淞口自沙尾島進口水程二百四十里皆楊子江也廻憶道光戊申春自雙姑駛帆過安慶

采石建業石頭城燕子磯黃天蕩各處雖曰長江天塹較此殊未及半耳入口四十里泊上海黃浦江兩岸洋樓鱗次櫛比夾板洋船暨大小輪船一望如林太西十七國洋人之大聚處也寓洋涇浜平陽里汪乾記茶行

初四日拜應敏齋觀察 寶時 王蓮塘大令是日法國人德善由烟台來與英人包 臘 均帮辦稅務之員赫總稅司檄調隨子往外洋者二人在都年餘頗習漢文俱甚洽也鳳儀等三員皆通曉西語西文有此數人偕行長途不虞悵悵矣

初五日陰雨敏齋招飲座客王蔭齋觀察 曾模 西江舊雨譚子去後事甚悉令人有滄桑之感

初六日陰僱定赴香港船隻

初七日晴未刻登法國輪船名拉布得內船長八十四邁當法國大尺名邁當合中國二十七丈六尺計一邁當乃營造尺三尺三寸寬三丈深一丈八尺容二千礅每礅合十七石火輪器具居其大半佔一千二百礅貨物止容八百礅船主一人司船者十一人水手三十人管水火器具者四十八人司火食者十五人庖丁六人共一百有三人房艙共四十間每間住三四人中桅以後爲飯廳飯桌長六七丈可坐三四十人皆上等客也中下等客皆在前艙器具精潔肴饌豐美皆外洋風味晚則燈燭輝煌兩旁住屋十五間每間各嵌玻璃燈二大穿衣鏡一燭光照耀人其中者目迷五色不啻千門萬戶中桅以前爲火輪器具及廚屋兩旁有長巷二每門各懸燈爲司事及買客住屋計四十五間晚則到處光明其餘廚竈廁屋前後十餘處無不精妙司船者披圖以考疆域測影以計道路前後左右暨桅中用針盤五各二人司之以定方向用鉛砣以量淺深用繩板以驗遲速其餘考寒燠測風雨以至張帆捩柁之法皆奇巧異常舟行晝夜不息飲食充備如入市肆如居里巷不覺其爲行路也尤奇者行海以淡水爲要輪船則以火灼水藉水氣之力以運船即用氣化之水以供用舟之上下四旁皆有銅鐵管貫注數百人飲食洗濯無缺乏之憂也

初八日卯刻開行巳刻出江口而南山島數處有形如馬鞍者

土名鞍子島距吳淞口已三百三十里未刻晴過浙之舟山普陀山在其南峯島重疊如列屏自鞍子島至此時有白鳥逐舟而飛背翅皆作淡墨紋腹與尾皆純白張兩翅長丈許鳴聲嚶然去人不遠舉手欲握似不怖人時而沒水時而飛翔高與帆齊去山百餘里始不見也

初九日陰午後微雨未刻過海棠島詢之舟人云閩海已過風順可至粵洋也晚間順風大作舟中甚覺顛簸矣

初十日晴辰刻過潮州自吳淞開船兩日行二千五六百里非輪船之神速焉能如是早飯罷登柁樓四望波濤際天渺無涯涘惟見漁舟十數挂席出沒洪波巨浪之間然大洋幾三千里至此始見有舟

十一日陰辰刻至香港遙見峰巒重疊入港數十里樓屋參差依山傍麓較上海又別有景象也巳刻換船名康拔直船船身內艙分三層頭等艙十七間可住二十九人又有二十九間可住九十二人二等艙二大間可住三十六人船主名得剖比思與司船者七人法國水手二十九人麻六甲人皆黑人八名管器具者法國十三人阿非利加人皆黑人五十九名伺候飯食者法國四十四名中國二十名船身長三十八丈寬四丈六尺深四丈二尺可容三千三百礅每日燒煤六十礅合中國一千零二十石計十萬二千斤船頂後半支布帳長二十餘丈晴雨皆宜午刻駕小舟登岸

一覽街衢整潔市肆多華人申正開行

十二日晴暖日正午司船者三四人執遠鏡窺日影云自開行十時計行七百三十有五里是晚月明如晝碧海不波倚篷遠眺飄飄然有淩雲之想

十三日晴卯初即起見海日初出氣象萬千正午舟人窺日影云自昨至今午計十二時一千二百有七里距安南海口僅一千一百八十里有奇然自辰刻起巳見越南山島綿亘於西面百里外矣是日熱甚舟中懸風扇十以五人抽拽坐中習習生風百餘人食飲不覺酷熱也

十四日晴熱甚換夏衣未刻入港口曲折東北行兩岸花樹叢

穠青翠無際澗不過三四里狹處止數丈如入江南荻蘆洲又疑入武陵桃源行一百八十里酉刻始泊舟岸左新造洋樓十餘座法國水師提督駐兵三千起造埔頭公所已三年矣兵房及屋宇粗有規模閩廣人居此貿易者聞有五六萬人士人用漢文郡縣名與中華同此地為嘉定省新平府平陽縣轄土民吧嗤洲王居東京距此半月程國之為省者三十有三幅員不廣約中土一二省地耳四五年前與佛郎西人搆兵不勝議與十年歲幣每年銀錢四十萬計四百萬始罷兵嗣議割三省予之收租稅以當歲幣地無他產惟產米華人販運者絡繹不絕天時極熱甫仲春青橘丹荔璀璨可觀晚香玉夜來香隨處芳

馥居民僅以單衣蔽體之半男子蓄髮挽髻多無鬚女子赤足無簪珥所見莫辨雌雄民居茅屋寢坐皆以木不施茵褥不須布帛云春冬無雨四月後則風雨大作瓦屋皆飛故雖王宮亦極卑也產薏苡每石值洋一元檳榔椰樹一望成林

十五日早粵人張霈霖賈於此間中土遣官來求見旋登岸往拜法國提督兼遊中國城華人居之各貨聚集於中土市廛土人名為中國城云

十六日晴寅刻放船向正南行亥正見西面二山名波羅薦東一山相離十里許舟出其中距東山止里許舟子指圖相示與之吻合

十七日晴向正南行辰刻至午二計行九百里連日甚熱

十八日卯刻西向行辰刻至新嘉坡巳初泊舟計行六百八十四里登岸買車作竟日遊英國礮臺在其麓周歷一過形勢雄壯午間坐客舍洋樓頗宏整飲茶小憩晚歸查新嘉坡古名息力因重譯不同書寫各異今則人人稱為新嘉坡小船刳木為之銳其兩端小兒鼓棹啾啁客皆以銀錢擲海中則羣躍沒水少頃握錢出蓋洋船至必以為戲故兒童見舟皆拍手笑樂如拾韓嫣彈丸也車制與安南小異御者亦麻六甲人肌黑如漆唇紅如血首纏紅花布則皆同十餘里至市廛屋宇稠密仿洋製極高敞壯麗市肆百貨皆集咸中華閩廣人也歸舟有頂帽補

服者來謁閩省水師都閫陳鴻勳貿易於此云此間較本鄉易於謀生故近年中土人有八萬之多不憚險遠也山多虎每出覓人食且有渡水者猿猴小者不盈尺凡珍禽尤夥五色俱備舟人購畜者以百數計大可悅目惟土人則黑肉紅牙獉獉狉狉殊堪駭人使椰子厚至此必曰異哉造物靈秀之氣不鍾於人而鍾於鳥有售西國金銀錢者各種皆布地上舟人多以番銀交易

十九日晴巳初開行午後雲氣蔽空始稍涼至晚雷雨大作舟行不息也

二十日晴巳刻過波羅雜哈距新嘉坡八百餘里山形團圞樹木叢茂如揚子江之焦山至午正計程九百三十六里是日所

見飛魚極多

二十一日晴過勾勒凳山甌拉番山及波羅圍諸山南面爲蘇門答臘南洋大島長二千餘里自唐宋至明朝貢中國龍涎嶼在其西每春日龍交戲其上遺涎可采爲香明嘉靖時詔采辦每觔給價銀一千二百兩是日行八百四十里見大魚有長丈許躍出水面以百十計

二十二三日晴雨日行一千七百七十里皆印度海五印度漢書謂之身毒東名孟加拉北連後藏大河名安額即佛經恒河也地極富盛現爲英人據

二十四日晴午正行七百九十六里申正泊舟錫蘭西刻陣雨土人統名之曰印度考瀛環志略錫蘭在南印度之東南海中之大島也周千餘里中有崇山高阜近海窪下地多雨多迅雷花木繁綺

林內多象山出寶石所產桂皮最良前明時葡萄牙據立埔頭後爲荷蘭所奪嘉慶元年英人盡有其地天下郡國利病云古狼牙修也自蘇門答臘順風十二晝夜可至相傳釋迦從迦藍嶼來登此山猶有足跡山下有寺中貯釋迦涅槃眞身及舍利子明永樂六年遣太監鄭和等賫供器寶旛布施于寺建石碑云云土人多畜象置木架其背形長方上可坐四五人驅策若牛馬

二十五日陰小雨即止卯初起雇划子登岸乘四輪車迥異車形御者坐車上高處沿海濱約七八里潮激岸石浪花高丈許不減曲江之濤北入山六七里樹林陰翳景象殊幽花木多不知名香如薝蔔問土人語不能解產桂皮人多貨之路左林內有豹窺人從

者皆駭諦視乃柙以求售者旋登山入古剎臥佛長三丈許寺宇寬廣設旛幔前後有番僧四人無碑碣或疑是釋迦之像其爲何代所建不可考也所過茂林修竹大似山陰道上至客舍小憩持象牙璹瑁各器來售者極夥貨寶石金剛鑽者盡贋耳是日戌正開出外洋船客增至一百七十餘艙中無餘地矣計二十七國人言語不同者十七國而形狀服飾之詭異亦人人殊有頎而長者有碩大無朋稱重二百斤者有鬚鬢交而髮蓬蓬者衣裙多用各色花布似菊部之扮演武劇又如黃教之打鬼惟太西各大國則端正文秀者多婦女亦姿容妙曼所服輕綃細縠尤極工麗每起則扶掖登船樓偃臥長藤椅上其夫日

伺於側頤指氣使奉令維謹兩飧後掖行百餘武倦則橫兩椅並臥耳語如梁燕之呢喃如鴛鴦之戢翼天眞爛漫了不忌人小舟載海螺殼無數五色璀璨形狀多怪異購得數枚可玩也

二十六日午陰閱各國地圖云錫蘭爲天竺本國地廣人稠亞於瓜哇南洋大島即噶羅巴古時佛教起於印度盛行中土晉法顯北魏惠生唐元奘皆遍歷其地紀載特詳諸佛菩薩繪塑各像多裸上體或耳帶環脛束釧所衣袈裟即外著之沙郎至今多未改也自紅衣喇嘛教興嗣復演爲黃教元起北方取五印度建爲外藩乃已半從回教今則備歐羅巴之東藩而佛教愈微瀛環志略云慧光照於震旦而淨土轉滋他族盛衰之感洵不虛也

今則市肆樓宇之繁盛皆太西及中土人村店尚有土人售魚蝦果蔬者或樓居或板屋近岸三五里樓宇相望皆宏敞堊白土半頹圮矣聞盛時多係倡樓有著名如古稱燕子章臺者十不存一耳嘗見酒家女搴帘倚門螺髻絳唇面如淡墨色見過客笑靨露齒赤足欲駭人詢輿夫亦倡而勸客入飲也噫菩薩以鳩盤荼變相警悟大千耶世有沉湎於此者惜不遇之是日舟行極穩因考天竺緣起補錄於此過此以往則自古未通中國載籍不能考證惟據各國所譯地圖參酌考訂而衷以瀛環志略耳

二十七日晴午覩日影自二十五日戌正解維計十九時行一千二百三十六里申刻北面見一洲長數里草木茂密詢名彌尼格愛

二十八日晴兩日行中南兩印度海界是日行七百八十八里

二十九日晴午正行八百七十里是日卯初見來船東往中華計行海二萬里矣令人有故鄉之感

三月初一日晴煖舟人遙指北面爲西印度云產獅子馴象駝鳥鸞粟花人多黑色

初二日晴熱舟中有印度回教人欲往土耳其國拜教中祖師墓以修福者登舟病不能起今晨圓寂舟例客死則墜石投海中舟主查其行篋有書以遺金十二萬兩予其子住某處者

亥未過一島聞是島多怪風發無定時計自香港來縱橫數萬里茫無津涯風靜波恬二十餘日同舟諸人皆以爲難遇斌椿奉使遠涉化險爲平非仰賴
聖天子洪福曷克臻此兩日行一千六百九十里

初三日晴午正行九百二十一里距亞丁八百餘里連日行西印度海西洋名小俾路芝古波斯地即安息國阿喇伯即漢書條支國均在其北波斯有阿母河蘆林中產獅子初生七日目閉時取之艮馬蘇合香即獅子糞龍涎香阿魏乳香沒藥

初四日晴午初至亞丁泊舟山在右面亘數十里若口門然山形突兀怪石嶙峋數十里皆不毛內有火山數處岸上土屋十

餘所係英國兵房屯煤以備海舶之用自錫蘭至此六千四百餘里非有此埔頭則煤與水不能繼故英人設兵於此東西往來必由之路以供乏困惟地無所產需用薪水粮糧牛羊等皆自他處運來耳是夜亥末開船

初五日晴南風熱甚舟北向行辰刻東面有山綿邈乃阿喇伯界西爲阿北西尼亞東山相距約二三十里爲入紅海之口後則東山或隱或見水鳥飛翔竟日與鞍子島略同但較小而色黑至晚不見

初六日晴熱無風午正測日影計十九時行程一千三百九十里

初七日晴熱甚午正行七百里

初八日晴午正行七百三十九里申刻遥見海中一塔高矗近視高七級計十丈許以鐵爲之中掣紅旗一舟人云彼處沙淺膠舟故爲此誌駐人其中見海船則懸旗夜則懸燈使知遠避誠善舉也

初九日晴辰刻始見山島查地圖繪紅海兩岸如峽海若小港然舟行自初五至今已行三千四百五十里茫無畔岸使遇風濤大作其險可想見也午正計行七百九十八里夜半可抵蘇爾士

初十日晴子正二刻又行三百八十七里泊舟寅正即起卯正東裝换輪船行十餘里登岸入寓館樓宇高敞飯桌四行坐百五六十人飲饌一如舟中惟酒須自沽耳食次樂聲大作樂工男女八人樂器形狀詭異節奏尚可聽詢爲日曼耳國人三奏女以玻璃盤挨座一過客各予銀錢一二枚嗣八音迭奏女子歌喉清越宛轉可聽一二時許始畢申刻登火輪車前車爲火輪器具燒石炭儲水繳輪後車接續三四十輛不等每輛如住屋一所分爲三間間各有門啟門入兩面小炕可坐八九人炕上下儲行囊數十件每間大窗六扇有玻璃木槅以障風日啟閉隨人油飾鮮明茵褥厚軟坐臥飲食起立左右望皆可隨意次者裝貨物箱隻再次裝駝馬數頭搖鈴三次始開行初猶緩

緩數武後即如奔馬不可過車外屋舍樹木山岡阡陌皆疾馳而過不可徧視炊許停車道旁村舍中有屋一所男婦皆下車入沽飲食屋内回教人壁繪佛像偏懸鼉鼓大魚豹鹿于兩梁柱間畫鏡五六面皆中華戲齣也食畢開車明月皎然矣又一時許戌刻始見樹木陰翳中屋宇漸多蓋埃及國即麥西國都城改羅也計兩時行陸路三百七十八里入客舍燈燭燦然飲饌俱備屋舍精美子刻乃就寢計行海一月餘今始登陸甫解衣同人有入山遊覽之約

十一日晴寅刻裹糧買車西北行十餘里渡小河同人僱驢六頭登岸策驢疾行驢亦甚健奔馬不及也又十餘里至古王陵

相連三座北頭一陵極大志載基濶五里頂高五十丈信不誣也方下銳上皆白石疊成石之大者高五六尺濶七八尺不等北向有石洞一蛇行入土人篝燈前導窄處僅容一人曲折上下窮極幽險中有石棺一扣之作磬聲云古石棺也洞口高十餘丈橫石刻字計十行約百餘字如古鐘鼎文可辨者十之二三餘則苔蘚剝蝕不可識必有好事者搨其文攜至中國與古金石文一一考核不難辨認而確知爲何時制作洞之上下兩旁雖有石刻然皆泰西文字似此爲中土三代以前制作可必其非僞造山下有大石砌若方池者想古時未竟之工旁豎奇石如浙江西湖大佛寺像洵稱鉅觀土人有持古銅錢及殉葬

小翁仲石人與觀者未刻往街市一遊市屢稠密禮拜堂高居山巔規制宏壯無比堂廣濶約二十丈高倍之四壁面石壁與柱皆天成雲飾文細膩光澤玻璃燈極大插燭萬枝實非常鉅工也

十二日晴辰刻起程見有火輪車二金漆輝煌云係國王之車也巳刻開車西北行時麥正熟偏野黃雲田家刈麥收穫及耕耘各情事與中土大概同車行更速直如雲中飛過也未正至三宅呀海口計陸路四百八十九里申刻登地中海船即開行船小於康拔直船而飯廳寬濶過之長桌三可坐百五六十人兩面明窗間以細畫晚懸玻璃燈四十四盞光明如晝自紅海至此氣候漸涼

十三日北風甚涼舟顛簸客多偃臥不能食

十四日晴北面山頭有積雪兩日行意大里亞境計一千三百里意大里亞漢書所謂大秦國周幽王時建城于羅馬傳七世爲民所廢公舉賢者治之歲一易勢益强盛東西諸部皆隸版圖縱橫萬餘里居然大一統也嗣後興替分合不一至今分爲九土長二千五百里廣北千餘里南數十里而已

十五日晴午正又行七百八十里是日更覺顛簸蓋地中海多風波浪較大洋更急也

十六日丑刻泊舟墨西拿一時許係意大里亞國埠頭也售珊瑚者登舟列樓板上果蔬甚佳飯時朱櫻紫椹甚覺可人櫻桃如蠶豆春橘之大者如木瓜辰刻尚見山島綿邈且有奇峭非

凡者內有火山數處與瀛環志略悉合

十七日微陰早起登樓兩面俱崇山舟行峽中廣狹不一岡嶺四合怪石嶙峋間有人家屋宇背山臨流嶺上墾種梯田儼然圖畫其石島重疊有如鳥獸人物形者不可勝記有一嶺石譯言如熊下山形舟過側面則又如老人鵠立山頭又有數峯高出羣山奇峭插天未刻出峽漸近大西洋波濤際天矣日晡陰雲四合大雨至夜未息風尤狂甚行巨浪中祇可偃睡也

十八日晴北風寒甚舟行極顛簸計巳刻可到海口惟逆風竟夜遲一時許未初至馬塞里海關見伯使臣照據免驗行李貫車至客寓街市繁盛樓宇皆六七層雕欄畫檻高列雲霄至夜

以煤氣燃燈光明如晝夜遊無須秉燭聞居民五十萬人街巷相聯市肆燈火密如繁星他處元夕無此盛且多也客寓樓七層梯形如旋螺登降苦勞則另有小屋可入坐數人用火輪轉法頃刻至頂樓屋有暗消息手一按櫃房即知某屋喚人傳語亦然各法奇巧匪夷所思帳幔鋪設皆華美肆售各物率奇創有木馬形長三尺許兩耳有轉軸人跨馬手轉其耳機關自動即馳行不已殆亦木牛流馬之遺意歟

十九日晴坐火輪車往看造船器具其地距寓舍八九十里往返僅兩時許穿山嶺十餘重過大山五皆鑿深洞長三五里不等疾馳入黑暗如漆車數十輛各然燈俄頃即見山外天光而出矣平原花木可觀橋梁道路皆修整麥穗方青下午遊海濱

花園數處

二十日晴早往地方辦事公所一看從地方所請與工未竣已壯麗無比嗣登海山絕頂望見泊舟來路波濤無際心曠神怡申初乘火輪車行八百四十七里至里昂時甫戌刻燈火滿街照耀如晝繁盛倍於馬塞矣

二十一日陰至各織機處能織人物各國君主大臣像皆織成出售嗣觀用火輪織綢緞更精捷

二十二日晴往遊各處花園頗佳珍禽奇獸指不勝屈自北至南直行十餘里遍觀里昂全勢是夜戌刻乘火輪車寅刻已至巴黎斯即法國京都計四時行千里矣街衢遊人有祗用兩輪貫以短軸人坐軸上足踏機關輪自轉以當車又有隻輪貫軸兩足跨軸端踏動其機馳行疾于奔馬又西俗相見以握手爲禮間有接吻者無分男女也

二十三日晴駐巴黎街市繁華氣局潤大又勝於里昂聞里昂人民六十萬都城則百餘萬陸兵有三十萬街衢棊布星羅皆黑衣紅褪持杖鵠立看街兵卒往來梭巡無間衣帽鮮明無一敝舊者車聲鄰鄰行人如蟻皆安靜無譁夜則燈火通明如晝

二十四日美稅司名里登告假回國者偕往公所係各國在巴黎建造屋宇繪圖議事處又至玻璃巨屋高約十丈寬廣倍之內張名畫無數真繪水繪聲之筆又西行七八里爲公家花園花木繁盛鳥獸之奇異者難更僕數尤奇者海中鱗介之屬均用玻璃房

分類畜養其中藻荇水石皆海中產介蟲之奇者數十種房二三十間分養之人由傍觀纖芥洞見洵奇搆也夜戌刻觀劇至子正始散扮演皆古時事臺之大可容二百人山水樓閣頃刻變幻衣著鮮明光可奪目女優登臺多者五六十人美麗居其半率裸半身跳舞劇中能作山水瀑布日月光輝倏而見佛像或神女數十自空中降祥光射人奇妙不可思議觀者千餘人咸拍掌稱賞佛郎西地方縱約二千二百五十里橫約二千六十里古名高盧爲野番部落漢時隸羅馬齊梁間始建國號曰佛郎西唐德宗時嗣主有文武才創制顯庸威冠西土數世後國又衰亂宋時王路易嗣位任賢使能號中興元時爲英吉利所滅有幼女年十六召餘燼擊退英軍恢境土嗣後治亂不一嘉慶八年攝政官拿破侖即王位持其武略吞併諸國所向無敵各國畏之如虎後與英人戰敗被擒英人流之荒島死道光九年國人擇支屬賢者路易非立嗣位寬仁納諫

有賢聲後二十年國人廢之立路易拿破侖

二十五日晴早往城西南閱各國造屋處未刻拜相國杜大臣頗投洽約亥刻赴飲兼見夫人屆時門內外燭光如晝侍者排列入內廳與夫人坐談詳詢中土風俗皆知稱羨各官夫人珊珊其來無不長裙華服珠寶耀目皆袒臂及胸羅綺盈廷燭光掩映疑在貝闕珠宮也飲茶酒兩巡回寓已漏三下矣

二十六日拜英國使臣美國使臣皆駐巴黎者夜赴戲園看馳馬頗便捷有女子於馬上跳躍馬疾馳人持圈道旁女跳圈中過仍躍在馬背不少停有能令馬人立而舞又有鐵柵大於屋置輪其下中蓄獅子大小五吼聲震耳如銅鉦人執刀入柵與鬬然火銃獅子怒吼其聲驚人觀者無不咋舌

二十七日拜俄國丹國使臣並赴印造書籍及電機寄信各公所夜德侯名理文請觀劇

二十八日在寓作書寄中國命廣英等往看造錢用火輪法以水氣衝激推機令進退鐵管中機之一端連大輪之樞以運動長軸軸置屋梁下分繫韋條還千百小輪大輪轉則軸轉軸轉則衆輪俱轉輪有橫直各適其用工匠分司之錢質成圓無孔一平其輕重無纖芥差然後置印板輪中一擊則二面文成其一面為國主像乃易一所鑿邊花錢有輕重大小不同質分金銀銅三品而形式如出一轍是以行之街市及鄰邦無詐偽之弊金錢一枚重一錢八分名曰拿破侖即國主名可易大銀錢四枚枚重六錢二分半名三佛郎可易小銀錢五枚枚重一錢二分半名佛郎一佛郎易銅錢大者十二枚名特蘇易小者四十八枚名蘇及電機寄信法電機信外洋各處皆有用鐵線連綴不絕陸路則架木杪遇海則沉水中通都大邑以及鄉村鎮市線到處皆可通信司事者如中華信局式代人寄信以鐵線之一端晝字其一端在千萬里外即照此字寫出不逾晷刻也

二十九日德侯贈譯唐詩一本人極風雅日以詩酒消遣不樂仕進

四月初一日德侯來當贈五律一章連日晴雨無定

初二日陰雨王承榮來見承榮江蘇常州人云在巴黎貿易有年與巴黎人甚洽

初三日陰得小火輪車式樣一具王承榮代購也車長八寸烟筩水管輪機各器皆備以燒酒代石炭然令水沸激輪自能馳行不息

初四日晴辰正出寓巳初乘火輪車行六百三十里未刻至布倫海口登輪船過海七十餘里申刻至英國都發海口又乘輪車行二百五十里戌初至倫敦英國都城寓館英地本三島孤懸大西洋海中迤東兩島相連長約二千餘里廣四五百里南曰英倫北曰蘇格蘭迤西別一島名愛爾蘭長七八百里廣半之漢時屬意大里亞都中有羅馬城陳後主時始自立國唐德宗時為嗹國所據王子亞𠇗烈有智略五十餘戰而外患平境內大治後為天主教所制國勢不振嗹人滅之越三百年宋時北部酋攻嗹遂王英嗣屢有興廢至明嘉靖年女主以利撒畢即位賢明勤政國益強後又值女主馬理有邪行國人斬之至康熙年間民招荷蘭王入英即王位王雄武有大略由是威聲大振王歿無子國人招日耳曼之漢挪瓦王來英奉以為王乾隆時嗣王亦賢已而貿易五印度富強過昔時王卒世子有賢聲道光十八年卒無子有女不慧立兄女維多里亞為王即今之君主也立時年十八歲國人咸稱賢

初五日晴總稅司赫德來狄妥瑪休士漢南三稅司先後來皆告假回國者談及倫敦人民之盛都城有三百萬人地形四面環海陸兵十餘萬水師不過六萬人足敷防守非若法國三面皆陸需兵較多若征調則數十萬可集城廣四五十里人烟稠

密樓宇整齊率多四五層街道潔淨車轂擊人肩摩爲太西極大都會也街衢弁兵皆黑衣紅褪服飾新鮮持仗巡守無間

初六日晴在寓寄書中華仍命廣英等往看花園云鳥獸奇異者甚多獅子四極大者二皆虬毛虎豹犀象之屬不可勝記巨蟒長二三十碼每碼合中國二尺五寸皆豢養極馴西人好潔浴室廁屋皆洗滌極淨惟新聞紙及書札等字閱畢即棄糞壤中且用以拭穢未知敬惜也

初七日陰拜客

初八日夜觀劇座落寬大扮演奇妙可觀與巴黎略同

初九日往拜包姓醫士西國名醫治法迥異中華也

初十日午刻往照像西洋照像法攝人影入鏡以藥汁印出紙上千百本無不畢肖也中正晤總理各國貭相臣及哈總辦酉刻往畫院一覽所繪人物山水絕非凡筆各國新聞紙稱中國使臣將至兩月前已喧傳矣比到時多有請見者繪像在巴黎照像之處人人爭購聞有售一像得銀錢十五枚大獲其利幾於團扇家家畫放翁矣實佳話也

十一日微陰至大花園杜鵑花高丈許月季高五六尺花朵大倍於常紅紫芬菲聞自中土來培養之工甚深其餘花卉之盛甲泰西水法之妙玻璃房之高厰爲泰西所罕見夜至茶園觀雜劇神妙不測

十二日至海關收稅驗貨處聞歲收金錢二千六百萬磅入至各棧茶三百萬箱皆中土字號酒一百萬桶收地窨中窨深遠燃燭十餘枝始見酒氣醞釀其香可入使劉佮入其中當云死即埋我無須鍤隨也又至造錢各局金銀銅三等皆用火輪法不資人力精妙異常

十三日陰巳初乘火輪車西北行三刻行九十餘里至操兵營房拜錫將軍旋往看演技勇各項房屋周十餘里兵丁八千名施放鎗炮排列隊伍均整肅未正錫公邀飲

十四日往生靈苑獅象虎豹蛇龍之族無不備具異鳥怪魚皆目未睹而耳未聞者園囿之大此爲最

十五日晴拜狄休兩稅司及前香港包軍門是日戈登來拜曾在中國練常勝軍剿匪立功賞給提督人極文秀懇摯無赳赳氣

十六日拜美國阿使臣法國喀使臣

十七日詣包軍門公所亥刻有大臣勒姓約往會其家各官夫人皆至羅綺滿堂極人物宮室之美

十八日陰微雨至古天主堂高一百二十丈石柱穹窿數十仞極工細惟閱千餘年多剝蝕矣古君主大官皆葬其下並刻石肖其形申刻至公議廳高峻宏敞各鄉公舉六百人共議地方公事意見不合者聽其辯論必俟衆論僉同然後施行君若相不能强也夜觀戲法奇絕如木函高尺許內藏人首言笑問答如常納婦人於竹箱闔蓋以長刃叠刺初聞呻吟俟無聲息啟視則空箱也婦人已於對樓呼喚

十九日辰刻往五拉車城南二十五里戈提軍令兄所司軍器局遍觀

製造軍械小飲官舍樓上卽席贈五律二章

二十日稅司漢南邀飲旋拜雷哈二大臣承約後日往宜敦大書房暨行館遊覽

二十一日晴往都南二十五里各里思答爾巴果思譯言水晶宮也山上建玻璃大厦高二十丈廣三里南北二塔北十一級高四十丈遠望一片晶瑩中造各國屋宇人物鳥獸皆肖其國之象司宮者啟關導觀且備小車代步憑欄遠眺能見六十里之外旋邀至客座小樓三層精彩眩目穿廊咸羃玻璃繞廊紫藤盛開紅藥杜鵑皆大於中土間以雜色花草綠茵鋪地璀璨可觀

二十二日陰巳初乘火輪車行五十里至溫則爾喀思爾譯言君主

行館殿宇高廣四周房三千六百間凡三層司宮者導觀各座落內藏珍寶甚夥有碧玉瓶高六七尺遍作孔翠花紋光艷不可逼視云俄羅斯國主所贈又列國寶器各藏一間內有惲壽平花卉册頁一本又一扇書留香集古意七律三首皆中國物也壁皆懸名筆畫像陳設之富麗甲太西矣園周三十里蒙假御廄車馬俾得遍覽園景樹木之大者以千計皆百餘年物山花秀麗溪水迴環鹿鳴呦呦鳥聲格磔花之嬌艷者羃以玻璃屋有窗啟閉以障風日司花者云地氣尚寒非此卽凍萎其中五色璀璨芬芳襲人可識者秋海棠高二尺許丰韻嫣然紅白茶花似江右產月季杜鵑芍藥魚兒牡丹皆大倍常又至果屋亦如之桃李杏共數十間葡萄稱是皆以銅管注熱水其中溫和如中土暮春氣候諸果有始花者甫結蒂者初實與漸熟者云備隨時取用不令缺乏耳爲摘紫葡萄一毬實大於雀卵甘美無比廄中馬大者高八尺又有小駟八匹如蜀產爲君主乘予所乘駟馬高車星飛電掣一時許周歷四面又至宜敦大書館掌教者留備茶食夜歸侯爵米君招赴公所夜飯餚饌精美

二十三日早起掌宮官以名帖稱奉君主命請赴宴舞宮會宴訖亥初二刻委員暨繙譯官皆赴備禮服佩刀屆時同赴宮門外下車將士百餘人執戈排隊皆衣赤門內將弁持戟按隊鵠立不動每門皆四人入門左轉過長巷四五折間段熾爐火堦

用文石咸鋪氍毹兩旁遍植鮮花芳菲滿砌燈火照耀無纖毫幽暗處也上堦百餘級時命婦接踵入朝聞每月兩次朝君主禮也隨導者數轉始至宴舞宮屋宇之大縱五六丈廣十餘丈高亦過五丈屋角及四面懸燈罩以玻璃計八千五六百盞是日入宮者公侯大臣四百餘人命婦八百餘人太子與妃南面坐兩旁設坐三層各官坐立皆聽坐予與隨來員弁於對面樂人於樓上奏樂音節鏗鏘男婦跳舞十餘次武職衣紅文職衣黑皆飾以金繡婦人衣紅緑雜色袒肩臂及胸珠寶鑽石項下纍纍成串光彩射目迨子刻太子及妃起赴別所衆皆兩旁立旋有宮官稱太子請見隨之往太子及妃問倫敦景象較中華

如何惜相距遠往來不易此行尚安妥否昨遊行館所見景物佳否予一一應答且云中華使臣從未有至貴國者此次奉命遊歷始知海外有此勝境皆含笑讓旋赴宴酒餚多品膳宰皆衣金繡持盞授餐俄頃傳言君主約次日申刻進宮見比返寓漏已四下

二十四日晴申刻入宮門內儀仗將弁與昨夜同惟執樂器數十人咸朱衣宮官衣金繡者導予至一所坐候旋導至內宮君主向門立予入門君主前迎數武問來幾日矣予答曰來已兼旬又問敝國土俗民風與中國不同所見究屬如何答曰得見倫敦屋宇器具製造精巧至一切政事好處頗多且蒙君主優

待得以遊覽勝景實爲感幸君主云此次遊歷惟願回至中華兩國愈加和好予稱謝始出

二十五日陰巳正乘火輪車北行一百八十里至阿思佛遊大書院數處掌院者名勒得富邀至家夫人幼隨父至香港總兵任樓宇列中土器皿甚夥留備茶點夫人稱幼在中國八年今尚記憶見中土人頗洽耳飯設餚果均佳申刻赴北名罕亦一百八十里英俗各鄉鎮皆公舉一人司地方公事如古治郡者然有也姓者當其選知予來款待甚周留晚餐

二十六日也姓陪往造作處一覽未刻又北十餘里至造輪車處閱看每車大者板屋六間每間可坐十人印度運來堅木文理細膩匠用火輪法解木水長丈許向鐵輪推之成板厚五分頃刻已解十餘片較兩人扯鋸之勞何啻霄壤又閱造鐵板輪及農具等處後至造衣鈕處皆巧極

二十七日晴往拜也姓園亭幽雅花木甚繁嗣往造玻璃處詢知以海岸沙及鉛與鹼實土缶中納巨爐猛火燒一晝夜傾出融如水入模凝塊又有用鐵器捲成圈以長鐵筒貫而吹之即如水泡旋燒旋擒漸長至三尺許中空而大如瓜瓠齊其兩端一直劃畱文火中燒半刻許即開以鐵尺於微火中橫砑之則平如紙矣是日晚飯罷戌初二刻乘火輪車行三百餘里亥正三刻至瞞者思（志書曼識時）時天上西北角尚有光如東方將明時

盞赴倫敦北又六百里日落已在亥初時也遠見繁星密布燈火相望又二十餘里駐車時已子刻候吏備車馬送至寓舍

二十八日陰是日禮拜住寓中記所見事竟日聞北名罕人民三十五萬此地人民五十萬街市繁盛爲英國第二埔頭中華及印度美國棉花皆集於此所織之布發各路售賣

二十九日陰微雨往織布大行遍覽樓五重上下數百間工匠計三千人女多於男棉花包至此始開由彈而紡而織而染皆用火輪總輪有四百匹馬力（置長軸于樓屋最高處分布小輪于各屋均以韋條繫于總軸軸終日轉則萬輪隨轉無少停輪下各設几案機器工匠司之紡紗織布無慮千百人機聲震耳不聞人語也）棉花分三路原來泥沙攙雜彈六七過則白如雪柔於綿矣又以輪紡由

粗卷而爲細緜凡七八過皆用小輪數百矜之頃刻成軸其細如髮染處各色具備入浸少時鮮明成色織機萬張刻不停梭每機二三張以一人司之計自木棉出包時至紡績染成不逾晷刻亦神速哉夜間有約遊園者鳳儀等往觀歸述知烟火花炮之奇妙實所未聞云此會每三日一次可謂繁華之至

三十日雨午後雨止看演馬隊未刻照像亥刻登火輪車車如小軒四圍木榻可卧十餘人子刻開行就榻寢比天明已至倫敦計六百餘里不過三時也

黃梅宛立散校字
沔陽李世勛覆校

乘查筆記卷下

長白斌　椿友松

五月初一日卯刻再至倫敦街市漸熟仍赴乂耳思思忒力忒寓舍居屋在三層樓上頗高敞飯廳精麗與初住相埒寓屬中等然上下五層每層數十間夜則燈火晶瑩廻梯曲檻無不洞明徹夜不息飯廳大者十數處住屋一百三十餘間壁上均有消息喚人以指按之櫃房卽知某層某屋呼喚也浴室有銅管二水由管中出一熱一涼隨意增減厠屋亦用水法時時洗滌極精潔凡此則各處皆同也

初二日晴議定往荷蘭各國行期賈相國約申刻晤談並稱君主獎許知予將往他國先寄照會俾到時有東道主情意殷諄旋赴伯爵德姓約高朋滿座欵待甚周

初三日往拜狄稅司

初四日晴有約赴美都威海口看英國極大輪船乘輪車行二百餘里甫至海口易小輪船至大船側登覽戌刻歸船約長七十丈有烟筒五現載電機銅線赴美國已滿載矣

初五日晴江海關稅司費士來夫人毋家祭姓有書邀飲申刻往屋宇壯麗園林幽勝祭公暨眷屬八人皆同席宴飲夜鼓琴作樂音韻鏘然

初六日雨夜聽評書多不解

初七日晴亥刻公爵白姓邀至大花園賞花園廣數里樓榭周遭中蒔各種花木燈光如晝

初八日陰議定往荷蘭丹瑞俄國各路行期

初九日雨公爵白姓邀至公會觀跳舞男女數逾千人各官皆禮服如在宴舞宮時婦人少艾而白髮者十有二三詢係染成間蘇格蘭人居多

初十日晴往包姓別業即包臘家往返五十餘里飯後羣赴園中較射擊毬歌舞竟日

十一日晴司水晶宮包姓請觀水法太西多以水法爲玩具園囿通衢隨地皆有或砌石盤周五六尺琢人物海獸其上內藏水管由他處注水機動激射水從人獸口中噴出高可十餘丈水下注即由暗溝消去不

令泛溢每日申刻起至亥刻始息用助遊觀之興遊各山水幽境可人是日見湖北人黃姓身不滿三尺又安徽人詹姓長八九尺自言形體與人異又粵東少婦一人裝飾狀貌西國未見者洋人以之來遊爲射利也

十二日晴巳刻坐輪船出海口赴荷蘭國

十三日晴辰刻抵比利時國安托爾步海口計行海六百三十里巳刻乘火輪車行五十一里過斐得大係荷蘭交界又至海它里午刻坐輪船未正午飱畢又乘火輪車至拉黑爲荷蘭南都計程三百里

十四日陰拜該國總理包姓並各國使臣兼往各處遊覽街衢潔淨樓宇高者四五層頗修整河道甚多皆直而長樹林繁密民居質朴志載非虛荷蘭縱六百五十里橫三百五十里西北濱大西洋海夷坦無山港道紛岐民受水害因習水利善築堤又善操舟行遠南洋各島國自瓜哇起皆建立埔頭市舶之通東南自荷蘭始北宋時海潮決隄居民數百里皆陷沒潮退涯爲亞零海經營數十年完富過昔時舊分南北部六朝時自立爲侯國及明世侯政苛虐南部不聽命屢有戰爭至道光十一年自立爲君稱比利時國

十五日晴總理包姓來答拜派員徐君同往各處遊覽情誼甚摯拜厦門費副領事官復往公所觀東洋各國器物名畫數十皆妙甚街市多以兩犬駕小車售物

十六日晴巳刻乘火輪車五十里過來丁內有大書院又七十里看火輪取水器具用洩亞零海水者計立此法二十餘年涸

出民田三十餘萬畝有司以繪圖與觀田疇明晰溝洫條分變斥鹵爲膏腴洵爲水利之魁又易馬車行六十里至北都安特坦地勢低下舊被淹浸居民修治河道於水中立樁砌石架木其上築樓閣六七層沿河積土種樹濶二三丈車馬往來甚便兩岸雕欄彩戶倒影水中恍登仙境周三十里有河百餘道無不皆然每河寬狹不等各設橋梁數座以便車行大小舟船處處皆通通都計橋七百六十座河之濶處舸艦迷津商貨輻輳貿易之盛爲歐土大都會

十七日晴午初乘舟至洩水公所亞零海瀦水低于外海數十丈司事者導看各工係臨河築堤引瀦水至堤根用火輪法轉

動轆轤以巨桶汲起由外河達海隄高數仞日汲數千石非火輪之力不能江浙山居者用竹梘引澗水灌注高田又于山溪蓄水以舂碓皆順水之性爲之至沿河以水車戽水江右有牛車戽井水灌田者乃能使之逆行以救旱惟人勞而灌溉不廣中國現用火輪製船礮若廣其法于民田水利則宇內可無旱潦憂矣

十八日晴巳刻照像午刻遊國主行館未刻遊生靈苑獅象虎豹等獸甚多珍禽異鳥充斥其中蟒之大者如升斗罩以屋玻璃爲門有遍身黑斑粗如巨盎者忽怒衝玻璃作聲觀者肅然恐怍觀火輪洩水題七律一章巳印入新聞紙數萬張遍傳海國矣今日園官備中華筆墨請題詩爲吟絕句一首欣然持去是夜亥正乘輪船將北行海月初升對岸笙歌燈火遊人甚衆

划小舟往觀時點放花炮五色燦爛有起至半空如中國俗名起火者高數十丈化爲明燈萬盞光照海水作紅綠色眞奇觀也

十九日子初二刻開船竟日雨約行六百里

二十日陰申正至酣博爾甫泊舟德善自巴黎先到與前天津稅司威立士迎至河干同赴寓樓舍臨湖宏敞無比湖寬廣數百畝東西橋梁相望樓閣圍繞如大環畫船數十往來其中西湖六橋風景宛在目前令人忽憶舊遊也夜觀馳馬戲女郎十五六人演各戰陣均能於馬上跳躍馳驟巧捷異常酣博爾蕞爾小國而貿易最盛其民居屋宇器用與各國同惟介諸大國之間本年布魯構兵居民有捐資助餉之舉識者謂鄰國日強不免蓼六江黃之懼也

二十一日陰拜威稅司酉初乘輪車行三百里戌正登輪船晚飯後登樓四望海天空濶回視山島在有無之間海口立燈樓望之如星

二十二日陰寅正泊舟計海程二百里辰刻輪車開行巳正行三百里至丹麻爾都城地名呵奔黑根未刻往拜彼國總理衙門及各國公使街衢寬直樓榭高敞戌正赴花園聽奏樂觀女戲馳馬跳舞不遜於他處丹國東北西三面皆大海南界日耳曼列國南北約千里東西濶處四五百里地瘠乏食沿海人捕魚爲糧漸習爲海盜趙宋時始立國突攻英都據之時諸國目爲海寇嗣後興替不一明初女主馬里加爾達立號賢明內修政事外聯與國嗣王亦賢能名大振地分五部西四部與日耳曼相連爲波羅的

海門戶北地廣漠多沙有大湖七

二十三日總理某約午正會晤旋往行館觀所陳歷代國主畫像器用屋宇極宏敞晚往公所觀所陳北海各處牛皮帳房及人物形像男女皆濶面豐頤肉色紅紫身被鳥獸羽皮大有蒙古狀餘皆各國器用什物復至花園各處臺榭均鮮明山水清幽樹林陰翳綠陰深處各設坐具歌舞馳馬鞦韆諸戲具備洵足觀也

二十四日陰雨巳正二刻起程登輪船出海口時正晴霽水天一色茫無津岸一時許行百里至瑞典海口未正乘火輪車東北行九百餘里亥正至云居平湖濱大樓住宿湖長三百餘里

至子刻途人歷歷可數旋見東北旭光透露天色已明蓋距北極止二十餘度已近半年爲晝之地矣

二十五日卯正三刻啟行早寒衣用重綿婦女來觀有衣貂皮者姿容娟好聞此國秀鍾女子誠然酉初三刻至斯大克阿刺押即瑞國都城計云居平至此一千四百里距丹都已二千四百里行程未及九時其神速大可快意然飲食皆不遑耳

二十六日晴瑞典國王遣官至寓照料並約二十九日相見巳正往水晶宮閱各種器用地產金木石等貨制造精巧各獸皮張甚夥午後往公所觀畫所繪人物鳥獸花果儼然如生其山水瀑布日月光華酷肖眞晚遊大花園蒼松怪石信足遊目騁懷夜即於花園中觀劇詭異不可名狀子刻歸寓天色尚明行人衣可辨色瑞國東南界波羅的海西北界大西洋海北枕北冰洋縱三千餘里橫約一千里中有連山脊起立國在山之東西即挪耳瓦也亦隸瑞典地荒寒磽瘠宋初始立國明初爲丹國女主誘降嘉靖間故王孫撒瓦復境土即王位遂以大治康熙間爲俄國所攻乃割東境之芬蘭以和地產木料銅鐵銀礦獸皮

二十七日雨見該國總理官某姓旋拜各國使臣

二十八日陰瑞典國主之弟約往水晶宮晤談甚謙藹贈印像銀錢一枚請換予所照像並名片法國使臣來答拜告知有以顯微鏡照壁見各異物者往觀乃巨屋一大間中頗闇穴西面壁嵌玻璃其上如篯大始有光人面壁坐觀術者以水一滴彈玻璃上如黍米映兩丈壁上滿壁皆作水紋中有蟲如大蝎千

百隻往來如梭織又滴醋照壁上作蝦蟹形其金鐵鑛中水變化各種草木形狀奇異不能盡述據云皆水中本有之物極纖細非此鏡不能見耳然則蠻觸之鬬殆非莊生寓言俄頃兩作往園亭小飲賞雨片時歸途觀夜劇皆著名女優演本國昔年君主事惜不解各國方言不同王公貴官皆能習數國語言多以英法爲官話若市肆祇習土語不能解也又觀公所鳥獸各骨有取於山石及海中者骨化爲石尚可辨認珊瑚高六七尺與各石之怪異者咸萃於此樓

二十九日小雨未刻觀大魚海濱人能捕魚獲巨魚長六丈有奇好事者取皮空其中嵌以棖闌中置几榻可坐百餘人登樓度小橋入魚口少坐儼然巨艦旋往園亭樓宇十數間清迥絕塵國主及妃住園中距都會二十里是日約酉正往見入門侍衞森列國主與妃皆立待慰勞甚切妃爲荷蘭國主女一見即云荷蘭新聞紙所載詩句早已捧誦承中華詩人題咏敝邑有光矣遂偕觀各樓宇陳設兼備酒食亥刻歸寓俄國副使穆拉綳澈招飲比返天尚明也

六月初一日瑞國太坤西國國主之母稱太坤前期遣官約見午正乘輪船西行海港中碧水灣環山島羅列約四十里峯廻路轉始見瓊樓十二高矗水濱翠栢蒼松一望無際登岸侍臣導登樓數十級至宮太坤迎見云中華人從無至此者今得見華夏大人同朝甚喜又問歷過西洋各國景象如何予曰中華官從無遠

出重洋者況貴國地處極北使臣非親到不知有此勝境太坤喜形於色並令遍觀各樓舍復假宮輿入御園遊覽備酒食瓜桃諸果品北地寒鮮果絕罕非大官不辦也亥刻登輪船連夜不昏黑子正極南見疎星三五點丑初則東方日出矣

初二日晴丑正開船出海口東北行酉初行六百餘里入港兩岸多板屋屋宇相望間有樓舍不過兩層土名阿剖爲芬蘭舊都居民一萬五千有餘昔爲瑞國轄今屬俄

初三日晴寅初開船行波羅的海酉初至芬蘭都會名亭沁佛耳思舊係一國後爲瑞國屬邑今歸俄五十九年矣樓屋稍多人民二萬五千往遊大園頗幽勝時值奏樂遊人甚衆銀商富

姓者居園側邀至家樓宇整潔可望海天光帆影遠景極佳并云迤北卽冰海也

初四日晴寅刻開船行波羅的海北面傍山島東南望則水天一色見遠船一二微露檣帆繼而止見桅尖計遠去百里外矣足證地毬之圓非臆說也三日皆東向行稍北晝日愈長而氣候愈冷時已入伏當午正晴尚衣重綿早晚須披裘也申刻過峽口又二十里至威不爾克泊舟計六百四十里屋宇不甚多有塔二高出雲霄居民不過六千樓閣參差頗得形勢登岸乘馬車約行十餘里至一園山水幽深林石蒼古登樓眺望極攬勝之樂樓前花卉秀麗芍藥正開復至一園臨水築臺榭伶人

奏樂其中間以山水之音鏗鏘可聽泛小舟遊于蒹葭洲島之間時至亥刻日將落對岸樓閣夕陽映照更覺金碧輝煌

初五日晴無風辰正出海港波平如鏡令人心曠神怡申初過克龍斯達的大炮臺三座鼎峙海中有虎踞龍蟠之勢聞咸豐四年英法兵船至此不能進攻始回又六十里至彼得爾堡乃俄國都城也人烟輳集街衢寬濶周五十餘里樓閣高峻宮殿輝煌洵足稱各國都城之冠都內人民五十三萬六千酉初登岸進寓（俄羅斯境地廣漠東西約長萬餘里唐以前屬匈奴懿宗時始立國築城邑五代時女主嗣位生十二子皆分茅胙土備屏藩其後治亂不一宋理宗時爲元太祖制取三部由是隸蒙古康熙四十四年彼得羅立卑禮招賢國以大治又以俄人不善使船嘗變姓名投荷蘭舟師爲弟子盡得其術乃歸治舟師與瑞典戰勝割其芬蘭建新都於海濱俄始強大）

初六日拜本國大臣各國使臣戌初赴城西莽耳鋪花園約行二十里途中過大橋二皆長十餘丈上布木板車行平坦園中毒檯蹈毬各戲皆女郎爲之演劇二次至丑初止遊人各散天色尙明朝暾欲上是日總理署官孔公名氣來拜云前在中華北京八年

初七日陰答拜孔公觀天主堂堂高十丈柱皆青色花紋石門前大柱圜圓約丈五殿中孔雀石青金石各柱亦高四五丈圍七八尺洵非常鉅工也

初八日陰雨晤總理官國姓詞氣和藹約往各處遊覽是日至王宮殿宇宏大陳設寶石器皿極富麗畫圖滿壁皆能象生錦

繡金碧璀璨奪目樓上收禮冠二非大典弗服也一冠正中大金剛鑽石一大如龍眼云值千百萬百年來未能定價議每歲予銀三萬金至今未止亞此者數十粒至如黃綠豆者攢滿冠無數冠前紅寶石一大如鴿卵藍寶石一如雀卵皆透明無纖滓又女冠一珍珠大者如龍眼次者數百外珠寶花朶盛盤布樓上茂蔚宮宇大者六百餘間又有金孔雀立樹上金雞鵾鴞繞其下按時飛鳴各國宮殿皆曾遊覽而規模濶大瓊瑤碧玉布置幾遍無出其右宮內陳列斧斤器具皆彼得羅用以造舟創業者

初九日晴辰刻出郭乘輪車西行六十里值操兵兵一萬六千

人鎗炮連環陣頗整暇王弟與太子在軍中聞予來曠野立談且承欵留少住未刻往彼得爾行宮殿宇鋪陳華麗耀目園中水法三十一處皆用鐵管百十支埋地中激水上騰高十餘丈如水晶柱濺玉跳珠池內滿而不溢有如玻璃罩下垂者有如匹練懸崖者有如珍珠簾挂于方亭四隅者其巧甲天下矣雖未及見國主而備輿遊覽晚復設宴公所遣官欵待禮意優渥

初十日雨午刻孔公來送承照料行李並代雇車臨歧有惜別意車極大中分小屋六七間走巷二厠屋二住十餘人綽然也入夜几榻安眠無行役苦

十一日雨未刻至俄布兩國界換車計一千三百里地名汗太昆又行至馬林博爾鐵橋長三里許高四丈兩旁作花幃形彼處河水甚溜費一百五十萬金始成

十二日陰卯刻又行一千二百六十里至布國都地名伯爾靈午刻拜客街市整齊樓宇高峻周三十六里人民二十餘萬前日與墺士里亞交戰大勝布國東西二千里南北一千一百里其地古爲北狄所據南宋時屬日耳曼康熙三十九年乃自立國嘉慶十一年法人割其境土之半遂削弱後六年布人不悅法政思故主合攻法師遂復故土地分東西兩土共八部產銅鐵絲布鐵器最精工細若金銀造磁器尤良堅緻不亞華產西部產鋼鐵造炮甲于太西

十三日陰美國司使臣答拜約次早飲其家戌刻往茶園戲劇已散園中燈火通明樹二株花葉皆五色玻璃燈光燦爛間以水法又有亭用玻璃作冰山形內罩蟲鳥照耀可觀

十四日小雨往美國館途中經過園林頗幽靜司公邀同車遊王陵園中橘樹數百盆高過屋簷花香襲人陵寢工石精美王妃石像如生是日總理哈姓來拜告以王在軍中妃聞中國使臣來請見戌正二刻入宮燈火輝煌妃云寡君在軍中聞中國天使到此願永好無間知行期匆促故請見俟王歸向述也是日申刻英國使臣邀飲副使文卓祺曾至中土

十五日巳刻乘火輪車西行五十里至博爾屯行宮乃無人門多立一老嫗問有照據始啟戶延入良久覓一人來云係園官導看數處又赴一宮亦先王所搆橘樹百餘盆成林申刻歸寓畫師照像大小各張均佳亥刻乘火輪車登程

十六日雨巳刻過酣挪爾國普魯士二十七國之一申刻至可倫布國西部產
煤鐵與鋼有斐姓開局鑄鋼炮極大者重二萬斤價銀五萬兩
次者價五六千兩各國多在局定鑄各爐均用火輪法大錘重
萬觔一擊其聲震地炮子重百觔形長首尖內實火藥敵船包
鐵厚五六寸者能洞之通局工匠二萬五千人觀畢設席斐姓
夫婦陪坐戌初換車前進是日行一千六百里
十七日寅刻行七百餘里至比利時都未刻拜各國使臣街市
整齊樓閣峻麗周三十餘里戶口三十二萬有奇比利時北距荷蘭南接法
境長約六百里廣三百里本爲荷地明時隸西班牙康熙五十
三年爲奧地利亞藩屬後爲法王拿破侖兼并嘉慶十九年復
歸荷荷俗尚耶蘇教因與西班牙搆兵數十年比地毘法界從
天主教與荷不相能道光十一年拒戰久法人助之荷師退乃

自立國
十八日晤總理歐大臣伯爵巳刻本國人甘美倫來見曾在浙江
上虞縣襄辦軍務者晚往本國人好姓來時同舟家中小酌
十九日以上晴雨無定故不書歐公答拜早間往公所看各國軍器嗣閱
本國雙筩槍及刀劍各器比律悉都城名鋼鐵爲西洋著名利器
非虛也
二十日晴巳刻拜甘姓午刻國王及妃約入宮王英武過人三
年前曾至中國粵東告知大臣相待均好問予海舶顛簸能慣
否予答以風濤頗慣王后均有喜色知予不克久留屬就近遊
覽因易輪車西行百餘里至安托爾海口周歷數處地方繁盛

疆吏由電機得信駕車以候行宮懸畫百餘皆古名手所繪人
物如生室中修補處畫匠一人無手以足指調色點染亦一奇
也
二十一日晴英國王佛爾大臣招飲陳設富麗餚饌精美夫人
美而賢蓄異花甚夥係由南英里駕及他國來者一一指示且
云聞中國風俗甚嘉極爲傾慕惜尚未親到耳
二十二日陰巳刻登程西南行六百三十里申末至巴黎斯法國都
舊遊重到街市依然而都城壯麗鮮明甲于西土
二十三日晴拜總理大臣並各國使臣申刻遊窪得不倫太園
林木深蔚河水廻環石洞通人行上懸瀑布寬丈餘如匹練戌

刻同人約觀劇演前代太子納妃事極水火變化之奇
二十四日晴申初看馳馬戲園內三里許男子扮演各國服飾
及戰鬭狀新奇悅目又有猴走繩狗馳馬皆未曾見
二十五日陰辰刻出郭乘火輪車行六十里至行館樓屋高大
周遭百餘間繪昔年與各國交戰圖神情逼眞管園官導觀水
法多處均甚佳末一處地極寬廣池中石雕海獸噴水直上高
十餘丈如玉柱百餘排列可觀是日禮拜男女來觀者約二萬
人有司慮擁擠飭弁兵數十名隨車護送
二十六日晴遊生靈苑苑中樓藏奇石數千種諸鳥獸魚龍骨
大者專車又一所收各國人骨其小兒胎骨自一月至十月及

數歲者各有標識異骨如一身二首二身一首者甚多夜看馳馬戲有立馬上飛馳手擲木毬毬大於斗兩手換抛三毬觀者拍掌女子馳馬躍圈圈徑三尺糊以紙人執立道旁女縱馬疾馳躍起破紙過圈仍立馬上馳如故周遭連破二十圈眞如飛仙矣

二十七日晴夜觀戲法十數局每局當場變化皆奇異可喜如木人點放火槍懸鼓空中自能擊響倩人登桌上以布罩罩之用火槍對罩施放啟罩人已不見種種匪夷所思筆不勝書

二十八日陰德僚理文約觀劇

二十九日陰在寓以中土烹飪飯客皆欣然

七月初一日前回回國總領事伯姓招飲屋宇陳設多仿回製憑欄望園中卉木幽靜可喜是日至電機信局問馬塞開船日時頃刻回信答以初十日申刻往中國船開行計程二千里其應如響

初二日早雨詣施醫院有堂榭十餘所調養病人患者寢處其中衣被飲食無不精潔病愈乃去費用均出公捐未刻拜美稅司

初三日晴夜觀馳馬戲末一局臺上設山岡數層高下皆有居人扮回回國男婦百數十人俄而作戰鬭狀馬數十騎上下交騰槍炮環擊烟燄蔽空男女奔竄山谷形狀頗能驚心動魄

初四日陰出郭三十里至教塲看演火槍有至六百碼者每碼合三尺零又十里至美國人司普納來時同舟戚家早飯借往各營房看演技勇回寓酉刻葛提軍羅招飲器具頗精盂盤皆楷書葛羅字庚申秋曾在北京立和約者

初五日陰雨是日往照像

初六日晴係彼國八月十五日國王生辰街市皆立大旗通衢安玻璃燈數百萬盞城鄉遊人塡塞宮前大街長數里陳百戲夜放烟火奇妙無比有如中國流星起火者高入雲表空中散五色明燈璀璨滿天燈火通宵不息有用電氣燈照耀樓臺異光奪目

初七日晴相識者多來送行

初八日晴酉刻起行戌刻乘火輪車自巴黎開行徑往馬塞

初九日晴子刻過里昻巳刻至馬塞住計程一千九百餘里舊寓重來人情喜悅晚至美里登之兄寓中樓臨海濱月臺寬濶望月觀海極清談之樂

初十日晴午刻登舟申初始開

十一日晴過沙台島午刻至峽四望山巒層疊景象依然

十二日晴申刻過思得昻伯里火山晚至意大里國埔頭名墨西拿燈火萬家水濱照耀停舟一時卽開自馬塞至此一千六百二十里

十三日晴午正又行三百八十四里距麥西國阿里樹三宅牙二千一百二十四里

十四日晴午正行八百里連日天朗氣清波平如紙至夜月明如晝同人請吹簫以賞之時夜將半有少婦憑欄望月若有所思法人德善以同鄉故知爲來西國商之婦少從父在中華今由馬塞同來者倩作歌歌聲悽惋動人想廣寒宮羽衣曲不是過也因江州司馬琵琶行有此情景爲作長留吟一章

十六日卯刻又行一百一十里至阿里格三宅牙午後發行李及客貨戌初乘小舟登岸乘輪車一夜行八百三十餘里

十七日巳刻至蘇爾士復乘小舟行五十餘里登格爾輪船

十八日住舟中上客貨用小舟撥儎來者計十餘船

十九日晴戌初開船

二十日晴午正行六百二十一里

二十一日午正行七百八十六里連日晴熱此後仍夏衣

二十二日午正行七百九十二里苦熱

二十三日行七百九十里連日苦熱

二十四日午正行七百八十里連日皆晴戌初又三百里至亞丁住

二十五日早飯後登岸至客店小坐申初開船亞丁山形奇峭崢嶸危峰叠嶂如見李成畫筆

二十六日午正行六百七十二里連日舟行在赤道北三四度熱甚作苦熱行夜不能入艙宿布席樓板露臥

二十七日大風陡涼易單夾衣午正行七百二十里入夜海水皆亮如積雪千里一色舟人汲起清澈無所見置暗處內有亮絲縷縷皆不解

二十八日大風仍涼午正行八百四十里

二十九日午正行九百里風漸平連日皆東向行自亞丁以南舟兼東向行日約九百里在三四度之數每日天時皆短一刻許蓋自東而西迫日行自西而東逆日行故也來時携時辰表二其一則按舟中正午隨地推移每日至午正約遲一刻一仍其舊二表逐日相較至巴黎時彼之正午乃中土戌刻矣迫往倫敦西行又三四度故又遲一刻今由西土東回每日皆縮一刻餘過新嘉坡以後遲速始一律也

三十日午正行八百四十里兩日有陣雨

八月初一日午正行七百八十里是日陰夜雨不止

初二日寅刻雨漸止陰黑異常起視海面如白雲密布有光可鑑毫髮登樓遠望如然億萬明燈光照海水皆詫爲異巳刻始晴午正行七百九十二里

初三日未刻泊舟錫蘭風潮極大乘小舟浮巨浪中登彼岸住阿姓客寓院宇幽僻木芙蓉已作花夾竹桃尙灼灼墻頭刺梅芭蕉漸有中土景物登樓觀潮極天下之勝景

初四日仍住客樓飽看大潮按錫蘭爲五印度極南大島長千餘里近爲英人立埔頭設炮台以衞之島前數十里大石森列

潮激其上如雪花高數丈噴薄四散蓋浙江龕赭兩山束潮之勢更覺洶湃店主婦之子官印度婿亦賈于島中以錫蘭全圖見贈自書姓名月日其上述彼處情形甚悉

初五日晴未末登舟波濤極險酉正開行震蕩終夜

初六日晴午正行五百八十二里午後雨

初七日陰午正行九百五十三里

初八日陰午正行八百一十里連日顛簸舟中不能作字

初九日早見蘇門答臘山波漸平午正行七百六十里

初十日午正行七百五里

十一日午正行五百九十五里辰刻見山島孤立樹木青葱午後海中水母甚多千百成羣浮游波際夜雨極大昏黑不能辨方向停舟兩時申刻始到新嘉坡

十二日登岸往客舍一游憶二月中旬過此憑欄𥈭若觀海中遠景甫及半年而往返八萬餘里已帆歸天外矣酉刻回船即開

十三日午正行六百五十里

十四日雨午正行五百八十五里是晚風雨大作波濤洶起幸不久即風息雲散皓月當空

十五日卯刻行五百五十五里至安南國晤粵商張霈霖酌酒竟日作中秋之舉又得飽食中土物也是行遊法國公司新造屋宇樓高三層需費六十萬金張霈霖邀往酒樓午飯

十六日辰刻往觀鱷魚未果午正開船是夜亥刻月食既子刻復圓

十七日午正行七百二十里西面見越南山島

十八日午正行六百六十里蘇門答臘新嘉坡等處正居赤道之下東西二萬里內終歲晝夜平分無冬夏長短之別越南以北距赤道漸遠太陽出入時刻隨地不同如在瑞典芬蘭地居極北夏日半年爲晝冬則半年爲夜理固然也

十九日午正行六百四十五里連日過七洲洋風大舟甚顛簸

二十日行七百二十里申刻始至香港

十月初七日抵京

謹按外洋各國自道光庚子通商來中華者爭先恐後而中國士大夫從無至彼國者同治丙寅正月斌椿奉

命往外國遊歷各駐京使臣聞之皆甚喜訂自津沽登舟遵海而南凡逾六省至香港始易巨舶放南洋過越南暹邏兩國境折而西至錫蘭南印度大島又西北至亞丁阿喇伯境添儲薪水糗糧至麥西國都登陸由地中海易舟至佛郎西英吉利荷蘭丹麻爾瑞典俄羅斯普魯士比利時各國都凡乘火輪船十有九火輪車四十有二形式各異所經各國山川險塞與夫建國疆域治亂興衰詳加釆訪逐日登記其國人之官爵姓字以及鳥獸蟲魚草木之奇異者其名多

非漢文所能譯姑從其闕至宮室街衢之壯麗士卒之整肅器用之機巧風俗之異同亦皆據實書無敢傅會舟車所至九萬餘里馳驅道路不暇分類紀載其缺略者間補註于本條之下故無一定體例云 斌椿謹識

錢香室校印

黃梅宛立敳校字
沔陽李世勛覆校

出洋瑣記一卷

〔清〕蔡鈞撰

《出洋瑣記》一卷，清蔡鈞撰。鈞字和甫，浙江仁和（今杭州）人。曾任蘇松太道。光緒七年（一八八一）秋奉調出洋，隨使美、日、秘三國，以爲凡身所閲歷，不無可書，因志其梗概，撰爲此書。分海外郵程、日都風俗、出使聯絡、各國風俗、日都小駐、自日旋華諸紀，皆取出使見聞略加敘述而成。據《鐵香室叢書》本影印。

出洋瑣記

戊戌孟春　宋輝漢作

河陽李氏錢香室本

出洋瑣記

燕山蔡　鈞和甫

鈞於辛巳秋奉調出洋隨使美日秘三國自香港鼓輪啟行經日本越大東洋而抵美洪濤撼地巨浸稽天汪洋萬里茫無涯涘航海者以此爲最遠歷程凡二十七日居美京華盛頓三閱月隨使節至紐約由紐約登舟越大西洋而抵日斯巴尼亞使憲遂命留日都參贊使事兩載之間雪泥鴻爪小作勾留凡一身所閱歷耳目所見聞不無可書略誌梗概俾未至海外者可作臥遊資非敢云游記也

海外郵程紀略

由香港至美國由美至英法日各國計程七萬餘里此謂環地球一周自香港啟程約行六晝夜抵日本之橫濱計華里五千二百餘里橫濱爲日人與泰西諸國通商一大都會輪船至此停泊三四日不等如欲登岸游覽可乘小艇亦可另覓寓館小憩兩岸排列多手車日人呼爲人力車往來各處甚便捷其費亦廉惟須操東瀛方言則不至鑿枘耳華人行賈於橫濱者漸闐爲多設有中華會館有事於彼集議焉我　朝設立領事駐劄繙譯文案各一員以理商務署在會館之左規模亦頗宏敞由橫濱至東京一百二十餘里輪車一時可達東京舊名江戶爲上將軍所居開幕府焉今日王駐蹕建都於此遂號東京房

出洋瑣記　一

屋巍煥街衢寬廣貨物殷闐殊有都城氣象也我國欽使公署設於永田町與泰西列國使署衡宇相望堂皇宏敞足壯觀瞻客至東京游覽者一日儘可往還自横濱出日汪洋靡際島嶼皆無直由大東洋約行十六晝夜乃抵美國屬地嘉犛符尼亞（一譯作三番息士郭）即粵人所呼舊金山也由香港至此計程一萬八千六百餘里船泊岸旁馬車之待雇者絡繹不絕其地有我國總領事署在兀勒士特力街客館寓樓逶迤相屬有著名最大之逆旅曰卜勒斯樓閣九層高凌霄漢危簷蔽日複道横虹階除則砌瓊鋪玉棟宇則錯彩鏤金一至夕間電鐙千百盞射紅流紫壯麗甲於美洲居其中者按日取銀五元由嘉邦至美京華盛頓預日買定輪車有牀可睡者需銀百元是處車例準攜行李一百五十磅逾重每磅加銀一角五分是處啟行先渡海峽由車房預備輪船行三刻許乃抵屋倫馬頭登岸即上火車車廂容坐二十人每一點鐘行二十五買或三十買不等（買泰西里數名約中國三里許）每日早中晚三次停車以便搭客下車授餐所停晷刻至速遲則不及也自屋倫發軔約行三晝夜至一站名阿嗎華乃美之屬省由此换車車行漸高渡山涉嶺而前最高處去海面八千二百五十尺氣候甚寒自阿嗎華約行一晝夜至一站名西嘉郭乃美之鉅邑也轂擊肩摩頗稱繁盛由此停車一時許换車再行其駛倍捷每點鐘約行四十五買自西嘉郭啟行約三十六點鐘可抵華盛頓都城沿途所見林樹蓊鬱田疇平曠村落墟里歷歷可數迥異荒寒境界氣象爲之一新較之日前所經奚啻天淵自嘉省至美京計程一萬二千五百六十里須行七晝夜我國駐劄美國使署在懿時士特力街由美京至歐洲須取道於紐約然後登舟渡海紐約城在都之東北隅爲貿易之總滙繁華之勝集巨商善賈悉薈萃於此爲每日晨午晚三時均有火車往還計六點鐘許可至城中第五街有寓館最宏敞院宇崢嶸陳設華煥推巨擘焉近日新設領事華人之居其地者約四五千欲至歐洲須在紐約購買船票上等約銀百圓船泊岸旁由寓館乘車直達舟行大西洋中約八晝夜抵英屬之君士湯埠計程一萬一千里停泊時許添儲煤炭旋即啟行自此抵苗尼細河約八百七十四里進黎佛浦海口又十九里投遞信札者乃登陸行船主即以電達黎城自紐約至黎佛浦計程一萬二千三百六十二里其風濤之浩瀚船艦之鞏鉅稱天下最船即進口並不泊岸另以火輪駁船裝載人客行李行三四里抵評瑞士馬頭登岸之時各客行李須自檢點此處寓館以立士威士頓爲著名英國公司郵船均泊是埠華人之爲木工舵師者多至焉自黎佛浦至倫敦乘輪車行約三時許計程七百三十六里上等車位約金錢三磅有半倫敦爲英國大都會繁盛冠乎歐洲周廣五十里人民數百萬衆商雨集

百物雲屯操朱提以入市靡求無弗得寓館之最鉅者曰冷恆典麗裔皇殆無其比我國駐英使署在撥崙卑理士特力街由倫敦達法京巴黎舟車並用需費十五圓自英京抵都發海口計程二百九十里車行約三時許然後登舟航海海面約八十里天氣晴明彼此可以相望惟海中波浪翻騰船身顛簸客多有嘔吐狼藉者過海爲法之嘉勒馬頭此處建築城垣形勢雄壯附城礮臺窰固異常蓋法人扼守險要特以防英者諸國通商口岸亦卽在此既登岸司車人卽將人客行李檢點齊集代攜行李者酌賞小銀錢數枚行半里許至城南車房換車再行自此由開利至巴黎約行六點鐘計程九百里寓館之宏敞華

美者推革蘭阿特兒惟價值過昂使署人員往來法京者多住珊思勒塞街我國駐法使署則在八拉士得羅街法京氣象規模與倫敦相埒而屋宇之華美日用之奢侈似又過之雖經亂後仍不減盛時焉自巴黎至日斯巴尼亞國古名西班牙每日晚開八點鐘開車約行七時有半抵漢戴則出法境而入日界矣再行至一地曰依拱暫息易車行二十有一點鐘抵日國京城馬得力自巴黎至此計程三千八百五十里日國都城衢路開廣衙署宏整危樓傑閣連甍接棟我國駐日使署在嘉冶亞雅拿街

日都風俗紀略

日斯巴尼亞向與葡萄牙併爲一國號大西洋他如南亞美利加洲之墨西哥各國皆其屬地版圖恢廓固居然一大國也嗣後各立君主不歸日國統轄其勢稍衰然規制猶存富强足恃俗尚豐盈人多豪爽好奢靡喜華美其積習然也馬得力都城不過十有五里而所設大小戲園亦如其數春冬兩季各園均於晚間開演燈火輝煌笙歌嘹喨往往自宵達旦其間尤著名者曰歐扒拉譯言唱舞不用賓白各國都會皆有之所有優伶悉意大利人以其人世爲樂工精通音律故也觀劇房廂共分五層每層凡二十三間每間約坐六七人一二三層皆爲官紳所預定或四日一來觀或間日一來觀上等需銀八百圓次等

三等遞減焉此外別設椅位四百餘座亦分三等而亦有預定者上等椅位需銀二百五十六圓餘亦遞減若逢新劇倉猝往觀一坐地需三十金凡入戲園先需購票然後得進每晚以八點鐘開演十二點鐘畢事凡到此園者男女皆用公服女子悉袒肩露胸君主君后亦常蒞臨園中備有君主坐位房大小二座大者遇君主請客始到尋常則至小房爲多每逢君主親臨觀劇后妃姊妹居前君主居後餘尙有戲園八所規模約略相同又其次爲小戲園六尊顯者不屑至等之自鄶以下無譏可也凡部院官紳巨商富室無不家有高車廄有駟馬躡電追風四輪轆轤甚者馬十餘匹車五六輛誇富鬥靡以多爲貴中等

之家亦俱自備計一車兩馬芻秣之費月需百五十圓少省亦須八十圓每日皓魄未升斜陽將下馬若游龍車如流水羣赴一園曰勒低羅花木繁綺泉石幽深藉以娛目騁懷彼往此來絡繹不絕君后君主亦停蹕游玩焉昏暮各自散去國中官紳士商多好客茶會盛行多於列國每歲春冬無日不舉茶會倘富厚之家結納外官款延新客不設茶會者人多鄙之呼爲守財虜五月以後官紳士商多出外避暑八九月開始回都城夏秋戲園停演或行馬戲有一名園曰士碧力每屆夏秋之交晚間九十點鐘士女如雲結隊成羣趨之若鶩園延袤數頃崇樓傑閣霧棟雲窗別饒勝境四面悉用電鐙萬點明星輝煌若晝

入園之費人需銀錢兩小枚亦有演劇塲有爲牽絲傀儡者態狀逼眞以供兒童觀玩有一所奏樂者凡六十人引商刻羽鏗鏘中節悠揚合度音韻克諧貴人多往坐聽每奏一𢌿衆皆擊節嘆賞遊人至子正始散城中衢市叢集處多加非館子正以前男女往飲者紛如也館中亦奏樂樂作男女跳舞以爲樂售茶者丑杪始得閉門鋪戶亦必至子正乃得憩息夜市之盛如此閥閱世家彼此探訪者必以夜必具茗荈餅餌以佐清談丑正客散始得安眠故日間多晏起未正早餐始梳櫛盥沐焉申正乘車出外游歷抵暮乃回童稚多隨女僕眠起國中鬭牛之戲盛行每逢禮拜日申正開演戌正畢事至時往觀者不下二萬人君主君后咸臨焉椅位需銀一二圓不等最下亦須半圓鬭法選健牛六頭兩人乘馬持鎗按轡從容以出以紅布蒙馬眼別有十餘人身擐鐵衣手執紅綢一方隨縱牛出各撩撥以侮弄之牛驟怒奮角相觝乘馬者徑前以鎗刺牛背牛暴觸馬腹人馬俱仆執紅綢者導牛至別所所仆人馬再起與牛鬭牛背被鎗三四次馬亦腹洞腸裂而殞人與牛鬭須勇士八人四人爲一列各持二尺許短鎗以刺牛脛鋒刃陷入不得脫而其人不爲牛所傷方爲高手最後一人左持長劍右執紅綢出與牛鬭以劍刺牛腦直貫牛心牛乃吐血倒地每鬭一牛馬之被觸死者必三四匹此中殘忍所不忍觀而國人多好之殆習俗

使然歟聞國王欲申禁令舉國若狂竟不能行每歲西歷二月戲園舉行跳舞會上自爵紳命婦下逮碩士名姝無不麕至入門購票女需銀一圓有半男需銀三圓不習跳舞者另賃一房價值十圓跳舞之際男女各自擇偶樂作則作樂止則止進退疾徐曲折盤旋皆以樂音之宛轉抑揚爲節女子入場多戴面具變嬌婉之音爲雄壯卽素所相識者亦竝不知彼爲何人若有識破其廬山眞面目者則彼必來前嘲笑雜生詼諧間作斯時也耳鬢相摩履舄交錯墮珥遺簪捺胸捉腕竝所不禁曉星熒熒乃始散去誠所謂極樂世界也別有戲園曰哥卑的牙自申至戌凡舞勺之童未笄之女皆可入而學習焉自二十四至

二十七凡四日爲嘉那華會每日午後羣赴嘉治革士街馳車游覽是街長亘數里兩旁觀者如堵牆大小馬車往來如織計不下千輛領有官票者得馳中道領票之費四日需銀百圓少亦需五十圓無票者車行兩旁車多行緩從午至暮亦不過往返數次而已於時士女盈衢悉戴面具亦有男作女粧者撲朔迷離雌雄莫辨拱立車旁任其嬉戲即逢君主君后之車亦無所避主后亦竝優容以答之笑談無忌普慶臚歡此亦古者與民同樂之遺意也此外有貧民洗足會君主君后親臨焉君與貧男洗后與貧婦洗洗畢賜讌異常優渥亦畀金錢以示寵異其入會受洗之男婦皆年躋耄耋者也届期前後三日自君主

以逮軍民咸步行不得乘車西俗如此由來久矣通國分四十八省各省方言皆可相通所異者三省而已一曰甲答蘭省一曰珊士鉢司頼省一曰安得魯西亞省此三省土音迥爾各別通國中分爲四黨一曰君黨爲之首者有二人焉爲嘉那華爲沙嘉士答一曰民黨推爲領袖者亦二人爲幹先和爲嘉士德拉八年以往國人驅前王后出境羣議欲立嘉士德拉爲總統蓋其才辯鋒利學問淵博深足以服人也或曰後日之爲宰相者必在此四人中因此四人爲民望之所歸輿情之所洽國人必公舉之也日國之例宰相及各部尚書三年一易亦有一二年即更者相臣致仕退位則以下各部尚書亦竝辭職去由上

下議院各紳公舉雖君主不能獨操其柄也尚書共分八部曰戶部曰吏部曰外部曰兵部曰刑部曰工部曰藩部曰海部凡得公舉爲各部尚書及出外使臣者必其人曾三任議院紳士或爲正副首領或作議員方可充當西國遴選使才尤爲慎重必家貲殷實兼通數國方言者方應是選蓋出外使臣貴乎能支持大局通達時務聯絡情誼以固邦交非若寒畯者流徒知節省致損國體而至見輕於友邦耳國中爵紳有三等公侯伯是也而其中又有世爵功爵捐爵之分公爵最貴納貲所不能得侯爵伯爵均可捐侯爵捐欵二千五百圓伯不過二千圓然亦僅有虛銜多爲國人所輕國有大事不得預焉世爵功

爵每遇朝賀必至於時君主升殿坐右君后坐左君姊妹以次坐殿旁爵紳命婦立於後此朝儀之大概也國人無論富貴貧賤必取小名多以天主教中古聖賢名字名之故君主君后多有與庶民同名者無所避也每遇古聖賢誕日與已同名者亦得祝釐稱觴名曰賀三多饋獻禮物絡繹不絕君主君后出行一車兩馬但稍高大二從騎前行爲導而已禮儀之簡如此每逢禮拜六日西初必臨會堂誦經既畢必詣花園馳騁爲樂是日從騎數十員頗烜赫於異時君主乘車出游貧民在道旁脫帽致敬君主亦必答之以禮不恃貴以賤民有古遺風焉

出使聯絡略述

記有之曰禮從宜祀從俗又曰入境而問禁入國而問俗歐美兩洲風俗與中土迥異既已出使他邦不能不從俗周旋泰西之例款待公使無論國之大小視同一例無區畛域無分輕重焉如南美洲之郭郎彌亞國亞亨定國均蕞爾彈丸也而此兩國公使每值禮拜舉行茶會日國之部院官紳列國之公使無不咸赴兩國藉此以厚情誼通往來敦交際蓋聯絡一道出洋所斷不可少者也以西班牙論之國分四黨而四黨中均有酋目以主厥事平日無事之時可與之往來酬酢晉接晤談則他日遇事易於商辦不致齟齬蓋民閒公舉宰相總不出此四黨酋目之中軍國大事雖由上下議院會議而相臣之得持其權

者實半爲議紳多屬相臣同黨同一事也出自聯絡官紳者所請自與尋常有別有時相臣以爲可行則議紳必不至多方駁詰也議紳以爲可行相臣或不至獨斷以爲否也何則平日情誼之所浹洽也即如美都院紳中有畢君摩君者前日屢議禁止華傭者也自與鈞交相處漸久然後兩君皆知禁止華傭之非是又如西班牙爵紳中有數人與鈞交好尤密常以古巴呂宋兩岸頒行華人憑照爲苛政上海各處出售呂宋賭票有干例禁此兩事皆可由使署大臣照會外部會議於上下議院無不準行足見既與交際其爲我代籌國事者無不持平而適當也惟聯絡一道用費似爲浩繁別國公使有竟入報銷册中者

或亦有公使家貲殷富自行解囊者至中國遣使出洋總署於薪俸雜項之外從未議及此欵竊以爲嗣後要宜於此加之意焉蓋出使人員持節遠至數萬里外歲糜國家帑金鉅萬旅居人國孤寂無聊所聞異方之樂所見絕域之人苟非以禮文爲之羈縻情意爲之維繫深交締好道密跡親又安能使之盡情傾吐於我哉誠能與之聯絡其愿爲我國家裨益者夫豈淺鮮故竊願今之爲出使人員者毋急私以廢公毋居安以忘危毋習近而昧遠收聯絡之效於海外是則我之所望者也鈞駐日都每舉一茶會輒費千金當事者即捐俸資爲佽助亦難爲繼然竟謝交遊絕酬應亦無不可一遇公事不無掣肘而國人多

以鄙吝目之雖有使署亦若無耳顧酬應亦有省費之一法日俗春冬二季自十一月至二月每值禮拜爵紳舉行茶會由申正至戌初僅設茶點果實客來多者需二十金少或十金月凡四舉使署亦可仿此而行茶葉磁器購自中土并可以此爲贈遺西人情性多近豪爽尤易相處若以齷齪卑鄙慳吝酸腐者處其閒必至格不相入也鈞承日國官紳所不棄慰問獻酬殆無虛日從容敘論之際必爲之言孝弟忠信兼述一切因果西人但知俯育而不知仰事聞言無不躍然而起生歡喜敬謹心時稱道之以訓其子弟由此觀之聖道之行於歐洲固易易也而亦自酬應中來酬應固可廢乎哉

各國風俗略述

泰西列國風土民情與我國上古之時徵有同者惟三綱五倫似與中華略異耳中華尊君而卑臣貴陽而抑陰敬老而慈幼西國則君民共治也男女竝嗣也尙少壯而輕耄耋其子旣有室家則與父母分居各爨惟值禮拜則子媳食於翁姑家一餐即去平居彼此雖有往來宛同賓客所謂問安侍膳者無有也所謂定省溫凊者無有也西人謂子已娶媳同居日久姑媳必不相安妯娌必不相睦子知大義必致夫妻反目若子聽婦言必至忤逆遠之者所以杜漸防微也兒女婚嫁十五歲以前父母主之十六歲以後任其自擇惟門第資財亦必相當乃始可行鉅富之家男女皆得同分產業長子得貲由一倍至數倍者均有之弟妹毋得爭競焉大抵分析財產多由父生時預定將數目詳書於紙延律師簽名其後緘封固密藏於律師處雖子女不及知也父死始由律師啟示或多或寡兒女謹受之無異辭此風美國亦如是凡吏治之善否國政之利弊薦舉人才榷收稅餉以及會盟聘問征伐和戰之事皆於上下議院集衆公議論學則重藝術而輕文章尙製造而禁倣傚若有獨出心裁製成機器可裨實用而利民生而制敵命者許其稟明國家畀以限期獨擅其利他人毋得仿造焉違則有罰用示鼓勵故泰西新奇各器日增月盛而歲不同心思材力蒸蒸益上由上之

人能鼓舞之也國中首重者曰商其次曰官又其次曰士重利而輕名各國所自有之利權別國不能相爭各國鼓鑄金銀銅三品之錢但能通行於國中而不能暢流於境外英法相鉅至近英錢不能行於法法錢不能行於英如欲行用則需貼費民間刱立公司如輪船如鐵路凡有利於公者苟或費用不足則發帑金以助之民事與國事所以能聯絡一致也各國都會所建大戲園以壯觀瞻國家非但不禁或有虧折國家恒發帑項以示津貼歐洲各國每見華人甚加優待日英兩國尤爲渥摯凡行衢路巡丁見之必脫帽作禮旣恭且敬或有兒童隨後嬉笑者必驅之使去戒之曰毋侮遠人以取咎戾有時問以程途必詳加指點法國近日待華人遠不如前美國上位之人待華人頗厚惟埃利士人則嫉華人如寇讎輒加凌辱肆侮雖美官亦無如之何以人衆也嘉紐兩省其薄華人尤甚法人通商西貢割爲屬地華人之旅居其地者受其苛政難以枚舉竊以爲航海至東南洋而達蘇彝士以詣西土者所有土人無不藐視華人幸與歐洲人偕彼不至肆其殘忍否則刼奪虜殺恐無所不至耳若使我 朝兵艦時至外洋以彰 國威而溥 皇靈俾其陸讋水慴亦豈至於是哉

日都小駐紀略

光緒八年三月十有七日鈞隨使節抵日都常患咯血疾日都

地高燥宜服涼劑行篋中所攜無多故治之鮮能奏效五月二日　使憲擬留余為駐日參贊襄辦事務再三固辭未獲後命　使憲謂將來秘魯等處開辦需員皆宜用日國語言文字予齒牙靈敏留此兼可學習其加意調攝勿復辭並賜參燕初六日叩送　使憲行旌即延西士哥君教習日文賦閒之日則偕同人出外眺覽或游園或觀劇流連景光聊以自遣餘日杜門不出朝夕皆有課程古人所謂藏脩游息不可偏廢也同人以鈞專心致志於西文歎為僅見自悔十年奔走宦途聽鼓應官未遑西學今雖感激思奮恐已晚矣六七兩月咯血甚劇然力疾從公不稍閒斷久之漸得端倪略有心得案頭所揣摩者僅

華英字典而已欲求日華對語終不可得日都能識英文者殊鮮延訪經年始得美國教師但必往學而不肯來教乃訂以一禮拜中到館三日日習一點鐘同學友人招往小讌其父爵紳安君也相待之殷不啻家人父子席間備言日國風俗謂駐劄日都者二十餘國常設茶會與部院官紳往來何以貴國獨否鈞答以素抱採薪斅門罕出兼習日文未遑他及同事者以不稔方言憚於酬應安君曰兩國交際其益甚大子既習日文宜時與日人周旋其功倍速盍常過我自此時赴讌會院紳沙君擬出外省避暑招鈞同行謂其地氣候溫和水土清嘉尤宜於病體且可代覓良醫鈞欣然從之六月二十八日偕沙君束裝

就道二十九日抵輝兒士城城北十里許羣山環碧衆峯峙青林木蔽虧巖壑秀美沙君大廈在山中園林開廣泉石清幽羣花若錦芳草如茵蓋特建以為避暑山莊者也沙君祖居輝城乃兄公爵也次日代鈞延醫診治鈞至此幾若別有一世界頓覺心曠神怡調養匝月病體霍然山中左近夏屋蟬連巍樓櫛比皆各爵紳消夏所居知鈞來咸相過從甚投契焉七月二十日侯爵郭君謂予曰巴省答省距此伊邇設有製造局講求新法何不偕往一游鈞從之遂與郭君往巴答兩省入各局縱覽一切洵大觀也其法略同各國惟織造絲綢洋布巧妙罕匹令人眼界一新為前此所未覩二十五日回輝城聞日都氣候尚

炎熱遂再作十日之勾留八月四日鈞先回署後數日日國部院官紳各國公使人員漸由外埠回都於是各處茶會讌集多來邀鈞每見聚會之處各國公使參贊人員皆預焉始知安君所言不謬以前絕少出外酬應故於風土人情未得預聞今既得追陪諸君子後時相往來於交接之道聯絡之方略知梗概九月間侯爵亞君科君與鈞言曰聞貴署陳設皆中華器具甚欲一觀以擴眼界可否定期代邀諸君來何如鈞曰幸甚既蒙茲君親舉玉趾辱臨敝署丕錫寵光敢不如命以使署狹小一林不能遍及乃定期九月初六十二兩日分設茶會部院官紳暨美士各國公使咸攜眷屬蒞止一時冠裳之盛簪笏之華蹌

濟趨承情文渥摯由是日都新報議論紛然獎飾逾恆咸謂中國使署較之往日奚啻天淵茶會之設各國使署皆來而中國獨否今則凡有聚會讌集之處中國使署人員亦與焉且特設茶會兩次到者無不贊美稱羨益慷慨豪爽藹然可親固有足多者以後茶會日增折簡來邀者日三四不能不至因此勞頓血症復作公爵德端君來言曰敝國官紳與英德奧意美諸國公使人員尤爲歡睦今都中人士交口譽君如出一詞甚難得也昨夕茶會未見貴臨殊孤人望知君清恙故來省視十月以來舉行茶會尤衆風俗使然以此爲尙苟可支持不可不至鈞思病既加劇醫無成效酬應日廣費用浩繁勢必難乎爲繼再

四思維惟有呈請　使憲或調回美國或乞假旋華以資調理十一月初猶未奉廻批且聞中法事將決裂粤垣海防嚴迫家書屢至焦灼萬分適朱茗原太守有法京巴黎之行所識一醫頗精岐黃術相約同往既至則醫已浮槎至中土矣同寅李湘甫參使留鈞暫住法京藉以養痾十二月奉　使憲札諭準銷差回華乃詣霍輝司敦上謁曾襲侯叩辭順往倫敦使署辭別同人陳松生都轉鳳葵九比部欵留三日藉罄離悰既回日署感受風寒痰湧氣喘呻吟牀褥有薦德國名醫者治之始愈部院官紳聞鈞旋華有日皆來問視再四挽留正月下旬得駐法參使劉康侯觀察來書以與聯子振比部請假言旋定期二月

五日自馬賽登輪鈞隨即檢點行裝拜辭諸友二十七日接日國公爵活蘭魯芽來柬請赴廿九日嘉那華茶會活君前充駐法頭等公使者也鈞以病辭不獲謂此會三十年一舉行爲日都第一勝會君主君后以及部院官紳名國公使人員無不咸集竝穿公服以肅儀文君雖疾不可不至二十九日伯爵勒君到訪述伯爵白蘭嘉意請赴茶會鈞謂昨已辭之矣勒君曰辭白君而赴活君之招未免有輕重親疏之見存焉鈞無以解遂與勒君偕往亥初登白君堂賓客來集者紛如蓋白君活君同日宴客多有先赴此而後至彼者白君與其夫人見鈞殷勤問訊請觀跳舞鈞見其趨蹌中節緩急合度周旋俯仰之閒咸有

程式與歐美兩洲所見迥爾不同詢之蓋百年前古法也所奏之樂亦皆古音頓令耳目一新歎爲觀止子初辭主人往活君府第沿途繡幰雕軿塞衢路及門電燈輝耀五彩繽紛光怪陸離駭心眩目異卉奇花芬芳外溢入門活君偕夫人立屏外執手爲禮略敘寒暄活君曰今日之會所見皆今古衣履眞可一擴眼界耳屛內爵紳命婦俱立兩旁男女所着衣冠履舄有千餘年以前者有數百年以前者愈古愈佳亦有雜出中華冠服者五大洲中男女服飾奇製異粧無一不備至於華麗貴重甲於泰西者則有侯爵拉夫人之衣以鑽石結成其值三十五萬圓侯爵滿夫人之衣以珍珠攢簇其值二十四萬圓光華璀

璨照耀滿室中國之所謂霓裳羽衣恐未足語此也丑初君主君后君姊妹咸臨各皆鞠躬前迓主后即入跳舞廳隨衆跳舞鈞旁立靜觀既畢次第與爵紳言見鈞即問安好且言聞之諸臣爾交游慷慨甚爲國中人士所欽羡爾好談孝弟忠信之道因果報應之說果有之乎鈞敬對曰此中國風俗使然平日父師之教子弟以此爲本屢承爵紳下詢遂爲之道及耳侯爵拉夫人旁答曰中國愛老憐貧孝親敬長殊可令人歎羡此歐洲之所不及也惟婚配主自父母似稍遜耳君主曰中國尙倫常重親命婚配之事由乎父母理固宜然也因詢鈞曰聞汝將返國信否盍少留爲敝國光俾得時聞緒論鈞對曰病軀不敢戀棧不得不返主曰重來何日艮所深盼鈞曰得藉寵靈蘂石奏效自當遄返因問何日啟程答以卽日就道君主君后隨出手相握曰惟願一路平安風順瀾靖鈞當卽鞠躬致謝君主君后待人優渥如此可謂賢矣諸爵紳咸欲設筵祖餞鈞皆力辭丑杪回署偃臥竟日二月朔日晨折簡來招者十有九人悉辭不赴往別諸友皆有依依不忍之色沙穆兩君家數齡之兒女知鈞將行哭泣弗止蓋沙穆兩君之待余固不啻家人父子也署中朱太守鄭二尹特儆離筵勸以別酒略罄一樽卽唱驪歌自念駐日將逾兩載中閒酬應官紳追隨賓客應對周旋幸無隕越雖不足酬　聖恩高厚於萬一而碌碌因人成事之嘲或可免矣夫

自日旋華節略

光緒十年歲次甲申二月初一日未正自使署啟程遠至車房爵紳滿沙穆三君咸攜眷屬來送行所購上等車票有牀可睡行李已爲安頓車將展輪諸友紛然執別或有抱腰接吻以致渥愛者沿途一切已託友爲照拂鐘聲既響車行由緩而漸速迴視諸君尙鵠立車房以手相招也鈞斯時心緒如焚病體加劇竟難安坐偃臥終日而已戌初至勒萊灑地方停車客皆下車授餐余病莫能與同行友長君令寓館送餐來實難下嚥戌正車復行初二日午正抵巴士郎拿薩君昆仲西友十餘人皆立俟車前則以昨夕接沙君電音也薩君邀至其寓已招其兒女從青館回與鈞作別未正薩君太夫人及姊妹子姪咸來一見卽謂鈞容瘦於往時立延醫至令加診視既服藥餌心痛略止巴督嘉君邀讌辭之薩太夫人時來問疾欲留鈞作十日勾留鈞答以明日就道準抵馬賽已約友人在彼同行矣薩太夫人以既欲速行宜早安息是夕耿不成寐昧爽諸友羣至挽留再四情意殷拳下午與諸友言別不覺涕泗垂膺薩君兒女攀襟攬袖號咷出聲未杪登車薩君昆仲相抱痛哭鈞亦揮淚不止黯然銷魂惟別而已江文通所謂傷心動魄者不意於鈞身親見之且在乎異域中也豈以萬里羈人孑身逆旅而得二三

親愛之人遂不覺其情之感人者深歟於時已省提督與塞君母女偕來送行塞君之父日國鉅紳也前日已省議政院由其倡修規模宏遠又剏設煤氣公司建築鐵路今雖逝世而遺愛在民日人思之弗置塞母年將古稀而精神煥發曾偕其女遍遊歐美兩洲經歷數十國女善撫琴名著於泰西遠近操絃一曲聽者神移前於讌會之時曾得瞻其顏色塞母欣然有游中土之思謂五大洲已歷其四中華爲名勝之區足跡不可不至謂鈞明年春以爲期可圖良晤巾幗之儔猶自忘年邁而有志遠游如此泰西風俗可知已塞君以印度氈一襲持贈藉以禦寒甚可感也鈞以名刺百枚畀薩君謂此行殊匆促日都諸友未及握手言別請以此遍辭之并道歉仄晤談既久鐘聲琅然遂行戌正抵塞活約乃法國交界換車之地斯時風雨交作又無人代攜行李鈞以病後孱軀左提右挈下車行未十數武暈仆於地刻許始醒見西人環集身旁三西人挾鈞起代攜行李至法界車房鈞尚不能言惟偃臥而已亥正有西人將鈞行李置於車中扶鈞登車旋即展輪初四日辰正抵馬賽往格郎德寓舍至寓見一箱已開異之啟視檢點則失金錢九十磅并銀票貴重物遂告寓主同往輪車公司理論公司遣人到驗實係被竊當代追緝隨以此事電達巴士郎薩君及日署朱太守子正劉觀察自巴黎來告以故觀察亦甚駭異與籌船費一時無以措置鈞至此愈形焦灼寓主勸以下次啟行鈞持不可寓主曰君如決意欲行當代墊船費後由日都使署寄還鈞曰承雅意感甚請先同往與輪船公司商如公司許至中國付交幸甚不然當如君說及告之公司總辦曰本無是例然爲君故特爲破格曩在日都雅聞君名輒相心許緩急人所時有況屬遠人乎即令司事寫票回寓劉觀察已登輪矣寓值十三圓無以給方躊躇間歡君來蓋薩君之表昆弟行也接電音後特遣之至令邀鈞回巴士郎鈞以船票示之即欲登程歡君知不可留乃代畀寓值匆匆攜行李至船已將解纜矣歡君即於岸上作別杪許船即展輪稍遲則不及矣出外之難如此令人倍憶西友之情重也劉觀察曰我意君不能來矣因告以公司破例給票事亦亟稱難得同行又有王司馬乃赴荷蘭賽會旋華者也兩日力疾支持益形困乏至此一心既定萬事皆空高枕作羲皇上人而已巳正二刻開行出口行地中海雖非大洋而有時風浪較外洋尤甚初五初六兩日風息浪平舟行殊穩初六晚子正抵拿波里城意大里之所屬也由馬賽至此一千七百里計行十八時有半初七清晨鈞稍能起立散步艙面以豁襟抱意人俱以零星玩物求售排列幾滿見客即拉襟講價又有攜樂器前來唱曲者無非冀牟微利泰西謀生之難亦復如此至午初起椗乃始散去拿波里城周遭甚寬廣屋宇參差高下鱗次

櫛比直達山巔亦頗輝煌壯麗此處土產佳果海中多珊瑚貿易殊盛東南有火山遙望之黑烟蓬勃自山頂起惜以抱病未能登陸一觀也自拿波里展輪行舟折而南十三點鐘至西理芝海港當蘇彝士河未開之先驛遞文報之船悉於此停輪焉今則改泊拿波里矣由此向西南行天氣漸暖初八初九兩日風緊浪高不能飲食因思曩由東洋至美洲風浪猛烈而未若今之艱辛豈以久病之後體質弱歟初十日風浪稍平舟行尚穩十一日辰正三刻舟抵寶賽此爲地中海盡處蘇彝士河之北口也前皆一片沙漠彌望荒蕪屬埃及所轄河口塔鐙高矗藉照行船是處與拿城相距四千一百八十里計行四晝夜船

泊寶賽劉觀察王司馬邀鈞登岸游覽小艇每人畀以小銀錢一枚不交艇戶而在岸有專收之人步行衢路閒闠闤景象髣髴天津之紫竹林所貿易往來者多回教及阿非利加洲人髮鬈面黑形容醜惡埃及婦女肌膚漸作黄色多用黑布障面僅露兩目灼灼視人狀若鬼魅殊可駭詫禮記之所謂婦女出必障面者其古風殆若是歟今泰西俱以輕紗甚合宜也街中時有毆詈爭競者風氣亦與紫竹林相近每街俱設加非館同入小飲館中有樂工一班男女合奏音韻激揚每奏一巡持銅槃以索犒多投以小銀錢錢收則樂復作矣繼往游花園乃埃及國人不日所成於時開鑿新河大功告竣埃及王將親臨以觀

焉國人乃以驢五千頭駝運土石花木數日蕆事卽以此爲正車停蹕之所園雖不大亦可見國人急公奉上臨事勇決之心也鈞以頭岑岑然作痛不能遠行遽返舟中傳聞北甯已失心益憤懣申初起椗展輪入運河行至酉正停泊河狹不可行故也十二日卯正舟行巳正又泊緣有七船由紅海來須待其過也泊一時許復行酉初抵河之中段曰亭摩薩自寶賽至此僅一百三十三里河西爲阿斯巴尼拉城十三日辰初起椗午正至蘇彝士計距亭摩薩一百五十里昔河之未闢也東西往來者多由亞勒散得登岸從輪車行抵埃及都城或小住三日或逕達蘇彝士候東來之舟沿途亦多風景可觀駝驢之載運客

貨者絡繹不絕於道故廛市頗盛號稱繁庶今則寥落矣河口外有新建屋宇由河口橫連西岸高閣聳雲層樓煥日是處設有電報局凡自歐洲達中國者由此轉遞未正一刻鼓輪舟向南行入紅海海形狹長兩面皆山天氣四時皆熱隆冬亦衣絺綌鈞以久病仍禦木棉遙見口外一船僅露尾檣口內一船船身皆現去年遭風擱石至今猶未設法取起航海之險堪爲心悸余詢舟人以紅海之名答曰言之長矣徵諸古史摩西拯民出埃及渡海若履平地法老率衆往追渡海海合衆俱陷沒後人因呼爲紅海云十四日天晴風順測望海面甚寬兩岸茫無山嶼與圖中所繪兩山如峽者差異以此見海之汪洋靡際也

十五日天氣甚暖改服夾衣餐時有僕人搖曳風扇矣十六日天熱益盛精神頗爽病體稍健聞明日可抵亞丁修書八函將寄日都申正有兵船由中國來泊舟待信酉初乃復展輪十七日遙見山島縹緲雲外眞若齊州九點烟也未正出紅海入口卽渡大洋舟向北駛兩岸有山西南方荒嶼一片乃阿洲屬地也子正抵亞丁泊舟距蘇彝士四千九百七十里行四晝夜是晚出坐餐廳見運貨舁煤者皆黑人甚勤力作有一黑人告余曰昨埃及與英戰埃兵死者三千人英兵死者二百人甚慘也復登艙面眺望適前駐粵之德國領事德拉君鈞詢其從何處來乃知由德至蘇彝士今將赴粵復見其國新簡駐京代辦公使比君能操日國方言詢之知去年嘗駐日都曾經一面者也日本駐英公使森君攜眷言旋與其參贊房君亦同此舟彼此縱談丑正始散十八日辰正偕劉觀察王司馬登岸其地惟一片荒島土瘠沙紅寸草不茁房屋百餘椽皆黑人所居者也濵海有酒館一所甚宏敞食物昂貴異常聞以前數十年不雨近則數年一雨故穀蔬不殖林樹弗生水飲維艱土人或鑿井或覓山溪之水縫羊皮爲囊盛之而負於背駝羊甚夥載物行沙漠中咸恃其力氣候炎熇經歲不衣男女俱以花布圍身其地爲英國屬土相距三十六里許有亞丁城城有總督總兵官各一員以資鎭守焉此爲紅海之門戶往來印度所必經之地英人所致意焉巳正回船見羣兒嬉戲水中如魚如鳧客以銀錢擲水中則沒而取之有艇人登舟向客索錢客或畀之則置錢於頂由船躍身入海隨將錢握出水面其技之神如此眞所謂仰波濤而輕性命者歟午正起椗舟向東駛十九日天氣晴明波平如鏡南岸相隔十數里一片荒蕪乃阿洲屬地二十五日未初遙見錫蘭島未正進口船泊閣龍坡此處乃極南海口英之屬地也自亞丁至此八千一百十三里計行七晝夜一時有半英人建城垣築礮臺設兵駐守居民不多而形勢頗雄壯天時早晚如中土暮春正午炎熱相傳錫蘭爲釋迦牟尼成佛處佛之遺跡存焉土人小舟刳木爲之浪高輒濺衣襟殊不可乘適有小輪船往來載客取資甚廉每人不過小銀錢一枚而已遂乘之登陸海旁洋樓數十椽向屬堂皇鉅麗其餘廛市屋宇率多卑狹有若中土鄉落間土色淡紅土人肌膚俱黑男多裸體僅以尺布圍腰下貿易中人上著短衣下圍花布男子或有留髮不薙者兩鬢有如婦女女子多以花布爲衣穿鼻印度風俗使然也聞有二粵人居此多年其一巳旋其一爲香山人娶土人爲室家開設烟店乃專售鴉片者來吸者多印度人或卧地或據牀情形鄙惡下流之所居也因此雖至不屑觀遂偕劉觀察乘車行約數里許至一古廟中供如來觀音廟宇殊小入門兩旁有四大金剛入內殿則見如來右手托腮橫卧案上長

約二丈左廊有羅漢二十四尊右廊供觀音亦卧像也佛前均燃琉璃燈不供香爐燭臺餘與中土約略相同觀畢遂出司祝者請施捨乃出銀錢投小箱中廟門外右廊有小刹爲司祝啓門引入觀之則千手觀音跣足乘鶴像也出廟往遊花園林樹蓊鬱絕少花卉惟荷池甚寬廣有一小輪船蕩漾於中央園中別有博物院中有象骸數具鳥獸草木略爲陳設而已聞新建未久也繼入寓館令具晚餐既畢散步於寓館左右求售牙器玩物者甚夥亥正回舟二十六日晨聞艙面人聲喧雜往觀之乃鬻物者魚貫而來亦有兒童戲水索錢船左有長堤乃英人所築用以障水所費甚鉅錫蘭波浪猛急奔激岸石終夜有聲

不減廣陵八月之濤舟亦有時爲之簸蕩自築此堤舟乃不復畏風濤矣巳正起椗舟向東行晚見北岸有山二十七八日風順其行甚駛二十九日雨風高浪湧左有島曰檳榔嶼英人之屬地也多馬來人所居右有小島二三乃屬亞齊荷蘭兩處界華人多居處耕作於其地遥望之樹木青葱可愛三月初一日舟行倍捷機鳴甚厲詢諸舟人曰期以明日下午必抵新嘉坡初二日遥見山地一片林樹叢雜乃馬來所居處也午正巳見新嘉坡島申正入口泊舟自錫蘭至此計五千七百里行五晝夜二時其地爲英國屬土酉初偕劉觀察登陸乘車至領事署訪左子興司馬詢以北甯事均無確音清談既久司馬邀往觀

劇優人皆粤產熱甚不能久坐仍回署中借宿焉初三日辰正左司馬以馬車來借游恒心園陳氏之別墅也外則洋式而其中屋宇皆華制鳥革翬飛異常煥麗園主人甚豪爽惜已逝世沒時執紼送葬者不下二萬餘人皆經其提攜蒙恩而受惠者也今其子亦極慷慨昔日家貲數百萬今則止六七十萬而已所有華人約十萬閩人居七粤人居三殷實富盛之家如潮人陳姓黄姓閩人佘姓皆擁貲三四百萬席豐履厚他處所未有也所產甘蔗黑白胡椒爲大宗出園游覽各處所見貿易於市廛負販於道路者皆中土人街衢整潔房屋華盛遠遜香港惟多平壤一望延袤或有計之者縱約三十八里橫約七十里鄉

間耕植者亦皆中土人也風俗習尚髣髴如粤東天氣四時皆熱早晚如中土夏初正午直若中土三伏傭工者得單衣一襲可供一年之用故喜於此處旅居也游興既盡遂回署途中所見夏屋渠渠書大夫第朝議第者則陳黄兩家之居宅也雖遠隔數萬里之外旅居百十年之遠而仍復奉正朔遵服制不忘官閥之榮　皇靈之震疊不旣遠矣哉回署後左司馬出感懷詩見示纏綿跌宕情韻斐然司馬旣精英文而漢文又如此超卓殊令人欽羡無巳午初司馬特設盛筵悉以華法烹煮久不嘗此味矣覺食指爲之大動洵快事也未正回舟司馬亦偕行遠送焉殊可感也本擬申正展輪緣搭客中有至荷屬之爪華

者須俟其船之至而後可行焉酉初船來客乃過舟酉正解纜開行出口舟指北行初四日晴舟行殊穩初五日申正登舵樓而遠眺微見塔鐙乃越南海口也酉正進口停泊以夜間不便駛行故暫止初六日辰初復行巳正抵西貢進口行一百八十二里自新嘉坡至此舟行兩晝夜一時有半計程二千四百二十一里碼頭在江之西岸是處爲越南極南海口屬嘉定省咸豐八年越人殺害教民與法起釁搆兵法初欲取順化以道路崎嶇山嶺險巇遂舍之而攻嘉定數年之間屢遭敗衂不得已願割六省地與法議和六省中西貢最擅形勢法人設總督駐守而以水師提督兼固海防焉我國閩粵商賈貿遷其地者約四萬人居法之各省屬埠者約二十三萬人凡自十五歲以上新至者需納身稅銀二圓一年以後納銀五圓近日又復加增貿易者領牌分七等按歲繳之於官一等牌費二百圓二等一百二十圓三等八十圓四等四十圓五等二十圓六等十二圓五七等七圓領牌貿易之人身稅另納亦分數等上等六十三圓二等四十圓三等二十五圓四等十二圓餘照尋常身稅賤至負販貧至傭工僅敷餬口歲暮亦需完納無則監禁刻酷虐暴至於如此此歐洲各國之所無而法人悍然行之而罔顧嗚呼豈第苛政猛於虎哉額設駐防法兵三千人招募土兵六千人近因東京之役調往土兵四千法兵二千前時稅額歲收三百餘萬撥充兵餉猶且不敷近則歲收餉銀一千二百餘萬積有贏餘解回本國前時出口之米不過三百萬石近則千餘石皆運往粵東者出口米稅每石計抽一角五分歲收約一百八十萬圓承賣鴉片公司以前不過二十餘萬圓近則遞增至一百二十五萬圓去年欲徵房室窗門捐以東京之役姑從緩議法人征榷之苛無微不至如此早餐已畢偕劉觀察王司馬往招商局訪張沃生觀察張君居西貢三十年開設宏泰昌字號專辦米石回華近招商局延其兼辦張君豪邁好客有八男四女長嗣中式己卯舉人自建洋房連甍接棟悉賃於人另有洋樓一所宏敞罕倫壯麗莫匹法人賃之作稅館兼鴉片公司鴉片本歸華人承商其地甚形熱鬧有粵人戲園日夕開演前年法官以華商承辦餉項愈增獲利必鉅遂自開辦以此漸致冷落惟堤岸一埠貿易尙盛相距十三里許已設火車鐵路以便往來現又新築一路達美拖埠不日卽可竣工氣候甚熱每歲夏秋雨冬春晴禾穀豐盈十數年前米百斤銀四角食物一切皆廉今則增至十倍法屬地中華人多於土人咸娶土人爲眷屬男女竝吸洋烟以是煙稅愈增洋人貿易者自午至申暫憩以避炎熇申正二刻偕張君乘車遊園園有二虎毛色斑斕龐然巨物猴猿禽鳥俱在鐵籠中馴擾不驚飛鳴自得土人率皆茅屋男衣不過臍女衣僅蔽膝赤足行烈日中無所畏也官紳

錢香室校印

亦徒跣服短後衣屋宇雖以磚石建築而制甚卑入必低首喜食檳榔唇齒皆黑婚嫁喪葬略同華禮亦同中國文字子弟入塾訓以詩書教以孝弟遵循孔孟之教自法人來習俗爲之一變矣幼必讀洋書佶曲支離染濡已久十年之後五經六藝之道自此絕矣不誠可憂哉游畢舁回張君設席相款情意甚渥是夕借宿局中翌日回舟舟子云向例泊舟一日今日糧食接濟東京須俟運畢然後動輪舟中熱甚不可耐仍返招商局張君具酒備肴作咄嗟筵鈞再三力辭張君謂此地主之誼所應爾也此間有酒樓三所其烹飪之旨否不可不一試也因詢北甯事則言法人詭秘已甚勝則鋪張敗則諱匿近日華人居此深受法人之凌辱殊可憤恨午間新會李沛柾訪沛之乃翁此間鉅商也李君曾往法京肄習西學三年客歲始旋西貢前曾見之於巴黎今聞我輩來特邀往小飲耳以張君早已備讌未能如約旋回訪李父未值乘車游各處村落略觀風景晚餐既畢同往堤岸觀劇適演三國時事甲胄冠裳扮演略同惟徒跣登場爲可異耳音樂寂寥惟鑼鼓笙笛而已觀畢返舟熱不成寐初八日咯血疾復發連日勞頓所致辰初張李兩君至船送行各以肉桂一枝相贈云乃越南之精品也清談至巳初始別去余閒步舵樓有老者來前稱鈞爲老公祖異而詢之乃知爲新會陳姓以鈞臺與趙氏爭久不決余爲之剖斷案始結因此

識余茲從金邊國回遂問其國情形曰幅幀縱橫不過二千餘里與西貢僅隔一海都城尚在內地有長江可直達焉昔年屬於暹邏近爲法國所據視爲外府等諸西貢雖設國王僅擁虛位而已中土人居其地者三十餘萬長子孫居田園有歷至數代者今法人亦援西貢例令納身稅虐政害民難以盡述其地所產爲魚鹽每歲春夏之交必發洪水一二月間水始退滿地皆魚民收而販之外埠以數一年食用今粵人所食鹹魚蓋多由金邊國來者此外所產則有紫榆黑木金邊陸路可達滇南法之深謀遠慮於此可見矣言竟余亦爲欷歔弗置巳正解纜向西行未正出口折而東北行初九日南方隱隱見山乃越滇連界處初十日風大浪湧體中不慊延醫診治十一日清晨遇霧停輪申初霧氣稍開船復行戌正一刻抵香港自西貢至香港計程三千四百七十里行三晝夜二時有半從馬賽啟程至此凡三萬有八百里鈞力疾載筆所經各處紀載既慚疏略詢訪未及周詳所謂問俗採風賦詩見志者概闕如也幸得劉觀察同行得不寂寞古道熱腸令人感佩無已舟中無事時與之議論當世上下千古識高見遠洞燭西情更令人歎不可及已登岸往訪王廣文紫詮則已於三月初旬廻帆歇浦矣聞將卜築於莫釐鄧尉間結廬小隱伏而不出矣十年老友萬里相睽而既至其地仍復不得一見其爲悒悵何如哉

黃梅宛立敳校字

沔陽李世勛覆校

[illegible]

圖書在版編目（CIP）數據

海上絲綢之路文獻集成. 歷代史籍編. 第二輯. 第一卷 / 范金民主編. --福州：福建人民出版社，2023.8
ISBN 978-7-211-09078-5

Ⅰ. ①海… Ⅱ. ①范… Ⅲ. ①海上運輸-絲綢之路-史料-彙編 Ⅳ. ①K203

中國國家版本館CIP數據核字（2023）第072994號

審圖號 GS（2022）3755號
本書有關内容和地圖僅代表作者個人觀點，不代表官方立場。

海上絲綢之路文獻集成・歷代史籍編（第二輯 第一卷）

主　　編　范金民
責任編輯　連天雄
美術編輯　白　玫
出版發行　福建人民出版社
電　　話　0591-87533169（發行部）
電子郵箱　fjpph7221@126.com
地　　址　福建省福州市東水路 76 號
經　　銷　福建新華發行（集團）有限責任公司
印刷裝訂　上海盛通時代印刷有限公司
地　　址　上海市金山區廣業路 568 號
電　　話　021-37910000
開　　本　787 毫米×1092 毫米　1/16
印　　張　151.75
版　　次　2023 年 8 月第 1 版第 1 次印刷
書　　號　ISBN 978-7-211-09078-5
定　　價　2000.00 元（共 5 册）